Friedrich G. Hoffmann und Herbert Rösch

Grundlagen, Stile, Gestalten der deutschen Literatur

Eine geschichtliche Darstellung

Hirschgraben-Verlag · Frankfurt am Main
ISBN 3-454-337 01-1

12 11 10 9 8
ISBN 3-454-33701-1 1983 82 81 80 79

Einbandentwurf: C. M. Estenfelder, Frankfurt am Main
Satz · Druck · Bindearbeit: Phil. L. Fink, Groß-Gerau

VORWORT ZUR FÜNFTEN AUFLAGE (1972)

Die 5. Auflage gibt den Verfassern willkommene Gelegenheit, allen Lesern und Rezensenten für ihre Anregungen zu danken. Die Überarbeitung erlaubt es, einige zu Unrecht vergessene Schriftsteller der älteren deutschen Literatur vorzustellen und die Darstellung vor allem im neuesten Teil zu erweitern. Was die Gliederung, die Hervorhebungen und Einzelbewertungen betrifft, haben die Verfasser ihre Urteile, wo immer möglich, an Spezialuntersuchungen überprüft. Sie sind auch weiterhin für jede Kritik und jeden Vorschlag dankbar, der den gebotenen Umfang nicht sprengt.

Im Interesse des Benutzers sind jetzt den einzelnen Abschnitten bibliographische Angaben beigefügt worden. Sie sind als erste Wegweiser zu weiterer Beschäftigung ausgewählt; deshalb wurden häufig auch Taschenbuchausgaben bevorzugt. Auch die zahlreichen Verweise im Text ermöglichen die Verfolgung literarischer Formen, Motive, Traditionen und Wirkungszusammenhänge. Die historische Darstellung ist so angelegt, daß sich Informationen über Fakten mit Übersichten, Zusammenfassungen und Perspektiven auf die gesellschaftlich-kulturellen Voraussetzungen verbinden. Darum haben die Verfasser auch den Titel *Grundlagen, Stile, Gestalten* beibehalten. Sie fühlen sich in ihrer Absicht durch eine zunehmend selbstkritischer werdende Germanistik gerechtfertigt.

Angesichts der häufigen Traditionsbrüche, Überlagerungen, Verzögerungen und der Unübersichtlichkeit, die für die deutsche Geschichte und Literatur charakteristisch sind, mußte dem kulturellen und politisch-gesellschaftlichen Hintergrund, oft auch der Biographie der Autoren, notwendig breiterer Raum gewährt werden. Darüber hinaus ist die Darstellung jedoch stets bemüht, die Bahnbrecher des Sprachbewußtseins ins Licht zu rücken — in der Überzeugung, daß Bewußtsein von der Sprache Bewußtsein von der Differenziertheit der Kultur und ihrer Gefährdung ist. Aus diesem Grunde konnten und durften ausführliche „werkimmanente" Interpretationen zurücktreten, ebenso die Erwähnung mancher respektabler Autoren, die nur vorgegebene Formen weiterpflegten. Die mitunter knapp zugespitzten Inhaltsangaben wollen dem Benutzer wenigstens andeuten, worum es in einzelnen Werken geht. Daß Pointierungen und Kapitelüberschriften als Anreiz gedacht sind, versteht sich bei einer komprimierten Darstellung von selbst.

Überhaupt tut der Benutzer einer Literaturgeschichte gut, sich stets den Wandel des Zeitgeistes, die wechselnden Mittelpunkte literarischen Lebens, die Veränderungen im Publikum, in der Thematik, die Umbrüche wie das Fortwirken von Traditionen und die Vielschichtigkeit kultureller Vorgänge vor Augen zu halten, von denen das geschriebene Wort und insbesondere die fiktive Literatur nur ein Teil ist. In kaum einer Nationalliteratur dürfte es überdies soviel Vergessene und soviel Gelegenheit zu Wiederentdeckungen geben wic in der deutschen. Gerade weil eine Literaturgeschichte die oft wirre Vielfalt so gut als möglich überschaubar machen muß, ist der Benutzer ständig aufgefordert, sich selbst ins Abenteuer eigener Lektüre und eigenen Nachforschens zu stürzen. Viel Vergangenes bleibt noch zu erhellen, zu entdecken, erst recht die Rolle der Literatur in der Zukunft.

VORWORT ZUR ACHTEN AUFLAGE (1979)

Die neue Auflage ist — von kleineren Verbesserungen abgesehen — bis zum letzten Kapitel unverändert. Der Schlußteil „Grenzverschiebungen seit den 60er Jahren" ist zum Teil umgeschrieben und erweitert. Auch hier kam es darauf an, innerhalb des vielfältigen literarischen Geschehens die Haupttendenzen herauszuheben.

Die Kapiteleinteilung, das Personen- und Sachregister, die zahlreichen Verweise im Text, die angegebenen Nachschlagewerke und die Sekundärliteratur sollen über das bloße Nachschlagen hinaus zu vertieftem Studium der Zusammenhänge anregen. Mit diesen Hilfsmitteln verstehen sich *Grundlagen, Stile, Gestalten* als offenes Angebot für eigene kritische Lektüre.

INHALT

V. Die Dichtung des Barock (1600—1700)

VI. Das Zeitalter der Vernunft

VII. Die Dichtung der Klassik

VIII. Grosse Einzelne um 1800

IX. Die Romantik

X. Die Literatur des bürgerlichen Jahrhunderts

XI. Der Weg ins 20. Jahrhundert

XII. Im Strahlenbündel des Expressionismus (1910—1920)

XIII. Zwischen den Kriegen

XIV. Literatur nach 1945

Die wichtigsten Zeitschriften

Akzente (München: Hanser) — alternative (Berlin: Hildegard Brenner) — Basis: Jahrbuch für deutsche Gegenwartsliteratur (Frankfurt: Suhrkamp) — Blätter für den Deutschlehrer (Frankfurt: Diesterweg) — Colloquia Germanica (Bern: Francke) — Der Deutschunterricht (Stuttgart: Klett) — Deutsche Vierteljahresschrift für Literaturwissenschaft und Geistesgeschichte (Stuttgart: Metzler) — Diskussion Deutsch (Frankfurt: Diesterweg) — Euphorion (Heidelberg: Winter) — Germanisch-Romanische Monatsschrift (Heidelberg: Winter) — die horen (Wilhelmshaven: Horen-Verlag) — Kursbuch (Berlin: Rotbuch) — Literaturmagazin (Reinbek: Rowohlt) — Merkur (Stuttgart: Klett) — Neue Rundschau (Frankfurt: S. Fischer) — Poetica (München: W. Fink) — Sprache im technischen Zeitalter (Stuttgart: Kohlhammer) — Text + Kritik (Stuttgart: Boorberg) — Tintenfisch (Berlin: Klaus Wagenbach) — Wirkendes Wort (Düsseldorf: Schwann) — Zeitschrift für deutsche Philologie (Berlin: E. Schmidt) — Zeitschrift für deutsche Sprache (Berlin: de Gruyter)

Nachschlagewerke

Bibliographien:
Hanns W. Eppelsheimer *Handbuch der Weltliteratur.* Frankfurt/Main ²1947
Hanns W. Eppelsheimer *Bibliographie der deutschen Literaturwissenschaft.* Frankfurt/Main 1957 ff.
Josef Körner *Bibliographisches Handbuch des deutschen Schrifttums.* München ³1966
Wilhelm Kosch *Deutsches Literaturlexikon. Biographisch-bibliographisches Handbuch.* Bern ³1968
Herbert Wiesner *Bibliographie der Personalbibliographien.* München 1945 ff. 1970 (Nachweis von Bibliographien, Forschungsberichten über fast alle deutschsprachigen Autoren des 20. Jhs.)
Lexika:
Reallexikon der deutschen Literaturgeschichte. Begründet von Paul Merker und Wolfgang Stammler, hg. von Werner Kohlschmidt. Wolfgang Mohr, Berlin ²1968 ff.
Die deutsche Literatur des Mittelalters. Verfasserlexikon, hg. Bd. 1—3 von Wolfgang Stammler, Berlin 1933—43; Bd. 4—5 von Karl Langosch, Berlin 1953—55
Kindlers Literaturlexikon. Zürich ²1974
Lexikon der Weltliteratur im 20. Jahrhundert, 2 Bde. Freiburg 1960
Gero von Wilpert *Lexikon d. Weltliteratur.* Bd 1: *Autoren.* Stuttg. ²1975. Bd. 2: *Werke.* Stuttg. 1968
Diether Krywalski *Handlexikon zur Literaturwissenschaft.* München 1974
Sachwörterbücher:
Gero von Wilpert *Sachwörterbuch der Literatur.* Stuttgart ⁵1969
Kleines literarisches Lexikon, Bd. 3 *Sachbegriffe,* bearb. von Dieter Baacke. Dalp 17, ⁴1966
Ivo Braak *Poetik in Stichworten.* Kiel ⁵1974
Otto Bantel *Grundbegriffe der Literatur. Hirschgraben-Verlag,* Frankfurt/Main ¹¹1975
Das Fischer-Lexikon. Literatur. Bd. 34 und 35, 1—2. 1965—69
Handbücher:
Deutsche Philologie im Aufriß, hg. von Wolfgang Stammler. Berlin ²1962
Handbuch der deutschen Gegenwartsliteratur, hg. von Hermann Kunisch. München ²1969
Handbuch zur modernen Literatur im Deutschunterricht. Hirschgraben-Verlag, Frankf./M. ⁶1975
Werke zur Methodik der Literaturwissenschaft:
Jost Hermand *Synthetisches Interpretieren. Zur Methodik der Literaturwissenschaft.* München ⁴1973
Manon Maren-Grisebach *Methoden der Literaturwissenschaft.* Dalp 397 (1970) UTB 121, ⁴1976
Wolfgang Kayser *Das sprachliche Kunstwerk.* Bern ¹⁶1973
René Wellek — Austin Warren *Theorie der Literatur.* FAT 2005 (1972)
Karl Otto Conrady *Einführung in die neuere deutsche Literaturwissenschaft.* rororo 252/53 (1966)
Viktor Žmegač (Hg.) *Methoden der deutschen Literaturwissenschaft.* FAT 2001 (1972)
Interpretationen:
Reinhard Schlepper (Hg.) *Was ist wo interpretiert? Interpretationen für den Deutschunterricht, nachgewiesen von 1945 bis 1969.* F. Schöningh-Verlag, Paderborn ³1975

Abkürzungen bei den Literaturangaben

Annalen	=	Annalen der dt. Literatur, hg. v. H. O. Burger
BS	=	Bibliothek Suhrkamp
Dalp	=	Dalp Taschenbücher
dnb	=	das neue buch rowohlt
dtv	=	Deutscher Taschenbuch Verlag
DU	=	Der Deutschunterricht
DVjs	=	Deutsche Vierteljahresschrift für Literaturwissenschaft und Geistesgeschichte
DW	=	Reihe Dichtung und Wirklichkeit. Ullstein Verlag
es	=	Edition Suhrkamp
FAT	=	Fischer Athenäum Taschenbücher
FD	=	Friedrichs Dramatiker des Welttheaters, jetzt dtv
Fi	=	Fischer Bücherei
it	=	Insel Taschenbuch
L	=	List Taschenbücher
LW	=	List Taschenbuch Wissenschaft
R	=	Reclam
rororo	=	Rowohlt-Taschenbuchverlag
rde	=	Rowohlts deutsche Enzyklopädie
RK	=	Rowohlts Klassiker
rm	=	Rowohlts Monographien
RP	=	Rowohlts Paperback
SL	=	Sammlung Luchterhand
SM	=	Sammlung Metzler
st	=	suhrkamp taschenbuch
stw	=	suhrkamp taschenbuch wissenschaft
Urban	=	Urban Bücher
UTB	=	Uni-Taschenbuch
Vand	=	Kleine Vandenhoeck-Reihe
WBG	=	Wissensch. Buchgesellschaft Darmstadt
WBG Bd.	=	Wissensch. Buchges. Darmstadt, Reihe ‚Wege der Forschung' Bd. . . .

Bildquellen

Kunstarchiv Arntz, Haag 12, 74, 129, 133, 164, 228, 231, 246 — Staatsbibliothek Bremen, aus „Ms. b. 21 (Echternacher Perikopenbuch) für Heinrich III. von etwa 1040" 13 — Bayerische Staatsbibliothek, München 14 — Österreichische Nationalbibliothek, Wien 16, 215, 265, 291 — Universitätsbibliothek, Heidelberg 21, 31, 35 — Bildarchiv Foto Marburg 22, 33 — Stiftsbibliothek, Einsiedeln 49 — Albertina, Wien 50 — Ullstein, Berlin 51, 167, 247, 318, 320, 321, 341, 391 — Öffentliche Kunstsammlung, Basel 53 — Deutsche Photothek, Dresden 56 — Theater-Museum, München 60 — Lessingbibliothek Kamenz 72 — Staatsbibliothek Berlin, Bildarchiv 77 — Historisches Bildarchiv Handke, Bad Berneck 43, 96, 182 — Archiv für Kunst und Geschichte, Berlin 98, 166 — Nationale Forschungs- u. Gedenkstätte der klass. dtsch. Lit., Weimar 104, 143, 145, 152 — Stiftung Preußischer Kulturbesitz, Staatliche Museen, Kupferstichkabinett 122 — Thüringische Landesbibliothek, Weimar 125, 144 — aus „Goethe. Faust Zweiter Teil". Zeichnungen von Max Beckmann. Prestel Verlag, München 1970 147 — Deutsche Akademie der Künste, Abt. dtsch. Theatergeschichte Berlin 150, 298 — Staatliche Museen, Nationalgalerie, Berlin 156 — Kunsthaus Zürich 157 — Gleimhaus, Halberstadt 161 — Prof. Dr. Günther Grundmann, Hamburg 173 — Stiftung Preußischer Kulturbesitz, Staatliche Museen, Nationalgalerie, Berlin 185 — Schiller-Nationalmuseum, Marbach 194 — Landesbildstelle Rheinland, Düsseldorf 202 — Landesdenkmalsamt Westfalen-Lippe, Münster 206 — Günter Englert, Frankfurt a. M. 211, 283, 368, 370 — Graphische Sammlung der Zentralbibliothek, Zürich 226 — Verlag Helmut Küpper, München 250 — S. Fischer Verlag, Frankfurt am Main 254, 267, 310, 314 — Loulou Albert-Lasard, Paris 256 — Süddeutscher Verlag, München 259 — Peter M. Grosz, Princeton 284 — Stiftung Seebüll Ada und Emil Nolde 287 — Otto-Müller-Verlag, Salzburg 303 — aus „Die Scheuche", Aposs Verlag, Hannover 1925, 307 — Ruth Berlau, Berlin 325 — Ingeborg Britting, München 332 — Kösel-Verlag, München 342 — Rosemarie Clausen, Hamburg 348 — Hermann Luchterhand Verlag, Neuwied. Mit Genehmigung von Günter Grass 358 — Ilse Buhs, Berlin 374, 375 — Mit Genehmigung von Christoph Meckel 390 — Kurt Bethke, Kelkheim/Ts. 393 — aus: Claus Bremer „Anlässe". Luchterhand Typoskript 1970 398 — aus: „Konkrete Poesie". Reclam Universal Bibliothek Nr. 9350/51 399 — Rowohlt Verlag, Reinbek 400 — aus: Klaus Schöning „Neues Hörspiel. Texte Partituren". Suhrkamp Verlag, Frankfurt/M. 1969 403.

I. VORSTUFEN DER DEUTSCHEN LITERATUR

1. Die vorchristlichen Literaturdenkmäler

Die Dichtung der vorchristlichen germanischen Zeit ging wie jede frühe Kunst aus dem religiösen Kult hervor. Die Hirten, Viehzüchter, Ackerbauern und Krieger waren in einem heute nicht mehr vorstellbaren Ausmaß jeden Augenblick ihres Lebens von Naturkräften bedroht. Überall lauerten Gefahren, überall erblickten sie das Walten von Dämonen und Göttern. Im Sturm und Gewitter, im Rauschen der Bäume, in Schlaf und Traum wirkten gute oder böse Geister. Mit Hilfe der Magie erflehten die Germanen Wotans und Thors, Tyrs und Freyas Hilfe, suchten sie die Götter zu beschwichtigen oder drohendes Unheil abzuwehren. Den magischen Riten entsprangen die Opferverse, Orakelsprüche und Zauberformeln. Wort und Ton, Tanz und Mimik waren noch ungeschieden. Feierliche Worte verband ein strengtaktiger Rhythmus zu ekstatischen Beschwörungsformeln. Diese Zauberformeln bestanden zumeist aus eindringlichen Wortwiederholungen und variierten Anrufungen, die der Stabreim (= gleicher Anlaut der Stammsilbenbetonung) noch enger miteinander verkoppelte und rhythmisch in Langzeilen gliederte.

Die ältesten literarischen Denkmäler aus geschichtsloser Vorzeit sind die beiden *Merseburger Zaubersprüche*. Sie stammen noch aus der Zeit der magischen Bewußtseinsstufe. Viel später erst, im 10. Jh., zeichneten Mönche sie in althochdeutscher Sprache auf.

Die Völkerwanderung erschütterte die gesamte germanische Lebenswelt. In kürzester Zeit mußten die Ost- und Westgoten, die Burgunder und Vandalen auf ihren Wanderzügen quer durch Europa, auf dem Balkan, in Italien, in Spanien und Afrika der geistig-seelischen Herausforderung einer ihnen weit überlegenen Kultur begegnen. Ihre gesamten religiösen Vorstellungen gerieten ins Wanken. Die erste literarische Frucht dieser Auseinandersetzung mit der neuen Kultur und der neuen, der christlichen Religion war die Bibelübersetzung des arianischen Westgotenbischofs WULFILA (311—383). Aus den Runen sowie griechischen und römischen Schriftzeichen formte er die gotische Schrift und erweiterte und bereicherte die Sprache seines rauhen Kriegervolkes so, daß die Westgoten den Gehalt der Bibel aufnehmen konnten. Seine Übersetzung des Neuen Testaments ist eine erstaunliche sprachschöpferische Leistung, der Luthers vergleichbar. Heute wird der *Codex argenteus*, eine prachtvolle Pergamenthandschrift aus dem 6. Jh., in der Universitätsbibliothek der schwedischen Stadt Uppsala aufbewahrt.

Heldendichtung. In dieser Epoche ständigen Kampfes, häufigen Schauplatzwechsels und rücksichtsloser Eroberung von Siedlungsräumen traten einzelne Führer der aristokratischen Herrenschicht immer stärker hervor. Ihre kühnen Taten prägten sich unauslöschlich in das Bewußtsein ihrer Gefolgschaften. Eine Zeit der Heldendichtung brach an. Der Skop, der adelige Krieger und Sänger, sang, begleitet von seinem Harfenspiel, vor versammelten Kriegern in der Fürstenhalle vom Heldenruhm der Herren. Eine selbstherrliche, preisende Ehrung der stolzen Kriegerkaste. Die furchtbaren Heereszüge und ihre Begebenheiten blieben im Gedächtnis der nachfolgenden Geschlechter, umgeschaffen zu Mythen, von der Phantasie zu Sagen ausgeschmückt. König Etzel, Dietrich von Bern, Hildebrand, Siegfried und Krimhild, später König Rother und Walter von Aquitanien waren die immer wieder besungenen Helden.

Von der gotischen Dietrichsage ist uns ein Sproßlied erhalten, das einzige Denkmal eines heroischen Liedes in althochdeutscher Sprachform: *Das Hildebrandslied.* Zwei Mönche zeichneten es um 800 in der Fuldaer Schreibstube auf.

Die 68 stabreimenden Langzeilen des Bruchstücks berichten in gespanntem dramatischem Dialog vom Zusammenprall Hildebrands, eines Getreuen Theoderichs, mit seinem Sohne Hadubrand. Als sich Hildebrand als Vater zu erkennen gibt, schilt ihn der verblendete Hadubrand einen schlauen Hunnen und glaubt seinen Beteuerungen nicht. Der provozierte Vater steht vor der tragischen Entscheidung, entweder mit seinem Sohn zu kämpfen oder seine Ehre zu verlieren:

Darstellung der Siegfriedsage auf dem Runenstein von Ramsundsberg (Südschweden), um 1030. Rechts unten: Siegfried tötet den Drachen. Von links nach rechts: der enthauptete Schmied; Siegfried brät das Herz und trinkt das Blut des Drachen; sein Roß Grani; auf dem Baum die Meisen, deren Sprache er jetzt versteht.

. . . welaga nû, waltant got, wêwurt skihit.
ih walôta sumaro enti wintro sehstic ur lante,
dar man mih eo scerita in folc sceotanero:
sô man mir at burc ênîgeru banun ni gifasta,
nû sal mih suâsat chind suertu hauwan
bretôn mit sînu billiu, eddo ih imo ti banin werdan . . .

Weh nun, waltender Gott, Wehgeschick geschieht!
Ich wallte (der) Sommer und Winter sechzig außer Landes,
wo man immer mich scharte in das Volk der Speerschützen,
ohne daß man mir bei irgendeiner Burg (Stadt) den Tod beibrachte,
nun soll mich das eigene Kind mit dem Schwert erschlagen,
niederstrecken mit seinem Schwerte oder ich ihm zum Mörder werden.

Die Zeilen lassen nur den mutmaßlichen Ausgang ahnen: der Vater wird den Sohn töten.

Vom Skopen zum Mönch. Die buchlose Versdichtung dieser wirren Umbruchszeit ging verloren; denn sie war allein auf die mündliche Tradition und den Sänger angewiesen. Die Mönche aber verdrängten den Skop. Heimatlos, seiner gesellschaftlichen und dichterischen Funktion beraubt, sank er zum Spielmann ab und führte auf der unterliterarischen Ebene sein verfemtes Gauklerleben. Die heidnischen Naturgötter verschwanden nicht, sie lebten in gewandelter Gestalt, im Dämonenglauben, Zauber- und Hexenwesen, in der Magie und im Volksaberglauben weiter. Erst die Schule des Christentums hob die Sprache der germanischen Naturvölker auf eine höhere Bewußtseinsstufe. Mühsam lernten sie in der Bibel eine ausgebildete Literatursprache kennen. Motive der antiken Literatur und deren reiche Sprachfiguren wurden allmählich resorbiert. Langsam entwickelte sich so in der Schule der lateinischen und christlichen Literatur ein deutschsprachiges literarisches Idiom. Erst im 12. Jh. vermochte der Laienstand seine eigene Welterfahrung in der nun ausgebildeten deutschen Literatursprache dichterisch zu gestalten. Daß er es konnte, verdankt er dem Christentum, das die Germanen vom magisch gebundenen Sprechen in eine neue, geistig differenzierte Kultur hineinführte. Das ist das große, nicht zu unterschätzende Verdienst der Missionierung und der geistlichen Dichtung des Mittelalters.

Literatur:
Heiko Uecker *Germanische Heldensage.* SM 106 (1972)
Felix Grenzmer *Vorgeschichtliche und frühgeschichtliche Zeit* in: *Annalen der deutschen Literatur,* hg. v. H. Otto Burger. Stuttgart ^{2}1971
Karl Hauck (Hg.) *Zur germanisch-deutschen Heldensage.* WBG Bd. 14 (1965)

2. Die Literatur der Geistlichen (750—1170)

a) Klöster als Bildungsstätten

Karl der Große hatte nach den Jahrhunderten der Völkerwanderungszeit die germanischen Stämme in einem Universalreich geeint und durch den Aufbau einer gutorganisierten Reichskirche die Grundlagen für die Kulturarbeit des Abendlandes geschaffen. Staat und Kirche waren während des nächsten halben Jahrtausends aufs engste verbunden: Der Staat als Schutzherr der Kirche, die Kirche als geistliche Stütze des Staates. Das enge Bündnis der karolingischen und ottonischen Herrscher mit der Kirche wurde erst in der Zeit der Salier beendet, als sich die Kirche durch Selbstbesinnung und Reform aus den staatlich-weltlichen Verstrickungen zu lösen begann (Investiturstreit 1059—1122). Was in diesem Zeitraum alles gedacht und erörtert, gefühlt und empfunden, gedichtet und erzählt wurde, bannte ein einziger Stand aufs Pergament, der geistliche. Und er bediente sich in diesem dialekt- und volkssprachenreichen Kulturraum des Lateinischen. Es war die Weltsprache des Frühmittelalters, die Standessprache der Kleriker und die Kultsprache der Kirche, in der Gottes Wort unmittelbar gegenwärtig war. Gepflegt wurde es in der einzigen Bildungsstätte der damaligen Zeit, im Kloster.

Zwei Schreiber an ihren Pulten, rechts ein Mönch, links ein Laie, Buchmalerei aus dem Kloster Echternach (1039—43)

„ora et labora". Die Germanen kannten bei ihrem Zusammenstoß mit der antiken Welt weder Stadt noch Schrift. Sie lebten in einfachen, heidnisch-naturhaften Bindungen, in Familie, Sippe, Gefolgschaft. Es war eine der fruchtbringendsten Taten für die abendländische Kulturentwicklung, als Benedikt von Nursia (529) seinen Orden gründete und damit eine Gemeinschaftsform schuf, die das gesamte Leben auf eine neue, rational geordnete Grundlage stellte. Zum erstenmal wurde eine fast urbane Lebensform geprägt, die den Germanen aus seinen Sippenbindungen herausnahm und ihn unter eine höhere vernunft- und glaubensbestimmte Ordnung stellte. Durch Benedikts Ordensregeln wurde das Leben systematisiert, mit der Zeit und dem Tag gewirtschaftet und eine Arbeitsordnung begründet, die erst eine zielstrebige Kulturarbeit ermöglichte. Allenthalben entstanden im karolingischen Reich Klöster, von nun an die wichtigsten Stätten des Geisteslebens. Fulda mit seinem berühmten Abt Hrabanus Maurus († 856), St. Emmeram in Regensburg, St. Gallen, die Reichenau, Weißenburg im Elsaß und andere wurden die Bildungszentren des nordalpinen Raums.

Die vornehmste Aufgabe der Klöster war das Studium der von Hieronymus († 420) ins Lateinische übertragenen *Heiligen Schrift.* Zum Verständnis ihres reichen Formenschatzes an Psalmen, Gleichnissen, Liedern war eine gründliche Kenntnis der lateinischen Stilistik und Rhetorik vonnöten. Das philologische Rüstzeug für die Schriftdeutung lieferte das von dem Afrikaner Martianus Capella († 420) in einem Kompendium zusammengefaßte Bildungswissen der Spätantike, die septem artes liberales (sieben freie Künste). Im Grammatikunterricht lernten die Mönche die elementaren Sprachkenntnisse, in der Dialektik logisches Schließen, besonders an Hand der Werke des BOETHIUS, und in der Rhetorik das Gelernte anzuwenden. Diese drei Künste bildeten das Trivium (Dreiweg). Das Quadrivium (Vierweg), bestehend aus Astronomie, Arithmetik, Geometrie und Musik, vervollständigte die Bildung. Die Bedeutung der artes für das gesamte Mittelalter kann nicht überschätzt werden. Sie bildeten „die Fundamentalordnung des Geistes" (Ernst Robert Curtius).

Die Christianisierung. Obwohl die äußere Missionierung schon unter Karl dem Großen im allgemeinen abgeschlossen war, dauerte der innere Aneignungsprozeß christlicher Heilswahrheiten noch Jahrhunderte, immer wieder von Rückfällen in heidnische Kulte unterbrochen. Die Germanen waren in der Völkerwanderungszeit weitgehend von ihrem Götterglauben abgefallen. Dieser Umstand, das Fehlen einer Priesterkaste und der germanische Polytheismus erleichterten die christliche Missionsarbeit. Um die mythische Vorstellungswelt dieser Naturvölker zu verändern, bedienten sich die Missionare der Methode der Dämonisierung. Sie erklärten Wodan und Thor zu bösen Geistern und verbannten sie in die Hölle. Weniger wichtige Götter und Kulte wurden christlich interpretiert. So wuchsen ungezählte heidnische Bräuche in den christlichen Alltag hinein. Der Zusammenprall zweier Kulturen schuf ein Spannungsverhältnis, das zu neuen literarischen Formen führte.

b) Die Literatur im Dienste der Mission

Die schriftlose, mündlich überlieferte Dichtung der Zaubersprüche, Helden- und Preislieder blieb unterhalb des literarischen Bereichs; denn diese Art von Wort- und Gesangeskunst widersprach den Missionsabsichten der Kirche, die lateinkundigen Mönche betrachteten ohnehin die Werke ihrer heidnischen Vorväter mit Geringschätzung. So wurde der reiche Sagen- und Heldenliederschatz der Völkerwanderung in die unterliterarische Schicht verbannt, wo er in mündlicher Überlieferung weiterlebte. Der gesellschaftliche Ort dieser gedächtnisgetragenen Literatur waren jedoch nicht die Hütten des einfachen Volks, sondern die geistlichen und weltlichen Herrensitze des Adels. Die adelige Laienwelt bewahrte noch lange in ihrer Haus- und Hoftradition das Interesse an diesen Liedern, an ihren Höfen mag so manches Mal neben dem geistlichen auch der weltliche Gesang von ehedem erklungen sein. Nur so ist es zu erklären, daß von Zeit zu Zeit dieses alte Dichtungsgut wieder auf der literarischen Oberfläche auftauchte (s. Nibelungenlied S. 32).

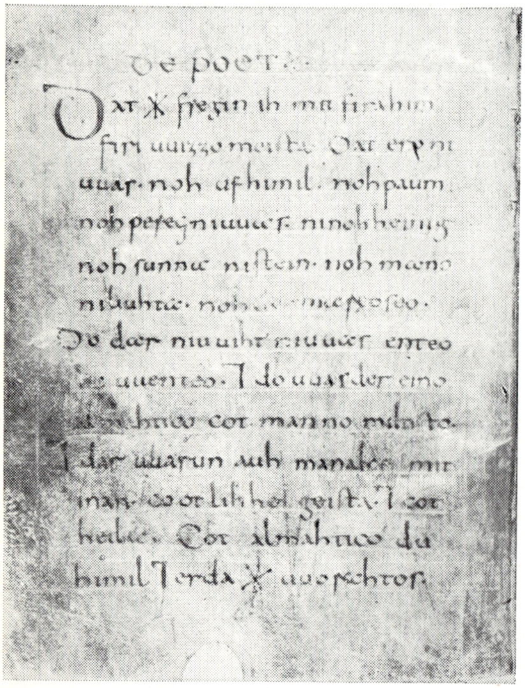
De poet
Dat gafregin ih mit firahim
firi uuizzo meista. Dat ero ni
uuas noh ufhimil. noh paum
noh pereg ni uuas. ni noh heinig
noh sunna ni scein. noh mano
ni liuhta. noh der mareoseo.
Do dar niuuiht ni uuas enteo
ni uuenteo. 7 do uuas der eino
almahtico cot manno miltisto.
7 dar uuarun auh manake mit
inan cootlihhe geista. 7 cot
heilac. Cot almahtico du
himil 7 erda gauuorahtos.

Wessobrunner Gebet,
um 800 im Kloster St. Emmeram in Regensburg entstanden.

Übersetzungen. Der eifrigen Bekehrungsarbeit verdanken wir die ersten schriftlichen Aufzeichnungen in althochdeutscher Sprache. Wir verstehen darunter die mittel- und oberdeutschen Mundarten, welche die 2. Lautverschiebung mitgemacht und sich vor allem durch Vokal- und Endungsreichtum auszeichnen (700—1060).

Den lernbegierigen Klosterschülern fiel es nicht leicht, in die ihnen völlig fremde Begriffswelt einzudringen. Das mühevolle Erlernen der lateinischen Sprache erleichterten sie sich durch wörtliche Übersetzungen der lateinischen Vokabeln im Text. Wir nennen diese Übersetzungen Glossen, ihre Verfasser Glossatoren, die Wörterverzeichnisse Glossare (z. B. Glossar aus Freising, 770, *Abrogans* genannt). Der nächste Schritt führte zur Interlinearversion, zu wörtlichen Übertragungen ganzer Texte zwischen den Zeilen. Besonders häufig wurden die für das Klosterleben wichtige Benediktinerregel und die im Gottesdienst gesungenen Psalmen übertragen. Der praktischen Missionsarbeit dienten vor allem Taufgelöbnisse, Vaterunser-Übersetzungen, Beicht- und Gebetsformeln.

Theologische Dichtung. So bestand das ahd. Schrifttum überwiegend aus Gebrauchsliteratur. Nur ein paar Heilsgeschichtsdichtungen sind uns aus der Karolingerzeit bekannt. Sie zeigen, wie theologische Inhalte mit der Form der germanischen stabenden Langzeile zu neuen Schöpfungen verschmolzen. Das *Wessobrunner Gebet*, so genannt nach dem Handschriftenfundort, dem Kloster Wessobrunn, vermutlich um 800 in St. Emmeram verfaßt, enthält den Beginn eines großartigen Weltschöpfungshymnus. In neun Langzeilen umschreibt es mit einfachen Negationen das Nichts, über dem der ewige Gottkönig thront, umgeben von seinen Geistern (Engeln): Gott, der Herrscher schon vor Erschaffung der Welt.

Das entgegengesetzte Thema griffen die 104 Verse des *Muspilli* (= Weltenbrand) auf. Im 9. Jh. in St. Emmeram aufgezeichnet, enthält es eine packende Vision des Weltuntergangs. Das Gedicht schildert zuerst das Los der Seele nach dem Tode, um die himmlische und höllische Heerscharen streiten. Darauf folgt als Vorspiel des Weltuntergangs der Kampf Elias' mit dem Antichrist. Das Blut des verwundeten Propheten tropft auf die Erde und setzt die Welt in Brand. Dann erscheint der königliche Weltenrichter zum letzten Gericht. Anschauliche, gedrängte Bilder beschwören die endzeitlichen Ereignisse, eindringlich werden den Zuhörern die Folgen ihres irdischen Lebenswandels gezeigt.

Wessobrunner Gebet und Muspilli gestalteten ein immer wiederkehrendes Missionsanliegen: die Neugetauften durch die Darstellung der Schöpfungstat und des Weltgerichts von der Allmacht des Christengottes zu überzeugen.

Biblische Epik. Im niedersächsischen Raum unternahm es ein mit der karolingischen Theologie wohlvertrauter Geistlicher auf Wunsch Ludwigs des Frommen, mit Hilfe der Epik seine adeligen sächsischen Landsleute im neuen Glauben zu bestärken. Er schrieb um 830 den *Heliand*, die Lebensgeschichte Christi. Sächsische Umwelt (Burg = Stadt, Urwald = Wüste), biblische Gestalten im Rahmen der Ständeordnung, Apostel im treuen Herrendienst des mächtigen Himmelskaisers: aus diesen der Hörerschaft vertrauten Vorstellungen heraus entwickelte der Autor seine christliche Ethik. Sünde (= Überheblichkeit, Stolz) und der neue Gefolgschaftsdienst für den Gottkönig sind unvereinbar. Dabei bedient sich der Verfasser der epischen Mittel der angelsächsischen Stabreimkunst: stabreimender Langzeilen, schmückender Beiwörter (gütiger Krist, weise Männer), der Variationen (Krist, Mächtiger, Gottessohn) und langer Sätze, die über den Langzeilenschluß hinweg erst in der nächsten Langzeile enden (Hakenstil). In episch breiten Szenen erzählt er den Lebensweg Jesu. Die folgende Stelle schildert den Beginn der Bergpredigt:

Thô umbi thena **n**eriendon Krist   **n**âhor gêngun
sulike gisîthos,   sô he im selbo gikôs
waldand under them **w**erode.   Stôdun **w**îsa man
gumon umbi thena **g**odes sunu   **g**erno switho
werôs an **w**illeon,   was him therô **w**ordô niud,
thâhtun endi **th**agôdun,   hwat im **th**ero **th**iôdo drohtîn,
weldi **w**aldand self   **w**ordun kûthian,
theson liudiun te liobe.

Da **g**ingen als Begleiter   mit dem **g**ütigen Krist
solche Gesellen,   wie er selber sich erkor,
der **M**ächtige, aus der **M**enge.   Da standen die weisen **M**änner
gern um den Gottessohn,   die **g**uten Helden,
williglich, die **w**ackern,   trugen nach seinen **W**orten Begehr,
schwiegen und bedachten,   was ihnen dieser **Sch**aren König,
der **W**altende, wollte   mit **W**orten künden,
diesen **L**euten zu **L**iebe.   (Übertragung von Felix Genzmer)

Der *Heliand* war ein einmaliges, aus den besonderen sächsischen Verhältnissen erwachsenes Werk, zugleich aber auch das letzte seiner Art. Auf die Dauer ließ sich die mit der romanisch-antiken Gedankenwelt so eng verbundene christliche Botschaft nicht mit den Mitteln der unterworfenen Kultur gestalten. Die neue Religion drängte auch in der Literatur zu neuen Formen.

Einzug Christi in Jerusalem,
Miniatur aus der Wiener *Otfried*-Handschrift

Diese Formentwicklung miteingeleitet zu haben, ist das Verdienst des Weißenburger Mönchs OTFRIED. Er tritt in jenen überlieferungsarmen Jahrhunderten als erster aus der Anonymität ins Licht der Geschichte. Otfried verfaßte in rheinfränkischem Dialekt um 870 seine Evangelienharmonie, den *Krist*. Das Ludwig dem Deutschen gewidmete Werk erzählt an Hand der Evangelien in fünf Büchern die „Heilung der fünf irdischen Sinne" und verbindet Geburt, Lehren, Wunder, Leiden und Himmelfahrt Christi mit mystischen, allegorischen und dogmatischen Auslegungen. Das Buch wendet sich an eine bereits mit den religiösen Grundkenntnissen vertraute Zuhörerschaft. Es wollte den anstößigen weltlichen Gesang aus den Hallen des Adels vertreiben, aber auch ein Gotteslob in der fränkischen Sprache bieten, die jetzt ebenbürtig neben die „edilzungen" Latein und Griechisch trat. Die episch-didaktische Erzählung hat vor allem formgeschichtliche Bedeutung. In ihr verschmelzen germanische mit spätantik-christlichen Formelementen. Otfried ging von der aus der Stabreimdichtung bekannten Langzeile aus und verklammerte die beiden Kurzzeilen nicht mehr mit der Alliteration, sondern mit dem aus der christlichen lateinischen Hymnendichtung stammenden Endreim. Er bewahrte aber das germanische Versgefühl, indem er die Silben nicht zählte, vielmehr die Senkungen frei behandelte.

Er richisot githiu*to* kunning thereo liu*to*
thaz steit in gottes hen*ti* ana theheinig en*ti*.
Er herrscht volkstümlich als König dieser Leute,
das steht in Gottes Hand ohne irgend ein Ende.

c) Die lateinische Dichtung

Otfrieds *Krist* war für lange Zeit das letzte deutsche Endreimgedicht. Der Übergang zum ottonischen Kaiserhaus führte auch zu einer einschneidenden Veränderung im literarischen Leben: Die Interessen der Herrscher waren nun ganz und gar Italien zugewandt. Deshalb gewinnt das in seinen künstlerischen Ausdrucksmöglichkeiten überlegene Latein eine beherrschende Stellung. Die Missionsliteratur ist vorerst zu Ende, weltliche Stoffe reizen zu dichterischer Gestaltung. Antike Autoren wie Terenz, Plautus und Vergil waren im artes-Unterricht der Kloster- und Domschulen zum geistigen Besitz literaturbeflissener Mönche und Nonnen geworden. Das Studium klassischer Werke hatte überdies ihren Sinn für Szenengestaltung, Dialogführung und Stilisierung der Rede, kurz ihr Verständnis für die Erzähltechnik so weit entwickelt und geschärft, daß sie sich nun selber an eigene dichterische Versuche wagen konnten.

Epik. In St. Gallen schuf vielleicht der Mönch EKKEHARD I. († 971) unter Verwendung der klassischen Form des antiken Epos seinen *Waltharius manu fortis* (Walter mit der starken Hand). Der Dichter weitete die alte, mündlich als Waltherlied überlieferte Sage aus dem 6. Jh. aus. Sie handelt von den Königskindern Walter von Aquitanien und Hildegund von Burgund. Er erzählt von ihrer Gefangenschaft als Geiseln am Hofe Etzels, von ihrer

Flucht und ihrem Kampf gegen die ihren Schatz begehrenden Burgunderkönige am Wasenstein bei Worms. Mit erstaunlicher Formsicherheit gestaltet er ein episches Meisterwerk des lateinischen Mittelalters. Geschult an Vergils Äneis, fängt er die Handlung in abgerundeten Bildern ein, schildert mit starkem Wirklichkeitssinn Kämpfe und Abenteuer und zeichnet klar den Charakter, die Freundestreue und Kampfeslust des tapferen, christlichen Gottesdieners.

Dramatisierte Legenden. Im sächsischen Kloster Gandersheim war die Nonne HROTSVITH vom „Zauber der gebildeten Sprache" und vom „erhabenen Können und Wissen" antiker Dichter fasziniert. Aber als gläubige Frau versuchte diese erste deutsche Dichterin, die sündhaft-gottlose Welt der Heiden mit frommer asketisch-weltverneinender Gesinnung zu überwinden. Der Inhalt der als Schullektüre verwendeten terenzischen Dialoge erschien ihr zu anstößig. Deshalb preist sie an Stelle des heidnischen Treibens in acht Legenden und sechs kunstvoll komponierten Dramen, eigentlich Legenden in Dialogform, die Jungfräulichkeit und die weltüberwindende Macht des Martyriums. Terenz sollte gleichsam auf seinem eigenen Boden von der christlichen Tugend besiegt werden. Ihrem dichterischen Talent gelangen gewandte Dialoge, humorvolle Figuren und burleske Szenen.

Neue Lyrik. Diese epischen Werke bezeugen die humanistische Gelehrsamkeit der Klöster. Aus ihnen spricht schon reiche Phantasie und ausgeprägter Wirklichkeitssinn. Tiefer und ursprünglicher äußerte sich jedoch die Gefühlswelt in einer anderen Gattung: in der aus dem sakralen Raum herauswachsenden Lyrik. Nach 850 entstand die Marienhymne *Ave maris stella* und die Anrufung des Schöpfergeistes *Veni creator spiritus*, worin Goethe einen „Appell ans Genie" sehen wollte. Der St. Gallener Mönch NOTKER I. BALBULUS (der Stammler; 840—912) entwickelte aus der jubelnden Allelujamelodie durch Textunterlage eine neue lyrische Form, die Sequenz. Die zunächst an die Melodie gebundenen Worte (jede Silbe für einen Ton) lösten sich allmählich von der Melodie ab und wurden zur selbständigen Form lyrischen Preisens. In knappen, sinnträchtigen Worten, im berückenden Wohlklang der Sprache und in vielfältigen Metaphern gestaltet das religiöse Empfinden des frühen Mittelalters das Innigste, was eine gottpreisende Seele bewegt.

d) Geistliche deutsche Dichtung

memento mori! Im Laufe der Zeit hatte der Bildungshumanismus ottonischer Prägung die Berührung mit den Zeitströmungen verloren. Entschieden wollte im 10. Jh. die cluniazensische Bewegung die geistliche Gewalt aus den feudalen Verstrickungen lösen; sie forderte daher die unbedingte Unterordnung der Kirchen und Klöster unter das Papsttum. Der ausbrechende Kampf erregte Laien und Kleriker gleichermaßen. Die asketischen Reformklöster hatten keinen Sinn mehr für die Dichtkunst der Ottonenzeit, die weltliche Themen den kirchlichen vorgezogen hatte. Die Reformer benutzten jetzt die Dichtung ausschließlich dazu, ihre eigenen religiösen Vorstellungen zu verbreiten. Um der Laienwelt die Antithese von Weltverfallenheit und Todesbedrohtheit vor Augen zu führen, griffen die Dichter wieder zur Volkssprache. Predigtton beherrschte diese frühmittelhochdeutsche Literatur. Die Dichtung rief zu Umkehr und Bußfertigkeit auf.

Das *Memento mori* (um 1070) des alemannischen Mönchs NOKER von Zwiefalten ermahnte in bohrendem Bußpredigerstil die Menschen zur Weltabkehr. Eindringliche Wiederholungen und einprägsame Bilder zeigen die Wertlosigkeit allzuirdischen Treibens und fordern zu freiwilliger Armut und Nächstenliebe auf.

Der gewaltigste Moralist am Ende der Periode des Weltverzichts war der aus adeligem Geschlecht stammende Laienbruder HEINRICH VON MELK. Sein *Priesterleben* und seine *Erinnerung an den Tod* (um 1160) führten Adligen und Pfaffen die ganze Erbärmlichkeit ihrer sündhaften Weltlust vor Augen. Wie kein zweiter geißelte er aus intimer Kenntnis beider Stände ihren üppigen Lebenswandel. Heinrich war sich des Übergangscharakters seiner Zeit bewußt. Schon begann sich das diesseitsfrohe höfische Lebensideal durchzusetzen, während andererseits Habsucht, Buhlerei und Simonie des geistlichen Standes den „Siegeszug des Teufels" nicht aufhalten können. Diese Erkenntnis ist der tiefste Grund für Heinrichs rücksichtslose Strafpredigten. Sie sind „das letzte große Rückzugsgefecht der cluniazensischen Lebensrichtung" (de Boor).

Mariendichtung. Die asketisch-weltverneinende Bewegung verfehlte keineswegs ihre Wirkung auf die Laien, der religiöse Eifer vertiefte auch das Gefühlsleben breitester Volksschichten. Die in der Kunst der Romanik streng auf Gottvater ausgerichtete Frömmigkeit lockerte sich, und dies äußerte sich in einer gesteigerten Marienverehrung. Vornehmlich die neugegründeten Orden der Prämonstratenser und Zisterzienser pflegten die Verehrung ihrer Schutzheiligen. Maria, die leidgeprüfte Mittlerin, wurde zur Zuflucht der Bedrängten. Zugleich verkörperte die Gottesmutter auch das Ideal der Frau: Mariendichtung war Hymnus und Klage. Die Dichter knüpften an die lateinischen Sequenzen an, bedienten sich des Bilder- und Symbolschatzes des Alten Testamentes, besonders des Hohen Liedes und schufen innige, von zartem Gefühl getragene Marienlieder: *Arnsteiner Mariengebet, Melker Marienlied* (um 1125), *Mariensequenz von Muri.*

Brunne besigelter,	Versiegelte Quelle,
garte beslozzener,	verschlossener Garten,
dar inne fliuzzit balsamum,	darin Balsam fließt,
der waezzit sô cinámomum,	der wie Zimt duftet,
dû bist sam der cêderboum	du gleichst der Zeder,
den dâ fliuhet der wurm,	die die Schlange meidet,
Sancta Maria.	Heilige Maria.

(Aus dem *Melker Marienlied)*

Die Marienverehrung ging der Verehrung der Herrin im Minnesang voran (s. S. 34 f.).

e) Tierepen

Die Maske. Tierdichtungen sind eine Urform der Weltliteratur. Gleichviel, ob wir die altindische Fabelsammlung *Pantschatantra* oder Äsops Geschichten lesen, ob wir Gulliver auf seiner Reise ins Land der Pferde begleiten oder in George Orwell's *Animal Farm* den Kampf der Schweine verfolgen: in all diesen Werken werden die Tiere als Träger menschlicher Schwächen und Laster verwendet, hinter ihrer Maske die gesellschaftlichen Zustände der Zeit gegeißelt. Die Beliebtheit dieser Dichtungsform ist verständlich. Der naive Leser erkennt im Treiben der Tiere unbewußt die eigenen Fehler, der Literaturkenner sieht die versteckt vorgetragenen Angriffe, und dem Verfasser bietet die fiktive Form Schutz vor Unannehmlichkeiten und Verfolgung.

Das Mittelalter hatte ein besonderes Verhältnis zur Tierwelt. Naturforschung in unserem Sinn kannte es nicht. Dafür setzte es den gesamten Tierbereich in eine enge Beziehung zur Offenbarung und wies jedem Geschöpf seine religiös bestimmte Symbolfunktion zu, wie das „Zoologiebuch" der *Physiologus* deutlich zeigt. Gerade weil das Mittelalter in jeder Erscheinung das Abbild einer bestimmten Idee sah und jedes Ding seinen Stellenwert im reichgegliederten Kosmos innehatte, eignete sich die Tierdichtung sehr gut zur Kritik an der Welt. Wenn man das Verhalten der einzelnen Stände auf die Tierebene transponierte, dann wurde niemals der Einzelne als Individuum angeprangert, denn als solches erschien er gar nicht im Blickfeld des Zeitalters, sondern als Vertreter eines Standes, dessen Wertvorstellungen er nicht entsprach. Die Tierdichtung war eminent politisch, weil sie die Institutionen und den Einzelnen als Träger einer Funktion zur Zielscheibe ihrer Satire machte.

Äsops Tierfabeln waren jedem Klosterschüler in der lateinischen Fassung des Phaedrus vom Unterricht her bekannt. Aber zu umfangreicheren Kunstwerken konnten sie nur von scharfsinnigen, hochgebildeten Geistlichen umgeschaffen werden, die sich trefflich in den Zeittendenzen auskannten. Satire und Polemik treten in Zeiten gesellschaftlichen, geistigen Umbruchs als bewußtes Kampfmittel avantgardistischer oder konservativer Geister auf. Die kirchliche Reformbewegung und der Investiturstreit erregten die Gemüter und führten zur Bildung eines größeren, an literarischen Fragen interessierten Publikums. Zum erstenmal wurde in den Jahren 1043—46 in Toul eine Tierfabel ausgestaltet. *Ecbasis captivi* war eine satirische Schrift gegen verderbtes Mönchswesen und den Kaiser. Sie wird jetzt dem gewaltigen Kämpfer der gregorianischen Reform, dem Kardinal Humbert Silva Candida, zugeschrieben.

Die äsopische Fabel von der Heilung des Löwen wird erweitert, mit einer Außenfabel verbunden, episch breit angelegt, so daß ein vielschichtig struktuiertes Tierepos entstand.

Ein Kälbchen (der Dichter, ein Mönch) flieht, gerät in die Hände des Wolfs (Sinnbild teuflischer Bosheit) und wird schließlich von der Herde unter Führung des Fuchses (Sinnbild des klugen Mönchs) dem Wolf entrissen. Die Satire ist beißend, scharf, verletzend. Kloster- und Hofleben werden schonungslos gegeißelt, das Heldenepos parodiert. Die Außenerzählung ist eine Selbstironie des Verfassers. Es ist das erste Tierepos des Abendlandes, in leoninischen Hexametern abgefaßt, und bildet das Vorbild für die folgenden Epen.

Ein Jahrhundert später verfaßte in Gent der Geistliche NIVARDUS das lateinische Epos *Ysengrimus* (= Wolf) (1146—1150). Hier tragen die Tiere zum erstenmal eigene Namen (Reinardus = Fuchs). In diesem Epos wird ebenfalls die Fabel von der Heilung des Löwen abgewandelt. Der Wolf (Mönch) und sein großer Gegenspieler, der Fuchs (Laie), treten einander gegenüber; das Laientum triumphiert über die Unwissenheit und Sinnenlust der Kleriker.

Reineke Fuchs. Diese Stoffe drangen nicht nur in die gelehrten, mit Zitaten antiker Schriftsteller durchsetzten lateinischen Tierepen, sondern auch in die Volkssprache. In Frankreich erfreuten sich die Tierschwänke großer Beliebtheit, vor allem der *Roman de Renart* (= Fuchs). Er wiederum wurde zur Hauptquelle für das bedeutende in Mittelhochdeutsch abgefaßte Tierepos *Reinhart Fuchs* (1182—1185), das der elsässische Kleriker HEINRICH DER GLEISSNER schrieb.

Als Kenner der kulturellen und politischen Zustände seiner Zeit, zeichnet der Gleißner eine scharfe antistaufische Satire. Während der Historiker Otto von Freising die Taten Barbarossas feiert und der Archipoeta in seinem Kaiserhymnus Friedrich I. verherrlicht (s. S. 20), wird im *Reinhart Fuchs* der Staufe als der schlimmste Rechtsbrecher angeprangert. Heinrich ist voller Abneigung gegen die neumodische, höfische Welt und die Reichsministerialen. Kernstück seines Epos ist der Hoftag des Königs Vrevel (Barbarossa), der vorher auf einem Kriegszug den Ameisenhaufen zerschlagen und brutal bezwungen hat (Zerstörung Mailands 1162). Die ganze Tierwelt verkörpert das Bild eines Staates, hinter den Masken verbergen sich die Vertreter der einzelnen Stände, hinter ihrem Treiben die gesellschaftlichen Zustände. „Reinhart Fuchs ist vor Gottfrieds Tristan die geschlossenste literarische Entlarvung der höfischen Welt“ (Friedrich Heer). — Dieses Tierepos wurde sehr volkstümlich, vor allem in den Niederlanden. Im späten Mittelalter wurde es 1498 in Lübeck ins Niederdeutsche übersetzt *(Reynke de Vos)* und fand weiteste Verbreitung.

Gottsched schrieb im 18. Jh. eine Prosafassung, die dann Goethe für seinen *Reineke Fuchs* verwandte.

f) Die Vagantendichtung

memento vivere! Zu Beginn des 12. Jhs. wuchs die Bedeutung der europäischen Stadt, Könige und Landesherren begünstigten Stadtgründungen, steigender Orienthandel und reger Verkehr förderten die Wirtschaftskraft der Kommunen. In ihren Mauern entstand eine neue, eminent politische Institution: die Universität. Die öffentlich-rechtliche Körperschaft der Lehrenden und Lernenden sprengte das bisher gültige soziale und hierarchische Gefüge. Diese autonome, von Feudalherren unabhängige Gemeinschaft mit eigener Gerichtsbarkeit innerhalb der Stadtmauern schuf den Freiheitsraum, in dem sich die Wissenschaft etablierte. Die Klöster verloren ihr Bildungsmonopol, die Universitäten übernahmen die Führung in den geistigen Auseinandersetzungen des Hochmittelalters. Paris, Geburtsort der Scholastik, Bologna, Salamanca, Cambridge und Oxford wurden die Bildungszentren Europas. Bürgersöhne, Artistenmagister, Beamtenadel, Kleriker und Laien formten ein bildungshungriges Publikum, eine Intelligenzschicht wuchs heran, aus der die clerici vagantes hervorgingen. Diese fahrenden Scholaren, Kleriker ohne festen Wohnsitz und Beschäftigung, waren höchst freiheitsliebende, unkonventionelle, diesseitszugewandte, dichterisch begabte Bohèmenaturen.

Bei dem Zustrom zum geistlichen Stand und der damals üblichen Pfründenhäufung waren die Aussichten auf Amt und Würden recht gering, deshalb führten sie lieber ein freies Wanderleben. Sie traten an den geistlichen Höfen auf und erfreuten ihre glücklicheren Standesbrüder mit Liedern und Weisen. Sie huldigten Bacchus, dem Würfelgotte Decius, priesen die Freuden derb-sinnlicher Liebe — ihr Ideal war das aufblühende Mädchen — und kämpften mit ihren beißenden Satiren und entlarvenden Parodien gegen soziale Mißstände, Geiz und Wucher der Kurie. Virtuos beherrschten die Vaganten den reichen Formenschatz der lateinischen Literatursprache. Die Gestalten der antiken Mythologie wurden in Metaphern und Analogien zu selbstverständlichen Ausdrucksträgern ihrer Erlebniswelt.

Nur wenige dieser Poeten kennen wir mit Namen: so Walther von Châtillon und den Primas, Magister Hugo von Orléans. Am bekanntesten wurde der Archipoeta, ein genialer Vagant im Gefolge Rainalds von Dassel, des Erzbischofs von Köln und Erzkanzlers Kaiser Friedrichs I. Im *Kaiserhymnus* verherrlicht der Erzpoet Barbarossa („Salve mundi domine, Caesar noster ave“). Seine *Vagantenbeichte* enthält die Quintessenz ihrer Lebensphilosophie:

Via lata gradior	Ich geh auf dem breiten Weg
more iuventutis,	Nach der Art der Jugend,
Inplico me viciis	Gebe mich dem Laster hin,
Immemor virtutis,	Denk nicht an die Tugend,
voluptatis avidus	Ich lieb Erdenlüste mehr
Magis quam salutis	Als des Himmels Segen,
Mortuus in anima	An der Seele tot, streb ich,
Curam gero cutis.	Nur den Leib zu pflegen.
	(Übertragung von K. Langosch)

Die meisten Lieder überlieferte uns die im Benediktinerstift Benediktbeuren aufgefundene Handschrift *Carmina Burana.*

Was die Vagantenpoesie auszeichnet und innerhalb des Mittelalters so einzigartig macht, ist der Ausbruch aus den religiösen Konventionen und die unbekümmerte Offenheit, mit der eine Gruppe ausspricht, was sie empfindet, ohne Rücksicht auf Hierarchie und Theologie. Ein solches Lebensgefühl zeigte sich erst wieder in der Renaissance.

g) Der vorhöfische Versroman

Eine Zeit des Übergangs. In der Vagantendichtung pulsierte eine ungehemmte Lebensfreude, ein renaissancehaftes Lebensgefühl diesseitszugewandter Scholaren. Auch in die Epik des 12. Jhs drang der neue Geist, die Erzählstoffe wandelten sich. Die Erfahrungen des emporkommenden Ritterstandes verlangten nach Darstellung. Die neue Epik trägt typische Züge einer Übergangsepoche. Noch erzählten geistliche Autoren im Auftrag der herrschenden adeligen Laien vom kirchlichen Blickpunkt aus über deren Lebenswelt. Bibel und Legenden als Erzählstoffe verschwanden. Griechische Reiseromane, orientalische Märchen, französische Verserzählungen lieferten ihnen die stoffliche Vorlage. Soviel Eigenrecht die geistlichen Verfasser der bunten phantastischen Erzählwelt den neuen Lesern auch zugestanden: es waren noch nicht die Ritter selber, die ihre Lebenswelt episch formten. Die vorhöfischen Versromane des 12. Jhs entfalteten eine reiche Phantasie: prachtvolle Hoffeste, glänzende Hochzeiten, wilde Schlachten und Fahrten übers Meer wurden mit großer Ausführlichkeit und Freude geschildert. Aber höfisch sind diese Erzählungen nicht, dazu fehlten noch die ritterliche Standesideologie, die Frauenverehrung, Minnekodex und Artusvorbild.

Das *Alexanderlied* (1120/40) des Pfaffen Lamprecht, eines Trierer Geistlichen, schildert den „wunderlîchen Alexander“, den heidnischen Weltreichgründer, in seiner ganzen bunten Herrscherpracht, seine siegreichen Kämpfe, sein Heldenleben, das schon deutlich Züge des mittelalterlichen Lehenswesens trägt. Doch diese orientalische Buntheit und Freude am irdischen Leben ist nur ein mahnendes Beispiel, wie fragwürdig und vergänglich die Machtgier sein kann. Dem Aufstieg folgt der frühe Tod des Kaisers: eine cluniazensische Mahnung in epischer Form an die ritterliche Weltfreude.

Das *Rolandslied* (1170) hat der Pfaffe Konrad im Auftrag des Herzogs Heinrich des Stolzen von Bayern nach einer französischen Vorlage erzählt. Der Verfasser greift auf die Sage vom berühmten Gefolgsmann Karls des Großen auf dessen spanischem Feldzug zurück. Roland ist ein ritterlicher Kämpfer. Alte germanische Heldentugenden werden herausgestellt. Das Ritterleben gewinnt in der Schlachtenschilderung und in der ausführlichen Darstellung des Hoflebens ein bislang unbekanntes Eigenrecht. Doch die Kampfeslust ist nur gerechtfertigt, weil sie im Dienste der Kreuzzugsidee steht.

Ein unbekannter Geistlicher verfaßte den Legendenroman *König Rother* (1150). Rother ist Pippins und Karls sagenhafter Vorfahre und residiert in Bari in Süditalien. Der Fürst, dem 72 Könige dienen, wirbt erfolgreich um die Hand der einzigen Tochter des byzantinischen Herrschers Konstantin, um später Ostrom mit dem deutsch-römischen Kaiserreich in seiner Hand zu vereinigen. Die Hindernisse, Listen, Rückschläge und Abenteuer der Brautwerbung werden in einer farbigen Erzählung aufgerollt. Rother überstrahlt alle anderen Helden. Seine Überlegenheit beruht nicht mehr auf der körperlichen Gewandtheit, sondern auf den Tugenden des idealen christlichen Herrschers: auf Klugheit, Freigebigkeit und Demut.

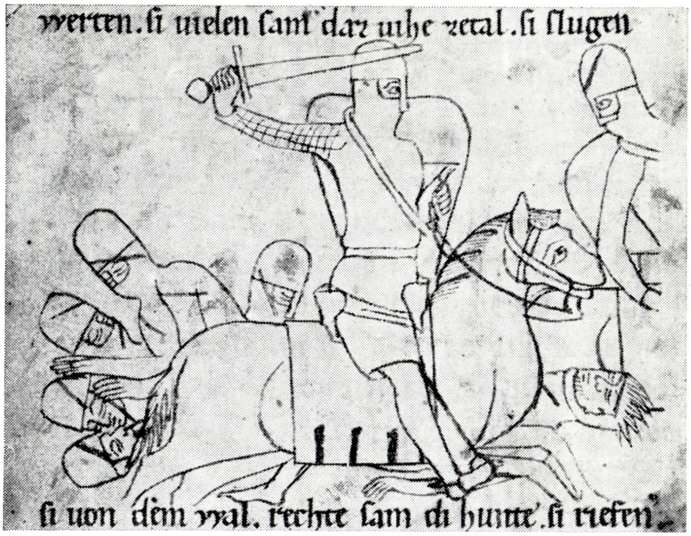

Roland auf dem Schlachtfeld von Roncevalles, Miniatur aus der Heidelberger Hs. des Rolandliedes, 12. Jh.

Dem Versroman *Herzog Ernst* (1180) liegt ein historischer Stoff zugrunde: die Empörung Herzog Ernsts II. von Schwaben gegen König Konrad II. 1027 sowie die Auflehnung Liudolfs, des Herzogs von Schwaben und Sohnes Ottos des Großen, gegen seinen Vater. Beide Vorgänge werden mit einer Orientfahrt zu einer Gesamterzählung integriert. Ernst begegnet auf seiner abenteuerlichen Fahrt in den Osten vielen wunderlichen Gestalten, Giganten, Pygmäen, Langohren und Platthufen. Es ist Ritterfahrt und Bußfahrt zugleich.

Die vorhöfische Epik erzählte zum erstenmal weltliche Begebenheiten und antike Stoffe in deutscher Sprache. Sie schlägt die Brücke von der Geistlichendichtung zur Ritterdichtung. Ohne sie wäre die höfische Epik nicht verständlich.

LITERATUR:

Michael Seidlmayer *Weltbild und Kultur Deutschlands im Mittelalter* in: *Handbuch der deutschen Geschichte*, hg. v. Leo Just, Bd. 1. Konstanz 1957

Walter Baetke *Die Aufnahme des Christentums durch die Germanen*. Darmstadt 1962

Wolfram von den Steinen *Der Kosmos des Mittelalters. Von Karl dem Großen zu Bernhard von Clairvaux*. Bern ²1967

Arnold Hauser *Sozialgeschichte der Kunst* Bd. 1. München 1953

Erich Auerbach *Mimesis. Dargestellte Wirklichkeit in der abendländischen Literatur*. Dalp 90 (⁶1977)

Ernst Robert Curtius *Europäische Literatur und lateinisches Mittelalter*. Bern ⁹1978

Julius Schwietering *Die deutsche Dichtung des Mittelalters*. Darmstadt ²1957

Helmut de Boor *Die deutsche Literatur von Karl dem Großen bis zum Beginn der höfischen Dichtung*. München ⁵1962

Hans Eggers *Deutsche Sprachgeschichte* Bd. I, *Das Althochdeutsche*. rde 185/86

Ulrich Enrst/Peter-Erich Neuser (Hg.) *Die Genese der europäischen Endreimdichtung*. WBG Bd. 444 (1977)

Karl Langosch *Lateinisches Mittelalter. Einführung in Sprache und Literatur*. Darmstadt ³1975

Mittellateinische Dichtung, hg. Karl Langosch. WBG Bd. 149 (1969)

Matthew Hodgart *Die Satire*. München 1969 (Kindlers Universitätsbibliothek)

Cor Soetemann *Deutsche geistliche Dichtung des 11. und 12. Jahrhunderts*. SM 33 (²1971)

Walter Johannes Schröder *Spielmannsepik*. SM 19 (²1967)

Karl Otto Brogsitter *Artusepik*. SM 38 (²1971)

Herwig Buntz *Die deutsche Alexanderdichtung des Mittelalters*. SM 123 (1973)

Karl Bertau *Deutsche Literatur im europäischen Mittelalter* Bd. I: 800—1197. München 1972; Bd. II: 1195—1200. München 1973

II. DIE RITTERDICHTUNG (1170-1250)

1. Höfe, Ritter und Sänger

Der neue Stand. Mit dem Herrschergeschlecht der Staufer kam eine andere, geistig nicht mehr vom Mönchtum beherrschte Welt herauf. Das Laientum gewann in kulturellen Fragen größere Geltung. Dienstmannen, berittene Reisige und Aufseher, einst Unfreie, zogen in Vasallenheeren mit Barbarossa nach Italien und kämpften für staufische Weltmachtpolitik voller Beutegier und Machthunger. Die Masse der Aufstrebenden gelangte zu Bedeutung und Ansehen. Sie wurde von den Staufern beim Aufbau ihrer Hausmacht gegen den konkurrierenden Hochadel ausgespielt und mit Verwaltungs- und Bewachungsaufgaben betraut, die das Standesbewußtsein dieser einst Halb- und Unfreien gewaltig steigerten. Als unentbehrliche Helfer fühlten sie sich hochmütig und selbstsicher.

Auch die Päpste wußten um das Lebensgesetz der feudalen Herren und verstanden es geschickt, den Eroberungs- und Expansionstrieb dieser Adelsschicht für kirchlich-religiöse Ziele einzuspannen, ihren wikingerhaften Abenteuerdrang mit missionarischen Absichten zu verbinden und sie für ein Unternehmen heranzuziehen, das ihre ganzen geistigen und vitalen Energien entband: die Kreuzzüge. Die Kirche rechtfertigte ideologisch den Kampf mit der Waffe. War es bislang vornehmste Aufgabe des christlichen Ritters gewesen, Schwache, Witwen und Waisen zu schützen, so wurde es jetzt Pflicht des miles christianus, des Gottesstreiters, gegen die Heiden zu kämpfen, die heiligen Stätten von den Ungläubigen zu befreien und zum heiligen Grab zu pilgern. Die Kreuzzugsideologie entwickelte eine starke, integrierende Kraft: religiöser Vasallendienst und eigene Kriegserfahrungen förderten ein kollektives Sendungsbewußtsein. Erst die Kreuzzüge konstituierten den neuen Stand. Diese erste europäische Expansion brachte aber auch eine enge Berührung mit der arabischen Kultur. Die Ritterheere erlebten den märchenhaften Zauber des Orients, bewunderten seinen feinen Geschmack und seine kultivierte Erotik. So beeinflußten die Kreuzzüge Leben, Politik, Bewußtsein und Dichtung (Kreuzlieder) des staufischen Zeitalters.

Die sozial emporgestiegenen Krieger verbanden sich mit dem alten Feudaladel zu einem neuen Berufsstand, der vielfach in sich gestuft war (Heerschildordnung), das lateinische Sprachmonopol der Kleriker durchbrach und die kulturelle Führung an sich riß. Während die alte Aristokratie ihre Lebensweise als etwas Selbstverständliches betrachtete, waren die neuarrivierten Reichsministerialen von Aufstiegsehrgeiz besessen. Die delegierte Macht bestimmte ihren sozialen Rang. Da sie an keine Standestraditionen gebunden waren, entwickelten sie eine neue Standesideologie, ein ständisch geschlossenes Weltbild, wobei sie französische Lebens- und Dichtungsformen produktiv verarbeiteten. Die Leitbilder des ritterlichen Lebens dienten dazu, dem neuen Berufsstand ein hohes Ethos einzupflanzen. Die Grundlage bildete die Ideologie der Bewährung und Auszeichnung im Dienst für Gott, Heer und Herrin, den drei wichtigsten Lebensaufgaben der Ritterschaft.

Der hl. Martin und der Bettler, sog. „Bassenheimer Reiter“. Skulptur von dem Bildhauer des Naumburger Domes, 13. Jh.

Ritterliche Standesethik. Ritter sein hieß nicht nur einer Kriegerkaste angehören; es bedeutete vielmehr die Vollendung menschlichen Lebens in einer bestimmten Form, der höfischen. Scharf abgehoben gegen die verachteten Bauern (dörper, tölpel) und die geringgeschätzte Erwerbstätigkeit der Bürger, vollzog sich das Ritterdasein in Spiel, Turnier,

Fest und Minnedienst. Die für das Kriegshandwerk erforderlichen Eigenschaften Kraft, Ausdauer, körperliche Gewandtheit und List wurden zu Standestugenden erhoben, verfeinert, kultiviert und in den Dienst des ritterlichen Herrendaseins gestellt. Erst wer sie beherrschte, bei wem sie gleichsam zur zweiten Natur geworden waren, konnte als vollendeter Ritter gelten. Arebeit (Anstrengung, Kampfesmühe), zuht (Anstand), staete (Beständigkeit), kiusche (Sittsamkeit), fuoge (rechtes Verhalten), triuwe (Treue, Lehen!), milte (Freigebigkeit, Lehen!) sollten das Ritterleben bestimmen. Die Haupttugend aber war die mâze (Selbstzucht, Selbstbeherrschung). Individualität und Originalität waren in dieser formbeherrschten höfischen Welt als formsprengende Kräfte verpönt. Nur wer sich ganz in ihre Sitte einfügte, konnte ein lebenswertes Dasein führen und sich des hôhen muotes (des frohen Selbstgefühls) erfreuen. Diese aristokratische Standeskultur umfaßte, besonders seit den Kreuzzügen, auch das Religiöse. Werlde bedeutete aber für den neuen Stand nur den höfischen Umkreis. Mit der Grundvorstellung der Vasallität deuteten die Ritter ihre Beziehungen zu Gott und Welt. Daneben lieferten Philosophie und Theologie, die das gesamte geistige Leben des Hochmittelalters mitprägten, wenn auch nicht immer mit der Bewußtheit scholastischer Begrifflichkeit, den Dichtern die für die geistige Welterfassung unentbehrlichen Anschauungsformen. Das Allgemeine (universalia) hatte den Vorrang vor dem Individuellen, das Typische und Symbolische war das Höhere und Wahrere. Die Anschauung vom stufenförmigen Weltaufbau (Gradualismus) verband sich, wenn auch noch so unbewußt, mit den Abstufungen der Vasallität zu einer Einheit der Standes- und Weltsicht, die bis in die künstlerische Gestaltung hinein die Probleme, Darstellungsweisen und Formstrukturen bestimmte.

Dichter und Publikum bildeten eine gesellschaftliche Einheit. Gegenstand und Träger der Dichtung waren fast ausschließlich die Ritter selbst. Der Mittelpunkt des aristokratischen Lebens war die Burg, Festung und Festraum, Ort der höfischen Geselligkeit. Die Dichtung hatte eine gesellschaftliche Funktion, sie sollte zur „vreude“ höfischer Feste beitragen und mit einem dichterisch überhöhten Bild von der eigenen Wirklichkeit der Repräsentation dienen. Diese hohe Wertschätzung der Kunst darf aber nicht über die materielle Stellung der Künstler hinwegtäuschen. Sie war oft alles andere als gesichert. Die Kunst ging nach Brot, und die meisten, auch die größten Dichter hatten ein mühseliges, tristes Dasein zu führen und sich stets von neuem ihr Publikum zu erobern. Wie kein zweiter hat Walther von der Vogelweide Armut und Not, Unsicherheit und Launen fürstlicher Mäzene zu spüren bekommen („gast, wê dir, wê!“). Jahrzehntelang mühte er sich vergebens um ein Lehen, bis schließlich Friedrich II. seinen Wunsch erfüllte („Ich hân mîn lêhen, al die werlt, ich hân mîn lêhen“).

Große Mäzene fanden die Dichter an den reichen Höfen des Hochadels. Was Weimar im 18. Jh., das waren in der Stauferepoche die Wartburg, der Musenhof des Thüringer Landgrafen Hermann I., und der Hof der Babenberger in Wien: Mittelpunkte des geselligen Lebens ihrer Zeit. Hier nahmen vermögende Gönner die Dichter eine Zeitlang in ihr Hofgesinde auf, schlugen Stoffe vor, besorgten den Epikern die Vorlagen (*Willehalm*), beschafften das Pergament und ließen Handschriften anfertigen. Besonders die Damen, die Muße hatten, zeigten großes Verständnis für eine exquisite Dichtung, bildeten ein anspruchsvolles Leserpublikum und trugen wesentlich zur Verfeinerung des ästhetischen Empfindens bei (vgl. Weimar, S. 124 f.).

Die höfische Literatursprache. Die Ausbildung einer mhd. Gemeinsprache ergab sich aus der Struktur der höfischen Gesellschaft. Die Adelsgeschlechter und Lehensträger trafen sich bei der Erfüllung ihrer Standespflichten auf den Hoffahrten, Reichstagen und höfischen Festen. Bei den vielfachen verwandtschaftlichen Beziehungen sowie der Streulage des Feudalbesitzes war ein gesellschaftlicher Verkehr Gleichgestellter und Gleichgesinnter selbstverständlich. So entwickelte sich eine überregionale höfische Umgangssprache, die, vor allem auf den alemannisch-fränkischen Dialekt gestützt, die Entwicklung einer einheitlichen Dichtersprache begünstigte. Eine allzu dialektgebundene Dichtung wäre nur auf einen kleinen Kreis beschränkt geblieben. Um ihren Werken weiteste Verbreitung zu sichern, waren die Dichter gezwungen, sich eines Idioms zu bedienen, das ihre Leser überall verstanden. Deshalb vermieden sie Provinzialismen und Archaismen, achteten auf reine Reime (z. B. alem. kam-nam; bayr. kom-nam als Reim nicht möglich; daher Vermeidung von kam-Formen als Reimworte) und lehnten vulgäre Formen ab; ganz zu schweigen von ästhetischen Forderungen, die gerade bei der strengen Formgebundenheit des Versromans und des Minnesangs und bei dem ausgeprägten Formwillen der höfischen Gesellschaft eine große Rolle spielten. Die Einheitstendenzen werden vor allem im Wortschatz, Satzbau und Stil erkennbar. Die mhd. Literatursprache war ein sehr differenziertes Ausdrucksmittel, das Epiker wie Lyriker virtuos gebrauchten, mit dem sie Valeurs und Nuancen des Gefühls und Gedankens gewandt auszudrücken vermochten und der Dichtung ganz neue Bereiche erschlossen.

LITERATUR:

Rüdiger Krohn, Bernd Thum, Peter Wapnewski (Hg.) *Stauferzeit. Karlsruher kulturwissenschaftliche Arbeiten.* Bd. 1. Stuttgart 1979
Arno Borst *Lebensformen im Mittelalter.* Berlin 1973
Johanna Maria van Winter *Rittertum. Ideal und Wirklichkeit.* München 1969; dtv WR 4325
Bert Nagel *Staufische Klassik.* Heidelberg 1977
Joachim Bumke *Studien zum Ritterbegriff im 12. und 13. Jahrhundert.* Heidelberg 1964
Ritterliches Tugendsystem, hg. v. Günter Eifler. WBG Bd. 56 (1970)
Joachim Bumke *Ministerialität und Ritterdichtung. Umrisse der Forschung.* München 1976
Helmut de Boor *Die höfische Literatur. Vorbereitung, Blüte, Ausklang.* (1170—1250). München [8]1969
Hugo Kuhn *Die Klassik des Rittertums in der Stauferzeit* in: *Annalen*
Peter Wapnewski *Deutsche Literatur des Mittelalters.* Vand. 96/97
Friedrich Wilhelm Wentzlaff-Eggebert *Kreuzzugsdichtung des Mittelalters.* Berlin 1960
Werner Fechter *Das Publikum in der mittelhochdeutschen Dichtung.* Darmstadt 1972
Hans Eggers *Deutsche Sprachgeschichte* Bd. II, *Das Mittelhochdeutsche.* rde 191/92

2. Die höfische Epik

a) Stoff und Form

Minnesang und höfischer Versroman waren die einzigen Dichtungsgattungen der Ritterzeit. Der Roman, zur Privatlektüre der Damen oder zum Vortrag in geselliger Runde bestimmt, erwuchs aus dem Bedürfnis des neuen Standes, sein eigenes Ritterdasein in der fiktiven Romanwirklichkeit dichterisch zu überhöhen. Die Autoren bevorzugten mythische und historische Begebenheiten (Troja-, Äneas- und Alexanderstoffe). In den antikisierenden Romanen verritterlichten und höfisierten sie die Antike, machten die vergangenen Welten zu Schauplätzen der eigenen Bewährung.

Artusepik. Anhand keltischer Mythen um den sagenumwobenen König Artus, der mit seiner Gemahlin Ginevra Hof hielt, entwickelten sie ihre eigene autonome ritterliche Weltvorstellung. Die Artusepik entstand in einer Krisenzeit, in der die Könige einen verschärften Kampf gegen den konkurrierenden Hochadel führten. König Artus wurde zum sublimierten Wunschbild der feudalhöfischen Gesellschaft. Seine nur aus auserwählten Ritterbürtigen bestehende Tafelrunde verkörpert die idealisierte Standesbeziehung von König und Großvasallen, deren vorbildhafte Ranggleichheit einen literarischen Traum gegenüber der nüchternen Wirklichkeit darstellt. Alle innerständischen Spannungen sind vom Artushof verbannt und in eine fabelhafte, dämonisierte, bedrohliche, doch abwendbare Außenwelt projiziert. In der aventiure bewährt sich der Ritter der Tafelrunde und bestätigt die gefährdete Ordnung der Artuswelt, indem er die gestörte Harmonie wiederherstellt. Die böse Gegenwelt enthält die objektiven Widersprüche des Ritterstandes, deren Undurchschaubarkeit in der seltsamen Phantastik der Zauberwälder, der Zwerge und Riesen mythologisch verdinglicht und gedeutet werden. Im Mittelpunkt der Handlung steht die höfische Liebe, die das entscheidende Motiv der Bewährung und sittlichen Vervollkommnung ist. Doch der Autonomieanspruch der abgedichteten, höfischen Standeswelt wurde bald fragwürdig. Der Gral verdrängte die minne als bestimmende Kraft und erweiterte die Dimension des Romans um die religiösen Erlösungsabenteuer.

Alle diese wunderlichen Geschichten von ritterlicher Tapferkeit, Liebe, Gefahr und Abenteuer gestalteten die Autoren in einer Sinnbildsprache. Entscheidend war für sie die Sinnerhellung der vorgegebenen Stoffe, nicht aber eine Neufindung. Dabei ging es nicht um die psychologische Wahrscheinlichkeit des Erzählten, sondern um ein „bezeichenlîches" Sprechen, das alle Handlungen und Gestalten symbolisch auf eine objektive Lebensordnung bezieht und sie von daher deutet.

Die Form des Versromans waren viertaktige Reimpaarverse, denn ein „Sagen ohne Reime" galt im Mittelalter nicht als Kunst.

Von Frankreich, der Bildungsstätte des Rittertums, kam auch die Poesie. Die Stoffe, die den Weg in den deutschen Sprachbereich fanden, waren bereits von nordfranzösischen Erzählern geformt. Sie drangen über den Niederrhein, den „Kreuzpunkt der Kulturen" (Frings), ins Ober- und Mitteldeutsche. Der erste große Vermittler war Heinrich von Veldeke.

Heinrich von Veldeke (1150—1210) entstammte einem Ministerialengeschlecht unweit Maastricht, war gebildet und begann mit einer Legende des Hl. Servatius, des Patrons seiner Heimatstadt. Seine bahnbrechende Leistung, die ihn sofort weithin bekannt machte, vollbrachte er mit seiner *Eneid.* Den Vergilschen Stoff, zum Bildungsgut des Mittelalters gehörend, bearbeitete er nach dem nordfranzösischen Roman *d'Énéas.* Beeinflußt vom *Straßburger Alexander* schrieb er einen Teil der Erzählung vor 1170. Die unfertige Handschrift wurde einer Gräfin von Cleve entwendet und gelangte an den Thüringer Hof. Nach 1183 vollendete der Dichter sein Werk auf der Wartburg.

Die Zeitgenossen empfanden den Äneasroman als etwas unerhört Modernes. Zum erstenmal war ein französischer Roman nach Deutschland gebracht und die vorbildliche Etikette, die Macht der Minne, die zerstörende Gewalt der unmâze, das Ideal autonomer Humanität an den Gestalten der antiken Sage, an Dido, Lavinia, Äneas, mit einem bisher unbekannten Gefühl für den Versrhythmus gestaltet worden. Die etymologische Reinheit des Reims, der alle mundartlichen Wendungen vermied, wurde richtungweisend für die höfische Epik.

b) Hartmann von Aue — saelde und êre

Der erste große mhd. Epiker, der eine ideale ritterliche Wertwelt verkündete, war der alemannische Ministeriale Hartmann von Aue (1165—1215).

„. . . wie der diu maere,
beid ûzen unde innen
mit worten und mit sinnen
durchverwet und durchzieret!
wie er mit rede figieret
der âventiure meine!
wie lûter und wie reine
siniu cristallînen wortelîn
beidiu sint und iemer müezen sîn!"

Mit diesen Versen hat Gottfried von Straßburg aufs präziseste den Hartmannschen Stil charakterisiert: die kristallklare Form, die Einheit von Gehalt und Gestalt („ûzen unde innen"). Klar und überschaubar sind die Satzgefüge dieses Epikers, dessen durchsichtige, mit Parallelismen durchsetzte Diktion und dessen schmiegsamer Stil einem großen Thema diente: der Verwirklichung eines idealen Rittertums durch die Kardinaltugend der mâze. Dieser Absicht kam besonders die geschichtslose Artuswelt entgegen. Er übernahm sie vom Begründer des roman courtois, dem Franzosen CHRÉTIEN DE TROYES, und erschloß sie als erster dem deutschen Publikum.

Hartmann, etwa um 1165 geboren, wurde im Kloster (Reichenau?) erzogen, war gebildet und stolz auf seine Gelehrsamkeit („Ein ritter sô gelêret was, / daz er an den buochen las"). Er stand im Dienste eines schweizerischen Geschlechts. Der Tod seines Dienstherren erschütterte ihn tief. Aus diesem Erlebnis heraus dichtete er Kreuzlieder, in denen er die Gottesminne („der werlte lop, der sêle heil") als wahre Liebe preist und den Dienst für den höchsten Herrn der tatenlosen Frauenminne vorzieht (Ir minnesinger, iu muoz ofte misselingen: / daz iu den schaden tuot daz ist der wân"). Hartmann nahm am Kreuzzug 1189—91 teil und starb 1215.

Gegen die unmâze. In seinem ersten höfischen Artusroman *Erek* (1190) gestaltete er den Konflikt zwischen Minne und Ritterpflicht. Erek, Ritter der Tafelrunde, vermählt mit Enite, der Tochter des Grafen Coralus, vergißt über der Liebe zu seiner Frau seine Ritterpflichten (verliget sich). Die traurige Enite erinnert ihn an seine Tatenlosigkeit; da bricht er mit ihr auf, um seine durch Maßlosigkeit (unmâze) verlorengegangene êre wiederherzustellen. Enite reitet vor ihm, Symbol totaler Trennung und Aufhebung des Liebesbundes. Sie bestehen zahlreiche Abenteuer, bis Erek im Kampfe gegen einen Riesen scheintot zusammenbricht. Verzweifelt will sich Enite ins Schwert stürzen, aber Graf Oringles bewahrt sie davor und bringt sie mit ihrem Erek auf sein Schloß, wo er sie heiraten möchte. Sie weigert sich. Als sie mit Faustschlägen bearbeitet wird, erwacht Erek aus seiner Ohnmacht, dem Zeichen tiefster Selbstentfremdung, und erschlägt Oringles. Nachdem Erek den Riesen Mabonagrin auf dessen Burg Brandigan besiegt und 80 Witwen die Freiheit geschenkt hat, kehrt er an den Artushof zurück.

Beides, Liebesgenuß wie Kampfeslust als Selbstzweck, zerstören in ihrer Einseitigkeit und Verabsolutierung den adeligen Standeskodex. Erst eingefügt in die Pflichten und Rechte aristokratisch-höfischer Sitte erhalten sie ihren tieferen Sinn. Höfische Gesittung kann nur gedeihen in engster Verbindung mit der Gesellschaft; unmâze aber isoliert den Menschen und entzieht ihn der der „vreude“ bedürftigen Gesellschaft.

Antithetisch auf Erek bezogen ist ein zweiter höfischer Roman, der *Iwein* (1205). Auch hier bedient sich Hartmann der französischen Vorlage von Chrétien. Iwein, wie Erek Ritter der Tafelrunde, zieht eigenmächtig in den Wald Brezilian, um gegen den Besitzer des Wunderbrunnens zu kämpfen. Er erschlägt den König Askalon, gewinnt dessen Reich und heiratet Laudine, die Gattin des Ermordeten. Der Artusritter Gawein erweckt Iweins Tatendrang. Iwein verspricht Laudine, nach einem Jahr wiederzukehren, zieht aus, vergißt jedoch die Rückkehr. Als ihn Laudinens Kammerzofe daran erinnert, bricht er über den Verlust seiner Gemahlin in Wahnsinn aus. Eine Zaubersalbe heilt ihn. Nun beweist er seine Selbstlosigkeit. Er kämpft gegen Riesen, befreit 300 Jungfrauen, besteht zahlreiche aventiuren und kehrt dann zum Hofe zurück, wo er gereift seine Gattin wiedergewinnt.

Iwein hat bei der mutwilligen Tötung Askalons gegen die „erbermde“ verstoßen, hat Frau und Liebe unrechtmäßig gewonnen. Erst seine aventiuren, die alle Erlösungstaten sind, lassen ihn reifen, bis seine Haltung seinen Aufgaben entspricht. Die unmâze ist überwunden, die mâze wieder hergestellt. saelde und êre, die beiden Leitmotive der Erzählung, lassen den Grundgedanken schon am Anfang erkennen:

swer an rehte güete wendet sîn gemüete dem folget saelde und êre.	Wer mit aller Kraft des Herzens nach dem trachtet, was wahrhaft gut ist, der wird Gnade finden bei Gott und den Menschen. (Wapnewski)

Religiöse Vertiefung. Der Tod seines Dienstherrn stürzte Hartmann in eine seelische Krise und löste vermutlich den Entschluß zur Teilnahme am Kreuzzug aus. War schon im *Erek* die Brutalität zeitgenössischer Wirklichkeit im Oringlesabenteuer episch verdichtet worden, so zeigen die folgenden Werke, wie sehr für Hartmann die höfische Welt in ihrer Selbstzentrierung ein Scheinkosmos war, der ihm auf die Dauer nicht genügen konnte, wenn er nicht religiös durchdrungen wurde.

Dieser Wandel in seiner Grundanschauung führte zu neuen Werken, in denen das Rittertum als allzubedingter Diesseitswert erscheint. So in der Papstlegende vom „guoten sündaere“ *Gregorius* (1190). In dieser Erzählung vollzieht Hartmann eine „Demontage der höfischen Wertwelt“ (Wapnewski).

Gregorius, Sohn einer Geschwisterehe (Inzestmotiv), wird in einem Kloster erzogen und soll die Tat seiner Eltern sühnen. Doch getrieben von „ritterlicher gir“ möchte er aus eigener Kraft Gottes und der Menschen Huld erringen. Auf seinen aventiuren gewinnt er die Hand einer Fürstin — seiner Mutter. Minne als höchste höfische Macht verkehrt sich zur Venusminne und Blutschande. Gregorius sühnt sein Verbrechen 17 Jahre lang an einen Felsen am Meer angeschmiedet, bis er Gottes Gnade erlangt. Männer finden ihn am Strand und führen ihn als Papst nach Rom.

Welch eine Desillusionierung für ein in Standesfragen hochempfindliches Publikum, wenn dieser Ritter statt des glänzenden Artushofes den rauhen unwirtlichen Felsen, statt der Festbankette und Tänze Armut und Hunger erleben muß!

Thomas Mann griff in seinem Roman *Der Erwählte* (1951) auf Hartmanns *Gregorius* zurück und erzählte ironisch-skeptisch die Legende von übermäßigem Sündenleid und Gottes Gnadenwahl, den christlichen Kern virtuos umspielend. Kurz vor der Jahrhundertwende schrieb Hartmann seine mit besonderem Interesse von der Nachwelt aufgenommene Versnovelle *Der arme Heinrich* (1199). In ihr mahnt er die stolzen Herren und Damen unmißverständlich zur Demut.

Der vollkommene Ritter Heinrich wird vom Aussatz, dem Symbol innerer Beflecktheit und seelischer Vergiftung, befallen. Schon dieser Ausgangspunkt ist ein deutlicher Hinweis auf die Unzulänglichkeit höfischen Lebens. Nur wenn eine reine Jungfrau ihm ihr Herzblut opferte, könnte er erlöst werden. Die Tochter seines Hintersassen fühlt sich von Gott zu dieser Tat des Erbarmens aufgerufen und ist bereit, ihr Leben für den Aussätzigen zu opfern. In Salerno, kurz vor der Operation, vollzieht sich jedoch beim Anblick der Schönheit des Mädchens die innere Wandlung des Ritters. Er verzichtet. Da heilt ihn Gottes Gnade. Ungeachtet der ständischen Schranken — ein Hinweis auf den Vorrang der Gesinnung — heiratet er die opferbereite Jungfrau.

Im *Armen Heinrich* wird Hartmanns „gegenhöfische Wendung" besonders sichtbar: Bislang hatten immer die Ritter (Erek, Iwein) in der höfischen Welt versagt, bei Heinrich aber versagt die höfische Welt selbst, und nur ein religiöses Leben vermag die Heilung herbeizuführen.

c) Wolfram von Eschenbach — Christlich-ritterliche Humanität

Wolfram von Eschenbach entstammte einem armen Ministerialengeschlecht und ist um 1170 in Eschenbach unweit Ansbach in Mittelfranken geboren. Angewiesen auf Mäzenengunst, wanderte er als Fahrender umher. Man traf ihn im Odenwald, im Maingebiet, in der Steiermark; längere Zeit weilte er am Thüringer Hof.

Dieser versponnene Dichter wurzelte noch ganz im altadeligen deutschen Rittertum. Äußerst standesbewußt, ist er zeitlebens stolzer auf seine Ritterschaft als auf sein Künstlertum („schildes ambet ist mîn art"). Er ist voller Abneigung gegen die galantere Bildung Hartmanns und Gottfrieds, hält nichts von trockener Buchgelehrsamkeit und modernem Kulturbetrieb. „In seinem Denken nicht begrifflich geklärt, aber darum nur um so leidenschaftlicher, eigenwillig und grüblerisch ringend um eine Klärung seines mit dem brennenden Wissensdurst des Autodidakten von allen Seiten errafften und mit der Unmittelbarkeit des Genies mit allen Sinnen aufgenommenen Weltbildes" (Ranke). Um 1220 ist er gestorben.

Rittertum in gotes huld. Das deutsche Bürgertum des ausgehenden 19. und des 20. Jhs stilisierte Parzival zum Nationalheros, zum tapferen deutschen Gottsucher, zur faustischen Natur, die vom Dunkeln ins Helle strebt, oder sah in ihm den ersten deutschen Entwicklungsroman. Zu Unrecht. Parzival ist weder ein mittelalterlicher Faust noch zeigt der Versroman die Entfaltung einer Individualität unter dem Gesetz der inneren Entwicklung. Das Thema dieses in der Krisenzeit des Hochmittelalters entstandenen Werkes ist die religiöse Erfahrung von Schuld und Gnade.

Schon Walther hatte die höfische Minneliturgie durchbrochen, Hartmann die unzulängliche Artuswelt im *Armen Heinrich* und *Gregorius* bloßgelegt. Wolfram durchschaut die Hohlheit der autonomen Ritterideologie, die Begrenztheit der höfischen, allzu perfektionierten Konventionen. Das zentrale Thema Wolframs ist das Verhältnis des Adels zum Christentum. Wie konnte diese elegante, stilbewußte höfische Welt, der Hochmut selbstherrlicher Herren und Herrscher aufgebrochen und durch die Erfahrung der eigenen Endlichkeit und Unzulänglichkeit humanisiert und christianisiert werden? Wie konnte man eine Synthese zwischen gotes hulde und der werlt hulde, zwischen der Gnade Gottes und der gesellschaftlichen Selbstdarstellung des Rittertums herbeiführen? Laikales religiöses Denken bricht in den höfischen Roman ein und erweitert seine Dimensionen um die Darstellung der Erfahrungen von Leid und Schuld.

Parzival. Der Versroman vereint dem Stoff nach Märchen, Grals- und Artussage. Wolfram griff die unvollendete Geschichte *Conte du Graal* (1180/90) des Franzosen Chrétien de Troyes auf, verwendete keltische, orientalische Quellen, lateinische Handbücher, Anregungen Hartmanns und Heinrichs von Veldeke und verschmolz diese Stoffmassen zwischen 1200 und 1210 zum umfangreichsten, bedeutendsten Versroman der deutschen mittelalterlichen Literatur. Es ist die Geschichte Parzivals, des „tumben toren", die Geschichte seiner zahlreichen Abenteuer, Begegnungen und Verfehlungen, seines Weges vom Artusritter zum Gralskönig.

In einem Prolog wendet sich der Autor an den Leser. Nicht an die oberflächlichen, die sein Problem ohnehin nicht verstehen, sondern an die wîsen, die erfahrenen. Sie sollen den Wert der staete, der triuwe, des manneclîchen muotes erkennen. Alles überschattet jedoch der Zweifel:

Ist zwîvel herzen nâchgebûr
daz muoz der sêle werden sûr.
Nistet der Zweifel nahe beim Herzen,
Dann muß das für die Seele bitter werden.

Denn wer zweifelt, besitzt kein Vertrauen zur Macht und Gnade Gottes, er lebt im Zustand der metaphysischen Entscheidungs- und Orientierungslosigkeit. Die Elster ist Wolframs einprägsames Bild des zwischen Himmel (weiß) und Hölle (schwarz) Schwankenden.

Parzivals Mutter Herzeloyde zieht sich nach dem Tode ihres Gatten Gahmuret mit ihrem Söhnchen in die Waldeinsamkeit zurück. Die Königin verzichtet auf die höfische Umgebung. Ihr Leben in der Einsiedelei ist Ausdruck einer entschiedenen Absage an die Hofgesellschaft. Parzival wächst in der Einsamkeit auf, weil seine Mutter dem tumben (unerfahrenen) Knaben die Gefahren des Ritterlebens und jegliche Leiderfahrung ersparen will. Auf seine Frage nach Gott vermittelt sie ihm erste unreflektierte, laienhafte Vorstellungen von Gott und Welt. Als Parzival eines Tages vier Artusrittern begegnet, die er zuerst für Götter hält, erfährt er von der Existenz des Artushofes. Nun erwacht in ihm der Abenteuerdrang. Herzeloyde vermag ihren Sohn nicht mehr zurückzuhalten und läßt ihn mit einem dürren Gaul und in Narrenkleidern ziehen. Als Parzival aufbricht, sinkt sie tot zusammen, ohne daß ihr Sohn es weiß. Ihre Ratschläge bringen, von Parzival zu wörtlich befolgt, manchem Leid.

Der junge Ritter durchzieht die Länder, begegnet seiner Base Sigune, die mit ihrem toten Gemahl Schionatulander in mystischer Gemeinschaft lebt. Von ihr erfährt er seinen Namen und seine Herkunft. Das steigert seinen Tatendrang. Im Artuskreis tötet er den König Ither und raubt ihm seine rote Rüstung. Noch verhält er sich wie ein Unerfahrener, der die Folgen seines Handelns nicht abzuschätzen vermag. Erst sein Oheim Gurnemanz bildet ihn zum formvollendeten Ritter aus, lehrt ihn die höfischen Tugenden maze und zuht. Parzival empfängt von Gurnemanz den Rat: „irn sult niht vil gevrâgen!" (Ihr sollt nicht viele Fragen stellen!). Als selbstbewußter, von Stolz und Geltungsdrang erfüllter Ritter besteht er zahlreiche Abenteuer, eilt der bedrängten Königin Condwiramurs zu Hilfe und heiratet sie. Doch es hält ihn nicht im neugewonnenen Reich, es drängt ihn zu neuen Abenteuern.

Eines Abends weist ein Fischer den Herbergsuchenden auf die Burg Munsalväsche, auf die geheimnisvoll-berühmte, märchenhafte Gralsburg. Dort erlebt der Gast die feierliche Gralsprozession, in der, von 24 Jungfrauen begleitet, die Gralskönigin Repanse de Schoye den Gral, einen Stein — jenes mystische, sich eindeutiger Auslegung entziehende Gegenstandssymbol — in den Festraum trägt. Aber Parzival unterläßt es, dem leidenden Gralskönig Anfortas die Mitleidsfrage zu stellen, weil er, ganz in höfischen Begriffen denkend, glaubt, ritterliche Sitte verbiete ihm das. Über den äußeren Anstandsregeln versäumt der noch Unreife die tiefere Pflicht der Menschlichkeit. Parzival muß am nächsten Tag die Gralsburg verlassen, ohne den Gral erlangt zu haben. Er kehrt zum Artushof zurück, wo ihn die Gralsbotin Cundrie verflucht. Da verläßt Parzival den Artushof, sein Gottvertrauen ist zerbrochen: „Wê, waz ist got? hât er haz, den wil ich tragen". Wolfram legt nun die Unzulänglichkeit der altadeligen, feudalisierten Gottesvorstellung bloß: dieses auf strenger Gegenseitigkeit beruhende triuwe-Verhältnis hatte versagt. Parzival verzweifelt an Gott, seinem obersten Feudalherrn. In dieser Gottentfremdung wird sich Parzival erst der ganzen Problematik des gesellschaftlichen Christentums bewußt. Der stolze Ritter, der sich nach Cundries Verfluchung in seinem Ansehen geschädigt fühlt, ahnt wohl seine Schuld, ohne sie eigentlich zu kennen. Fünf Jahre irrt er umher, bis fromme Pilger den Hilfsbedürftigen zum Klausner Trevrizent weisen. Am Karfreitag findet er den Einsiedler.

Die Begegnung mit seinem Oheim Trevrizent bildet den Mittelpunkt des Romans. Der Klausner, Vertreter der neuen Laienfrömmigkeit, öffnet Parzival die Augen für seine Verfehlungen. In Anlehnung an Augustinus' Sündenlehre deutet er das Versagen des Ritters: Als Parzival seine Mutter verließ, begab er sich auf den Weg der hochvart, des Hochmuts. Sein selbstherrlicher Entschluß, ein ritterliches Leben zu wagen, ohne nach Gottes Willen zu fragen, führte zur Schuld. Ithers Tötung (eine zweite Kainstat), das Schweigen vor Anfortas, der Trotz gegen Gott, waren Verfehlungen eines unter dem Gesetz der Erbsünde stehenden Christen. Parzival erkennt seinen Hochmut, seine unbewußte Schuld. Jetzt weiß er: weder Dienst noch triuwe reichen zur Erlangung des Grals aus. Erst die diemuote, die Demut, das Begreifen der eigenen Erlösungsbedürftigkeit und Sündhaftigkeit, führt zur rechten „metaphysischen Orientierung" (Hugo Kuhn). Parzival sucht die Schuld bei sich selbst, nicht mehr bei Gott. Er hat das höfische Gottesbild und den autonomen Leistungsgedanken überwunden. Die folgenden, episch breit angelegten Artusaventiuren zeigen, wie Parzival allmählich heranreift. Dann erscheint die Gralsbotin Cundrie und verkündet, Parzival sei reif für den Gral. Auf der Gralsburg fragt er den König Anfortas: „Oeheim waz wirret dir?“ (Oheim was fehlt dir?). Parzival erringt den Gral. Auch Condwiramurs stellt sich ein. Nun hat er sein Lebensziel erreicht: Condwiramurs und den Gral. Beide, der Gral, Symbol der Demut, und Condwiramurs, Symbol der werld hulde, sind vereint. Parzival hat die Harmonie zwischen Gott und Welt hergestellt, die wahre christlich-ritterliche Humanität vollendet.

In dem vertieften Gottesverhältnis zeigt sich der Einfluß der neuen Frömmigkeit eines Bernhard und Abälard. Nicht mehr ritterliche Aventiuren führen zum Gralskönigtum, sondern Erkenntnis der Schuld und die Kraft zum Erbarmen und zur Demut.

Wendung zur Wirklichkeit. Wolframs *Willehalm* (1215—18), die unvollendete Kreuzzugserzählung, setzt dort ein, wo *Parzival* aufgehört hat: bei dem mit christlicher Demut erfüllten Ritter. Doch sie spielt nicht mehr in der Märchenwelt des *Parzival,* sondern behandelt konkret den historisch-legendären Stoff des Sarazenenkampfes.

Wolfram zeichnet das Bild eines wahrhaft humanen, toleranten Kämpfers. Zweimal tobt die Schlacht von Alischanz. Die heidnischen Anverwandten trachten die zum Christentum übergetretene Kalifentochter Gyburg, Willehalms Gemahlin, den Christen zu entreißen, die europäischen Ritter wollen die sarazenischen Eindringlinge von französischem Boden vertreiben. Im Gemetzel der erbitterten Kämpfe wird eines sichtbar: der nach christlichen Glaubensvorstellungen notwendige Glaubenskampf und andererseits die höfische Humanität der standesgleichen Sarazenen. Mehr noch: die Sarazenen werden von Wolfram in ihrer Gottbezogenheit den Christen gleichgestellt. Die Toleranzidee aus christlicher Humanität ist das Neue. Der *Willehalm* zeugt von der erstaunlichen menschlichen Reife Wolframs und erinnert schon an Gedankengänge des Katalanen Ramon Lull (1235—1315).

Magetlîche minne. In seinem letzten epischen Werk, dem unvollendeten *Titurel* (nach 1217), erzählt Wolfram die Geschichte der verhängnisvollen Kinderliebe Sigunes und Schionatulanders, zweier Randfiguren des *Parzival.* Sigune fordert von ihrem Freund in der Waldidylle als letzten Liebesbeweis, das Leitseil des Hundes Gardeviaz zurückzubringen, weil sie die auf das Seil gestickte Botschaft nur halb gelesen habe. Sigunes Marotte kostet Schionatulander das Leben. Die um einer Nichtigkeit willen mißbrauchte Opferbereitschaft zeigt das Mißverhältnis des höfischen Leistungs- und Lohngedankens, enthüllt die fragwürdige Minneideologie, welche die schicksalhafte Liebe nicht erfassen kann: es ist das Thema Gottfrieds von Straßburg. Sigune sühnt ihr Vergehen ein Leben lang. Im *Parzival* lebt sie in spiritualisierter, mystischer Gemeinschaft magetlîcher minne mit ihrem „Gemahl“. Ein resignierender Alterston ist in dem Fragment spürbar.

Lyrik. Wolfram, ein Meister des Tagelieds (s. S. 35, 36), hat in den wenigen erhaltenen, bildkräftigen Gedichten die Figur des Wächters eingeführt, dadurch den Knecht zum Schutzherrn der Liebe erhoben und so die Gattung problematisiert.

Wolframs Sprache ist, wie sonst bei keinem der großen Epiker, von seiner eigenwilligen Individualität und seinen persönlichen, inneren Erfahrungen bestimmt. Während Hartmanns und Gottfrieds rhetorisch geschulte Sprache lateinisch-romanischer Bildung verpflichtet ist, durchdringt Wolfram seinen Stoff völlig mit seinen persönlichen Vorstellungen. Er erzählt nicht straff, sondern löst das epische Geschehen auf, spielt die verschiedenen Stilformen gegeneinander aus, hält Distanz zur maere und wird sich wie der moderne Humorist selber zum Gegenstand. Sein Humor wächst aus der bewußten Gegenüberstellung seines Ichs mit dem ritterlichen Alltag. Dieser Humor bestimmt auch Stil und Komposition des Werkes. Seine lebhafte Phantasie erlaubt sich syntaktische Freiheiten. Wir finden Inversionen und satzspaltende Enjambements (vrou Jeschûte etslîchen kus / enpfienc: den gab ir Orilus). Der Erzähler liebt dunkle Umschreibungen („jâmerszil“ = äußerster Schmerz; „nach zuhte kür“ = mit Anstand), groteske Vergleiche („mein Herz ist von Jammer zerrissen wie ein durchlöcherter Zaun“), eigenwillige Metaphern („ihre Botschaft war eine Brücke, über welche die Freude den Jammer trug“), kühne Übertreibungen („Wenn man nur eine Zehe von ihm ins Meer geworfen hätte, wäre das ganze Meer verzuckert worden“), plastische Bilder („die Sorge war weggeritten, daß kein

Speer sie mehr erreichen konnte"). Unbegrenzt ist seine wortschöpferische Phantasie. Ein Sprachmanierismus ist diesem mittelalterlichen Humoristen eigen, den Gottfried von Straßburg einen „vindaere wilder maere", einen Erfinder unverbürgter Geschichten, nannte und damit auf Wolframs eigenwillige Ausgestaltung des Erzählstoffes anspielte.

d) Gottfried von Straßburg — „Mystiker der Minne"

Die Zeitsituation. Die oberrheinische Reichsstadt Straßburg erlebte am Anfang des 13. Jhs den Aufstieg des Bürgertums und damit verbunden die Entstehung freireligiöser Bewegungen. Ketzerprozesse fanden statt, Männer und Frauen, die das Gottesurteil nicht bestanden, wurden verbrannt, Kinder brachen zum Kreuzzug auf, das Reich zerfiel, die Landesherren erweiterten ihre Macht.

Gottfried war vermutlich bürgerlicher Herkunft und stand dem Bischofshofe und dem Stadtpatriziat nahe. Vertraut mit der gesamten Bildung seiner Zeit, ein Kenner der Scholastik und Mystik und das Französische beherrschend, erkannte er, daß die bislang vom moralischen Ästhetizismus geprägte Ideallandschaft der höfischen Dichtung elementare Bereiche ausgespart, verdrängt und auf andere Ebenen abgeschoben hatte. In seinem Werk bricht das Dämonische in Gestalt der allgewaltigen Minne durch. Damit setzte er einen neuen absoluten Wert. Auf ihn bezogen mußte die höfische Kultur als Umweltkulisse von sehr bedingtem Geltungswert erscheinen.

Über den Leser, den Gottfried seinem Werke wünscht, gibt er uns im Prolog zum Tristanroman Aufschluß: nicht die vielen, die am Stoffe hängen, die naiven unbeschwerten Glückssucher, sondern „edele herzen", sensible, feinsinnige Naturen, die das Tristan-Isolde-Schicksal mit seinen polaren Spannungen von Freud und Leid, Liebe und Tod, in seiner Vielschichtigkeit und Unausweichlichkeit begreifen. Zu finden waren diese idealen Leser kaum auf den Burgen, wohl aber am Bischofshof, im Stadtpatriziat oder bei den adeligen Insassinnen alter Reichsklöster.

Eine neue Wirklichkeit. Das keltische, auch im Persischen nachweisbare Sagenmotiv von der alleszerstörenden Macht der Liebe war schon vorher von dem ndd. Ministerialen Eilhart von Oberge (1180) und von dem anglonormannischen Kleriker Thomas von Bretagne, dessen Bearbeitung Gottfried seinem Roman von *Tristan und Isolde* (1211 bis 1215) zugrundelegte, in unterhaltsamen Geschichten erzählt worden. Gottfried aber geht es um mehr: um die Darstellung einer neuen inneren Erfahrung, um die dichterische Bewältigung einer neuen Wirklichkeit.

Tristan, Neffe des Königs Marke, erzogen am Hofe seines Oheims, wird als Brautwerber ausgeschickt, um Isolde, die Königstochter aus Irland, für Marke heimzuführen. Doch Tristan und Isolde entbrennen in Liebe zueinander. Der auf der Heimreise fälschlicherweise ihnen von Brangäne kredenzte Liebestrank ist nur ein einprägsames Gegenstandssymbol für das nun mit allen Konsequenzen angenommene Liebesschicksal. Leid und Not umschließt diese Liebe. Es ist nicht das übliche Werben, Huldigen und Schmachten des konventionellen Minnespiels, sondern eine elementare Leidenschaft, die sich selbst Gesetz ist und der alle erdenklichen Mittel wie List, Betrug und Tücke, recht sind, um Isoldes Gatten Marke zu täuschen. Weder ein Gottesurteil noch die Verbannung vom Hofe vermögen die beiden zu trennen. In der Minnegrotte, dem Liebestempel, leben die beiden Liebenden in paradiesischer Seligkeit, ohne Speis und Trank, ganz sich selber hingegeben, allein vom Singen der Lieder, vom Harfenspiel und dem Gesang der Vögel, vergleichbar den Heiligen in christlichen Legenden. Linde, Blumen und Vögel ersetzen dem Paar die Glanzwelt höfischer Festlichkeiten und zeigen sie in mystischer Liebeseinheit. Gottfried zieht Erlebnisstruktur und Formensprache frühscholastischer Mystik heran, um die diesseitigen innerseelischen Erfahrungen der Liebe in ihrer letzten Steigerung und Intensität zu zeigen. Wie für Bernhard von Clairvaux die Gottesliebe sich selbst genügt und den Lohn in sich selber trägt, so auch die als l'amour passion erlebte Leidenschaft für den Straßburger Epiker. Aber die Liebenden verlassen schließlich ihre Grotte und kehren aus eigenem Entschluß an Markes Hof zurück. Die Welt höfischen Scheins vermögen sie ebensowenig zu entbehren wie ihre Leidenschaft. Der Ausschließlichkeits- und Absolutheitsanspruch ihrer Liebe und die Forderungen des zuchtvollen höfischen Verhaltens sind miteinander unvereinbar. So führt ihre Rückkehr zur Katastrophe.

Marke, der Repräsentant höfischer Kultur, noch als Tristans Erzieher Vorbild artusmäßigen Königtums, verliert vom Zeitpunkt seiner Ehe mit Isolde an allmählich seine sakrale, königliche Würde, und zurück bleibt ein von Eifersucht und Gier gequälter Mensch. Obwohl er um die Liebe von Tristan und Isolde weiß, ist er blind für die Vielschichtigkeit ihrer seelischen Beziehungen. Er findet keinen Zugang zu dieser neuen Welt, und trotzdem kettet er Isolde äußerlich an sich. Die Verbannung Tristans vom Hofe bedeutet den geistigen Tod der Liebe. In der Figur dieses Herrschers entlarvt der Straßburger Dichter das trügerische Spiel höfischer Konventionen, hinter dem sich nur noch Triebe verbergen, die sich einer Formung durch höfische Zucht entziehen.

Die Sprache. Die Krise der höfischen Gesittung zeigt Gottfried in vollendeter Form. Seine Sprache ist von einer Klarheit, Reflektiertheit, Geistigkeit und Musikalität, die nur aus einer souveränen Beherrschung lateinischer und französischer Bildung herstammen kann. Gottfried gestaltet bewußt aus einem distanzierten Verhältnis zum Stofflichen heraus. Er durchsetzt seine Erzählung mit Allegorien (allegorische Deutung der Minnegrotte), macht den Leser mit seinen Intentionen vertraut (Prolog), und wo mancher eine detaillierte Schilderung des Festes von Tristans Schwertleite erwartet, findet er eine zeitgenössische Literaturkritik — die erste in deutscher Sprache —, in der er Werke anderer Autoren nach ihrer Formvollendung bewertet, ein Beweis mehr, welch großen Wert er künstlerischer Gestaltung beimißt (siehe Motto bei Hartmann S. 25). Die helle Bewußtheit seines Schaffens, dieser von höfischer mâze beherrschte Stil verklärt die „irrationale magische Seelengesetzlichkeit der Liebe" und ist ein „dämpfendes Gegenspiel zum Inhalt" (Wapnewski).

Gottfried von Straßburg im Kreis seiner Zuhörer. Links (sitzend) ein Fürstenpaar, rechts (stehend) Gelehrte. Manessische Liederhandschrift. Größte Sammelhandschrift mhd. Minnelyrik, im Auftrag der Ratsherren Manesse in Zürich zwischen 1300—40 angefertigt (s. S. 35).

LITERATUR:

Erich Köhler *Ideal und Wirklichkeit in der höfischen Epik.* Tübingen 1956
Reto Bezzola *Liebe und Abenteuer im höfischen Roman.* rde 117/18
Paul Böckmann *Formgeschichte der deutschen Dichtung.* Darmstadt 1973
Denis de Rougemont *Die Liebe und das Abendland.* Köln 1966
Gabriele Schieb *Heinrich von Veldeke.* SM 42 (1965)
Peter Wapnewski *Hartmann von Aue.* SM 17 ([5]1972)
Hartmann von Aue, hg. v. Hugo Kuhn und Christoph Cormeau. WBG Bd. 359 (1973)
Joachim Bumke *Die Wolfram von Eschenbach-Forschung seit 1945. Bericht und Bibliographie.* München 1970
Joachim Bumke *Wolfram von Eschenbach.* SM 36 ([4]1976)
Gottfried von Straßburg, hg. v. Alois Wolf. WBG Bd. 320 (1973)
Wolfram von Eschenbach, hg. v. Heinz Rupp. WBG Bd. 57 (1966)
Peter Wapnewski *Wolframs Parzival. Studien zur Religiosität und Form.* Heidelberg 1955
Peter Wapnewski *Die Lyrik Wolfram von Eschenbachs.* München 1972
Gottfried Weber *Gottfrieds von Straßburg Tristan und die Krise des hochmittelalterlichen Weltbildes um 1200.* Stuttgart 1953
Gottfried Weber und Werner Hoffmann *Gottfried von Straßburg.* SM 15 ([4]1973)

3. Das Heldenepos

a) Das Nibelungenlied — Welt ohne Gott

Urheidnisches Ethos in höfischer Zeit. Inmitten der Artusepik mit ihren Fragen nach dem rechten ritterlichen Verhalten, nach Minne und Gott, taucht eine Vergangenheit auf, die jahrhundertelang als versunken galt und neben cluniazensischer Reform und christlicher Metaphysik kein offiziell gebilligtes literarisches Dasein zu führen wagte: die götterlose, grundheidnische des Heldenepos, die auf die germanische vorchristliche Wirklichkeit zurückweist. Nur äußerlich ist sie in die hochhöfische Umgebung eingefügt. Fast anachronistisch mutet es in einer Epoche an, in der das fortgeschrittenste Bewußtsein im Tristanschicksal, in mystischen Erfahrungen und scholastischen Spekulationen seinen geistigen Standort zu bestimmen suchte. Die Gleichzeitigkeit von barbarisch-wilder und höfisch-verfeinerter Dichtung ist erstaunlich, zumal da es damals kaum mehr die einheitlich empfindende Hörerschaft des germanischen Epos gab. Um so überraschender ist das Hervortreten dieser verschollenen Epik. Sie muß in Liedform ein ungebrochenes Untergrunddascin in mündlicher Tradition geführt haben, von den literaturbestimmenden christlichen Schichten von schriftlicher Fixierung ausgeschlossen, bis schließlich der Ritterstand, seiner selbst bewußt geworden, sich seiner heidnischen Vorfahren erinnerte und diese archaische Zeit mit seiner Gegenwart konfrontierte.

Vorstufen. Unermüdlich waren Forscher tätig, die literarischen Vorstufen des Epos zu erschließen, um sein plötzliches Auftreten verstehen und die Leistung des Verfassers würdigen zu können. Zwei Hauptteile sind im Nibelungenlied miteinander zu einer Einheit verschmolzen worden: eine mythische Brünhildsage und ein Burgunderlied. Ob sie nur in Liedform existierten oder ob eine epische Kurzform die Gestaltung erleichterte, läßt sich nicht mehr ausmachen. Sicher ist, daß neben diesen beiden Sagenkreisen auch noch Märchenmotive, historische Vorgänge, französische Dichtung vom Dichter mit verwendet wurden.

Verfasser und Entstehung. Der Verfasser tritt nicht wie im höfischen Roman als künstlerische Individualität in Erscheinung, sondern bleibt dem Genre entsprechend anonym. Er muß aber mit der zeitgenössischen Bildung sehr vertraut gewesen sein, ebenso mit den Gepflogenheiten der Literatur des bairisch-österreichischen Donauraums, wo das Werk vermutlich am Hofe des Passauer Bischofs Wolfger in den Jahren 1198—1203 entstanden ist.

êre und leit. Nicht im hochstilisierten Traumland der Artuswelt, sondern auf dem durch historische, mythische und sagenhafte Elemente bestimmten brutalen Schauplatz der Völkerwanderungszeit entfaltet sich das Schicksal des Burgundergeschlechts. Hinter höfischen Festen, Kampfspielen und Hochzeiten steht die „Erfahrung des Leidens als letzter irdischer Wirklichkeit“ (de Boor). In dieser vorzivilisatorischen Welt herrschen die uralten Gesetze der Rache, der Sippen- und Gefolgschaftstreue. Im Handeln der Figuren ist, wie schon Goethe sah, „keine Spur einer waltenden Gottheit“ erkennbar. Leit und êre, zugefügte Beleidigung, geschändetes Ansehen, die Würde innerhalb der Gesellschaft sind die treibenden Kräfte des Epos. Beide Hauptfiguren, die durch ihre innere Haltung und ihr tragisches Schicksal die beiden Teile miteinander verbinden, Krimhild und Hagen, kämpfen um ihre êre, um die Wiederherstellung des gesellschaftlichen Ansehens. Ihre heidnische Lebensform kennt kein Ausweichen, keinen Kompromiß, die Helden gehen an ihrer Selbstverwirklichung zugrunde. Aus geringfügigen Anlässen entwickeln sich mit erbarmungsloser Notwendigkeit die Folgen ihres Verhaltens. Aus Siegfrieds Hilfe bei Gunthers Brautwerbung entsteht der Rachegedanke der Königin Brunhild, ihr Verlangen nach Wiederherstellung ihrer êre durch Hagen; Siegfrieds Ermordung provoziert Krimhilds Rache, die fortan bis zum Schluß das Grundmotiv ihres Handelns bleibt. Die Figuren entwickeln sich nicht, sie enthüllen nur ihren Charakter in der schonungslos fortgeführten Handlung. Wenn tragisch heißt, daß die gegen den Menschen gerichteten zerstörenden Kräfte aus seinem eigenen Wesen entspringen, daß sich mit seiner Vernichtung ein in ihm selber angelegtes Schicksal vollzieht, so ist dies hier der Fall: Um ihrer êre genügen zu können, heiratet Krimhild, von Hagen des Nibelungenschatzes beraubt, den Hunnenkönig Etzel und lädt ihre Brüder ein, sie im Hunnenland zu besuchen. Hagen zieht mit, obwohl er weiß, daß diese Fahrt den Untergang des ganzen Geschlechts bringen wird. Das grausame, in einem wahren Blutrausch erfolgende Gemetzel am Hunnenhof, in dem Krimhild Hagen enthauptet und selber von Hildebrand getötet wird, ist nur der Schlußpunkt in dieser Tragödie.

Gestalt. Das Epos als Gattung setzt eigentlich eine geschlossene, einheitliche, bruchlose Welt voraus, die Hörer und Eposgestalten umfaßt. Des Dichters Absicht aber ist es zu berichten, was „in alten maeren" geschrieben steht. Um diese entschwundene Welt zu vergegenwärtigen, bedient er sich der Strophe aus vier Langzeilen mit ihrem Pathos und ihrer eindrucksvollen Zäsur. Sie ist der tragende epische Baustein des Nibelungenliedes.

Anvers (vierhebig)	Abvers (dreihebig)	
Ez wúohs in Búrgóndèn	ein vil édel mágedîn,	a
dáz in állen lándén	niht schóeners móhte sîn,	a
Kríemhílt gehéizén:	sie wárt ein scóene wîp.	b
dar úmbe múosen dégenè	víl verlíesèn den lîp.	b

Die Nibelungenstrophe besteht aus zwei endreimenden Langzeilenpaaren. Jede Langzeile aus zwei Halbzeilen. Die Anverse sind vierhebig, die Abverse dreihebig, nur die letzte Halbzeile ist ebenfalls vierhebig und hebt durch die starke Betonung das Strophenende hervor. Dadurch wird die Einheit der vier Zeilen besonders hörbar. Die letzte Langzeile hat auch noch eine weitere epische Funktion: In ihr werden häufig allgemeine Feststellungen, Zusammenfassungen und Vorausdeutungen gemacht und dadurch die „Atmosphäre des dumpfen Verhängnisses" und heraufziehenden Unheils betont. Gerade die Vorausdeutungen sind ein wesentliches episches Mittel, um den inneren Vorgang sichtbar zu machen und die Erzählung zu einem sinn- und bedeutungsträchtigen Ganzen zu verweben. Der vielfach altertümliche Wortschatz (magedîn, degene, recke usw.), in der Ritterepik sonst ungeläufig, dient der Tendenz zu archaisieren, ebenso die formelhaften Wendungen, die auf den liedhaften Stil hinweisen. Daneben zeigt die Symbolhaltigkeit der Handlungen (Falkenmotiv am Anfang), die Schildszene zwischen Hagen und Rüdiger, wie sehr der Verfasser aus der künstlerischen Haltung seiner Zeit heraus das Ganze gestaltet hat.

Die Klage. Das höfische Publikum empfand das gräßliche Ende des *Nibelungenliedes* als ihm nicht mehr gemäß. Daher ergänzte ein Unbekannter das Epos durch eine Totenklage in den Reimpaaren des höfischen Romans, in der die Überlebenden um jeden einzelnen Gefallenen trauern.

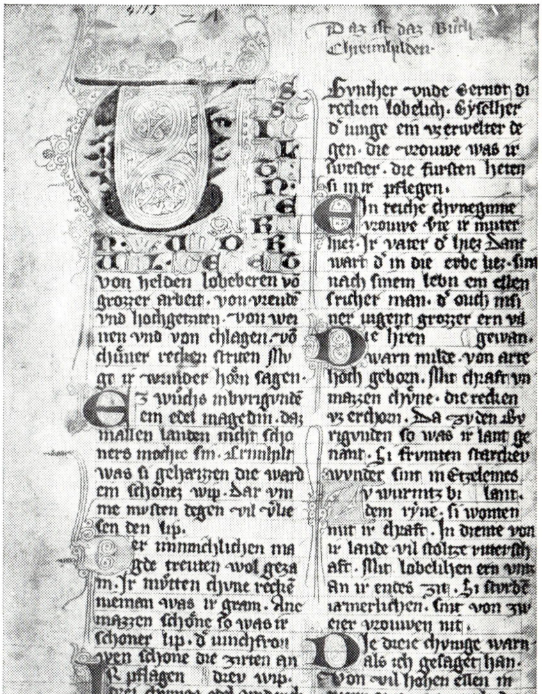

Anfang des Nibelungenliedes. Handschrift der Münchener Staatsbibliothek, 14. Jh.

b) Das Kudrunlied

Das Kudrunlied (1230/40), die zweite umfangreiche Heldendichtung, verfaßte ein unbekannter bairischer Autor in der Kudrunstrophe, einer Sproßform der Nibelungenstrophe (der letzte Abvers ist sechshebig). Dieses Buchepos ist eine Antwort auf das Welt- und Menschenbild des *Nibelungenliedes*, Kudrun gleichsam eine Anti-Krimhild. Für beide Frauen wird das Leid zur bestimmenden Lebenserfahrung. Krimhild sinnt trotzig auf

Rache, Kudrun dagegen, die dem König Herweg von Seeland geraubte Braut, erduldet alle Demütigungen und Kränkungen einer 13jährigen Gefangenschaft. Nach ihrer Befreiung folgt Versöhnung und Hochzeit.

Die höfische Welt, die sich im *Nibelungenlied* gegenüber dem brutalen Gesetz der Rache als unzulänglich erweist, erstrahlt am Ende der *Kudrun* in hellem Glanz. Dieses höfisierte, untragische, christlich-versöhnlich gestimmte Epos ist Ausdruck einer gewandelten, epigonalen Zeit.

LITERATUR:

Andreas Heusler *Nibelungensage und Nibelungenlied.* Darmstadt [6]1965

Bert Nagel *Das Nibelungenlied. Stoff — Form — Ethos.* Frankfurt/Main [2]1970

Friedrich Neumann *Das Nibelungenlied in seiner Zeit.* Vand 253

Gottfried Weber und Werner Hoffmann *Nibelungenlied.* SM 7 ([4]1974)

Werner Hoffmann *Kudrun. Ein Beitrag zur Deutung der nachnibelungischen Heldendichtung.* Stuttgart 1967

4. Der Minnesang — „daz ir deste werder sît und dâ bî hôchgemuot"

a) Minnedienst und Minnesang

Das Lied als höfisches Spiel. Die höfische Lyrik Frankreichs brachte eine ganz neue Wertschätzung der adeligen Dame, der Herrin und Fürstin, wie es sie vorher in Europa nicht gegeben hatte. Die Damen — darunter so gefeierte wie Eleonore von Aquitanien — waren oft umgeben von einem Hofstaat von Gelehrten und Dichtern. Sie wollten an den langen Abenden eine vergnüglichere, geistvollere Abwechslung, als sie Jongleure, Tänzer, Akrobaten und die Erzähler von Kriegsgeschichten boten. An ihren Höfen zu weilen, war eine Gunst, und die Troubadoure, von denen manche in hohem Ansehen standen und selbst hohe Herren waren, versuchten durch ihr werbendes und begehrendes Lied in ihren Hofstaat aufgenommen zu werden. Die Werbung ist meist fiktiv und auch die Treue nur allegorisch. Es geht den Minnesängern nicht um Liebesabenteuer, sondern um die Werbung. Je mehr der Troubadour über die Eifersucht des Gatten klagt und sich über die Wächter empört, die das Stelldichein mit der verehrten Dame verhindern, um so glänzender strahlt deren Tugend. Das Flehen um Erhörtwerden und die Klage über die Grausamkeit der abweisenden Dame waren eine Ehrenbezeigung, ein Ausdruck der Courtoisie und der Galanterie. Das Ganze ein höfisches Spiel von demütigem Dienen, brennendem Verlangen und versagter Neigung. Je eleganter, raffiniert-andeutender und hinreißender das Lied, um so vollendeter die Kunst des Sängers. Daß so die Dame auf den Thron erhoben wird, deutet darauf, daß die Liebesbeziehung in einer bislang unbekannten Weise kultiviert, sublimiert und der „Minne" eine rein geistige Funktion zugewiesen wurde.

Der Ruhm der „Dame" wanderte von Frankreich über die Grenze, besonders an die kleinen Höfe Italiens. Dort bildete sich eine neue Sprache, der „dolce stil nuovo", der „liebliche neue Stil", in dem DANTE dann seine Beatrice verherrlichen und das Ewigweibliche auf den Gipfel der Vergeistigung führen sollte. „In der italienischen Renaissance erst steigt die Dame von ihrem Thron und feiert als Frau (als Gentildonna) eine heitere Auferstehung" (Anny Latour), zugleich entsteht ein neuer Typ des Hofmanns.

Die Herkunft. Der europäische Minnesang entstand in der Provence des 12. und 13. Jhs, im Land der Katharer, in der unmittelbaren Nachbarschaft des maurischen Spanien. An den Höfen dieses heiteren Landes dichteten WILHELM IX. VON POITOU (1071—1127), BERTRAN DE BORN, BERNHART VON VENTADORN, PEIRE CARDENAL u. a. Lieder von höchster Vollendung. Viele Elemente wirkten bei der Entstehung des Minnesangs mit: die Ministerialen, die unvoreingenommener waren als der alte Adel und sich um die Gunst der im Süden lehensfähigen Herrinnen bewarben, die erotische Hochspannung auf Höfen und Burgen, wo sich viele Ritter, aber nur wenige Damen aufhielten, der Umstand, daß die Knappenerziehung den Damen anvertraut war, die mittelalterliche Freude am fiktiven Spiel, die gesteigerte Sinnenlust der aller materiellen Sorgen enthobenen

Höfe, christliche und kabbalistische Mystik, der Marienkult, die Bekanntschaft mit dem Orient und vor allem die Nähe zu den reichen arabischen Höfen in Spanien, wo sich schon lange eine Liebeslyrik mit verfeinerter Ichanalyse, Reflexion und Eroskult ausgebildet und z. B. Wallâda, die Tochter des Kalifen von Córdoba, eine Frau von freien Allüren, unabhängig und emanzipiert, selbst Dichterin, einen Hof von Poeten um sich versammelt hatte.

Die Tenzonen (Streitgedichte), Sirventes (Strafgedichte), Pastorellen (Schäferlieder) und die Tagelieder der provençalischen Troubadours (trobar clus = Finden von Klängen und dunklen Metaphern) wanderten rasch nach Nordfrankreich und drangen über den Rhein ins deutsche Sprachgebiet vor.

Der Minnesänger Schenk von Limburg kniet huldigend vor seiner frouwe und empfängt von ihr den reichgeschmückten Helm. Liebesdienst und Abenteuerfahrt bedingen einander. Manessische Liederhandschrift (s. S. 31)

Die Form. Die exklusive, oft geheimnisvolle provençalische Poesie war eine in Form und Melodik virtuose Lyrik, weit entfernt vom Goetheschen Erlebnisgedicht, und gestaltete vorgegebene Motive. Die Vollendung zeigte sich im harmonischen Zusammenklang von Wort und Musik, Klang, Versgestalt, Gedankenführung und Melodie. Das wahre Dichten war ein musikalisches Komponieren mit Worten.

Das liet (Strophe) besteht aus wort (Text) und wîse (Melodie). Vielfach jedoch übernahm der Sänger die wîse eines fremden Liedes und unterlegte ihr einen eigenen Text (Kontrafaktur). Auf diese Weise erfolgte häufig die Verbreitung der Lieder. Der Sänger trug das Minnelied vor und begleitete seinen Gesang mit einer Fiedel. Einzelne mehrstrophige Lieder konnten zu einem Liederzyklus kunstvoll zusammengefügt werden (Reinmar). Der häufigste Liedtyp war die aus dem Französischen übernommene Kanzone, deren Strophe in den Auf- und Abgesang gegliedert ist. Der Aufgesang bringt zweimal die gleiche Melodie und besteht aus zwei gleich gebauten Teilen, den Stollen (Beispiel s. S. 36). Die hochhöfische Lyrik kennt zwei Hauptgattungen: Lied und Spruch. Der überwiegend einstrophige Spruch wendet sich an jedermann, ist knapp, lehrhaft. Das Lied dagegen ist auch mehrstrophig, es richtet sich nur an den höfischen Kreis und enthält Liebespreis und Frauenverehrung. Außer Lied und Spruch entwickelte die höfische Lyrik als dritte Gattung den Leich. Im Gegensatz zum Lied besitzt dieses Großgedicht einen zweigliedrigen, umfangreicheren Strophenbau, statt wiederholter Melodie eine durchkomponierte Musikbegleitung. Nur wenige Sänger (Walther) versuchten sich im Leich.

b) Der deutsche Minnesang vor Walther

Die frühhöfische Lyrik (1150—1170) war vor allem an der Donau im bayrisch-österreichischen Raum ausgebildet, bevor sich die provençalische Verfeinerung geltend machte. Die Lieder des von Kürenberg, Dietmars von Aist u. a. zeigen noch eine recht unproblematische, realistische Liebesauffassung, sind noch Ausdruck ungekünstelten Lebensgefühls, noch Minnesang ohne Minnekult. Die immer wiederkehrenden Motive sind: der Falke als Symbol des Geliebten, das Motiv der nidaere und merkaere, der Neider und Aufpasser, Naturbilder als Spiegelungen erfüllter oder versagter Liebesfreuden, Natureingänge als Sinnbilder der Gefühlsbeziehungen. Die Gedichte werden nicht von einem fiktiven Ich gesprochen, sondern erklingen aus dem Munde des Mannes oder der

Frau (Rollengedichte), oft in der Langzeilenstrophe, der sog. Kürenbergerstrophe, dem Metrum des Nibelungenliedes verwandt. Eine besondere schöpferische Leistung des frühen Minnesangs ist der sog. „Wechsel“: zwei Strophen, die als Monologe jede für sich gesungen werden und die doch „im Illusionszwang der Dichtung eine aufeinanderbezogene Einheit bilden“ (Pongs):

Ûf der linden obene dâ sanc ein kleinez vogellîn.	Natureingang
vor dem walde wart ez lût: dô huop sich aber daz herze mîn	Männer-
an eine stat da'z ê dâ was. ich sach die rôsenbluomen stân:	strophe
die manent mich der gedanke vil die ich hin zeiner frouwen hân.	
„Ez dunket mich wol tûsent jâr daz ich an liebes arme lac.	Frauen-
sunder âne mîne schulde fremdet er mich mangen tac.	strophe
sît ich bluomen niht ensach noch hôrte kleiner vogele sanc,	
sît was mir mîn fröide kurz und ouch der jâmer alzelanc.“	

Auch das Tagelied ist Rollendichtung: es schildert das fiktive schmerzlich-zärtliche Abschiednehmen nach einer unerlaubten Liebesnacht. Das mehrstrophige Lied entfaltet im Dialog zwischen dem warnenden Wächter (s. S. 29), den sich trennenden Liebenden und der Klage der verlassenen Frau die epische Situation.

Die romanische Stufe (1170—1190). Diese spannungsärmere Liebeslyrik des alten Adels wurde schließlich verdrängt durch den leidenschaftlicheren und kunstvolleren provençalischen Gesang, der um 1170 am Oberrhein auftauchte und den man als den eigentlichen Minnesang bezeichnet. Die „Hohe Minne“, der unerwiderte, ungelohnte Dienst an der frouwe, wird nun das Hauptthema der Lyrik. Das Motiv des Schmachtens, des Fernwehs, das „trûren mit gedanken“, das verschwiegene Leid des Nichterhörten, wird gestaltet, die innere Erfahrung zergliedert, der gesamte Minnekodex abgewandelt. Auch in der Form tritt ein Wandel ein: die Langzeilenstrophe verschwindet, der Vierheber gewinnt an Geltung, die romanischen Zehn- und Elfsilber werden nachgebildet, was zu mehrsilbigen Senkungen führte, um so den Gesang dem deutschen Sprachrhythmus anzugleichen, Daktylen werden sehr häufig verwendet, die Reime, vielfach verschlungen, zu Strophenbindungen erweitert — kurz, der gesamte Formenschatz ungemein bereichert. FRIEDRICH VON HAUSEN (1150—1190) und seine Schule haben diese Leistung vollbracht.

Höhepunkt. Mit dem Thüringer HEINRICH VON MORUNGEN (1150—1222) erreichte der deutsche Minnesang seinen Gipfel. Das Erlebnis steht mit ungewöhnlicher Leidenschaft im Zentrum seines Dichtens, nicht mehr der Doktrin verpflichtet und ihr dienend, sondern ganz vom Seelischen her beherrscht. „Minne ist das Medium, mit dem Morungen die Welt erlebt“ (Wapnewski). Seine Lieder sind von einer ungewöhnlichen Sinnenhaftigkeit, bilderreich, voller Klangfülle, kunstvoll gefügter Strophen und von einer spielerisch anmutenden Reimtechnik (vgl. das „Tagelied“).

Das Erlebnis der Schönheit steigert sich bis zu dem Jubelruf:

a) Sêlic sî diu süeze stunde,	1. Stollen	
sêlic sî diu zît, der werde tac,		Aufgesang
b) dô daz wort gie von ir munde,	2. Stollen	
daz dem herzen mîn sô nâhen lac,		
c) daz mîn lîp von fröide erschrac,		Abgesang
unde enweiz vor wunne joch		
waz ich von ir sprechen mac.		

Der Antipode zu Morungens leidenschafterfüllter Lyrik war der Elsässer REINMAR VON HAGENAU, der poeta laureatus am Babenberger Hof zu Wien. Dieser sensible Artist ist ein Meister der Andeutung, der versteckten Bezüge, der schillernden Wendungen. Virtuos ordnet er 30 Lieder zu einem umfangreichen Zyklus, dem größten Variationswerk unserer Lyrik. Die beziehungsreich miteinander verknüpften Strophen ergeben ein feines Mosaik, aus dem der Grundgedanke seiner Kunst, die Klage über den vergeblichen Minnedienst, leuchtet. Reinmar verbannt persönlichere Töne aus seinen Versen. In immer neuen Variationen umkreist er nuancenreich die eine Idee der Hohen Minne. Sein maßvoller, hochstilisierter, vergeistigter Gesang bedeutete jedoch ein Ende: er war formal sowohl wie inhaltlich nicht mehr steigerungsfähig. Neue Wege wies der größte Lyriker: WALTHER VON DER VOGELWEIDE.

c) Walther von der Vogelweide

Walther von der Vogelweide ist der einzige Lyriker des Mittelalters, der allen kritischen Maßstäben späterer Epochen standhält. Wie sonst bei keinem Dichter der Stauferzeit tritt uns der Mensch mit seinen Widersprüchen in seiner Spruchdichtung entgegen. Sie gewährt uns zum erstenmal in der deutschen Sprache einen unverstellten Blick auf die harte Realität der Krisenzeit des beginnenden 13. Jhs. Walther verließ den Elfenbeinturm des modischen Minnesangs und engagierte sich im literarischen und politischen Tageskampf. Seine große geistig-künstlerische Spannkraft und sein umfassender Genius nahmen mühelos alle literarischen Traditionen des Minnesangs, der geistlichen Lyrik, der Vagantenpoesie auf und schmolzen sie der eigenen dichterischen Gestaltung ein. So sprengte er die sozialen, literarischen und geistigen Grenzen seines Zeitalters.

Walther stammte aus dem niederen Dienstadel und wurde um 1170 nach neuesten Mutmaßungen auf dem Vogelweidhof bei Feuchtwangen in Franken geboren. Zur geistig-künstlerischen Heimat aber wurde ihm der „wünnecliche hof ze Wiene“. Die Babenberger hatten ein weltoffenes, geistig-regsames Zentrum für den deutschen Minnesang geschaffen. Dort lernte er in der Reinmarschule „singen unde sagen“. 1197 starb Walthers Gönner, Herzog Friedrich IV. von Österreich auf einem Kreuzzug. Der Nachfolger Leopold V. entzog dem Dichter seine Gunst. Ein dreißigjähriges Wanderleben begann. Zuerst trug sich Walther dem gewählten König Philipp von Schwaben (1198—1203) an, dann weilte er am Hofe Ottos IV. (1212/13), dazwischen beim Landgrafen Hermann von Thüringen auf der Wartburg, beim Markgrafen Dietrich von Meißen, bei Bischof Wolfger von Passau, und ab 1214 in der Umgebung Friedrichs II. Ruhelos zog er landauf, landab. Der Unbehauste lebte vom Vortrag seiner Kunst und war stets auf die Launen und Mildtätigkeiten hoher Herren angewiesen. Not und Armut waren seine ständigen Begleiter. Erst Friedrich II. wußte um die publizistische Wirkung des Spruchdichters, erkannte den Wert des politisch notwendigen Ruhms, den der Sänger lieferte, und gab ihm 1220 in der Würzburger Gegend ein Reichsdienstlehen. Um 1230 verstummte Walthers Gesang. Im Lusamgarten des Würzburger Neumünsters soll er begraben liegen.

Minnelyrik. Walther begann als Reinmarschüler. Aber noch mehr als dem Elsässer verdankt er Morungen seine künstlerische Entfaltung. Aus verwandtem Temperament, fasziniert von der sinnlichen Bildkraft dieses Sängers entwickelte er seine Kunst. Allzubald durchschaute er die Hohlheit der höfischen Minneliturgie, Reinmars virtuoses, steriles Glasperlenspiel. Walther wehrte sich gegen die Vergötzung der frouwe, gegen die maßlose pseudosakrale Verherrlichung („si ist mîn osterlîcher tac“). Er wandte sich gegen Reinmar, parodierte ihn in der ersten Literaturfehde unserer Sprache und wurde sich in dieser Auseinandersetzung zunehmend der eigenen Auffassung bewußt: Er stürzte das Minne-Idol der frouwe und ersetzte es durch den umfassenderen Begriff des wîp, der edelgesinnten Frau.

Wîp muoz iemer sîn der wîbe hôhste name,
und tiuret baz dan frouwe, als ichz erkenne . . .
Frau ist in meinem Ohr der schönste Name,
den jedes Weib getrost in Anspruch nehmen kann. (P. Rühmkorf)
wîp dêst ein name ders alle kroenet.
Wo man Frauen Frauen nennt,
ist das höchste Lob gleich inbegriffen. (P. Rühmkorf)

Nur eine gleichberechtigte Ich-Du-Begegnung ermöglicht erst die Liebe:

Minne ist zweier herzen wünne:
teilent sie gelîche, sost diu minne dâ.
Minne ist das Glück zweier Herzen
tragen sie zu gleichen Teilen, dann ist Minne da.

Dieses herzliche Einvernehmen ist nicht mehr an die frouwe gebunden. Das persönliche erotische Gefühl wendet sich dem einfachen Mädchen zu. Dadurch sprengt Walther den gesellschaftsbezogenen Minnesang und schafft ein neues lyrisches Genre: die „Mädchenlieder". In ihnen verschmelzen vagantische Elemente und volksnaher Gesang zu zarten Gedichten. So in dem Lied *Unter der linden,* in dem das Gleichgewicht zwischen Bewußtheit und Naivität, Spiel und Natürlichkeit eine vollkommene Einheit bilden. So in dem feinen „Traum-Tanz-Lied" *Nemt, frouwe, disen kranz.* Walther verfaßte auch wieder Lieder der neuen Hohen Minne, die jetzt um das Erlebnis menschlicher Gleichberechtigung erweitert sind. Etwas von der heiteren Unbeschwertheit der „Mädchenlieder" erklingt im höfischen Festraum in dem Lied *Sô die bluomen ûz dem grase dringent.*

Politische Lyrik. Walthers Dichtung erschöpfte sich nicht in der Vollendung der Liebeslyrik. Viel zu stark engagierte er sich in den Machtkämpfen seiner Zeit. 1197 hatte der plötzliche Tod Kaiser Heinrichs VI. das staufische Weltreich in die größte Katastrophe seiner Geschichte gestürzt. Diese Krisensituation und den folgenden Thronstreit nützte Papst Innozenz III. rücksichtslos, um die päpstliche Weltherrschaft zu erringen. In diesen Kampf griff Walther ein.

Bislang waren politische Themen in lateinischen Traktaten und in Tierepen aufgegriffen worden oder erklangen im *Kaiserhymnus* des Archipoeta, in der Vagantenlyrik und in den provençalischen Sirventes. Walther holte die Spruchform der Fahrenden von der Straße an den Hof. In seiner Hand wird diese Gattung „politisch-propagandistisches Machtinstrument von weitstreuender Wirkung, knapp, treffend, ätzend und höchst kunstvoll berechnet in Bau, Wortlaut, Bild und Funktion" (Wapnewski). Es ist die Geburtsstunde der politischen Lyrik in deutscher Sprache.

In den ersten drei „Sprüchen im Reichston" erreichen Walthers Lieder höchsten poetischen Rang, vergleichbar mit Bert Brechts Gedichten *Radwechsel, Rückkehr, Lied von der Moldau.* Aus Walthers Versen spricht das starke Ethos des Zeitkritikers, aber auch die Trauer über die von Gott sich lösende Welt. Im ersten Spruch *Ich saz ûf eime steine* (1198) sinnt der Sänger in der Haltung eines antiken Sehers über die Ursachen der politischen Krise nach: „fride unde reht sint sêre wunt". Guot (Besitz), êre (weltliche Ehre, Ansehen) und gotes hulde (Gnade Gottes) waren unvereinbar geworden. Deshalb fordert der zweite Spruch *Ich hôrte ein wazzer diezen* (1198) die Wiederherstellung des Rechts und der Friedensordnung durch die Wahl Philipps zum Kaiser. Im dritten Spruch *Ich sach mit mînen ougen* (1201) warnt er die Kurie vor Herrschaftsmißbrauch. Der Klausner, Symbol urchristlicher Reinheit, klagt: „owê der babest ist ze junc: hilf, hêrre, dîner kristenheit!" Die drei Hauptthemen seiner politischen Lieder sind angeschlagen: die Fragen nach dem rechten Leben, das Reich als universale Ordnungsmacht, der Kampf gegen die Weltherrschaft des Papstes.

Die Sprüche im „Ottenton" enthalten die schärfste Polemik gegen die Geldmacht Kurie *(Ahî wie kristenlîche nû der bâbest lachet; Sagt an, hêr Stoc....)* Es ist die erste deutsche literarische Kirchenkritik eines Laien. Welche Themen der Dichter in seinen Sprüchen auch aufgriff, immer dienten sie dem gleichen Ziel: das Gewissen zu schärfen, Unrecht anzuprangern, zu verändern, zu belehren: politisch zu wirken. Wie stark Walthers politische Lyrik die breite Öffentlichkeit erregte, beweist die Klage des Friauler Domherrn Thomasin von Zerklaere: „er hât tûsent man betoeret / daz sie habent überhoeret / gotes und des bâbstes gebot".

Alterslyrik. Je älter der Dichter wurde, je mehr ihn das Leben herumstieß, desto schärfer sah er die Gesellschaft. Walther nahm Abschied von Frau Welt *(Vrô Welt, ir sult dem wirte sagen),* die ihn nicht mehr bezaubern konnte, löste sich vom eigenen Werk *(Ir reinen wîp, ir werden man)* und wandte sich im Palästinalied *(Allerêrst lebe ich mir werde)* dem Religiösen zu. Seine Kunst erreichte in der *Elegie* (1227/28) ihren Gipfel. Sein illusionsloser, von Schmerz und Resignation erfüllter Altersblick umspannt noch einmal die ferngerückte Vergangenheit, die verfremdete Gegenwart, richtet sich in die Zukunft und fordert die Ritter auf, das Heil durch die Teilnahme am Kreuzzug zu erringen. Weltklage und Grauen vor der Vergänglichkeit sprechen aus den Nibelungen-Langzeilen:

Owê war sint verswunden alliu mîniu jâr!
ist mir mîn leben getroumet, oder ist ez wâr?
daz ich ie wânde ez waere, was daz alles iht?
dar nâch hân ich geslâfen und enweiz es niht.

Walther hat bewußt die Umbruchzeit erlebt, seine Kunst aus persönlicher Erfahrung mit neuen Tönen bereichert. Eine Welt höfischer Humanität steht hinter seinem Dichten.

Den Schlußstein setzte ein anderer, der mit seinen „ungefüegen doenen“ das Ende ankündigte:

NEIDHART VON REUENTAL (1190—1245). Dieser bayerische Ministeriale am Landshuter und Wiener Hof, vertraut mit dem ganzen, reich ausgebildeten minnesingerischen Instrumentarium, sang für ein sich amüsierendes höfisches Publikum, das alle Spielarten ritterlicher Liebeslyrik nun schon bis zum Überdruß kannte und an das erzieherische Ethos schon lange nicht mehr glaubte. Es verlangte derbere Töne zu hören. Die bäuerliche Welt dringt in die Lieder ein. Dorfanger, Bauernstuben, ländliche Magd statt höfischer Herrin; vagantisch ausgelassener Ton, hemmungslose Triebhaftigkeit kehren in seinen Sommer- und Winterliedern immer wieder. Neidhart bedient sich der ganzen Nomenklatur des Minnesangs. Indem er dessen Redeformen auf die Dorfwelt überträgt, parodiert er den Minnesang und travestiert das Bauernleben. Die angebetete Schöne entpuppt sich in den folgenden Zeilen mit einem desillusionierenden Verfremdungseffekt als rübenziehende Magd:

diech dâ meine: deist diu wolgetâne,
diu mir mîn gemüete dicke ringet.
wol ir, daz si saelic sî!
swer si minnet, der belîbet sorgen vrî;
si ist unwandelbaere:
wîten garten tuot si rüeben laere.

Mit seinen satirischen, parodistischen Versen traf er den Ton der neuen Zeit. Sein legendäres Fortleben als Schwankfigur des späten Mittelalters (s. S. 42) zeigt, wie sehr ihn die neuen Schichten als den ihrigen empfanden.

LITERATUR:

Peter Dronke *Die Lyrik des Mittelalters. Eine Einführung.* dtv WR 4287
Hans Fromm *Der deutsche Minnesang. Aufsätze zu seiner Erforschung.* WBG Bd. 15 ([5]1972)
Interpretationen mittelhochdeutscher Lyrik, hg. v. Günther Jungbluth. Bad Homburg 1969
Benno von Wiese *Die deutsche Lyrik vom Mittelalter bis zur Gegenwart* Bd. 1. Düsseldorf 1964
Hans-Uwe Rump *Walther von der Vogelweide.* rm 209
Kurt Herbert Halbach *Walther von der Vogelweide.* SM 40 ([3]1973)
Walther von der Vogelweide, hg. v. Siegfried Beyschlag. WBG Bd. 112 (1971)
Peter Rühmkorf *Walther von der Vogelweide, Klopstock und ich.* dnb 65

III. DIE DICHTUNG DES SPÄTMITTELALTERS (1250-1500)

1. „Es get ein ander Welt herfür"

Abbruch der ritterlichen Ideale. Die Glanzzeit der höfisch-ritterlichen Dichtung dauerte nur ein paar Dezennien, dann war sie vorbei. Allzurasch wurden die romantisierenden Ideale der Ritterdichtung durchschaut. Nach dem Zusammenbruch des Stauferreiches verlagerte sich der Schwerpunkt des politischen Lebens immer mehr in die aufstrebenden Territorialfürstentümer. Der Ritterstand aber war zeitblind, er hing noch an den staufischen Machtträumen, an seinem Standesdünkel und betrachtete die zu Wohlstand gelangten Städter als Krämerseelen. So verbauerte, verwilderte (Raubritter) oder verbürgerte er allmählich. Die geistige Einheit des Hochmittelalters, dessen Gesicht er entscheidend mitgeprägt hatte, war endgültig zerbrochen. Die unbeachteten breiten Volksmassen machten sich nun geltend, bunter und vielschichtiger wurde das soziale Leben, das sich nun in einem neuen Bezirk abspielte: in den Städten.

Die neuen Städte. Durch die Kreuzzüge gefördert, entwickelte sich der Fernhandel. Der Handelsgewinn floß in die Städte, ihre wirtschaftliche und politische Bedeutung wuchs.

„Stadtluft macht frei“: dieser Ruf zog zahlreiche Menschen in die Stadtmauern, wo sich ein heterogener Bevölkerungskreis bildete. Kaufleute, Patrizier, Zunftmeister, Handwerker, Gesellen, kleine Ackerbauer, Tagelöhner und Hörige leben im Gewirr winkliger Gassen, in Geschlechtern, Zünften, Gilden und Ständen korporiert. Viele waren noch Ackerbauern und mit den umliegenden Dörfern verwandtschaftlich oder durch Grundbesitz verbunden. Diesseitszugewandt, erdverhaftet war ihr Sinn, aufs Praktische, Nützliche, Zweckmäßige gerichtet. Neben den weitschauenden, planenden Unternehmen der Kaufleute arbeiteten die auf ein sicheres, risikoloses Auskommen bedachten kleinbürgerlichen Zünfte. Eng wohnte man beieinander, erblickte tagtäglich die Schwächen und Laster der Mitbürger. Die Enge führte zu sozialen Spannungen, zu Kämpfen um die Stadtherrschaft, und war auch der Nährboden für die typischen Literaturformen dieser Zeit. Eins ist charakteristisch: Das spätmittelalterliche Bürgertum äußerte in der Literatur noch kein sicheres Standesbewußtsein, formte noch kein Ideal seines eigenen Daseins, wie es ehedem die Ritter in ihrer Artusepik getan hatten. Hineingestellt zwischen zwei Stände, träumte es von der versunkenen Pracht der Ritterwelt, deren Lebensformen das städtische Patriziat zu kopieren versuchte, oder es überließ die seelisch-geistige Führung den Geistlichen. Die Kirche aber, selber durch Schisma, Häretiker- und Ketzerbewegungen geschüttelt, um ihre Reform an Haupt und Gliedern kämpfend, entwickelte neue Formen der Seelsorge, um die leicht erregbare, innerlich labile Bevölkerung zu führen. Eine Lebens- und Weltangst breitete sich aus, durch Pest und Seuchen jedem drastisch vor Augen gestellt. Sie führte zu Sinnenlust und Derbheit, zur Materialisierung der Frömmigkeit und einer „Werkheiligkeit aus Seelenangst“ (Willy Andreas). Die Volksmassen und das kleinbürgerliche Stadtbürgertum verlangten nach Unterhaltung, Erbauung, Belehrung. Stadtschreiber, Patrizier, Schulmeister, Handwerker, Mönche und Nonnen pflegten die Literatur.

Israhel van Meckenem *Der Tanz um den Preis*, Kupferstich, um 1475

LITERATUR:

Johannes Janota *Neue Forschungen zur deutschen Dichtung des Spätmittelalters (1230—1500), 1957—1968* in: *DVjs*, Sonderheft Forschungsreferate 1971, S. 2—242

Willy Andreas *Deutschland vor der Reformation.* Stuttgart [7]1972

Johan Huizinga *Herbst des Mittelalters.* Stuttgart [9]1965

Fritz Rörig *Die europäische Stadt im Mittelalter.* Vand 12/13

Helmut de Boor *Die deutsche Literatur im späten Mittelalter. Zerfall und Neubeginn. 1250—1350.* München [3]1967

Hans Rupprich *Vom späten Mittelalter bis zum Barock.* Teil 1: 1370—1520. München 1970

Friedrich Ranke *Von der ritterlichen zur bürgerlichen Dichtung* in: *Annalen*

Siegfried Beyschlag *Städte, Höfe, Gelehrte* in: *Annalen*

Willi Erzgräber *Europäisches Spätmittelalter.* In: *Neues Handbuch der Literaturwissenschaft Bd. 8.* Wiesbaden 1978

2. Die bürgerliche Literatur — Lehre und Satire

Das Epos „wucherte auf zu einer phantastischen, bloßen Unterhaltungszwecken dienenden, sinnentleerten Romanindustrie“ (Wapnewski). Jetzt wird der Stoff das Wesentliche, Torsi sind verpönt. So werden Gottfrieds *Tristan* von Ulrich von Türheim und Wolframs Fragment *Titurel* von Albrecht von Schaffenberg zu umfangreichen Werken aufgeschwellt, vervollständigt. Für die Schilderung des Standesethos fehlt das Verständnis. Wozu auch? Das Stoffliche allein entzückt; weil kein Gestaltungszwang mehr dahintersteht, werden die Stoffe mehr oder weniger wahllos aufgegriffen. Die romantische Sehnsucht strebt aus dem beengten bürgerlichen Alltag in die Ferne.

Zeitkritik. Nur in einer einzigen Erzählung um die Jahrhundertmitte greift ein Fahrender aus dem Innviertel, WERNHER DER GARTENAERE (1250—1280), ein Zeitproblem auf, in seiner Geschichte vom *Meier Helmbrecht.* Walther hatte schon die tiefere Ursache der Unordnung und des Zerfalls erkannt: „fride unde reht sint sêre wunt." Auch Wernher sieht im Abbau der Ordnung den Hauptgrund für die schlechten Zeitverhältnisse. Schon der Beginn der *maere von der houben* läßt aufhorchen: „hie wil ich sagen waz mir geschach, daz ich mit mînen ougen sach." Es ist eine Absage an die Romanthemen der höfischen Zeit (minne, hoher muot), ein realistischer Ton wird angeschlagen und in dem Schicksal des Helmbrechtsohns noch einmal der Wert der Ständeordnung aufgezeigt.

Der übermütige Bauernsohn Helmbrecht will Ritter werden und bricht frevlerisch aus dem ihm nach mittelalterlichen Anschauungen von Gott angewiesenen Stand. Vergebens versucht ihn sein Vater zurückzuhalten: „dîn ordenunge ist der phluoc!" Er wird Raubritter, zieht durch die Lande, kehrt wieder zurück als aufgeblasener, mit fremden Ausdrücken um sich werfender Prahlhans, holt seine Schwester Gotelind und verheiratet sie mit einem Spießgesellen. Schließlich werden die Räuber von den Schergen des Richters aufgegriffen und gehenkt. Helmbrecht humpelt verstümmelt, geblendet zum väterlichen Hof zurück, wo ihn der Alte höhnisch abweist. Bauern, denen er übel mitgespielt hatte, hängen ihn.

Als modisch gekleideter Geck sieht der Bauernsohn nur die äußere Seite des Rittertums. Seine buntgestickte Haube ist das einprägsame Symbol der durch ihn widerrechtlich ergriffenen Standesordnung. In Helmbrechts lächerlichem Gebaren, in der satirischen Bauernverspottung spüren wir Neidharts Einfluß. Im Alten aber zeichnet Wernher den Vertreter eines standesbewußten Bauerntums. So verständig und wohlwollend wurde im ganzen späten Mittelalter der Bauernstand nicht mehr geschildert.

In der **spätmittelalterlichen Didaktik (Lehrdichtung)** tritt die bürgerliche Lebensanschauung besonders klar hervor. Sie enthält eine gleichsam in Reime verpackte Durchschnittsethik. Der moralisierende, lehrhaft-erzieherische Tonfall klingt ähnlich wie später im 18. Jh. (vgl. die Moralischen Wochenschriften S. 90). Man will unmittelbaren Einfluß auf die Lebensgestaltung gewinnen, will erziehen, mahnen, zurechtweisen. Gewiß, es gab schon früher THOMASIN VON ZERKLAERES *Welschen Gast* (1215) und FREIDANKS Spruchsammlung *Bescheidenheit* (1230), beide das Ritterideal mehr ergänzend, als es ersetzend. Nun verstärkt sich der kirchliche Einfluß, man wird betont streng christlich. Typische Vertreter dieser moralisierenden Zeitkritik waren der Bamberger Schulrektor HUGO VON TRIMBERG (um 1300) mit dem Lehrgedicht *Der Renner* und der Österreicher HEINRICH DER TEICHNER (1350) mit seinen *Reimreden* (70000 Verse), die als bürgerliches Hausbuch sich größter Beliebtheit erfreuten. Der Teichner sieht nichts als „diser welt irregang". Illusionslos hält er allen Ständen den Spiegel vor, schlägt einen Katalog von Lastern auf, um ihnen die Leviten zu lesen. Die Ursache allen Übels erblickt er im Pfennig, im neuaufkommenden Frühkapitalismus, diesem Dämon und Samen des Antichristen.

Obwohl sich im Zeitalter der Fugger und der Hanse in den Städten der Handelsgeist ausbreitete und viele zu Reichtum gelangten, ist in der Dichtung ein antikapitalistischer, kleinbürgerlicher Zug wirksam, ein gewisses „Bauernmißtrauen", das auch später vom deutschen Kleinbürgertum nicht überwunden wird. Diese entschiedene Ablehnung des Handelns, des Zinsnehmens dauert über die Reformation hinaus bis in die Dichtung des 19. Jhs hinein.

Die Allegorie ist ebenfalls eine typische Literaturform dieser Epoche. Sie ist geistlichen und bürgerlichen Ursprungs und entstand aus dem Bedürfnis, abstrakte religiöse bzw. theologische Fragen zu veranschaulichen. Gerade diese Jahrhunderte mit ihrer äußeren Volksfrömmigkeit, dem materiellen Aberglauben begünstigten das „Aufgehen des Gedankens im Bild" (Huizinga).

Schwänke sind eine in allen Literaturen auftretende Gattung. Das Stadtbürgertum des 14. bis 17. Jhs hegte eine besondere Vorliebe für diese Erzählungen heiterer, ausgelassener, possenhafter Streiche, in denen die Drastik, Derbheit, das erotisch Zügellose, Obszöne literarische Ventile sind für die durch Zunftordnungen und zahlreiche Verbote eingeengten Städter. Man zeigte den Menschen unverblümt in allzuschwachen, hinfälligen Situationen und bot ihm einen Phantasieersatz für verwehrte Möglichkeiten. Ein befreiendes Lachen half über die soziale Ungerechtigkeit und den täglich verspürbaren Druck hinweg. Vornehmlich diente der Bauer als Tölpel den frischgebackenen Städtern und ihrem Überlegenheitsgefühl zur Zielscheibe ihres satirischen Spotts. Neidhart, der Minnesänger, wurde zur Schwankfigur; im *Neidhart Fuchs* werden seine Bauernstreiche geschildert.

Till Eulenspiegel (1480), der Spaßmacher der Kinderbücher, ist mehr als eine triviale Schwankfigur. Der pfiffige Schalksnarr entpuppt sich als Vorfahre und älterer Bruder des Schwejk. Dieser Schelm kennt alle Fallstricke der Gesellschaft und beherrscht die Taktik des Überlebens. Er schlägt sich durch, indem er sich treuherzig dumm stellt, schlau und listig reagiert, scheinbar auf Konventionen und die Forderungen der Herrschenden eingeht. Eulenspiegel führt seine Streiche vor allem gegen die Handwerker, gegen jene neue bürgerliche Schicht, deren eingebildete Überlegenheit, ihr auf zweckrationale Vernunft und Nutzen gegründetes Dasein er in Frage stellt. Bauernschlau nimmt er sie beim Wort und bricht mit diesem scheinbar arglosen Wörtlichnehmen ihre Scheinsicherheit auf, reißt sie aus dem Schlaf der Gewohnheit und ihrer verfestigten Ordnung. Auch die Sprache wird brüchig, büßt an Kommunikationsfähigkeit ein. Der Individualist verabscheut die Normen, seine Weisheiten klären nicht, sondern verfremden, decken Unstimmigkeiten auf. Friedrich Grabbe meinte, Eulenspiegel repräsentiere „die aus tiefstem Ernst entstandene deutsche Weltironie".

Im *Lalebuch* (1597), der Urform der Schildbürgerstreiche, handelt ein ganzes Narrenvolk als Schwankfigur. Was auch immer die Schildbürger (Lalen) tun, ob sie Licht ins Rathaus tragen oder Salz säen: es mißlingt. Ihr reduziertes, an mangelnder Realitätserfahrung leidendes Bewußtsein verkehrt ihre guten Absichten ins krasse Gegenteil: das Große scheint klein, das Unmögliche einfach und das Selbstverständliche undurchführbar. Die Komik ihres Handelns entspringt ihrem gestörten Wirklichkeitsbild. Die Schildbürger sind keine wertblinden, sondern sachblinde Narren (Vgl. Die Satire S. 54). Kein getrübtes Verhältnis zu Gott, sondern eine falsche Beziehung zur Realität wird ihnen zum Verhängnis. Im losgelösten Detail verbirgt sich die Tücke des Objekts. Indem sie an eine Einzelheit logische Folgerungen knüpfen, ohne den Zusammenhang zu beachten, wird ihr Handeln widervernünftig, bricht die Brücke zur Wirklichkeit ab, klaffen Wollen und Tun auseinander. Die Welt erscheint ihnen verkehrt und rätselhaft. Überall lauern tückische Kräfte. Etwas ins Groteske verzerrt ahnen sie die Nachtseiten des Lebens. Losgelöst vom religiösen Urgrund, wird das Diesseits in den Schildbürgerstreichen verfremdet und undurchschaubar.

Daß sich im Bauern auch eine menschliche Ursituation der Zeit widerspiegeln kann, zeigte der Toggenburger HEINRICH WITTENWEILER in seinem grotesk-satirischen Epos *Der Ring* (1400). Im Bild der Bauernhochzeit wird der Weltlauf satirisch-grotesk verkörpert: „er ist ein gpaur in meinem muot, der unreht lept und läppisch tuot." Der Bauer ist also ein Beispielfall für das allgemeine menschliche Narrentum.

Die Geschichte erzählt von der Werbung des Lappenhausener Bauernburschen Bärtschi Triefnas um das häßliche Scheusal Mätzli Rüerenzumpf aus Nissingen. Während des Hochzeitsmahls entsteht eine Rauferei, die in einen Krieg zwischen Lappenhausen und Nissingen ausartet. Am Schluß schlagen sich alle Helden des höfischen und nationalen Epos, Riesen, Zwerge, Hexen mit den entfesselten Bauern herum, bis Lappenhausen gänzlich zerstört ist. Nur Bärtschi rettet sich in die Einsamkeit des Schwarzwaldes.

Der Wittenweiler sieht das „Triptychon von der Torheit der Welt" (Ranke) mit den Augen des Satirikers: Minnedichtung, Turniere werden parodiert und ins Drastisch-Groteske des Bauernmilieus gesteigert. Dieses Austoben aller Triebe und Süchte ist nicht die Schilderung konkreter Erfahrungen, sondern satirisch übersteigerte, schwankhaft ausgestaltete Darstellung menschlichen Narrentums schlechthin.

LITERATUR:
Eberhard Lämmert *Reimsprecherkunst im Spätmittelalter.* Stuttgart 1970
Erich Straßner *Schwank.* SM 77 (1968)
Dieter Arendt *Eulenspiegel — ein Narrenspiegel der Gesellschaft.* Stuttgart 1978
Mittelhochdeutsche Spruchdichtung, hg. v. Hugo Moser. WBG Bd. 154 (1972)

3. Anfänge des Schauspiels

Die Tragödie war im Mittelalter unbekannt. Wo die göttliche Ordnung nicht in Frage gestellt ist, sondern das Bewußtsein der christlichen Erlösung und das Wirken der Gnade Gottes das ganze Leben beherrschen, kann keine Tragödie entstehen, wohl aber das Mysterienspiel.

Das mittelalterliche geistliche Drama entstand aus der Liturgie hoher kirchlicher Festtage. Am Oster-, Fronleichsnams-, Weihnachts- und Dreikönigsfest boten die liturgischen Wechselgesänge Ansatzpunkte zur dialogischen Erweiterung. Anfänglich wurde der Ostertropus (quem quaeritis? Wen suchet ihr?) verlängert, um durch das mimisch-szenische Spiel dem einfachen Volk den tieferen Sinn der religiösen Handlung plastisch zu veranschaulichen (*Tegernseer Spiel vom Antichristen,* 1160). Bald wurden die im Altarraum aufgeführten lateinischen Szenen zu umfangreich. Immer mehr Personen beteiligten sich. Die Kostüme wurden bunter, allmählich drängte die Lust am Spiel den liturgischen Zweck zurück. So verlegte man im 13. Jh. das Schauspiel vom Chor auf den Markt- oder Kirchplatz und übertrug es ins Deutsche (*Trierer Osterspiel,* 14. Jh.). Die umstehenden Häuser dienten als Dekoration und die oberen Stockwerke boten gute Zuschauerplätze. Die schaulustigen, analphabetischen Massen umdrängten die Bühne und verfolgten von allen Seiten gespannt den Spielverlauf. Die Aufführungen brauchten keine realistische Raumillusion, wie später die Guckkastenbühne, zu erzeugen, denn das ganze Spiel war der symbolischen Handlung des Dramas untergeordnet. Die Spieler bewegten sich von einem Spielfeld zum anderen und verließen erst am Schluß die Bühne (Simultanbühne).

Der neue Schauplatz bot die Möglichkeit, die Magdalenenszene, den Wettlauf der Jünger zum Grab, den Spezereienverkauf mit weltlichen Spielelementen anzureichern, realistischer, drastischer auszubauen, so daß die geistlichen Dramen immer umfangreicher wurden. Vielfach dauerten die Aufführungen mehrere Tage.

In klirrenden Ritterrüstungen stolzierten die Grabwächter einher, Teufel geisterten mit großen Masken oder als Hexen über die Bühne, Drachen symbolisierten die Hölle und mit umherrollenden Fässern erzeugte man einen ohrenbetäubenden Höllenspektakel. Pathetisch deklamierend, mit weitausholenden Gesten spielten die männlichen Darsteller (weibliche gab es noch nicht) die Szenen sehr drastisch aus, auf eine möglichst sinnfällige Wirkung bedacht.

Mysterienbühne aus dem Spätmittelalter

Besonders die Passionsspiele kamen dem Realitätshunger des Volkes entgegen, weil sie drastisch das jammervolle Leiden und die bitteren Todesqualen Christi, die gemeine Roheit der Schergen zeigten. Das gesteigerte Frömmigkeitsverlangen verband sich mit einer sehr profanen Schaulust. Possenhaftes, Groteskes und Burleskes ergötzte die Massen. Aus einer sonderbaren Mischung von Religiösem und Profanstem entstand eine treffende Selbstdarstellung spätmittelalterlichen Volkslebens.

Das Fastnachtspiel war ursprünglich ein uralter heidnischer Fruchtbarkeitskult, ein Ritus zur Dämonenaustreibung. Es erfreute sich bei den spätmittelalterlichen Städtern ebenso großer Beliebtheit wie das Mysterienspiel. Mit dem geistlichen Drama hat es manches gemeinsam: so ist es an einen realen Raum (Wirtshaus) gebunden, auf eine bestimmte Jahreszeit festgelegt und wird von Laien aufgeführt. Eingebettet in die Fastnachtfeier lebt das Spiel ganz aus der Rede. Die Dialoge sind voll derb-drastischer Schimpfreden, witziger Wortspiele, und zweideutiger Bilder. Stichreime verbinden häufig die Wechselreden, lebhafte Mimik und Gestik begleiten das Spiel. Die Städter stellten die standesfremde Figur des Bauern auf den Wirtshausboden, ergötzten sich an den komischen, burlesken Ehe- und Gerichtsszenen und befreiten sich für kurze Zeit in Spott und Gelächter von den Zwängen der Gesellschaft (Vgl. Schwänke S. 42).

Nürnberg war unter HANS ROSENPLÜT (* 1515), HANS FOLZ (* 1515) und HANS SACHS (1494—1576) das Zentrum des Fastnachtspiels. Besonders Hans Sachs, dieser rege Meistersinger, gehört zu den vertrautesten Gestalten des Spätmittelalters. Mit ihm erreicht das Fastnachtspiel seinen Höhepunkt. Alle greifbaren Dramenstoffe legte er seinen Stücken zugrunde: die antike Geschichte taucht in der *Lucretia* auf, einen mittelalterlichen Stoff verwendet er in *Tristand und Isalden,* deutsche und italienische Schwänke verarbeitet er in zahlreichen Dramen. Ein witziger, humorvoller, oft derber Dialog in Knittelversen belebt seine straff gebauten Spiele. Goethe liebte diesen honorigen Schusterpoeten, und Richard Wagner hat ihn mit seiner Oper *Die Meistersinger von Nürnberg* berühmt gemacht.

Das lateinische Schuldrama. Die Reformation entzog dem Mysterienspiel den Boden. Für die Verquickung von Profanem mit Religiösem hatte sie kein Verständnis. Nun löste das lateinische Schuldrama der Humanisten das Mysterienspiel ab. Diese regen Intellektuellen hatten Plautus- und Terenz-Komödien neu herausgebracht. Sie ließen die Dramen in den Schulen aufführen, um den Schülern eine größere lateinische Sprechfertigkeit zu vermitteln, ihnen Bedeutung und Wert antiker Dramen zu zeigen, Freude an Spiel und Kunst und ein freieres Auftreten anzuerziehen. Reuchlins Drama *Henno* (1497) galt lange als Vorbild. Auch der Aufführungsstil änderte sich. Die Stücke wurden in fünf Akte eingeteilt, der Chor eingeführt, weniger Personen auf die Bühne gestellt, das Spiel konzentriert. Die Simultanbühne verschwand, und an ihre Stelle trat die dekorationslose Badezellenbühne.

Die Reformation benutzte das Schultheater für religiöse Zwecke.

Biblische Stoffe wurden dramatisiert. PAUL REBHUHNS (um 1505—46) *Ein geistlich Spiel von der gottfürchtigen und keuschen Frauen Susannen, Die Hochzeit zu Kana,* sowie NIKODEMUS FRISCHLINS (1547—90) *Rebecca, Susanna* und *Frau Wendelgard* gehören zu bedeutenderen Versuchen protestantischer Schulautoren. Bis in die Barockzeit hinein wirkte das protestantische Schuldrama.

Die englischen Komödianten. Gegen Ende des 16. Jhs entstand dem von den Konfessionen geförderten lateinischen Schuldrama ein Konkurrent in den englischen Komödianten. Seit 1590 durchzogen diese englischen Schauspieltruppen mit ihren Wanderbühnen besonders den Westen und Norden Deutschlands. Ein Prinzipal, der meistens die Clownrolle spielte, leitete das Unternehmen der Berufsschauspieler. Sie führten Shakespeares Tragödien und Komödien und andere zeitgenössische englische Dramen auf, bereicherten aber später ihr Repertoire mit deutschen Moralitäten und Bibellegenden. Zentralfigur ihres Spiels war der Pickelhäring, der Narr. Er gestaltete selbstherrlich das Spiel und belebte die Aufführung durch Improvisation und Situationskomik.

Die englischen Komödianten pflegten einen krassen, naturalistischen Aufführungsstil. Ihnen kam es vor allem auf eine möglichst breite Publikumswirkung an. Ihre Blütezeit fiel in die Jahrzehnte vor dem Dreißigjährigen Krieg.

LITERATUR:

Heinz Kindermann *Theatergeschichte Europas* I. Bd. *Das Theater der Antike und des Mittelalters.* Salzburg 1957 — II. Bd. *Das Theater der Renaissance.* Salzburg 1957

Hans Heinrich Borcherdt *Das europäische Theater im Mittelalter und in der Renaissance.* rde 322/24

Rolf Steinbach *Die deutschen Oster- und Passionsspiele des Mittelalters.* Köln 1970
Eckehard Catholy *Fastnachtspiel.* SM 56 (1966)
Eckehard Catholy *Das deutsche Lustspiel. Vom Mittelalter bis zum Ende der Barockzeit.* Stuttgart 1969
Werner Lenk *Das Nürnberger Fastnachtspiel des 15. Jahrhunderts. Ein Beitrag zur Theorie und zur Interpretation des Fastnachtspiels als Dichtung.* Berlin 1966

4. Meistersang, Volkslied, Volksbuch

Der Meistersang ging aus dem Kreis des städtischen Handwerks jener Zeit als eine typische Kunstform der Epoche hervor. Sein Ursprung ist in kirchlichen Singbruderschaften zu suchen, die zur Gottesehre, bei Prozessionen und Begräbnissen auftraten und in der Kirche Wettsingen abhielten. Von Fahrenden, die sich in den Städten niedergelassen hatten, lernten sie die Form höfischer Lyrik kennen. Ganz ihrer Mentalität entsprechend zwängten sie sie in lernbare Regeln (Tabulatur) und ließen ihren Liedvortrag von Merkern schulmeisterlich überwachen. Nur wer eine eigene Melodie erfand, durfte sich Meister nennen. In sehr vielen Städten des Spätmittelalters waren diese Singschulen verbreitet. Es war eine naive bürgerlich-pedantische Dichterei, die, von Moralisten betrieben, sich auch thematisch aufs engste mit der Spruchdichtung der Zeit berührte und von der einstigen Höhe minnesingerischer Lyrik nichts mehr ahnen ließ (s. R. Wagners Oper).

Das Volkslied. Es sind die von Herder so bezeichneten Lieder, die von einfachen Gemeinschaften gesungen wurden und uns zum erstenmal im 14. und 15. Jh. belegt sind. Von jeher sang man bei Frühlingsfeiern, Hochzeiten, während der Arbeit, am Feierabend Lieder, aber sie waren nie schriftlich fixiert worden. Diese Lieder bewegten sich in einem bestimmten Vorstellungskreis: Man sang von Liebe, Sehnsucht, Abschied, Trennung. Blumen, Vögel und einfache Dingsymbole waren die Träger des schlichten Gefühls. Dieser Motivschatz wurde durch die Kunstlyrik erweitert, die ständig von der Oberschicht übernommen wurde. Der Text unterlag einer dauernden Veränderung, wurde der singenden Gemeinschaft angepaßt: größere Lieder in Kurzform zurechtgesungen, das Typische an die Stelle des Individuellen gesetzt, die eigene Umwelt mit einverwoben, epische und historische Vorgänge in Balladenform gebracht, während die Melodien sich meistens erhielten. Im Gegensatz zum Meistersang hat sich im Volkslied von Anbeginn an ein freier Versrhythmus erhalten. Im 15. Jh. begann man, diese Lieder aufzuzeichnen, so im Liederbuch der Augsburgerin KLARA HÄTZLERIN (1471) und im *Rostocker Liederbuch* (1478). Nach Herder von den Romantikern gesammelt *(Des Knaben Wunderhorn)*, glaubte man, in diesen schlichten Liedern manifestiere sich unbewußt die Volksseele (s. S. 189).

Das Frankfurter Liederbuch von 1582. Titelholzschnitt. Die Sammlung war wichtigste Quelle für Uhlands *Alte hoch- und niederdeutsche Volkslieder.*

Die Volksbücher. Der Romantiker Joseph Görres bezeichnete spätmittelalterliche Prosaerzählungen als Volksbücher, weil er meinte, in ihnen äußere sich ganz unverfälscht der echte, reine Volksgeist. Durch die romantische Vorliebe für das „Volkhafte" gelangten diese Erzählungen wieder in das literarische Blickfeld (s. S. 187). Die Volksbücher entstanden im 15. Jh., als das strenge Formprinzip der höfischen Epik schon längst verblaßt war und der realistische Geist sich mit Prosafassungen begnügte.

Am Beginn stehen adelige Damen: Gräfin Elisabeth von Nassau-Saarbrücken übersetzte französische chanson-de-geste-Stoffe *(Herpin, Sibylle)* zur Unterhaltung höfischer Kreise ins Deutsche, ebenso Eleonore von Vorder-Österreich den *Pontus und Sidonia.* Zuerst noch dem adeligen und bürgerlichen Leserkreis vorbehalten, wurden diese Erzählungen durch die Buchdruckerkunst zur Unterhaltungsliteratur breitester Volksschichten. Eine Fülle von Stoffen fand aus dem Französischen den Weg ins Deutsche: die Geschichte der schönen Magelone, die schöne Melusine, Genoveva. Hinzu kamen die Stoffe des Decamerone, Heldensagen und Schwanksammlungen. Die Volksbücher durchbrachen das Monopol der gebundenen Rede, des Erzählens „mit dem Reime" auch in der Epik. Was bislang der mittelalterlichen Fachprosa und den Chroniken vorbehalten war, galt jetzt auch für die Epik: die Prosaform wurde kunstfähig. So bilden diese stoffreichen Erzählungen die Vorläufer des Romans der Neuzeit.

Besonders wichtig ist im 16. Jh. dann der Faustoff geworden. Die Sage rankt sich um die historische Gestalt des wundersamen Magiers Dr. Faustus, der mit dem Teufel einen Pakt auf die Dauer von 24 Jahren eingegangen sein soll, um das Natürliche und Übernatürliche zu erkennen. Diese Volksbuchgestalt erwies sich als ein äußerst ergiebiger Stoff für die neuere Literatur: Lessing, Goethe, Th. Mann u. a. greifen auf ihn zurück. Sie steht im Zwielicht zwischen Mittelalter und Neuzeit.

LITERATUR:

Der deutsche Meistersang, hg. v. Bert Nagel. WBG Bd. 148 (1967)
Ernst Klusen *Volkslied. Fund und Erfindung.* Köln 1969
Wolfgang Suppan *Volkslied. Seine Sammlung und Erforschung.* SM 52 (1966)
Richard Benz *Geschichte und Ästhetik des deutschen Volksbuches.* Jena [2]1924
Robert Petsch *Faustsage und Faustdichtung.* Darmstadt 1966

5. Die Mystik — „. . . in dir selber wohnt die Wahrheit." (Augustinus)

a) Die christliche Mystik

Seit dem Damaskuserlebnis des Apostels Paulus und dem Johannesevangelium ist ein mystisches Element im frühen Christentum wirksam, das mit dem Neuplatonismus eine folgenreiche Synthese einging, die zur Grundlage der mittelalterlichen Mystik wurde. Vor allem die neuplatonische Emanationslehre des DIONYSIUS AREOPAGITA (um 500), wonach aus dem absoluten göttlichen Sein die Welt entfließt und zu ihm wieder zurückkehrt, Gott sich also ins All entäußert und doch stets bei sich selbst bleibt, bildet eine immer wiederkehrende Grundanschauung mystischen Denkens. Denn ohne die Immanenz des Göttlichen im Irdisch-Menschlichen wäre eine mystische Vereinigung nicht möglich; ein strenger Dualismus entzöge jeglicher Mystik den Boden. Über AUGUSTINUS führte die Entwicklung zu BERNHARD VON CLAIRVAUX (1091—1154), der die Versenkung in den Leidensweg Christi als die Voraussetzung für das Einswerden betrachtete und damit dem individuellen Moment innerhalb der mittelalterlichen Mystik zum Durchbruch verhalf. Seine Anschauungen wurden besonders in der Brautmystik der Frauenklöster fruchtbar. HILDEGARD VON BINGEN (1098—1179) schildert in ihrem lateinischen Offenbarungsbuch *Liber Scivias* (Wisse die Wege) ihre Visionen, erfüllt von einem charismatischen Sendungsbewußtsein. Das persönliche Verlangen nach einer Gotteinung tritt dagegen noch zurück.

Mystik und Kirche. Wesentlich für alle Mystiker ist die unstillbare Sehnsucht nach dem Ergriffenwerden durch Gott in einer persönlichen Einigung, der unio mystica. Dieses völlige Aufgehen im Göttlichen sollen strenge, gesammelte Lebensführung, Versenkung in die Tiefen des eigenen Bewußtseins, Kontemplation und Askese vorbereiten. Das ekstatische, alle Grenzen des Begreifbaren übersteigende, erschütternde Erlebnis barg aber, vom Standpunkt der Hierarchie her gesehen, die Gefahr des Ketzerischen in sich, weil die Gottbegegnung im eigenen Inneren als das Entscheidende gilt, die Vermittlung durch Sakramente und Priester dagegen als etwas Zweitrangiges erscheint. Doch ist die Mystik zugleich Ausdruck gesteigerter religiöser Erregung und Sehnsucht vieler geistlich Unbetreuter, die im kirchlichen Raum keine Befriedigung mehr finden und sich deshalb zurückziehen in die „Resistance der Innerlichkeit", in den kleinen Kreis des Klosters, der Konventikel und Brüdergemeinden, wo sie sich noch eine Erfüllung ihrer Gottessehnsucht erhoffen.

Die soziologischen Voraussetzungen. Dies ist vor allem im 13. und 14. Jh. der Fall. Häretikerbewegungen, Geißler und Flagellanten, erregte Volksmassen bestimmten die religiöse Landschaft. Die Bettelorden der Franziskaner und Dominikaner übernahmen bislang unbekannte seelsorgerische Aufgaben in den Städten. Sie predigten das urchristliche Armutsideal als Kampfruf gegen die Verderbnis und Korruption des Herrschaftsklerus und des verfallenden Rittertums. Viele unversorgte Bürgerstöchter und adelige Damen drängten in die Frauenklöster, suchten dort ein Leben der Beschaulichkeit in äußerer Armut oder schlossen sich in den freien religiösen Gemeinschaften der Beginen zusammen. In den Nonnenklöstern herrschte damals eine oft ans Krankhafte grenzende Sucht nach Gottesbegegnungen, Verzückungen und Visionen, so daß eine geistliche Betreuung unumgänglich schien. Sie wurde 1267 dem Dominikanerorden übertragen. Die Mönche predigten nun in deutscher Sprache vor äußerst empfänglichen, aufnahmebereiten Hörerinnen, die an die Unterweisung weitaus höhere Ansprüche stellten als die breiten Volksmassen.

Die Literaturformen der Mystik erwuchsen als Niederschlag erlebter Erschütterungen und Begegnungen: Predigten, Traktate, Autobiographien — die ersten in unserer Literatur —, Schwesternviten, Briefe, Hymnen und Lieder. Sie haben die Entwicklung unserer Prosa bis in die Neuzeit hinein nachhaltig und tief beeinflußt.

b) Die Mystiker — Gottesgeburt in der Seele

Mechthild von Magdeburg (1207—1282) verließ ihre Familie und lebte über 40 Jahre als Begine. In ihrem mystischen Tagebuch *Das fließende Licht der Gottheit* schildert sie voll inbrünstiger Leidenschaft die persönlichen Erlebnisse ihrer unio in einer von fließendem Rhythmus getragenen Sprache. Ihre Vereinigungen mit Christus, dem Bräutigam, werden in erotischen Bildern symbolisiert und mit den aus dem Minnesang stammenden Vergleichen und Situationen veranschaulicht. In ihren niederdeutschen Aufzeichnungen, die uns Heinrich von Nördlingen (1340) in oberdeutscher Fassung erhielt, kommt eine ganz neue Ichgewißheit und mystische Seelenhaltung zum Durchbruch.

Über die Visionen der Mechthild führt weit hinaus die spekulative Mystik des genialen Dominikaners Eckhart, dessen Wirkung bis zur Romantik, Schellings Identitätsphilosophie, Hegel und Rilke reicht.

Meister Eckhart wurde 1260 in Hochheim bei Gotha geboren. Aus adeligem Geschlecht stammend, wurde Eckhart 1290 Prior im Erfurter Dominikanerkloster, erwarb 1302 in Paris an der Universität den Magistergrad, 1314 war er als Theologieprofessor in Straßburg, später in Köln am Generalstudium seines Ordens (eine Universität gab es damals in Deutschland noch nicht) tätig. Der Kölner Erzbischof bezichtigte ihn der Häresie. Daraufhin führte die Inquisition gegen den Theologen einen Prozeß. Eine Bulle aus Avignon verwarf 28 der beanstandeten Sätze als ketzerisch. Noch vor Bekanntwerden der Verdammung starb Eckhart 1327.

Eckhart war ein hinreißender **Prediger,** der seine Zuhörer zu fesseln und aufs nachhaltigste zu beeinflussen verstand. In seinen *Reden der Unterscheidung,* den Erfurter Nonnen bei Tische vorgetragen, in dem für Königin Agnes von Ungarn verfaßten *Buch der göttlichen Tröstung,* in seinen Predigten, diesen Schatzkammern der Frömmigkeit, sowie in dem lateinischen *Opus tripartitum* rang er darum, den Kern seiner Gotteserfahrung bloßzulegen, zu variieren und möglichst eindringlich und überzeugend vor seinen Hörern zu vertreten.

Einung mit Gott. Eckhart greift den damals verbreiteten Armutgedanken auf, überträgt ihn ins Mystische als eine Armut des Geistes, eine inwendige Armut als Voraussetzung der unio mystica. Gott ist das schlechthin Unfaßbare, Bestimmungs- und Eigenschaftslose oder wie er selber paradox sagt: „daz ist sîne nâtûre, daz er âne nâtûre sî." Wie Gott seinen Sohn erzeugt, so auch alle Kreatur, die in ihm bleibt wie er in ihr, nämlich die „genaturte" Natur und die „ungenaturte" Natur. Der Trinitätsgedanke wird zum Beziehungsschema, zum Bild für das Verhältnis von Mensch und Gott: Wie Gottes Sohn alles geschaffene Sein ins ungeschaffene seines Vaters zurückholt, so wohnt auch allen Dingen, ganz neuplatonisch gesehen, der Drang inne, zu ihrem wahren Ursprung zurückzukehren, hier auch der menschlichen Seele, in deren Innerstem Gott sich selber erkennt: „got ist in sîner sêle mit sîner nâtûre, mit sînem wesenne und mit sîner gotheit und er enist doch niht diu sêle." Im Seelengrunde vollzieht sich die Gottesgeburt. Intuitiv wird sie Gott plötzlich gewahr, wenn sie durch den Zustand der völligen Abgeschiedenheit darauf vorbereitet ist. Tugendhaftes Handeln aber ist ein Wirkenlassen des Göttlichen in sich; es ist ein zweckloses Handeln, wie denn Sittlichkeit überhaupt nach Eckhart nicht ein Tun, sondern ein Sein ist.

Eckharts Sprache. Die Mystik ist eine der größten sprachschöpferischen Mächte, die wir kennen. Das Überwältigtsein des Mystikers, seine tiefe Erschütterung zwingt ihn eigentlich zum sacrum silentium, zum heiligen Schweigen als der einzig angemessenen Haltung. Aber gleichzeitig ist in ihm der unabweisbare Drang, sprechen zu müssen, obwohl er weiß, daß die Sprache nicht ausreicht, seine Erlebnisse adäquat in Worte zu fassen. Eckhart sagt einmal: „Swer dies predie hat verstan dem gan ichz wol. Wîe hie nieman gewesen, ich müste si diesem stocke (Opferstock) gepredie hân."

Seine Sprache strebt scheinbar Unvereinbares zu vereinigen: die spekulative Vertiefung und Vergeistigung seiner Erlebnisse und den Willen zur unmittelbaren Wirkung auf die Hörer. So verbindet sich in seinem Stil Abstraktes mit Konkretem. Sprachschöpferisch deutscht er die ganze scholastische Begriffssprache in originellen, kühnen Wendungen ein, prägt eine Fülle von Abstrakta auf -heit, -ung, bildet verneinende Wortformen (ent-, un-), kurz: er bereichert den gesamten Wortschatz ungemein und hebt ihn auf eine bislang unbekannte Abstraktionshöhe. Aber Begriffe vermögen selber nur Bestimmtes, Abgegrenztes zu fassen. Deshalb umkreist der Mystiker in reihenden, häufenden Variationen, in überkühnen Paradoxien, in antithetisch gebauten Sätzen das mystisch Erlebte. Starke Verben betonen noch den Vorgang des Bewegens, Fließens, Entwerdens; er verwendet konkrete Vergleiche und Bilder, um den Zuhörern plastisch und einprägsam „im Bilde zu sagen", was er erkannt hat. Es ist überhaupt für die Mystik charakteristisch, daß sie Worte und Wendungen aus anderen Sprachbezirken (dem Minnesang etwa) entlehnt. Metaphorisch auf mystische Vorgänge bezogen, gewinnen sie ganz neue Bedeutungsnuancen und -inhalte, werden vergeistigt. So prägt die Mystik einen ungeahnten Metaphernschatz und führt zu einem Bilderreichtum, der noch im Barock und im Pietismus fortwirkt. Eckhart hat der sprachlichen Gestaltung neue Dimensionen des seelisch geistigen Bereichs erschlossen und die Grenzen des Ausdrückbaren erweitert wie nach ihm nur noch wenige.

„Die Unterschiedenheit kommt von der Einigkeit, die Unterschiedenheit nämlich innerhalb der Dreifaltigkeit. Die Einheit ist die Unterschiedenheit, und die Unterschiedenheit ist die Einheit. Um so größer die Unterschiedenheit ist, um so größer ist die Einheit, denn das ist Unterschiedenheit ohne Unterschiedenheit. Gäbe es da tausend Personen, so wäre da dennoch nichts als Einheit. Wenn Gott die Kreatur ansieht, so gibt er ihr ihr Sein; wenn die Kreatur Gott ansieht, so nimmt sie ihr Sein entgegen. Die Seele hat ein vernünftiges Erkennen des Seins. Deshalb, wo immer Gott ist, da ist die Seele, und wo immer die Seele ist, da ist Gott" (Übertragung von Kunisch).

Eckharts Lehre verfiel dem Banne, weil sie mit dem Dogma in Konflikt geriet. Trotz vieler Schwierigkeiten konnte sie sich dank ihrer sprachlichen und geistigen Faszination durchsetzen.

Johannes Tauler (1300—1361), der Straßburger Dominikaner und Eckhartschüler, verwandelte die spekulative Mystik seines Meisters in eine praktische Gottes- und Lebenslehre, die der auf seelsorgerische Wirkung bedachte Praktiker mit seiner „Feuerzunge" seinen Hörern vortrug. Der Vielverfolgte predigte pietistische Ergebung in die kirchliche Herrschaftsordnung, zeigte jedoch die Unwirksamkeit äußerer Werkgerechtigkeit und mahnte zur praktischen Nachfolge Christi als dem Weg zur höchsten Stufe eines entäußerten Lebens. Seine Predigten verraten eine Innigkeit des Gemüts, seine Sprache war schon stark vom Konkreten bestimmt, die Bilder ausmalend, allegorisch belehrend.

Heinrich Seuse (1295—1366) war der letzte der drei großen Mystiker. Adeliger Herkunft, in Konstanz geboren, Schüler Eckharts in Köln, wirkte er in seiner Heimatstadt und im Bodenseegebiet, von 1347 bis zu seinem Tode in Ulm. Voller Bewunderung für seinen Meister, dessen Lehre er gegen den Häresieverdacht in seinem *Büchlein der Wahrheit* verteidigte, trat bei ihm die Spekulation zugunsten eines fast lyrischen Empfindens für die mystische Seele zurück. Das seelsorgerische Charisma ist bei ihm besonders stark ausgeprägt und äußert sich vor allem in der individuellen Seelenbetreuung zahlreicher Nonnen. Die betrachtende Versenkung in die Leiden Christi, in der die menschliche Seele im Nachvollzug ganz aufgehen soll, ist für ihn der entscheidende Weg zur unio mystica. Ja, er selbst zögerte nicht, sich peinigende Bußübungen (er trägt ständig ein mit Nägeln beschlagenes Kreuz auf dem Rücken) aufzuerlegen, um seine Seele zu läutern. Aus den Versenkungen in die Passion erwuchs das Andachtsbuch *Das Büchlein der ewigen Weisheit,* das nicht zuletzt seinem sprachlichen Glanz weiteste Verbreitung verdankte. Das Verhältnis zu Christus ist bei Seuse ganz in der Bildwelt der ritterlichen Minne gesehen, die Sätze sind rhythmisch, klangreich, die Darstellung von einer „unwirklichen Schwerelosigkeit“ (Wentzlaff-Eggebert). Elsbeth Stagl, mit der er eine langjährige Seelenfreundschaft pflegte, hat uns seine Vita, die erste Autobiographie in unserer Literatur, überliefert.

Zeichnung Seuses mit symbolischer Darstellung mystischen Erlebens: Auf dem Schoß Seuses umarmen sich die ewige Weisheit und Seuses Seele. Kopie aus einer Hs. des 15. Jhs

Ausklang der Mystik. Im spätmittelalterlichen Bürgertum gewannen immer mehr moralisch-praktische Aspekte an Bedeutung. An Stelle ekstatischer Visionen trat die erbauliche Innigkeit, eine quietistische Grundhaltung machte sich breit und wirkte in den „Brüdern vom gemeinsamen Leben“ ins Laienvolk. In der niederländischen und niederdeutschen Bewegung der „devotio moderna“, der neuen Frömmigkeit, verband sich ein moralisch-praktisches, dienendes Christentum mit mystischer Beschaulichkeit. Wie sehr diese Strömung den Zeittendenzen entsprach, zeigte Thomas von Kempens (1380—1471) Erbauungsbuch *De imitatione Christi,* das am meisten gedruckte und gelesene Buch des Spätmittelalters. Die Mystik als „innerer Heilsweg“, als Rückzug in die Gotteserfahrung der eigenen Seele in einer Welt, in der äußere Reformen immer mehr versagen, wirkte weiter in allen Reformbestrebungen der deutschen Geistes- und Literaturgeschichte: in der Reformation, im Barock und Pietismus, beim jungen Goethe und in der Romantik. Sie wird zur Quelle des Subjektivismus.

Literatur:

Josef Bernhart *Die philosophische Mystik des Mittelalters von ihren antiken Ursprüngen bis zur Renaissance.* WBG Bd. 3315 (1974)

Altdeutsche und altniederländische Mystik, hg. v. Kurt Ruh. WBG Bd. 23 (1964)

Friedrich Wilhelm Wentzlaff-Eggebert *Deutsche Mystik zwischen Mittelalter und Neuzeit.* Tübingen ³1969

Ernst Soudek *Meister Eckhart.* SM 120 (1973)

Hans Eggers *Die Sprache der Gottsuche und der Gotteserkenntnis* in: *Deutsche Sprachgeschichte* Bd. II. *Das Mittelhochdeutsche.* rde 191/192

V. LITERATUR DES HUMANISMUS UND DER REFORMATION

1. Der Humanismus (1400—1550)

a) Der Humanismus als europäische Bewegung

Entstehung. Der Humanismus als geistesgeschichtliche Protestbewegung ist nur eine Teilerscheinung der europäischen Renaissance. In Oberitalien war nach dem Zusammenbruch der Stauferherrschaft und des päpstlichen Weltherrschaftsanspruchs der politische Herrschaftsraum zerfallen, und es entstanden die Stadtstaaten von Genua, Mailand, Florenz, Venedig u. a. Nach außen erstrebten sie Autonomie und Autarkie, im Innern ein rational geordnetes Dasein. Der moderne Staat als eine selbständige, nur seinen eigenen Gesetzen gehorchende Macht (Machiavelli) trat hier zum erstenmal inmitten eines feudalen, traditionsbestimmten Europas in Erscheinung. Freiheitsräume entstanden, in denen kuriale und imperiale Ideologien ihr Gewicht verloren. Der Mensch durchbrach das vielschichtige aristotelisch-thomistische Begriffssystem, die Gebundenheit der Ständeordnung. Man erfuhr das Leben mit seinem Reichtum an Empfindungen als etwas Unerklärliches, Gewaltiges. Zwar blieb die durch ein Jahrtausend geprägte Erlebnisweise erhalten, doch Empfindungen, Triebe, Hoffnungen richteten sich auf neue Ziele: Das Sündengefühl wandelte sich zum säkularisierten Weltschmerz, die Gotteshingabe zum Ichkult, die Absolutheitsforderung der Religion wurde durch die Autonomie des Ästhetischen ersetzt. Zur Erweiterung des Selbstbewußtseins griff man auf die römische Antike zurück, die als ein erneuertes, geistiges sacrum imperium durch ihre Kunst und Poesie mithelfen sollte, die neue Lebenserfahrung zu vertiefen.

Albrecht Dürer,
Selbstbildnis des Dreizehnjährigen, 1484

Idee. Abgelehnt wurden die ständischen Vorrechte von Geburt und Adel und das Bildungsprivileg des Herrschaftsklerus; ganz individualistisch und kosmopolitisch wurde der Mensch schlechthin als Mensch „entdeckt". Die Antike diente jetzt nicht mehr als bloße Stoffquelle. Die Humanisten sahen in ihr eine eigenmächtige, in sich geschlossene Lebens- und Kulturwelt. Ihre historisch-weltliche Autorität löste die kirchlich-religiöse des Mittelalters ab. Denn die alten auctores und oratores boten mehr als nur einige Weisheiten: sie formten den ganzen Menschen und seine geistig-sittlichen Kräfte. An Stelle der Totalerfassung des Menschen durch die Kirche sollte die Totalerfassung durch die Kunst treten.

Eine Lebensreform ohne Sprachreform war den Humanisten undenkbar. Die Poesie war für sie die vollendetste Form des menschlichen Geistes. „Uns gilt Beredsamkeit mehr als das Leben und mehr als die Tugend das Studium der Alten" (Petrarca).

In Italien. Äußere Umstände begünstigten das intensive Studium der Antike. Kardinal Bessarion (1395—1472) hatte zur Zeit des Unionskonzils (1438/39) griechische Handschriften nach Florenz gebracht. Als die Türken Konstantinopel 1453 eroberten, flüchteten griechische Emigranten nach Italien. Diese byzantinischen Humanisten hatten Platons

Werke in ihrem Gepäck. Gemisthos Plethon (1355—1452) vertrat als erster den Platonismus in Florenz und bewog Cosimo Medici (1389—1464), die platonische Akademie zu gründen. Platonische Ideen, die jetzt zum erstenmal bewußt studiert wurden, verdrängten Aristoteles und die Scholastik. Sie entsprachen dem Denken des Renaissance-Hofes der Medici mit ihrem „Kult der Schönheit und der Sinnlichkeit".

Die Humanisten behaupteten sich als erste Intellektuelle Europas gegen Adel und Klerus. Sie waren z. T. glühende Patrioten, die ihren Lebensunterhalt als Schreiber und Diplomaten im Dienste der Patrizier und Stadtherrn verdienen mußten. Sie entdeckten wieder den reichen Formenschatz der Antike, dichteten Epigramme, Oden, Epen und Lustspiele. Coluccio Salutati (1331—1406) führte als Staatskanzler von Florenz das ciceronianische Latein in die Amts- und Diplomatensprache ein.

Francesco Petrarca (1304—1374) war der erste modern empfindende Dichter, der die Lebensprobleme ins Literarisch-Ästhetische hob und zum Begründer des Humanismus schlechthin wurde. In seinem *Canzoniere*, den Sonetten auf seine geliebte Laura, besingt er in immer neuen Variationen, beeinflußt vom Minnesang der Troubadours, ihre irdische Schönheit und engelhafte Idealität unter Verwendung mythologischer Vorstellungen und neuer, origineller Liebesmetaphern. Seine Liebeslyrik wurde in den kommenden Jahrhunderten zum Vorbild für die europäische (Petrarkismus).

Giovanni Boccaccio (1313—1375) schilderte im *Decamerone* in hundert durch eine Rahmenerzählung zusammengefaßten Novellen die Welt der neuen Gesellschaft, der Bürger, Kaufleute, Kleriker, ihre Lebens- und Liebesfreuden. Die strenge Komposition dieser Novellen machte ihn zum europäischen Ahnherrn dieser Gattung.

Der Prager Frühhumanismus. Der Humanismus griff auch auf den nordalpinen Raum über, wo er freilich auf andere geistige und soziale Voraussetzungen stieß als im Süden. Deutschland war damals noch mittelalterlicher, rustikaler. Wonach man sich sehnte, war nicht so sehr Freiheit, Welterfahrung und ungehemmter Daseinsgenuß, sondern die dringend nötige Kirchenreform.

Der Prager Hof des aufgeschlossenen Kaisers Karl IV. (1316—1378) kam den italienischen Renaissancebedingungen noch am nächsten. Cola di Rienzo (s. die Oper von R. Wagner) und Petrarca hielten sich zeitweilig am Prager Hofe auf und versuchten, den gebildeten Herrscher und seinen Kreis für ihre Pläne zu gewinnen und die humanistische Literatur in Böhmen heimisch zu machen. Der Kanzler Johann von Neumarkt (1310—1380) war die zentrale Gestalt dieser frühhumanistischen Bewegung. Er trat besonders als Übersetzer hervor und als Verfasser eines mustergültigen, lateinische und deutsche Brief- und Urkundenentwürfe enthaltenden Formelbuchs, das schnell weite Verbreitung fand und wesentlich zur Vereinheitlichung der Kanzleisprache beitrug.

Als großer dichterischer Wurf dieses Prager Kanzleihumanismus ist *Der Ackermann aus Böhmen* (1400) anzusehen, ein Streitgespräch zwischen dem Tod und einem Witwer, verfaßt vom Saazer Stadtschreiber Johannes von Tepl (1350—1414).

Anläßlich des Todes seiner jungen Frau im Kindbett schrieb der Notar einen Dialog, in dem die Gestalt des Ackermanns als Vertreters der Menschheit aus diesseitsfrohem, weltbejahendem, humanistischem Lebensgefühl den Tod vor Gericht zitiert und den Menschen gegen die Unerbittlichkeit des Sensenmannes verteidigt, der innerhalb

Der Ackermann und der Tod, Holzschnitt aus *Der Ackermann aus Böhmen* von Johannes von Tepl

der göttlichen Weltordnung den Menschen an seine Hinfälligkeit und Begrenztheit erinnert. „Das unendliche Glücksverlangen des Menschen ringt mit dem Gesetz der Sterblichkeit" (Günther Müller).

Schließlich entscheidet Gott als Richter: „ir habet beide wol gefochten ... darumbe, Klager habet ere! Tot habe sige seit ieder mensch dem tode das leben, dem leib der erden, die sele uns pflichtig ist zu geben." Mit einem Dankgebet, z. T. aus Neumarkts Schriften entnommen, wird die noch typisch mittelalterliche Lösung des Streits gegeben: Der Ackermann ergibt sich in die tiefere Notwendigkeit des Weltlaufs und anerkennt die Welt als Gottes Schöpfung.

Johannes von Tepl kennt die Welt und Sprache des Humanismus ebenso gut wie Gemeinschaftslied, Minnesang und Mystik. Er formt seine deutsche Prosa nach dem Vorbild humanistischer Rhetorik zu bilderreichen, rhythmisch ausgewogenen, symmetrischharmonisch gebauten Perioden und steigert kunstvoll den Dialog bis zum wirkungsvollen Schluß. Die Ansätze des Prager Frühhumanismus blieben jedoch ohne Folge.

Ausbreitung und Entfaltung der ganzen Bewegung förderte dann die verspätet einsetzende Welle der Universitätsgründungen in der Mitte des 15. Jhs. In Frankreich, England und Italien gab es schon seit dem 12. Jh. hohe Schulen, in denen die Kämpfe mit der arabischen Philosophie, dem Aristotelismus und dem Nominalismus ausgefochten wurden, vor allem in Paris, dem geistigen Zentrum des Mittelalters. Daher hatte der Westen lange Zeit in der geistigen Auseinandersetzung einen erheblichen Vorsprung vor dem bildungsärmeren Deutschland. Unter der Ägide der Landesfürsten wurden nun rasch hintereinander die Universitäten von Freiburg (1455), Basel (1460), Ingolstadt (1472), Tübingen (1477) und Wittenberg (1502) gegründet. Hier konnte sich eine gebildete Schicht entwickeln, die sich aufs lebhafteste für die geistigen Fragen der Zeit interessierte. Da es aber in Deutschland nicht den urbanen Renaissancegeist italienischer Stadtrepubliken gab, keine öffentlich-politische Sphäre, in der das literarische Wort zu wirken vermochte, wurde die neue Bewegung — wie später die Klassik — ins Pädagogische abgedrängt. Der Kampf ging jetzt vor allem um die Hörsäle, um die Aufnahme der neuen Sprachstudien und poetischer Vorlesungen in den alten Lehrplan der Universität.

Die deutschen Humanisten bildeten eine geistige Elite, die zwar keinen festen Standort innerhalb der Gesellschaft besaß, aber als Außenseiter aufklärend in die Geisteskämpfe der Zeit eingriff. Vielfältig sind die Spielarten des deutschen Humanismus: national bei ULRICH VON HUTTEN (1488—1523), poetisch bei KONRAD CELTIS (1459—1508), antischolastisch bei JOHANNES REUCHLIN (1455—1522) und den Verfassern der lateinischen *Dunkelmännerbriefe*, die mit dieser Schrift die glänzendste aufklärerische Zeitsatire lieferten und das verkommene Mönchslatein verspotteten. Durch ihre Sprachstudien, ihre reiche Übersetzertätigkeit, durch die Herausgabe antiker Autoren und der Bibel, ihre philologische Analyse und ihren kritischen Blick waren sie der reformfreudigste Kreis des Jahrhunderts. Der ungekrönte König und die alle überragende Gestalt aber war Erasmus.

b) Erasmus von Rotterdam — Vernunftbestimmte Frömmigkeit

Erasmus wurde als Sohn eines Priesters und einer Arzttochter 1469 in Rotterdam geboren. Während seiner Studien prägte ihn entscheidend die niederdeutsche Frömmigkeit. Zuerst war er Sekretär des Bischofs von Cambrai. Dann studierte er an der Sorbonne (1495—99). In England schloß er Freundschaft mit Sir Thomas Morus, dem Lordkanzler, Humanisten und Verfasser des Staatsromans *Utopia.* Von 1506 bis 1509 hielt sich Erasmus in Italien auf. Anschließend weilte er wieder in England, wo er in Cambridge zeitweise Griechisch lehrte. 1521 ließ er sich in Basel, der Stadt der Buchdruckerkunst, nieder. Dieser hochgebildete, berühmte Humanist kämpfte um das reiche geistige Erbe Europas. 1536 ist er gestorben.

In Erasmus vereinigten sich alle Tendenzen des Humanismus; das Ziel der gesamten Bewegung tritt in seinem urbanen Geist klar und überzeugend zutage. Zwar übte auch er Kritik an den Auswüchsen der Heiligenverehrung, am Aberglauben, an der Unwissenheit des Klerus, am Übermaß der Zeremonien, an scholastischen Spitzfindigkeiten und am Dogmenzwang, aber ihm ging es um mehr als um die Mißstände. Zutiefst war er davon überzeugt, daß heidnisch-antike Menschlichkeit und Lebensweisheit mit den Forderungen der Bergpredigt übereinstimmen. Erasmus glaubte, mit Hilfe der Vernunft, der Wissenschaft und durch ein tätiges, tolerantes Christentum eine religiöse Reform herbeiführen zu können.

Erasmus von Rotterdam,
Gemälde von Hans Holbein d. J., 1523

Diesem **„erasmischen" Lebensideal** diente seine gesamte philologische und publizistische Tätigkeit in lateinischer Sprache. In den *Adagiorum Collectanea* (1500) sammelte er sprichwörtliche Redensarten der Alten. Im *Enchiridion militis christiani* (1503), dem Handbüchlein des christlichen Streiters, wies er den Weg zu Bildung und verinnerlichter Frömmigkeit. 1516 gab er das Neue Testament im griechischen Urtext heraus. Trotz seiner regen philologischen Tätigkeit war sich Erasmus jedoch sehr wohl der harten Lebensrealität und der Macht irrationaler Triebkräfte bewußt. Das Thomas Morus gewidmete *Moriae Encomium* (Lob der Narrheit, 1511) ist das Meisterwerk der Narrensatire des 16. Jhs. Erasmus griff entscheidende Anregungen Brants auf, doch löste er das Narrenthema (s. S. 54 f.) aus seiner einseitig moralsatirischen Funktion. Der überlegene Skeptiker bediente sich weder des Lehrgedichts wie Brant, noch der Kampfschrift wie Murner, sondern ironisch der lateinischen Lobrede (Encomium). Im Wandel der Form äußert sich der Wandel der Narrenidee: Die Göttin der Torheit preist alles Widervernünftige, Leidenschaften und Triebe, und deutet Schwächen und Laster geistreich-polemisch als positive, lebensfördernde Kräfte. Auf hochbewußtem Niveau reflektiert der Geist ironisch über sich selbst und wird sich seiner Zwiespältigkeit und Problematik bewußt. Der gelehrte Narr steht im Mittelpunkt der Satire. Wer fraglos der Allmacht der Vernunft vertraut, ohne die Macht des Irrationalen zu erkennen, ist ein Narr. So wird das Lob der Narrheit zum großartigen Versuch, „die Torheit als ein irrationales Element des Weltlaufs zu begreifen und von da aus sie vernünftig anzusehen, damit sie auch uns vernünftig ansehe" (Joachimsen).

Erasmus war auch der Mann der selbstkritischen Auseinandersetzung, des Gesprächs mit Freunden und Gegnern. Eine weitreichende Wirkung bis in die Aufklärungszeit hinein hatten seine *Colloquia familiaria* (1519). Diese vertraulichen Gespräche enthalten geistreichsatirische Dialoge über Lebensfragen seiner Zeit. Sie sind ein Muster urbaner Auseinandersetzung und zeigen die weltoffene Frömmigkeit des Humanisten.

Skepsis und Ironie sind das Ergebnis seines durchdringenden Geistes, der die Begrenztheit und Fragwürdigkeit so vieler menschlicher Erscheinungen erkannte. In seiner gegen Luthers Leugnung der Willensfreiheit gerichteten Abhandlung *De libero arbitrio diatribe* (1524) verfocht Erasmus das humanistische Ideal der freien Persönlichkeit gegen reformatorische Schwärmer. Zeitlebens kämpfte er um einen Ausgleich zwischen den Konfessionen, weil er die zerstörenden Folgen des religiösen Fanatismus voraussah.

Das weitere Schicksal des Humanismus in Deutschland entschied die mit aller Vehemenz hereinbrechende Reformation. Die religiösen Parteien ordneten die humanistischen Bestrebungen ihren Absolutheitsforderungen und ihrer unbedingten theologischen Autorität unter. So kam es zu einer Allianz zwischen den Konfessionen und dem Humanismus. Sie bauten ihn als Hilfsmittel in ihre religiösen Erziehungsprogramme ein. Literatur und Wissenschaft werden nun zur eifersüchtig gehüteten Domäne militanter Orden und strenggläubiger lutherischer Orthodoxie. Die Theologie verdrängt das ursprünglich freie, weltoffene Element, das Interesse an profaner Literatur verkümmert.

LITERATUR:

Heinz Otto Burger *Renaissance, Humanismus, Reformation. Deutsche Literatur im europäischen Kontext.* Bad Homburg 1969

Alfred von Martin *Soziologie der Renaissance.* München [3]1974
Friedrich Gaede *Humanismus, Barock, Aufklärung. Geschichte der deutschen Literatur vom 16. bis zum 18. Jahrhundert.* München 1971
Eckhard Bernstein *Die Literatur des deutschen Frühhumanismus.* SM 168 (1978)
Der Ackermann aus Böhmen des Johannes von Tepl und seine Zeit, hg. v. Ernst Schwarz. WBG Bd. 143 (1968)
Johan Huizinga *Europäischer Humanismus: Erasmus.* rde 78
Anton J. Gail *Erasmus von Rotterdam.* rm 214

2. Die Satire – Überwindung des Widerspruchs durch Gelächter

Der Narr als Zeitsymbol. Das Spätmittelalter und das 16. Jh. waren die Zeit der Satire in unserer Literatur. In Fastnachtspielen, derben Schwänken, in drastischen und burlesken Szenen des geistlichen Spiels, im *Eulenspiegel* und in den *Dunkelmännerbriefen* war der satirische Geist am Werk und verspottete die Schwächen des menschlichen Verhaltens (vgl. Tierepen S. 18). Um die Jahrhundertwende aber wurde die Satire um eine neue literarische Figur bereichert, den Narren. Das war nicht der Hofnarr, das Spielzeug der Aristokratie, auch nicht der hintergründige, schwermütige Spötter in Shakespeares Dramen, sondern ein Nachfolger des Gauch und Toren. Die neue Narrengestalt verkörpert den der Torheit der Welt anheimgefallenen Menschen, der den christlichen Bezugspunkt verloren hat.

Nach Schiller verfährt der Dichter satirisch, wenn er den „Widerspruch der Wirklichkeit mit dem Ideal" behandelt (s. S. 154); denn erst am Ideal gemessen, erweist sich die Lächerlichkeit vieler menschlicher Handlungen. Im Widerstreit zwischen dem närrischen weltverfallenen Menschen und dem christlichen Erlösungsglauben entfaltete sich die Satire des Reformationszeitalters. Schon die derb realistischen Szenen der Passionsspiele machten etwas von diesem Gegensatz spürbar, offenbarte doch die in den Augen der Welt vermeintliche Torheit des Gekreuzigten selber alles Menschliche als Narrheit. In den erregenden Jahrzehnten der Reformation wurde der Narr zur Gestalt des Heilsverlorenen schlechthin. Vornehmlich im Elsaß war die Satire zu Hause.

Murner *Von dem großen Lutherischen Narren.* Holzschnitt, 1522. Murner — verspottet als Murr-Narr — zieht Luther (mit der Narrenkappe) eine Unterhose und Narrenkobolde aus dem Mund.

SEBASTIAN BRANT (1457—1521), der Straßburger Humanist, faßt die moralsatirischen Tendenzen seiner Epoche in der Figur des Narren, des unwissenden Sünders, zusammen, der im Zustand sittlicher Verwirrung handelt. Die Satire *Das Narrenschiff* (1494) enthält einen Zyklus von 112 sachlich-knappen, lehrhaft-trockenen Strafreden. Im Bild des Narrenschiffs weitet sich die Satire zur Vision einer sittlich verkommenen Welt. Die Verblendeten segeln vergebens durch das Meer der Torheiten nach dem Scheinparadies Narragonien.

In einer Zeit der Weltangst und des Lebenshungers hält Brant dem Zeitgenossen sein wahres Spiegelbild vor, damit der Eitle sein unbekümmertes Selbstvertrauen verliere und zur Einsicht gelange.

THOMAS MURNER (1475—1537), der streitbare Franziskaner aus Straßburg, polemisierte gegen Brants rational gefaßten Narren. Als Mann der nächsten Generation griff er heftig in den Reformationsstreit ein. Bald bildhaft-plastisch, bald zornig-erregt, bald ironisch-kühl, bisweilen übersteigert und bis zum Grotesken verzerrt, zeigt er seinen diabolisierten Narren. In seiner Satire *Von dem großen lutherischen Narren* (1522) verkörpert Luther den Toren, den sich für autonom erklärenden Menschen, der die Triebe ungehemmt über sich herrschen läßt und zum Umsturz drängt (s. Erasmus S. 53).

Der Antipode des konservativen Moralsatirikers Murner ist der Parteigänger der Reformation, der Straßburger Jurist JOHANN FISCHART (1546—1590). Er war Praktikant am Reichskammergericht zu Speyer und von 1580 bis zu seinem Tode Amtmann im lothringischen Residenzstädtchen Forbach. Dieser Zeitkritiker und Erzerzähler ist die bedeutendste Gestalt der deutschen Literatur im späten 16. Jh. Die spitzen antirömischen Satiren *Bienenkorb* (1579), *Jesuitenhütlein* (1580), die Tiersatire *Flöh Hatz Weiber Tratz* (1573) übertrifft sein Hauptwerk, der manieristische Roman *Geschichtsklitterung* (1575). Es ist eine freie Bearbeitung des 1. Buches von FRANCOIS RABELAIS' (1494—1553) grotesker Farce des Riesengeschlechts *Gargantua et Pantagruel* (1532—64), die Fischart auf den dreifachen Umfang erweiterte. Dabei gelang es ihm, Stil und Eigenart des Franzosen ins Frühneuhochdeutsche einzubürgern. Doch der Übersetzer leistete weit mehr. Grenzenlos ist seine Lust am Wort. Dieser Sprachvirtuose weiß um die Komplexität des Wortes. Mitgerissen von seinem Genius spielt er mit der Sprache, bricht durch geringe orthographische Veränderungen die Worte auf, so daß ihnen neue etymologische, metaphorische, witzig-assoziative Bedeutungen entströmen. Lange Synonymaketten überziehen die Dinge. Eine geradezu pantomimische Kraft eignet seinem Stil, der selbst in der Sprache die Dinge zum Handeln bringen möchte. Er verzehrt gleichsam die Welt in der Sprache. Die sprachlich erzeugte Realität gewinnt monströse Ausmaße. Ungebändigt wuchern die sinnlichen Details wie Urwaldpflanzen. Aus symbolisch-theologischen Zusammenhängen entlassen, werden sie zu einer selbständigen Kraft, die nur der Sinn des Sprachkünstlers zusammenhält. Sie erinnern an die manieristischen Gemälde Hieronymus Boschs.

Fischarts experimentellen Sprachstil, seine unerschöpfliche Lust an Wortspiel und Wortwitz finden wir wieder in Morgensterns Sprachgrotesken (s. S. 278), seine sprachbesessene Erzähllust begegnet uns in JAMES JOYCES *Ulysses*, in DÖBLINS *Wallenstein* und in den Romanen des GÜNTHER GRASS (s. S. 358 f.).

LITERATUR:

Jürgen Brummack *Zu Begriff und Theorie der Satire* in: *DVjs*, Sonderheft Forschungsreferate 1971, S. 275—377

Walther Nigg *Der christliche Narr.* Zürich - Stuttgart 1956

Barbara Könneker *Wesen und Wandlung der Narrenidee im Zeitalter des Humanismus; Brant — Murner — Erasmus.* Wiesbaden 1966

Ulrich Gaier *Satire. Studien zu Neidhart, Wittenweiler, Brant und zur satirischen Schreibart.* Tübingen 1967

Jürgen Schutte *Schympff red. Frühformen bürgerlicher Agitation in Thomas Murners ‚Großem Lutherischen Narren'.* Stuttgart 1973

Hugo Sommerhalder *Johann Fischarts Werk. Eine Einführung.* Berlin 1960

3. Die Reformation als Sprachereignis

a) Die deutsche Sprache beim Ausbruch der Reformation

Seit dem Zerfall des Rittertums verschwand die höfische Literatursprache (s. S. 23), das bislang einzige Idiom, das überlandschaftliche Geltung besaß. Das Spätmittelalter hatte nichts Vergleichbares aufzuweisen. In dem buntscheckigen deutschen Herrschaftsraum gab es weder ein homogenes Publikum noch ein überregionales Zentrum, das eine verbindliche literarische Hochsprache hätte entwickeln können. Während die italienischen Dichter von Dante bis Ariost aus dem toskanischen Dialekt eine nationale Literatursprache formten, die englischen von Chaucer bis Shakespeare sich des südenglischen, die Spanier sich des kastilischen Dialekts bedienten und die Franzosen in der Sprache der Isle de France die Werke vom *Roman de la Rose* bis Rabelais verfaßten, wimmelte es im deutschen Sprachbereich von regionalen Schriftdialekten, Kanzlei-, Geschäfts-, Urkunden-, Drucker- und Gelehrtensprachen, ein normsetzendes Vorbild aber fehlte. Erst gegen Ende des 15. Jhs bildete sich — ein erstaunlicher Vorgang — in einer neuen, spätbesiedelten Randlandschaft, im Siedlungsgebiet östlich der Saale, durch das Zusammentreffen süddeutscher, ostfränkischer, mitteldeutsch-thüringischer und niederdeutscher Mundarten eine Verkehrssprache ostmitteldeutscher Kreise, die zur Grundlage wurde, auf der Luther sein Sprachwerk aufbaute.

Lukas Cranach d. J.,
Der predigende Luther

b) Martin Luther — „Der letzte große Mönch"

Der 1483 in Eisleben geborene Bauernsohn wuchs in einer kleinbürgerlichen Familie auf, durchlief den üblichen Studiengang, wurde 1505 Augustinermönch in Erfurt. Mit einer an Selbstzerstörung grenzenden Inbrunst rang er um einen gnädigen Gott und erfuhr durch Augustinus und Occams Nominalismus die Ohnmacht des Menschen. Tauler und die *Theologia Deutsch* beeinflußten seine Haltung. 1517 erfolgte der Thesenanschlag, 1521 seine Verteidigung auf dem Wormser Reichstag, die Reichsacht, gefolgt vom unfreiwilligen Aufenthalt auf der Wartburg (Bibelübersetzung) 1525, Eingreifen in den Bauernkrieg *(Wider die räuberischen und mörderischen Rotten der Bauern),* Aufbau der neuen Kirche in engster Verbindung mit den Landesherren. 1546 starb er in Eisleben.

Luther ist „der deutscheste Mann unserer Geschichte. Er war zugleich ein träumerischer Mystiker und ein praktischer Mann in der Tat. Er war nicht bloß die Zunge, sondern auch das Schwert seiner Zeit. Er hatte etwas Ursprüngliches, Unbegreifliches, Mirakulöses, wie wir es bei allen providentiellen Männern finden, etwas Schauerlich-Naives, etwas Tölpelhaft-Kluges, etwas Erhaben-Borniertes, etwas Unbezwingbar-Dämonisches" (Heinrich Heine).

Luthers Lehre. Während seiner Wittenberger Jahre (1512—1518), an der neuen Universität, vollzog sich Luthers revolutionäre Wandlung, sein Durchbruch zum neuen Gottesverständnis, zum evangelischen Glauben. Zutiefst erschüttert durch die Antithese von Gottes Majestät und sündiger Menschennatur, überzeugt von der Realität des Bösen in der Welt und der Unwirksamkeit kirchlicher Gnadenmittel, fand er beim Studium des Römerbriefes die neue Gewißheit: der sündige Mensch wird allein gerechtfertigt durch den Glauben (sola fide). Alle guten Werke vermögen den Menschen nicht aus dem Stande der Sünde zu befreien; erlöst wird er nur durch seinen Glauben und die Gnade Gottes. Diese Lehre hob eine jahrtausendalte Kirchenherrschaft aus den Angeln. Von nun an gibt es keinen besonderen Priesterstand mehr, sondern nur das allgemeine Priestertum der Gläubigen, keine verpflichtende Tradition mehr und keinen freien Willen, die Vernunft wird — im schärfsten Gegensatz zu den Humanisten — als Hure des Teufels in Heilsfragen verworfen.

Die Bibelübersetzung. Diese neuen, zutiefst erlebten und schwer errungenen Glaubensüberzeugungen verteidigte Luther mit kompromißloser Schärfe und prophetischer Gewißheit gegen die Universalkirche. Die einzige Offenbarungsquelle Gottes war ihm die Bibel. Daraus aber folgte mit Notwendigkeit, daß jedem Menschen das Wort Gottes zugänglich gemacht werden mußte. Das Ergebnis war die Bibelübersetzung (1522—34) auf der Wartburg. Im Spätmittelalter gab es bereits 14 hochdeutsche und 4 niederdeutsche Übertragungen der Heiligen Schrift. Es waren Übersetzungen der lateinischen Vulgata in deutsche Gelehrtenidiome unter möglichst getreuer Beibehaltung des lateinischen Satzbaus. Luthers Übertragung war primär eine religiöse, keine philologische Tat. Er wollte das Wort Gottes allen Gottsuchenden nahebringen. Als gründlich philologisch geschulter Theologe griff er auf den von Erasmus und Reuchlin erschlossenen griechischen und hebräischen Urtext zurück und übertrug ihn in den Jargon der gärenden Volksschichten. Die Tore der Bibel öffnen sich für die Sprache der Handwerker, Marktweiber, Bauern und Schiffer mit ihren drastischen Kernsprüchen, treffenden Sprichwörtern, ihrem Bilderreichtum und ihrer Anschaulichkeit. Denn das einfache Volk muß sich in der Sprache der Apostel selbst wiedererkennen. „Man muß die Mutter im Haus, die Kinder auf den Gassen, den gemeinen Mann auf dem Markt drum fragen, und denselbigen auf das Maul sehen, wie sie reden und darnach dolmetschen; da verstehen sie es denn und merken, daß man deutsch mit ihnen redet" (Luther).

Aus dem 23. Psalm

hochdeutsche Übersetzung von 1518:

„Der herr regieret mich und mir geprist nichts, und an der stat der waide, da satzt er mich. Er hat mich gefüret auf dem wasser der widerpringung, er bekeret mein sel. Er fürt mich auss auf die steig der gerechtigkait, umb seinen namen. Wann ob ich gen in mitte des schatten des todes, ich fürcht nit die üblen ding, wann du bist bei mir. Dein ruot und dein stab, die selben haben mich getröstet."

Lutherbibel von 1545:

„Der Herr ist mein Hirte, mir wird nichts mangeln. Er weidet mich auf einer grünen Auen und führet mich zum frischen Wasser. Er erquicket meine Seele er führet mich auf rechter Straße, umb seines Namens willen. Und ob ich schon wandert im finstern Tal, fürchte ich kein Unglück, denn du bist bei mir, dein Stecken und Stab trösten mich."

Luthers Übertragung führte zu einer gewaltigen Demokratisierung der Heiligen Schrift. Sie blieb nicht mehr allein den gelehrten Studien der Kleriker und Humanisten vorbehalten, sondern wurde in den Hütten der Armen, in den Häusern der Bürger, von Sektierern und Schwarmgeistern begierig verschlungen, durch die Buchdruckerkunst in Tausenden von Exemplaren ins aufgewühlte Volk geschleudert. Ein Menschheitsbuch wird nun zum Besitz eines Volkes. „Mit Luthers Bibelübersetzung war ein Vorhang weggezogen. Riesige Gestalten traten in die Hütten und niederen Stuben der Bauern und Handwerker ein — Propheten des Alten Testaments, Apostel des Neuen. Von den eigenen Herren schärfer geschieden als anderswo, fand der gemeine Mann hier Zugang zu den Herren der Welt, sah die Großen erhöht, gerichtet und sich selbst gerechtfertigt, blickte ins Triebwerk der Geschichte und in den verborgenen Plan Gottes, kam und ging in diesem Reich als wie in seinem Hause, redete darin in seiner Sprache" (Robert Minder). Schule, Predigt und häusliche Lektüre machten die Bibel zum dauernden Gedächtnisbesitz der Gläubigen, der Gebildeten wie Ungebildeten. Sie wurde zum Volksbuch, dem einzig überständischen Werk unserer Literatur.

Die literaturgeschichtliche Bedeutung der Luthersprache reicht bis zur Gegenwart. Keiner kannte den tiefen Einfluß, den das Bibeldeutsch auf die Ausbildung unserer Prosa besaß, besser als der Pastorssohn Friedrich Nietzsche: „Der Prediger allein wußte in Deutschland, was eine Silbe, was ein Wort wiegt, inwiefern ein Satz schlägt, springt, stürzt, läuft, ausläuft, er allein hat ein Gewissen in seinen Ohren ... Das Meisterstück der deutschen Prosa ist deshalb billigerweise das Meisterstück ihres größten Predigers: die Bibel war bisher das beste deutsche Buch. Gegen Luthers Bibel gehalten ist fast alles übrige nur ‚Literatur'." Viele Autoren haben ihre Prosa an Luthers Vorbild geschult. Ohne dieses Vorbild wäre weder Klopstocks psalmodierender Ton noch Johann Peter Hebels einfaches, körniges Bibeldeutsch denkbar, Georg Büchners *Hessischer Landbote* ebensowenig wie Bert Brechts parodistische *Hauspostille* und Thomas Manns *Doktor Faustus,* in dem das Lutherdeutsch ironisch-archaisierend verwendet wird.

Die Flugschriften gehörten zu dem typischen literarischen Arsenal dieses polemisch-grobianischen Zeitalters. Die Ausbreitung der Reformation vollzog sich in engster Wechselwirkung mit der politischen Entwicklung der Zeit. Zum erstenmal wurde jetzt ein heftiger publizistischer Kampf um die politische, soziale und religiöse Neuordnung des gesamten Lebens geführt. Durch die schwarze Kunst erst ermöglicht, entbrannte der Streit mit einer bislang unbekannten Vehemenz. Die Streitenden zogen alle Register der Polemik und des Spotts. Man klagte an, verhöhnte, warb, überzeugte, mit Tiergestalten, Satan- und Antichristfiguren rückte man den Gegnern zu Leibe. Ein ganz neues Pathos der Überzeugung, ein intensives, leidenschaftliches, journalistisches Verhältnis zum Wort entstand in den mit einprägsamen Titelholzschnitten (Lukas Cranach und Albrecht Dürer entwarfen manche) illustrierten Flugschriften.

Luther hat als erster in seinen großen Reformschriften *An den christlichen Adel deutscher Nation von des christlichen Standes Besserung, Von der babylonischen Gefangenschaft der Kirche* und *Von der Freiheit eines Christenmenschen* 1520 seine Überzeugungen hinreißend der Öffentlichkeit vorgetragen. Eine unglaublich reiche Flut von Pamphleten ergoß sich in den nächsten Dezennien auf den Markt, den Fortgang der Auseinandersetzungen begleitend. Der *Karsthans* tritt in der gleichnamigen anonymen Flugschrift für Luther ein. Der gesunde Menschenverstand dieses bibelfesten Bauern triumphiert in einem Streitgespräch über gelehrte Spitzfindigkeiten. Aus dem Schimpfwort Karsthans (Karst = Hacke) wurde eine der bekanntesten protestantischen Flugblattfiguren und ein propagandistisches Schlagwort der reformatorischen Polemik.

Das Kirchenlied gewann in der neukirchlichen Liturgie eine zentrale Bedeutung. Bislang nur als begleitender Teil in der Kirchenliturgie verwendet, erhielt es durch die neue Konzeption des Gottesdienstes, der keinen sakramentalen Charakter mehr besaß, neben der Predigt eine beherrschende Stellung. Der Gesang wurde zum Ausdruck der Zusammengehörigkeit der evangelischen Gemeinde. Luther schuf so den neuen Liedtypus des evangelischen Kirchenliedes. Er selbst verdeutschte alte Hymnen und Lieder, nach der neuen Lehre abgeändert und um Strophen vermehrt. So entstanden das Bekenntnislied *Ein feste Burg ist unser Gott, Aus tiefer Not schrei ich zu dir, Vom Himmel hoch da komm ich her* u. a. Die religiöse Lieddichtung wird in der folgenden Zeit für die deutsche Lyrik bestimmend (s. S. 70, 109).

c) Die Bedeutung der Kirchenspaltung für die Entwicklung der deutschen Literatur

Die Zerstörung der kulturellen Einheit. Die Folgen der Reformation für die Geistes- und Literaturentwicklung waren unabsehbar. In Europa zerbrach eine tausendjährige Einheit des Denkens und religiösen Lebens. Neben Rom traten zwei Zentren, die neue Denk- und Lebensformen entwickelten: das lutherische Wittenberg und das calvinistische Genf. Das religiöse Milieu, das bislang als etwas Selbstverständliches gegolten hatte, wurde zerstört, der Einzelne gezwungen, sich seiner Konfession bewußt zu werden, ein neues seelisches Gleichgewicht durch eine intensivere religiöse Lebensführung zu finden.

Die Glaubensspaltung hatte auf kirchlichem Gebiet einen tiefgreifenden Strukturwandel zur Folge: Kirchengüter wurden eingezogen und für politische oder kulturelle Zwecke verwendet, Klöster aufgehoben; die geistliche Gerichtsbarkeit wurde beseitigt, das Zölibat abgeschafft, die Liturgie verändert. Auch in der Literatur sind die Auswirkungen dieses Wandels erkennbar: So entzogen die Klosteraufhebungen dem mystischen Schrifttum weitgehend den Boden, das Verständnis für die Legendendichtung schwand, und eine neue, aus moralpädagogischer Absicht geschaffene biblische Dramatik (s. S. 44) verdrängte das geistliche Spiel (s. Das weitere Schicksal des Humanismus, S. 53).

Es war **Luthers Tragik**, daß seine ursprüngliche Reform, die Erneuerung der Universalkirche, durch sein Bündnis mit den Landesfürsten bald in sein Gegenteil verkehrt wurde: Der Reformator lieferte die Freiheit des Christenmenschen der zwangsstaatlichen Kirchenorganisation aus und überantwortete die Kirchenhoheit den Landesfürsten, die sich ihrer bereitwillig zur Machtausdehnung bedienten (Cuius regio, eius religio).

Die lutherische Obrigkeitskirche entwickelte sehr bald in Anlehnung an die jesuitische Schulmetaphysik des Spaniers Suarez einen Thomismus, der ihr Argumente im Kampfe gegen die Wiedertäufer, Sektierer, Freigeister lieferte. Diese endeten mit Hilfe der Staatsgewalt auf dem Scheiterhaufen oder im Kerker oder in der Verbannung oder wurden, sofern sie überlebten, in den Untergrund gedrängt. Der Calvinismus in Westeuropa dagegen schuf die Voraussetzungen für freikirchliche Bewegungen, die ihre religiösen Energien in der Öffentlichkeit entfalteten. Nichts dergleichen finden wir im deutschen Protestantismus. Die Gläubigen zogen sich in die Familie und ins Gotteshaus zurück und überließen dem Landesherrn die Politik. In der Öffentlichkeit konnte sich kein freier, offener Rationalismus entfalten. Dadurch wurde der Boden für die geistigen Auflehnungen der folgenden Jahrhunderte bereitet.

Das protestantische Pfarrhaus gewann seit dem 18. Jh. eine überragende Bedeutung für die deutsche Literatur- und Geistesgeschichte. Von den 765 in der Allgemeinen Deutschen Biographie erfaßten Dichtern zwischen 1525 und 1900 entstammen 203 diesem Milieu. Gryphius, Lessing, Lichtenberg, Wieland, Bürger, Lenz, Nietzsche und Benn sind ohne diesen soziologischen Hintergrund nicht verständlich. Es war eine einzigartige Bildungsstätte für viele literarische Begabungen. Die tägliche Bibellektüre machte es geradezu zu einer Schule der Poesie: Luthers Sprache vermittelte die große hebräische Dichtung, die Lyrik des Hohen Liedes und der Psalmen, die Epik der erzählenden Bücher. Bei Morgengebet und Andacht, während der täglichen Unterrichtsstunden des Vaters pflegten die Söhne intensiven Umgang mit religiösen Texten. Die Bibel wurde zur poetischen Fundgrube, zur Enzyklopädie von Sprachformen, Bildern, Gleichnissen, Redeweisen, die sich unauslöschlich als literarische Erinnerungsbilder während der bildungsfähigsten Jahre ins Kindergedächtnis eingruben und noch Jahrzehnte später Erlebnisformen und Sprachstrukturen vieler aus dem Pfarrhaus stammenden Autoren mitbestimmten.

Das Pfarrhaus war aber auch der Ort harter Auseinandersetzungen. Wo Geist und Armut in kleinbürgerlichen Stuben so eng beieinanderwohnten, sammelte sich Zündstoff, prallten die Gegensätze aufeinander. Neue philosophische Ideen, die die Söhne von den Universitäten mit nach Hause brachten, trafen auf die entschiedene Ablehnung ihrer strenggläubigen Väter, was den Generationskonflikt noch beträchtlich verschärfte. Söhne, die sich dem geistlichen Beruf entzogen, entzogen sich nach dem Urteil der Älteren dem Ruf Gottes. Der Widerstand der rebellierenden Söhne — und wie viele endeten tragisch, man denke an Lenz! Vgl. S. 119 — bildete den Nährboden für geistig produktive Konflikte. Auf protestantischem Boden ist die neuere deutsche Literatur entstanden, aus dem dauernden Protest gegen eine allzu enge Orthodoxie, aus dem Zwang, stets die Welt geistig neu ordnen und bewältigen zu müssen. Pietismus, Naturgefühl, Pantheismus, Idealismus sind schließlich das Ergebnis einer „radikalen lutherischen Zerspaltung des Kosmos in einen unfaßbaren Gott und ein sündiges, verlorenes Ich, eine gottfeindliche Naturordnung und eine ungesicherte Vernunft“ (Heer) (vgl. Die Dichter S. 89).

Das katholische Deutschland. Anders waren die kulturellen Voraussetzungen im katholisch verbliebenen Teil Deutschlands. Im Süden, in Bayern und Österreich, in den geistlichen Fürstentümern zumal, restaurierte die Gegenreformation den alten geistigen Kosmos. Streng abgeschirmt gegen den andersgläubigen Norden, verwalteten die militanten Jesuiten den geistigen Raum. Das metaphysische Weltbild war summistisch-enzyklopädisch geordnet, die letzten Lebensfragen geklärt, so daß sich die geistigen Energien in Musik, Baukunst und Malerei großartig entfalten konnten (s. S. 183). Eine tiefe Kluft zwischen dem „bildlosen, aber gebildeten Teil“ (Goethe) und dem den „sinnlichen Künsten“ zugewandten katholischen Raum tat sich auf. Für den katholisch erfahrenen Menschen waren „die Grundfragen deutscher Geistigkeit im 18. und 19. Jh. Scheinprobleme“ (Heer). In der Literatur verharrte er in einer sprachlichen Isolierung; denn das Latein blieb die Kirchensprache, in ihr schrieben die Jesuiten die Barockdramen, während in protestantischen Gebieten sich das Latein allmählich nur mehr als Gelehrtenidiom behauptete, sonst aber die Muttersprache vordrang. Nur in der Welt des Theaters, im Alt-Wiener Volkstheater, erhielt sich eine lebendige Verbindung aller Stände. Hier blieb die Theatertradition bis Raimund Nestroy gewahrt (S. 213 f.).

LITERATUR:

Richard Friedenthal *Luther. Sein Leben und seine Zeit.* dtv 1035
Erich H. Erikson *Der junge Mann Luther. Eine psychoanalytische und historische Studie.* stw 117
Hans Lilje *Martin Luther.* rm 98
Hans Eggers *Deutsche Sprachgeschichte* Bd. III. *Das Frühneuhochdeutsche.* rde 270/71
Arno Schirokauer *Frühneuhochdeutsch* in: *Deutsche Philologie im Aufriß* Bd. 1. Berlin 1957
Friedrich Heer *Europäische Geistesgeschichte.* Stuttgart ²1965; auch Urban 131/32
Robert Minder *Kultur und Literatur in Deutschland und Frankreich.* st 397
Helmuth Plessner *Die verspätete Nation. Über die politische Verführbarkeit bürgerlichen Geistes.* stw 66
Albrecht Schöne *Säkularisation als sprachbildende Kraft. Studien zur Dichtung deutscher Pfarrersöhne.* Göttingen ²1968
Herbert Schöffler *Protestantismus und Literatur des 18. Jahrhunderts.* Göttingen ²1958

V. DIE DICHTUNG DES BAROCK (1600-1700)

1. Panorama des Zeitalters

Der Absolutismus. Die Reformation hatte den Fürsten eine ungeheuere Macht in die Hand gegeben, indem sie ihnen allein das Recht zubilligte, über die Religion ihrer Untertanen zu bestimmen (cuius regio, eius religio). Die Konfessionen ihrerseits flohen in die Arme der Herrscher, weil nur sie ihnen wirksamen Schutz vor ihren Gegnern zu geben vermochten. Es begann das Bündnis von Thron und Altar. Kirchlich-konfessionelle Interessen verschlangen sich aufs engste mit den politisch-absolutistischen (Konfessioneller Absolutismus). Philipp II. von Spanien und seine Nachfolger kämpften im Bund mit den österreichischen Habsburgern um die Wiedereroberung abgefallener katholischer Gebiete in ganz Europa. Die katholische Kirche, durch das Tridentinum gestrafft und streng organisiert, bildete selber das Vorbild einer absolutistischen Institution. Mit großer Erbitterung und einem glühenden Fanatismus wurde in allen Lagern gekämpft. Es ist das Jahrhundert der großen Verfolgungen und Emigrationen: In Spanien wurden die Moriskos, die getauften Juden, gejagt, in Frankreich die Hugenotten, die Ludwig XIV. durch die Aufhebung des Edikts von Nantes 1685 zur Emigration trieb oder zwangsbekehrte. In England flohen die Dissenters, Cromwell unterdrückte in Irland brutal die Katholiken, in Österreich vertrieben die Habsburger die böhmischen und steirischen Protestanten oder zwangen sie zum Übertritt. Allenthalben herrschte religiöser Terror: Aufstand, Gemetzel, Folter, Verwüstungen und Mord, der auch vor den Großen nicht haltmachte. Heinrich IV. von Frankreich wurde 1610 von einem Mönch erstochen, Wallenstein in Eger 1634 ermordet, Karl I. von England 1649 als erster König enthauptet. Es war das letzte Rasen eines konfessionellen Fanatismus. Immer mehr erschien der Hof, der Herrscher, die einzige Instanz zu sein, die dem Treiben Einhalt gebieten, die eine Ordnung wieder aufrichten konnte. So gingen die Könige als unumschränkte Herren aus dem Kampfe hervor, nachdem die Macht errungen und stabilisiert und der um die Herrschaft konkurrierende Adel sozial diszipliniert worden war. Die barocke Lebensform begann sich nun zu entfalten.

Repräsentation. Macht, absolute zumal, bedarf des Abstands, der Würde und der Repräsentation. Der Herrscher mußte sich mit einer Aura umgeben, seine Kreatürlichkeit mit Prunk und Pomp verdecken. Das Hofzeremoniell, von Spanien aus in Abwandlungen über den ganzen Kontinent verbreitet, diente dazu, die kreatürliche Angst in Formen zu bannen, das Individuelle dem gesellschaftlich Gültigen unterzuordnen, die Distanz zwischen Herr-

Szenenbild aus der Oper *Il Pomo d'Oro,* Wien 1668. Die Szene stellt eine Apotheose des Kaisers Leopold I. dar.

scher und Untertanen zu erweitern. Das aus der Not geborene Ideal des honnête homme gewann an Geltung. Der Einzelne wurde nicht in seiner armseligen Kreatürlichkeit sichtbar, seine Unsicherheit verbarg er unter dem prunkvollen Kostüm. Die gebauschten Kleider, breitkrempigen Hüte, die langen Perücken verhüllten die Natur, der Mensch erschien in seiner Maske bedeutender, als er war. „Was vor der Welt uns zieret, das sind geborgte Sachen“ (Gryphius). Die absolute Macht aber, ungehemmter Herrscherwille, der sich nicht mehr vor den adeligen Konkurrenten zu verbergen brauchte, schuf einen neuen Baustil.

Das Barockschloß, souverän hineingestellt in die Landschaft, war der Sammelpunkt der aristokratischen Gesellschaft und diente ausschließlich der Repräsentation und dem Zweck, dem Adel durch Amüsement seine politische Bedeutungslosigkeit vergessen zu machen. Die breiten Ehrenhöfe, großflächigen Parks, rational angelegten Gärten schufen eine Distanz zwischen Umwelt und Hof. Die Festräume des Hauptbaues schmückten imposante Decken- und Wandgemälde, die von mythologischen Göttern wimmelten — ein sublimer malerischer Ausdruck fürstlicher Macht.

Das pessimistische Menschenbild. Kriegsgreuel und Verfolgungen waren nicht dazu angetan, an Güte und Edelmut des Menschen glauben zu lassen. Tiefe Weltangst und Skepsis sprechen aus dem Menschenbild des Jhs. Der Philosoph BLAISE PASCAL (1623—62) meditiert in seiner Erkenntnisschrift *Pensées* (1669) über das Elend des Menschen ohne Gott. Der französische Moralist LA ROCHEFOUCAULD (1613—68) erblickt in seinen *Reflexions* hinter der Maske der Tugenden die verkappten Laster des vom Egoismus getriebenen Menschen. Der Jesuit BALTHASAR GRACIÁN (1601—58), der spanische Lehrmeister der Lebensklugheit, erkennt den Zwang zum Doppelleben. In seiner Spruchsammlung *Oráculo manual* (Handorakel 1647) lehren die 300 lakonischen, manieristisch-dunklen Aphorismen die Kunst der Menschenbehandlung und der Selbstbehauptung, geleitet vom desengaño, der illusionslosen Erkenntnis des pessimistischen Weltzustands. Und der englische Staatstheoretiker und Philosoph THOMAS HOBBES (1588—1679) fordert in dem Traktat *Leviathan* (1651) aufgrund seiner Erfahrungen mit der englischen Revolution den absoluten Staat, weil er Angst vor der Barbarei des Volkes hatte.

Der Barockstoizismus. Die Wirklichkeit zeigte zur Genüge die Macht der Affekte, das Rasen der Leidenschaften. Wie ein Spielball war der Mensch ihnen ausgeliefert, wenn er sich nicht selbst bezwang. Seneca (4—65), Neros Erzieher, hatte die Christenverfolgungen, Greuel und Laster des kaiserlichen Rom erlebt. Er wurde nun der aktuellste Philosoph und Poet, der „Heilige des Barock“ par excellence. Wie eine Offenbarung klang es in den Ohren der Barockmenschen, was der Philosoph der römischen Stoa predigte: Freiheit und Glückseligkeit erreicht der Mensch nur durch Beherrschung und Überwindung der Leidenschaft, durch den Rückzug in seinen eigenen unerschütterlichen Charakter. Nur wer durch seinen eigenen Willen seine Affekte zügelt, nur wer sich selber treu bleibt, vermag im Weltlauf zu bestehen.

Die Kraft der Ratio. Neben der stoischen Ethik wurde die Vernunft als die einzige Kraft angesehen, das Chaos bändigen und neu ordnen zu können. Am reinsten zeigte sich dies in der weltanschauungs- und ideologiefreien Disziplin der Mathematik. Sie bot den zuverlässigen geistigen Ansatzpunkt, um zu sicheren, exakten Einsichten zu kommen; sie wurde zur unbestrittenen Führerin der Naturwissenschaften und der Philosophie. Es war das große Jahrhundert der Mathematik: DESCARTES begründete die analytische Geometrie, PASCAL entdeckte das nach ihm benannte Dreieck, NEWTON und LEIBNIZ erfanden die Infinitesimalrechnung. Die Physik wurde mit Hilfe der Mathematik auf eine sichere methodische Grundlage gestellt. GALILEI ersetzte die aristotelische Logik durch die Mathematik und erkannte, daß eine wahre wissenschaftliche Naturerkenntnis nur auf der engen Verbindung von Mathematik und Experiment möglich ist. Auch in der Philosophie spielte die mathematische Betrachtungsweise eine wichtige Rolle. Die geistige Welt wurde in großen, kristallklaren philosophischen Systemen neu gefaßt. Es ist die Zeit des

Rationalismus in der Philosophie. SPINOZA entwarf ein großes System und trug seine philosophischen Beweise in Form geometrischer Lehrsätze vor. DESCARTES, der Begründer der neueren Philosophie, stellte die gesamte Erkenntnis auf eine neue Grundlage: auf den methodischen Zweifel (cogito ergo sum). Das Denken wurde zur wichtigsten und vornehmsten Tätigkeit. Klarheit und Deutlichkeit waren die Wahrheitskriterien. Alles Seelische wurde der „denkenden Substanz“, dem reinen Akt des Denkens, untergeordnet und die

Fülle der Erscheinungen, ihre Qualitäten, auf Quantitäten, auf meßbare und faßbare Größen zurückgeführt. Diese vorherrschende Auffassung beeinflußte auch die Ansichten über die Arbeit des Künstlers. Künstlerisches Schaffen war ein produktives Denkenkönnen. Die Empfindungen, die im 18. Jh. eine bedeutende Rolle spielten, verwies das Barock als verworrene Vorstellungen in den Bereich der niederen Erkenntnis.

LITERATUR:

Manfred Brauneck *Deutsche Literatur des 17. Jahrhunderts — Revision eines Epochenbildes. Ein Forschungsbericht 1945—1970* in: *DVjs,* Sonderheft Forschungsreferate 1971, S. 378—468
Richard Benz *Deutsches Barock.* Stuttgart 1949
Carl J. Friedrich *Das Zeitalter des Barock.* Stuttgart 1954
Willi Flemming *Deutsche Kultur im Zeitalter des Barock.* Konstanz ²1960
Rudolf Stamm *Die Kunstformen des Barockzeitalters.* Dalp 82
Arnold Hauser *Sozialgeschichte der Kunst und Literatur* Bd. 1. München 1958
Erich Hubala *Die Kunst des 17. Jahrhunderts,* Propyläen-Kunstgeschichte Bd. 9, Berlin 1970
Egon Friedell *Kulturgeschichte der Neuzeit.* München 1973
Barockforschung, Dokumentation einer Epoche, hg. v. Richard Alewyn. Berlin 1965
Wilfried Barner *Der literarische Barockbegriff.* WBG Bd. 358 (1975)
Richard Newald *Die deutsche Literatur vom Späthumanismus zur Empfindsamkeit 1570—1750.* München ⁴1963
Werner Kohlschmidt *Geschichte der deutschen Literatur vom Barock bis zur Klassik.* Stuttgart 1965
Marian Szyrocki *Die deutsche Literatur des Barock. Eine Einführung.* rde 300/301

2. Die europäischen Literaturlandschaften

Das Barock war die letzte gesamteuropäische Kulturepoche, die einen einheitlichen Lebensstil entwickelte. Der rege geistige Verkehr erstreckte sich auf alle Länder; das Geistesleben war mehr durch konfessionelle als durch nationale Interessen bestimmt. Die westeuropäische Literatur erreichte damals eine große Höhe und fiel mit dem nationalen Aufstieg mancher Länder zusammen.

Spanien, das Mutterland des Barock, erlebte von 1550—1650 das goldene Zeitalter seiner Geschichte. Seine kulturelle Ausstrahlungskraft erstreckte sich auf den ganzen Kontinent. CERVANTES (1547—1616) schuf mit seinem *Don Quijote* einen neuen Romantypus; der Schelmenroman wurde zur beliebtesten Gattung in vielen Ländern. LOPE DE VEGA (1562—1635) und CALDERÓN DE LA BARCA (1600—81) waren die Schöpfer des nationalen Theaters. GÓNGORA (1561—1627) und GRACIÁN (1601—58) schrieben scharfsinnige komplizierte Dichtung (Gongorismus). Der Einfluß der Mystik der THERESA VON AVILA (1515—82) war überall wirksam (s. S. 72).

Italien, politisch in eine Vielzahl von kleineren Fürstentümern aufgesplittert, besaß in Rom die Hauptstadt der ecclesia triumphans. Es hatte einen überragenden Lyriker in MARINO (1569—1625), der im neuen Stil der Antithesen, Dunkelheit und überraschenden Metaphern dichtete. Sein Ziel war, durch Dichtung Staunen zu erregen (Marinismus).

In **Frankreich** hatte die Dichterschule der Plejade der nationalen Literatur Glanz verliehen. MONTAIGNE (1533—1592) hatte das Ideal des „honnête homme", des stoisch-skeptischen Gentleman, ausgebildet. Nach 1650 zur ersten Macht des Kontinents aufgestiegen, erlebte es mit RACINE (1639—99), MOLIÈRE (1622—73), BOILEAU (1636—1711), CORNEILLE (1606—84) seine welterobernde Klassik.

England kannte das eigentliche Barock nicht, weil die soziologisch-politische Voraussetzung, die absolute Monarchie, fehlte. Es hatte seine nationale Blüte im Elisabethanischen Zeitalter erlebt: mit WYATTS Sonetten, JOHN LYLYS *Euphues* (1579), SIDNEYS *Arcadia,* SPENSERS allegorischem Versepos *Feenkönigin* und den Stücken von MARLOWE, GREENE, vor allem aber mit dem Genius aller Poesie, WILLIAM SHAKESPEARE (1564—1616). JOHN DONNE (1572—1631) und die metaphysical poets verfaßten Gedichte im Stile Marinos und Gongoras, JOHN MILTON (1608—74), der streitbare Puritaner, schuf Englands größtes Epos *Paradise Lost* (1667).

Holland, das Zufluchtsland des verfolgten Geistes, wurde für die deutsche Literaturentwicklung besonders wichtig. Es war als unabhängige Republik aus dem Kampf gegen die spanische absolute Monarchie hervorgegangen und rasch zur ersten europäischen Handels- und Kolonialmacht aufgestiegen. Während in Deutschland die Kriegsfurien wüteten, wurden die Generalstaaten zum Refugium aller Vertriebenen und Verfolgten: lutherische Sektierer, Hugenotten, Humanisten, Philosophen fanden hier Schutz und Sicherheit. 1629 flüchtete Descartes dorthin, blieb 20 Jahre und schrieb seine bahnbrechenden Werke. „Wo ist ein anderes Land", meint er, „in dem man eine solche Freiheit genießen kann, wo man weniger mit Unruhe schlafen kann, wo Vergiftungen, die Verrätereien, die Verleumdungen weniger bekannt sind als hier?" Leyden, die im Kampf gegen Spanien gegründete Universität, wurde zur ersten modernen Stätte, an der unabhängige Forschung als ausschließlicher Zweck des Lehrbetriebs galt. Von zahlreichen protestantischen und calvinistischen Studenten des Kontinents besucht, wurde sie für eine Reihe deutscher Dichter ein Ort der Weltbegegnung. Hier wurden sie mit der neuen Philosophie Descartes' und den Naturwissenschaften bekannt. Sie studierten bei den Größen der klassischen Philologie HEINSIUS und VOSSIUS. Vertraut wurden sie mit der Kunst des größten holländischen Dramatikers JOOST VAN DEN VONDEL (1587—1679). Sie erlebten eine unerhörte Freiheit und kehrten mit einer Fülle von Anregungen in die engen deutschen Territorien heim.

Deutschland war in diesem Jahrhundert in eine Vielzahl von Duodezfürstentümern und Zwergstaaten zersplittert, die streng nach Konfessionen getrennt, eifersüchtig ihren Besitzstand und ihre Interessen wahrten. Es war eine enge und provinzielle Epoche. Jedes Territorium besaß seine eigene Landesuniversität. Studierte man im „benachbarten Ausland", dann nur im konfessionell gleichen. Katholiken hielten sich in Ingolstadt, Graz oder Wien auf, Calvinisten immatrikulierten sich in Marburg oder Heidelberg, Lutheraner besuchten Tübingen oder das streng orthodoxe Wittenberg. Seit der Mitte des 17. Jhs war Jena die modernste Universität inmitten protestantischer Territorien, Einbruchsstelle und Zentrum des neuen westeuropäischen Denkens in das Luthertum. In der thüringischen Stadt empfingen Quirinus Kuhlmann, Johann Christian Günther, Samuel Pufendorf, Gottfried Wilhelm Leibniz und Christian Wolff entscheidende Anregungen ihres Dichtens und Denkens.

Schlesien wurde die wichtigste Landschaft des Literaturbarock. Kein anderes Territorium stellte so viele Dichter wie dieses von den Habsburgern beherrschte Ostgebiet. Diese auffallende geistig-literarische Fruchtbarkeit ist nur aus einer einmaligen geistesgeschichtlichen Konstellation zu erklären. Für die überwiegend protestantischen Untertanen des katholischen Landes gab es keine Universität. So waren die Gymnasiasten gezwungen, im Ausland ihre Studien fortzusetzen. Viele von ihnen gingen nach Jena, vor allem aber nach Holland in das berühmte Leyden. Opitz, Gryphius, Lohenstein, Hofmannswaldau, Scheffler u. a. begegneten dort der geistigen Welt des Calvinismus und Cartesianismus, Frankreichs und Englands. Zu Hause brachte die Gegenreformation die spanische und italienische Geisteswelt, so daß sich ein ungeheurer Reichtum sich widerstreitender Ideen in einer einzigen Landschaft versammelte. „Das protestantische Schlesien erlebte Luther durch Muttergebet und Schule, erlebte Rom durch Straßen, Kloster und Kirchennähe und durch katholisches Denken im öffentlichen Leben, erlebte Genf durch Leyden" (Herbert Schöffler). Diese Koexistenz verschiedener religiöser Strömungen führte zu geistig-seelischen Spannungen, die das literarische Schaffen entscheidend förderten. Zwischen Luther und Klopstock ist Schlesien die fruchtbarste Literaturlandschaft unserer neueren Dichtung.

LITERATUR:

Viktor Klemperer - Helmut Hatzfeld - Fritz Neubert *Die romanischen Literaturen von der Renaissance bis zur französischen Revolution.* Potsdam o. J.

Wolfgang Keller - Bernhard Fehr *Die englische Literatur von der Renaissance bis zur Aufklärung.* Potsdam o. J.

Herbert Schöffler *Deutsches Geistesleben zwischen Reformation und Aufklärung (Von Martin Opitz zu Christian Wolff).* Frankfurt/Main 1956

August Buck *Renaissance und Barock* in: Neues Handbuch der Literaturwissenschaft, Bd. 9 und Bd. 10. Frankfurt/Main 1972

3. Form und Regel

a) Die gesellschaftlichen Voraussetzungen der Dichtung

Barock und Moderne. Mit der Aufklärung schwand der Sinn für die Problematik der Barockzeit. Das klassische Ideal der „schönen Harmonie" und „wahren Humanität" verdeckte den düsteren Hintergrund des 17. Jhs. Erst am Anfang unserer Epoche, als die Expressionisten die trügerische Scheinwelt der wilhelminischen Ära durchstießen und in tiefere Schichten hinabstiegen, wuchs auch das Verständnis für die Ausdruckszwänge barocker Dichtung. Man begann, den rhetorischen Charakter der Sprache und ihre Formen richtig zu deuten. Die Auseinandersetzung mit der antiklassischen, disharmonischen Ästhetik in der Manierismusforschung und die moderne hochbewußte, artifizielle Dichtung führten zu einer erneuten Beschäftigung mit dem Barock.

Die Dichter der Barockzeit waren gebildete Beamte, Professoren, Juristen und Ärzte. Zwischen dem absolutistischen Hof und der Masse der analphabetischen Untertanen hatte sich eine Schicht von Männern herausgebildet, die, auf Gymnasien und Universitäten erzogen, Träger der neuen Dichtung wurde. Sie waren als Sekretäre und Hofhistoriographen (Opitz), als Juristen in fürstlichen oder städtischen Diensten (Lohenstein, Gryphius, Hofmannswaldau) oder als Ärzte (Fleming) tätig oder wirkten als Pastoren (Paul Gerhard) oder Ordensleute (der Jesuit Bidermann und der Augustiner Abraham a Santa Clara). Gemeinsam sind ihnen allen ein weltweiter Blick und reiche Erfahrungen. Die meisten hatten Europa durchreist, kannten Frankreich, Holland und Italien oder waren wie Fleming sogar nach Moskau und Persien gekommen. Sie beherrschten mehrere Sprachen, lasen italienische, französische, spanische und englische Literatur und übersetzten viele dieser Werke. Sie standen vielfach im Dienste der Fürsten, hatten diplomatische Missionen zu erfüllen und waren als Erzieher der aristokratischen Jugend geachtet.

Programm der Fruchtbringenden Gesellschaft, Kupferstich 1636

Die Sprachgesellschaften stellten die Verbindung der Dichter zur Gesellschaft und zum Leserpublikum her. Die besondere Hochschätzung der Sprache hatte in Frankreich zur Gründung der Académie Française (1635) durch Richelieu geführt. Überall gab es Sprachgesellschaften, die sich der Pflege der Nationalsprache annahmen. Fürst Ludwig von Anhalt-Köthen war in Florenz der Sprachakademie „Accademia della Crusca" beigetreten (1602) und gründete 1617 in Deutschland nach dem italienischen Vorbild die „Fruchtbringende Gesellschaft". Als Mitglieder kamen sowohl Adelige als auch Bürgerliche in Frage. Das Ziel des Palmenordens, wie sie auch hieß, beschränkte sich nicht bloß auf die Bekämpfung des Alamodewesens. Der calvinistische Fürst und seine Freunde traten für eine überkonfessionelle, nicht mehr standesgebundene Kulturarbeit ein. Sie verlangten von den Mitgliedern Toleranz und bemühten sich, durch eine gesittete Sprache das kulturelle Niveau zu heben. Übersetzungen ausländischer Dichtung sollten als Vorbild für die eigene Dichtung dienen. Probleme der Poetik wurden erörtert, Werke gefördert, ihre Drucklegung ermöglicht, kurz der literarische Kreislauf belebt. Neben dem Palmenorden stiftete Zesen in Hamburg 1642 die „Deutschgesinnte Genossenschaft", Löwenhalt rief 1633 in Straßburg die „Aufrichtige Tannengesellschaft" und Harsdörffer 1644 in Nürnberg die „Pegnitzschäfer" ins Leben.

Die Leser der schöngeistigen Literatur entstammen derselben Gesellschaftsschicht wie die Autoren: sie kamen aus Adel und Patriziat. Denn Bildung war Voraussetzung für den Genuß der Literatur. Die Dichter stellten an das Verständnis ihrer Leser hohe Anforderungen. Sie mußten belesen sein, die alte Literatur kennen, um versteckte Andeutungen enthüllen, Pointen erfassen, mythologische Vergleiche und dunkle Metaphern verstehen zu können. Nur dem gelehrten Literaturfreund bereitete es ein Vergnügen, die Fülle der Ausdrucksformen und das verarbeitete Wissen ästhetisch zu würdigen, während „bey dem büffelhirnigen Pövel die tiefsinnige Poeterey in keine schätzbare Achtung gesetzet werden kann“ (Harsdörffer).

Die Sprache der Dichtung beruhte auf dem rhetorischen Grundcharakter der Barocksprache der gebildeten Stände. Schon im täglichen Umgang am Hof sprach man nicht direkt und plump vertraulich, sondern verwendete die von der Hofgesellschaft festgelegten Redewendungen, gleichviel ob ein Gesandter beim Fürsten zur Audienz weilte, ob man eine geistreiche Konversation führte oder ob man seine Bittgesuche nach den Mustern im Briefsteller verfaßte. Zudem war die Welt ein Schauplatz der Widersprüche von Sein und Schein, ein Labyrinth. Man hatte, um bestehen zu können, sein Inneres zu verbergen, seine Sprache zu verstellen. Vieldeutig waren Welt und Leben, eine reflektierte Grundhaltung, Bewußtheit selbstverständlich. Die Sprache diente nicht der Gestaltung eines einmaligen individuellen Erlebnisses, sondern war ein geistreiches Kombinieren mit dem Reichtum vorhandener Formen, ein Glasperlenspiel mit dem Stilfigurenschatz der Rhetorik. So blühte die Allegorie. Das allegorische Verfahren sucht zum Allgemeinen das Besondere, setzt also die Trennung von Anschauung und vollentwickelter Reflexion voraus. Allegorisches Denken verwandelt die Dinge, entzieht ihnen ihre überlieferte Bedeutung, verformt sie, indem es neue, analogische Sinnbezüge stiftet. Die Allegorie wird zur eigentlichen Aussageform der Barockdichtung. Eine besondere Spielart der Allegorie ist die **Emblematik.** Ein Emblem besteht aus einem seltsamen, als medaillonartiger Kupferstich oder als Holzschnitt gefaßten Bild (pictura), das mehr bedeutet als es darstellt, einer komprimierten Überschrift (Motto, inscriptio) und einem unter das Bild gesetzten, den Bildinhalt deutenden Epigramm (subscriptio) meist in lateinischer Sprache. Solchen dreiteiligen, aus allegorischen und mythologischen Versatzstücken komponierten „Sinnen-Bildern“ mit ihren sinnaufschließenden Sprüchen und Epigrammen begegnen wir in Barockkirchen, in denen sie Deckengemälde kommentierend umranken, in Schloßsälen und Rathäusern, auf Epitaphien und Buchtiteln. Emblemsammlungen waren begehrte, weitverbreitete Werke. ANDREAS ALCIATUS' *Liber Emblematicum* (1531) galt als das emblematische Standardwerk der Epoche. Emblembücher dienten den Malern als Vorlage für Bildprogramme; Intellektuelle verwendeten ihren Scharfsinn, die enigmatischen Anspielungen der Bilder zu enträtseln, die ingeniöse Beziehung von Bild und Text zu erfassen, das Gesamtkunstwerk en

EX MAXIMO MINIMVM.

HAE Sunt Relliquiae Sacrarij, in quo
Fertur viua Dei fuiße imago.
Haec est illius, et domus ruina,
In qua olim Ratio tenebat arcem.
At nunc horribilis figura Mortis.
Ventosum caput, haud habens cerebrum.

Die Abbildung zeigt ein Emblem (mit Motto, Bild und Epigramm). Der Text lautet übersetzt:
Aus dem Höchsten das Geringste
Dies sind die Überreste des Tempels, in welchem das lebendige Bild Gottes gewesen sein soll. Dies ist auch die Ruine jenes Hauses, in dem die Vernunft einst residierte. Und nun ist es das schreckliche Bild des Todes, ein luftiges Haupt ohne Hirn.

miniature zu entziffern. Das emblematische Denken beeinflußte aufs nachhaltigste den Metaphern-, Bilder- und Sentenzengebrauch der Dichtersprache und bestimmte die Struktur des Trauerspiels (s. S. 76). In emblematischer Form leben zahlreiche Bilder und Metaphern in der neueren Dichtung fort. Emblematische Bildvorstellungen bereicherten auch die Grundsymbolik von Goethes poetischer Bilderwelt.

Es ist verständlich, daß Autoren dieser bewußt dichtenden Epoche Fragen der Poetik besonders gründlich diskutierten.

b) Begründung einer Poetik

Die Poetik ist aus der Literatur der Zeit nicht hinwegzudenken. Die Lehrbücher der Dichtkunst verfolgten keinen anderen Zweck, als die Fülle der Sprach- und Redeformen, die man in den ausgebildeten Dichtungstheorien der romanischen Literatur fand, für die eigene Sprache fruchtbar zu machen und die deutsche Literatur durch diese Formen zu bereichern. Die zahlreichen Poetiken sind charakteristisch für die viel diskutierten Fragen der „Wortwerkstätten“: Harsdörffers *Poetischer Trichter* (1647), Zesens *Hochdeutscher Helikon* (1641), Buchners *Verskunst* (1636), Schottels *Teutsche Sprachkunst* (1641) befaßten sich mit Fragen des Reims, der Klangmalerei, des Stils, enthielten grundsätzliche Erwägungen, setzten Maßstäbe, die für die Dichtungspraxis richtungweisend wurden. Die Poetiker hatten ein kritisches, reflektiertes Sprachbewußtsein und waren davon überzeugt, daß zum Dichten die genaue Kenntnis aller Ausdrucksmittel gehörte. Vielfach waren sie Dichter und Kritiker in einer Person. Die gewichtigste, geschichtlich wirksamste Poetik, den dichterischen Kanon für das nächste Jahrhundert, verfaßte Opitz.

Martin Opitz wurde 1597 als Sohn eines Metzgers im protestantischen Bunzlau geboren. Er besuchte das lutherische Magdalenen-Gymnasium in Breslau, studierte 1618 in Frankfurt a. O. Jurisprudenz, wandte sich 1619 in die calvinistische Pfalz nach Heidelberg. Als spanisch-wallonische Truppen unter Spinola in das Land des Winterkönigs einfielen, flüchtete er in die Generalstaaten. Dort lernte er Heinsius kennen. 1621 kam er nach Schlesien, nahm aber auf Bitten des Fürsten Bethlen Gabor eine Lehrerstelle am Gymnasium in Weißenburg in Siebenbürgen an. Er kehrte einige Jahre später in seine Heimat zurück, trat in den Dienst des konvertierten kaiserlichen Kammerpräsidenten Dohna in Breslau. 1626 wurde er vom Kaiser Ferdinand II. zum Dichter gekrönt. 1630 reiste er nach Paris, wo er mit Grotius Verbindung aufnahm. 1634 schloß er sich wieder der protestantischen Partei an und floh nach Danzig. Dort ernannte ihn der polnische König Ladislaus IV. zum Hofhistoriographen. Von einem pestkranken Bettler angesteckt, starb er 1639 in Danzig.

Elegantia. Das *Buch von der Deutschen Poeterey* (1624) hatte Opitz innerhalb von fünf Tagen niedergeschrieben. Das schmale Bändchen von 50 Seiten, dem Rat seiner Geburtsstadt gewidmet, enthält einen Abriß der Dichtungslehre. Entstanden als Rechtfertigung seiner eigenen Versuche, möchte es das neue Formideal der Eleganz in Deutschland heimisch machen. Es galt, alle Sprach- und Redeformen der Literatur anderer Völker, der Franzosen, Italiener und der Antike in Deutschland zu verbreiten. In Anlehnung an die Poetiken Scaligers, Ronsards und Heinsius' trug Opitz seine Forderungen vor: Zierlichkeit und Eleganz der Sprache erfordern den Gebrauch klarer und deutlicher Worte. Dialekte sind zu umgehen, Vulgarismen aus den Versen zu verbannen, Fremdwörter zu vermeiden, Eigennamen mit deutschen Endungen zu versehen (Jupiters statt Jovis). Auch sollten die Dichter um der Anmut ihrer Sprache willen neue Wörter verwenden (statt Nordwind Wolkentreiber, Felsenstürmer, Meeraufreißer) und nachgestellte unflektierte Adjektive, typisch fürs Volkslied (Mündlein rot), vermeiden. Vor allem den Stilfiguren maß er großen Wert bei und erblickte im uneigentlichen Ausdruck ein wichtiges Gestaltungsmittel, gemäß dem allegorischen Charakter der Dichtung.

Der deutsche Vers. Besonders wichtig geworden sind seine Ausführungen über den Vers. Zum erstenmal arbeitete er den grundlegenden Unterschied zwischen antikem, romanischem und dem deutschen Vers heraus: Die Romanen achten auf die Länge, wir auf die Betonung der Silben. Dem Charakter und der Eigenart unserer Sprache gemäß sollte man nur Jamben oder Trochäen, also alternierende Versfüße verwenden. Die Forderung nach

Übereinstimmung von Wort- und Versakzent verlangte eine bewußte Verskunst, die dem deutschen Sprachcharakter entsprach. Als ergiebigste Verszeile betrachtete Opitz den Alexandriner (s. Lyrik). Seine Definitionen der einzelnen Formen und Gattungen, z. B. des Epigramms, des Sonetts, der Tragödie usw., wurden von seiner Zeit als verbindlich angesehen.

Opitz hatte Normen aufgestellt und das höfische Bildungs- und Sprachideal zum bewußten Kunstwollen erhoben. Es war ein Neubeginn, nachdem die alten Formen des Meistersangs, des Volksschauspiels, der Legende, des Schwanks usw. durch die gewandelten soziologischen Voraussetzungen zur dichterischen Gestaltung der Zeitprobleme nicht mehr ausreichten und eine Renaissancetradition wie in den romanischen Ländern ohnehin nicht vorhanden war.

Modelle. Opitz beschränkte sich nicht nur auf die Theorie. In fast allen Gattungen versuchte er sich und stellte Grundmuster auf, die seine Zeitgenossen ausbauten, variierten und individuell abwandelten. So verfaßte er selbst Gedichte, seine *Teutschen Poemata* (1624), schrieb ein Lobgedicht auf Bacchus und Christus und die *Trostgedichte in Widerwärtigkeit des Krieges,* übersetzte Sophokles' *Antigone,* Senecas *Troerinnen,* Sidneys Schäferroman *Arcadia* und dichtete das Libretto zu Schützens Oper *Daphne* (1627). Opitz bedeutet den Auftakt der neuen deutschen Literatur, er vollzog die Grundlegung unserer Kunstdichtung.

LITERATUR:

Bruno Markwardt *Geschichte der deutschen Poetik* Bd. 1. *Barock und Frühaufklärung.* Berlin ³1964
Joachim Dyck *Ticht - Kunst. Deutsche Barockpoetik und rhetorische Tradition.* Bad Homburg 1966
Wilfried Barner *Barockrhetorik.* Tübingen 1970
Christoph Stoll *Sprachgesellschaften im Deutschland des 17. Jahrhunderts.* LW 1463 (1973)
August Langen *Deutsche Sprachgeschichte vom Barock bis zur Gegenwart* in: *Deutsche Philologie im Aufriß* Bd. 1. Berlin 1957
Arthur Henckel - Albrecht Schöne *Emblemata. Handbuch zur Sinnbildkunst des 16. und 17. Jahrhunderts.* Stuttgart 1967
Marian Szyrocki *Martin Opitz.* Berlin 1956
Klaus Garber *Martin Opitz — „der Vater der deutschen Dichtung".* Stuttgart 1976

4. Die Barocklyrik

a) Die Formen

Opitzens Reform hatte dem Jahrhundert den Weg der Dichtung gewiesen. Jetzt gab es eine deutsche Kunstlyrik, die auf sicheren poetologischen Voraussetzungen aufbauen konnte. Das Verhältnis der Form zum Stoff stand unter dem Prinzip der geistreichen Beziehung. Das Leben mit seinen geselligen Anlässen bot einen weiten Spielraum für die Lyrik. Ähnlich wie im Minnesang war es ein bewußtes, reflektiertes Gestalten. Man dichtete aus einer poetisch-künstlerischen Distanzhaltung heraus. Die Betonung der rhetorischen Formen, metaphorische Spielfreude, Bilderreichtum und Klangschönheit ließen die Melodie, die Musik zurücktreten. Wie in der modernen Lyrik (s. S. 248) gewann das Gedicht eine ästhetisch autonome Stellung. „Erst seit der Barockzeit gibt es in Deutschland eine von der Musik unabhängige Lyrik" (Böckmann). Die rhetorischen Formen wurden von den einzelnen Dichtern ganz individuell verwendet. Die „Originalität" des Poeten bestand in der geistreichen Abwandlung überlieferter Motive, denn nicht ein einmaliges individuelles Erlebnis galt es, dichterisch zu formen, sondern Anlaß zur Dichtung war das literarische Vorbild.

Dabei bevorzugten die Lyriker bestimmte Formen, die dem rationalen Ausdruckswillen der Zeit entgegenkamen. Die Verszeile, die in den meisten Gattungen verwendet wurde und die man als *den* „deutschen Barockvers" bezeichnen kann, ist der **Alexandriner.** Dieser jambisch alternierende sechsfüßige Vers mit der Zäsur nach der dritten Hebung, ist durch seine Zweiteiligkeit wie geschaffen für bestimmte Stilfiguren, deren sich das reflektierte Sprechen bediente. Der Alexandriner wurde der Vers für die Antithese, den hervorstechendsten Stilzug barocker Sprache. Antithetisch in knappster Form sind die Oxymora (Verbindungen sich gegenseitig ausschließender Begriffe: „federleichtes Joch", „freudenreicher

Krieg"), sind ganze Verse und Sätze („Der Schultern warmer Schnee wird werden kalter Sand. Was dieser heute baut, reißt jener morgen ein"). Der stark antithetische Sprach- und Denkstil des Barock beruhte auf der polaren Spannung von Individualität und Regelzwang, aber auch auf der ausgeprägten Spielfreude, geistreiche Verwirrung beim Leser zu erzeugen. Die Pointe als überraschende Schlußwendung ist ein häufig verwendetes Stilmittel. Sie verleiht den Gedichten eine dynamische Bewegung, weil sie die einzelnen Verszeilen in ihrer Aussage zugunsten des Schlusses zurückdrängt.

Auch **das Epigramm** ist aus der Vorliebe des Barock für geistreiche und witzige Pointen verständlich. Das Epigramm, eine auf sich selbst angewiesene Pointe, lebt aus dem konzentrierten, geistreichen Witz, aus dem gewandten, einfallsreichen Wortspiel. — Die Freude an den Formen führte zur Verwendung des streng architektonisch gebauten und klar gegliederten **Sonetts**, das sich größter Beliebtheit erfreute und neben dem Epigramm die meistgebrauchte Lyrikform war.

Die große Achtung der Poeten vor den Ansprüchen der Dichtformen führte zu einer fruchtbaren Spannung zwischen der Satz- und Gedankenführung und den rhythmisch-klanglichen Forderungen des Verses. Der hohe Reiz barocker Lyrik beruht darin, daß sie Aussage, Vers und Stilfiguren nicht schematisch starr handhabt, sondern die Vielfalt rhythmischer und lautlicher Formen mit einer Bilder- und Metaphernfülle zu verbinden weiß.

b) Motive und Topoi

Die Barockliteratur war wie keine andere mit der gesamteuropäischen Dichtung verbunden. Da das literarische Vorbild eine so große Rolle spielte, kam es vor allem darauf an, die überlieferten Motive dem eigenen gestalterischen Willen unterzuordnen und sie auf originelle Weise zu verwenden.

Die Liebeslyrik ist ohne die in Europa seit PETRARCA verbreitete Form der Liebesaussprache (Petrarkismus) nicht verständlich. Aus Holland hatten Opitz und Weckherlin die petrarkischen Motive des Eros eingeführt. Der Frauenpreis als bewußte Kapitulation vor der adäquaten Aussage führte zum Preis einzelner schöner Körperteile. Metaphorische Umschreibungen (Korallenpforten), Vergleiche (Antlitz wie ein Diamant, Brüste wie Marmorbälle), mythologische Verklärungen, Pretiosenmotive (Korallen, Halsketten) wurden herangezogen, um einzelne Frauenschönheiten zu besingen („Auf den Mund", „Auf ihre Augen", „Auf ihre Schultern"). Der Preis der Augen, der Brüste und des Mundes usw. entsprach dem, was die Gesellschaft als Schönheitsideal anerkannte. In der Art, wie die Körperlichkeit leblos auftritt, liegt ein dämonischer Zug. CHRISTIAN HOFMANN VON HOFMANNSWALDAU (1617—79) beschreibt die vollkommene Schönheit:

Ein Haar, so kühnlich Trotz der Berenice spricht,
ein Mund, der Rosen führt und Perlen in sich heget,
ein Zünglein, so ein Gift für tausend Herzen träget,
zwo Brüste, wo Rubin durch Alabaster bricht;

ein Hals, der Schwanenschnee weit, weit zurücke sticht,
zwei Wangen, wo die Pracht der Flora sich beweget,
ein Blick, der Blitze führt und Männer niederleget,
. . .
Ein Zierat, wie es scheint, im Paradies gemacht,
hat mich um meinen Witz und meine Freiheit bracht.

Wie stark die rhetorische Formensprache die Ausformung eines Motivs bestimmte, zeigen die Anfänge zweier motivgleicher Sonette:

Opitz: Über die Augen der Astree

Dies sind die Augen; was? Die Götter; sie gewinnen
Der Helden Kraft und Mut mit ihrer Schönheit Macht.
Nicht Götter, Himmel mehr; dann ihrer Farben Pracht
Ist himmelblau, ihr Lauf ist über Menschen Sinnen . . .

Zesen: Auf die Augen seiner Lieben
Ihr Augen voll von Glut. Was Glut? Karfunkelstrahlen:
Auch nicht! sie sein ein Blitz, der durch die Lüfte sprüht
und sich aus ihrem Aug bis in die meinen zieht,
Nicht Blitze: Bolzen seins, damit sie pflegt zu prahlen ...

Eitelkeit der Eitelkeiten. Das Bewußtsein von der Hinfälligkeit des menschlichen Lebens ist ein durchgehendes Motiv barocker Lyrik.

„Was ist das Leben? Ein Staub, den leicht vertreibt der Wind." (Harsdörffer)
„Was ist dein Lebenslauf und Tun, o Mensch? Ein Spiel?" (Czepko)

Und Gryphius wird nie müde, den Menschen die Vergänglichkeit eindringlich vor Augen zu führen:

Du siehst, wohin du siehst, nur Eitelkeit auf Erden!
Was dieser heute baut, reißt jener morgen ein,
Wo jetzund Städte stehn, wird eine Wiese sein ...

Der Mensch ist ein „Wohnhaus grimmer Schmerzen, ein Ball des falschen Glücks, ein Irrlicht dieser Zeit". „Die Herrlichkeit auf Erden muß Rauch und Asche werden, kein Fels, kein Erz kann stehn."

Zeit. War im Mittelalter die Sünde das Verhängnis des menschlichen Geschlechts, so trat nach der Wertsteigerung der Persönlichkeit durch Renaissance und Reformation die Zeit als Fluch des Daseins auf. Die Barockmenschen hatten ein verschärftes, intensiveres Zeitgefühl, und im Jahrhundert der Uhrmacherkunst wurde die rätselhafte Sphinx der Zeit in der Dichtung immer wieder besungen. Góngora verfaßte ein Uhrensonett (Zeit: „Du gibst, was du uns schweigend nimmst"), und PAUL FLEMING (1609—40) meditiert in den folgenden Alexandrinern:

Ihr lebet in der Zeit und kennt doch keine Zeit;
So wißt ihr Menschen nicht, von und in was ihr seid ...

Und tiefgründiger reflektiert er später:

Die Zeit ist was und nichts, der Mensch in gleichem Falle,
Doch was dasselbe was und nichts sei, zweifeln alle.
Die Zeit, die stirbt in sich und zeugt sich auch aus sich.
Dies kömmt aus mir und dir, von dem du bist und ich.
Der Mensch ist in der Zeit; sie ist in ihm ingleichen,
Doch aber muß der Mensch, wenn sie noch bleibet, weichen.
Die Zeit ist, was ihr seid, und ihr seid, was die Zeit,
Nur daß ihr wen'ger noch, als was die Zeit ist, seid.

Das Jahrhundert kannte nicht die in sich ruhende Gegenwart; der Augenblick war der einzig faßbare Zeitmoment. Daher das carpe diem („Drum laßt uns jetzt genießen . . ." Opitz), die Gier nach Genußsucht, Sinnlichkeit, aber auch die Askese und Weltabkehr.

Die letzten Dinge. Stets ist das Bewußtsein von der Ewigkeit, vom Gericht gegenwärtig. Der Tod erscheint nie als Erlöser, Tröster, Freund Hain; nie verliert er das kalte Grausen. Tod und Verwesung, Kirchhof und Hölle werden uns in Bildern gezeigt, die an die Moderne und an ihre Faszination durch das Häßliche erinnern. Das Bewußtsein von ewiger Strafe und letztem Gericht soll den Menschen zur Umkehr bewegen. Was für die bürgerliche Gesellschaft zu Beginn des 20. Jhs der expressionistische Schock bedeutete (Benns Gedichtband *Morgue)*, war dem Barock die grauenhafte Furcht vor den Höllenqualen. ANDREAS GRYPHIUS (1616—64), der „Liebhaber der Friedhöfe und Gräber", zeigt drastisch und eindringlich den Verwesungsprozeß in den *Gedanken über den Kirchhof und Ruhestätte der Verstorbenen:*

Die zarten Wangen schrumpfen ein,
Kinnbacken, Zung und Zähne blecken,
Der Lefzen ihr Korallenschein
Ist ganz verstellt mit schwarzen Flecken ...

Der Därme Wust reißt durch die Haut,
So von den Maden ganz durchbissen;
Ich schau die Därme, ach mir graut!
In Eiter, Blut und Wasser fließen.
Das Fleisch, das nicht die Zeit verletzt
Wird unter schlangenblauem Schimmel
Von unersättlichem Gewimmel
Vielfalter Würmer abgefretzt.

Eine grauenhafte Schilderung der Höllenqualen gibt uns ANGELUS SILESIUS (eig. Johann Scheffler, 1624—77, s. S. 73) in der *Sinnlichen Beschreibung der vier letzten Dinge* zum „heilsamen Schrecken und Aufmunterung aller Menschen". Die Visionen von dem, was die Verdammten erwartet, erinnert an Hieronymus Bosch und an Michelangelos Verdammte im „Jüngsten Gericht":

... Kohlpechschwarz ist ihr Angesicht
voll Blasen, voller Grinde,
Der Leib so hart und runzelicht
Als Bast und eichne Rinde ...

Dem hängt die Nase bis ins Maul,
Der hat durchfressene Backen,
dem dritten sind die Lippen faul,
Dem vierten schwürt der Nacken ...

Und er schließt:

Kurz ist die Lust, kurz ist die Pein,
Vergänglich diese Freuden.
Lang ist die Pein und Ewigkeit
Beständig währt ihr Leiden.

O Ewigkeit, O Ewigkeit
O ewig sein verloren!
O Last, O Unerträglichkeit
O besser nie geboren!

Christenmensch. Die krassen Schilderungen der Jenseitsvisionen sind nicht die einzige Art, die kommenden Dinge zu sehen. Die Schicksalsangst konnte auch durch Gottvertrauen überwunden werden. Im protestantischen Kirchenlied finden wir diese Glaubenszuversicht, die keinen Augenblick die Gebrechlichkeit, Hinfälligkeit der Welt vergißt, ohne jedoch den Tod zu fürchten. So singt PAUL GERHARD (1607—76), der größte protestantische Kirchenlieddichter des 17. Jhs.:

Hoff, o du arme Seele,
Hoff und sei unverzagt!
Gott wird dich aus der Höhle
Da dich der Kummer plagt
Mit großen Gnaden rücken;
Erwarte nur die Zeit,
So wirst du schon erblicken
Die Sonn der schönsten Freud.

Daphnis. Das Gegenteil der Friedhofsgedanken ist die Schäferdichtung. In ihr versucht man, von einem sorgenfreien Hirtenleben fern religiöser Schwermut zu träumen, im Einklang mit sich selbst und der Natur heiter und gelöst zu sein. Ansätze zu einem eigentlichen Natur- und Landschaftsgefühl finden sich in diesen verspielten Gedichten, wie in dem von PAUL FLEMING:

Laßt uns tanzen, laßt uns springen,
Denn die wollustvolle Herde
Tanzt zum Klange der Schalmeien!
Hirt und Herde muß sich freuen,
Wenn im Tanz auf grüner Erde
Böck und Lämmer lieblich ringen ...

Laßt uns tanzen, laßt uns springen,
Denn die Welle, so die Winde
Lieblich in einander schlingen,
Die verwirren sich geschwinde!
Wenn die buhlerische Luft
Sie verschläget an die Kluft,
Tanzt der Fluten Fuß zu Sprunge,
Wie der Nymphen glatte Zunge.

Labyrinth. Doch unter dem schönen Schein waren noch die Erschütterungen der menschlichen Existenz, die zwei Jahrhunderte erfahren hatten, gegenwärtig. Freude am Dunklen, Zweideutigen, Rätselhaften und Gegensätzlichen war in der Kunst lebendig. Die manieristischen Dichter stifteten in einer geistig chaotischen Welt eine neue selbstgesetzte Ordnung unter den labyrinthischen Dingen, die ihnen so schillernd, beziehungslos und wandelbar erschienen. Die Metapher wurde in ihren Gedichten zur „Königin der Wortfiguren". In ihr konnten sie durch eine virtuose Kombinatorik die verschiedensten Dinge zu verblüffenden und schockierenden Wirkungen zusammenzwingen („Der Schultern warmer Schnee" Hofmannswaldau; die Zeit ist ein „kugelrundes Haus" Harsdörffer; Gott ein „Zirkel ohne Maß" Lohenstein). Sie verwendeten besonders gern concetti, lyrische Sinnfiguren, in denen Begriff und Bild aufs engste verschmolzen sind (Fleming: „O Erbe durch sich selbst der steten Ewigkeiten, O ewiglicher Schatz und auch Verlust der Welt" über Opitz) und die als „magische Formeln der Schönheit" galten.

Der Manierismus als gesamteuropäische Erscheinung fällt in die Zeit von 1520—1620. In Deutschland wird er verspätet von der zweiten Generation der Barocklyriker aufgenommen: von GEORG PHILIPP HARSDÖRFFER (1607—58); er liebte vor allem die Klangmalerei

Urban Wyss, Labyrinth.
Kalligraphie, 1662
(Vgl. S. 400, 403)

(„weltwitterndes Wetter“, „blitzspeiende Keile“, „keilrollende Lüfte“); von Hofmannswaldau (1617—79), dem „großen Pan“, der von Marinos Metaphorik stark beeinflußt ist, und Daniel Casper von Lohenstein (1635—83). Ohne die dunklen Metaphern, seltenen Vergleiche, concetti, Worträtsel, Buchstabenspiele der manieristischen Dichtung wäre die Lyrik des Barock unvollständig.

Wie irrt ihr Sterblichen, die ihr den Irrbau seht
Für einen Irrgang an, der euch nur soll verführen.
Ein gleicher Fußpfad scheint dem Blinden auch verdreht,
Ein Weiser aber kann die Spur hier nicht verlieren.

Wenn euer Vorwitz sucht in Sternen Glück und Leid,
Muß euch die Sonne selbst ein schädlich Irrlicht werden,
Und euer Wahnwitz geht den Pfad der Eitelkeit,
Wenn ihr hier's Paradies, den Himmel sucht auf Erden.
(Lohenstein *Aufschrift eines Labyrinths*)

Literatur:
Rudolf Haller *Geschichte der deutschen Lyrik vom Ausgang des Mittelalters bis zu Goethes Tod.* Dalp 101
Hans Pyritz *Paul Flemings Liebeslyrik.* Göttingen, Palaestra 234, ²1963
Gustav René Hocke *Manierismus in der Literatur.* rde 82/83
Günther Müller *Geschichte des deutschen Liedes vom Zeitalter des Barock bis zur Gegenwart.* Göttingen ³1963
Karl Viëtor *Geschichte der deutschen Ode.* München ²1961
Deutsche Barocklyrik. Gedichtinterpretationen von Spee bis Haller. Hg. von Martin Bircher. Bern 1973
Stile und Strukturen in: *Barockforschung,* hg. v. Richard Alewyn

5. Die Mystik im Barock

Die religiöse Landschaft. Die altdeutsche Mystik war das Ergebnis tiefer religiöser Erschütterungen und des Zweifels an der alleinigen Wirksamkeit kirchlicher Institutionen und Sakramente. Der Rückzug in die mystische Gotteserfahrung führte zu neuen spekulativen Einsichten und dichterischen Schöpfungen (s. S. 46 f.). Durch den vulkanischen Ausbruch religiöser Leidenschaften in der Reformation steigerten sich Weltangst und Gottessehnsucht aufs neue. Schwärmer und Spiritualisten lehnten jegliche kirchliche Einordnung ab, suchten auf eigene Faust den Weg zu Gott, verwarfen die philologische Bibelauslegung wie Sebastian Franck (1499—1542) und Caspar von Schwenckfeld (1489—1561), glaubten an das unfaßlich-lebendige Walten des göttlichen Geistes im Menschen oder versuchten wie THOMAS MÜNZER (1490—1525) durch sozialrevolutionäre Forderungen urchristliche Ideale in die Tat umzusetzen. Die Entstehung der Konfessionen führte zu dogmatischer Verhärtung, unfruchtbarer Polemik, intoleranter Orthodoxie, so daß ein ständig gärender religiöser Untergrund einen günstigen Nährboden für die Mystik bereitete. Sekten, Schwarmgeister, alchimistische Bruderschaften sind im 16. und 17. Jh. der sichtbare Ausdruck für viele, kirchlich-konfessionell nicht gebundene seelische Kräfte.

Spanien erlebte damals eine Hochblüte der Mystik. Neben der grausamen Inquisition, der staatlich-kirchlichen Verfolgungsbehörde, erwuchs die tiefe Mystik der THERESA VON AVILA (1515—82), die als Klassikerin ihrer Muttersprache gilt. Sie gründete die unio mystica auf den Willen, der mit Hilfe der Gebetsstufen der Betrachtung, Erbauung, Sammlung und Vereinigung das verzückte Einswerden zu erreichen sucht. IGNATIUS VON LOYOLAS *Exercitia spiritualia* zeigen den Weg zur völligen Affektbeherrschung und Selbstaufgabe in dem Willen Christi. Die spanische Mystik gewann durch den Jesuitenorden in Europa rasch wachsenden Einfluß.

Im konfessionell zersplitterten Deutschland wurden naturmystische Vorstellungen innerhalb des mystischen Bereichs wirksam. Der Arzt PARACELSUS (1493—1541) bezog die Natur mit in die religiöse Sehweise ein. Nach ihm ist der Mensch ein Spiegel der in der Natur waltenden Kräfte. Der Makrokosmos ist im Mikrokosmos erkennbar, das Göttliche in der Magie der Natur enthalten. Seine Naturmystik wurde dem Barock durch VALENTIN WEIGEL (1533—88) vermittelt.

Die Barockmystik beschränkte sich nicht auf eine Konfession. Nicht allein Geistliche wie PHILIPP JAKOB SPENER (1635—1705) und JAKOB BALDE (1604—68), sondern auch Ärzte, Gelehrte, Handwerker waren als Spiritualisten für die Mystik empfänglich. Sie kannten Taulers und Eckharts Schriften und bewegten sich auf einem hohen geistigen Niveau. Intuition und Reflexion sind für die Barockmystik charakteristisch.

Jakob Böhme, Anonymes Gemälde

Wie fruchtbar die Naturmystik des Paracelsus war, verrät das Werk von Jakob Böhme. Der Görlitzer Schuster wurde noch von Hegel und Schopenhauer bewundert.

Als armer Bauernjunge in Altseidenberg/Lausitz 1575 geboren, wanderte er als Schustergeselle von 1595—1599 durch Deutschland, las Paracelsus' Schriften, alchimistische und pansophische Werke. In Görlitz erwarb er sich dann Meister- und Bürgerrecht. Seine ihm durch Intuition und Spekulation zufließenden Gedanken schrieb er in dem Werk *Aurora oder Morgenröthe im Aufgang* (1612) nieder. Dieses Buch führte zu Verfolgung und Schreibverbot durch die Orthodoxie. Nach 1618 durchbrach er das Verbot und verfaßte *Die drei Prinzipien göttlichen Wesens* und das *Mysterium magnum.* Wiederum verfolgt, floh er nach Dresden, kehrte aber nach Görlitz zurück, wo er 1624 starb.

Lange rang er mit naturmagischen Anschauungen, den Gedanken der hebräischen Kabbala und der Rosenkreutzer, bis sich dem eigenwilligen, spekulativen Denker in einer Erleuchtung die Grundvorstellungen klärten. In anschaulicher, von intuitivem Sprachgeist geprägter Sprache legte er seine Grundgedanken nieder.

Sein Grundthema ist das Verhältnis Gottes zur Welt. Gott ist reiner, unendlicher Drang, reiner Wille, der sich stets neu offenbaren, gebären will. Aus dem Willen Gottes zum Sein geht auch die Natur, geht der Mensch hervor. Das gesamte Universum ist eine Offenbarung Gottes. Diese Selbstverwirklichung erfolgt durch Entfaltung des Gegensatzes. „Der Leser soll wissen, daß in Ja und Nein alle Dinge bestehen, es sei göttlich, teuflisch, irdisch oder was genannt werden mag." Das gesamte Sein besteht aus dem Gegensatz. Wie das Licht nur durch die Finsternis, so kann auch Gottes Güte nur an seinem Zorn offenbar werden. Das Böse ist ein selbständiger Gegensatz im Willen Gottes und wird nur durch Christus aufgehoben. Der Mensch als Gottes Ebenbild vermag durch Versenkung in seine Innenwelt das Geheimnis des Absoluten zu erfahren.

Natursprache. Böhme forderte eine Erneuerung der „adamitischen Ursprache" (lingua adamica). In dieser Natursprache, der Sprache Adams vor dem Sündenfall, spiegelt die Sprache genau das Wesen der Dinge wieder. Ihre Elemente, Buchstaben, Silben, Worte usw. sind bedeutungsgeladene „Behälter des Geistes", der Vokal z. B. ist eine „Stufe und Haltung in der ewigen Selbstgeburt Gottes". Aus dem Innern des Worts erwächst das Verständnis der Ursprache. Aus dieser „Theologie der Sprache" sind z. T. die etymologischen Interessen des Barock, Buchstabenspiele, Worträtsel, Silbentausch und Namensverschleierung erklärbar (s. Novalis S. 182).

Böhmes Einfluß war gewaltig trotz seiner dunklen, rätselhaften Sprache. Schellings und Baaders religiöse Philosophie wie Schopenhauers Willensmetaphysik sind von ihm inspiriert. Die praktisch-religiöse Wirkung erstreckte sich vor allem auf Pietisten, holländische und englische Sekten. Schon 1662 war sein Gesamtwerk in einer englischen Übersetzung greifbar. Er fand begeisterte Anhänger bei den Quäkern, die sich „behmists" nannten. Noch der englische Romantiker William Blake lernte von Böhme.

Johannes Scheffler, der sich nach seiner Konversion auch Angelus Silesius (Schlesischer Engel) nannte, war einer der dichterisch fruchtbarsten Barockmystiker.

1624 wurde er als Sohn eines lutherischen Edelmanns aus Polen in Breslau geboren. Mit 15 Jahren verwaist, doch vermögend, studierte er Medizin und Philosophie in Straßburg, Leyden und Padua. Im Alter von 25 Jahren wurde er Leibarzt des Herzogs von Oels, geriet dann in Berührung mit Böhmeanhängern, von denen Franckenberg ihn in der neuen Mystik unterwies. Die Auseinandersetzung mit den theosophisch-mystischen Ideen führte zu seiner Konversion (1653). Scheffler wurde militanter Eiferer, Hofmarschall des Breslauer Bischofs, am Ende noch intoleranter Glaubenspolemiker. 1677 starb er an der Schwindsucht.

Während seines Studiums in Holland, dem alten Mutterland mystischer Strömungen (Ruysbroek, devotio moderna), vertiefte er sich in die in Amsterdam gedruckten Schriften Böhmes. So vorbereitet, fand er nach seiner Rückkehr in Schlesien Zugang zu theosophisch-mystischen Zirkeln. Gleich den altdeutschen Mystikern, deren Werke er kannte, strebte er danach, die irdischen Fesseln von Raum und Zeit zu sprengen, sich aus weltlichen Verstrickungen zu lösen und eine unio mystica zu erreichen. „Wenn nun der Mensch zu solcher vollkommner Gleichheit Gottes gelangt ist, daß er ein Geist mit Gott und eins in ihm worden, und in Christo gänzlich Kind- und Sohnschaft erreicht hat, so ist er so groß, so reich, so weise und mächtig als Gott, und Gott tut nichts ohne einen solchen Menschen, denn er ist eins mit ihm."

Epigramme. Wie manche Romantiker (Novalis, Schlegel) in Fragmenten und aphoristischen Pointen ihre Gedanken aufblitzen ließen, so faßte auch dieser „gedankenscharfe Ekstatiker" (Viëtor) die paradoxe Wahrheit seiner mystischen Erfahrungen in kurze, geballte, epigrammatische Sinnsprüche. In zwei durch Reime gebundenen Alexandrinern wird auf knappstem Raum starke Bildkraft und tiefe Gedanklichkeit versammelt. „Die kleine Gedankenarabeske muß Hieroglyphe eines Mysteriums werden" (Viëtor).

Ich weiß nicht, was ich bin: ich bin nicht, was ich weiß:
Ein Ding und nit ein Ding, ein Stüpfchen und ein Kreis.

Hier fließ ich noch in Gott, als eine Bach der Zeit:
dort bin ich selbst das Meer der ewgen Seligkeit.

Im *Cherubinischen Wandersmann* (1675) umkreiste er in immer neuen Bildern, Gleichnissen und Paradoxien das eigentlich unaussprechbare mystische Geheimnis.

Heilige Seelen-Lust oder geistliche Hirtenlieder der in ihren Jesum verliebten Psyche (1657) hieß eine Sammlung von Liedern schwärmerischer Jesus-Minne, die Schefflers manieristische Sprachhaltung zeigen. Neben Liedern mit stark erotischer Metaphorik, dunklen concettis, finden sich auch Lieder von inbrünstiger Leidenschaft, die heute noch gesungen werden: *Ich will dich lieben meine Stärke, Mir nach spricht Christus unser Held.* Der moderne Gefühlston erklärt ihre starke Wirkung auf die Pietisten. Noch in Novalis' *Geistlichen Liedern* ist ihr Einfluß spürbar.

Die Wirkung der Barockmystik. Die Mystik im Barock war die letzte Stufe einer von spekulativer Frömmigkeit und zugleich hoher Geistigkeit getragenen Bewegung. Im folgenden Jahrhundert wurden die religiösen Impulse säkularisiert. Religiöse Ekstase und Inbrunst wandelten sich zur persönlichen Innerlichkeit, zergliedernden Selbstbeobachtung oder wirkten religiös-praktisch in einem werktätigen Pietismus weiter (s. S. 108).

LITERATUR:

Friedrich Wilhelm Wentzlaff-Eggebert *Deutsche Mystik zwischen Mittelalter und Neuzeit.* Berlin ³1969
Gerhard Wehr *Thomas Münzer.* rm 188
Paul Hankamer *Jakob Böhme. Gestalt und Gestaltung.* Hildesheim ²1960
Gerhard Wehr *Jakob Böhme.* rm 179

Englische Komödianten auf der Bühne des Red Bull Playhouse in London, Stich von 1672 (s. S. 44)

6. Das Barockdrama

Das 17. Jh. war in Europa **die große Epoche des Dramas.** Tragödien der Weltliteratur entstanden, wie sie seit Sophokles und Euripides nicht mehr geschrieben worden waren. SHAKESPEARE (1564—1616) wirkte noch zu Beginn des Säkulums im elisabethanischen London, CALDERÓN (1600—81) lebte am Hofe Philipps IV., CORNEILLE (1606—84), RACINE (1639—99) und MOLIÈRE (1622—73) erfreuten sich der Gunst der Pariser Gesellschaft und des Hofs des Sonnenkönigs. Das Schaffen dieser Dramatiker begleitete den nationalen Aufstieg ihrer Länder, ihre Werke waren der höchste Ausdruck nationaler Kultur. Als Kristallisationszentren galten die großen Höfe und die Hauptstädte, in denen eine kultivierte, anspruchsvolle, literarisch gebildete Gesellschaft lebte, die feinen Geschmack besaß und als Mäzen den Dichtern Belohnung und Aufstiegschancen bot. In Deutschland fehlte eine Hauptstadt, die Mittelpunkt des geistig-literarischen Lebens hätte sein können. Das habsburgische Wien war ausschließlich kirchlich orientiert. Seine kulturellen Leistungen äußerten sich in Musik und Theater, den typischen Ausdrucksmitteln eines sprachlich nicht einheitlichen Staates.

Das Theater. Nie wurde mit größerer Leidenschaft Theater gespielt als in der Barockzeit. Jetzt entstanden in München, Hamburg, Kassel, Wien Theaterbauten und Opernhäuser. Die Gesellschaft ergötzte sich oft tagelang an den Opern- und Festspielaufführungen auf den neuerfundenen Illusionsbühnen. Die Bühne, vom Freien in den geschlossenen Raum verlegt, Guckkasten der Illusion, technisch raffiniert ausgestattet, mit Kulissen, Maschinen, Fontänen versehen, wurde zum Festort für arm und reich. Sie verwandelte Sein in Schein, Schein in Sein, zeigte ständig den Übergang zweier Welten. Das war nur möglich, weil die

Welt nicht mehr als in sich ruhend gesehen wurde, sondern weil sie phantomhaft und leer erschien. So ist das Theater die beste Selbstoffenbarung barocker Lebensauffassung: Die Welt ist sinnlich, aber nicht wirklich; die Bühne zeigt: alles verwandelt sich in Theater, alles ist Stoff für die Weltbühne. Die tiefe Kluft zwischen Sein und Schein, Diesseits und Jenseits wurde offenbar. Hinter Prunk, Pomp und Bühnenzauber nistete der dunkle pessimistische Untergrund der Weltangst und Weltmüdigkeit.

a) Das Jesuitendrama

Der neue Orden des spanischen Edelmanns IGNATIUS VON LOYOLA wurde in kürzester Zeit zur ersten geistigen Führungsmacht der triumphierenden katholischen Kirche. Durch militärische Organisation, Weltoffenheit, geschickte Taktik und Fanatismus sicherte er sich rasch die wichtigsten Positionen im geistigen und politischen Leben der katholischen Länder. Innerlich geschlossen, nur auf wenige Aufgaben konzentriert, suchte er mit allen Mitteln, die Abgefallenen wieder zurückzuführen, die Jugend im tridentinischen Geist zu erziehen, die Fürsten durch psychologisch-seelsorgerische Lenkung für die Kirchenpolitik zu gewinnen. Katheder, Kanzel und Beichtstuhl waren seine einflußreichsten Wirkungsstätten und boten viele Möglichkeiten, an alle Volkskreise heranzukommen.

Das Theater eignete sich besonders gut für die Bekehrungsziele des Ordens. Mit eindrucksstarken, prunkvollen Inszenierungen befriedigte es die Schaulust breitester Massen sowie den Spieltrieb der Schüler und predigte so auf der Bühne eindringlich das asketische Memento mori! An den Höfen zu Wien, München, Köln, in den Aulen der von ihm geleiteten Gymnasien wurden die Kaiser- und Märtyrerdramen aufgeführt. Nicht individuelle, psychologisch differenzierte Figuren treten in den zumeist lateinisch geschriebenen Werken auf, sondern Marionetten, die von allegorischen Gestalten umstellt, Objekte des Kampfes der Tugenden und Laster sind. Durch sinnlichen Zauber sollten die empfänglichen Gemüter entzückt, berauscht, überwältigt, der Zuschauer von der Schein- und Maskenhaftigkeit des Lebens überzeugt, sein Auge fürs Jenseits geöffnet werden. Die ästhetischen Mittel, geschliffene lateinische Rhetorik, Mimik, Musik, Bühnenbild, kurz die gesamte raffinierte Inszenierungstechnik diente der indirekten Propagierung religiöser Ideen.

Vertreter des Jesuitendramas waren JAKOB GRETSER (1562—1625) und der Schwabe JAKOB BIDERMANN (1578—1639), dessen Spiel vom Doktor von Paris, auch ins Deutsche übersetzt, den Höhepunkt gegenreformatorischen Jesuitenschauspiels darstellt:

Cenodoxus (1602) behandelt die Geschichte eines hochgeachteten Gelehrten, der im Geruch der Heiligkeit steht, hinter dessen Wohlanständigkeit sich jedoch nur ein scheinheiliger Heuchler verbirgt. Bidermann kennt den doppelbödigen Lebensstil seiner Zeit. Hinter der Maske der Heiligkeit steckt das für den Orden als Grundlaster betrachtete Übel: die autonome Haltung des stolzen, nichtklerikalen Intellektuellen, der sich wie Cenodoxus noch auf dem Sterbebett mit stoischer Gelassenheit allem Bekehrungseifer widersetzt, dafür verdammt wird und zur Hölle fährt, weil es ihm an Demut fehlt.

Der eigentliche Gegner ist die durch die stoische Ethik geprägte Einstellung, mit deren Hilfe ein Teil der Elite sich einer religiösen Ein- und Unterordnung widersetzt.

Der Typ des unabhängigen, autonomen, ruhmsüchtigen Gelehrten ist eine Erscheinung dieser Übergangszeit. Das Faustbuch war unlängst verfaßt worden, MARLOWE hatte seinen *Dr. Faustus* geschrieben. Noch ist es die persönliche Haltung, die zur Hybris führt, noch nicht der Erkenntnisdrang um seiner selbst willen, der erst im kommenden Jahrhundert aktuell wird (vgl. Goethes *Faust!* S. 144 ff.).

Das Jesuitendrama, in seinem Inszenierungsstil stark von Oper und Festspiel abhängig, wurde Vorbild für das Kunstdrama, das barocke Trauerspiel des bürgerlich-protestantischen Deutschland.

b) Das barocke Trauerspiel

Der Stoff. Alle Barockpoetiken verlangten als Gegenstand des Trauerspiels die höfische Welt. Die bürgerliche und bäuerliche Wirklichkeit war dramenunfähig, weil in ihr das tragische Schicksal nicht dargestellt werden konnte. „Wer Tragödien schreiben will, muß in Historien oder Geschichtbüchern trefflich sein beschlagen ... die Regierkunst muß er so fertig als seine Muttersprache verstehen“ (Rist). Denn nur der Souverän versteht das Spiel der Macht, er hält die Fäden des Geschicks in Händen. An seiner Größe und an seinem Fall läßt sich die Tragik des ausgezeichneten Menschen am besten zeigen. („Was ist ein printz doch mehr als ein gekrönter knecht." Gryphius)

Mit Vorliebe benutzten Dramatiker Stoffe aus der römischen Geschichte *(Cleopatra, Agrippina, Epicharis, Papinian)*, der byzantinischen *(Leo Armenius)*, der osmanischen *(Ibrahim Sultan, Ibrahim Bassa)*, aber auch der Zeitgeschichte *(Carolus Stuardus, Catharina von Georgien)*, weil sich an den Despotien der ungeheure Machtmißbrauch, die Standhaftigkeit der Tugend am eindringlichsten zeigen ließ. Nicht der einmalige, vielschichtige historische Augenblick interessierte, sondern das Beispielhafte, Immergültige: Geschichtliche Vorgänge wurden emblematisiert, entwirklicht, erstarrten zum sprechenden Bild, wurden zum Exemplum menschlicher Verhältnisse, gewannen Demonstrationscharakter: „Das Trauerspiel soll gleichsam ein gerechter Richter seyn, welches in dem Inhalt die Tugend belohnet, und die Laster bestrafft" (Harsdörffer).

Personae dramatis. In den Trauerspielen ist der Tyrann vielfach der Vertreter der Vanitas, der irdischen Nichtigkeit. Der Unterlegene, Schwächere spielt dagegen als Märtyrer die Hauptrolle. Er wird zum Prototyp des Barockmenschen, der sich trotzig gegen Verschwörungen und Anschläge bis zum Tode behauptet, durch seine tugendhafte Beständigkeit sein Ich rettet, gleichsam ein säkularisierter Märtyrer ist, der nicht mehr auf kirchliche Ehren wartet. So wird er zum „großmütigen" Helden, der in jeder Lage sich seines Handelns sicher ist. Die Lösung wird nicht mehr ins Jenseits verlegt, sondern in die Tugendhaltung selbst.

Konflikt und Intrige. Das barocke Trauerspiel kennt nur den Kampf moralischer Kräfte. Der innere Zwiespalt der Figuren und seine psychologische Motivierung waren ihm fremd. Alle Konflikte kommen von außen. Durch gesteigertes Leid, Verlust hoher Stellungen, durch Martern, Greuel und körperliche Qualen kann die Unerschütterlichkeit des souveränen Geistes eindringlich und wirkungsvoll vorgespielt werden. Die Haltung des Helden wird zum Höhepunkt des ganzen Schauspiels. Den Gang der Handlung hält die Intrige in Bewegung. Sie schafft Spannungen und Bewährungssituationen.

Handlung und Sprache. Die Dramen bestehen aus Abhandlungen, szenischen Vergegenwärtigungen der Handlung, und den Reyen, den Chorliedern, Intermezzi, die ähnlich den Songs und Zwischenspielen des epischen Theaters, das Geschehen von einem übergeordneten Standpunkt deuten. Dem Doppeltitel des Trauerspiels entspricht die inscriptio des Emblems. Die Darstellung der Handlung gleicht der pictura, die Reyen sind analog der Auslegung der subscriptio, so daß man mit Recht behauptet, das barocke Trauerspiel folge dem emblematischen Formprinzip. So wenig sich das Emblem in einem selbstgenügsamen Bild erschöpft, sondern der sinnaufschließenden subscriptio bedarf, so sehr verlangt die szenisch dargebotene Abhandlung die deutende Ergänzung durch die Reyen. Nicht Taten treiben das Geschehen vorwärts. Die Grundkräfte der Geschichte enthüllen sich im Gespräch. Erschütterung wird mit Pathos, diesem „königlichen Naturlaut des Trauerspiels" (Walter Benjamin), bewältigt. Die Sprache vermeidet die eigentliche, direkte Aussprache, sie scheut vor dem unmittelbaren Ausdruck. Sie ist rhetorisch, reflektierend. Das Eigenleben der Handlung tritt daher zurück. „Es ist der das Ereignis betreffende Dialog, der sich auf der Bühne vollzieht" (Heckmann).

Und dieses Zwiegespräch wird mit allen rhetorischen Kunstmitteln geführt: in dramatisch erregenden Szenen erfolgt die Auseinandersetzung in Rede und Gegenrede, stichomythisch knapp gefaßt. „Die Lehr- und Dancksprüche sind gleichsam des Trauerspiels Grundseulen" (Harsdörffer). Emblematische Metaphern und Argumente tragen gleich Pfeilern die szenischen Bilder: gegen die labyrinthische, chaotisch-widersprüchliche, vielgesichtige Wirklichkeit setzt die lakonische Sentenz die klare Einsicht in eine höhere Wahrheit (vgl. Hochstilisierte manieristische Sprache S. 80).

Doppeltitel. Barocke Trauerspiele tragen wie früher manche Volksstücke oder Humanistendramen häufig eine zweigliedrige Überschrift. Der Doppeltitel nennt knapp das Problem und gleicht darin dem Motto (inscriptio) des Emblems. Eine Hauptfigur soll als Exemplum das genannte Verhalten demonstrieren: *Catharina von Georgien oder* (= als Beispiel für) *bewährte Beständigkeit.*

c) Andreas Gryphius – „Ich wil die saiten rühren, und augen-klar die Angst der herben Welt ausführen"

Andreas Gryphius (= Greif) wurde im Todesjahr Shakespeares 1616 als Sohn eines evangelischen Pfarrers im schlesischen Glogau geboren. Schon mit fünf Jahren verlor er seinen Vater, als er zwölf war, starb seine Mutter. Kriegsgreuel und Krankheit verdüsterten seine Jugend. Nach dem Besuch des Gymnasiums in Görlitz verdiente er sich seinen Unterhalt als Hauslehrer beim Grafen von Schönborn in Fraustadt. 1638 ging er nach Leyden, wo er fünf Jahre lang alte Sprachen, Astronomie, Philosophie und Geschichte studierte und Vorlesungen an der Universität hielt. Er durchreiste längere Zeit Europa, hielt sich in Den Haag, Paris und Rom auf.

Als standhafter Lutheraner lehnte er Berufungen an die Universitäten Uppsala (Schweden) und Heidelberg ab und lebte seit 1650 als Syndikus der Stände des Fürstentums Glogau in seiner Heimatstadt. 1662 wurde er als „Der Unsterbliche" in die „Fruchtbringende Gesellschaft" aufgenommen. 1664 starb er an einem Schlaganfall.

Gryphius war universal gebildet, beherrschte elf Sprachen und war mit den geistigen Strömungen seines Jahrhunderts wohlvertraut. Der in Holland verbreitete Neustoizismus fesselte seinen grübelnden Geist. Die Ataraxia, die Unerschütterlichkeit des geistig gefestigten Menschen, und eine gläubige Zuversicht halfen dem ernsten Lutheraner, die vielen persönlichen Schicksalsschläge zu überwinden. In seiner Dichtung zeigt er die Sterblichkeit als das Gesetz des Daseins, Krankheit und Tod stehen als Sinnbilder menschlicher Existenz.

Drama. Auf seinen Reisen war er mit dem europäischen Kunstdrama bekannt geworden: in Holland mit Vondel und Hooft, in Paris mit Corneilles Werken, in Rom mit dem Jesuitendrama, von dem er Aufbau und Technik lernte. Märtyrergestalten, die sich gegen die Hammerschläge des unerbittlichen Schicksals auf die Beständigkeit zurückziehen, beherrschen seine Trauerspiele. Im Vorwort zu seinen Tragödien schreibt er: „Indem unser ganzes Vaterland sich nunmehr in seine eigene Asche verscharret und in einen Schauplatz der Eitelkeit verwandelt, bin ich geflissen, dir die Vergänglichkeit menschlicher Sachen in gegenwärtigen und etlich folgenden Trauerspielen vorzustellen. Nicht zwar, weil ich nicht etwas anderes und dir vielleicht Angenehmeres unter Händen habe, sondern weil mir noch dieses Mal etwas anderes vorzubringen sowenig geliebet als erlaubet." In den Staatsaktionen seiner Dramen ist meistens der Herrscher der Unterlegene; der Entsagende, sich Überwindende siegt durch seine Standhaftigkeit über die Leidenschaften.

Andreas Gryphius, Kupferstich von Kilian

Die erste reine Schicksalstragödie unserer Literatur ist das Trauerspiel

Leo Armenius oder Fürstenmord (1646). Der byzantinische Kaiser Leo Armenius war mit Hilfe seines obersten Feldhauptmanns Balbus auf den Thron gelangt. Dieser verschwört sich gegen den Kaiser, wird verraten und in den Kerker geworfen. Es gelingt ihm, seine Mitverschworenen zu überreden und den Kaiser am Weihnachtstag zu ermorden. Die absolute Hinfälligkeit und Schicksalsverfallenheit, das barocke Vergänglichkeitsmotiv wird zu einem tragischen Ausgang vertieft (Man denke an Wallensteins Ende).

Catharina von Georgien oder bewährte Beständigkeit (1647) nahm ein zeitgeschichtliches Ereignis zum Vorwurf: Die Ermordung der Katharina von Georgien-Gurgistan

Szenenbild aus Gryphius'
Catharina von Georgien,
Kupferstich 1655

durch Schah Abbas von Persien 1624. In diesem Trauerspiel wird die Fürstin, die sich an den persischen Hof begibt, um ihren Sohn zu retten, vom Schah als Frau begehrt. Da sie als Christin sich weigert, erleidet sie den Märtyrertod. Ganz stark kommt die innere Freiheit der Person zum Durchbruch. („Ein Gott verlobter Geist verleurt nichts, wenn die Welt gleich über Haufen fällt! Er hat sein Reich in sich.") Hinter dem kaukasischen Vorfall sieht der Dichter die ohnmächtige Situation Deutschlands, die Fürstin erscheint als Vertreterin der Wehrlosen, die dem Schicksal der Mächtigen ausgeliefert, nur durch Treue dem eigenen Wesen gegenüber bestehen können.

In dem Trauerspiel *Ermordete Majestät oder Carolus Stuardus König von Großbritannien* (1649) zeigt Gryphius den legalen Herrscher Karl I. nicht als Tyrannen, sondern als Opfer der verbrecherischen Revolution. Der Stuartkönig stirbt als Märtyrer für die Idee der Monarchie. Durch seine Hinrichtung opfert er sich für sein Volk. Die visionär geschaute Thronbesteigung seines Sohnes (in der 2. Fassung von 1660) beweist die Gültigkeit und Wahrheit seiner Überzeugung. Deutlich hat Gryphius den König auf Christus hin stilisiert.

Großmütiger Rechtsgelehrter oder sterbender Ämilius Paulus Papinianus (1659). Kaiser Bassianus erdrosselt seinen Bruder und Mitregenten Geta vor den Augen seiner Mutter. Er möchte von seinem obersten Reichshofmeister Papinian eine juristische Rechtfertigung seiner Tat. Der vom ganzen Volke verehrte Mann weist dieses Ansinnen zurück und muß seine Aufrichtigkeit mit dem eigenen und dem Tode seines Sohnes bezahlen. Es ist eine scharfe Kritik an der Praxis des Absolutismus, der Neid, Hinterhältigkeit und Willfährigkeit züchtet, den Mannesmut vor Fürstenthronen aber haßt. Gryphius verherrlicht den unbeugsamen Rechtssinn des in sich ruhenden Charakters, darin schon ein Vorläufer Schillers.

Cardenio und Celinde oder unglücklich Verliebte (1649) spielt entgegen den Poetikforderungen der Zeit in bürgerlichen Kreisen und zeigt irdische Eitelkeit an der Liebesgeschichte des Studenten Cardenio, der durch Intrigen Olympia an Lysander verliert, in Liebe zu Celinde entbrennt, aber nach der Ermordung von deren Liebhaber, von seiner Leidenschaft geheilt, Olympia sich wieder zuwendet. Er begegnet im Lustgarten einem Totengerippe, das sich als Olympia entpuppt. Reue und Einkehr sind die Folgen seiner erschütternden Erlebnisse. Es ist das erste bürgerliche Trauerspiel vor Lessing.

Komödie. Gryphius wandte sich von den düsteren Tragödien dem humorvollen Lustspiel zu, das in jener heiterkeitsfremden Zeit so selten war. Witz, komische Gestalten, exzentrische Naturen mußten auf seine schwermütige Grundstimmung befreiend wirken. Streng hielt er sich an die Weisung von Opitz: „Die Comedie bestehet in schlechtem Wesen und Personen: redet von Spielen, Betrug und Schalkheit der Knechte, ruhmrätigen Landsknechten . . . und solchen Sachen, die täglich unter gemeinen Leuten vorlaufen."

Horribilicribrifax (1633) heißt ein Scherzspiel, in dem er die beiden schwadronierenden Hauptleute Horribilicribrifax und Daradiridatumtarides auftreten läßt, die sich reich verheiraten wollen. Hinter den großsprecherischen Soldaten steht das wissende Lachen um die Hohlheit des aufgeblasenen Scheins. Die bramarbasierenden Wortkaskaden der prahlsüchtigen Figuren beleuchten nur satirisch die gezierte Redeweise der höheren Stände.

Absurda Comica oder Herr Peter Squentz (1657). Der Schulmeister von Rumpelskirchen führt mit banausischen Handwerkern die aus Shakespeares *Sommernachtstraum* stammende Rüpelszene von „Piramus und Thisbe" vor dem König und seiner Gesellschaft auf. Der Dichter entlarvt mit seinen theaterspielenden Kleinbürgern, ihrem tölpelhaften Spiel, den Knittelversen und der derben Prosa das hohle Pathos barocker Rhetorik. Das Stück, Theater im Theater, lebt aus dem Kontrast zwischen den schauspielerischen Ambitionen der Handwerker und dem unausgesprochenen Niveau der Zuschauer; es ist ein „heiteres Spiel des Barock mit sich selbst und seinem Gegensatz" (Cysarz).

Lyrik. Gryphius' ernste Frömmigkeit und religiöse Innerlichkeit eignete sich kaum für das unbeschwerte, heitere Lied. Ihm entsprachen viel mehr die gedanklich-feierliche pindarische Ode, Sonett und Epigramm. Sein gedankenreicher Tiefsinn, sein bohrender, problemreicher Geist äußerten sich in einer klangstarken, festlich-würdevollen Sprache, die sich des Bilderreichtums und einer gesteigerten Metaphorik bediente und in einem schreitenden oder fallenden Rhythmus die lyrischen Formen bis an ihre Grenzen zu füllen wußte (s. auch S. 69).

d) Daniel Casper von Lohenstein

Veränderte Perspektiven. Der zweite bedeutende schlesische Dramatiker stand lange im Schatten seines älteren Landsmanns Gryphius. Seit Gottsched und Breitinger warfen ihm Kritiker Schwulst, Freude an der Ausmalung von Greuelszenen, pathetisch gesteigerte Erotik und Mangel an Idealismus vor. Doch sie verkannten seine Eigenart. Lohenstein glaubte nicht mehr an die Macht des Idealismus. In seinen Vorstellungen ist das Dasein nicht unüberwindbarer Schein, sondern harte, diesseitige Wirklichkeit, illusionsloses Staatsgeschäft. Nicht Märtyrergestalten kämpfen gegen Fortuna, sondern starke Willensnaturen behaupten sich oder scheitern im labyrinthischen Dschungel. Geschickt drängte er die Machtkämpfe seiner Helden in sinnträchtigen, exemplarischen Bewährungssituationen zusammen. Der manieristische Lyriker (s. S. 71) ist ein kühler, wissender Weltentlarver, ein Weltmann von gracianischem Geist.

Inmitten des 30jährigen Krieges wurde Daniel Casper von Lohenstein 1635 in der Stadt Nimptsch im lutherischen Fürstentum Briegau als Sohn eines kaiserlichen Beamten geboren. Seine Jugend verlebte er seit 1642 in Breslau, dessen öffentliches Leben lutherische und katholische Geistigkeit und reichsstädtisch-römische Tradition prägten. Die Schulzeit am berühmten Magdalenäum brachte ihn mit dem protestantischen Schulspiel in Berührung, das mit den jesuitischen Dramenaufführungen der katholischen Schulen wetteiferte. Von 1651—55 studierte er in Leipzig und in Tübingen Jurisprudenz. Nach Reisen durch Holland, die Schweiz und Ungarn wurde er Regierungsrat des Fürstentums Oels, später Syndikus der Stadt Breslau. Eine für Breslau erfolgreiche Mission am Wiener Hof brachte ihm 1675 den Titel Kaiserlicher Rat. 1683 erlag er einem Schlaganfall.

Der Palast als Labyrinth. Schauplatz der Haupt- und Staatsaktionen ist der Palast, das Machtzentrum des Absolutismus. In ihm kämpfen die Parteien um Gunst und Einfluß, entscheidet sich das Schicksal von Königen. Vorsichtig bewegen sich die Gestalten durch diesen Dschungel, bereiten ihre Entscheidungen vor: nur raffinierte Verstellung, feine List, höchste Lebensklugheit sichern das Überleben. Starke Willensnaturen — meist Frauen, von Sexus und Machtgier beherrscht — sind die Hauptfiguren. Die Erotik verführt sie zum tragischen Scheitern, weil ihre Faszination dem vom ausgeklügelten Machtkalkül geleiteten Gegner unterliegt. Etwas von der cartesianischen Unterscheidung zwischen Leidenschaft und Geist ist in den Lohensteinschen Figuren erkennbar. Die Intrige herrscht. Vorgetäuschte, vom Geist gezügelte Leidenschaften spinnen die Fäden, vereiteln die Pläne oder treiben sie voran.

Hochstilisierte manieristische Sprache. Die Beredsamkeit dient den Politikern als unentbehrliche Waffe, die eigene Position zu halten, den Gegner zu entmachten. Hier entfaltet sie ihre agitatorische Kraft: Blitzschnelles Reagieren in gefährlichen Augenblicken bedarf der Überredungskunst. Diese rhetorischen Florettgefechte der Dramenfiguren zeigen Lohensteins hohen Sentenzenstil. In langen Monologen oder in stichomythischen Streitgesprächen und aufgeschwellten Dialogen werden die dramatischen Vorgänge sprachlich prismatisch zerlegt. Die antithetischen Alexandriner setzen die geschliffenen metaphernreichen und emblematischen Argumente hart gegeneinander (vgl. Handlung und Sprache S. 76).

Türkische Gegenwelt. Die beiden türkischen Trauerspiele *Ibrahim Bassa* (1653) und *Ibrahim Sultan* (1673) führen ins osmanische Reich. Der asiatische Despotismus mit seinen erotischen Palastintrigen und verworfenen Schönheiten liefert das Bild einer Gegenwelt Europas. Der orientalische Stoff ist für Lohenstein ein Mittel, vor den Gefahren des Mißbrauchs absolutistischer Macht zu warnen.

Taciteische Beispiele. Rom bedeutet für den Spätbarock die politische Welt schlechthin. Aus genauer Kenntnis der Tacitus-Annalen greift Lohenstein politisch ergiebige Vorgänge heraus:

Agrippina (1666), Neros Mutter, bangt um ihre Stellung am Kaiserhof, die ihr Neros Geliebte Sabina Popäa streitig macht. Vergebens versucht sie, ihren Einfluß durch erotische Intrigen zu sichern. Maßloser Ehrgeiz und Angst treiben sie zum Inzest. Doch sie scheitert und stirbt auf Neros Befehl.

Der verbrecherische Mißbrauch der Erotik für ehrgeizige politische Pläne führt nicht zum Ziel.

Epicharis (1666) ist eine politische Idealistin. Die Revolutionärin bekämpft den Usurpator Nero und verbündet sich mit anderen Verschwörern. Procolus, ihr Vertrauter, verrät sie aus enttäuschter Zuneigung. Unter der Folter gestehen alle Verhafteten ihre Pläne, nur die Republikanerin Epicharis verteidigt im Angesicht des Todes ihre Ideale und entzieht sich der Hinrichtung durch den Freitod. Dieses Trauerspiel gestaltet das moderne Thema der Bewährung des politischen Menschen im Kampf gegen Terror und Folter.

Die Macht des Fatums. Lohenstein zeigt an zwei epochalen Ereignissen der römischen Geschichte das Scheitern verzweifelt um ihre Freiheit ringender Herrscherinnen.

Cleopatra (1661), die ägyptische Königin, versucht mit List und Erotik den Thron ihres Reiches gegen Augustus zu behaupten. Ihre erotische Faszination prallt an dem machiavellistischen, amoralischen römischen Kaiser ab. Um einer Reise mit Augustus nach Rom zu entgehen, befreit sich die Herrscherin durch einen Schlangenbiß aus dieser ausweglosen Situation. Cleopatras Tragik ist es, daß sie glaubt, die Geschichte manipulieren und zu ihren Gunsten wenden zu können. Trotzdem scheitert sie an den Täuschungen einer undurchschaubaren Wirklichkeit. Sieg und Niederlage aber bestimmt die höhere Instanz des Fatums. Ein ähnliches Schicksal widerfährt

Sophonisbe (1666). Die numidische Königin versucht, ihr untergehendes Reich Karthago vor den siegreichen Römern zu retten. Sie fesselt Massanissa, Roms Verbündeten, an sich. Doch der König unterliegt dem asketisch-puritanischen Machtmenschen Scipio. Massanissa weigert sich, Scipios Befehl zu folgen und sich von Sophonisbe zu trennen. Er reicht ihr den Giftbecher und scheidet selber aus dem Leben. Sophonisbe bewahrt im Untergang ihr Selbstgefühl. Das Fatum entscheidet gegen sie zugunsten des aufsteigenden Rom.

In Lohensteins Dramen spielt der barocke Dualismus von Gott und Welt, von Tyrannei und Beständigkeit keine Rolle mehr. Weder Sünde noch Jenseitshoffnungen prägen seine Figuren, sondern das elementare **Erlebnis der Endlichkeit und des Fatums,** des unerbittlichen Gesetzes des Weltlaufs. Lange vor Schiller und Hebbel überträgt er tragische Faktoren auf die Geschichte und zeigt das verhängnisvolle Wirken der Erotik und der Macht. Letzten Endes geht es ihm um eine politische Pädagogik, um die Darstellung realer Interessen und Machtkämpfe und der sie bestimmenden Bedingungen.

LITERATUR:

Heinz Kindermann *Theatergeschichte Europas* Bd. 3. *Das Theater der Barockzeit.* Salzburg 1959
Walter Benjamin *Ursprung des deutschen Trauerspiels.* st 69
Albrecht Schöne *Emblematik und Drama im Zeitalter des Barock.* München ²1968
Richard Alewyn - Karl Sälzle *Das große Welttheater.* rde 92
Walter Hinck *Das deutsche Lustspiel des 17. und 18. Jahrhunderts und die italienische Komödie.* Stuttgart 1965
Johannes Müller *Das Jesuitendrama in den Ländern deutscher Zunge.* Augsburg 1930
Marian Szyrocki *Andreas Gryphius. Sein Leben und Werk.* Tübingen 1964

Herbert Heckmann *Elemente des barocken Trauerspiels. Am Beispiel des ‚Papinian' von A. Gryphius.* Darmstadt 1959
Clemens Heselhaus *Gryphius' Catharina von Georgien* in: Benno von Wiese *Das Deutsche Drama* Bd. 1. Düsseldorf 1958
Die Dramen des Andreas Gryphius. Eine Sammlung von Interpretationen, hg. v. Gerhard Kaiser. Stuttgart 1968
Albrecht Schöne *Figurale Gestaltung: Andreas Gryphius* in: A. Schöne *Säkularisation als sprachbildende Kraft.* Göttingen: Palaestra 226 ([2]1968)
Gerhard Fricke *Die Bildlichkeit in der Dichtung des Andreas Gryphius.* Darmstadt [3]1973
Dietrich Walter Jöns *Das „Sinnen-Bild". Studien zur allegorischen Bildlichkeit bei Andreas Gryphius.* Stuttgart 1966
Erik Lunding *Das schlesische Kunstdrama.* Kopenhagen 1940
Klaus Günther Just *Die Trauerspiele Lohensteins.* Berlin 1961
Edward Verhofstadt *Daniel Casper von Lohenstein: Untergehende Wertwelt und aesthetischer Illusionismus.* Brügge 1964
Gerald Ernest Paul Gillespie *Daniel Casper von Lohenstein's Historical Tragedies.* Ohio State University Press 1965
Elida Maria Szarota *Künstler, Grübler und Rebellen. Studien zum europäischen Märtyrerdrama des 17. Jahrhunderts.* München — Bern 1967

7. Der Barockroman

a) Die Gattungen

Der höfisch-historische Roman gehörte zur angesehensten, beliebtesten und meistgelesenen Literatur adeliger und patrizischer Kreise. Vornehme Damen und gewandte Kavaliere verschlangen diese Geschichten, mit denen sie in der Konversation ihre Belesenheit zeigen, ihren Geist glänzen lassen konnten und über die sich anregend und geistreich plaudern ließ. Bislang hatte der Amadisroman diesen Zweck erfüllt. Nun aber wurde zuerst in Frankreich, dann auch in Deutschland die phantastische Ritterwelt durch die geschichtliche ersetzt, die nach der Barockauffassung das eigentliche Bewährungsfeld des politischen Menschen (vgl. Drama) abgibt. Nicht mehr Amadisse bevölkerten die dickleibigen Folianten, sondern Könige, Fürsten, Hohepriester, Prinzessinnen und Prinzen, im Unterschied zu den Höfen Jean Pauls (s. S. 161) mit den besten Tugenden ausgestattete Figuren. Sie sind der stilisierte Ausdruck barocker Wunschwelt und idealisierte Selbstdarstellung der Adelsgesellschaft. Die Probleme, Hoffnungen, Sehnsüchte und Wünsche der Gegenwart wurden in fremde Länder entrückt, nach Indien, in den Orient oder nach Rom, in ferne Epochen, biblische oder römische Zeiten.

Im Mittelpunkt der meisten Romane steht ein Liebespaar, das durch Zufälle, Intrigen, Kriege und Verwechslungen getrennt wird und seine Treue zu erproben hat. Andere Paare gesellen sich hinzu, werden auseinandergerissen, erleiden wechselvolle Schicksale. Ein wirres Geflecht von Handlungssträngen durchzieht die Erzählung. Mutproben, Greuelszenen, Staatsaffären, Verkleidungen und Doppelgänger halten die Spannung wach. Alles scheint von der Fortuna, der unberechenbaren, launenhaften Glücksgöttin beherrscht. In diesem Labyrinth bewährt sich nur die Tugend der Beständigkeit, die allen Gefahren und Versuchungen widersteht, bis am Ende sich die krausen Handlungen entwirren, die Knoten sich lösen, die Paare sich vereinen. Maskenhaft, verschleiert, verlarvt ist das Leben, undeutbar, rätselhaft ist sein Weg bis vor dem Ende. Nur geistige Unabhängigkeit und Standhaftigkeit triumphieren über die Unbeständigkeit des Schicksals, die constantia ist wie im Trauerspiel die einzig zuverlässige, bewährte Helferin in dieser labyrinthischen Wirklichkeit.

Zu den bekanntesten Werken dieser in prunkvoll rhetorischer Sprache verfaßten Romane gehören Herzog ANTON ULRICH VON BRAUNSCHWEIGS *Aramena* (1669) und *Octavia* (1689), LOHENSTEINS *Arminius* (1689 f.) sowie ZIGLERS *Asiatische Banise* (1689).

Der Schäferroman. Bürger und niederer Adel sehnten sich bei dem rauhen, politikbeherrschten Alltag und den konfessionellen Ansprüchen danach, in ein heiteres, gelöstes, unbeschwertes Traumland zu entfliehen. Im Schäferroman flüchteten sie in diese bukolische Wunschidylle. Diese seit der Renaissance in Westeuropa ausgebildete und durch CERVANTES *Galatea*, SIDNEYS *Arcadia* und d'URFÉS *Astrée* zur Vollendung geführte Romangattung kam im Barock durch Übersetzungen (Opitz) nach Deutschland. OPITZENS *Schäferei von* *der Nimphen Hercinie* (1630) und ZESENS *Adriatische Rosemund* (1645) sind die bekanntesten Werke der deutschen Ausformung.

Im Kostüm mythologischer Hirtengestalten lebte man in einem entdämonisierten Arkadien, unheroisch, unstoisch. Die private, gesellige Welt konnte sich hier ausbreiten, zartere, empfindsame Seelenregungen und eine kultivierte Erotik entfalten. Die „irdischen Vergnügen in Gott" beginnen Gestalt zu gewinnen, die anakreontische Welt ist hier schon vorgezeichnet.

Weit wichtiger für die Romanentwicklung wurde eine dritte Gattung: **Der Schelmenroman.** Er kam aus dem Spanien des 16. und 17. Jhs und ist das schiere Gegenteil des höfischen Romans. Der Picaro, auf deutsch der Schelm, der Landstörzer, ist ein Anti-Held, der bewußt unheroisch lebt. Seine pikaresken Abenteuer sind eine provozierende Absage an die romantische Ritterwelt und ihre epischen Wunschträume im Amadisroman, Ausdruck einer neuen Situation, die nach sozialen Reformen verlangte. Der Schelm entstammt der Welt der Fahrenden, Landstreicher, Räuber und Dirnen, einem anrüchigen Milieu, in dem Roheit, Laster und Verbrechen zu Hause sind. Dieser pfiffige, schlitzohrige, abenteuernde Gauner führt den Leser durch seine Welt. Aus Sancho Pansas Perspektive zeigt er ihm in der Form der Icherzählung die Hinterhöfe des Lebens: Krankheit, Armut, Bettelei, Elend, Falschheit, zeigt wie Schlauheit und billige Tricks zu einem kurzen kleinbürgerlichen Glück verhelfen. So ist das Leben, masken- und illusionslos. Nicht reine Vagantenfreude treibt den Picaro umher. Seine Fahrten beweisen nur: Wandern ist eine Qual, trügerisch das Glück, fraglich, flüchtig der Gewinn. Diese drastisch-anschaulich geschilderte Kette von Episoden wurde in der Gegenreformation mit moralischen Betrachtungen durchsetzt, die endlosen pikaresken Abenteuer durch Einkehr und Einsiedelei begrenzt, moralisch vertieft. So wandelte sich der Schelmenroman zu einer Predigt, in der das Beispiel des hartgesottenen Sünders die wirksamste religiös-asketische Mahnung enthielt.

Die spanischen Schelmenromane *Das Leben des Lazarillo de Tormes* (1554), MATEO ALEMÁNS *Guzman* (1599), PÉREZ *La picara Justina* (1605) gelangten bei der engen Verbindung der katholischen Parteien rasch nach Deutschland. ÄGIDIUS ALBERTINUS, der Hofsekretär des bayerischen Kurfürsten Maximilian I., übersetzte Alemáns Roman unter dem Titel *Der Landstörtzer Gusman* (1615). Pérez Geschichte erschien als *Landstörtzerin Justina Dietzin* (1620).

Der größte deutsche Barockerzähler bemächtigte sich der Gattung des pikaresken Romans und legte sie seinem Werke zugrunde.

b) Hans Jakob Christoffel von Grimmelshausen — „Der Wahn betreügt"

Als Sohn eines protestantischen Bäckers und Gastwirts wurde Grimmelshausen 1622 in Gelnhausen geboren. Schon als Zwölfjährigen erfaßte ihn der Strudel des Krieges. Kroatische Truppen verschleppten ihn nach Kassel. Später wurde er bald zu den Schwedischen, bald zu den Kaiserlichen verschlagen, zog mit den Heerhaufen landauf landab, gelangte nach Westfalen, Württemberg, Bayern, in den Schwarzwald. 1643 wurde er in Offenburg Regimentsschreiber des kaiserlichen Obersten Schauenburg. In Gaisbach im Renchtal ließ er sich nieder, konvertierte zum katholischen Glauben und heiratete 1649 die Tochter eines Wachtmeisters. Er trieb Pferdehandel, Weinbau und führte die Wirtschaft „Zum silbernen Stern". Zeitweilig war er als Verwalter der Schauenburgischen Güter tätig, 1662 als Burgvogt auf der benachbarten Ullenburg, die einem Straßburger Arzt gehörte, ab 1667 als Schultheiß in dem kleinen Schwarzwaldstädtchen Renchen im Dienste des Straßburger Bischofs. Am 17. 8. 1676 ist er gestorben.

Grimmelshausen gehörte nicht zur Zunft der gelehrten Barockpoeten. Er war ein sehr belesener Autodidakt, und sein größter Lehrmeister war das turbulente Leben selber. Er hatte die Unsicherheit, das wüste Morden und Brennen der Landsknechtscharen, ausgeplünderte Dörfer, erschlagene Bauern aus persönlichem Erleben gekannt, war wie sonst keiner der deutschen Erzähler mit der brutalen Wirklichkeit seiner Zeit vertraut. Erst spät griff er in seinem entlegenen Schwarzwaldwinkel zur Feder, seinen Namen hinter Anagrammen verbergend, und schrieb seine simplicianischen Schriften für ein kleinbürgerliches Leserpublikum. Auch im höfischen Roman versuchte er sich *(Josef)*. Seine Kalendergeschichten, körnige, saftige, urwüchsige Erzählungen machen ihn zu einem Johann Peter Hebel des

17. Jhs. Die Frage nach dem Sinn des wilden, bewegten Lebens hat den Umhergetriebenen lange tief und nachhaltig beschäftigt. So entstand 20 Jahre nach dem Krieg sein Hauptwerk.

Was ist die Welt? Diese barocke Frage stellt sich auch der Gastwirt aus dem Renchtal und beantwortet sie mit dem Roman *Der Abentheuerliche Simplicissimus Teutsch* (1669). Die Romanhandlung zeigt die wechselvollen Lebensstationen des seltsamen Vaganten Simplicius: Der Knabe wächst bei einem Spessartbauern auf, bis Kürassiere das bäuerliche Idyll zerstören. Der Umherirrende findet Zuflucht bei einem Eremiten. Gegen die verkehrte, düstere Kriegswelt setzt der Autor das Einsiedlerdasein, das Ideal der Weltflucht. Der Eremit gibt dem Knaben den Namen Simplicius und unterweist den Unwissenden. Nach dem Tode seines Erziehers verläßt der fromme Tor die Einsamkeit, wird Page des schwedischen Stadtkommandanten in Hanau. Doch wegen seiner Einfalt ist er für diese Aufgabe gänzlich ungeeignet. Soldaten machen ihn gewaltsam zum Narren. Aber der in Kalbsfell Gekleidete legt rasch seine Einfalt ab, wird zum durchtriebenen Picaro, der gelehrig in der Narrenmaske das Narrendasein der Welt durchschaut. Wieder greift der Krieg nach ihm. Er erlebt zahlreiche Abenteuer, bis er als Jäger von Soest mit seinen Streichen eine gewisse Berühmtheit erlangt. Eines Tages begegnet ihm auf einem Raubzug ein Landstreicher, der sich als Kriegsgott Jupiter gebärdet und in phantastischen Plänen die Absurdität der Machtpolitik zeigt. Bald erfaßt Simplicius erneut der Strudel des Krieges. Nach Gefangenschaft und Heirat gelangt er nach Paris, wo der Beau Aleman galante Abenteuer erlebt. Von Blattern befallen, schlägt er sich als Quacksalber, Merode-Bruder, nach Deutschland durch. Auf der Suche nach seiner Frau gerät er unter die Räuber, er pilgert dann nach Einsiedel, macht eine Kur in Baden, eine Sauerbrunnenkur im Schwarzwald, hört vom Tod seiner Frau, heiratet erneut, erfährt seine adelige Abkunft und ergründet die Geheimnisse des Mummelsees. Bei den Sylphen des Sees erblickt Simplex den seligen Zustand der Elementargeister — eine Friedensallegorie — und vernimmt die Mahnung: „Was ihr das Leben nennt, ist gleichsam nur ein Moment und Augenblick, so euch verliehen ist, Gott darin zu erkennen und ihm euch zu nähern, damit er euch zu sich nehmen möge. Dannenhero halten wir die Welt vor einen Probierstein Gottes." Nach einem dreijährigen wechselvollen Schicksal, das ihn durch Rußland, Korea und in die Türkei führt, läßt er sich im Schwarzwald nieder und entsagt der Welt. In einer Fortsetzung des Romans geht Simplex auf die Wanderschaft, wallfahrtet und wird auf eine ferne Insel verschlagen. Dieses 6. Buch gilt als die erste Robinsonade der deutschen Literatur. Das gesteigerte Einsiedlermotiv schließt den Roman ab. Die gewonnene Einsicht: Ewige Veränderlichkeit ist das Gesetz des Weltlaufs, beständig ist in dieser fortunabeherrschten Welt nur die Unbeständigkeit.

Romanstruktur. Der Simplicissimus ist weder ein Bildungs-, noch ein Schelmenroman. Die Welt erscheint nicht durch den Blick einer sich entfaltenden Individualität, noch erschöpft sich das Werk in Picaro-Abenteuern. Obwohl wir zahlreiche pikareske Motive finden, wie das des ständigen Umherirrens, der wechselnden Herren, der veränderten Situationen, des Haschens nach dem Glück, so reicht der Simplicius über dieses Picaroleben hinaus: die innere Unruhe, seine Rückkehr zum geordneten Leben, sein Einsiedlerdasein geben ihm eine Tiefendimension, die mit der reinen Schelmenfigur nicht erfaßbar ist. Schonungslos stellt der Simplicissimus-Roman die verschiedensten Spielarten mensch-

Grimmelshausen *Simplizius Simplizissimus*, Titelkupfer der Erstausgabe von 1669.
Darunter die Inschrift:
„Ich wurde durchs Fewer vie Phoenix geborn.
Ich flog durch die Lüffte! wurd doch nit verlorn.
Ich wandert durchs Wasser, Ich raißt über Landt,
in solchem Umbschwermen macht ich mir bekandt,
was mich offt betrüebet und selten ergetzt,
was war das? Ich habs in diß Buche gesetzt,
damit sich der Leser gleich wie ich itzt thue,
entferne der Thorheit und lebe in Rhue."

lichen Verhaltens facettenreich in einzelnen Episoden dar. Eine ununterbrochene Kette typischer Verhaltensweisen (Tor, Narr, Einsiedler) zieht in einer bilderbuchartigen Beispielsammlung an uns vorüber. Sie alle zeigen die verkehrte Welt. Nicht nur einzelne Episoden, wie der Traum vom Ständebaum oder die Jupiterepisode, tragen satirische Züge, sondern eine satirische Grundstruktur hält alle Vorgänge zusammen. Das Verfahren des Satirikers besteht darin, die Welt, so wie sie tatsächlich ist, als verkehrte darzustellen. Erst in ihrem verkehrten, närrischen Zustand erscheint sie verändernswert, führt sie den Leser zur Einsicht und Umkehr. Grimmelshausen bedient sich der verschiedensten literarischen Quellen: er kannte die Schwänke, Volksbücher, Sagen des 16. Jhs. ebenso gut wie die zeitgenössischen Erbauungsbücher, die spanischen Moraltraktate eines Guevara, Schelmenromane, Harsdörffers Erzählbücher, Garzonis *Piazza Universale*, gelehrte Nachschlagewerke, Geschichtsbücher, Charles Sorels frivolen Roman *La vraie histoire comique de Francion* (1623) und Henry Nevilles Robinsonade *The Isle of Pines* (1668).

Diesen epischen Rohstoff verwob dieser „Meister der Montagetechnik" und des bewußten Gestaltens mit seinen eigenen Erfahrungen zu einem farbenreichen Bild des barocken Welttheaters. Aus der Perspektive des einfachen Mannes, des Hauptakteurs Simplicius, nicht von der Warte hoher Herren sieht er die Welt, den Krieg, dessen Wirren und Grausamkeiten zugleich als Hintergrund und Sinnbild der menschlichen Ursituation dienen. Der Roman enthält eine Fülle dichterischer Formen: reine Erzählungen, Schwänke, Kurzgeschichten, Traumallegorien, die alle nach barocker Poetikanschauung ihre epische Funktion erfüllen, wenn sie ganz ausgefüllt werden. Sie sprengen den Roman nicht, sondern machen seine innere Weite aus.

Höchst planvoll und geschlossen komponiert der Autor sein Werk. Was er uns in den zum Teil literarisch vorgeformten Einzelepisoden vorstellt, ist die Art, wie der barocke Mensch die Welt erleidet, erduldet, nicht, wie er sie gestaltet. Der Grimmelshausensche Realismus entpuppt sich als die Darstellung einzelner Fälle, in denen die realistischen Züge, die Fakten, der Erörterung des rechten Verhaltens dienen. Die fortunagetriebene Welt wird zum Probierstein des Menschen. Jeder einzelne Fall wird in seiner Realität, in seiner Notwendigkeit vorgetragen und vor das moralische Tribunal gestellt. Dabei deutet Grimmelshausen die Vorfälle bald unterhaltend, bald satirisch, bald allegorisch. Diese verschiedenen Deutungen machen den Perspektivenreichtum seines Werkes aus, das noch ohne die psychologischen Motivierungen des modernen Romans auskommt. Es ist der „erste große deutsche satirische Roman" (Clemens Heselhaus).

Grimmelshausen verfolgte das Schicksal einiger Nebenfiguren des *Simplicissimus*, spann ihre Geschichten weiter, zeigte das Leben dieser Picaros. So in *Der seltsame Springinsfeld* (1670), der, einst Simplicius' Kumpan, bei seinem Freunde einkehrt und seine Abenteuer berichtet. Sodann erzählt *Die Landstörtzerin Courasche* (1670), die Marketenderin und Soldatenhure, ihrem alten Liebhaber Simplicius ihren Lebenswandel, damit er sieht, mit welchem Geschöpf er sich eingelassen hat. Eine Frau als Picara, als Hauptheldin in einer Erzählung ist ungewöhnlich für den deutschen Roman. Bert Brecht hat diese Gestalt in seiner *Mutter Courage* wieder aufgegriffen. *Das wunderbarliche Vogelnest* (1672) berichtet von der Wirkung einer Tarnkappe gleichen Namens und wie die Träger dieses Schatzes verlustig gingen. Es sind pikareske Lebensschicksale, die Grimmelshausen hier vorstellt, ohne daß sie wie bei Simplicius den Weg der Läuterung und Selbsteinkehr gingen.

Sprache. Nach Luther und Fischart hat es keinen Erzähler von Grimmelshausens Sprachgewalt mehr gegeben. Er verfügte über einen umfangreichen Wortschatz. Wendungen und Gleichnisse der Lutherbibel verwendete er so sicher wie die Dialekte seiner Heimat Rhön und Spessart. Er kannte die Schrullen und Späße der einzelnen Volksschichten, das Gaunerrotwelsch und den Landsknechtsjargon. Bis ins kleinste hinein wußte er Kleider, Speisen, Pflanzen zu zeigen, durch derb-realistische Vergleiche Sachverhalte zu erhellen („Alles Freudengelächter verlummerte wie ein Sackpfeifenzipfel, dem der Blast entgangen." „Die Jungfrau hat ja Haar so gelb wie Kleinkinderdreck." „Ich kriegte Gruben im Gesicht, daß ich aussah wie eine Scheunentenne, darin man Erbsen gedroschen"). Dieses gewaltigen Wortreichtums bemächtigte sich ein hellwacher Geist und eine phantastisch-groteske Phantasie.

LITERATUR:

Günther Weydt *Der deutsche Roman von der Renaissance und Reformation bis zu Goethes Tod* in: *Deutsche Philologie im Aufriß* Bd. 2. Berlin ²1960

Arnold Hirsch *Bürgertum und Barock im deutschen Roman. Zur Entstehungsgeschichte des bürgerlichen Weltbildes.* Frankfurt/Main ²1957

Hans Gerd Rötzer *Der Roman des Barock 1600—1700. Kommentar zu einer Epoche.* München 1972

Hans Gerd Rötzer *Picaro — Landstörtzer — Simplicius. Studien zum niederen Roman in Spanien und Deutschland.* WBG 6186 (1972)
Pikarische Welt. Schriften zum europäischen Schelmenroman, hg. v. Helmut Heidenreich. WBG Bd. 163 (1969)
Der Simplicissimusdichter und sein Werk, hg. v. Günther Weydt. WBG Bd. 152 (1969)
Clemens Heselhaus *Der abenteuerliche Simplicissimus* in: *Der deutsche Roman vom Barock bis zur Gegenwart* Bd. 1. Düsseldorf 1965
Siegfried Streller *Grimmelshausens Simplicianische Schriften, Allegorie, Zahl und Wirklichkeitsdarstellung.* Berlin 1957
Manfred Koschlig *Das Ingenium Grimmelshausens und das „Kollektiv". Studien zur Entstehungs- und Wirkungsgeschichte des Werkes.* München 1977

8. Die Satire im Barock — „Es hat mir so wollen behagen mit Lachen die Meinung zu sagen" (Grimmelshausen)

Der Wandel der Satire. Die Satire richtet sich gegen den verkehrten Zustand der Welt. Im 16. Jh. hatte der Narr die Sündhaftigkeit entlarvt (s. S. 54 f.). Inzwischen hatte sich der Lasterkatalog geändert, neue Erscheinungsformen traten beherrschend hervor, durch Krieg und Hof bedingt: das Alamodewesen, Sprachverwilderung, Kleiderputz, Katzbuckelei, Hofschranzen- und Kriechertum. Aber es war nicht mehr das starke religiöse Pathos von einst, das hinter der Moralsatire stand. Die Satire war auf dem Weg, anstelle des religiösen Ideals die menschliche Tugend zu setzen, nicht mehr so sehr die Sünde als die Unvernunft zu sehen, das vernünftige Verhalten als das unausgesprochene Regulativ menschlicher Schwächen zu betrachten.

Die Form. Der satirische Geist ist an keine bestimmte Literaturgattung gebunden. Im Lustspiel ist er ebenso zu finden wie im Aphorismus und in der Anekdote. Im 17. Jh. wurde das Epigramm zur bevorzugten satirischen Form. „Die Satyra ist ein lang Epigramm und das Epigramm eine kurze Satyra: denn die Kürze ist seine Eigenschaft und die Spitzfindigkeit gleichsam seine Seele und Gestalt", sagt Opitz. Auch der Roman nimmt sich jetzt der Satire an. In ihm wird die höfisch-barocke Welt durch Konfrontation mit der wüsten Wirklichkeit durchbrochen und im Rückgriff auf die reale Zeitsituation satirisch betrachtet, die kleinbürgerliche Welt durch Phantastereien verspottet.

Friedrich von Logau (1604—1655), der schlesische Landedelmann, hielt sich an Opitzens Forderung. Beeinflußt vom englischen Satiriker Owen (1560—1620), schrieb er *Deutscher Sinn-Gedichte drey Tausend* (1654), in denen er vornehmlich die barocke Hofwelt und die breite Skala menschlicher Schwächen mit Ironie bedachte. Wortwitz und Wortspiel kommen seinem satirischen Eifer entgegen. Viele seiner Epigramme sind Produkte „freyer Eile". Lessing hat diesen größten deutschen Epigrammatiker des 17. Jhs wiederentdeckt und seine Kunst treffend charakterisiert: „Seine Worte sind überall der Sache angemessen; nachdrücklich und körnicht, wenn er lehrt; pathetisch und vollklingend, wenn er straft; sanft, einschmeichelnd, angenehm tändelnd, wenn er von Liebe spricht, komisch und naiv, wenn er spottet; possierlich und launisch, wenn er bloß Lachen zu erregen sucht."

Heuchler

Schmeichler sind wie Sonnen-Blumen, blicken nach dem Himmel hin,
Wurzeln aber in der Erde, suchen Vorteil und Gewinn.

Aus dem Mutterland alter deutscher Satire, aus dem Elsaß, stammt auch Johann Michael Moscherosch (1601—1669), der Sohn einer protestantischen Patrizierfamilie. Als Jurist in wechselnden Diensten, wandelten sich durch die Kriegserlebnisse seine Anschauungen. Dem Calvinismus nahestehend, trat er für eine überkonfessionelle deutsche Politik ein. Seine vom bürgerlichen, nationalen Standpunkt aus vertretene Satire äußerte er in den *Wunderlichen und wahrhafftigen Gesichte Philanders von Sittewald* (1640 ff). Stark vom spanischen Satiriker Quevedo, dessen *Sueños* (Traumgesichte) er in einer französischen Übersetzung gelesen hatte, beeinflußt, verspottete er ausländische Haartracht, grobianische studentische Renommisterei, Reisegecken, Bildungsphilister. Von außen betrachtet schien es ihm, als ob die Welt „ein Lustgarte voller Herrlichkeit und edeles Wesen wäre; da doch, wann wir ihr die Maske, den Fürhang nur ein wenig abziehen und den Kern beschauen wollen, uns allein die bloßen Schörfen in Händen bleiben".

Moscherosch *Gesichte des Philander von Sittewald.* Titelkupfer 1640. Ein Satyr reicht einem hinter einer Maske versteckten Amor einen Skorpion.

Abraham a Santa Clara (1644—1709), der schwäbische Augustiner und Wiener Hofprediger, war eine urwüchsige Gestalt. Er wußte, wie man in den Predigten die Zeitlaster zu geißeln hatte. Anknüpfend an die derben Schwänke und Scherze des Volkes forderte er die Zuhörer schlagfertig, phantasiereich und mit volkstümlicher Drastik zur Buße auf. *Merks Wien!* ist sein berühmter Traktat zur Pest (1679). Noch Goethe und Schiller ergötzten sich an seinen effektvollen Derbheiten. Die Kapuzinerpredigt in *Wallensteins Lager* hat Schiller nach einer Predigt des streitbaren Mönchs gestaltet.

Christian Reuter (1665—1712), der sächsische Student, führt in dem Roman *Schelmuffsky* (1696) die modische Reiseliteratur ad absurdum. Seit Grimmelshausens Robinsonade schossen im Zeitalter der Kavalierstouren durch Europa barocke Reisebeschreibungen aus dem Boden. Indem das Lügenmaul Schelmuffsky aus Schelmenrode hinter dem Ofen ein ganzes Gewebe seiner nur in der Phantasie erfolgten Reisen in die fernsten Länder unter den unwahrscheinlichsten Bedingungen gleich Münchhausen vor dem Leser ausbreitet, trifft er die dummen, einfältigen Kleinbürger und entlarvt satirisch ihr Strebertum und ihren Reinfall auf die Großmannssucht.

Literatur:

Wolfgang Preisendanz *Die Spruchform in der Lyrik des alten Goethe und ihre Vorgeschichte seit Opitz.* Heidelberg 1952

Klaus Lazarowicz *Verkehrte Welt. Vorstudien zu einer Geschichte der deutschen Satire.* Tübingen 1963

Gerhard Pfohl. *Das Epigramm. Zur Geschichte einer inschriftlichen und literarischen Gattung.* Darmstadt 1968

Theodor Verweyen *Apophthegma und Scherzrede. Die Geschichte einer einfachen Gattungsform und ihre Entfaltung im 17. Jahrhundert.* Bad Homburg 1970

VI. DAS ZEITALTER DER VERNUNFT

1. Die europäische Aufklärung
„Habe Mut, dich deines eigenen Verstandes zu bedienen!“ (Kant)

Das Wesen der Aufklärung. Das Barockzeitalter hatte, nachdem die Religionskriege die Ohnmacht alter Herrschaftsideologien und die Unwirksamkeit religiöser Ideen für die Befriedung der Völker bewiesen hatten, die Vernunft als eine neue Macht anerkannt und eine neue Grundlage für die Wahrheitserkenntnis im methodischen Zweifel Descartes' geschaffen. Der denkende Mensch, der nur den Gesetzen der Logik folgt, gelangt zu Einsichten und Erkenntnissen, die in sich selber gültig sind und keiner außermenschlichen Instanz zu ihrem Wahrheitsaufweis bedürfen. DESCARTES, SPINOZA, HOBBES, LEIBNIZ, die bedeutenden Vertreter des Rationalismus, hatten streng deduktiv großartige, in sich schlüssige metaphysische Systeme entworfen. Nun aber änderte sich im 18. Jh. die Funktion der Vernunft. Sie war jetzt nicht mehr vornehmlich das „Vermögen, Ideen zu erzeugen“ (Kant), nicht mehr die „Region ewiger Wahrheiten, jener Wahrheiten, die dem Menschen und dem Göttlichen gemeinsam sind“ (Cassirer), sondern eine kritische Fähigkeit. Das Denken wurde freier, konkreter, war nicht mehr systemgebunden, sondern wurde auf die religiösen, gesellschaftlichen, politischen, ästhetischen Wirklichkeiten bezogen, wirkte in die Breite und ging den Weg der Analyse. Der analytische Geist löst das traditionell Bestehende auf, läßt nichts ungeprüft stehen, untersucht alles, was sich bisher den Gesetzen des Verstandes entzogen hat, zieht es vor den Richterstuhl der Vernunft und des autonomen Ich, vor denen es seine Existenzberechtigung auszuweisen hat. Alles wird in seine Bestandteile zerlegt, auf seine Elemente zurückgeführt. Der Aufklärer ist dann erst zufrieden, wenn das Ganze durchschaubar ist.

Ein freudiger Optimismus erfüllte die Aufklärer. In allem, was sie dachten, planten, träumten, ausführten und hofften, schwang das unausgesprochene Vertrauen in diese allen Menschen eigene Kraft mit. Denn der Verstand faßt nicht das Individuelle, Einmalige in seiner Besonderheit, er treibt keinen Fetischismus der Fakten, sondern ihm geht es um die Erkenntnis des Typischen, Gattungsmäßigen, dessen, was allen gemeinsam ist. Er verbindet die Menschen, weil sie ihre gemeinsamen Probleme nur mit Hilfe der Vernunft zu lösen vermögen. Sie mußten nur aufgerüttelt, ermuntert werden, ihre größten Widersacher Faulheit und Feigheit, wie Kant meinte, zu überwinden, um die Unmündigkeit abzustreifen. „Aufklärung ist der Ausgang des Menschen aus seiner selbst verschuldeten Unmündigkeit. Unmündigkeit ist das Unvermögen, sich seines Verstandes ohne Leitung eines anderen zu bedienen. Selbstverschuldet ist diese Unmündigkeit, wenn die Ursache derselben nicht am Mangel des Verstandes, sondern der Entschließung und des Mutes liegt, sich seiner ohne Leitung eines anderen zu bedienen. Sapere aude! Habe Mut, dich deines eigenen Verstandes zu bedienen! ist also der Wahlspruch der Aufklärung.“

Entstehung und Entfaltung des aufklärerischen Denkens vollzog sich im Ursprungsland, in England. Aus den Greueln der Revolution und der Cromwellschen Diktatur, aus den bitteren Erfahrungen des 17. Jhs hatten die englischen Denker gelernt, daß Fanatismus und Herrschaftsideologien das Volk an den Rand des Abgrunds treiben. Daher erfolgte eine philosophische Absage an die alten Herrschaftslehren, an Puritaner und Absolutisten. Staat und Kirchen mußten gezwungen werden, ihre totalitären Ansprüche aufzugeben. Um das mühsam errungene Gleichgewicht und ein menschenwürdiges Leben zu sichern, lehnte man den Dogmatismus und den Prinzipienkampf bis zum letzten ab.

Mit seiner Lehre vom **Staat als Gesellschaftsvertrag** löste JOHN LOCKE (1632—1704) den Menschen aus allen bisherigen metaphysischen und ideologischen Klammern, indem er lehrte, das Individuum existiere schon *vor* dem Staat, der Kirche, dem Stand. Aus dieser Priorität folgt, daß der Mensch nur durch freiwillige Übereinkunft bestimmte Rechte in einem jederzeit kündbaren Gesellschaftsvertrag abgetreten hat.

Der Empirismus, der Grundsatz, nur die Erfahrung als einzige Erkenntnisquelle gelten zu lassen, bedeutete die Absage an Metaphysik, Ontologie, Theologie. Die sensations und reflections (= die gedankliche Verarbeitung der Sinneswahrnehmungen) sind die einzigen sicheren Führer der menschlichen Vernunft, ihre Fruchtbarkeit wurde in den Naturwissenschaften sichtbar.

Der Deismus schließlich ist nichts anderes als der Glaube an eine natürliche, will sagen offenbarungsfreie Religion. Er ist eine Vernunftreligion. Das Christentum ist schon so alt wie die Schöpfung selber (Matthew Tindal *Christianity as Old as the Creation).* Die Toleranz anerkennt die Vernunft als Richterin in religiösen Fragen. Die Bibel verkündet die Botschaft der Vernunft und der geläuterten Moral, die Religion existiert nicht früher als die Vernunft, infolgedessen kann sie ihr auch nicht widersprechen.

Frankreich. War die Aufklärung in England das Ergebnis eines langen Kampfes, so wurde sie in Frankreich zum geistigen Pulverfaß, aggressiv und polemisch. Hier trafen die neuen Ideen auf den spannungsgeladenen politischen Boden des Ancien régime. Dem Hochadel und dem feudalen Klerus, beide unzertrennbar durch die Privilegien miteinander verbunden, stand das wirtschaftlich durch den Merkantilismus erstarkte Bürgertum in seiner politischen Ohnmacht gegenüber. Der Dritte Stand benützte Lockes Vertragstheorie als spitze Waffe gegen den Absolutismus. Die vielen ihrer Religion beraubten und im Untergrund lebenden Hugenotten griffen begierig die Idee der Toleranz auf.

Die französische Literatur richtete ihre scharfen Angriffe auf die privilegierten Stände, ihre Vorrechte und geistigen Herrschaftsansprüche und unterminierte ihre Positionen.

Pierre Bayle (1647—1706) forderte in seinem *Dictionaire historique et critique* (1697) den Kampf gegen Dogmatismus und Offenbarungsreligion und verfocht, gestützt auf das Erlebnis des Buddhismus (der weise Chinese), des Islams und Amerikas, das Recht der Toleranz selbst für die Atheisten. Er verlangte die Trennung von Staat und Kirche. Unbestreitbar die führende Gestalt der europäischen Aufklärung war aber

Voltaire (1694—1778). Er trat ein für Einfachheit und Menschenwürde, Menschlichkeit und den Frieden der Nationen, er wurde zum Erasmus (s. S. 52) des 18. Jhs, indem er die Toleranz und Achtung des Menschen, die Schätzung der Formen und der Sprache verlangte und in seinen zahlreichen Schriften sich gegen die überlebten Herrschaftsformen des Herrschaftsklerus wandte, im Namen der Vernunft und der Gerechtigkeit.

Die Enzyklopädisten Diderot und d'Alembert lieferten mit ihrer Enzyklopädie (1751—72) eine umfassende Bestandsaufnahme der Gesamtgrundlagen der Kultur. Die Lexikonartikel, ganz im positivistisch-analytischen Geist verfaßt, dienten der Verbreitung der Vernunft und der Entwicklung eines kritischen Bewußtseins.

Literatur:
Paul Hazard *Die Krise des europäischen Geistes.* Hamburg 1947
Paul Hazard *Die Herrschaft der Vernunft.* Hamburg 1949
Walter Hinck *Europäische Aufklärung* in: *Neues Handbuch der Literaturwissenschaft* Bd. 11. Frankfurt/Main 1974
Karl Vorländer *Geschichte der Philosophie* Bd. V. *Philosophie der Aufklärung.* rde 281/82
Max Horkheimer — Theodor W. Adorno *Dialektik der Aufklärung.* Fi 6144
Robert Minder *Dichter in der Gesellschaft. Erfahrungen mit deutscher und französischer Literatur.* Frankfurt/Main 1966

2. Deutschland im 18. Jahrhundert

Höfe und Residenzen. Seit dem Westfälischen Frieden (1648) hatte sich in der deutschen Staatenwelt der inneren Struktur nach wenig geändert. Das Reich war ein Monstrum, ein buntscheckiges, feudales Herrschaftskonglomerat. Höfe und Residenzen der 355 reichsunmittelbaren Herrschaften banden die meisten Kräfte des Landes. Die Residenzstädte der Zwergstaaten waren vielfach nur Erweiterungen des Schlosses. Die Hofhaltung erforderte einen ganzen Troß von Bediensteten, von Lakaien, Kammerherren, Stallmeistern, Oberhofmeistern. Der jährliche Reigen von Festen, Opern, Maskenbällen, Redouten, Empfängen und Banketten, der gesamte kostspielige Lebensaufwand der aristokratischen Gesellschaft, gab den Perückenmachern, Goldschmieden, Sattlern, Hofschneidern und Hoflieferanten Brot und Existenz. Sie alle lebten vom Hofe, waren von ihm abhängig.

Das Bürgertum war unter diesen Umständen unterwürfig und fürstentreu, ein freier, selbstbewußter Geist, eine kritische Haltung schwer denkbar. Auch die Gebildeten standen mittel- und unmittelbar im Dienste des Landesherren. Verwaltung, Justiz, Universität und Kirche benötigten geschulte Beamte, ergebene Professoren, gehorsame Pfarrer, die bei der Vergabe von Verwaltungsposten, Professuren und Pfarreien und in ihrem weiteren Vorwärtskommen vom Wohlwollen des Fürsten abhängig waren.

Diese enge, festumzirkelte Lebenswelt erschwerte die Entfaltung eines offenen geistigen Lebens. Das Bürgertum war aus der aktiven Politik ausgesperrt, jeder auf seine errungene Stellung bedacht, titelsüchtig und dünkelhaft. In diesem versponnenen Winkeldasein gedieh, was Thomas Mann die „Vereinigung von Weltbedürftigkeit und Weltscheu" nannte. Es war ein geistiger Provinzialismus, gegen den die Dichter immer wieder anzukämpfen hatten. Andererseits begünstigte dieses Milieu Beschaulichkeit, Natur- und Weltfrömmigkeit „den reinsten Ernst des Gedankens und Gewissens" (Thomas Mann).

Die Literaturzentren. Die Ideen der westeuropäischen Aufklärung gelangten vor allem durch die Randstädte Frankfurt am Main, Straßburg und Basel in den deutschsprachigen Raum. An Bedeutung übertraf sie die Hafenstadt Hamburg (150 000 Ew.), die durch ihren regen Handel mit Holland, England und Frankreich auch zum Umschlageplatz literarischer Güter wurde und bei seiner weltoffenen Bevölkerung ein freieres Geistesleben ermöglichte. Seiner Struktur nach verwandt war die geistig ungewöhnlich rege Stadtrepublik Zürich. Eine besondere Anziehung übte das landesfürstliche, kursächsische Leipzig aus. In der Messe- und Universitätsstadt, dem Zentrum des deutschen Buchhandels, herrschte ein reges geistiges Leben. Leipzig war *das* literarische Zentrum. Durch den Siebenjährigen Krieg wurde es von Berlin abgelöst. Die preußische Hauptstadt wurde nun zum Sitz der Aufklärung. In ihrer nüchternen Atmosphäre entwickelte sich der kühle, kritische Geist.

Die Aufklärung in Deutschland. In Westeuropa kämpften auch Avantgardisten der privilegierten Schichten für die Aufklärung. In Deutschland hingegen ignorierten die Herrschenden die neue Bewegung. Trotz adelsfeindlicher Einstellung klammerte das wirtschaftlich unterentwickelte deutsche Bürgertum gesellschaftskritische Fragestellungen aus und verzichtete auf politische Wirksamkeit. Bürgerliche Integrität und Gesinnungstreue weisen auf den geistigen Ursprung, dem die deutsche Aufklärung letzten Endes entstammt: sie entsprang nicht einem explosiven gesellschaftlichen Druck gegen den feudalen Absolutismus wie in Frankreich, sondern der ernsten Auflehnung gegen eine unfruchtbar gewordene Orthodoxie. Aufklärung hieß Auflichtung eines dogmatisch erstarrten Luthertums, Befreiung des Denkens aus theologischer Bevormundung (s. S. 59).

Gottfried Arnolds Angriffe zielten auf die institutionalisierte Amtskirche und ihre eingewurzelten Traditionen. Der Spiritualist und Rationalist forderte eine Rehabilitierung der Häretiker, kämpfte wie der französische Aufklärer Bayle für Toleranz. Christian Thomasius (1655—1728) nannte Arnolds Kirchengeschichte (s. S. 108 f.) „das beste Buch nächst der Bibel". Der Leipziger Philosoph durchbrach als erster das Monopol der lateinischen Gelehrtensprache an den Universitäten, hielt seine Vorlesungen in deutscher Sprache, und öffnete die Hohen Schulen für die Belange des aufgeklärten Bewußtseins. Als Jurist und Publizist focht er für ein liberales Naturrecht, für Menschenwürde und Freiheit und verlangte, daß die Folter abgeschafft und der Hexenwahn als Ausgeburt des Wahnsinns bekämpft werde. Christian Wolff (1679—1754), ein Breslauer Gerberssohn und Thomasius-Schüler, vereinigte in sich zum letztenmal die fruchtbaren geistigen Spannungen, die viele Schlesier seit der Barockzeit (s. S. 63) geprägt hatten. Dieser letzte Schlesier faßte nach dem summistisch-enzyklopädischen Vorbild der Scholastik die deutsche Aufklärungsphilosophie in ein System. In seinem lichtvollen Rationalismus spürt man die cartesianische, mathematisch-demonstrative Methode. Zum erstenmal definierte er in der Muttersprache „für Deutschland die Welt des Bewußtseins" (Hegel). Der Wolffianismus eroberte rasch die Universitäten und blieb bis zu Kants Transzendentalphilosophie die herrschende philosophische Lehre in Deutschland.

Die Dichter. Es fällt auf, daß die meisten bedeutenden Dichter und Schriftsteller des 18. Jhs aus demselben Milieu, demselben Stande kommen: Gottsched, Bodmer, Breitinger, Gellert, Lessing, Wieland, Lichtenberg, Bürger, Claudius u. a., sie alle sind Pastorensöhne. Im Elternhaus mit der Bibel als ihrem täglichen literarischen Brot aufgewachsen, zumeist im Hinblick auf das künftige Pfarramt erzogen, vielseitig gebildet, ausgezeichnete Kenner der alten Sprachen, wurden sie auf den Universitäten mit den Ideen Bayles, Voltaires, Diderots, Lockes und Humes konfrontiert und vom Zweifel befallen; so mancher glaubte das Kanzleramt nicht mehr ausüben zu können, nachdem der Dogmenglaube in ihm zusammengebrochen war (Vgl. Das protestantische Pfarrhaus S. 58 f.).

Sie suchten als Hofmeister (= Hauslehrer), als Professoren eine bürgerliche Existenz zu gründen oder als freie Schriftsteller zu leben. Dies war besonders schwierig, weil es damals weder eine genügend große Leserschaft gab, auf die sie sich hätten stützen können, noch einen Urheberschutz, der bei den vielen Grenzen auch gar nicht durchführbar gewesen wäre. Zudem waren die Honorare gering und die Zensur streng. Vielfach herrschte auch die Ansicht, Dichten sei eine Beschäftigung der Mußestunden: „Weisheit, feil für Geld! Schändlich! Umsonst habt ihr's empfangen, umsonst müßt ihr es geben!", wie Lessing die verbreitete Meinung zusammenfaßte.

Wer es dennoch auf sich nahm, sein Leben ganz der Dichtung zu widmen, wie Lessing, mußte oft ein karges, klägliches Dasein führen. Viele Dichter hofften daher auf das Mäzenatentum der Höfe, auf Wien, den Kaiser zumal, auf den preußischen Hof, doch vergebens. Es war ein Glücksfall, daß Wieland einen Stadion, Klopstock einen Bernstorff gefunden hatte und daß gegen Ende des Jahrhunderts die Herzogin Anna Amalia von Weimar als großzügige Gönnerin die deutsche Klassik erst ermöglichte.

Eines ist den Dichtern des 18. Jhs gemeinsam: Sie alle fühlen sich stark verantwortlich gegenüber dem Volk, ein Erbteil ihres Elternhauses. Neue philosophische Ideen und geistige Strömungen zwingen sie zur Auseinandersetzung; für viele wird die Literatur zum Forum, um Tugend zu verbreiten, die Gemüter aufzuklären, sie fühlen sich als „Hauslehrer des Menschengeschlechts" (Schöffler). Mit Recht urteilt Robert Minder: „Das Neuerstarken der schönen Literatur im protestantischen Deutschland fällt zusammen mit dem Wiedereintritt der Geistlichen in sie."

Die Leser. Die Dichtung wendet sich jetzt nicht mehr wie im Barock vornehmlich an den hochgebildeten, fremder Sprachen mächtigen Kenner, sondern dem Zuge der Zeit folgend an eine breite bürgerliche Schicht. Die Reformation hatte bereits ein größeres, theologisch interessiertes Leserpublikum geschaffen. In den Familien las man gemeinsam die Bibel, Postillen, Andachts- und Erbauungsbücher. Die Aufklärung wandelt allmählich den Geschmack dieser religiös orientierten Leserschaft. Mädchenbildung und aufkommende Leihbibliotheken sichern der Frau als Leserin zunehmend Einfluß. Vom Seelsorgerischen über das Moralisch-Erbauliche bis zum Schöngeistig-Unterhaltsamen geht der Geschmackswandel. Ihrer Herkunft nach noch moralisch ausgerichtet, verlangen die Leser erzählende, rührende Werke, vor allem Unterhaltungsromane. Auch für die deutschen Verhältnisse galt, was Richardson für seine Romane sagte: „A verse may find him, who a sermon flies." Diese Aufgabe erfüllten die neuen

Moralischen Wochenschriften. Vorbild für den deutschen Sprachraum waren Steeles und Addisons Blätter *The Tatler* (Der Plauderer, 1709—11) und *The Spectator* (Der Zuschauer, 1711—12). In den Literaturzentren erschienen: in Hamburg *Der Vernünftler* (1713—14), in Zürich Bodmers und Breitingers *Discourse der Malern* (1721—23), in Leipzig *Die vernünftigen Tadlerinnen* von Gottsched (1725—27) sowie *Der Biedermann* (1727—29). Über 500 literarische Zeitschriften waren im 18. Jahrhundert auf deutschsprachigem Gebiet verbreitet. Sie wandten sich an das wohlhabende Bürgertum, dessen Sitten sie verfeinern und dessen literarischen Geschmack sie entwickeln wollten. Fragen der Alltagsmoral sowie der Literatur, jedoch keine politischen Probleme des absolutistischen Staates standen zur Diskussion. Diese Journale schufen erst eine literarische Öffentlichkeit und bahnten der Rezeption der schöngeistigen Literatur den Weg. Die eingeschaltete fiktive Figur des Redakteurs oder des Erzählers arbeitete dem Erzählmuster des humoristischen Romans vor.

Die Sprache. Es war in dem staatenreichen, konfessionell zersplitterten Deutschland nach wie vor schwer, ein überlandschaftlich geltendes literarisches Idiom zu entwickeln. Der Kampf richtete sich zuerst gegen das Latein als Gelehrten- und das Französisch als Hofsprache. Thomasius und Gottsched fochten für das Eigenrecht der Muttersprache. Seit Luther hatte das Obersächsische steigende Geltung als Literatursprache im protestantischen Raum erlangt. Gottsched und die Aufklärer wollten die Umgangssprache der Gebildeten in den Residenzstädten als normgebendes Vorbild setzen, weil sie nur so eine Möglichkeit sahen, eine größere Leserschaft zu gewinnen und eine überregionale Dichtersprache auszubilden. Bei der Durchsetzung dieses Zieles stießen sie auf große Schwierigkeiten. Die konfessionelle Schranke erwies sich als großes Hindernis, da im Süden das Lutherdeutsch mit dem Odium der Ketzersprache behaftet war. Die Aufklärer vermieden dialektische Bestandteile, Idiotismen, Provinzialismen und den altertümlichen, den „altfränkischen" Wortschatz, um den Dichtungen eine größere Gemeinverständlichkeit zu sichern.

Die Aufklärung, wissenschaftorientiert, strebte nach Klarheit und Einfachheit des Ausdrucks. Ihrem Willen, Kenntnisse zu verbreiten, Vorurteile abzubauen, die Tugend zu fördern, möglichst viele Leser anzusprechen, mußte die Barockrhetorik mit ihrem Reichtum an Stilfiguren als erlogenes Pathos erscheinen. Die Aufklärer deuteten die barocke Metaphorik, die Menge der „verblümten Redensarten" (Gottsched) als Schwulst und tadelten ihre Dunkelheit, weil sie den sprachlichen Ausdruckszwang der komplexen Wahrheit des Barock nicht mehr verstanden.

In der Aufklärung herrschte nicht die gefühlsstark-ausdrucksmäßige, sondern die begriffliche Sprache. Schlicht und verständlich, rational-eindeutig und sachlich wurde geschrieben. Der Satzbau war einfach, logisch durchgegliedert, überschaubar, wie es das neue Stilethos forderte. Was Lessing von sich sagte, gilt für das gesamte Zeitalter: **„Die größte Deutlichkeit war mir immer die größte Schönheit."**

Eine Ernüchterung, Vereinfachung aller künstlerischen Darstellungsmittel war die Folge. Es kam darauf an, alle Handlungen, das Geschehen, die Empfindungen aus einer sich selbst verstehenden autonomen Welt heraus zu begreifen, sie daher als natürlich darzustellen. Dabei gilt die Poetik nach wie vor als die Lehre vom kunstgerechten Dichten. Dichtung bleibt Formenspiel und verlangt eine bewußte Sprachkultur. Es ist die Aufgabe des Dichters, nicht ein persönliches Erlebnis zu gestalten, sondern ein ästhetisch befriedigendes Werk zu schaffen. Poetologische Fragen stehen daher immer noch im Mittelpunkt der Diskussion.

LITERATUR:

Leo Balet / E. Gerhard *Die Verbürgerlichung der deutschen Kunst, Literatur und Musik im 18. Jahrhundert.* Ullstein Buch 2995

Rainer Gruenter (Hg.) *Leser und Lesen im 18. Jahrhundert.* Heidelberg 1977

Wolfgang Martens *Die Botschaft der Tugend. Die Aufklärung im Spiegel der deutschen Moralischen Wochenschriften.* Stuttgart 1968

Benno von Wiese (Hg.) *Deutsche Dichter des 18. Jahrhunderts. Ihr Leben und Werk.* Berlin 1977

Viktor Žmegač (Hg.) *Geschichte der deutschen Literatur vom 18. Jahrhundert bis zur Gegenwart.* Band I/1. Königstein/Ts. 1978

Fritz Martini *Von der Aufklärung zum Sturm und Drang* in: *Annalen*

Gerhard Kaiser *Geschichte der deutschen Literatur. Von der Aufklärung bis zum Sturm und Drang.* Gütersloh 1966

3. Die Literaturtheorie — Witz oder das Wunderbare

Neuorientierung. In den ersten Jahrzehnten des 18. Jhs kann man kaum von einem regen literarischen Leben in Deutschland sprechen. Es fehlte wie schon im Barock ein überregionaler Treffpunkt der Künstler, ein geistiges Zentrum, wie es Frankreich in Paris und England in London besaß; es fehlte die lebendige Tradition der älteren Literatur, auf die man hätte zurückgreifen können.

Diese Situation erklärt die besondere Vorliebe für Fragen der Ästhetik. Da es an Werken mangelte, wandte man sich um so eifriger der Theorie zu und versuchte, durch Wesensbestimmungen der Poesie und ihrer Aufgaben und durch Gattungspoetiken Grundlagen für eine künftige Literatur zu legen. Man orientierte sich an Westeuropa und suchte literarische Modelle im grand siècle der Franzosen oder in der neuen englischen Dichtung.

Die Literaturtheorie und Literaturkritik blühte vor allem in zwei Städten: im republikanischen, pietistischen, englandorientierten Zürich, das die Verbindung zwischen Nord und Süd herstellte, und im absolutistischen, aufklärerischen, nach Frankreich blickenden Leipzig, das den Westen für den Osten erschloß.

Der Einfluß der französischen Literatur begann mit dem ersten großen Philosophen der Aufklärung, mit THOMASIUS (1655—1728), der das französische Menschenideal des honnête homme, seine Tugenden des bel esprit, des bon goût, der honnêteté, Eigenschaften des Hof- und Weltmannes, ins deutsche Bürgertum übertragen wollte. CHRISTIAN WOLFF (1679 bis 1754), der große Systematiker der deutschen Aufklärungsphilosophie, entwickelte aus seinem Rationalismus eine neue Sprachauffassung. Vieldeutige Wortbedeutungen lehnte er ab, er ließ die Sprache nur als (logisches) Mitteilungsinstrument gelten. Die Naturwahrheit wurde nun zum Maßstab für die Phantasie, die schöne Natur das Ziel der Kunst. Der Rationalismus verwarf die Phantasie als eigenberechtigte schöpferische Kraft. Die eigentliche Quelle der Dichtung, die aus dem Verstande heraus schafft, ist nun ein dem Geist inhärentes Prinzip: der Witz, d. h. der phantasiereiche Scharfsinn. Witzige Rede bedeutete die Verbindung von Scharfsinn und Phantasie. „Esprit, wit und Genie kennzeichnen die besondere Gabe des Dichters, der sich zugleich an Vernunft und Natur gebunden sieht“ (Böckmann). Gottsched hat diese allgemeinen philosophisch-ästhetischen Vorstellungen in die deutsche Dichtungslehre eingeführt.

a) Johann Christoph Gottsched — Vorbereitung einer zeitgenössischen Literatur

Gottsched (1700—66), der Pfarrersohn aus Ostpreußen, entging nur durch die Flucht aus Königsberg den Werbern des Soldatenkönigs. In Leipzig, wo er sich 1729 als Privatdozent niederließ, bald zum Professor der Philosophie und Dichtkunst aufstieg und sich eine bedeutende Stellung innerhalb des Geisteslebens sicherte, fand er ein reges Gesellschaftsleben, aber eine trostlose Theatersituation vor.

Um ein literarisches Theater. Gottsched entschloß sich, mit Hilfe der Schauspieltruppe der Caroline Neuberin (1697—1760) das niedrige Theaterniveau zu bekämpfen. Was er auf den Bühnen zu sehen bekam, waren „lauter schwülstige und mit Harlekins Lustbarkeiten untermengte Haupt- und Staatsaktionen, lauter natürliche Romanstreiche und Liebeswirrungen, lauter pöbelhafte Fratzen und Zoten“ (Gottsched). So griff er auf die französischen Autoren zurück, übersetzte deren Dramen in dem Werk *Deutsche Schaubühne* (1740/45), ferner Bayles *Dictionaire.* Die französischen Dramatiker hielt er für die Repräsentanten einer übernationalen Kunst, weil sie die überzeitlichen Gesetze der Poesie am besten verfolgten. „Was bei den Römern die Griechen waren, das sind für uns itzo die Franzosen. Diese haben uns in allen großen Gattungen der Poesie sehr gute Muster gegeben“ (Gottsched). Er selber schrieb das Schauspiel *Sterbender Cato* (1731).

Diese Auffrischungen des Repertoires waren nur eine Teilmaßnahme im Kampf um eine Erneuerung der deutschen Literatur. Er forderte die gereinigte, regelmäßige Tragödie, die die abgesunkene Barocktragödie ersetzen sollte. Anstelle der Oper verlangte er das Schäferspiel, anstelle der Posse das Lustspiel. 1737 verbannte er den Hanswursten von der Bühne.

Seine theoretischen Ansichten hatte er 1730 in dem *Versuch einer critischen Dichtkunst vor die Deutschen,* einer an BOILEAU orientierten klassizistischen Poetik, entwickelt. Poesie ist nach Gottsched eine Kunst des Verstandes und ein Feld nützlicher Tätigkeiten. Was der Dichter braucht, sind „starke Einbildungskraft, viel Scharfsinn und großen Witz“. Für das Drama erhob er die Forderung nach der Einheit von Ort, Zeit und Handlung.

Gottsched war ein zweiter Opitz. Er erwarb sich große Verdienste um die Reinigung der Muttersprache, aber seine rationalistische Poetik war bald überholt. Seiner Betrachtungsweise entgegengesetzt waren die Auffassungen der Schweizer.

b) Bodmer und Breitinger — „Die Wiedergeburt der Metapher"

Johann Jakob Bodmer (1698—1783), der Pfarrersohn aus Zürich, war der große Förderer Klopstocks und Wielands, weshalb ihn Goethe auch „die Hebamme der Genies" nannte. Er gehörte zu den bedeutenden Schweizer Vermittlern zwischen den europäischen Nationen; er übersetzte Miltons *Paradise Lost*, Popes *Dunciade*, Homer, entdeckte das *Nibelungenlied*, den *Parzival* und Handschriften der Minnesänger. Sein Freund Breitinger (1701—76) verfaßte eine *Kritische Dichtkunst* (1740), das Gegenwerk zu Gottscheds Poetik.

Bodmer fordert in seiner *Critischen Abhandlung von dem Wunderbaren in der Poesie* (1740) nicht Regelmäßigkeit und Gesetzmäßigkeit, sondern die Gestaltung des Wunderbaren. Der dichterisch gestaltbare Bereich beschränkte sich nach Meinung der Schweizer nicht bloß auf die Nachahmung der Natur, sondern zur „Natur" gehört auch das Übernatürliche, das der dichterischen Phantasie größeren Spielraum läßt. Dichtung ist ihnen eine redende Malerei; sie schwärmten für Bilder, Gleichnisse, erhabene Worte, während sie in Gottsched nur den Verteidiger des Banalen und Platten sahen. Dichtung ist für sie eine selbstgenügsame Schöpfung der Phantasie. Sie verlangten vom Poeten eine Beschäftigung mit dem Gefühl, den Appell ans Herz, und wurden so die theoretischen Verfechter der Klopstockschen Forderungen.

Die beiden poetologischen Grundpositionen standen einander gegenüber und führten zu einem heftigen Streit der zwei Richtungen. Sie verfochten ihre Ansichten in den Wochenschriften und versuchten auf diesem Wege, das Publikum für ihre Ideen zu gewinnen.

Das Verdienst dieser dichtungstheoretischen Auseinandersetzungen bestand darin, daß sie die junge Generation mit den Mitteln und Fragestellungen der Literatur vertraut machten, sie durch ihre reiche Übersetzertätigkeit an die Autoren des Westens heranführten und das Bildungsniveau des deutschen Bürgertums hoben.

Die Literaturformen der Aufklärung entsprachen dem analytisch-utilitaristischen Denken der neuen Epoche. Autoren griffen zu Formen, die ihren aufklärerisch-didaktischen Absichten entgegenkamen, Belehrung und Bewußtseinserhellung förderten. So ist die Fabel ein Muster der agitatorischen Kleinkunst. Der Verfasser schafft sich ein Beispiel für seine Einsichten, überträgt den Vorfall in die Maskenwelt der Tiere (s. S. 18). Diese diplomatische Verfremdung schützt vor Angriffen und erlaubt eine Objektivierung des Vorgangs, dessen Modellcharakter die Erkenntnis der aufgedeckten Zusammenhänge erleichtert. Trotzdem wird in der verbergend-enthüllenden Tiermaske die Kritik offenkundig. Gellert, Lichtwer, Hagedorn, Pfeffel und Lessing waren Meister dieser Kleinform, die auch manche Autoren zur theoretischen Auseinandersetzung reizte, so Lessing in seiner *Abhandlung vom Wesen der Fabel*.

Die Parabel erzählt eine Geschichte, weist gleichnishaft auf einen anderen, analogen Vorstellungsbereich. Lessings Ringparabel ist ein Musterbeispiel dieser Gattung, die erst wieder im 20. Jh. durch Kafka, Musil und Brecht neue Ausdruckskraft gewann. Das Epigramm, im 17. wie im 18. Jh. gleichermaßen beliebt (s. S. 73, 85), wurde als Waffe im literarischen Tageskampf eingesetzt. Besondere Vorliebe fand die Satire in Form des Lustspiels und der Prosasatire, in denen die bürgerliche Moral Zielscheibe des Spottes war, während man sich scheute, brisante politische und soziale Themen aufzugreifen. Ferner entwickelten die Aufklärer einen neuen Typ der Abhandlung in der Form der essayistischen Abhandlung. In ihr verarbeiteten sie reflektierend ihre Erfahrungen und erreichten mit eingängigen Formulierungen eine breite Leserschicht. Der Roman verdrängte das heroische Epos und etablierte sich als eine anerkannte Literaturform. Das Lehrgedicht propagierte den Nutzen der vernünftigen Weltordnung, und die Lyrik war vor allem Gedankenlyrik, weitgehend vom Leipnizschen Optimismus bestimmt.

LITERATUR:

Herbert Schöffler *Anruf der Schweizer* in: *Deutscher Geist im 18. Jahrhundert.* Vand 254
Bruno Markwardt *Geschichte der deutschen Poetik* Bd. 2. Berlin 1958
René Wellek *Geschichte der Literaturkritik 1750—1830.* Neuwied 1959
Eric A. Blackall *Die Entwicklung des Deutschen zur Literatursprache 1700—1775.* Stuttgart 1966
Christoph Siegrist *Das Lehrgedicht der Aufklärung.* Stuttgart 1974

4. Erlebnis und Naturbetrachtung

a) Johann Christian Günther — „Was hast du, Herz, von aller Lust?"

Der Arztsohn aus dem schlesischen Striegau gehört nicht mehr der Barockwelt an und war in seiner Kunst ebensoweit von den Vernunftidealen der anbrechenden Aufklärung entfernt. Einsam steht er in der Zeit des Übergangs. Einzigartig und unverwechselbar ist die einem rastlosen, von Sinnlichkeit gequälten, von Not und Elend gezeichneten Leben abgerungene Lyrik dieses Vaganten, von dem Goethe sagte, er habe „alles besessen, was dazugehört im Leben ein zweites Leben durch Poesie hervorzubringen."

1695 wurde Günther geboren. Seit seiner Schulzeit liebte er die seinem kleinbürgerlichen, strenggläubigen Vater verhaßte Poesie und schrieb Verse. Die glühende Liebe zu Eleonore Jachmann, der älteren, schönen Schwester seines Freundes, wurde zur entscheidenden Begegnung seines Lebens, die er zeitlebens, auch in der größten Not, nicht vergessen konnte. Er studierte in Wittenberg Medizin, führte ein unruhiges Bohèmeleben, wechselte die Universitäten. 1723 begab er sich nach Jena. Dort starb er 28jährig an einem Blutsturz. „Alle Geschicke verschwören sich auf mein Haupt, das Elend der Eltern, die Klage der Schwester, der Mangel hoher Gunst, die Schwäche des Körpers, der Hohn der Böswilligen und die Schwester der redlichen Herzen, die Armut."

Günther begann mit metaphernreichen Versen voller barockem Redeprunk. Während seiner Studentenzeit schlug er sich mit Gelegenheitsgedichten, Geburtstags-, Trink- und Saufliedern durch. Anfänglich der barocken Rhetorik verhaftet, wurden seine Verse allmählich einfacher, schlichter. Sprichwort und Alltagswendungen gewannen in ihrer Ursprünglichkeit immer mehr Raum. Je mehr ihn des „Unglücks Hand mit Kummerlauge wäscht", desto inniger, persönlicher und reiner wird der Ton seiner Lieder. Hinter der Gestalt der Lenore seiner Gedichte verbirgt sich die große Liebe zu Eleonore Jachmann und den anderen Mädchen. Leid, Abschied, Schmerz, Verzweiflung und Glück werden in den Versen laut. Sein von Qual gepeinigtes Inneres, das zwischen Gier und Zartheit, Sinnenlust und Todesahnung hin- und hergerissen wird, offenbart sich in reinen, an Goethe erinnernden Versen; sie zeigen eine Einheit von Sprache und Empfindung, wie wir sie nur aus der späteren Erlebnislyrik kennen:

Mein Gott, wie ist die Zeit entronnen!
Was hast du, Herz, von aller Lust?
Dies, daß du Reu und Leid gewonnen
Und wissen und entbehren mußt.
(Die unwiederbringliche Zeit)

Die Klagelieder enthalten offene, alle Konventionen sprengende Bekenntnisse seines martervollen Daseins. Vom Fluch auf das eigene Dasein in dem großen Alexandrinergedicht *Geduld Gelassenheit* bis zur inbrünstigen Hingabe und Aufopferung seines eigenen Lebens.

b) Barthold Heinrich Brockes — „Der erste Realist"

Ganz anders ist die Lyrik des Frühaufklärers Brockes (1680—1747). Dieser Hamburger Patrizier, der, von Geschäften kaum belastet, sein Leben der Dichtung widmen kann, erreicht nicht das poetische Niveau Günthers. Seine Verse sind typischer Ausdruck der aufklärerischen Glückseligkeitslehre. Als Übersetzer von Marinos barockem Versepos *Der betlehemitische Kindermord,* Alexander Popes *Essay on Man* und James Thomsons Naturepos *The Seasons* steht er zwischen den Epochen.

In seiner *Irdisches Vergnügen in Gott* betitelten Lyriksammlung (9 Bde., 1721—48) sehen wir barocke Stilzüge dem aufklärerischen Grundstreben einverwandelt. Barock ist in seinen Gedichten noch die Edelsteinmetaphorik („Des Lustsaphirs saphirner Spiegel", „Ein Wald von Bergkristall voll diamantner Reiser"), die detaillierten Aufzählungen von Einzelheiten. Aber beherrschend ist eine Naturteleologie, die noch im Kleinsten die Wundermacht des Schöpfers erkennt. Das grundlegend Neue bei Brockes ist die Hinwendung zur Natur. Seine Gedichte sind „sinnlicher Gottesdienst"; er verlangt ein „Vergaffen" in die „Zier und

Anmut der Natur", ein liebevolles Betrachten ihrer Schönheiten. Sein Vergnügen erwächst aus der staunenden Bewunderung des Kleinen; gleich einem Kurzsichtigen versenkt er sich liebevoll in die Details: Vergißmeinnicht, Kirschblüte, der Tau, die Sonne, Winter und Frühling, die Vögel, Nachtigall und Fliege, Goldkäfer und die feinen Farbschattierungen der Gräser. Das Natürliche gilt ihm als ein wahres, unerklärbares Wunder, die Natur erscheint gottbeseelt, und je tiefer sich der Mensch in sie versenkt, desto mehr erkennt er die Zweckmäßigkeit der Schöpfung und die Güte des Schöpfers. Die Natur wird noch auf Gott zurückbezogen, gewinnt aber trotzdem den bislang unbekannten Selbstwert einer in sich ruhenden Wirklichkeit. Es äußert sich das erwachende Naturgefühl, ein schon rein ästhetisches Vergnügen an der Natur wird sichtbar:

Ich sahe mit betrachtendem Gemüte
Jüngst einen Kirschbaum, welcher blühte,
In kühler Nacht beim Mondenschein;
Ich glaubte, es könne nichts von größrer Weiße sein.

Es schien, ob wär ein Schnee gefallen.
Ein jeder, auch der kleinste Ast
trug gleichsam eine rechte Last
von zierlich-weißen runden Ballen.
Es ist kein Schwan so weiß, da nämlich jedes Blatt,
indem da selbst des Mondes sanftes Licht
selbst durch die zarten Blätter bricht,
Sogar den Schatten weiß und sonder Schwärze hat.
Unmöglich, dacht ich, kann auf Erden,
was Weißers angetroffen werden.

(aus *Kirschblüte bei Nacht!*)

Weit entfernt von Brockes unmittelbarer Freude an der Natur ist die gedankenbefrachtete Dichtung des Berner Patriziers und späteren Professors der Medizin in Göttingen ALBRECHT VON HALLER (1708—77). Der grüblerische, melancholische Gelehrte sah in der Dichtung ein Mittel zum lehrhaft-erzieherischen Wirken. Er begründete die philosophische Lehrdichtung. In dem Lehrgedicht *Über den Ursprung des Übels* (1732/33) versucht er die Leibnizsche Theodizee, die Anschauung von der berechtigten Existenz des Übels in der Welt, dichterisch darzustellen. *Die Alpen* (1729) schildern in Alexandrinern voller Pathos die Gebirgswelt und das schlichte, sittsame Leben ihrer Bewohner, das er der städtischen Zivilisation gegenüberstellt. Es ist schon eine Spielart Rousseauscher Kulturkritik. Seine Naturschilderungen sind stark mit Nützlichkeitserwägungen durchsetzt, so daß man noch nicht von einem einfühlenden Verstehen der Natur sprechen kann.

LITERATUR:

Wilhelm Krämer *Das Leben des schlesischen Dichters Johann Christian Günther.* Bad Godesberg 1950

Franz Löffelholz *Wirklichkeitserlebnis und Gottesvorstellung in B. H. Brockes ‚Irdisches Vergnügen in Gott'.* Diss. Frankfurt/Main 1955

Arno Schmidt *Barthold Heinrich Brockes, oder Nichts ist mir zu klein* in: *Nachrichten von Büchern und Menschen.* Fi 1164

5. Gotthold Ephraim Lessing — Kritik und Muster

Gottsched und die Schweizer hatten kritisch das Terrain sondiert, aber erste zaghafte Versuche der Dichter gelangten über das Stadium poetisierter Moral nicht hinaus. Von fremden Mustern abhängig, war ihnen kein bedeutendes Kunstwerk gelungen. Die feudalen Kreise lasen die französische Literatur, die Fürsten waren zwar aufgeklärt, ließen jedoch Kritik nur so lange zu, als sie sich in den angewiesenen Grenzen hielt. Sie hatten kein Interesse an deutschen Werken, gleichviel ob sie kritisch oder belehrend oder unterhaltend waren. Zum endgültigen Durchbruch der deutschen Literatur bedurfte es eines Mannes, der sowohl Dichter wie Kritiker war. Dieser Mann war Gotthold Ephraim Lessing. Er leistete, was in den westeuropäischen Nationalliteraturen schon lange geleistet war: er setzte Maßstäbe und hob die Literaturkritik. Es ist das Einzigartige seines Auftretens, daß er in seinen Dramen *Minna von Barnhelm* und *Emilia Galotti* mustergültige, nachahmbare

Gotthold Ephraim Lessing,
Gemälde von Georg Oswald May, 1767

Modelle schuf und zugleich mit seinen Kritiken und theoretischen Arbeiten das kritische Sprachbewußtsein und das Niveau der Literaturkritik auf eine neue Stufe hob.

Das aber konnte er nur vollbringen, weil er von einer tiefen Wahrheitsliebe besessen war, die Wahrheit bis in ihre letzten Schlupfwinkel verfolgte, das Mittelmäßige, Stümperhafte wie die Pest haßte und dabei seinen ganzen Scharfsinn, sein umfassendes Wissen, seine Polemik an die Verurteilung uns heute belanglos erscheinender Gestalten wie Lange, Klotz und Goeze wandte, sie, wie Heine treffend bemerkte, mit in die Unsterblichkeit schleifend. Dadurch aber, daß Lessing das Provinzielle, Stümperhafte, Aufgeblasene, Halbvollendete entlarvte, Echtes von Unechtem schied, hob er das Niveau und zeigte, was notwendig und möglich war.

Dieser streitbare Geist kam aus dem protestantischen Pfarrhaus in Kamenz in der Oberlausitz, wo er am 22. 1. 1729 geboren wurde. Sein Vater war ein eifriger Pastor. Im Elternhause lernte der Knabe Glauben und Wahrhaftigkeit. Hier lagen die Wurzeln seiner religiösen Arbeiten, seiner wachsamen Kritik, seines unermüdlichen Forschens. In der Kamenzer Stadtschule wurde er für das Studium vorbereitet. Seinem Vater gelang es, einen Freiplatz in der Kursächsischen Fürstenschule St. Afra in Meißen zu bekommen. Von 1741—1746 war Lessing Zögling dieser Anstalt. Der ungemein begabte Schüler lernte spielend und erwarb sich solide Kenntnisse. Er war ein unbequemer Wahrheitssucher, der sich von anderen nicht viel dreinreden ließ. Nach dem Abitur ging der junge Lessing nach Leipzig, weil dort Fürstenschüler ein Stipendium erhielten. Er immatrikulierte sich an der Universität. Allerdings fehlten ihm zum Theologen, wie sein Bruder bemerkte, „Sprache, Körper und Denkart". In der Pleißestadt ließ er sich vom Vetter Mylius zum fröhlichen Studentenleben und zum Umgang mit Schauspielern verführen. Er schrieb das Lustspiel *Der junge Gelehrte*, das aufgeführt wurde. Mit Entsetzen vernahm die Familie von seinem Lebenswandel. Die Bürgschaft für eine Theatergruppe brachte ihm Schwierigkeiten, so daß er aus Leipzig nach Wittenberg floh. 1748 entschloß er sich, das Studium aufzugeben und es in Berlin zu versuchen. Er lebte als freier Schriftsteller, wurde Feuilletonredakteur der *Vossischen Zeitung*, schloß Freundschaft mit dem feinsinnigen Juden Mendelssohn und dem Popularaufklärer Nicolai und begegnete Voltaire.

Bürgerliches Drama und Literaturkritik. In Berlin schrieb Lessing das erste deutsche bürgerliche Trauerspiel. Das erwachende Bürgertum forderte Stücke, die nicht aus der höfisch-barocken Welt ihre Figuren nahmen und deren tragische Geschicke vorführten, sondern die seine eigenen bürgerlichen Probleme und sein Selbstbewußtsein widerspiegelten. „Die Namen der Fürsten und Helden können einem Stück Pomp und Majestät geben, aber zur Rührung tragen sie nichts bei. Das Unglück derjenigen, deren Umstände den unsrigen am nächsten kommen, muß natürlicherweise am tiefsten in unsere Seele dringen; und wenn wir mit Königen Mitleid haben, so haben wir es mit ihnen als mit Menschen und nicht als mit Königen" *(Hamburgische Dramaturgie;* vgl. Das barocke Trauerspiel S. 75 f.). Lessing war von Diderot, dem Verfasser des bürgerlichen Dramas, fasziniert. In der *Miß Sara Sampson* (1755) verlegt er zum erstenmal die Tragödie in die bürgerliche Umgebung. Den Alexandriner ersetzt er durch Prosa und zeigt das Motiv des Mannes zwischen zwei Frauen, unter dem Einfluß von Lillos Drama *Der Kaufmann von London* und Richardsonscher Romane, an einer zeitgenössischen Handlung in England.

Der zwiespältige, mehr unglückliche als lasterhafte Mellefont entführt Sara, die von Mellefonts ehemaliger Geliebten Marwood vergiftet wird. Daraufhin tötet sich der Liebhaber an Saras Bahre. — Es ist der Sieg der verführten Tugend über das Laster, der Zusammenprall zwischen den Forderungen der Gesellschaft und dem schwachen Mellefont. Zutiefst war man von dem rührseligen Stück beeindruckt: „Die Zuschauer haben dreieinhalb Stunden zugehört, stillgesessen wie Statuen und geweint." Mit diesem Stück hatte Lessing dem bürgerlichen Leben Eingang in das deutsche Drama verschafft.

Lessing gab seine Stellung bei der *Vossischen Zeitung* auf und beabsichtigte als Gesellschafter eines jungen Mannes eine Englandreise. Doch der Ausbruch des Siebenjährigen Krieges vereitelte das Unternehmen. Lessing blieb in Leipzig, befreundete sich mit dem Dichter EWALD VON KLEIST (1715—59). Als Kleist ins Feld zog, kehrte er nach Berlin zurück.

Grundlegung der Kritik. Die *Briefe, die neueste Literatur betreffend* (1759/65) sind Meisterwerke der Literaturkritik. Lessing bedient sich der Form fingierter Briefe an einen verwundeten Offizier, den er über den Literaturbetrieb informiert. Ausgehend von einem gründlichen Verständnis und von der Anschauung des ganzen Kunstwerks, übt Lessing unbarmherzig Kritik. Geschult an Bayle, Diderot und Voltaire führte er mit witziger Ironie in gedrängter Kürze, mit fein gedeckten Ausfällen seine scharfe Feder gegen falsche literarische Propheten und schlechte Übersetzer. Am konkreten Detail zeigte er die Fehler auf. Er rechnete ab mit Cliquen, richtet Gottsched im 17. Literaturbrief. Was er trieb, war „produktive Kritik" (F. Schlegel). Es gehört zu den Besonderheiten der neuen deutschen Literatur, daß die Kritik zugleich mit den Werken entstand und als „Organon einer noch zu vollendenden, zu bildenden, anzufangenden Literatur" (F. Schlegel) dienen mußte.

Bald fand Lessing, daß es wieder einmal Zeit war, „mehr unter Menschen als unter Büchern zu leben". Er wurde Sekretär des Obersten von Tauentzien, des Gouverneurs von Breslau. Von 1760—64 lebte er in heiterer Geselligkeit, trank und spielte leidenschaftlich, zechte mit den Offizieren und hatte genügend Gelegenheiten, ihre Typen zu studieren und das Soldatenleben zu beobachten. Aus den Erfahrungen seiner Breslauer Jahre schrieb er die erste deutsche Komödie.

Minna von Barnhelm (1767). Unerhört neu ist der Griff nach einem Stoff aus der Gegenwart, was zur Folge hatte, daß die Aufführung dieses Lustspiels in Hamburg auf preußische Intervention hin unterblieb. Nicolai rügte die vielen Stiche gegen Preußen.

Nicht mehr das Urbild der komischen Figuren, der prahlende miles gloriosus, ist die Zentralgestalt, sondern Major von Tellheim, ein Balte in preußischen Diensten, der aus überspanntem Ehrgefühl glaubt, seine Verlobte nicht mehr heiraten zu können, weil er durch einen zu Unrecht erhaltenen schimpflichen Abschied mittellos geworden war. Minna, dem sächsischen Edelfräulein, gelingt es, den Hypochonder wieder für sich zu gewinnen, indem sie ihm listig vorspielt, selbst arm geworden zu sein.

„Jede Ungereimtheit, jeder Kontrast von Mangel und Realität ist lächerlich", meint Lessing. Darauf beruht auch Tellheims Komik: sein übertriebenes Ehrgefühl, sein starres Festhalten an abstrakten moralischen Grundsätzen steht im Gegensatz zu seinem Edelmut. Die zarte, zierliche, entschlossene Minna aber überwindet mit ihrem hellen Verstand, ihrer weiblichen Weisheit und ihrer liebenswürdigen Unbeirrbarkeit den Starrsinn des Geliebten. Auf der unteren Ebene begleitet das Spiel dieser beiden Figuren die derbere Komik der Bediensteten.

Meisterhaft ist die sprachliche Differenzierung der Figuren: kurz, verhalten die Sprache Tellheims, hell, voll leichter Anmut die Minnas, grob, ungeschminkt die Justs, treu, bieder die des Wachtmeisters Werner. Die Dialogführung ist hell, klar, durchsichtig.

Lessings Poetik. Das Lustspiel war nur das eine Ergebnis der wechselvollen Breslauer Jahre. Das andere heißt: *Laokoon oder über die Grenzen der Malerei und Poesie* (1766).

An Hand der berühmten hellenistischen Plastik entwickelt Lessing den grundlegenden Unterschied der beiden Künste. Die Malerei gebraucht „Figuren und Farben im Raum", die Poesie „artikuliert Töne in der Zeit". Körper mit ihren sichtbaren Eigenschaften sind Gegenstände der Malerei, Handlungen der eigentliche Gegenstand der Dichtung. Worum es Lessing geht, ist letzten Endes die Reinheit der Wirkungen der einzelnen Künste, deren Vermischung er ablehnt: „Ich behaupte, daß nur das die Bestimmung der Kunst sein kann, wozu sie einzig und allein geschickt ist und nicht das, was andere Künste ebensogut, wo nicht besser können als sie. Ich finde bei Plutarch ein Gleichnis, das dieser sehr wohl erläutert: ‚Wer, sagt er, mit Schlüsseln Holz spellen und mit der Axt Türen öffnen will, verdirbt nicht sowohl beide Werkzeuge, als daß er sich selbst des Nutzens der beiden Werkzeuge beraubt.'"

Die Erörterung des Gesetzes des „fruchtbaren Moments“ zeigt, weshalb die Laokoongruppe künstlerisch als gelungen erscheint: weil der Künstler den Augenblick *vor* dem Biß gewählt hat, also vom Rande her das Geschehen künstlerisch fixierte, so daß noch genügend Spielraum für die Phantasie des Betrachters bleibt.

Lessing sah jetzt „den ernsteren Teil seines Lebens herannahen und beginnt, ein Mann zu werden“. Das Erscheinen des *Laokoon* bot die Aussicht, in Berlin eine Stellung zu erhalten. Freunde schlugen ihn als königlichen Bibliothekar vor, doch Friedrich II. lehnte ab. Lessing verließ Berlin, bitter enttäuscht, daß seine Pläne gescheitert waren. Die Freiheit des preußischen Berlin „reduziert sich einzig und allein darauf, gegen die Religion so viele Sottisen zu Markte zu bringen als man will ... aber lassen Sie einen in Berlin auftreten, der für die Rechte der Untertanen, der gegen Aussaugung und Despotismus seine Stimme erheben wollte ... und Sie werden bald die Erfahrung machen, welches Land bis auf den heutigen Tag das sklavischste von ganz Europa ist“, schrieb er an Mendelssohn.

Die Lehre vom Dramatischen. Da erhielt er den Ruf an das 1766 neugegründete Theater der größten, unabhängigsten Stadt Deutschlands, Hamburgs. Es war ein bürgerliches Unternehmen. Im Gegensatz zum Hoftheater und zu der primitiven Mimenkunst der Wanderbühnen sollten hier die Ansprüche des Bürgertums befriedigt werden. Lessing wurde die Stelle des Kritikers angeboten. Es war seine Aufgabe, ein „kritisches Register von allen aufzuführenden Stücken zu halten und jeden Schritt zu begleiten, den die Kunst sowohl des Dichters als des Schauspielers hier tun würde.“ So entstand aus den Rezensionen der Aufführungen die *Hamburgische Dramaturgie* (1767/70).

Lessing kannte die ganze Misere des deutschen Theaters: den Mangel an Werken, die Winkelinteressen der Bürger. Er entwickelte in den fortlaufenden Besprechungen der Aufführungen seine Ansichten, äußerte sich immer grundsätzlich zu den Fragen der Schauspielkunst, kritisierte theoretisch, was praktisch fehlschlug. Er setzte sich mit den zumeist aus dem französischen Repertoire bestrittenen Aufführungen auseinander, mit dem französischen Klassizismus, seinen Forderungen nach Einheit von Ort, Raum und Zeit und gelangte zur radikalen Ablehnung der französischen Aristotelesinterpretation. Aristoteles war für Lessing die letzte Autorität. Nach Lessing braucht der Dichter die innere Wahrscheinlichkeit des Charakters, um eine Identifikation des Zuschauers mit den Figuren zu erreichen; denn nur so ist die Grundlage für die Wirkung der Tragödie, für das Mitleid gegeben. Wirkung und Struktur des Dramas werden in Verbindung gesetzt. Märtyrer und Wunder lehnt er wegen der fehlenden psychologischen Motivierung ab. Die Wirkung der Tragödie besteht in der „Reinigung von Furcht und Mitleid.“ „Die Reinigung beruht in nichts anderem als in der Verwandlung der Leidenschaften in tugendhafte Fertigkeiten.“ Der Tragödie wird eine moralische Funktion zugewiesen und so der psychologische Realismus des 19. Jhs vorbereitet.

Laokoon, Skulptur eines hellenistischen Meisters, 1. Jh. v. Chr.

Das Unternehmen dauerte nur ein paar Jahre, dann brach es zusammen. Mit ätzendem Sarkasmus machte Lessing seiner Enttäuschung Luft. „Über den gutherzigen Einfall der Deutschen ein nationales Theater zu schaffen, da sie noch gar keine Nation sind!“ Er sah sich um die Hoffnung gebracht, von den Einnahmen eines unabhängigen Schriftstellers leben zu können. In Hamburg hatte er neue Freunde gewonnen: den Theologen Reimarus, den Kaufmann König und dessen Gattin Eva. Seines Vermögens verlustig, griff er zu, als ihm der Erbherzog von Braunschweig die schlechtbesoldete Stelle eines Bibliothekars in Wolfenbüttel anbot. Der berühmteste Mann des literarischen Deutschland fristete bei einem Jahreseinkommen von 600 Talern als Bibliotheksbeamter sein Leben; 30 000 Taler erhielt der italienische Hoftheaterdirektor.

Erstes bürgerliches Trauerspiel. Erst in Wolfenbüttel unter dem unmittelbaren Eindruck der absolutistisch-höfischen Umwelt vollendete er den schon seit 1756 bearbeiteten römischen Virginiastoff, in dem ersten neueren deutschen Trauerspiel, der

Emilia Galotti (1772). Die Handlung verlegte er in ein italienisches Duodezfürstentum, das die absolutistischen Verhältnisse sehr klar erkennen läßt, und zeigt das tragische Schicksal der Emilia Galotti, die, um der Verführung durch den Prinzen Gonzaga zu entgehen, von ihrem Vater, dem Obersten Galotti, getötet wird. Gegen die Skrupellosigkeit despotischer Willkür vermag der bürgerliche Untertan nur seine moralische Integrität, seine sittliche Unabhängigkeit durch die tragische Hingabe seines Lebens zu bewahren.

Die neuen Einsichten der Hamburgischen Dramaturgie kommen der Tragödie zugute: der klare ökonomische Aufbau, der geschliffene, klare Dialog, die Entwicklung und schrittweise Aufdeckung der tragischen Verstrickung, die Ausgewogenheit des Aufbaus. Goethe sah als Zeitgenosse den Kern des Problems, wenn er sagte: „Es war der entscheidende Schritt zur sittlich erregten Opposition gegen die tyrannische Willkürherrschaft." Und Schiller urteilte: „Ein Trauerspiel voll Salz, voll epigrammatischer Nadeln."

Im Streit mit der Orthodoxie. Lessing arbeitete in der reichhaltigen Bibliothek und rüstete sich zu einer letzten Auseinandersetzung mit seiner Umwelt. Zeitlebens war er ein um die religiöse Wahrheit bekümmerter Protestant, dem es trotz Bibelkritik und Orthodoxie um die Bewahrung des Christentums ging. Er sah die Schwierigkeiten darin, Offenbarung und Vernunft in ein tragfähiges Verhältnis zu bringen. Nun gab er die nachgelassenen Papiere seines Freundes Samuel Reimarus (1694—1768), eines Hamburger Theologen, heraus, und zwar, um die Angehörigen zu schützen, als angebliche Funde der Wolfenbüttler Bibliothek unter dem Titel *Fragmente eines Ungenannten* (1772). Darin leugnete Reimarus den Offenbarungscharakter der Bibel und die Göttlichkeit Christi. Die Schrift erregte ungeheueres Aufsehen und führte zu erbitterten Angriffen des Hamburger Hauptpastors Goeze, die Lessing zur Erwiderung reizten. Sein *Anti-Goeze* gehört zu den glänzendsten Polemiken unserer Literatur neben Luthers *Wider den Hans Worst* und Nietzsches *Fall Wagner*. Die Orthodoxie erreichte beim Herzog das Verbot der Lessingschen Erwiderungen. Deshalb verlegte er die Auseinandersetzung auf eine andere Ebene: „Ich muß versuchen, ob man mich auf meiner alten Kanzel, auf dem Theater wenigstens, noch ungehört will predigen lassen."

Die Bühne als Kanzel. Der bittere Verlust von Frau und Sohn hatten in ihm nicht den Glauben an eine freiere, bessere humanere Menschheit zerstört. Meisterhaft hat er das geheime Ideal der deutschen Aufklärung, das Ideal der Humanität, in dem dramatischen Gedicht *Nathan der Weise* (1779) gestaltet.

In ihm hat der Traum von einer besseren Menschheit, einer edleren, heiteren und gütigeren Menschheit in unnachahmbarer Form dichterische Gestalt gewonnen. Die Ringparabel, den Kern des Dramas, entlehnte er aus Boccaccios *Decamerone* und verlegte den Schauplatz der Handlung nach Jerusalem, an die Wiege dreier Weltreligionen, und in die Zeit der Kreuzzüge. Am Schicksal des Juden Nathan, der ein Christenkind aufzieht, erfahren wir, was edle Menschlichkeit bedeutet. Humanität ist für Lessing die sittliche Selbstentfaltung des Menschen, die Überwindung von Vorurteil und Leidenschaften. Die Religionen sollen an der Verwirklichung der die Völker und Kulturen verbindenden Menschlichkeit mitwirken. An ihren Früchten wird man sie erkennen: Ihr Wahrheitscharakter offenbart sich an der Kraft „vor Gott und Menschen angenehm" zu machen. Die historischen Religionen sieht Lessing als Gegebenheiten. Er erhofft jedoch, daß sie sich zum gemeinsamen Streben nach der „Wunderkraft" des rechten Rings verbinden und ihre Gegensätze nicht blutig austragen. Der in allen Völkern handeltreibende Nathan ist, nach dem Bilde von Lessings Freund Mendelssohn, ein Erzieher zur Weltläufigkeit.

Den tiefen Gehalt hat Lessing in den Gesprächston fünffüßiger Jamben gegossen, der zum Vers der deutschen Klassik werden sollte. Die Sprache ist geschmeidig, von verhaltenem Rhythmus und ein Muster urbanen Redens. Goethe bewunderte diese Gespräche „mit dem Tonfall innigster Klugheit", wie Thomas Mann später sagte. Er gab dem Drama die Mahnung an den Leser mit auf den Weg: „Möge doch das darin ausgesprochene göttliche Sendungs-, Duldungs- und Schonungsgefühl der Nation heilig und wert bleiben."

Die Utopie von der Menschlichkeit. Der Nathan war die poetisch-menschliche Antwort auf eine theologische Frage. Seine letzte veröffentlichte Schrift umfaßt die Summe seines Schaffens und gibt der Nachwelt sein geistiges Vermächtnis: *Erziehung des Menschengeschlechts* (1780). In den 100 Abschnitten werden Gang und Entwicklung der Menschheit verfolgt. Offenbarung und Vernunftreligion setzt Lessing in Zusammenhang mit der gesamten menschheitlichen Entwicklung. „Die Erziehung gibt dem Menschen nichts, was er nicht aus sich selbst haben könnte; sie gibt ihm das, was er aus sich selber haben könnte, nur geschwinder und leichter. So auch die Offenbarung." Das Alte Testament straft und lohnt wie der Vater beim Kind, im Neuen wird Christus zum Lehrer der Unsterblichkeit, Wunder und Dogmen sind noch notwendig, solange nicht die höchste Stufe der Aufklärung erreicht ist. „... sie wird kommen, sie wird gewiß kommen, die Zeit der Vollendung, da der Mensch, je überzeugter sein Verstand einer immer bessern Zukunft sich fühlet, von dieser Zukunft gleichwohl Bewegungsgründe zu seinen Handlungen zu erborgen nicht nötig haben wird; da er das Gute tun wird, weil es das Gute ist, nicht weil willkürliche Belohnungen darauf gesetzt sind." Im mündigen Menschen, der sittlich um des Guten willen handelt, erblickt Lessing wie Kant das Ziel allen Fortschritts.

Lessing litt in den letzten Jahren an Brustwassersucht. Am 15. Februar 1781 starb er in Wolfenbüttel, so arm, daß er auf Staatskosten beerdigt werden mußte.

Lessings Sprache ist der Ausdruck eines kompromißlosen Wahrheitssuchers. „Die größte Deutlichkeit war mir immer die größte Schönheit", lautete seine Devise. Das Denken dieses Erziehers, Humanisten, Theoretikers und Polemikers war nicht „ein Sprechen mit sich selbst, sondern ein vorweggenommenes Sprechen mit anderen" (Hannah Arendt), also polemisch, dialogisch, witzig-gesellig. Seine Fabeln sind gestrafft und pointiert. Lessing setzt seine Gedanken nicht fertig hin, sondern läßt sie langsam vor den Augen des Lesers entstehen. Männlich und geschmeidig, gelehrt und weltläufig, schmucklos und doch biegsam ist seine Prosa. „Sein Stil ist höchste Solidität bei höchster Einfachheit: Gleich Quadersteinen ruhen die Sätze aufeinander" (Heine). Lessing war der „wahre Schöpfer einer überfachlichen geistigen Sprache ohne Preisgabe von Genauigkeit und Gehalt" (Otto Mann).

Den Nekrolog schrieb Herder in Wielands *Teutschen Merkur:* „... Wahrheit forschen, nicht erforscht haben, nach Gutem streben, nicht alle Güte bereits erfaßt haben, war hier dein Blick, dein strenges Geschäft, dein Studium, dein Leben ... warst keinem Laster so feind, als der unbestimmten, kriechenden Heuchelei, unserer gewohnten täglichen Halblüge und Halbwahrheit, der falschen Höflichkeit; am meisten der schläfrigen Halbwahrheit, die wie Rost und Krebs in allem Wissen und Lernen von frühauf an menschlicher Seele naget. Viele Stellen in deinen Büchern voll reiner Wahrheit, voll männlichen, festen Gefühls, voller goldner ewiger Güter und Schönheit, werden, solange Wahrheit Wahrheit ist und der menschliche Geist das, wozu er geschaffen ist, bleibet — sie werden aufmuntern, belehren, befestigen und Männer wecken, die auch wie du der Wahrheit durchaus dienen."

LITERATUR:

Otto Mann *Lessing. Sein und Leistung.* Hamburg ²1965
Wolfgang Drews *Lessing.* rm 75
Elisabeth Brock-Sulzer *Lessing.* FD Bd. 11 = dtv 6811
Gotthold Ephraim Lessing, hg. v. Gerhard und Sibylle Bauer. WBG Bd. 211 (1968)
Wilfried Barner *Lessing-Epoche, Werk, Wirkung.* München ²1977
Paul Rilla *Lessing und sein Zeitalter.* München 1973

6. Georg Christoph Lichtenberg — Schöpfer des deutschen Aphorismus

Kritische Selbsterfahrung. Die deutsche Aufklärung hat sich entgegen der üblichen Meinung nicht bloß auf das platte Nützlichkeitsdenken beschränkt. Das zeigt neben Lessing das Werk des ersten deutschen Aphoristen und Anthropologen: Lichtenberg. Er hat Kants Forderung vom „Ausgang des Menschen aus seiner selbstverschuldeten Unmündigkeit" ernstgenommen und sein Denken auf Selbsterfahrung gegründet, Rationalismus mit Empirismus verbunden. Die Aufklärung bezweifelte alle Tradition und ließ nichts gelten, was der Vernunft widersprach. Zugleich aber erweiterte sie den Bezirk des rational Erfaßbaren. Ihre Kritik stieß, gerade weil sie die Tradition bezweifelte, aus tieferem Wahrheitsstreben zum Historismus, d. h. zur geschichtlichen Bedingtheit und in den Bereich des Unter- und Unbewußten vor, der nicht ausgespart werden durfte. Damit bereitete sie die Romantik vor. Lichtenberg ist wie keiner Popes Forderung nachgekommen, den Menschen in den Mittelpunkt der Betrachtung zu stellen. In ihm hat die menschliche Natur einen gütigen, humorvoll-witzigen, aber auch schonungslosen Interpreten gefunden, der mit der Sonde seines Verstandes die verborgensten Winkel unseres Seelenlebens ausleuchtete und erstaunliche Schätze zutage förderte, die bis heute ihren Wert behalten haben. Er sah es als seine Aufgabe an, „sich aus dem Schutt fremder Dinge herauszufinden, selbst anzufangen zu fühlen und selbst zu sprechen, ... auch einmal selbst zu existieren".

Lichtenberg wurde als 17. Kind einer Pastorenfamilie 1742 in Oberramstadt bei Darmstadt geboren. Durch einen Unfall in seiner Jugend erlitt er eine Rückgratverkrümmung, die dem hellwachen, begabten, pietistisch erzogenen Jüngling zeitlebens die Unbefangenheit des gewöhnlichen Lebens raubte. Nach dem Besuch des Darmstädter Gymnasiums studierte er seit 1763 in Göttingen Mathematik, Astronomie und Naturgeschichte. 1767 wurde er Professor der Mathematik und Physik. Er war auch Hofmeister dreier englicher Studenten. 1770 begleitete er seine Zöglinge nach England, wo er mit der großen Welt vertraut wurde. Er verkehrte in der königlichen Familie, wohnte der Hinrichtung von Verbrechern bei, besuchte das Theater und das Irrenhaus Bedlam und versäumte keine Gelegenheit, Beobachtungen über seine Mitmenschen anzustellen. Ihm verdanken wir auch die erste Großstadtschilderung — der Londoner Fleet Street — in unserer Literatur. Nach Göttingen zurückgekehrt, führte er bis zu seinem Tode ein an äußeren Ereignissen armes Leben. Er wurde Mitglied der Royal Society. Später heiratete er eine Gerberstochter, die ihm den Haushalt geführt und Kinder geschenkt hatte. Sein Leben vollzog sich zwischen dem Experimentiertisch und seiner Wohnung im Hause des Verlegers Dieterich, dem er die Miete durch Herausgabe des Göttinger Kalenders ableistete. 1799 ist er gestorben.

Der Beobachter. Lichtenberg besaß eine geniale Beobachtungsgabe, der das Kleinste, Unscheinbarste, Verborgenste und Alltäglichste nicht entging. Durch pietistische Selbstbetrachtung geübt, durchdachte er seine Erlebnisse. Er führte genau Tagebuch, sammelte seine „Pfennigswahrheiten" und war ein gewissenhafter Buchhalter seiner Einfälle und Ideen. Seinen *Sudelheften* vertraute er seine geheimsten Gedanken an. „Solange wir das Leben nicht so beschreiben, alle Schwachheiten aufzeichnen, von denen des Ehrgeizes bis zum geheimsten Laster, so werden wir einander nicht lieben lernen. Es ist eine unbegreifliche Mode-Alfanzerei, daß wir den einzigen Gegenstand der Natur, den wir recht kennen, ich meine unser moralisches Selbst, nur nach einem einfältigen philosophischen Polizeiformular beschreiben, auf daß der Menge kein Schaden geschieht." Lichtenberg war hellhörig gegen sich selbst, lag der menschlichen Natur stets auf der Lauer, verfolgte seine innersten Regungen und reflektierte über seine Empfindungen.

Der Physiognomist. „Die unterhaltsamste Fläche auf der Erde für uns ist das menschliche Gesicht." Während Lavaters Physiognomie auf festen Formen wie Nase, Kinn usw. aufbaute, also statisch verfuhr, war Lichtenbergs Physiognomie auf das Bewegungsspiel des Gesichts und Körpers gerichtet, das ihn gerade beim Schauspieler entzückte. Lichtenberg wußte um die Macht und Kraft des Unbewußten und der Träume, darin Schopenhauer und S. Freud verwandt. „Wenn Leute ihre Träume aufrichtig erzählen wollten, da ließe sich der Charakter eher daraus erraten als aus dem Gesicht."

Hogarths Kupferstiche, die schonungslos das englische Gesellschaftsleben und ihre „moralische backside" zeigen, faszinierten ihn. In seinen Erklärungen der Kupferstiche versuchte er, poetisch zu sagen, was Hogarth mit dem Grabstichel darstellte.

Der Aphoristiker. Keine Darstellungsform schien ihm für seine Erkenntnisse geeigneter als der Aphorismus. Die kurzen, inhaltsreichen, pointierten Sätze ersetzen ein umfassendes System. Sie enthalten das Irrationalste dieser rationalen Zeit. Der französische Aphorismus empfängt Glanz und Spannung aus dem Esprit geschliffener Konversation. La Rochefoucauld, Vauvenargues, Chamfort und Rivarol beleuchten das Verhalten des Menschen in der höheren Gesellschaft, was auf eine Psychologie der Moral hinausläuft (Vgl. Der Salon S. 102). Lichtenberg, der deutsche Professor in einer Kleinstadt, wird zum psychologischen Porträtisten seiner selbst und des Einzelnen. Pietistische Selbstbetrachtung, scharfe

Beobachtung seiner alltäglichen Umgebung und englischer Wit speisen seine über 2000 Aphorismen.

Die Sprache Lichtenbergs ist klar und schlicht. Er schreibt den Stil „der gleichmäßig feinen Geistigkeit, des weisen Spaßes, der heiteren Beratung“ (Promies). „Seine Sprache funktioniert mit der Feinheit und Sicherheit einer Präzisionsmaschine; jeder, auch der scheinbar flüchtige Satz überrascht durch seine klassische Ökonomie, Durchsichtigkeit und Prägnanz. Sein Denken ist von einer, man möchte fast sagen, zerleuchteten Helle, dabei von jener Art Nüchternheit, die das ausschließliche Privileg genialer Köpfe bildet“ (Friedell).

Lichtenberg fand die Anerkennung aller tieferen Geister unserer Literatur. Goethe meinte, wo Lichtenberg einen Spaß mache, sei ein Problem verborgen, Schopenhauer bewunderte ihn als Selbstdenker, Kierkegaard verehrte ihn, Nietzsche zählte ihn zu den besten deutschen Prosaisten, und Tucholsky liebte „diesen herrlichen Mann, der einen Buckel voll Witz, Sentimentalität, Klugheit, guter Laune, Lust, aus Schmerz geboren, mit sich herumzutragen hatte.“

LITERATUR:

Paul Requadt *Lichtenberg.* Stuttgart ²1964
Wolfgang Promies *Lichtenberg.* rm 90
Max Rychner *G. Ch. Lichtenberg* in: *Aufsätze zur Literatur.* Zürich 1966
Franz H. Mautner *Lichtenberg — Geschichte seines Geistes.* Berlin 1968
Aufklärung über Lichtenberg. Vand. 1393

7. Das literarische Rokoko

a) Das Zeitalter des intimen Geschmacks

„Die lächerlichen Preziösen.“ Illustration zu Molière von Boucher. Gestochen von L. Cars.

Die Rokokowelt entstand in Frankreich nach dem Tode Ludwigs XIV. als Reaktion auf den monumentalen, prunkhaften, repräsentativen Barockstil. Die düstere Feierlichkeit von Versailles behagte dem Adel nicht mehr; er zog sich in die Metropole Paris zurück und verschmolz mit dem wirtschaftlich erstarkten Großbürgertum zu einer kulturellen Schicht, die dem Jahrhundert noch den feinsten, vollendetsten geistigen Glanz verlieh. Man vermied den Thronsaal, baute Paläste und ländliche Lustschlösser, liebte den Pavillon und die mit Grotten und Teichen geschmückten Gärten und bevorzugte die Zierlichkeit und Intimität des Boudoirs. Im Innern der Räume verdrängten reich verzierte Mahagonimöbel, in feinen, sanften Farbtönen gehaltene Tapeten, Nippessachen und puppenhafte Porzellanfiguren die schweren prunkvollen Barockmöbel. Alles wurde intimer, persönlicher. Allenthalben spürte man: hier herrschte und bestimmte die Frau. Watteau, Boucher und Fragonard sind die Maler dieser Lebenswelt.

Der Salon war die Stätte der geistigen Regsamkeit, der geistreichen Konversation, der Frivolitäten, lässigen Plaudereien, des Witzes und der revolutionären Ideen, die dem Amusement adelig-großbürgerlicher Gesellschaft dienten. Die weltsichere Dame herrschte hier unumschränkt, unterwühlte die Herrschaft des Hofes, indem sie selber im kleinen Hof hielt, nivellierte die Standesunterschiede, weil nicht adelige Geburt, Macht und Geld, sondern Geist und Witz die begehrten Eigenschaften waren, die auch dem Literaten die Türen der Salons öffneten. Die verbotenen Werke der Literatur, meist in Holland verlegt, wurden hier diskutiert. Die Philosophie, noch im 17. Jh. in imposante Systeme gefaßt, wurde in die leichtgängige Münze geistreicher Konversation umgetauscht, die Themen persönlich bereichert, auf persönliche Fragen abgestimmt, wie es der Mentalität der Frauen entspricht. „Graziöse Worte voll esprit / die über tausend bunten Dingen mit Leichtigkeit des Witzes springen / Gespräche zu Philosophie mit Ernst und Spott geschickt verbunden", wie Friedrich der Große meinte, das war der gewünschte, geschätzte, allseits beliebte Ton der Salonkonversation. Der Geist wird in dieser Atmosphäre „verhäuslicht", liberalisiert. Bei diesen geselligen Zusammenkünften welterfahrener Männer und Frauen gediehen Fabel und Essay, Witz und Anekdote. Der Salon wurde zur Geburts- und Pflegestätte der französischen Moralistik, jener verfeinerten Kunst der Menschenbeobachtung, die ihre skeptisch-klugen Einsichten in lakonisch-knappe Aphorismen faßte. LA ROCHEFOUCAULDS *Reflexions* entstanden im Salon der Madame de Sablé; CHAMFORT, RIVAROL und JOURBET verdanken ihre besten Einfälle luciden Salongesprächen. Der Salon behielt seine Bedeutung bis zu HONORÉ DE BALZAC und MARCEL PROUST und gewann der französischen Literatur Weltgeltung. Er war im ganzen 18. Jh. im monarchisch-absolutistischen Europa der Ort, in dem der Adel die letzten Träume träumte, die letzten Stunden heiter-frivolen, höchst verfeinerten Lebensgenusses verbrachte, desillusioniert und skeptisch vor der großen Revolution.

Die literarischen Formen sind aus der Mentalität und der Geselligkeit der galanten Gesellschaft hervorgegangen. Man glaubte nicht mehr an eine systematische Erfassung der Welt, der geistige Kosmos war erschüttert, die metaphysischen Ansprüche entzaubert, daher zog man sich auf eine „fragmentarische Geistigkeit" (Sengle) zurück und begnügte sich mit der Gestaltung kleiner noch erfaßbarer und überschaubarer Welten. So bevorzugte man die Idylle, die kleine dialogische Fabel, das ironische Märchen, die komische Erzählung, das Epyllion, das Sing- und Schäferspiel. In der Lyrik das anakreontische Lied, Madrigal und Triolett. „Mit der Schrumpfung des äußeren Umfangs verschiebt sich auch die innere Perspektive vom Heroischen ins Komische, vom Erhabenen ins Scherzhafte, vom Exemplarischen und Repräsentativen ins Private und Intime, von der Tugendverherrlichung in die lächelnde Ironie, von der Bewunderung ins wissende Lächeln" (Anger).

In Deutschland gab es nicht die große feudale Gesellschaft Frankreichs, die im unbedrohten Genuß der Macht ohne Aufgabe dem Vergnügen lebte. Natürlich imitierten Duodezfürsten Versailles. Aber die deutsche Literatur regte sich nicht in den Residenzen, sondern auf den Universitäten, wo die akademisch gebildeten Zirkel die fehlende literaturbeflissene aristokratische Gesellschaft ersetzten (s. S. 170 f.). In Deutschland war die Rokokodichtung eine Angelegenheit des Bürgertums.

Die Rokokolyrik stand unter dem Motto des heiter gelösten Bekenntnisses zur irdischen Glückseligkeit, nicht mehr bestimmt vom barocken carpe diem, von der Furcht vor dem alles entwertenden und zerstörenden Tod. Der weltmännisch unsentimentale FRIEDRICH VON HAGEDORN (1708—54), WILHELM LUDWIG GLEIM (1719—1803), JOHANN PETER UZ (1720—96) und der junge GOETHE dichteten nach dem Vorbild des antiken Dichters Anakreon Lieder über Liebe, Wein, Natur und Geselligkeit im Gewande der Schäfer und Hirtinnen. Anakreontische Motive wurden in zahlreichen Variationen abgewandelt: die Spröde, der blöde Schäfer, das Wecken der schlafenden Geliebten, Unbeständigkeit, Kuß und Liebe.

Amor, Bacchus, Faune und Nymphen schufen einen Abstand zur Unmittelbarkeit und Ergriffenheit des Gefühls, das sich in den mythologischen Namen und im Schäferkostüm graziös und witzig zu äußern wußte. Aus dem Französischen wurden die Formen des Madrigals und Trioletts übernommen. Der Reim in den Liedern wurde zurückgedrängt. Dies führte zu einer Betonung des Rhythmus, der aufgelockert wird und den Vers schmeidigt. Mit dem jungen Goethe erreichte die Rokokolyrik ihren Höhepunkt:

Die Spröde

An dem reinsten Frühlingsmorgen
Ging die Schäferin und sang,
Jung und schön und ohne Sorgen,
Daß es durch die Felder klang.
So la la! le ralla!

Tyrsis bot ihr für ein Mäulchen
Zwei, drei Schäfchen gleich am Ort,
Schalkhaft blickte sie ein Weilchen
Doch sie sang und lachte fort,
So la la! le ralla!

Und ein andrer bot ihr Bänder
Und der dritte bot sein Herz;
Doch sie trieb mit Herz und Bändern
So wie mit den Lämmern Scherz,
Nur la la! le ralla!

Salomon Gessners (1730—88) *Idyllen* (1756) schildern ein goldenes Zeitalter Arkadiens. Dieser Klassiker der Idylle zeigt in seinen Rokoko-Fluchtträumen in bukolischen Naturszenen ein widerspruchsfreies Leben als Gegenentwurf zur problematischen Wirklichkeit. Diese zeitenthobenen Wunschbilder fanden besonders im vorrevolutionären Frankreich großen Anklang.

b) Christoph Martin Wieland — Der skeptische Pädagoge

Mit Wieland erreicht die deutsche Rokokodichtung ihre Vollendung. Dieser Romancier, Philosoph und Publizist gehört zu den wenigen weltmännischen, aufgeklärten Vertretern der deutschen Literatur des 18. Jhs und verkörpert den Typ des weltläufigen Dichters. Wieland war der anerkannteste und gelesenste Schriftsteller seiner Zeit. Sein *Agathon* wurde am Zarenhof, in England und in Schweden ebenso diskutiert wie in französischen Salons und deutschen Bürgerhäusern. Für den oberschwäbischen Autor war das reiche Erbe der Weltliteratur im Sinne Goethes eine Selbstverständlichkeit. Er kannte die hellenistische und spätrömische Antike, war in der orientalischen und mittelalterlichen Literatur ebenso bewandert wie in der Renaissance- und Aufklärungsdichtung. Als erster übersetzte er Shakespeares Dramen. Sein kosmopolitisches Ideal reiner Menschlichkeit wurzelt in der europäischen Kulturtradition seines Jhs. Dieser skeptisch-liebenswürdige Pädagoge des deutschen Bürgertums stritt für die Herrschaft der Vernunft, lehrte das Maß und einen toleranten Altruismus. Er erkannte die Gefahr einer enthusiastischen Weltlosigkeit und sah mit ironisch-scharfem Blick die Maßlosigkeit eines aufkommenden Nationalismus.

Wieland im Kreis seiner Familie. Gemälde von G. Melchior Kraus, 1775. Die Kunstgegenstände deuten auf Wielands Werke hin.

Doch lieferte dies ihn auch dem Haß der Stürmer und Dränger aus, die alles bekämpften, was europäische Form und klassisches Maß verbürgte. Wieland wurde als „Salontrottel, Französling“, als „Wollustsänger“ (Hölty) verschrien, der „in den Kälberstall der Ausländer“ (Klopstock) ging. Die Schwärmer des Göttinger Hainbundes verbrannten schon ganz burschenschaftlich seine Bücher. Und die Romantiker, die ihm sehr viel zu danken hatten, versuchten ihn durch persönliche Kritik literarisch zu vernichten (s. S. 180). Wieland hat dies alles gelassen ertragen.

Vom Schwärmer zum Skeptiker. Geboren wurde Christoph Martin Wieland 1733 bei Biberach als Sohn eines lutherischen Pfarrers. Schon mit acht Jahren las er Nepos, mit zehn Horaz und Vergil. Sein Vater schickte ihn in das Internat von Kloster Bergen bei Halle, wo der fromme, pietistisch erzogene, ungemein sensible und phantasiereiche Junge Bayles *Dictionaire* las und seine wohlbehütete protestantische Vorstellungswelt mit französischer Skepsis aufbrach. Die Bekanntschaft mit Demokrit, Leibniz, Wolff und Voltaire führten zu einem tiefen Zwiespalt von radikalem Freidenkertum und seraphischer Schwärmerei. 1750 verlobte er sich für kurze Zeit mit der Augsburgerin Sophie Guttermann, der späteren Schriftstellerin von LaRoche. Er studierte in Tübingen Jura, dichtete im Sinne Hagedorns, erhielt eine Einladung Bodmers und verbrachte eineinhalb Jahre in Zürich. Allmählich löste er sich von seinem Schweizer Gastgeber. Nach einem Aufenthalt in Bern kehrte er nach Biberach zurück, um die Stellung eines Senators anzutreten.

Biberach war eine paritätische Reichsstadt, in der Protestanten und Katholiken alle Ämter doppelt besetzten. Wielands Berufung führte zur Kontroverse. Bald hatte er es mit allen Parteien verdorben. Seine Heirat mit einem katholischen Mädchen wurde hintertrieben. Immer wieder gab es Anlaß zu Zänkereien. In diesen Jahren wurde er ein kluger, skeptischer Lebenskünstler. Seine Distanz zum gewöhnlichen Leben schärfte seinen Geist. Der Verkehr in einem der feinsten Salons beförderte seine Urbanität.

Auf Schloß Warthausen unweit von Biberach lebte der ehemalige kurmainzische Kanzler Graf Stadion, ein vollendeter Vertreter des Rokoko, Voltairefreund und Weltmann. Sophie von La Roche führte Wieland als ständigen Gast ein. Seine Besuche bedeuteten für ihn eine Ablenkung vom öden Alltag. Es war der Eintritt in eine freiere, geistigere Welt. Geistreiche Konversation, erlesene Tafelfreuden, erholsame Promenaden, heitere Musik: ein Refugium für den in der „kleinen Tartarei“ arbeitenden Dichter. Aus den bitter-desillusionierenden Erfahrungen der Biberacher Jahre gingen seine ersten vollendeten Dichtungen hervor. „Entzauberung der Schwärmerei“ wird zunächst das Grundthema seiner Werke.

Verserzählungen. Der aristokratische Rokokokreis auf Warthausen inspirierte Wieland zu den vier *Komischen Erzählungen* (1765), in denen er auf lukianisch-desillusionierende Weise die erotischen Abenteuer der zeitgenössischen Gesellschaft in die griechische Götterwelt projiziert. Seine Ironie entzaubert alle Schwärmerei, der elegante Stil spielt geistvoll mit dem Stoff und versieht ihn mit heiter anzüglichen Pointen.

Die philosophische Idylle *Musarion oder Die Philosophie der Grazien* (1768) führt uns in ein utopisches Arkadien, wo die Griechin Musarion ihren sich in philosophischen Spekulationen und stoischer Weltverachtung ergehenden Geliebten Phanias sanft wieder in die Wirklichkeit zurückholt. Diese virtuos, leicht und anmutig in Stanzen vorgetragene Erzählung ist ein liebenswürdiges Plädoyer für eine Philosophie der Grazien, für ein Lebensideal, das Maß, Vernunft und heiteren Lebensgenuß miteinander verbindet.

Prosaromane. *Der Sieg der Natur über die Schwärmerei, oder die Abenteuer des Don Sylvio von Roslava* (1764) heißt Wielands erster Roman, in dem er Anregungen von Cervantes, Le Sage, Fiedling, Sterne und den französischen Feenmärchen aufgreift und die Irrwege des spanischen Jünglings Don Sylvio erzählt. Es ist die Geschichte der Erziehung eines empfindungsvollen, ganz in die Traum- und Wahnwelt der Feenmärchen eingesponnenen Schwärmers, der erst allmählich zur Erkenntnis der Wirklichkeit gelangt. Wie Cervantes im *Don Quijote* die Ritterbücher verspottet, so Wieland das Genre der Feenmärchen. Erst ironisch-absurd übersteigert — so das Biribinker Märchen — bewirken sie die Ernüchterung des Träumers. Die geistreiche, von Witz und Einfällen überquellende Geschichte trägt zum erstenmal ein persönlicher Erzähler vor. Mit dem *Don Sylvio* beginnt der moderne Roman und eine ganz neue Kunstprosa.

Der erste deutsche Bildungsroman wurde die *Geschichte des Agathon* (1766). In Wien und Zürich verboten, hat ihn Lessing als „den ersten und einzigen Roman für den denkenden Kopf von klassischem Geschmack" gepriesen. Wieland verlegt die Geschichte in den weltbürgerlichen Raum der Antike, anders als sein Anreger, der Engländer Fielding, der im *Tom Jones* Lords und Junker des zeitgenössischen England auftreten läßt. In dieser antik kostümierten Rokokogesellschaft erfährt der schwärmerische junge Agathon, enttäuscht von den heuchlerischen Priestern Delphis und vom politischen Wankelmut der Athener, betrogen von der Machtphilosophie des Sophisten Hippias und vom wollüstigen Tyrannen Dionys in Syrakus, seine fortschreitende Desillusionierung. Am Ende lehrt ihn der weise Pythagoreer Archytas die Einordnung in den Kosmos, die Harmonie von Sinnlichkeit und Geist. Freudig arbeitet Agathon für die Stadtrepublik Tarent.

Lange schon sehnte sich Wieland aus Biberach fort. Was er erstrebte, war eine unabhängige Stellung, um sich ganz seiner dichterischen Arbeit widmen zu können. Durch Stadions Beziehungen wurde er 1769 vom reformfreudigen Kreis um den Mainzer Bischof an die kurmainzische Universität Erfurt als Professor der Philosophie berufen. Der Philosoph der Grazien, skeptisch und religiös indifferent, lebte in der katholischen Stadt gesellschaftlich isoliert, nur von wenigen wohlwollenden Männern umgeben.

Ein Fürstenspiegel. In die Erfurter Zeit fällt sein Staatsroman *Der goldene Spiegel* (1772). In Form orientalischer Märchen werden Salongespräche über religiöse und politische Fragen aus josefinischer Perspektive geführt und aggressiv die Mißstände geschildert. Das Werk zeugt von einer unerhörten Reife des politischen Urteils und ist von großer Formvollendung. „Man wird bis zu Thomas Manns späten Werken gehen müssen, um eine ebenbürtige Virtuosität im Spiel der Nuancen, in der Handhabung verschiedener Vortragsarten, in der ironischen Menschendarstellung, in der Lucidität kompliziertester Satzperioden zu finden" (Sengle).

Der Fürstenspiegel erregte die Aufmerksamkeit weitester Kreise. Das Werk war für den Wiener Hof, für den Kaiser gedacht, brachte aber Wieland an den Hof von Weimar. Die feinsinnige, gebildete Herzogin Anna Amalia holte den als Freigeist verschrienen Wieland an ihren Hof und vertraute ihm bei einem Gehalt von 1000 Talern und dem Titel eines Hofrats die philosophische Erziehung ihrer beiden Söhne an. Doch Wielands allzu nachsichtige Art enttäuschte die Fürstin; er wurde nach zwei Jahren bei vollem Gehalt pensioniert und lebte von nun an nur mehr seinen dichterischen Neigungen.

Spießersatire. 1781 erschien der gesellschaftskritische Roman *Geschichte der Abderiten.* Wielands reiche Lebenserfahrung verdichtete sich in dieser literarisch-ironischen Selbstkritik des deutschen Bürgertums zu einem pessimistischen Bild der menschlichen Gesellschaft.

Die Maske der Abderiten, der Schildbürger des Altertums, und die historische Fiktion erleichterten das souveräne erzählerische Spiel mit dem Stoff. Der distanzierte Blick auf die vergangene, verkehrte Welt entlarvt um so mehr die Wirklichkeit der Gegenwart, zeigt sie im Zerrspiegel der Narren.

Die selbstgefälligen thrakischen Spießer drohen den weitgereisten Naturforscher Demokrit, einen Sohn Abderas, zu enteignen und ihn als Geisteskranken einzusperren, weil sie sein Anderssein unerträglich finden. Der Arzt Hippokrates befreit den gleichgesinnten Kosmopoliten Demokrit von seinen närrischen Mitbürgern. Nach einer parodistischen Schilderung der abderitischen Theaterzustände erleben die Bildungsphilister in Euripides' Andromeda-Aufführung die Bildungsmacht wahrer Kunst. Das groteske Verhalten des Narrenkollektivs verdeutlicht der Prozeß um des Esels Schatten. Religiös verbrämte Machtpolitik und festverwurzelter Aberglaube werden im Kult der Frösche der Latona demaskiert, dem sich die Abderiten nicht entziehen. Sie verlassen lieber ihre Stadt als den Aberglauben aufzugeben.

Ironie und Humor überspielen die Resignation des Autors, verdecken die Ohnmacht der Vernunft, der es nicht gelingt, gepanzerte Vorurteile und die ‚Abderitheit' zu überwinden. Wieland sagt mit Lachen die Wahrheit, nicht um lächerlich zu machen, sondern um darzustellen, was lächerlich ist.

Das Kunstmärchen. Wieland liebte die Traumwelt des Märchens. Je feiner er die phantastisch-wunderbaren Begebenheiten ausspann, desto stärker rückte er in eine kühle Erzähldistanz, in der er ironisch, parodistisch, souverän mit dem Stoff spielte. Das Wunderbare, übersteigert, wirkt unaufdringlich belehrend.

Zu der surrealen *Geschichte des Prinzen Biribinker* (1764), zu *Idris und Zenide* (1768), der Feenmärchensammlung *Dschinnistan* (1789) und dem *Hexameron vom Rosenhain* (1802) gesellt sich sein Meisterepos *Oberon* (1780). Genial verschmolz Wieland die altfranzösische Sage vom Ritter Huon und seiner Braut Rezia mit der Geschichte des Zwists zwischen dem Elfenkönig Oberon und seiner Gattin Titania in Shakespeares *Sommernachtstraum* zu einer feinen Erzählung. Oberon waltet als geheimer Schutzgeist über Huons und Rezias Geschick. Aus diesem aufgeklärten, zwergenhaften, doch rätselhaftschönen Schicksalslenker spricht der Feind aller Vorurteile und Heucheleien. Die Stanzen des Italieners Ariost wählte der Autor als ideale Versform für die poetische Schwerelosigkeit dieser Märchenwirklichkeit.

Der Publizist. Wieland gründete nach dem Vorbild des französischen *Mercure de France* den *Teutschen Merkur* (1773). Die Zeitschrift diente der literarischen und politischen Bewußtseinsbildung und wurde zum wichtigsten Literaturorgan der Klassik. Verbreitung guten literarischen Geschmacks und Förderung kritischer Einsicht in einer politisch und geistig erregten Zeit, waren die erklärten Ziele des Publizisten Wieland. Geschichtserfahren und gegenwartsempfindlich kommentierte er den Verlauf der französischen Revolution und prophezeite Napoleons Aufstieg.

Neidlos anerkannte Wieland Goethes Genialität und sah schon früh Kleists Begabung. Als „faunische Natur“ war er bei aller Phantasiefreudigkeit von einem unmittelbaren, durchdringenden Realismus. Obwohl von Napoleon geschätzt und mit dem Orden der Ehrenlegion ausgezeichnet, vom Zaren mit dem St.-Anna-Orden beehrt, bewahrte dieser Weltmann gegenüber den Herrschenden seine geistige Unabhängigkeit und vertraute seinem eigenen Urteil. Rastlos tätig, Cicero übersetzend, starb Wieland 1813.

Die Sprache. Wieland besaß jene innere geistige Freiheit und milde Skepsis, die es ihm ermöglichten, Distanz zu den Dingen des Lebens zu halten und vieles im Bewußtsein seiner geistig-künstlerischen Überlegenheit gelten zu lassen. Dies ist auch der Grund für die Heiterkeit, die Komik und den Humor seiner Dichtung.

Er schrieb eine Prosa von großer Anmut und schwereloser Leichtigkeit, in der hypotaktisch gebaute Sätze, kunstvolle Perioden, häufige Parenthesen überwiegen. Seiner Prosa eignet eine gewisse Dialoghaftigkeit, ein bestimmter Gesprächscharakter, der für das Rokoko typisch ist. Eine „beständig einredende, kommentierende, oft selbst ironisch betrachtende Gegenwärtigkeit des Erzählers“ (Martini) äußert sich in den vielen Anreden an den Leser und in fingierten Zwiegesprächen. Hinter der scheinbaren Weitschweifigkeit und Umständlichkeit seiner Sprache verbirgt sich ein hochgebildeter Kunstverstand, der alle Stilmittel dem souveränen Spiel mit dem Stoff, vor allem aber der Ironie dienstbar macht. „Wenn ich in vielen meiner Schriften mich der Ironie öfters bedient habe, als es vielleicht der jetzigen Stimmung des deutschen Nationalgeistes angemessen ist, so geschah es gewiß in keiner schlimmeren Absicht, als in welcher Sokrates ehemals unter den Athenern (die ihn größtenteils nicht besser verstanden als mich die Deutschen) das Nämliche tat.“ Seine unvergleichliche Prosa mit ihrer kunstvollen Nachlässigkeit ist das Ergebnis ständig umschmelzender Arbeit am Text: „Meine ganze Schriftstellerei hält und ernährt sich von der Feile.“

Urteile. Lichtenberg urteilt: „Wieland ist ein großer Schriftsteller, er hat verwegene Blicke in eine Seele getan, in die seinige oder in die eines anderen; mitten im Genuß seiner Empfindungen greift er nach Worten und trifft, wie durch einen Trieb, unter tausenden von Ausdrücken oft den, der augenblicklich Gedanken wieder zu Empfindungen macht.“ Goethe, der Wieland aus seiner langjährigen Freundschaft wie wenige kannte, wußte um seine literarische Bedeutung. Wielands Sprache wirkte im Süden, in Wien vor allem, dieses sei ihm seine poetische Kultur schuldig: „Es hat viel von ihm gelernt, und die Fähigkeit, sich gehörig auszudrücken, ist nicht die geringste. Es ist nicht zuviel gesagt, wenn man behauptet, daß ein verständiger, fleißiger Literator durch Vergleichung sämtlicher Ausgaben unsres Wieland, allein aus den stufenweisen Korrekturen dieses unermüdlich zum Besseren arbeitenden Schriftstellers die ganze Lehre des Geschmacks würde entwickeln können.“ Und Arno Schmidt bemerkt: „Jeder Prosafachmann sollte daran interessiert sein, von Wieland zu lernen; einem Manne, durch dessen Schreibtisch wir Schriftsteller unsern ersten Meridian ziehen müßten.“

Erben des Rokoko. Das Rokoko hatte Eigenrecht und Eigenwert des Ästhetischen gegenüber Philosophie und Moral betont, hatte an der Bildung des Publikumsgeschmacks wesentlich gearbeitet und eine bislang unbekannte Formkultur entwickelt, der Sprache Anmut, Eleganz, Biegsamkeit und Leichtigkeit der Diktion gegeben, den Satzbau kultiviert und geschmeidigt und in der Epik der Klassik und Romantik vorgearbeitet. Ohne Wielands *Agathon* wäre Goethes *Wilhelm Meister* schwerlich denkbar, ebensowenig Schillers Anmutbegriff, Goethes „schöne Seele" und das Kalokagathia-Ideal. Wielands Singspiel *Alceste* bereitete in Stil und Form Goethes *Iphigenie* vor, und Schillers Glaube an die Bildungsmacht der Kunst, wie er ihn in den Briefen *Über die ästhetische Erziehung* äußert (s. S. 154), klingt schon in den *Abderiten* an. Die Romantik verdankt seiner Hinwendung zu verschiedenen Epochen und Gattungen wesentliche Anregungen. Die Traumlandschaft des Kunstmärchens, Entzauberung und Verzauberung, wirkten auf die Romantiker, die Auflösung und Vermischung der Gattungsformen in der Romantik nahm das Rokoko schon vorweg (s. S. 176). Bis in die Zeit des Biedermeier reichte seine Wirkung. Der Zug zum Kleinen, Niedlichen in Form und Gehalt kam im Biedermeier wieder zur Geltung. Noch in Mörikes Novelle *Mozart auf der Reise nach Prag* ist das Rokoko wirksam.

LITERATUR:

Herbert Zeman *Die deutsche anakreontische Dichtung.* Stuttgart 1972
Alfred Anger *Literarisches Rokoko.* SM 25 ([2]1968)
Norbert Elias *Die höfische Gesellschaft.* Neuwied/Berlin 1969
Friedrich Sengle *Wieland.* Stuttgart 1949
Jürgen Jacobs *Wielands Romane.* Bern 1969
Cornelius Sommer *Christoph Martin Wieland.* SM 95 (1971)
Fritz Martini *Wieland. Geschichte der Abderiten* in: *Der deutsche Roman. Vom Barock bis zur Gegenwart,* hg. v. Benno von Wiese Bd. 1. Düsseldorf 1965
Arno Schmidt *Wieland oder die Prosaformen* in: *Nachrichten von Büchern und Menschen* 1. *Zur Literatur des 18. Jahrhunderts.* Fi 1164

8. Pietismus und Empfindsamkeit

Der Pietismus. Die lutherischen Landeskirchen waren eng an den absolutistischen Staat gebunden. Ihre Orthodoxie war verhärtet, engherzig und fest auf die Konkordienformel eingeschworen. Sie unterdrückte eine freie Entfaltung religiöser Gefühle. In dieser Situation entstand im protestantischen Raum gegen Ende des 17. Jhs der Pietismus, anfänglich vom niederländischen Calvinismus und englischen Puritanismus beeinflußt. Die Pietisten verwarfen dogmatische Erstarrung und Veräußerlichung ähnlich wie im Spätmittelalter die „devotio moderna" und die „Brüder vom gemeinsamen Leben" (s. S. 49). Freilich erreichte der Pietismus nicht mehr die philosophisch-spekulative Höhe der altdeutschen (Eckhart) oder der barocken Mystik (Böhme). Das religiöse Bedürfnis konzentrierte sich auf eine sorgsame, intensive Selbstanalyse und auf praktische Hilfe. Allmählich entstanden überall im 18. Jh. zahlreiche Konventikel innerhalb der lutherischen Obrigkeitskirchen, in denen die Pietisten die persönliche Frömmigkeit und einen bis zur Rührseligkeit gehenden Seelen- und Freundschaftskult pflegten.

PHILIPP JAKOB SPENER (1635—1705) begründete die Bewegung mit seiner *Pia desideria oder herzliches Verlangen nach gottseliger Besserung der evangelischen Kirche* (1675). HERMANN FRANCKE (1663—1727), sein Nachfolger, machte Halle zur Hochburg der Pietisten und entfaltete als Organisator eine große Breitenwirkung durch seine Pädagogien. Die Orthodoxie verfolgte häufig die Pietisten, enthob sie ihrer Ämter, vertrieb sie, bis sie allmählich auch die Pfarrhäuser eroberten, weil sich die Kirchen diesen ernsten Christen nicht verschließen konnten. Gleich den Mystikern wollten sie das persönliche Heilserlebnis durch Erweckung und Verwandlung im eigenen Innern. In Brüdergemeinden, in erbaulichen Bibelstunden, durch Erforschung ihres eigenen Gewissens suchten sie ihre religiöse Sehnsucht zu erfüllen. Nicht mit dem Verstand, sondern mit dem Herzen galt es, die Wahrheit zu erfassen. — GOTTFRIED ARNOLD (1666—1714) hatte mit seinem Werk *Unparteiische Kirchen und Ketzerhistorie* (1699) die erste kritische Kirchengeschichte geschrieben und gleichsam eine geschichtsphilosophische Rechtfertigung der Sektierer geliefert: Dauernder Abfall vom Ideal ist das Schicksal aller Kirchen; die mit Feuer und Schwert Verfolgten sind die Gottseligen, die den Glauben durch die Jahrhunderte tragen.

Die Pietisten suchten durch Wandlung des Einzelnen eine Reform der Gemeinde und der ganzen Kirche herbeizuführen. Ihre ungemein wichtige Bedeutung für die deutsche Literatur besteht darin, daß ihre Religiosität der Dichtung neue Bereiche des Gefühls erschloß, daß sie, wie früher die Mystik, das eigene Innere in den Blickpunkt der Betrachtung stellten.

Sprache und Literatur des Pietismus. Die Pietisten griffen auf den alten Wortschatz der Mystik zurück, auf die Sprache der Innerlichkeit und Selbstanalyse. Wie die Aufklärer lehnten auch sie die Barockrhetorik ab, „weil die Cantzel der Ort nicht ist, da man seine Kunst mit Pracht sehen lassen, sondern das Wort des HERRN einfältig und gewaltig predigen sollte“ (Spener).

Der Blick ins Innere führte zu den Autobiographien Speners, Franckes u. a., in denen Konversationen, Bekenntnisse, Visionen und Prophetien festgehalten wurden; zu Tagebüchern, in welchen die pietistische Seele überwach sich selbst beobachtete, zum vertraulichen Briefverkehr mit anderen erleuchteten Frommen, zum Austausch von Empfindungen und schließlich auch zu den Kirchenliedern Arnolds, Zinzendorfs und Tersteegens. Diese Lieder haben einen persönlich ergriffeneren Gefühlston, der die weltliche „Erlebnislyrik“ vorbereitet.

Schon in der nächsten Generation beschränkte sich die pietistische-methodistische Religiosität nicht mehr bloß auf die brüder-gemeindliche und häusliche Erbauung, die im Milieu kleinbürgerlicher Armut so düster-verquälte Züge annehmen konnte, wie sie uns KARL PHILIPP MORITZ (1756—93) in seinem autobiographischen Roman *Anton Reiser* schildert. Goethes Bericht von einer „schönen Seele“ im 6. Buch des *Wilhelm Meister* zeigt, wie in wohlhabenderen Verhältnissen sich pietistische Selbstbeobachtung in die Güte frommer Menschen verwandeln konnte. Der Fromme, der seinen Schmerz überwand, wurde doppelter Freude teilhaftig. Vertraut mit den Leiden seiner eigenen Seele waren die „Empfindsamen“ jener Zeit zu grenzenlosem Mitgefühl fähig. Die erweckten Seelen genossen ihre Rührung und Wehmut im Kreis ihrer Freunde und Lieben. Die seelische Verfeinerung, die gesteigerte Fähigkeit zur Rührung trug weit über das Gebet und die bürgerliche Wohltätigkeit hinaus Früchte.

Vielfältig quoll so im pietistisch erweckten Bürgertum ein Strom zarten Empfindens auf. Die im Barock noch verachtete Kundgabe persönlichen Gefühls wurde nun laut, in seinen individuellen seelischen Regungen entdeckte sich der bürgerliche Mensch. Nie zuvor schüttete man in Briefen so sein seliges, übervolles und tränenreiches Herz aus. Seelenvolles Schwärmen, Tränen der Freude, Sehnsucht, Verzärtelung und Aufmerksamkeit auf alle zarteren Gemütsregungen fanden ihren Niederschlag auch im Briefroman.

Briefroman. Die Gattung kam aus England. Sie eignete sich vorzüglich zur Darstellung von Hoffnungen und Ängsten, zur genauen Analyse zarter Gefühle. Die Aufgabe des Erzählens wird auf mehrere Briefschreiber verteilt, welche ganz subjektiv Berichtenswertes einander mitteilen, so daß die fingierten Briefe die Erzähldistanz zum Leser verkürzen und ihm die Illusion der unmittelbaren Nähe zum Erzählgeschehen vermitteln. SAMUEL RICHARDSON (1689—1761) schuf mit seinen „sentimentalen“ Familienromanen *Pamela* (1740) und *Clarissa Harlowe* (1748) klassische Modelle des Briefromans. Es sind die ersten europäischen Romane, die das private bürgerliche Gefühlsleben der Frauen darstellen. ROUSSEAUS *Julie ou Nouvelle Héloïse* (1759), die französische Spielart dieser Gattung, wurde auch in Deutschland nachgeahmt (GELLERT *Das Leben der schwedischen Gräfin von G.*, 1747, SOPHIE VON LA ROCHE *Geschichte des Fräuleins von Sternheim*, 1771). Die Gattung sank rasch zum Trivialroman ab, nachdem Goethes *Werther*, an Überschwang und Selbstpreisgabe alle übertreffend, ganz Europa zu Tränen gerührt hatte.

Gesteigerte Selbstbeobachtung und Selbstreflexion hatten den Sinn für die Bedeutung der Einzelerfahrung geschärft. Die Darstellung der Stadien des eigenen Werdens schließt sich in der **Autobiographie** zu einem Gesamtbild des Ich zusammen. Freilich erfaßten die stark introvertierten pietistischen Selbstbildnisse noch nicht die eigene Person und die Außenwelt, zu stark kreiste ihr Denken noch um Sünde und Erlösung. Diese versponnene Welt der Frömmigkeit durchbrach JOHANN HEINRICH JUNG-STILLING (1740 bis 1817), der aus dem Siegener Land kommende Schneider, Autodidakt, Goethefreund und Augenarzt. Seine Lebensgeschichte *Heinrich Stillings Jugend* öffnet der Umwelt ihre Tore. Lebendig schildert er die einfachen Menschen, seine eigene Kindheit, das Leben auf dem Lande, wenngleich noch pietistische Elemente besonders in den späteren Partien unverkennbar hervortreten.

Die ganze ungeschminkte triste Wirklichkeit der Unterschichten, welche die zeitgenössische Literatur entweder ausgespart oder idealistisch verbrämt hatte, tritt in ULRICH BRÄKERS (1735—1798) *Lebensgeschichte und natürliche Ebentheuer des armen Mannes im Tockenburg* (1789) in unser Blickfeld. Preußische Werber preßten den Schweizer Kleinbauernsohn in die Armee Friedrichs II. Während der Schlacht von Lobositz (1756) desertierte er, kehrte in die Schweiz zurück und versuchte sich als Salpetersieder, Garn- und Tuchhändler, konnte aber seine dürftige wirtschaftliche Lage nicht verbessern. Eigene Schreiblust und Trostbedürfnis trieben ihn, Kindheitserlebnisse und Zustände des friederizianischen Preußen aus der Perspektive des armen Mannes zu entwerfen. Nüchtern, scharf beobachtend, detailfreudig registrierte er, was er sah, dachte und empfand. So entstand ein einzigartiges Dokument aus der Feder dieses naiven Autodidakten und „ersten, echt plebejischen Schriftstellers in der Literatur des ausgehenden 18. Jahrhunderts in Deutschland" (Hans Mayer).

LITERATUR:
Renate Krüger *Das Zeitalter der Empfindsamkeit. Kunst und Kultur im späten 18. Jahrhundert in Deutschland.* München 1972
Gerhard Kaiser *Pietismus und Patriotismus im literarischen Deutschland.* Frankfurt [3]1973
August Langen *Der Wortschatz des deutschen Pietismus.* Tübingen [2]1968
Robert Minder *Glaube, Skepsis und Rationalismus. Dargestellt aufgrund der autobiographischen Schriften von Karl Philipp Moritz.* stw 43
Roy Pascal *Die Autobiographie.* Stuttgart 1965
Hermann Böschenstein *Deutsche Gefühlskultur. Studien zu ihrer dichterischen Gestaltung.* Bern 1954
Hans Mayer *Aufklärer und Plebejer: Ulrich Bräker, der arme Mann im Tockenburg* in: *Von Lessing bis Thomas Mann, Wandlungen der bürgerlichen Literatur in Deutschland.* Pfullingen 1959

9. Friedrich Gottlieb Klopstock

Der Dichter als Seher. Klopstock kreierte einen neuen Typ des Dichters: den poeta vates, den Dichter-Seher, den begnadeten, prophetischen Sänger, dessen Auftrag es ist, eine höhere Wahrheit zu verkünden. Dichtung wird zur enthusiastischen Form der Welterkenntnis. Der Dichter erhebt sich als „Seher, Priester, Diener der Gottheit" über seine Umwelt und erfüllt seinen religiösen Sendungsauftrag. Seine Sprache bewegt sich auf der Ebene des hohen Stils, vermeidet die prosaische Alltagssprache, die das Erhabene nicht erfassen kann.

Klopstocks Bild schwankt in der Parteien Gunst. Literaturhistoriker des 19. Jhs reihten ihn ein unter die Vorläufer der Weimarer Klassik. Erst Stefan George begeisterte sich für Klopstocks Lyrik (1902), empfand für ihn in seiner elitären Position etwas Verwandtes. Autoren des George-Kreises wie Gundolf (1924), Kommerell (1928) und Bertram stilisierten in der Folge Klopstock zum Künstler-Priester, Karl Kindt (1941) gar zum „heiligen Dichter". Nach 1945 betonte man den religiösen Aspekt und die sprachschöpferische Bedeutung seines Werks. Arno Schmidt (1958) verteidigt den Prosaisten gegen den Sänger des *Messias,* und der Lyriker Peter Rühmkorf (1970) erhellt die gesellschaftlich-politischen Zusammenhänge im Leben des ersten bürgerlichen Berufsautors, der als Lyriker zu den entschiedensten Gegnern des aufgeklärten Despotismus gehörte.

Klopstock wurde am 2. Juli 1724 im pietistischen Quedlinburg am Harz als Sohn eines Advokaten und Gutspächters geboren. Nach unbeschwerter Kindheit besuchte er das Gymnasium seiner Geburtsstadt, anschließend das berühmte Schulpforta (1739—45), wo später auch Ranke und Nietzsche ihre profunden Griechisch- und Lateinkenntnisse erwarben. Sein größtes literarisches Vorbild wurde der Puritaner John Milton. 1745 begann er in Jena Theologie zu studieren, 1746 ging er nach Leipzig, 1748 gab er sein Studium ohne rechten Abschluß auf, veröffentlichte dagegen die ersten drei Gesänge des *Messias* und trat eine Hauslehrerstelle in Langensalza an. Wie Gottsched und Herder entzog sich Klopstock dem preußischen Militärdienst. Auf Bodmers Einladung reiste er nach Zürich (*Der Zürchersee* 1750). Doch das weltfrohe Originalgenie entzweite sich bald mit seinem Gastgeber. Da vermittelte ihm sein Mäzen, der dänische Minister Graf Bernstorff, eine Einladung an den Hof Friedrich V. Der Verfasser des *Messias* erhielt eine Staatspension und blieb von 1752—70 in Kopenhagen. Wirtschaftliche Spekulationen schlugen fehl. Vergebens hoffte er auf einen Ruf Kaiser Josefs II. Gerstenbergs *Gedicht eines Skalden* (1766) verwies ihn auf die nordische Mythologie. Der Patriot begeisterte sich für die germanische Götter- und Heldendichtung und glaubte, diese Mythen hätten für die deutsche Dichtung dieselbe Bedeutung wie die griechischen Götter für Homer und Pindar. Aus germanischer Frühzeit holte er sich den Stoff für seine national-idealisierenden, lyrisch-theatralischen Bardieten *Hermanns Schlacht* (1769), *Hermann und die Fürsten* (1784) und *Hermanns Tod* (1787). Seit 1774 wandte er sich der Prosa zu. Im gleichen Jahr erschien nach Arno Schmidt der „Krondiamant“ seiner Werke: *Die deutsche Gelehrtenrepublik*, in der er Fragen einer Neugestaltung des Literaturbetriebs in Deutschland erörterte. In zahlreichen Abhandlungen beschäftigte sich der Theoretiker Klopstock mit Fragen der Etymologie, der Aussprache, der Rechtschreibreform und der Poetik. Der Göttinger ‚Hainbund‘ erkor ihn zu seinem anerkannten Vorbild. Nach dem Sturz seines Gönners Bernstorff lebte der Dichter seit 1770 in Hamburg. Als Verächter von Krieg und Unrecht feierte er hymnisch den Ausbruch der Französischen Revolution („Der kühne Reichstag Galliens dämmert schon, / Die Morgenschauer dringen den Wartenden / durch Mark und Bein“). Als Anhänger der Revolution wurde er wie Schiller Ehrenbürger der Republik. Freiheit und Recht schienen ihm sicher. Doch gegen Jakobinerherrschaft und Eroberungskrieg empörte sich sein aus lutherischer Unbedingtheit stammendes Freiheitsgefühl. Enttäuscht wandte er sich ab. 1803 starb Klopstock in Hamburg und wurde mit einem Prunkbegräbnis beigesetzt.

Die Messiade. Klopstock war in Schulpforta auf Miltons englisches Nationalepos *Paradise Lost* gestoßen und hatte seinen Verfasser tief bewundert. „Alles, was groß und erhaben war, wurde von diesem göttlichen Sänger gesungen.“ Als junger Theologiestudent in Jena entschloß er sich, den höchsten Stoff, den der Pietismus kannte, das Leiden Christi, in einer Messiade zu besingen. Zuerst faßte er drei Gesänge in Prosa. Nach seiner Übersiedlung nach Leipzig 1747 goß er sie in Hexameter. Die ersten drei Gesänge des *Messias* erschienen 1748 in den *Bremer Beiträgen*, einer führenden Literaturzeitschrift, und machten ihn mit einem Schlage berühmt.

Bodmer war hellauf begeistert, endlich den deutschen Milton, den Sänger des Wunderbaren und Erhabenen, gefunden zu haben. Aber das biblische Epos des jungen Klopstock ist nicht mit dem Miltons zu vergleichen. Hinter dem Werk von Cromwells Sekretär stand die bittere, erfahrungsreiche Erlebniswirklichkeit, der Blick in den menschlichen Abgrund eines im Bürgerkrieg gescheiterten Politikers, der, fast blind, der sündigen Menschheit die Wege Gottes zu rechtfertigen unternahm. Den ehrgeizigen Klopstock trieb der Wille, etwas Großes zu dichten. Der Puritaner Milton stellte den Sündenfall in den Mittelpunkt, der Pietist Klopstock besang

Klopstock *Der Messias*,
Titelkupfer der Ausgabe von 1760

den Erlösungstod Christi. Dem Anruf an die ‚Heavenly Muse' im *Paradise Lost* entsprach die Invokation der unsterblichen Seele im *Messias:*

> Sing, unsterbliche Seele, der sündigen Menschheit Erlösung,
> Die der Messias auf Erden in seiner Menschheit vollendet
> Und durch die er Adams Geschlechte die Liebe der Gottheit
> Mit dem Blute des heiligen Bundes von neuem geschenkt hat.

Leiden, Sterben und Auferstehung Christi sind kunstvoll mit Engels- und Teufelschören orchestriert, alle konkreten Handlungen und Charaktere aufgelöst. Der Mensch steht im unendlichen Geschehen des Kosmos, um ihn Erde und Sonne, Seraphim und Teufel. So ist nicht der epische Bericht der Bibel das Entscheidende, sondern der Heilsvorgang im Menschen. Die Schöpfung Gottes nachdenkend und nachfühlend entfaltet der Dichter ein hymnisches Pathos. Hineingestellt in die Unendlichkeit der Welt und bewegt von der Botschaft, frohlockt der erlöste Mensch. Daher der feierliche Ton der Sprache, in der selbst die Alltagsdinge große Klangfülle gewinnen. Alles ist auf den Heilsvorgang gerichtet, die Realität verliert ihre scharfen Konturen, Ahnung und Geheimnis durchseelen das Epos, das Erhabene beflügelte die Darstellung.

Aber das Epos ist dichterisch mißglückt. Es war ein unzeitgemäßes Unterfangen, im Zeitalter der kritisch-analytischen Vernunft ein Totalbild von Gott und Menschenwelt in die antike Eposform zu gießen. Was bleibt, ist das kühne Sprachexperiment, mit dem der Autor die Grundlagen für einen neuen hohen Stil schuf sowie der Versuch, ein christliches Erbauungsbuch und eine ins Erhabene stilisierte Passionsgeschichte miteinander zu verbinden.

Klopstocks Lyrik. Anders als viele deutsche Pietisten, die verzagt, bedrückt, unter gefühlsbeengendem Druck in kleinbürgerlicher Unterwürfigkeit lebten, ist sich Klopstock seiner Größe bewußt („Die höhere Poesie ist ein Werk des Genies"), selbstsicher und egozentrisch. Aus dem überwältigenden Gefühl heraus, das das Erlebnis des Erhabenen in ihm bewirkt, bemächtigt er sich großer Themen: der Freundschaft *(An meine Freunde, An Ebert, An Bodmer)*, der Liebe *(An Sie!, Das Rosenband, Fanny Oden)*, der Natur *(Der Eislauf, Die Sommernacht, Der Zürchersee)*, Gott und Unsterblichkeit *(Frühlingsfeier)*, patriotischer Begeisterung *(Mein Vaterland)* und der Sprache *(Die Sprache)*.

Seine Gedichte sprechen nicht von festumgrenzten einmaligen Erlebnissen, sondern von den erhabenen Empfindungen, welche die Erlebnisse in ihm hervorzurufen vermögen: von der Unendlichkeit der Welt und der Erde („ein Tropfen am Eimer des Allmächtigen"). Er sieht die Natur nicht in ihrer Eigenart, sondern als Schöpfung in ihrer Erhabenheit, weil er sie auf den Schöpfer bezogen als dessen Werk betrachtet, die Geliebte nicht in ihrer schönen Gestalt, sondern in ihrem beseelten Blick *(Rosenband)*, die Liebe nicht mehr leichtfertig witzig wie die Rokokolyrik, sondern platonisch-seraphisch. Klopstocks Lyrik wäre jedoch unvollständig ohne seine politischen Oden. Der gehobene Gefühlston seiner Verse beschränkte sich nicht bloß auf den Hymnus großer Themen; er kommt auch der Darstellung seiner politischen Vorstellungen zugute. Nie benützt Klopstock den feierlichen Tonfall, die pathetische Höhenlage, um Unrecht zu verkleistern. Zahlreiche Oden klagen den preußischen Despotismus an *(Der Traum, Rache, Delphi)* und geißeln den Krieg:

> „Schön ist, und gut der Spruch des Gerichts der Aurele,
> Weise: Kein Krieg kann gerecht seyn, so den tiefen
> Grund legt ewiges Kriegs. Betüncht ihn,
> Gleißt ihn; er wird nicht gerecht!"

Odenform und freie Rhythmen. Die lyrische Gestaltung des erhabenen Gefühls verlangte ein feierliches, gehobenes, pathosbeherrschtes Sprechen, dem die Gattung der Ode gemäß ist. Klopstock greift zurück auf die pindarischen und horazischen Oden, er glaubt, antike Formen seien die wahren Formen der Leidenschaft, und möchte sie für die deutsche Lyrik fruchtbar machen. Das strömende Gefühl sprengt die Grenzen des durch reimgebundene Zeilen verfestigten Verses. Klopstock lehnt den Reim als „plumpes Wörtergepolter" und „schmetternden Trommelschlag" ab. Er setzte die innere Bewegung ganz in Verse um (die Bewegungen eines Eisläufers haben in der Ode *Der Eislauf* rhythmische Gestalt gewonnen). So führen die Oden weiter zu den freien Rhythmen, die durch keine metrische Form mehr gebunden sind. Die Sprache hat nun selber den Gedanken zu setzen. Das von keinem Reim, keiner festen Strophik gebundene Sprechen drängt zum hymnischen Ton. 1754 dichtete er die ersten freien Rhythmen, verwandelte sie aber später wieder in Scheinstrophen zurück.

Da der Hand des Allmächtigen
die größeren Erden entquollen
Die Ströme des Lichts rauschten, und Siebengestirne wurden
Da entrannst du, Tropfen, der Hand des Allmächtigen ...

Herder hat das unerhört Neue treffend charakterisiert: „Ode! sie ist wieder, was sie war! Gefühl ganzer Situation des Lebens! Gespräch menschlichen Herzens mit Gott! mit sich! mit der ganzen Natur! Wohlklang! er wird wieder, was er war! Situation des Lebens! Gespräch! Kein aufgezähltes Harmoniekunststück! Bewegung! Melodie des Herzens! Tanz!" Klopstock betrat ein „Neuland beseelter Rhythmik" (Staiger), schuf ganz neue musikalisch-rhythmische Möglichkeiten des lyrischen Sprechens. „Mit seinen frühen Oden beginnt unerklärlich, beispiellos die Geschichte der neueren deutschen Lyrik" (Staiger).

Klopstocks Lyrik hat die Alleingeltung des alternierenden Reimverses gebrochen und mit ihren freien Rhythmen den fast einzigen Beitrag geleistet, „den die deutsche Lyrik zum Formenschatz der Weltliteratur geliefert hat" (Wolfgang Kayser). Die Gehobenheit seines lyrischen Sprechtons hat auf Goethes Hymnen *(Ganymed, Prometheus)*, auf Hölderlins pindarische Oden gewirkt, der freie Rhythmus auf Novalis' *Hymnen an die Nacht*, bis zu Arno Holz' *Phantasus* (s. S. 243 f.) und Rilkes *Duineser Elegien*. Johannes Bobrowski nannte Klopstock seinen „Zuchtmeister" in Strophik und Poetologie.

LITERATUR:
Gerhard Kaiser *Klopstock — Religion und Dichtung.* Gütersloh [2]1975
Karl Ludwig Schneider *Klopstock und die Erneuerung der deutschen Dichtersprache im 18. Jahrhundert.* Heidelberg 1960
Arno Schmidt *Klopstock, oder Verkenne Dich selbst!* in: Fi 1196
Peter Rühmkorf *Walther von der Vogelweide, Klopstock und ich.* dnb 65 (1975)

10. Die Dichtung des Sturm und Drang — „Genie ist alles"

a) Die neue Generation

Während Lessing in Hamburg um das deutsche Nationaltheater kämpfte, Wieland in Erfurt den *Goldenen Spiegel* schrieb und Lichtenberg in Göttingen seine *Sudelbücher* führte, meldete sich die junge Generation zu Wort und wandte sich scharf gegen den Rationalismus der Aufklärung, gegen die etablierte Dichtergeneration und ihre klassizistische Poetik. Die um die Jahrhundertmitte Geborenen hatten an den Universitäten der Miniaturstaaten studiert, waren eingepfercht in überlebten Feudalordnungen und vom politischen Leben ausgeschlossen. Die Gestalt des Hofmeisters, des Privatlehrers, war für die Stürmer und Dränger Symbol der zur Unterwürfigkeit verurteilten bürgerlichen Intelligenz. Sie sehnten sich danach, dem dumpfen kleinbürgerlichen Leben zu entrinnen. Ihr Protest richtete sich gegen Standesvorurteile, gegen die korrupte ständische Gesellschaftsordnung, gegen hohle Konventionen, überlebte Erziehungsmethoden und zivilisatorische Unnatur. In ihrer Revolte berührten sie sich mit der Spätaufklärung (s. S. 122 ff.). Diesem Milieu stellten sie den an keine Schranken gebundenen Einzelnen entgegen, trieben einen Geniekult.

Das Originalgenie. Eine „akute Bürgertollheit brach aus", eine allgemeine „Gärung der Begriffe", wie Goethe später sagte. Die junge Generation verwarf die aufklärerische Zivilisation, die Büchergelehrsamkeit, die Ausbildung des Verstandes und den Unterschied der Stände. Sie verlangte nach dem ganzen Menschen, unverkümmert durch Despotismus, nach der unverfälschten Rousseauschen Natur. Die Erbitterung gegen die dumpfe Lage verschaffte sich Ausdruck in der Revolte: Faust, Prometheus, Götz, Moor wurden die neuen Gestalten. Der radikale Subjektivismus, ein plötzlich erwachtes Schöpfergefühl, Rausch, Empörung

Klinger *Die Zwillinge,*
Titelkupfer, 1777, die Spiegelszene (IV, 4) darstellend

und Verzweiflung sollten die normative Formstrenge der rationalen Verstandesordnung zerschlagen. Es klang wie Revolution. Die Stürmer und Dränger suchten ihr Vorbild im Genie. Das neue Wort hieß „genialisch". Das Genie sollte der Titan sein, der die Fesseln sprengt. „Wer bemerkt, wahrnimmt, schaut, empfindet, denkt, spricht, handelt, bildet, dichtet, singt, schafft, vergleicht, sondert, vereinigt, folgert, ahndet, gibt, nimmt, als wenn's ihm ein Genius, ein unsichtbares höheres Wesen höherer Art diktiert oder eingegeben hätte, der hat Genie, als wenn er selbst ein Wesen höherer Art wäre. Das Inspirationsmäßige ist Genie", verkündete der christliche Schwärmer JOHANN KASPAR LAVATER (1741—1801) fast schon im Stil eines expressionistischen Manifests. Das Genie ist nicht an Vernunft und Regeln gebunden, es folgt dem unbewußten, naturhaften Drang. Diese neue Auffassung, die Shakespeare ins Maßlose, Ungebärdig-Wilde deutete, mußte auch zur Begeisterung für alles Kräftig-Volkhafte führen.

Die Anregung von außen. In ganz Europa hatte sich um 1770 die geistige Landschaft verändert. Nicht mehr Voltaire, die Hochaufklärung, sondern JEAN JACQUES ROUSSEAU (1712—78), der Uhrmachersohn aus Genf, der den guten Naturmenschen gegen die Verderbtheit der Rokokogesellschaft ausspielte, gab den Ton an. Von England drangen die kräftigen Lieder des schottischen Bauernsohns ROBERT BURNS (1759—96) herüber, ferner die Bardenlieder und die Erzählung *Fingal* des schottischen Theologen JAMES MACPHERSON (1736—96), die er als Ossian-Übertragung herausgab. THOMAS PERCY's (1729—1811) Balladensammlung *Reliques of Ancient English Poetry* (1765) begeisterte ganz Nordeuropa. Hier war das Ursprüngliche, das die neue Mode suchte.

b) Johann Georg Hamann — Magus im Norden

Ungenügen der Vernunft. Am tiefsten lehnte Hamann den absolutistischen Rationalismus der preußischen Staatsverwaltung ab. Wie Kant und Herder, seine bedeutenden Zeitgenossen, kam er aus Ostpreußen, aus einer kulturellen Randlandschaft. Er haßte die Schlagworte der Aufklärung. Voltaire nannte er den „Lucifer unseres Jahrhunderts", Kants und Lessings Scharfsinn bezeichnete er als ihre Dämonen. Der Königsberger Autor hielt die Bilder und Mythen der Bibel für wahrer als diskursive Beweise. Hamann wollte die ungeteilte Freiheit einer religiösen Existenz. Für ihn gab es keine Trennung von Vernunft und Gefühl, Empfindung und Erkenntnis: Alle Äußerungen kamen aus einer einheitlichen Gesamtverfassung. Goethe charakterisierte das Hamannsche Prinzip: „Alles was der Mensch zu leisten unternimmt, es werde nun durch Tat oder Wort oder sonst hervorgebracht, muß aus sämtlichen vereinigten Kräften entspringen; alles Vereinzelte ist verwerflich."

1730 als Sohn eines altstädtischen Baders in Königsberg geboren, wuchs Hamann in einem pietistischen Elternhause auf. Nach einem ungeregelten, vielseitigen Studium in seiner Heimatstadt war er Privatlehrer in Kurland, ging dann auf Anraten seines Jugendfreundes Berens in dessen geschäftlichem Auftrag nach London (1758). Er führte dort ein unstetes Bohèmeleben, bis er durch eine „Höllenfahrt der Selbsterkenntnis" seine Bekehrung erlebte. Die Bibel wurde ihm zum Offenbarungsbuch, er sah sein Schicksal in dem des jüdischen Volkes gezeichnet. Die Konversion bestimmte sein weiteres geistiges Leben. Nach Königsberg zurückgekehrt, erhielt er durch Kants Vermittlung eine Stellung in der preußischen Zollverwaltung. Später reiste er nach Münster zu der Gönnerin Gräfin Gallitzin. Dort starb er 1788.

Die Welt als Ganzes. Aus der mystischen Bibelinterpretation erwachsen seine Anschauungen: Es gibt nur die Ganzheit, die Einheit der Welt. In den *Sokratischen Denkwürdigkeiten* (1759) ist Sokrates sein Vorbild: der Grieche ist in seiner genialen Unwissenheit, in seinem Bekenntnis zum Nichtwissen als der höchsten Selbsterkenntnis der Vernunft den Sophisten überlegen. Die sokratische Ironie ist nur die höhere Einsicht in die wahren Zusammenhänge. „Was ersetzt bei Homer die Unwissenheit der Kunstregeln, die ein Aristoteles nach ihm erdacht? Das Genie Sokrates hat also gut unwissend zu sein, er hat einen Genius, auf dessen Wissenschaft er sich verlassen konnte, den er liebte und fürchtete, dessen Stimme er glaubte."

Wie Jakob Böhme (s. S. 72 f.) kennt Hamann keine Vereinzelung, die Welt erscheint ihm, darin neuplatonische und mystische Gedankengänge an die Romantik weitergebend, als ein Ganzes: Mensch und Natur, Kosmos und Gott. „Alle Erscheinungen der Natur sind Träume, Gesichte, Rätsel, die ihre Bedeutung, ihren geheimen Sinn haben. Das Buch der Natur und der Geschichte sind nichts als Chiffren, verborgene Zeichen, die eben den Schlüssel nötig haben, der die Heilige Schrift auslegt und die Absicht ihrer Eingebung ist." Wie bei Böhme, so hatte auch bei Hamann diese monistische Weltansicht eine bestimmte Sprachauffassung zur Folge:

Seine „Ästhetica in nuce" enthalten die *Kreuzzüge des Philologen* (1762). Die menschliche Sprache ist nach Hamanns Ansicht göttlichen Ursprungs. Sie ist die Übersetzung der Engelssprache in die Menschensprache. Die Dichtung schafft durch Nachahmung Sinnbilder Gottes, Symbole, die sich unmittelbar an die Sinne und das Gefühl wenden. „Rede, daß ich dich sehe! Sinne und Leidenschaften reden und verstehen nichts als Bilder. In Bildern besteht der ganze Schatz menschlicher Erkenntnis und Glückseligkeit." Poesie ist eins mit der Religion, sie ist ursprüngliche Religion, eine „natürliche Art der Prophezeiung" (s. Novalis).

Hamanns Sprache erscheint dunkel, verworren, „sibyllinisch". Da er an eine Art Mythos glaubte und die Ausdrucksformen der Vernunft in ihrer Abstraktheit als unzureichend verwarf, war er gezwungen, monologisch zu sprechen, seine Wahrheit in Paradoxien zu formulieren. Humor und Ironie bestimmen seinen anspielungsreichen, mit offenen oder versteckten Zitaten durchsetzten Stil. Er selber meinte, er schreibe „elliptisch wie ein Grieche und allegorisch wie ein Morgenländer". Seine monologischen Aufsätze sind äußerst kunstvolle Kompositionen aus Gedankenabbreviaturen, „ein mühsam geflochtenes Gewebe von Kernausdrücken, Anspielungen und Wortblumen" (Herder). Vielfach wirken seine thesenhaft gesetzten Einzelsätze „wie Orakelsprüche ohne Kommentare" (Langen). Besonders aus unserem „Wörterbuch", der Bibel, hat er geschöpft.

Goethe sah Hamann als den Magier des Ursprungs; Hegel bewunderte ihn, Kierkegaard und Nietzsche verdanken ihm Anregungen. Johannes Bobrowski widmete dem Königsberger Landsmann das folgende Doppeldistichon:

> Epilog auf Hamann
>
> Taumeln hat mich gemacht der Geruch meiner eignen Verwesung,
> ohnmächtig für eine Zeit, dem Esrahiten hab ich
> nach gegirrt von der Schwachheit der Elenden, ich hab gelebt im
> Land, das ich nenne nicht: dort, wo man nichts, nichts, nichts gedenkt.

c) Johann Gottfried Herder — Der Umwerter literarischer Werte

Der große Anreger. „Der edle Geist wurde von den entgegengesetzten Zeiten und Parteien verkannt; doch nicht ganz ohne seine Schuld; denn er hatte den Fehler, daß er kein Stern erster oder sonstiger Größe war, sondern ein Faszikel von Sternen, aus welchem jeder ein beliebiges Sternbild buchstabiert." Mit dieser Sternmetapher hat Jean

Paul die ungemein große geistige Fruchtbarkeit Herders fein gewürdigt. In der Tat! Herder gehörte zu den größten und fruchtbarsten Anregern der deutschen Literatur- und Geistesgeschichte. Dieser universal gebildete Pastor verfügte über ein einzigartiges Einfühlungsvermögen in vergangene Geschichtsepochen, er erschloß ganz neue Betrachtungsweisen für Dichtung, Staat und Geschichte, war einer der entscheidenden Wegbereiter der Klassik, förderte die Volkspoesie, war als Kulturmorphologe, Anthropologe, Sprachforscher und Liedersammler tätig, pries die Slawen als friedliebende Nationen und prophezeite ihnen eine große Zukunft. Zugleich war er ein hoher protestantischer Geistlicher, Konsistorialrat und Superintendent.

In ihm vollzog sich ein großer geistesgeschichtlicher Übergang. Sein Denken, noch geprägt von Luthertum und Pietismus, dem sich die modernen Denker des Westens, Rousseau, Montesquieu, Diderot und Hume hinzugesellten, zeigt einen tiefen Wandel.

Er kam nicht aus einer Pastorenfamilie, sondern trat ins Pfarrhaus ein, gehörte, wie einer seiner theologischen Kritiker meinte, „zu jener neuen Race von Theologen, die seit wenigen Nächten hervorwachsen, zu den galanten, witzigen Herrn, die über Kanon, Apokalypse und symbolischen Büchern kurzweilen, und denen Volkslieder, die auf den Straßen und Märkten ertönen, so interessant wie Dogmatiken sind."

Herder wurde 1744 in dem ostpreußischen Städtchen Mohrungen südwestlich von Königsberg als Sohn eines Kantors und Küsters geboren. Mit Bibel und Gesangbuch wuchs er im pietistischen Elternhause auf. Er besuchte die Stadtschule, wurde dann von dem Diakon Trescho unterrichtet, studierte in Königsberg Theologie, war dort 1762—64 Schüler Kants, der Herders geniale Begabung schon früh erkannte. In den Studienjahren verband ihn eine enge Freundschaft mit Hamann. Von 1764—69 war er Lehrer und Prediger an der Domschule zu Riga, das zu Rußland gehörte. Durch die Veröffentlichung der Schrift *Über den Ursprung der Sprache* erregte er Aufsehen. Er zog es vor, seine Stellung aufzugeben. Die Schiffsreise nach Frankreich brachte den entscheidenden Durchbruch seines neuen Lebensverständnisses, es war die „Geburtsstunde der Weltfrömmigkeit". Herder erlebte auf dem Meer die Welt als ein lebendiges, geistdurchwirktes Ganzes, der Mensch wurde für ihn das Wesen, das sich selber ausdrückt. Im *Journal meiner Reise im Jahre 1769* hielt er seine neuen Einsichten fest. In Paris verkehrte er mit Diderot. Später nahm er die Stelle eines Reisebegleiters des Prinzen von Eutin an. In dem neuen Amte reiste er auch nach Darmstadt, wo er mit Merck zusammentraf und seine Braut Karoline Flachsland kennenlernte. In Straßburg trennte er sich wegen eines Augenleidens vom Prinzen. Hier kam es zu der für die deutsche Literatur so folgenreichen Begegnung mit dem jungen Goethe, dem er die Augen für die Volkspoesie öffnete (s. S. 132).

Nach längerem Aufenthalt trat er die Stelle eines Oberhofpredigers und Konsistorialrats in Bückeburg beim Grafen Wilhelm von Schaumburg-Lippe an. 1776 siedelte er nach Weimar über, wo er auf Goethes Betreiben das Amt des Generalsuperintendenten übernahm. Von 1783 bis 94 dauerte die enge Freundschaft mit Goethe. Seit Schillers Aufenthalt in Weimar trat eine zunehmende Entfremdung zwischen Herder und Goethe ein. Ein scharfer Angriff gegen die kantische Philosophie sowie die Ablehnung der Klassik führten zur Vereinsamung und Zurückgezogenheit. 1803 ist er in Weimar gestorben.

Etwas von dem tiefen Zwiespalt, der sich aus den Forderungen des offiziellen Amtes und der Weite seines Geistes ergab, verraten die Briefzeilen an Jacobi: „Jeder Mensch sollte bei seinem Tode geschrieben hinterlassen, was er eigentlich immer für Possen oder Puppenspiel hielt, aber nie aus Furcht vor Verhältnissen laut dafür erklären durfte; wir alle haben solche Lügen des Lebens um und an uns, und es müßte uns wohltun, sie wenigstens dann auszuziehen, wenn wir den Totenkittel anziehen."

Herders historisches Denken. Herder dachte nicht streng kausal und systematisch, sondern erfaßte mehr intuitiv, betrachtete mehr, als daß er scharf beobachtete. Er besaß eine geniale Fähigkeit, sich in seelisch bedingte historische Vorgänge hineinzuversetzen, unbefangen die besondere individuelle Eigenart von Völkern, Kulturen und Dichtungen zu erkennen.

Wie Klopstock und Hamann haßte er den friderizianischen Absolutismus, dessen Soldatendienst er durch die Übersiedlung nach Riga entgangen war, und litt unter der Enge, dem politischen und sozialen Druck seiner Zeit. Nicht scharfe, wirklichkeitsbezogene Analyse der Zeitverhältnisse erweckte seinen historischen Sinn, vielmehr ließ ein tiefes Ressentiment gegen den absolutistischen Großstaat seinen Geist rückwärts schweifen. Aus Verachtung der Gegenwart floh er in die Vergangenheit, idealisierte die patriarchalische Welt der Bibel und die „organischen" Gemeinschaften der Frühkulturen, die noch keine

Arbeitsteilung im modernen Sinne kannten und in denen sich die Macht aus den „natürlichen“ Verhältnissen ergab — Gesellschaftsformen, die den deutschen Kleinstaaten des 18. Jhs am nächsten kamen. Rousseaus unverbildeter Naturmensch bestärkte ihn in seinem Kulturpessimismus.

Das Volk ist für ihn der Träger der Geschichte. Es ist eine seelisch-geistige Einheit, ein lebendiger Organismus, der wächst, blüht, reift und vergeht und dessen Religion, Musik und Literatur Äußerungen seines Geistes sind. So wird der Volksbegriff zu einem Substanzbegriff mit einer bis dahin unbekannten metaphysischen Weihe, einem pseudoreligiösen Akzent. Natur- und Staatsrecht ignoriert Herder, weil sie die organische Ganzheit des Volkes nicht zu erfassen vermögen. Jedes Volk hat eine unnachahmbare, einmalige Individualität, eine gewachsene Eigenart.

Die Volksdichtung. Herders Volksbegriff ist nicht aus dem Umgang mit den einfachen Menschen gewonnen. Seine Anschauungen sind aus der Literatur erwachsen, aus der Lektüre der Bibel, des Alten Testaments und Percy's Balladen. Es ist das biblische Urvolk und seine Dichtungen, Genesis und Psalmen, die von Gott inspirierten Gesänge, die hinter seinem Begriff der Volksdichtung stehen.

Volksdichtung ist ihm der Ausdruck einer seelisch-geistigen Welt. Volkspoesie aber ist nicht Dichtung der Masse, der Vielen. „Volk heißt nicht der Pöbel auf den Gassen, der singt und dichtet niemals, sondern schreit und verstümmelt.“ Zur Volkspoesie zählt Herder die Genesis, die Psalmen, Homer, Dante, Shakespeare. Sie ist die reinste Verkörperung der Seele eines Volkes. „Die gemeinen Volkssagen, Märchen und Mythologien sind gewissermaßen Resultate des Volksglaubens, seiner sinnlichen Anschauungen, Kräfte und Triebe, wo man träumt, weil man nicht weiß, glaubt, weil man nicht sieht, wo man mit der ganzen ungeteilten und ungebildeten Seele spricht.“

Das Volkslied ist die höchste Stufe der Volksdichtung. Volkslieder sind der „Abdruck des Herzens“, die „lebendigste Grammatik“, das beste Wörterbuch und die Naturgeschichte eines Volkes. Herder kommt es vornehmlich auf die sinnliche Qualität an, die den Wörtern innewohnt, auf ihre beschwörende Kraft und Musikalität. „Die lyrische Poesie ist der vollendete Ausdruck einer Empfindung oder Anschauung im höchsten Wohlklang der Sprache.“

Wir verstehen Herders „Enthusiasmus für die Wilden“, mit dem er die Lieder vieler Völker sammelte. Lappländische, lettische, griechische, römische, französische, englische, deutsche, brasilianische und peruanische Lieder enthalten die *Stimmen der Völker* (1772). Es ist die „erste Anthologie der Weltliteratur“ (Wellek) und sollte vor allem den Sinn für die echte, ursprüngliche, unverfälschte Dichtung wecken. *Ossian oder die Lieder alter Völker* (1773) liefert die Begründung der Volksliedtheorie, ist die leidenschaftliche Verteidigung des Ossiansängers. Auch für Shakespeare tritt Herder, wie Lessing, ein. Er sieht in dem englischen Dramatiker den genialen Schöpfer, gleichsam die höchste Verwirklichung der englischen Volkspoesie. Seine Stücke sind eine „lebendige Welt mit allem Urkundlichen ihrer Wahrheit.“ So wird Shakespeare zum Prototyp des Dichters, der ganz aus seinem Volk und seiner Zeit heraus schafft.

Herders Sprachauffassung führt über die seit Schottel und Leibniz übliche rationalistische Betrachtung der Sprache als eines Werkzeugs, das der Verstand für seine Zwecke benutzt, hinaus. Schon Hamann hatte diese Sicht verworfen. Sprache gehört nach Herders anthropologischer Anschauung recht eigentlich zum Wesen des Menschen. Erst in und durch seine Sprache wird dem Menschen Wirklichkeit als die ihm jeweils eigene Welt erschlossen. Unsere geschichtliche Entwicklung ist untrennbar mit der Entfaltung unserer Sprache verbunden, deren sinnliche Elemente Herder besonders hervorhebt. In den Nationalsprachen sowohl wie in der Sprache des Einzelnen äußert sich die Gesamtverfassung der jeweiligen Individualität. Aus dieser sprachphilosophischen Konzeption zieht Herder in der Ästhetik seine Folgerungen.

Die neue Ästhetik. In Herders Theorie der Volkspoesie kommt eine neue Dichtungsauffassung zum Durchbruch. Nicht um das Volkskundliche allein geht es ihm; in den Volksliedern zeigt er zugleich, was er von der neuen Lyrik erwartet. Inhalt und Form des Gedichts entspringen einer menschlichen Gesamtverfassung; denn es gibt keine Trennung zwischen Denken und Fühlen. „Die menschliche Seele denkt mit Worten.“ So hat die

Lyrik die Unmittelbarkeit des menschlichen Selbstgefühls zu gestalten. Dichtung entsteht aus dem „Nothdrang des Inhalts", deshalb hängt die Gestaltungsweise aufs engste mit dem Charakter der Gesellschaft zusammen. Der moderne Lyriker dichtet aus einem ganz persönlichen, individuellen Ausdrucksverlangen. Wenn aber Dichtung aus dem persönlichen Lebenszusammenhang heraus entsteht, dann hat auch der Leser das Werk anders zu betrachten.

Bislang war es gemeineuropäische Tradition gewesen, Poesie nach einem Kanon von sachlichen und gattungsmäßigen Kriterien zu beurteilen, poetologische Grundvoraussetzungen der Literaturkritik zugrundezulegen. Da aber nach Herder jedes Volk als einmalige Individualität existiert und Dichtung aus ihrem Geiste entspringt, muß sich der Betrachter historisch in die Werke versetzen, sie aus ihren Entstehungsbedingungen heraus begreifen. „Im Geiste des Autors zu wohnen, seine Sprechweise sich eigen gemacht zu haben, vom Plan und Zweck seines Werks aus dessen eigner Seele gleichsam unterrichtet zu sein", ist die entscheidende Aufgabe. An die Stelle der normativen, regelsetzenden, regelbefolgenden Ästhetik trat das historisch-intuitive nachempfindende Verstehen des Kunstwerks. Herder versetzte damit dem Klassizismus den Todesstoß und wurde wie Kant Wegbereiter der Moderne (Vgl. Klassizismus und Klassik S. 124, Kants Wirkung S. 130).

Die Geschichtsphilosophie. Herder gehört zu den großen Kulturmorphologen und Geschichtsphilosophen. In den *Ideen zur Philosophie der Geschichte der Menschheit* (1784/91) ist es seine Absicht, „den Gang Gottes über die Völker zu zeigen". Herder beschreibt die Menschheitsgeschichte von den Kulturanfängen bis zum Ende des Mittelalters, betrachtet China, Ägypten und liefert ein umfassendes Bild Griechenlands, dessen „Sprache die gebildetste der Welt ist" und das „zu allem Gewissen der Wissenschaft wie zu allem Schönen der Form" den Grund gelegt hat. Aber Herder verabsolutiert die griechische Kultur nicht, weil er an die Unwiederholbarkeit des einmal in der Geschichte Erreichten glaubt. Es gibt für ihn auch nicht den Fortschrittsglauben der Aufklärung. „Ein stiller Fortgang des menschlichen Geistes zur Verbesserung der Welt ist nicht Gottes Gang. Der Gang der Vorsehung geht auch über Millionen Leichen zum Ziel." So dürfen die Völker auch nicht von den Vorstellungen der Gegenwart aus beurteilt werden, sondern nach ihren eigenen Maßstäben. „In gewissem Betracht", so sagt Herder, „ist jede menschliche Vollkommenheit national, säkular, individuell; man bildet nicht aus, als wozu Zeit, Klima, Bedürfnis, Welt und Schicksal Anlaß gibt." Deshalb tragen die einzelnen Völker ihren Wert in sich. „Jede Nation hat den Mittelpunkt der Glückseligkeit in sich, wie jede Kugel ihren Schwerpunkt; kein Ding im ganzen Reiche Gottes ist allein Mittel, alles ist Mittel und Zweck zugleich."

Die Humanität. Da aber die Menschheitsgeschichte nicht einem imaginären, utopischen Endziele zusteuert, muß der Sinn der Geschichte nach Herder in diesem Leben selber zu finden sein, wenn der Mensch kein Tantalusschicksal erleiden soll. Der Sinn liegt in der Ausbildung der Humanität. „Das Reich der Humanität ist die eigentliche Stadt Gottes auf Erden." Die *Briefe zur Beförderung der Humanität* (1793/97) haben diesen Gedanken entwickelt: „Humanität ist der Charakter unseres Geschlechts, er ist uns aber nur in Anlagen angeboren und muß uns eigentlich angebildet werden. Wir bringen ihn nicht fertig auf die Welt mit; auf der Welt aber soll er das Ziel unseres Bestrebens, die Summe unserer Übungen, unser Wert sein, denn eine Angelität im Menschen kennen wir nicht, und wenn der Dämon, der uns regiert, kein humaner Dämon ist, werden wir Plagegeister der Menschen. Das Göttliche in unserem Geschlecht ist also Bildung zur Humanität."

Herders Bedeutung können wir nicht hoch genug veranschlagen. Ihm ist es vor allem zu danken, wenn der Blick für das einfache Volk geschärft, der Sinn für Volkssprache und Brauchtum gefördert wurde. Seiner Sprach- und Literaturauffassung liegt die genetische Geschichtsbetrachtung zugrunde, die erstmals durch ihn ins geistige Bewußtsein eindringt und das Organismusdenken auf Staat, Gesellschaft und Kunst überträgt (s. S. 175). In der Romantik wird es besonders fruchtbar. Das von ihm geschaffene Wunschbild einer dithyrambischen Dichtung und eines echten volkstümlichen Liedes wirkte auf den jungen Goethe, auf Brentano und auf Eichendorff.

d) Jakob Michael Reinhold Lenz — „Komödie der Entfremdung"

Von allen Dichtungsgattungen eignete sich das Drama am besten zur Darstellung der eigenen Existenzprobleme, zum Aufweis der gesellschaftlichen Spannungen. Es bot die Möglichkeit, den Widerstreit mit sich selbst und der Gesellschaft in explosiven Verdichtungen zu gestalten.

Schiller schrieb seine *Räuber* und *Kabale und Liebe,* Goethe den *Götz von Berlichingen,* den *Urfaust.* Heinrich Leopold Wagner (1747—79) griff das Thema der Kindsmörderin auf, das Gretchenschicksal in Goethes *Faust,* der Maler Friedrich Müller (1749—1825) versuchte sich ebenfalls am Fauststoff, Friedrich Maximilian Klinger (1752—1831), Sohn einer Frankfurter Waschfrau, Jurastudent, Bühnendichter für umherziehende Schauspieltruppen und später Offizier in Rußland, gab mit seinem Drama *Sturm und Drang* der ganzen Bewegung den Namen. Mit dem Schauspiel *Die Zwillinge* brachte er 1776 das Thema des Brudermords auf die Bühne, das auch Johann Leisewitz (1752—1806) in seinem *Julius von Tarent* behandelte.

Bei der Erörterung gesellschaftskritischer Probleme bevorzugten die Stürmer und Dränger Satire und Komödie. Das zeigt besonders das Werk des bedeutendsten Dramatikers, des Stürmers und Drängers Jakob Michael Reinhold Lenz.

Lenzens Bild in der Literaturgeschichte wurde lange Zeit von Goethes Bemerkungen mitbestimmt, der sich über seinen ehemaligen „poetischen Zwilling-Bruder" wenig günstig geäußert hatte. Auch entsprachen seine Komödien nicht der Norm des klassischen Dramas, an der Historiker bis in unser Jahrhundert ihr literarisches Urteil orientierten. Der Stürmer und Dränger besaß ohne Zweifel etwas Koboldartiges, hatte eine Lust zu „närrischen Kapriolen", doch sie verbargen nur seine großen seelischen Spannungen.

Am 12. Januar 1751 kam Lenz als Sohn eines fanatischen, despotischen und selbstgerechten Pastors in Seßwegen zur Welt. Er wuchs in Livland auf und studierte in Königsberg Theologie, doch brach er sein Studium vor dem Examen ab — eine Flucht vor dem Vater — und begleitete zwei kurländische Barone, die in den französischen Kriegsdienst treten wollten, als Mentor nach Straßburg. In der elsässischen Hauptstadt geriet er in den Freundeskreis um Goethe. Er folgte ihm 1776 nach Weimar. Wegen einer Eskapade mußte er den Hof verlassen. 1778 wanderte der Schwerkranke über die Vogesen zu Pfarrer Oberlin. Der Wahnsinn brach aus. Einige Jahre später (1792) fand man ihn tot auf einer Straße in Moskau.

Der verlorene Sohn. Schon früh ahnte Lenz, daß er auf dem großen Welttheater keine passende Rolle finden werde. Ständig begleitete ihn das Über-Ich des fernen Vaters, unter dessen Gewalt er sich als verlorener Sohn erlebte. Aus diesen existentiellen Gefährdungen entstand seine Dichtung. Alle Stücke umkreisen insgeheim bis in die Nebenhandlungen hinein die Situation des verlorenen Kindes, das sich dem Willen des Vaters entzieht. Diese Urerfahrung bestimmte auch seine Sicht der menschlich-gesellschaftlichen Wirklichkeit.

Die Komödie der Entfremdung. Viele Sturm-und-Drang-Dramen hatten den Konflikt des Einzelnen mit der Gesellschaft erregend gestaltet. In der Komödie steigert sich der Konflikt bis zur Fremdheit zwischen Ich und Gesellschaft, so daß ein Dialog von beiden Seiten nicht mehr geführt werden kann. In den Stücken von Lenz wird dieses gegenseitige Versagen offenkundig.

Der Hofmeister oder die Vorteile der Privaterziehung (1774), wie der Titel ironisch feststellt, ist seine erste sozialkritische Komödie. Sie zeigt die entwürdigende Erniedrigung des Bürgertums in Gestalt des Hofmeisters Läuffer. Der Privatlehrer verführt Gustchen, die Tochter eines Majors, die ihren Vetter Fritz liebt. Das Mädchen bringt das Kind bei einer blinden Frau zur Welt, Läuffer entmannt sich. Doch am Ende winkt allen das „beschädigte" Glück. Lächerlich ist der Gesamtzustand der Gesellschaft. Die zahlreichen Figuren übernehmen Ersatzrollen, Kommunikation bleibt bei den sich selbst Entfremdeten und blind Agierenden aus. Die vielsträhnige Handlung folgt dem Strukturgesetz der Begebenheit.

Der neue Menoza. Oder Geschichte des cumbanischen Prinzen Tandi (1774) behandelt das Motiv der Wiedererkennung. Die Komödie betont Überrumplungssituationen, die deutlich auf den Einfluß der Commedia dell' arte hinweisen. Zahlreiche grotesk-komische Szenen stellen einen seltsam verfremdeten Zustand des Menschen dar. Geringfügige Vorgänge lösen eine Kette unvorhergesehener Aktionen aus, das Banale treibt das Absurde hervor: „Gestaltungen einer aus den Fugen gehenden, einer sich entfremdenden Welt“ (Wolfgang Kayser).

Die Soldaten (1776), „O Soldatenstand, furchtbare Ehlosigkeit, was für Karikaturen machst Du aus den Menschen“: das ist das Thema dieses Stückes. Am Schicksal der Marie Wesener, der Tochter eines Galanteriewarenhändlers, die dem Tuchhändler Stolzius versprochen ist, und, von Offizieren verführt, immer weiter absinkt, bis sie in der Gosse landet, wird die erbärmliche Gesellschaft vorgeführt. Die Soldaten erscheinen als Karikaturen von Menschen. Ihr wahres Gesicht zeigen sie brutal in ihren Beziehungen zur Frau. Die Figuren sprechen die Sprache ihres Standes, die sich wie eine Schablone vor den Ausdruck des persönlichen Gefühls stellt. In ihrer Befangenheit demonstrieren sie den Zustand einer Gesellschaft, die es dem Menschen versagt, zu sich selbst zu finden.

Die offene Form der Dramen. Lenzenz Lebenserfahrungen sprengten die streng architektonische Form des geschlossenen Dramas. Der Stürmer und Dränger revoltierte gegen die aristotelischen Einheiten und plädierte für Shakespeares freie Szenengestaltung. Seine Stücke stellen keine Idealgestalten vor, sondern Menschen „wie sie sind, ohne Grazie“. Die Komödien folgen der offenen Form: die einzelnen Szenen bilden die dramatischen Urzellen; sie sind additiv miteinander verknüpft. Ihr Rang bemißt sich nicht nach dem Stellenwert im Gesamtgefüge, sondern nach dem Gehalt an „Welt“; denn das Drama bietet das Ganze in Ausschnitten. In erregenden Szenen verdrängt die Pantomime den Dialog, wenn das Übermaß des Leids die Gestalten zwingt, im stummen Mienen- und Gestenspiel nach einem angemessenen Ausdruck ihrer Wahrheit zu ringen.

Wirkungen. Lenz hatte in den *Anmerkungen über das Theater* und im 5. Akt des *Neuen Menoza* seine naturalistische Ästhetik entwickelt. Georg Büchner griff sie auf und führte sie in seiner Poetik weiter; auch verdankte er dem Livländer die offene Form des Dramas *(Woyzeck)*. Im Novellenfragment *Lenz* hat der hessische Mediziner die seelischen Verwirrungen des Sturm-und-Drang-Dramatikers messerscharf und mit feiner, schmerzvoller Poesie freigelegt (s. S. 212). Lenzens Komödien enthalten groteske und absurde Züge. Ihre sozialkritischen Diagnosen entsprechen ganz unserem Lebensgefühl. Wie aktuell seine Komödien sind, beweisen zahlreiche Bearbeitungen: Bert Brecht schuf mit der Neufassung des *Hofmeisters* (1950) ein sozialrevolutionäres Lehrstück; Heinar Kipphardt stellte *Die Soldaten* in einer gestrafften, den sozialen Gegensatz stark betonenden Version auf die Bühne, und der Komponist Bernd Alois Zimmermann schrieb die Oper *Die Soldaten*. Sie wurde 1965 uraufgeführt und weist gewisse Parallelen zu Alban Bergs *Wozzeck*-Oper auf.

Lenz wußte: „Komödie ist Gemälde der menschlichen Gesellschaft, und wenn die ernsthaft wird, kann das Gemälde nicht lachend werden.“ Das entspricht Dürrenmatts Auffassung, der glaubt, in der Wurstelei unseres Jahrhunderts, in dem Kehraus der weißen Rasse helfe keine Tragödie, uns komme nur mehr die Komödie bei.

LITERATUR:

Roy Pascal *Der Sturm und Drang*. Stuttgart 1963
Karl Guthke *Englische Vorromantik und deutscher Sturm und Drang*. Göttingen 1958
Gerhard Nebel *Hamann*. Stuttgart 1973
Martin Seils *Wirklichkeit und Wort bei J. G. Hamann*. Stuttgart 1961
Wilhelm Koepp *Der Magier unter Masken. Versuch eines neuen Hamannbildes*. Göttingen 1965
Friedrich Wilhelm Kantzenbach *Johann Gottfried Herder*. rm 164 (1970)
Ernst Bauer *Johann Gottfried Herder. Leben und Werk*. Urban 48 (1960)
Arno Schmidt *Herder oder Vom Primzahlenmenschen* in: *Nachrichten von Büchern und Menschen* 1. *Zur Literatur des 18. Jahrhunderts*. Fi 1164
Werner Kließ *Sturm und Drang*. FD Bd. 25 = dtv 6825
Elise Dosenheimer *Das deutsche soziale Drama von Lessing bis Sternheim*. Darmstadt ^{3}1974
Karl Guthke *Geschichte und Poetik der deutschen Tragikomödie*. Göttingen 1961
Albrecht Schöne *Säkularisation als sprachbildende Kraft*. Göttingen ^{2}1968
Ottomar Rudolf *J. M. R. Lenz — Moralist und Aufklärer*. Bad Homburg 1970
Helmut Arntzen *Die ernste Komödie. Das deutsche Lustspiel von Lessing bis Kleist*. München 1968
Reiner Wild (Hg.) *Johann Georg Hamann*. WBG Bd. 511 (1978)
Curt Hohoff *Jakob Michael Reinhold Lenz*. rm 259 (1978)

Die Erlebnislyrik. Klopstocks freie Rhythmen entstanden aus dem Entzücken einer pietistisch verinnerlichten Seele. Hamann forderte die Symbolsprache, und Herder wies auf die sinnlichen Elemente der Dichtung hin: auf Klang, Rhythmus, Bilder. Die jungen Dichter begrüßten die neue Kunsttheorie und lehnten entschieden das galante, geistreich-witzige, ironische Formenspiel der anakreontischen Kunstlyrik ab. Der sich selbst verantwortliche Mensch anerkannte keine fremde Autorität mehr und forderte freie, ungehemmte Gesamtentfaltung aller seiner Kräfte mit der Freiheitslosung der von ihm bekämpften Aufklärung. „Poetischer Gehalt ist Gehalt des eigenen Lebens", sagte Goethe. Das eigene Selbstbewußtsein und das Selbstgefühl verlangten ihre Rechte. Die Lyrik mußte jetzt einem ganz neuen dichterischen Ausdruckswillen dienen. Die Poeten wollten ihre Gefühle unmittelbar aussprechen, in Sprachmelodien umsetzen und nicht mehr ihre Empfindungen rhetorisch überhöhen, wie es die gesellige Lyrik getan hatte. Die persönlichen Erlebnisse, eigene, nicht anempfundene Gefühle verlangten eine einfache, anschauliche, erlebnisunmittelbare Sprache. Der schlichte Ton des Volksliedes, sein einfacher Rhythmus, seine bildstarken Symbole trafen genau das Ausdrucksverlangen der jungen Lyriker. Das Lied wurde jetzt die bevorzugte Gattung. Hölty und Bürger führten die Ballade, die bislang auf den Jahrmärkten zu hören war, der Kunstlyrik zu. Die Natur wird zu einem beherrschenden Lyrikmotiv.

Der Göttinger Hain hieß eine Vereinigung schwärmerischer Studenten, die Klopstock zu ihrem Vorbild wählten und ihn enthusiastisch verehrten. Diese jungen Barden gebärdeten sich kraftgenialisch. Sie verbrannten an Klopstocks Geburtstagsfeier 1773 Wielands Bild sowie seine *Komischen Erzählungen.* Zu den Mitgliedern des Hains gehörten die Brüder FRIEDRICH LEOPOLD (1750—1819) und CHRISTIAN GRAF ZU STOLBERG (1748—1821), der Homerübersetzer und Verfasser von Idyllen JOHANN HEINRICH VOSS (1751—1826), sowie der Predigersohn aus Mariensee bei Göttingen LUDWIG CHRISTOPH HEINRICH HÖLTY (1748 bis 1776). Er war der bedeutendste und wegweisende Lyriker des Hainbunds. Der zarte, früh der Schwindsucht erlegene Hölty nannte die Schwermut „die Mutter der Betrachtung", und leise Schwermut gibt auch vielen seiner Gedichte den zarten Ton. Er ist von Klopstock, Gray und dem Minnesang beeinflußt. Sanfte Melancholie, wehmütige Stimmungen und ein sentimentalisches Naturgefühl durchziehen seine Lieder. Er schuf, Klopstocks Oden weiterführend, die elegische Ode, in der oft die schmerzlich-zarte Stimmung des Abschiednehmens spürbar ist. Im neuen Ton preist er in der asklepiadeischen Ode „Die Mainacht" die bürgerliche Gattenliebe:

Wenn der silberne Mond durch die Gesträuche blickt
und sein schlummerndes Licht über den Rasen geußt
und die Nachtigall flötet,
wandl' ich traurig von Busch zu Busch.

Selig preis ich dich, dann, flötende Nachtigall,
weil dein Weibchen mit dir wohnt in einem Nest,
ihrem singenden Gatten
tausend trauliche Küsse gibt ...

MATTHIAS CLAUDIUS (1740—1815), der Pfarrerssohn aus Reinfeld bei Lübeck, war Redakteur und Herausgeber des volkserzieherischen *Wandsbecker Boten.* In ihm hat der aufgeklärte Christ freundlich plaudernd dem Volke seine Wahrheit gesagt.

Claudius liebte das Unscheinbare, Einfache, Alltägliche, Kleine. Sein pietistisch gedämpftes Christentum betrachtete die Natur als Tempel und Sinnbild Gottes. In seinen Liedern erscheint die Natur verchristlicht und spiegelt das Große und Ewige wider. Volkslied und geistliches Lied bestimmen den zarten, schlichten Ton seiner ergreifenden Lieder. Im *Abendlied* sind christliche Frömmigkeit und reine Naturverehrung wunderbar verschmolzen. Ganz schlicht und kindlich-fromm klingen seine Verse. Mit unvergeßlichen Tönen rührte er an die Geheimnisse von Leben und Tod:

Bürger *Lenore,* Skizze zu einem Kupferstich von Daniel Chodowiecki, 1778

Ach, es ist so dunkel in des Todes Kammer,
Tönt so traurig, wenn er sich bewegt
Und nun aufhebt seinen schweren Hammer
und die Stunde schlägt. *(Der Tod)*

Anders als der schwermütig-elegische Ton Höltys und Claudius' schlichte Innigkeit klingt die Lyrik von Gottfried August Bürger (1747—94).

Der aus einem Pfarrhaus stammende Göttinger Professor der Ästhetik liebte, von Percy und Herder angeregt, keine Gattung der Volkspoesie mehr als die Ballade. Er verfeinerte ihren marktschreierischen Bänkelton, ohne ihren volkstümlichen Charakter aufzugeben, und wurde so zum Schöpfer der deutschen Kunstballade. Lautmalerei, Wiederholungen, Kehrreime, anschaulich-einprägsame, mitunter drastische Bilder gehören zu den Stilzügen seiner Gedichte, in denen er auch aktuelle Fragen aufgreift. Gesellschaftskritisch behandelt er das Motiv des verlassenen Mädchens in *Des Pfarrers Tochter von Taubenhain,* Anklage gegen den Tyrannen erhebt er im Gedicht *Der Bauer. Der wilde Jäger* und *Das Lied vom braven Mann* werden nur noch von der Schauerballade *Lenore* übertroffen. Vor dem grenzenlosen Schmerz einer um ihren gefallenen Bräutigam trauernden Tochter versagt die trockene Gesangbuchfrömmigkeit der Mutter. Die unbedingt Liebende folgt im nächtlichen Hochzeitsritt ihrem vermeintlichen Bräutigam, dem apokalyptischen Reiter, ins Grab:

Wie flogen rechts, wie flogen links
Gebirge Bäum und Hecken!
Wie flogen links und rechts und links
Die Dörfer, Städt' und Flecken! —
„Graut Liebchen auch? — Der Mond scheint hell!
Hurra! Die Toten reiten schnell!
Graut Liebchen auch vor Toten?"
„Ach laß sie ruhn, die Toten!" —

Literatur:
Günther Müller *Geschichte des deutschen Liedes.* Darmstadt ^{2}1959
Die deutsche Lyrik Bd. 1 hg. v. Benno von Wiese. Düsseldorf 1964
Peter Berglar *Matthias Claudius.* rm 192 (1972)
Ulrich Trumpke *Balladendichtung um 1770. Ihre soziale und religiöse Thematik.* Stuttgart 1975
Walter Hinck *Die deutsche Ballade von Bürger bis Brecht.* Vand 273 (^{2}1972)

12. Die Spätaufklärung

Gesellschaftskritik. Im letzten Viertel des 18. Jhs. wandte sich die deutsche Aufklärung von religionskritischen Spekulationen und Problemen der Tugendlehre ab (s. S. 89) und erörterte konkrete politische Fragen der immer repressiver werdenden Feudalgesellschaft. Die Willkür der Winkeldespoten, die unerträglichen sozialen Spannungen erzeugten eine Atmosphäre der Revolutionsbereitschaft, die sich in einer radikalen Gesinnung, in einem „freien Untersuchungsgeist", im scharfen publizistischen Kampf gegen die entwürdigenden

Lebensbedingungen äußerte. In der Revolte gegen die Gesellschaft treffen sich Spätaufklärung und Sturm und Drang. Die Aufklärer führten die Auseinandersetzung vornehmlich mit didaktisch ausgerichteten Zweckformen.

CHRISTIAN FRIEDRICH DANIEL SCHUBART (1739—91), der schwäbische Publizist, kämpfte mit seiner *Deutschen Chronik* gegen die empörenden Zustände, seine Gedichte *Die Fürstengruft* und das *Kaplied* sind gezielte Abrechnungen mit gekrönten Barbaren. Die *Berlinische Monatsschrift* bildete ein Forum für kritische Diskussionen. GOTTLIEB KONRAD PFEFFELS Fabel *Der Kornett und sein Pferd* zeigt den abgrundtiefen Haß gegen die Unterdrücker. ADOLF VON KNIGGE verfährt in seiner *Geschichte der Aufklärung in Abyssinien* (1791) und JOHANN PEZZL in den *Marokkanischen Briefen* (1784) wie MONTESQUIEU in den *Lettres persanes* (1721): sie geißeln am Beispiele ferner Länder despotische Willkür. In zahlreichen Gedichten spiegelt sich im Topos des grausam ausgebeuteten Negers literarisch die eigene Misere wider. GEORG FRIEDRICH REBMANNS *Kosmopolitische Wanderungen durch einen Teil Deutschlands* (1795), ADAM WEISHAUPTS *Geschichte der Vervollkommnung des menschlichen Geschlechts* (1788) und JOHANN CARL WEZELS *Belphegor oder die wahrscheinlichste Geschichte unter der Sonne* (1776) sind Beispiele spätaufklärerischer Gesellschaftskritik.

Der Republikanismus wurde zum ideologischen Sammelbecken dieser antifeudalen Tendenzen. Das aufgeklärte Bürgertum träumte von einer deutschen Republik. Seine humanistische Tradition und sein hohes Bildungsniveau förderten die Verbreitung des politischen Leitbildes der res publica.

Die vorbildliche Schweiz, die helvetische Republik, erfreute sich seit Hallers *Alpen* (1729) bis zu FRIEDRICH MÜLLERS *Geschichte der Schweizerischen Eidgenossenschaft* (1786) und Schillers *Wilhelm Tell* (1804) steigender Sympathie. Auch England, die „Insel der Libertät", faszinierte. Seit dem Unabhängigkeitskrieg galt Amerika als Vorbild, dieses „Land ohne Hohepriester, ohne aussaugende Generalspächter und müßige Barone" (Steuben).

Vornehmlich zwei Gestalten gehören zu den „versäumten Lektionen" unserer Literaturgeschichte: Georg Forster und Johann Gottfried Seume. Beide Männer erlebten ein leid- und wechselvolles Lebensschicksal, das sie in andere Kontinente führte; beide besaßen einen weltweiten Horizont, einen ungetrübten Blick für die deutschen Zustände und eine lautere Gesinnung, die sie keinem materiellen Vorteil opferten. Sie waren überzeugte Republikaner und glaubten an die Französische Revolution.

JOHANN GEORG FORSTER (1754—1794) schrieb eine klassische Prosa. Geschult am englisch-empirischen Denken, hatte er auf seiner Weltreise mit James Cook seine Eindrücke mit erstaunlicher Präzision festgehalten. Er korrigierte den Rousseauschen Naturkult der Europäer und wies die europäische Überheblichkeit gegenüber den Primitiven zurück. Mit seiner Schilderung der *Reise um die Welt* (1777) durchbrach er die engen provinziellen Schranken, erweiterte den Horizont der deutschen Leser und begründete die Gattung der künstlerischen Reiseschilderungen. Tahiti, Gaugins märchenhafte Südseeinsel, hatte Forster in Europa als erster vorgestellt. Auch Münchhausens Südseeabenteuer sind ohne den deutschen Weltreisenden nicht denkbar. Schon vor Goethe und der Romantik hatte der Kunstkenner auf die Gotik hingewiesen. Seine *Ansichten vom Niederrhein* (1790) liefern ein klares Bild der gesellschaftlichen und politischen Verhältnisse. Sie sind neben Seumes Prosaschriften das einzige noch lebendige Werk, das die damaligen Zustände unverhüllt zeigt. Als die französischen Revolutionstruppen 1792 Mainz besetzt hatten, trat er für den Anschluß an Frankreich ein. Er mußte fliehen und starb 1794 vereinsamt in Paris.

JOHANN GOTTFRIED SEUME (1763—1810) aus Poserna in Sachsen führte ein Leben außerhalb der bürgerlich-geregelten Sicherheit. Seine Freiheit wollte er auf keinen Fall einer sicheren Existenz opfern. Klar erfaßte er die politische Situation und sprach furchtlos aus, was die deutsche Gesellschaft sonst verschwieg. Das Urerlebnis dieses Skeptikers, den hessische Werber gezwungen hatten, für England in Amerika zu kämpfen, war das der Humanität, und das bedeutete für ihn Freiheit. Am bekanntesten wurde seine Reiseschilderung *Mein Spaziergang nach Syrakus im Jahre 1802,* in der er ein scharfes sozialkritisches Bild der Zeit entwarf. Seine Autobiographie *Mein Leben* berichtet von seinem bewegten Schicksal, *Mein Sommer* (1805) enthält die Reiseeindrücke von seinen Fahrten nach Rußland, Finnland und Schweden. Am schärfsten und klarsten zieht er in den *Apokryphen,* einer 1806/07 entstandenen Aphorismensammlung, eine

Bilanz der deutschen Misere. Lichtenberg leuchtete in seelische Abgründe (s. S. 100 ff.), Seume diagnostizierte politische Zustände. Mit seinem Röntgenblick erkannte er die Ursachen des politischen Zusammenbruchs: Privilegienwirtschaft und Mißachtung des Naturrechts. Seine Aphorismen sind von solcher analytischer Schärfe und Hellsichtigkeit, daß sie kein Zensor durchgehen ließ. Lakonisch, epigrammatisch-spitz formulierte er seine Einsichten.

> „Aufschreibend den Zorn das Leiden die Trauer
> Über eine apogryphische Welt in
> Sätzen die wie Prankenschläge sind und bitter und groß
> Auch zart und voll Hoffnung und voll Verzweiflung."
> (Roman Svendborg)

Seume war ein Geistesverwandter Lessings, Heines und Tucholskys. Karl Kraus zitierte vor seinem Tode in der *Fackel* (s. S. 284) den Seume-Aphorismus:

> „Alles, was man in dieser Zeit für seinen Charakter tun kann,
> ist zu dokumentieren, daß man nicht zur Zeit gehört."

LITERATUR:

Jost Hermand *In Tyrannos. Über den politischen Radikalismus der sogenannten Spätaufklärung* in: *Von Mainz nach Weimar* (1793—1919). *Studien zur deutschen Literatur.* Stuttgart 1969

Ralph Rainer Wuthenow *Vernunft und Republik. Studien zu Georg Forsters Schriften.* Bad Homburg 1970

Gerhard Steiner *Georg Forster.* SM 156 (1977)

Werner Kraft *Johann Gottfried Seume* in: *Rebellen des Geistes.* Stuttgart 1968

Inge Stephan *Johann Gottfried Seume. Ein politischer Schriftsteller der deutschen Spätaufklärung.* Stuttgart 1973

VII. DIE DICHTUNG DER KLASSIK

1. Bedingtheit und Form der Klassik

Klassizismus und Klassik sind zwei bedeutungsverwandte, doch verschiedene Begriffe. Unter Klassizismus verstehen wir jene Strömung in den europäischen Nationalliteraturen, die an die absolute Vorbildhaftigkeit der Antike glaubt und in der Nachahmung antiker Muster zur Gestaltung der eigenen Lebensprobleme gelangen will. Daher wertet der Klassizismus bewußt und systematisch antike Stoffe, Motive, Stile und Gattungen als literarische Vorbilder aus. Im Mittelpunkt seiner Ästhetik steht die Forderung der Nachahmung der Natur (Mimesis), das heißt der Darstellung der „allgemeinen Natur", ihrer Gesetze und Ordnungen, also des Typischen, Universalen und Immergültigen. Diese Auffassung geht von der Annahme einer gleichbleibenden geistig-seelischen Struktur des Menschen aus (Vgl. Die neue Ästhetik S. 117; Kants Wirkung S. 130). Für den Klassizismus ist die Welt ein Kosmos. Als Klassik bezeichnen wir literarische Epochen, in denen Dichter als Repräsentanten einer kultivierten Gesellschaft vollendete Werke schaffen, die für den Geist eines Volkes typisch sind. Klassische Zeitalter können sich an der Antike orientieren, dann folgen sie klassizistischen Grundsätzen. Insofern stehen Klassizismus und Klassik gegen den Manierismus (Vgl. Das Dichtungsideal der Klassik S. 126). Aber eine Klassik erschöpft sich nicht im Klassizismus; ihre schöpferischen Impulse führen darüber hinaus.

Die Voraussetzungen der Klassik. Klassische Epochen setzen eine entwickelte Gesellschaft mit einem „Maximum an Bildung" (Herder) voraus, fordern eine große Reife des Geistes, ein historisches Bewußtsein, eine differenzierte Sprache, in der sich die geistigen Regungen nuancenreich aussprechen lassen. „Der klassische Dichter erschöpft nicht die Form allein, sondern die Sprache seiner Zeit" (T. S. Eliot).

Solche Perioden sind das Ergebnis einer langen kulturellen Entwicklung; ihr geistig-künstlerisches Leben wird vielfach entscheidend geprägt durch eine kanonische Orientierung an der Antike. Goethe meinte: „Ein klassischer Nationalautor kann nur entstehen, wenn er in der Geschichte seiner Nation große Begebenheiten und ihre Folgen in einer glücklichen und bedeutenden Einheit vorfindet; wenn er in der Gesinnung seiner Landsleute Größe und Tiefe und in ihren Handlungen Stärke und Konsequenz nicht vermißt ... wenn er die Nation auf einem hohen Grade der Kultur findet, daß ihm die eigene Bildung leicht wird." Diese Voraussetzungen sind in der Geschichte der Literatur nur selten gegeben. Im Rom des augusteischen Zeitalters war Vergil der große Vertreter der Klassik, im Frankreich Ludwigs XIV. waren es Corneille und Racine.

Aber die Verbindung von staatlicher Größe und Macht mit einer urbanen Kultur ist nicht die einzige Entstehungsbedingung einer Klassik. Die tiefsten Werke der Weltliteratur wurden häufig in Zeiten nationaler Ohnmacht, innerer Zerspaltenheit und politischen Niedergangs geschrieben: Im niedergehenden Athen entstand Euripides' *Iphigenie* und Platons *Staat,* im 14. Jh. schrieb im machtpolitisch zerrissenen Italien Dante seine *Divina Commedia,* im Spanien des 17. Jhs wirkten Calderon und Cervantes, nachdem das goldene Zeitalter mit Philipp II. zu Ende gegangen war. Auch für das Deutschland des 18. Jhs gilt Nietzsches Wort: „Die Kultur verdankt das Allerhöchste den politisch geschwächten Zeiten."

Wie hemmend sich die deutschen Verhältnisse auf das literarische Leben auswirkten, sah keiner schärfer und illusionsloser als Goethe: „Nirgends in Deutschland ist ein Mittelpunkt gesellschaftlicher Lebensbildung, wo sich Schriftsteller zusammenfinden und nach einer Art, in einem Sinne, jeder in seinem Fach sich ausbilden könnten. Zerstreut geboren, höchst verschieden erzogen, meist nur sich und den Eindrücken ganz verschiedener Verhältnisse überlassen, von der Vorliebe für dieses oder jenes Beispiel einheimischer oder fremder Literatur hingerissen, ... immer wieder irre gemacht durch ein Publikum ohne Geschmack, das das Schlechte nach dem Guten mit ebendemselben Vergnügen verschlingt."

Weimar, literarische Hauptstadt Deutschlands. Es war daher eine der wenigen Sternstunden unserer Literatur, als im weimarischen Zwergstaat mit seinen 106 000 Einwohnern und der kleinen Residenzstadt von 6000 Bürgern die mäzenatische, feingebildete Fürstin Anna Amalia und ihr weltoffener Sohn, der Herzog Karl August, die Begegnung selbstbewußter bürgerlicher Schriftsteller mit der urbanen aristokratischen Gesellschaft herbeiführten. „Ein liberal gesinnter Hof suchte dort die Gesellschaft der Schriftsteller, und die Literatur gewann ungemein durch den Einfluß des guten Geschmacks, der an diesem Hofe herrschte" (Madame de Staël).

Erst im Umgang mit der gebildeten, aufgeklärten Hofgesellschaft, vor allem den sozial höhergestellten Frauen, erwarben sich die Dichter jenen starken Sinn für die verfeinerten Lebenssitten, für den Takt, für das urbane Gespräch, für die Selbstüberwindung und Selbstzucht, ohne die auch das Humanitätsideal nicht so stark hervorgetreten wäre. In der Schule

Abendgesellschaft bei der Herzogin Anna Amalia im Wittumspalais zu Weimar. Aquarell von G. Melchior Kraus, 1791. Dritter v. l. Goethe. Fünfte v. l. die Herzogin, ganz rechts Herder.

dieser Frauen wurden sie Zöglinge der Hofkultur („Willst Du genau erfahren, was sich ziemt, so frage nur bei edlen Frauen an."). Sophie von La Roche öffnete Wieland die Welt des Salons, Charlotte von Kalb wirkte entscheidend auf Schiller, Frau von Stein „erzog" Goethe (s. S. 137). Ein so unverdächtiger Zeuge wie Seume äußerte 1810 über die Abendgesellschaften in Weimar: „Solche sokratische Zirkel sind wohl selten gefeiert worden, werde ich wohl nie wieder feiern wie bei der Herzoginmutter, wo Anmut und Würde, Heiterkeit und Ernst, Witz und Laune, Sitte und Anstand, Kenntnis ohne Schulstaub und Scherze ohne bittern Stachel in der kleinen Gesellschaft herrschten. Wer das Glück gehabt hat, daran Anteil zu nehmen, spricht davon als den schönsten Stunden seines Lebens; zu den schönsten des meinigen gehören sie gewiß."

Weltbürgertum und Humanität. In der eigentlich klassischen Periode, die nur zwei Jahrzehnte (1785—1805) dauerte, schufen die Klassiker ihr Reich des Geistes und des schönen Scheins im scharfen Gegensatz zur kleinstaatlichen Alltagsrealität. „Indem das politische Reich wankt", sagte Schiller, „hat das geistige sich immer fester und vollkommener gebildet. Dieses Reich blüht in Deutschland, es ist in vollem Wachsen, und mitten unter gotischen Ruinen einer alten barbarischen Verfassung bildet sich das Lebendige aus." Sie kannten nicht das nationale Pathos des kommenden Jahrhunderts, das durch die Befreiungskriege entfacht wurde, da für sie das politische Vaterland in Wirklichkeit mit dem Duodezfürstentum identisch war. Patriotismus bezeichnete Lessing als eine „heroische Schwachheit", und Goethe riet seinen Landsleuten: „Zur Nation euch zu bilden, ihr hofft es, Deutsche vergebens; bildet, ihr könnt es, dafür freier zu Menschen euch aus!" Nüchtern, realistisch, nicht unpolitisch, aber kleinstaatlich dachten sie. So forderten sie den humanen Weltbürger, der nicht an ein Vaterland gebunden ist. Es war eine Idee der Aufklärung, die sie jetzt mit dem ganzen erzieherischen Ethos dieser Bewegung zu verwirklichen strebten.

Ihr Denken und Dichten war gemeineuropäisch orientiert. Sie hatten durch eine reiche Übersetzertätigkeit ihre Weltbedürftigkeit überwunden, griffen auch in ihren Dichtungen auf europäische Stoffe zurück. Nicht „Pfarrer, Kommerzienräte, Fähndriche, Sekretärs und Husarenmajors" wie ihre Zeitgenossen Iffland und Kotzebue stellten sie auf die Bühne, sondern Tasso, Iphigenie, Faust, Don Carlos, Wallenstein und Demetrius.

Humanität war die andere Forderung, die als komplementäres Ideal ihr Weltbürgertum ergänzte. Sie wollten die Verwirklichung der Humanität, die Ganzheit des Menschen wie Hamann und Herder, aber nur mit Hilfe der Kunst.

Die ästhetische Provinz. Seit Luther war die Welt der Kunst zurückgedrängt, von theologischer Auseinandersetzung überschattet, in ihrem Eigenrecht zumindest eingeschränkt worden. Je mehr sich im 18. Jh. protestantische Geistigkeit theologischer Bevormundung entzog, in Aufklärung und Pietismus ihre geistigen Energien entfaltete, desto mehr wurde das Schöne in seinem Eigenwert wieder eingesetzt. Die Aufklärung verwendete es noch moralisch-belehrend, das Rokoko schon als souveränes Formenspiel, der Sturm und Drang betrachtete es als sein eigentliches Organ des Weltverständnisses. In der Klassik nun gewinnt die Kunst den Vorrang selbst vor dem Religiösen. Die Rehabilitierung der Welt des Schönen, von Lessing, Winckelmann, Wieland, Herder, Goethe, Schiller und Kant unter dem nachhaltigen Einfluß der ästhetischen Ideen des englischen Neuplatonikers Shaftesbury (1671—1713) energisch und eifrig betrieben, erreichte nun ihre Vollendung. Die ästhetische Erziehung löst die religiös-moralische ab. Die Totalität des Menschen soll durch die Erziehung zur „schönen Humanität" wiederhergestellt, der Ausgleich sich widerstreitender Triebe durch die Kunst erreicht werden. Kant, Schiller und Goethe erkannten in großartiger Weise das absolute Eigenrecht der Kunst und ihre urbane Funktion. (Vgl. Das Reich des Schönen S. 153).

Das Dichtungsideal der Klassik ist der Gegenpol zum manieristischen und barocken. In den beiden Grundpositionen, der klassischen und manieristischen, kommt ein konträres Weltverhältnis zum Ausdruck. Der Manierismus entspringt einem problematischen Lebensverständnis. Nicht die Welt der Natur, sondern das Reich der Phantasie beherrscht sein dichterisches Schaffen. Der manieristische Künstler bedient sich des Stils des Irregulären mit seinen Wortspielen, seinem Scharfsinn, seiner dunklen Metaphorik und bändigt durch dieses kombinatorische Spiel des Geistes die aus seiner Urangst aufgebrochene metaphysische

Gespaltenheit, überwindet sie durch künstlerische Objektivation (s. S. 70, 174). Anders die Klassik. In ihr äußert sich eine tiefe Menschen- und Weltgläubigkeit. Sie glaubt an die formschaffende Kraft des Geistes, der die Erscheinungen souverän meistert, und an die Geistdurchwirktheit der Natur. Das Äußere ist für sie nur Erscheinung eines geistbestimmten Innern. Das Kunstwerk ist seiner ganzen Organisation nach urverwandt mit den Werken der Natur. „Das Schöne ist eine Manifestation geheimer Naturgesetze, die uns ohne dessen Erscheinung ewig wären verborgen geblieben" (Goethe). Da aber eine Verwandtschaft zwischen Natur und Kunst besteht, die Kunst analog der Natur verfährt (Organismusästhetik), werden in ihr auch die tieferen Lebensgeheimnisse erfaßbar. Die klassische Ästhetik beruht letztlich auf einer pantheistischen Grundanschauung (s. S. 175).

Nicht eine Idee in Bilder zu kleiden, zum Allgemeinen das Besondere zu suchen, also allegorisch zu verfahren, sondern die Idee, den Gehalt anschaulich zu vermitteln, in sinnlicher Gestalt zu vergegenwärtigen, im Besonderen das Allgemeine zu schauen, ist daher die vornehmste Aufgabe des Dichters. Das geschieht im Symbol. In ihm fallen Idee und Erscheinung zusammen, werden als Einheit erlebt. Das Symbol ist „ein in einem geistigen Spiegel zusammengezogenes Bild und doch mit dem Gegenstand identisch" (Goethe). Das Schöne ist ein Urphänomen, das sich allenthalben manifestiert, ohne je in Erscheinung zu treten.

Der klassische Dichter glaubt an die Verankerung der Kunst in der Dingwelt. „Der Stil ruht", so sagt Goethe, „auf dem Wesen der Dinge, insofern es erlaubt ist, in sichtbaren und greiflichen Gestalten zu erkennen." Da die Klassik das gebrochene Weltverhältnis des Manierismus nicht kennt, verpönt sie auch das Individuelle, Ironische, Verstiegene, Virtuose, Phantastische. Sie entwickelt ein strenges Ethos der Form, sie sucht das Wesentliche, Richtige, Allgemeingültige, das Gattungs- und Gesetzmäßige der Formen.

Die Sprache der Klassik ist ohne die Entfaltung des Deutschen zur hohen, differenzierten Literatursprache im 18. Jh. nicht denkbar. Alle bedeutenden Autoren hatten an ihrer Erweiterung, Verfeinerung und Rhythmisierung gearbeitet. Goethe wußte genau um diese Leistung: „Die deutsche Sprache ist auf einen so hohen Grad der Ausbildung gelangt, daß einem Jeden gegeben ist, sowohl in Prosa als auch in Rhythmen und Reimen sich dem Gegenstande wie der Empfindung gemäß nach seinem Vermögen glücklich auszudrücken" (1784 im *Teutschen Merkur*). Diese Literatursprache war nicht aus der Gesellschaft erwachsen, sondern die Dichter hatten sie geschaffen. Es war eine feine Kunstsprache, die erst in ihren klassischen Schöpfungen im 19. Jh. auf das Bürgertum wirkte.

Das klassische Ethos der Form bestimmte auch den Sprachgebrauch: Die Wirklichkeit wird nicht mehr naturalistisch und charakteristisch wiedergegeben, sondern wird gefiltert. Umgangssprachliche Wendungen scheiden aus, Dialektformen werden verbannt, alles Individuelle ist verpönt, alles Subjektive wird gedämpft. Am klarsten zeigen sich diese stilisierenden Tendenzen in den Dramen: an Stelle der ungebundenen tritt die gebundene Sprache. Der Vers steigert die rhythmische Form, reinigt den Stoff („Alles Poetische sollte rhythmisch behandelt werden", Goethe). Die typisierende Sprache hebt alles auf eine gleichmäßig distanzierende Ebene, eine sentenziöse, reflektierende Diktion ist den Dramen eigen. Auch in der Lyrik strebt die Klassik nach festen Formen: sie bevorzugt die Distichenelegie. In der Prosa wird der Satzbau rhythmisch-symmetrisch durchgegliedert, die Syntax vereinfacht, zu durchsichtiger Klarheit stilisiert, ein ethischnormativer Wortschatz herrscht vor.

Die deutsche Klassik entfaltete sich in der zehnjährigen Friedenszeit, die der Vertrag von Basel 1795 geschaffen hatte. Das Großherzogtum Weimar genoß die ihm zugebilligte Neutralität. Goethe und Schiller hatten zu jener Zeit ihre ästhetischen und politischen Überzeugungen auf Grund verschiedener Erfahrungen soweit angenähert, daß es zu einer produktiven Zusammenarbeit kommen konnte (s. S. 155 Freundschaft mit Goethe). Freilich wären die klassischen Schöpfungen der beiden ohne die Auseinandersetzung mit zwei Männern nicht verständlich, durch die sie ein größeres Selbstbewußtsein und eine klarere Erkenntnis ihrer eigenen Intentionen gewannen. Für Goethe war es Winckelmann, für Schiller Kant. Die Anreger vertreten die Kräfte, die die Weimarer Klassik mitbestimmten: die Antike und den deutschen Idealismus.

LITERATUR:
Richard Benz *Die Zeit der deutschen Klassik.* Stuttgart 1953
Walter Horace Bruford *Die gesellschaftlichen Grundlagen der Goethezeit.* Ullstein Buch Nr. 3124 (1975)
Walter H. Bruford *Kultur und Gesellschaft im Klassischen Weimar 1775—1806.* Göttingen 1966
Begriffsbestimmung der Klassik und des Klassischen, hg. v. Heinz Otto Burger. WBG Bd. 210 (1972)
Thomas Sternes Eliot *Was ist ein Klassiker?* es 33
Karl Otto Conrady (Hg.) *Deutsche Literatur zur Zeit der Klassik.* Stuttgart 1977
Richard Newald *Von Klopstock bis zu Goethes Tod.* München 1957
Hermann Hettner *Literaturgeschichte der Goethezeit,* hg. v. Johannes Anderegg. München 1970
Benno von Wiese *Die deutsche Tragödie von Lessing bis Hebbel.* Hamburg [8]1973
Volker Klotz *Geschlossene und offene Form im Drama.* München [6]1972
Gerhard Storz *Klassik und Romantik. Eine stilgeschichtliche Darstellung.* Mannheim 1972
Hans Mayer *Zur deutschen Klassik und Romantik.* Pfullingen 1964
Max Kommerell *Geist und Buchstabe der Dichtung.* Frankfurt/Main 1942

2. Johann Joachim Winckelmann
„... das Land der Griechen mit der Seele suchend" (Iphigenie)

Griechensehnsucht. Winckelmanns Studien des klassischen Altertums brachten eine ganz neue Auffassung der Antike. Während des Mittelalters, der Renaissance, des Humanismus, des Barock und der Aufklärung diente vornehmlich die römische Literatur als Stoffquelle und poetischer Kanon. Die Griechensehnsucht des 18. Jhs entsprang demselben Kulturpessimismus wie Rousseaus Ruf „Zurück zur Natur!" und Herders Ossianbegeisterung. Man sehnte sich nach einer verklärten, harmonischen Welt. Aus dem Protest gegen die eigene Zeit erhob man die antike Kunst, und das hieß nun die griechische, zum absoluten Vorbild.

Winckelmann wurde 1717 als Sohn eines Flickschusters in Stendal in der Altmark geboren. Aufgewachsen in unsäglich dürftigen, armen und drückenden Verhältnissen, war er „dreißig Jahre alt geworden, ohne irgendeine Gunst des Schicksals genossen zu haben" (Goethe). Als Hauslehrer, Kopist, Bibliothekar hatte er sich durchgeschlagen, bis ihm in Dresden die Konversion zum Katholizismus die Möglichkeit eröffnete, nach Rom zu gehen. Dort wurde er Sekretär eines Kardinals, bald Vorsteher der vatikanischen Museen. 1768 unterbrach er eine Reise nach Deutschland und kehrte über Wien, Venedig nach Rom zurück. In Triest wurde er von einem Raubmörder erstochen.

Seine epochemachenden Werke sind: *Gedanken über die Nachahmung der griechischen Werke in der Malerei und Bildhauerkunst* (1755) und die *Geschichte der Kunst des Altertums* (1764).

„Edle Einfalt und stille Größe". Winckelmann haßte die engen Lebensverhältnisse seiner norddeutschen Heimat, die barbarische Schultheologie, die geisttötende Krähwinkelei. Er wollte der kalten nordischen Welt entfliehen. Seine sehnsüchtig, fast mit religiöser Inbrunst gesuchte Welt der Antike war bereits Ausdruck einer der romantischen Mittelaltersehnsucht gleichenden Flucht in eine idealisierte Vergangenheit. Das Barock mit seiner wilden Gestik, seinen ausladenden Gebärden, dem Lauten und Effektvollen lehnte er ab; er suchte Einfachheit, eine Welt des reinen Maßes, der Harmonie und Proportionen. Mit einem Male wurde im Protestantismus das Auge, das man einst als „götzendienerische Sinnlichkeit" verworfen hatte, wieder als „sakrales Organ" (Friedrich Heer) eingesetzt.

Winckelmann erhob die antike Kunst, und zwar die Plastik, zum alleingültigen Kanon: „Der einzige Weg für uns, groß, ja wenn es möglich ist, unnachahmlich zu werden, ist die Nachahmung der Alten. Denn in den Werken der Alten finden wir nicht nur die schönste Natur, sondern eine gewisse ‚idealische Schönheit'. Das allgemeine vorzügliche Kennzeichen der griechischen Meisterstücke ist eine edle Einfalt und stille Größe, sowohl in der Stellung als im Ausdrucke. So wie die Tiefe des Meeres allezeit ruhig bleibt, die Oberfläche mag noch so wüten, ebenso zeigt der Ausdruck in den Figuren der Griechen bei allen Leidenschaften eine große und gesetzte Seele."

Entschieden lehnte er Bernini ab, der durch die Darstellung der Figuren in ihrem leidenschaftlichen Zustand das Maß verwarf. „Sie verlangen eine Seele in ihren Figuren, die wie ein Komet aus ihrem Kreise weicht." Die gebändigte Ruhe aber und die Einfachheit wirkt. Denn „was in sich groß ist, wirkt mit Einfalt vorgebracht und ausgeführt, erhaben". Tief war die Wirkung dieser neuen — und einseitigen — Griechensicht auf die Klassiker: was Goethe auf seiner Italienreise entgegenkam, waren die griechischen Kunstwerke, die sich an die „gebildete Sinnlichkeit" wandten. Für die klassische Kunstauffassung ist nichts charakteristischer als Goethes Ausspruch: „Jeder sei auf seine Weise ein Grieche, aber er sei's."

Apoll von Belvedere,
Griech. Skulptur, 4. Jh. v. Chr.

3. Immanuel Kant — Revolutionär des philosophischen Bewußtseins

Das gesamte Geistesleben der Klassik und Romantik wäre ohne den Königsberger Philosophen nicht denkbar. Kant überwand das Weltbild der Aufklärung und wurde zum Begründer des deutschen Idealismus, jener philosophischen Strömung, die die Erscheinungswelt als Produkt des Geistes auffaßt. Die großen Philosophen des 19. Jhs lebten von der Auseinandersetzung und Weiterentwicklung der Kantischen Ideen: Fichtes Wissenschaftslehre ebenso wie Schellings Identitätsphilosophie, Hegels Lehre vom objektiven Geist wie Schopenhauers Willensmetaphysik. Mit Kant erreicht das menschliche Bewußtsein eine neue Stufe der Bewußtheit. Kant hat eine neue Ortsbestimmung der menschlichen Vernunft vorgenommen, ein neues kritisches Selbstbewußtsein des menschlichen Geistes geschaffen.

Kant wurde 1724 in der preußischen Provinzstadt Königsberg als Sohn eines Sattlermeisters geboren. Er wuchs in einer pietistischen Handwerkerfamilie auf, besuchte das Gymnasium seiner Geburtsstadt, studierte dort Naturwissenschaften, Philosophie und Mathematik. Nach mehreren Jahren Hauslehrertätigkeit wurde er Privatdozent und schließlich Professor der Logik und Metaphysik in Königsberg. Er führte das unscheinbare, pedantisch geregelte Leben eines Hagestolzes. 1804 starb er in Königsberg.

Ausgangspunkt seines Philosophierens ist die Frontstellung gegen den dogmatischen Rationalismus der Aufklärung, den Dogmatismus der Metaphysik sowie Humes Skeptizismus, der ihn aus seinem dogmatischen Schlummer geweckt hatte.

Die *Kritik der reinen Vernunft* (1781) ist sein Hauptwerk, mit dem er eine kopernikanische Wendung in der neueren Philosophie einleitete. Kant fragt nicht nach der Totalität der Welt, sondern nach der Struktur des menschlichen Geistes selbst. Das Ergebnis: Der menschliche Geist erfaßt nicht die Dinge an sich, denn er ist an die besondere Struktur seines Bewußtseins gebunden: Raum und Zeit sind die beiden Bedingungen der Erfahrung, und nur mit Hilfe ihrer Grundbegriffe (Kategorien) vermag die menschliche Vernunft in die Mannigfaltigkeit der Erscheinungen eine vernünftige Ordnung zu bringen. Mit Hilfe der Kategorien, dieser „wahren Stammbegriffe des reinen Verstandes", vermögen wir die Gegenstände zu erfassen. Unser erkennendes Bewußtsein schafft also die Gegenstände erst nach seinen kategorialen Gesetzen. Die Dinge an sich zu erkennen, ist uns versagt. Menschliche Erkenntnis ist immer an die besondere Struktur unseres Bewußtseins gebunden.

Daraus folgt, daß die Fragen nach Gott, Freiheit und Unsterblichkeit wissenschaftlich nicht mehr gelöst werden können. „Ich mußte das Wissen aufheben, um zum Glauben Platz zu bekommen." Was dem Erkennen versagt bleibt, ist dem Wollen möglich.

Die *Kritik der praktischen Vernunft* (1788) befaßt sich mit der Ethik. Voraussetzung des sittlichen Handelns ist der Wille, der gute Wille, der — nach Kant — allenthalben in der Welt existiert. Die inhaltliche Bestimmung dessen, was das Gute des Willens ausmacht, gibt der kategorische Imperativ: „Handle so, daß die Maxime (Maxime = subjektiver Grundsatz ohne Allgemeingültigkeit) deines Willens jederzeit zugleich als Prinzip einer allgemeinen Gesetzgebung gelten könne."

Der Mensch ist ein Vernunftswesen, weil er sein Wollen nach objektiv gültigen Prinzipien regeln kann; er ist autonom. Der Grund für das sittliche Handeln ist die Pflicht, nicht die Neigung. Wir sollen handeln, also müssen wir auch können. Wir müssen frei sein: das ist das Postulat unseres sittlichen Bewußtseins.

In der ‚*Kritik der Urteilskraft*' (1790) löst Kant die Kunst aus dem Zusammenhang praktischer Zwecke, moralischer Begriffe, ideologischer Fesseln und begründet den Eigenwert des Schönen: „Schön ist, was ohne Interesse und ohne Begriff allgemein gefällt." Das Wesen des Schönen beruht auf einem interesselosen Wohlgefallen, auf einer ästhetischen Zweckmäßigkeit ohne utilitaristischen Einzelzweck. Der Künstler ist frei vom Joch empirischer Notwendigkeit, er schafft nach selbstgegebenen Gesetzen. Das Kunstwerk bildet eine Einheit aus der Mannigfaltigkeit der einzelnen Teile. Auf der eigengesetzlichen Bezogenheit der einzelnen Teile zum Ganzen und des Ganzen zu den einzelnen Teilen beruht der Organismuscharakter des Werks. Die Kunst wird in einer realitätsenthobenen, selbstgenügsam-ästhetischen Sphäre angesiedelt (vgl. Die ästhetische Provinz S. 126, Das Reich des Schönen S. 153 f.).

Kants Wirkung auf die Dichter war tiefgreifend. Jena, die Universitätsstadt des Weimarer Herzogtums, wurde der Hauptsitz des Kantianismus; einer seiner ersten Vertreter war Wielands Schwiegersohn Reinhold. In Jena lehrten Schiller, Fichte, Schelling, studierte Novalis, lebten die Gebrüder Schlegel: sie alle setzten sich mit Kants Problemen auseinander (s. S. 172).

Durch Kant hatte das Ich zunächst erkenntnistheoretisch, in der Folge auch artistisch eine absolute Souveränität gewonnen; selbstherrlich formte es alle bewußten Daseinsinhalte. Das Bewußtsein der menschlichen Freiheit und seiner sittlichen Verantwortung wirkte tief auf Schillers Begriff des Erhabenen. Nach ihm vermag der Mensch sich souverän über die Leiden dieser Welt zu erheben. Frei von gefühlsmäßigen Antrieben erleiden die Helden (Max Piccolomini, Maria Stuart) ihr Schicksal. Auch die kantische Ästhetik ist in Schillers Definition der Schönheit als der „Freiheit in der Erscheinung" spürbar. Da das menschliche Bewußtsein nach Kant selber erst die Welt durch Verarbeitung der Erscheinungen erschafft, die Realität als objektive Welt dem Bewußtsein nicht mehr unabhängig gegenübertritt, ist der Mensch gezwungen, sie stets neu in sich selber aufzubauen: „Mächtiger der Erdensöhne, Prächtiger baue sie wieder auf, in deinem Busen baue sie wieder auf." *(Faust).* Die ästhetische Anschauung des Idealisten Kant zerstört die seit der Antike gültige Auffassung der Kunst als Mimesis, als schöpferische Nachahmung der Wirklichkeit. Die Wirkung:

Der Mangel an gesicherter Realität hat bei Novalis das absolut freie Spiel der Phantasie, bei Schlegel den Fragmentarismus, bei Kleist den Zusammenbruch seiner Erkenntnisgewißheit zur Folge. Der Zwang, ständig die Welt aus dem Geiste schaffen zu müssen, führte mit zur romantischen Sehnsucht nach der Vergangenheit, zum freien souveränen Spiel des Artisten mit seinen eigenen Produkten in der romantischen Ironie, zur Verwandlung der natürlichen Welt in eine rätselhafte Erscheinungswelt im romantischen Märchen (s. S. 176).

Auch in der absoluten Poesie Baudelaires und der Symbolisten, in der Darstellung der visionären Wirklichkeit bei den Expressionisten sowie in Benns Absolutheitsanspruch der Kunst sind die Vorstellungen des Königsberger Philosophen wirksam.

LITERATUR:
Wolfgang Leppmann *Winckelmann. Eine Biographie.* Berlin 1971
Uwe Schultz *Kant.* rm 101 (1973)
Theodor Valentiner *Kant und seine Lehre.* R 6933/34
Nicolai Hartmann *Die Philosophie des deutschen Idealismus.* Berlin [3]1974

4. Johann Wolfgang Goethe

a) Der junge Goethe (1749-75)

Kindheit und Jugend. Die Handels- und Messestadt Frankfurt am Main, Krönungsstadt der deutschen Kaiser, war Goethes Geburtsort und der Schauplatz seiner Jugend. Zeitlebens hat er sich als Frankfurter Patrizier gefühlt und die Bedeutung der freien Reichsstadt für seine Entwicklung immer wieder betont.

Sein Großvater, der Schneider Friedrich Georg Goethe, war aus dem thüringischen Artern nach Frankfurt gewandert, hatte die Witwe Kornelia Schellhorn, Besitzerin des Gasthauses „Zum Weidenhof", geheiratet und ein beträchtliches Vermögen erlangt. Goethes Vater Johann Kaspar (1710—82) hatte in Leipzig Jura studiert, am Reichskammergericht in Wetzlar gearbeitet und war nach Rom und Paris gereist. Er lehnte es ab, in seiner Vaterstadt ein juristisches Amt zu übernehmen, was nach dem Erwerb des Titels eines Kaiserlichen Rats ohnehin nicht mehr möglich gewesen wäre. Der selbstbewußte, eigenwillige Mann heiratete mit 38 Jahren Katharina Elisabeth Textor, die siebzehnjährige Tochter des Stadtschultheißen. Er lebte in seinem geräumigen Haus am Großen Hirschgraben ganz seinen Neigungen, beschäftigte sich mit seiner Naturaliensammlung und war ein Mäzen Frankfurter Maler.

Am 28. August 1749 wurde Johann Wolfgang Goethe geboren. Er wuchs in einem gebildeten Patrizierhaus auf unter der sorgfältigen Obhut seiner Eltern. Der Vater war verschlossen, mitunter skurril, aufklärerisch gesinnt, die Mutter heiter, gesprächig, frohgemut und lebhaft. Ein Hauslehrer unterrichtete den Sohn. Im damaligen Frankfurt mit seinen schmalen Giebelhäusern im Gewirr uralter Gassen und seinen alten Bürgerhäusern am Mainufer verbrachte der Knabe eine unbeschwerte Kindheit. Reich und bunt sind die Eindrücke: Er erlebte den Umbau des väterlichen Hauses, nachhaltig beeindruckte den Knaben das Erdbeben von Lissabon, der Siebenjährige Krieg brachte Meinungsverschiedenheiten zwischen dem fritzisch gesinnten Vater und den für die Kaiserin Maria Theresia eintretenden Textors. 1759 besetzten die Franzosen Frankfurt. Der französische Königsleutnant Graf Thoranc aus der Provence wurde im Goethe-Haus einquartiert. Er ließ Frankfurter Künstler für sich arbeiten. So kam der junge Goethe schon frühzeitig mit der bildenden Kunst in Berührung. Er besuchte auch häufig das französische Theater, sah Racine-, Corneille- und Molière-Aufführungen. 1763 hörte er ein Konzert des siebenjährigen Mozart und erlebte ein Jahr später die prunkvolle Kaiserkrönung Josephs II. Seine Ausbildung wurde intensiv betrieben. Latein, Griechisch, Englisch und Französisch mußte er ebenso lernen wie Reiten und Fechten. Sein Vater überwachte seine Arbeiten und erzog ihn zur Gründlichkeit und Ausdauer. Die religiöse Erziehung übernahm die pietistisch fromme Mutter, die täglich die Bibel mit ihm las. So erhielt der aufnahmefähige Knabe eine ungemein solide Bildung, einen reichen Zuwachs an Erfahrungen und Kenntnissen. Goethe zog es vor allem zu den alten Sprachen, er wollte Altertumskunde in Göttingen studieren, aber der Vater entschied für Jura in Leipzig.

Leipziger Studienjahre. Am 3. Oktober 1765 traf der Sechzehnjährige in Leipzig ein. Das sächsische Kleinparis war im Vergleich zu dem konservativen, patriarchalischen Lebensstil Frankfurts freier und geistig reger. Leipzig war die Stadt des literarischen Rokoko. Goethe hörte bei Gellert Vorlesungen und lernte bei Oeser zeichnen. Dieser pädagogisch geschickte Schüler Winckelmanns erweckte in ihm das Verständnis für die Anschauung, daß in der Kunst Einfachheit und Ruhe mit Schönheit identisch seien. Goethe genoß das freie ungebundene Studentenleben in der galanten Stadt. Ernst Wolfgang Behrisch, ein scharfsinniger Hofmeister, wurde sein Freund; ihm las Goethe seine ersten dichterischen Versuche vor. Die Liebe zur Gastwirtstochter Käthchen Schönkopf besang er in verspielten, zierlich-geistreichen Versen. Der Gedichtzyklus *Annette* enthält Lieder eines „Schäfers an der Pleiße".

Witz, Formgefühl und Leichtigkeit beherrschte er, schon kündigt sich in den pointenreichen Versen der unüberhörbare eigene Ton an. Er schrieb das Schäferspiel *Die Laune des Verliebten* (1768). In der Leipziger Zeit pflegte er bereits, was er später in die Worte faßte: „So begann diejenige Richtung, von der ich mein ganzes Leben nicht abweichen konnte, nämlich dasjenige, was mich erfreute und quälte oder sonst beschäftigte, in ein Bild, ein Gedicht zu verwandeln und darüber mit mir selbst abzuschließen, um sowohl meine Begriffe von den äußeren Dingen zu berichtigen, als mich im Innern deshalb zu beruhigen.“ Im Juni befiel ihn eine schwere Krankheit, Zeichen einer seelischen Krise: Blutsturz und Halsgeschwulst brachten ihn in Lebensgefahr. Am 28. August 1768 kehrte er nach dreijährigem ununterbrochenem Aufenthalt niedergeschlagen nach Frankfurt zurück, wo seine Genesung fast eineinhalb Jahre dauerte und wiederholt von Rückfällen begleitet war.

Während der Frankfurter Genesungszeit umsorgten ihn aufopfernd Mutter und Schwester. Die Freundin der Frau Rat, Katharina Susanne von Klettenberg, brachte den Kranken mit pietistischen Vorstellungen in Berührung. Er las Arnolds *Unparteiische Kirchen- und Ketzerhistorie* (s. S. 108 f.). Daraus entnahm er die Erkenntnis, wie wichtig es sei, persönlich Gott zu erfahren, und die Einsicht, daß es mehrere Möglichkeiten der Gottesverehrung gibt. Seine Krankheit wies ihn auf die Zusammenhänge von Körper und Seele hin.

Goethe vertiefte sich in Paracelsus' Schriften, wagte sich selber an alchimistische Versuche. Allmählich öffnete sich ihm ein tieferes Verständnis für die Wechselbeziehung von Mensch und Natur, von Körperlichem und Seelischem: „Getrennt von Gott und der Natur zu sprechen ist ebenso schwierig wie bedenklich, wie wenn wir über den Körper und die Seele als etwas Getrenntes denken: die Seele erkennen wir nur vermittelst des Körpers und Gott nur durch die Natur.“ Langsam trat die Leipziger Leichtlebigkeit zurück. Nur seinem ungehaltenen Vater gegenüber trumpfte er mit scheinsicherer Überheblichkeit auf. *Die Mitschuldigen* (1770), eine Posse in Alexandrinern, sind der letzte dichterische Ertrag seiner ersten Studentenzeit.

Nachdem seine Gesundheit wiederhergestellt war, verließ er im April 1770 das Haus am Hirschgraben, um nach dem Wunsche des Vaters in Straßburg seine Jurastudien abzuschließen.

Straßburg. Der Aufenthalt in der elsässischen Hauptstadt (1770—71) beeinflußt aufs nachhaltigste Goethes dichterische Entwicklung. Einen überwältigenden Eindruck machte auf ihn das gotische Münster. Er empfand Erwin von Steinbach, den Erbauer, als verwandtes Genie und feierte ihn hymnisch in dem Essay *Von deutscher Baukunst* (1772): Das gotische Bauwerk ist ein charakteristisches, durch die Wahrheit des Ausdrucks überzeugendes Ganzes, nicht das „krausborstige Ungeheuer“, als das es dem in ausgewogenen Proportionen denkenden Kunstgeschmack des Klassizismus erschien.

Äußerst fruchtbar war die Begegnung mit Herder, der sofort Goethes schöpferische Begabung erkannte und ihm den Blick für Shakespeares Originalität und Größe öffnete. Herder half dem jüngeren Freund, den Schutzpark der Anakreontik zu verlassen und die verstellte Einfalt der Schäferpoesie zu durchschauen. Er erschloß ihm das Wesen des Volkslieds, die Gebärdensprache der Einfalt, die Ausdruckskraft schlichter Symbolgegenstände, und schärfte sein Ohr für die Klangwirkung der Worte. So bereitete er den Boden für Goethes Erlebnislyrik. Als dann der Elsässer Weyland den jungen Studenten in das Pfarrhaus zu Sesenheim einführte, brachte die leidenschaftliche Liebe zur Pfarrerstochter Friederike Brion Goethes Durchbruch zur eigenen Lyrik (s. S. 134). Doch der Widerspruch zwischen dem wahren, nach Dauer verlangenden Gefühl und dem ungebändigten Lebensdrang des jungen Dichters war nicht zu heilen. Nach seiner Promotion zum Lizentiaten und seiner Rückkehr nach Frankfurt trennte er sich schriftlich von Friederike.

Der junge Jurist ließ sich vorerst in seiner Heimatstadt nieder, und der Vater unterstützte ihn freudig bei seinen juristischen Arbeiten. Meistens vertrat er die Bewohner der Judengasse in Prozessen. Doch die Rechtsgelehrsamkeit trat rasch hinter den dichterischen Plänen zurück. Die reichen Straßburger Anregungen wurden jetzt wirklich fruchtbar. Am 14. Oktober 1771 feierte er in der Rede *Zum Shakespeares Tag* den englischen Dramatiker, dem er eine so große Erweiterung seines dichterischen Horizontes verdankte. Er sah seine eigene Problematik, den Zusammenstoß des frei Handelnden mit der Gesellschaft, in Shakespeares Dramen: „Seine Stücke drehen sich alle um den geheimen Punkt, in dem das Eigentümliche unsres Ichs, die prätendierte Freiheit unsres Wollens mit dem notwendigen Gang des Ganzen zusammenstößt." Shakespeare weckte in ihm den Wunsch nach einem neuen Drama. Bei seinen rechtsgeschichtlichen Studien war er schon früher auf die Selbstbiographie des Götz von Berlichingen gestoßen. Nun gestaltete er das Schicksal dieses Ritters einer untergehenden Epoche.

Götz von Berlichingen mit der eisernen Hand (1773). Der letzte, tapfere Ritter ist ein unabhängiger, freiheitsliebender Charakter, eine rechte Sturm- und Dranggestalt. Sein ungebrochenes Rechtsempfinden lehnt sich auf gegen die neue Epoche, er wird zum „Selbsthelfer in wilder Zeit". Götz wehrt sich gegen die Fürstenherrschaft, klammert sich fest an sein idyllisch-patriarchalisches Freiheitsideal. Der Selbsthelfer geht zugrunde, weil sein Wollen unzeitgemäß ist. Was Götz auszeichnet, ist die Einheit von Handeln und Selbstgefühl. Die Tragik erfolgt aus der Unmittelbarkeit seines Charakters.

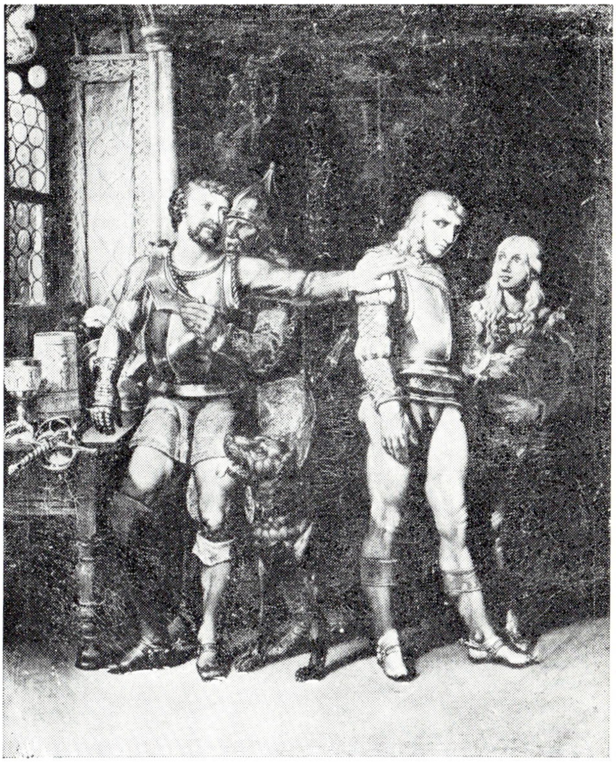

Götz und Weislingen,
Gemälde von J. H. W. Tischbein, 1782

Das Drama ist szenisch breit angelegt. Die Lust an episch ausgestalteten Einzelszenen herrscht vor. Eine Fülle von Haupt- und Nebenfiguren ist aufgeboten, um das farbige Zeitgemälde als Hintergrund für den Kampf des Rebellen aus innerer Überzeugung zu gewinnen. — Der *Götz* hatte großen Erfolg. In der Folge wurden eine Menge Ritterdramen geschrieben.

Urfaust (1772—75). Die eigenen Schuldgefühle gegenüber Friederike, ein Prozeß gegen eine Frankfurter Kindsmörderin sowie Erinnerungen an das Puppenspiel der Kinderzeit regten Goethe an, den Fauststoff aufzugreifen. Die Geschichte des Volksbuchs vom „weitbeschreiten Zauberer und Schwarzkünstler" hob er aus dem Bezirk der volkstümlichen Erzählung und machte Faust zum Bruder des modernen Genies. Schon jetzt sah er dessen Doppelnatur: den unruhigen Erkenntnissuchenden und den leidenschaftlich Liebenden. Der Faustgestalt fühlte sich Goethe im Innersten verwandt.

Wetzlar. Im Mai 1772 begab sich Goethe nach Wetzlar an das Reichskammergericht, die alte Stätte deutscher Rechtsprechung. Dort machte er bald die Bekanntschaft des bremischen Legationssekretärs Kestner. Er verliebte sich in dessen Braut Charlotte Buff (1753—1828), ohne von dem bestehenden Verlöbnis zu wissen. Die Spannungen zwischen ihm, Lotte und Kestner beschleunigten seine Rückreise nach Frankfurt. Sein gesteigertes, schwärmerisches Gefühl war hart mit der Wirklichkeit zusammengeprallt. Goethe spürte etwas vom taedium vitae, vom Lebens- und Weltschmerz. Da befreite er sich von der herandrängenden Gefühlsübermacht in dem Roman *Die Leiden des jungen Werthers* (1774), den er „ziemlich unbewußt, einem Nachtwandler ähnlich" niederschrieb. Das Buch legte den geheimen Nerv der jungen Generation bloß. Über Nacht wurde Goethe zum europäischen Schriftsteller. Der *Werther* begründete und sicherte seinen literarischen Ruhm.

Werthers Gefühle sind überstark, er sucht sie in der Natur schwärmerisch-sentimental auszuströmen. Er ist der Typ des bürgerlichen Menschen, der ganz in sich selbst zurückgezogen lebt, weil die Gesellschaftsordnung ihm keine sinnvolle Tätigkeit, keine Ausbildung aller Kräfte bietet. „Von unbefriedigten Leidenschaften gepeinigt, von außen keineswegs zu bedeutenden Handlungen angeregt, in der einzigen Aussicht in einem bürgerlichen Leben hinhalten zu müssen", lebt er dahin. Die Liebe zu Lotte, der zum Traumbild stilisierten Charlotte Buff, gibt seinem suchenden Gefühl einen Halt. Aber Werther erstickt an „der Fülle seines Innern" (Viëtor). Als er erkennen muß, daß Lotte ihm versagt bleibt, stürzt er vom höchsten Glücksgefühl in die tiefste Verzweiflung und endet durch Selbstmord.

Werther gehört zu den großen Liebesromanen der Weltliteratur. Der Schwärmer, der aus der Ichseligkeit seiner Empfindungen in die grauenvolle Leere hinabstürzt, wirkt als Protestfigur gegen die verbildete Zeit. Die rhythmische Prosa dieses Briefromans sei jedoch nur „ein Kindergelall und Gerassel gegenüber dem inneren Gefühl", meinte der Autor.

Goethe schrieb 1774 auch das Schauspiel *Clavigo.* Der liebenswürdige, schwache Clavigo verläßt seine Braut Marie, die gebrochenen Herzens stirbt. Ihm ist die ungehinderte Selbstentfaltung wichtiger als das Treuegelöbnis. Im Zweikampf fällt Clavigo. Seine Schuld erwächst aus der Unbeständigkeit seines schwachen Charakters, der von den sich wandelnden Gefühlen beherrscht wird. Das Werk war ein „Resultat reuiger Betrachtung". *Stella, Ein Schauspiel für Liebende* (1775), stellt Fernando, den empfindungsreichen Mann, zwischen seine Gattin Cäcilie und die von ihm glühend geliebte Stella. Es ist das Motiv des Mannes zwischen zwei Frauen wie in *Miß Sara Sampson,* nur ins extrem Empfindsame gesteigert.

Das letzte Frankfurter Jahr stürzte Goethe in eine leidenschaftliche Liebe zur sechzehnjährigen, verwöhnten, kapriziösen Bankierstochter Lili Schönemann. Die gesellschaftlichen Gegensätze der beiden Familien, ihre verschiedenen Lebensauffassungen erschwerten das bis zum Verlöbnis gediehene Verhältnis. Goethe selber schwankte schließlich zwischen der Zukunft als Ehemann und einer seiner Dichtung gewidmeten freien Existenz. Wie öfter in seinem Leben suchte er auch diesmal die seelische Krise durch eine räumliche Trennung zu überwinden. „Dieser Zustand erstickt alle meine Kräfte. Ich muß fort in die freie Welt." Zusammen mit den Gebrüdern Stolberg machte er 1775 eine erste Reise in die Schweiz.

Goethes Jugendlyrik. In Straßburg und Frankfurt hatte sich die neue Lyrik Bahn gebrochen. Sie begründete eine neue Epoche der deutschen Kunstdichtung. Das persönliche, einmalige Gefühl wird nun in Bildern, Rhythmen und Klängen laut, schafft sich seine eigene, von innen her geprägte Form. In einer zuvor noch nie erklungenen Sprache gewinnt das Sesenheimer Liebeserlebnis lyrische Gestalt. Der nächtliche Ritt zur Geliebten wird in einem Naturbild beschworen, das nicht mehr für sich selbst steht, sondern beseeltes Bild der inneren Unrast ist:

Es schlug mein Herz, geschwind zu Pferde!
Es war getan fast eh gedacht.
Der Abend wiegte schon die Erde,
Und an den Bergen hing die Nacht.
Schon stand im Nebelkleid die Eiche,
Ein aufgetürmter Riese, da,
Wo Finsternis aus dem Gesträuche
Mit hundert schwarzen Augen sah . . .

(Willkommen und Abschied)

Das Liebesgetändel der Anakreontik gehört der Vergangenheit an; es spricht nur noch das von der Liebe betroffene Herz. Leben und Welt verschmelzen zum Glücksjubel, den die Frühlingslandschaft zurückstrahlt:

Wie herrlich leuchtet
Mir die Natur!
Wie glänzt die Sonne!
Wie lacht die Flur! . . .

Und Freud und Wonne
Aus jeder Brust.
O Erd', o Sonne,
O Glück, o Lust . . .

(Mailied)

Die Hymnen. Das neue Weltgefühl drängte zum lyrischen Singen und Preisen, das sich der freien Rhythmen und des feierlichen Tons der Hymne bedient (vgl. Klopstock S. 112). Goethes gesteigertes Selbstgefühl findet sein genaues Gleichnis in den Mythen der Titanen und Götterlieblinge. „Die Fülle der heiligsten, tiefsten Empfindungen drängte für einen Augenblick den Menschen zum überirdischen Wesen, er redete die Sprache der Geister und aus den Tiefen der Gottheit flammte seine Zunge Leben und Licht" (Goethe).

In den großen Hymnen der Frankfurter Zeit (1772—74) im *Prometheus*, im *Ganymed*, in *Mahomets Gesang*, in *Wandrers Sturmlied* und im *Schwager Kronos* spricht sich das triumphierende, gesteigerte Lebensvertrauen des Genies und stolzer Lebensmut aus:

Spude dich, Kronos!
Fort den rasselnden Trott!
Bergab gleitet der Weg;
Ekles Schwindeln zögert
Mir vor die Stirne dein Haudern.
Frisch den holpernden
Stock Wurzeln Stein den Trott
Rasch in's Leben hinein!

In den Balladen *Heidenröslein, Der König in Thule* gelingen Goethe wunderbar schlichte, im Volksliedton gehaltene Verse vom Weh und Leid der Liebe.

Aus der Begegnung mit Lili entspringen leichte, duftige, formvollendete Lieder wie *Neue Liebe, neues Leben; An Belinden; Sehnsucht.* Und auf der Schweizer Reise entstanden die goldenen Verse an der Schwelle der Mannesjahre:

Auf der Welle blinken
Tausend schwebende Sterne.
Weiche Nebel trinken
Rings die türmende Ferne;
Morgenwind umflügelt
Die beschattete Bucht,
Und im See bespiegelt
Sich die reifende Frucht.
(Auf dem See)

Der Herzog von Weimar, Karl August, hatte den Verfasser des *Werther* in Mainz kennengelernt und wiederholt nach Weimar zu einem Besuch eingeladen. In den Monaten vor der Reise entwarf Goethe einige Szenen des *Egmont* (1775). Erst in Rom sollte er das Trauerspiel vollenden.

Goethe stellt den Helden hinein in den Befreiungskampf der Niederländer gegen den spanischen Absolutismus. Der historische Schauplatz aber ist nur die farbige Szene, vor der sich strahlend der Volksheld Egmont abhebt. Inmitten des politischen Intrigenspiels des klugen Politikers Wilhelm von Oranien und des verschlagenen hohläugigen Alba, umgeben von verzagten, unpolitischen Kleinbürgern, treten umso heller Egmont und Klärchen, seine Geliebte, hervor. In ihr hat Goethe den Mädchentyp des einfachen Naturkindes gezeichnet. Egmont ist von unerschütterlicher Selbstgewißheit und von unbeirrbarer Zuversicht. Auf seinen Dämon vertrauend, wird er das Opfer einer politischen Justiz. In einer Welt der kalten Berechnung ist für ihn kein Platz. Egmont geht zugrunde, weil er augenblicksverhaftet seine eigene Individualität ganz auslebt und gerade wegen seines inneren Reichtums den Gang der Politik nicht erfassen kann. Das Drama ist in Prosa verfaßt, die sich in Egmonts Reden häufig jambisch steigert.

Das Dämonische. Egmonts strahlende Persönlichkeit ist seinem Dämon unterworfen. Goethe glaubte an das Walten schicksalhafter Mächte. Der Lebensraum des Menschen ist durchwaltet vom Dämonischen, es schauderte ihn vor unfaßbaren Kräften. Das Dämonische ist „dasjenige, was durch Verstand und Vernunft nicht aufzulösen ist".

Motive des Aberglaubens, Kräfte des Zwischenreichs zwischen Mensch und Gott, spielen in seinen Dichtungen eine Rolle: Der Erlkönig ist eine Gestalt einer fremden Welt; die Wassernixe im *Fischer,* der Erdgeist im *Faust,* die Orest jagenden Furien, die Klage des Harfners über das unschuldig Schuldigwerden künden davon, daß unser Dasein ein Schicksalsgewebe ist, umstellt von Kräften, die sich einer eindeutigen Fixierung entziehen: „Es glaubt der Mensch sein Leben zu leiten, sich selbst zu führen und sein Inneres wird unwiderstehlich nach seinem Schicksal gezogen". Der Dämon bestimmt unsere Individualität:

So mußt du sein, dir kannst du nicht entfliehen,
So sagten schon Sibyllen, so Propheten;
Und keine Zeit und keine Macht zerstückelt
Geprägte Form, die lebend sich entwickelt.
(Urworte. Orphisch)

Das Dämonische fördert und hilft dem Menschen, aber es zerstört und vernichtet ihn auch. „Der Mensch muß wieder ruiniert werden. Jeder außerordentliche Mensch hat eine gewisse Sendung, die er zu vollführen berufen ist. Hat er sie vollbracht, so ist er auf Erden in dieser Gestalt nicht weiter vonnöten, und die Vorsehung verwendet ihn zu etwas anderem. Da aber hinieden alles auf natürlichem Wege geschieht, so stellen ihm die Dämonen ein Bein nach dem andern, bis er zuletzt unterliegt." Eine urtümliche Form der Gottesverehrung steckt hinter diesem Glauben.

b) Die Weimarer Jahre bis Schillers Tod (1775-1805)

Aufbruch nach Weimar. Die zuerst als Besuchsreise gedachte Fahrt nach der Residenzstadt Weimar sollte einschneidend und folgenreich werden. Goethe erwies sich dem sich kraftgenialisch gebärdenden, um acht Jahre jüngeren Herzog bald als unentbehrlich. Er nahm an den „geräuschvollen Zerstreuungen" des Herzogs teil. Bald wünschte der Herzog Goethe zum Freund und Helfer und betraute ihn mit Verwaltungsaufgaben. 1776 trat er förmlich als Geheimer Legationsrat in Weimarischen Dienst. Der Fürst übertrug ihm den Wegbau, die Bergwerksverwaltung, die Aufsicht über die Museen, die Kriegskommission. Der Wechsel vom gemächlichen Leben in Frankfurt, wo Goethe keine bestimmten Pflichten zu erfüllen hatte, in die kleine aristokratische Gesellschaft, die Forderungen an ihn stellte, kam seinem Tätigkeitsdrang gelegen. In dem räumlich engen, geistig aber weiten Lebenskreis fühlte er sich wohl: „Bestimmtes Gefühl von Einschränkung und dadurch der wahren Ausbreitung", schrieb er ins Tagebuch. Der Herzog verlieh ihm Amt und Würde, gab ihm Einkommen, Haus und Garten. Nun war Goethe wirtschaftlich gesichert. Die täglichen Arbeiten zwangen ihn, sich mit neuen Aufgaben auseinanderzusetzen. Er mußte sich bei der Verwaltung der großen Wälder der thüringischen Berge um Pflanzenarten und Baumsorten, als Leiter des Ilmenauer Bergwerks um geologische und mineralogische Fragen kümmern. In diesen Jahren entwickelte er sich zum Naturforscher. 1831 bekannte er: „In das tätige Leben jedoch sowohl als in die Sphäre der Wissenschaft trat ich eigentlich zuerst, als der edle Weimarische Kreis mich günstig aufnahm."

Der Naturforscher. Die Goethesche Maxime „Denken ist interessanter als Wissen, aber nicht als Anschaun", ist aufschlußreich für seine Haltung. Goethe hatte einen ihm „unwiderstehlich innewohnenden Schauensdrang". Erst durch anschauendes Erfassen gewann er Zugang zum Wesen der Dinge. Was wir schauen, sind immer Teile eines unsichtbaren Ganzen.

Nie hat sein Denken den Bereich des Anschaulich-Vorstellbaren verlassen. Seine naturwissenschaftlichen Arbeiten bestimmten auch sein Weltverständnis. Das Leben erschien ihm als Einheit von Stoff und Form, es existierte nur in Gestalten. Er suchte den alle Gestalten enthaltenden Bauplan, suchte in der Morphologie den Typus, der dem Einzelnen zugrundeliegt und aus ihm erschließbar ist. Was der Typus im Organischen, ist das Urphänomen im anorganischen Bereich. Von der Annahme ausgehend, die Natur sei ein gesetzmäßiges Ganzes, entdeckte er durch den Vergleich zwischen Menschen- und Tierschädel den Zwischenkieferknochen. „Denn das ist der Natur Gehalt, / Daß außen gilt, was innen galt." Er erschaut die ursprüngliche Identität aller Pflanzenteile in der Urpflanze:

> Alle Gestalten sind ähnlich, und keine gleichet der andern;
> Und so deutet das Chor auf ein geheimes Gesetz.

In den „Taten und Leiden" des Lichts sah er eine höchste Offenbarung des Göttlichen. Seine Farbenlehre ist Ausdruck dieses schauenden Denkens, das nicht analytisch verfährt, sondern symbolisch die Naturphänomene betrachtet. Seine Lehre von der Metamorphose der Pflanze hat der modernen Entwicklungslehre vorgearbeitet. Aber Goethe war ein entschiedener Gegner der teleologischen Naturinterpretation. Spinoza hatte ihn gelehrt, daß es absurd sei, nach Endursachen zu fragen. Jedes Ding ist „Zweck seiner selbst".

Der leidenschaftliche Naturbetrachter ist bei aller Aufgeschlossenheit von einem allzu optimistischen Wissenschaftsglauben weit entfernt: „Das schönste Glück des denkenden Menschen ist, das Erforschliche erforscht zu haben und das Unerforschliche ruhig zu verehren." Die Beschäftigung mit den Naturwissenschaften, die noch sein hohes Alter ausfüllt, hat ihm geholfen, sich von dem Titanismus der Jugend, dem Übermaß seiner Gefühle zu befreien. Die immer schaffende Natur war ihm eine dem Künstler verwandte Gestalterin: Einheit, Bestimmtheit, Ganzheit, das sind die Normen sowohl des Künstlers wie der Natur.

Freilich konnte die tägliche Routinearbeit einen Künstler wie Goethe auf die Dauer nicht befriedigen. Seine Begegnung mit der 32jährigen Charlotte von Stein, der Frau des Oberstallmeisters, gehört zu den erregendsten Erlebnissen dieser Lebensphase. Die calvinistisch erzogene, sensible, verständige Frau, „eine herrliche Seele, an die ich geheftet und genistelt bin", erleichterte ihm die tägliche Berufsarbeit und erzog ihn zum weltkundigen Hofmann, der das Ethos des Humanen in sich selber ausbildete. Was Frau von Stein für ihn bedeutete, sprach er in dem Gedicht *Warum gabst du uns die tiefen Blicke* aus.

Goethes Lyrik war in Weimar nicht mehr jugendlich-titanenhaft jubelnd, aufschäumend; sie wurde stiller, gedämpfter, vergeistigter. Unter Frau von Steins Einfluß wurde sein Wesen ausgeglichener. Seinen vielen Erfahrungen, Begegnungen und Erlebnissen verdanken wir Verse von höchster Vollkommenheit. Ein Dichten rein aus der Phantasie war seiner Natur stets wesensfremd. „Das Benutzen der Erlebnisse ist mir immer alles gewesen; das Erfinden aus der Luft war nie meine Sache, ich habe die Welt stets für genialer gehalten als mein Genie." Persönliches erregte immer seine dichterische Phantasie, aber daß seine Verse doch mehr enthalten, als was dem historisch einmaligen Augenblick zugehört, hat er selber bekannt: „Was von meinen Arbeiten durchaus und so auch von den kleineren Gedichten gilt, ist, daß sie alle, durch mehr oder minder bedeutende Gelegenheit aufgeregt, im unmittelbaren Anschauen irgend eines Gegenstandes verfaßt worden, deshalb sie sich nicht gleichen, darin jedoch übereinkommen, daß bei besonderen äußeren oft gewöhnlichen Umständen ein Allgemeines, Inneres, Höheres dem Dichter vorschwebte." In seinen Gedichten sind die persönlichen Empfindungen, Leid und Freud und seelische Erschütterungen aufgehoben. Weder selbstgenügsame Realität noch Chiffren für etwas anderes sind seine Bilder, sondern Symbole, in denen das Eigene und das Überpersönliche, Allgemeingültige unmittelbar anschaulich wird. In ihnen bleibt immer etwas, was „unendlich wirksam und unerreichbar und selbst in allen Sprachen ausgesprochen, doch unaussprechlich" ist.

Goethes Lyrik lebt im tiefsten von seiner Weltgläubigkeit. Die Sprache seiner Verse ist reflexionsarm, Begriffliches ist vom Bildhaften aufgesogen. Eine vollendete Einheit von liedhaftem Ton, liedhafter Sprache, natürlichem Rhythmus und bedeutungsträchtigen, sinnlich-realen Bildsymbolen eignet den meisten seiner Lieder.

Kein Dichter hat in seinem jeweiligen lyrischen Ausdrucksverlangen zu so vielen Dichtungsformen gegriffen wie Goethe: In Liedern, Hymnen, Sonetten, Balladen, Elegien gewann seine reiche, tiefe Welterfahrung lyrische Gestalt.

So macht das Naturbild des Gedichts *Im Herbst 1775* den schmerzlichen Abschied sinnlich vollkommen gegenwärtig:

Fetter grüne, du Laub,
Am Rebengeländer
Hier mein Fenster herauf!
Gedrängter quellet,
Zwillingsbeeren, und reifet
Schneller und glänzend voller!
Euch brütet der Mutter Sonne
Scheideblick; euch umsäuselt
Des holden Himmels
Fruchtende Fülle;
Euch kühlet des Mondes
Freundlicher Zauberhauch,
Und euch betauen, ach!
Aus diesen Augen
Der ewig belebenden Liebe
Vollschwellende Töne.

Zu den vollendetsten deutschen Gedichten zählen: *An den Mond, Gesang der Geister über den Wassern, Das Göttliche, Wandrers Nachtlied* und *Ein Gleiches,* das im kleinsten die größte Meisterschaft erreicht:

Über allen Gipfeln
Ist Ruh,
In allen Wipfeln
Spürest du
Kaum einen Hauch;
Die Vögelein schweigen im Walde.
Warte nur, balde
Ruhest du auch.

Die italienische Reise (1786—88). Im Laufe der Weimarer Jahre hatte Goethe eine Fülle von neuen Einsichten gewonnen, Pläne waren herangereift, ohne daß es ihm gelungen wäre, sie produktiv zu verarbeiten. Die *Iphigenie* war in Prosafassung entstanden, am *Torquato Tasso* begann er zu arbeiten, aber die dichterische Vollendung gelang nicht. Zudem war das Verhältnis zu Frau von Stein gespannter, das Hofleben immer unbehaglicher geworden, und das Gefühl der Vereinsamung wuchs. Goethe wußte, nur eine Veränderung konnte Rettung bringen: Die Flucht nach Italien.

Von Karlsbad aus brach er am 3. 9. 1786 heimlich auf und fuhr über München, Innsbruck, Venedig nach Rom. Dort lebte er mit dem Maler Tischbein, verkehrte mit Angelika Kauffmann, Hans Heinrich Meyer und Karl Philipp Moritz. 1787 besuchte er Sizilien, das erst „den Schlüssel zu allem enthielt", und kehrte im Juni 1788 wieder nach Weimar zurück.

Erträge. Unter dem blauen Himmel Italiens („Ein weißer Glanz ruht über Land und Meer, und duftend schwebt der Äther ohne Wolken") fand er einen „Abgrund von Kunst". Sein schauendes Auge sah, was es im Norden so lange entbehrt hatte: Klarheit der Formen, die „antwortenden Gegenbilder seines gegenständlichen Denkens." Das Studium ähnlicher Pflanzenformen ließ in ihm die Idee der Urpflanze reifen. In Palermo wurde sie ihm bewußt. Auch dichterisch war die Reise ungemein ertragreich: Goethe vollendete den *Egmont,* schrieb die *Iphigenie* in Versen, entwarf Prosaszenen des *Torquato Tasso* und verfaßte für den *Faust* die Hexenküche und die Szene „Wald und Höhle". Als er nach Deutschland zurückkehrte, war er ein tiefer Verehrer der klassischen Kunst. „Die Hauptabsicht meiner Reise: mich von den physischen und moralischen Übeln zu heilen, die mich in Deutschland quälten und zuletzt unfruchtbar machten, sodann den heißen Durst nach wahrer Kunst zu stillen. Das erste ist mir ziemlich, das letzte ganz geglückt." Wiederholt hat Goethe später bekannt, nie wieder so glücklich gewesen zu sein wie während seines römischen Aufenthaltes.

Um so stärker empfand er zu Hause den Gegensatz zwischen dem grauen Norden und dem sonnigen Süden: „Aus dem Italien, dem formenreichen war ich in das gestaltlose Deutschland zurückgewiesen, heiteren Himmel mit einem düsteren zu vertauschen; die Freunde statt mich zu trösten und wieder an sich zu ziehen, brachten mich zur Verzweiflung ... niemand verstand meine Sprache. In diesem peinlichen Zustand wußte ich mich nicht zu finden, die Entbehrungen waren zu groß, an welche sich die äußeren Sinne gewöhnen sollten, der Geist erwachte sonach und suchte sich schadlos zu halten." Das Ergebnis waren die *Römischen Elegien* (1788/90). Der Gedichtzyklus greift die antike Tradition auf und besingt die sinnlich glückliche Liebe. Geist und Sinn verschmelzen, die Liebe ist Genuß und Erfüllung. Die *Venezianischen Epigramme* (1790) sind auf einer kurzen Reise in Venedig entstanden, darin übt Goethe, Martial zum Vorbild nehmend, heiteren Spott an Menschen und Umgebung.

Die klassischen Dramen. *Iphigenie auf Tauris* und *Torquato Tasso* verkörpern am reinsten die Klassik. Verschwunden sind die Volksszenen, der lockere Aufbau eines *Götz.* Die Konflikte verlagern sich ganz ins Innere, allein das Bewußtsein wird Schauplatz des dramatischen Geschehens. Das klassische Schauspiel folgt dem Baugesetz des geschlossenen Dramas: Die Handlung ist entstofflicht, verinnerlicht, klar und linear angelegt; die Autonomie der Einzelszenen ist zurückgedrängt, die Auftritte sind fest durch Rück- und Vorwärtsverweise miteinander verklammert und mit spärlichen Regieanweisungen versehen. Nur wenige Figuren agieren an einem Ort (Einortdrama). Jeweils fünf Personen bestreiten die Handlung. Diese handlungsarmen Seelendramen leben ganz aus der Sprache, die alle übrigen dramatisch-theatralischen Elemente in sich aufgesogen hat. Die im aristokratischen Milieu sich bewegenden Figuren sprechen eine hochstilisierte, jeden spontanen Ausdruck dämpfende Kunstsprache. Fugenlos sind Rede und Gegenrede miteinander verzahnt, treiben Argumente die Auseinandersetzung voran. Große Monologe enthüllen die verzweifelte Zerrissenheit der Helden (Iphigenie IV, 5; Tasso IV, 5). Eng verflochten sind die Dialoge, in denen die Partner Stichworte gleich Bällen einander zuwerfen und zurückgeben. Sentenzen erhärten als gebündelte Argumente die eigene Position. In erregenden Augenblicken verkürzt sich das Zwiegespräch zum stichomythischen

Austausch der Gedanken. Die feinsten Nuancen des Gefühls zittern in der Sprache, der weiche Wohllaut der Verse, ihr verhaltener melodischer Rhythmus nimmt dem Geschehen jede Schwere. (Vgl. Die Sprache der Klassik S. 127).

Iphigenie auf Tauris (1787) wurde lange als das Drama der rein privaten Innerlichkeit, der strahlenden Humanität gedeutet und dabei „die Erfahrung des Dunklen, die Kraft der Negativität verleugnet und eine Harmonie fingiert" (Adorno), die dem Schauspiel nicht zukommt. Iphigenies Thema ist die Frage nach dem Willen der Götter. Im Bild des Atridenmythos ist die archaisch-barbarische Vorwelt als drohender Einbruch des Inhumanen stets gegenwärtig. Iphigenie, die segensreich im Land der Skythen wirkende Priesterin Dianas, gerät in einen Konflikt, als König Thoas, der sie einst gastfreundlich aufnahm, um sie wirbt. Ihre Heimkehr nach Griechenland ist in Frage gestellt, und da der Abgewiesene die alten durch ihr mildes Wirken abgeschafften Götteropfer wieder einzuführen gedenkt, droht der sittliche Fortschritt wieder in Barbarei umzuschlagen. Der von Erynnien gehetzte Muttermörder Orest, soll, einem Orakelspruch Apolls zufolge, das Bild der Schwester nach Hause schaffen. Er wird gefangen. An ihm soll Iphigenie das erste Fremdenopfer vollziehen, zur Brudermörderin werden. Der bis zum Wahnsinn verstörte Orest sehnt sich nach dem Tod, um seinem fluchbeladenen Geschlecht zu entrinnen. Im Übermaß des Leidens zerbricht sein Ichbewußtsein, und der im todesähnlichen Schlaf Versunkene schaut die Vision seines entsühnten Geschlechts. Dieser „Heilschlaf" (vgl. *Faust II Prolog),* der einem mystischen Vorgang gleicht, verwandelt Orest und gibt den Neugeborenen dem Leben zurück.

Iphigenie hadert mit den Göttern, ihr anfangs ungebrochenes Weltverständnis gerät in eine Krise. Ihre radikale Frage an die Götter (Parzenlied) ist Ausdruck des Zweifels, ob es ein Entrinnen aus der Schuldverstrickung ihres Geschlechts gibt. Sie wagt den Schritt schonungsloser Wahrhaftigkeit und gesteht Thoas ihren Fluchtplan. Der taurische König, ergriffen von Iphigeniens Vertrauen in die Überzeugungskraft reiner Menschlichkeit („Verdirb uns — wenn du darfst"), erweist sich als der humane Fürst, überwindet sich, entsagt, und stimmt der Heimkehr zu.

Torquato Tasso (1789) zeigt das Problem der künstlerischen Existenz am Konflikt des Dichters mit der Gesellschaft. Die Gefährdungen des Künstlers werden hier zum erstenmal Thema eines Schauspiels. Goethe eröffnet die Reihe der Darstellungen der Künstlerproblematik, denen später Mörikes Mozartnovelle (s. S. 195), Thomas Manns Novelle *Tonio Kröger* (s. S. 267), Brochs Roman *Der Tod des Vergil* (s. S. 274) und Kafkas Parabel *Ein Hungerkünstler* (s. S. 310) folgen werden.

Die geistvolle, gesittete Gesellschaft des Renaissancehofes zu Ferrara — Symbol jeglicher Gesellschaft — schätzt den Dichter Tasso, weil seine Kunst ein stilisiertes, erhöhtes Abbild ihres formvollendeten Lebens widerspiegelt. Form und Repräsentation bedeuten ihr alles. Auch vom Dichter verlangt sie die Unterordnung unter ihre Konventionen. Für den Fürsten Alfons, den Staatsmann Antonio und die Gräfin Eleonore ist der Dichter letzten Endes nur sublimer Dekor, Spender des begehrten Ruhms. Seine künstlerische Eigenart bleibt ihnen verschlossen, weil sie bloß die Dekorationsfunktion der Kunst erfassen. Allein die feinfühlige Prinzessin versteht den hochsensiblen Dichter. Tassos Zusammenstoß mit dem weltklugen Antonio treibt den Verletzten in die Isolation, seine gesteigerte Phantasie verleitet ihn zu einem tiefen Mißtrauen gegenüber seiner Umgebung. Der Wahnbefangene verliert die Beziehung zur Wirklichkeit, so daß er aus Mangel an Distanz scheitert. Tassos Tragik besteht darin, daß er nicht in einer Gesellschaft leben kann, die ihm Freiheit vorgaukelt, seine Werke schätzt, aber seine Existenzform ablehnt.

Unmittelbar nach seiner Rückkehr aus Italien hatte Goethe die 23jährige anmutige Christiane Vulpius in sein Haus aufgenommen. Sie brachte Heiterkeit und Frohsinn in sein Leben. 1789 gebar sie ihm den einzigen Sohn August.

Die Französische Revolution. Goethe wußte, der gesellschaftliche und politische Bau des Ancien Régime war mit „Kellern und Kloaken miniert". Äußerst skeptisch und ablehnend verfolgte er Ausbruch und Verlauf der Revolution. 1792 nahm er mit dem Koalitionsheer am Frankreichfeldzug teil. Seine Erfahrungen hielt er in den autobiographischen Aufzeichnungen *Campagne in Frankreich* (1822) fest. Ihm war das unerhört Neue bewußt, als er am Abend der Kanonade von Valmy bemerkte: „Von hier und heute geht eine neue Epoche der Weltgeschichte aus". In seiner Dichtung versuchte er zuerst die Vorgänge lustspiel- und possenhaft auf die Bühne zu übertragen.

Der *Groß-Kophta* (1791) enthüllt die Korruptheit der aristokratischen Oberschicht, im *Bürgergeneral* (1793) macht er die kleinen Profitjäger lächerlich. Als Napoleon die Revolution liquidiert hatte, konzipierte er eine Trilogie, von der er nur den ersten Teil *Die natürliche Tochter* (1803) vollendete. Im Mittelpunkt steht Eugenie, die illegitime Tochter des Herzogs. Der Versuch des Vaters, ihr die gebührende Stellung innerhalb der feudalen Gesellschaft zu verschaffen, scheitert an den Intrigen und der Machtgier des Absolutismus. Eugenie wird das schuldlos-schuldige Opfer eines zum Untergang verurteilten Systems. Vor die Alternative gestellt, entweder auf eine tropische Insel verbannt zu werden oder einen Gerichtsrat zu heiraten, verzichtet sie auf ihre Standesansprüche und willigt in die bürgerliche Ehe ein. Goethes Kritik richtet sich gegen die absolutistisch-feudalen Gegner der Revolution, gegen politische Zustände, die die Entwicklung der Individualität verhindern. Es ist sein letztes Schauspiel in der Form des „geschlossenen Dramas". Die Vorgänge sind ganz ins Symbolische gehoben, „alles Stoffartige ist vertilgt und alles nur Glied eines ideellen Ganzen" (Schiller). Goethe verwahrte sich gegen die Abstemplung als starrer Konservativer. Wiewohl er den optimistischen Fortschrittsglauben ablehnte, sah er den Zwang zur Veränderung: „Die menschlichen Dinge haben alle 50 Jahre eine andere Gestalt, so daß eine Einrichtung, die im Jahre 1800 eine Vollkommenheit war, im Jahre 1850 ein Gebrechen ist."

Freundschaft mit Schiller. Goethe hatte nach seiner Rückkehr aus Italien bewußt den Verfasser der *Räuber* gemieden. Er befürchtete eine zu große Verschiedenheit ihrer Auffassungen. Schillers enttäuschte Hoffnungen und seine Bitterkeit erschwerten eine unbefangene Annäherung. Aber seine ästhetischen Studien führten Schiller ganz in die Nähe Goethescher Ansichten. Im schicksalhaften Zustandekommen der Freundschaft sah Goethe etwas Dämonisches. Mitte Juli 1794 trafen sich beide in Jena nach dem Besuch einer Sitzung der Naturforschenden Gesellschaft. In einem anregenden Gespräch erklärte Goethe Schiller die Idee der Metamorphose der Pflanze. Während Goethe sie als eine Erfahrung deutete, sah Schiller als Kantianer darin eine Idee. Schillers großartiger Geburstagsbrief vom 23. 8. 1794 eröffnete einen der gehaltvollsten Briefwechsel unserer Literatur. Der werbende Schiller zog darin die Summe der geistigen Existenz seines Freundes: „Ihr beobachtender Blick, der so still und rein auf den Dingen ruht, setzt Sie nie in Gefahr auf den Abweg zu geraten, in den sowohl die Spekulation als die willkürliche und bloß sich selbst gehorchende Einbildungskraft so leicht sich verirrt. In Ihrer richtigen Intuition liegt alles und weit vollständiger, was die Analyse mühsam sucht, und nur weil es als ein Ganzes in Ihnen liegt, ist Ihnen Ihr Reichtum verborgen."

So kam es zu einer der fruchtbarsten literarischen Freundschaften. Bis zu Schillers Tod verfolgten sie gegenseitig ihre Arbeiten, kommentierten die Entwürfe, regten dichterische Versuche an, rezensierten ihre Werke und förderten sich wechselseitig in ihrer Kunst, die jedoch beim deutschen Publikum damals nur geringes Verständnis fand. Gemeinsam verfaßten sie die *Xenien* (wörtlich: Gastgeschenke, 1797): die satirischen Epigramme rechneten mit den schwachen Werken ihrer Zeitgenossen ab. Im Balladenjahr 1797 entstanden *Der Zauberlehrling, Die Schatzgräber, Die Braut von Korinth* und *Der Gott und die Bajadere.* 1795 erschien in den *Horen* die Rahmenerzählung *Unterhaltungen deutscher Ausgewanderten.*

Goethe hatte 1777 den großen Bildungsroman *Wilhelm Meisters theatralische Sendung* begonnen. Nun vollendete er das Werk unter Schillers reger Anteilnahme und gab ihm den Titel *Wilhelm Meisters Lehrjahre* (1796). Der Roman stellt das Problem der allseitigen Entwicklung einer Individualität dar. Die Handlung dieses deutschen Bildungsromans spielt im Deutschland des 18. Jhs.

Wilhelm, der reiche Kaufmannssohn, liebt von Kindheit an die Welt des Theaters, in der das Bürgertum die einzige Möglichkeit sieht, eine freiere Bildung zu erlangen. In sie flieht Wilhelm, denn die bürgerliche Arbeitswelt vermag keine wahre Bildung zu vermitteln. „Mich selbst ganz wie ich da bin auszubilden, das war dunkel von Jugend an mein Wunsch und meine Absicht." Sein Weg führt von der Zauberwelt des Puppenspiels der Kindheit über die Liebe zur Schauspielerin Marianne zu einer Schauspieltruppe und zur Aufführung des *Hamlet.* Aber Wilhelm muß erkennen: Das Theater hemmt die weitere Entfaltung der Individualität. Es fordert Rollen und keine geprägte individuelle Form. Das Verharren im ästhetischen Bereich ist zu unverbindlich. Die allseitige Ausbildung der Persönlichkeit verlangt Taten, Entscheidungen, ein Wirken in der Gemeinschaft. Die „Gesellschaft vom Turm" weist ihm den Weg vom künstlerischen Dilettantismus und ästhetenhaften Träumen zur praktischen Lebenserfahrung.

Die Figuren der Mignon und des alten Harfners verkörpern das Untergründige des Lebens. Ihre Kontrastfigur ist Natalie, die „schöne Seele", die Bewußtheit und Spontaneität, Tatkraft und harmonisch ausgebildetes Innenleben in sich vereint.

Fr. Schlegel rühmte die Sprache: „Diese wunderbare Prosa ist Prosa und doch Poesie. Ihre Fülle ist zierlich, ihre Einfachheit bedeutend und vielsagend und ihre hohe und zarte Ausbildung ist ohne eigensinnige Strenge. Wie die Grundfäden dieses Stils im ganzen aus der gebildeten Sprache des Gesellschaftslebens genommen sind" (s. S. 181).

Wissenschaftliche Auseinandersetzungen des Philologen Wolf über die Frage der Einheit der Homerischen Epen sowie Vossens *Luise* regten Goethe zu dem Epos *Hermann und Dorothea* (1797) an.

Am Rande der großen Ereignisse der Revolution zeichnet er die Ordnung der bürgerlichen Welt. Hermann, der Sohn des Löwenwirts, lernte unter den Emigranten vom linken Rheinufer das Flüchtlingsmädchen Dorothea kennen, das er nicht als Magd, sondern als Braut seinen Eltern zuführt. — Am Homerischen Vorbild orientiert, schuf Goethe in diesem Epos eine kleinbürgerliche Idylle. Ganz nach klassischer Manier sind die Gestalten des Bürgertums als reine Typen gezeichnet. Das Individuelle tritt zurück und das Typische symbolisiert eine reine, idealisierte Ordnung.

Im *Reineke Fuchs* (1793) griff er, Gottscheds Prosavorlage verwendend, auf die uralte Tiergestalt zurück und benützte sie, um hinter der Maske der Tiere seine Erfahrungen am Weimarer Hofe darzustellen.

c) Der alte Goethe (1805—32)

Schillers Tod hatte Goethe tief getroffen: „Ich verliere nun einen Freund und in demselben die Hälfte meines Daseins." Der Krieg von 1806 verschonte auch Weimar nicht. Seine Frau Christiane rettete entschlossen sein Haus vor plündernden Soldaten. 1808 starb seine Mutter, 1816 seine Frau, 1828 der Herzog, 1830 sein Sohn. „Altwerden heißt viele überleben", sagte er. Goethe sah die ganze Frühromantik vorüberziehen. Er begrüßte die junge Literatengeneration und lobte ihre Sammlung deutscher Volkslieder, aber bald klagte er über ihre Selbstherrlichkeit und Formlosigkeit, über ihre Unbekümmertheit gegenüber der Realität. „Die sogenannte romantische Poesie zieht besonders unsere jungen Leute an, weil sie der Willkür, der Sinnlichkeit, dem Hange nach der Ungebundenheit, kurz der Neigung der Jugend schmeichelt." Das Spannungsgeladene, Eruptive Kleists lehnte er entschieden ab, gerade weil er selber den Romantiker in sich nur mühevoll niedergerungen hatte. Alter hieß für Goethe „stufenweises Zurücktreten aus der Erscheinung", hieß gesteigerte Erinnerung. Sein Geist verinnerlichte alles; er bediente sich eines bewußt-symbolischen Stils, mit dem er den Schleier des Schweigens über vieles breitete. Seine tiefsten Visionen werden uns nur mehr in Chiffren kund. Der *West-östliche Divan* und der zweite Teil des *Faust* sind die größten Zeugnisse Goethescher „Urdichtung in Maskenform". Goethes Blick schweifte in die Ferne, in historische Räume. Er übersah die europäische und orientalische Dichtung. „Die Epoche der Weltliteratur ist an der Zeit, und jeder muß jetzt dazu wirken, diese Epoche zu beschleunigen".

Alterswerke. Goethe konnte seine dichterische Entwicklung und sein Gesamtwerk überschauen. Mehrere Ausgaben seiner Dichtungen waren schon erschienen. In der großen Autobiographie *Aus meinem Leben, Dichtung und Wahrheit* (1811 ff.) erzählt er seinen künstlerischen Werdegang. Diese Selbstdarstellung war als eine Hinführung zu seinem Werk gedacht. Nicht um lückenlose, chronologische Aufzeichnung des Selbsterlebten war es ihm zu tun, sondern um die Darlegung dessen, was die poetische Erinnerung vor seinem inneren Sinn für wahr und bedeutsam hielt. Die einzelnen Bücher schildern mehr „wie wir uns das Vergangene jetzt denken, als die Einzelheiten, wie sie sich damals ereigneten". Die rückschauende Betrachtung hat manches geändert, gemildert, Außerordentliches zurückgedrängt. Die Biographie umfaßt den Zeitraum von seiner Geburt bis zum Aufbruch nach Weimar.

Hebbel warf Goethe vor, er kenne nur die Schönheit ohne Dissonanz und verschließe die Augen vor dem tragischen Verhängnis. Wie sehr Goethe um die tragische Seite des Lebens wußte, zeigen *Die Wahlverwandtschaften* (1809).

In diesem Altersroman ist das Dämonische in der Beziehung der beiden Geschlechter im Bilde der Wahlverwandtschaften symbolisiert. Der Begriff stammt aus der Chemie, wo er die Affinität chemischer Elemente und ihre naturgesetzlichen Bindungen bezeichnet. Es gibt nach Goethe im menschlichen Bereich nur eine Gegenkraft gegen die sich selber wollende blinde Leidenschaft: die Entsagung. Eduard, ein Baron, ein problematischer Romantiker, hatte seine Jugendgeliebte erst spät geheiratet. Beide laden ihre Freunde aufs Gut: Eduard den befreundeten Hauptmann, Charlotte ihre schöne Nichte Ottilie. Eduard verfällt dem der Natur zugewandten Mädchen, das sich selber dem heftigen Ansturm auf die Dauer nicht entziehen kann. Der Hauptmann liebt Charlotte. Während die beiden älteren ihre Leidenschaft bezwingen, gehen Ottilie und Eduard daran zugrunde. Der Tod von Charlottes Kind im See ist für Ottilie das Zeichen ihrer Schuld. Sie stirbt, Eduard folgt ihr nach.

Goethe hatte die Fabel in den verbergenden Satz gekleidet: „Der sehr einfache Text dieses weitläufigen Büchleins sind die Worte Christi: Wer ein Weib ansieht, ihrer zu begehren ... Ich weiß nicht, ob jemand sie in dieser Paraphrase erkannt hat." Der Stil dieses großen Alterswerks ist lakonisch verschwiegen. Verhaltenes Erzählen symbolisiert die zartesten Bezüge, die heikelsten Beziehungen. Die Prosa ist präzis, von großem rhythmischem Zauber.

Goethe im Zeitalter der Befreiungskriege. 1808 war Goethe auf dem Fürstentag zu Erfurt Napoleon begegnet. Der Kaiser, in dem der Dichter eine dämonische Natur erblickte (s. S. 135 f.), hatte ihn stark beeindruckt. Den Befreiungskriegen und dem nationalistischen Treiben mißtraute er. Als Weltbürger lehnte es Goethe ab, Kriegslieder gegen eine Nation zu dichten, der er einen großen Teil seiner geistigen und literarischen Bildung verdankte. Für ihn bestand die Aufgabe der Deutschen darin, „an dem ewigen Bau der Menschheitsbildung zu arbeiten".

Immer stärker fesselte Goethe der Orient mit seiner Ironie, seiner Weisheit und seiner Mystik. Am persischen Dichter Hafis (1320—89) gefielen ihm die heiter-sinnliche Lebensfreude, die vergeistigt-mystischen Töne, die feine politische Skepsis. In der Liedersammlung *Westöstlicher Divan* (1814/19) spricht der westliche Dichter in östlichen Bildern und liefert eine tiefe lyrische Selbstdarstellung seines Alters. Souverän spielt er mit allen Formen. Leidenschaft und Ironie, Unbekümmertheit und Verhüllung enthalten seine Verse. Die Begegnung mit Marianne von Willemer in Frankfurt (1814/15) findet in den Liedern des Buches Suleika, dem Hauptteil des *Divan*, ihren vollkommensten lyrischen Ausdruck.

Hatem

Locken, haltet mich gefangen
In dem Kreise des Gesichts!
Euch geliebten braunen Schlangen
Zu erwidern hab' ich nichts.

Nur dies Herz, es ist von Dauer,
Schwillt in jugendlichstem Flor;
Unter Schnee und Nebelschauer
Rast ein Ätna dir hervor.

Du beschämst wie Morgenröte
jener Gipfel ernste Wand,
Und noch einmal fühlet Hatem
Frühlingshauch und Sommerbrand.

Während seiner Kuraufenthalte 1821—23 in Marienbad lernte Goethe Frau von Levetzow und deren Töchter kennen. Da überfiel ihn noch einmal eine heftige Leidenschaft zur 17jährigen Ulrike, um deren Hand er in aller Form anhielt. Nach langem Ringen sah er ein, daß der schmerzliche Verzicht die einzige Lösung war. Der zutiefst Erschütterte gestaltete seine Verzweiflung in der *Marienbader Elegie* (1823). In strengen, herrlichen Stanzen befreite er sich von seiner Qual.

Mir ist das All, ich bin mir selbst verloren,
Der ich noch erst den Göttern Liebling war;
Sie prüften mich, verliehen mir Pandoren,
So reich an Gütern, reicher an Gefahr;
Sie drängten mich zum gabeseligen Munde,
Sie trennen mich — und richten mich zu-Grunde.

Ungebrochen bis ins hohe Alter bewahrte er sich die Fähigkeit zur lyrischen Verdichtung. In seiner späten Lyrik wird ihm die Wirklichkeit zum Gleichnis des Überwirklichen. Damals entstanden die weltanschaulichen Gedichte *Urworte. Orphisch* (1817), *Eins und alles* (1821), *Vermächtnis* (1829), sowie die Gedichte *Um Mitternacht* (1818), *Der Bräutigam* (1824), *Dem aufgehenden Monde* (1828), der Zyklus lyrischer Kurzgedichte *Chinesisch-deutsche Jahres- und Tageszeiten* (1830).

Goethe,
Kreidezeichnung von Ludwig Sebbers, 1826

Das „Alte Wahre". Goethes schauendes Denken erfaßt im Einzelnen die Gesetzmäßigkeit des Ganzen. Überall sucht er nach dem Gestalthaften. Dies prägt auch seine Aphorismen. Das große Spätwerk, die Spruchsammlung *Maximen und Reflexionen* (1840), enthält die Summe einer lebenslangen betrachtenden und reflektierenden Begegnung mit Welt und Menschen. Fern funkelnder Antithesen, geistreicher Formulierungen, intellektueller Brillanz, weiß Goethe um das ‚Alte Wahre': „Alles Gescheite ist schon gedacht worden, man muß nur versuchen, es noch einmal zu denken". Die Sprüche bilden ein zartes, feines Gedankengewebe, wohldurchdacht und bewußt komponiert, aus reifster Erfahrung und tiefem Wissen gespeist. Ein intensives Denken fällt Maximen wie Kristalle aus einer Lösung. Goethe verbirgt seine Erkenntnisse an der Oberfläche, äußert lakonisch-knapp, das Paradoxon bevorzugend, bisweilen in sprichwörtlichen Prägungen seine Weisheit, die aus Schau und Ehrfurcht kommt.

Die beiden letzten großen Alterswerke sind der Roman *Wilhelm Meisters Wanderjahre* und der *Faust*. Die *Wanderjahre* (1829) hatte Goethe aus der Sorge um die Gegenwart geschrieben und der neu heraufkommenden Zeit zugedacht. „Das überhandnehmende Maschinenwesen quält und drängt mich: es wälzt sich heran wie ein Gewitter."

Wilhelms Lehrjahre sind zu Ende. Er geht auf Wanderschaft, um zu lernen, in der Welt tätig zu sein. Bildung allein genügt nicht. Der Mensch hat Entsagung zu lernen im Wollen sowohl wie im Handeln, seine Ichsucht durch Selbstlosigkeit zu überwinden. Betrachtung und Arbeit sollen den Menschen auszeichnen. Nicht das Streben ins Allgemeine ist notwendig, sondern die Beschränkung aufs Konkrete, Besondere. „Eines recht wissen und ausüben gibt höhere Bildung als Halbheit im Hundertfältigen." Die *Wanderjahre* wurden abgefaßt zu einer Zeit, als bereits Tausende nach Amerika auswanderten.

Goethe ist sich des Zeitwandels genau bewußt. Er weiß, daß der alte Menschentyp unwiederbringlich der Vergangenheit angehört. Der neue Europäer setzt eine andere Bildung voraus: eine sozialere, praktischere, als sie die alte Gesellschaftsschicht hervorgebracht hat. Die Erziehung der Kinder erfolgt daher nicht mehr im Elternhaus, sondern unter ihresgleichen. In der „Pädagogischen Provinz" werden sie zugleich zu praktischer Arbeit wie geistiger Tätigkeit erzogen. Alle Bildung aber steht unter dem Gesetz der Ehrfurcht: Ehrfurcht vor dem Göttlichen, Ehrfurcht vor dem Leben, Ehrfurcht vor dem Mitmenschen. „Aus diesen Ehrfurchten entspringt die oberste Ehrfurcht, die Ehrfurcht vor sich selbst, und jene entwickeln sich abermals aus dieser, so daß der Mensch zum Höchsten gelangt, was er zu erreichen fähig ist, daß er sich selbst für das Beste halten darf, was Gott und Natur hervorgebracht haben, ja, daß er auf dieser Höhe verweilen kann, ohne durch Dünkel und Selbstheit wieder ins Gemeine gezogen zu werden." Wer Ehrfurcht hat, überwindet die Furcht und schafft Kultur.

Faust beschäftigte Goethe von seiner Jugend bis ins hohe Alter. 60 Jahre hat er an diesem Lebenswerk gearbeitet. Was der Stürmer und Dränger 1772 mit dem *Urfaust* begann, der Klassiker weiterführte, vollendete erst der Greis ein halbes Jahr vor seinem Tode. 1808 erschien *Faust I*, 1832 *Faust II*. Während der Arbeit am zweiten Teil hatte die Romantik schon längst ihren Höhepunkt überschritten, das Zeitalter des Realismus kündigte sich an. Hinter dem Drama steht die große Weite seines inneren Lebens. Faust und Mephisto sind nur die polaren Gestalten seines großen Schöpfergeistes. Das Drama enthält „lauter für sich bestehende kleine Weltenkreise, die in sich abgeschlossen, aufeinander wirken" (Eckermann). Es umschließt das ganze Universum menschlicher Tätigkeiten. Im letzten ist der *Faust* unausschöpflich und inkommensurabel, wie das Leben selber:

Des Menschen Leben ist ein ähnliches Gedicht.
Es hat wohl einen Anfang, hat ein Ende,
Allein ein Ganzes ist es nicht.

„Zueignung" und „Vorspiel" weisen darauf hin, wie die Dichtung zu verstehen ist: als ein Spiel der freien dichterischen Phantasie, als ein Werk der Poesie. Angesichts der langen Entstehungszeit kann der Faust nicht aus einem Gusse sein; er muß notwendig die Spuren der einzelnen Lebensalter seines Autors zeigen. Der lange Entstehungsprozeß erklärt auch die Fülle der verwendeten Formen: Wir finden realistische Prosa, Knittelverse, freie Rhythmen, Volksliedstrophen, Alexandriner, Stanzen, Terzinen, Arien und Chöre im Opernstil. Das Derbste und Zarteste, die Sprache der Mundart und die des Philosophen, des Humanisten und des Bürgers, der Liebenden und Verzweifelnden hat der Dichter in seinen bunten „Weltenkreisen" integriert. Die mannigfaltigen Versformen, der gewaltige Sprachumfang, der Reichtum an Bildsymbolen schließen sich zur Darstellung des Lebens der Faustfigur.

Der dem ersten Teil vorangestellte „Prolog im Himmel" zeigt die höhere Ordnung der Welt, die Stellung Mephistos innerhalb der Schöpfung und die Gestalt Fausts von Gottes Perspektive her. Gott überläßt seinen Diener dem Mephisto, weil er weiß, daß Faust in seinem dunklen Drange sich des rechten Weges wohl bewußt ist.

Goethe diktiert in seinem Arbeitszimmer, Gemälde von J. Schmeller, 1831

Faust, der Tragödie erster Teil. Faust verzweifelt an der intellektuellen Erkenntnis der Welt. Trotz der großen Weite seines Bewußtseins ist sein innerer Erkenntnisdrang ungestillt; er vermag in das innerste Wesen der Welt nicht einzudringen. Da greift er zur Magie, mit deren Hilfe er die letzte Erkenntnis zu gewinnen hofft. Allein der beschworene Erdgeist entzieht sich ihm. Seine in Todessehnsucht umschlagende Verzweiflung überwindet nur der Klang der Osterglocken. Der Osterspaziergang mit seinem Famulus Wagner, dem Erzphilister, bereitet die Begegnung mit dem Teufel vor. Mephisto erscheint und bietet einen Pakt an. Der lebenserfahrene, durch alle Höhen und Tiefen des geistigen Lebens gegangene Faust weiß, daß es keinen ruhigen Augenblick im Leben geben kann, weil notwendig jedes befriedigte Bedürfnis einen neuen Wunsch erregt.

Faust kennt die Dialektik von Lust und Schmerz, Langeweile und Erfüllung. Daher diktiert er die Paktbedingung:

Werd' ich beruhigt je mich auf ein
Faulbett legen,
So sei es gleich um mich getan!
Kannst du mich schmeichelnd je belügen,
Daß ich mir selbst gefallen mag,
Kannst du mich mit Genuß betrügen,
Das sei für mich der letzte Tag!
Die Wette biet' ich! ...

Werd' ich zum Augenblicke sagen:
Verweile doch! du bist so schön!
Dann magst du mich in Fesseln schlagen,
Dann will ich gern zugrunde gehn!

Szenenskizze zu *Faust I:* Erscheinung des Erdgeists, Zeichnung Goethes, 1810—12

Mephisto soll den Rastlosen auf seiner Weltfahrt begleiten und alle seine Fähigkeiten steigern. Das turbulente Gelage der Studenten in Auerbachs Keller läßt Faust kalt. Mephisto, gezwungen, stets neue Reize für seinen Herrn zu schaffen, bringt ihn in die Hexenküche, wo er den Abstieg in die Tiefen der Sinnlichkeit vorbereitet. Der verjüngte Faust sieht nun „Helenen in jedem Weibe". Die Begegnung mit Gretchen wird nicht zum bloßen Sinnengenuß, sondern zeigt, daß Faust echter Liebe fähig ist. Aber er wird an dem unschuldigen Geschöpf schuldig. Er verführt mit Mephistos Hilfe das Mädchen, tötet mit dem Schlaftrunk seine Mutter, ersticht seinen Bruder Valentin. Mephisto schleift den schuldbeladenen Faust zum Blocksberg, um in der Walpurgisnacht in einer Orgie mit den Dämonen der Unzucht in dunkler Lust seine Gewissenspein zu betäuben. Der verzweifelte Faust kehrt in den Kerker zurück, wo sich Gretchen zwischen Fieberwahn und hellem Wachsein von ihm abkehrt. Der Gerichteten verkündet eine Stimme von oben die Rettung. Mephisto aber zerrt seinen Herrn von der Stätte des Grauens. Die ungeahnte Erweiterung der Lebenslust hat Faust mit schwerer Schuld bezahlt.

Faust, der Tragödie zweiter Teil. In anmutiger Gegend versenken der wohltätige Luftgeist Ariel und seine Geisterschar Faust in einen reinigenden Traumschlaf (Vgl. Orests und Egmonts Heilschlaf). Gestärkt durch die Heilkraft der kosmischen Mächte erfährt der erwachende Faust das vernichtende „Flammenübermaß" der aufgehenden Sonne, des Sinnbilds des Unendlichen. Im Bild des Regenbogens, nur im Schleier des Vergänglichen vermag der Mensch das Absolute zu fassen: „Am farbigen Abglanz haben wir das Leben". Der große Terzinen-Monolog deutet bereits auf den symbolisch-verweisenden Stil des zweiten Teils. Das Drama ändert seinen Charakter: es weitet sich zum verweltlichten Mysterienspiel. Der Individualist Faust versinkt, und ein zeitloser, weltüberlegener, universaler Typus Mensch tritt hervor. Die Handlung spielt nun in symbolischer Zeit. In wechselnden Daseinskreisen enthüllen sich die Urphänomene des Lebens. Die immer wiederkehrenden Urgesetze des staatlichen und gesellschaftlichen Lebens ziehen in Masken, opernhaften Revuen und Allegorien an uns vorüber.

Nach dem Vorspiel tritt Faust in Mephistos Begleitung in die große Welt des politisch-sozialen Handelns: Die Darstellung des Kaiserhofes vermittelt einen Einblick in die Sphäre der Macht und Politik. Das Bild eines zerfallenden, reformbedürftigen Feudalstaates entsteht. In der renaissancehaft-karnevalistischen Mummenschanz-Revue zeigt Goethe die gesellschaftlich-modischen Vorformen der Kunst. Fern allen deutsch-mittelalterlichen „Teufels-, Narren- und Totentänzen" ziehen die Allegorien der Poesie vorüber. Auf einem Wagen kommt Faust als Plutus, Herr der Reichtümer, begleitet vom Knaben-Lenker (= Euphorion), dem mignonähnlichen, halbwüchsigen, jugendlich-verschwenderischen Poeten. Plutus öffnet eine geheimnisvolle Goldkiste, doch die Menge und Mephisto neiden dem Dichter Faust seine Reichtümer. Als der Kaiser in Gestalt des großen Pan den Schatz sehen will, verwandelt ihn Plutus in flammendes Gold, das Symbol höchster Lebens- und Geisteskraft. Der mit Papiergeld versorgte Kaiser wünscht vermessen, daß Faust ihm Paris und Helena zu seinem Vergnügen herbeibeschwöre. Faust steigt ins „Reich der Mütter“, in jene gestaltenträchtige Tiefe der Urbilder, und holt die antiken klassischen Schönheiten herauf. Doch die Hofgesellschaft erlebt sie nur stofflich, erotisch. Faust, hingerissen vom Zauber Helenas, greift nach dem Urbild alles Schönen, da streckt ihn ein Schlag nieder. Der Versuch, die klassische Schönheit gewaltsam in die Gegenwart zu zerren, scheitert, weil der schöpferische Eros sich den Geist des Griechentums nicht anverwandelt hatte. Der Weg zur Kunst von außen ist versperrt. Die Hofgesellschaft mißversteht das Reich des Schönen (Vgl. Tasso S. 139), findet keinen Zugang.

Der Weg führt nur von innen ins Geheimnis. Der 2. Akt bereitet Helenas Erscheinen vor. Wagner erzeugt im Laboratorium in einer Phiole ein „artig Männlein“, Homunculus, Symbol reinster Geistigkeit, die danach drängt, Gestalt anzunehmen. Homunculus erkennt Fausts Sehnsucht nach dem Schönen und dient ihm als Wegweiser zur „klassischen“ Walpurgisnacht. Die Zaubernacht in der thessalischen Landschaft ist eine Phantasmagorie, ein Pandämonium von grotesk-mythischen Gestalten: geldgierige Greife, zeitüberdauernde Sphinxe, Stymphaliden, Kentauren und Pygmäen ziehen vorüber: ein manieristischer Urgrund wird in diesem Treiben sichtbar. Die klassische Schönheit ist auf dem Untergrund des Schaurigen erbaut. Während Faust in der Leda-Vision am Peneios das „freie Sinnenspiel“ der Antike erblickt, verwandelt sich Mephisto in Phorkyas, in eine häßliche Urgestalt, die die vorantike (ägyptische) und nachantike (christlich-moderne) Welt verkörpert. In der Phorkyas-Maske wird er zum eigentlichen Gegenspieler Helenas. Homunculus stürzt sich ins Meer, ins proteische Element, die Glashülle zerspringt, er nimmt Gestalt an. Am Ende erscheint Helena.

Helena und Faust verbinden sich (3. Akt): seelische Erlebniskraft des Nordens und griechisch-klassischer Formensinn verschmelzen. Die Reimfindungsszene ist ein feines Bild dieser Vereinigung. Doch dieser Bund ist Stück im Stück, episches Theater, Fiktion in der Fiktion. Faust findet über 3000 Jahre hinweg das Urbild der Schönheit, beide aber gehören zwei verschiedenen Realitätsebenen an. Helena sucht am Wahn der realen Existenz festzuhalten, während Mephisto-Phorkyas brutal die phantasmagorische Seinsweise ihrer Begleiterinnen enthüllt. Der Teufel wandelt sich zum Magier, zum „scheherazadehaften Erzähler“. Euphorion, der Sohn Helenas und Fausts, verkörpert, Byrons Züge tragend, die Poesie. Sein Übermut führt zu seinem Tod. Als Helena und Euphorion sich verflüchtigen, bleiben ihre Kleider zurück, die, sich in Wolken verwandelnd, Faust hinwegtragen ins nordische Hochgebirge.

Der 4. Akt führt den gealterten Faust in die beutelüsterne Kriegswelt. Die Geschichte der Menschheit ist voller Umstürze und ihr Boden vulkanisch. Faust sucht die Tat. Mit Mephistos Hilfe besiegt der Kaiser seinen Gegner und belehnt Faust mit einem Küstenstreifen. Faust möchte dem unruhigen Meer Neuland abgewinnen, das Elementare humanisieren. Seine Tat bleibt zwielichtig. Er vernichtet die frommen Alten Philemon und Baucis. Sein „Weltbesitz“ kostet Menschenopfer. Goethe ahnte die Unheimlichkeit des technischen Zeitalters. Lynkeus, Bruder des Euphorion und des Lenker-Knaben, läßt mit seinem Lied inmitten des Zerstörungswerks die Grenzen der Kunst erkennen. Mangel, Schuld, Not und Sorge, die Vorboten des Todes, ziehen in Fausts Palast. Vom Anhauch der Sorge erblindet Faust: die Welt tritt nach innen. Im Vorhof des Palastes treibt der Unermüdliche die Arbeit voran, aber — tragische Ironie — der Erblindete sieht nicht, daß Mephistos Lemuren sein Grab schaufeln. Im Hochgefühl bekennt er:

> „Zum Augenblicke dürft' ich sagen:
> Verweile doch, du bist so schön!
> Es kann die Spur von meinen Erdentagen
> Nicht in Äonen untergehn. —
> Im Vorgefühl von solchem hohen Glück
> Genieß' ich jetzt den höchsten Augenblick.“

Faust verwirkte sein Leben. Mephisto triumphiert — zu früh. Himmlische Heerscharen entführen Fausts „Unsterbliches“. Seine Entelechie schwebt in hierarchisch gestufte Regionen auf, und der mystische Schlußchor faßt noch einmal symbolisch Fausts Streben zusammen. Im Rückblick erscheint alles Vergängliche als Gleichnis, gleichnishaft wie die Symbole, Masken, Allegorien dieser reichen Dichtung selbst, in die, ironisch und ernst, Goethes Gedanken über Kunst und Leben, Politik und Geschichte, seine Auseinandersetzung mit Klassik und Romantik, eingegangen sind.

Die faustische Ideologie. Kein deutsches Drama erlebte eine so bewegte Wirkungsgeschichte wie Goethes *Faust.* Seit seinem Erscheinen provozierte er literarische, politische und weltanschauliche Kontroversen. Das 19. Jh. vermochte *Faust II,* dieses inkommensurable Menschheitsgedicht, seine reich entfaltete Symbolwelt, diese „Poesie der Poesie", nicht mehr zu begreifen (s. S. 220). Der Burschenschaftler Wolfgang Menzel sah in *Faust I* den „höllenreifen Titanen", in *Faust II* den „weibischen Genüßling"; die Jungdeutschen priesen das revolutionäre Faustfragment und tadelten Fausts mangelnde politische und gesellschaftliche Aktivität. Die faustische Ideologie entwickelte sich nach der Reichsgründung 1871. Das wilhelminische Bürgertum stilisierte Faust ins Faustische, löste die poetische Figur aus dem Drama, mißbrauchte sie ideologisch, indem es Faust zum mythisch aufgehöhten nationalen Schlagwort machte und ihn in die Ahnengalerie deutscher Nationalheroen neben Siegfried und Dürers ‚Ritter, Tod und Teufel' einreihte. Das übersteigerte imperiale Sendungsbewußtsein hatte Faust zum nationalen Heros umfunktioniert, ihn zur ideologischen Leitfigur degradiert. Oswald Spengler charakterisierte im *Untergang des Abendlandes* (1918) den abendländischen Kulturkreis als faustische Kultur, die jetzt ihrem Ende entgegengehe. Die Nazis trieben mit der Faustfigur ihren Kult der Tat, stempelten sie zum wahren Vertreter germanischer Größe. Nach Thomas Manns *Faustus*-Roman (1947) (s. S. 269) verschwand dieses ideologisch mißbrauchte literarische Leitbild aus Politik und Literatur.

Federzeichnung von Max Beckmann zu *Faust II* von J. W. Goethe: Faust und die Sorge (V. Akt). Entstanden 1943/44 im holländischen Exil.

Goethe und die Nachwelt. Goethe starb am 22. März 1832. Mit ihm war der letzte Repräsentant der alteuropäischen Kultur dahingegangen. Seine geistigen und dichterischen Wurzeln liegen im 18. Jh., in der Welt des Ancien Régime. Die christliche Symbolwelt, antike Mythen und den reichen Formenschatz der Weltliteratur hatte er in sich aufgenommen. Es war die „letzte Selbstkonzentration der abendländischen Geisteswelt in einem großen Individuum" (Curtius). Überscharf belichtete Nietzsche Goethes Position: Goethe war nicht nur „ein guter und großer Mensch, sondern eine Kultur — Goethe ist in der deutschen Kultur ein Zwischenfall ohne Folgen." Die industrielle Revolution, die ungelöste soziale Frage, die nationalstaatlichen Krisen des 19. Jhs waren für die Aufnahme des Goetheschen Werkes denkbar ungünstig. Wohl hatten ihn die Romantiker verehrt, war er in den feinen Berliner Salons der Varnhagen und Bettinas gefeiert worden. Doch Kritik erfolgte von allen Seiten: die Katholiken tadelten den Heiden, die Protestanten den Materialisten, die Liberalen den Fürstendiener; die Jungdeutschen warfen ihm mangelndes soziales Gewissen und Engagementlosigkeit vor. Nicht dem „klugen Kunstgreis", dem „herausfordernd harmonischen Olympier" gehörten die Sympathien der Nation, sondern Schiller (s. S. 158 f.). Erst nach der staatlichen Einigung von 1871 bahnte sich in den 80er Jahren eine Breitenwirkung an. Die Gründung der „Goethe-Gesellschaft in Weimar" 1885 war ein sichtbares Indiz.

Die literarische Fruchtbarkeit der Begegnung mit dem Weimarer Dichter zieht sich durch die beiden Jahrhunderte: Grillparzer verehrte Goethe ein Leben lang, Friedrich Hebbel suchte in Existenzfragen bei ihm Rat, Stifter bekannte sich im *Nachsommer* stillschweigend zu ihm, Gottfried Keller empfand die wesensverwandte Weltsicht,

Hugo von Hofmannsthal spürte in feinsinnigen Essays Goethes Werken nach, Thomas Mann, der hellsichtigste Goethekenner unter den Schriftstellern unseres Jhs, zeichnete die gefährdete Existenz des Dichters im Roman *Lotte in Weimar* (s. S. 268); er kannte Goethes „Blocksberglaune und naturelbische Unberechenbarkeit". Broch, Musil und Ernst Jünger sahen in ihm eine der wenigen Gestalten der Vergangenheit, die uns in einer von Technik und Massensuggestion geprägten Gegenwart begleiten könnten.

Dagegen steht die entschiedene Ablehnung anderer moderner Autoren. Benn meinte: „Von Homer bis Goethe ist eine Stunde, von Goethe bis heute vierundzwanzig Stunden, vierundzwanzig Stunden der Verwandlung, der Gefahren, denen nur der begegnen kann, der seine eigenen gesetzlichen Dinge betreibt." Goethes Werk war aus dieser Sicht nur mehr parodistisch verfügbar. So gebrauchte Bert Brecht auch die Klassikersprache. Im Parabelstück *Der aufhaltsame Aufstieg des Arturo Ui* (1941) parodierte er den Umgang in Marthes Garten im *Faust;* rosige Goetheverse verwendet er parodistisch im *Terzett der entschwindenden Götter auf der Wolke* im *Guten Menschen von Sezuan.* Döblins *Berlin Alexanderplatz* enthält zahlreiche einmontierte Goethe-Zitate, und Kafkas Parabel *Von den Gleichnissen* fragt nach dem Sinn der Symbolsprache. Wie auch immer man zu Goethe stehen mag, eines steht fest: Sein Dichten war der dem spannungsgeladenen Leben mühsam abgerungene künstlerische Selbstausdruck eines reichen, problematischen Geistes. Gerade weil er selber unharmonisch war, wollte er die Welt im Werk gereinigt, geläutert, symbolisch verdichtet, bannen. Oder wie Thomas Mann urteilt: „Was wir von Vorstellungen von Harmonie, glücklicher Ausgewogenheit und Klassizität mit Goethes Namen verbinden, war nichts leichthin Gegebenes, sondern eine gewaltige Leistung, das Werk von Charakterkräften, durch welche dämonisch gefährliche und möglicherweise zerstörende Anlagen überwunden, genützt, verklärt, versittlicht wurden, zum Guten, zum Lebensdienlichen gewendet und gezwungen."

LITERATUR:

Karl Viëtor *Goethe. Dichtung, Wissenschaft, Weltbild.* Bern 1949
Emil Staiger *Goethe.* Zürich 1. Bd. 41964; 2. Bd. 41970; 3. Bd. 21963
Heinrich Meyer *Goethe. Das Leben im Werk.* Stuttgart 21967
Günther Müller *Kleine Goethebiographie.* Bonn 41963
Richard Friedenthal *Goethe. Sein Leben und seine Zeit.* dtv 518— (71974)
Peter Boerner *Johann Wolfgang von Goethe.* rm 100
Walter Henze *Goethe.* Bd. 1: *Von den Anfängen bis zu ‚Tasso'.* Bd. 2: *Nachklassische Stücke und Faust.* FD Bd. 50/51 = dtv 6850/51
Theodor Friedrich — Lothar J. Scheithauer *Kommentar zu Goethes Faust.* Stuttgart 1959
Georg Lukács *Faust und Faustus.* rde 285/87 (1967)
Dorothea Lohmeyer *Faust und die Welt. Der 2. Teil der Dichtung. Eine Anleitung zum Lesen des Textes.* München 1975
Hermann Reske *„Faust" — Eine Einführung.* Stuttgart 1970
Kurt May *Faust II. Teil. In der Sprachform gedeutet.* München 1962
Wilhelm Emrich *Die Symbolik von Faust II.* Bonn 31964
Hans Schwerte *Faust und das Faustische. Ein Kapitel deutscher Ideologie.* Stuttgart 1962
Wolfgang Leppmann *Goethe und die Deutschen. Vom Nachruhm eines Dichters.* Stuttgart 1962

5. Friedrich Schiller
„Um der Menschheit große Gegenstände" (Wallenstein)

Kindheit und Jugend. Goethe war der Sohn der freien Reichs- und Krönungsstadt Frankfurt, Friedrich Schiller das Kind des absolutistischen spätbarocken Herzogtums Württemberg, in dem der katholische Landesherr über protestantische Untertanen herrschte. Die Landschaft, das Ständeparlament (s. Uhland), wachte über die Freiheiten des Ständestaates, besaß noch Rechte gegenüber dem Herzog. Bedrückt durch die hohen Lasten, standen die pietistisch-frommen Kleinbürger argwöhnisch dem ausschweifenden Luxus des Hofes gegenüber. Hier war der Blick besser geschärft für die gegensätzlichen Ordnungen dieser Welt und der Wille zur Selbstbehauptung des Bürgertums durch den ständigen Kampf gegen absolutistische Willkür noch nicht gebrochen. Stärker als anderswo waren Kirche und Pietismus Stützen der kleinbürgerlichen Welt.

Schillers Vorfahren stammten aus dem Remstal, waren Bäcker und Weinbauern. Sein Vater hatte als Feldscher in verschiedenen Armeen gedient, stand dann als Werbeoffizier in herzoglichen württembergischen Diensten und war als Hauptmann schließlich zum Intendanten der Baumschule auf der Solitude ernannt worden. Seine Kindheit verlebte der am 10. 11. 1759 in Marbach geborene Knabe in Lorch, Gmünd, Marbach und Ludwigsburg. Neben der pietistisch frommen Mutter prägte sein Vater, der patriarchalisch unumschränkt im Hause das Regiment führte, seine Gedankenwelt. Noch einen Vater hatte Schiller, der in seinen Lebensgang entscheidend eingriff: den Landesherrn. Caspar Schillers Wunsch, seinen Sohn Theologie studieren zu lassen, schlug er rundweg ab und verfügte, daß der Knabe „sich gänzlich dem Dienste des herzoglichen württembergischen Hauses widmen ohne darüber zu erhaltende gnädigste Erlaubnis aus demselben zu treten nicht befugt sein solle".

Auf der Karlsschule. Von der Ludwigsburger Lateinschule wanderte Schiller in die Militärakademie. Sie war die Schöpfung der herzoglichen Erziehungspassion. In ihr sollte eine unterwürfige Beamtenschaft ganz nach aufklärerisch-absolutistischen Vorstellungen für den Staatsdienst herangezüchtet werden. In diese Anstalt wurde der Knabe Schiller 1773 eingewiesen und einem reglementierten Erziehungsbetrieb unterworfen: unter militärischem Drill, abgeschnitten von der Außenwelt, ferienlos, verbrachten die „Söhne des Herzogs" ihre bildungsfähigsten Jahre in dieser „Gehirnfabrik und Sklavenplantage" (Schubart). Hier lernte Schiller schon früh widerliche Devotheit und die Intrige kennen — die Intrige ist ein entscheidendes, immer wiederkehrendes Motiv seiner Dramen —, lernte seine Gefühle verbergen. Verständnisvolle Lehrer wie Abel und Garve, welche die Zöglinge in die Welt der Popularphilosophie einführten, sowie die Kenntnisse der französischen Sprache, Reiten und Fechten vermochten nicht den freien, ungezwungenen Verkehr mit Eltern und Außenwelt zu ersetzen, Erfahrungen, die so sehr die bunte Erlebniswelt von Goethes Frankfurter Jugendjahren prägten.

Schillers elementarer Freiheitsdrang war nur die Folge dieses kasernierten Daseins. Inmitten der Welt der Verstellungen und Heucheleien war für den jungen Schiller die Freundschaft eine Welt des vollen Vertrauens, der unbedingten Offenheit und Intrigenlosigkeit Sein ursprünglicher Hang zur Reflexion und Spekulation mußte in dieser Umwelt besonders gedeihen. Auch mit seiner Liebe zur Welt der Dichtung, des Schönen wehrte er sich gegen dieses Kasernenleben. Freilich war im Erziehungsgang künftiger Staatsdiener kein Platz für sie. „Neigung für Poesie beleidigte die Gesetze des Instituts, worin ich erzogen ward und widersprach den Planen seines Stifters. Acht Jahre lang rang mein Enthusiasmus mit der militärischen Regel." Insgeheim verschlangen die musischen Schüler die Werke der Stürmer und Dränger, begeisterten sich für Ossian, Homer, Plutarch, Shakespeare und Rousseau.

Als der Herzog die Akademie 1775 nach Stuttgart verlegte, bot sich für Schiller die Gelegenheit, von der ihm verhaßten Jurisprudenz zur Medizin überzuwechseln. Als Mediziner wurde er 1780 entlassen und einem Grenadierregiment in Stuttgart als Regimentsmedikus mit einem Monatsgehalt von 18 Gulden zugewiesen. Schon auf der Akademie, am Krankenbett, hatte er an seinem ersten Drama gearbeitet. Nun drängte es ihn, das Werk zu veröffentlichen. Aber er fand keinen Verleger, so daß er es selbst drucken lassen mußte. Dalberg, der Intendant des Mannheimer Nationaltheaters, nahm schließlich das Werk nach starken Änderungen in seinen Spielplan auf.

Karl Moor, der idealistische Verbrecher. Die eigene Not, die Empörung gegen die falsch gesetzte Ordnung der Gesellschaft fand ihren Ausdruck in den *Räubern* (1782). Die Aufführung am 13. 1. 1782 im Mannheimer Nationaltheater unter Dalberg wurde zu einem beispiellosen Premierenerfolg. Das Theater glich einem Irrenhaus. Man sah rollende Augen, geballte Fäuste, Frauen, die fast ohnmächtig zur Türe wankten,und hörte heisere Aufschreie im Zuschauerraum.

Franz und Karl, die beiden verfeindeten Söhne des alten Grafen Moor, stehen einander kontrapunktisch gegenüber. Franz macht mit Intrigen seinem Bruder Karl die Braut Amalie und das Erbe streitig. Er erreicht durch die Fälschung eines Briefes seines Bruders, in dem der Umherschweifende seinen Vater um gütige Aufnahme bittet, die Verstoßung durch den Vater. Der Verworfene einer ungerechten Weltordnung zieht mit der von ihm gebildeten Räuberbande durch die Lande, um eine bessere Ordnung durch Brandschatzungen und Morden wiederherzustellen. Schließlich wird Franz entlarvt, der Vater, Karl als Räuber erkennend, stirbt. Franz ereilt der Tod, und der Rächer der Gottheit stellt sich der irdischen Gerechtigkeit.

Es ist das geniale Werk eines geborenen Dramatikers. Bei Schiller steht nicht wie bei Goethe der Mensch als Selbstwert in seiner eigenen Individualität auf der Bühne, sondern als Figurant, als Träger von Überzeugungen. Franz, der „spekulative Schurke" (Th. Mann), empört sich gegen die Sinnlosigkeit der Welt, indem er sich selber absolut setzt und seine Pläne mit der berechnenden Vernunft des Rationalisten verfolgt. Karl fordert Rache an einer sinnwidrigen Gesellschaftsordnung mit ihren verderbten Geschöpfen. Beide sind dialektisch aufeinander bezogen, verkörpern zwei Seiten Schillers: ihr Gegenspieler, dem sie im Kampf sich stellen, ist die göttliche Ordnung, an der sie schließlich tragisch zerbrechen. Das Drama verrät den untrüglichen Instinkt für die Szenen, die straff aufgebaut, immer mit einem pathetischen Entschluß, einer pathetischen Entscheidung endend, sich trotz aller Variationen der Gesamttektonik straff einfügen. Die Figuren leben aus der Kraft der Sprache, aus der Rhythmik und Dynamik der gesamten Rede.

Der stürmische Publikumserfolg der *Räuber* kostete Schiller schließlich Familie und „Vaterland". Als er sich zum zweitenmal heimlich wegen einer *Räuber*-Aufführung in Mannheim aufhielt, ließ der Herzog seinen Medikus zwei Wochen einsperren, verbot ihm strikt weitere Reisen ins „Ausland" und untersagte ihm, Stücke zu schreiben.

Nun reifte in Schiller der Entschluß, die Brücken hinter sich abzubrechen, Not und Entbehrung einer ungesicherten Existenz auf sich zu nehmen, um ganz seinem Werk leben zu können.

Als der Großfürst Paul von Rußland den Ludwigsburger Hof besuchte, ergriff Schiller die Gelegenheit und floh mit seinem Freund, dem Musiker Streicher, nach Mannheim. Um einer möglichen Auslieferung zu entgehen, versteckten sich die beiden Flüchtlinge in Oggersheim am Rhein, wo sie zwei Monate lang in dürftigsten Verhältnissen lebten. Frau von Wolzogen, die Mutter eines Karlsschülers, bot Schiller Zuflucht in ihrem Gutshaus in Bauerbach bei Meiningen in Thüringen. Am 7. 12. 1782 erreichte Schiller den Ort. Hier in der dörflichen Abgeschiedenheit vollendete er das Werk, das er in der Stuttgarter Arrestzelle konzipiert hatte.

Szene aus Schiller *Die Räuber*, Aufführung der Kgl. Schaubühne Berlin

Dramatische Zeitkritik. *Kabale und Liebe* (1784). Seiner Umwelt hatte Schiller die Figuren und die Szenen des bürgerlichen Trauerspiels hingestellt. Anders als Lessings *Emilia Galotti*, in der der Schauplatz in das ferne Italien verlegt wurde, spielt dieses Drama in der deutschen Gegenwart. Es ist die schärfste dramatische Kritik am Absolutismus.

Die idealistische Liebe des Präsidentensohnes Ferdinand zur schwärmerischen, kleinbürgerlichen Musikertochter Luise über die Standesschranken hinweg muß tragisch enden, weil sie der Welt der Intrige, Skrupellosigkeit, Mätressenwirtschaft, Ämtergier nicht standzuhalten vermag. Das fromme, dem Vater und dem Vatergott ergebene Mädchen ist dem Intrigenspiel ebensowenig gewachsen wie Ferdinand dem Anschlag der Kabale. Erst sterbend erkennen sie die Verruchtheit der Hofwelt. Die Hofkamarilla mit dem Präsidenten wird durch den tragischen Untergang bloßgestellt, die Nemesis triumphiert über den absolutistischen Despotismus. So hatte noch niemand mit scharfem Realismus die korrupten Zustände und die in dem System liegende Skrupellosigkeit, welche die menschlichen Gefühle zerstört, dramatisch erregend gezeichnet.

In denselben Jahren entstand Schillers erstes historisches Trauerspiel *Die Verschwörung des Fiesko zu Genua* (1783). Fiesko, der erhabene Verbrecher, bemächtigt sich der Herrschaft Genuas, indem er gegen das regierende Haus Doria mitkonspiriert. Er muß aber schließlich erkennen, daß die usurpierte Macht ihm zum Verhängnis wird. Der junge Schiller, fasziniert von dem amoralischen Fiesko, von der klugen Verstellung, dem Machttrieb und dem Verbrechen, gestaltet hier die politische Welt noch ganz aus der Barockperspektive der „kalten, unfruchtbaren Staatsaktion".

Schillers Grunderfahrung war, in einer feindseligen, kalten Welt leben zu müssen. Daraus erklären sich seine Spannungen. In ihm lebt noch Luthers Anschauung vom äußeren Weltreich der Gewalt und dem innerlichen Gottesreich. Nicht nach außen war sein Blick gerichtet. Er vermochte die Dinge nicht unbefangen auf sich wirken zu lassen, nicht durch besonnenes Anschauen sich ihrer Eigenart zu vergewissern. „Über jedes was er tat, reflektierte er" (Goethe). Erst durch Abstraktion und Reflexion bemächtigte er sich der Dinge. So war er der Prototyp des „sentimentalischen" Dichters, wie er ihn selber in seiner Abhandlung definiert hatte.

Keine Kunstgattung war für ihn besser geeignet als das Drama. Seine Theaterleidenschaft entsprang diesem gespaltenen Urerlebnis der Welt und seiner Absicht, seine Zeitgenossen aufzurütteln, zu erschüttern, ihnen die geheimsten Zugänge zur menschlichen Seele aufzuschließen, ihren Willen durch das überzeugende, mitreißende Spiel auf der Bühne zu verändern. „Der Zweck der Tragödie ist: Rührung, ihre Form: Nachahmung einer zum Leiden führenden Handlung" (Schiller).

Schiller sah nicht das Individuell-Einmalige in seiner vielschichtigen Rätselhaftigkeit wie Goethe. Sein Blick war vielmehr auf den Menschen in seiner Stellung innerhalb der staatlichen und gesellschaftlichen Ordnung gerichtet, auf das verhängnisvolle Verstricktsein, auf die undurchschaubare Abhängigkeit von überpersönlichen Kräften. Da er politisch dachte, den Menschen in seiner institutionalisierten Stellung sah, mußte ihn auch die barocke Dramenwelt mit ihren Intrigen und den dem Launenspiel der Fortuna ausgelieferten Menschen stark berühren. Auch seine Vorliebe für große historische Figuren entspricht den barocken Poetikforderungen (s. S. 75). Nur tritt an die Stelle der Constantia und der Fortuna die ausgleichende, gerechtigkeitschaffende Nemesis. Die Weltgeschichte ist das Weltgericht.

Der rhetorische Charakter seiner Dramensprache beruht auf seiner Erfahrung, daß der Mensch in einer abgezirkelten, hierarchisch gegliederten gesellschaftlichen Ordnung lebt und daß das Denken nicht das Individuelle, sondern das Grundsätzliche, Gesetzhafte erfaßt. Da er das säkularisierte Predigeramt des Dichters ausübt, muß er sich der Rhetorik und ihrer Darstellungsmittel bedienen. Wer überzeugen, überreden will, muß klar, deutlich und einprägsam sprechen. Daher hat seine Dramensprache den Hang zum Sprichwörtlichen, Sentenzhaften, Leichtfaßlichen, Moralisch-Plakathaften. „Er hat sich ein persönliches Theateridiom erfunden, unverwechselbar nach Tonfall, Gebärde und Melodie, das glanzvollste, rhetorisch-packendste im Deutschen, eine Mischung von Affekt und Reflexion" (Thomas Mann).

Das Pathos seiner Sprache ist in seiner Anschauung von der letzten Aufgabe der tragischen Kunst begründet: die moralische Unabhängigkeit des Charakters vom Zustand der Leidenschaft zu vergegenwärtigen, den Triumph der Freiheit des sittlichen Willens noch im Untergang zu zeigen. „Pathos muß sein, damit das Vernunftwesen seine Unabhängigkeit kundtun, und sich handelnd darstellen könne" (Schiller). Sein Pathos und seine Rhetorik müssen wir erkennen als „ein ungeheures Gefälle vom Denken zur Welt hin, als die Leidenschaft der Denkkraft selbst, die überzeugen will, ohne die Klarheit zu verlieren, die das Differenzierteste im Einfachen verkörpern will" (Dürrenmatt).

Mannheim, Leipzig, Dresden. Schiller verließ Bauerbach, nachdem er eine heftige Zuneigung zu Lotte von Wolzogen, der 17jährigen schönen Tochter seiner Gastgeberin, gefaßt, aber vergebens auf eine Erwiderung gehofft hatte. Im Juli 1783 ging er nach Mannheim zurück und nahm die ihm von Dalberg angebotene Stellung eines Theaterdichters an. Für ein Gehalt von 300 Gulden hatte er drei Bühnenwerke im Jahr zu schreiben und als Dramaturg zu arbeiten. In der neuen Umgebung stieß sein kühnes Wesen, der offene freie Ton seiner Rede auf Ablehnung und Feindseligkeit. „Tausend kleine Besorgnisse und Kümmernisse zerstreuten alle dichterischen Träume und legten Blei an jeden Flug der Begeisterung" (Schiller). Der Vertrag wurde nach einem Jahr von Dalberg nicht mehr erneuert. Eine Leidenschaft für Charlotte von Kalb, eine schöne, unverstandene Offiziersgattin, ergriff ihn. Schulden, Krankheit und Elend ließen ihn den letzten rettenden Strohhalm ergreifen, der sich bot: die Einladung Dresdener und Leipziger Verehrer (1785). Der gebildete Konsistorialrat Körner ermöglichte ihm einen fast zweijährigen sorgenfreien Aufenthalt in Leipzig und Dresden. Im Umgang mit seinen neuen Freunden fand Schiller wieder Zeit und Ruhe, seine dichterischen Pläne zu verfolgen. Schon in Bauerbach und Mannheim hatte er am *Don Karlos, Infant von Spanien,* gearbeitet. Nun wurde er vollendet.

Die Tragödie der Freiheit (1787) bringt gegenüber den ersten drei Dramen eine deutliche Zäsur: *Nathan*-Lektüre, Erfahrungen mit Charlotte von Kalb, der neue Blick auf die Geschichtswelt kommen dieser Freiheitstragödie zugute. Der fünffüßige Jambus, hier von Schiller zum erstenmal verwendet, wird zum Vers seiner klassischen Dramen.

Philip II. von Spanien, Herrscher über ein Gewaltreich, absoluter Monarch, beabsichtigt die brutale Unterwerfung der Niederlande. Ihm tritt der Marquis Posa, der Visionär einer künftigen Menschheit, der Kämpfer für die Freiheit, gegenüber. Vom Monarchen fordert er Gedankenfreiheit als Voraussetzung eines würdigen Menschenlebens. Mit dem Unbedingtheitsanspruch des Idealisten opfert er sich für seinen Freund Karlos, der die Königin liebt. Er nimmt die Schuld auf sich, um die Flucht des Kronprinzen nach den Niederlanden zu ermöglichen, „das bedrängte Volk zu retten aus Tyrannenhand" (Schiller). Der Fluchtplan wird entdeckt, Karlos der Inquisition ausgeliefert. Es herrscht wieder die Friedhofsruhe der Despotie: „Lieber die Verwesung als die Freiheit", die Devise des Großinquisitors, ist nun auch die des Königs.

Zwei Jahre vor Ausbruch der französischen Revolution verkündet Posa Montesquieus Ideen, zeigt die Unbeirrbarkeit des Idealisten, dessen Untergang den Glauben an die Freiheit nicht zerstören kann, der vielmehr durch seine Opfer weiter wachsen wird, während die knechtische Ordnung nicht lebensfähig ist, da sie die Menschenwürde unterdrückt.

Der Erzähler. Eine Vorliebe Schillers für das Kolportagenhafte, Kriminalistische finden wir in seinen Erzählungen, deren Stoffe er der Zeitgeschichte entnahm. Immer sind es wahre Begebenheiten, die er seinen Geschichten zugrundelegt. *Der Verbrecher aus verlorener Ehre* (1787) schildert die Entstehung eines Verbrechens aus gesellschaftlichen Vorurteilen und persönlichem Verschulden und die Vernichtung des Einzelnen durch die legistische Ordnung. — Der Zeitroman *Der Geisterseher* (1786) blieb Fragment. Er behandelt das Schick-

Schillers Arbeitszimmer in Weimar

sal eines deutschen Prinzen in Venedig, der Opfer der raffinierten Machenschaften einer jesuitischen Geheimgesellschaft wird. „Wir besitzen in unserer Sprache kaum einen klügeren, scharfsinnigeren Versuch intellektueller Subtilität, um gewissen Hintergründen jeder politischen Macht nahezukommen" (Carl J. Burckhardt).

Aufbruch nach Weimar. Auf die Dauer wollte Schiller die großzügige Gastfreundschaft Körners nicht in Anspruch nehmen. Es war ihm unerträglich, auf selbstlose Freunde angewiesen zu sein. So brach er 1789 nach Weimar auf. Dort traf er mit Charlotte von Kalb wieder zusammen. Die Freundin führte ihn in die Gesellschaft ein. Wieland und Herder empfingen ihn freundlich, sein älterer Landsmann Wieland ermunterte ihn zu weiteren Arbeiten. Nach einem Besuch seiner einstigen Wohltäterin Frau von Wolzogen in Bauerbach lernte er auf der Rückreise Frau von Lengefeld und ihre beiden Töchter Caroline und Charlotte in Rudolstadt kennen. Bald entstand ein inniges Verhältnis zu Charlotte. Am 22. 2. 1790 heiratete sie Schiller.

Welterfahrung durch die Geschichte. Der Umgang mit Körner, noch mehr der mit den weimarischen Großen Herder und Wieland hatte Schiller seine lückenhafte Bildung, seine „Weltlosigkeit" nur zu sehr zum Bewußtsein gebracht. Immer stärker fühlte er sich zur Geschichte hingezogen, durch deren Studium er seinem Mangel an geistiger Welterfahrung abzuhelfen suchte.

Für ihn war die Geschichte die einzige übergreifende Ordnungsmacht, gleichsam eine säkularisierte religiöse Welt, das Bewährungsfeld des Charakters, der Kampfplatz der Ideen. Vornehmlich die revolutionären Zeitalter (Abfall der Niederlande, Gegenreformation) fesselten ihn, in denen die Sache der Freiheit verfochten wurde und große imponierende Charaktere das Handeln bestimmten. Nach eingehenden Quellenstudien schrieb er die *Geschichte des Abfalls der vereinigten Niederlande* (1788), ein stilistisch glänzendes, ganz aufklärerisch-freiheitlich gesinntes Werk. Das Buch wurde beifällig aufgenommen und brachte ihm mit Goethes Unterstützung die unbesoldete Jenaer Geschichtsprofessur. Sodann verfaßte er die *Geschichte des Dreißigjährigen Kriegs* (1791—93), die seinem Wallensteindrama als Stoffgrundlage diente.

Weder nationale noch historische Motive leiteten ihn bei seinen Studien, auch nicht der Staat, der ihm immer Mittel, niemals Selbstzweck war, sondern die Idee der geistigen Freiheit. Durch die intensive Beschäftigung mit der Geschichte wuchs seine Welt- und Menschenkenntnis, und sein ursprünglicher, untrüglicher Sinn für das Politische, Erbteil seiner Erziehungsjahre, schärfte seinen Blick für „das verschlungene Ineinander von Wille, Trieb und Schicksalszwang". Er sah in die Abgründe, in die der menschliche Charakter geraten konnte, sah die zwielichtigen Naturen und ihr Handeln im undurchsichtigen Wirkungsfeld der Macht, sah die Massen, die selbstbetrügerisch von ihren Führern das Heil erwarteten, und überblickte sehr pessimistisch den ganzen Machtraum, in dem der sittliche Charakter um seine Selbstverwirklichung kämpft, sein tragisches Scheitern erfährt und sich das Gericht der Nemesis vollzieht.

Während der ersten Jenaer Jahre hatte ihm die rastlose, intensive Schreibtischarbeit so zugesetzt, daß er ernsthaft erkrankte. Eine schwere Lungenentzündung und eine Rippenfelleiterung brachten ihn in Todesgefahr. Nur langsam trat eine Besserung ein. Kuren und Krankheit verschlangen viel Geld. Als sich das Gerücht von seinem Tode verbreitete, kam ihm aus Dänemark unerwartet Hilfe. Einige Verehrer, darunter der Erbprinz Christian Friedrich, hatten von seiner Not gehört und ihm für drei Jahre eine jährliche Ehrengabe von 1000 Talern gewährt. Der ärgsten Sorgen enthoben, begann Schiller sogleich mit dem Studium der kantischen Philosophie. 1792 wurde er vom französischen Nationalkonvent wegen seiner großen Verdienste um die Sache der Freiheit zum Ehrenbürger ernannt. Die große Begeisterung für die Revolution wandelte sich nach der Hinrichtung des Königs in scharfe Ablehnung: „Der große Moment hat ein schwächliches Geschlecht gefunden."

Das Reich des Schönen. Das Studium Kants (s. S. 130) kam Schiller einer Offenbarung gleich. Er fühlte sich in seinem Denken bestätigt: „Bestimme dich aus dir selbst", dieser kantische Satz sprach Schillers tiefste Überzeugung aus. Der kategorische Imperativ war ihm zu rigoristisch: als Künstler erschien ihm die „Neigung zur Pflicht, dem Siegel vollendeter Menschheit" als das höhere Ideal.

Schiller hatte sich in mehreren Schriften um eine Klärung ästhetischer Phänomene bemüht, so in dem Essay *Über Anmut und Würde* (1793), in der Schrift *Über das Erhabene* (1795). Die politische und gesellschaftliche Funktion der Kunst aber hat er in den Briefen *Über die ästhetische Erziehung des Menschen* (1795) erörtert.

Die düsteren Erfahrungen der Französischen Revolution hatten den anfänglich begeisterten Schiller nachdenklich gestimmt. Als Kulturphilosoph sah er im gewaltsamen Umsturz der Institutionen nicht den richtigen Weg zur Veränderung der Gesellschaft. Nach Schillers Überzeugung setzt die Umgestaltung der Staatsform einen gewandelten Menschen voraus.

Den Ausgangspunkt seiner kulturkritischen Reflexionen bildete die Erkenntnis der Selbstentfremdung des modernen Menschen. Spezialisierung und Arbeitsteilung beraubten ihn seiner Einheit und Ganzheit, und der Obrigkeitsstaat entwürdigte ihn zum manipulierbaren Objekt. Wie aber kann der Mensch aus diesem Zustand der Selbstentzweiung herausgeführt und mit sich selber wieder in Einklang gebracht werden? Kann „der Mensch dazu bestimmt sein, über irgendeinem Zwecke sich selbst zu versäumen? Sollte uns die Natur durch ihre Zwecke eine Vollkommenheit rauben können, welche uns die Vernunft durch die ihrigen vorschreibt? Es muß also falsch sein, daß die Ausbildung der einzelnen Kräfte das Opfer ihrer Totalität notwendig macht; oder wenn auch das Gesetz der Natur noch so sehr dahin strebte, so muß es bei uns stehen, diese Totalität in unsrer Natur, welche die Kunst zerstört hat, durch eine höhere Kunst wiederherzustellen" (6. Brief). Diese pädagogische Leistung vollbringt das Schöne. Denn allein die Kunst ist imstande, den durch die Kultur bewirkten Antagonismus von Natur und Geist, Vernunft und Sinnlichkeit zu überwinden. „Es gibt keinen anderen Weg, den sinnlichen Menschen vernünftig zu machen, als daß man denselben zuvor ästhetisch macht." Erst der ästhetische Mensch hat die widersprüchlichen Kräfte in sich überwunden. Letzten Endes ist es der Spieltrieb, der den Menschen zu sich selber führt. Was dem Spiel den Spielcharakter verleiht, ist die Freiheit von allem eindeutig Zweckhaften. Nur wo der Mensch spielt, ist er ganz Mensch. Der ästhetisch veränderte Mensch hätte dann die „Revolution" in seinem Innern vollzogen, die Kunst die Grundlagen für den „Staat der Vernunft" geschaffen. (Vgl. Die ästhetische Provinz S. 126, Die Französische Revolution S. 139).

Zwei Typen des Dichters. Durch seine Freundschaft mit Goethe sah sich Schiller gezwungen, das Problem der Kunst aber auch vom Künstler her zu stellen und zu sehen. Das geschieht in der großen Abhandlung *Über naive und sentimentalische Dichtung* (1795). An Hand der von ihm entworfenen Dichtertypologie wird sich Schiller seiner durch Goethe herausgeforderten Eigenart bewußt. Schiller unterscheidet zwei Typen: den naiven und den sentimentalischen Dichter. Der naive empfindet natürlich, fühlt eins mit der Natur, schafft unbewußt; der sentimentalische dagegen ist sich des Verlusts der Einheit mit der Natur bewußt, er reflektiert, er empfindet das Natürliche. Seine Sehnsucht geht dahin, den durch die Arbeitsteilung aufgerissenen Zwiespalt wieder zu schließen.

Schiller sieht sehr scharf die möglichen Gestaltungsweisen des sentimentalischen Dichters. Es gibt für ihn drei Wege, den durch den Zwiespalt hervorgerufenen Kontrast zwischen Wirklichkeit und Ideal, zwischen Idee und Erscheinung dichterisch zu formen: Die satirische Dichtung tadelt einen dem Ideal nicht entsprechenden Zustand, die elegische ersehnt sentimentalisch das Ideal, die idyllische stellt das Ideal als verwirklicht dar. Satirische Empörung, elegische Wehmut und idyllische Resignation sind die vorherrschenden Grundstimmungen, aus denen heraus der moderne Dichter den Zwiespalt zu überwinden trachtet.

Durch diese Typologie und den Aufweis der verschiedenen Gestaltungsweisen des sentimentalischen Dichters rechtfertigte Schiller sein eigenes Schaffen, das er dem Werke des genialen Freundes, der so viel vom „naiven" Künstler besaß, als ebenbürtig gegenüberstellte. Worauf Schiller rechnete, war eine „zweite Naivität und Unbewußtheit", worauf er hoffte, war das Wunder der „wiedergeborenen Unbefangenheit" (Thomas Mann; vgl. Kleists Aufsatz *Über das Marionettentheater* S. 168).

Die Prosa seiner theoretischen Arbeiten ist von höchster Vollendung. Glasklar ist seine Sprache, voll scharfer Antithesen, Chiasmen, Anaphern und rhetorischer Fragen; der Satzbau ist von großer Geschmeidigkeit und Rhythmik. Schiller hat die Rhetorik in seine ästhetisch-philosophische Kunstprosa mit hineingenommen, sie dadurch aufgelockert und verlebendigt.

Freundschaft mit Goethe. Die Jahre der Spekulation und des Geschichtsstudiums hatten seinen Horizont erweitert, ihm die geistige Souveränität und eine große Klarheit seines künstlerischen Wollens gebracht und bewirkt, daß er erhöhte Anforderungen an sich selber stellte. Aber die Rückkehr zur dichterischen Arbeit führte erst die Begegnung mit Goethe herbei. 1794 trafen sie sich zum erstenmal länger in Jena. Die dann bewußt gewollte und geplante Werbung des Jüngeren um die Gunst des Älteren, schon um Goethes Mitarbeit an der beabsichtigten Zeitschrift *Die Horen* zu sichern, war erfolgreich. Die große, auf polarer Spannung beruhende Freundschaft der beiden Dichter, deren Folge eine starke gegenseitige Steigerung der Produktivität war, dauerte bis zum Tode Schillers. Alle größeren Werke der beiden, die bis dahin entstanden, sind ohne die Hinweise, Ermunterungen des Freundes schwerlich denkbar (s. S. 140).

Schillers Lyrik. Schillers Wesen war die neue Erlebnislyrik Goethescher Prägung nicht gemäß. Seine Lyrik ist vielmehr Ergebnis der Reflexion und Phantasie und beruht auf einem enthusiastischen Gefühl für große Themen und Ideen, darin Klopstock verwandt. Freude, Liebe, reines Naturgefühl schienen ihm nicht würdig genug. Seine Themen waren Gott und Welt, Kunst und Wirklichkeit, Mensch und Kultur. Sie waren Gegenstand seines reflektierenden Geistes. „Ideelles lyrisch zu empfinden“ (von Wiese), ist seine eigentliche Grundhaltung. Der höchste Wert eines Gedichts sei, so meinte er, „der rein vollendete Ausdruck einer interessanten Gemütslage eines interessanten vollendeten Geistes“. So ist seine Lyrik nicht Gefühlsaussprache, sondern hohe Lehrdichtung. Da er nicht persönliche Erlebnisse ausformte, nicht die selbsterlebte Wirklichkeit in Bildern verdichtete, sondern sich allgemeinen Themen des sittlichen und kulturellen Bereichs zuwandte, mußte er versuchen, „die Ideale zu realisieren“, seine Ideen auf die Bilderebene zu transponieren. Dazu bedurfte er der Bilder, die nicht die einmalige Situation in ihrer Mehrdeutigkeit und Vielschichtigkeit symbolisieren, sondern Vorstellungen, die weitgehend von individuellen Zügen gereinigt sind, Bilder, wie sie die Phantasie hervorbringt, entstofflicht und doch anschaubar. Sie fand er vornehmlich in der Bilderwelt der antiken Mythologien und der Geschichte. Wo es ihm gelingt, Anschauung und Abstraktion in ein ausgewogenes Verhältnis zu bringen, die Reflexion ganz durch transparente Bilder zu vertilgen, entstehen oft bezwingende Verse.

Seine dichterische Phantasie drängte schon durch die Themenwahl zum Gesang, dessen längere Zeilen und umfänglicheren Strophen seiner reflektierenden Schaffensweise entgegenkamen. Bevorzugt bediente er sich jambischer und trochäischer Versmaße, des Hexameters, der in seinen Versen zum reinsten unserer Sprache wurde, sowie der Distichen.

Im Hymnus *An die Freude* (s. Beethovens *Neunte)* dichtete er das Lied der chiliastischen Hoffnung der einen Menschheit. Hymnisch ist der Ton in der sentimentalischen Elegie *Die Götter Griechenlands*, in der er die ideale versunkene griechische Welt der entgötterten Gegenwart entgegenstellt. *Der Spaziergang* zeigt die Geschichtlichkeit des Menschen und ist eine Klage über die zerstörte Kultur. *Nänie* ist das Klagelied über den Untergang des Schönen („Da weinen die Götter, / es weinen die Göttinnen alle / daß das Schöne vergeht, daß das Vollkommene stirbt“). *Das Glück* feiert hymnisch die Verdienstlosigkeit des Vollendeten, es ist nach Th. Mann das „Liebeslied des Geistes“ par excellence:

> Das Glückliche siehst du nicht, das Schöne nicht werden,
> Fertig von Ewigkeit her steht es vollendet vor dir.

Das Lied von der Glocke singt den großen Lobpreis der Bürgerlichkeit.

Schiller liebte die Spruchdichtung, das Rätsel, die parabolische Erzählung *(Das verschleierte Bild zu Sais)*. Eine besondere Form der parabolischen Erzählung sind seine Balladen. Sie haben oft die dramatische Form einer Kurzgeschichte, sind architektonisch klar, mitunter virtuos und dialektisch aufgebaut und verkörpern vielfach eine zum Tribunal gewordene geistige Wirklichkeit. Im *Taucher* waltet die Hybris, in den *Kranichen des Ibykus* die Vergeltung, im *Ring des Polykrates* der Neid der Götter, in *Die Bürgschaft* die Macht der Freundestreue.

Macht und Verhängnis. Mit der Trilogie *Wallenstein* (1799) erreicht Schiller seine klassische Meisterschaft. Es ist die erste große Geschichtstragödie unserer Literatur. In den

Jahren, da der Dichter die historischen Stoffmassen „poetisch organisierte", unternahm der große Usurpator Napoleon seine Feldzüge. In der Figur des böhmischen Feldherrn erkannte sich der Korse selber wieder.

Wallensteins Lager, das Vorspiel, ist eine eindrucksvolle politische Exposition des Dramas. Die Grundlagen seiner Macht, das Heer, („Sein Lager erkläret sein Verbrechen") wird in dem bedeutungsvollen Augenblick gezeigt, da der Befehl zu seiner Teilung das Lager erreicht. In der drastischen Schilderung der Lagerwelt und ihrer bunten Typen ist knisternde Spannung und etwas von den kommenden Gegensätzen spürbar; der Heerführer ist allenthalben unsichtbar gegenwärtig.

Die Piccolomini entfalten das Netzwerk von Verschwörung und Intrige, das gesamte politische Kräftespiel um Wallenstein beginnt. Octavio Piccolomini, Freund des Böhmen und Vertrauter des Kaisers, „Karrierist der Gesetzlichkeit" (Thomas Mann), gelingt es, das Ränkespiel Wallensteins, den Plan zur Rebellion und des Übertritts zu den Schweden, zu durchkreuzen. Inmitten der Welt der politischen Masken und des erbarmungslosen Machtkampfes ist Max Piccolomini, der Bewunderer des Feldherrn, sein eigentlicher Gegenspieler. Seine Liebe zu Wallensteins Tochter Thekla steht jenseits der Machtwelt. Für dieses Paar ist in dieser Welt des Verrats kein Platz. Der in der Schlacht fallende Max ist Symbol des Glaubens an die Unbedingtheit der Idee.

Wallensteins Tod enthüllt nur die letzten Konsequenzen. Der zögernde, der Astrologie ergebene Wallenstein verfängt sich immer mehr in seinem eigenen Handeln und wird zum Mitvollzieher seines eigenen Schicksals. Es ist eine tragische Ironie, daß sich die Freunde als Verräter entpuppen, die Doppelbödigkeit das letzte Vertrauen zerstört. Nach seiner Ermordung in Eger wird Octavio zu seinem Nachfolger bestimmt.

Thomas Mann: „Wie vieles umfaßt diese Dichtung an Tragik intim menschlichen und groß geschichtlichen Stils! In der Tat ist in den *Wallenstein* die ganze Epoche der Religionskriege hineingedichtet und -gedrängt; es hat europäische Optik, universelle Übersicht, wie das Denken, die Entwürfe seines Helden sie besaßen."

Schillers letzte Jahre in Weimar. In den wenigen, ihm noch verbliebenen Lebensjahren arbeitete Schiller unermüdlich, um seiner fortschreitenden Krankheit noch das Werk abzutrotzen und „das Erhaltungswürdige aus dem Brande zu retten". 1799 war er nach Weimar gezogen, um sich durch „die sinnliche Gegenwart des Theaters" anregen zu lassen. Er selber bearbeitete für das Hoftheater Shakespeares *Macbeth*, Racines *Phädra*, Lessings *Nathan*, schrieb unter Aufbietung aller seiner Kräfte noch vier Dramen und hinterließ neben vielen Entwürfen das großartige Demetriusfragment.

Friedrich Schiller,
Zeichnung von J. G. Schadow, 1804

Schiller wandte sich jetzt vom reinen Geschichtsstoff ab; er wollte seine Phantasie nicht mehr durch die „objektive Bestimmtheit" der Geschichte wie im *Wallenstein* zügeln und bestimmen lassen. Zu sehr störten Eigengewicht und Eigenrecht des Stoffes seine poetische Gestaltungskraft. Der klassische Dramatiker schlug den Weg der Abstraktion und Stilisierung ein, weil er glaubte, „daß die Kunst nur dadurch wahr ist, daß sie das Wirkliche ganz verläßt und rein ideell wird". (Vgl. Die Sprache der Klassik S. 127). Vor allem *Maria Stuart* und *Die Braut von Messina* folgen der Bauform des geschlossenen Dramas (vgl. Die klassischen Dramen S. 138). Der analytische Aufbau der beiden Dramen bringt ein episches Moment in die Handlung; besonders der Chor in der *Braut von Messina* hat im Schillerschen Schauspiel eine ähnliche Aufgabe zu erfüllen wie in Brechts Dramaturgie der „Verfremdungseffekt": den Zuschauer vom reinen Stofferlebnis abzuhalten.

Maria Stuart (1800). Im Mittelpunkt dieses Läuterungsdramas steht die Figur der schottischen Königin Maria Stuart, deren Schicksalsweg Schiller mit Hilfe der „Euripidischen Methode" darstellen wollte. Das hieß nicht dramatische Entfaltung des tragischen Vorgangs durch fortschreitende Handlung, sondern Darstellung des tragischen Zustands. Racine und Euripides waren die Vorbilder.

Die Königin, ganz Frau, handelt aus ihrer Weiblichkeit heraus, selbst ihre Verbrechen sind noch daraus erklärbar. Alle Versuche, die von ihren Freunden unternommen werden, um sie zu retten, beschleunigen nur ihr Ende. Die Unterredung mit ihrer Erzfeindin Elisabeth bringt die Peripetie. Nun weiß Maria Stuart, daß es keine Hoffnung mehr für sie gibt, sie wird sich des eigenen Schicksals in seiner Ausweglosigkeit bewußt und nimmt den Tod als Sühne für ihre Verfehlungen auf sich. Sie überwindet sich selbst, zum Erhabenen entschlossen. — Die Sprache des Dramas ist voller Lyrismen, spielerisch, weich.

Rasch folgt *Die Jungfrau von Orleans* (1801), die romantische Tragödie. Am Stoff aus der französischen Geschichte fesselt Schiller das Schicksal des einfachen Hirtenmädchens, das berufen ist, sein Land aus den Händen der Engländer zu befreien. Der tragische Konflikt spielt sich im Innern der Heldin ab. Sie ist die Heilige, die in der geschichtlichen Welt einen Auftrag zu erfüllen hat. Durch die Liebe zu ihrem Feind, dem Engländer Lionel, gerät sie in einen tragischen Konflikt. Die Gefahr der Untreue gegenüber ihrer Berufung überwindet sie durch ihren Tod. Sehr stark ist Schillers eigenes Schicksal, „Weihe und Qual" eines Berufenen, in dem meisterhaft aufgebauten, straff gegliederten Drama spürbar.

Die Braut von Messina (1803) ist ein Versuch, die Sophokleische Schicksalstragödie von *König Ödipus* der eigenen Dramatik nutzbar zu machen. In dieser Familientragödie verlieben sich die beiden verfeindeten Brüder Don Cesar und Don Manuel in dasselbe Mädchen. Aus Eifersucht erdolcht Don Cesar seinen Bruder. Erst nach der Tat erkennt er in der Geliebten seine Schwester; da tötet er sich zur Sühne für seine Verbrechen. Schicksal und Chor, die beiden antiken Stilelemente, werden eingeführt. Die Sprache, die des Chores zumal, ist voll tiefsinniger Bilder, sie erreicht hier die größte klassizistische Verfeinerung und Typisierung, alles Prosaische ist getilgt.

Das letzte Drama, das Schiller noch vollendete, war das wirksamste und zugkräftigste. Das Thema durfte eines regen Interesses sicher sein, jetzt da „von der schweizerischen Freiheit desto mehr die Rede ist, weil sie aus der Welt verschwunden ist" (Schiller). Napoleon hatte die Schweizer Eidgenossenschaft besetzt und die helvetische Republik ausgerufen; im Erscheinungsjahr des *Tell* wurde er in Paris zum Kaiser gekrönt. Das Schauspiel ist der auf die Bühne gestellte geschichtsphilosophische Gegenentwurf zur Praxis des Korsen, die europäischen Völker brutal zu unterdrücken.

Volk und Freiheit. Schiller wandte sich in dem Drama *Wilhelm Tell* (1804) ab von den Figuren der Könige, Fürstinnen, Feldherrn, und zum erstenmal wird ein Volk zur Hauptgestalt eines Dramas.

Das hat eine andere Dramenstruktur zur Folge. Die dramatische Einheit bildet jetzt nicht mehr der Akt, sondern die Szene prägt den Aufbau. Sie wird ausführlicher, differenzierter, ist in sich gegliedert, gewinnt an Eigenwert, erscheint als „Kleinform des Aktes".

Die historische Sage aus dem 13. Jh. wird zum Vorwurf für die Gestaltung des Freiheitsproblems. Der Habsburger Vogt Geßler provoziert mit seinen Unrechtstaten das unhistorisch lebende Volk. Wilhelm Tell, der naive, unpolitische Selbsthelfer, verkennt die durch den Tyrannen geschaffene Situation. Während die Bewohner der drei Urkantone

Der Rütlischwur,
Federzeichnung von J. H. Füssli, 1779

dem erlittenen Unrecht mit dem Rütlischwur begegnen und damit ihre politische Existenz mit dem Willen zur Freiheit und zur gemeinsamen Zukunft begründen, bedarf es erst der Apfelschußszene, um Tells naives Vertrauen zu erschüttern. Im großen Entscheidungsmonolog (IV, 3) vor Geßlers Ermordung vergewissert sich der Held seiner Tat und gelangt durch Reflexion zum bewußt politischen Handeln: seine Tat ist zugleich eine Tat für die Gemeinschaft, für den neuen Staat, der keine Standesunterschiede mehr kennt und in dem der Einzelne und die Allgemeinheit identisch sind bei voller Wahrung der Freiheit.

Montesquieus und Rousseaus Vorstellungen verbanden sich mit Schillers kulturphilosophischen Ideen und bestimmten die Gestaltung des Problems. Das Drama läßt schon etwas von den kommenden Freiheitskriegen ahnen. Seine Rezeptionsgeschichte zeigt, daß es zum europäischen Freiheitsdrama schlechthin geworden ist. Schillers Tell wurde von den Schweizern als historisches Selbstbildnis, als Identifikationsmodell betrachtet; es fiel einer zunehmenden Mythologisierung zum Opfer, die Max Frisch mit seiner ironischen Erzählung *Wilhelm Tell für die Schule* (1971) wieder rückgängig zu machen versucht.

Schein und Sein. Innerhalb von sechs Wochen hatte er den *Tell* unter dauernden Schmerzen niedergeschrieben. Die Bauchfellentzündung, an der er schon seit zehn Jahren litt, wurde schlimmer; die Kolikanfälle häuften sich. Im vollen Bewußtsein der noch verbleibenden kurzen Lebensfrist arbeitete er unermüdlich. Da ereilte ihn der Tod am 5. Mai 1805 über der Arbeit an dem Drama, das sein größtes und bedeutendstes werden sollte und dessen Fragment ahnen läßt, welchen Weg Schiller weiter eingeschlagen hätte: *Demetrius oder die Bluthochzeit von Moskau* (1805).

In den wenigen entworfenen Szenen wird die Tragik in der Figur des Demetrius selber offenbar. Er, der kraft seines eigenen Glaubens zutiefst davon überzeugt ist, der wahre russische Thronprätendent zu sein, und aus dieser innersten Überzeugung und durch ihre Ausstrahlungskraft das polnische Volk für seine Pläne gewinnt, muß im entscheidenden Augenblick seines Kampfes um den Thron erkennen, daß er von Verschwörern mißbraucht, einem Trug zum Opfer gefallen ist. Über der Leiche des Boten der ganzen Wahrheit verzweifelt er: „Du hast mir das Herz meines Lebens durchbohrt, du hast mir den Glauben an mich selbst entrissen — Fahr hin Mut und Hoffnung! Fahr hin du frohe Zuversicht zu mir selbst! Freude! Vertrauen und Glaube! — In einer Lüge bin ich gefangen, zerfallen bin ich mit mir selbst! Ich bin ein Feind der Menschen, ich und die Wahrheit sind geschieden auf ewig!“

Trotz der Erkenntnis der Wahrheit hält er an der Maske der Lüge fest, um das Volk, das an ihn glaubt, weil er an sich glaubt, zu führen. Aber dieser Entschluß besiegelt nur seinen Untergang. An einem nurmehr den äußeren Schein benutzenden Herrscher vermögen die Untertanen nicht mehr festzuhalten.

Die Tragik entspringt nicht der Undurchschaubarkeit der Welt, dem Intrigen- und Maskenspiel, sondern spielt sich in tragischer Dialektik im Innern des Menschen ab. Der Spaltung von subjektivem Sein und objektivem Schein entspringt die Tragik. Der menschliche Geist schafft aus sich selber heraus eine Realität, der er dann zum Opfer fällt. Es ist die „Tragik des Idealismus“ (Szondi), mit der noch Hebbel ringen muß. Das eigene Bewußtsein hat Demetrius in die verhängnisvolle Situation mit hineingetrieben, und diese Falschheit von Sein und Schein durchschaut er erst im Augenblick, als er Opfer der eigenen Absichten geworden ist.

Schillers Einfluß auf die deutsche Literatur in den letzten 150 Jahren beruht vor allem auf seinem starken politischen Sinn, auf der Theaterwirksamkeit seiner Dramen, auf dem Idealismus der Freiheit und seinem Pathos der Selbstbestimmung, das von den Freiheitskriegern von 1815 und vom liberalen Bürgertum der ersten Hälfte des 19. Jhs als dichterischer Ausdruck ihrer politischen Absichten gedeutet wurde. 1859 erreichte seine Popularität ihren Höhepunkt. Er war damals der Abgott des nationalen Bürgertums, sein Bild wurde mythifiziert und kanonisiert (Schillerdenkmäler). Freilich war es der tendenziös mißbrauchte Schiller, und von der Plünderung seines Werks erzählt die Geschichte bis in unsere Tage: Die Habsburger verboten den *Tell,* ebenso die Nazis, ließen aber das *Lied von der Glocke* und die Balladen lernen.

Die Entwicklung des deutschen Dramas im 19. Jh. ist ohne sein Werk nicht denkbar. Doch die Geschichte, die er dem Theater zugeführt hatte, wurde jetzt anders gesehen. Das Jahrhundert sah sich aufs schärfste mit den neuen mächtig herandrängenden Kräften der Wirtschaft und Industrie, mit den Problemen der industriellen Revolution konfrontiert. Der Glaube an die Freiheit des autonomen sittlichen Bewußtseins war bald geschwunden, und im Leben wurde nicht mehr der moralische Sieg der Scheiternden gesehen, sondern es selbst als tragisch gespalten erlebt. Kleist, Grabbe, Büchner, Hebbel, die Expressionisten Toller und Unruh sind von ihm beeinflußt. Die Dramatiker der ersten Dezennien des 19. Jhs vermochten mit dem Schillerschen Idealismus nicht mehr viel anzufangen, mit „Idealdichtern, die fast nichts als Marionetten mit himmelblauen Nasen und affektiertem Pathos, aber nicht Menschen aus Fleisch und Blut gegeben haben" (Büchner).

Schillers Wirkung im Ausland war von Anfang an ungleich tiefgreifender und bedeutender als die Goethes. Madame de Staël hatte ihn in ihrem Deutschlandbuch in Frankreich vorgestellt, wo sein Einfluß ungeschmälert das ganze 19. Jh. andauerte und noch Sartre von der szenischen Kunst des Schwaben profitierte. In England hatte Thomas Carlyle mit seiner Schillerbiographie eine enthusiastische Vermittlertätigkeit aufgenommen. Am tiefsten jedoch wirkte er im Osten. Kaum ein westeuropäischer Autor hat die russische Geistesgeschichte so nachhaltig beeinflußt wie Schiller. Es gibt keinen namhaften russischen Dichter, der sich nicht bei ihm Anregungen geholt hätte. Für Dostojewskij war er „unser eigener Poet". Die Russen nannten Schiller einen Dichter der „Freiheit", den „Advokaten der Menschheit". 1942 führten sie den *Wilhelm Tell* im bedrohten Moskau auf.

Schillers Ästhetik, seine Auffassung der Kunst als des autonomen Reichs des schönen Scheins, hatte bereits theoretisch eine Forderung formuliert, die die moderne Lyrik von Baudelaire, Mallarmé, Yeats bis Benn bestimmte: eine im Wort neugeordnete, eigenen Gesetzen gehorchende Wirklichkeit dem Chaos der Realität entgegenzusetzen.

In der Gegenwart gewinnt Schillers Begriff des Spiels und seine gesellschaftliche Funktionsbestimmung der Kunst in der psychoanalytisch-marxistischen Kulturkritik eines Herbert Marcuse *(Triebstruktur und Gesellschaft)* erneut Aktualität. Dürrenmatt urteilt:

„Der Gegenstand seines Denkens war die Kunst und die Natur, der Geist und das Leben, das Ideal und das Gemeine, doch flüchtete er nicht in die Ideenwelt. Er grenzte ab und hielt aus. Er faßte die Freiheit strenger als die andern, doch nicht einem System, sondern dem Leben zuliebe, er setzte Spannungen, um Funken zu erzeugen, er erhöhte den Menschen, weil er ihn mehr als das Allgemeine, mehr als den Staat liebte". Es ging Schiller, wie Thomas Mann bemerkt, „um die Arbeit am Geiste der Nation, ihrer Moral und Bildung, ihrer seelischen Freiheit, ihrem intellektuellen Niveau . . ., um die rettende Ehrfurcht des Menschen vor sich selbst".

LITERATUR:

Benno von Wiese *Friedrich Schiller.* Stuttgart [3]1963
Gerhard Storz *Der Dichter Friedrich Schiller.* Stuttgart [4]1968
Emil Staiger *Friedrich Schiller.* Zürich 1967
Friedrich Burschell *Friedrich Schiller.* rm 14 (1968)
Henning Rischbieter *Schiller I: Von den ‚Räubern' bis zum ‚Don Carlos'. Schiller II: Vom ‚Wallenstein' bis zum ‚Tell'.* FD Bd. 52/53 = dtv 6852/53
Helmut Koopmann *Friedrich Schiller I: 1759—1794* SM 50 (1966) *II: 1794—1805* SM 51 (1966)
Thomas Mann *Versuch über Schiller.* Frankfurt/Main 1955
Edgar Lohner *Schiller und die moderne Lyrik.* Göttingen 1964
Georg Lukács *Schillers Theorie der modernen Literatur* in: *Faust und Faustus.* rde 285/87
Schiller. Zur Theorie und Praxis der Dramen, hg. v. Klaus Berghahn und Reinhold Grimm. WBG Bd. 323 (1972)
Gert Sautermeister *Idyllik und Dramatik im Werk Friedrich Schillers. Zum geschichtlichen Ort seiner klassischen Dramen.* Stuttgart 1971
Dieter Borchmeyer *Tragödie und Öffentlichkeit. Schillers Dramaturgie im Zusammenhang seiner ästhetisch-politischen Theorie und der rhetorischen Tradition.* München 1973
Ilse Graham *Schiller, ein Meister der tragischen Form. Die Theorie in der Praxis.* WBG 6772 (1974)
Kurt Wais *Schillers Wirkungsgeschichte im Ausland* in: *DVjs* 1955, S. 475—508
Norbert Oellers *„Schiller — Zeitgenosse aller Epochen" — Dokumente zur Wirkungsgeschichte Schillers in Deutschland. Teil I: 1782—1859.* Frankfurt 1971, *Teil II: 1860—1966.* München 1976

1. Johann Peter Hebel — Menschliche Grundverhältnisse

J. P. Hebel (1760—1826), im südlichen Schwarzwald aufgewachsen, verdankte seinen ersten Ruhm den *Alemannischen Gedichten* (1803). Er war der erste mundartliche Dichter Deutschlands, der einen größeren Leserkreis gewann. Als evangelischer Religionslehrer am Gymnasium in Karlsruhe schrieb er hochdeutsch seine Geschichten für den Badischen Landeskalender, die 1811 erstmals als *Schatzkästlein des Rheinischen Hausfreunds* erschienen.

Hebels Bedeutung geht über die eines Dialektdichters weit hinaus. Seine Geschichten, sagte Ernst Bloch, seien bis in die letzten Winkel ihres Satzbaues „von der Sonne eines Bibeldeutsch beschienen, das zu den Bauern wieder zurückkehrt". Zu einer Zeit, in der mit der Befreiung der Bauern von ihren feudalen Herren auch die alten Dorfbräuche verschwanden und die in Spinnstuben an Märchen, Sagen und seltsamen Begebenheiten geübte Erzählkunst verblühte, schuf der freundliche, aufgeklärte, als Gymnasialdirektor und Mitglied der obersten Kirchenbehörde auch öffentlich tätige Theologe seine mannigfaltigen Geschichten. Er erfand diese Erzählungen vom Kannitverstan oder vom Unverhofften Wiedersehen, von Kaiser Napoleon oder dem Barbierjungen von Segringen nicht selbst, er entnahm den Hergang alten Schwankbüchern, neuesten Zeitungen und den Berichten seiner Bekannten und formte daraus Beispiele der Sprache und menschlicher Werte, mit denen sich nicht nach Belieben feilschen ließ. Seine Redlichkeit und Treue, sein Schalkssinn und seine Weisheit schufen Worte voller Gegenständlichkeit und Sätze von ungekünstelter Lebendigkeit und Frische.

Die Welt der Menschen. Unberührt von geistreich-sehnsüchtiger Romantik steht der Erzähler noch fest in der milderen Tradition der Aufklärung. Seine Bauern auf ihrem kleinen Stück eigenen Landes, seine Gastwirte und Handwerker sind wach und schlau und gebrauchen ihren Verstand. Hebel verklärt sie nicht, er zeigt sie in ihren wirklichen Verhältnissen, die Arbeit, das Haus, den Acker und den Kreislauf der Jahreszeiten. Er reicht noch dem heutigen Leser „das Schwarzbrot ihrer Sprache". Es gibt bei Hebel keine Feen und Ritterburgen, keine feudale Kostümierung, auch die napoleonischen Feldzüge spiegeln sich in aller Unbefangenheit und Realität. Wenn Goethe rühmte, Hebel verwandle die Naturgegenstände zu Landleuten und verbauere auf die naivste, anmutigste Weise durchaus das Universum, so meinte er damit auch, daß Hebels Welt immer eine menschliche ist. In den Geschichten ist die enge Dorfheimat mit Amsterdam und Petersburg verbunden; denn überall finden sich die gleichen menschlichen Grundverhältnisse. In Karlsruhe werden auch die Franzosen nur nach ihrem Wert als Einzelpersonen gemessen. Unaufdringlich ist Hebels Humanität und sein ethisches Christentum. Er macht seinen Lesern nichts vor; denn auch die Wirtshäuser in Wien, Generäle und Spitzbuben haben ihre Namen, jeder kann hingehen und nachprüfen. In ihrer Toleranz und Klarheit sind diese Geschichten Zeugnisse dafür, wie entgegen allem Zeitgeist selbst die kleine Heimat, wenn sie nur frei ist, ein Teil der Menschheit sein kann. Darum trotzen sie dem Wandel der Moden.

LITERATUR:
Ernst Bloch *Hebel, Gotthelf und bäurisches Tao* (1926) in: *Verfremdungen I.* BS 85 (1962)
Festschrift *Johann Peter Hebel und seine Zeit.* Zur 200. Wiederkehr seines Geburtstags, hg. v. Wilhelm Zentner. Karlsruhe: C. F. Müller 1960
Robert Minder *Heidegger und Hebel oder die Sprache von Messkirch* in: *Dichter in der Gesellschaft,* 1966
Lothar Wittmann *J. P. Hebels Spiegel der Welt.* Textband u. Interpretationen. Frankfurt: Diesterweg 1968 u. 1969

2. Jean Paul — „Die Erdkugel und alles Irdische, woraus die flüchtigen Welten sich formen"

Johann Paul Friedrich Richter (1763—1825), der sich zu Ehren Rousseaus den Vornamen Jean zulegte, ist zu Wunsiedel im Fichtelgebirge geboren, zur Zeit, als der Siebenjährige Krieg beendet wurde. So erwarb er seine vielfältigen Kenntnisse in den hoffnungsvollen

Friedensjahren vor den revolutionären Umbrüchen und romantischen Wirren. Sein Vater war ein armer protestantischer Dorfpfarrer, Organist und Komponist. Der junge Jean Paul verschlang als Student in Leipzig alles Wissen der Zeit, dessen er habhaft werden konnte. Vor allem las er die bedeutenden französischen Aufklärer und die Engländer, deren Satire und trockene Sentimentalität er liebte. Kaum ein Schriftsteller außer Herder, mit dem er sich später befreundete, war so belesen wie er. Zum europäischen Horizont seiner Bildung kam noch der Umstand, daß er im Bayreuthischen auch die südliche Barockwelt mit ihrer Universalität vereinter Gegensätze in sich aufnahm. Seine Improvisationskunst am Klavier wurde, wo immer er an Höfen und in Salons auftrat, mit der Beethovens verglichen. Er besaß alles zu einem großen Dichter: das Wissen eines Polyhistors, Musikalität, Leidenschaftlichkeit der Empfindung, hohen Verstand, Vergnügen am Spiel mit der Sprache, humanitäre Ideale, Einsicht in die Vielstimmigkeit der Welt und die Erfahrung zehrender Not. Seine sentimental-humoristischen Romane wurden in den Residenzen und höheren Bürgerkreisen mehr gelesen als die Werke der Klassiker; doch das gröbere 19. Jh. vergaß ihn schlagartig, bis ihn, nachdem die polierte Hochsprache der Klassiker schon verbraucht war, Stefan George wiederentdeckte.

Jean Paul, Gemälde von Heinrich Pfenninger, 1789

Ein umfassender Geist. Jean Paul kann keiner einzelnen Geistesrichtung zugerechnet werden. Er steht völlig für sich; denn er vereinigte alle Tendenzen der Übergangszeit, Rokoko und Empfindsamkeit, Klassik und Romantik, in seinem umfassenden Geiste. Wie ein Komponist vom Range Mozarts verfügte er über alle Orchestrierungsmöglichkeiten der Sprache, der Stimmungen und Gedanken. „Er hatte die Distanz des Barockmenschen, der ja auch das überschwenglich Seelenhafte und Phantasievolle zu einem souveränen Spiel bändigte." Schon seine ersten Romane — *Unsichtbare Loge* und *Hesperus* — hätten aber auch ein Muster der romantischen Romantheorie sein können: „Die musikalische Grundkonzeption, die bis in den Aufbau wirkte, im Wechsel von lyrischem Adagio und humoristischem Allegro und Scherzo, wann irgendwo die allumfassende Seelenspiegelung der Symphonie Gedicht und Wortkunst wurde; dazu das Darüberschweben der Reflexion ..." (Richard Benz).

Die Landschaft seiner Romane ist die Welt der Rokoko-Schlösser: Illusionsperspektiven, Parks mit überraschenden Durchblicken in traumhafte Fernen, festlich gestimmte Menschen, beseligt Liebende und Wirklichkeitsgenießer, Zyniker und Philanthropen, dazu Kabalen, Intrigen, Wachsfigurenkabinette, von Maschinen bewegte Schreckgespenster, Korruption und amoralische Lüste — und neben diesen Schlössern die kärglichen Dörfer Oberfrankens, die armen Pfarrer und Schulmeister, alles klein, begrenzt, voller Nestwärme und Skurrilität, eine oft verquere, mißratene, schmerzliche und verschnörkelt-erheiternde Kleinbürgerwelt. Doch über allem Irdischen die Utopie erfüllten Menschenglücks, das bis in den Kosmos Entfernte, das Wehen der Winde, der Duft der Blüten. Auch die schrulligste Nestbehaglichkeit ist mit der Nabelschnur des Universums verbunden.

So verwickelt wie das von allen Seiten und Stimmungen betrachtete Leben sind auch seine Romane: der pädagogisch-politische Roman *Die unsichtbare Loge* (1793), wo der Held unter der Erde erzogen wird und plötzlich die Millionen Sterne und Räume des Himmels erblickt, die Hof- und Staatsromane und die Idyllen. Labyrinthisch in ihren Handlungen, Reflexionen und prismatischen Stimmungen, gewähren sie doch immer wieder auch weite Ausblicke wie von einem Montgolfier-Ballon.

Der Roman *Hesperus* (1795) spielt an einem kleinen Hofe, wo sich zahlreiche Gestalten

— heimliche Jakobiner, ein englischer Lord, ein indischer Weiser — in labyrinthischen Handlungslinien begegnen, vor allem das empfindsam-ätherische Paar Klotilde und Viktor, deren Liebe durch immer neue Hofkabalen vereitelt wird. Es machte den Autor mit einem Schlag zum Liebling aller weiblichen Leser an Deutschlands Höfen. — Im bedeutendsten Roman, im *Titan* (1800—03), liebt der idealistische junge Graf Albano die Tochter des Ministers, Liane, die an ihrem barocken Gefühlsüberschwang stirbt. Albano, Muster des vornehmen, einsichtigen Menschen, will in Rom für die Französische Revolution eintreten, vereint sich mit der edlen Idoine und besteigt, gereift und erfahren, schließlich den Thron. Ihm stehen der schrankenlose Machtmensch Roquairol, der herrisch-kalte Graf Cesara, die leidenschaftliche Linda gegenüber — Figuren von rücksichtslosem Subjektivismus, in denen Jean Paul nicht nur an der frivolen Sittenlosigkeit der Aristokratie, sondern auch an Goethes Kälte, an Schillers Hochfahrenheit, am Ästhetentum der Jenaer Romantik und am Titanismus Fichtes Kritik zu üben schien.

Das Leben des vergnügten Schulmeisterleins Maria Wuz in Auenthal (1793), *Das Leben des Quintus Fixlein* (1796) und andere Erzählungen haben dem Gestalter großer Zeitromane im 19. Jh. den Ruf eines biedermeierlichen Idyllikers eingetragen, dessen Kleinmalerei viel nachgeahmt wurde (Keller, Stifter, Raabe), so daß sein universeller Humor, seine groteske Weltsicht, seine Erziehungsabsicht (in den *Flegeljahren,* 1804) und seine Satire gegen Aufschneidertum und mangelnde Zivilcourage (*Des Feldpredigers Schmelzle Reise nach Flätz,* 1809) übersehen wurden.

Der Satiriker, Erzieher und politische Schriftsteller Jean Paul ist zu Unrecht vergessen. Seine frühen Satiren (*Grönländische Prozesse,* 1782, *Auswahl aus des Teufels Papieren,* 1789) zeigen ihn als Jünger der westlichen Aufklärung. „Daher ist die Satire derer heftig, bitter, deklamatorisch, die viel Gefühl haben, z. B. Pope, Young, Rousseau; — kalt hingegen und also Ironie ist sie bei denen, die sich eben nicht durch weiches Herz auszeichnen, z. B. Voltaire und Swift“, notierte er in sein Tagebuch. Er war ein leidenschaftlicher Demokrat und Weltbürger wie Beethoven: „Es gibt eine höhere Tapferkeit, welche einmal, obwohl nicht lang, Sparta, Athen und Rom besaßen, die Tapferkeit des Friedens und der Freiheit, der Mut zu Hause.“ Das recht- und freiheitsmutige Volk, sagte er, führe zu Hause seinen Freiheitskrieg, „der einzige Krieg, der keinen Waffenstillstand haben soll.“ Begreiflich, daß der politische Erzieher der Nation — dem wir überdies mit *Levana* (1807) auch eine höchst feinsinnige Kinderpsychologie verdanken — unter der Restauration nach 1815 verstummen mußte, nachdem er in der *Friedenspredigt an Deutschland* (1808), in *Dämmerungen für Deutschland* (1809) und zuletzt mit seinen *Politischen Fastenpredigten* (1816) zum Volke geredet hatte. Die mißratenen „Freiheitskriege“, die mit der Wiederherstellung der Unfreiheit endeten, hatten ihn bitter enttäuscht; er verachtete die Untertanenseelen wie den nach oben devoten, nach unten brutalen Feldprediger Schmelzle und den phrasendreschenden, innerlich rohen Rektor Fälbel. Mehr und mehr steigerte sich seine Satire zu groteskem Humor (*Dr. Katzenbergers Badereise,* 1809, besonders in *Der Komet oder Nikolaus Markgraf),* und es wäre denkbar, daß er *Die Nachtwachen des Bonaventura* geschrieben hat (s. S. 178). Seine politische Prosa arbeitete der Publizistik Börnes, Heines und der Jungdeutschen vor (s. a. Büchner).

Die moderne Ästhetik erinnert sich wieder an Jean Pauls *Vorschule der Ästhetik* (1804). In ihr lehnt er entgegen dem klassischen Kunstkanon die Naturnachäffung als steril, als „unpoetische Repetierkunst der großen Weltuhr“ ab und empfiehlt den Deutschen eine Kultur des Witzes, eines shakespeareschen Welthumors: „Der Witz gibt uns Freiheit, indem er Gleichheit vorher gibt.“ Jean Pauls Wortspiele, seine Anspielungen, Sprachscherze und Ironien, deretwegen Goethe ihn den Chinesen der deutschen Dichtung nannte, ihm aber auch in den Noten zum *Divan* hohes Lob zollte, wurden erst mit der Erschütterung des Sprachgefühls nach 1900 wieder verstanden als Versuch, der banal-konventionellen Rede zu entrinnen.

Seine Weltwirkung knüpft sich an die erschütternde Rede, die im Roman *Siebenkäs* (1796) der tote Christus um Mitternacht in den Ruinen einer Kirche vor toten Zuschauern hält — Vision eines versteinerten Weltalls, in dem kein Gott ist. Madame de Staël hat in *De l'Allemagne* diesen Text für ihre französischen Leser abgedruckt. „Die Vision vom toten Christus ist keine Blasphemie. Sie ist der Aufschrei des Schmerzes, Seufzen der verlassenen Kreatur, die das Todestal durchschreiten muß, ehe sie die Gnade der Erhöhung findet“ (R. Minder). Der Einsame von Wunsiedel hat in Frankreich Vigny, Nerval, Victor Hugo *(La Fin de Satan)* und Lecomte de Lisle inspiriert, und es ist gewiß, daß auch Dostojewskij den Text gelesen hat, der den großen existentiellen Erschütterungen von William Blake, Goya, Kierkegaard und Nietzsche zur Seite tritt.

LITERATUR:
Max Kommerell *Jean Paul.* [3]1957
Richard Benz in: *Die deutsche Romantik.* [5]1956
Robert Minder in: *Dichter in der Gesellschaft.* 1966
Jahrbuch der Jean Paul-Gesellschaft Jg. 1 ff., hg. v. Kurt Wölfel. Bayreuth 1966 ff. (jeweils mit Jean-Paul-Bibliographie)
Text + Kritik, Sonderband *Jean Paul* mit Auswahlbibliographie. 1970
Wolfgang Harich *Jean Pauls Revolutionsdichtung.* 1974
Rolf Vollmann *Das Tolle neben dem Schönen — Jean Paul.* dtv 1356 1976

3. Friedrich Hölderlin — „Was bleibet aber, stiften die Dichter"

Hölderlin gehört zu den größten Lyrikern nicht nur der deutschen, sondern der Weltdichtung. Er wurde 1770 in Lauffen am Neckar geboren, im gleichen Jahr wie Beethoven und Hegel. Früh verlor er seinen Vater. Zuhause und auf der Klosterschule in Maulbronn nahm er zunächst den „in Württemberg besonders dringlich gearteten pietistischen Zeitgeist" (E. G. Winkler) in sich auf. Zum Studium der evangelischen Theologie kam er an das für die deutsche Geistesgeschichte höchst bedeutsame Tübinger Stift, wo er sich mit Hegel und dem fünf Jahre jüngeren Schelling befreundete. Der dürre Schulrationalismus stieß ihn ab, aber auch das in seiner Jugend so innig erfahrene Bild Christi drohte zu verblassen. Er las Rousseau, Klopstock, Schiller und Schubart, den er nach seiner Entlassung aus zehnjähriger Kerkerhaft besuchte, und studierte mit Eifer die Römer und Griechen.

Die revolutionären Vorgänge im Nachbarland Frankreich deuteten ihm auf ein Zeitalter endgültiger Erlösung aus Knechtschaft und Enge. Er bejahte die Revolution und sympathisierte zeitlebens mit den revolutionären Bewegungen in Württemberg. Schon dem Maulbronner Schüler war Klopstock der „Sänger Gottes", und schon der Gymnasiast verstand, was *Die Bücher der Zeiten* (Gedicht) von Verbrechen und Lastern der Herrschenden berichten. Er sah sein Vorbild in den Tyrannenmördern Harmodios und Aristogeiton und faßte den Vorsatz, „ins Allgemeine zu wirken". Seine ersten Tübinger Hymnen besingen die Unsterblichkeit, die Menschheit, die Schönheit und den Genius Griechenlands. „Mich reizt der Lorbeer, — Ruhe beglückt mich nicht", gestand er ohne Scheu.

Aus Furcht, in der Enge des theologischen Berufs zu ersticken, verließ er — wie Schelling, Hegel und viele andere Stiftler — den vorgezeichneten Weg und ging als Hauslehrer zu der mit Schiller befreundeten Charlotte von Kalb nach Waltershausen bei Meiningen (1793). Er studierte 1795 in Jena bei Fichte und fand von 1796 bis 1798 eine Hauslehrerstelle bei der Familie des Frankfurter Bankiers Gontard. In dieser gehobenen, kultivierten Welt wurde dem in Dürftigkeit Aufgewachsenen die Verehrung der schöngeistigen Bankiersgattin Susette Gontard zum Schicksal. Susette ist die Diotima seiner Dichtungen. Von 1798 bis 1801 hielt er sich in Homburg in der Nähe seines Freundes Sinclair auf (Arbeit am *Empedokles),* 1802 ist er Hauslehrer in Bordeaux. Im Juni stirbt Susette, zwei Wochen nach Hölderlins Rückkehr in die Heimat. 1804 hält er sich als Bibliothekar des freisinnigen Landgrafen in Homburg auf und veröffentlicht seine Sophokles-Übersetzung. 1805 wird sein Freund Sinclair als Hochverräter verhaftet, auf den Hohenasperg gebracht und inhaftiert. Am 11. September 1806 wird Hölderlin mit Gewalt nach Tübingen abtransportiert, er setzt sich zur Wehr und versucht zu flüchten. Als der Wagen in Tübingen ankommt, ist er wahnsinnig. Bis zu seinem Tode 1843 lebt er im Hause des Tischlermeisters Zimmer (Hölderlinturm) in Tübingen.

Nur wenige Zeigenossen wie Bettina Brentano schätzten seine Dichtung. Erst in den Tagen vor dem 1. Weltkrieg, zur Zeit von George und Trakl, wurde sie für die Allgemeinheit wiederentdeckt, aber in ihrem demokratisch-revolutionären Gehalt nicht mehr verstanden.

„Eins zu sein mit allem, was lebt, in seliger Selbstvergessenheit wiederzukehren ins All der Natur", war das innigste Verlangen des jungen Hölderlin. Er segnete die goldenen Kinderträume, weil sie ihm „des Lebens Armut" und den Gegensatz von Natur und Gesellschaft verbargen. Immer empfand er sich als Ausgestoßener. Auch im eigenen unfreien Volke, sagte er, sei der Sänger, der erst die mythische Gestalt des freien Volkes schafft, ein „Dulder Ulyss", jener Odysseus, der an der Schwelle seines Hauses sitzen muß, während die Usurpatoren sein Besitztum verprassen. Wie ein Grieche und Jakobiner wollte er in der „Herzmitte der Natur" und in einem freien republikanischen Volke leben, eins mit den Göttern, in einer heiligen Welt der „Versöhnungszeit".

Diotima, Marmorbüste von L. Ohnmacht, um 1800

Das Volk, das er sich nach dem Beispiel der Griechen und der revolutionären Franzosen auch für sein württembergisches Vaterland erhoffte, sollte einmal „besser gedeihen unter der Freiheit heiligem erwärmenden Lichte, als unter der eiskalten Zone des Despotismus". Die „Keime der Aufklärung", schreibt er an seinen Bruder, sollen auch in Deutschland die „ziemlich bornierte Häuslichkeit", den „Mangel an Elastizität", die „finstere, wegwerfende Scheue oder auch die furchtsame unterwürfige blinde Andacht" vertreiben. Bitter beklagte er das Fehlen des Freien, „Echterfreulichen". „So kam ich unter die Deutschen", heißt es im *Hyperion,* „... Barbaren von Alters her, durch Fleiß und Wissenschaft und selbst durch Religion barbarischer geworden, tiefunfähig jedes göttlichen Gefühls, verdorben bis ins Mark ..."

Diotima. In der kunstfreundlichen Atmosphäre des großbürgerlichen Hauses in Frankfurt atmete der Geist freier als im pedantischen, geduckten und pietistisch zerquälten Kleinbürgertum seiner Heimat. Hier trat das Ideal des Jünglings für einen Augenblick in die Wirklichkeit. Was für Wieland Sophie Laroche, Frau von Stein für Goethe oder Rahel Levin für die Romantiker bedeutete, gebildete, feinsinnige Frauen höherer Lebenskreise, das bedeutete für ihn Susette Gontard. Nach Platons *Gastmahl* nannte er sie seine Diotima, die Erzieherin zu Liebe, Anmut, Freiheit und Weisheit.

Hyperion oder der Eremit in Griechenland ist ein Briefroman. Wir verstehen ihn am besten als verzweifelten Aufruf zur Erneuerung der verschütteten Schönheit und Freiheit. In Griechenland, wo einst die Landschaften und Tempel, die Spiele und Feste der Menschen Offenbarungen göttlichen Seins waren, fand der „von Apoll geschlagene" Dichter das mythische Gegenbild zum eigenen schollenverhafteten, flügellahmen Vaterland. Mit Diotima zieht Hyperion, der Jünger des Lichtgotts, aus, um Hellas vom Joch der Türken (d. h. vom Absolutismus) zu befreien und wieder das goldene Zeitalter herbeizuführen. Aber es soll eine Erneuerung von Grund auf sein, eine Verjüngung der Welt, die das Menschliche, die Natur und die Epiphanie des Göttlichen einschließt. Der Befreiungskampf scheitert. Zu früh greift sein Freund Alabanda, ein Fichtescher Tatmensch, in den Aufstand ein. Das plündernde Volk ist noch nicht reif. Diotima stirbt aus Verzweiflung über die Not des Volkes, und Hyperion muß in das unfreundliche Deutschland zurück, wo „nur so unvollkommen alles ist, weil sie nichts Reines unverdorben, nichts Heiliges unbetastet lassen mit den plumpen Händen". Der 1792 begonnene, 1799 abgeschlossene Roman spiegelt Hölderlins Hoffnungen und Enttäuschungen. „Ich sprach für alle, die in diesem Lande sind und leiden, wie ich dort gelitten", sagt Hyperion zum Schluß.

Seit dem *Hyperion* ist in Deutschland kaum mehr eine Prosa von so hymnischer und elegischer Bewegung geschrieben worden. Dennoch wurde seine Feier der Freiheit und seine Klage über ihr Ausbleiben nie Eigentum der Deutschen. Schließlich wurde sein mythischer Entwurf sogar in eine Voraussage des Dritten Reiches umgedeutet. Doch Hölderlins Dichtung hat unverkennbar andere Ursprünge.

Während die französischen Revolutionäre die römische Idealrepublik greifbar vor Augen hatten, schwebte dem jungen Deutschen Attika als Ideal freien Menschentums und lebendig-blühenden Lebens vor. Von Heinses *Ardinghello* inspiriert, ersehnte er die dionysische Alleinheit, die lösende Verschmelzung mit der mittelmeerischen Natur unter der südlichen Sonne. Damit schlug Hölderlin ein deutsches Befreiungsmotiv an: das Motiv eines erfüllteren Menschentums, Thema des *West-östlichen Divan* Goethes, voll ausgeführt von Heine und wieder aufgenommen von Nietzsche.

Empedokles, der sizilische Arzt, Staatsmann, Dichter und Philosoph, erleidet in dem Tragödienfragment *Der Tod des Empedokles* das Schicksal der Diotima. Auch ihm mißlingt die Befreiung, die Versöhnung der göttlichen Natur mit den Menschen und der Gesellschaft. Aufgewachsen auf stillen Bergeshöhen, vom Äther des Himmels geheilt und mit allen Naturkräften vertraut, tritt Empedokles als Heiland unter das Volk. Uneinsichtig und geistfremd, vom Archon und Priester aufgewiegelt, steinigt und verjagt ihn das Volk von Agrigent. Er stürzt sich in den Ätna, um durch seinen Opfertod den Anbruch kommender Befreiung vorzubereiten.

Dieses Thema des übermenschlichen Weisen, der die Niedrigkeit der Mitwelt überragt, kehrt in Nietzsches *Zarathustra* wieder, freilich ohne Hölderlins politische Hoffnungen und mit noch bitterer Enttäuschung über die geistige Plumpheit des Volkes vorgetragen.

Die Sprache. Die Heilung erwartete Hölderlin durch eine „neue Kirche", die „schönste Tochter der Zeit". Dieses Sehnsuchtsbild bewegt auch die großen Elegien und Hymnen des Dichters: *Brot und Wein, An die Deutschen, Der Rhein, Patmos, Die Titanen.* Von Klopstock, den Psalmen der Bibel und den griechischen Sängern übernahm Hölderlin die Vorstellung, daß der Dichter Rhapsode und mythenkundiger Mittler zwischen den Göttern und seinem Volke sei. Aber das Volk, vor das er singend treten wollte, um ihm den Weg zu weisen, gab es noch nicht, auch später nicht:

Nur einen Sommer gönnt, ihr Gewaltigen!
und einen Herbst zu reifem Gesange mir,
daß williger mein Herz, vom süßen
Spiele gesättiget, dann mir sterbe!

Aus dem protestantischen Pfarrer, der von der Kanzel aus die Nachfolge der Propheten wahrzunehmen hat, wird so der Sänger einer zukünftigen frei-natürlichen, frommen und heiligen Gemeinschaft. „Wo", fragte er sein Volk, „ist dein Delos, wo dein Olympia, daß wir uns alle finden am höchsten Fest?" Doch niemand antwortete dem Dichter, dem der lichttrunkene Äther zum Medium der Weltverherrlichung wurde, der in jünglinghaftem Enthusiasmus sagte: „Religion ist Liebe der Schönheit", und der dann wie ein Prophet auf Gericht und Verklärung wartete —

Denn voll Erwartung liegt
Das Land und, als in heißen Tagen
Herabgesenkt, umschattet heut,
Ihr Sehnenden! uns ahnungsvoll ein Himmel.
Voll ist er von Verheißungen ...

Vom höchsten Gipfel der Begeisterung fiel sein Blick in die dürre, hoffnungslos entgötterte deutsche Gegenwart. „Furchtbar ist's, wie da und dort unendlich hin zerstreuet das Lebende Gott." Immer apokrypher wurde seine prophetische „törig göttliche" Rede, ehe sein Geist voller Schwermut ins Dunkle, in die götterlose Kälte stürzt:

Weh mir, wo nehm ich, wenn
Es Winter ist, die Blumen und wo
Den Sonnenschein
Und Schatten der Erde?
Die Mauern stehn
Sprachlos und kalt, im Winde
Klirren die Fahnen.

Die Zeit war noch nicht reif zur endgültigen Wende. In Tübingen vertraute der Wahnsinnumwölkte seine geheime Erwartung einer kosmischen Umwälzung der „verschwiegenen" Mutter Erde an. Solange der Gott „namlos" sei, müssen „die Schalen des Danks und Opfergefäß und alle Heiligtümer" vor dem Feind „in verschwiegener Erde" begraben werden:

Indessen laß mich wandeln
Und wilde Beeren pflücken,
Zu löschen die Liebe zu dir
An deinen Pfaden, o Erd'.

In **Hölderlins Apokalypse** enthüllte sich der göttliche Grund der menschlichen Seele. Hölderlin erhoffte und erwartete das Erscheinen der Götter nach „dürftiger Zeit". Niemals hätte er deshalb den Satz des modernen Lyrikers Valéry akzeptieren können: „Mythos ist (nur) der Name für alles, was nicht existiert und nur dank des Worts da ist." Diese artistische Freiheit, auf die auch Novalis in seinen Fragmenten abzielt, wenn er den Dichter einen Zauberer nennt, war dem Zorn und der Schwermut seines messianischen Sehertums fremd: „Denn die da kommen sollen, drängen uns ..." Dionysos, Prometheus, Herakles, zuletzt auch ihr Bruder Christus *(Der Einzige)*, die Gottmenschen, die den Opfertod auf sich nehmen, sollten Führer aus Erstarrung und Entfremdung, aus den unfreien Zuständen in Staat und Kirche sein.

Alle Deutungen, die nicht Hölderlins Willen zu umfassender Erneuerung bedenken, müssen daher zu kurz treffen. Die Umwälzung, auf die er harrte und die seine Dichtung zu beschleunigen suchte, konnte nur in den Vorbildern des Mythos zur Sprache gebracht werden.

LITERATUR:
Hölderlin-Jahrbuch Jg. 2 ff. Tübingen 1948 ff. (seit Jg. 1955/56 mit laufender Bibliographie)
J. Schmidt (Hg.) *Über Hölderlin.* Aufsätze. Frankfurt 1970
R. Minder *Hölderlin unter den Deutschen* in: *Dichter in der Gesellschaft.* 1966
P. Bertaux *H. und die Franz. Revolution.* es 344 (1969)
A. Beck *Hölderlin. Eine Chronik in Text und Bild.* it 83

Heinrich von Kleist,
zeitgenössische anonyme Zeichnung

4. Heinrich von Kleist — Traumwahrheit und Welttrug

„Von Furien gehetzt" war Kleists Dasein bis zu seinem Freitode. Seine Vorfahren stammten aus Pommern. Ursprünglich slawischer Herkunft, waren die Kleists eine der größten Offizierssippen Preußens. Heinrich, geb. 1777, hatte sieben Geschwister. Ulrike war seine Lieblingsschwester. Die Familie lebte zwar standesgemäß, war aber unbegütert. Die Erziehung im Elternhaus zu Frankfurt (Oder) war preußisch-starr, lutherisch streng. Der Vater starb früh (1788), auch die Mutter (1793), Heinrich kam außer Haus nach Berlin zu einem Prediger in Pension.

Mit fünfzehn Jahren trat er ins Potsdamer Garderegiment ein und machte den Rheinfeldzug mit. Plötzlich brach er mit der soldatischen Familientradition. Die Suche nach eigener Wahrheit mußte dem hochmusikalischen Kleist das steife Reglement des Soldatenstandes verleiden. In Frankfurt (Oder) begann er das Studium der Volkswirtschaft und der Rechte und stürzte sich gleichzeitig mit Inbrunst auf die Philosophie. Er entflammte sich für die Generalstochter Wilhelmine von Zenge, doch die Familiengründung scheiterte, weil es ihm unmöglich schien, Beamter zu werden. Er las Schiller, studierte Kant und entnahm seiner Philosophie, daß der Verstand keine letzte Wahrheit erkennen könne. Seine Begeisterung für die Aufklärungsphilosophie und die Wissenschaft erlosch. Dafür nahm er die Gedanken Rousseaus von der unschuldigen Natur und der Kraft des Herzens tief in sich auf, doch nur, um desto mehr am Widerspruch zwischen dem erträumten Paradies und der bestehenden Welteinrichtung zu leiden.

Die chaotisch-doppeldeutige Welt erschien ihm als Katastrophe *(Familie Schroffenstein,* Drama, 1803). Er erkannte seinen Dichterberuf und begann seine Fluchtreisen: 1801 nach Dresden, wo er die katholische Kirchenmusik erlebt, dann nach Paris (Arbeit am *Robert Guiskard, Verlobung in St. Domingo)* und von der gehaßten napoleonischen Weltstadt auf eine einsame Insel in der Schweiz. Hier in Thun will er Bauer werden und in rousseauischer Einfachheit leben (Entstehung des *Zerbrochenen Kruges*, des Abbilds einer teuflisch-verdorbenen Welt). Aber er findet keine Ruhe: 1803 geht er nach Weimar und ist Gast bei Wieland; er hegt erste Selbstmordpläne und wandert zu Fuß über Mailand wieder nach Paris und begibt sich von da ohne Paß nach Boulogne sur Mer, um sich der geplanten Invasion Napoleons nach England anzuschließen. Diesem heroisch verschleierten Selbstmordversuch folgt ein körperlicher und geistiger Zusammenbruch. 1804/05 versucht er im preußischen Staatsdienst Fuß zu fassen. Er wird 1806 nach Preußens Zusammenbruch irrtümlich verhaftet und kommt in französische Gefangenschaft. 1807 kehrt er nach Dresden zurück und vollendet im Kreis des restaurativen Philosophen Adam Müller, des Freiheitsdichters Theodor Körner und Tiecks die *Penthesilea* und *Das Käthchen von Heilbronn.*

Zu seinen Lebzeiten wurde nur der *Zerbrochene Krug* aufgeführt, und zwar von Goethe in Weimar, ohne Erfolg. Ein gescheiterter Dichter, versucht sich Kleist an der Herausgabe der unrentablen Monatsschrift *Phöbus.* Sein Haß gegen die Tyrannei Napoleons wächst (Drama *Hermannsschlacht).* 1809 (Schlacht von Aspern) fordert er mit politischer Lyrik und dem *Katechismus der Deutschen* zum Kampf gegen den Franzosenkaiser auf. 1810 nach der Rückkehr von Österreich gibt er die *Berliner Abendblätter*, eine Tageszeitung im Boulevardstil, heraus; zwischen unpolitischen Polizeiberichten druckt er seine Anekdoten ab. 1811 erscheint noch ein Band Erzählungen. Im November begeht der Vierunddreißigjährige Selbstmord mit Henriette Vogel am Wannsee bei Berlin.

Das verlorene Paradies hat der aus allen Bahnen geworfene Dichter in vielen Gestalten gesucht, mit einer Intensität und Getriebenheit hin- und hergerissen zwischen krasser Wirklichkeit und Traum, wie es in der Dichtung selten ist. Es begegnete ihm früh in Rousseaus Idee von einer Unschuld außerhalb jeder Konvention und Tradition. Er fand es nicht in der klassischen Bildung, nicht in der Philosophie Kants, der die Welt als unser Geistesprodukt entlarvte und das Übernatürliche für unerkennbar erklärte, er fand keinen Halt in der lutherischen Orthodoxie, im Offiziers- und Beamtenberuf, nicht in der Gesellschaft, im preußischen Staat, auch nicht in seiner mit hochgespanntesten Erwartungen eingegangenen Verlobung. Schon das erste Drama *Die Familie Schroffenstein* (1803) zeigt im damals gerade modernen mittelalterlichen Kostüm die blutige Selbstvernichtung zweier verwandter Adelsfamilien. Abseits der totalen Verwirrung der Väter aber erleben zwei junge Liebende — Romeo und Julia ähnlich — in einer fast tropisch-schwülen Waldeinsamkeit die Unschuld des Paradieses. — In der Erzählung *Die heilige Cäcilie oder die Gewalt der Musik* hat die himmlische Musik die betörend-besänftigende Gewalt, Bilderstürmer von ihrer Untat abzuhalten. Die Musik ist da eine andere Gestalt der paradiesischen Verzückung, des verlorenen poetischen Weltzustandes. Die wirkliche Welt dagegen ist eine Katastrophe wie in der Erzählung vom *Erdbeben in Chili,* wo das Erdbeben die Stadt vernichtet, zugleich aber das Gefängnis der Liebenden sprengt, so daß diese im Zentrum der Zerstörung für einen Augenblick das unerhörteste Glück finden. Die Ekstase des Augenblicks ist die Rückkehr ins Paradies:

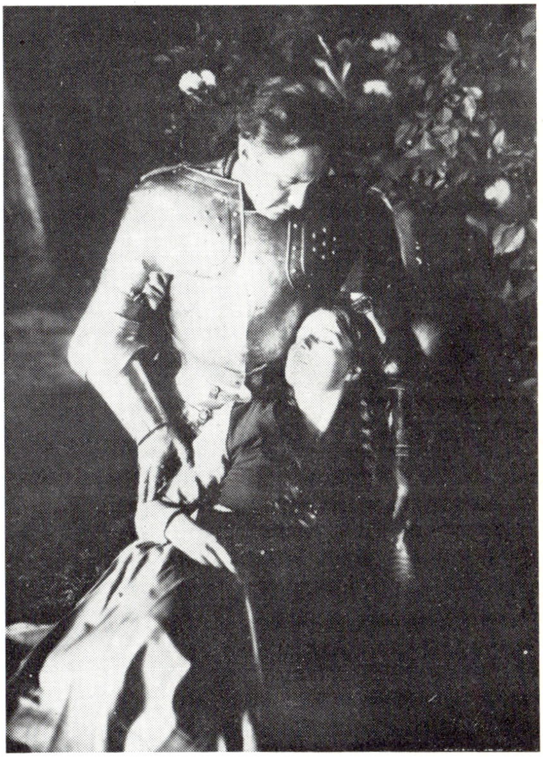

Szene aus Kleists Drama *Käthchen von Heilbronn*, 1928 aufgeführt

„Sie fanden einen prachtvollen Granatapfelbaum, der seine Zweige voll duftender Früchte weit ausbreitete; und die Nachtigall flötete im Wipfel ihr wollüstiges Lied.“

Liebesnacht und Liebestod sind auch der poetische Höhepunkt seiner glutvollsten Erzählung, der *Verlobung in St. Domingo,* deren Schauplatz ursprünglich das revolutionäre Paris sein sollte. Zum Äußersten der Liebe und der Musik gesellt sich als eine verwandte Erfahrung des Paradieses der tiefe Traum: im *Käthchen von Heilbronn* und im *Prinzen von Homburg*.

Kleists Problem ist „das Mißverhältnis von Traumwahrheit und Welttrug, von heiligem Ichgefühl und schnödem Fremdsein" in der Welt (Hohoff). Diese unsere Welt ist verwirrt, weil unser Bewußtsein nicht oder nur in äußersten Augenblicken im paradiesischen Mittelpunkt ruht. Was uns, die aus dem Paradies der Naivität Vertriebenen, hemmt, ist die Reflexion. Unser Bild im Spiegel irritiert uns. Darum bewundern wir die exakten, ungehemmten Bewegungen einer Marionette (Aufsatz *Über das Marionettentheater).* Auf dem Umweg über die Reflexion könnte der Künstler von hinten wieder ins Paradies und zu einer zweiten Stufe der Naivität gelangen. Nur die ganz in der Sicherheit ihres Gefühls, in ihrer Traumwahrheit lebenden Mädchen Agnes und Käthchen bewohnen das Paradies. Im Vordergrund ist alles Posse (die Ehe im Lustspiel *Amphitryon),* schnöde Komödie (wie sie der Dorfrichter Adam im *Zerbrochenen Krug* aufführt), konventionelles Gesetz (das Penthesileas Liebe zu Achill irritiert), trügerisches Recht (wogegen Michael Kohlhaas rebelliert) oder unmenschliche Pflicht (die den Prinzen von Homburg zum Tode verurteilen will). Dahinter ist das Mysterium des Gottes (Zeus in *Amphitryon),* die Unschuld Evchens, die Majestät der Gerechtigkeit, der wahre Staat.

Der Dramatiker Kleist, dem als Menschen „auf Erden nicht zu helfen war", vereinigte in sich die vehementesten Spannungen zwischen glühender Phantasie und starkem Willen zu plastischer Gestaltung, süßeste Musikalität und ein bis ins Übermaß gesteigertes Gefühl. Man hat seine Schöpfungen, denen alles Bloß-Erdachte und Nur-Begriffliche fehlt, mit Zyklonen, mit heißer Lava und mit der Musik Beethovens verglichen. In einer von der Reflexion gespaltenen Welt ist ihm das subjektive Gefühl die letzte Instanz. Darum wirkt er so modern (s. Expressionismus).

Robert Guiskard (Dramenfragment), der normannische Held, belagert Byzanz, während in seinem Heer schon die Seuche wütet. Er ist der wahre Volksherrscher, den nicht das adelige Blut, sondern die Größe seines Willens beglaubigt. Um seinem Volke den Sieg zu erringen, verheimlicht er, daß sein strotzender Körper schon vom Tode gezeichnet ist. — Die mehrmaligen Veränderungen, die Kleist an Guiskard vorgenommen hat, spiegeln seine Auseinandersetzung mit Napoleon.

Penthesilea (Drama in 24 Szenen auf dem Schlachtfeld von Troja; 1808) ist die Amazonenkönigin, die im Kampf Achill gegenübertritt. Die männerlosen Amazonen müssen in der Schlacht einen Mann erbeuten, den sie zum Rosenfest der heiligen Hochzeit mit der Königin führen. Achill, der Grieche, kennt das matriarchalische Gesetz der Amazonen nicht; freiwillig will er sich fangen lassen, um Penthesilea zu gewinnen. Als die Amazonenkönigin erkennt, daß sie Achill nicht besiegt hat, sondern von diesem getäuscht wurde, verwandelt sie sich in eine Mänade, die den Geliebten mit Hunden jagt und „die Rüstung ihm vom Leibe reißend den Zahn in seine weiße Brust ihm schlägt". Dann tötet sie sich selbst. — Das Übermaß einer verletzten Frauenseele bringt dem griechischen Galan den Tod. Achill verfehlt das Unbedingte ihrer elementaren Liebe. In einer rauschhaft gesteigerten Bildersprache dringt der Dichter bis zu den Urgründen vor, er schließt eine Seelenlandschaft auf, die erst nach ihm (von Bachofen und den Tiefenpsychologen) wiederentdeckt wurde. Hugo Wolf deutete den Gehalt des Dramas in seiner gleichnamigen Tondichtung musikalisch aus.

Das Käthchen von Heilbronn (historisches Ritterschauspiel in 5 Akten; 1810) ist auf andere Weise als Penthesilea auch eine „Hingerissene", die nicht weiß, was sie tut. Die Szenerie ist romantisch: Ritter, Burgfräulein, das alte Heilbronn, Stadtbürger, der Glanz des Kaisertums, Waldeinsamkeit und Holunderbusch. Das holde, traumbefangene Käthchen erringt den Grafen wider ihre geschminkte und geputzte Rivalin Kunigunde: ursprüngliche Anmut siegt über erkünstelte Schönheit. Käthchen ist ganz reine Hingabe. Wie im Trance-Zustand, völlig verzaubert, folgt sie dem Grafen, der sogar seine Peitsche gegen sie erhebt, bis er von der unter „süß duftenden Holunderbüschen" Schlafenden das Geheimnis ihrer Traumvision erfährt. — Käthchens magische Kräfte sind die Heilkräfte der Heimat, des natürlich Gewachsenen, des traumhaft Bewußten. Sie ist in ihrer naiven Schönheit eine Gestalt des Kleistschen Paradieses, wogegen Kunigunde den verwirrenden, nixenhaften, vom reflektierenden Bewußtsein entstellten Aspekt des Lebens darstellt.

Prinz Friedrich von Homburg (Schauspiel in 5Akten) gilt als Kleists reifstes Drama. Erst 1821 wurde es gegen den Protest reaktionärer Adeliger aufgeführt. Das Stück spielt in Fehrbellin und Berlin im Jahre 1675, als Brandenburg seine Bewährungsprobe als Staat bestand. Auch der brandenburgische Prinz, der die Nichte des Kurfürsten liebt, in träumerischer Versunkenheit die Befehle des Kriegsrats überhört, befehlswidrig die Schlacht von Fehrbellin gewinnt und nach Kriegsrecht zum Tode verurteilt werden muß, ist aus dem Geschlecht der Nachtwandler. Angesichts des Todes ringt er sich zur Anerkennung des unverbrüchlichen Kriegsgesetzes, der preußischen Staatsräson durch. Doch der Kurfürst begnadigt ihn, und wovon der Prinz am Anfang des Stückes nur geträumt hatte — Lorbeerkranz, Fürstenkette und Braut — wird Wirklichkeit.

Die Erstarrung des preußischen Staates, der kein spontanes Handeln der Bürger zuließ und 1806 unter den Schlägen Napoleons sofort zusammenbrach, war, wie der Konflikt von Traumwahrheit und äußerer Ordnung, Kleists eigenstes Problem. Der Ausgang des Dramas sagt unmißverständlich: Kleist erwartete in der Zeit von Scharnhorst und Gneisenau eine Reform von oben, eine freiere Gestaltung des Staatswesens. Das ist auch der Grund, weshalb nach 1815, als Tieck das Stück herausgab, restaurative Kreise die Aufführung verhindern wollten (s. S. 195).

Der Zerbrochene Krug (1811) ist eine äußerst realistische, derbe Posse, in der ein Dorfrichter namens Adam (in Anspielung auf den biblischen Sündenfall) sich immer mehr in seine Lügen verstrickt und sogar dem unschuldigen holden Evchen die Schuld an einem zerbrochenen Kruge unterschieben möchte, doch gleichzeitig sich von Lüge zu Lüge entlarvt. Der Lügenbold Adam, der die Gerechtigkeit verkörpern soll, der Heuchler, erweist sich als der Teufel, welcher die Welt blendet.

Amphitryon, ein Lustspiel in 3 Akten (1807), kontrastiert das göttliche Mysterium der Ehe mit ihrer oft burlesk-komödiantischen Erscheinung. Im Mittelpunkt dieser Verbindung von Weihe- und Satyrspiel steht, im Tiefsten unverwirrt, die reine Alkmene, Gemahlin des thebanischen Feldherrn Amphitryon (Vgl. die Stücke von Plautus, Molière, Giraudoux).

Michael Kohlhaas, Kleists längste und bekannteste Erzählung, enthüllt die anarchische Verwirrung der Welt am Beispiel eines Roßhändlers, der in Luthers Tagen zum Mörder, Brandstifter und Racheengel an einer nur äußerlich gesetzhaften, in Wahrheit völlig korrumpierten Welt wird. An einem geringfügigen Anlaß entzündet sich die große Frage nach der Berechtigung irdischer Ordnungen, die auch Luthers geistliche Autorität nicht hinreichend beantworten kann. Wie kann das Recht des Einzelnen, das als absolut empfunden wird, in diesem verdorbenen Weltzustand verwirklicht werden? (Vgl. Kafkas *Prozeß*)

Kleists Sprache hat keine Vorbilder. Sie bricht aus seinem Inneren, immer wirkt sie unmittelbar existentiell, sie ist Ausdruckszwang im Sinne Benns. Ihre Expressivität hat stark auf spätere Dichter wie Döblin und Unruh gewirkt, ihre manchmal zugleich sachlich-juristische Form, die den Ausdruck bändigt, sprach Kafka an. Sie besteht nicht aus einem einzigen Register wie die von Novalis oder Hölderlins hymnisch-psalmodierender Ton und Eichendorffs spielerisches Parlando. Sie ist holzschnittartig-zupackend in seinen Anekdoten, stellt eine ganze Szene dramatisch in den Raum durch Ineinanderschachtelung von Nebensätzen und Attributen wie im *Kohlhaas* und ist drängend, bündig, wuchtig in den fünffüßigen Jamben des *Guiskard.* Sie scheut da auch nicht, die Akzente zu beugen, Satzelemente wegzulassen um der Verkürzung willen. In der *Penthesilea* ist sie von einer dem emotionalen Ablauf entsprechenden Gestautheit, Gespaltenheit. Die Sätze sind zerhackt, die Attribute geballt, eine motorische Spannung wie auf Holzschnitten der Expressionisten Kirchner, Nolde und Beckmann. Wir finden die kühnsten Bilder schon in der *Familie Schroffenstein.* Die berückendsten Stellen im *Käthchen* sind von sinnlichster Musikalität. Im *Amphitryon* wechselt der Stil vom Feierlichen zum Burlesken. Der Dorfrichter Adam ist ebenso durch sein Idiom charakterisiert wie Evchen und die plumpen Dorfburschen.

Kleists politische Lyrik gegen Napoleon *(Germania an ihre Kinder)* übertrifft an Vehemenz alles, was in jenen erregten Tagen gegen den „Tyrannen" gedichtet wurde. Ihre Intensität läßt sich nur mit Brechts politischer Lyrik gegen Hitler vergleichen. Trotz der barbarisch harten Szenen im Anti-Napoleon-Drama *Die Hermannsschlacht* war Kleist kein Chauvinist, obschon das Exzessive seines Charakters, das Konvulsivische, sein erbarmungsloser Realismus und seine Ausbrüche von Zerstörungswut einen Bruch mit den Normen westeuropäischer Aufklärung und Vernunft bedeuten. Der Gegensatz zu Wieland, Lessing und Goethe ist unüberbrückbar. Goethes Urteil über Kleists krankhafte, im Gräßlichen schwelgende Veranlagung ist zwar höchst ungerecht, wenn es auf Kleists Genie bezogen wird, doch verständlich von der klassizistischen Ästhetik, noch mehr von Goethes Begriff der Kultur her, von seiner hohen Verantwortung für das Ganze der humanen Zivilisation.

Literatur:
Joachim Maass *Kleist, die Fackel Preußens. Eine Lebensgeschichte.* 1957
H. v. Kleist *Lebensspuren. Dokumente und Berichte der Zeitgenossen.* dtv 5198
Curt Hohoff *Heinrich von Kleist.* rm 1 (1958)
H. Kreuzer *Kleistliteratur 1955—1960* in: *DU* 13 (1961)
W. Müller-Seidel (Hg.) *H. v. Kleist. Aufsätze* u. *Essays.* WBG Bd. 147 (1967)
H. Sembdner *H. v. Kleists Nachruhm — eine Wirkungsgeschichte in Dokumenten.* dtv. 4289 1977

IX. DIE ROMANTIK

1. Die Reichweite der romantischen Bewegung

a) Vorbereitung und Bedingtheit

Vorbereitende Bewegungen. Die Romantik erfaßte schließlich ganz Europa. Unmöglich lassen sich die Vielschichtigkeit, die Widersprüche und Doppeldeutigkeiten des romantischen Geistes auf eine kurze Formel bringen. Am ehesten verstehen wir die Auflehnung gegen den optimistischen Rationalismus des 18. Jahrhunderts, die Desillusionierung des Fortschrittsglaubens, die düsteren Zukunftsvisionen, den Weltschmerz und den Ichkult als Ausdruck einer bis heute andauernden Kulturkrise. Ihr entsprang die Sehnsucht nach der Vergangenheit und die Erwartung einer neuen Religion, der künstlerische Rauschzustand und die Bedrohung durch den Nihilismus. Der romantische Geist ist ambivalent, voller Paradoxien, immer auf der Suche nach intellektuellen Abenteuern in Natur, Kunst, Geschichte und Philosophie. Er überschreitet die herkömmlichen Normen hin zum Fantastischen, Abgründigen und Geheimnisvollen, zu Krankheit und Tod.

Die Romantik schlug zuerst und vor allem in Nordeuropa Wurzeln, das heißt, im Bereich des säkularisierten Protestantismus, in Ländern, in denen empirisches Denken, bürgerliche Aufklärung, individueller Geschmack und persönliche Religiosität am weitesten fortgeschritten waren. Rousseaus Kritik der Zivilisation, Sturm und Drang und Empfindsamkeit hatten den Boden vorbereitet, ehe Kants *Kritik der reinen Vernunft* und die Revolution in Paris die romantischen Unruhen auslösten. Absolutismus, Rationalismus in Verwaltung, Wissenschaft und Theologie, Verstädterung und Merkantilismus erzeugten gegen Ende des 18. Jahrhunderts heimliche Gegenkräfte. Überall im gebildeten deutschen Bürgertum regte sich eine unbestimmte religiöse Sehnsucht, die am „Verstand" der Aufklärung kein Genüge fand. Unterschwellig lebten rosenkreuzerische und mystische Ideen fort. Die pietistische Selbsterforschung des Ich, das Ideal der „schönen Seele", die ästhetischen Anschauungen der Klassiker und die philanthropischen Neigungen der Zeit trugen allenthalben zu einer Verfeinerung der Gemütskultur bei, durch die sich das Bürgertum gegenüber den Frivolitäten des Adels auszuzeichnen glaubte. Die politische Stagnation förderte die Verinnerlichung. Der Kreislauf der philosophisch-religiösen Spekulation beschleunigte sich rapid, als Kant das Denken revolutionierte und die Vorgänge in Paris den Kontinent erschütterten. Die blutigen Revolutionsszenen sind der Grund, warum viele Romantiker Geist, Liebe, Poesie und Fantasie auf den Thron erheben wollten.

In Universitätsstädten wie Jena und Berlin gab es schließlich um 1800 schon kleine Gesellschaftskreise, Salons, in denen sich frei von ständischen Schranken Adelige, Diplomaten und bürgerliche Intellektuelle ungezwungen im Gespräch begegneten. Empfänglich für alle feineren Geistesschwingungen trat in diesen Zirkeln das freimütige Gespräch an die Stelle steifer Etikette, der Kult der Liebe und Freundschaft an die Stelle aristokratischer Rokokofrivolitäten. Geist bedeutete hier mehr als Verstand, Fantasie mehr als altväterische Tugend. Was später Romantik genannt wurde, war zunächst eine Sache kleiner Freundschaftskreise, kleiner intellektueller Eliten, die überhaupt keinen Rückhalt im Erwerbsbürgertum und in der sterilen Oberschicht hatten. Im Mittelpunkt dieser Freundschaftskreise standen kluge und geistreiche Frauen wie Rahel Levin und Henriette Herz, und es entwickelte sich eine anmutige, individuelle Geselligkeit, ein Freundschaftskult verwandter Seelen, wie er in den verkalkten hocharistokratischen Zirkeln oder in der bürgerlich engherzigen Umgebung unbekannt war. Hier verkehrten Künstler, Schauspieler, Musiker und Adelige frei von den Konventionen ihrer Kaste. Hier bildete sich — jedenfalls in den Jahren vor den Befreiungskriegen — eine schwärmerische Sehnsucht nach Neuem und die erste große Welle der Goetheverehrung.

In ihrem ersten Aufglühen ist die deutsche Romantik beschränkt auf eine Generation, der fast alle führenden Geister angehören: die Brüder Schlegel, Tieck, Novalis, Schleiermacher, Schelling, Hegel und am Rande Jean Paul, Hölderlin und Kleist. Ob sie nun wie Hölderlin, Hegel und Schelling aus dem Tübinger Stift, wie Tieck, Wackenroder und Schleiermacher aus Berlin oder wie die Schlegels aus Hannover kamen: sie waren erregt von der neuen Zeit, die — politisch — mit der Französischen Revolution anbrach.

Die Revolution. Auf den deutschen Kleinstaaten lastete noch immer die absolute Macht der Fürsten. Das Bürgertum war lahmgelegt, wenn auch da und dort — in Berlin durch die Aufklärung, in Weimar durch Goethe, in Tübingen durch die Nähe Frankreichs, in Hannover durch die Beziehung zu England — der Boden aufgelockert war. Da brach 1789 in Paris die bürgerliche Revolution aus und stellte alles Gewordene, von uraltem Glanz Umgebene in Frage; sie schaffte die geheiligten Vorrechte von Adel und Kirche ab und enthauptete den König von Gottes Gnaden. Auch in Deutschland sympathisierten viele offen, mehr noch geheim, mit der Revolution: Kant, Jean Paul, der junge Hölderlin, Beethoven, der junge Rheinländer Görres.

Die Revolution riß den Schleier von allen vertrauten Institutionen. Plötzlich gerieten die ältesten Vorstellungen ins Wanken. Auf die ersten Lichtstrahlen der Verheißung folgte freilich nur zu bald Enttäuschung und Haß, als die Revolution, um sich zu behaupten, in Terror umschlug (1793, Robespierre). Die alten Mächte in Europa sammelten sich bald, und politische Publizisten wie DE MAISTRE, DE BONALD, CHATEAUBRIAND *(Genie du Christianisme)* beschuldigten die Aufklärung, lobten das Mittelalter (Restaurationsphilosophie) und das „süße alte Regime“. Als Napoleon daranging, ein Weltreich zu errichten, und Preußen (1806) und Österreich schlug, sahen es die Fürsten gerne, daß sich gegen seine Eroberungspolitik ein deutsches Nationalgefühl regte (nationale Romantik) und die Kirchen den Geist des Umsturzes bekämpften (religiöse Romantik). Doch sobald die Heilige Allianz unter Führung des Zaren und Metternichs auf dem Kontinent gesiegt hatte (1813—15), drängte sie die bürgerlich-liberalen, national-revolutionären Kräfte wieder in die alte Abhängigkeit zurück.

Das Wort Romantik hat daher einen sehr verschiedenartigen Inhalt, denn die Bewegung vollzog sich in mehreren Phasen: Im ersten Aufglühen erreichte sie in Jena und Berlin eine unübertroffene geistige Höhe (intellektuelle, individualistische Romantik). Dann um 1805 bildete sich in Heidelberg die „Volksromantik“ heraus (Brentano, Görres, Arnim, die Gebrüder Grimm). Unter der napoleonischen Besatzung und im Volkskrieg gegen die Franzosen entstand eine „nationale Romantik“ (Arndt, Kleist). Es gab eine junkerlich-ritterliche Romantik (Fouqué) und im Dienste von Thron und Altar eine politisch-restaurative (Adam Müller); diese sah in der Aufklärung, im Liberalismus und in der Emanzipation des Geistes die Ursache aller Übel. Und es gab nach 1815 eine katholisch-mystische Philosophie, die den Grund des Dämonischen und Radikalbösen erforschte (Franz Xaver Baader, Görres, der ältere Schelling).

Die „Romantik“ hat daher die verschiedensten Gesichter: sie ist Höhepunkt und Vollendung des deutschen Idealismus, Ursprung des modernen Seelentums und seiner gesteigerten Erlebnisfähigkeit und Sturz in die Nacht. Sie blickte rückwärts in die Zeiten, vorwärts ins neue Jahrhundert und in die dunklen Kammern des Menschseins.

Deutsche Besonderheit. Trotz des internationalen Charakters dieser Bewegung waren für die deutsche Ausprägung und ihre Nachwirkungen folgende besondere Faktoren bestimmend:

1. Die konfessionelle Spaltung verstärkte die Suche nach religiöser Einheit (Novalis). Die Geister suchten nach einer religiös motivierten Bindung in der Philosophie des deutschen Idealismus (Kant, Fichte, Schelling, Hegel, Schopenhauer), sie suchten Gott in der Natur (Novalis, Schelling), sie erlebten ihr Innerstes in den seelischen Erschütterungen der Musik

(Wackenroder, E. T. A. Hoffmann) und brachen aus ihren Beschränkungen aus in ein Reich rein ästhetischen Zaubers (Tieck).

2. Die staatliche Zersplitterung, der rasche Wechsel der Obrigkeiten in jenen Jahren ließen „Volk“ und „Volkssprache“ fast als allein bleibende Substanz erscheinen, so daß Begriffe wie „Volkstum“, „Volkspoesie“ einen fast sakralen Charakter erhielten, obwohl selbstverständlich die romantischen Dichter, Brentano, Arnim, Eichendorff, nur an den Träumen des Volkes, seinen Liedern und Märchen, interessiert waren, nicht etwa persönlich unter die Bauern und Arbeiter gingen.

3. Deutschland war um 1800 noch ungleich agrarischer als der Westen. Die städtischen Lebensformen waren (z. B. auch im Unterschied zu Italien) noch weniger entwickelt, weshalb die modern-individualistischen Züge der Jenaer Romantik, ihre Kritik, Metaphysik und Poesie eine Ausnahmeerscheinung blieben, während später die populären Seiten (Mittelalter, Heimatromantik, Wanderburschentum, Spitzweg-Idyllik usw.) wie in keinem anderen Lande beliebt wurden.

LITERATUR:
Begriffsbestimmung der Romantik. Aufsätze, hg. v. H. Prang. WBG Bd. 150 (1968)
H. G. Schenk *Geist der europ. Romantik.* Frankfurt 1970
E. Ruprecht *Der Aufbruch der romant. Bewegung.* 1948
H. Reiss *Politisches Denken in der dt. Romantik.* Dalp 368

b) Neue geistige Wirklichkeiten

In der Aufbruchsstimmung der ersten Jahre, etwa von 1795—1805, tat sich den jungen unbehausten Literaten und Philosophen in Jena und Berlin der geistige Horizont in bisher verschlossene Zeiten und Räume auf. Wackenroder fragte nach den Schönheiten der Renaissancekunst, Tieck entdeckte die Wunderwelt eines traumhaften Mittelalters, Friedrich Schlegel das dionysische Rauschglück Griechenlands, Fichte die welterschaffende Einmaligkeit des Ich. Novalis sann dem verlorenen Kindheitszauber nach. Die Unendlichkeit der Seele öffnete sich. Aus Freundschaft, Liebe, Poesie, Geist sollte die zerrissene Welt neu geboren werden. Shakespeare und Calderon aus der letzten großen Umbruchszeit Europas zogen die jungen welthungrigen Intellektuellen an. Fremde Literaturen, Kunstkritik, die Staatsprobleme, die Naturwissenschaften der Zeit, Theologie und Philosophie — kein Bereich der Kultur, des Geistes, der nicht erörtert, geprüft, in die flutende Bewegung hineingerissen und umgeschmolzen worden wäre zum „individuellen Kolorit des Universums“ (Novalis). Die Mächte, die die plastisch-geformte, harmonisch-gerundete Klassik ausschloß, Sehnsucht und Magie, Unterbewußtes und Irreguläres, Traum und Verzückung, entbanden sich; die Kulissen fielen, der Raum dehnte sich, das Unendliche, das Wunder und die Angst traten ein.

Der religiöse Individualismus, eine Frucht pietistischer Innerlichkeit, kam am stärksten in den Predigten und Schriften des Berliner Religionsphilosophen FRIEDRICH SCHLEIERMACHER (1768—1834) zum Ausdruck. Er erblickte das Wesen der Religion nicht in Kirche, Liturgie und Dogma, sondern ausschließlich im „Gefühl schlechthinniger Abhängigkeit“ vom Unendlichen. In der Steigerung und Erhebung der Seele über alle Schranken der Konvention ahne der Geist die größeren göttlichen Zusammenhänge.

Der radikale Subjektivismus, wie ihn der aus Sachsen stammende Kant-Schüler und junge Jenaer Philosoph J. G. FICHTE (1762—1814) lehrte, stellte das Gewissen, das sittliche Ich, als „Tatgeist“ ins Zentrum der Welt. Eine Lehre, die, ins Ästhetische gewendet, das geniale Individuum zum Schöpfer souveräner Kunstwelten erklärte. Fichte selbst dachte nicht als Künstler. Er verteidigte das die Standesschranken sprengende Prinzip der Revolution und forderte in seinen Berliner *Reden an die deutsche Nation* 1807/08 die Deutschen auf, den napoleonischen Despotismus niederzuwerfen und der Welt ein Beispiel der Verwirklichung sittlicher Freiheit zu geben. (Sein vielfach mißverstandener Idealismus hat im 19. Jh. stark auf die patriotischen Burschenschaften, aber auch auf Sozialisten wie Lassalle gewirkt.)

Die neue absolute Musik, d. h. die reine Instrumentalmusik der Symphonien und Sonaten, erschien Romantikern wie Wackenroder, Tieck und Brentano als die reinste Schöpfung des Geistes und tiefste Offenbarung der menschlichen Seele. In ihr gipfelte der deutsche „Idealismus“ (s. Kant). Sie erfüllte die Innenwelt der „schönen Seele“ mit dem bewegten Drama der Töne und schenkte dem bilderlosen Raum der persönlichen Religiosität eine neue Architektur. Die Musik Glucks, Mozarts und Beethovens bis zu Richard Wagner und Schönberg verlieh der deutschen Kultur den Charakter musikalischer Innerlichkeit, die noch Thomas Manns großes Thema war.

SCHUMANN, SCHUBERT, WEBER, MENDELSSOHN, LISZT, CHOPIN usw. verarbeiteten später die von den sog. Klassikern HAYDN, MOZART, BEETHOVEN errungenen Formen durch Aufnahme romantischer Stoffe und psychologischere Verwendung der Klangreize. Sie vertonten die Erlebnisse der Lyriker (Stimmungslyrik) und pflegten in der Klaviermusik den subjektiven Gefühlsausdruck. Lieder und Balladen verbreiteten die romantische Erlebnisweise.

Das Riesengebirge, Gemälde von Caspar David Friedrich

Die Malerei C. D. FRIEDRICHS und PH. O. RUNGES befreite sich — im Anschluß an die holländische und englische Landschaftsmalerei — endgültig von dem seit der Renaissance üblichen antiken mythologischen Kostüm und entdeckte die menschenferne, unberührte Landschaft: ein Weg, der einerseits zur Freilichtmalerei (Turner in England), andererseits zum Realismus von Millet und Courbet führte. Der größte Maler der europäischen Romantik war GOYA mit seinen Caprichos und Desastres de la Guerra. Verglichen mit seinen Apokalypsen der Grausamkeit und des Wahnsinns, die auch Jean Paul und E. T. A. Hoffmann heimsuchten, war die „religiöse“ Malerei der Nazarener und die volksromantisch-biedermeierliche Malerei L. RICHTERS, M. v. SCHWINDS u. a. ziemlich blutarm.

Viele neue Wissenschaften verdanken dem Spürsinn der Romantiker die ersten Anstöße: Die historische Rechtsschule (SAVIGNY) wandte sich nicht nur gegen die Verweltlichung „göttlicher Staatsordnungen“, sie lehrte auch ein lebendigeres Verständnis des Rechtswesens aus den Anschauungen der Zeiten und Völker. Zahlreiche Übersetzungen fremdsprachiger Poesie kamen der Einsicht in die wechselseitigen Beziehungen der Nationalliteraturen zugute. FRIEDRICH SCHLEGEL und DIEZ begründeten die romanische Philologie. FRIEDRICH RÜCKERT erschloß große Teile der orientalischen und sogar indischen Dichtung. Auf die altdeutschen Studien der Brüder Grimm und das von ihnen in Angriff genommene *Deutsche Wörterbuch* geht die Germanistik zurück. Die vergleichende Sprachwissenschaft, die Enträtselung der Mythologien (CREUZER, SCHELLING), das Eindringen in die matriarchalische Frühkultur (JOH. JAKOB BACHOFEN), in die Tiefenschichten des kollektiven Bewußtseins (C. G. JUNG), das Studium der Geistesgeschichte (FRIEDRICH SCHLEGEL) und viele andere Disziplinen sind ohne ihre Ursprünge in der Romantik nicht verständlich.

In der Philosophie GEORG FRIEDRICH WILHELM HEGELS, der wie Hölderlin und Schelling aus dem Tübinger Stift kam, wurde sich der Geist zum erstenmal seiner Bewußtseinsstufen (*Phänomenologie des Geistes*, 1806) und seiner Geschichtlichkeit bewußt.

Die Romantik kam durch ihre Versenkung ins Mittelalter auch der Geschichtswissenschaft zugute (Raumers *Geschichte der Hohenstaufen*, die von dem Freiherrn vom Stein 1820 begründete Sammlung *Monumenta Germaniae Historica* und die romantischen Anfänge des bedeutenden Historikers Leopold von Ranke).

Die Ironie. Die europäische Romantik hat, wie die Eroberungszüge ihres Hauptgegners Napoleon, das Bewußtsein ungeheuer erweitert. Dadurch leitete sie die moderne europäische Kultur ein und befähigte diese, sich die Stoffe und Formen aller vergangenen Epochen und fremden Kulturen kritisch und schöpferisch anzueignen. Diese komplizierte, vielschichtige und widerspruchsvolle Kultur, wie sie der jähe Übergang vom feudalgebundenen Staat zur offenen Industriegesellschaft notwendig machte, wäre nicht möglich gewesen ohne die romantische Geisteshaltung der Ironie. In ihr spiegelt sich am deutlichsten das Bewußtsein der Kulturkrise und die Möglichkeit schöpferischer Überwindung. Novalis nannte den Witz „geistige Elektrizität". „Der Zustand der Auflösung aller Verhältnisse, die Verzweiflung oder das geistige Sterben ist am fürchterlichsten witzig." In der Ironie sah er ein Mittel, das gestörte Gleichgewicht wiederherzustellen. Der Witz im Sinne von Shakespeares Hamlet erhellt blitzartig die Abgründe. Im ironischen Gespräch über Dichten, Malen, Philosophie und Politik balancierten die erregten Geister über dem Chaos. In der Poesie des Scharfsinns und der Kombinationsgabe, in metaphorischen Vertauschungen und funkelnden Antithesen erkannten sie eine artifizielle Ordnung über dem Labyrinth. Deshalb nannte Friedrich Schlegel den Witz auch „unbedingt geselligen Geist"; denn die Ironie zersetzt die „geistigen Stoffe", sie sprengt die verhärteten Systeme der Moral und befreit die schöpferische Phantasie. Die Dialektik von These und Antithese bringt das Erstarrte in Bewegung. Hegel erklärt daher die Dialektik zum Motor der Geistesgeschichte. Die Ironie bewährt sich aber auch an den Widersprüchen von Geist und Leben, Individuum und Gesellschaft. Sie kann Kritik sein und ebenso Sinn für die ewigen Paradoxien des Daseins. Auf dieser neuen Form der Ironie beruht die Weltbedeutung der deutschen Romantik.

Selbstverständlich konnte diese komplizierte Geistesform, welche F. Schlegel den „Urquell der Urbanität" nannte, nicht populär werden. Die Mittelalter-, Burgen- und Stauferromantik, aber auch die nationale Romantik von 1813 (Ernst Moritz Arndt, Turnvater Jahn, die Aufrufe Fichtes, die Schlachtenlieder Körners) wußte mit dieser Intellektualität nichts anzufangen. Die Jenenser Romantiker und erst recht dann Heinrich Heine wurden schon zu ihrer Zeit als zersetzend getadelt. Die Polemik gegen Heine als einen „subversiven Typus" zog sich durch die deutsche Literaturgeschichtsschreibung bis ins 3. Reich, während sich gerade das Ausland von den Spielformen des Geistreichen, Artistischen und Paradoxen bis heute faszinieren ließ.

Der Magier, der mittels Kritik und Fantasie sein eigenes Kunstreich erfindet, ist der eigentlische schöpferische Romantiker. Die Kunstlehren von Novalis, F. Schlegel, Tieck und E. T. A. Hoffmann verstanden unter einem Poeten einen Artisten, der aus gewöhnlichsten Elementen das Wunderbare machen und, was sich nicht poetisieren läßt, grotesk-verkehrt darstellen kann. Diese Kunstlehren haben bis in die moderne Lyrik und in die Ästhetik des modernen Manierismus gewirkt.

Der Kult des Irrationalen war bei Dichtern wie Tieck und E.T.A. Hoffmann ein bewußtes Kunstmittel. Bei anderen, wie dem Freiherrn von Fouqué, von dem nur noch sein Märchen von der Wassernixe *Undine* lebendig geblieben ist, mochte es sich eher um einen modischen Mummenschanz handeln. Brentanos *Geschichte vom braven Kasperl* und Arnims Roman *Die Kronenwächter* (1817), worin ein Geheimbund die mittelalterliche Kaiserkrone hütet, verraten konservatives Wunschdenken. Andererseits sind gerade einige von Arnims spukhaft-phantastischen Geschichten wie die *Isabella von Ägypten* von französischen Surrealisten neuerdings wiederentdeckt und herausgegeben worden (s. S. 308).

Die romantischen Naturphilosophen und erst recht ihre Mitläufer waren vom Okkulten, von Magnetismus, Mesmerismus, Halluzinationen und seltsamen Erscheinungen geradezu fasziniert. Der schwäbische Arzt und Dichter Justinus Kerner (1786—1862) umgab sich mit Somnambulen und Besessenen. Der Münchner Mediziner Ringseis leitete die Krankheiten wieder von bösen Geistern und der Sünde her. Die Populärromantik konnte sich nicht genugtun mit Gespenstern, Ruinen, Friedhöfen, Vampiren und Galgenplätzen. Der „weibliche Romantikertypus" zog das Nächtig-Dunkle dem hellen Licht kritischen Geistes vor.

Der Kult des Naiven, die romantische Sehnsucht nach dem Ursprünglichen, ist ebenfalls ein moderner Wesenszug geblieben. Tieck, Wackenroder, die Schlegels, Chamisso und E. T. A. Hoffmann waren Städter, feinnervige Intellektuelle, junge Leute, die in ganz Europa herumreisten. Selbst Eichendorff lebte lange in Berlin; Novalis war als Bergwerksingenieur intensiv an Physik und Mathematik interessiert. Ihre bereits moderne Unbehaustheit war der Grund, weshalb sie sich am Naiven, am weiblich Unbewußten, am Wunderglauben der Kinder und an der Poesie des einfachen Volkes erquickten. Besonders die Heidelberger Romantiker, Brentano, Arnim und später Eichendorff, liebten die Erzeugnisse des „Volksgeistes", Lieder und Märchen. Im Unterschied zur betont intellektuellen Frühromantik schwärmten sie vom pflanzenhaften Werden und vom Unbewußt-Organischen in Brauchtum, Volkspoesie und Gesellschaft (s. Herder).

Das Endliche und Unendliche. Die höchste Blüte der organisch unbewußt schaffenden Natur ist das Kunstwerk, wenn in der Kunstgestalt des „Symbols" das Endliche und das Unendliche, das Reale und Ideale, Irdisches und Göttliches zusammenfallen. In dieser Auffassung von Kunst wußte sich der Philosoph FRIEDRICH SCHELLING (1775—1854) mit Goethe einig. Er sah in der beseelten Natur eine fortschreitende Enthüllung des Geistes, die im Kunstwerk zu sich selbst kommt. Schellings Kunstlehre wurde eigentlich erst im 19. Jahrhundert für die Ästhetik des „poetischen Realismus" bedeutsam (s. S. 227). Seine Anschauung, daß Kunst geläuterte Wirklichkeit sei, ließ keinen Platz für die modern-sentimentalische und manieristische Ästhetik des Häßlichen, auch nicht für die grotesken Deformationen und ironischen Selbstbespiegelungen, welche in den Dichtungen vieler Romantiker wie Tieck und E. T. A. Hoffmann eine große Rolle spielen.

Organische Staats- und Kulturauffassung. Die Übertragung der bürgerlich-revolutionären Prinzipien Frankreichs auf den deutschen Raum wirkte wie eine Zerstörung aller traditionsgesättigten, langsam im Laufe der Geschichte gewordenen Einrichtungen. Die „historische Rechtsschule" SAVIGNYS, die Mitglieder der „christlich-deutschen Tischgesellschaft" seit 1808 in Berlin, ARNIM, ADAM MÜLLER, BRENTANO, und eine Reihe restaurativer Staatsdenker lehnten die bürgerlich-liberale Gesetzgebung nach abstrakten Prinzipien ab und verteidigten das Lebensrecht der Zünfte, die Ständeordnung, den Patriarchalismus und die Monarchie. Eichendorff, Grillparzer, Stifter, Droste-Hülshoff und viele Autoren des 19. Jhs hatten eine starke Abneigung gegen die liberalistische politische und ökonomische Entwicklung der Gesellschaft.

Die patriotische Gemeinschaftsidee, die vorher nur in Ansätzen bei einigen Stürmern und Drängern gegen das Joch des Absolutismus zum Ausdruck kam, bildete sich erst unter der französischen Besetzung heraus. Einen starken unterschwelligen Einfluß hatte dabei das gegen den orthodox-landeskirchlichen Druck entstandene pietistische Ideal eines religiösen Liebesbundes der Gläubigen. Wir treffen dieses Gemeinschaftsideal im Denken F. C. v. MOSERS, LAVATERS, HERDERS, NOVALIS', HÖLDERLINS und FICHTES an. 1806 schrieb Fichte seine *Anweisungen zum seligen Leben,* 1808 hielt er seine *Reden an die deutsche Nation.* Auch Schleiermacher übertrug in seinen Predigten in Berlin das pietistisch-religiöse Gemeinschaftsideal auf die zum Kampf gegen Napoleon aufgerufene patriotische Gemeinschaft. Religiöse Erregung speiste die Kampflieder ERNST MORITZ ARNDTS gegen Napoleon („Der Gott, der Eisen wachsen ließ, der wollte keine Knechte . . ."). BRENTANOS Haß gegen die Aufklärung und die französische Revolution entlud sich 1813 in einem „Sturmlied": er forderte „Gottes Streiter" auf, die „Blutzeit falscher Götter" zu beenden.

Die flammende Erregung von 1813 trug dazu bei, daß sich der Kulturpatriotismus schon im 19. Jh. zusehends vergröberte (s. Wolfgang Menzel S. 200 und S. 261, 341), bis er nach dem verlorenen 1. Weltkrieg eindeutig nationalistisch-reaktionäre, antiwestliche und antidemokratische Züge annahm. Unzählige Geschichtsdarstellungen, Gedichte, Dramen, völkische Pamphlete, Romane und Bücher zur deutschen Kunst und Literatur trugen vor und im 3. Reich den Stempel dieser Anschauungen (s. F. Schonauer, *Deutsche Literatur im dritten Reich.* 1961; *Die Vorläufer* S. 15 ff.). Im „nationalen Erwachen" von 1813 hatte sich die Romantik weit von ihren universal-europäischen und individualistischen Ursprüngen in Jena entfernt.

Literatur:
P. Kluckhohn *Das Ideengut der dt. Romantik.* ³1953
Ricarda Huch *Die Romantik,* Neuausgabe. Die Bücher der Neunzehn 112
H. Prang *Die romantische Ironie.* WBG Nr. 5404. (1972)
Bernard Willms *Die totale Freiheit. Fichtes politische Philosophie.* 1970
Karl Jaspers *Schelling, Größe und Verhängnis.* 1955
Henri Brunschwig *Gesellschaft und Romantik in Preußen im 18. Jahrhundert.* Ullstein-TB 3500 (1976)

c) Die Literaturformen

Die Lyrik ergab sich am leichtesten dem neuen Poesiebegriff. Eine vorher unbekannte „Wortmusik" vertauschte Töne und Farben (Synästhesie) und verwob die Stimmungsqualitäten des Adjektivs mit Klangreizen und Assonanzen. Die über den Dingen schwebende Reflexion, Ahnung, Sehnsucht und Traum, eine unerhörte Sensibilität für Dämmerschein und Zwielicht stifteten neuartige Assoziationen. Der Zauberer-Poet spielte mit der „Alchemie des Worts". Tieck, Brentano, Novalis, Eichendorff und Mörike verwandelten das empfindsame und humane Seelenlied Goethescher Prägung in ein Gewebe von „tausend Bildern", oft alogisch verknüpft. Gott, Welt und Landschaft sprechen zum romantischen Geist durch Zeichen und Hieroglyphen. Die Bilder erst schaffen Ordnung aus dem Chaos, aber auch die „kreisförmig" die Bewegung einfangenden komplizierten Formen romanischer Poesie, Terzinen, Kanzonen und Sonette, an denen sich Tieck und A. W. Schlegel in kunstreichem Spiel versuchten. Tieck und Eichendorff schätzten die Lyrik des Barock. Das Verfließend-Traumhafte ist ebenso ein Kunstmittel wie die höchstbewußte Erzeugung des Wunderbaren, die abgründige Süße des Reims, sein Feen- und Nixengelächter und die „künstlich geordnete Verwirrung".

Das Kunstmärchen war schon bei Wieland von spielerischer Graziosität. Goethe bot 1795 sein vielgedeutetes *Märchen* in zahlreichen symbolischen Spiegelungen dar. In den Händen der Romantiker wurde das Kunstmärchen ein Werkzeug, um „absolutes Chaos und unendliche Beziehung" herzustellen. In Tiecks *Der blonde Eckbert* (1795) verrätselt sich das Gewöhnliche, seine Märchenhelden in *Thannhäuser* und *Runenberg* verfallen dem Wahnsinn. Novalis wollte im *Mondmärchen* eine „wunderbare Synthesis" stiften, während Brentanos italienische und Rheinmärchen von Wortverdrehungen und barocken Metaphern überquellen. Ein eigener Typ waren E. T. A. Hoffmanns bizarre „Wirklichkeitsmärchen", deren Kontrast von ödem Bürgeralltag und raffiniert erdachtem Wunder Baudelaire den Gipfel des Komischen nannte.

Der Roman von Tieck, Novalis, Arnim und noch Mörikes *Maler Nolten* war nicht persönlicher Herzenserguß eines Werther. Die Vielschichtigkeit romantischen Geistes erstrebte, nach einem Wort F. Schlegels, die „Wechselsättigung aller Formen und Stoffe"; der Roman sollte „zugleich Poesie und Poesie der Poesie" sein. Darum nahm er in „schöner Selbstbespiegelung" Erzählung, Novelle, Märchen, Reflexionen, Gespräche, eingestreute Lieder und Romanzen in sich auf: eine im Geist „innerer Geselligkeit" locker gemischte „offene" Form. Das nüchtern-zweckmäßigere 19. Jh. verselbständigte die in ihm enthaltenen Kleinformen zu eigenen Gattungen des Feuilletons, Essays, der Glosse, Satire und Humoreske. Aber auch die „verbürgerlichte" psychologische oder kulturgeschichtliche Novelle des 19. Jhs knüpfte an die Novellen Arnims, Hoffmanns und vor allem Tiecks an.

Die Aphorismen, die „Gedankensplitter" von F. Schlegel und Novalis, gingen unmittelbar aus dem zugleich witzig-geselligen wie in die labyrinthische Weltverwirrung blickenden Geist hervor: sie sind Chiffren und Zeichen, seltsam blitzende Steine, die ein Meer bewegter Gedanken ans Ufer wirft.

Das Theater haben die Romantiker heiß umworben. Diese universal-europäisch denkenden Intellektuellen liebten Shakespeare und Calderons Anmut als Inbegriffe der Poesie, nicht den kraft-genialischen Shakespeare des Sturm und Drang, sondern seinen artistischen Manierismus, seine kunstvolle Vieldeutigkeit. Tieck lehnte die Naturnachahmung und die klassischen drei Einheiten als Fesseln ab und schrieb in der nie aufgeführten *Genoveva* ein

Stück, worin Handlung, Bericht, Lieder, Sonette, Zauberszenen, Wechselgesänge und realistische Randfiguren auf mehreren Wirklichkeitsebenen in Beziehung treten. BRENTANOS dämonischem Witz gelang das berückende Lustspiel vom träumerischen *Ponce de Leon.* Arnim schrieb Schatten- und Puppenspiele. Vom Bühnenstandpunkt aus geschickt gemacht war die viel nachgeahmte Schauertragödie *Der 24. Februar* des später so bekehrungswütigen ZACHARIAS WERNER (1768—1823). EICHENDORFF war technisch versiert genug für die anmutige Verwechslungskomödie *Die Freier* (1833), die Satire *Krieg gegen die Philister* (1824) und das auf preußische Beamtenservilität gemünzte Puppenspiel *Das Incognito* (1841). Werners Schicksalstragödien nahm der Tieck-Schüler Graf VON PLATEN (1796—1835) mit seiner Satire *Der romantische Ödipus* (1829) aufs Korn. UHLANDS historische Schauspiele (*Ernst, Herzog von Schwaben,* 1818; *Ludwig der Bayer,* 1819), in Anlehnung an die Klassiker verfaßt, sind heute ungenießbar. HEINES Stücke sind Lesedramen oder Tanzpoeme für das Ballett *(Doktor Faustus, Göttin Diana).*

Viele Entwürfe, zahllose Libretti, Singspiele und Satiren eigneten sich eher fürs Puppentheater, hätten eine musikalische Bearbeitung erfordert oder widersprachen der naturalistischen Illusionsbühne und dem Publikumsgeschmack. Die Dichter hatten leider keinen Rückhalt beim damaligen Theater. Nicht einmal Kleists *Penthesilea* war auf der Guckkastenbühne — die Drehbühne kam erst 1900 auf — angemessen zu inszenieren. Hölderlins *Empedokles* war nur als Oratorium denkbar. Ähnlich bühnenfremd, handlungsarm waren auch die Stücke Shelleys und Byrons in England oder die lyrischen Märchenstücke des Dänen Oehlenschläger. Wo sich dagegen die irreale Poesie mit der Commedia dell'Arte verband (wie bei Alfred de Musset und in Büchners *Leonce und Lena*) oder mit der Volksposse und dem Vaudeville (Pariser Singspiel) wie bei Raimund und Nestroy in Wien, da erreichte sie das Publikum. Tiecks Stücke und kritische Schriften sind voll von Experimenten und Einsichten, die erst das moderne Theater mit seinen Möglichkeiten oder das Hörspiel realisieren können.

KOTZEBUE (1761—1819), Verfasser von über 200 Familienstücken, Schwänken und Possen mit breitestem Publikumserfolg, war verständlicherweise die Zielscheibe der romantischen Angriffe. Als Theaterdirektor in Petersburg und Wien beherrschte er sein Metier. Das bürgerliche und kleinbürgerliche Publikum drängte sich zu seinen unterhaltsamen Rührstücken, bis die Burschenschafter 1817 auf der Wartburg seine Bücher über deutsche Geschichte verbrannten und der Student Karl Ludwig Sand, ein nationaler Tugendfanatiker, ihn als angeblichen Spion des Zaren in Mannheim ermordete.

Damit starb allerdings die von Kotzebue im Lustspiel *Die deutschen Kleinstädter* (1803) verspottete Krähwinkelei, Titelsucht und Obrigkeitsscheu nicht aus. Heine, Nestroy, Raabe, Sternheim, Tucholsky und Martin Walser sollten noch ihr Leid über den deutschen Provinzialismus zu klagen haben. Auch E. T. A. Hoffmann hat in seinen Erzählungen der bürgerlichen Gemütlichkeit die Grimasse aufgesetzt. Was man von Kotzebue hätte lernen können, wäre die Technik des in Frankreich (Scribes, Sardou), in England (wieder seit

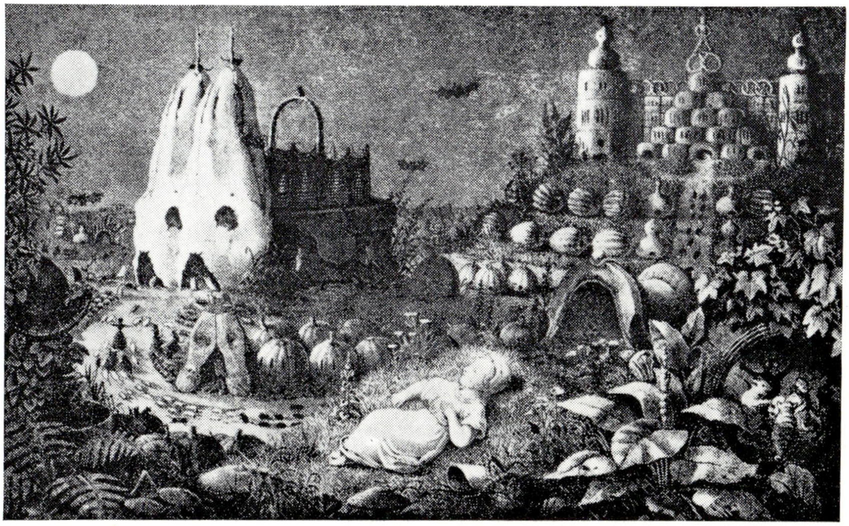

Illustration aus Brentanos Märchen *Gockel, Hinkel und Gackeleia.* Nach einem Entwurf von Brentano gezeichnet von Kaspar Braun.

Wilde und Shaw) und einst auch im zaristischen Rußland so erfolgreichen Gesellschaftsstückes gewesen (Gogol *Der Revisor,* eine russische Krähwinkelei; die Stücke Ostrowskijs). Die Diffamierung der Gebrauchsdramatik Kotzebues, wie später des jungdeutschen Theaters und der Gesellschaftskomödien zwischen 1918 und 1933, im Namen des klassischen Bildungstheaters, nahm den jungen Talenten eine Chance, das Bühnenhandwerk zu lernen. Auch die zeitkritische, aggressive Funktion des Theaters, der von Lessings *Emilia Galotti,* Lenz' *Soldaten* und dem jungen Schiller her eine Richtung gewiesen war, konnte sich gegen den Widerstand der biedermeierlichen Klassikverehrer und des nach 1815 verängstigten Bürgertums nicht entfalten.

LITERATUR:
M. Thalhammer *Romantiker als Poetologen.* Heidelberg: Stiehm 1970
H. Steffen (Hg.) *Die dt. Romantik. Poetik, Formen u. Motive.* Vand 250
Richard Benz *Märchen der Romantiker.* Jena ²1926

d) Die Nachtseite der Romantik

Die unruhige Geistigkeit der Romantiker vertrug sich schlecht mit bürgerlichen Lebensgewohnheiten. Tieck verspottete die Spießer in seinen Komödien. Brentano schrieb eine ironische *Naturgeschichte des Philisters.* E. T. A. Hoffmann karikierte die Sekretäre, Justizräte, Haustöchter mit Küchenschürzen und teetrinkenden Mütter, denen die Kunstverzückungen der Dichter fremd waren. Die jungen Dichter lebten am Rande der bürgerlichen Gesellschaft. Sie genossen ihre geistigen Paradiese und Verzauberungen im Wissen um die unauslotbaren Tiefen der Seele, um das Makabre und die dunkle Wirrsal der Welt. Hölderlin durchlitt die Nacht der Entgötterung. Kleist tötete sich, weil ihm die Welt zur Illusion wurde. Brentano verstrickte sich ins Dämmerreich zwischen Gott und dämonischer Triebnatur. Novalis sah in der Natur eine „furchtbare Mühle des Todes". Wackenroder fürchtete das „Sausen des Zeitrads", Tieck das Ausgeliefertsein ans Unheimliche. Auch Goethe übte sich im Alter in verschweigender Resignation, in *Faust II* treten scheußliche Medusen und Phorkyaden inmitten der hellenischen Schönheitswelt auf. E. T. A. Hoffmanns Kapellmeister Kreisler wird neben platten, selbstzufriedenen Bürgern wahnsinnig. Schumann, der Komponist des Kreisler, verfiel der Geistesnacht. Charakteristischer für den düsteren Untergrund des Lebensgefühls als Eichendorffs zu leichte Scheidung des Schönen vom Dämonischen sind die furchtbaren Weltendvisionen der Zeit (z. B. *Donatoa* von Graf Franz von Sonnenberg, 1806) und die Todesmetaphysik des Philosophen Arthur Schopenhauer (1819).

Isolierung der Geistigen. Im 18. Jh. hatte Karl Philipp Moritz in seiner Autobiographie *Anton Reiser* das „zurücksetzende Betragen" seiner armen pietistischen Eltern für den „Mord des Selbstgefühls" und die „Seelenlähmung" verantwortlich gemacht. Jean Paul führte die idealistische Übersteigerung auf die politische und religiöse Unfreiheit zurück. „Alles kann ich leiden, nur nicht den Mich, den reinen intellektuellen Mich, den Gott der Götter", ruft eine seiner Romanfiguren verzweifelt aus. Die Isolierung der Geistigen förderte den Lebensüberdruß. Kennzeichnend dafür ist der Weg des Romanhelden der 1804 anonym[1] erschienenen *Nachtwachen des Bonaventura:* als Findelkind, Sohn eines Alchimisten und einer Zigeunerin, wächst er auf, wird Bänkelsänger, Hanswurst und treibt sich als Nachtwächter auf dem Friedhof zwischen Totenschädeln herum. Das Hof- und Welttheater ist ihm eine blutige, gräßliche Posse (vgl. Grabbe, Büchner, Wedekind, die Expressionisten und noch den frühen Brecht). Alle romantischen Romanhelden sind ohne häusliche Bindungen, immer auf Reisen, Wandernde, Vorüberziehende, Heimatlose in Wildnissen und fremdartigen Landschaften. Im *William Lovell* und im *Franz Sternbald* von Tieck, im *Heinrich von Ofterdingen* von Novalis und in Brentanos *Godwi* begegnen wir Künstlern, Suchern, Grüblern, Träumern, Spielern, Irren und Verbrechern, kaum bürgerlich-geborgenen Menschen. Kein zauberhaftes Stimmungsspiel, kein ritterlicher Mummenschanz, weder der patriotische Aufbruch von 1813 noch die mystisch-lüsterne Koketterie mit der Religion, wie sie Zacharias Werner nach seiner Bekehrung trieb, konnte über die Abgründe dieser Übergangszeit hinwegtäuschen. Der Riß zum Bürgertum, den

[1] s. J. Schillemeit *Bonaventura / Der Verfasser der Nachtwachen.* C. H. Beck 1973

die veredelnde, verschönende Klassik überbrücken wollte, weitete sich: „Man steht an der Schwelle von Entscheidungen in einem modernen Kulturkampf, in dem sich das Bürgertum als konservative Masse nach unten abgrenzt“ (M. Thalmann, *Romantik und Manierismus*).

e) Die Romantik im Ausland

Die „romantische Bewegung“ erfaßte vor allem Nordeuropa (England, Deutschland). Nach Spanien und Italien drang sie kaum vor. In Italien verband sie sich mit dem erwachenden Individualismus und Liberalismus. Im katholischen Österreich (Schubert, Raimund, Grillparzer) und in München (Nazarener-Schule, die Philosophen Baader und Schelling) erfuhr sie charakteristische Umbildungen. Die Franzosen ließen sich von der artistischen und „satanischen“ Seite der Romantik inspirieren. Dieser Einschlag hat überhaupt mehr auf die ausländische Dichtung gewirkt als auf die deutsche des 19. Jhs.

In **England** entstand die Bewegung etwa gleichzeitig mit der in Deutschland, doch ohne den spekulativen Höhenflug der Jenenser Philosophie, ohne die Musik und den betont nationalen und politisch restaurativen Einschlag. Sie blieb im ganzen eine Angelegenheit der Poeten. Einen verfeinerten Sinn für die englische und schottische Landschaft, für das Einfache und Vertraute zeigen die Lake Poets, vor allem WILLIAM WORDSWORTH (1770—1850). Für die Revolution und den prometheischen Fortschritt des Geistes war SHELLEY (1792—1822) begeistert. Das schöne Gebilde einer antiken Urne feierte JOHN KEATS (1795—1821). Halluzinationen von Farben und Tönen durch den Genuß von Rauschgiften faszinierten DE QUINCEY (1785—1859; vgl. E. A. Poe und Baudelaire). WALTER SCOTT (1771—1832) schrieb Romane aus der schottischen Geschichte. Lord BYRON (1788—1824) wurde nach 1815 der Verkünder des Weltschmerzes (LEOPARDI in Italien, HEINE in Deutschland) und kämpfte für Griechenlands Befreiung.

Amerika, sagte der alte Goethe, habe es besser, es habe keine verfallenen Schlösser. Das richtete sich gegen den deutschen Mittelalterrummel. Unter dem Einfluß des deutschen Idealismus konzipierte R. W. EMERSON die Vorstellung einer universalen Religiosität (Transcendentalism). E. A. POE (1809—49), am ehesten mit E. T. A. Hoffmann zu vergleichen, ließ sich von den Grotesken der „teutonic writers“ zu seiner exzentrischen und kriminalistischen Erzählkunst anregen und inspirierte über Baudelaire die gesamte moderne Lyrik durch seine Theorie, daß der Künstler völlig frei mit dem Wortmaterial schaffen könne (Synästhesien, Schockwirkung, Faszination durch das Böse, freies Spiel mit Assoziationen, Verchiffrierung des Sinnes, Verfügung über Träume).

In **Frankreich** wurde das „Evangelium der Romantik“ von CHATEAUBRIAND (1768—1848) und von A. W. Schlegels Freundin, der Napoleon-Gegnerin MADAME DE STAEL, verbreitet. Ihr Buch *Über Deutschland* (1810) sollte bis zur Revision durch Heinrich Heine zur weltgültigen Darstellung des deutschen Geisteslebens um 1800 werden. Später als in Deutschland bemächtigte sich die Kunst der romantischen Ästhetik. Die Programmschrift wurde VICTOR HUGOS Vorrede zu seinem *Cromwell*-Drama (1829). Der Akzent lag in Frankreich nicht auf Heimat, Burgen, Mittelalter, sondern auf dem künstlerischen Individualismus, der schwarzen Melancholie, den „dunklen, hübschen Blumen“ der Romantik, weshalb Jean Paul, E. T. A. Hoffmann (Offenbachs Musik), Heinrich Heine und später die Opern Wagners größten Einfluß hatten. LAMARTINE (1790—1869), DE VIGNY (1797—1863), HUGO (1802—85), MUSSET (1810—1857), DE NERVAL (1808—55), BAUDELAIRE (1821—67), RIMBAUD (1854—91) und VERLAINE (1844—96) verarbeiten die romantischen Impulse, in der Musik BERLIOZ und CHOPIN. Auf dem Boden der Großstadt Paris (s. S. 196) formte sich das romantische Erleben anders aus als im biedermeierlichen Deutschland des 19. Jhs. (vgl. Grillparzer, Stifter, Storm).

In **Osteuropa** wirkte die Romantik belebend auf die junge nationale Poesie der Polen, Tschechen und Serben. In Rußland regte sie PUSCHKINS (1799—1837) Landschaftsschilderungen, GOGOLS (1809—52) Gespenstergeschichten und DOSTOJEWSKIJS (1821—81) religiösphilosophische Ideen an. Die russischen Anti-Westler nährten sich von restaurativem Gedankengut aus Deutschland.

In **Dänemark,** wo OEHLENSCHLÄGER (1779—1850) warme, lebensnahe romantische Dichtung schrieb, ANDERSEN (1805—75) tiefsinnige Märchen ausdachte und ÖRSTED über den *Geist in der Natur* philosophierte, vertiefte sich in SÖREN KIERKEGAARD (1813—55) die romantische Schwermut und Lebensironie, die am Rollenspiel des Daseins kein Genüge mehr finden konnte. Ergriffen von religiöser Weltangst (vgl. S. 178), in Auseinandersetzung mit der Vernunftreligion Hegels und mit der romantischen Problematik, wie Ästhetisches, Ethisches und Glaube zusammenhängen, suchte Kierkegaard den modernen Nihilismus zu überwinden. Die Motive seines Dichtens und Denkens (*Tagebuch eines Verführers, Der Begriff Angst)* haben ihren Ursprung in der romantischen Krise (s. S. 174). Den Ausdruck „existentiell" übernahm Kierkegaard von WELHAVEN (1807—73), Norwegens bedeutendstem romantischen Dichter.

LITERATUR:
H. G. Schenk *Geist der europ. Romantik.* Frankfurt 1970
E. C. Mason *Deutsche und englische Romantik.* Vand 85
W. Lennig *Edgar Allan Poe.* rm 32
Madame de Stael *De l'Allemagne* (1810), dt: Über Deutschland. R 1751—55
Mario Praz *Liebe, Tod und Teufel. Die schwarze Romantik.* dtv WR 4050/51

2. Die Romantisierung des Geistes: Ironie, Vision, Groteske

a) Der Jenaer Kreis

„... der Anfang aller Poesie, den Gang und die Gesetze der vernünftig denkenden Vernunft aufzuheben und uns wieder in die schöne Verwirrung der Phantasie, in das ursprüngliche Chaos der menschlichen Natur zu versetzen ..." Friedrich Schlegel

Das Universitätsstädtchen Jena, wo Schiller lehrte, unweit von Weimar, aber auch nicht fern vom aufgeklärten Berlin, zog zwischen 1795 und 1800 einen kleinen Kreis junger Gelehrter, Literaten und geistreich-freimütiger Frauen an. Sie konnten in Jena natürlich keine politische Revolution wie die Franzosen machen, versuchten aber im „wunderbaren Wechsel von Enthusiasmus und Ironie" die steife Geselligkeit und bieder-strenge Vernünftigkeit ihrer Väter, die Philosophie und literarische Kritik zu revolutionieren.

Aus Sachsen kam 1794 der Philosoph FICHTE. Er stammte aus proletarischen Verhältnissen — sein Vater war Bandwirker — und hatte sich durch seine *Kritik aller Offenbarung* und die Schrift *Zurückforderung der Denkfreiheit von den Fürsten Europas* den Ruf eines Atheisten zugezogen. Aus Tübingen kam der Freund Hölderlins und Hegels, der 22jährige SCHELLING, zunächst Anhänger Fichtes *(Vom Ich als Prinzip der Philosophie).* Aus Hannover kamen die beiden Söhne des Generalsuperintendenten Schlegel, beide angetan vom „großen Witz der romantischen Poesie" Shakespeares. FRIEDRICH SCHLEGEL erhoffte eine „neue Mythologie ... das künstlichste aller Kunstwerke", eine Poesie der „Kombinatorik" und „Hieroglyphen". Zu ihnen gesellte sich die Göttinger Professorentochter Caroline, trotz ihrer unruhigen Lebensschicksale eine der anmutigsten und edelsten Frauen der Zeit, von allen bewundert. Die Jenaer hatten zudem engste Beziehungen zu den Frauen der großbürgerlichen jüdischen Salons in Berlin, zur bildschönen HENRIETTE HERZ und zu DOROTHEA VEIT, bei der Schleiermacher verkehrte. In diesen Salons verehrte man Goethe als den Inbegriff eines weltläufigen Dichters. Der Diplomat VARNHAGEN VON ENSE, seine kluge Frau RAHEL LEVIN und die HUMBOLDTS nahmen in Berlin lebendigsten Anteil an den Geistesströmungen. Zu den Schlegels stießen auch der junge Adelige VON HARDENBERG (Novalis) aus der Grafschaft Mansfeld, TIECK, der schlagfertige Sohn eines Berliner Seilermeisters, und dessen stiller Freund WACKENRODER. Spöttisch nannte sie der alte Berliner Aufklärer Nicolai „die Witzmärkte der Gesellschaft".

Der Ausbruch aus der trockenen Väterwelt war es, was die höchst unterschiedlichen Jungen verband. In der Zeitschrift *Athenäum* (1798—1800) schossen die Freunde ihre Pfeile ab: die *Emilia Galotti* Lessings, den F. Schlegel zwar als charaktervollen Kritiker würdigte, nannten sie „ein in Schweiß produziertes Meisterstück des reinen Verstandes". Der Popularaufklärer Nicolai wurde als alter Narr abgefertigt. Sie griffen auch Wieland an. Iffland und Kotzebue wurden von Tieck im *Gestiefelten Kater* als platte Spießer verspottet. Bei der Lektüre von Schillers brav gemeinter *Glocke* „fielen sie fast von den Stühlen vor Lachen". Kant war für sie schon ein alter Mann. Als FRIEDRICH SCHLEGEL gar noch das Lob des Müßiggangs anstimmte und im Gegensatz zur konventionellen Bürgerehe und den Rokoko-Frivolitäten im *Lucinde*-Roman enthusiastisch die Freuden der Liebe in freier Partnerschaft pries, wurde er als „homo omnium pessimus“ abgestempelt. Dennoch war F. Schlegel, der sich zum konservativen Europäer entwickelte, 1808 zum Katholizismus übertrat, nach Wien übersiedelte und 1815/18 österreichischer Legationsrat am Bundestag in Frankfurt wurde, der geistvollste und bedeutendste Literaturkritiker Deutschlands zwischen Lessing und Heine.

Das Programm. Goethes Ruhm geht zu einem Großteil auf FRIEDRICH SCHLEGEL (1772—1829) zurück. Indem Schlegel *Wilhelm Meisters Lehrjahre* zum Vorbild der romantischen Poesie erklärte, verschaffte er dem Roman allgemeine Anerkennung. Er definierte die romantische Poesie als „progressive Universalpoesie“, die nie vollendet, immer werdend, alle im 18. Jh. getrennten Gattungen und Formen, Poesie und Prosa, Kritik und Rhetorik, Darstellung und Reflexion mischt, während über der Entfaltung aller Stimmungen die Ironie des Künstlers schwebt. Damit gab F. Schlegel der Romantik — das Wort kommt von den phantastisch-ausschweifenden Ritterromanen des Mittelalters — ein Programm: Entbindung der Fantasie, Auflösung der Formen, Poetisierung des Lebens durch die Kunst, Ausblick auf alles, was der rational-klassizistische Horizont verstellt hatte.

Die Ausweitung des literarischen Gesichtskreises war das größte Verdienst der Brüder Schlegel. F. SCHLEGEL hielt als erster Vorlesungen über die Geschichte der europäischen Literatur (1803). Er schrieb über die griechische Mythologie (1803—04) und entwickelte eine Kritik der philosophischen Systeme (1804—06). Zusammen mit seinem Bruder AUGUST WILHELM SCHLEGEL (1767—1845) schuf er ein neues Verständnis für Dante, Petrarca, Ariost, Cervantes und Calderon. Er spürte das dionysische Element im Griechentum (Heine, Nietzsche) und drang als erster ins altindische Sanskrit ein. Indem sein gelehrter Bruder Shakespeare übersetzte und die Erkenntnisse deutschen Geistes an die Napoleon-Gegnerin Madame de Staël weitergab (s. S. 179), machten sie deutsche Philosophie und Dichtung zu einer Weltangelegenheit. Erst durch die Brüder Schlegel, durch Goethe, Tieck und Heine erhielt der Begriff „Weltliteratur“ seine moderne Bedeutung. Erst dadurch, daß sich die Jenaer Romantik und der Philosoph Hegel mit der Geschichte des menschlichen Geistes beschäftigten, entstand das sich selbst reflektierende moderne Bewußtsein.

LITERATUR:
Friedrich Schlegel *Schriften und Fragmente. Ein Gesamtbild seines Geistes*, zusammengestellt u. eingeleitet von Ernst Behler. 1956; *Schriften zur Literatur*, hg. v. W. Rasch. dtv 6006
Athenäum. Eine Zeitschrift I u. II. RK 518/19 u. 520/21
August Wilhelm v. Schlegel *Über Literatur, Kunst und Geist des Zeitalters.* R 8898—8900
Margarete Susman *Frauen der Romantik.* [3]1961
H. Arendt *Rahel Varnhagen.* Ullstein TB 3091 ([2]1974)

b) Friedrich von Hardenberg (Novalis) — „Die liebliche Sonne der Nacht“

Friedrich von Hardenberg (1772—1801) nannte sich als Dichter Novalis. Er stammte aus einer verarmten pietistischen Adelsfamilie im Mansfeldischen. Seine Mutter war eine überaus fromme, zur Schwermut neigende Frau. Der höchst sensible, den feinsten Ahnungen der Seele nachspürende Knabe schwärmte für Schillers Ideal der moralischen Schönheit. Als Student der Rechtswissenschaft in Jena und bei seiner Ausbildung als Bergwerksingenieur studierte er Fichte und Spinoza, Plotin und Hemsterhuis, immer mit der Absicht, die „höheren Zwecke“ zu erkennen, in „Aussichten auf eine unsichtbare Welt“. Dazu Geologie und Mineralogie und die Lehre des Physikers Ritter vom Magnetismus und Galvanismus. Schellings Glauben an die organische Einheit der Natur und die Natursymbolik Franz von Baaders beflügelten sein Verlangen nach einer höheren Offenbarung. Immer bewegte sich sein hellsichtiger Geist in einer Sphäre tiefster Ahnungen und Ekstasen, eingeweiht in die Geheimnisse der Magie, des Witzes, der göttlichen Natur, wo Auflösung und Erlösung ineinanderfließen, Tod und Lust eins werden. Selbst der Name eines zwölfjährigen Mädchens, seiner Braut Sophie von Kühn, wurde ihm zum Sinnbild göttlicher Weisheit. Ihr Tod entrückte seine Gedanken in Gefilde, wo Licht und Nacht, Leben und Tod, Materie und Ideen sich in erotischer Alliebe durchdringen. Tieck führte ihn aus seinen Verzückungen zur Dichtung zurück. Vier Jahre nach Sophiens Tod entschlief Novalis in Gegenwart Friedrich Schlegels unter den Klängen des Klavierspiels seines Bruders.

Die Mysterien der Nacht, der Wollust und des Todes hat kein Romantiker so gekannt wie dieser Jüngling. Er verkörperte selbst die „blaue Blume“ der Poesie, die Heinrich von

Ofterdingen, der sagenhafte mittelalterliche Minnesänger, in dem gleichnamigen, unvollendeten Roman zwischen dunkelblauen Felsen an einer Quelle findet. Kindhaft schlicht fließt die Prosa des *Ofterdingen.* Novalis erzählt wie ein staunendes Kind, dem das Leben nur Traum und Fühlen ist. In der Tiefe des Universums, dort wo kein Verstand hinreicht, glänzt der Diamant des Wunders (Romanversuch *Die Lehrlinge zu Sais,* 1798). Dort ist auch die heilige Allmutter Isis, die Hyazinth im eingeschobenen Märchen sucht: „Er fragte überall nach der heiligen Göttin Menschen und Tiere, Felsen und Bäume ..." Die Sehnsucht des Kindes nach der großen Mutter ist das Verlangen, im dunklen Geheimnis von Zeugung und Tod zu versinken, im Urgrund der Nacht, bei der „Weltenkönigin, der hohen Verkünderin heiliger Welten, der Pflegerin seliger Liebe". So besingt sie Novalis in den *Hymnen an die Nacht* (1800) in den Rhythmen einer orientalisch-katholisierenden Preislitanei. In diesen Hymnen wird schließlich dionysisch „das ewige Fest der Götter und Menschen" und Christus als Todüberwinder gefeiert. Dionysos und Christus: nicht erst bei Nietzsche rücken beide so eng zusammen.

Novalis' Konzeption der Erlösung vom Fluch der Individuation hat tief ins romantisch-deutsche Denken, auf die Musik und Schopenhauer gewirkt. Seine Ideen vom mütterlichen Urgrund regten Bachofens Vorstellungen von einem vorgeschichtlichen Matriarchat ebenso an wie noch C. G. Jungs Erforschung des kollektiven Unbewußten. Wenn andererseits im Klingsohrmärchen Eros das vereiste Seelenfünklein erlöst, dessen Lager ein Kristall, ein vereister Springbrunnen, Eisblumen und Metallbäume sind, tauchen vor uns schon Bilder von Franz Marc auf. Und welche mystischen Rituale, die an Rimbauds *Les Illuminations* denken lassen, wenn sich die blaue Blume Edda an einem Stein opfert: „Er verwandelt sich in einen klingenden Baum. Cyane haut den Baum um und verbrennt sich mit ihm, er wird ein goldener Widder." In Novalis' Geist vollzog sich eine Alchimie aller Symbole und Begriffe.

Die Christenheit oder Europa (1799) hieß ein Aufsatz, dessen Veröffentlichung im *Athenäum* Goethe verhinderte, weil Novalis darin ein zu romantisiertes Bild vom Mittelalter gab. 1789 war Novalis unter dem Einfluß der sächsischen Landständeversammlung noch für die Französische Revolution begeistert. Von Edmund Burkes Verteidigung der Monarchie angeregt, wandte er sich einem Patriarchalismus von „Glauben und Liebe" zu, verwarf die Aufklärung in der Form der friderizianischen „Staatsfabrik" und des französischen Jakobinismus und konzipierte pietistisch-schwärmerisch das Zukunftsbild eines europäischen Liebesbundes der Völker und Konfessionen (s. S. 175).

Friedrich von Hardenberg, genannt Novalis, Stich von Ed. Eichens

Die **Fragmente** des Novalis gehören zu den interessantesten Dokumenten der Romantik. Was Novalis in sein Ideenmagazin über die Poesie notierte, hatte zwar keinen Einfluß auf die verbürgerlichte deutsche Lyrik des 19. Jahrhunderts, aber es wurde auf dem Umweg über die französischen Symbolisten von Bedeutung (s. S. 248 f.). Die Kenntnis dieser Gedankenblitze ist, wie Jean Pauls Ästhetik, unerläßlich zum Studium antiklassischer Poetologien: „Rätselweisheit oder die Kunst, die Substanz unter ihren Eigenschaften zu verbergen" (= Verchiffrierung); „Die Kraft ist der unendliche Vokal, der Stoff der Konsonant" (s. Rimbauds ‚Alchemie des Worts'); „Symbole und Mystifikationen"; Dichtung ist „Wahnsinn nach Regeln und mit vollem Bewußtsein". Diese Fragmente schlagen eine Brücke zwischen der hochgradig artifiziellen Lyrik der Moderne (Valéry, Benn, Apollinaire) und den „manieristischen" Kunstlehren der Zeit Shakespeares und Góngoras (s. S. 70 f.).

LITERATUR:
F. Hiebel *Novalis. Der Dichter der blauen Blume.* 1951
Werner Vordtriede *Novalis und die franz. Symbolisten.* Stuttgart: Kohlhammer
Walter Müller-Seidel *Probleme neuerer Novalis-Forschung* in: *German.-Roman. Monatsschrift 34* (1953) S. 274—292
Novalis. Beiträge zu Werk u. Persönlichkeit, hg. v. G. Schulz. WBG Bd. 248 (1970)

c) Bild und Musik

Noch mehr als die „seraphische Todessehnsucht" des Novalis führte die mit Wackenroder einsetzende „altdeutsche Wendung" von den gesellschaftlichen Umwälzungen des revolutionär-bürgerlichen Frankreich ab. Auf der Suche nach den magischen Ursprüngen der Kunst näherten sich deutsche Romantiker der Bilderwelt der Vergangenheit.

WILHELM HEINRICH WACKENRODER (1773—98), ein Schulfreund Tiecks, war in Berlin geboren. Von seinem Vater, einem strengen Beamten friderizianischer Verwaltungstradition, wurde er zum Rechtsstudium gezwungen. Ein stiller, ängstlicher Jüngling mit inniger Liebe zur Musik, ohne Verständnis für die in Jenaer Intellektuellenkreisen beliebte Ironie und philosophische Begriffssprache, wanderte er als Zwanzigjähriger mit Tieck von Norddeutschland nach Süden und erlebte in Bamberg und Nürnberg die süddeutsch-katholische Kultur. Er überschritt so eine seit zwei Jahrhunderten Deutschland spaltende Grenzlinie (s. S. 59). Im Bamberger Dom, bei Hochamt und Prozession, angesichts der Barockschlösser Frankens und im Nürnberg Dürers entdeckte er die Wirklichkeit des katholischen Südens. Hier begegnete ihm das vorreformatorische Europa, die altdeutsche Bildwelt, die Baukunst und Musik des katholischen Raumes, von dem die norddeutsche Aufklärung und auch die Klassik getrennt waren.
Wackenroders bildhaft-innige Beschreibung der „altväterischen Häuser und Kirchen" Nürnbergs, der gotischen Türme, winkligen Gassen und der „echt vaterländischen" Meister Hans Sachs, Adam Kraft und Albrecht Dürer hat Schule gemacht. Seine *Herzensergießungen eines kunstliebenden Klosterbruders* (1797), ein irreführender Titel, haben ungewollt die Mode altdeutscher Trachten, Bürgerzimmer und manche Deutschtümelei angeregt. Ihm aber ging es unter dieser Maske um eine neue Sensibilität für die imaginären Wirklichkeiten der Meisterwerke, um das Geheimnis des schöpferischen Akts und die künstlerische Bildersprache von Gott. Raffael, Dürer, Giotto, Michelangelo waren ihm je andere Offenbarungen des Kunstgeheimnisses. Er wußte sehr wohl, daß nicht diese Kunst, sondern höchstens ihre kritische Produktivität wieder zum Leben zu erwecken war. Um so mehr kreisten seine Gedanken um die neue Musik. *Das merkwürdige musikalische Leben des Tonkünstlers Josef Berglinger* ist ein Künstlerroman, dem bis zu Hesses *Glasperlenspiel* noch viele Künstler- und Bildungsromane folgen sollten (E. T. A. Hoffmann, Stifter, G. Keller, Th. Mann). Der zwiespältige, einsame süddeutsche Tonkünstler Berglinger „lernt durch konstruktive Berechnung das Übermaß seiner Phantasie zügeln und dringt in der Passionsmusik zur Herbheit eines romantischen Schöpfungsaktes vor" (Thalmann). Aus dem labyrinthischen Chaos erbaut der Künstler eine neue Gesetzmäßigkeit.

Die absolute Musik, nämlich die von Bild, Architektur und menschlicher Stimme losgelöste Tonschöpfung, war in der Zeit Mozarts und Beethovens ein ähnlich umwälzendes, belächeltes und bestauntes Ereignis wie die gegenstandslose Malerei im 20. Jh. Vielleicht gerade weil Wackenroder kein Organ für die philosophischen Begriffsdichtungen eines Fichte und Schelling hatte, wurde ihm die Tondichtung der Sonaten und der „göttlich großen Symphoniestücke ..., worin nicht eine einzelne Empfindung gezeichnet, sondern eine ganze Welt, ein ganzes Drama menschlicher Affekte ausgeströmt ist", zur überwältigenden Offenbarung. In den seelischen Mysterien der Töne erkannte er das wirkliche Drama. Ihre „frevelhafte Unschuld, diese furchtbare, orakelmäßige Dunkelheit" machte ihm die Tonkunst „recht eigentlich zu einer Gottheit für menschliche Herzen". So erahnte Wackenroder bei Mozart und Haydn ein ganz neues Paradies der Verzückungen — eine letzte, tiefinnerste Religiosität. Er spricht darüber fast wie Novalis, der das Geheimnis in der „lieblichen Sonne der Nacht" vermutete, aber gerade Mozarts *Zauberflöte* (1791) zeigt noch im Geist der Aufklärung die Vernichtung der bösen Königin der Nacht; der Prinz wird in den Sonnentempel freimaurerischer Humanität geführt. Ein Jahr nach der Aufführung des *Don Giovanni* in Berlin starb Wackenroder, zwei Jahre vor Beethovens erster Symphonie.

Die von den Zeitgenossen nicht verstandene „metaphysische Realität“ dieser neuen Musik deuteten nach ihm Brentano *(Nachklänge Beethovenscher Musik)*, dessen geniale Schwester Bettina, E. T. A. Hoffmann und Schopenhauer.

Ludwig Tieck (1773—1853) war Wackenroders treuergebener Berliner Freund. Er war sein Wandergenosse nach Süden und Mitverfasser der Aufsätze über die „Seelenlehre“ der Instrumentalmusik. Ein äußerst vielfältiger Geist mit hellem Berliner Witz, großem Kunstverstand, und zudem ein Schauspielertalent, ein glänzender Improvisator, schrieb er fast als einziger Romantiker aufführbare Stücke. In seine mutwilligen, brillanten Literaturkomödien *Der gestiefelte Kater* (1797), *Die verkehrte Welt* läßt er die ehrenfesten, poesiefremden Zuschauer glossierend eingreifen und macht sich über ihren schlechten Geschmack und Pferdeverstand lustig. Theater im Theater! „So haltet unser Spiel für nichts als Spielwerk“, beginnt der Prolog zum Märchenspiel *Prinz Zerbino* (1799), und Zerbino dreht, der Rolle überdrüssig, sogar das Stück zurück. An Tiecks „großem Vogel Rock“ der Poesie können die modernen Surrealisten ihre Freude haben.

Imaginäre Welt. Tieck, der im Dienste des Berliner Aufklärers Nicolai begann, kannte die Greuel- und Schauerromane des 18. Jhs, doch im Roman *William Lovell* (1793/96) machte er aus dieser Gattung ein Buch der Liebesabenteuer, Entrückungen und wildesten Verzweiflungen. Die Begegnungen mit der ländlich-sentimentalen Amalie, der mondänen Pariser Comtesse Blainville, die tragische Liebe zu Rosalie und das Spiel mit Emilie stürzen den engelreinen Jüngling Lovell ins gräßliche Labyrinth der Gefühle. Im Roman von *Franz Sternbalds Wanderungen* (1798) erfand Tieck die grandiosen Landschaften und einsam schauerlichen Gegenden, die C. D. Friedrich malte, und die traumhafte Verwirrung der „Waldeinsamkeit“, die Wunderschlösser und Zaubergärten, die Eichendorff später volkstümlich machte. Vor allem aber ist die Romfahrt des Dürerschülers Sternbald eine Entdeckungsreise ins Reich fantastisch-manieristischer Kunst. Die Frage taucht auf, ob nicht Komödien „aus Lämmern, einigen Vögeln und anderen Tieren“, Bilder, aus Seltsamkeiten komponiert, und Gedichte ohne Inhalt (s. Mallarmé) denkbar wären. Tieck war auch der erste, der ein altes Volksbuch, die *Geschichte von den Heymons Kindern*, romantisch erneuerte, der in den Märchen *Der blonde Eckbert, Der Thannhäuser, Die Elfen* Wunderatmosphäre, Grausen und Irrsinn pittoresker Landschaften erdachte und im *Liebeszauber* die Angstträume und Nachtgeräusche der Stadt schilderte.

Der Literaturfreund Tieck gab 1803 die Minnelieder, 1821 Lenz und Kleist und 1828 Schnabels *Insel Felsenburg* heraus. Er übersetzte Shakespeare und schrieb ab 1822 Gesellschafts- und historische Novellen, die seine Abneigung gegen Glaubensfanatismus *(Aufruhr in den Cevennen)* und jungdeutsche Schwärmereien (*Eigensinn und Laune*, 1836) und seine Vorliebe für shakespeareschen Lebensgenuß erkennen lassen *(Gemälde, Der Alte vom Berg)*.

Gesamtkunstwerk. In seinen *Phantasien über die Kunst* geriet Tiecks unabhängiger Künstlergeist fast an die Schwelle der modernen Malerei. Er fragte sich, ob Farben wie Töne „für sich allein in einer abgeschlossenen Welt leben könnten“ (vgl. Kandinsky), und man denkt an Bilder von Klee, Marc oder Miró, wenn er schreibt: „Allein der Maler kann auch wie der Musiker hoffen, vielleicht einst die großen erhabenen Urbilder zu seinen Bildungen anzutreffen, die sich körperlos in den schönsten Formen bewegen“. Die Idee eines Gesamtkunstwerks im Sinne Richard Wagners findet sich ebenso zuerst bei ihm: „eine abstrakte malerische phantastisch-musikalische Dichtung mit Chören, eine Komposition für alle drei Künste zusammen, wofür die Baukunst ein ganz eigenes Gebäude aufführen sollte!“ Man darf sagen, daß der mit allen Verschlüsselungen, Seltsamkeiten, Überraschungen, Monstrositäten und Kerkergewölben phantastischer Kunst vertraute Tieck der erfinderischste Romantiker war. Die Jungdeutschen haben ihm seine Leserschaft entzogen (s. S. 220).

Literatur:
Bonaventura Tecchi *Wilhelm Heinrich Wackenroder*. Bad Homburg: Gentner 1962
Marianne Thalmann *Romantik und Manierismus*, 1963; *Ludwig Tieck, Der romantische Weltmann aus Berlin*, 1955; u. a. m.
Richard Benz in: *Die deutsche Romantik*. ^{5}1956

d) E. T. A. Hoffmann — Die Groteske der zweigeteilten Welt

E. T. A. Hoffmann — den dritten Vornamen Amadeus gab er sich aus Verehrung für Mozart — wurde der in aller Welt bekannteste Nur-Künstler. Er verkörperte den reinen Künstler in einer bereits banal gewordenen Bürgerlichkeit. E. A. Poe wurde möglicherweise von ihm inspiriert, moderne Surrealisten und die russischen Serapionsbrüder Fedin, Iwanow, Sostschenko und Kawerin haben sich um 1920 auf ihn berufen. Offenbachs *Hoffmanns Erzählungen* von drei Liebesabenteuern des Dichters und Schumanns *Kreisleriana* haben seine exemplarische Existenz weltberühmt gemacht. Seine Grotesken und Satiren fügten sich nicht in den klassizistischen Kunstkanon, Goethe und Hegel haben ihn abgelehnt. Auch mit der naturfrommen Romantik Eichendorffs, mit Nazarenern und Volksromantikern hatte er nichts gemein, am ehesten noch mit Jean Paul und Tieck.

E. T. A. Hoffmann. Selbstporträt, um 1810

Heine charakterisierte ihn so: „Hoffmann war als Dichter viel bedeutender als Novalis. Denn letzterer, mit seinen idealistischen Gebilden, schwebte immer in der blauen Luft, während Hoffmann, mit all seinen bizarren Fratzen, sich doch immer an die irdische Realität klammert. Wie aber der Riese Antäus unbezwinglich stark blieb, wenn er mit dem Fuß die Mutter Erde berührte, und seine Kraft verlor, sobald ihn Herkules in die Höhe hob, so ist auch der Dichter stark und gewaltig, solange er den Boden der Wirklichkeit nicht verläßt ..."

Sein Leben (1776—1822) war ein einziger Kampf zwischen dem Juristenberuf, der ihm den Brotkorb liefern mußte, und der Berufung zum Maler und Komponisten. Dichter wurde er erst später. Als Kind schon erfuhr er die Diskrepanz zwischen Genie und Pedanterie am Gegensatz von Vater und Mutter. Gegen die trocken-sterile Umwelt half ihm die Karikatur, die höhere Welt fand er in Glucks und Mozarts Musik. Mehrmals mußte er der glühendsten Liebe entsagen, stets gezwungen, aus innerer Glut zum leeren Alltag zurückzukehren. Von Berlin wurde er 1800 nach Posen versetzt, dann nach Warschau, wo er komponierte, musikalische Gesellschaften gründete und sogar Kirchen ausmalte. Er heiratete eine einfache Polin. 1806 beim Franzosen-Einmarsch verlor er seine Stellung und versuchte sich in Bamberg als Kapellmeister. 1810 ging er wegen zu geringer Gage nach Berlin als Theatermaler. Daß die junge hübsche Bamberger Jüdin Julia Mark einer Krämerseele von Mann zur Frau gegeben wurde, enttäuschte ihn bitter und inspirierte ihn zu den *Phantasiestücken in Callots Manier* (Callot, 1584—1635, war ein französischer Maler des Grausigen und der *Misères de la Guerre* wie Goya). In den Kriegswirren von 1813 schrieb er die *Elixiere des Teufels.* Die Zusammenkünfte in der Berliner Weinstube Lutter und Wegner regten ihn zu den Novellen *Die Serapionsbrüder* an. Er war ein Jurist mit Zivilcourage; denn obwohl er weder den schwadronierenden Burschenschaftern noch der Metternich-Reaktion Geschmack abgewinnen konnte, trat er als Kammergerichtsmitglied 1820 mutig gegen die reaktionäre Polizei auf.

Die Werke. In den *Elixieren des Teufels* trinkt ein frommer Mönch aus einer Phiole, die Sinnlichkeit überwältigte ihn. Mit dem Teufel verbündet, häuft er Verbrechen auf Verbrechen, sein böses Ich verfolgt ihn als Doppelgänger (vgl. das von Dostojewskij im *Doppelgänger* übernommene Motiv), nicht einmal Beichte und Buße können ihn retten. Wie in Mozarts *Zauberflöte* löst sich das Böse erst am Ende der Zeiten in Licht auf. — Im *Fräulein von Scudery,* der ersten deutschen Kriminalnovelle, mordet der kunstbesessene Goldschmied Cardillac wider sein bewußtes Ich jeden Käufer seiner Geschmeide. Großartig ist die Schilderung der lasterhaften Stadt Paris (vgl. Baudelaire, Rimbaud). — Die volkstümliche Novelle *Meister Martin der Küfer und seine Gesellen* führt in das von Wackenroder entdeckte alte Nürnberg: ein Ritter, ein Patrizier und ein Bürger erlernen das Küferhandwerk um der schönen Meisterstochter willen (vgl. R. Wagners *Meistersinger*). — Im „Wirklichkeitsmärchen" *Der goldene Topf* wird der linkische Student Anselmus in eine Flasche eingesperrt und müßte sterben, wenn ihn nicht die Tochter des Salamanders ins Atlantis der Poesie versetzte. — Der Einbruch des Gespenstischen in die Wirklichkeit, die Auswirkung pathologischer Zustände und die gefährlichen Regungen des Unbewußten sind die Themen der acht *Nachtstücke*. — Im *Meister Floh* lesen wir, wie Peregrinus ins Reich des Wunderbaren eingeht und gereift zurückfindet in eine mit freundlicheren Augen gesehene Wirklichkeit. Da Hoffmann in dieses Märchen eine Satire gegen Kamptz, den Leiter der Demagogenuntersuchungen, einflocht, wurde seine Veröffentlichung gerichtlich verboten. — Sein unvollendetes Hauptwerk sind die *Lebensansichten des Katers Murr*, der als tierischer Philister nichts Höheres kennt als seine selbstgefällige Alltäglichkeit und seine Tierfamilie. Ihm steht in eingefügter Parallelhandlung der Kapellmeister Kreisler gegenüber, dessen Seligkeit in der Fantasie, in der Musik liegt.

Gespaltene Wirklichkeit. Der Dichter Hoffmann ist Städter par excellence. Seine Erfahrung ist der unversöhnbare Gegensatz zwischen der geist- und kunstfeindlichen Umwelt und den Gebilden der Fantasie. Er sieht sehr scharf die Grimassen der Philister, die Behördenhierarchie, die Hohlheit der Fürstentümer, die Maskeraden langweiliger Teestuben, die deutschtümelnden Phrasen und den Automatismus der Fantasielosen. Er sieht sie oft aus dem Blickwinkel der Tiere (der Hund Berganza, der Kater Murr, Meister Floh), der Kobolde, Zwerge, überhaupt der Außenseiter der Gesellschaft. Zwischen den Gebilden der poetischen Fantasie und der seelenlosen Realität klafft ein Spalt. Dieser wird nicht romantisierend (Novalis) oder durch barocke Bezüge zum Unendlichen (Jean Paul), nicht durch eine Weltseele (Schelling) und auch nicht goethisch überbrückt. Die Erlebniswelt — und auch die Sprachstile — sind gespalten, und in diesen Spalt dringen Gnome, Kobolde und Gespenster. Aus dem Blickwinkel der Tiere, die wie in der satirischen Fabel menschliche Eigenschaften verkörpern (vgl. J. Swift, *Gullivers Reisen*), und vom Atlantis der Kunst her gesehen, muß der Alltag zur Karikatur und Fratze werden.

Der Drachenreiter,
groteske Zeichnung von E. T. A. Hoffmann

Grotesker Humor. Diese Widersprüche, die immer aufklaffen, wenn Kunst nicht als Versöhnung der Wirklichkeit aufgefaßt wird und in denen sich auch ein Gutteil der deutschen Misere von damals spiegelte, gestaltete Hoffmann als Künstler. Das In- und Nebeneinander der in Fantasie und Trockenheit zerklüfteten Bürgerwelt bringt das Groteske und im Gaslicht der Stadt flackernd Gespenstische hervor. Hoffmann wußte sich an einer Übergangszeit, wenn er auch nicht Hieronymus Boschs fürchterliche Hölle aufreißt, Goyas dämonisch vertierte Menschen oder Kafkas Strafkolonie zeichnet. Er ist fast immer Satiriker und Ironiker, der die Desillusionierung des erkrankten bürgerlichen Alltags und des isolierten Künstlers nicht bis an die Grenze treibt. Das grausige Zwielicht kann sich noch — wie in Mozarts *Zauberflöte* — in Licht verwandeln, die Idee der Humanität ist noch nicht aufgegeben. Daher ist seine Ironie nicht nur ein Mittel der Selbstrettung, sondern dient auch der Erhaltung des menschlichen Gleichgewichts: die Katze fällt immer wieder auf die Hinterfüße. Er hat noch nicht wie der *Peter Schlemihl* seines Berliner Freundes ADALBERT VON CHAMISSO[1]

[1] CHAMISSO, ein von der Revolution aus Frankreich vertriebener Aristokrat, wurde ganz zum deutschen Dichter, dessen Lieder Schumann vertonte. Er war ein nobler Charakter: trotz der Verbannung aus der Heimat kehrte er der Reaktion den Rücken *(Schloß Boncourt, Das Riesenspielzeug, Der Invalide von Leipzig, Die alte Waschfrau)*. Von einer dreijährigen Weltumseglung (1815—18) berichtete er in seinem Tagebuch.

den Schatten bürgerlicher und menschlicher Zugehörigkeit verloren. „Ich habe gleich irgend eine komische Posse zur Surdine", schreibt er einmal in der Verzweiflung. So ist er — anders als Kleist — immer Mensch unter Menschen, ein Humorist des Gespenstischen im scheinbar so soliden Alltag in der scheinbar legitimen Gesellschaft, in der nichts stimmt. Er bleibt gesellig unter Bürgern, und wir verstehen die tollen Streiche, den Übermut und die skurrilen Späße seines Lebens, und warum er immer Freunde fand.

Das Doppelleben des freien Künstlers und des aktenmäßigen Berufes mit allen Reibungen hielt er in strenger Trennung durch. Sein Genie rächte sich am Boshaft-Platten, an feilschenden Krämern, dürren Beamtenseelen, Polizeigewaltigen und lächerlichen Fürsten durch die Karikatur, an der ledernen Unfreiheit durch magische Operationen, an der Aufspaltung des Menschlichen durch die grausige Groteske. Er behauptete die Souveränität des Geistes als Künstler. Deshalb wurde er in der Welt berühmt.

LITERATUR:
J. Voerster *160 Jahre E. T. A. Hoffmann-Forschung 1805—1965*. Stuttgart: Eggert 1967
Mitteilungen der E. T. A. Hoffmann-Gesellschaft Heft 3 ff. Bamberg 1956 ff.
G. Wittkop — Ménardeau *E. T. A. Hoffmann*. rm 113
Hans Mayer *Die Wirklichkeit E. T. A. Hoffmanns* in: *Von Lessing bis Thomas Mann*. 1959, S. 198—247

3. Die Schätze der Volkspoesie

a) Heidelberg — „Hör! es klagt die Flöte wieder."

Heidelberg am Neckar sollte dem deutschen Volk und den Besuchern aus dem Ausland zum Inbegriff volkstümlich-deutscher Romantik werden. Darüber vergaß man leicht das intellektuelle Jena (bis 1806), Berlin mit seinen Salons und der „Mittwochgesellschaft", aber auch Dresden mit seinen katholischen Kunstschätzen und Wien mit Schuberts Musik und Raimunds Märchenspielen. Heidelberg, zwischen Nord und Süd, in der Nähe des Rheins und Frankfurts gelegen, gehörte damals (1804) zum französisch beherrschten, gleichzeitig auch freieren Teil Deutschlands. Hier gab es keinen preußischen Absolutismus, keine rückständigen patriarchalischen Güter (vgl. J. P. Hebel). Zu diesem milderen, natürlich-ungezwungeneren Klima kam der Umstand, daß der Haß gegen den Revolutionsgeist in diesen Jahren noch nicht so erhitzt war. Wenn auch der katholische Rheinländer JOSEPH GÖRRES inzwischen aus einem leidenschaftlichen Jakobiner zum Revolutionsgegner geworden war, als er in Heidelberg Vorlesungen hielt, es fehlte da der forsch-nationale Ton von Turnvater Jahn, die wuchtige norddeutsch-lutherische Rechtlichkeit Ernst Moritz Arndts wie andererseits das Nazarenisch-Frömmelnde der späteren Münchner Schule, aber auch der Geschmack am Modern-Grausigen, das komplizierte Denkspiel, das die Romantik im Vexierbild der Stadt Berlin kultivierte. Keiner der Jenaer und Berliner Romantiker wie Tieck, Novalis, die Schlegels und E. T. A. Hoffmann „hat es ernst gemeint mit der kleinen Hütte am Waldrand und dem Vogelgezwitscher am Morgen" (Thalmann).

Volkspoesie. Die paar jungen Leute — BRENTANO, GÖRRES, ARNIM und die Gebrüder GRIMM —, die sich in Heidelberg trafen, wollten weniger selbst Dichter sein, als vielmehr jene Schätze bergen, von denen sie glaubten, daß ihr poetischer Gehalt in der entzauberten neuen Zeit verloren gehen müsse: Volksmärchen, Lieder, die sogenannten Volksbücher aus dem 15./16. Jh. (S. 45). Sie sahen darin einen Born der Poesie und hörten aus ihnen den Sprachlaut des unbekannten Volkes. ACHIM VON ARNIM, ein märkischer Adeliger, drückte die kulturpolitische Aufgabe in einer Nachschrift zum *Wunderhorn* so aus:

„In diesem Wirbelwind des Neuen waren, auch in Frankreich (schon vor der Revolution, die dadurch vielleicht erst möglich wurde), fast alle Volkslieder erloschen, noch jetzt sind sie arm dran, was soll sie an das binden, was ihnen als Volk fortdauert? Auch in England werden Volkslieder selten gesungen; auch Italien sinkt in seinem Volksliede, in der Oper durch Neuerungssucht der leeren Leute ..." Denn, meint er mit dem Blick auf Deutschland, die Gelehrten im Zeitalter der Aufklärung und Klassik „vergaßen sich über einer eigenen vornehmen Sprache, die auf lange Zeit alles Hohe und Herrliche vom Volke trennte ... Nur wegen dieser Sprachtrennung, in dieser Nichtachtung des besseren poetischen Teils vom Volke mangelte dem neueren Deutschland großenteils Volkspoesie."

Das ist die Klage über das barbarisch gebliebene oder barbarisch gemachte Volk, die wir auch von Hölderlin vernehmen. Die liebevolle Bergung alter Schätze konnte freilich nicht die dringend nötige, von Stein und Humboldt dann auch erkannte Aufgabe der liberalen Umgestaltung der Feudalgesellschaft ersetzen.

b) Clemens Brentano — „Die Fackel lacht. Horch! Schmerzschalmeien."

Clemens Brentano (1778—1842) stammte aus Frankfurt. Sein Vater war ein wohlhabender Kaufmann italienischer Herkunft, seine Mutter die Tochter der mit Wieland befreundeten, von Goethe geschätzten Schriftstellerin Sophie Laroche. Sie hatte zwölf Kinder und starb jung. Clemens war seiner Schwester Bettina, der Gattin Achims von Arnim, leidenschaftlich zugetan. BETTINA (1785—1859) besaß dasselbe exzentrische Wesen wie ihr Bruder, dazu ein großes gefühlvolles Herz, ein geniales Gespür für die Bedeutung Goethes und Beethovens, eine entzückende Sprache *(Goethes Briefwechsel mit einem Kinde)* und den Mut, selbst dem König Friedrich Wilhelm IV. die Wahrheit über die Not der Armen zu sagen (*Dies Buch gehört dem König*, 1843). Im Gegensatz zu ihrem Bruder und den anderen Romantikern drang sie als einzige zur sozialen Problematik des neuen Jahrhunderts vor. (J. Drewitz *Bettina von Arnim. Romantik, Revolution, Utopie*. 1969).

Clemens sollte zunächst im väterlichen Kontor lernen, aber das träumerische, spottlustige, koboldhafte Kind war nie zu einem bürgerlichen Berufe fähig. Er war nichts als ein Dichter. Als Student in Jena lernte er Goethe, Wieland, Schelling und Tieck kennen, ohne sich je in einer Gesellschaft wohlzufühlen. Arnim war sein einziger und bester Freund, mit ihm gab er den 1. Band des *Wunderhorns* heraus. Seine erste Frau Sophie Mereau starb bei der Geburt des dritten Kindes, keines der drei Kinder blieb am Leben. Zerrüttet irrte Brentano von Ort zu Ort, nach Kassel, Heidelberg, Landshut, München, Berlin, Prag und Wien. Getrieben von religiöser Qual zog er 1818 nach Dülmen, wo er fünf Jahre lang die Gesichte einer stigmatisierten Nonne aufzeichnete. Am Ende lebte er in München, vereinsamt, ein wunderlicher Junggeselle und frommer Eiferer. Niemand kannte ihn wirklich. Erst heute erscheint eine historisch-kritische Ausgabe seiner Dichtungen und Briefe.

Das Urteil der Zeitgenossen nannte ihn krankhaft, bizarr, zerrissen, unnatürlich, auch später wurde er gerne so abgetan. Tiefer in dieses Künstlergemüt blickte seine Frau Sophie, als sie zu ihm sagte: „Clemens, du bist ein Dämon, du bist wunderlich, du bist ein Geist, kein Mensch! Du kannst Dinge aussprechen, die das innerste Wesen des andern zerreißen; wie von einer fremden, bösartigen Macht gezwungen, sagt deine Zunge oft Worte, von denen dein Herz, dein Verstand nichts wissen können, die auch das nicht verschonen, was du selbst für das Heiligste erkennst." Heinrich Heine schrieb: „Die Muse, die uns aus den Poesien des Herrn Clemens Brentano so wahnsinnig entgegenlacht, zerreißt die glattesten Atlasschleppen und die glänzendsten Goldtressen, und ihre zerstörungssüchtige Liebenswürdigkeit und ihre jauchzende Tollheit erfüllt unsere Seele mit unheimlichem Entzücken und lüsterner Angst. Seit fünfzehn Jahr lebt aber Herr Brentano entfernt von der Welt, eingeschlossen, ja, eingemauert in seinen Katholizismus. Es gab nichts Kostbares mehr zu zerreißen."

Wohl nur ein Kobold wie Brentano konnte ein so einzigartig erschütterndes Gedicht machen wie das von den traumgebundenen Dingen, die in der anbrechenden rationalen Welt zum Untergang verurteilt sind:

Wenn der lahme Weber träumt, er webe,
Träumt die kranke Lerche auch, sie schwebe,
Träumt die stumme Nachtigall, sie singe,
Daß das Herz des Widerhalls zerspringe,
Träumt das blinde Huhn, es zähl' die Kerne,
Und, der drei je zählte kaum, die Sterne,
Träumt das starre Erz, gar linde tau es,
Und das Eisenherz, ein Kind vertrau es,
Träumt die taube Nüchternheit, sie lausche,
Wie der Traube Schüchternheit berausche;
Kömmt dann Wahrheit mutternackt gelaufen,
Führt der hellen Töne Glanzgefunkel
Und der grellen Lichter Tanz durchs Dunkel,
Rennt den Traum sie schmerzlich übern Haufen.

Horch! die Fackel lacht, horch! Schmerzschalmeien
Der erwachten Nacht ins Herz all schreien;
Weh, ohn Opfer gehn die süßen Wunder,
Gehn die armen Herzen einsam unter!

Kinderreim, Märchen und eine mediale Veranlagung, die man heute „surreal" nennen würde, wenn man an Verse von Hans Arp denkt, haben dazu Pate gestanden. In seinem Roman *Godwi* (1801), einer wilden Komposition von den Fleischesabenteuern und dem Weltekel eines Kaufmannssohnes, stand, wer nicht sinnlich sei, habe keine Religion. Diese Mischung von Sinnlichkeit und Reinheit, die heftige Spannung zwischen religiöser Inbrunst und Angst vor dem Leeren, die ihn auch die *Romanzen vom Rosenkranz* (1810) schreiben ließ und die *Geschichte vom braven Kasperl und schönen Annerl* so betäubend macht, geht bei Brentano mit dem tollsten Kinderschabernack einher. In den *Märchen* Brentanos tanzt alles durcheinander: Schokolade und Gewürzladen, Vögel und Extrapost. „Im Übermut der Figuren, der Worte, ihrer Spiele und Schälle — der Dichter ist sprachtrunken, der saftige Wortschwall des Pentamerone (s. S. 191) stäubt als deutscher Springbrunnen — gehen zarte Laute der Seele wie Scham unter", sagte der Lyriker Wilhelm Lehmann dazu. Wunderbar ist auch das Lustspiel *Ponce de Leon* (1804), das Brentano schrieb, als Goethe einmal dreißig Dukaten für das heiterste Intrigenstück aussetzte. Ponce mit seinem anarchischen Träumergemüt findet am Ende Isidore. Ein Beispiel schwarzen Humors, der erst heute wieder geschätzt wird, ist die Groteske von den *Mehreren Wehmüllern und ungarischen Nationalgesichtern.*

Brentanos Volkston. Der Mitherausgeber des *Wunderhorns,* das nicht bloß eine Sammlung, sondern selbst ein Kunstwerk ist, hat wie kein anderer Romantiker, gerade weil er die „Atlasschleppen" der Lyrik zerriß und jede Gepflegtheit des Tones verachtete, Lieder von sinnlichstem Schmelz, unmittelbar wortschöpferisch, mit einer leisen Verrücktheit der Syntax gedichtet. In ihrer Unmittelbarkeit und Erotik sind sie dem artistischen Genie Mozarts, seinem Papageno, so nahe wie Eichendorff der Musik Schuberts. Eichendorff wurde allerdings populärer, weil sein Ton, seine Stimmung und sein Instrumentarium leichter zu erfassen sind als die unbeschreibbaren Lieder Brentanos. Erst Else Lasker-Schüler wird wieder Verse von solchem Flöten- und Geigenton, von solch ungekünstelt wirkender, spontaner Seelenspannung schreiben:

Wenn die Sonne weggegangen
Kömmt die Dunkelheit heran,
Abendrot hat goldne Wangen,
Und die Nacht hat Trauer an.

Seit die Liebe weggegangen,
Bin ich nun ein Mohrenkind,
Und die roten, frohen Wangen
Dunkel und verloren sind.

Dunkelheit muß tief verschweigen
Alles Wehe, alle Lust,
Aber Mond und Sterne zeigen,
Was mir wohnet in der Brust.

Des Knaben Wunderhorn (1805—08). Brentano war der erste Romantiker aus süddeutsch-reichsstädtischer Überlieferung und zugleich der erste katholische Dichter in einer vorwiegend protestantischen Literatur. Er spielte Guitarre, fuhr auf Marktschiffen den Rhein entlang und hörte Bänkelsängern zu. Er improvisierte seine Märchen und dichtete selbst die italienischen ins treuherzig Deutsche um. Dieser Halbitaliener füllte jedes Versmaß mit blühendem Leben. Seine Lieder waren, „als ob sie sich vor langer Zeit selbst gemacht hätten". Er spürte das Ungelenke, Sprunghafte aller unmittelbaren Volkssprache, vielleicht gerade, weil er aus einer Familie von hoher Kultur kam, jenes Innig-Spröde, Rätselhafte und Derbe in der Ausdrucksweise der von keiner Schulglättung berührten Sprache. Wie Luther und Hebel, die von Brentano angeregten Gebrüder Grimm, wie Büchner und Brecht bezog er seine Sprache aus dem unliterarischen Idiom. Er transponierte es, und darum war er der eigentliche Initiator der Sammlung *Des Knaben Wunderhorn.* Ihm gelang, was Görres mit den deutschen Volksbüchern nicht gelang; Görres hat sie nur gepriesen und kommentiert. Brentano dagegen, sein märkischer Freund Arnim und die Grimm brachten es fertig, Ältestes so zu erneuern, daß es wie vor Zeiten klang.

Die Lieder vom Armen Schwartenhals, vom Butzemann und Klapperstorch, von Rinaldo Rinaldini und die vielen anderen wirkten wie eine Offenbarung. In ihnen waren die ver-

Des Knaben Wunderhorn, Titelkupfer des 3. Bandes

schiedensten Sprachschichten aufbewahrt: barocke Spielereien, sogar Satirisches *(Würde der Schreiber),* Kinderreime („Ein Huhn und ein Hahn / Die Predigt geht an"), religiöse Lieder („Es ist ein Schnitter, der heißt Tod"), Bänkelsang und Handwerkerlieder *(Das Weberlied),* Moritaten und Liebeslieder („Wenn ich ein Vöglein wär"). Goethe, der so vielen anderen Seiten der Romantik keine Zuneigung abgewinnen konnte, förderte das Werk und besprach es in der *Jenaischen Allgemeinen Literaturzeitung.* „Von Rechts wegen", schrieb er, „sollte dieses Büchlein in jedem Haus, wo frische Menschen wohnen, am Fenster, unterm Spiegel, oder wo sonst Gesang- und Kochbücher zu liegen pflegen, zu finden sein."

Goethe erkannte die tünchenfreie Menschlichkeit dieser Lieder. Sein Wunsch freilich erfüllte sich nicht. Im 19. Jh. gab es das singende Volk im romantischen Sinne nicht mehr. Der Bürger der Kleinstädte sang an seiner Liedertafel, die Studenten schmetterten ihre feucht-fröhlichen Kommersgesänge. Im Salon erklangen Klaviermusik und vertonte Balladen, in den Vergnügungsstätten hörte man Opernarien und Operettenmelodien (s. Nestroy). Bei Schillerfeiern erscholl das vaterländische Lied, und am Ende des Jahrhunderts hielt in den Großstädten schon das aus Paris kommende Kabarett-Chanson (s. Wedekind) seinen Einzug.

LITERATUR:
H. M. Enzensberger *Brentanos Poetik.* dtv 5418
Des Knaben Wunderhorn (Ausgabe) it 85

c) Der Erzähler Achim von Arnim (1781—1831)

Der Erzähler Achim von Arnim, der nebenbei auch ein tüchtiger Gutsherr in der Mark war, hat schon seinen Zeitgenossen die Lektüre seiner Werke nicht leicht gemacht. Erst in unserer Zeit kam eine Gesamtausgabe seiner zahlreichen Romane und Erzählungen zustande. Arnims Erzählungen werfen jede epische Reihenfolge über den Haufen. Er befrachtete sie mit eigenen Erlebnissen, Schnurren, Fantasien, grotesken Einfällen und Märchen, deren überraschender Realismus und burlesker Humor oft alles andere als romantisch-erbaulich anmuten. Sein Hauptwerk *Die Kronenwächter* z. B., das zu Anfang des 16. Jahrhunderts in Waiblingen, Augsburg und Pforzheim spielt, entspricht in der Darstellung der verwilderten Welt der Ritter, Landsknechte und Bauern um den edlen, unsicher gewordenen Kaiser Maximilian aufs genaueste den Bildern der Malerei der Donau-Schule. Der Roman *Armut, Reichtum, Schuld und Buße der Gräfin Dolores — Eine wahre Geschichte zur lehrreichen Unterhaltung armer Fräulein* läßt trotz des Titels alle Klischees von Romantik hinter sich und schildert mit psychologischem Realismus Liebe und Ehe der schönen, oberflächlichen, doch schließlich einsichtigen und tüchtigen Gräfin Dolores. Ganz unmärchenhaft ist in den *Majoratsherren,* wie sich der junge Majoratsherr und die schöne Esther der Judengasse, in die er von seinem Fenster aus hineinschaut, pathologisch ineinander verweben. Zu den gelungensten Parodien der deutschen Literatur zählt die des *Wilhelm Meister* in Arnims Erzählung *Wunder über Wunder.*

Wer Arnim nur als Mitarbeiter des *Wunderhorn,* als den Herausgeber der *Zeitschrift für Einsiedler* (ab 1806) und als Mitglied der christlich-deutschen Tischgesellschaft in Berlin (seit 1808) kennt, entdeckt beim Durchblättern des Gesamtwerks immer neue meisterhafte kleine Romane. Ihre Fantastik und ihr Humor muß dem Leser surrealer und absurder Prosa beinahe modern vorkommen.

d) Die Märchen der Brüder Grimm (1812)

Die Volksmärchen der Brüder Grimm, die wir von den lehrreichen Märchen der Aufklärung und den Kunstmärchen der Romantik unterscheiden müssen, sind das in aller Welt bekannteste deutsche Buch.

Bereits 1550 waren in Italien Straparolas *13 ergötzliche Nächte,* 1637 Basiles barock überschäumender und derb-lustiger *Pentamerone* erschienen und hundert Jahre vor der deutschen Sammlung in Paris die *Contes de ma mère l'oye.* Sie enthielten zum Teil dieselben Märchen wie die Sammlung der Brüder Grimm.

Als die beiden Gelehrten, schon mit etwas biedermeierischer Betulichkeit, die Reste dessen aufschrieben, was bei armen Häuslern, Handwerkern und Fischern in abgeschiedenen Gegenden Deutschlands noch forterzählt wurde, war es höchste Zeit; denn schon hatte die industrielle Revolution eingesetzt, und das Gaslicht vertrieb die Gespensterfurcht mit größerem Erfolg als die Aufklärung.

Die beiden Gelehrten gaben uns eine reinliche Prosa, recht nach Handwerksmaß: „Ein König hatte eine Tochter, die war über alle Maßen schön, aber dabei stolz und übermütig, daß ihr kein Freier gut genug war." Solche Sätze führen geradewegs zum Ziel, sie legen alles sauber auseinander: „Der eine war ihr zu dick: Das Weinfaß sprach sie. Der andere war zu lang: Lang und schwank hat keinen Gang." Die Sätze im Märchen sind zitierbar. Ein Zitat ist unpersönlich; denn Märchen müssen weitererzählt und gemerkt werden. Auch das Poetische darin ist aus demselben Garn gesponnen. Es steht wie in einer kargen, aufgeräumten, vom Licht des Kienspans ausgeleuchteten Stube armer Leute. In ihrer Welt kennt man sich aus. Sie ist klein: der einsame Weiler, die Mühle, die Handwerkerstube, die Wiese mit den Gänsen und darum herum der dunkle, große, gefährliche Wald mit seinen Tieren und Vögeln und das Schloß mit König und Königin, Prinzessinnen und Kammerfrauen.

Menschheitliche Frühaufklärung. Im Märchen werden die Hexen, einst das alternde Mondweib, besiegt. Die Natur — Ente oder Reh — wird zur Gefährtin des Menschen. Der böse Zauber, der Jahrtausende die Menschen bannte, wird gebrochen. So spiegeln sich in ihnen, die aus ganz verschiedenen Zeiten stammen — älteste Sternsagen, matriarchalische Vorzeit, Handwerkerklugheit der nachmittelalterlichen Zeit —, verschiedene Stufen einer langen menschheitlichen Frühaufklärung. Dazu kommt, daß manche Motive auch gewandert sein mögen und es nicht auszuschließen ist, daß etwa Frau Holle einmal eine indische Göttin war und Hänsel und Gretel asiatische Heldenkinder, die sich auf dem Umweg über Arabien und Frankreich schließlich im deutschen Wald verirrten. Niemand, sagen die Märchen überall, braucht sich zu fürchten. Die Hexe wird ins Feuer gestoßen, der böse Wolf, einst die Sonnenfinsternis, muß die sieben Geißlein, die Planeten, wieder freigeben. Der Falsche wird entlarvt, der kleine Däumling überlistet die Großen. Wer sich dummstellt — wie dann im 20. Jh. Schwejk, der tschechische Soldat —, kommt davon. Das tapfere Schneiderlein ist schlauer als der Riese, die Bauerntochter klüger als der König. Es ist wie bei allen volkstümlichen Figuren: wie bei David gegen Goliath, wie bei Odysseus, der den Tod in allen Gestalten überlistet, wie bei Jack the Giant-killer und zuletzt bei Charlie Chaplin. Das Gute — die rechte Mutter, die treue Schwester, der wahre König — kommt schließlich zum Vorschein wie der Prinz aus dem Bären.

Das Märchen, welchen Ursprungs auch immer, hat die **Moral der kleinen Leute,** die überleben wollen. Darum imponieren sie auch den Kindern, die sie begierig hören. Diesen „aufklärerischen" Zug, dies allgemein Menschliche haben die Romantiker natürlich nicht bemerkt. Aber die Kinder haben es bemerkt, und dies — nicht nur das Wunderbare — hat ihren Siegeszug um die Welt ermöglicht. Eigentlich trotz der Brüder Grimm, die im Märchen biedermeierlich-deutsch den „häuslich stillen Gang der Geschichte" sahen, die kleine geschützte Welt, die vom gefährlichen Wald umgeben ist. Aber der Rückzug auf das Häusliche, das engere Heim, das „innere Reich" inmitten einer wüsten Welt, so bezeichnend für viele deutsche Erzählungen von Jean Paul bis Wilhelm Raabe, Stehr und Carossa, ist nicht der ursprüngliche Grundzug des Märchens. Die Märchen haben den Glauben an das Glück, nicht ans bloße happy end, vielmehr an die Unverwüstlichkeit des Lebens, das mit List, Güte und Tapferkeit gegen die Großen, die bösen Mächte und Zauberer bestanden sein will.

Sie glauben nicht an den göttlichen Heros der Sage, nicht an den asketischen Heiligen der Legende, sondern an die weiße, fruchtbare Magie und an den Menschen mit Verstand, auch wenn er wie ein Tölpel aussieht. So ist es nicht von ungefähr, daß sie den Verstand der Aufklärung überstanden haben. Sie liegen aller organischen Theorie der Volksromantik zum Trotz auf derselben Linie.

LITERATUR:

M. Lüthi *Es war einmal . . . Vom Wesen des Volksmärchens.* Vand 136/137

F. Karlinger (Hg.) *Wege der Märchenforschung.* WBG Nr. 4767 (1973)

V. Propp *Morphologie des Märchens.* Hanser Verlag

4. Den romantischen Traum weiterträumen

a) Joseph von Eichendorff — „Schläft ein Lied in allen Dingen"

Eichendorff ist 1788 auf Schloß Lubowitz bei Ratibor geboren. Das Landleben des Edelmannes, das Rauschen unendlicher Wälder, die Sehnsucht nach der Ferne, welche der Lauf der Oder weckte, die träumerisch-fromme Stimmung der Volksbücher von der Heiligen Genoveva und der Schönen Magelone, die patriarchalisch-freimütige Einstellung zum niederen Volk und zur staatlichen Bürokratie, vor allem aber der ererbte österreichische Katholizismus (vgl. Stifter) haben sein Gemüt von Jugend an genährt. Am Gymnasium in Breslau und an der Universität Halle stößt ihn der dürre Verstandesbetrieb ab. In Heidelberg, bei Arnim, Brentano und Görres, begegnet dem sensiblen, diskret-vornehmen Adligen die Magie der Lieder und Sagen als „eine Quelle reinigender, befreiender und erlösender Kräfte. Aber auch als Inbegriff einer verwirrenden und betörenden Dämonie" (R. Alewyn). In Wien war er (1810) mit F. Schlegel befreundet. 1813 trat er in ein vom Turnvater Jahn kommandiertes Lützowsches Battaillon ein, doch jeder betonte Nationalismus war ihm fremd. 1814, als der „Spuk" der Revolution und Napoleons zu Ende schien, verheiratet sich der konservativ empfindliche Edelmann glücklich in Lubowitz, macht seine Prüfung für den preußischen Staatsdienst und wird 1831 Abteilungsleiter für das katholische Schulwesen im Berliner Kultusministerium, scheidet jedoch 1844 aus dem Dienst, nachdem er sich beim Kölner Bischofsstreit und beim Streit um die Ausstellung des Heiligen Rocks in Trier gegen die Regierung gestellt hatte. Bis zu seinem Tode 1857 lebte er in Danzig, Wien und Neiße und schrieb aus seiner Sicht über die romantische Poesie in Deutschland (1847), über den deutschen Roman des 18. Jhs (1851) und die Geschichte des Dramas (1854).

Seine Beliebtheit. Eichendorff ist als einziger Romantiker wirklich volkstümlich geworden. Seine Poesie enthält nämlich weder die qualvollen Spannungen eines Brentano, noch die Ironie eines Tieck, noch die spekulative Geistigkeit eines Novalis. Er übernimmt die Motive der Romantik schon als fertige Muster, weicht aber allem Kult des Überzarten, des Dämonischen und der mystischen Überschwenglichkeit aus und wird auch nie sentimental. Gegen den „Schwall von Poesie, Andacht, Deutschheit, Tugend und Vaterländerei, die jetzt, wie eine babylonische Sprachverwirrung, hin und her summen", hat er einen sicheren Mittelpunkt in der süßen, alten Zeit, die ihm humaner erscheint als die neue Epoche. Auch ignorierte er, wie die meisten Deutschen nach 1815, die allzu häßlichen Probleme der industriellen Revolution, das Elend des Proletariats und die Verfassungskämpfe. Doch hat seine Popularität auch sein Wesen verfälscht: er haßte die Philister, die Streber, die Selbstgerechten und Käuflichen, die Frömmler und gedankenlos Traditionstreuen, das entstellte Menschentum der Arbeitswütigen, die Bürokratie und den Zentralismus. Noch einmal — betörender Nachklang aus Heidelberg — besang er den Zauber des Irdischen.

Die poetische Welt Eichendorffs, ihre Allverbundenheit und Naturseligkeit — Nachtigallenschlagen, Springbrunnen, zauberhafte Schlösser, glückliche Wanderburschen, ziehende Wolken, Fernweh und Wipfelrauschen — ist mit einer berückenden Anmut vorgetragen. Sie läßt leicht übersehen, daß es der kunstvoll, fast salonmäßig elegant dargebotene Lebenstraum eines Dichters war, ein Traum von der ewigen Jugendlichkeit der Welt. Aber Eichendorffs „Größe ist nicht dort zu suchen, wo er gesichert ist, sondern wo die Schutzlosigkeit seines Gestus am äußersten sich exponiert" (Th. Adorno). Der Held seines ersten Romans *Ahnung und Gegenwart* (1815) flieht aus der gewitterschwülen Zeit in die Abgeschiedenheit des Klosters; denn er findet, „es ist noch nicht Zeit zu bauen . . . mir scheint in diesem Elend, wie immer, keine andere Hilfe als die Religion ... und wähle mir das Kreuz zum Schwerte. Denn wahrlich, wie man sonst Missionarien unter Kannibalen aussandte, so tut es jetzt viel mehr not in Europa, dem ausgebildeten Heidensitze." Er ahnt, daß zwischen den Parteien des restaurativen Alten und revolutionären Neuen einmal ein Kampf von flammendem Wahnsinn ausbrechen werde, „als wäre die Hölle losgelassen". Bis dann wieder die „ewige alte Sonne durch die Greuel bricht", will er in Andacht verharren. Schon in diesem Roman wird das Abwarten erleichtert durch die selig-wehmütige Naturstimmung der eingeschobenen Lieder — „Vergangen ist der lichte Tag", „In einem kühlen Grunde", „O Täler weit, o Höhen" —, die in Schuberts Vertonung, erst recht durch Schumanns Zyklus den Charakter einer kosmisch-quietistischen Religiosität gewinnen. Während freilich der gleichzeitig lebende Philosoph Schopenhauer (*Die Welt als Wille und Vorstellung*, 1819) das sinnlose Getriebe des Weltwillens in seinen gräßlichsten Zügen unbarmherzig schildert, zeigt Eichendorff die Welt nur von der frohen Seite.

Der arme Müllerssohn in der *Taugenichts*-Novelle (1826) durchwandert eine Landschaft glücklichster Vertauschungen: er gewinnt die Liebe einer Schloßdame und kann am Ende sogar noch die vermeintliche Gräfin, eine arme Waise, in einem Schloß bei Wien als Gemahlin heimführen — nach mancherlei operettenhaften Abenteuern in Italien, Verkleidungen und scherzhaften Liebesspielen in Gärten und Palästen. Diese Rokoko-Motive und arkadischen Schäferspiele werden von Eichendorff in eine fast schon greifbare österreichisch-italienische Landschaft gestellt und mit geschickten Mitteln orchestriert, ähnlich wie dies damals auch Felix Mendelssohn in seiner Musik (zum *Sommernachtstraum*, *Hebriden*-Ouvertüre oder in der *Italienischen Sinfonie)* beherrschte.

Indem Eichendorff immer dieselben Motive von Fernweh, Hörnerklang, Tanz, Mondlicht und Marmorstatuen (s. Tieck) wiederholt, halb lächelnd, halb wehmütig, erzeugt er mit begrenzter Tonskala eine atmosphärische Wunschwelt. In der Novelle *Das Marmorbild* (1819) verirrt sich ein junger Edelmann in einen schimmernden Palast, die heidnische Venus will ihn verlocken. Er widersteht, doch die katholische Maria, die er der lebendig gewordenen Venus vorzieht (Loreley-Motiv), ist im Grunde nur die nazarenisch-blassere Liebesgöttin. — Die Novelle *Schloß Durande* (1837) gab eine abschreckende Schilderung von den Tagen der Französischen Revolution. — Diese betont konservative, doch niemals reaktionäre Haltung — zu einer Zeit, wo z. B. Grabbe, Büchner und Hebbel tief aufgewühlt sind — nahm der Dichter auch in seinen Arbeiten über die Literatur ein (seine Stücke s. S. 177).

Eichendorffs so schlicht klingende Gedichte und Lieder, worin manchmal nur leise, kaum hörbar, etwas von den Fragwürdigkeiten seiner stets diskret-vornehm und harmonisch wirkenden Natur durchscheint, beweisen seine sichere Verfügung über ein kleines Repertoire von Stimmungen, Symbolen und Motiven. Unauffällig verschmilzt sich das Vokabular der Klassiker und Romantiker. Erfindung und Wirklichkeit, Entgrenzung des Körperlichen und musikalische Bewegung vereinen sich zu einer eigentümlichen Magie:

Der Abend

Schweigt der Menschen laute Lust:
Rauscht die Erde wie in Träumen
wunderbar mit allen Bäumen,
was dem Herzen kaum bewußt,
alte Zeiten, linde Trauer,
und es schweifen leise Schauer
wetterleuchtend durch die Brust.

Dieser „Symbolismus" ungegenständlicher Bezüge ist freilich eher der harmonisierte Nachklang deutscher Romantik, nicht der in Eichendorffs Todesjahr mit Baudelaires *Blumen des Bösen*, 1857, beginnende moderne Symbolismus, nicht das „Geschmeide des Schmerzes" der poètes maudits (s. S. 248 f.). Die Schauer, von denen Mörikes Lyrik viel stärker angerührt ist, und die Wehmut, die bei dem Agnostiker Storm mehr ans Herz greift, kommen in Eichendorffs weltfrohem, süß bestrickendem Liede nur verhalten zum Vorschein.

LITERATUR:
P. Stöcklein *Joseph von Eichendorff.* rm 84
Eichendorff heute. Stimmen der Forschung, hg. v. P. Stöcklein. WBG Nr. 1691 (²1966)
Th. W. Adorno *Zum Gedächtnis Eichendorffs.* Noten zur Literatur I. BS 47, S. 105—144

Eduard Mörikes Vikarstube in Owen (1830), von ihm selbst gezeichnet

b) Eduard Mörike — Schutzlose Innerlichkeit

Während Eichendorff, der katholische Adelige in preußischem Staatsdienst, den volksromantischen Traum konservativ fortträumte, als wäre das Jahrhundert von Dampf und Eisen noch gar nicht angebrochen, zog sich Mörike, der evangelische Pfarrer in Schwaben, ganz in sein zartes Gemüt zurück.

Sein Leben (1804—75) erstreckte sich von den Tagen Napoleons bis zu denen Bismarcks. Sein Vater, Arzt in Ludwigsburg, starb früh. Der verträumte kleine Eduard, der noch sechs Geschwister hatte, kam ins protestantische Seminar nach Urach und ans Tübinger Stift (vgl. Hölderlin, Schelling, Hegel). Ungern wurde er Vikar, weniger wegen religiöser Zweifel, sondern weil ihn seine Empfindsamkeit für die Amtspflichten wie für die Ehe untauglich machten. Von 1834 bis zur vorzeitigen Pension 1843 war er auf einer bescheidenen Pfarrstelle in Cleversulzbach bei Heilbronn.

Ein Dreiviertel Jahrhundert ging vorüber, ohne Mörike sichtbar zu berühren. Er blieb allein mit seinen Fantasien, Dunkelheiten, Träumen und Ängsten. Äußerlich wie eine der schrulligen Biedermeierfiguren erscheinend, die ihre Kakteen begießen, Steine sammeln und über den Giebeldächern ein Stück blauen Himmels ersehnen, lauschte sein Inneres den Tönen einer verklungenen Romantik, sann einem Mythus goldener Kindheitstage nach und wob an einer Poesie von Rhythmen, Klängen und zarten Bildern. Für ihn war der „Orplid"-Mythus (im Roman *Maler Nolten,* 1832) nicht mehr eine erhoffte Realität wie einst Griechenland für Hölderlin, kein schönes Bimini der Liebe wie in Brentanos Komödie und ungleich schattenhafter als die Venusinsel in Heines *Tanzpoem.* Trotz Hugo Wolfs recht feierlicher Vertonung ist es eine Geisterinsel ohne Zuversicht:

Du bist Orplid, mein Land,
Das ferne leuchtet!
Vom Meere dampfet dein besonnter Strand
Den Nebel, so der Götter Wange feuchtet.

Uralte Wasser steigen
Verjüngt um deine Hüften, Kind!
Vor deiner Gottheit beugen
Sich Könige, die deine Wärter sind.

Der unsterbliche König von Orplid sehnt den Tod herbei. Die willenhafte Sehnsucht nach einer „neuen Geistkirche" (Hölderlin, Novalis) ist bei dem Pastor des 19. Jhs schon gebrochen. Unter den vielen streitbaren Pfarrern und Pastorensöhnen der deutschen Dichtung war Mörike gewiß der stillste. Freilich, die Idyllik trügt auch. Das Idyll ist eine Zuflucht ohne Boden, aber in Mörikes kränkelnder und auch seelisch ungeborgener Existenz sammelte sich die deutsche Sprache zu schmerzhafter Innigkeit und verführerischer Süße (Lieder an Peregrina; Sonette an Luise Rau; Naturgedichte: *Um Mitternacht, Septembermorgen, Im Frühling;* volkstümliche Lieder und Balladen: *Schön-Rohtraut, Agnes;* geistliche Lieder: *An eine Äolsharfe, Auf eine Christblume).* Lautlos intensiv, wie er gelebt hat, bezwingt die Gewalt seines zarten Worts und die Virtuosität seiner Verskunst (Antikisierende Gedichte: *Erinna an Sappho, Auf eine schöne Lampe).* Mörikes Geist war dem Mädchenhaften verschwistert, als ginge alles Irdische, die flaumenleichte Zeit der dunklen Frühe, der Fluß im Morgenstrahl und die rauschende Quelle der Nacht, wie zu Anbeginn der Welt aus jungfräulichem Schweigen hervor. Liebe ist bei ihm fast immer Liebesverlassenheit und Erwartung oder ein dämonischer Irrweg, eine holde und zugleich gefährliche Ergriffenheit des Liebenden von sich selbst.

In der Erzählung *Mozart auf der Reise nach Prag* (1856), Mörikes kleinem Meisterwerk, plaudert sich in schönster Unbefangenheit das schöpferische Geheimnis Mozartischer Musik aus, aber mitten im graziösesten Rokokozauber, während dem Meister von der adeligen Gesellschaft gehuldigt wird, bricht das Grauen ein, wird die Vergänglichkeit spürbar. Ähnlich muß in Mörikes von dunkler Hypochondrie bedrohter Einsamkeit die Nächtigkeit und der Tod gegenwärtig gewesen sein. Und doch vollzog seine aus unterirdischen Seelenbereichen gespeiste Dichtung in ihren vollendetsten Versen die Heiligsprechung des Irdischen.

LITERATUR:
Benno von Wiese *Eduard Mörike.* 1950
Siegbert Prawer *Mörike und seine Leser.* 1960 (mit Bibliographie u. Verzeichnis der Vertonungen)
H. E. Holthusen *Eduard Mörike.* rm 175
G. Storz *Mörike.* Stuttgart 1967

X. DIE LITERATUR DES BÜRGERLICHEN JAHRHUNDERTS

1. Politik und Gesellschaft im 19. Jahrhundert

Napoleons Sturz war das Werk der Heiligen Allianz, d. h. der Monarchen, des Adels und der Kirchen, die sich auf den Grundbesitz und die ihm zugeordnete feudal-absolutistische Herrschaftsform stützten. Auf dem Wiener Kongreß 1815 wurde die Restauration eingeleitet. Europa sollte Frieden haben. Dafür sorgte in Osteuropa der Druck des orthodoxen Zarismus; den deutschsprachigen und habsburgischen Ländern Mitteleuropas wurden Fesseln angelegt, die Regie führte Metternich. Diese Beruhigung erlaubte England, sein Empire weiter auszubauen. Mangels größerer Machtgegensätze in Europa hatte der Kontinent bis 1914 Frieden, der nur von kürzeren Kriegen (1866, 1870) unterbrochen wurde. So konnte sich die neue liberal-kapitalistische Produktionsform des Bürgertums, die Industrie, auf der Basis von Kohle und Eisen, Dampfkraft und Elektrizität entfalten, und um 1900 ist der Globus von europäischen Mächten beherrscht. In England, Frankreich und USA dominierte nun eindeutig der 3. Stand (Großbürgertum). Er ist liberalistisch, kapitalistisch, hat die Naturwissenschaft und Technik in seinen Dienst gestellt und den Staat nach seinen Bedürfnissen umgeformt.

Der Zweck der Restauration von 1815 war indessen ein völlig anderer: nämlich die Bildung einer inneren Front gegen die revolutionären bürgerlichen Kräfte und Ideen. Zu deren Bekämpfung wurde z. B. in Spanien wieder die Inquisition eingeführt, in Frankreich verfolgten die Royalisten Republikaner, Protestanten und Bonapartisten. In deutschen Ländern wurde mit Zensurschikanen, Hausdurchsuchungen und Haftstrafen gegen die Sympathisanten der Französischen Revolution (Republikaner, Liberale) und die von der Heiligen Allianz gegen Napoleon vorher aufgeputschten nationalen Kräfte (z. B. Arndt, Jahn) vorgegangen. Universitäten wurden gesäubert, die restaurative Philosophie von Thron und Altar verbreitet, „aufrührerische“ Bühnenstücke wie z. B. *Egmont, Die Räuber* oder der *Prinz von Homburg* verboten. Da die Restauration als „Bevollmächtigte der Vorsehung“ und „gemäß den Vorschriften der heiligen Religion“ handelte, grassierte vielfach eine religiöse Heuchelei, die im 19. Jh. von verschiedensten Positionen aus angegriffen wurde (Kierkegaard, Schopenhauer, Nietzsche oder auch die Junghegelianer, J. St. Mill usw.). Die Restauration konnte ihren Zweck nicht erreichen: Im Zarenreich wimmelte es von Aufständen, Attentaten, Geheimbünden, was die russische Literatur (Puschkin, Turgenjew, Tolstoi, Dostojewskij) getreu abspiegelt. In Frankreich eroberte sich das Bürgertum mit Arbeitern und Studenten auf den Barrikaden die Macht (1830, 1848).

England war der Hauptsitz der „modernen Ideen". Die Niederlage Napoleons gestattete ihm, den europäischen Markt mit billigen Textilien zu überschwemmen (s. Weberaufstand), während sich die deutsche Industrie nur zögernd und von inneren Zöllen gehemmt (Friedrich List) entwickeln konnte. In England hatte sich die industrielle Revolution am ehesten durchgesetzt, mit ihr verbunden das bürgerliche Parlament, die Idee des Freihandels, der Glaubensfreiheit, der Pressefreiheit und die Ausdehnung des Wahlrechts zunächst auf die kleineren Industriellen (1832). Von Birmingham und Manchester kam das Maschinenwesen, die Lokomotive. Aus England kam das Bankwesen, die Börse, der Herrenanzug des Fabrikanten, die billige Arbeitskleidung, das Gaslicht in den Städten, kurz das Inventar der industriellen Zivilisation. In den Midlands studierte der deutsche Textilfabrikant Friedrich Engels das Elend des Proletariats, in London schrieb Karl Marx die Kritik der bürgerlichen Nationalökonomie. Nach England flohen deutsche Emigranten (Freiligrath). Seine konstitutionelle Verfassung war Vorbild vieler deutscher Liberaler.

Paris war in der 1. Jahrhunderthälfte bis Louis Napoleon (1852) und im Kommuneaufstand 1871 das Zentrum revolutionärer Erdbeben. Zugleich auch die Hauptstadt der Künste (Oper, realistischer und naturalistischer Roman, Entwicklung der modernen Malerei und Lyrik). Seine bürgerlichen Revolutionen 1830 bis 1848 wurden im übrigen Europa kopiert, mit Erfolg in Skandinavien und in Italien (Garibaldi), sowie in der Schweiz (s. G. Keller). In den Revolutionsjahrzehnten lebten bis zu 100 000 deutsche, polnische und russische Emigranten in Paris (s. Heine, Börne).

Deutschland mit seiner Staatenvielfalt war zu Beginn des Jahrhunderts noch zu vier Fünftel agrarisch. Die Restauration, die Zölle und der Dualismus zwischen Österreich und Preußen hemmten die Entwicklung. Das Gefälle der industriellen Zivilisation entsprach dem Gefälle der bürgerlichen Freiheiten von West und nach Ost. Zunächst führte der restaurative Druck vielfach zur Resignation und zu einer seelischen Privatkultur (Biedermeier).

Doch aus Handwerksbetrieben entstehen Fabriken, an der Ruhr und in Schlesien baute sich allmählich eine Grundstoffindustrie auf, zahllose ehemalige Leibeigene strömten nach der sog. Bauernbefreiung (1807) in die rauchenden Gebiete, wo neben der Handwerkerschicht ein Proletariat entstand. Die Bevölkerung wuchs, nicht zuletzt durch Aufhebung der Zunft-Heiratsordnungen, rasch bis zum Ende des Jahrhunderts um das Drei- bis Vierfache (s. S. 240).

Die Klasse der neuen Fabrikanten, die innerbetrieblich sehr patriarchalisch regierten, kämpfte mit liberalen Ideen für ein einheitliches Wirtschaftsgebiet nach dem Vorbild Frankreichs und Englands (Zollverein, Friedrich List). Die Wirtschaftseinheit verlangte aber auch eine nationale Einheit und eine bürgerliche Verfassung. 1848 im Frankfurter Parlament sind indessen nicht die Fabrikanten, sondern die Professoren wortführend.

Die Neugestaltung scheiterte an der Frage der groß- und kleindeutschen Problematik, am Widerstand der Fürsten, Staatskirchen und Beamtenkasten und an der Schwäche des Bürgertums. Die Niederlage 1848 führte bei den Liberalen zu einem Nachgeben bezüglich der Verfassungsforderungen, zu verstärkter Hinwendung zum bloß Wirtschaftlichen und zur Betonung der nationalen Einheit. Der Druck auf das wachsende Proletariat nahm zu, Ferdinand Lassalle gründete die SPD (1863). Bismarck gewann die Sympathien der national-liberalen Kräfte, indem er das altständisch-feudal-katholische Österreich ausschaltete (1866) und Frankreich besiegte (1870). So wird die Arbeiterschaft, die früher mit dem aufsteigenden liberalen Bürgertum gekämpft hatte, von der nationalen Solidarität preußischer Hegemonie ausgeschaltet (Gesetze gegen Sozialisten), auch die katholischen Volksteile werden dem neuen Machtstaat zunächst entfremdet (Gründung der Zentrumspartei).

Folgen. Bevölkerungsvermehrung, soziale Schwierigkeiten usw. minderten zusehends das geistige Niveau, auch die Popularisierung der Wissenschaften, unzureichende Schulverhältnisse bei rapid wachsender Bevölkerung und ab 1870 die Militarisierung des Lebens hatten denselben Effekt.

Die Tradition der Klassik und Romantik wurde auf niederem Niveau epigonenhaft oder nahm Züge der Resignation an (Grillparzer, Stifter). Die deutsche Dichtung wurde vielfach provinziell und hatte keinen Zusammenhang mit den Auseinandersetzungen, die in Paris, in England und Rußland vor sich gingen. Sie war wesentlich kleinbürgerlich und ein geistiges Rückzugsgebiet.

2. Wissenschaften, Künste, Religion

Die Entwicklung der Naturwissenschaften ging Hand in Hand mit der Industrialisierung. Waren im rationalistischen 18. Jh. Mathematik und Astronomie die führenden Wissenschaften, so gewannen jetzt Physik (Elektromagnetismus, Thermodynamik, Spektralanalyse), Chemie, Biologie (org. Chemie, Physiologie, Bakteriologie, Entwicklungslehre), Psychologie, Geographie usw. den maßgeblichen Einfluß auf das philosophische Denken. Man begann „realistisch" zu werden.

Nationalökonomie und Soziologie suchten die gesellschaftlichen Umwandlungen zu begreifen, vor allem in Frankreich und England. In Deutschland konnte sich das empirische und analytische Denken nur langsam Bahn brechen. Es überwog geschichtsphilosophische Spekulation (Hegel), die metaphysisch orientierte Geschichtsschreibung (Ranke) und die Hofhistoriographie (Treitschke). Utopische Entwürfe einer Zukunftsgesellschaft entstanden in Frankreich (Fourier, Saint-Simon), in der radikal-westlichen Intelligentsia Rußlands. Auch das in London geschriebene Werk von Karl Marx trägt bei allem Realismus spekulativ-messianische Züge.

Die Philosophien nahmen das im bürgerlichen England nie unterbrochene Interesse am Tatsächlichen wieder auf (Empirismus). Sie beschäftigten sich (wie Jeremy Bentham) mit sozialen Reformen, mit den liberalen Freiheitsrechten (J. St. Mill), mit dem Fortschreiten des Geistes von der theologischen zur metaphysischen Welterklärung und zur positivistischen Einzelforschung (Auguste Comte) oder mit der biologischen Entwicklung (Darwin, Spencer, Huxley). Sie untersuchten das christliche Dogmengebäude auf seinen historischen und mythologischen Gehalt (Junghegelianer, E. Renan, D. F. Strauß) oder ersetzten die Theologie durch Anthropologie wie Ludwig Feuerbach, der seine Heidelberger Studenten aufforderte, „aus Gottesfreunden zu Menschenfreunden, aus Betern zu Arbeitern, aus Kandidaten des Jenseits zu Studenten des Diesseits" zu werden.

Alle diese Philosophien waren letztlich Werkzeuge und Begleiterscheinungen des Industriegeistes, der sich gegen die Reste feudal-kirchlicher Bevormundung Bahn brach. Sie erhielten ihre antireligiöse Färbung im Kampf gegen die restaurative Verbindung von Thron und Altar. Ihnen liegen die aus der Aufklärung, d. h. aus den Ideen des aufsteigenden Besitzbürgertums (Liberalismus) stammenden Begriffe des Fortschritts und der Entwicklung zugrunde. Karl Marx hielt die Entwicklung des Kapitalismus für unabdingbar (historischer Materialismus), war aber als Zögling des klassischen Humanismus erschreckt von der „Entfremdung" des Menschen, der zur käuflichen Ware Arbeitskraft entwürdigt wird, und erwartete eine letzte Krise des Kapitalismus, aus der dann eine neue Harmonie von Individuum und Gesellschaft hervorgehe (dialektischer Materialismus).

Resignation. Zumal in Deutschland mit seinen erfolglosen liberalen Revolutionen machte sich die Kritik an der Idee des Fortschritts geltend. Das vom Obrigkeitsstaat abhängige und provinziell gebundene akademische Kleinbürgertum trug deutlich Züge der Resignation. Schon Schiller suchte nach seiner revolutionären Phase einen Ausweg in der ästhetischen Erziehung. Hölderlin zerbrach, Jean Paul mußte nach 1815 verstummen. Wenn die Gesellschaft als ganzes nicht fortschreitet, so bleibt die seelisch-geistige Bildung des Einzelnen (Erziehungsroman, Bildungsroman). Ihr gilt das Werk Grillparzers und Stifters.

Nach 1848 sprach SCHOPENHAUERS Entsagungslehre, die Auslöschung des Willens in der kontemplativen Betrachtung (klassischer) Kunstschöpfungen und seine Erlösung in (romantischer) Musik, weite Kreise an. Auch RICHARD WAGNERS neuromantische Musikdramen sind nicht ohne das Scheitern der 48er Revolution zu verstehen. Im Zusammenstoß seiner klassisch-romantischen Bildung mit dem „materialistischen" Ungeist der Gründerjahre nach 1871 entzündete sich NIETZSCHES Kritik an den liberalen und demokratischen Tendenzen des Jahrhunderts. Unbeachtet blieb bis kurz vorm 1. Weltkrieg die heftige Kritik des Dänen S. KIERKEGAARD am verbürgerlichten, philosophisch aufgeweichten Christentum, ebenso DOSTOJEWSKIJS bohrende Kritik an der westlich-liberal-römischen Christenheit (s. S. 333).

Das geistige Klima wurde allgemein nüchterner, gröber, sogar zynisch. Im romantischen „Weltschmerz" der Generation nach Napoleons Abtreten von der Bühne drückte sich die Enttäuschung über die Restauration aus (Leopardi, Lenau, Byron, Büchner). Die Revolution von 1830 veränderte die Perspektive; die Romantik ist endgültig überwunden, die neuen Wirklichkeiten der bourgeoisen Gesellschaft treten ins Blickfeld (Balzac, Heine, Immermann). Im ganzen Jahrhundert fliehen viele Geister, von Dampf und Eisen, Fabrik und Börse angewidert, in eine elegische Stimmung (z. B. Lamartine, Storm), in den Elfenbeinturm der Kunst (L'art pour l'art), in eine ästhetisch heroisierte Renaissance (C. F. Meyer) oder in eine Welt symbolistischer Bezüge jenseits des gemeinen Alltags (de Nerval, Baudelaire und später George, Rilke, Hofmannsthal). Einzelne revoltierten, wie Büchner, Rimbaud und van Gogh, und verließen sogar Europa, wie Lenau, Gauguin oder Rimbaud.

Die Stilbezeichnungen — Realismus, Naturalismus, Impressionismus, Symbolismus usw. — kommen alle aus Paris, wo die miteinander rivalisierenden Schulen den Kampf um die „richtige" Einstellung zur Wirklichkeit austragen.

Epigonentum. Die Spannung zwischen Geist und Wirklichkeit wird mit verschiedenen Graden der Intensität ausgetragen. Es wimmelte in der deutschen Dichtung von Epigonen, d. h. Poeten, die sich damit begnügen, die Formen und Motive der Klassik und Romantik aufzuarbeiten. Sie fanden beim geistig nachhinkenden Publikum, das den schwierigen Problemen gerne ausweicht, dankbare Leser.

So erfreuten sich z. B. großer Beliebtheit UHLANDS schwache historische Dramen (*Ludwig der Bayer,* 1819), GUSTAV SCHWABS ausdruckslose Balladen *(Das Gewitter),* die religiös triefenden Gedichte von KARL GEROK, die 1840 entstandenen Rheinlieder von SCHNECKENBURGER und BECKER *(Sie sollen ihn nicht haben),* die artigen Kinderliedchen von HOFFMANN VON FALLERSLEBEN *(Ein Männlein steht im Walde).* Viel gelesen wurden GUSTAV FREYTAGS *Ahnen* (1872—80), FELIX DAHNS Machwerk *Ein Kampf um Rom,* die volkstümlich-erzieherischen Romane des Steiermärkers PETER ROSEGGER (1843—1918), während das akademische Bürgertum an EMANUEL GEIBELS Übersetzungen, Volksliedtönen *(Der Mai ist gekommen)* und Bismarckverherrlichungen Gefallen fand. Sogar VIKTOR VON SCHEFFEL *(Der Trompeter von Säckingen)* und F. W. WEBER (*Dreizehnlinden*, 1878) wurden Schulautoren.

Kleinbürgerliche Gemütlichkeit, ruhiges Behagen, Heimatklänge, Vaterlandsromantik und klassizistische Vornehmtuerei erquickten das versauerte bäuerlich-kleinstädtische Publikum. In diesem Milieu mußten bereits die Bildgeschichten von WILHELM BUSCH oder die *Fliegenden Blätter* als beachtliche Satiren erscheinen.

Die Maler, die heute als bedeutend gelten, konnten sich zu ihrer Zeit nur schwer gegen die Kostümschau der Historienmalerei, den gefälligen Akademismus und die populären romantischen Genre-Stoffe durchsetzen. Jeweils neue Seh- und Gestaltungsweisen fanden in Frankreich die Realisten (Corot, Pissaro), die Impressionisten (Monet, Renoir) und die Pointillisten (Seurat, Signac) mit der Betonung des sinnlichen Farbreizes, des flüchtigen Augenblicks in einer vibrierenden Umwelt. Als einsamer Einzelgänger baute dann CÉZANNE seine Flächen aus Grundelementen auf und schuf Landschaften von universaler mediterraner Harmonie. GAUGUINS Bilder waren von neuer Einfachheit der Komposition und leuchtend-exotischer Farbkraft. Doch mit ihm, mit VAN GOGHS kosmischen Wirbeln, mit ENSORS surrealistischen Grotesken und MUNCHS beklemmenden Landschaften setzt bereits die Moderne ein (s. S. 287).

Die Architektur lag im 19. Jh. fast völlig brach. Man baute Banken neoklassizistisch, imitierte an Bürgerhäusern den Renaissancestil oder an Kirchen die Gotik, sogar Bahnhöfe und Elektrizitätswerke trugen ein historisches Kostüm. Es gab auch kaum Ansätze zu einer Stadt- und Landschaftsplanung. Ebenso stillos wurden — wenn wir vom Biedermeier absehen — die bürgerlichen Wohnungen mit Bildern, Nippes, Deckchen usw. vollgepfropft. Man schützte sich gegen das nüchterne Leben in Kontor und Fabrik durch luxuriöse Dekorationen (s. S. 240).

Die Musik, vor allem die Oper und die Operette, soweit sie Augen- und Ohrenschmaus bot, genoß größte Anerkennung beim luxusbedürftigen großstädtischen Publikum. Patriotische, folkloristische und sentimentale Stoffe fanden reichlich Verwendung. Meyerbeer und Spontini schufen die „Große Oper", wobei Spontini sogar Elefanten und mehrere Orchester auf die Bühne brachte. Äußerst erfolgreich waren in der ersten Jahrhunderthälfte Rossini, Donizetti und Bellini. In Deutschland blühten die romantischen Opern (Lortzing, Marschner, Nicolai), die Vertonungen von Liedern und Balladen. Klavierstücke, Liederzyklen und Kammermusik wurden im engeren Kreis des Hauses gepflegt. Gegen die dekorativ-vordergründige Große Oper schuf Wagner das Musikdrama. Er wetteiferte mit Verdi, dessen von hohen liberal-patriotischen Ideen getragene Opern an der Scala in Mailand, in Paris und Petersburg aufgeführt wurden. Im Wettstreit der Nationen, den noch kein Nationalismus behinderte, brachte Rußland Rimski-Korsakoff und Tschaikowski, Böhmen Dvořák, Norwegen Grieg hervor. Unbeachtet vom großen Publikum komponierten Bruckner und Brahms ihre Sinfonien.

Geniebegriff. Das bürgerliche Jahrhundert verehrte die großen Künstlerpersönlichkeiten wie Beethoven und Wagner, die großen Virtuosen wie Liszt. Der Napoleonkult wirkte in der Bewunderung des Genies und der Tatkraft bedeutender Einzelner nach (Bismarck, Cecil Rhodes in England, Lincoln in USA usw.). Das Genie — so verstand man das Wirken z. B. von Wagner und Nietzsche, Balzac oder Tolstoi — sollte dem verflachenden Leben einen Sinn geben, in ihm sollten Individualismus und Emanzipation ihre höchste Erfüllung finden (s. S. 113, 234).

Literatur:

Friedrich Sengle *Biedermeierzeit. Deutsche Literatur im Spannungsfeld zwischen Restauration und Revolution. 1815—1848.* Bd. I Stuttgart 1971, Bd. II Stuttgart 1972

3. Störung biedermeierlicher Behaglichkeit

a) Börne, Uhland, Menzel

Die Zeit nach 1815 war keineswegs so idyllisch, wie sie auf Bildern von Ludwig Richter (1803—1884), Moritz Schwind (1804—1871) und des Biedermeiermalers Carl Spitzweg (1808—1885) erscheint. Die Turnplätze und Wehrschaften der Kriegsheimkehrer waren Tummelplätze nationalen Mißvergnügens. Auf der Wartburg verbrannten die Studenten nicht nur Zopf, Schnürleib und Korporalstock, sondern auch Bücher. Trotz feierlichster Erklärungen der Burschenschafter zur Reform der vaterländischen und wissenschaftlichen Bildung blühten der Komment und das Duellwesen weiter. Altdeutsch-christlich-antisemitische und national-freiheitliche Tendenzen mischten sich aufs verworrenste. Teile der Burschenschafter organisierten Judenkrawalle, die Altdeutschen träumten sogar schon von Ausrottung aller Franzosen, Juden und Slawen. Eine schreckliche Mischung von innerer Unfreiheit, Druck von oben, Heuchelei und Aufbegehren kennzeichnete den Geisteszustand.

Charakteristisch für die in Deutschland stets nur kleine Schar leidenschaftlicher Republikaner, deren Grunderlebnis die Französische Revolution bildete, war Ludwig Börne. Er kämpfte zäh und unbestechlich für eine Republik nach dem Modell Frankreichs. Typisch für einen Kreis wackerer Liberaler, die freilich schon mit einem „Tropfen demokratischen Öls" zufrieden gewesen wären, war der Schwabe Ludwig Uhland. Ein dritter Typus war Wolfgang Menzel: eine Mischung aus fast allen Elementen des Pränazismus.

Im Fortgang der Geschichte wurden aus dem Typus Börne die Linksrepublikaner von 1848, sodann die sozialdemokratischen (Liebknecht) und fortschrittlich-liberalen (Virchow) Gegner Bismarcks, die Kämpfer gegen Alldeutschtum und Wilhelmismus (Heinrich Mann), Harzburger Front (Tucholsky, Ossietzky) und Nazismus. Von Uhlands Haltung führt eine Linie zu den linksliberalen Bismarckgegnern, möglicherweise hätte aber seine national-bürgerliche, am mittelalterlichen Staufertum orientierte Reichsromantik auch Kompromisse mit anderen Richtungen erlaubt. Menzel darf als der sichtbarste Vorläufer der mannigfachen völkischen Gruppen gelten, die dann in Hitler ihren Führer fanden.

Ein Republikaner in Paris. Ludwig Börne (1786—1837), elf Jahre älter als Heine, stammte aus einer jüdisch-orthodoxen Familie Frankfurts, die — anders als Heine — noch das entwürdigende Ghettoleben kannte. So wußte er, was er den Franzosen verdankte und was Freiheit und Gleichheit bedeuteten. Er war ein leidenschaftlicher Verehrer Lessings und Jean Pauls und zudem ein unbeugsamer, fast starrer Charakter. Wenn er schon deutscher Bürger war, dann wollte er es ganz sein, und dieses Deutschland sollte eine Republik sein. Er wurde zuerst berühmt durch seine Theaterkritiken und Satiren (1818—21), in denen er auf die witzelnd-geistreiche Art der Jungdeutschen Philister, Fürsten, den Adel und die restaurative Kirche aufs Korn nahm. Im Grunde sprach er nur das aus, was auch Lessing, Kant und Jean Paul gedacht hatten, was zu sagen aber nach 1815 nicht mehr opportun war. Da ihm die Reaktion auflauerte, ging er 1830 nach Paris, wo es damals an die hunderttausend europäische Emigranten gab. Dort wurde er zum ersten Publizisten großen Stils, der — im Unterschied zu Heine — nur der Politik seine Feder widmete. Die persönlichen Differenzen mit Heine, die von ihren gemeinsamen Gegnern in Deutschland frohlockend in Haß umgefälscht wurden, rührten auch daher, daß Börne ernstlich glaubte, die Deutschen seien einer Revolution fähig — eine Hoffnung, die Heine nicht recht teilen konnte. In den *Briefen aus Paris* (1832—34) entfaltete sich Börnes Stil. Die kurzen, hektischen Sätze seiner Frühzeit verschwinden, so daß „die entzügelte Leidenschaft notgedrungen in weitere, vollere Rhythmen überströmt und kolossale, gewitterschwangere Perioden dahinrollen, deren Bau schön und vollendet ist wie durch echte Kunst", urteilte Heine, zugleich anerkennend, aber sich auch als Künstler distanzierend. Als Börne in seiner letzten Schrift *Menzel, den Franzosenfresser* (1837) brandmarkte, fand er wieder Heines lebhaften Beifall.

Ein liberaler Professor aus Schwaben. Ludwig Uhland (1787—1862), ein Jahr jünger als Börne, wird zwar immer mit dem okkultistischen Arzt Kerner, dem frühverstorbenen Erzähltalent Hauff, Gustav Schwab und Mörike zur Schwäbischen Schule der Romantik gezählt, doch seine nüchterne und professorale Art hatte mit ihrer Romantik fast nichts gemein. Er übernahm zwar altdeutsche und volkstümliche Stoffe, aber er verbürgerlichte sie in seinen Liedern *(Die Kapelle, Die linden Lüfte sind erwacht)* und Balladen *(Schwäbische Kunde, Jung Roland).* Er zog das staufische Mittelalter ins nationale Bürgerzimmer und in den Hörsaal der Tübinger Universität, aus verzückter Schwärmerei wurde Germanistik, ein handwerkliches Fach. Dies und seine patriotischen Gedichte von anno 1815/17 *(Ein guter Kamerad)* machten Uhland populär. Im württembergischen Verfassungskampf verfocht er das „alte gute Recht" der Bürger, und als aufrechter Schwabe verzichtete er 1833 auf das Professorenamt, um in den Landtag einziehen zu können. 1848 trat er in der Paulskirche für ein deutsches Wahlkaisertum ein und siedelte sogar noch mit dem Rumpfparlament nach Stuttgart über (vgl. die zornige Ballade *Des Sängers Fluch*). Schließlich mußte auch er sich den stärkeren Bajonetten der Fürsten beugen und widmete als Gelehrter den Rest seines Lebens der altdeutschen und germanischen Dichtung.

Uhland besaß den Sinn für reale politische Freiheiten mehr als andere, er verweigerte 1853 auch die Annahme des Pour le mérite. Aber vielleicht waren gerade seine „kernig-nüchterne" Art, seine Liebe zum national verklärten Staufertum und seine professorale Natur, ja sogar seine heimatlich eingebettete Bürgerlichkeit, Eigenschaften, die in der Schweiz oder in Dänemark wirksam geworden wären, nicht aber in dem vielfach gehemmten Deutschland. Er war allerdings auch kein Victor Hugo, der 1851 ins Exil ging und erst nach dem Sturz Napoleons III. nach Frankreich zurückkehrte.

Ein Urburschenschafter. Wolfgang Menzel (1798—1873), etwa zehn Jahre jünger als Börne und Uhland, ist weniger als spätromantischer Dichter denn als „jungvölkischer" Typus bedeutsam geworden.

In Schlesien geboren, Jahnscher Jungturner in Breslau, enttäuschter Soldat der Befreiungskriege, Jenaer Urburschenschafter, 1820 vor der Demagogenverfolgung in die Schweiz ausgewichen, ab 1825 Schriftleiter des *Literarischen Blattes* in Stuttgart (bis 1849 und von 1852—69), 1833—38 mit Uhland oppositioneller Abgeordneter im Württembergischen Landtag, hat Menzel außerordentlichen Einfluß auf die literarischen Anschauungen der akademischen Schicht gehabt.

Er begann zunächst scheinbar als liberaler Kampfgefährte Börnes. In seiner vielgelesenen Literaturgeschichte (1827 und 1836) war er — wie die politischen Romantiker und ihre republikanischen Gegner auch — für den Vorrang der Tat vor dem künstlerisch-folgenlosen Wort. So griff er auch den betagten Goethe an, der sich in Weimar übrigens keineswegs dem Restaurationsdruck beugte und Menzel ein potenziertes Ferkel nannte. Er wertete die deutsche Literatur vom „christlich-nationalen" Burschenschafterstandpunkt aus. Nach dem Hambacher Fest (1832) entpuppte sich, daß Menzels Liberalismus nicht in den Ideen von 1789, sondern in der nationalen Romantik wurzelte. 1835 eröffnete er als Tugendwächter der Obrigkeit den Kampf gegen Gutzkows Roman *Wally* (s. S. 221) und zog im *Literaturblatt* gegen die Jungdeutschen, Französlinge, Juden, Welschen und Slawen zu Felde — kurz: gegen „undeutsche Überfremdung".

Unter dem Druck der Restauration fühlte sich die Einheitsburschenschaft in dem durch die Staatskirchen konfessionell und die Fürsten regional gespaltenen Volke als „Grundzelle des künftigen Gesamtvolks" (J. Nadler). Ihrem Wesen nach unpolitische Ersatzbegriffe wie Echtheit, Volkstum, deutsches Christentum wurden ausgespielt gegen alles Fremde und „Zersetzende". Nach der Gründerzeit, als die rapide Industrialisierung zu starken sozialen Spannungen führte und sich der kleine Mittelstand, Handwerker, Bauern und Akademiker aus diesen Schichten, zwischen dem Großkapital und dem organisierten Proletariat zerrieben fühlten, lebten diese Ersatzideen von „volksechter", „deutschbewußter" und „artreiner" Kunst vergröbert wieder auf (s. S. 261, 341).

LITERATUR:
Ludwig Marcuse *Börne. Aus der Frühzeit der deutschen Demokratie.* 1968
Ludwig Börne: Schriften (Auswahl). it 45
Uhland: G. Storz *Die schwäbische Romantik.* 1967
Menzel: J. Nadler *Literaturgeschichte des dt. Volkes.* 1938 ff.

b) Heinrich Heine — Zu den entscheidenden Tatsachen des Jahrhunderts vorstoßen

Als Rheinländer, deutscher Dichter, Freund der Franzosen, als Jude in einer sich christlich dünkenden Umgebung, als Künstlerphilosoph und politischer Schriftsteller war Heinrich Heine aufs engste mit allen Strömungen dieses Zeitalters größter Verschiebungen verbunden. Darum ist es, wie Hebbel sagte, unmöglich, ihn aus einem einzelnen seiner Werke zu begreifen. Erst alle seine Werke, in deren Mitte immer der leidende, liebende, kämpfende, spottende und enttäuschte Mensch steht, sind der ganze Heinrich Heine, der die Welt faszinierte.

Mit der Revolution und Napoleons Europaidee verband ihn die Hoffnung auf Freiheit. Mit Beethoven, Jean Paul und vielen Europäern teilte er dann die Enttäuschung über die unfruchtbare Restauration. Er besaß noch viel vom kritischen Intellekt Lessings und vom Geist und Spürsinn der Jenaer Frühromantik. Er verehrte wie die Humboldts und die Berliner Salons Goethe, der in Heines Jugendjahren erst seine bedeutenden Alterswerke schuf und in Weimar recht vereinsamt zurück ins 18. Jh., sorgend-anteilnehmend ins neue Zeitalter von Dampf und Eisen blickte. Im Grunde wollte Heine der Souveränität des Künstlergeistes, wie Goethe sie in Deutschland symbolisch errungen hatte, noch in den kollektiven Tendenzen der neuen Epoche Bahn brechen. Als Individualist und Geistesaristokrat stieß er aber mit den „Bärenhäutern" in Deutschland zusammen. Aus der Verantwortung des Denkers heraus konnte er nicht einfach in den elfenbeinernen Turm der Schönheit flüchten.

Heines Selbstverständnis können am ehesten zwei Zitate beleuchten:

„Das Leben ist im Grunde so fatal ernsthaft, daß es nicht zu ertragen wäre ohne solche Verbindung des Pathetischen mit dem Komischen. Das wissen unsere Poeten. Die grauenhaftesten Bilder des menschlichen Wahnsinns zeigt uns Aristophanes nur im lachenden Spiegel des Witzes, den großen Denkerschmerz, der seine eigene Nichtigkeit begreift, wagt Goethe nur in den Knittelversen eines Puppenspiels auszusprechen, und die tödlichste Klage über den Jammer der Welt legt Shakespeare in den Mund eines Narren, während er dessen Schellenkappe ängstlich schüttelt. Sie haben es alle dem großen Urpoeten abgesehen, der in seiner tausendaktigen Welttragödie den Humor aufs höchste zu treiben weiß, wie wir es täglich sehen: — nach dem Abgang der Helden kommen die Clowns und Graziosos, mit ihren Narrenkolben und Pritschen, nach den blutigen Revolutionsszenen und Kaiseraktionen kommen wieder herangewatschelt die dicken Bourbonen ..."

„Wie ich geboren bin, das Schlechte und Verlebte, Absurde, Falsche, Lächerliche einem ewigen Spotte preiszugeben, so ist es auch nur ein Zug meiner Natur, das Erhabene zu fühlen, das Großartige zu bewundern und das Lebendige zu feiern."

Sein Leben. 1797 kam Heine in Düsseldorf zur Welt, er war also Großstädter wie Tieck und E. T. A. Hoffmann. In seiner Familie waren Ärzte, Intellektuelle, Bankiers. In seinen Kinderjahren schafften die Franzosen in Düsseldorf die feudalen Gesetze ab. Franzosenfreund wie alle liberalen Rheinländer, dachte er als Jude europäisch-weltbürgerlich. In seine Kinderstube klang, schon bevor Brentano und Arnim die Volkslieder sammelten, die Romantik hinein: seine Amme erzählte ihm von Hexen, Scharfrichtern, Henkerstöchtern und dem Aberglauben des Vorstadtvolkes. Der Rhein bezauberte ihn. Rheinisch ist seine Leichtigkeit, der Karneval und Aschermittwoch seiner Dichtung, seine wie Sekt schäumende Prosa und der spielerische Gesprächston seiner Verse. Nach den Schuljahren im Franziskanerkloster, dessen er später liebevoll gedenkt, studierte er in Bonn, Berlin und Göttingen. Da er kein

Kaufmann werden wollte, bekam er auch keine der Töchter seines Hamburger Millionärsonkels zur Frau *(Buch der Lieder)*. Um eine bürgerliche Existenz zum Heiraten zu gewinnen, wollte er Universitätsprofessor werden. Doch nach 1815 wurde ungetauften Juden diese Laufbahn wieder versperrt, so mußte er sich gegen seine Überzeugung — um das Eintrittsbillett in die christliche Gesellschaft zu erwerben — protestantisch taufen lassen. Schon ins Echo auf seine ersten Veröffentlichungen mischten sich antisemitische „teutsch-christliche" Klänge. Ohne Beruf, wurde Heine freier Schriftsteller und ging 1831 nach Paris, von wo aus er gegen die reaktionär-versumpften deutschen Zustände kämpfte für das Deutschland Lessings und Goethes. In Paris lebte er in der geistvollsten Gesellschaft der damaligen Zeit. Die letzten acht Jahre lag er, der die hellenische Lebenslust verherrlicht hatte, leidend in seiner „Matratzengruft", bis zuletzt mit höchster geistiger Energie die großen Fragen der Religion und der europäischen Politik durchdenkend. Seit seinem Tode pilgern Verehrer seines Geistes zu seinem Grabe in Paris.

Heines **Werke** umfassen fünf Gedichtbände, zwei mythische Tanzpoeme *(Doktor Faust, Göttin Diana)*, zwei Schriften über Götter und Geister, fünf Bücher über Philosophie, Literatur, Kunst und Theater, drei Bücher über Zeitgeschichte, viele Reiseberichte, Novellen, Verstragödien und zahlreiche kleinere Aufsätze.

Seine genialste **Prosa** steht wohl in *Ideen. Das Buch Le Grand* (1827), worin er eine mythische Deutung der Erscheinung Napoleons gibt, die zu den gehaltvollsten unter ähnlichen Versuchen (von Hölderlin, Nietzsche, George, Bloy u. a.) zählt: Napoleon, der gescheiterte Washington und verhinderte Einiger Europas. Die Abhandlungen *Die romantische Schule* und *Zur Geschichte der Religion und Philosophie in Deutschland* entwarfen ein Bild der deutschen Geistesgeschichte, das ihn als scharfsichtigen Propheten der deutschen Entwicklung ausweisen sollte. Er ahnte schaudernd, welche Barbarei über Europa hereinbrechen werde, sollten einmal die hochgespannten Ideen des deutschen Idealismus in einen nationalistisch-teutomanischen Blutrausch halbfreier und weltfremder Spießer pervertiert werden. Denn die wotanschen „Elementargeister" — so heißt ein Aufsatz über die Romantik — sind untergründig noch lebendig, von Christentum und Aufklärung noch nicht gezähmt (s. H. Mann, Th. Mann, H. Broch).

Satirisch behandelte Heine das stickige, schlummernde Deutschland von 1844 in *Deutschland. Ein Wintermärchen.* Humoristisch-keck verspottete er da die morastigen Straßen, das „hölzern-pedantische" preußische Militär in Aachen, die Heuchelei König Wilhelms IV. beim Kölner Dombau, den Mittelalterspuk, die altdeutschen Schwadronierer. Seine nonchalante Offenheit trug ihm den dauernden Haß zensurgewohnter Untertanen ein. Viele Dichter, wie Mörike, Hebbel, Raabe und Rilke, haben ihn jedoch verteidigt. Seine politische Satire lieferte bis zu Sternheim, Tucholsky und Erich Kästner das Grundmuster. Im satirischen Tiergedicht vom Bären *Atta Troll* (1843) triumphierte Heines artistisch-freier Geist über die „Bärenhäuter" jeder Sorte. Das Bärenhafte, Plumpe, Unfreie ist ihm Inbegriff aller Borniertheit: teutomanische Sturheit, derbgemütliche Krähwinkelei, lederne Philister, ängstliche Revoluzzer, christliche Tugendbolde und atheistische Doktrinäre. In 27 Kapiteln voller Charme glänzt der Pariser Aristophanes, der sich vor keinen Karren einer geisttötenden Tendenz spannen läßt. Ihm sind reaktionärer Mystizismus, geldgierige Bourgeoisie und doktrinärer Kommunismus gleich widerwärtig.

Heinrich Heine,
Gemälde von G. Gassen, 1828

Die Verstragödie *Almansor* offenbarte — am Beispiel des im mittelalterlichen Spanien ausgeübten Gewissenszwanges — Heines Leiden an der Selbstherrlichkeit der Christen (vgl. Lessings *Nathan*).

Neue Wege. In vieler Hinsicht stieß Heine auf literarisches Neuland vor. Er zerstörte durch Desillusion den sentimentalisierenden Romantik-Betrieb. Als brillanter Plauderer und kenntnisreicher Beobachter schuf er die neue Gattung des Reisebildes (1826—31). Seine Reportagen, Feuilletons und Kunstkritiken sind bis heute Muster an Lebendigkeit, Eleganz, Ideenreichtum und Wahrheitsliebe. Als Formen des gehobenen Journalismus eröffneten sie das kommerzielle Zeitalter der Presse, wie ja auch Balzac und Dickens ihre großen Romane damals als Fortsetzungsromane für die Zeitung schrieben. Doch im Unterschied zu England und Frankreich, wo die Literatur immer gesellschaftsunmittelbarer war, wurde sein Vorstoß in Deutschland als Bruch mit der erhabenen Vorstellung vom Dichtertum empfunden. Die scharfe Erfassung der neuen Bourgeoisie in Frankreich *(Französische Zustände)* und der damaligen englischen Verhältnisse *(Englische Fragmente)* machten Heine auch zu einem der Väter des europäischen Realismus. Er erlebte auch schon — wie die späteren impressionistischen Maler Frankreichs — die Großstadt als Flaneur und fing deren flutende, vibrierende Bilder ein.

Die Großstadtlyrik und die Empörerlyrik (s. Arno Holz, Heym, in Frankreich Rimbaud) verdankte ihm die ersten Impulse. Als erster machte er auch das Proletariat zum balladesken Motiv *(Die schlesischen Weber, Das Sklavenschiff, Die Wanderratten)*. Seine Balladen *(Die Grenadiere, Belsazar)* gehören zum festen Bestand dieser Gattung; Fontane hat von ihnen gelernt. Die Meerlandschaft der Nordsee-Zyklen, wo Sturm und Wellen sich rhythmisch mischen, kehrt bei Storm wieder; der Freivers, in dem sich Prosa und Lyrik vereinen, feiert bei Walt Whitman in USA und bei Arno Holz seine Wiederkehr. Bis in die Lyrik von Benn läßt sich Heines Ausstrahlung verfolgen.

Als Lyriker schrieb Heine auch ganz tief empfundene Lieder *(Es fiel ein Reif in der Frühlingsnacht)*, Gedichte, die aus tieferen alogischen Sprachschichten stammen, aus der Traumverwobenheit von Erlebnis und Wort:

Der Tod, das ist die kühle Nacht, Das Leben ist der schwüle Tag. Es dunkelt schon, mich schläfert, Der Tag hat mich müde gemacht.	Über mein Bett erhebt sich ein Baum, Drin singt die junge Nachtigall; Sie singt von lauter Liebe, Ich hör es sogar im Traum.

Hier erfolgt aus knappen, fast prosaischen Angaben ein Umschlag ins Alogische. Bei anderen Liedern dagegen, wie dem 255mal vertonten *Du bist wie eine Blume,* fällt die begrifflich-gedankliche Zwischenschicht nicht aus. Ihr Aufbau verläuft daher zielsicher, denklogisch, weshalb sie prägnanter, aber von geringerer Fülle sind (G. Müller, *Geschichte des deutschen Liedes)*.

Indem Heine Irrationales nicht mehr als Transzendentes vorspiegelte, ja es bewußt desillusionierte, brach er zu einer offeneren Wahrheit vor. Daß er damit einen Großteil gängiger Naturlyrik als deutsch-romantischen Religionsersatz entlarvte, haben ihm Literaturbetrachter vom Schlage W. Menzels, Scherers, E. Schmidts, A. Bartels', Klages' — Volkstumspantheisten, denen Dichtung „Bindung" bedeutete — nie verziehen. Um so mehr fühlten sich ihm französische Poeten — Gautier, Nerval, Baudelaire und Apollinaire — verpflichtet. Harmlose Verse wie „Das Fräulein stand am Meere / Und seufzte lang und bang" schokkierten einst, weil sie Irrational-Überpersönliches als bloße Sentimentalität enthüllten (vgl. die Mondgedichte der Frühexpressionisten S. 290). Indem Heine darauf verzichtete, eine „katholische (= umfassende) Harmonie der Gefühle erlügen" zu wollen, sondern diese „jakobinisch unerbittlich" zerschnitt, „der Wahrheit wegen" (Vorwort zu den *Reisebildern,* Bd. 2), schuf er der Artistik Raum (vgl. S. 248).

Heines Weltwirkung, der seine arge Verkennung in Deutschland gegenüberstand, hatte viele Gründe. Er liebte die Menschen, verteidigte ihre individuelle Freiheit, ihren Anspruch auf ein Leben in Schönheit und Muße und war bei allem Übermut und Feuer des Witzes immer auch ein beredter Anwalt der Unterdrückten, ein Moralist, der sich nicht blenden ließ. Dazu kam seine Konzeption von Weltpolitik und seine Leidenschaft für ein freies Europa auf der Basis deutsch-französischer Versöhnung. Als Artist, d. h. als Wortkünstler

— und als Satiriker —, stellte er sich in Europas älteste literarische Tradition, die romanische. Unterschwellig ging sein scharfer Schmerz, das Gefühl des epochalen Weltrisses, in die erotische, hymnische und satirische Lyrik des Expressionismus ein. Seine Prosa befruchtete die Jacobsens, Strindbergs und den aphoristischen Stil Nietzsches, der ihn als Künstler schätzte. Wagner entnahm ihm u. a. das Motiv vom *Fliegenden Holländer*. Heines *Ratcliff*-Tragödie wurde vertont. Der geistige Mensch als Opfer der Familie und Gesellschaft (im *Romanzero*) wurde zum Thema von Dramen Ibsens und Shaws, sein *Doktor Faustus* zu Egks Tanzballett *Abraxas*. Das Heine-Problem des kranken Menschen als des geistigeren Typus griff Th. Mann wieder auf *(Tristan, Zauberberg)*. In Italien hat D'Annunzio Stücke von ihm übersetzt. Die Dostojewskij-Forschung hat manche Beziehungen zu Heines religiösem Ringen nachgewiesen. — Nach ihm griff erst NIETZSCHE wieder die gesamte Jahrhundert-Problematik auf. Auch Nietzsche ging es um die Aristokratie des Geistes, um das Freie, Tanzende und die Überwindung der Plumpheit. Doch dem Pfarrerssohn und konservativen Klassik-Verehrer Nietzsche fehlte Heines Verständnis für die Notwendigkeit sozialer Reformen und die Möglichkeiten der politischen Demokratie. Zwar war auch Nietzsche ein Bewunderer französischer Formklarheit und Leichtigkeit, aber seine vernichtende Zivilisationskritik und sein Renaissance-Kult erleichterten das Mißverständnis, er habe einen politischen Cäsarismus vom Typus Hitlers und Mussolinis herbeigewünscht.

Heines innerdeutsche Popularität galt bis zur Jahrhundertwende leider nur seinem schwächeren Jugendwerk, dem verspielten *Buch der Lieder*. Die Flut von Nachahmungen verstellte das wirkliche Heine-Bild ebenso wie die Nachahmungen seines Feuilletonismus, den Karl Kraus geißelte. Die falsche Meinung, Heines politische Einsicht habe sich auf *Deutschland, Ein Wintermärchen* beschränkt, und die mangelhafte Kenntnis seines Gesamtwerks leisteten den Schändlichkeiten der Antisemiten Vorschub. Unverstanden blieb sein Witz, die „Form, mit der eigenen Wehrlosigkeit seelisch fertig zu werden“ (Salcia Landmann).

LITERATUR:
Felix Stössinger *Heinrich Heine. Mein wertvollstes Vermächtnis* (vorzügliche Auswahl). Zürich 1950
Max Brod *Heinrich Heine*. Amsterdam 1935
Ludwig Marcuse *Heinrich Heine*. rm 41
Heine-Jahrbuch, veröffentlicht vom Heine-Archiv Düsseldorf seit 1962 (mit period. Bibliographien)

4. Verdüsterte Landschaften

a) Ansätze zum Realismus

Für die Geister des Vormärz war die Klassik und die Philosophie des deutschen Idealismus schon in eine erhabene Ferne gerückt. Mörike, Immermann, Gotthelf und Droste sind nahezu gleichaltrig. Sie wachsen heran in den Jahren nach 1815, wo die von Lessing bis Goethe errungenen geistigen Gemeinsamkeiten bereits wieder zerfallen, auch infolge der politischen Dezentralisierung Deutschlands. Darum denken wir bei Immermann an Magdeburg, Halle und Düsseldorf, bei der Droste an das altständische Westfalen, bei Gotthelf an die Bauern im Bernischen Emmental und bei Mörike an Cleversulzbach — an ihre engere Heimat also, in der sie Schutz und Geborgenheit suchen. Aber die Wirklichkeit, die ihnen außerhalb der klassisch-romantischen Bildungssphäre entgegentritt, zeigt düstere, chaotische Züge. Immermann kann das Volk nicht mehr mit den Augen der Heidelberger Romantiker als naiv-glückliche, liedersingende Gemeinschaft sehen, sondern geschieden in Stände; die Industrie dringt vor. Droste betrachtet das Dasein der armen Waldfrevler und Halbmeier im gebirgigen Westfalen nicht mit der idyllischen Verklärung Stifters, sondern richtet ihren Blick auf das soziale Milieu, auf ihre rechtliche Stellung, ihren Aberglauben und ihre ererbten Anlagen. Zwar hält die Adelige an Justus Mösers patriarchalischen Vorstellungen fest, aber man kann von einer „frührealistischen“ und sogar schon „naturalistischen“ Sehweise sprechen. Der Schweizer Gotthelf gar gibt plastisch-urwüchsige Schilderungen seiner Bauern. Allenthalben verdüstert sich der Blick, verrätselt sich das Sein. Die Dichter spüren, daß es stärkere Mächte gibt, denen sie ausgeliefert sind.

Es kennzeichnet diese deutschen Ansätze zum Realismus, daß sie im Gegensatz zur französischen und russischen Epik nicht die ganze Gesellschaft und die Ursachen der Umwandlung in den Griff bekommen, sondern in Teilbereichen der Wirklichkeit, im Regionalen oder Historischen steckenbleiben (wie MEINHOLD in der *Bernsteinhexe*, 1843, und WILLIBALD ALEXIS in seinen kulturhistorischen Romanen aus der Geschichte Brandenburgs, 1832—56). Nur der mährische Bauernsohn Karl Postl (1793—1864), der nach Amerika auswanderte, wollte — unter dem Pseudonym CHARLES SEALSFIELD — Romane des öffentlichen politisch-sozialen Lebens schreiben. Bei den meisten anderen nimmt die Natur, das Rätseln um Gott und die Düsternis im Gemüt die Stelle des Gesellschaftlichen ein. Auch in der Lyrik und in vielen Novellen des 19. Jhs wird die Natur zum Gefäß, das die unbegriffenen Zwiespältigkeiten der Epoche und die Sehnsucht nach harmonischer Abrundung des Daseins in sich aufnimmt (Mörike, Storm, Keller, Hebbel).

b) Karl Leberecht Immermann — „Die alten Jahrhunderte haben uns ihre Röcke hinterlassen"

Immermann (1796—1840), als Sohn eines preußischen Kriegsrats in Magdeburg aufgewachsen, war immer von nüchtern-preußischer Gesinnung. Er machte den Krieg von 1813 mit, protestierte aber als Jurastudent in Halle gegen burschenschaftliche Roheiten und nationales Aufschneidertum. Deshalb verband ihn eine Freundschaft mit Heine. Als Landgerichtsrat in Düsseldorf tat er viel für die Hebung des Theaters und wollte einen realistischen Schauspielstil schaffen.

Er debütierte nach unzähligen Dramenentwürfen mit dem kleinen Versepos, der Adelssatire *Tulifäntchen* (1829), versuchte sich an *Merlin* (Versdrama, 1832), dem vom Satan mit einer reinen Jungfrau erzeugten Zauberer der Sage, der den Geist zum Sinnenglück erlöst, und brachte 1836 den Familien- und Zeitroman *Die Epigonen* heraus.

Der Roman behandelt „den Segen und Unsegen des Nachgeborenseins". Wie Immermann selbst sagt: „Die alten Jahrhunderte haben uns ihre Röcke hinterlassen, in die steckt sich die jetzige Generation. Abwechselnd kriecht sie in den frommen Rock, in den patriotischen Rock, in den historischen Rock, in den Kunstrock und wie viele Röcke noch sonst!" Immermann hat 1830 unter dem Eindruck der Julirevolution die Arbeit am Roman unterbrochen. Der Roman ist mit allerlei Briefen, Tagebuchnotizen und durch das Auftreten des „Herausgebers" der vorgeblichen Familienmemoiren uneinheitlich komponiert, die eigentliche Handlung schließt im Jahre 1829 ab.

Als Ganzes ist er ein Grabgesang auf die Zeit von 1815—1830, eine Darstellung der absterbenden adeligen Schicht und des heraufkommenden Fabrikantengeschlechts. Immermann, der 1817 auf dem Wartburgfest in Acht und Bann getan wurde, hat im fünften Buch der *Epigonen* die hohlen Phrasen der Jahnanhänger parodiert. Der junge Deutsche Hermann, der Hauptheld, erlebt die Konflikte zwischen Bürgertum und Adel, lernt die Ideen der Zeit und die preußische Hauptstadt Berlin kennen, und es wird ihm bewußt, daß er am Ende der Goethezeit steht. Der Roman endet bei den unentschiedenen deutschen Verhältnissen mit einer Synthese zwischen Bürgertum und Adel, die sich in Hermann verkörpert, und mit der Empfehlung des Dichters, das Fabrikgelände in Ackerland zurückzuverwandeln.

Gerade diese resignierende Rückkehr zum „Bodenständigen" hat Immermann den meisten Beifall eingetragen. Auch in dem köstlichen satirisch-polemischen *Münchhausen*-Roman (1838 f.) war es nicht die eine Hälfte, wo Immermann gegen Lakaiengeist, morschen Adel, Aberglauben und Versumpfung zu Felde zieht, die die Leser erfreute, sondern die

Immermann *Der Oberhof*, Illustration von B. Vautier, 1863

Oberhof-Handlung mit der Gestalt des unproblematischen westfälischen Erbhofbauern, das Fememotiv, die Hochzeitsschilderung, das altväterische und „erdgeborene“ Wesen. An diesen „Realismus“ haben später die Bauernromane angeknüpft, bis hin zur Blut-und-Boden-Dichtung (s. S. 261, 341), jedoch nur selten mit Immermanns aufrichtiger Nüchternheit.

LITERATUR:
Manfred Windfuhr *Immermanns erzählerisches Werk.* Gießen: Schmitz 1957
B. v. Wiese *K. Immermann. Sein Leben und sein Werk.* Bad Homburg: Gehlen 1969

c) Annette von Droste-Hülshoff — „Durchwachte Nacht“

Annette von Droste-Hülshoff, Miniatur von Jenny v. Droste-Hülshoff

Annette (1797—1848) wuchs auf dem väterlichen Erbgut Hülshoff heran. Die uralte Burg mit ihren Türmen und Toren südwestlich von Münster lag inmitten von Mooren, Wasser, Waldungen und Bauernland. Sie war auch der patriarchalische Mittelpunkt für die armen Dorfbewohner der Umgebung. Das zarte, lange Zeit kränkliche adelige Fräulein Annette war überaus empfindsam und den Eindrücken der einsamen Umgebung fast schutzlos preisgegeben. Ihr äußeres Leben verlief unscheinbar. Um so mehr erschütterte sie die Begegnung mit zwei Bewerbern, zwischen denen sie sich nicht entscheiden konnte, und später, als sie im „Fürstenhäuschen“ oberhalb Meersburg am Bodensee lebte, die Liebe zu dem viel jüngeren Levin Schücking, der sie verließ und 1846 in einem Roman *Die Ritterbürtigen* ein ungeschminktes Bild vom westfälischen Adel entwarf. Sie fühlte sich verraten und war in ihrer Lebenskraft gebrochen, nachdem auch 1845 ihre *Bilder aus Westfalen* wegen ihres deutlich zur Schau getragenen Adelsstolzes bei der liberalen Kritik heftige Entrüstung hervorgerufen hatten. Als gar noch 1848 in Meersburg die Republik ausgerufen wurde, war sie am Ende. Sie starb nach heftigem Bluthusten im Mai an einem Herzschlage.

Die Dichterin begann mit unbedeutenden Versuchen, einer Rittergeschichte und einem Trauerspiel, doch schon die ersten Gedichte des *Geistlichen Jahres in Liedern auf alle Sonn- und Festtage* (1851) verraten das Ringen ihres „vielfach gepreßten und geteilten Gemüts“ um das rätselhafte und verdüsterte Antlitz Gottes. Die zarte, kränkliche Dichterin suchte ihn in ihrem Innern und wie so viele deutsche Dichter in der Natur. Aber diese Natur erlebte sie nicht mehr wie der junge Goethe in pantheistischem Allgefühl, nicht zum idealen Sein objektiviert wie Stifter oder als bergende fromme Stimmung wie Eichendorff, sondern so unverstellt wie die Dörfler und Waldarbeiter in ihrer Erzählung *Die Judenbuche* (1842): Aus den Mooren quirlt Wasser, Nebel verhüllt das Land, im Walde gehen die Geister der Toten um, geheime Verbrechen rufen nach Sühne, auch die Menschen sind nicht frei, sondern abergläubisch, roh und falsch, gequält und gierig, vom Spuk und den Krankheiten ihrer Väter verfolgt (vgl. die Ballade *Der Knabe im Moor).*

Doch liegt es der Dichterin fern, wie man meinen könnte, bewußt schon eine realistische Weltsicht gestalten zu wollen. Von Natur kurzsichtig, sensibel, ihren Ahnungen und der Bangnis ihrer Seele ausgesetzt, war sie ergriffen von den Beobachtungen an Gräsern, Versteinerungen, altem Gemäuer. Sie empfand als vereinsamte Frau, erschreckte vorm Unheimlichen, nahm geängstigt das Einzelne, Zusammenhanglose wahr, haftete am Konkreten und stand fassungslos erschauernd dem Rätselhaften gegenüber. Sie suchte nicht bewußt wie später die Naturlyriker der „Kolonne“ (1929—32), wie Raschke, Huchel, Lange oder Langgässer, zu dem dumpf Triebhaften, in Sümpfe und Moore Verstrickten Korrelate ihrer eigenen Verstörungen zu schaffen. Die Wahrnehmungen, auch die Milieuschilderungen in der *Judenbuche*, der Erzählung von Schuld und Sühne eines jungen Dörflers, drängen sich ihr einfach auf. Ihre Gedichte — *Am Turme, Durchwachte Nacht, Im Moose,* vor allem ihre letzten geistlichen Gedichte *(Gethsemane, Die ächzende Kreatur)* — sind vielleicht gerade wegen ihrer sorglosen Behandlung künstlerischer Gestaltung um so stärker als Aussagen eines bedrängten, zweifelnden, den ererbten Glauben ergreifenden Frauengemüts. Aus den vielerlei frömmelnden, oft schwülen religiösen Gedichten des Jahrhunderts ragen sie weit heraus: ernst, herb, spröd, Zeugnisse eines leidenschaftlichen Ringens, wie es sich ähnlich erst wieder in den *Hebräischen Balladen* der Else Lasker-Schüler Ausdruck verschafft. Die Unmittelbarkeit ihres Sehens, das Bedrängende und Sinn-Suchende im Wirrsal legt den Vergleich mit Dichterinnen wie Emily Dickinson oder den *Tierträumen* der 1943 im KZ umgekommenen jüdischen Lyrikerin Gertrud Kolmar nahe, deren Entsprechungsrede auch „die Bilder nie bis zur Metapher gedeihen läßt, sondern sie auffängt in einzelnen Zeichen, aus deren Summe nur gesteigerte Beschreibung, nie Stellvertretung wird" (M. Seidler).

LITERATUR:
Neues Droste-Schrifttum in den *Jahrbüchern der Droste-Gesellschaft,* Münster i. W., hg. v. Clemens Heselhaus, 2 (1950), 3 (1959) — P. Berglar *A. v. Droste-Hülshoff.* rm 130

d) Jeremias Gotthelf — Der zornige Herrgott der Emmentaler Großbauern

Im Gebirgsland der Schweiz, wo sich früh ein trotziges Selbstbewußtsein und in der Behauptung gegen außen auch ein gemeinschaftliches Handeln herausbildete, war die Stellung des Dichters eine andere als im Reich. Er steht da — wie einst die Reformatoren Zwingli und Calvin, wie der Volkserzieher Pestalozzi — als Prediger, Politiker und Lehrmeister mitten im Leben der kleinen Gemeinschaften. Die Geschichte war dort kein romantischer Ferntraum, Bildung kein ästhetisches Höhenideal, die Religion nicht wie bei den Stiftlern in Tübingen eine Sehnsucht (Hölderlin) oder ein Traumland der Innerlichkeit (Mörike). Der reformierte Pfarrer Bitzius, der sich den Schriftstellernamen Gotthelf gab, war nicht von einer Obrigkeit angestellt, sondern von seinen Bauern gewählt. Albert Bitzius (1797—1854), Sproß einer altbernischen Familie, wurde zum Schriftsteller, weil er für seine Bauern kämpfte. Er wurde ein zupackender und harter Realist, weil er nur so gegen die Verlotterung und Auflösung seiner reformierten Gemeinden streiten konnte.

Bitzius hat die in der Schweiz erfolgreiche Revolution von 1830 begrüßt; es ist für ihn „ein großes Jahr", als das verjährte Unrecht des privilegierten Adels gebrochen wird. Doch als ein Mann, der sich mit Genossenschaftswesen, Armenunterstützung, Dienstbotenfragen, Schulpolitik und allen Zeitfragen beschäftigte, glaubte er bald eine neue Gefahr zu erkennen: er sieht, daß sich die geschlossene Gemeinschaft von Bauerntum, Natur, Gott und ererbter Sitte aufzulösen beginnt, daß das fortschreitende Geldwesen, die geschäftliche Schlauheit, die liberalistischen Forderungen und Schlagwörter das Leben in der gewaltigen Gebirgslandschaft verändern, oder, wie der Zürcher Liberale Gottfried Keller meinte, er sah alle Schelme, Schwindler, Heuchler ausschließlich bei den Liberalen und nicht in seiner christlich-konservativen Partei: „Es steht indessen im Evangelium kein Wort davon, daß der rechte Christ ein reicher Berner Bauernsohn sein müsse", meinte Keller.

Der **Mythos**, den Gotthelf dem „Schwindelgeist" entgegensetzte, ist die urwüchsige Einheit des kalvinistischen Jahwe mit dem heidnischen Segen der Felder, mit der jahreszeitlichen Ordnung und dem Lohn für vortreffliche Bäuerinnen und patriarchalische Bauern. Eine Einheit von Besitz, Rechtschaffenheit, Bibelglauben, Natursegen und praktischem Verstand. Sie zu schützen schwingt Gotthelf seine Zuchtrute, eifert und poltert er in einer schweren und drastischen Sprache. In der Novelle von der *Schwarzen Spinne* (1842) beschwört er den Teufel der Eitelkeit und Hoffahrt herauf, damit die bäuerlichen Leser zu Kreuze kriechen.

In seinem Hauptwerk *Uli der Knecht* (1841) zeigt er, wie es auch ein armer Knecht durch Anständigkeit und, wenn er eine wackere Frau gewinnt, zum tüchtigen Pächter und wohlhabenden Großbauern bringen kann. Der Prediger Gotthelf ist ein Geistesverwandter des schottischen Kalvinisten Carlyle (*Past and Present*). Wie dieser wettert er gegen die rücksichtslosen Geldmacher (im Roman *Geld und Geist*, 1843), gegen die oberflächliche Wissensvermittlung in den *Leiden und Freuden eines Schulmeisters* (1839). In anderen Romanen geht es ihm um die Schäden der Kurpfuscherei, um Gefahren des Genossenschaftswesens und immer gegen die Ausbreitung des „unchristlichen Geistes". Gegen Ende seines Lebens wird er „völlig zum konservativen Verneiner alles Neuzeitlichen" (Ermatinger), indem er sogar gegen die Abschaffung der Prügelstrafe und für die Todesstrafe von Kindsmörderinnen eintritt. *Zeitgeist und Berner Geist* (1852) ist ein düsteres Gemälde moderner Entartung.

LITERATUR:
W. Muschg *Jeremias Gotthelf.* ²1960 — *Gottfried Keller über Gotthelf.* detebe 169
W. Günther *Jeremias Gotthelf. Wesen und Werk.* Berlin: E. Schmidt 1954 (mit bibliogr. Anhang)

5. Verstellte Auswege

a) Depression und Rückzug: Nikolaus Lenau

Die um 1800 geborenen genialischen jungen Leute, deren Knabenjahre noch vom Sturm weltgeschichtlicher Ereignisse umbraust waren, gerieten in eine Zeit tiefster Depression. Über ganz Europa, vorher noch weltpolitisches Theater, lagerte sich nach dem Abgang des Haupthelden Napoleon ein erdrückendes Tief.

Man konnte sich geistig einrichten im engeren Bereich wie die kleinbürgerlich-bescheidenen „gemütlichen Sänger Schwabens", der Spiritist Kerner, der spannende Erzähler Hauff, wie Uhland, Schwab oder Mörike — jeder auf seine Weise. Man konnte nachahmend-gelehrtenhaft die Formen — Sonett, Oktave, Terzine, Volkslied oder Ballade — weiterpflegen, das taten die meisten von Rückert bis Geibel. Man schrieb für den Gebrauch, für ein Publikum, das der hohen Ideenspannung der Goethezeit entbehrte. Die romantische Auflösung der Gattungen war nicht mehr zurückzunehmen. Die Dichtung mußte sich der Gesellschaft und ihren literarischen Zweckformen anbequemen, wie es Heine mit Meisterschaft getan hat, den kleinen Formen der Publizistik, der Reisefeuilletonistik. Es fehlte auch nicht an guten Satiren (Platen, Adolf Glassbrenner), an vorzüglichen Briefschreiberinnen wie Bettina und Rahel, an Porträtisten wie Rahels Gatte Varnhagen von Ense, an Reiseschriftstellern wie Pückler-Muskau, Geschichtsschreibern (Ranke) und Publizisten wie Gutzkow, Laube, Wienbarg oder Marx (s. S. 238).

Gesellschaftsunmittelbare Gebrauchsliteratur! Aber was geschah mit der „Dichtung", mit den „hohen Ideen"? Man konnte, wenn einem alle Auswege ins Gemüt, in die Natur, in die engere Heimat oder in eine bessere Zukunft verstellt waren, revoltieren — gegen eine repressive Obrigkeit oder gegen sich selbst. Eingesperrt zu sein zwischen dem restaurativen Druck des Vergangenen und einer grau verhängten Zukunft, war die Situation vieler Dichter, es sei denn, sie emigrierten wie Heine oder gingen nach Amerika wie Charles Sealsfield. An Lenau und Grabbe wird nur grell offenbar, was im Grunde auch die Lage Hebbels, Grillparzers, der Selbstmörder Stifter und Raimund und noch des wahnsinnig gewordenen Nietzsche war: das Hängenbleiben in den idealistischen Ambitionen einer Bildung, die hoch über der Gesellschaft schwebte, und das Nichtverstehenkönnen des neuen Massenzeitalters, des Übergangs von der Persönlichkeitskultur zur Gesellschaft, von der idealtypischen Gestalt zum Mitmenschen, von der „Dichtung" zur „Literatur".

NIKOLAUS LENAU (1802—50) entstammte einer zerrütteten deutsch-ungarischen Adelsfamilie in einem kleinen Dorf im Banat. In Wien, wo er studierte, war er von der im Vormärz ungeeigneten Lektüre Klopstocks und Bürgers begeistert, voller Unrast und Ungenügen. Ein intensives Gefühl für Größe zerrieb sich in der Enge. Sein heftig geliebtes Mädchen war zwar schön, aber ungebildet. Die ererbte Religion bedrückte ihn. Er versuchte sich bezeichnenderweise an einem *Faust* (1836), am religiös-politischen Revolutionär *Savonarola* (1837) und am Ketzerthema der *Albigenser* (1841), deren Rebellionen er über die Hussiten zu den Bastille-Stürmern verfolgte. Sein persönlicher Geisteskampf war gleichzeitig Auflehnung gegen den Restaurationsdruck. 1831 kommt er zu den schwäbischen Poeten; sie sind freundlich zu dem faszinierenden Ungarn, der so melancholisch-herzzerreißende Zigeuner-, Schilf- und Frühlingslieder dichten und die auf der Seele lastende Apathie und Ohnmacht der Weltschmerz-Epoche zum Ausdruck bringen kann. Aber er findet die gemütlichen Poeten hausbacken und eng.

1832 bricht er — „europamüde", wie es damals hieß, — aus und fährt nach Baltimore, will in den Urwald, in die jungfräuliche Natur, welche damals der Amerikaner Thoreau *(Walden)* schilderte, in die Exotik, wohin es vor ihm den französischen Romantiker Chateaubriand getrieben hatte, in das Land, wohin alle Unterdrückten und Rebellen des alten Europa fliehen sollten. Aber Lenau kehrte enttäuscht zurück, ohne den Geist Jeffersons und Thomas Paines angetroffen zu haben und ohne zu wissen, daß zur selben Zeit E. A. Poe, der Exzentriker, aus West Point entlassen wurde. „Die Amerikaner", schrieb er seinem Schwager Schurz, „sind himmelan stinkende Krämerseelen. Tot für alles geistige Leben." Eine Klage, die später Walt Whitman, Thomas Wolfe und Ezra Pound noch schärfer wiederholen werden. Wie Lenau sollten am Ende des Jahrhunderts auch Rimbaud und Gauguin aus der europäischen Zivilisation ausbrechen — und zurückkehren. Seit 1844 verfiel er allmählich in geistige Umnachtung. Er starb in einem Irrenhaus bei Wien. Sein trauriges Lied *Lieblich war die Maiennacht* lebte noch lange im Volke fort.

LITERATUR:
Turóczi-Trostler *Lenau.* Berlin: Rütten u. Loening 1961
J. Hermand *Die literarische Formenwelt des Biedermeiers.* 1958

b) Christian Dietrich Grabbe — Das lärmende Panorama der Geschichte

Christian Dietrich Grabbe (1801—36) ruinierte sich zur selben Zeit, als auch Büchner seinen *Lenz* in Wahnsinn gleiten ließ. Er kam aus der engen Umgebung von Detmold, wo sein bornierter Vater Zuchthausverwalter war. Der junge Grabbe wird als ehrgeiziger, lernbegieriger Gymnasiast geschildert, als der Kleinbürgerssohn, der es durch einen genialischen Kraftakt zu etwas bringen will, ein Stürmer und Dränger, ein Kraftkerl — typisch für Verhältnisse, in denen es Tambourmajore gab wie den in Büchners *Woyzeck.* Auch sonst tritt ja damals allenthalben der Selfmademan auf, unter den neuen Fabrikanten und unter den Revoluzzern: Leute, die sich an die Brust klopfen und tun, als könnten sie die Welt einreißen.

Als Student der Rechtswissenschaft führte Grabbe ein wildes Leben. Zur Wildheit seines Gymnasiastendramas *Herzog Theodor von Gothland* (1822) gibt es weder im Sturm und Drang noch im Expressionismus einen Vergleich. Grabbe hat es mit den großen, scheiternden Männern, mit *Marius und Sulla* (Fragment, 1823), mit den Hohenstaufenkaisern *Barbarossa* (1829) und *Heinrich dem Sechsten* (1830), *Hannibal* (1835), Hermann dem Cherusker *(Die Hermannsschlacht,* 1836) und Napoleon *(Napoleon oder die hundert Tage,* 1831). Aber in seinen großen Männern steckt auch ein Stück des deutschen Kleinstädters, der als Student auftrumpft, einer Generation, die die Fesseln sprengen will. Das Plötzliche, Geschmacklose, Tolle und Zynisch-Sadistische, das man an seinen ersten Stücken getadelt hat, ist auch ein Produkt der Zeit, des Ortes, der Zuchthausnähe, des Feldwebelhaften und der inneren Unfreiheit. Darum ist in Grabbes Stücken das Volk Pöbel, sein Landsmann Hermann (der Cherusker) ein geachteter Führer seiner Bauern.

Fern von der kultivierten Atmosphäre Weimars brauchte Grabbe nicht erst die Klassik zu zerstören. Das Rauh-Realistische, Abrupte, die Hereinnahme der Banalität des Lebens und die Verachtung der Welt als einer sinnlosen Komödie brachten nur jäh zum Bewußtsein, was ihm die beengende Detmolder Umwelt aufzwang. Man hat früher mit dem Kopfschütteln des Biedermanns zuviel Wesens von Grabbes Alkoholismus, von seinen Schwierigkeiten im Amt als Militärrichter, seiner zerrütteten Ehe mit einer Detmolder Honoratiorentochter und seinem Ende im Elend gemacht, doch vergessen, daß Scheußlichkeiten wie die Mißhandlung des Negers Berdoa im *Gothland,* das „Schmutzige" und der „Satanismus", eben diese Innenwelt braver Untertanen, den Bodensatz der Kultur widerspiegeln. Grabbe hatte wirklich etwas von einem Detmolder Shakespeare, für den er sich hielt. Moderne Stücke wie die von Jean Genet und die ungeheuren Greuel unserer eigenen Epoche haben uns den Satanismus als teuflische Möglichkeit braver Leute begreiflich gemacht.

Das Lustspiel *Scherz, Satire, Ironie und tiefere Bedeutung* (1822), erst 1907 uraufgeführt, ist eine ausgezeichnete Literaturkomödie, in der ein Baron, ein Dorfschulmeister, der Teufel, Kaiser Nero und der Autor selbst auftreten: ein Scherz, dessen tiefere Bedeutung in den ironischen Anspielungen auf Dichter wie Klopstock und Goethe und in der Selbstverspottung des Autors liegt. Ein theatergerechtes Stück.

Als Grabbes bühnenfähigstes Stück — 1829 in Detmold uraufgeführt — galt lange die Tragödie *Don Juan und Faust:* die Spaltung des Menschen in seine nur-sinnliche und nur-geistige Natur darstellend, beide zum Untergang verurteilt. Das Thema hat damals Goethe, Byron, Heine, Lenau und andere beschäftigt. Grabbe versuchte Don Juan und Faust in einem Stück als Pole zu verbinden. Die Musik zur Erstaufführung schrieb Lortzing.

Am bekanntesten ist heute das Prosadrama *Napoleon oder Die hundert Tage* — Erstaufführung in Frankfurt a. M. 1895 — worin trotz der traditionellen Akteinteilung völlig neuartig in Panoramen und Momentaufnahmen zu Paris, Elba und Belle-Alliance ein szenenreicher Bilderbogen der gewaltigen weltgeschichtlichen Ereignisse vorüberzieht: Kolossalgemälde und Episoden, wie sie damals auch die Historienmaler David und Delacroix schufen (Panoramen als Schaufenster für Waren kamen 1822 zum ersten Male in den Passagen von Paris auf, etwas später entwickelte sich aus der Panoramenmalerei die Daguerreotypie und daraus der Film) und wie sie die großen historischen Opern und Romane (vgl. Tolstois *Krieg und Frieden*) darzustellen versuchten. In dynamischen Szenen — bald explosiv verdichtet, bald genrehaft ausmalend, gezügelt und gehetzt, in stetem Wechsel des Tempos und der Stimmungen — zieht das Gewimmel, ziehen Typen und Einzelne vorüber: die Bildergalerie des Ruhmes und die Menagerie des zoon politikon. Gleich zu Beginn demonstriert der Ausrufer eines Panoramaguckkastens das Thema der Weltgeschichte, des blutigen Spiels, das vor dem Zuschauer abrollt. Ein Element des Zeige-Theaters, wie es sich auch bei Büchner und, aus den Moritaten erneuert, bei Brecht findet. Große epochale Szenen neben flüchtigen Episoden. Wir sehen die Bourbonen, Napoleons alte Veteranen, die Revolutionäre der Vorstadt aus den Elendsgassen, den gewaltigen Caesaren als Helden und Schauspieler, den Ablauf der Schlacht — ein großes, grausames Welttheater der Kollektive und Titanen, mit Pantomime, Gestik, Chören und szenischer Rhetorik. Ein rollendes Nichts, ein Marionettenspiel, in dem sich das Heroische behaupten will. Die Geschichte erscheint perspektivisch: großgeartet und grotesk, idyllisch und blutig, subjektive Tat und Verhängnis.

Von diesem Stil führt kein Weg zum Dramenstil Hebbels, eher zu Fritz von Unruhs expressionistischem Drama. Die Simultantechnik, das Kaleidoskopische des Stücks konnte sich erst im Film voll verwirklichen, die Stauung und Explosion des Zeitablaufs nimmt Techniken des expressionistischen Films (Eisenstein *Panzerkreuzer Potemkin*) vorweg. Die großen Panoramen erscheinen heute auf der Breitleinwand.

Das Kolportagehafte der Darstellung verrät, daß für Grabbe die Welt ein großes Schmierentheater war, viel Lärm um Nichts.

Grabbe machte sich keine Illusionen. Er spielte die Komödie mit. Da ihm der Ausweg verstellt war, verfiel er der Trunksucht — die Revolte schlug auf ihn selbst zurück. Ein „zorniger junger Mann" in deprimierender Zeit, der zur Größe aufbrechen will: er findet — wie sein *Hannibal* — „das kleine Ende im unermeßlichen Chaos des Gemeinen". Im Unterschied zu Büchner gelang Grabbe jedoch keine eigene dichterische Sprache.

Literatur:

A. Bergmann *Ch. D. Grabbe. Chronik seines Lebens.* 1954
F. J. Schneider *Neue Grabbe-Literatur* in: *Ztschr. f. dt. Philol.* 63 (1938)
W. Steffens *Ch. D. Grabbe.* FD Bd. 21 = dtv 6821

c) Georg Büchner — Genie und Empörer

Der literarische Ort. Seine Zeit hat von Büchner kaum Notiz genommen. Weil er empört in sie eingriff und flüchten mußte, galt er als gescheiterter Revoluzzer; weil er lächelnd über der „ziemlich verpfuschten Schöpfung" und ihrem Getriebe stand, wurde seine Dichtung nicht begriffen. Mit dreiundzwanzig Jahren raffte ihn im Schweizer Exil der Typhus hinweg. Sein großes Drama *Dantons Tod* wurde erst 1902 in Berlin (s. S. 242) uraufgeführt, sein *Woyzeck* erst 1913 im Münchner Residenztheater. Die Berliner Aufführung durch die „Freie Volksbühne" reklamierte ihn als Vorläufer des Naturalismus von Gerhart Hauptmann; das Datum 1913 verweist ihn unter die Vorläufer des Expressionismus. Er wurde als Stürmer und Dränger gedeutet — denn sein Novellen-Fragment *Lenz* beschreibt mit klinischem Interesse den wachsenden Wahnsinn des unglücklichen Dichters — aber auch als erster Realist, und man fand in den stilistischen Grundlagen seines Lustspiels *Leonce und Lena* Züge Shakespeares, Brentanos, des französischen Romantikers Musset und die Struktur der commedia dell' arte.

Dichtung und Politik. Unbestritten ist, daß er ein Republikaner von Geblüt und geistiger Herkunft war; schon als Schüler am Darmstädter Gymnasium verteidigte er in einer Festrede den freiwilligen Tod des Cäsar-Gegners Cato Uticensis. Er war für die aufständischen Polen begeistert und gründete in Gießen die revolutionäre „Gesellschaft der Menschenrechte". Ohne Zweifel war er Sozialist, aber ohne Dogma und Ideologie. Er rüttelte wie der junge Schiller an den Ketten der physischen Natur des Menschen, deren Triebwerk er als Mediziner genau kannte, an den Fesseln des Gesellschaftssystems, dessen Zustand ihn „rasend machte", und an der stummen, toten Weltuhr mit ihrem mitleidlosen Gang. Doch er erlebte sich nicht nur als Teilnehmer des Welt-Karussells, sondern sah dieses auch von außen, lächelnd, schwermütig, empört und resigniert. Wie Hebbel in sein Tagebuch notierte, hatte er nicht nur Grabbes „Riß zur Schöpfung", sondern auch die „Kraft" dazu. Wenn Gutzkow vom *Danton* sagte: „In Bildern und Antithesen blitzt hier alles von Witz, Geist und Eleganz", wenn andere meinten, aus dem Dunkel, dem Fatum im Grunde von Büchners Seele, brächen zarte und farbige Blüten hervor, trotz Armseligkeit, Mord und Verwirrung habe sein *Woyzeck* „die Ruhe eines Kornfelds und kommt wie ein Volkslied mit dem Gram der Herzen und der Trauer aller" (Benn) — dann sind das Umschreibungen seiner einzigartigen poetischen Kraft.

Büchner ist im selben Jahr 1813 wie Hebbel und Wagner geboren. In Darmstadt, wo sein Vater Bezirksarzt war, besuchte er das Gymnasium. 1831 schrieb er sich an der medizinischen Fakultät der Universität Straßburg ein, 1833 verlobte er sich mit der Pfarrerstochter Minna Jaegle, ging als Student nach Gießen und schrieb 1834 den aufrührerischen *Hessischen Landboten.* Sein Mitverfasser wurde zu Tode gefoltert, gegen Büchner ein Steckbrief erlassen. Er mußte fliehen. 1836 hielt er als junger Dozent naturwissenschaftliche Vorlesungen in Straßburg, promovierte in Zürich, starb jedoch bald darauf (1837). Er stammte aus einer berühmten deutschen Familie mit freiheitlicher Tradition: sein Vater war gut napoleonisch gesinnt, sein Bruder Wilhelm war Fabrikant und liberaler Abgeordneter, seine Schwester Louise eine bekannte Frauenrechtlerin, sein Bruder Ludwig Arzt und Verfasser von *Kraft und Stoff,* ein anderer Bruder Rebell von 1848, der führende Sozialdemokrat Wilhelm Liebknecht war sein Großneffe und dessen Sohn wieder war der Kriegsgegner und Spartakist Karl Liebknecht, der 1919 von rechtsradikalen Fememördern heimtückisch ermordet wurde.

Engagement. Büchners Werke bilden einen schmalen Band. Seit den Zeiten der Reformation wurde kein so zupackendes, bildkräftiges Deutsch geschrieben wie im *Hessischen Landboten* (1834), einem Pamphlet gegen die Aussaugung des Volkes im Großherzogtum Hessen. „Der Fürst ist der Kopf des Blutigels, der über euch hinkriecht, die Minister sind seine Zähne und die Beamten sein Schwanz." Ein ähnlicher Vergleich wurde schon von einem verzweifelten Untertanen in Jean Pauls *Hesperus* (1795) gebraucht, doch nirgendwo sonst in der Dichtung wird mit solch biblischen Bildern dem Monarchen der Blutzehnte vorgerechnet, den er dem schwitzenden, stöhnenden und hungernden Volke abpreßt. Büchner ruft die Propheten des Alten Testamentes zur Zeugenschaft gegen das Unrecht auf und schließt im wiedertäuferischen Geist Thomas

Szene aus Büchners Drama *Woyzeck* (Woyzeck und der Doktor), Aufführung der Städtischen Bühnen Frankfurt a. M. 1961

Münzers: „Herr, zerbrich den Stecken unserer Treiber und laß dein Reich zu uns kommen — das Reich der Gerechtigkeit. Amen."

Woyzeck (1836), ein Fragment aus Büchners Nachlaß, in loser Szenenfolge nach der Technik der Sturm- und Drang-Stücke, hat einen Mord aus Eifersucht zur Grundlage, den im Jahre 1821 ein Perückenmacher gleichen Namens an seiner treulosen Geliebten verübte. Er wurde trotz des Nachweises, daß sein Verstand zerrüttet war, am 27. 8. 1824 auf dem Marktplatz zu Leipzig öffentlich hingerichtet. Im Stück ist Woyzeck ein Soldat, eine von ihren Vorgesetzten geschundene Kreatur. Das Stück ist ein einziger Aufschrei der Qual. Die eingestreuten Lieder, die sinnbildliche Szene, wo ein Marktschreier einen kostümierten Affen vorführt, die Darstellung der Welt als Jahrmarktsbude, die Behandlung Woyzecks als Versuchskaninchen der Wissenschaft durch den Militärarzt, der rohe Tambourmajor, der Woyzecks Marie verführt — alles ist von unbeschreibbarer Eindringlichkeit (siehe Alban Bergs Oper *Wozzeck,* vgl. Wedekinds Stücke und die frühen Arbeiten von B. Brecht).

Woyzeck ersticht zuletzt in auswegloser Einsamkeit die treulose Marie und ertrinkt, als er das Mordmesser in den Teich wirft. Völlig von seiner Herkunft und dem Milieu abhängig, nimmt er bereits die passiven Helden späterer naturalistischer Dramen vorweg: „Es liegt in niemands Gewalt, kein Dummkopf oder kein Verbrecher zu werden."

Dantons Tod (1835), Drama in 5 Akten, zeigt den vom „gräßlichen Fatalismus" der Geschichtsmechanik vernichteten Einzelnen. Auch Danton, der das Blutvergießen satt hat und das Leben mit seinen Genüssen wieder zu Wort kommen lassen möchte, ist „nur Schaum auf der Welle, die Größe ein bloßer Zufall, die Herrschaft des Genies ein Puppenspiel". Sogar Robespierre, welcher Danton aufs Schafott schickt, ist nur eine Puppe, „von unbekannten Gewalten am Draht gezogen". Büchner hat die Dokumente der Revolution genau studiert. Im Gegensatz zu Schillers Idealismus vollzieht sich in Büchners Schau der geschichtliche Ablauf mit der Zwangsläufigkeit eines Naturgesetzes. Die kollektiven Kräfte, die Bewegung der Klassen und Massen überschwemmen den Einzelnen, Ideen werden mit ihren Trägern geköpft. „Sind wir Kinder, die in den glühenden Molochsarmen dieser Welt gebraten und mit Lichtstrahlen gekitzelt werden, damit die Götter sich über ihr Lachen freuen?" fragt Danton. Eine Frage, nicht ein Bekenntnis des Autors, ist das ganze Drama.

Leonce und Lena (1836), ein Lustspiel nach dem Vorbild von Brentanos *Ponce de Leon,* stellt dieselbe Welt der Drahtpuppen und Automaten dar, nur aufgehoben in die leichte Atmosphäre der Ironieform des Traumes — das heitere Satyrspiel zur Tragödie *Danton.* Prinz Leonce vom Reiche Popo wird mit Prinzessin Lena vom Reiche Pipi verlobt, ohne sie je gesehen zu haben. Beide fliehen voreinander, treffen sich jedoch unerkannt in der Fremde, verlieben und verloben sich. Der Prinz führt die Unbekannte an seinen Hof zurück und stellt seine Geliebte als „lebenden Automaten" vor. Die bereits anberaumte Hochzeit kann nicht mehr aufgeschoben werden, der König läßt daher die beiden trauen. Der am Weltschmerz leidende Leonce übernimmt die Regentschaft. Das Stück ist voller Anspielungen auf die trottelhaften Fürsten deutscher Kleinstaaten und ihre rechtshegelianischen Staatsphilosophie. Leonce findet, daß die Welt eine langweilige Einrichtung sei, in der sich alles wiederhole, eine Drehorgel, die nur melancholisch stimmen könne: Man müßte „alle Uhren zerschlagen, alle Kalender verbieten und Stunden und Monde nur nach der Blumenuhr, nur nach Blüte und Frucht zählen". Sein Narr Valerio vervollständigt den Traum vom guten Leben, er möchte die Schwielen an den Händen abschaffen, „und dann legen wir uns in den Schatten und bitten Gott um Makkaroni, Melonen und Feigen, um musikalische Kehlen, klassische Leiber und eine commode Religion".

Lenz ist Büchners einzige Prosa-Dichtung. Sie ist unvollendet und umfaßt nur etwa zwanzig Seiten. Die Geschichte von dem Dichter, der dem Wahnsinn verfällt (S. 119), erfuhr Büchner entweder schon aus Goethes *Dichtung und Wahrheit* oder erst vom Vater seiner Straßburger Braut. Da Büchner an Lenzens Wahnsinn als an einer eigenen Möglichkeit höchst interessiert ist, objektiviert er den Vorgang mit der beobachtenden Distanz des Mediziners. In kurzen, nackten Sätzen ist es ein Bericht von der „namenlosen Angst in diesem Nichts". Lenz rückt dem Abgrund immer näher.

Büchners Poesie quillt aus diesem Abgrund des Leeren und aus dem Mitleid mit der armseligen Kreatur. Seine Poesie ist der Schimmer, der selbst noch dem Toten anhaftet, eine Blume über dem Chaos der Welt. Man denkt an Baudelaires Ausruf nach der Beschreibung der schwärenden Gedärme eines Kadavers: „Und dieser Welt entstieg Musik, ein seltsam Klingen!"

LITERATUR:
Ernst Johann *Georg Büchner.* rm 18
Hans Mayer *Georg Büchner u. seine Zeit.* st 58 (1972)
Karl Viëtor *Georg Büchner als Politiker.* ²1950
G. Pentzoldt *Georg Büchner,* FD Bd. 9 = dtv 6809
Georg Büchner und Ludwig Weidig *Der Hessische Landbote.* Texte, Briefe, Prozeßakten. Kommentiert v. H. M. Enzensberger. it 51

6. Die Biedermeierzeit in Österreich

a) Wien — Stadt des Theaters

Wien war 1815 noch der glanzvolle Schauplatz des Wiener Kongresses. Nicht mehr Hauptstadt des aufgelösten Heiligen Römischen Reiches, aber immer noch Kaiserstadt, Mittelpunkt eines Vielvölkerstaates, der sich weit nach Osteuropa und nach Italien erstreckte, war es zudem der Ort, von dem aus Minister Metternich die Vorgänge im Deutschen Bund überwachte.

Die Politik ist nun wieder ganz uninteressant geworden, die Gesellschaft zieht sich auf sich selbst zurück. Der Adel vergnügt sich in seinen Schlössern und Palästen, im liberal angehauchten Bürgertum wird eine intime häusliche und musikalische Kultur gepflegt (Biedermeier). Die Klassik aus Weimar bekommt daher im Werk Grillparzers eine spezifisch österreichische Färbung, sie wird weicher, feiner, musikalischer und konservativer. Im Nachklang verschmilzt das Humanitätsideal Kants, Goethes und Schillers mit romantischen Stimmungen. Die Bildung neigt zur Resignation, zur Entsagung, doch unter den Verhältnissen der Metternich-Ära träumen Grillparzer und Stifter auch den Traum von einem ewigen universalen Österreich (s. S. 273).

Die Musik. Wien hat auch — im Unterschied zu Weimar und Jena — stets die Komponisten angezogen: 1787 starb dort Gluck, der Hofkapellmeister der Maria Theresia, mit dessen schlichtem, beseeltem Opernstil *(Iphigenie in Aulis, Orpheus, Alceste)* einst das Ideal der klassizistischen Einfachheit Einzug hielt. Haydn kam aus dem Burgenland als Sängerknabe zum Chor des Stefansdoms, Mozart hatte fast alle seine Opern in Wien uraufgeführt, Beethoven spielte Klavier an den Höfen der Lichnowskis und Waldsteins. Als er 1827 starb, hielt Grillparzer die Trauerrede, zwanzigtausend Wiener nahmen am Begräbnis teil. Inzwischen waren auch schon die Schuberts aus Schlesien zugewandert. Die Romantik wurde vor allem über die Musik heimisch. Liszt, das Wunderkind, durfte dort noch Beethoven vorspielen. Längst bevor Brahms und Bruckner in die Kaiserstadt kommen werden, tanzen die Wiener auf zahlreichen Bällen Galopps, Quadrillen und die Walzer von Strauß.

Volkstheater und Burgtheater. Wie der Walzer zuerst von Dienstmädchen getanzt wurde, ehe er gesellschaftsfähig wurde, so lebte umgekehrt im Volkstheater noch vieles aus der Barockwelt fort. Das Wiener Lokalstück RAIMUNDS und NESTROYS verleibte sich das romantische Zaubermärchen und die Zauberposse (Mozart-Schikaneders *Zauberflöte*) ein, übernahm vom Barocktheater und von der italienischen Stegreifkomödie (Commedia dell' arte, Goldoni) die eingestreuten Lieder, Chöre und Duette und das improvisierte Spiel mit festen Typen (Arlecchino, Pantalone, Dottore, Colombine). Der unglückliche Schauspieler Raimund machte daraus Zauberstücke zum Trost der Vorstadtbevölkerung. Nestroy ließ die Satire der Handwerker auf die Reichen einfließen, während später das realistische Volksstück LUDWIG ANZENGRUBER (1839—89; *Der Pfarrer von Kirchfeld, Der Meineidbauer*) zur Kritik am Klerikalismus auf dem Lande diente.

Alle drei waren Schauspieler. Ihre Stücke waren nicht Bildungstheater für das gehobene Bürgertum wie die von Grillparzer, Hebbel und die Inszenierungen Laubes. Darum übte die Weimarer Klassik auf die Volksbühne keinen Einfluß aus. Was hätten auch Dienstmädchen, Gesellen und Kleinkrämer mit den Seelendramen Tassos, der Sappho oder Medea anfangen können? Das Theater der bürgerlich-adeligen Oberschicht und das der Kutscher und Bäcker in der Vorstadt ging getrennte Wege, es war nicht — wie im Falle Shakespeares, Molières, Calderons — vereint zu einer Synthese, obschon auch Grillparzer mit seinem ersten Stück *Die Ahnfrau* (1817) zu Gespenstern, Räubern und volkstümlichem Romantikspektakel griff.

Das flache Land um die Kaiserstadt mit seinen Bergen und Wäldern, Klöstern und Schlössern war noch durch und durch bäuerlich-katholisch. Die von Josef II. eingeführten Reformen (1780—90) waren bis auf das Toleranzedikt zugunsten der protestantischen Bürger und die wenigstens rechtlich beseitigte Leibeigenschaft wieder aufgehoben. Adalbert Stifters Werke, unter dem Einfluß der Weimarer Humanitätsideale und der Volksromantik gemäßigt konservativ und wie Pestalozzi mild volkspädagogisch gestimmt, geben von den Verhältnissen auf dem Lande ein reichlich idealisiertes Bild.

b) Ferdinand Raimund — Feenzauber und Trost der Vorstadt

Raimund (1790—1836), Sohn eines Drechslermeisters, früh Waise, kam aus der Vorstadt Mariahilf. Er lernte das Theater als Konditorlehrling kennen, der in den Pausen süßes Gebäck verkaufen mußte. Er wurde Provinzschauspieler und schrieb, ab 1817 als Komiker und dann Regisseur am Theater in der Leopoldstadt, Stücke für seine Kollegen, insgesamt sieben. Trotz mancher Erfolge trieb ihn seine hypochondrische Natur mitten im Mannesalter zum Selbstmord.

Mag auch Raimunds Feenreich „aus Zuckerguß und Terracotta" sein und an „die süß glitzernden Kunstwerke des Konditorgewerbes" erinnern (E. Friedell), in seinen Possen und Zaubermärchen spiegelt sich auch der Zwiespalt, die Bitterkeit nach 1815, die Dämonie der neuen Macht des Geldes (*Der Bauer als Millionär*, 1826, vgl. Puschkins *Pique Dame*, Alberich in Wagners *Rheingold*), die nachromantische Enttäuschung (*Die gefesselte Phantasie*, 1826), und der Pessimismus jener Jahre.

Raimund begann als Possendichter (*Der Barometermacher auf der Zauberinsel*, 1823). Sein zweites Stück *Der Diamant des Geisterkönigs*, 1824, enthält bereits Charakterzeichnungen. Sein „romantisches Original-Zaubermärchen mit Gesang in drei Akten" *Der Bauer als Millionär oder das Mädchen aus der Feenwelt* (1826) wurde in vieler Hinsicht ein Meisterwerk. In ihm treten eine Fee, ein Zauberer, ein Magier, Geister, die allegorischen Figuren Jugend, Alter, Neid, Haß, wirkliches Volk und Kammerdiener auf. Der Waldbauer Fortunatus Wurzel, der zum Millionär wird, muß die Erfahrung der Nichtigkeit des Besitzes machen, das Gehaßt- und Beneidetwerden und die Unausweichlichkeit des Alterns kennenlernen, ehe er zur Zufriedenheit findet. Geistermacht und Reichtum vertragen sich nicht. Die Zuschauer aus der Vorstadt mögen sich trösten mit dem Glück der Bescheidenheit, mit der wahren Liebe und den Zauberkräften der Poesie. Aber dieser Trost hat einen bitteren Geschmack, der egoistische Geldteufel steckt eben doch in der wirklichen Gesellschaft.

Raimund wollte aus der Vorstadt heraus, auf Burgtheater-Niveau wie Grillparzer. Das Publikum ging aber bei seinen nächsten Stücken nicht mit. Dafür wurde *Der Alpenkönig und der Menschenfeind* (1828) ein großartiges Stück des Weltschmerzes, der Menschenfeindschaft und des seelischen Leids. In ihm kämpfte Raimund gegen seinen eigenen Pessimismus an.

Der Alpenkönig, Sinnbild der reinen weltüberlegenen Natur, heilt die verblendeten Menschen von Haß und Mißtrauen. Der reiche Gutsbesitzer Rappelkopf ist voller Launen, mürrisch, zunehmend gehässiger gegen Frau und Tochter. Wie Shakespeares *Timon von Athen* (vgl. auch F. Bruckner) zieht er sich in eine einsame Köhlerhütte zurück und klagt den Bäumen des Waldes die Unausstehlichkeit der Menschen. Sein Haß, ein Selbsthaß im Grunde, entfesselt heulende Stürme. Der Alpenkönig greift ein, und der Menschenfeind kehrt mit gerettetem Seelenheil und Aktienbesitz unter die Angehörigen zurück.

Am populärsten wurde *Der Verschwender* (1834) mit dem Edelmann Flottwell, der sein ganzes Vermögen verliert. Die Handwerker-Philosophie: „Da streiten sich die Leut herum . . ." ist der Trost des kleinen Mannes.

LITERATUR:
K. Kahl *Ferdinand Raimund*. FD Bd. 35 = dtv 6835
G. Helbig *Das Wiener Volkstheater*. Bremen 1960

c) Johann Nestroy — Die Sprache vom Starrkrampf erlösen

Bildungsvorurteile und eine überwiegend preußisch-deutsche Literaturgeschichtsschreibung haben lange die Anerkennung Nestroys verhindert. Er galt als mundartlicher Poet wie der Darmstädter Ernst Elias Niebergall und als bloßer Komödiant. Dieses Vorurteil konnte auch Karl Kraus nicht umstoßen, der ihn sogar mit Shakespeare verglich. Heute sind die Stimmen nicht selten, die in ihm den einzigen großen Komödiendichter der deutschen Literatur sehen wollen.

Johann Nestroy (1801—62) stammte aus angesehener Wiener Bürgerfamilie, wandte sich aber dem Theater des einfachen Volkes zu und wurde der beliebteste Volksschauspieler am Theater der Leopoldstadt.

Im Unterschied zu Raimund ist Nestroys Komik eher satirisch und aggressiv; er schreibt auch zunehmend realistischer, denn seine Stücke sind getragen vom wachsenden Selbstvertrauen und der gesellschaftskritischen Tendenz des Bürgertums in den Jahren bis 1848.

Schon in der Zauberposse *Lumpazivagabundus* (1833) richtet sich das Interesse weniger auf die Feenkönigin als auf die Handwerkergesellen, die zum Schluß ihr Glück als geachtete Meister finden. Noch milieuechter ist die Lokalposse *Zu ebener Erde und erster Stock* (1835), wo auf geteilter Bühne unten die armen Schlucker hausen, während darüber der Spekulant und Millionär Goldfuchs ein Prasserleben führt. Die Launen des Glücks bringen den Schluckers Lotteriegewinne und reiche Erbschaften, dem Goldfuchs indessen Fehlspekulationen und Bankrott. Das Stück wurde zum Vorbild der späteren naturalistischen Vorder- und Hinterhauskomödien. Um die Vorurteile der „Leute", in dem Fall gegen Rothaarige, geht es in der Posse *Der Talisman* (1843). — Auch in *Einen Jux will er sich machen* (1844) bleiben wir im Milieu der Kleingewerbetreibenden: Der Handlungsgehilfe Weinberl reißt in die Großstadt aus, verwirkt die Gunst seines Chefs und erobert am Ende das Herz einer jungen Witwe. *Der Zerrissene* (1844) ist ein Kapitalist, der trotz seines Vermögens an der damaligen Modekrankheit der Langweile leidet. — In *Freiheit in Krähwinkel* (1848) werden zwar nicht die revolutionären Forderungen von 1848 verspottet, dafür aber die auch von Heine belächelten Krähwinkler (s. S. 177).

Die Stoffe seiner 84 Komödien, Possen und sozial betonten Sittenstücke *(Der alte Mann mit der jungen Frau,* 1849) nahm Nestroy, wo er sie fand. Als Vorlage diente ihm mehrmals das französische Vaudeville (s. S. 177). Als kritischer Kopf parodierte er, wie später Georg Kaiser, auch Hebbel und Wagner. Außerdem setzte er sich in Wien für Offenbachs Operetten ein. — Die Wiedergabe der Handlung besagt in Nestroys Possen und Burlesken sehr wenig. Ihre Technik des Handlungsaufbaus ist ziemlich unkompliziert.

Der Witz Nestroys entfaltete sich vielmehr in seinen Dialogen, Couplets und Monologen. Wie er in seiner Gesellschaftskritik weit über Wilhelm Busch steht, so ist auch sein „sprachverbuhlter Humor" am ehesten dem Jean Pauls und Heines verwandt. Karl Kraus meinte, er sei „der räsonierende Katalog aller Weltgefühle" und der erste deutsche Satiriker, bei dem sich die Sprache Gedanken mache über die Dinge. Er erlöse sie vom Starrkrampf und „sie wirft ihm für jede Redensart einen Gedanken ab". Die Phrase „wird bis in die heuchlerische Konvention zurückgetrieben, die sie erschaffen hat", sie „dreht sie zur Wahrheit um" und karikiert durch Neubildungen im Munde der Ungebildeten die Sprache der höheren Stände. „Jeden Domestiken läßt er Schillersätze sprechen, um das Gefühlsleben der Prinzipale zu ernüchtern", er entlarvt die „intellektuellen Scheinwerte" und findet „von einem Rinnsal zur Milchstraße die kürzeste Verbindung". Denn — so beschreibt Kraus seine Situation — „er stieß oben an die Bildung an und unten an die Banalität". Bei Nestroy erneuert sich so, mitten in dem oft tierisch ernsten und dabei gleichzeitig idealistisch ambitionierten bürger-

Nestroy in der Rolle des Invaliden Sansquartier in *Zwölf Mädchen in Uniform* von Angely, Aquarell von M. Fritsch, 1857

lichen 19. Jh. etwas vom Witz der Romantiker. Auch sie — Jean Paul, Tieck, E. T. A Hoffmann — rieben sich an der Banalität. Das Grotesk-Grausige freilich liegt ihm schon ferner (s. S. 178). Weil er sich kritisch, parodierend und im freien Spiel der sozialen Wirklichkeit zuwendet, verfällt er auch nicht jener biedermeierlichen Würdeanstrengung, der Resignation und dem täuschenden Harmonieideal, die das Werk und die Haltung Grillparzers, vor allem Stifters, kennzeichnen.

Der Welt- und Lebenskenner Nestroy, der auf dem Boden der Tatsachen blieb, hatte auch eine geniale Vorahnung der Tiefenpsychologie und des schwarzen Humors. Indem er „von der Hobelbank zu den Sternen" philosophierte, im Milieu der Vorstadt, entging er auch der Verinnerlichung und Vereinfachung des deutschen Idealismus durch die Bildungsschichten.

LITERATUR:
Otto Basil *Johann Nestroy.* rm 132
Hans Weigel *Johann Nestroy.* FD Bd. 27 = dtv 6827
F. H. Mautner *Nestroy.* st 465

d) Franz Grillparzer — „. . . der Erde Glück? — Ein Schatten!"

Spätklassik. Als verinnerlichte, um die weichere Musikalität Wiens und die barockkatholischen Traditionen Österreichs bereicherte Spätklassik könnte man von Weimar her Grillparzers Werk bezeichnen. Der Österreicher sieht in Grillparzers Sensibilität, in seinem steten Schwanken, seiner Schwermut, seinen Selbstanalysen und in dem Verlangen, die ideale Innenseite des Habsburgerstaates zu erfassen, vor allem einen Ausdruck österreichischen Wesens. Grillparzer ist kein tragischer Dichter wie Lenau, kein gescheiterter wie Raimund und Stifter, die sich beide selbst umbringen. War er der „Arme Spielmann" (Novelle), als der er sich gegen Ende seines Lebens mit leiser Komik selbst gezeichnet hat?

Sein Leben (1791—1872) kennen wir aus vielen Aufzeichnungen. Sein Vater war ein begüterter Advokat. Doch 1809 verarmte die Familie, Grillparzer mußte in den Staatsdienst eintreten (1813). In der Familie seiner Mutter gab es mehrere Fälle geistiger Erkrankung, was sich in der grausig-unheimlichen Schicksalstragödie *Die Ahnfrau* (1817) spiegelt. Das romantische Volksstück mit seinen Räubern und Gespenstern verschaffte ihm ersten Erfolg. Als Sekretär des Grafen J. P. Stadion konnte er den Zensurschwierigkeiten zum Trotz bis 1822 publizieren. Ein harmloser Gedichtband brachte ihn bei der Staatskanzlei sogar in den Verdacht der Ketzerei. Beim Kaiser Franz I. war er fortan abgestempelt. Der zunächst liberal-patriotische Dichter sympathisierte mit den Gegnern Metternichs (spürbar auch in *König Ottokars Glück und Ende,* 1825) und litt unter der engstirnigen Bürokratie, die nach dem Leitspruch des Kaisers verwaltet wurde: „Mir brauchen kane Genie, mir brauchen nur gute Untertanen, die ihre Schuldigkeit tun."

Als der dumm-raffinierte Kaiser 1836 starb, atmete der Beamte Grillparzer auf. Er blieb bis 1856 Direktor im Hofkammer-Archiv und wurde schließlich zum k.u.k. Hofrat ernannt. Nach dem Mißerfolg seines Lustspiels *Weh dem, der lügt* (1838) verbarg er verbittert seine Stücke im Schreibtisch. 1848 schreckte ihn das neue Nationalgefühl der Tschechen, Magyaren und Italiener ab, und er erklärte sich im Gedicht *An Radetzky* solidarisch mit der reaktionären Armee, trat auch für den Neo-Absolutismus Schwarzenbergs ein *(Ein Bruderzwist in Habsburg).* 1861 wurde er ins Herrenhaus berufen. Die Gründung des kleindeutschen Nationalstaates von 1871 lehnte er ab.

Ähnlich schwankend wie in seinem Verhältnis zum Staat war er in der Beziehung zu seiner ewigen Braut Kathi Fröhlich, dem „schönsten Mädchen Wiens". Überempfindlich und gehemmt, wagte er sie bis zu seinem Tod als Achtzigjähriger nicht zu heiraten, aus Angst, einem Künstlertum Abbruch zu tun, das nur im Stillen zu reifen vermag. *Sappho* und *Des Meeres und der Liebe Wellen* spiegeln seinen Konflikt zwischen dem Leben und der hohen Sendung des Dichters.

Biedermeierlich, wenn wir darunter nicht das von der Karikatur aufgespießte Kleinbürgerlich-Versauerte verstehen, ist Grillparzers Haltung als Mensch, Beamter und Bürger. Ständig rang er mit der Idee des Staates, der doch nur Macht und Recht, aber nicht die Güte und die Menschlichkeit verwirklichen kann, wie sie dem am klassisch-romantischen Humanitätsideal erzogenen Dichter vorschwebte. Biedermeier bedeutete auch: Geborgensein im Hause, feine Wohnkultur, gebildete Geselligkeit, rechtliches Denken, musikalische Empfänglichkeit und materielle Bescheidenheit:

Nur weiter geht das tolle Treiben,
Von vorwärts! vorwärts! erschallt das Land.
Ich möchte, wär's möglich, stehenbleiben
Wo Schiller und Goethe stand.

Der kämpferische Humanismus Lessings, Kants und Schillers und Goethes überlegene Weltsicht wichen nach 1815 der Resignation; das gebildete Bürgertum zog sich zurück in den stillen Frieden der „schuldbefreiten Brust". Ruhm und Größe erschienen dem Dichter als „nicht'ge Schatten". Das Ringen ist — wie in Beethovens letzten Sonaten nach dem Verklingen der *Eroika*-Hoffnung — mehr ein Niederringen des selbstmächtigen Ich. Entsagung wurde zum Schlüsselwort. Die Forderungen des Staatslebens und das aufkommende liberalistisch-individualistische Konkurrenzprinzip störten die ruhige Bildung und jene „wahre Gemeinschaft", wie sie volksromantische Idealisten erträumten. Von Lessing bis Hebbel haben die deutschen Dichter in edlen, hochgesinnten Frauen das läuternde Schutzbild gesehen. Das Opfer dieser Heiligen, Göttlich-Reinen, Liebenden, Naiven, Zauberinnen und Priesterinnen in der Tragödie — Emilia, Gretchen, Jungfrau von Orleans, Iphigenie und Sappho — rettete dem bürgerlichen Wertbewußtsein von 1750 bis 1850 das Ideal höheren Menschentums. Darum sind auch Grillparzers „Staatsdramen" nur sehr indirekt Aussagen über die historisch-politischen Probleme. Er schuf Gestalten, Inbegriffe des Weiblichen. In seiner barbarischen Medea aber und in der verführerischen Rahel zerbricht ihm das läuternde Schutzbild des Idealismus (vgl. Hebbel).

Sappho (1818), ein Trauerspiel in 5 Akten, greift das Tasso-Thema vom Widerspruch zwischen hoher Kunst und Leben wieder auf. Die ruhmbekränzte Dichterin, den Überirdischen nahe, verlangt nach irdischer Liebe zu dem Jüngling Phaon und ist gequält von Eifersucht auf die jüngere naiv-unschuldige Melitta. Doch sie läutert sich zur Einsicht; ihre Schuld zu tilgen, stürzt sie sich vom Felsen ins Meer. In kaum einer anderen deutschen Dichtung fließen die Jamben so süß und verzaubernd. Eine Tragödie der Künstlereinsamkeit und des Verzichts.

Medea, der dritte Teil der Argonauten-Trilogie *Das goldene Vlies* (1818—20), schließt mit der Maxime: „Trage! Dulde! Büße!" Die bedingungslos liebende Zauberin Medea aus Kolchis kann sich in dem heiteren, zivilisierten Hellas, wohin Jason sie geholt hat, nicht zurechtfinden. Wieder ist die Frau die eigentlich tragische Gestalt; denn von Eifersucht auf Jason getrieben, rächt sich ihre beleidigte Liebe: mit Zauberkunst tötet sie die Rivalin Kreusa, steckt den Palast in Brand und tötet ihre Kinder. Im Weibtum der Medea bricht etwas Elementar-Dämonisches auf, das die klassische Humanität nicht gekannt hatte (vgl. Kleists *Penthesilea*).

König Ottokars Glück und Ende (1823) zeigt nach dem Muster der Königsdramen Shakespeares, wie der Böhmenkönig seine Hybris büßen muß. Die Anspielung auf Napoleons Sturz liegt klar zutage. Aber wenn Macht und Größe fragwürdig sind, dann liegt auch ein Schatten auf Habsburg. Die Zensur erlaubte erst 1825 die Aufführung.

Die Jüdin von Toledo, erst im Nachlaß gefunden, predigte Grillparzers Entsagungslehre auf andere Weise. König Alfons von Kastilien verfällt der Leidenschaft zur schönen Jüdin Rahel so sehr, daß er darüber seine Königspflichten vergißt. Der Staat scheint durch die sinnliche Faszination dieses Weibes gefährdet. Um der Staatsräson willen wird die Jüdin von den Granden getötet. Der König stimmt schließlich der Grausamkeit zu. Staat, Gesetz und Kirche Spaniens gelten mehr als das Einzelleben. Die grausame Konsequenz des Stücks verrät, wohin biedermeierliche Resignation und verinnerlichte Humanität führen konnten. Auch in dem Stück *Ein treuer Diener seines Herrn* (1828) zeitigen unbedingte Staatstreue und das Staatsinteresse die unnatürlichsten Folgen, wenn der Reichsverweser Bancbanus lieber seine Frau preisgibt als dem „Heroismus der Pflichttreue" abzusagen. Das Stück wurde auf Befehl des Kaisers vom Spielplan abgesetzt.

Mit *Des Meeres und der Liebe Wellen* (1831) kehrte Grillparzer wieder zur Antike zurück. Im Aufbau, in der Musik der Verse und in der erwachenden Liebe der Priesterin Hero zu dem jungen Fischer Leander, der nachts zu ihr übers Meer schwimmt, ist das Stück — nach einem antiken Märchen gestaltet — die wunderbarste Liebestragödie. Da der Oberpriester das Licht löscht, worauf Leander zuschwimmt, gerät der Jüngling in einen Sturm und wird als Leiche ans Land geschwemmt. Hero stirbt ihm nach. Die Priesterin hätte sich wie die Künstlerin Sappho dem Göttlich-Reinen bewahren müssen.

Der Traum ein Leben (1834), ein Märchenstück nach Calderon und Voltaire, in vierfüßigem spanischem Trochäus gedichtet, ist Grillparzers schönster Beitrag zum Wiener

Volksstück. Wie Rustan auf Abenteuer zieht, Ruhm erwirbt im Krieg und an fremdem Hofe sich zuletzt in Lügen und Verbrechen stürzt — bis er plötzlich aufwacht und froh ist, geläutert zu seiner geliebten Mirza zurückkehren zu dürfen, ist voller Zauber und spannend dargestellt. Ein Märchen vom Glück, von „des Inneren stillem Frieden".

Weh dem, der lügt (1838) — vom Küchenjungen Leon, der mit List den Neffen eines Bischofs aus germanischer Gefangenschaft rettet, ohne offen zu lügen — ist ein glänzendes Lustspiel zum Thema der doppelten Wahrheit. — Leider hat Grillparzer, vom Mißerfolg bei der Aufführung abgeschreckt, den Weg des Märchenstück- und Lustspieldichters nicht fortgesetzt. Schiller nacheifernd trieb es ihn zum Staatsdrama:

Ein Bruderzwist in Habsburg (1848 verfaßt) stellt den edlen, menschenscheuen und friedliebenden Kaiser Rudolf II. dar, der — wie Grillparzer selbst — mißtrauisch gegenüber aller Entscheidung, willensschwach, zwiespältig und pessimistisch, Krieg und Umsturz nicht aufhalten kann. Das zu Lebzeiten des Dichters nicht mehr aufgeführte Stück bedeutete über das Charakterporträt hinaus eine Absage an die national-revolutionären Tendenzen von 1848, die den Vielvölkerstaat zu gefährden und die konservativ-universalistische Österreich-Idee zu sprengen drohten. Besonders interessant ist, daß Grillparzer in dem Kaiser, dessen Prager Hof einst ein europäisches Zentrum des Manierismus war, ein Spiegelbild seines komplizierten Selbst erblickte.

Libussa (um 1848) ist ein Drama von der mythischen Gründung Prags. In dem kulturphilosophischen Werk offenbart sich, wie sehr der Dichter der organischen Staatstheorie der Romantik (s. S. 175) verhaftet war. Die Zauberin Libussa verkörpert den gewachsenen, mythisch verwurzelten Volksorganismus, die irrationale Quelle der „Gemeinschaft", das Weiblich-Mütterliche des Ursprungs und zugleich das Hohe, Edle. Ihr steht in der Gestalt des Gemahls Primislaus das harte, männliche Staatsprinzip gegenüber. Der romantische Konflikt zwischen Gefühl und Verstand, Weiblich und Männlich, diese Polarität wird auf Gesellschaft und Staat übertragen. Die dichterische Vision einer Versöhnung von Mythus und Geschichte, Weiblichem und Männlichem, Hohem und Niedrigem hatte mit den tatsächlichen Problemen der Gesellschaft um 1848 nichts zu schaffen.

Daß sich Grillparzer — der feinsinnige und komplizierte Dichter der Seele, der Gestalter einer Sappho, Hero, Rahel und Medea — überhaupt an „Staatsdramen" wagte, hat ihm von allen Seiten nur Vorwürfe eingetragen. Der absolutistischen Reaktion war er anfänglich zu josefinisch-aufgeklärt, den nationalen Liberalen von 1848 nur ein lamentierender Hofrat, dem die Courage fehlte: „ausgesandt als ein flammendes Gewitter, um die Luft Österreichs zu reinigen, zieht er über Österreich hin als ein naßgraues Wölkchen" (Kürnberger). Die ihm vorgeworfene „Unentschiedenheit" wurde zur Lebensfrage des alten Österreich (vgl. Hofmannsthals *Schwierigen,* 1918, und die Figuren der Parallelaktion in Musils *Mann ohne Eigenschaften*). Wie auch immer, Grillparzer glaubte, was er 1827 am Grabmal Beethovens sprach: „Darum sind ja von jeher Dichter gewesen und Helden, Sänger und Gotterleuchtete, daß an ihnen die armen, zerrütteten Menschen sich aufrichten, ihres Ursprungs gedenken und ihres Ziels."

LITERATUR:

G. Schäble *Franz Grillparzer.* FD Bd. 28 = dtv 6828
J. Müller *Franz Grillparzer.* SM 31
Walter Naumann *Franz Grillparzer. Das dichterische Werk.* 1967

e) Adalbert Stifter — „Das sanfte Gesetz"

Stifter (1805—68) verlebte seine Kinderjahre drinnen im Böhmerwald, wo noch die Zeit stillestand und sich dem frühverwaisten Leineweberkind die gottgewollte Ordnung des Seins im Jahresablauf, zwischen Wäldern und Fluren und beim Geläut der Kirchenglocken als unverbrüchliches Gesetz offenbarte. In der Weltabgeschiedenheit Oberplans konnte noch das Kleine und Kleinste, Kornhalm und Granit Zeugnis für den Bau des Weltganzen ablegen (*Studien,* 1844/50; *Bunte Steine,* 1853, mit *Granit, Kalkstein, Turmalin*). Daß diese uralte, weise Ordnung auch im kaiserlichen Österreich, in der altehrwürdigen Kirche walte, lehrten den armen Gymnasiasten auch die Patres des Benediktinerstifts Kremsmünster. Wenn er Eichendorff und Goethe las, wenn er später als Erzieher des Sohnes Metternichs, als Verehrer der Witwe von Schwarzenbergs, die als Amalie in den Roman *Nachsommer* einging, die kultivierten Salons der vormärzlichen Aristokratie bewundern durfte, dann wurde ihm, der äußerlich wie ein grobklotziger Bauer aussah, die Schwierigkeit der Erziehung zu einem Leben „voll Gerechtigkeit, Einfachheit, Bezwingung seiner selbst" bewußt. Nur in der heimatlichen Waldesstille, in den ruhigen Räumen alter Abteien, in den biedermeierlich gedämpften, josefinisch aufgeklärten Salons, in der sanften Gelassenheit einer vereinfachten goetheschen Sprache, in der Läuterung der Unruhe und Bändigung der Leidenschaft konnte sie gelingen.

Disharmonie. Freilich, dies Bild einer Harmonie des Unscheinbaren mit dem Ganzen, des Inneren mit dem Äußeren, von Mensch und Gott, wie es ihm im Geiste idealistischer Weltbetrachtung und milder katholischer Gläubigkeit vorschwebte und wie er es als Adelserzieher, Schulrat und Konservator der Baudenkmäler in Volkserziehung und Kultur erhalten sehen wollte, war vom stürmischen, lauten Gang des Jahrhunderts bedroht. Auch in der Natur, die er, mit Goethe und Keller die Neigung zur Malerei teilend, in liebevollen Details sorgfältig schilderte, hatten Gefahren und Abgründe ihren Platz: Gibt es nicht Wüsten und Hochgebirge und unwirtliche Dürre *(Das Heidedorf)*, die Gefahren von Eis und Schnee (in der Kindergeschichte *Bergkristall)*, die Verlorenheit im unendlichen All *(Der Kondor)*, den plötzlichen Aufruhr eines Orkans oder im schweigenden *Hochwald* den Schrei des getöteten Vogels, der plötzlich die Stille zerreißt? Unter Menschen leben Sonderlinge wie Tiburius *(Der Waldsteig)*, ums Glück Betrogene und Vereinsamte *(Der Hagestolz)*, der Jude *Abdias*, den das Fatum, der „furchtbar letzte, starre Grund des Geschehenden" in den Wahnwitz treibt, und *Brigitta*, deren schöne Seele ein häßliches Antlitz verdeckt.

Doch wenn der störende Schrei verhallt ist, das Gewitter sich beruhigt hat, die Leidenschaft gedämpft ist und hinter der Häßlichkeit eines Antlitzes der heitere Grund einer schönen Seele aufleuchtet, dann kehrt die große Stille zurück, und das „sanfte Gesetz" des Weltalls behauptet sich. Im Nachsommer, in der herbstlichen Reife wird alles geläutert, rein und fest. Stifters ausmalend genaue Naturstudien, Erzählungen und Romane dienten, je älter er wurde, je bewußter er schrieb, dem Aufweis der trotz Unnatur und Störung ewigruhigen, klaren Harmonie. In zunehmendem Bewußtsein, der „tigerartigen Anlage" seines eigenen, schwerblütigen Wesens Herr werden zu müssen, gestaltete er die Utopie frommen Seinsvertrauens und Ganzheitsempfindens. Der ausgewogene Satzbau seiner klaren Prosa wollte die metaphysische Ordnung objektivieren.

Doch das mühsam beherrschte Chaos in seiner Brust lauerte für ihn auch draußen in der Welt, in Österreich. Als im März 1848 die Revolution ausbrach und die erregte Menge die Grundrechte forderte, trat er für das sanfte Gesetz der Mäßigung ein. Als es gar im Oktober zu Barrikadenkämpfen kam, war er „ganz gebrochen". Siegte das Proletariat, „so wären wir alle ohnehin verloren, und das Proletariat würde wie ein anderer Hunnenzug über den Trümmern der Musen- und Gottheitstempel in trauriger Entmenschung prangen. Das ist aber heute und im heutigen Europa unmöglich — eher bricht die Knute (des Zaren) über uns herein." Wie der im Vormärz reformkonservative Dichter angesichts der Revolutionäre, worunter sich auch der erschossene Abgeordnete Robert Blum befand, von „wilden Tieren" sprach, das verrät die Innerlichkeit des Bildungsbürgertums, das sich ängstlich besorgt auf der Seite der Ordnungsmacht hielt. Auch Grillparzer und Hebbel reagierten so auf die Revolution. Im Auftrag der Reaktion, die mit Kanonen und zaristischer Unterstützung gegen das Volk vorging, schrieb Stifter Aufsätze gegen die liberale Revolution. Dafür erhielt er 1849 die Stelle eines Inspektors der Volksschulen in Linz. Bildung und Erziehung im Geiste mild-konservativer Humanität, hoffte er, könnten künftige Umstürze verhindern helfen, wenn nur das Volk zum Verständnis wahrhaft sittlichen Adels in ruhiger Entwicklung herangeführt würde.

Summe des Lebens. Der weitläufige Bildungsroman *Nachsommer* (1857), die Summa seines Lebens und Dichtens, stellte in der Gestalt des Freiherrn von Risach, der viele Züge Stifters trägt und sich ebenfalls aus ärmlichen Verhältnissen über geistliche Schule, Universität und Hofmeisterstellen zum einflußreichen Staatsdiener emporgearbeitet hat, dieses Erziehungswerk dar — abseits des wirklichen Lebens, auf dem rosenbewachsenen Asperhof im Alpenvorland. Risach erkennt freilich, wie Stifter, daß er mit seiner behutsam-zurückhaltenden Art nicht recht zum Staatsmann taugt. Zwischen der bis zur Langeweile gepflegten Privatkultur des Asperhofes und den rauhen öffentlichen Realitäten besteht eine Kluft, welche das konservativ gestimmte Bildungsbürgertum noch lange von den Problemen der Macht fernhalten sollte. — Es entsprach Stifters universalistischem österreichischen Reichsdenken, daß er 1866 die Bildung eines kleindeutschen Nationalstaates verurteilte. In dem schon ins Einfach-Erhabene hinaufstilisierten geschichtsmythischen Roman *Witiko* (1867), der weit zurück in der Stauferzeit spielt, wird der junge, selbstlose Held in den böhmischen Wäldern zum Führer einer „Ordnungspartei", die sich im Einklang mit den organisch wachsenden Ordnungen der Natur aus Gauen und Stämmen, Deutsche und Tschechen umgreifend, zur universalen, ständisch gegliederten Volksgemeinschaft entwickelt.

Während der Arbeit am *Witiko*, seinem politischen Glaubensbekenntnis, wurde der Dichter schwer leberleidend. Als der zeitferne epische Mythus, ein konservatives Gegenbild zu den liberalistischen und nationalistischen Tendenzen der Zeit, gar noch auf ungünstige Kritik stieß, durchschnitt Stifter sich, wie behauptet wurde, in der Nacht vom 25. zum 26. Januar 1868 mit dem Rasiermesser die Kehle.

Die „tigerhafte Anlage" scheint im Augenblick der Verzweiflung über einen edlen Geist gesiegt zu haben. Nietzsche zur Bismarckzeit, vor allem Hofmannsthal nach 1918, zwei spätere Erben unserer klassisch-romantischen Seelenkultur, rühmten Stifters schöne, gemessene Prosa. Seine Zeitgenossen aber sahen in seinem Werk eher die idyllische Verklärung einer reicheren Vergangenheit. Zwischen den noch durchaus zukunftsgerichteten, weltzugewandten *Wanderjahren* Goethes von 1829 und Stifters zuletzt fast dem Gezwungen-Formelhaften verfallender Altersepik liegen zwei mißglückte bürgerliche Revolutionen. Die im Spätwerk Goethes so reich entfalteten Beziehungen zwischen Natur und Konvention, Schein und Kunst, zwischen Geschichte, Mythus und Gesellschaft, Ernst und Ironie schrumpfen im braven 19. Jh. auf das Mißverhältnis von Ideal und Leben ein. Goethes vielschichtige Kunstlehre (*Faust II,* Mummenschanz) wurde nicht mehr verstanden, weder von den Innerlichkeitsethikern Grillparzer und Stifter noch von den liberalen Schriftstellern des Jungen Deutschland.

LITERATUR:
Urban Roedl *Adalbert Stifter.* rm 86
Eduard Eisenmeier *A.-Stifter-Bibliographie,* Linz, Oberösterr. Landesverlag. 1964
H. A. Glaser *Die Restauration des Schönen. Stifters ‚Nachsommer'.* 1965
Arno Schmidt *Der sanfte Unmensch. Einhundert Jahre Nachsommer* in: *Dya Na Sore.* 1958

7. Liberale Tendenzen

a) Das Junge Deutschland

„Junges Deutschland", „Junges Europa" lauteten die Schlachtrufe der neuen Generation, die sich in Goethes Todesjahr zu Wort meldete. Unzufrieden mit den „Zuständen", umgetrieben von den „modernen Problemen" focht sie in Reisebriefen, Novellen, Romanen und Theaterstücken gegen Romantik, reaktionäre Kirche, Zensur und Moralheuchelei. Die Bewegung wurde ausgelöst durch die Pariser Julirevolution von 1830. Überall in Deutschland, besonders im liberalen Südwesten und in den einstigen Rheinbundgebieten, begann man plötzlich zu „politisieren". 1832 nahmen am Hambacher Fest fast 30 000 Demonstranten teil. Vorbei war die Zeit, in der die deutsche Literatur von Hofmeistern in kärglichen Dachstuben, Predigtamtskandidaten und Burschenschaftlern gemacht wurde. Zwar litt die deutsche Presse, trotz Börne und Heine, noch an ihren Kinderkrankheiten, aber die Literatur war schon umgezogen in die großen Städte, die Zentren des Verlagswesens, in die Redaktionen der überall aufschießenden Zeitschriften. Auch das Publikum hatte sich verändert und verbreitert.

Was die jungen Literaten wollten, war nicht mehr das Schöne, Erhabene, sondern das Hier und Jetzt, die Forderungen des Tages. Respektlos nannten sie den alten Goethe einen „Stabilitätsnarren", Tieck einen bloßen „Formkünstler" und erhoben Voltaire, Diderot, die Aufklärer, den „Armenadvokaten" Jean Paul, Börne und Heine auf ihren Thron. Die Literatur sollte bewußt populär, auf Wirkung bedacht und der gesprochenen Sprache nahe sein (THEODOR MUNDT *Die Kunst der deutschen Prosa,* 1837). Die „Politik" der Jungdeutschen mußte sich freilich wegen der Zensur häufig hinter geistreichen Plaudereien und Anspielungen tarnen (Gutzkows *Briefe eines Narren an eine Närrin)*, sie versteckte sich in Reiseberichten von fremden Ländern oder verbarg sich in romanhafter Einkleidung (Th. Mundt *Moderne Lebenswirren*, 1834) und in Abhandlungen über den Zweck der Kunst (LUDWIG WIENBARG *Ästhetische Feldzüge*, 1834). Man kämpfte gegen die Prüderie und meinte den patriarchalischen Staat, für die „Emanzipation des Weibes" und gegen die spießige Moral. Die soziale Frage interessierte dabei sehr viel weniger als das „Glück der freien Liebe" und die vorsichtig betriebene Abschaffung des Jenseits.

Das Junge Deutschland hat sich nie einer besonderen Vorliebe in der deutschen Geschichtsschreibung erfreut. Unbestreitbar ist jedoch, daß mit WILLIBALD ALEXIS *(Schattenrisse aus Süddeutschland*, 1834), dem Berliner ADOLF GLASBRENNER (*Berlin, wie es ist — trinkt*, 1832—50; *Leben und Treiben der feinen Welt*, 1834), ROBERT PRUTZ (*Geschichte des deutschen Journalismus; Die politische Poesie der Deutschen*, 1845), ERNST WILLKOMM (*Die Europamüden*, Roman, 1838; *Weiße Sklaven*, Roman, 1845) und ihren Gefährten ein neuer Typus des Schriftstellers in Erscheinung trat.

KARL GUTZKOW (1811—78) wuchs in Berlin in dürftigen Umständen am Rande der Hofwelt auf und wurde bigott erzogen. Er begab sich schon als mittelloser Theologiestudent in die von der Pariser Revolution 1830 neu entfachten publizistischen Kämpfe. 1835 löste sein Roman *Wally, die Zweiflerin* den Bundestagsbeschluß gegen ihn, Heine, Wienbarg und Mundt aus. Der Roman handelt von einer jungen, verwöhnten, von religiösen Skrupeln geplagten Aristokratin, die auf ihren Liebhaber verzichten und einen reichen alten Lebemann heiraten muß.

Die *Ritter vom Geiste* (1850/51) — ein neunbändiger „Roman des Nebeneinander" — beschreiben die revolutionären Vorgänge 1849 in Berlin. Freimaurerische Idealisten aus verschiedensten Gesellschaftsschichten erstreben, an Goethes *Wilhelm Meister* und den Sozialismus von Saint-Simon anknüpfend, eine Gesellschaftsreform. Der Roman *Der Zauberer von Rom* (1861) trat für die katholischen Reformisten, die sich mit dem Protestantismus ausgleichen wollten, gegen die romabhängigen Ultramontanen ein. Was den begabten Autor bewegte, erhellt sein Trauerspiel *Uriel Acosta* (1847) vom vergeblichen Kampf eines wahrheitssuchenden Rabbi gegen die Dogmatiker, sowie seine die Moralheuchelei anprangernde Komödie *Urbild des Tartuffe* (1847). Das Lustspiel *Zopf und Schwert* (1843), das am Hofe Friedrich Wilhelms I. spielt, gehörte lange zum Bühnenrepertoire. Dem deutschen Theater hat Gutzkow später auch als Dramaturg des Dresdner Hoftheaters gedient. Bereits acht Jahre vor Turgenjews berühmtem Roman *Väter und Söhne* (1861) führte er mit der Novelle *Die Nihilisten* den die Romantik radikal ablehnenden Typus in die Literatur ein. Er war zudem ein Feuilletonist von Rang. Ein Zeugnis dafür, was sich die progressiven Liberalen im Jahre 1848 von der Revolution für Deutschlands Erneuerung erwarteten, ist seine Schrift *Deutschland am Vorabend seines Falles oder seiner Größe*.

HEINRICH LAUBE (1806—84) hatte als Direktor (ab 1850) und Chronist des Wiener Burgtheaters zur Zeit Grillparzers und Hebbels große Bedeutung für die Theatergeschichte und pflegte einen Stil sparsamer Inszenierung, wenn sich auch seine eigenen Stücke — das freiheitliche Schillerstück *Die Karlsschüler* (1847) und *Graf Essex* — nicht bis heute halten konnten. Der für den Polenaufstand begeisterte junge Laube, 1848 Mitglied des Frankfurter Parlaments, war 1834 wegen Pressevergehens im Zuchthaus; davon erzählte er im 3. Teil seines Romans *Das junge Europa*.

Das „Junge Deutschland" war so wenig wie die Stürmer und Dränger, die Naturalisten von 1880 oder andere literarische Bewegungen bis zur „Gruppe 47" eine geschlossene Gruppe. Erst die engstirnigen Schikanen der damaligen Obrigkeit machten es zu einem Begriff. Der Literaturhistoriker Menzel (s. S. 200) befehdete Gutzkows *Wally* als gotteslästerliches Schundwerk, spielte sich als Verteidiger der Moral und Religion auf und rechtfertigte so die berühmt-berüchtigten Polizeimethoden gegen die Schriftsteller. Die staatlich-kirchlichen, von Metternich und dem Zaren aus der Ferne dirigierten Obrigkeiten suchten sich gegen die Diskussion ihres stickigen, veralteten Zwangssystems zu schützen. Wie der Fortgang der Geschichte erwies, wurden damit jedoch nur die Ansätze zu freieren, dem Industriezeitalter angemesseneren Lebensformen, die Ventilierung der unausgegorenen Verhältnisse erstickt und der im 19. Jh. nicht zu Reife und Selbstbewußtsein gelangte deutsche Liberalismus schließlich in ungleich gefährlichere nationalistische Gleise abgedrängt.

Fritz Reuter (1810—74), aus Mecklenburg, Bürgermeisterssohn, Jusstudent, denunzierter Burschenschafter, 1834 auf die Feste Silberberg in Schlesien übergeführt, 1837 zum Tode verurteilt und zu dreißigjähriger Festungshaft begnadigt und 1840 amnestiert, gehörte ebenfalls zu den demokratischen Rebellen jener Jahre. Seit 1856 widmete er sich ganz der Schriftstellerei und wurde zum kraftvollsten und originellsten Dialekterzähler. Wenn man wissen will, wie es damals in Mecklenburg auf dem Land, in den Kleinstädten, bei Adeligen, Landwirten und bürgerlichen Honoratioren zuging, muß man seine ungekünstelten Bücher lesen. In *Ut de Franzosentid* schildert er die Zeit Napoleons. *Ut mine Festungstid* (1862—64) ist die Geschichte seiner Festungshaft, während er in *Ut mine Stromtid* (Strom = landwirtschaftlicher Eleve) ein buntes Bild von Gutsherren, Emporkömmlingen und allerlei Typen mecklenburgischen Landlebens gibt (1864). Bei allem Humor war er keiner, der sich nach seiner Haft gleich versöhnt und unterworfen hätte, schon gar nicht ein Volksdichter, der Blut und Boden beweihräucherte.

Friedrich Spielhagen (1829—1911), ein Verehrer Lassalles, war nach der gescheiterten 48er Revolution der einzige, der in seinen Romanen die tatsächliche Entwicklung bis nach der Reichsgründung zu verfolgen suchte (*Problematische Naturen,* 1860; *In Reih und Glied,* 1867, eine Biographie Lassalles; *Hammer und Amboß,* 1869; und der Roman der Gründerjahre *Die Sturmflut,* 1876). Er versuchte immerhin, dem Hang zur poetischen Verklärung und bloßen Kleinmalerei auszuweichen, dem der nationalliberale Gelehrte Gustav Freytag (1816—95) in dem Breslauer Kaufmannsroman *Soll und Haben* (1855) erlag, einem Roman, worin obendrein die Aristokraten als frivol, die Kaufleute tugendhaft-brav und die Juden habgierig-tückisch geschildert werden. Freytag, der seinen Ruf durch die Komödie *Die Journalisten* (1852) begründete, verfaßte 1859—67 fünf Bände *Bilder aus der deutschen Vergangenheit* und 1872—80 die sechs kaum mehr lesbaren Romane *Die Ahnen,* eine Familiengeschichte von den Germanen bis ins 19. Jh.

Literatur:

J. Hermand *Das Junge Deutschland. Texte u. Dokumente.* R 8703 (mit Literaturhinweisen, Autorenverzeichnis u. ausführl. Nachwort)

Fritz Reuter. Eine Festschrift zum 150. Geburtstag, hg. v. Reuter-Komitee der DDR. Rostock: Hinstorff 1960

Karl Gutzkow *Liberale Energie.* Hg. v. P. Demetz. Ullstein TB 3033

b) Die politische Lyrik 1848

Nicht Mord noch Brand noch Kerker
noch Standrecht obendrein,
es muß noch kommen stärker,
wenn's soll von Wirkung sein!

Zu Bettlern sollt ihr werden,
verhungern allesamt,
zu Mühen und Beschwerden
verflucht sein und verdammt!

Euch soll das bißchen Leben
so gründlich sein verhaßt,
daß ihr es weg wollt geben
wie eine Qual und Last!

Dann, dann vielleicht erwacht doch
in euch ein neuer Geist,
der Geist, der über Nacht noch
euch hin zur Freiheit reißt!

Die Verse des 1842 abgesetzten Breslauer Professors Hoffmann von Fallersleben (1798—1874) können noch heute eine Vorstellung von der Trostlosigkeit des „Vormärz" geben. Das Gefühl, lebendig begraben zu sein, bestimmte alle Äußerungen jener Jahre, z. B. Heines Lazarus-Zyklus, Kellers Gedichte *Lebendig begraben,* die Dramen Büchners und viele Verse Hebbels. Man wird der politischen Lyrik um 1848 deshalb nur gerecht, wenn man sie, ebenso wie die eiserne Sprache des gleichzeitigen *Kommunistischen Manifests,* gegen den Hintergrund dieser allgemeinen politisch-sozialen Lähmung liest. Wie schwach überdies das politische Bewußtsein des deutschen Bürgertums war, zeigt sich auch daran, daß von Hoffmann von Fallersleben lediglich seine Kinderliedchen *Alle Vögel sind schon da, Ein Männlein steht im Walde* und sein später nationalistisch umgedeutetes *Deutschland, Deutschland über alles* im Gedächtnis des Volkes fortleben.

Um 1840 war anläßlich der Thronbesteigung Friedrich Wilhelms IV. eine zweite Welle politischer Dichtung in Erscheinung getreten. An dieser Lyrik des Vormärz beteiligte sich fast das gesamte literarische Deutschland, die vor einem Umsturz warnenden Vertreter des Erbes wie Grillparzer genauso wie die Herolde des Neuen.

Am reinsten verkörperte den Begriff des nur-politischen Dichters GEORG HERWEGH (1817—1875). In Stuttgart als armer Leute Kind aufgewachsen, Theologiestudent am Tübinger Stift, war der radikale Republikaner 1840 nach Zürich übergesiedelt (s. Gottfried Keller), von wo aus er Auflage um Auflage seiner *Gedichte eines Lebendigen* über die Grenze sandte:

Reißt die Kreuze aus der Erden!
Alle sollen Schwerter werden.
Gott im Himmel wirds verzeihn.
Gen Tyrannen und Philister!
Auch das Schwert hat seine Priester,
Und wir wollen Priester sein.

Die Gedichte schlugen in Deutschland nicht zuletzt wegen ihrer religiös eingefärbten Symbolik wie ein Blitz ein. Aber der Blitz entzündete nur die Deklamationen und Ständchen bürgerlicher Liedertafeln, als der gefeierte Freiheitssänger zu seiner berühmten Audienz mit dem Preußenkönig durch Deutschland reiste. Die „eiserne Lerche“, die sich so himmelhoch geschwungen hatte, wurde bald nach dieser Audienz kurzerhand ausgewiesen. „Nur in deinem Gedicht / Blüht jener Lenz, den du besingst“, stellte Heine zu Herweghs Höhenflügen realistisch fest. Auch als sich der Lyriker 1848 an die Spitze der deutschen Legion in Paris stellte, um den badischen Aufständischen zu helfen, kam er nur noch zu deren Niederlage zurecht.

Herwegh schuf später für seinen Freund Ferdinand Lassalle die „Arbeitermarseillaise“:

Mann der Arbeit, aufgewacht
Und erkenne deine Macht!
Alle Räder stehen still,
Wenn dein starker Arm es will.

Er blieb seiner Gesinnung treu. Im Unterschied zu FERDINAND FREILIGRATH (1810—1876) söhnte er sich nie mit Bismarck-Deutschland aus. Freiligrath hatte sich durch die exotischen Klänge seiner frühen Lyrik *(Der Mohrenfürst, Leben eines Negers)* ersten Ruhm erworben. 1844 bezeugte er Mut, als er eine von Friedrich Wilhelm IV. angebotene Pension ablehnte (Gedichtband *Ein Glaubensbekenntnis*). Die sechs von der Begegnung mit Karl Marx beeinflußten Gedichte *Ça ira* mußten schon in der Schweiz erscheinen.

Wir sind die Kraft! Wir hämmern jung das morsche Ding, den Staat,
Die wir von Gottes Zorne sind bis jetzt das Proletariat!

So meditiert in der Ballade *Von unten auf* der Heizer des flaggengeschmückten Staatsschiffs, auf dem der Preußenkönig, der „Romantiker auf dem Thron“, den Rhein hinunterfährt. 1848 kehrte Freiligrath nach Düsseldorf zurück. 1851 wurde er wegen staatsfeindlicher Umtriebe verhaftet und ging nach seiner Freilassung nach London. Doch nachdem er 1868 aus dem elenden Londoner Exil in seine Heimat zurückkehren durfte, wandelte sich der Klassenkämpfer, von der Begeisterung des deutsch-französischen Krieges mitgerissen, zum biederen Verherrlicher Bismarcks. So kam es, daß er nicht als Revolutionär, sondern als Verfasser vaterländischer Reimereien in die Schullesebücher einging *(Hurra Germania, hurra du stolzes Weib; Die Trompete von Gravelotte)*.

Auf diese patriotische Lyrik von 1870 ging der Vers Mörikes:

Bei euren Taten, euren Siegen,
Wortlos beschämt hat mein Gesang geschwiegen,
Und manche, die mich darum schalten,
Hätten auch besser den Mund gehalten.

LITERATUR:
Der Dt. Vormärz. Texte u. Dokumente, hg. v. J. Hermand. R 8794—98
P. Demetz *Marx, Engels und die Dichter.* Ullstein TB 4021/22 (1959)
M. Greiner *Zwischen Biedermeier u. Bourgeoisie.* 1953, S. 219—278 (Herwegh, Freiligrath)
Deutschland Deutschland. Politische Gedichte vom Vormärz bis zur Gegenwart, hg. v. H. Lamprecht. Bremen 1970
F. Freiligrath *Gedichte.* R 4911 — G. Herwegh *Gedichte und Prosa.* R 5341

8. Bürgerlicher Horizont nach der Jahrhundertmitte

a) Theodor Storm — Familie, Heimat, Erinnerung

In stillen, wohlaufgeräumten Zimmern alter Bürgerhäuser finden wir noch heute Bilder, aus deren nüchtern-zweckmäßigem Rahmen uns das wehmütig umflorte Auge eines verstorbenen Familienmitglieds anschaut. Ein Hauch des Vergangenen berührt uns, dunkel streift uns ein fremdes Schicksal. Für einen Augenblick ein Duft des Intimen, eine flüchtige Stimmung.

Reduktion aufs Bürgerliche. Von dieser Art ist auch die feine Stimmungskunst der Lyrik und frühen Novellen des Husumer Kreisrichters Theodor Storm (1817—88). Die bürgerliche Schicklichkeit des Dichters ist eingefügt in den Rahmen der Standesordnung, der Familie und des Staatsamts. Storm hat zeitlebens diesen Rahmen als unverbrüchlich vorausgesetzt; denn nur in ihm fand sein Stimmungszauber, das Weiche und Zerfließende, einen festen Halt. Auch seine Gedichte und Erzählungen sind in einen Rahmen gefaßt: er hält das, was vergänglich ist und schon als vergänglich erlebt wird, zusammen. Oft erzählt er nicht selbst, sondern läßt einen anderen rückblickend erzählen. Auch die Heimat, von der ihn die Einverleibung Schleswig-Holsteins an Dänemark jahrelang fernhielt, erlebte er aus der Sehnsucht des Abwesenden. Da er als Agnostiker niemals fragte, was hinter oder jenseits des Rahmens sei, sind auch die anschaulichen Bilder, die er von der Landschaft gibt, gleichsam nur schwebend gegenwärtig: Impressionen, das ungreifbare Wesen der Stimmungen. Storms Stimmungen sind freilich nicht so leuchtend, farbenfroh und vital wie die Bilder französischer Impressionisten. Über ihnen lastet der friesische Himmel, um sie ist Einsamkeit. Sie kommen aus dem Entsagen, dem Hinschwinden der Aktivität. Der Bürger zieht sich auf sich selbst zurück, auf den engsten Kreis seiner Empfindungen, auf das Angedenken, das stille Heim und die nächste Heimat. Folgerichtig ist in Storms Novellenkunst auch alles das ausgeklammert, was zu tief aufwühlen und verwirren könnte: der rauhe Sturm der Geschichte, die quälende Frage nach Gott und dem Sinn des Lebens. Es ist eine um die tieferen und höheren Dimensionen beschnittene, ins bürgerliche Maß gebrachte Nachromantik, die sinnliche Vergegenwärtigung des noch im allgemeinen Strudel Verbleibenden. Diese Einschränkung ist der Preis, den Storm für die erzählerische Ökonomie seiner Novellen bezahlen mußte.

In *Immensee* (1850), der Geschichte einer verlorenen Liebe, ist die Prosa noch ganz lyrisch. *Viola Tricolor* (1874; Problem einer zweiten Ehe und des Stiefkinds), *Aquis submersus* (1876, Ende einer verbotenen Liebe), *Carsten Curator* (Vater-Sohn-Konflikt) und *Eckenhof* (Selbstzerstörung einer Familie) bringen bereits eine bedeutende seelische Vertiefung. Mit den späteren Chroniknovellen, der Ehebruchsgeschichte *Ein Fest auf Haderslevhuus* (1885) und besonders mit der Erzählung von dem ehrgeizigen Deichgrafen Hauke Haien, der trotzig gegen das Meer und die unverständigen Bürger ankämpft und zugrunde geht *(Der Schimmelreiter,* 1888) gewinnt seine Prosa immer mehr realistischen Boden. Die intimen Interieurs aus der Stille nach 1848 wandeln sich zu Chroniken: Leben, angeschaut durch den Rahmen der Familien- und Heimatgeschichte. Die Resignation schwindet, herbe Sachlichkeit und ein oft froher Humor gewinnen die Oberhand. Dennoch scheint es uns Nachlebenden, als stünde noch immer der Husumer Kreisrichter im dämmrigen Zimmer und rückte nur leicht den Vorhang vom Fenster, um hinauszublicken in eine fremd-vertraute Welt:

> Doch hängt mein ganzes Herz an dir,
> Du graue Stadt am Meer;
> Der Jugend Zauber für und für
> Ruht lächelnd doch auf dir, auf dir,
> Du graue Stadt am Meer.

Literatur:
F. Stuckert *Theodor Storm, seine Welt u. sein Werk.* 1955 — H. Vincon *Theodor Storm,* rm 186
Bibliographien in: *Schriften der Theodor-Storm-Gesellschaft,* Husum, Schrift 3 (1954) S. 60—79, Schrift 5 (1956) S. 66—71

b) Gottfried Keller — Das Märchen vom rechtschaffenen Zürcher Bürger

Ernte der liberalen Kampfzeit. Gottfried Keller (1819—90), zwei Jahre nach Storm geboren und gestorben, hat von Zürich aus mit dem friesischen Kreisrichter Briefe getauscht und ihn einen „stillen Goldschmied und Silber-Filigranarbeiter" genannt. Der Vergleich enthält zugleich auch etwas vom Ethos des Schweizer Handwerkersohns, dem die Kunst gediegene Handwerksarbeit zum Wohle seiner rührigen Vaterstadt war. Ein Schweizer Bürger wie der gütige Pestalozzi und der zornige Bauernpfarrer Gotthelf: Sie alle sind Volkserzieher aus Verantwortung für das Gemeinwesen. Das Künstlertum des bewußten Republikaners Keller hat eine solide Basis in der Tüchtigkeit des Handwerks und in der aufstrebenden Stadt Zürich. Es ist — im Gegensatz zu Storm — nach außen gewendet, verharrt nicht im privaten Dämmer der Seele und beim Dahinwelkenden. Wenn an dem altständischen Holsteiner Bürgertum Storms die Revolution von 1848 noch einmal vorübergegangen war, wenn da etwas Zerbröckelndes noch einmal verschont blieb, so war der liberale Durchbruch in Zürich erfolgreich. Deshalb entspricht der herbstlichen Entsagungsstimmung der ersten Stormnovellen — *Immensee* entstand 1849 — der blühende Frühling und der reifende Sommer von Kellers *Grünem Heinrich* (1854—55). Keller bringt die Ernte der liberalen Kampfzeit, des Aufstiegs des Handwerkertums zur Mitarbeit am Gemeinwesen in die Scheuern ein. Nach dem Sieg erscheinen ihm das befreite bürgerliche Leben, Stadt und Landschaft, Handwerker und Bürger wie Figuren eines Märchens vom tätigen, frohen Leben. Als sei es immer so gewesen und müßte immer so sein: solide, fest, im sicheren Rahmen der politischen Ordnung und der sauberen, überschaubaren Schweizer Landschaft, wo Seen, Dörfer, Berge und der blaubewölkte Himmel ihren genauen Platz haben. Auch die schrulligen Typen, die kleinbürgerlich Verschrobenen, die Tunichtgute und Angeber haben in dieser Ordnung ihre Stelle. Wenn nicht, dann weist sie der Dichter ihnen mit lächelnder Satire zu.

Aufbrechende Problematik. Von Jahr zu Jahr deutlicher bemerkt Keller, wie sein Bild der sozialen Harmonie, deren Träger der handwerkliche Mittelstand sein sollte, Risse bekommt, wie die vorgestellte Ordnung auseinanderfällt in ein zurückbleibendes, verschroben-mißliches Kleinbürgertum und in den neuen Typ des Spekulanten und Geschäftemachers. Im selben Maße steigert sich auch das satirische Element, das Bittere und leicht Groteske. Am Ende schreibt er den Roman *Martin Salander* (1886) gegen den unredlichen und rücksichtslosen Geschäftsgeist, der das Gemeinwesen zerstört (vgl. Gotthelf S. 207 f.).

Lebenslauf. Kellers Vater war Drechsler, ein aktiver Liberaler der Kampfzeit vor 1848. Er hatte wohl etwas vom Schlage jenes Schneidermeisters Hediger im *Fähnlein der sieben Aufrechten,* dessen Zimmerwand die Bildnisse von Kolumbus, Zwingli, Hutten, Washington und Robespierre schmückten und der sein Jagdgewehr gleich bei der Hand hat, um gegebenenfalls auf „Aristokraten und Jesuiten, auf Verfassungsbrecher und Volksverräter Jagd zu machen". Gottfried wollte Maler werden, er ging 1840 nach München, mußte aber aus Geldmangel seine Künstlerlaufbahn abbrechen. 1844/45 beteiligte er sich an den Freischarzügen, 1848 belohnte ihn der liberale Staat mit einem Stipendium. Er studierte in Heidelberg, hörte Feuerbachs Vorlesungen (s. S. 197), schrieb in Berlin den *Grünen Heinrich* und wurde 1861 zum Staatsschreiber des Kantons Zürich gewählt. Bei seinem Tod 1890 betrauerte ihn fast das ganze Volk.

Die Werke. *Der grüne Heinrich* (1854/55) ist ein farbenfroher Entwicklungsroman, in dem sich Kellers Erzählkunst am schönsten entfaltete. Der junge Heinrich Lee will wie Keller Maler werden. So zieht er von der Heimat fort in die Künstlerkreise Münchens, aber seine Bohémienromantik und seine romantischen Liebschaften führen nur den Tod seiner armen, sparsamen Mutter herbei. Bei seiner Heimkehr begegnet der Erfolglose ihrem Leichenzug und stirbt ihr bald darauf in Verzweiflung nach. In der Neufassung von 1879/80 ringt sich Heinrich zu tätigem Leben durch und widmet sich der öffentlichen Aufgabe eines verantwortungsbewußten Bürgers — bezeichnend für den Unterschied zu den romantischen Künstlerromanen Wackenroders, E. T. A. Hoffmanns und Mörikes. Die Bedeutung des Romans tritt klar zutage, wenn man ihn mit Stifters Versuch im *Nachsommer* vergleicht, die Schönheit des Vergangenen in der Gegenwart zu restaurieren (s. a. S. 227, 235).

Die zehn Novellen von den *Leuten von Seldwyla* (1856, 1874) erzählen — an Jean Paul geübt, doch das Groteske auf das Skurrile, philisterhaft Krähwinklige ein-

Keller als Freischärler (mit der Trommel), Karikatur auf Kellers vergebliche Teilnahme an liberalen Freischarzügen gegen die katholische Kantonsregierung von Luzern 1845. Zeichnung von J. Ruff, der selbst daran teilnahm.

engend — in einer Mischung von Schwank und Märchen von allerlei kleinstädtischen Sonderlingen, Käuzen und Narren *(Kleider machen Leute, Pankraz der Schmoller, Die drei gerechten Kammacher)*, vom bäuerlichen Liebespaar *Romeo und Julia auf dem Dorfe* u. a. — Auf die liebenswürdig spöttischen *Sieben Legenden* (1872) folgten die *Züricher Novellen* (1878) mit der rokokohaft anmutigen Erzählung vom *Landvogt von Greifensee* und seinen Bräuten. Die Sammlung enthält auch die 1860 vollendete Novelle *Das Fähnlein der sieben Aufrechten,* worin die Liebe zwischen einer reichen Unternehmerstochter und einem Schneidermeister fast die politische Freundschaft der liberalen Väter gefährdet hätte. — Das *Sinngedicht* (1881) ist ein kunstvoller Novellenzyklus um Sitte und Sinnlichkeit der Frauen. — Im zeitkritischen Roman *Martin Salander* (1886) demonstriert Keller an der Geschichte zweier Familien das Unheil charakterlosen Geldstrebens für die bürgerliche Sittlichkeit.

Kellers Erzählkunst verschmilzt Poesie und Realität zum „poetischen Realismus". Indem sie alles allzu Romantisch-Subjektive, Fantastische und Geistvoll-Spielerische ausscheidet und andererseits nie die nackteste Wirklichkeit zeigt, entsteht eine farbenfrohe Fülle märchenhafter Bilder. Seine Prosa hat dann etwas von der Wärme und Bildhaftigkeit, vom frohen Weltsinn des jüngeren Goethe, leicht berührt von der schmerzlichen Dunkelheit der Romantik. Mit dieser auf die bürgerliche Rechtschaffenheit eingegrenzten Haltung, die keine extremen Erfahrungen des Geistes mehr duldete, wurde Kellers Prosa — nach dem Naturalismus — wieder zum Vorbild für viele deutsche Erzähler (Hesse, Wilhelm Schäfer, Emil Strauß, Bergengruen u. a.).

Nicht immer freilich deckt sich seine Fabulierlust, das Verlangen nach dichterischer Verwandlung mit dem Stoff. Dann wird er schalkhaft-ironisch, greift auch zur humorig-grotesken Darstellung des Kauzhaften und Schrulligen, oder es schlägt das Lehrhafte durch. Wo der Märchenglanz abbröckelt, kommt ein altväterisches, zähes Schweizer Spießbürgertum zum Vorschein. Die Schrumpfformen des Philisters reizen ihn mitunter bis zur Karikatur. Indes, Keller hat am erfolgreichsten versucht, das im *Wilhelm Meister* skizzierte Programm der Versöhnung von Geist und Arbeit, Kunst und gewerblichem Mittelstand zu exemplifizieren, ohne in Sentimentalität oder nur verklärenden Schein abzugleiten. Er wußte, besser als viele seiner Stilnachahmer im 20. Jh., daß eine so versöhnte Welt nicht dauern und Poesie die moralisch-politischen Probleme nicht lösen kann.

Augen, meine lieben Fensterlein,
Gebt mir schon so lange holden Schein,
Lasset freundlich Bild um Bild herein:
Einmal werdet ihr verdunkelt sein.

LITERATUR:
E. Ermatinger *Gottfried Kellers Leben, Briefe u. Tagebücher.* 3 Bde. Zürich [8]1950
G. Lukács *Gottfried Keller.* Berlin [2]1947
B. Breitenbruch *Gottfried Keller.* rm 136
Über Gottfried Keller. Hg. v. Paul Rilla. detebe 167 (1978)
Jahresberichte der G.-Keller-Gesellschaft 1 ff. Zürich 1932 ff.

c) Die Kehrseite des „Poetischen Realismus"

Die stilgeschichtliche Bezeichnung „poetischer Realismus" gibt es nur in der deutschen Literaturgeschichte, wo sie auf die Prosa zwischen 1840 und 1900, d. h. vor allem auf Storm, Stifter, Keller und deren zahlreiche Epigonen im 20. Jh. angewandt wurde. Die von Otto Ludwig geprägte Formel geht letztlich auf die Identitätsphilosophie Schellings (s. S. 175) zurück und drückt die Identität von Subjekt und Objekt, Geist und Natur aus. In der deutschbürgerlichen Erzähltradition bis zu Emil Strauß und Bergengruen bedeutete diese Versöhnung zweier Pole vor allem die Harmonie von Geist und Natur. Die Natur — nämlich die vertraute Heimatlandschaft, Wälder und Fluren, Flüsse und Berge — wurde als das Bleibende, das Ruhende im Wandel der Zeiten gesehen. Sie erschien, in weitgehend pantheistischer Färbung, als das Ewige und Göttliche. Natur wurde so häufig zum Ersatz für eine ethisch-aktive Einstellung zur Wirklichkeit, für eine kritische Haltung gegenüber der Gesellschaft. Sie wurde (s. S. 205) zum Gefäß der vom obrigkeitlichen Staatschristentum abgedrängten religiösen „Gefühle", zur Quelle des Trosts und der Erbauung. In die Harmonie der Natur schien auch der Mensch eingebettet, geborgen im ruhigen dörflichen und handwerklich-kleinstädtischen Leben.

Unverkennbar hängt daher die Beliebtheit des „poetischen Realismus" in Deutschland mit der passiven Lage des Kleinbürgertums und der akademischen Bildungsschichten zusammen, die sich gegen die Verstädterung, die Industrialisierung und die rationale Durchleuchtung der Gesellschaft wehrten (s. S. 238). Die großen Erzähler des Auslands, wie z. B. Balzac, Flaubert, Dickens, Tolstoi und Turgenjew, schrieben eine deutlich gesellschaftskritische, aggressive oder ironisch-distanzierte Prosa (s. S. 241). Ihr „Realismus" tendierte nicht auf Beruhigung und harmonische Verklärung des Handwerker- und Bauerntums.

Gottfried Keller war der einzige, hinter dessen „poetischem Realismus" wirklich eine gesellschaftliche Realität stand, ein festgefügtes Gemeinwesen, die selbstbewußte Züricher Stadtrepublik. Er erkannte auch mehr als andere die grotesken und skurrilen Aspekte des Lebens.

Seitdem im 20. Jh. der stalinistische Sozrealismus die widerspruchsfreie Verklärung des „Arbeiter- und Bauernstaates" forderte und die nazistische Kulturpolitik dem poetischen Realismus der „Volksgemeinschaft" Vorschub leistete, ist die Aussöhnungsformel ziemlich diskreditiert. Wir sind daher heute mißtrauisch gegen eine Dichtung geworden, in der die dargestellte Gesellschaft frei von Widersprüchen und nicht stets verbesserungsbedürftig erscheint.

LITERATUR:
E. Auerbach *Mimesis. Dargestellte Wirklichkeit in der abendländischen Literatur.* Bern ^{2}1959
G. Lukács *Deutsche Realisten des 19. Jahrhunderts.* Berlin ^{2}1952
R. Brinkmann *Wirklichkeit u. Illusion. Studien über Gehalt u. Grenzen des Begriffs Realismus für die erzähl. Dichtung des 19. Jhdts.* Tübingen 1957
Begriffsbestimmung d. literarischen Realismus. Aufsätze, hg. v. R. Brinkmann. WBG Bd. 212 (1969)

9. Friedrich Hebbel — Die Gespenster des Jahrhunderts

Alles Leben ist Raub;
Funken, die Sonnen entstammen,
Lodern das All zu durchflammen,
Da verschluckt sie der Staub.

Von Keller wurde gesagt, er habe aus dem bitteren Trank des Bewußtseins der Endlichkeit eine neue Süße des Lebens gezogen, die nachmittägliche Vergoldung des Heute, die schöne, schwere Frucht, die über dem Abgrund reift (H. U. v. Balthasar). Früchte über dem Abgrund sind auch einige der schönsten, jeder bequemen Gefühlsharmonie entzogenen Gedichte Hebbels *(Herbstbild, Ich und Du)*. Was aber im Abgrund dieses düsteren, ehrgeizigen, immer mit einer feindseligen Umwelt in Streit liegenden und von höchstgesteigertem Selbstbewußtsein erfüllten Mannes, des Sohnes eines armen Maurers aus Wesselburen, vor sich ging, das erfahren wir aus seinen Briefen, Tagebüchern, Hunderten von Entwürfen und aus den ausgeführten Dramen.

Friedrich Hebbel,
Holzstich nach einem Gemälde von K. Rahl

Eine geborstene Welt. Besitz und Bildung, die verbürgerlichte Religion und die Loyalität gegenüber dem Staat waren nur die Schauseiten der Gesellschaft. Unter der Oberfläche des zwischen Vergangenheit und Zukunft zerrissenen Jahrhunderts hausten die ruhelosen Gespenster: der Brudermörder Kain (Thema Jean Pauls, Byrons), die oft behandelte Gestalt des Ahasver und Fliegenden Holländers (R. Wagner). Ihnen fügte Hebbel — seine eigene Ichbesessenheit, noch mehr die der Zeit darstellend — den sich selbst vergottenden Holofernes, den gierig-lüsternen Golo und den menschenfressenden Moloch hinzu: Mythen, in denen sich die Triebkräfte kapitalistischer Bereicherung, des Klassenkampfes, des Kampfes ums Dasein (s. Darwin S. 197) ausdrückten. Wenn der Einzelne nicht zerrieben werden wollte, mußte er sich wehren. Hebbel, der Maurersohn, besessen vom Willen, als Dichter aufzusteigen und Anerkennung zu erreichen wie der um 1848 von der national-bürgerlichen Bildung wieder hochgeschätzte Schiller, durchlitt dieses grausame Gesetz.

Die Sprache seiner frühen Wesselburer Dichtungen wird von Ausdrücken wie Foltern, Quälen, Pressen, Einsaugen, Peitschen, Zermalmen und Zertrümmern beherrscht. Er ist radikal einsam. In der Welt, wie er sie sieht, kann sich nur noch ein titanischer Wille behaupten. Wo sind die hohen Ideale der Klassik geblieben? Wo Don Carlos und Egmont, die dem aufstrebenden Bürgertum des 18. Jhs noch voranleuchteten? Die Welt, notierte er einmal, sei eine „Wunde Gottes", in ihr sei ein Gott begraben, der „auferstehen will und allenthalben durchzubrechen sucht, in der Liebe, in jeder edlen Tat" (vgl. S. 222). Bewußtsein sei Schmerz, alles Leben Raub des einen am anderen. Der Glaube an Fortschritt, an endzeitliche Harmonie, der doch die Aufklärung und auch die Sozialisten des 19. Jhs erfüllte, ist bei Hebbel schon ganz zernagt. In seinen Tagebüchern, Entwürfen und Dramen rasen die Gedanken gegeneinander. Er malt sich endzeitliche Schreckensvisionen aus und eine von Menschen überfüllte und sterbende Erde. Sind nicht alle Kulturinhalte und die ganze idealistische Ethik bereits fragwürdig geworden?

Sein Leben begann 1813 in Armut. 1827 starb sein Vater, 1829 veröffentlichte er sein erstes Gedicht im Heimatblättchen. Er will studieren, bekommt Stipendien. 1835 lernte er die ältere Näherin Elise Lensing kennen, von ihr wird er zwei Kinder haben. Doch kann (und will) er sie nicht heiraten. Ehrgeizig strebte er höher. 1840 beendete er das Drama *Judith*, 1841 *Genoveva*, Gedichte erschienen, 1843 schrieb er *Maria Magdalene*. Dazwischen liegen Entbehrungen und Bildungsreisen nach Paris, Rom und Wien, wo er 1846 die Burgtheater-Schauspielerin Christine Enghaus heiratete. Seine Stücke wurden aufgeführt. Er schrieb 1847/48 *Herodes und Mariamne*, 1851 *Agnes Bernauer*, 1854 *Gyges und sein Ring*. Er wurde sogar Fürst Metternich vorgestellt und erhielt den bayerischen Maximiliansorden. Doch bis zu seinem Tode 1863 grübelte er rastlos, mit immer neuen Dramenentwürfen und Gedanken beschäftigt, die sich nur wenig mit der öffentlich anerkannten Kulturfassade vertrugen.

In fast allen Tragödien Hebbels steht ein dämonischer, titanenhafter Mann, Verkörperung des Machtwillens, einem Weibe in Haßliebe gegenüber. Ein besitzgieriges Ich entweiht und erniedrigt ein Du. In der *Judith*-Tragödie (Buchausgabe 1841) ist es der sich selbst vergottende assyrische Feldherr Holofernes, dem sich Judith hingeben muß, um ihr Volk zu retten. Da sie zugleich Holofernes Übermenschentum bewundert und die Demütigung nicht ertragen kann, ist sie zum Tod bereit. — Im bürgerlichen Prosa-Trauerspiel *Maria Magda-*

lene (Buchausgabe 1844), Hebbels dichtestem Stück, das in einer deutschen Kleinstadt spielt, verlangt der kalte Karrieremacher Leonhard von der Tischlerstochter Klara das Opfer der Hingabe, um sie zu binden; doch auf größere Mitgift erpicht, löst er dann die Verlobung. Klaras Schande bringt bei den strengen Moralbegriffen dieses engen Milieus Unglück über das ganze Haus: Klara stürzt sich in den Brunnen, ihr früherer Verehrer tötet den Kassierer Leonhard im Duell. Klaras leichtsinniger Bruder Karl, eines Diebstahls verdächtigt, verläßt die Heimat, die Mutter war schon vor Schreck über Karls vermeintliche Unehrenhaftigkeit gestorben. Am Schluß steht der alte Vater, Tischlermeister Anton, allein auf der Bühne und stammelt: „Ich verstehe die Welt nicht mehr." — In der Ehetragödie *Herodes und Mariamne* (Buchausgabe 1850) befiehlt der eifersüchtige König Herodes, die schöne Mariamne zu töten, falls er nicht mehr vom Kriege zurückkehrt. Als Mariamne erfährt, wie er ihren Eigenwert mißachtet, läßt es ihr Stolz nicht zu, sich vor dem heimgekehrten König gegen den Verdacht der Untreue zu verteidigen. So wird sie hingerichtet, Herodes bricht nach der Enthüllung der ungerechten Beschuldigung zusammen.

Mit dem Untergang der schönen und sittsamen Augsburger Baderstochter *Agnes Bernauer* (Buchausgabe 1855), die der Thronfolger wider die feudale Standesordnung zur Gemahlin begehrte, endet das gleichnamige Trauerspiel: Agnes wird als Hexe in die Donau gestürzt, die Schönheit fällt den Machtzwecken, hier der Staatsräson, zum Opfer. — In *Gyges und sein Ring* (Buchausgabe 1856) verletzt König Kandaules das Schamgefühl seiner Gemahlin, den Kern ihrer Selbstachtung; vermittels eines Zauberrings läßt er des Nachts seinen Gastfreund Gyges, einen Griechen, die unverhüllte Schönheit Rhodopes erblicken. — Auch in der *Nibelungen*-Tragödie (Buchausgabe 1862), worin Siegfried mit seiner Tarnkappe für König Gunther die Brunhilde besiegt, wird die Mißachtung des weiblichen Selbstwertes zum Anlaß der Tragödie. — Die gräßlichste Verkörperung des schönheitsbesessenen männlichen Egoismus ist Golo in dem Stück *Genoveva* (Buchausgabe 1843).

Die Dramentechnik. Der Urzwist von Ich und Du hätte sich, wenn wir von *Maria Magdalene* absehen, rein nur in einem expressionistischen oder „magischen Theater der Grausamkeit" darstellen lassen, wie es Antonin Artaud im 20. Jh. gefordert hat. Hebbel aber hat über das uralte Ritual des Geschlechterkampfes die zeitgemäße hegelianische Vorstellung von einem dialektischen Kampf der Epochen gestülpt: die Schrittmacher jeder neuen Epoche der Moral wecken die alte Welt aus dem Schlafe und begehen so mit Notwendigkeit ein Unrecht, das sie mit ihrem Untergange sühnen müssen. So stellt er sein Urdrama des Eros in geschichtliche Wendezeiten, in denen sich eine neue Auffassung von Sittlichkeit Bahn brechen will. Die historische Einkleidung verlangte jedoch eine Menge von Nebenpersonen. Da sich Ich und Du in radikaler Vereinzelung gegenüberstehen und nur monologisieren, kann sich das historische Geschehen nicht recht dialogisch entwickeln. Der Autor hilft oft mit eigenem Kommentar nach, den er den realistisch charakterisierten Personen in den Mund legt.

Die Verbindung von realistischer, jedoch ins Mythische übersteigerter Psychologie mit der Dramaturgie der Schillerbühne, von geschichtsphilosophischer Epochendialektik und Urdrama der Geschlechter geben seinen Tragödien etwas willenhaft Konstruiertes.

Der Moloch. Unter Hebbels schier unzähligen Dramenentwürfen ist das unvollendete Stück *Der Moloch* für seine — unveröffentlichten — Zweifel am geltenden Kulturbegriff am aufschlußreichsten.

Ein Molochpriester, der selbst nicht an Gott glaubt, bringt das karthagische Götzenbild zu den Germanen. Diese beten die Fiktion an, der falsche Gott wird zur Grundlage ihrer Kultur, Sittlichkeit und Ordnung. So sehr, daß der Molochpriester zuletzt selbst den ungeglaubten Gott anbetet und zur Sühne für den Betrug in den Tod geht. Wie in Dostojewskijs Erzählung vom *Großinquisitor* wird die Staatsreligion als bloß nützliche Stütze der Kultur entlarvt.

Nimmt man den *Moloch* ernst und ebenso Hebbels Satz, der Ekel der Menschheit vor sich selbst sei die Wurzel des Christentums gewesen, dann erscheinen auch die „christlichen" Schlüsse von *Herodes und Mariamne* und der *Nibelungen* nur als idealistische Wünsche, vielleicht sogar bereits als den Nihilismus überdeckende Versatzstücke. Als einziges Drama bliebe dann der Kampf der monologisch einsamen Individuen, der erbarmungslose Konkurrenzkampf, in seiner äußersten Zuspitzung als Geschlechterkampf. Die eigentliche Tragödie ist dann, daß sich die Frau töten muß, um den unantastbaren Kern ihrer Person zu bewahren. Das Bild der Frau (s. S. 217) ist das letzte sakrale Geheimnis, das nicht auch noch entschleiert, dem Konkurrenzprinzip geopfert und zur Ware degradiert werden darf.

Hab Achtung vor dem Menschenbild
und denke, daß wie auch verborgen,
darin für irgendeinen Morgen
der Keim zu allem Höchsten schwillt!

Wenigstens vor der Liebe von *Mutter und Kind* (Versepos in Hexametern, worin ein junges Dienstbotenpaar ein Gut zur Pacht erhielte, wenn es der kinderlosen Herrschaft das Kind abträte) sollte der gefräßige Moloch haltmachen.

Ein Urteil. Hebbel hat die Entlarvung der „Kultur" noch nicht so weit getrieben wie schließlich G. Benn, der ihm ein Gedicht widmete. Doch fehlt es in keinem seiner Dramen „an verblüffenden Antizipationen modernster Psychologie: in der Décadence des Kandaules ist das Fin de Siècle vorausgeahnt, in der Moralproblematik der *Maria Magdalene* Ibsen, in der Erotik des Herodes Strindberg, in Golo Nietzsche. Am größten ist er aber ... in seinen theoretischen Schriften" (E. Friedell).

LITERATUR:
Beiträge zur Hebbel-Biographie in: *Hebbel-Jahrbuch* Jg. 1953—1963
Anni Meetz *Friedrich Hebbel.* M ²1965
Hebbel in neuer Sicht, hg. v. Helmut Kreuzer. Stuttgart: Kohlhammer ‚Sprache u. Literatur' Bd. 9
Hayo Matthiesen *Friedrich Hebbel.* rm 160
Martin Schaub *Friedrich Hebbel.* FD = dtv 6834

10. Im Zeitalter Bismarcks

a) Conrad Ferdinand Meyer — Kult des Aristokratischen und calvinistische Zweifel

In der zweiten Jahrhunderthälfte setzte — wirtschaftlich betrachtet infolge verstärkter Kapitalkonzentration — eine Reaktion gegen die weitere Demokratisierung der Gesellschaft ein. In Frankreich gebärdete sich Napoleon III. mit neuem feudalem Glanze als Volkskaiser, im Deutschen Bund löste Bismarck 1866 und 1870 das Problem der wirtschaftlichen und nationalen Einheit kurzerhand mit „Blut und Eisen". Macht, Luxus und aristokratische Haltung faszinierten das Großbürgertum und die alten Schichten. Deshalb wird z. B. 1863 in Paris die Ecole des Beaux Arts als repräsentative staatliche Malschule errichtet, um den linksgerichteten Realismus Courbets zurückzudrängen. Als Gegenbild gegen die Demokratisierung wird die Renaissance beschworen: ein Zeitalter großer Künstler, starker Sinnlichkeit, herrischer Naturen und unverblümter Darstellung der Macht. Auch die Dichtung bleibt von dem Zug zum Aristokratismus nicht unberührt: in kühl-distanziertem Stil schrieb schon 1857 FLAUBERT, ein Verächter der gewöhnlichen Krämerseelen, den Roman *Madame Bovary.* Im gleichen Jahre erschienen BAUDELAIRES *Blumen des Bösen,* unbürgerliche, satanisch-verruchte und streng artifizielle Produkte stolzer Einbildungskraft. 1860 gibt das Werk des patrizisch-vornehmen Baseler Gelehrten JAKOB BURCKHARDT über die *Kultur der Renaissance* den Blick auf dieses Kunstzeitalter frei. Im Bösen sieht er die Triebkraft der Geschichte. 1873 preist in England WALTER PATER die erlesenen Schönheiten der Renaissance-Kunst, und in Deutschland beginnt NIETZSCHE gegen das „grüne Weideglück der Menge" seinen Künstler-Aristokratismus zu predigen.

C. F. Meyers (1825—98) historische Novellen müssen gegen diesen Hintergrund gelesen werden; denn erst ab 1865 entdeckt er an der Macht- und Sinnenwelt von Renaissance und Barock seinen gewollt aristokratischen Stil. Meyer stammte aus einem alten kalvinistischen Züricher Geschlecht. Die 48er Republik, die den Handwerkerssohn Keller zum Staatsschreiber machte, verschloß ihm die traditionelle Ämterlaufbahn. Schwermütig und nervenkrank, rang er von Jugend auf um seine Bestimmung: was war ihm von Gott vorherbestimmt? Das ewige Heil oder die Verdammnis? Jahrelang hatte er das unergründliche Walten der Vorsehung in der Geschichte studiert, ehe er seine Novellen zu schreiben begann. Von Kindheit an mehr in der französischen Kulturwelt zu Hause, entschied erst der Sieg der preußisch-protestantischen Vormacht 1870 seine Zuwendung zur deutschen Literatur. Die französische Satzstruktur ist noch in seiner Prosa erkennbar.

Sein Kunstwille. Er schrieb eine bewußte Kunstprosa von deutlichem Stilwillen. Sie unterscheidet sich von der „warmen Leiblichkeit" der Sprache Kellers wie die gewollt großgearteten Gemälde eines Gérome, Ingres, Lenbach oder Piloty von den Landschaften Hans Thomas. Starkes Pathos und kalte Distanz verbinden sich wie bei einem kunstvoll gelegten Faltenwurf. Absichtlich kühlt er die Leidenschaften ab, so daß die Gebärden der Gestalten wie marmorne Plastiken, die Szenen wie erstarrte Gruppierungen wirken. Vorbilder sind ihm Michelangelo und Velázquez. Eines seiner Kunstmittel ist, daß er das historische Geschehen nicht direkt berichtet, sondern von einem späteren Erzähler berichten läßt als etwas Abgeschlossenes, Vergangenes — eine Methode der Distanzierung, wie sie in Frankreich auch Maupassant übte. Die von vielen Novellisten des bürgerlichen Jahrhunderts benutzte Rahmenerzählung dient bei ihm nicht der rührenden Aufbewahrung des Privat-Familiären (vgl. Storm), sondern der dramatischen Raffung. Die Kapitel sind oft wie Akte oder Bühnenszenen aufgebaut. Viele Aktionen erfährt der Leser nur durch Rückblendungen und Berichte aus zweiter Hand, gleichsam als vollendete, tote Tatsachen. Wichtigste Vorgänge spielen rätselhaft hinter der Erzählbühne, die geschilderten Szenen werden kulissenhaft aufgebaut. Viele Hauptwörter haben ein feststehendes Eigenschaftswort — „schlanker Reiter", „bloßgelegte Stirnhöhe", „tiefeingeschnittene Narbe" —, so daß der Eindruck des bildhaft Fixierten entsteht. Der Kontrast zwischen der formalen Kühle und dem wilden, brutalen, farbigen Inhalt der Geschichten, die Mischung von Gut und Böse, Pathos und Kälte in den handelnden Charakteren, das jähe Umschlagen von Berechnung in plötzliche Ausbrüche, die über ihre Motive gebreitete Unklarheit und die Fragwürdigkeit ihrer Entscheidungen erzeugen die flackernde Unruhe der Novellen. Symbole, wie der plötzlich sich entladende Blitz, ein Beil, ein Amulett, erhöhen beim Leser das Gefühl vom dunklen Ursprung großer Aktionen. Es sind dieselben Bühnenrequisiten, wie wir sie auch in der Inszenierung und Regie der damaligen historischen Dramen finden (Meininger Bühne). Die Mischung von Repräsentation und Heimlichkeit, Berechnung und Explosion gehört auch zum Stil des Bismarckschen Typs des Willensmenschen. Der Leser Meyers tritt in eine Atmosphäre des Verrats. Unverkennbar ist Meyer von der Macht und dem Bösen fasziniert, gleichzeitig quält ihn aber die kalvinistische Frage nach Gottes Gerechtigkeit und nach der Gnade des Schicksals. Die dargestellten Akteure haben daher — Reflex der Zeitgeschichte — ein äußerst zwiespältiges Gesicht.

Die Versnovelle *Huttens letzte Tage* (1871) entsprang Meyers protestantisch-humanistischen Sympathien im Kulturkampf jener Jahre, aber auch der Frage, warum der tapfere Streiter Hutten einst im Schweizer Exil so dahinsiechen mußte. — Das *Amulett* (1873) stellt die Frage, warum ein Protestant aus der blutigen Bartholomäusnacht gerettet wurde, während sein katholischer Freund zugrunde ging. — *Georg Jenatsch* (1874) führt in die Graubündner Wirren des Dreißigjährigen Krieges. Der Roman hat eine vieldeutige Beziehung zu den eben abgeschlossenen nationalen Einigungsbewegungen in Italien und Deutschland. Er handelt von dem mit Zügen Bismarcks ausgestatteten Schweizer Freiheitskämpfer Jenatsch, der sogar seinen reformierten Glauben für das nationale Ziel opfert. Oder treibt ihn nur die Machtgier? Der Leser bleibt im Ungewissen. — *Der Heilige* (1879) stellt Thomas Becket, den Kanzler Heinrichs II. von England, als unheilig schillernde Persönlichkeit dar. — Ein als Page verkleidetes Mädchen stirbt in *Gustav Adolfs Page* für den verehrten Schwedenkönig. *Die Leiden eines Knaben* (1883) handeln von verborgenen Untaten der Jesuiten. — *Die Richterin* (1885) hat ein heimliches Verbrechen begangen, wofür sie freiwillig büßt. — *Die Versuchung des Pescara* (1887) zeigt den todwunden Feldherrn Pescara, der seinem Kaiser, Karl V., treu

Conrad Ferdinand Meyer,
Radierung von K. Stauffer-Bern, 1887

zu bleiben scheint. — *Angela Borgia* (1891) ist ein reines Mädchen inmitten der grausamen, verräterischen Renaissance-Welt.

Von Meyers Balladen sind die *Füße im Feuer* mit Recht am berühmtesten. Das kunstvollste Beispiel eines „Ding-Gedichts“ vor Rilke ist Meyers *Römischer Brunnen.* An Konzentration übertrifft es ohne Zweifel Rilkes *Römische Fontäne,* wie denn überhaupt Meyers manchmal fast „symbolistische“ Gedichte erst heute wieder mehr gewürdigt werden.

LITERATUR:

D. A. Jackson *Conrad Ferdinand Meyer.* rm 238

G. Lukács in: *Der historische Roman.* Berlin 1955, S. 236 ff.

Hans Mayer *Conrad Ferdinand Meyers ‚Jürg Jenatsch‘* in: *Von Lessing bis Th. Mann.* 1959

Kunst der Gründerzeit: Hamann/Hermand *Gründerzeit.* Fi 6351

b) Wilhelm Raabe — „Gib acht auf die Gassen! Blick auf zu den Sternen!“

Die Wildnis der Welt. In der kleinen Erzählung *Else von der Tanne* führt uns der noch ganz der Romantik und dem vorbismarckischen Deutschland verbundene Braunschweiger Wilhelm Raabe (1831—1910) in ein einsames Dorf namens Wallrode im Elend. Da schützt mitten in der „falschen, schlechten und blutigen Welt“ des Dreißigjährigen Krieges der „arme Diener am Wort Gottes“, Pastor Friedemann Leutenbacher, das holdselige Mädchen Else vor dem Hexenwahn der tierisch-verdummten Dörfler. Unwissend und roh ist die Welt umher. Im Elend sieht der Pastor auch das deutsche Volk, vor Wahn und Habgier erkennt es das wahrhaft Edle nicht mehr, es hat das innere Licht verfehlt. In der Wildnis und Wüste der Welt lebt der geistige Mensch im Elend, im Exil. Zwar stellt uns Raabes Erstling, *Die Chronik der Sperlingsgasse* in Berlin (1857), das kleinbürgerliche Leben noch recht idyllisch-gemüthaft dar, doch schon in den *Leuten aus dem Walde* (1863) muß sich die gemüthafte Innerlichkeit auch an der nüchternen Wirklichkeit bewähren. Raabe mit seinem unbestechlichen Blick für das Hohle und Mißratene, für die Geld- und Machtgier seiner Zeit redet nie einer traulichen Versponnenheit das Wort.

Im Roman *Der Hungerpastor* (1864) erleuchtet eine Öllampe die Stube des armen Schusters, eines Nachfahren Jakob Böhmes. Ihr Licht fällt auf eine schwebende Glaskugel, Sinnbild des geistigen Universums. Der Schusterssohn Hans Unwirrsch muß sich als armer evangelischer Pfarrer durchs Leben hungern, zuletzt auf eine magere Pfarrei an der Ostsee verschlagen. Auch er ein Lichtsucher im Elend! Und wenn als Leitmotiv in dem Roman *Schüdderump* (1870) der Pestkarren ohne Unterlaß knarrt, weil er immer neue Pestleichen in die Grube schütten muß, und das liebreiche Töchterchen einer Dirne als einziges Wesen die Düsternis der Welt erleuchtet, dann ist das dieselbe Grundsituation. Zuletzt erlischt sogar das Lächeln dieses Mädchens an der Gemeinheit der Menschen. Wie pessimistisch mußte der Roman des liberalen Protestanten Raabe (vgl. die Novelle *Schwarze Galeere*) 1870 auf Leser wirken, die sich eben anschickten, den Sieg über Frankreich zu feiern!

Der Querkopf. Raabes Innerlichkeit war voll Weisheit und Güte. Ein Leser des sozialkritischen Dickens und des ironischen Thackeray, machte er aus seiner Gemütstiefe keine Weltanschauung. Ein großer Humorist, wenn auch nicht von der Reichweite und Hintergründigkeit Jean Pauls oder Nestroys, sah er stets auch die Kehrseite der Medaille Mensch. In den Jahren des nationalen Rummels, in der Gründerzeit mit ihren emporschießenden Fabriken und fauchenden Dampfzügen, die fortan das alte kleinwinklige Deutschland durchstießen, blieb er skeptisch und traute der neuen Größe nicht. Der Deutsche Hagebucher im Roman *Abu Telfan* (1868), der aus dem Mondgebirge in Tumurkie in seine spießige Heimat zurückkehrt, findet die Bürger, Behörden und Kirchen des Vaterlands noch widerlicher als die unter Negern erduldete Sklaverei. Der Landbriefträger Störzer im Roman *Stopfkuchen* (1891) hat, obschon wackerer Beamter und tüchtiger Patriot, die Seele eines Mörders (vgl. Jean Pauls *Feldprediger Schmelzle).*

Wenn Raabe soviel originelle Käuze, weltentrückte Sonderlinge, Verkannte und Verfemte schilderte, dann nicht aus Spitzwegerei, sondern weil er den Philistern ins Herz geschaut hatte und, obschon Nationalliberaler, nicht glaubte, daß der Spießer, wenn er sich plötzlich für Tüchtigkeit, Erwerbsgeist und Fortschritt erwärmte, auch schon zur Größe berufen sei. Seine grenzenlose Verachtung des muffigen Kleinbürgertums bezeugt die satirische Meisternovelle *Gänse von Bützow*. Der rapide Übergang aus dem stillen, biedermeierlich verschrobenen älteren Deutschland mit seiner stillen Liebe zur Klassik und Romantik in die lärmende Ära Wilhelms II. veranlaßte ihn, den Bücherwurm und eifrigen Leser E. T. A. Hoffmanns, Heines und Jean Pauls, immer wieder in der älteren Vergangenheit zu blättern und das „andere Deutschland" ins Gedächtnis zu rufen *(Des Reiches Krone, Alte Nester* 1880, *Horn von Wanza* 1881).

Ein Querkopf, der den Reichtum des Herzens und der Fantasie verteidigte, schrieb Raabe ohne Rücksicht auf Publikumswünsche. Selbstkritisch und vielseitig wie er war, schob er in seine Erzählungen Reflexionen ein, entwickelte die Widersprüche und kontrastierte Tragisches und Komisches. Man verglich die Romane mit einem Dachsbau mit allerlei Seitenstollen, worin sich der weltüberlegene Humorist listig verschanzte. Daß er auch mit heftigster Leidenschaft erzählen konnte, beweisen *Die Akten des Vogelsangs* (1895), der Roman einer unglücklichen Liebe.

Verfall der Innerlichkeit. In seinen alten Tagen — Raabe starb kurz vor dem 1. Weltkrieg — paßte der „Pessimist" nicht mehr in die Zeit. Die forsche neue Generation vermochte mit dem *Hungerpastor* nichts mehr anzufangen, zumal Raabe — in *Prinzessin Fisch* (1883), *Pfisters Mühle* (1884), *Deutscher Adel* usw. — ihr auch noch politische Lektionen erteilt hatte und das Menschliche lieber im Stillen, Unbeachteten, in Duldern und Verfemten darstellte als in der zur Schau gestellten Größe. Als er einsam und unverstanden starb, hätte auf ihn Kafkas satirische Parabel vom *Hungerkünstler* (1921) zutreffen können, der „die Speise nicht finden konnte, die ihm schmeckte", und aus dem Käfig gekehrt wird, weil das Publikum einem lebenstüchtigen jungen Panther den Vorzug gibt.

LITERATUR:
Raabe in neuer Sicht, eingeleitet u. hg. v. H. Helmers. Stuttgart: Kohlhammer, ‚Sprache u. Literatur' Bd. 48 — Hans Oppermann *Wilhelm Raabe*. rm 165
B. Fairley *Wilhelm Raabe. Eine Deutung seiner Romane*. 1961
Werke in Auswahl, empfehlenswert: *Gesammelte Werke in drei Bänden*, hg. v. Hans Jürgen Meinerts. Sigbert-Mohn-Verlag; *Erzählungen*, hg. v. Hans-Heinrich Reuter. Sammlung Dieterich 254

c) Friedrich Nietzsche — Der Einsame von Sils-Maria

Das verwirrendste und erschütterndste geistige Ereignis vor der Jahrhundertwende hieß Friedrich Nietzsche (1844—1900). Er war ein Pfarrerssohn aus Röcken bei Leipzig, Gymnasiast in Schulpforta und schon mit jungen Jahren klassischer Philologe an der Universität Basel. 1879 legte er endgültig seine Professur nieder und wurde nach dem Bruch mit Richard Wagner zum einsamen Revolutionär in Sils-Maria, Genua und Turin. Die letzten Jahre seines Lebens verbrachte er in geistiger Umnachtung in Jena, Naumburg und Weimar. Als Künstler-Philosoph, Stilist und Jahrhundertkritiker verdrängte er nicht nur die großen bürgerlichen Denker Kant und Hegel aus dem deutschen Bewußtsein, sondern veränderte über Deutschland hinaus die geistige Landschaft.

Sein erstes wagnerbegeistertes Buch *Die Geburt der Tragödie aus dem Geist der Musik* (1872) zerriß den klassizistischen Vorhang vor dem Griechentum und deutete auf den dionysischen Rausch, das tragische Grauen hinter dem heiter-apollinischen Schein. Gründlich demaskierten seine *Unzeitgemäßen Betrachtungen* (1873—76) das liberalistisch verwässerte Christentum eines David Strauß, verurteilten den lebenshemmenden Wissensballast und rühmten den „Mythopoeten" Richard Wagner. *Also sprach Zarathustra* (1883 ff.) beschwor nach Jahrzehnten bürgerlicher Ernüchterung in berauschend neuen Satzrhythmen das Bild des einsamen, aller Konventionen ledigen, so kindhaft naturnahen wie weltüberlegenen Weisen, die Vision einer in Tanz, Spiel und Geist verjüngten höheren Menschheit. Der (keineswegs darwinistisch gemeinte) „Übermensch" hat auf der höchsten Bewußtseinsstufe alle Heucheleien, Ängste und Ressentiments durchschaut. Geprüft wie der Held und Heilige und rein wie das Kind steht er „jenseits von Gut und Böse". „Nur bei drei Existenzformen bleibt der Mensch Individuum: als Philosoph, als Heiliger und Künstler."

Der Skeptiker Nietzsche, ein Bewunderer der großgearteten Renaissance-Menschen, die sich zu sich selbst bekennen, und der klaren, scharf pointierenden französischen Moralisten des 18. Jhs, verachtete alle rohe Kraft, den Staat Bismarcks und den groben Nationalismus. Das Hauptziel seiner Angriffe waren die philiströse Selbstzufriedenheit, die platten Nützlichkeitsideen, der bloß technische Fortschrittsglaube und die — wie er glaubte — die Lebenskraft schwächenden demokratischen Ideale, für die er die christliche Tugendlehre verantwortlich machte (*Jenseits von Gut und Böse,* 1886, *Zur Genealogie der Moral,* 1887).

Wirkung. Als er in geistiger Umnachtung starb, ging von seinem paradox formulierten, auf Erschütterung und Aufrüttelung bedachten Werk eine Wirkung aus, der sich weder Künstler wie H. Mann, Th. Mann, Benn, weder Visionäre wie Mombert und Däubler, Philosophen wie Dilthey und Jaspers noch die schlagwortbegierige Menge, die Machtpolitiker und die in den 1. Weltkrieg hineinstürmende akademische Jugend entziehen konnten. Viele seiner kunstaristokratischen Äußerungen stehen auch in Aufsätzen Flauberts und Baudelaires, seine Dekadenzkritik traf den Nerv des Fin de Siècle (s. S. 248), sein élan vital entsprach einer Stimmung des Aufbruchs zu verjüngtem Leben.

Nietzsches rhythmische Prosa im *Zarathustra* erinnerte wieder an die Kraft der Lutherbibel und die Prosodie der Romantiker. Doch in seiner Fiebrigkeit, in seiner Hingabe an die Nuancen, Lichter und Farben der erscheinenden Welt bebte bereits die augenhafte Sinnlichkeit französischer Impressionisten. Nachdem er das süße „Gift" Wagners verabscheute, liebte er die schäumende Musik Bizets. Seine dem populären Kunstgeschmack fremde Auffassung, daß über dem Zusammenbruch aller Moralwerte nur noch das ästhetische Reich des Scheins bestehen könne, übertrug Lehren des französischen L'art pour l'art (s. S. 248) zum erstenmal in den deutschen Bereich (s. Schiller „Das Reich des Schönen"). Seine Verwandtschaft mit der intellektuellen Frühromantik und mit Heine verrät sich im Wechselspiel von Musikalität und Berückung, Präzision und aufzuckenden Bildern. Eine Stelle in *Ecce Homo* deutet einen Sprachzustand an, wie ihn später Rilkes *Malte,* Hofmannsthals *Lord Chandos* und, noch verschärft, die Surrealisten vorfanden: „Die Unfreiwilligkeit des Bildes, des Gleichnisses ist das Merkwürdigste: man hat keinen Begriff mehr, was Bild, was Gleichnis ist, alles bietet sich als der nächste, richtigste, einfachste Ausdruck." Darum das oft Zuckend-Pathetische seines Ausdrucks, die zahlreichen Neologismen (= neue Wortbildungen), die jede erstarrte Logik zerschneidenden Aphorismen und jene von Th. Mann im *Dr. Faustus*-Roman dargestellte, modern-faszinierende Verbindung von Rausch und Kälte, Unbewußtem und Überbewußtem, das verführerische Spiel zwischen Maske und Wahrheit, Glanz und Bosheit, Leichtigkeit und Schwermut.

Nietzsche wußte sich als die „ungesättigte Flamme", die aufglüht und sich verzehrt. Nach zwei Weltkriegen ist uns das „packende Schauspiel" seiner Erscheinung in vielem fremd geworden. Die Erregung, mit der ihn eine nach „Weltanschauung" durstende Intelligenz aufnahm, ist abgeklungen. Die Aufforderung zu cäsarischer Zucht, die viele aus seinem Werk herauslasen, hat ihre Anziehungskraft verloren. Geblieben, wenn auch in gewandelter Form, sind die von ihm hartnäckig angebohrten Widersprüche: die zwischen reiner Künstlerexistenz und bürgerlichem Leben, zwischen ästhetischer und sittlicher Grundeinstellung zur Welt, zwischen tragischer Welterfahrung und optimistischem Kompromiß.

Wenn ihn auch der Zivilisationspessimismus (s. S. 261) und später die nationalistisch-faschistischen „Herrenmenschen" bis zur widerwärtigsten Verzerrung ausbeuteten, er selbst war ein hypersensibler moderner Europäer, den vor der Nivellierung der Kultur schauderte. Seine gereizten Ausfälle gegen die christliche „Sklavenmoral" haben dem vulgärsten Neuheidentum Vorschub geleistet, ihre Wurzel jedoch war die lutherische Spannung übermäßig geschärften Sündenbewußtseins.

Literatur:

H. W. Reichert u. K. Schlechta *International Nietzsche bibliography.* Chapel Hill: Univ. of North Carolina Pr. 1960 Nr. 29 (führt 3973 Titel auf).

Karl Löwith *Von Hegel bis Nietzsche.* Zürich 1941

Erich Heller *Enterbter Geist. Essays über modernes Dichten und Denken.* 1954

Karl Schlechta *Der Fall Nietzsche.* 1959

Deutungen, Einzeluntersuchungen s. a. *Friedrich Nietzsche,* dargestellt v. Ivo Frenzel. rm 115 S. 139—147

B. Hillebrand (Hg.) *Nietzsche und die deutsche Literatur.* dtv - Niemeyer 4333/4334 (1978)

11. Fontane und der deutsche Gesellschaftsroman

Ein den ausländischen Vorbildern vergleichbarer Typ des Gesellschaftsromans entsteht in Deutschland erst mit Fontane am Ende des Jahrhunderts in der neuen Reichshauptstadt Berlin. Zu einem Zeitpunkt also, in dem in Frankreich bereits FLAUBERT (1821—80) seine bewußt artistische Prosa geschrieben, ZOLA (1840—1902) ab 1871 seine Natur- und Sozialgeschichte einer Familie im 2. Kaiserreich *(Rougon-Macquart)* begonnen hatte und in Rußland das Werk von TURGENJEW (1818—83), DOSTOJEWSKIJ (1821—81) und TOLSTOI (1828—1910) schon verrichtet war: Autoren, die das Leben in seiner Breite und Tiefe mit ungeheurer Vitalität gestalteten. Ihnen gegenüber wirkt Fontanes Erzählkunst freilich mehr wie die des zartnervigen, auf das Psychologische und die Trivialitäten der gehobenen Gesellschaft gerichteten TSCHECHOW (1860—1904).

Berlin. Erst in der Luft der großstädtischen Residenz Berlin nach der (von Spielhagen in *Sturmflut*, 1876, dargestellten) Gründerzeit wurde die alte adelige Gesellschaft und die Schichtung des neuen Bürgertums durchsichtig genug, während der 4. Stand noch nicht gesellschaftsfähig war (s. S. 240) und deshalb auch außerhalb oder am Rande des Horizonts der Fontaneschen Romane liegt.

Rückblick auf den deutschen Roman. Das Moderne des Schriftstellertyps Fontane erhellt ein Rückblick auf die Romane vor ihm. FONTANE entsagte der Künstlerreligion Kellers, Storms und Stifters, die das bürgerliche Leben poetisierten. Auch lag es ihm fern, die Zeitgefahren lehrhaft zu exemplifizieren wie Keller in *Martin Salander,* einem Roman, der wohl dem Typ des realistischen Romans am nächsten kam. Außerdem fehlte Fontane völlig Stifters erzieherische Absicht, die sich idealerweise nur in einer gesellschaftsfremden pädagogischen Provinz hätte verwirklichen können und von dem tatsächlichen Treiben und den akuten Problemen keine Notiz nahm. Vom *Wilhelm Meister* Goethes zu Stifters *Nachsommer* und zu Hesses *Glasperlenspiel* hat sich der deutsche Bildungsroman immer weiter von jener Bildung entfernt, die im Umgang mit Menschen und durch Auseinandersetzung mit der Zeit erworben wird. Er verlor an Welthaltigkeit, weswegen wir die legitimere Tradition des „Bildungsromans" bei Th. Mann *(Zauberberg, Dr. Faustus),* H. Mann *(Henri Quatre),* bei Broch und Musil suchen müssen.

IMMERMANNS *Epigonen* von 1836 waren im Hinblick auf die Zeitdiagnose sehr bewußt. Sie fixierten die Situation, wenn auch Immermann vergebens versuchte, aus der subjektiv-romantischen Romankonzeption auszubrechen. Einzelszenen, Dialoge und Schilderungen der *Epigonen* wären durchaus schon Elemente für Fontanes Romane gewesen. Daß Immermann dennoch nicht — wie der gleichzeitige Balzac — zu einem umfassenden Panorama der Gesellschaft, zu einer Comédie Humaine kam, lag wohl auch am Stoff: die Gesellschaft von 1830 hatte in Deutschland eben keine klaren Umrisse und Tendenzen.

GUTZKOW machte nach der Jahrhundertmitte in den *Rittern vom Geiste* den Versuch, die unüberschaubare, verwirrend-konturierte deutsche Gesellschaft in einem vielsträhnigen Handlungsgeflecht einzufangen. Er brachte es auf 9 Bände. (Der Franzose Jules Romains schrieb von 1932—1956 28 Bände eines Riesenfrescos der französischen Gesellschaft, die *Menschen guten Willens*). Was Gutzkow fehlte, war ein ruhender Hintergrund, in den Romains seine Personen einbettete. Ideen und Tendenzen, nach vorn offene Bewegungen ergeben allein noch keinen Roman; denn der „realistische" Roman braucht entweder ein zeitliches Ende, wenn er sich um eine Biographie anordnet, oder die räumlich-zuständliche Abgeschlossenheit, das abgrenzbare Milieu, die durchschaute Umgebung, in der sich die Figuren entfalten. (Dann kann selbst eine Riesenstadt simultan vergegenwärtigt werden wie New York von Dos Passos oder Berlin von Döblin).

Geschichtsroman. Weil diese Bedingungen der abgeschlossenen Zeit und des umgrenzten Raumes am Stoff der Vergangenheit leichter zu erfüllen sind, bevorzugten viele deutsche Autoren des 19. und 20. Jhs den historischen Roman, der — wenn überhaupt — nur indirekt auf die Gegenwart bezogen ist. Eine Flucht vor der wirkenden Geschichte, vor der aktiv zu erfüllenden Gegenwart waren erst recht die intimen Familiengeschichten im Rahmen einer Novelle oder Chronik (Storm). Auch Fontane begann mit solchen Novellen *(Grete Minde)* und mit dem historischen Roman. Selbst *Effi Briest* ist ein zum Gesellschaftsroman ausgeweitetes novellistisches Sujet. Daß ihm in seinen Hauptromanen dann doch die Bewußtmachung der Gesellschaft von 1890 gelang, hängt damit zusammen, daß er sich an die bereits etablierten Kreise der Gesellschaft hielt und die Themen Börse, Handel, Presse sowie das Proletariat außerhalb ließ.

Das Bemühen, die Gesellschaft in ihrer Totalität, in ihrer geschichtswirksamen Gegenwart zu erfassen, soll im Anschluß an den Naturalismus (s. S. 264 f.) aufgezeigt werden, an den Romanen von Th. und H. Mann, Arnold Zweig, Broch und Musil.

Fontanes Entwicklung. Theodor Fontane (1819—98) hatte als Generationsgefährte von Bismarck, Wagner, Zola und Tolstoi das ganze Jahrhundert durchlebt, ehe er am Ende seine reichen Erfahrungen zwanglos-abgeklärt in seinen Romanen summierte. Er war ein Hugenottensproß aus Neuruppin, gelernter Apotheker und ein Sympathisant der 48er Revolution, der sich allmählich zum preußischen Konservativen wandelte. Bevor er zum Romancier der Berliner und märkischen Gesellschaft wurde, hatte er Preußenlieder, märkische, altenglische und schottische Balladen gedichtet, Berichte aus England *(Ein Sommer in London,* 1854) und die lebendigen, persönlichen *Wanderungen durch die Mark Brandenburg* (1862 ff.) geschrieben. Er war Korrespondent am Kriegsschauplatz von 1870/71 und Theaterkritiker an der *Vossischen Zeitung* gewesen.

Seine Balladen, die historischen *(Schloß Eger)* und nordisch-schottischen *(Archibald Douglas)* konzentrierten sich auf das Anekdotische, eine erzählerische Urform, die schlagartig einen ganzen Charakter beleuchtet. Die Anekdote ist die Form der Plauderei, mit der sich traditionsbewußte Gesellschaften, altständisches Beamtentum und Offizierskorps, am besten zu amüsieren pflegten. Die Balladen beschränken sich so auf kurze Szenen und Dialoge, sind disziplinierte Rhetorik. In *Die Brück' am Tay, John Maynard* sind die Naturkräfte entmythisiert. Die neue rationale Einstellung unterscheidet Fontanes Balladen von den dämonisch-numinosen (Goethe, Droste, Miegel), den moralisch-symbolischen Schillers, den Schicksalsballaden Meyers und den emphatischen Liliencrons, verbindet sie aber mit den dialektisch-moralischen Brechts.

Der Beobachter. Als Schilderer der Mark Brandenburg, Korrespondent und Theaterkritiker hatte sich Fontane zum kritischen Beobachter der Landräte, alten Majore, jungen Leutnante, der älteren und neureichen Berliner Bürger geschult. Er kannte ihre Geschichte und Geschichten, Konventionen, Schwächen und Vorzüge, ihre Art sich zu geben, zu kleiden, Feste zu feiern, zu sprechen, ihre Moralbegriffe und Trivialitäten. Ohne tiefschürfende Seelenanalyse zeigt er sie ironisch-überlegen, mit einer Teilnahme, der nichts Menschliches fremd ist. Er schildert ihr Verhalten; unmerklich und diskret entstehen im Gespräch beredte Landschaftsbilder, Individuen und Typen. Ein heiterer, bei großem Verständnis für den Wert des Konservativen doch recht liberaler Geist, liebte Fontane alles Freie, Natürliche, Ungezwungene im Rahmen der Etikette. Er schätzte Geschmack, Redlichkeit, Zuverlässigkeit. Ihm mißfiel die Großmannssucht der neureichen Bourgeoisie, aber auch das Plump-Tramplige im neuen Preußentum, der Behördenbyzantinismus, das gefühlvolle Getue höherer Töchter, die akademische Schönrednerei und das moralisch Kleinkarierte der Provinz. So würdigte er zwar Bismarcks Bedeutung, aber die „Mischung von Übermensch und Schlauberger" war seinem Gentleman-Geschmack keineswegs geheuer. Fontane war der erste deutsche Dichter seit Heine, der die Lebensform der Großstadt, das urban Ausgleichende bejahte. Die brutale Unterdrückung der Arbeiterschaft, die zunehmende Militarisierung war darum nicht seine Sache. Seine offene Modernität, sein Sinn für das Lebensrecht des Neuen machten ihn auch zum Protektor des aufkommenden Naturalismus, wenngleich ihm dessen Kraßheit nicht behagte. Seine Prosa bietet keine ästhetischen Leckerbissen, keine moralische Erbauung, ermutigt indessen zu gelassener Lebenskunst.

Sein Stil ist frei, leicht, locker, völlig unsentimental wie der Thackerays. Er schreibt ungezwungene, kurze Sätze, reiht plaudernd aneinander, ordnet nicht in Denkanstrengung unter. So wirkt seine Prosa luftig, skizzierend. Sie gibt die Sache mit wenigen Strichen wieder, so daß man an die Art Tschechows denken mag, oder daran, wie etwa Manet und Liebermann Menschen und Landschaft mit Atmosphäre zu umgeben verstanden.

Seine Hauptromane. In *L'Adultera* (1882) geht es um eine Frau aus französischem Adel, die ihrem älteren Mann, einem jüdischen Finanzmann, unmerklich entgleitet, geschieden wird und mit ihrem Geliebten nach Italien geht; sie kehren nach Berlin zurück, er macht geschäftlich bankrott, die Gesellschaft meidet sie, bis er sich wieder nach oben arbeitet. — In *Irrungen, Wirrungen* (1888) lassen die Standesbegriffe nicht zu, daß ein Offizier die Tochter einer Glättnerin heiratet, so bleibt ihr Verhältnis eine Episode. — Fast karikaturistisch zeichnet er *Frau Jenny Treibel* (1892), die aus niedrigster Herkunft ins protzenhafte neureiche Bürgertum aufsteigt. An ihrem Typus entlarvt Fontane die „höheren Werte“, das heißt die bereits wurmstichigen Kulturphrasen, mit denen sich diese Schicht gerne dekoriert. — *Effi Briest* (1895) ist die Geschichte der blutjungen, ängstlichen und einsamen Frau des älteren, tüchtigen, aber herzlosen Landrats Baron von Instetten, die sich mit einem verheirateten Major einläßt — eine Episode, die nach Jahren zufällig ans Licht kommt. Effi wird verstoßen, lebt abgesondert von Mann, Familie und Gesellschaft einsam in Berlin. Als die Todkranke wieder auf das elterliche Gut im Havelland zurückkehren darf, stirbt sie dahin. — *Der Stechlin* (1899) ist nach einem See und Herrenhaus benannt: Der alte Major Dubislav von Stechlin ist Fontanes eigenstes Ideal eines unter Menschen gebildeten, human und frei denkenden alten Aristokraten, ein lebenskluger, dem Neuen durchaus aufgeschlossener patriarchalischer Herr, der es liebt, andere Meinungen zu hören. Ein Plauderer — „Paradoxen waren seine Passion“ —, Typ eines Gentleman und Überlebender aus dem lächelnd-überlegenen, hellen, pointenreichen Geist des friderizianischen Rokoko.

LITERATUR:
H. Nürnberger *Theodor Fontane.* rm 145
W. Preisendanz (Hg.) *Theodor Fontane.* WBG Nr. 6116
K. Richter *Resignation. Eine Studie zum Werk Theodor Fontanes.* 1966
R. Brinkmann *Th. Fontane. Über die Verbindlichkeit des Unverbindlichen.* WBG Nr. 4982 (1967)

12. Bedeutende Gebrauchsprosa des 19. Jahrhunderts

Es wäre einseitig, nur die fiktive Prosa, Romane und Novellen, zur Literatur zu zählen und die stilistische Meisterschaft von Publizisten, Gelehrten und Philosophen zu übersehen.

Ein Klassiker der deutschen Prosa war — nach Friedrich Schlegels Urteil — der wegen seines Eintretens für die Französische Revolution verfemte GEORG FORSTER (1754—94). Seine *Ansichten vom Niederrhein* (1790), eine Folge von Briefen, enthalten meisterhafte Beschreibungen von Land und Leuten. Noch heute ist auch seine Beschreibung der Weltreise, die er mit James Cook in die Südsee unternahm, eine spannende, hochinteressante Lektüre. Höchst lesenswerte Berichte von seiner Fußwanderung nach Sizilien (*Spaziergang nach Syrakus,* 1803) und von seiner Verschleppung nach Amerika durch die Werber des hessischen Landgrafen (*Mein Leben,* 1813) hat uns JOHANN GOTTFRIED SEUME (1763—1810) hinterlassen, ein überzeugter Republikaner, den jede Beschränkung und Ungerechtigkeit empörte. (s. auch S. 123)

Jean Paul, Heine, Börne, der von der Restauration nach 1815 ins Schweizer Exil getriebene Joseph Görres, Gutzkow u. a. (s. S. 208) schufen eine für Deutschland ganz neue publizistische Prosa. Von hohem Rang sind auch viele Porträts und Darstellungen in den Werken des vorsichtig-diplomatischen, königstreuen Historikers LEOPOLD RANKE (1795—1886). Sein gewichtig gemessener Stil kontrastiert mit dem des tapferen Liberalen THEODOR MOMMSEN (1817—1905), der die Geschichte des römischen Imperiums mit erfrischender Modernität erzählte. In jedem Gesellschaftsroman wäre auch FRIEDRICH ENGELS' Darstellung der trostlosen englischen Slums (1840) ein klassisches Stück der Erschütterung und Analyse gewesen. Ohne seine ungeheuer realistische Sprachkraft wäre KARL MARX in den Augen der Welt vielleicht ein unbedeutender Gelehrter geblieben.

Ein Muster an Klarheit, Ordnung, Periodenbau und bildhafter Prägnanz in der Gedankenvermittlung war die an antiken, englischen und spanischen Vorbildern geschulte Prosa des Philosophen ARTHUR SCHOPENHAUER (1788—1860). Sie bildete einen entschiedenen Gegensatz zu der hochbegrifflichen Diktion seines Antipoden HEGEL (1770—1831), der die buchhälterisch-ordnende, umständlich genaue „bürgerliche“ Sprache Kants in seine kühnen Denkanstrengungen hineinriß. Die stärksten Impulse auf die Dichtung der Impressionisten, Expressionisten und vieler Moderner übte der bald funkelnd-dithyrambische, bald blendend aphoristische Stil FRIEDRICH NIETZSCHES aus (s. S. 234).

Doch auch Naturforscher wie der weitgereiste Geograph ALEXANDER VON HUMBOLDT, der Physiker HELMHOLTZ, Militärs wie MOLTKE hatten damals den Ehrgeiz, eine anziehende Prosa zu schreiben. Von feuriger Beredsamkeit waren die Reden FERDINAND LASSALLES. BISMARCKS Briefe und auch seine aus dem Umgang mit Behörden und Diplomaten erwachsenen *Gedanken und Erinnerungen* bezeugen, wie lebendig der Sinn für Form noch in der Gesellschaft war.

Geistvoll, elegant schrieb der Globetrotter Fürst Hermann zu Pückler-Muskau (1785 — 1871) seine Reisebücher für das Biedermeierpublikum. Varnhagen von Ense, der Gatte der Rahel (s. S. 180), gehörte zweifellos zu den besten Porträtisten und Memoirenschreibern Deutschlands. Sprachliche Kultur als notwendiger Bestandteil bürgerlicher Selbstdarstellung drückt sich in vielen Privatbriefen des vorigen Jahrhunderts aus: von den geistreichen, höchst intimen Freundschaftsbriefen der Romantiker, den großen Briefschreiberinnen Bettina Brentano und Rahel Levin, bis zu den sorgfältig-pedantischen Briefen, in denen Beamte, Akademiker, Kaufleute von ihren Tätigkeiten berichteten. Mit der bürgerlichen Lebensform verfielen auch weithin der Sinn für Genauigkeit, geordnete Ausbreitung der Gedanken, die Reste der einst höfischen Etikette und, wie Walter Benjamin in seinen *Kommentaren zu Briefen aus dem bürgerlichen Jahrhundert* gezeigt hat, auch die in Rechtschaffenheit wurzelnde Humanität.

Literatur:
L. Uhlig *Georg Forster. Einheit u. Mannigfaltigkeit in seiner geistigen Welt.* 1965
Klassiker des Feuilletons, Auswahl u. Nachwort von H. Bender. R 8965—67
J. G. Seume *Apokryphen. Mit einem Nachwort ‚Citoyen in Deutschland'* v. H. Schweppenhäuser. Sammlung Insel 18
Deutsche Menschen. Eine Folge von Briefen, ausgew. u. eingeleitet von Walter Benjamin. BS 547
(Die nicht-belletristische Prosa hat bisher noch kaum die Aufmerksamkeit der Literaturwissenschaft gefunden).

XI. DER WEG INS 20. JAHRHUNDERT

1. Eine Epoche löst sich auf

Die Gesellschaft. Das ganze 19. Jh. hatte an der Entschleierung des Lebens gearbeitet. Industrialisierung, Verstädterung, die Loslösung der Wissenschaften von der Theologie, die Kritik an den Staatskirchen, am heuchlerischen Sonntagschristentum des Besitzbürgers, die Emanzipationsbestrebungen der Bürger, Arbeiter und Frauen — alles wirkte in derselben Richtung. Revolutionen und die Arbeiten von Soziologen, Nationalökonomen und Historikern förderten die Entschleierung der Triebkräfte der Gesellschaft (s. S. 197). Der Aufbau der Fabriken, in Deutschland besonders in den Gründerjahren nach 1870, legte die sozialen Spannungen bloß und schuf den Gegensatz zwischen schmutzigen Slums und reichen, nun vom Glühlicht beleuchteten Wohnvierteln. Die wachsenden Städte mit ihren Banken und Eisenbahnknotenpunkten zogen Millionen an und entrissen sie dem Schlummer der Provinz. Vor dem Ende des Jahrhunderts schon entstanden Mittelschichten, die zwischen der Großbourgoisie und dem sich organisierenden Arbeiterstand in eine ungesicherte Zwischenlage gerieten. Sie waren zugleich antikapitalistisch und antisozialistisch, so daß sich schon deutlich ein wirres Gemisch nationalistisch gefärbter Ideen entwickelte (s. S. 261). Doch zunächst ging es bis 1914 wirtschaftlich aufwärts. Die Gesellschaft liberalisierte sich im neuen Reich zusehends (Bürgerliches Gesetzbuch), während gleichzeitig der monarchische Staat noch viel von seinem alten obrigkeitlich-feudalen Schein behielt und die Arbeiterklasse von der Mitwirkung ausgeschlossen blieb. Die unterdrückten sozialen Spannungen entluden sich erst im Weltkrieg 1917, dann in den Jahren der Inflation und der Weltwirtschaftskrise, die den deklassierten Mittelstand vermehrten und ihn dem radikalen Flügel der Reaktion, dem Nazismus, in die Arme trieben.

Kunst und Literatur sind fortan heftiger umstritten als je zuvor. Die Ausbreitung der Halbbildung und die in Deutschland besonders heftige Neigung zum Weltanschauungskampf machten sie zu einem Tummelfeld der Demagogie, die mit der Bücherverbrennung (1933) und der Brandmarkung „entarteter Künstler" ihren gräßlichen Höhepunkt erreichte. Weite Kreise des Publikums, das sich auf Grund seiner Schulbildung für urteilsfähig hielt, lehnten jede neue Kunstrichtung seit dem Naturalismus ab. Die Frage, was wirklich sei, beherrschte alle Auseinandersetzungen. Jede neue Kunstrichtung wurde heftig bekämpft, wenn sie einen verdeckten oder mißliebigen Aspekt der Wirklichkeit sichtbar machen wollte. Die Naturalisten galten als revolutionär, desgleichen die meisten Expressionisten, die Dadaisten und die Kunst des Surrealismus. Ein Großteil der modernen Kunst ist Protest, Entlarvung, Kritik, Ironie, Darstellung des Grotesken. Sie wendet sich gegen falsche Kulissen, Scheinwelten, Spießbürgerei, nationalistische und ideologische Phrasen, schließlich gegen die immer mächtiger werdenden Apparate der Vernichtung. Der erste Weltkrieg erschien vielen als Ende des bürgerlichen Fortschrittsoptimismus. Die bürgerkriegsähnlichen Kämpfe nachher, Faschismus, Stalinismus und erst recht die Greuel des SS-Staates forderten den Geist zur Notwehr heraus.

Die Gemeinsprache verlor nun zusehends ihre „poetische" Tragkraft, sie wurde überwuchert von Phrasen und Propagandaworten, vom Fachjargon der Techniker und Spezialisten, von Abkürzungsworten und völlig neuen Bezeichnungen, die „unpoetisch" wirken. Die hochgetriebene Arbeitsteilung mit ihren Fachsprachen bewirkte, daß bei gleichzeitiger Verbreitung des Lesens (Massen-Medien) das Verständigungsniveau sank. Dies wieder öffnete der Demagogie Tür und Tor, während sich die Kluft zwischen der bedeutenden Literatur und dem Massenkonsum an Lesestoff erweiterte. Jeder Schriftsteller wählte fortan mit seiner Diktion auch das entsprechende Publikum. Er hielt sich an das Begriffsvermögen, die ästhetischen und geistigen Ansprüche seiner Leserschaft. Die Leser der Illustrierten- und Bauernromane, der bürgerlich-epigonalen Dichtung und die Leser der intellektuell anspruchsvollen oder stilistisch und geistig revolutionären Literatur sind nicht dieselben. Es entstand „Literatur" ganz provinziellen Gesichtskreises. Die schwindende Tragkraft der Sprache provozierte die Satire (Sternheim, Kraus, Brecht, Tucholsky), die ironische Verwendung von Sprachschichten (Th. Mann), den Gebrauch von Archaismen (z. B. ernsthaft bei Kolbenheyer, ironisch bei Th. Mann) und das Nebeneinander mehrerer Diktionen (z. B. in Döblins *Alexanderplatz).* In unseren Tagen beschränken sich die Autoren der „neuen Poetik" sogar auf die Montage und Collage von Zitaten (s. S. 404 f.).

Die Landschaft, Wald, Wiese und Dorf, wurden für Millionen noch nicht assimilierter Stadtbewohner zu einem Gegenstand sentimentaler Sehnsucht, welche durch Träume vom einfachen Leben (Wiechert) und gemüthaft Bleibenden (Carossa) befriedigt wurde. Andererseits meldete sich bei Impressionisten (Liliencron, Dehmel), in der Dichtung der Neuromantiker (der junge Rilke, Hesse usw.) und Symbolisten, in der expressionistischen Malerei (Worpsweder Kreis, Pechstein, Nolde, Kandinsky usw.) und Lyrik ein neues Verhalten gegenüber der Natur. Arno Holz, Heym, Zech, Loerke und Walter Mehring zogen auch die Großstadt in den Bereich ihrer Poesie.

Dinge und Geräte, mit denen sich der Mensch von altersher umgeben und beholfen hatte, werden mehr und mehr fabrikmäßig hergestellt. Sie verlieren wie die Worte ihre poetische Aura und ihr individuelles Gesicht. In der neuen Ordnung von Produktion, Konsum und Verschleiß geht ein Stück ältester Menschlichkeit zugrunde. Dichter und Künstler stehen einem ganz neuen Darstellungsproblem gegenüber. Was soll man von Dingen sagen, wie Dinge malen, denen als Ware jeder Glanz und Wert fehlt? Die Lyrik von Mallarmé und Rilke, die gegenstandslosen Bilder, die Produkte der Dadaisten zeugen von dieser Betroffenheit. Die Surrealisten sind schockiert von der Öde der fabrikmäßig entwerteten Welt, vom antlitzlosen Dasein der Maschinen-Zivilisation, von der aufdringlichen Hohlheit wachsender behördlicher, wirtschaftlicher und militärischer Apparaturen. Sie erschauern vor den Rissen und Abgründen, den dämonischen und grotesken Kehrseiten einer Welt, die sich in zwei furchtbaren Kriegen austobt, und ziehen sich ins Labyrinth ihrer Träume und Alpdrücke (Kafka), in die Metaphern des Unbewußten zurück. Viele Dichtungen, Bilder und Plastiken werden darum hermetisch, d. h. dem Durchschnittsverstand unzugänglich. Und wie die Plastiker im 20. Jh. sogar Dinge schaffen, die es in der gewohnten Wirklichkeit gar nicht gibt (z. B. Naum Gabo, Pevsner, K. Hartung, M. Bill), abstrakte Figuren ohne Namen und ohne Bedeutung, wie sich die Zwölfton-Musik dem gewohnten Hören entfremdet, so wollen auch manche Gedichte reine Konfigurationen von Worten und Spannungen sein (Baudelaire, Mallarmé, George, Trakl) oder neuerdings nur Kombinationen und Permutationen von Sprachmaterial (s. Konkrete Poesie S. 398 f.).

Scheinwelten und abgesunkenes Kulturgut. Das Problem des Epigonalen (vgl. S. 198, 340) gewinnt zunehmende Bedeutung in einer Epoche, die nach neuen, dem technischen Zeitalter kongruenten geistigen Formen sucht. Schon im 19. Jh. wurden immer andere epigonale Scheinwelten aufgebaut, z. B. wenn Romantiker das Mittelalter verklärten, wenn dann Banken und Börsen klassizistisch, Bahnhöfe neogotisch, Bürgerzimmer im Renaissance-Geschmack dekoriert wurden oder Historienmaler die Zeitgeschichte prunkvoll verklärten. In den 70er und 80er Jahren triumphierte das Theatralische, die Maskerade, die Täuschung. Während Spitzweg, dann Defregger u. a. die biedermeierlichen oder provinziellen Sehnsüchte der Zukurzgekommenen befriedigten, inszenierte die Meininger Bühne (s. S. 231) mit allem Aufwand an Kulissen und Requisiten, bestachen Wagners Opern wegen ihrer Theatralik und trumpfte das neureiche Bürgertum protzenhaft auf, schmückte Wohnungen mit Raubtierfellen, Hirschgeweihen, Plüsch und Rips, Samt und Seide, täuschte mit Gips Alabaster, mit Blech Marmor, mit bemalter Seife Früchte, mit Korkenziehern Bismarckköpfe vor und gab sich im Mobiliar gotisch, altdeutsch, rokoko oder antik. Alles, einschließlich der Damenmode, der Prüderie, der Konventionen diente der Verkleidung der häßlich-nüchternen Wirklichkeit, der gesellschaftlichen Lüge.

Der Anbruch der Moderne — Naturalismus, Jugendstil, Symbolismus, Expressionismus, neue Sachlichkeit — war vor allem ein Ausbruch aus den Maskeraden, aus einer Umwelt erborgter Stile, veralteter Pathetik und die schmerzvolle Anpassung an die Formen einer technischen Welt. Bis zur Gegenwart, wo die großen Schlachten der Moderne bereits geschlagen sind, leben die älteren Gefühls- und Denkweisen fort. Nazismus und Stalinismus haben ihren kollektiv-technischen Kern mit gesunkenem Kulturgut umkleidet und dieses offiziell als Kunst inthronisiert — die barbarischsten Rückschläge in der an Bilderstürmen ohnedies reichen menschlichen Geschichte.

Der Durchbruch der Moderne in der Kunst und die sie begleitenden Philosophien (Neopositivismus, Pragmatismus, Phänomenologie, Existentialismus) sind Ausdruck eines intensiven Wahrheitswillens, dem vielfach das Ideal der Vollkommenheit geopfert wird. Vieles ist bloß experimentell, fragmentarisch, kritisch um der Dringlichkeit willen; denn es ging wie nie zuvor um die Behauptung und Verteidigung des Geistes (s. S. 284, 286)

2. Die naturalistische Bewegung

a) Der Naturalismus in Europa

Das Hauptverdienst des Naturalismus um 1870—1900 war die Befreiung von Schwulst und geleckter Routine. Er riß die Vorhänge von der gutbürgerlichen Gesellschaft weg und lenkte den Blick auf Zustände, die früher nur Ernst Willkomm (*Weiße Sklaven,* 1841) und Friedrich Engels gesehen hatten: auf die Elendsviertel, Mietskasernen, Hinterhöfe, das kleinbürgerliche Lumpenproletariat die ausgebeuteten Fabrikarbeiter, die Kaschemmen und Dirnen und alles, was sich im Schatten der rasch gewachsenen Großstädte angesiedelt hatte. Dieses Milieu war von der Villa der Neureichen, von der guten Bürgerstube, den etablierten Oberschichten und dem flachen Land her gesehen schmutzig, häßlich, krankhaft und daher nicht darstellungswürdig. Die Naturalisten besaßen den Mut und den Wahrheitswillen, die Verkommenheit und Entwürdigung des Menschen aufzudecken. Insofern war der Naturalismus antibürgerlich, links-revolutionär, gegen die herrschende Ordnung im Frankreich Napoleons III. (Zola), im Rußland des Zaren (Tolstoi, Turgenjew, Gorki) und im Deutschland Bismarcks gerichtet.

Das Programm des Naturalismus setzte im zukunftsgläubigen Geiste der Naturwissenschaften und des Positivismus die Aufdeckung der gesellschaftlichen Wirklichkeit fort. Darum sollte alles Subjektive, die spielerische Fantasie und der Schleier der Metaphysik beseitigt werden. Konsequent durchgeführt bedeutete das, daß der Schriftsteller wie ein Soziologe, Statistiker, Psychologe, Vererbungsforscher oder Historiker das „Milieu“ exakt dokumentiert. In der Tat haben viele Schriftsteller des 20. Jhs. auch genaue Studien gemacht, ehe sie sich an den Schreibtisch setzten. Der „konsequente Naturalismus", wie ihn in Deutschland Arno Holz zusammen mit Johannes Schlaf im Skizzenbuch *Papa Hamlet* (1889) und im Drama *Familie Selicke* (1890) zu demonstrieren suchten, war jedoch nur eine theoretische Überspitzung. Gemäß der Theorie, die Arno Holz „Sekundenstil" nannte, sollte der Beobachter jedes Detail eines Vorgangs gleichsam mit der Zeitlupe registrieren: das Knirschen einer Tür, das Tropfen eines Hahns, das Gähnen, jeden Laut, auch die schlampigste Redewendung, den Jargon. Eine Szene auf der Bühne, ein Kapitel Prosa sollte genauso lang sein wie in Wirklichkeit. In den Szenen von dem stellungslosen Schauspieler *Papa Hamlet* und im Drama vom betrunkenen Vater am Sterbebett seines Kindes *(Familie Selicke)* gibt es keine eigentliche Handlung, nur ein Warten von Sekunde zu Sekunde.

Die großen Naturalisten Europas waren freilich zu sehr Künstler und Gestalter, als daß sie einer so engen Theorie bedurft hätten. Schon HONORÉ BALZAC (1799—1850), der „Vater des Realismus", hatte für seine Romane der *Comédie Humaine* eingehende Studien getrieben. GUSTAVE FLAUBERT (1821—80) notierte sich alle umgangssprachlichen Wendungen. Doch Balzac war im Grunde ein Mystiker, Flaubert ein bewußter Artist der Prosa. Auch die Darlegung des Philosophen TAINE (1828—1893) über den Einfluß von Volkscharakter, Milieu und Geschichte auf die Kunst hätte dem Naturalismus nicht vorwärtsgeholfen, wenn Schriftsteller wie IWAN TURGENJEW (1818—83) und LEO TOLSTOI (1828—1910) in Rußland nicht zusätzlich vom Kampf gegen Frondienst und Unfreiheit getrieben gewesen wären. Zum Haupt der eigentlichen naturalistischen Schule wurde jedoch erst EMILE ZOLA (1840—1902). Zola war ein leidenschaftlicher Demokrat und Kämpfer für das Lebensrecht der Massen, er schrieb den ersten Proletarierroman (*Germinal*, 1885). Sein großes Herz, nicht so sehr seine Theorie vom „Experimentalroman", diktierte ihm seine zahllosen Epen. Wie sich Zola vorwiegend mit den aus der Tiefe aufsteigenden Massen beschäftigte, so entlarvte der Norweger HENRIK IBSEN (1828—1906) in seinen viel angefeindeten Dramen die Heuchelei und Muffigkeit der bürgerlichen Gesellschaft. In seinen Stücken wurden die Interieurs der Wohnungen genau wie in Wirklichkeit aufgebaut. Ibsens kämpferischer Moralismus fehlte den deutschen Naturalisten, ebenso wie ihnen die religiöse Ethik des russischen Grafen LEO TOLSTOI fehlte, der 1886 im Drama *Die Macht der Finsternis* die stumpfe Roheit der geschundenen russischen Bauern darstellte. Auch für DOSTOJEWSKIJ (1821—81) war der Naturalismus nur ein Mittel, um die Qualen und Abgründe verzweifelter, um Erlösung ringender Seelen zu ergründen. Obwohl bis 1890 schon die meisten Werke Dostojewskijs ins Deutsche übersetzt waren, wirkte seine religiöse Unerbittlichkeit nur auf den Dramatiker STANISLAW PRZYBYSZEWSKI, doch die Werke dieses Arztes und anarchistischen Redakteurs in Berlin (*De profundis*, 1895; Dramen *Totentanz der Liebe*) wurden in der deutschen Öffentlichkeit verschwiegen. Sein „Theater der Qualen, der Neurosen, Psychosen, der Gewissensängste, der Reue und des Todes" war ihr so fern „wie die Heiligkeit des Mittelalters von der öffentlichen Gemeinheit" des modernen Optimismus (F. Hardekopf, 1912).

In der Tat konnte der Naturalismus nur dort Kunst werden, wo er von tiefmenschlicher Beunruhigung und Leiderfahrung wie in den Werken des frühen Hauptmann, Gorkis und O'Neills oder von lebendiger Sozialkritik getragen wurde, wie in den amerikanischen Romanen von Dreiser, Stephen Crane oder in Arnold Zweigs *Grischa*-Roman. Dokumentation, Sammlung von Fakten an sich ergibt noch keinen Roman und kein Drama.

b) Sturm und Drang der 80er Jahre in Deutschland

Im Unterschied zu Zolas Besessenheit von seiner Menschheitsaufgabe, zu Ibsens Moralität und Dostojewskis Pandämonium des aufgewühlten Rußland fehlte dem verspäteten deutschen Naturalismus die große Leidenschaft.

In Berlin traten 1882 die Brüder HEINRICH und JULIUS HART mit der Aufsatzsammlung *Kritische Waffengänge* auf den Plan. Sie griffen die Formglätte Heyses, den Pseudo-Klassizismus Geibels an und forderten zu Recht eine Dichtung „mit mehr Tiefe, mehr Glut, mehr Größe". In München gründete der junge MICHAEL CONRAD (1846—1927) drei Jahre später die Zeitschrift *Die Gesellschaft*, feierte Zola als Befreier und schrieb: „Unsere Dahn, Heyse, Freytag, Spielhagen und tutti quanti steckten keine Köpfe in Brand, revolutionierten keine Artistenreiche, verblüfften nicht durch die Kühnheit neuer Weltbilder." KARL BLEIBTREU (1859—1928) erkannte mit Instinkt die Genialität von Lenz und Grabbe, schrieb jedoch 1885 aus bloßer Bohémien-Perspektive die Novellen *Schlechte Gesellschaft* und 1887 den

Karikatur auf die Freie Bühne. Zeichnung von E. Retemeyer aus dem *Kladderadatsch,* 1890

Roman *Größenwahn,* der in das Milieu der Großstadt, in Spelunken und Bordelle führte, ohne damit auch nur entfernt das große Vorbild Zola erreichen zu können. Der in Posen geborene MAX KRETZER (1854—1941) hatte dagegen selbst als Junge in einer Berliner Fabrik gearbeitet und kannte den Sumpf des Elends. Sein Roman *Die beiden Genossen* (1879) handelte von einem sozialistischen Schwärmer, den ein egoistischer Funktionär betrügt. In weiteren Romanen enthüllte er die Lebensverhältnisse der Enterbten. Bezeichnenderweise fand jedoch sein Handwerker-Roman *Meister Timpe* (1888) die meiste Publikumsresonanz. Da erzählt er nämlich von einem loyal-christlichen, königstreuen Handwerker, dem die Fabrikkonkurrenz das Wasser abgräbt. Wie weit sich das verbürgerlichte Christentum vom Heiland der Armen entfernt hatte, wollte er mit dem *Gesicht Christi* (1897) zeigen: der Heiland geht durch Berlin, nur erkannt von Kindern, Armen und Kranken — ein Motiv, das im Expressionismus wiederkehrt (s. S. 290). Große Publikumserfolge konnten der geschickte Dramatiker HERMANN SUDERMANN (1857—1928) mit Gesellschaftsstücken wie *Ehre* und *Heimat* und MAX HALBE (1805—1944) mit seinem Drama *Jugend* (1893) buchen.

Berlin, das innerhalb von 40 Jahren aus einer preußischen Residenzstadt mit 400 000 Einwohnern zu einer Metropole von anderthalb Millionen Einwohnern angewachsen war, wurde mit dem Schriftstellerverein „Durch" Ausgangspunkt und Zentrum des deutschen Naturalismus. Die nach dem Vorbild des Pariser Theâtre Libre 1889 gegründete „Freie Bühne" wollte von der engstirnigen staatlichen Theaterzensur unabhängig sein. Unter OTTO BRAHMS Regie führte sie die neuen Stücke Ibsens, Strindbergs, Tolstois und Hauptmanns auf. Ihr freireligiöser und sozialkritischer Geist führte zu häufigen Zusammenstößen mit der Staatsgewalt, die eben erst von 1878—1890 gewaltsam die oppositionelle Sozialdemokratie zu vernichten trachtete. Doch gleich nach Aufhebung der „Sozialistengesetze" verebbte die revolutionäre Tendenz des Naturalismus sehr schnell, selbst das agitatorische Arbeiterwochenblatt *Freie Bühne* (ab 1890) wurde schon 1894 für ein großbürgerliches Publikum in die geschmackvolle Monatsschrift *Neue deutsche Rundschau* umgewandelt. Die „Freie Volksbühne" für Arbeiter — eine weitere Gründung — konnte in zwei Jahrzehnten bis zu 40 000 Mitglieder gewinnen. Auf ihr inszenierte nach 1918 Erwin Piscator seine proletarischen Stücke (s. S. 320). Die vielgeschmähten Stücke Hauptmanns, Ibsens, Wedekinds, Strindbergs und Gorkis traten auf solchen Privatbühnen ihren Siegeszug an.

Der Film, wie er sich 1895 aus der Daguerreotypie und Panoramen-Malerei (s. S. 210) entwickelt hatte, brach der naturalistischen Sehweise Bahn: Erfassung des sozialen Milieus, Nahaufnahmen, Dehnung des Augenblicks, stumme Gebärden, Dokumentation. Der Stummfilm konnte zeigen, was vorher dem Blick entging: das Mienenspiel, das Gesicht der Gegenstände im Zimmer, den Schatten an der Wand, das unbeachtete Leben und die soziale Gebundenheit des Individuums.

Um 1900 war der Kintopp noch reines Jahrmarktsspektakel. Doch früher als die Literatur eignete er sich die Mittel der Groteske (Zerrlinse) und Simultanmontage (s. Dada), der expressiven Übersteigerung, die Techniken der Zeitraffung, des Perspektivenwechsels, der — kontrastierenden, parallelen oder assoziierenden — Überblendung an, desgleichen die Fähigkeit zur Wiedergabe von Erinnerungen (Rückblende), Träumen und Phantasmagorien, den „inneren Monolog" (s. S. 274) und die optische Metaphorik. Stilmittel, die angesichts der rasch sich wandelnden Wirklichkeit eine eminente Rolle für die moderne Lyrik und Erzählkunst spielen sollten. Der Film wurde zum wichtigsten Konkurrenten und Anreger der modernen Malerei und Dichtung. Das Optische, die bildhafte Vergegenwärtigung, begann zu dominieren und verdrängte in der Lyrik seit dem Expressionismus zunehmend die akustisch-musikalische Gestaltung, d. h. Melodie, Metrum und Reim (s. S. 387).

LITERATUR:

R. Ruprecht (Hg.) *Literarische Manifeste des Naturalismus.* Stuttgart 1962

Roy C. Cowen *Der Naturalismus.* München 1973 (umfangreiche Zeittabellen und Bibliographie)

Hamann/Hermand *Naturalismus.* Fi 6352 (aufschlußreichste Gesamtdarstellung)

c) Arno Holz — „Revolution der Lyrik"

Holz (1863—1929), gebürtiger Ostpreuße, Apothekerssohn und Berliner Dachstubenpoet, wird wegen seiner Lehre vom „konsequenten Naturalismus" (s. S. 240) gewöhnlich zum Naturalismus gezählt. In Wirklichkeit war er eine merkwürdige deutsche Mischung. Er schrieb 1885 Verse vom Großstadtelend im Stile Heines, aber später virtuos-barocke *Freß-, Sauf- und Venuslieder* (1904). Er war zugleich Theoretiker und ein Sprachbesessener.

Freie Rhythmen. 1899, zehn Jahre nach Nietzsches Niederschrift der freirhythmischen Dionysos-Dithyramben, veröffentlichte Holz die Programmschrift *Revolution der Lyrik.* Darin forderte er die Anwendung des „Sekundenstils" auf die Lyrik. Weg mit Reim und Strophe! Lyrik rein aus dem Sprachrhythmus! Im Grunde war das nicht neu: Zwar herrschte in den schönsten deutschen Gedichten oft die reizvolle Spannung zwischen antikem Metrum und deutscher Satzmelodie, aber es gab auch schon vor Holz reim- und strophenlose freie Rhythmen: bei Klopstock, beim jungen Goethe, in Novalis' *Hymnen an die Nacht,* in den Streckversen Jean Pauls, in Heines Nordsee-Gedichten. Vor allem hatte in USA schon 1854 der weltumarmende Demokrat Walt Whitman langhinrollende Sätze gedichtet. Auch in Frankreich schrieben bereits Nerval (1808—55) und Rimbaud rhythmisch-bewegte Prosa. Das Korsett von Metrum, Reim und Strophe schien veraltet, nur noch eine überflüssige Noblesse, wenn das Gedicht die neuen Materialien der Zivilisation in sich aufnehmen sollte. Das Gedicht mußte sich „demokratisieren", wenn es wie dann bei den Montage-Lyrikern und Dadaisten auch die „unpoetischsten" Dinge und Worte ergreifen sollte.

Phantasus. Arno Holz, zukunftsfreudig, in seinen Anfängen noch sozialistisch-humanitär gestimmt, spürte das. Indessen laborierte sein deutsches Poetengemüt noch an dem Heine-Schmerz: „O goldne Lenznacht der Jasminen", und so erwuchs ihm, gleichsam ein letzter Versuch, die häßliche Industriezivilisation dekorativ zu umkleiden, das pflanzenhaft sprossende Jugendstil-Geranke seines Hauptwerks *Phantasus* (1898—1926): ein Riesengedicht, das den ganzen Kosmos von den Sternen bis zu Holzens Dachkammer umspannen sollte. Es enthält Sätze, Wortgirlanden, die bis zu 372 Seiten und 2516 Zeilen umfassen und sich um ein einziges Verbum ranken. Die Sätze sind in Wortgruppen abgeteilt und diese, auf Mittelachse gestellt, untereinander geschrieben:

In meinem schwarzen Taxuswald
singt ein Märchenvogel —
die ganze Nacht

Blumen blinken.
Unter Sternen, die sich spiegeln
treibt mein Boot.

Nicht immer pendeln sich die Verse so in der Mitte ein. Das Buch, das vielleicht noch niemand ganz gelesen hat, ist von Pankok im Jugendstil (s. S. 249) geschmückt. Die Sätze sprossen zu immer weiteren Ranken aus. Das lyrische Ich (vgl. Däubler und Mombert) wuchert sich zu einem weltumspannenden Organismus aus. Heute wirken im *Phantasus* die grotesken, satirischen und mitunter expressionistischen Elemente am modernsten:

Hinter zerfetzten Planetensonnen, hinter vergletscherten Ursonnen
hinter Wüsten aus Nacht und Nichts
wachsen schimmernd neue Welten-Trillionen Krokusblüten!

Man denkt an ähnliche Langzeilen von J. R. Becher oder Yvan Goll. Holz war ein sprachbesessener Poet und Experimentator mit erstaunlicher Bildfantasie. Dennoch hat sein Experiment keine direkte Wirkung gehabt, weder auf die alogischen Wortketten der Dadaisten noch auf solche Wortfluten, wie wir sie in der Lyrik des Franzosen Saint John Perse finden. Immerhin: die Verschmelzung von Lyrik und Prosa, die reimfreie Rhythmisierung des Wortmaterials wurde zum Kennzeichen vieler Dichtungen des Jugendstils, der Neuromantik (s. Rilkes *Cornet*) und des Expressionismus (Ernst Stadler *Fahrt über die Kölner Rheinbrücke bei Nacht*).

Holz, der sich auch an Komödien versuchte, ist ein interessantes Beispiel deutscher Stürmer und Dränger, die ohne literarische Tradition immer wieder von vorne anfangen müssen und denen es schwer fällt, aus ihrer geistigen Dachkammerexistenz auszubrechen. Eine seltsame Mischung von Genialität, Aufschwung und theoretischem Spintisieren.

LITERATUR:
H. Scheuer *Arno Holz im literarischen Leben des ausgehenden 19. Jhs.* München 1971

d) Gerhart Hauptmann — „Gestalten laß entstehn, Gestalt entschweben"

Die Uraufführung von G. Hauptmanns erstem sozialem Drama *Vor Sonnenaufgang* am 20. Oktober 1889 durch die „Freie Bühne" wurde ein Skandal. Die staatsfrommen Ordnungshüter warfen dem jungen Autor Lasterhaftigkeit, Schmutz, Zügellosigkeit, Umstürzlerei und Schlimmeres vor. Dem Polizeipräsidenten paßte die „ganze Richtung" nicht. Hauptmanns *Weber* wurden vor die Gerichte gezogen und im Preußischen Landtag beschimpft. Sein Traumspiel *Hanneles Himmelfahrt* nannte der spätere Reichskanzler Hohenlohe-Schillingsfürst „ein gräßliches Machwerk, sozialdemokratisch-realistisch, dabei von krankhaft sentimentaler Mystik" und ging nach der Aufführung zu Borchardt, um sich „durch Champagner und Kaviar wieder in eine menschliche Stimmung zu versetzen". Wilhelm II. gab den Hauptmann von der Jury zugesprochenen Schiller-Preis dem pathetischleeren Dramatiker Wildenbruch. Beim Festspiel Hauptmanns für die Jahrhundertfeier der Befreiungskriege in Breslau (1913) verließ der Kronprinz „geräuschvoll und säbelrasselnd" die Kaiserloge. Bis 1914 war Hauptmann abgestempelt. Nach 1918, in der von Ebert mühevoll gesicherten bürgerlichen Republik, figurierte der Nobelpreisträger von 1912 als deren geistiger Repräsentant, vor allem gegenüber dem Ausland. 1933 umwarb ihn die NS-Kulturpolitik; sein Stück *Florian Geyer* wurde wegen seiner nationalistischen Verwendungsmöglichkeit vielfach gespielt. Hauptmann hißte auf seinem Haus in Hiddensee auch die Hakenkreuzfahne, um Ruhe zu haben. Er schwieg und vertraute sein Leiden an der Barbarei dem Versgedicht *Der große Traum* (1942), dem Requiem *Die Finsternisse* und den *Atriden*-Tragödien von den blutigen Opfern der archaischen Griechen an. Er erlebte das Kriegsende 1945 in seinem Hause in Agnetendorf in Schlesien, unweit seines Heimatortes Ober-Salzbrunn, wo er 1862 als Sohn eines Hotelbesitzers geboren war. Die sowjetischen Militärbehörden ehrten ihn als den *Weber*-Dichter. Als er im Juni 1946 auf dem Friedhof von Hiddensee begraben wurde, legte man ihn — gemäß seinem letzten Willen — in der Mönchskutte des hl. Franziskus, des Heiligen der Armen und Lobpreisers der Sonne, und mit dem Neuen Testament in die Erde.

Urteile. Wie nicht anders zu erwarten, erfuhr Hauptmanns Persönlichkeit und Werk — 17 Bände in der Ausgabe von 1942 — neben höchster Anerkennung auch von allen Seiten Kritik. Zunächst politisch: als „Lumpenhund" wurde er von den Stützen der Wilhelminischen Gesellschaft beschimpft. Marxisten wie Mehring nannten sein *Hannele* einen „Klimbim" und „geheuchelten Mystizismus", andere bedauerten, daß er vom Sozialdrama zum Ibsenschen Familiendrama abgeglitten sei (P. Rilla). Hans Mayer weist zu Recht auf Grund von Hauptmanns Autobiographie auf sein Schwanken zwischen dem schützenden Halt der Bürgerlichkeit seines Elternhauses und seiner spontanen Sympathie für das niedere elementarere Volk hin. Die Völkischen anerkannten die Volksechtheit der Hauptmannschen Bühnengestalten, tadelten aber seine „Humanitätsduselei“ und daß er Reichspräsident Ebert im *Eulenspiegel*-Epos (1927) ehrenvoll erwähnte. Sodann weltanschaulich: Hauptmann war alles andere als ein rationaler Denker. Alle Strömungen der Epoche haben sein Werk beeinflußt: Neuromantik, Sonnenkult, der Mythos vom Matriarchat (*Insel der großen Mutter,* 1924), der Abscheu vorm Kriegsgemetzel (*Der weiße Heiland,* 1920), die Botschaft vom milden Heiland der Bergpredigt (*Der Narr in Christo Emanuel Quint,* 1910), ein von der nationalen Rechten gepflegter Heimat-Mythus und ein gefühlsmäßiger Sozialismus. So bietet sein umfangreiches Werk auch sehr verschiedene ästhetische Aspekte: Naturalismus, Neuromantik *(Hanneles Himmelfahrt, Die versunkene Glocke),* Butzenscheibenromantik und epigonalen Klassizismus (Verwendung des Hexameters).

Sein Schaffen. Th. Mann hat im *Zauberberg* Hauptmanns Wesen in der Figur Peeperkorns porträtiert. Sein Sprechen sei eine „Restmasse von Gesichten und großem Traum, von aus dem Schlaf schreiender Stauungsnot“. In der Tat steigen seine Bühnengestalten auf aus dem Strom des Lebens wie Wolkenbildungen, die entstehen und verschweben, sind Leiden und brünstige Lust der Kreatur in vielerlei Gestalten. Seine Figuren sind nicht erdacht, sondern mitleidend geschaut. Er bildet sie von innen her, wo sich aus Seelisch-Triebhaftem Gedankenwurzeln und Laute losringen und zur Artikulation drängen. Es sind halbe, gebrochene, niemals vollkommene Menschen und selten Typen. Nur Nebenfiguren sind typisierend vereinfacht, aber selbst im Stück von der dumpfleidenden Masse der Weber ist jeder eine unverwechselbare konkrete Person. Von allen Dichtern schätzte Hauptmann Shakespeare und Büchner am meisten, und wirklich: wie Woyzeck oder die Volksfiguren Shakespeares, so bleiben auch Hauptmanns pietistischer Weber Hilse, der Bahnwärter Thiel, die schlaue Mutter Wolffen, Fuhrmann Henschel, die Kindsmörderin Rose Bernd und viele andere jedem, der ihre Bekanntschaft gemacht hat, unvergeßlich im Gedächtnis. Die Leute aus dem niederen Volk, die nicht hochdeutsch reden können, gelingen ihm am besten. Denken wir an die Stücke des Russen Maxim Gorki oder der Amerikaner O'Neill und Tennessee Williams mit ihren leidenden, hilflosen, verkommenen und bösen Figuren, dann versteht man, wie sie ihm verpflichtet waren, und daß ihm seine naturalistischen Dramen allein den Weltruhm verschafften. In ihnen ist er am originellsten, während vieles andere als anempfunden und stilistisch epigonal gewertet werden muß.

Seine Sprachgestik. Holz und Ibsen konnten ihn nur die „Tricks“ lehren, die Gestalten gehören ihm allein. Jeder Akt wird durch genaueste Regieanweisungen eingeleitet: Mobiliar, zerschlissene Tapeten, Kleidung der Personen — alles wird wie im naturalistischen Roman genau angegeben. Milieu und Atmosphäre sollen so dicht wie möglich sein, sie spielen mit. Im Grunde, meinte er, sei jeder Akt eine Exposition. Das ist ein erster Schritt zum „Stationendrama“ (s. S. 297) und zum „epischen Theater“ (s. S. 323), mit dem Unterschied jedoch, daß die „Verfremdung“ fehlt; denn seine Figuren sprechen charakteristisch, milieuecht: schlesischen Dialekt oder berlinisch, papierdeutsch oder, wenn sie vornehm sein wollen, hochdeutsch, wie Gauner und Kriminelle oder auch — parodierend — Schillers Bühnensprache wie Hassenreuter in den *Ratten.* Jeder nach seiner sozialen Schicht. Ihre Sprache verrät ihre Ambitionen, ihren Standesdünkel, Angeberei, Gespreiztheit, Unterwürfigkeit oder naive Gerissenheit. Die sprachliche Bestandsaufnahme der damaligen Gesellschaft trug ihm Beifall und Schmähungen ein.

Viele Menschen, vor allem die einfachen, gedrückten, sprechen fast überhaupt nicht, wenn Sprechen rationalen Gedankenausdruck bedeuten soll. Sie stottern, lallen, weinen, machen Satzbrüche, lassen die Rede unvollendet, verstummen und drücken sich — im Gegensatz zur rationalen Bühnensprache der Klassiker — vorwiegend durch Gebärden (Gestik), durch Körperhaltungen (Pantomimik) und Gesichtsausdruck (Mimik) aus. Sie artikulieren nicht logische Gedanken, sondern Affekte. Ihre Selbstdarstellung ist, wie Hauptmann, der zuerst Bildhauer werden wollte, gesagt hat: ein „psychischer Akt“.

Diese Sprachgestik läßt Raum um die Figuren, so daß der Schauspieler in sie wie in ein lockeres Kleid schlüpfen kann. Der Zuschauer erlebt, wie Sprache aus Mimus, Urlauten, Gefühlsausbrüchen und Artikulationsversuchen entsteht. Die Figuren der sozialen Oberschicht, die in verfestigten Formeln reden, sind auch menschlich erstarrter als das konventionslose, ungeformte Volk, das dem flüssigen Urgrund des Lebens gleich nur Blasen aufwirft und sich in Ausbrüchen entlädt.

Die Werke sind fast alle zuerst bei S. Fischer, Berlin, erschienen. Wir müssen uns auf einige und die Andeutung des Inhalts beschränken. Die Jahreszahlen sind die der Uraufführungen. *Bahnwärter Thiel* (1888, novellistische Studie) tötet seine primitiv-rohe zweite Frau im Anfall von Wahnsinn, weil sie zuläßt daß sein Kind unter den Zug gerät. In seinen einsamen Nächten denkt der schwerblütige Thiel oft an seine zarte erste Frau: eine fast mystische Sehnsucht des Dumpfen nach dem Höheren. — *Vor Sonnenaufgang* (soziales Drama, 1889). Die schlesische Bauerntochter Helene liebt den ehemaligen sozialistischen Agitator, Lebensreformer und Antialkoholiker Loth, der sie aber verläßt, als er von der alkoholischen Belastung ihrer Familie erfährt. Liebe wird einem bloßen Prinzip geopfert (Einfluß Ibsens). — *Das Friedensfest* (1890) hat Hauptmann in der Schweiz geschrieben (Sozialistengesetz!). Er verwendete die Familiengeschichte Wedekinds: Drama einer verpfuschten Familie ohne Frieden und Harmonie. Der Vater ist ein Säufer, die Mutter ein geistig beschränktes Haustier.

Die Weber (1893), Schauspiel von der Webernot und dem Weberaufstand von 1844 in Schlesien, nach genauen Studien im Webergebiet verfaßt, zuerst in reinem Dialekt, dann in einer dem Hochdeutschen angenäherten Fassung. Hauptmanns Großvater war selbst noch Weber. Das Elend der Heimweber, deren Handarbeit nicht mit der Industrie konkurrieren kann, wird in erschütternden Szenen ausgebreitet (s. S. 196). Krankheiten, körperliche Mißbildungen, geistiger Verfall sind die Folgen des dauernden Hungers. Fabrikant Dreißiger zeigt sich hartherzig; sein Freund, Pastor Kittelhaus, redet beschwichtigende Phrasen. Moritz Jäger, der bei den Soldaten gedient hat, und der rothaarige Weber Bäcker schüren den Aufstand. Die Menge demoliert die Fabrikantenvillen. Im letzten Akt stürzt sich auch die junge Webersfrau Luise in den Kampf, die „a Fabrikanten de Helle und de Pest in a Rachen nein" wünscht, weil sich nie jemand ihrer verhungerten Würmer erbarmt hat. Königliches Militär rückt an und unterdrückt die Elendgestalten. Luises Vater, der alte Hilse, ein frommer Pietist, der Gott allein die Rache überlassen will, wird von einer Kugel getötet. Der Sektierer Hilse, der sich nie gegen die gottgesetzte Obrigkeit auflehnt, ist eine Gestalt der deutschen Innerlichkeit (vgl. S. 233, 108). Durch das Stück tönt das Weberlied, und am erschütterndsten ist, wenn ein Weber visionär vom Gericht stammelt: das von der Kirche ins Sektiererische verdrängte Evangelium. Auch die Erinnerung an die Französische Revolution — „Hat etwa d'r Robspier a Reichen de Patschel gestreechelt?" — schürt den Ausbruch. (Vgl. Heine *Die schlesischen Weber*).

Der Biberpelz (Diebeskomödie, 1893) ist von der tüchtigen, angesehenen Waschfrau Mutter Wolffen einem Rentier gestohlen worden, aber ihrer gutgespielten Schlauheit gelingt es, dem Verdacht zu entgehen. Sie nützt den Umstand aus, daß der Rentier bei dem forschen, königstreuen Amtsvorsteher Wehrhahn demokratischer Anschauungen verdächtig ist. Die Dummheit der Obrigkeit, welche glaubt, das Vaterland gepachtet zu haben, wird mit ihren eigenen Waffen geschlagen (vgl. Zuckmayers *Hauptmann von Köpenick*).

Hanneles Himmelfahrt (1893) handelt von dem vierzehnjährigen Hannele, der verprügelten Stieftochter eines versoffenen Maurers. Das armselige Kind stürzt sich, der Stimme

Der Weberzug, Radierung von Käthe Kollwitz aus der Folge *Weberaufstand*, 1897

Jesu folgend, in einen Teich. Auf ihrem Strohsack im Armenhaus träumt sie frierend und verängstigt von den himmlischen Auen. Auch Hannele ist eine Sehnsüchtige aus dem Geschlecht des alten Webers Hilse und des Bahnwärters Thiel. Das Stück ist eine Mischung von Naturalismus und Neuromantik.

Fuhrmann Henschel (1898), ein Hüne mit weichem Gemüt, möchte seiner verstorbenen ersten Frau die Treue halten, erliegt aber der derben, gierigen und betrügerischen Magd. Das Gewissen foltert ihn, er grübelt unaufhörlich und macht seinem Leben ein Ende. Henschel ist ein Sucher nach Reinem, den die Dumpfheit der Natur zerbricht.

Und Pippa tanzt (1906), ein „Glashüttenmärchen", ist ein symbolisches Spiel. Das halbreife, lockend-schöne zerbrechliche Mädchen verkörpert mit ihrem Tanz in der Glashütte im Riesengebirge das letzte Ziel der Sehnsucht, das, wohin alle Lebenskräfte verlangen: die dumpfen archaischen Triebe (der alte Haarmensch Huhn), die Praktiker (der Glashüttendirektor), die Weisen und die Naiv-Idealistischen (Hellriegel). Mitten im Hochwinter verzückt das wie ein Lichtfünklein zur Okarina tanzende Mädchen aus Venedig alle Kräfte und Sphären des Lebens. Ist Pippa ein elfisches Wesen oder das Lichtfünklein der mystischen Seele, der südliche Traum in der eisigen Winterlandschaft, die höchste Grazie der Kunst oder das Ziel des Denkens, des Eros? Sie ist alles zusammen: ein poetisches Konzentrat intensiver Kräfte deutscher Naturmystik, aus Märchenglanz, Musik, Sonnensehnsucht und Idealismus. „Ein Meisterwerk der Meisterwerke", nannte R. A. Schröder dieses Stück.

Die Ratten (Berliner Tragikomödie, 1911) führt in eine Berliner Mietskaserne: in sozialer Abstufung sehen wir Bohème, Bürgertum, Kleinbürger, Lumpenproletariat und Kriminelle. Überall sind die Ratten am Werk, das heißt, morsch sind die Theaterrequisiten auf der Dachkammer, und morsch ist jede Stufe der ramponierten Gesellschaft. Opfer dieser ausgehöhlten Gesellschaft wird die Frau des Maurerpoliers John, die in ihrem Muttertrieb das Kind einer anderen an sich nimmt. Einige Jahre vor Ausbruch des 1. Weltkrieges geschrieben, hat das Stück einen entschiedenen, damals nicht verstandenen Symbolgehalt. Nach seiner Milieudichte und seinen Sprachschichten muß es als Hauptmanns bestes Sozialdrama gelten.

Gerhart Hauptmann bei der Probe der *Ratten*, Darmstadt 1931

Das Werk des Dichters ist so vielgestaltig, daß wir seine Künstlerdramen *(Michael Kramer; Gabriel Schillings Flucht)*, seine Komödien nach Shakespeareart, die neuromantischen Legendenspiele, Versepen, Bekenntnisbücher und die erotische Brunst des Romans *Der Ketzer von Soana* nur erwähnen können. Vielleicht war Hauptmann, der ewige Sucher, selbst ein Stück jenes halb närrischen, armen *Emanuel Quint*, des Sektierers, der vom mitleidigen Heiland träumte und sich in Jesus auflöste. Alle diese Gestalten müssen in ihm gewesen sein: Stammler, Unvollendete, Gehetzte und nach Ausdruck Ringende. Eine unübersehbare Schöpfung, die sich artikulieren will.

LITERATUR:

Kurt Lothar Tank *Gerhart Hauptmann.* rm 27
Schrimpf (Hg.) *Gerhart Hauptmann.* 1976. WBG Nr. 4424
Hans Mayer *Gerhart Hauptmann.* FD Bd. 23 = dtv 6823
Hans Schwab-Felisch *‚Die Weber' v. Gerhart Hauptmann.* DW 1

3. Fin de Siècle: Zauber und Todesrausch der Schönheit

a) Europäischer Symbolismus, Neuromantik und Jugendstil

Das europäische Bürgertum war im Laufe des Jahrhunderts wohlhabend geworden. Während das Großbürgertum immer protzenhafter seine Macht zur Schau stellte und die Mittelschichten ihre Philisterhaftigkeit zum Maßstab aller Dinge machten, breitete sich unter Künstlern und Intellektuellen das Gefühl des geistigen Niedergangs der Kultur, der Dekadenz, der Müdigkeit und Langeweile aus. Von verschiedensten Seiten erhob sich Kritik am Materialismus und Positivismus des Zeitalters und ein Verlangen nach Erneuerung der geistigen Quellen durch Mystik, Metaphysik und Mythus.

In dieser Stimmung seelischer Verödung erschloß die Kunst den ästhetisch Reizbaren neue Zauberbereiche der Schönheit. Impressionistische Maler wie Monet, Manet und Renoir verwandelten die Landschaften in ein genußreiches Farbenspiel, das die Häßlichkeit der Fabrikstädte vergessen machte. Mit einem „blauen Licht der Dämmerung" umflorte JENS PETER JACOBSEN, der dänische Erzähler, in seinem Roman *Frau Marie Grubbe* (1876) die zarten Traurigkeiten und welken Blütenfarben bürgerlicher Gärten und Interieurs. In Wunderbezirke von Rosen, Nachtigallen und Juwelen lockte der Engländer OSCAR WILDE (1856—1900) die Leser seiner Märchen, und wo die Ästhetik dominierte, wie in Wildes *Bildnis des Dorian Gray* (1891), da stellten sich auch Melancholie, Verherrlichung des Todes, Lust am Leiden und der Reiz des Satanischen ein.

Die Symbolisten. Zur selben Zeit, als die großen Romanciers Frankreichs von Balzac bis Zola den Wandlungen der merkantilen Gesellschaft nachgingen, fühlten sich Lyriker wie Nerval und Baudelaire als Außenseiter. In der überfeinerten Atmosphäre des Fin de Siècle entwickelte sich aus der Ansicht, daß die Kunst nur um der Kunst willen da sei (Gautier: L'art pour l'art) und aufhöre Kunst zu sein, wenn sie den Parnaß der Schönheit verlasse, um der Nützlichkeit zu dienen (De Lisle, Banville, Heredia), die symbolistische Theorie der reinen Poesie (*Manifest des Symbolismus,* 1886). Die Lyriker der poésie pure verabscheuten die kommerzielle Bürgerwelt, das Zeitalter der Fotographie, Statistik und Psychologie, und den stoffbegierigen Naturalismus. In ihrer Kunstlehre gingen sie auf die Romantik zurück (s. Novalis und E. A. Poe).

Ihre Schlüsselworte lauteten: Ergießung des Traumes (Nerval), magische Poesie, beschwörende Zauberei, Hieroglyphen und Symbole (Baudelaire), orphische Deutung der Erde (Mallarmé), Harfenwunder der Vokale (Rimbaud), Musik und Mathematik (Valéry). Die Poesie sollte wieder der verbrauchten Mitteilungssprache entrissen werden, sie sollte kostbar, verzückt, streng geistig, rasend, reine Fantasieschöpfung sein und nur den wenigen zugänglich, die sich auf ihre Mysterien verstanden. Die Domäne des Symbolismus war daher die Lyrik und die lyrisch verwandelte Kurzprosa.

CHARLES BAUDELAIRE (1821—67) hatte streng klassizistisch die *Blumen des Bösen* dargeboten, Höllen der Sünde und rein geistige Verzückung. „Das Fleisch ist traurig ach! und alle Bücher las ich. O fliehen ..." sang der zarte Dandy STÉPHANE MALLARMÉ (1842—98), zeitweise Redakteur einer mondänen Modezeitschrift. In musikalisch weichen Versen träumte PAUL VERLAINE (1844—96) vom sanfttraurigen Mondschein über schimmernden Weihern, während sein Paris und Europa verfluchender Freund JEAN ARTHUR RIMBAUD (1854—91) nach Afrika ausbrach.

Von Paris drang der Symbolismus nach Deutschland, zum jungen George, zu Rilke und Hofmannsthal, nach Rußland, wo BRIUSSOW (1873—1924), PASTERNAK (1890—1960) und die nach lauterster Schönheit strebenden Akmeisten OSSIP MANDELSTAMM (1891—1939) und ANNA ACHMATOWA (1888—1966) im Bewußtsein der Sterblichkeit alles Schönen dichteten. In Italien entzündete die Todesmüdigkeit des Fin de Siècle die rauschhaften Fantasien GABRIELE D'ANNUNZIOS (1863—1938). Träume von Renaissancepracht, Luxus und stolzen einsamen Künstlern hielten Einzug auch in H. Manns Romane *Göttinnen*, Tod und Müdigkeit atmen uns an in Schnitzlers Novellen.

Der Symbolismus ging einher mit einer Strömung, die sich Neuromantik nannte. Sie sprach weniger den formbewußten Intellekt als vielmehr das Gefühl an, weshalb sie sich mehr in Nordeuropa ausbreitete als in den romanischen Ländern.

Der Neuromantik lag das musikalisch Verfließende, die Seelenstimmung. Sie war daher auch volksnäher (Verhaeren, Maeterlinck), kokettierte empfindsam mit den sozial Ärmeren und schöpfte aus Märchen und frommen Legenden die Stoffe zu Dramen und Erzählungen. In schwächeren Dichtungen, wie z. B. in Hauptmanns *Versunkener Glocke,* in vielen Versen Hesses, um von geringeren abzusehen, konnte sie zum bloßen Gefühlsgetöne und kitschigen Geklingel absinken. Hofmannsthals Märchen *Die Frau ohne Schatten* vereinte das neuromantische Motiv der versagten Mutterschaft mit dem ästhetischen Reiz von Farben wie Scharlach und Purpur; opalener Mondglanz, schimmernde Perlen und kostbare Landschaftsteppiche überhöhen festlich eine graue Menschheit.

Die Dekadenz-Stimmung der Jahrhundertwende, das heißt, der seiner technischen und kommerziellen Errungenschaften müde gewordene Geist Europas, war der Nährboden für eine Vielzahl geistig-künstlerischer Aufbrüche. Es war die Zeit Toulouse-Lautrecs, die Zeit, in der der Maler Gauguin ins Tropenparadies Tahitis floh und van Gogh seine kosmischen Wirbel malte. Die sensibelsten Geister waren damals unterwegs zu neuen, seltsamen, unerhörten Paradiesen von Tönen, Worten und Farben. Aus dem Bewußtsein des Verfalls ging gleich einer Leuchtspur des Geistes eine Reihe schönster und erregendster Utopien des Reinen und Ursprünglichen hervor, während gleichzeitig — noch unbeachtet — auch schon die „surrealistischen" Fratzen der Angst hervortraten wie auf Bildern von Munch und Ensor. Von der Kunst erwarteten damals viele auch die Neugestaltung des Lebens.

Der Jugendstil war deshalb keine neue Dichtungskonzeption, sondern eher eine modische Manier der Geziertheit, des Duktus und der Bewegung. Angeregt vom Japanismus und dem englischen Präraffaelitismus, war er zunächst eine Reformbewegung, eine Angelegenheit des Kunstgewerbes, der Möbelkunst, der Innendekoration, des Buchschmucks und der Architektur. Die fabrikmäßig entweihten Gegenstände und Geräte sollten wieder organisch dem Leben eingefügt werden. So überzog man die profanierten Dinge mit einem Zierat von Monstranzen, Altären, Weihrauchfahnen, mit Frauenhaaren, Wasserrosen, langstieligen Blumen, Quallen, Schwänen, langgestreckten Leibern und elbischen Wesen. Doch diese gewollten Feierlichkeiten drangen auch in die Dichtung ein. Viele frühe George-Gedichte machen den Eindruck seltsamer, in grüner Meerestiefe erstarrter Lebewesen, auch in Rilkes Gebärden und Attitüden spüren wir die „Geziertheit" des Jugendstils.

In der deutschen Dichtung kam der von Frankreich ausgehende Symbolismus nicht voll zur Entfaltung. George fehlten Baudelaires letztlich christlicher Sinn für Sünde und Reinheit, Rimbauds revolutionär-grelle Dissonanzen und Mallarmés subtile Wortentdinglichung. Er entwickelte sich zu einem strengen Lebensreformer. Hofmannsthal schöpfte überwiegend aus den vertrauteren Quellen der Poesie Goethes, Grillparzers und Calderons; deshalb klingt seine poetische Sprache soviel menschlich natürlicher als Georges überanstrengte Feierlichkeit. Am erbittertsten rang Rilke um die reine Kunstauffassung Mallarmés und Valérys. Erst unter den Expressionisten finden wir dann den Rimbaud'schen Typus des revoltierenden, ausgestoßenen „poète maudit" (Heym, van Hoddis), den tödlich Vereinsamten (Trakl), und wenigstens in Carl Einstein den von Mallarmé vorgezeichneten Typus des reflektierenden Artisten.

LITERATUR:
H. Friedrich *Die Struktur der modernen Lyrik.* rde 25 (Baudelaire, Rimbaud, Mallarmé)
C. M. Bowra *Das Erbe des Symbolismus.* Wien 1948
Neuromantik: s. Soergel/Hohoff *Dichtung u. Dichter der Zeit* Bd. I, 1961: *Vom Naturalismus bis zur Schwelle des Expressionismus*
Dolf Sternberger *Über den Jugendstil.* Hamburg 1956
*Jugendstil.*Beiträge, hg. v. Jost Hermand. WBG Nr. 3463—5

b) Stefan George — „Neuen Adel, den ihr suchet"

George (1868—1933), in Büdesheim bei Bingen als Gastwirtssohn geboren, aus einer Familie ursprünglich lothringischer Bauern, Winzer und Küfner, brachte die symbolistische Ästhetik aus Frankreich herüber. Schon als Gymnasiast war er ein stolzer Einzelgänger, umgab sich mit dem Nimbus des Geheimnisvollen, ersann Geheimvokabular und die katholische Liturgie imitierende Einweihungsriten für bevorzugte Mitschüler. Auf einer Paris-Reise lernte er 1889, von Albert Saint-Paul eingeführt, Mallarmé und Verlaine kennen und war bestochen vom geheimnisvollen, sakralen Charakter der neuen Lyrik.

Bäuerlich-schwerblütig und im Grunde ungesellig wie George war, machte er aus dem scheu verhüllenden Dandyismus des Wortkünstlers Mallarmé ein ernsthaftes Programm der Elitebildung, der Menschenformung und eines neuen geistigen Führertums.

Georges Verdienst war, daß er mit Übersetzungen von Baudelaire, Mallarmé, Rimbaud u. a. deutsche Leser mit der neuen Ästhetik vertraut machte. Er erneuerte die in Stimmungsmache und Goldschnitt-Sentimentalitäten vergilbte Lyrik:

In einem seltnen reiche ernst und einsam
Erfand er für die dinge eigne namen —

Seine ersten Hymnen (1890) sind gewollt feierlich, prunkvoll, von gesuchter Bildhaftigkeit. Was symbolistisch-preziös klang, war zumeist Jugendstil in schwerem Versrahmen:

Zu weihern grün mit moor und blumenspuren
Wo gras und laub und ranken wirr und üppig schwanken
Und ewger abend einen altar weiht!

Die abgestumpften Sinneseindrücke und nichtssagenden Adjektiva, der dumpfe Zeilenklang und die von der ungewohnten Kleinschreibung vermehrte visuelle Undeutlichkeit entrückten seine Lyrik ins Zelebriert-Feierliche. Wenn der Dichter in München im Kreis von Klages oder in Berlin vor Simmel, Breysig und Dilthey seine Verse vortrug, ging von seinem „leichenblassen Antlitz mit stark zurückfallender Stirn und mächtigem Hinterkopf" eine dämonisch-faszinierende Wirkung aus: „Schwer wie Litaneien kamen die Verse mit eintöniger Psalmodierung aus diesem seltsamstrengen Mund." Der junge Hofmannsthal, um dessen intime Freundschaft George vergebens warb, schrieb:

Sein Auge bannt und fremd ist Stirn und Haar
Von seinen Worten, den unscheinbar leisen
Geht eine Herrschaft aus und ein Verführen
Er macht die leere Luft beengend kreisen
Und er kann töten, ohne zu berühren.

Der Dichter als Führer. 1892 begann George mit der Herausgabe der *Blätter für die Kunst,* nicht zur literarischen Information, sondern zur Erziehung einer geistigen Elite. Der rheinländische „Meister", der alles Preußische, Steifdeutsche, den „Stumpfsinn der Knechtschaft", wilhelminisches Protzentum, eitle Bildung und dumme „Gemüthaftigkeit" haßte, sammelte, ein anderer Zarathustra, seine „Jünger". Darunter so bedeutende Köpfe wie Gundolf und Wolfskehl. Die *Algabal*-Gedichte, dem Gedächtnis des Wagnerschwärmers Ludwig II. gewidmet, waren sein erster Beitrag zu den *Blättern.* Algabal ist die Symbolfigur eines spätantiken Herrschers: düster, gleißend, zugleich Gott und Priester, regiert er in seinem Palast, ein mit „sardern und safiren übersäter" Übermensch, für den jeder Sklave willig stirbt:

Ein breiter dolch ihm schon im busen stak
Mit grünem flure spielt die rote lache

Im *Algabal* feierte George in der Art von Huysmans und Villiers del l'Isle-Adam den Kult satanischer Schönheit.

Seine bekanntesten Gedichte stehen in den *Hängenden Gärten* (1895) — ihnen liegt die Krise seiner Beziehungen zu Ida Coblenz zugrunde — und *im Jahr der Seele* (1897) mit den berühmten Versen:

St. George *Das Jahr der Seele,*
Titelblatt von Melchior Lechter, 1897

Komm in den totgesagten park und schau
der schimmer ferner lächelnder gestade
Der reinen wolken unverhofftes blau
Erhellt die weiher und die bunten pfade.

Im *Teppich des Lebens* (1899) beschwor George, der sich als Menschenformer, Priester und Testamentsvollstrecker des von ihm zurechtgedeuteten Hölderlin fühlte, auch seinen neuen Mythus des Unbedingten:

Wer niemals am bruder den fleck für den dolchstoß bemaß
Wie leicht ist sein leben und wie dünn das gedachte
Dem der von des schierlings betäubenden körnern nicht aß!
O wüßtet ihr wie ich euch alle ein wenig verachte!

Der Verkannte findet die Erneuerungsmächte in der mythisch geschauten Rheinlandschaft „Lotharingiens", wo einst „das allumworbene trümmergroße Rom" seine Tempel baute. Er sucht sie unter der Zivilisationsdecke im höheren Wissen antiker Mysterien und im katholischen Instinkt für Hierarchie und Opfer. Undenkbar, daß Hölderlin, der Protestant und Grieche, so jugendstilhaft anempfundene und weihrauchduftende Verse gedichtet hätte:

Gieb mir den großen feierlichen hauch
Gieb jene glut mir wieder die verjünge
Mit denen einst der kindheit flügelschwünge
Sich hoben zu dem frühen opferrauch.

Im vierzehnjährigen Münchner Gymnasiasten Max Kronenberger erschaute Georges Seherauge die Inkarnation eines neuen Gottes (*Maximin,* 1907. Vgl. dagegen Th. Manns *Tod in Venedig).* Als Führer eines Männerbundes (*Der Siebente Ring,* 1907; *Stern des Bundes,* 1913) wollte er seinen eingeweihten Jüngern — ganz antik — einen neuen Gottmenschen geben. Als 1914 soviele Dichter in den vulgärpatriotischen Hurra-Taumel einstimmten, sah George „in der hohen Begeisterung des Gotteskampfes" nur den Zukunftshinweis, daß das „Göttliche im Menschen" noch nicht erloschen sei (Antwort an Romain Rolland). Die Deutschen, hoffte er, würden das „schutzbild" wider die zivilisatorische Entartung tragen (*Der Krieg,* 1917), bis „des erdteils herz" nach einer Zeit der Öde die Welt rettet.

Die Wirkung Georges, dieses unalltäglichen, imponierenden und von Tragik umwölkten Dichters, dem es an jeder Selbstironie gebrach, war außerordentlich. Zwar regte seine lyrische Esoterik (Erlesenheit des Worts, Neubildung alter Wörter, Raffinement der Vokale, strenges Metrum) nur neoklassizistische Tendenzen an (s. S. 327 f.), aber die 1913 auf dem Hohen Meißner erstmals zusammengeschlossene Jugend nahm seinen *Stern des Bundes* (1913) schon mit in den Krieg. Nach 1918 sammelte sich eine zweite Generation um den schwer definierbaren, zwischen Kunstanspruch, heroischer Lebensführung und deutscher Welterneuerungsmission schillernden, anti-modernen George-Mythus. Zu seinen Bewunderern zählten Studenten, Professoren, Großbürger, Militärs, feinsinnige Dichtungsfreunde wie Gundolf und Kommerell, Karl Wolfskehl, der noch im neuseeländischen Exil seiner gedachte, der Neoklassizist Henry v. Heiseler, aber auch der antiwestliche Chauvinist Wolters und der spätere Reichspropagandaminister Goebbels, der dem 1933 in die Südschweiz Emigrierten frecherweise noch einen Kranz mit Hakenkreuz ans Grab schickte. Auch der katholische Graf Stauffenberg, der anfangs noch an eine deutsche Erneuerung durch Hitler glaubte und später, als er den Götzendienst durchschaute, die Bombe legte, war ein Bewunderer Georges. Sicher ist, daß George mit den geistfeindlichen Nazi-Verstiegenheiten nichts zu tun haben wollte. Bis heute sind seine Persönlichkeit, sein Verdienst und seine Irrtümer umstritten.

LITERATUR:
Rudolf Borchardt *Stefan Georges Siebenter Ring* in: Borchardts Gesammelte Werke in Einzelbänden, Prosa I. Stuttgart 1958 S. 258—294
Friedrich Wolters *Herrschaft und Dienst.* ³1923
Friedrich Gundolf *George.* ³1930
Ernst Morwitz *Kommentar zu dem Werk Georges.* 1960
Stefan George Kolloquium. Vorträge, Diskussion. WBG Nr. 6117 (1971)

c) Hugo von Hofmannsthal — „Die wahre Ernte aller Dinge bleibt"

Georges starre Herrschergestik schreckte den jungen, von Schönheit verwöhnten Wiener Hofmannsthal (1874—1929) ab. Von Grund auf fremd mußte ihm, der ein umfassenderes, tieferes und menschlicheres Königtum des Geistes zu erneuern suchte, der archaische Mythus des rheinischen Sehers sein.

Herkunft. Österreich in seiner Vielfalt war wie ein Traum in seinem Blute und Geiste lebendig. Unter seinen Vorfahren waren niederösterreichische Bauern, jüdische Großhändler und Italiener. Alles verwandelte sich seinem Welthorizont ein: Wien und Venedig, das Madrid Calderons, das Frankreich Victor Hugos, Griechenland und der Orient der Märchen. „Er verkehrte mit drei Jahrtausenden, mit allen Sprachen gebildeter Völker, mit allen zur Form aufgestiegenen Literaturen ... er war der Sohn eines alten, glorreichen Weltreichs, auch darin, daß in seinem geistigen Reiche die Sonne nicht unterging", sagte Rudolf Borchardt. E. R. Curtius nannte ihn einen „Schatzsucher, Rutengänger, Sternsucher", der „mit Blick und Bedacht durch vergangene und lebende Bezirke des Lebens schritt". Der fürstliche Zauber seiner Sprache überglänzte alles, was er anfaßte: die Rätsel des Daseins, den Reiz Venedigs, die noch einmal in schimmernde Rokoko-Atmosphäre getauchten Schlösser und Parks mit ihrer träumerischen Musik und die Fin de Siècle-Religion der Schönheit.

Wie Goethe aber war er nicht nur ein Dichter des Weltgefühls, sondern auch der Weltkenntnis. Von Anfang suchte er die von George verachtete Verbindung zum Leben, zur Tageszeitung, zum Theater (*Alkestis, Elektra, König Ödipus,* Nachdichtungen) und zur Oper (Libretti für Richard Strauß' *Der Rosenkavalier,* 1911, *Ariadne auf Naxos,* 1912). Im 1. Weltkrieg und danach wuchs er zusehends in die Rolle des Bewahrers großer Erbschaften. Auch wenn er noch immer als Dichter der Vornehmen galt, er hatte längst den Ästhetizismus der Jahrhundertwende, das Wehmütig-Verzärtelte, fiebrig Schöne hinter sich gelassen. Einer der wirklich in Alteuropa wurzelnden Konservativen, widerte ihn das Grob-Reaktionäre, die wachsende ungeistige Pöbelhaftigkeit an. Er rühmte *Wert und Ehre deutscher Sprache* und wies auf das Schrifttum als den „geistigen Raum der Nation" (1927).

Der junge Lyriker, der Gymnasiast mit dem Pseudonym Loris, war ein poetisches Wunderkind. Bald verschmolzen sich die Arabesken des Jugendstils, die Einflüsse Verlaines (in *Vorfrühling,* 1892) und die symbolistischen Embleme „Adler", „Lamm" und „Pfau" dem träumerischen Pathos und den eleganten Dunkelheiten seiner eigenen schmiegsamen Lyrik, seiner anmutigen, gepflegten, lyrisch fließenden Prosa. Schon die Titel seiner frühen Gedichte — *Erlebnis, Leben, Weltgeheimnis, Ein Traum von großer Magie* — suggerierten die „verknüpfenden Gefühle" des Dichters, „des lautlosen Bruders aller Dinge". Er spürt „das Herübergelebte vergangener Tage ... verschwundener Völker, abgelebter Zeiten", die Einsamkeit und Verwobenheit alles Seienden:

Und Kinder wachsen auf mit tiefen Augen,
die von nichts wissen, wachsen auf und sterben,
Und alle Menschen gehen ihre Wege.

Und süße Früchte werden aus den herben
und fallen nachts wie tote Vögel nieder
Und liegen wenig Tage und verderben.

Und immer weht der Wind, und immer wieder
Vernehmen wir und reden viele Worte
Und spüren Lust und Müdigkeit der Glieder.

Und Straßen laufen durch das Gras, und Orte
Sind da und dort, voll Fackeln, Bäumen, Teichen
Und drohende, und totenhaft verdorrte ...

Wozu sind diese aufgebaut? und gleichen
Einander nie? und sind unzählig viele?
Was wechselt Lachen, Weinen und Erbleichen?

Das traumhafte Sichverlieren an den Stimmungswechsel und die Bestrickungen einer nur ästhetischen Lebensform durchtönen auch die lyrischen Dramolette seiner Frühzeit *(Der Kaiser und die Hexe, Das kleine Welttheater, Der Abenteuerer und die Sängerin).* Im *Tod des Tizian* (1892) heißt es vom Künstler:

Er hat den Wolken, den vorüberschwebenden,
Den wesenlosen, einen Sinn gegeben

Doch schon der Schöngeist Claudio in *Der Tor und der Tod* (1893) erfährt die Begrenztheit des Ästhetischen. Der dunkelsüße Tod erschließt ihm die Dinge der Erde und das Du (vgl. dagegen Th. Manns *Tristan*). Das *Märchen der 672. Nacht* webt in die kostbare Schönheit die Fragwürdigkeiten einer nur ästhetischen Existenz.

Sprachkrise. 1902 teilte er Stefan George im *Brief des Lord Chandos* indirekt seinen Verzicht auf Lyrik mit. Hofmannsthal hatte die Brüchigkeit der poetisch gebundenen, traumhaft-magischen Einheit von Ich und Welt bemerkt. Als jungem Lyriker war ihm noch „in einer Art von andauernder Trunkenheit das ganze Dasein als eine große Einheit" erschienen, nun mußte er gewahren, daß ihm die Worte „wie modrige Pilze" im Munde zerfallen, daß die Welt zerspalten ist und sich die zufälligen, vereinzelten Dinge der lyrischen Sprache entziehen: „Es zerfiel mir alles in Teile, die Teile wieder in Teile, und nichts mehr ließ sich mit einem Begriff umspannen." Nur Unscheinbares, „eine Gießkanne, eine auf dem Felde verlassene Egge, ein Hund in der Sonne, ein ärmlicher Kirchhof, ein Krüppel ... kann das Gefäß meiner Offenbarung werden". Hofmannsthal erging es wie dem Malte Rilkes: die Objekte springen ihn an, ohne jeglichen Zusammenhang.

Der Chandosbrief wird heute häufig als erstes Dokument der modernen Ausdruckskrise zitiert. In der Tat kennzeichnen die Übermacht der Objekte, die Passivität des Subjekts, die Verunsicherung der Wirklichkeit und die Unmöglichkeit einer einheitlichen Erzählperspektive einen Großteil moderner Literatur seit Rilke und Kafka. Was Hofmannsthal damals widerfuhr, bedeutete für ihn jedoch zunächst nur, daß sich der Traum von der Einheit von Ich, Sprache und Welt nicht mehr im Gedicht realisieren ließ. Das Zerbrechen der Einheit ist das latente Thema der Lyrik seit der Romantik (s. Heine). Es läßt sich von der „neuen Poetik" der Gegenwart (s. S. 398 f.) über die alogischen Wortwelten der Surrealisten, Rilkes Sprachverzweiflung und die Antikunst Dadas zurückverfolgen bis zu Nietzsche, zu der in mehrere Sprachstile gespaltenen Erzählkunst E. T. A. Hoffmanns und Arnims und zu Brentanos Gedicht vom *Lahmen Weber* (s. S. 188). Die Zerfällung der Welt in Bezugssysteme und der Sprache in funktionale Idiome scheint nicht mehr zurücknehmbar. Hofmannsthal hatte die Grenze des von Goethe und Novalis überkommenen Lyrikvokabulars erreicht. Dieses einheitsstiftende Vokabular enthüllte sich als ein nur besonderes, begrenztes Idiom.

Zusehends wandte sich Hofmannsthal vom schönheitstrunkenen magischen Sprechen ab und schrieb Komödien, die der diskreten Ironie, dem Dialekt und Jargon Einlaß gewährten *(Silvia im Stern, Der unschuldige Verführer)*. Auch zeigen die *Briefe des Zurückgekehrten* (1901), daß ihm das Deutschland, das er „durch den Spiegel der Erinnerung" an eine wesenhaftere Vergangenheit betrat, nicht mehr die Heimat Goethes war. Das „Herüberwehen des Seelenhaften", der „zarteste Duft eines ganzen Daseins, des deutschen Daseins" hatte sich verloren. Schritt für Schritt kommt der Magier des Worts der ethisch-politischen Wirklichkeit näher.

Allegorien. Das erneuerte mittelalterliche Mysterienspiel *Jedermann* (1911) in einer an Hans Sachs anklingenden Sprache und nach der Katastrophe des 1. Weltkriegs das *Salzburger Große Welttheater* (1922) riefen mit zeitlosen Allegorien eine Heilsordnung auf, in der vor Gottes Angesicht Reichtum und Armut, Schönheit und Weisheit gleich hinfällig sind. Das Calderonsche Weltgebäude, so sehr es an den drängenden Problemen jener Jahre vorbeigehen mochte, enthielt gleichwohl die zeitüberspannende Sicht des Dichters.

Hofmannsthals Weite war erstaunlich: er erneuerte nicht nur die Lyrik, schrieb nicht nur Libretti und Essays über Goethe, Shakespeare, Grillparzer, Napoleon oder die Antike, sondern auch eine fast goethesche Erzählprosa *(Reitergeschichte, Das Erlebnis des Marschalls Bassompierre)*. Außerdem wurde er einer der wenigen Autoren guter deutscher Konversationskomödien.

Der Schwierige (1921) führt in die Zeit nach 1918. Der Glanz Wiens ist schon erloschen, die alten Standesformen werden nur noch mit müdem Charme und leiser Ironie weitergepflegt. Schwierig ist der aus dem Krieg heimgekehrte Graf Bühl, er bringt es in seiner Diskretion und Scheu nicht über die Lippen, um Comtesse Helenes Hand anzuhalten. — Auch die Sprachkomik, die Sprachtäuschungen, Andeutungen und verschwiegenen Wahrheiten der

Komödie *Der Unbestechliche* erweisen das von Nestroy und Grillparzer bis zu Musil und Heimito von Doderer reichende Verständnis des Österreichers für kompliziert Menschliches.

Der Turm, ein Trauerspiel in fünf Akten (1927), ist Hofmannsthals schwierigste Dichtung. Diese Umdichtung von Calderons *Das Leben ein Traum* handelt symbolisch und mit deutlichem Zeitbezug vom Gegensatz zwischen dem wahren Königtum des Geistes und der brutalen Weltgewalt. Aus Grillparzers *Libussa* und Stifters *Nachsommer* klingt noch einmal das Lied von der zauberhaften, reichen Innerlichkeit herauf. Der machtgierige König Basilius wird gestürzt — ähnlich wie 1918 die alten, verbrauchten Monarchien, sein bisher im Turm gefangener Sohn Sigismund kommt auf den Thron. Aber die neue Zeit geistgläubigen Herrschertums bricht dennoch nicht an, es kommen nicht die Tage echter Autorität, die Hofmannsthal meinte, wenn er damals von der Notwendigkeit einer „konservativen Revolution" sprach. Ein Volksaufwiegler namens Olivier, ein skrupelloser Machtpolitiker, übernimmt die Führung des Volkes in Krieg und Verderben.

Kein Zweifel, Hofmannsthal, der lange an dem Stück änderte, ahnte das Schlimmste. „Hören Sie nicht", schrieb ihm am 3. 1. 1925 der Schweizer Diplomat Carl Jakob Burckhardt, „bisweilen in der Nacht diesen massenhaften Marschtritt", die Reden von einem „heimlichen Kaiser", der herannaht. „Er werde die vier Gewalten ausüben, das zivilisatorisch Ausgeklügelte müsse mit Feuer ausgetilgt werden, zur Gesundung (er sprach viel über Gesundung, augenscheinlich das Gegenteil von zivilisatorisch) müsse der ‚geeinte tiefere Wille des Volkes einströmen in einen einzigen Willen dieses heimlichen Herrschers'." Hofmannsthal starb, ehe der „Staufer im Kyffhäuser", der „Unbekannte mit dem Zeichen auf der Stirn, mitten im Volksgewühl" den Bildersturm „im Namen der Urmächte, des Dunkeln selbst" entfesselte.

H. v. Hofmannsthal *Jedermann*, Titelblatt von Erwin Lang

LITERATUR:

R. Alewyn *Über H. v. H.* Göttingen ²1960

H. Weber *H. v. Hofmannsthal. Bibliographie des Schrifttums 1892—1963.* Berlin: de Gruyter 1966

Werner Volke *Hugo von Hofmannsthal.* rm 127

H. v. Hofmannsthal. hg. v. Sibylle Bauer. WBG Bd. 183 (1968)

d) Rainer Maria Rilke — „Ausgesetzt auf den Bergen des Herzens"

Ruhm und Mißverständnisse. Seit Heine ist kein deutscher Lyriker mehr so weltberühmt geworden wie Rilke. Zahllose Legenden wurden um den zarten, heimatlosen Dichter aus Prag (1875—1926) gewoben. Seine *Weise von Liebe und Tod des Cornets Christoph Rilke* (1906) mit ihrer lyrisch-rhythmisierten Prosa — „Reiten, reiten, reiten, durch den Tag, durch die Nacht . . ." — traf die neuromantische, jugendbewegte Sehnsucht von damals. Sie löste Nietzsches *Zarathustra* in den Jünglingsherzen ab und erreichte als Inselbuch Nr. 1 eine Auflage von einer Million. Das *Stundenbuch* (1905), wozu ihn teilweise seine Rußlandreise inspirierte, mit dem Untertitel *Vom moenchischen Leben / Von der Pilgerschaft / Von der Armuth und vom Tode* wurde selbst Klosterschwestern zum Gebetsersatz, obwohl alles, was Rilke darin über Gott meditierte, letztlich nur dem Gott der Lyrik galt:

Für dich nur schließen sich die Dichter ein
und sammeln Bilder, rauschende und reiche,
und gehn hinaus und reifen durch Vergleiche
und sind ihr ganzes Leben so allein . . .

Schwärmerische Frauen verehrten Rilke wie einen Heiligen. Sie wandten sich an den unermüdlichen Briefschreiber um Seelentrost, litten mit seiner selbstgewählten Einsamkeit mit und veröffentlichten Erinnerungen über Erinnerungen. An hunderten von Orten hatte er sein zeitweiliges Domizil: in München, Berlin, Venedig, er besuchte 1900 den greisen Tolstoi in Rußland, war in Schweden, Paris, Spanien und Ägypten. Da sich von allen diesen Orten Bilder in seinen Versen und Briefen finden, da gotische Kathedralen, San Marco, Buddha und die biblischen Propheten, Michelangelo und die großen Liebenden Europas in seine Gedichte eingingen, sprachen sie den urban gebildeten wie den mondänen Leser an. Sein Leben auf Schlössern unter der Patronage adeliger Gönnerinnen verlieh seinem Werk den zusätzlichen Glanz der Rühmung des mit dem Adel hinsterbenden Europa.

Theologen beschäftigten sich nach seinem Tode mit dem „werdenden Gott" des *Stundenbuchs* und mit den Engeln in seinen *Duineser Elegien.* Die Philosophie im Zeichen Heideggers wählte ihn zum Kronzeugen für ihre existentielle Problematik von Sein, Dasein, Tod und Nichts.

Rilkes zeitgenössischer Ruhm beruhte so zum Teil auf außerliterarischen Faktoren. Auch die unzähligen Nachahmer seiner Reimkünste und Enjambements, seiner rhetorischgesprochenen Sätze, mondänen Bilder und Preziositäten, seiner substantivierten Infinitive („des Rührens Vorgefühl", „von Begegnen voll") und Partizipien („abfühlend die zerfallene Jahreszahl") erfaßten nur die Manierismen, nicht sein einzigartiges Ringen um sprachliche Existenz.

Permanente Ausdruckskrise. Im Unterschied zu Lyrikern wie George oder Carossa, die sich mit einem einmal gewonnenen Vokabular bald beschieden, rang Rilke, dem angesichts der modernen Sachwelt die alten klassizistischen, stimmunglyrischen und bukolischen Vokabulare nicht mehr genügten, bis zum Ende mit der modernen Ausdruckskrise (s. S. 239). Der junge Rilke experimentierte jahrelang mit allen damaligen Stilen: mit naturalistischen Elendsbildern, mit Jugendstil, Neuromantik und dem beseelten Impressionismus des Dänen J. P. Jacobsen (s. Rilkes *Briefe an einen jungen Dichter*) — bis er 1910 im Roman *Malte Laurids Brigge* und dann in den *Sonetten an Orpheus* und den *Duineser Elegien* (1910 bis 1923) ins Zentrum der Sprachkrise vorstieß. Diese einzigartigen Dichtungen handeln von nichts anderem als vom modernen Dichter, der sich auf sich selbst, auf das Problem des „Sagens" zurückgeworfen sieht. Wie kann das lyrische Wort, wenn es wie von alters die Dinge der Erde rühmen, singen und preisen will, wenn es die Welt ins Wort umschaffen und feiern will, inmitten der rapiden Entwertung der „Dinge" noch bestehen? Was ist noch rühmenswert im Zeitalter des Materialverschleißes? Was hat noch den alten Glanz von Brot und Wein, Spange und Krug? (s. S. 253)

Der Sänger. Andere Dichter reagierten auf diese Situation durch satirische Entlarvung falscher Gefühle oder zeigten mittels der Groteske (s. S. 277) das Mißverhältnis von Idee und Banalität auf. Manche bannten die aus den Angeln geratene Welt in absurde Metaphern (Kafka), vertrauten sich surrealistisch dem magischen Chaos des Unterbewußten an (Eluard, Breton), machten das Gestammel, das Versagen des Worts zum Gegenstand ihres Schabernacks (s. Morgenstern, Arp). Doch Rilkes Dichtervorbild war das des Sängers und Rühmenden zu einer Zeit, wo viele bereits empfanden, daß das Verhältnis der Sprache zur Dingwelt nur mehr Provokation, Groteske, Magie oder Schrei sein konnte. Bis zu seinem Grabspruch auf dem Friedhof bei Muzot

Rose, oh reiner Widerspruch, Lust
Niemandes Schlaf zu sein unter soviel
Lidern

rang er um den absoluten Ort, von dem aus sich die zerfallenden, zufällig gewordenen und entgleitenden Dinge wieder in ein uranfängliches Einssein versetzen ließen. Wie können Wort und Ding, Abbild und Bild, zufälliges Dasein und notwendiges Sein wieder in den poetischen Urzustand der Einheit versetzt werden? Mit Rilke endete die von Nietzsche und George nochmal erneuerte Kunstperiode, die eine vergöttlichte Welt im Dichterwort herstellen wollte. So stand er wieder — wie einst Heine — an einer Grenze, die einen Abschluß des dichterischen und philosophischen Idealismus bedeutete, freilich ohne daß er (wie Heine zu seiner Zeit) das Neuland von 1910 — Expressionismus, Surrealismus und Dada — selber betreten hätte.

Rainer Maria Rilke,
Gemälde von Loulou Albert-Lasard, 1916

Die Erfahrung Maltes. Rilkes einziger Roman *Die Aufzeichnungen des Malte Laurids Brigge* (1910) notiert die Erfahrungen eines jungen dänischen Dichters in der Weltstadt Paris. Was Rilke da aufzeichnete (vgl. Hofmannsthals *Chandos*-Brief), war die Anarchie der Worte und Dinge: „Elektrische Bahnen rasen läutend durch meine Stube. Automobile gehen über mich hin. Eine Tür fällt zu. Irgendwo klirrt eine Scheibe herunter, ich höre ihre großen Scherben lachen, die kleinen Splitter kichern." Er sieht Hospitäler, Invaliden, die schwanken und umsinken, und in den Elendsvierteln „stinkende Gassen", „bloßgelegte Mauern", „Zimmerwände, an denen noch die Tapeten klebten", und Räume, durch die in „unsäglich widerlichen, wurmreichen, gleichsam verdauenden Bewegungen die offene, rostfleckige Rinne der Abortröhre" kriecht (vgl. Expressionismus S. 290 f.). In fiebrigen Zwangsvorstellungen, in der Angst vor dem Tode nimmt Malte das „Entsetzliche in jedem Bestandteil der Luft" wahr. Das Absurde, Sinnwidrige scheint so real wie das Alltägliche. Die aus ihrem geistigen Zusammenhang gelösten Dinge werden Zeichen des Nichts und des Todes. Maltes Aufzeichnungen müssen als ein Grundbuch unseres „Zeitalters der Angst" gelten, wenn wir auch nicht übersehen dürfen, daß sie primär die Frage nach der sprachlichen Existenz des Dichters stellen.

Wie kann in diesem Zerfall jeglicher Poesie, wo der Dichter zum Ausgestoßenen wird, noch uranfängliche Einheit sein? Wo ist da jener Zustand geborgener Kindheit, die ruhige Sicherheit von Frauen und Müttern und die fraglose Einheit von Mensch und Landschaft, die Rilke in Rußland erlebte? Die Worte kommen in der Malte-Welt nicht mehr „aus Dunkelheiten und Geheimnissen", sondern „gehen an den Dingen vorüber". Sogar die Kinder, heißt es in den Orpheussonetten, „schreien an wirklichem Schreien vorbei".

Das Ding-Gedicht. Bei den jungen Malern in Worpswede (1900) und als Sekretär Rodins in Paris lernte Rilke die entsagungsvolle Arbeit des Künstlers kennen, der Leben in Kunst, Zufälliges in Notwendiges und Unvergängliches verwandeln will. So entstanden seine berühmten Ding-Gedichte (1907/08 *Neue Gedichte*): Versuche, das Wesen einer Figur, Landschaft, Stadt, eines Parks oder Tiers als sprachliches Gebilde so zu gestalten, daß das Kunst-Ding Gedicht wie eine Plastik oder ein Bild der reinen Malerei in sich selbst besteht. Mallarmés Gedichte waren solche reinen Wort-Dinge. Vor allem aber bewunderte Rilke Cézanne. Dessen Bilder waren „reine Dinge", seine Farben „bedeuteten" nichts, sondern „waren". Rot und Blau hatten da ein „gutes Gewissen", waren „einfache Wahrheit".

Der „Tempel des Seins". Im Kindsein (vgl. Novalis), in den maskenlosen, sich nicht verstellenden Puppen (vgl. Kleist *Über das Marionettentheater*) und immer wieder in der blühenden Rose, dem mystischen Symbol an gotischen Kathedralen, deren viele „Lider" nichts und alles sind wie die „Lieder" des Dichters, sah Rilke Sinnzeichen reinerer Existenz. Das Reine existiert, wie er sich ausdrückte, im „Weltinnenraum". Mythisch ausgedrückt wissen nur der Dichtergott Apoll mit seiner Leier und die „Engel" (er dachte an die Engel des Korans), wie der poetische Urzustand aussieht. Nur Apoll vermag den wirklichen „Tempel des Seins" im göttlichen Gesange zu erbauen, nur die „Engel" kennen die äußerste, einem irdischen Dichter tödliche Schönheit.

Der moderne Dichter kann dem Unvergänglichen kein Obdach mehr geben:

Ach, in meinem wilden Herzen nächtigt
obdachlos die Unvergänglichkeit —

er ist:

Ausgesetzt auf den Bergen des Herzens. Siehe, wie klein dort,
siehe: die letzte Ortschaft der Worte, und höher,
aber wie klein auch, noch ein letztes
Gehöft von Gefühl ...

Wenn der Orpheus der Sage, das Vorbild aller „hiesigen" Sänger, singt, dann schweigen zwar für einen Augenblick „Brüllen, Schrei und Geröhr", aber auch Orpheus, der sich zweifelnd nach seiner Gemahlin Eurydike umblickt, erschafft nicht mehr die Dinge im Wort. Denn — heißt es in den *Sonetten an Orpheus* — des irdisch-hiesigen Sängers „Sinn ist Zwiespalt", sein Wort gibt den Dingen kein Sein, es kann bloß noch „Werbung", „Begehr" und „Klage" sein, im höchsten Falle „Jubel und Rühmung". Es ist „Metamorphose in dem und dem", d. h. das Wort wird zur Metapher, zum Vergleich, zur Sinnfigur, die eines meint und ein anderes benennt. Die Metapher ist „ein Kreuzweg der Sinne", „ein klingendes Glas, das sich im Klang schon zerschlug", sie ist der „wendende Punkt" im Schwung einer Tanzfigur, „Kind und Enkel von Trennung". Sie gleicht dem hochgeworfenen und wieder aufgefangenen Balle, dem Spiegelbild, das Narziß im Wasser erblickt. Metaphorisch sprechen heißt daher flüchtige Verbindungen herstellen, so flüchtig wie die Verständigung zwischen Roß und Reiter:

Ist nicht so, gejagt und dann gebändigt,
diese sehnige Natur des Seins?
Weg und Wendung. Doch ein Druck verständigt.
Neue Weite. Und die zwei sind eins.

Aber *sind* sie's? Oder meinen beide
nicht den Weg, den sie zusammen tun?
Namenlos schon trennt sie Tisch und Weide.

„Namenlos" sind die Dinge geworden und erheben sich gegen den Dichter. Rilkes *Sonette an Orpheus* (1923) und *Elegien* (1911/23) verkünden keine Weltanschauung. Sie sind Selbstvergewisserungen eines modernen Lyrikers über die Möglichkeiten des rühmenden Wortes. Sie sind Grundbücher seiner Poetologie (= Dichtungslehre):

Ordne die Schreier,
singender Gott! Daß sie rauschend erwachen,
tragend als Strömung das Haupt und die Leier.

Das Werk Rilkes gehört „zu den Jahrhundertzusammenhängen der deutschen Dichtung, nicht zu denen des Tages" (R. Musil). Es bewahrt ein hochkultiviertes Europa auf, das mit dem ersten Weltkrieg zugrunde ging. Er schrieb über die Malerschule von Worpswede und Auguste Rodin, übersetzte Michelangelos Sonette, die der englischen Dichterin Elizabeth Barrett-Browning, André Gide und Paul Valéry und dichtete auf Französisch (*Les Fenêtres*, *Les Roses*, 1927). Valéry liebte in ihm „den zartesten und geisterfülltesten Menschen dieser Welt, den Menschen, der am meisten heimgesucht war von all den wunderbaren Ängsten und allen Geheimnissen des Geistes". Der Duktus seiner Sprache, die Gebärden seiner Sätze, ihre Rhythmik, Binnenreime und Enjambements mögen einer rauheren Zeit manieriert, überzart, zu bewußt erscheinen, doch niemals gab er das Gedicht als etwas Sakral-Betörendes aus wie George. Er wirft sich keinen Priester- und Sehermantel um, es ist immer seine menschliche, gesprochene, wenn auch äußerst verfeinerte Sprache (z. B. *Der Panther*, *Die Genesende*, *Die Erblindende*, *Das Karussell*, *Die Flamingos* in den *Neuen Gedichten*). Diese der romanischen Lyrik vertrautere „Rhetorik" machte Rilke zu einem deutschen Sonderfall seit Heine und zu einem europäischen Ereignis. Der „große Weltriß" (Heine) zwischen dem modernen Menschen und der alten Schöpfung, an dem auch Maler wie Marc und Klee litten, wurde ihm immer unüberbrückbarer. Mitten im 1. Weltkrieg schrieb er im November 1915 in fünffüßigen Jamben seine wohl bitterste Elegie:

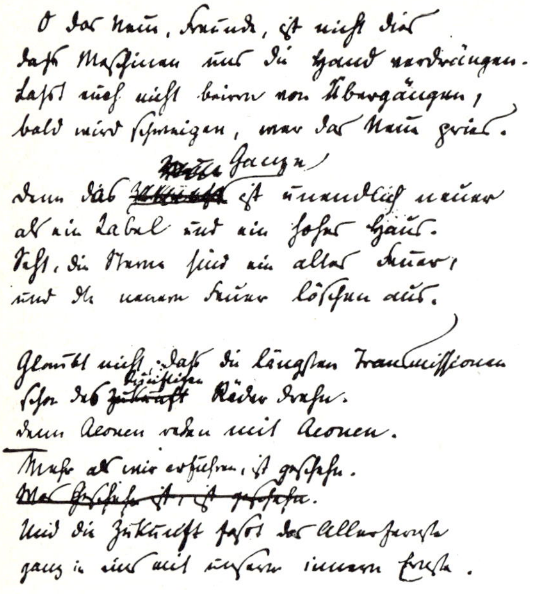

Ein Gedicht Rilkes in der Handschrift

O Bäume Lebens, o wann winterlich?
Wir sind nicht einig. Sind nicht wie die
Zugvögel
verständigt. Überholt und spät,
so drängen wir uns plötzlich Winden auf
und fallen ein auf teilnahmslosen Teichen.
Blühn und verdorrn ist uns zugleich bewußt.
Und irgendwo gehn Löwen noch und wissen,
solang sie herrlich sind, von keiner Ohnmacht.

LITERATUR:
W. Ritzer *Rainer Maria Rilke. Bibliographie.* Wien: Kerry 1951
Käte Hamburger *Rainer Maria Rilke.* Stockholm 1950
Else Buddenberg *Rainer Maria Rilke. Eine innere Biographie.* 1955
H. E. Holthusen *Rainer Maria Rilke.* rm 22
Solbrig/Storck (Hg.) *Rilke heute. Beziehungen und Wirkungen.* st 290/355

4. Aus dem Umkreis der Neuromantik

Viele Poeten der Jahrhundertwende sind durch eine neuromantische Phase gegangen. Die Literaturgeschichte erinnert sich noch an RICHARD BEER-HOFMANNS (1866—1945) Gedicht *Schlaflied für Mirjam* und des inneren Monologs im Roman *Der Tod Georgs* (1900). Der Dichter, der später biblische Dramen schrieb, starb im Exil in New York. Zu nennen sind die Gralssagen-Stücke von EDUARD STUCKEN (1865—1936), das *Gudrun*-Drama ERNST HARDTS (1876—1936), die *Florentiner Novellen* von ISOLDE KURZ (1853—1944), FRIEDRICHS HUCHS (1873—1913) Buch *Träume* und die von Liebe und Leidenschaft bewegten Stücke HERBERT EULENBERGS (1876—1950), eines pazifistischen Europäers. Viele „Neuromantiker" befreiten sich aus der Traumseligkeit und dem bizarren Pathos. Rilke, Hofmannsthal, Ricarda Huch, Stefan Zweig weiteten ihre Horizonte, Wassermann entwickelte sich zu einem kritischen Idealisten, andere wie WILHELM SCHMIDTBONN (1876—1952) endeten beim Heimatroman.

RICARDA HUCHS (1864—1947) Bücher über Blütezeit und Verfall der Romantik (1899 bis 1902) hatten die neuromantische Bewegung mit eingeleitet. Auch ihre Ergriffenheit vom Adel des Schönen, die Neigung zu einem aristokratischen Individualismus und die schwermütige Klage über die Vergänglichkeit patrizischer Kultur, wie sie in ihren frühen Romanen (*Ludolf Ursleu*, 1892, *Vita somnium breve*, 1902), Novellen und Versen aufklang, teilten die neuromantische Stimmung. Doch dieser hochbedeutenden Frau, die aus einer berühmten Braunschweiger Kaufmannsfamilie stammte, zerflossen die Gefühle nicht. In ihren farbenreichen, aus gründlichem Geschichtsstudium hervorgegangenen Werken über die italienischen Liberalen von Garibaldi bis Cavour, den Anarchisten Bakunin, über den Dreißigjährigen Krieg (1912—14), Luther (1916) und den Freiherrn vom Stein (1925) läßt sich verfolgen, wie sie allezeit für eine freiere, edlere, vernünftige Menschlichkeit stritt. Mehr und mehr ging es ihr darum, das freiheitliche, protestantisch-liberale Erbe des 18. Jhs vor Verfälschungen zu retten. Vertraut mit den großen geistigen Strömungen Europas, trat sie konsequent 1933 aus der Preußischen Dichterakademie aus. Ihre letzten Bemühungen galten dem sittlichen Zeugnis der ermordeten Geschwister Scholl.

STEFAN ZWEIG (1881—1942), in Wien geboren, kam gleichfalls aus dem neuromantischen Erlebniskreis (*Silberne Saiten*, 1901). Übersetzer Verhaerens und Rimbauds, mit fast allen bedeutenden Dichtern seiner Zeit befreundet, ein Mittler zwischen den Nationen, wurde Zweig der Typus eines europäischen Literaten. Er beherrschte wie Schnitzler die Psychologie des Unbewußten in seinen Novellen (*Amok*, 1922; *Verwirrung der Gefühle*, 1926). Die Essays über Hölderlin, Kleist, Nietzsche, Balzac, Stendhal, Tolstoi u. a. machten über das psychologische Aufspüren der Gefährdungen des Genies hinaus die Kompliziertheit und Weite europäischen Geistes sichtbar. Dank seiner nuancierten, äußerst kultivierten, doch dabei leicht lesbaren Prosa wurden die Biographien *Marie Antoinette* (1933) und *Erasmus von Rotterdam* (1934), die ein zivilisierteres, duldsameres Europa in Erinnerung riefen, in alle Kultursprachen übersetzt. Nachdem er in seinem Erinnerungsbuch von der *Welt von gestern* Abschied genommen hatte, nahm er sich verzweifelt über die modernen Barbareien im südamerikanischen Exil das Leben.

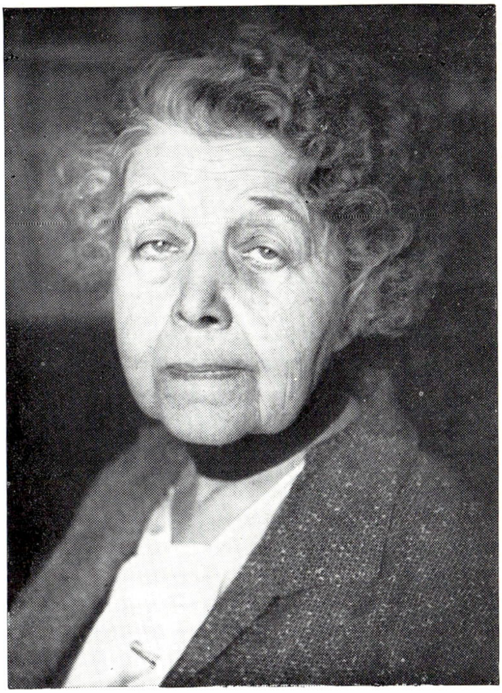
Ricarda Huch

HERMANN STEHR (1864—1940), ein Landsmann G. Hauptmanns, war noch mehr als dieser in mystischem Grüblertum verstrickt. Ursprünglich Volksschullehrer, wegen seiner freigeistigen Einstellung mehrmals versetzt, kam Stehr lange nicht aus dem Gefühl dumpfer Ausweglosigkeit heraus, das auch die Seelen der Menschen in den Bauernhütten und Fabriken seiner Heimat fesselte. Ein herber Naturalismus vermischte sich mit Qual und Aufschrei. Seine Gestalten sind tief ins Irrationale verstrickte, versponnene deutsche Gottsucher, getrieben von Lebensgier, Erdenschwere und verdüstertem Pietismus. Bezeichnend dafür ist der Romantitel *Der begrabene Gott* (1905). Nach schlesischen Novellen und dem Roman *Leonore Griebel* (1900) wurde der in westfälischer Landschaft spielende Roman *Der Heiligenhof* sein Hauptwerk. 1918 erschienen, reflektiert er auf eigentümliche Weise das Ende des Krieges. Eine blinde Bauerntochter ist auf geheimnisvolle Weise innerlich sehend und macht ihren Vater zu einem Weisen und Heiligen. Die gewalttätige Liebe des Nachbarn verleiht ihr das äußere Augenlicht, doch dem Vater stürzt die Welt zusammen. Nur das innere Licht der Seele öffnet den Weg zum Heil, ein Motiv, das z. B. Barlach mit größerer Sprachmächtigkeit gestaltete.

JAKOB WASSERMANN (1873—1934), aus Fürth bei Nürnberg, war auf ganz andere Weise ein Neuromantiker. Ihn quälte nicht Stehrs ostdeutsch-verschwommene Naturmystik, sondern der tatsächliche Konflikt, dem sich ein ganz mit Deutschland verwachsener Jude in der schon antisemitisch verseuchten Umwelt ausgesetzt sah, und darüber hinaus das Unrecht in aller Welt. Der Roman *Die Juden von Zirndorf* (1897) schilderte naturalistisch das Ghetto im 17. Jh. zur Zeit des falschen Messias Sabbatai Zwi. Die Helden seiner anderen Romane — das unschuldig verfolgte Findelkind *Kaspar Hauser* (1908), der von seinen Mitbürgern verkannte Nürnberger Künstler in *Das Gänsemännchen* (1915), der Fabrikantensohn *Christian Wahnschaffe*, der für die Armen sorgt, der Staatsanwaltssohn, der sich im *Fall Maurizius* (1928) für einen unschuldig Eingekerkerten einsetzt — sind Moralisten, idealistische Einzelgänger. Sie bezeugen Wassermanns Hoffnung auf eine geistige Läuterung der Menschheit. Seine Prosa mischt symbolistische, neuromantische, zeitkritische, realistische und psychoanalytische Elemente. Für betont sachliche Leser hat sie daher etwas Schillerndes. Der erfolgreiche Romancier starb im Exil in Kanada.

Hermann Hesse (1877—1962), ein schwäbischer Missionarssohn, geriet früh mit dem ererbten Pietismus des Elternhauses und mit der Schule in Konflikt (*Unterm Rad*, 1905). Abgeneigt allem Lauten, sehnsüchtig nach Einklang mit der Natur, hat er sich mit seiner Stimmungslyrik und seinen Erzählungen von ungebundenem Vagabundentum (*Peter Camenzind*, 1904, *Knulp*, 1915) einer großen Lesergemeinde ins Herz geschrieben. Er war ein künstlerisch sorgloser Fabulierer.

Tief erschütterte ihn dann der Weltkrieg. Der sterbende Soldat *Demian* forderte 1919 die Jugend zur Besinnung auf. Das Buch machte Hesse in Europa bekannt. *Siddharta*, die geschlossenste Erzählung, empfahl 1922 den buddhistischen Läuterungsweg. Aber in Hesses schönstem Buch, in *Narziss und Goldmund* (1930), rät der asketische junge Mönch seinem Schüler Goldmund, Künstler zu werden und Mond und Sternen, Träumen und Frauen ein Lebensrecht einzuräumen. Harry Haller, der *Steppenwolf* (1927), verkörperte das zwischen Heiligkeit und Bestialität zerrissene Ich, den Einzelgänger, der in der modernen Großstadt sein Selbst sucht. Die völlig kompositionslose *Morgenlandfahrt* (1932) führt eine in franziskanischer Bruderschaft vereinte Elite aus dem herzlosen Europa hinaus nach Indien, der „Heimat des Lichts".

In all diesen Büchern hatte Hesse subjektiv und autobiographisch Lebensläufe erzählt, seine Konflikte mit Elternhaus, Schule, Bürgerwelt, Künstlerberuf und der ganzen Gesellschaft in die Figuren verlegt. Erst mit dem Roman vom *Glasperlenspiel* (1943) gelang ihm die Transposition seiner persönlichen Konflikte ins Objektive, er wurde des Dichters „Symbol der absolvierten Lebensschule" (E. R. Curtius). Angewidert von Europas Sinnentleertheit, seiner Technik und seinem Geschwätz, schrieb Hesse, der sich seit 1912 in die Schweiz zurückgezogen und stets in Briefen und Aufrufen für die Friedensgesinnung gewirkt hatte, diesen letzten Roman. Während Hitler Europa barbarisierte, zeichnete er darin das Modell einer neuen geistigen Kultur, eine utopische pädagogische Provinz, das klösterliche Kastalien, fern vom gegenwärtigen „feuilletonistischen", d. h. alles zerredenden Zeitalter:

Weil die Sprachen für den Geist untauglich geworden sind, wird in Kastalien eine Geheimsprache nach Art musikalischer und mathematischer Symbole gelehrt. Das Glasperlenspiel ist der Inbegriff östlicher Weisheitslehren und aller europäischen Bemühungen um ein Zeichensystem, in dem sich alle wesentlichen Gedanken ausdrücken lassen. Ein universales, übernationales Spiel für Eingeweihte. Der Lehrer und Ordensmeister Josef Knecht ertrinkt am Ende des Buches im Alpensee beim Versuch, einem Schüler das Leben zu retten. Bedeutet dieser Aufbruch ins Unbekannte, in die Außenwelt, daß die in sich stimmige Idee einer weltüberhobenen Kultur des Spiels nicht realisierbar ist, daß die von vielen modernen Tendenzen der Plastik, Architektur, Musik und Malerei ablesbare Bemühung um äußerste Abstraktion nicht aufgeht? Daß — wie in Frischs *Don Juan* — doch immer ein Rest von Leben, Disharmonie und Instinkten übrigbleiben muß? Daß sich Knecht, der Nonkonformist in Hesse selbst, nie ganz in die rhythmische Harmonie eines rein vergeistigten Alls einfügen kann?

Literatur:
B. Schulze *Ricarda Huch. Bibliographie.* Bielefeld: Stadtbücherei [4]1964
E. Hoppe *Ricarda Huch. Weg, Persönlichkeit, Werk.* Stuttgart: Riederer [2]1951
R. J. Klawiter *Stefan Zweig. A bibliography.* Chapel Hill: Univ. of North Carolina Pr. 1964
F. Zweig *Stefan Zweig, wie ich ihn erlebte.* Stockholm 1947
Jakob Wassermann *Mein Weg als Deutscher und Jude.* Berlin 1921
Walter Voegeli *Jakob Wassermann und die Trägheit des Herzens.* Diss. Zürich 1956
H. Waibler *Hermann Hesse. Eine Bibliographie.* Bern: Francke 1962
Hugo Ball *Hermann Hesse. Sein Leben und sein Werk*, 1927, erw. Ausgabe Berlin 1947
B. Zeller *Hermann Hesse.* rm 85
Pfeifer (Hg.) *Hesses weltweite Wirkung.* st 386

5. Die Gesellschaft im Spiegel des Romans

a) Strömungen des Romanschaffens seit 1900

Der Kulturpessimismus. Die in Deutschland maßgebenden Schichten waren nach 1870 viel weniger als die demokratisierteren westlichen Industrienationen auf die Probleme vorbereitet, wie sie sich aus der rapiden Industrialisierung, den Konjunkturen und Krisen und dem Auftreten der organisierten Arbeiterschaft ergaben (s. S. 196, 238). Das Denken war noch stark feudal-agrarisch, der Gesichtskreis der Massen noch handwerklich-dörflich. Während sich bereits großkapitalistische Betriebs- und Marktformen herausbildeten und das proletarische Elend zum Himmel schrie, verharrten Gymnasien und Universitäten in verblaßtem Klassizismus, steckte die Akademikerschaft noch vielfach im provinziellen Biedermeier. Man liebte Spitzweg, las Webers *Dreizehnlinden* und Dahns *Kampf um Rom.* Schon die Literatur des 19. Jhs war stark regionalistisch oder poetisch verklärend. In den Krisen der 80er Jahre fürchteten die bäuerlich-handwerklichen und akademischen Schichten dann, zwischen der neuen Bourgeoisie und dem Proletariat zerrieben zu werden. Ein dumpfes Unbehagen über die „Zivilisation", d. h. über Liberalismus, Sozialismus und Demokratie, machte sich breit.

Rückzug aufs Bodenständig-Deutsche. In den fast unentwirrbaren Knäuel von Ressentiments mischte sich NIETZSCHES vernichtende Kritik an der geistigen Verflachung (s. S. 233 f.). Vor einem breiten Publikum zeterte der germanenschwärmerische Imperialist PAUL DE LAGARDE über den Niedergang des Idealismus (*Deutsche Schriften,* 1886). JULIUS LANGBEHN beschwor deutsche Seelentiefe gegen Franzosentum und Demokratie (*Rembrandt als Erzieher,* 1890). Auch angebliche Naturalisten wie Hermann Conradi und Michael Georg Conrad deuteten ihren Stil als germanischen Wesensausdruck. Ab 1887 rief die Zeitschrift *Der Kunstwart* nach nationaler Kunst à la Dürer. Wagners Opern weckten die germanischen Götter aus ihrem Schlaf. Die Neuromantik führte zu verstärkter Beschäftigung mit Sage, Folklore und deutscher Mystik. Allenthalben — in Berlin durch den Hofprediger Stöcker, in Wien durch den Bürgermeister Lueger — entstand ein mittelständisch-christlicher Antisemitismus. Der spätere Naziprofessor ADOLF BARTELS (1862—1942), ein Erbe W. Menzels (s. S. 200) und Vorläufer Alfred Rosenbergs, schrieb 1902 eine „artbewußte" Literaturgeschichte. Vom Elsaß aus wetterte FRIEDRICH LIENHARD in der Zeitschrift *Heimat* (ab 1900) gegen den „Großstadtsumpf" Berlin. Weiteste Leserkreise verlangten nach „echter Heimatkunst" im Anschluß an die Dorfgeschichten des 19. Jhs, eine zum Teil eingängig naturalistische, zum Teil „idealistische" Poetisierung der Kräfte der Scholle.

So entstand aus verworrensten Zuflüssen eine zeitblinde, provinzialistische und gleichzeitig alldeutsche Rechtsopposition gegen den großbürgerlichen, restfeudalen Wilhelminismus. Diese Rechtsopposition mündete über die Dolchstoßlegende von 1918, die Auflösung der Habsburgermonarchie und ihre Volkstumsprobleme, über Inflation und Weltwirtschaftskrise in den Nationalsozialismus. Zahlreiche konservativ-reaktionäre Elemente verstärkten die „völkische Bewegung".

Heimat und Bauerntum. Das Modell für alle Ressentiments gegen Großstadt, Bodenliberalismus und Sozialismus gab der durchaus lesenswerte Roman *Der Büttnerbauer* von WILHELM VON POLENZ ab. Ihm folgten gleich 1898 *Die Dithmarscher* von ADOLF BARTELS, die Romane des germanengläubigen Pastors GUSTAV FRENSSEN (*Jörn Uhl,* 1901; *Der Glaube der Nordmark,* 1936) und in endloser Reihe die Bauernromane der schriftstellernden Volksschullehrer HERMANN ERIS BUSSE, JOSEFA BERENS-TOTENOHL, FRIEDRICH GRIESE, HANS CHRISTOPH KAERGEL, JAKOB KNEIP, JOHANNES LINKE, ANTON DÖRFLER und KARL HEINRICH WAGGERL. Großer Beliebtheit erfreuten sich die Schweizer Gebirgsromane von JAKOB CHRISTOPH HEER und ERNST ZAHN. Der Altbayer LUDWIG GANGHOFER war sogar der Lieblingsautor Kaiser Wilhelms II. Holstein war vertreten durch TIMM KRÖGER (*Leute eigener Art,* 1904) und die Lüneburger Heide durch HERMANN LÖNS (*Wehrwolf,* 1910), so daß schließlich jede deutsche Landschaft ihren „bodenstämmigen" Dichter hatte.

Zu ihnen gesellten sich nach 1918 die Auslandsdeutschen: die Siebenbürger ADOLF MESCHENDÖRFER und HEINRICH ZILLICH, der Sudetendeutsche HANS WATZLICK, die Verfasser geschichtlicher Romane aus der Endphase der Habsburger Monarchie, ROBERT HOHLBAUM und BRUNO BREHM; der dem britischen Empire feindlich gesonnene Erzähler vom Deutschtum in Südafrika, HANS GRIMM (*Südafrikanische Novellen,* 1913; *Volk ohne*

Raum, 1925), und JOSEF PONTEN, der die Wanderungen des Deutschtums in aller Welt *(Im Wolgaland,* 1933 u. a. m.) schilderte. Nicht alle huldigten eindeutig alldeutschen Träumen oder dem Kult von Blut und Boden, aber wegen ihres „volkhaft-realistischen" Erzählens bestimmten sie Orientierung und Geschmack weitester Leserschichten, die kein Verhältnis zur Hochliteratur hatten.

Nicht nur stilistisch hob sich von diesen Autoren das Werk CLARA VIEBIGS (1860—1952) ab. Sie gab eindringliche Schilderungen vom Lebenskampf in der Eifel, von den Verhältnissen im deutschpolnischen Grenzgebiet und den Zuständen in den proletarischen Vierteln Berlins (s. S. 242).

Ein höchst origineller satirischer Darsteller der oft grob-verschlagenen Bauern Oberbayerns war LUDWIG THOMA (1867—1921). In Oberammergau, Dachau und am Tegernsee lernte er ihre Starrköpfigkeit, ihren Stolz kennen und beobachtete, wie der Dünkel der höheren Stände und Beamten den Untertanengeist förderte. Der gerade, unverbildete Mensch des Volkes ist Thomas Vorbild. Sentimentale Heimatschwärmerei paßte, jedenfalls vor dem 1. Weltkrieg, nicht zu seinem Naturell.

Deshalb konnte er in dem derben *Briefwechsel eines bayerischen Landtagsabgeordneten* (1909/12) heftige Kulturkritik üben, im Roman *Andreas Vöst* (1905) die haßerfüllten Kämpfe zwischen Pfarrer und Gemeinde wegen des Baus eines neuen Kirchturms und im Roman *Der Wittiber* (1911) die Tragik der Selbstzerstörung eines Bauernhofs ohne Beschönigung darstellen. Ebenso überzeugend wirken seine humorvollen, mitunter bissigen Komödien *(Die Lokalbahn,* 1902, *Moral,* 1909, *Erster Klasse,* 1910), in denen er die Angst der Bürger vor der hohen Regierung, die Prüderie und Scheinheiligkeit der Tugendsamen und die bajuwarische Neigung zum Auftrumpfen verspottete.

Thomas Satire entsprach dem nationalgetönten Liberalismus des Vorkriegs-*Simplizissimus.* Dagegen rührte die derb-naturalistische Kraft OSKAR MARIA GRAFS (1894—1967) von seinem sozialrevolutionären Temperament.

Die Erzählungen Grafs — er war an der Novemberrevolution beteiligt und ließ sich 1933 ausbürgern — werden im Ausland viel gelesen. Der Autor der berühmten Autobiographie *Wir sind Gefangene* (1927), der großen Romane *Anton Sittinger* (1937), *Unruhe eines Friedfertigen* (1947), worin er das kleinbürgerliche Milieu des Nazismus aufspürt, lebte bis zu seinem Tode in New York.

Maschinenwelt. Es ist ein Verhängnis der deutschen Literatur, daß sie fast stets der Welt der Arbeit in den Fabriken und ihren Konfliktstoffen auswich. Schon die Naturalisten der Bismarckzeit, wie Hermann Conradi und Michael Georg Conrad, feierten lieber den „Geist germanischen Wesens" und „Bismarck als Künstler", statt wie Zola das tatsächliche Milieu zu studieren.

Der Westpreuße PAUL ZECH (1881—1946), der aus sozialem Idealismus als Hauer in die Kohlenzechen des Ruhrgebiets ging, war mit seinen Gedichten *Das schwarze Revier* (1909) der erste Dichter des industriellen Elends und der Hoffnung auf Besserung. Er lernte in Paris als Gewerkschaftler die junge französische Dichtung kennen, nahm am Expressionismus teil, übersetzte Rimbaud und Verlaine und starb 1946 nach bitteren Jahren des Exils in Buenos Aires.

RICHARD DEHMELS (1863—1910) „soziale" Poesie war — vielleicht mit Ausnahme des berühmt gewordenen Gedichts vom *Arbeitsmann* — ebenso unecht wie seine Liebespoesie. Jegliches soziale Gefühl fehlte JOSEF WINCKLER, der 1914 in seinen *Eisernen Sonetten* einen Hymnus auf die Technik dichtete, im 1. Weltkrieg chauvinistische Gedichte schrieb und danach die Demokratie schmähte. Dasselbe gilt für JAKOB KNEIP (1881—1958), ein Gründungsmitglied der „Werkleute auf Haus Nyland". Er wandte sich nach leidenschaftlicher Kriegslyrik (*Deutsches Testament,* 1916) einer katholisierenden, pantheistisch gefärbten Frömmigkeit zu. Auch für den Kesselschmied HEINRICH LERSCH (1886—1936), der „an Deutschland wie an einen Gott" glaubte, und den Arbeiter KARL BRÖGER (1886—1944) war die Kriegskameradschaft von 1914 das große Erlebnis, so daß sich beide 1933 ohne Schwierigkeit in die NS-Arbeitsfront einreihen ließen. Der Hannoveraner GERRIT ENGELKE (1882—1918) wurde im Krieg zum bewußten Europäer. Der Wiener Arbeiter ALFONS PETZOLD (1882—1923) schrieb nach dem Kriege einige zarte, menschlich feine Verse aus seinem Proletarierdasein.

Sehen wir von Leonhard Frank (s. S. 315) ab, so gibt es kaum Arbeiterdichtung von einiger literarischer Bedeutung. Als schließlich die Weimarer Republik immer deutlicher in reaktionäres Fahrwasser geriet, überflutete auch eine Unmenge kommunistischer Agitationsromane von 1928 bis 1933 den Markt. Ihre Qualität war aber im allgemeinen ebenso gering wie die der gleichzeitig in Massen erscheinenden völkisch-bäuerlichen Romane. In der DDR erlebten manche von ihnen eine Neuauflage. ADAM SCHARRER (1889—1948), den die kommunistischen Literarhistoriker in die proletarische Literatur einreihen wollen, schrieb seine besten Romane über das heimatliche bayerische Dorf. Der kommunistische Maschinenschlosser ERICH WEINERT (1890—1953) schrieb zündende Parteilieder im Songstil, WILLI BREDEL endete als Kunstgewerbler der Sowjetzone (s. S. 360).

Da das bundesdeutsche Aufbauklima einer sozialkritischen Literatur nicht gerade günstig war, entstand erst wieder mit der Dortmunder „Gruppe 61“ ein zaghafter Versuch zu einer Arbeiterdichtung aus der neuen Umwelt der Automation und der hierarchischen Befehlsstruktur im Betrieb. Sie ist geprägt von Skepsis und unterschwelliger Bitterkeit über den kapitalistischen Talmiglanz, der sich über die seelische Leere der Arbeit und Freizeit breitet (s. S. 414).

Kleinbürgertum im Strudel. In welchem Ausmaß auch das Kleinbürgertum in den Strudel geriet, wird uns klar, wenn wir seine Geschichte verfolgen: von J. P. Hebels Anekdoten, Jean Pauls skurrilen Idyllen, Ludwig Richters biedermeierlichen Bildchen über Buschs säuerlichen Humor zu Raabes *Chronik der Sperlingsgasse.* Wir müssen die *Fliegenden Blätter* und die *Gartenlaube* aufblättern und dann aus den zwanziger Jahren die Romane von FEUCHTWANGER, OSKAR MARIA GRAF und HANS FALLADA lesen.

Die von den Parteikämpfen und der Arbeitslosigkeit nach 1918 durcheinandergerüttelten kleinen Leute in Stadt und Land hätten keinen liebevolleren Anwalt finden können als HANS FALLADA (1893—1949). Er schilderte sie in den Romanen *Kleiner Mann, was nun?* (1932) und in *Wer einmal aus dem Blechnapf frißt* (1934), sodann rückblickend — mit einigen Zugeständnissen an die NS-Zensur — in *Wolf unter Wölfen* (1937). Wieviel Sumpf sich auch in dieser Schicht, schon vor dem 3. Reich, angesammelt hatte, verriet jedoch erst der satirisch-groteske Roman *Die Blechtrommel* von Günter Grass (s. S. 358).

Diagnosen der Wandlungen. Es fehlte gewiß nicht an Schriftstellern, die an der in Europa bereits erreichten Höhe kritischen Kulturbewußtseins festhielten. Inmitten der Umbrüche und Verwirrungen des 20. Jhs. bemühten sie sich, den Kopf oben zu behalten, die Gesellschaft aus größerer geistiger Distanz zu betrachten und deren neuralgische Punkte aufzusuchen. In ihrer Gesamtheit stellen ihre Romane eine noch längst nicht ausreichend durchforschte Chronik des Ringens zwischen kritisch-humanem Denken und Blindheit dar.

Der Elsässer OTTO FLAKE (1880—1963) z. B. hatte in seinen kulturgeschichtlich unterbauten Romanen stets das Bild freieren, geistvolleren Europäertums vor Augen. Auch der Baltendeutsche FRANK THIESS (geb. 1890) verlor in seiner vielfältigen, schwankenden Produktion nicht die zeitüberdauernden Werte aus dem Blick. Der Österreicher WALTER VON MOLO (1880—1958) blieb bis zu seinem Schreibverbot im 3. Reich ein idealistischer Patriot und Ethiker. In der großen Reihe seiner biographisch-psychologischen, im hektisch-erregten Kinostil geschriebenen Romane spiegelt sich, wenn wir die Erscheinungsjahre beachten, ein Stück des liberal-patriotischen Deutschland: *Schiller* (1912/16), *Fridericus* (1924), *Luther* (1928), *Friedrich List* (1931), *Prinz Eugen* (1936), *Kleist* (1938).

Der gesellschaftsbezogene Roman, wie er sich — für Europa vorbildlich — von Stendhal und Balzac zu Zola und Anatole France der Funktion der Gesellschaftsanalyse angenommen hatte, mußte in Deutschland erst auf das Niveau reflektierter Gestaltung und ironischer Erhellung gehoben oder zur Satire gemacht werden (s. S. 227). Sollte der Roman, die am stärksten kommerzialisierte Literaturgattung, nicht ganz zum sentimentalen Unterhaltungsstoff der Illustrierten und Leihbüchereien oder auf die Stufe trüber politischer Ressentiments absinken, dann mußten die Autoren versuchen, dem Verschleiß aller Traditionen und der Verwilderung der Sitten durch Kritik, Diagnose, Ironie und Satire zu begegnen.

LITERATUR:
Bauernroman: Martin Greiner in: *Reallexikon d. dt. Literaturgeschichte*, 2. Aufl. S. 440—41. — *Heimatliteratur oder Nationalliteratur?* in: Paul Rilla *Essays.* Berlin 1955 — *Die ‚nordische Renaissance‘, ‚Blut und Boden‘-Mythos und ‚volkshafte‘ Dichtung* in: F. Schonauer *Dt. Literatur im Dritten Reich,* 1961
Der Berliner Antisemitismusstreit, hg. und mit Nachwort von W. Boehlich. it 6
H. L. Arnold *Die deutsche Arbeiterliteratur.* Zweibändiges Handbuch. Verlag text + kritik 1977
Heinrich Lersch. Kesselschmied u. Dichter, hg. v. Fritz Hüser. Dortmund: Städt. Volksbüchereien 1959
Paul Zech, hg. v. Fritz Hülser. Dortmund: Städt. Volksbüchereien 1961

b) Arthur Schnitzler — Milde Diagnose des Fin de Siècle in Wien

Das Wien der Jahrhundertwende, die lockere, leichtlebige Gesellschaft des k.u.k. Österreich hätte keinen anmutigeren und weltmännischeren Schilderer finden können als den an Maupassant geschulten Arzt Schnitzler (1862—1931). Als Arzt am Sterbebett einer Gesellschaft, die sich selbst als dekadent, todmüde und überzüchtet empfand und nervös, voller Halbheiten, im Gefühl innerer Leere dahintrieb, stellte er seine milde Diagnose. Leise melancholisch, skeptisch und wie Grillparzer zuletzt zunehmend vereinsamt, hielt Schnitzler in schwebenden Szenen mit feinsten Nuancen Menschen und Atmosphäre fest. Seine „Patienten" waren die Grafen, Offiziere, Nichtstuer, süßen Mädels und Kellner mit ihren flüchtigen Episoden und ihrer *Liebelei* (Drama, 1895), mit ihrem *Reigen* (zehn Dialoge, 1896/97) von kurzen Begegnungen. Schwache, mit dem Leben spielende und mit dem Tode kokettierende, verzärtelte Menschen, Genießer ohne Illusionen (*Anatol,* 1893, sieben Prosaszenen) und satisfaktionsunfähige, eitle Offiziere wie *Leutnant Gustl* (Monolognovelle, 1901). Sie wären alle längst vergessen und mit dem alten Österreich versunken, hätte Schnitzler in der unverwelklichen Prosa seiner Novellen und Szenen nicht ihre Dialoge, Sentimentalitäten und tieferen Seelenregungen festgehalten. So sind sie in ihrer Schwäche, ihrem Charme und in ihrer Angst vorm Sterben noch heute gegenwärtig. Und mit ihnen Wien, die Zeit Altenbergs, Hermann Bahrs, Hofmannsthals, Rilkes und Stefan Zweigs — weicher, verführerischer und menschlicher als das von Fontane geschilderte Berlin.

Kaum zu glauben, daß in eben dieser Metropole, unberührt von ihrem Zauber, zu gleicher Zeit der junge Bismarck- und Wagnerschwärmer Hitler seine alldeutschen und antisemitischen Hirngespinste ausbrütete. In Schnitzlers Roman *Der Weg ins Freie* (1908) wird der Schmerz des klugen, gütigen, jüdischen Arztes und Dichters über seine Fremdheit in einer schon nationalistisch verseuchten Umwelt laut. Schnitzler klagte nicht an, er hat auch den Triumph des angeblich Gesunden, Forschen nicht mehr erleben müssen wie Sigmund Freud, der andere Wiener Seelenarzt und rationale Erforscher des „Unbehagens in der Kultur".

LITERATUR:

R. Urbach *Arthur Schnitzler.* FD Bd. 56 = dtv 6856

G. Baumann *A. Schnitzler. Die Welt von Gestern eines Dichters von Morgen.* Frankfurt 1965

Arthur Schnitzler *Jugend in Wien. Autobiographie.* dtv 775 — A. Schnitzler *Gesammelte Werke in Einzelausgaben.* Fi Nr. 1960—1974.

c) Heinrich Mann — Ein streitbarer europäischer Humanist

Der Moralist. Heinrich Mann (1871—1950), Sohn eines Lübecker Großkaufmanns und Senators, war alles andere, als was sich das orientierungslose wilhelminische Durchschnittsbürgertum unter einem Dichter vorstellte. Er kam aus großbürgerlicher, hanseatischer Familie mit europäischem Horizont, huldigte dem Urbanen und verachtete Bildungsphilistertum, spießerhafte Prüderie, duckmäuserische Untertanen und aufprotzende Großmannssucht. In den Jahren, da Imperialismus und Nationalismus überall Trumpf waren, verehrte er die skeptische Vernunft. In Nietzsche erkannte er einen Befreier aus Dumpfheit und unausgelüfteter Moral, verurteilte aber die grobschlächtigen Herrenmenschen und Parvenus, welche sich auf den verfälschten *Willen zur Macht* beriefen. Er schätzte das Frankreich des klaren Geistes in Voltaire, den mutigen Victor Hugo, der neunzehn Jahre lang im Exil den Sturz Napoleons III. ersehnt hatte, rühmte Zolas große Leidenschaft für Recht und Wahrheit und in Deutschlands redlicherer Vergangenheit den unbestechlichen Lessing. Erbittert vermerkte er, daß sich Goethe „sein hohes, umfassendes, berühmtes Leben lang vor jedem adeligen Leutnant befangen gefühlt" und daß Heines Kunstgesinnung und Volkstribunat dümmlich verkannt und geschmäht wurde. Als im Rausch von 1914 sogar G. Hauptmann gegenüber Romain Rolland meinte: „Krieg ist Krieg", predigte Heinrich Mann alteuropäische Gesittung. Bis 1933 suchte er als Präsident der Deutschen Akademie der Künste seinen Mitbürgern klar zu machen, wie sehr eine noch so unvollkommene Republik, die sich der sozialen Gerechtigkeit widmet, einem neuen Großmachtwahn vorzuziehen sei. Seine Bücher verbrannten 1933 auf den Scheiterhaufen. Im kalifornischen Exil schrieb er die

Romane vom guten König *Henri Quatre* als Gleichnis toleranten, ums Volkswohl besorgten Herrschertums.

Der Künstler. Sein Kampf für Weltoffenheit und gegen das Formlose und Verschwommene in Gemüt und Weltanschauung deutscher Nationalisten hing engstens mit seiner Auffassung von Kunst und Schriftstellertum zusammen: der wahre Schriftsteller erziehe sein Volk zur Klarheit, zum hellen kritischen Geist, zur Freude am geformten Ausdruck und zum Sinn für ein offenes großzügiges Leben. Sein Thema war darum von Anfang an der Mensch, das Leben in seiner ganzen Breite: Liebe und Kunst, Krieg und Geschäft, Edelmut und Gemeinheit. Er pries alles Großgeartete, Freie und griff die Dumpfheit an, wo es ihm nötig schien. Demgemäß ist sein Stil bald luxuriös, prachtvoll (wie in der Trilogie der Leidenschaften *Die Göttinnen),* bald ungeschminkt-realistisch (wie *Im Schlaraffenland*), bald satirisch-grotesk *(Professor Unrat)* oder expressiv, kühl und leidenschaftlich (wie in den Novellen *Flöten und Dolche*). So unterschiedliche Kenner wie Benn, Rilke und Brecht haben seiner stilistischen Meisterschaft höchste Anerkennung gezollt.

Sein Werk umfaßt Novellen (z. B. *Pippo Spano,* 1904), Essays *(Geist und Tat),* Kritiken, Satiren (z. B. auf Stinnes), Dramen (*Madame Legros,* 1913) und vor allem Romane. Als konsequenter Realist schildert er 1900 in *Im Schlaraffenland* Berliner Börsianer, Schnapsfabrikanten und Journalisten. *Jagd nach Liebe* (1903) spielt in München und beleuchtet naturalistisch-burlesk die unfreie, schwüle Moral von damals. *Professor Unrat* (1905), später mit Marlene Dietrich als *Blauer Engel* verfilmt und weltberühmt geworden, ist ein mit allen Mitteln der Satire und Groteske geführter Angriff auf die hochtrabende, hohle bürgerliche Bildung des Kaiserreichs. Ihre Haltlosigkeit wird an einem bis zum Entsetzen bedauernswerten Gymnasialprofessor demonstriert. Unrat, Vertreter der Autorität, verfällt der Leidenschaft zu einer Tingel-Tangel-Künstlerin, sein entwürdigendes Ende läßt keinen Zweifel an dem Sumpf, der sich hinter schönen Bildungsphrasen verbarg. Anders als die neuromantischen Schülerselbstmord-Romane von damals (Hesse *Unterm Rad,* Emil Strauß *Freund Hein*) traf der Roman die Scheinbildung mitten ins Herz.

Der Untertan (1914), teilveröffentlicht, als Deutschland den „herrlichsten Zeiten" entgegenging, ist die klassische Satire auf den Wilhelminismus geworden. Der Roman gehört zu einer Trilogie: *Die Armen* (1912), *Der Kopf* (1925). Diederich Hessling, der typische Untertan, der sich emporarbeitet und nach unten tritt, ein forscher Säbelraßler, der den Kaiser, die Macht und das Militär vergötzt, spielt sich als Herrenmensch auf. Er hält als Fabrikdirektor auf Zucht und Ordnung, drückt die Arbeiter und ist nicht minder brutal gegen Frauen. Der Roman wurde als bösartigste Verzerrung verschrien und hat dem Autor tödlichen Haß eingetragen, doch der hurrarufende Hessling war nur eine zahme Vorform der Henker und Sadisten des SS-Staates.

Die Göttinnen oder die drei Romane der Herzogin von Assy (1902—05) nannte G. Benn „die entfaltetste deutsche Sprachschöpfung, die wir seit Anfang des Jahrhunderts sahen". Sie gehören zum Schönheitskult der Jahrhundertwende, ihr Thema sind Leidenschaft, Tod, Erhöhung des Lebens durch Kunst und Befreiung der Sinne. Heinrich Mann hat diesen — von seinem Bruder kritisierten — Renaissancekult indessen bald gegenüber der politischen und sozialen Emanzipation zurücktreten lassen. *Die kleine Stadt* (1909) mit ihrer italienischen Grazie, ihren Garibaldikriegern, Advokaten, Fortschrittlichen und Klerikalen ist ein Tummelplatz politischer Leidenschaften, und der Autor nimmt durchaus Partei. Wenn der Roman auch eine dichterische opera buffa ist, in seiner formalen Klarheit, Heiterkeit und in

Heinrich Mann,
Kohlezeichnung von K. J. Friedrich, 1929

seinem ethischen Verantwortungsgefühl zeigt er den Weg Heinrich Manns von der aristokratischen Kunstgesinnung Flauberts zum Kämpfer Zola und Anwalt der westlichen Demokratie im Sinne Roosevelts. Das Aufkommen des Faschismus bestärkte ihn in seinem Eintreten für eine fortschrittliche soziale Demokratie (*Ein Zeitalter wird besichtigt*, Rückblick auf sein Leben, 1945).

In diesem Geiste schrieb er in Los Angeles die beiden Bände *Die Jugend des Königs Henri Quatre* (1935) und *Die Vollendung des Königs Henri Quatre* (1938). Am geschichtlichen Beispiel Heinrichs IV. von Frankreich (1533—1610) wird vorbildliches Königtum geschildert. Henri ist im Zeitalter der blutigen Bartholomäusnacht, des Ausrottungskampfes gegen die Hugenotten, der gute, kluge Volkskönig, ein Vorbild an Toleranz und politischer Vernunft. Der an Zeitgemälden, Anekdoten und Betrachtungen reiche Roman ist zugleich ein Bildungsroman, eine Erziehung zu tapferer Vernünftigkeit und so ein bewußtes Gegenbild zur Tyrannei Hitlers. In der deutschen Dichtung mit ihren meist introvertierten, lebensabgewandten Bildungsromanen (vgl. Stifters *Nachsommer* und Hesses *Glasperlenspiel*) bildet er eine einzigartige Ausnahme. Auch stilistisch: „Die strömende, reißende, forensisch berauschende Beredsamkeit des Dichters ist wie Musik. Die Bilder kommen wie im Flug. Mit drei Sätzen bildet ein genialischer Skizzenzeichner eine Schlacht, ein Tal, eine Umarmung, einen Mord, ein Schloß, Gebirg und Meer... Er hat den freiesten Umgang mit der deutschen Sprache... Das ist kein gewöhnlicher historischer Roman... das ist nur Weisheit, Poesie, der Strom der Rede und der Strom der Bilder, ungehemmte Manier und manierierte Meisterschaft", urteilte Hermann Kesten.

LITERATUR:
H. L. Arnold (Hg.) *H. Mann.* Text u. Kritik 1970
A. Banuls *Heinrich Mann.* Stuttgart 1970
K. Schröter *Heinrich Mann.* rm 125

d) Thomas Mann — Gefährdung und Höllensturz der bürgerlichen Vernunft

Vollendung des bürgerlichen Romans. Thomas Mann (1875—1955) hat den deutschen bürgerlichen Roman (s. S. 235) in den *Buddenbrooks* zur Reife gebracht. In ihm rekapitulierte er mit vollendeter Meisterschaft die realistische Kunst des europäischen Gesellschaftsromans und verwendete die Mittel des Naturalismus zu kunstvoll-genauen, aber distanzierten Schilderungen. Dann aber führte er diesen Romantypus, je mehr die ererbte Kultur verfiel, seinem Ende zu: vom allegorischen Märchenroman *Königliche Hoheit* (1909) zur allegorisch-essayistischen Darstellung des Großbürgertums am Vorabend des 1. Weltkriegs im *Zauberberg* (1924), zur Deutung der Zivilisation durch den Mythus in der Tetralogie *Joseph und seine Brüder* (1933—43) und zur Gesamtabrechnung über den Höllensturz Deutschlands und Europas im Alterswerk *Doktor Faustus* (1947).

Der Erfolg seines ersten Romans, der *Buddenbrooks*, machte ihn wirtschaftlich unabhängig. In Lebensstil und Gehaben verkörperte Th. Mann den bewußten Nachfahren norddeutscher Großbürger. Als er 1933 von München, wo er fast vierzig Jahre in einer privaten Atmosphäre kultivierter Gelehrsamkeit gearbeitet hatte, über die Schweiz nach Princeton und Kalifornien vertrieben wurde, war er in den Augen der Welt bereits zum Repräsentanten des zertrampelten und entwürdigten Goethe-Deutschlands geworden. Nach dem Inferno kehrte er als amerikanischer Staatsbürger in die Schweiz zurück und starb 1955 in Kilchberg bei Zürich.

Die Spannweite. Der Leser Thomas Manns begibt sich in eine hohe und komplizierte Schule deutscher Bildung, er wird der von allen Seiten bedrohten Humanität inne und gewahrt jene Freiheit des Geistes, wie sie nur Wissen um die Herkunft des modernen Europa, Kritik und Ironie gewinnen können. Thomas Manns Essays (*Adel des Geistes, Altes und Neues, Nachlese*), seine Reden, Novellen und Romane sind sorgfältig ausgewogene Betrachtungen der wichtigsten Inhalte deutscher und europäischer Kultur. Goethe und die Romantik, Wagner und Nietzsche, Freud und Tolstoi, Luthertum und die Bibel, moderne Mythenforschung und Musik, helles Bewußtsein und Traum, Form und Rausch werden auf ihre lebenrettende humane Substanz geprüft. Der Erzähler Thomas Mann entläßt seinen Leser wissender, heiterer und freier, er entreißt ihn der Verführung durch trübe Instinkte, macht ihn skeptischer, redlicher und verständiger. So ist sein Werk, gleichzeitig

Lebensbeichte und Selbstdarstellung des Dichters, eine anspruchsvolle Abschirmung gegen Abstumpfung, Borniertheit und die dunklen Triebe des Zeitalters. Thomas Manns sprachliche Sorgfalt, seine Ablehnung alles Fanatischen, seine bedächtige Art, seine ernste Hingabe an das Werk, die Ausgewogenheit und noble Großzügigkeit seines Geistes waren noch echte bürgerliche Tugenden, die er aus Verantwortung gegenüber der besten deutschen Tradition in ein neues, notwendig unbürgerliches und soziales Zeitalter retten wollte. Er war ein konservativer Deutscher, der nicht den Weg der unbelehrbaren Reaktion ging, sondern seine Leser von Goethe, Wagner und Nietzsche her zu einer sozialen und aufgeklärten Demokratie führen wollte. Darum verteidigte er schließlich die Republik von Weimar gegen ihre Feinde und bemühte sich auch nach der Nazi-Verwüstung um die Sichtbarmachung der verschütteten Grundlagen deutscher Kultur (s. *Versuch über Schiller*, 1955).

Werke. Die *Buddenbrooks* (1901), ein zweibändiger Roman vom Verfall einer Lübecker Kaufmannsfamilie, war das geniale Erstlingswerk des Dichters. Dafür bekam er später den Nobel-Preis. Während um die Jahrhundertwende in Deutschland eine robuste, geistlose Bourgeoisie heraufkommt (vgl. Keller, Fontane, H. Mann, Sternheim), erfährt das gebildete alte Patriziertum seinen Niedergang. Die rohe Praxis des Geschäfts höhlt alte Werte und Tugenden aus. Liebe wird zum Handelsobjekt, Bildung zum Amusement, Religion zur Konvention. An vier Generationen wird dieser Werte- und Realitätszerfall geschildert. Der Konsul Johann Buddenbrook jun. kann nicht mehr mit gutem Gewissen bei seinen Geschäften sein. Je unverhüllter nämlich die wirtschaftliche Selbstbehauptung den Bürger einspannt, um so müder, verzweifelter und scheinhafter wird seine Moral. Parallel damit geht bei einigen Familienmitgliedern eine Verfeinerung der Sinne, eine Verdünnung des Bluts: die biologische Dekadenz. Der nackte Erwerbstrieb treibt die Geistigeren in Selbstbezweiflung oder in die Täuschungen des Ästhetizismus. Kunst wird zu Lebensflucht und berauschender Droge. Hanno Buddenbrook, der letzte Sproß der Familie, ist zum praktischen Leben schon ganz untauglich und berauscht sich am dunkel-tödlichen Mystizismus der Wagner-Musik. Daß ihn der Typhus hinwegrafft, ist nur noch das äußere Zeichen für die Schwächung und die Loslösung von einem nicht mehr tatkräftigen, wertgesicherten bürgerlichen Leben. Die „Wirklichkeit“ ist mehrwertig geworden.

Die Novelle *Tristan* (1903) führt in das mondäne Sanatorium Einfried, wo die zarte Gattin eines robusten Großhändlers namens Klöterjahn dem Schriftsteller Spinell begegnet. Der skurrile Ästhet Spinell — er kann nur in Räumen von echtem Empire-Stil leben — überredet die kränkliche Schönheit, ihm Wagners „Tristan“ vorzuspielen. Die dunkelsüchtige Romantik des “Tristan“ erweist sich als tödlicher Rauschtrunk für die Lungenkranke. Sie stirbt. Die geistlose Robustheit des Großhändlers, das bloße Ästhetentum Spinells und der Todeskult der Tristan-Musik bedingen sich gegenseitig.

Tonio Kröger (Novelle, 1903), der Lübecker Patrizierssohn, „der sich in die Kunst verirrte“, entgeht der Verführung durch die lockende Sinnenlust Italiens, indem er der Cesare-Borgia-Welt den Rücken kehrt und wieder nach dem nüchternen Norden fährt. Die Novelle bedeutet eine Absage an das „Raffinierte, Exzentrische und Satanische“ einer Kunst, welche über die leer und banal gewordene bürgerliche Erwerbswelt hinwegtäuschen wollte. Mit ihr distanzierte sich der Autor von dem ausschweifenden Ästhetizismus der Jahrhundertwende.

Königliche Hoheit (1909), ein allegorisches Märchen in Romanform, handelt von einem deutschen Duodezfürsten, der ungeachtet der Nöte seines Volkes ein nur

Thomas Mann liest, 1952

„normales, unsachliches, übersachliches, mit einem Wort artistisches Dasein“ führt. Um seiner Einsamkeit zu entgehen, heiratet er die Tochter eines amerikanischen Großkapitalisten, saniert sein Fürstentum und studiert die Probleme der öffentlichen Wohlfahrt.

Tod in Venedig (Novelle, 1912) zeigt, wie waches Bewußtsein und ernste Verpflichtung unversehens in Traum, Rausch und Trance abgleiten können, wie humangesittete Begrenzung durch die Faszination des Schönen gesprengt wird. Der deutsche Schriftsteller Aschenbach begegnet in dem heiteren, doch heimlich schon von der Cholera durchseuchten Venedig der Gestalt eines schönen Götterkindes. Ein polnischer Knabe, anmutig wie eine klassische Statue, wird ihm zur Erscheinung eines fremden Gottes. Doch der Eros, der nach Platon die Begierde nach der vollkommenen Form erregt, stürzt Aschenbach in Trunkenheit, in logosfeindliche Begeisterung und geleitet ihn schließlich in den Hades. Geist, der sich der Distanz und sokratischen Ironie begibt, ist gefährdet (vgl. George S. 251).

Der Zauberberg (1924) ist einer der inhaltsreichsten und bestdurchkomponierten deutschen Romane. Nachdem Th. Mann 1918 in den *Betrachtungen eines Unpolitischen* gegen seinen Bruder Heinrich die konservativen Werte deutschen Bürgertums verteidigen zu müssen glaubte, studierte er erneut die deutsche und europäische Seelenverfassung vor dem 1. Weltkrieg. Der Roman hat keine eigentliche Handlung: Hans Castorp, ein junger Hamburger Ingenieur, begibt sich zum Besuch seines Vetters aus dem „Flachland“ in ein Lungensanatorium im Hochgebirge. Dort wird er, wie jeder, der auf den „Zauberberg“ kommt, krank, verbringt sieben Jahre in der lemurenhaften Gesellschaft innerlich ausgehöhlter Menschen, bis der 1. Weltkrieg ausbricht. Dann steigt er wieder hinab ins Flachland und geht in den Krieg.

Auf dem Zauberberg — seine Bewohner stehen in leicht karikaturistischer Verzerrung für den wirklichkeitsfremden Geisteszustand Vorkriegseuropas — steht die Zeit still. Darum konnte der Roman wie „eine Symphonie, ein Werk der Kontrapunktik, ein Themengewebe“ komponiert werden, „worin die Ideen die Rolle musikalischer Motive spielen“. In dieser gespenstisch handlungsarmen, von zahlreichen Gästen und ihren Ideen bevölkerten Umwelt, erfährt der junge Castorp — ein moderner Parsival oder Simplizissimus — seine Einweihung in Europas Religion, Politik, Wissenschaft, Kunst, Aberglauben und Fadenscheinigkeiten. Er wird am Schluß gewahr, daß alle höhere geistige Gesundheit aus der Berührung mit Krankheit, Irrtum, Verführung und Tod hervorgeht. Nur wer durch dieses Wissen hindurchgegangen ist, findet den Weg zu einer neuen Humanität, zur „Ehrfurcht vor dem Geheimnis des Menschen“.

So ist es ein Roman geistiger Abenteuer, ein moderner *Wilhelm Meister*. Auf dem Weg zur geistigen Gesundung lauern viele Gefahren: das Verlangen nach einer gewaltsamen totalitären Lösung aller Probleme (wie sie der Ex-Jesuit Naphta empfiehlt), die Gefahr, daß die humanitären Ideale zur schönen Rhetorik verblassen (ein Vorwurf, gegen den sich der italienische Liberale Settembrini verteidigt), das Absinken ins Mondän-Leere, in geistige Konturlosigkeit, Bieder-Flaches, in Gereiztheit und Chauvinismus, der Einbruch des Atavismus „gräßlicher Blutmahle“ und romantische Todesverzückung. Güte, Liebe und Vernunft sind in diesem — für die Diagnose deutscher und europäischer Krankheiten aufschlußreichen Roman — der Weg zur Genesung.

Die öffentlichen Reden des Dichters zum Schutze der Republik suchten diese Forderungen in die Tat umzusetzen. Er wurde wie so viele Warner von den marschierenden und brüllenden Horden nicht gehört. Die Marschierer folgten lieber dem „Mythus“ der Macht, den Autoren wie Spengler, Klages, Bäumler oder der NS-Mystiker Rosenberg in allen Varianten verkündeten. Als Gegenbild zu diesem Mythus- und Führerwahn schrieb Thomas Mann den vernünftigen Mythus vom schönen und geistesmächtigen biblischen Joseph. Die im kalifornischen Exil vollendete Tetralogie *Joseph und seine Brüder* ist nicht nur eine farbenreiche Wiedergabe der Bibelerzählung. Nach genauesten historischen und mythologischen Studien verfaßt, ist sie zudem eine tiefe Deutung der Menschheitsmythen von Tod und Auferstehung, vor allem aber ein Lobpreis auf Joseph, den „versöhnlichen Vermittler“ zwischen Geist und archaischen Gewalten. Ein weises Buch über die Ursprünge und Maßstäbe menschlicher Gesittung, so daß sich die Diktatoren jener Jahrzehnte von dem anmutigen, witzigen, manchmal schelmischen Joseph, der Verkörperung von Hermes und Thot, wie Götzenbilder abheben.

Lotte in Weimar (Roman, 1939) diente der Reinigung des vom deutschen Bürgertum mannigfach mißbrauchten Goethebildes, des auf den Marmorsockel gestellten Ideals des „Dichterfürsten“. Der Roman zeigt einen Goethe, dessen geistige Weite, Strenge und Einsicht ins Dämonische nicht für Bildungsphrasen mißbraucht werden können (vgl. dazu Carossas recht naive Goethe-Rede im 3. Reich).

Doktor Faustus — das Leben des deutschen Tonsetzers Adrian Leverkühn, erzählt von einem Freunde (1947) ist Th. Manns Lebensbeichte und eine Gesamtbilanz des Deutschtums, soweit es sich in der Faustgestalt, in Luther, Wagner, Nietzsche, aber auch in Hitler und seinen Trabanten manifestierte.

Der an der chaotischen Schwelle vom Mittelalter zur Neuzeit stehende Faust der Sage erscheint in dem Roman als moderner Tonsetzer, als deutscher Musiker; denn in der Musik hat sich die deutsche Seele am tiefsten geoffenbart (s. S. 172, 183). Leverkühn stammt aus Thüringen, der Heimat Luthers, Bachs, Händels und Nietzsches. Kaisersaschern, die Stadt seiner Jugend, ist im Altertümlichen stehengeblieben. Auch Leverkühns Werk verbindet seelische Altertümlichkeit mit kältester moderner Form. Diese Verbindung urtümlicher Schauer mit raffinierter moderner Künstlichkeit, des Primitiven mit höchstem Intellekt erscheint Th. Mann als Kennzeichen vieler moderner Kunstwerke. Leverkühn ist ein absolut einsamer Künstler, niemand kann sein faustisches Werk hören. Bei allem Unterschied zwischen Leverkühns Musik und der Nazi-Diktatur, in der ein langes Kapitel irregegangener deutscher Innerlichkeit endete, besteht jedoch auch eine epochale Verwandtschaft: auch diese Diktatur verband barbarisch-vorzivilisatorische Seelenregungen mit neuester Technik.

Der Roman hat mehrere zeitliche Ebenen: 1. die Biographie Leverkühns von 1885 bis 1940, 2. die Zeit, in der sein Freund, der Altphilologe Dr. Serenus Zeitblom aus Freising, die Lebensgeschichte niederschreibt. Er beginnt damit am 27. Mai 1943, so daß der Bericht von Leverkühns geistigem Erlöschen mit dem Zusammenbruch der Nazi-Diktatur zusammenfällt. Dazu kommt 3., daß Th. Mann scheinbar nicht selbst erzählt, sondern einen Erzähler, nämlich Dr. Zeitblom, berichten läßt. Und 4. schreibt Dr. Zeitblom in Furcht vor der Gestapo, bis er angesichts des Kriegsendes keine Rücksichten mehr zu nehmen braucht. — Auch sprachlich ist der Roman vielschichtig: parodiertes Luther-Deutsch, die klassizistisch-epigonale Prosa des Altphilologen und verwaschene Alltagssprache. Doch nur mit Hilfe dieser Mehrschichtigkeit, durch zeitliche Überlagerungen, die Einführung „lebender, schlechthin bei Namen genannter Figuren“, die Verflechtung der Tragödie Leverkühns mit derjenigen Nietzsches und durch Zitate ließ sich überhaupt eine so umfassende Diagnose erstellen. Th. Mann hat durch ein zusätzliches Tagebuch von der *Entstehung des Doktor Faustus* (1949) die Lektüre erleichtert.

Der *Faustus*-Roman kommt aus der Sphäre deutsch-protestantischer Gefährdungen. Zur Erholung und im Sinne ausgleichender Gerechtigkeit ließ Th. Mann einen gelehrten Mönch des Mittelalters die hübsche Legende von dem Sünder Gregorius erzählen, der zum Papste erwählt wird (*Der Erwählte*, 1951). Wie der *Joseph* eine Entgötzung neuzeitlichen Führertums, der *Faustus* eine Entdämonisierung moderner Kunst bedeutete, so werden hier das Papsttum und die Hierarchie, die Naphta im *Zauberberg* zu totalitären Tendenzen inspirierten, auf ein menschlich-sündhaftes Maß zurückgeführt. Die Späße der Geschichte tasten die Gnade von oben nicht an, der gelehrte Mönch besitzt eine heiter-gelöste, vorreformatorische Christlichkeit. Moderne Urbanität und mittelalterlich-universale Klosterkultur grüßen sich über Jahrhunderte der Verengung hinweg.

Die *Bekenntnisse des Hochstaplers Felix Krull* (I. Teil, 1954) zeigen im Gewande des Schelmenromans die Pervertierung bürgerlicher Gesittung zu bourgeoisen Idolen. Wie Hermes, der antike Götterbote, einerseits Schutzherr der Kaufleute und der Wissenschaft ist, so ist er andererseits auch der Gott der Diebe, Schwindler und Lügner. Krull verkörpert den anmutigen, eleganten Gott in seiner zweiten Gestalt. Darum gelingt es ihm, die Idole Ehre, Titelsucht, Nationalstolz und den Talmiglanz des Kapitalismus zu durchschauen. Der erfolgreiche Hochstapler entlarvt die Hochstapeleien der High Society. Es ist bezeichnend für Th. Manns gesellschaftskritischen Instinkt, daß er den vorm 1. Weltkrieg begonnenen Stoff 1954 wieder für aktuell hielt.

Die besondere Ironie in Thomas Manns Werken ist nicht Ausfluß kalter Distanz oder bloß ein Kunstmittel. Sie rührt von der Bedachtsamkeit und der Einsicht des Epikers in die Doppel- und Mehrdeutigkeit menschlicher und geschichtlich-kultureller Erscheinungen. Die Bewahrung der Humanität verlangt Maß, Ausgewogenheit und gütige Vernünftigkeit, ein Geltenlassen von allem, was die vielgestaltig-komplizierte Gesellschaft, das Miteinander verschiedener Traditionen nicht zerstört. Sie schließt daher das Rohe, Ungeschlachte, Starrheit und geistige Verkrampfung aus. Wie der Gott Hermes Mittlerdienste zwischen Menschen und Menschen, Menschen und Göttern leistet, so ist die Ironie ein verbindendes Element. „Schaffe dir Ironie und bilde dich zur Urbanität“, sagte F. Schlegel einst, „keine Tätigkeit ist so menschlich wie die bloß ergänzende, verbindende, befördernde“.

Die beiden Brüder: zwei deutsche Traditionen. Heinrich und sein jüngerer Bruder Thomas Mann wurzelten beide im aufgeklärten hanseatischen Patriziertum und wußten sich als

Erben der Weimar-Kultur. Sie gingen beide 1933 ins Exil, als das „Volk der Dichter und Denker" Lessing und Goethe für Hitlers *Mein Kampf* hingab. Beide hatten einen entschiedenen Willen zu Kunst, Ausdruck, Geist und Geschmack und litten am Niedergang des deutschen Bürgertums. Während H. Mann schon früh mit einem durch Nietzsche und Flaubert geschärften Blick die konkreten politischen Ursachen des kulturellen Verfalls bei gleichzeitiger Machtentfaltung des Zweiten Reiches erkannte, stand dem Naturell des Bruders lange Zeit Goethes geheimrätliches Wesen, Schopenhauers Entsagungslehre und Wagners Tristan-Musik näher.

Die in ihrem Schaffen rivalisierenden Brüder drückten zwei deutsche Überlieferungen aus: Heinrich Mann den rationalen Geist Lessings, die Kunstgesinnung Heines und Nietzsches. Thomas Mann dagegen kannte den tiefen Rausch der Romantik und jenes gemüthaft Verwinkelte Wilhelm Raabes. So stehen sich z. B. gegenüber die angreifende Satire des *Untertans* (1914) und die sorgsam abwägende Essayistik in Th. Manns *Zauberberg* zehn Jahre danach. Oder: während der ältere Bruder den historisch-politischen Erziehungsroman *Henri Quatre* schrieb, behandelte Thomas den von den Nazis mißbrauchten Begriff des Mythus ironisch in *Joseph und seinen Brüdern.*

Beide Brüder waren Meister des Stils, große Epiker vor dem Einbruch des Expressionismus und Surrealismus in die Prosa. H. Mann schreibt kurze, nebeneinander gestellte Hauptsätze, oft feurig-expressiv, reich an Adjektiven, er liebt Antithesen und Aphorismen, komponiert Fabeln und Anekdoten, prächtige Bilder und greift zu den Mitteln der Satire, Groteske und derben Burleske. Rabelais, Flaubert, Anatole France — die romanischen Stilmittel führt er ins Deutsche ein. Th. Manns Diktion dagegen erscheint zumeist gewichtiger, umständlicher, deutsch-gelehrtenhafter, vom Deutsch Luthers, Goethes und einem altväterlichen Kanzleistil genährt, doch psychologisch verfeinert und erweitert. Seine Sätze sind Muster des Periodenbaus, sorgsam geordnet, biedermeierlich-graziös, reich an Bildung und im Alter voller Anspielungen auf das Deutsch Goethes und Luthers.

H. Mann breitet das Leben aus, Th. Mann zeigt die Tiefen und Verschachtelungen der Bildungswelt. Doch beiden ging es um die Rettung besten bürgerlichen Erbes, die Hinüberrettung der Werte der Aufklärung und Klassik und der großen Leistungen des 19. Jh. in eine Epoche der Kollektive, um die Bewahrung von Vernunft und Heiterkeit vorm Versinken in Blutrausch und massive Dummheit.

LITERATUR:

Peter de Mendelssohn *Der Zauberer.* Thomas-Mann-Biographie, Teil I, 1975
E. Heller *Thomas Mann, der ironische Deutsche.* Frankfurt/M. 1959
V. Sontheimer *Th. Mann und die Deutschen.* München 1961
A. Kantorowitz *H. und Th. Mann. Die persönlichen, literarischen und weltanschaulichen Beziehungen der Brüder.* Berlin 1956
K. Schröter *Thomas Mann.* rm 93
H. Bürgin *Das Werk Th. Manns. Eine Bibliographie* ... Frankfurt/M. 1959

e) Arnold Zweig — Die erbarmungslose Maschinerie

Arnold Zweig (1887—1968) entstammte einer jüdischen Handwerkerfamilie in Groß-Glogau (Schlesien). Er hatte sich schon 1912 mit Erzählungen aus der lebensfremden Bürger- und Ästhetenwelt einen Namen gemacht *(Novellen um Claudia).* 1914 zog er wie die Hauptfigur seines Romanzyklus in den Krieg. Das Völkermassaker wandelte ihn zum Pazifisten und Zionisten. Als er 1927 seinen Roman *Der Streit um den Sergeanten Grischa* herausbrachte, wurde dieser schlagartig berühmt.

In dem aus Einzelfabeln komponierten Roman flieht der russische Sergeant Grischa, nachdem er im März 1917 von der russischen Umwälzung hört, aus einem deutschen Gefangenenlager. Er möchte heim zu seiner Frau. Die deutsche Feldpolizei greift ihn auf, er wird als Spion verdächtigt und trotz erwiesener Unschuld auf Befehl des Oberbefehlshabers Schieffenzahn (Ludendorff) hingerichtet. Ein Kriegsgerichtsrat, der Schreiber Bertin und sogar der Divisionskommandeur verwenden sich für Grischas Leben. Vergebens. Die militärische Machtapparatur und die angebliche Staatsräson vernichten das Individuum. Das präzis gezeichnete Porträt Ludendorffs, die Beschreibung eines Offiziersfestes und die Gespräche über Macht, Recht und Ordnung gehören zu den einprägsamsten Kapiteln des Romans.

Weil Deutschland nicht vom Recht abgleiten und „auf die falsche Seite der Welt" geraten sollte, setzte Zweig den Zyklus unter dem Gesamttitel *Der große Krieg der weißen Männer* fort. Die *Junge Frau von 1914* (1931) dokumentierte, daß schon vor den Schlächtereien des Weltkrieges die „einfache, schöpferische Liebe" entwertet war. Die Verbindung von Wirtschaftsinteressen und Kriegführung enthüllt sich dem Soldaten Bertin in der *Erziehung vor Verdun* (1935). Diesen Roman mußte Zweig bereits im palästinensischen Exil schreiben. Als er 1948 nach Deutschland zurückkehrte, hoffte er in der Ostzone dem Neuaufbau dienen zu können. 1954 wandte er sich in einer Rede in Dresden gegen die neue Staatsbürokratie, aber im Milieu des Stalinismus erlahmte seine Schaffenskraft. Alt und müde geworden, schließlich fast erblindet, schilderte er zuletzt die Revolution von 1917 *(Die Feuerpause, Die Zeit ist reif)* und die Jahre des Exils *(Traum ist teuer).*

LITERATUR:
Sinn und Form (Sonderheft) 1952, mit Bibliographie
Arnold Zweig zum 70. Geburtstag. Berlin 1957
M. Reich-Ranicki *Der preußische Jude. A. Zweig* in: *Deutsche Literatur in West u. Ost.* München 1963
Heinz Kamnitzer *Der Tod eines Dichters.* Verlag Der Morgen (Ost-Berlin). 1974

f) Lion Feuchtwanger — Gegen das Versinken in Geschichtslosigkeit

„Gegen das Versinken in Geschichtslosigkeit" hat auch Lion Feuchtwanger (1884—1958) seine Romane geschrieben. Der autobiographische Roman *Erfolg* (1930), der das Milieu „kleinbürgerlicher Schändlichkeiten" in München, aus dem Hitler aufsteigen sollte, mit ahnungsvollem Grauen satirisch beschrieb, hat durch den Gang der Entwicklung den Rang eines historischen Dokuments erhalten. In dem Geschichtsroman *Jud Süß* (1925) — ein Stoff, der von Goebbels und Veit Harlan propagandistisch ausgebeutet wurde — wollte er gleichnishaft die Gestalt des hochbegabten Industriellen und Außenministers Walter Rathenau erfassen: Jud Süß steigt in der ausgehenden Feudalzeit zum Finanzgenie des württembergischen Herzogs auf, aber als der Unwille des Volks gegen ihn aufgepeitscht wird, kämpft er nicht um sein Leben. Ein zuinnerst religiöser Mensch, der die Eitelkeit des Lebens durchschaut hat, nimmt er den Märtyrertod, das uralte Schicksal seines Volks, auf sich (vgl. das andere Rathenau-Bild in Musils *Mann ohne Eigenschaften).*

Gleichnishaft sind auch die Romane von der Zerstörung des jüdischen Staates im Jahre 70 n. Chr. durch die Römer: Der jüdische Geschichtsschreiber Flavius Josephus wandelt sich vom Nationalisten zum Weltbürger und Anwalt der Versöhnung (*Der jüdische Krieg,* 1932). Im amerikanischen Exil erkannte Feuchtwanger jedoch, daß der Geist kämpfen müsse. Deshalb schließt sich Josephus in der Fortsetzung des Zyklus einem neuen Aufstand der Juden an. Römische Reiter schleifen ihn zu Tode, er verendet in den Steinwüsten Galiläas — ein Schicksal, das zur Zeit der Abfassung (1943) auch die heldenmütigen Aufständischen des Warschauer Ghettos erleiden. Der Geschichtsroman erhellt und deutet so die Gegenwart, er übernimmt eine humane Funktion.

Feuchtwanger war auch Autor zahlreicher zeitkritischer Dramen und satirischer Komödien (*Der holländische Kaufmann*, 1923; *Die Petroleuminsel*, 1927; *Kalkutta, 4. Mai,* zusammen mit B. Brecht, 1927; *Der Wahn in Boston,* 1948). Seine letzten Romane *Waffen für Amerika* (1947/48) vom Vorabend der Französischen Revolution und *Goya* (1951) verdanken ihren Welterfolg der farbigen Darstellung ganzer historischer Epochen.

LITERATUR:
Lion Feuchtwanger zum 70. Geburtstag. (Ost-)Berlin: Aufbau 1954
Lion Feuchtwanger zum Gedenken. Rudolstadt: Greifenverlag 1959

g) Joseph Roth — „Lawinen, die langsam heranrollen"

Roth, 1894 in einem „winzigen Nest in Wolhynien" am Rande der Donaumonarchie von einer jüdischen Mutter geboren, in Lemberg und Wien aufgewachsen, Kriegsfreiwilliger der österreichischen Armee, nach 1918 in Deutschland Mitarbeiter bedeutender Blätter *(Vorwärts, Börsen-Courier, Frankfurter Zeitung)*, 1933 zur Emigration gezwungen, war einer der letzten großen österreichischen Erzähler. Bei seinem Tod in einem Pariser Armenhospital 1939 hinterließ er 14 Romane und Erzählungen, bedeutende Essays (z. B. über Grillparzer, Feuilletons und Reisebilder.

Obwohl Roth in seinen Büchern zahllose Menschen und Schicksale aus der alten Donaumonarchie und — mit gesellschaftskritischer Schärfe — aus der Zwischenkriegszeit eingefangen hatte, dauerte es nach 1945 noch lange, bis sein Werk (1956 hg. von H. Kesten) wieder bekannt wurde. Roths Prosa ist, allen modernen Theorien zum Trotz, daß der Roman nur mehr als absolutes Kunstwerk bestehen könne, die des geborenen Erzählers: vernünftig und liebenswürdig, pointenreich und glanzvoll-poetisch, immer voll Geschmack am Leben, eine spannende Mischung aus Ironie und Melancholie. Roth hatte die feuilletonistische Schulung Heines und Fontanes, die nuancierte österreichische Menschenkenntnis Schnitzlers und Hofmannsthals. Er war vor allem fasziniert von den vielen Episoden, Fabeln und Wunderlichkeiten der geschichtsgesättigten Welt der Donaumonarchie. Aber diese Weite des alten Österreich mit seinen Völkern und Landschaften, der er im Herzen verbunden blieb, war mit dem ersten Weltkrieg in einen ziellosen Strudel geraten.

Flucht ohne Ende (1927) hieß einer seiner Romane, *Juden auf Wanderschaft* einer seiner bedeutendsten Aufsätze. Ein Fliehender und Suchender war er seit dem 1. Weltkrieg selbst. „In einer einzigen Minute, die uns vom Tode trennte", sagte er vom Krieg, „brachen wir mit der ganzen Tradition, mit der Sprache, der Wissenschaft, der Literatur, der Kunst; mit dem ganzen Kulturbewußtsein. In einer einzigen Minute wußten wir mehr von der Wahrheit als alle Wahrheitssucher der Welt. Wir sind die auferstandenen Toten. Wir kommen mit der ganzen Wahrheit des Jenseits beladen wieder herab zu den ahnungslosen Irdischen ... Wie wenig weiß diese Welt von den Lawinen, die langsam heranrollen!" Immer auf Reisen, immer unterwegs im Zwischenkriegseuropa war er auf der Suche nach Glück und Frieden wie die verlorenen Figuren, die er beschrieb: die Kriegskrüppel (*Die Rebellion,* 1924), das Strandgut der Zeit (*Die Legende vom heiligen Trinker,* 1939). Wo er hinblickte, sah er wehmütig und heiter die Poesie des Leids, die Verzweifelten und Gläubigen. Exemplarisch dafür ist, wie der fromme russische Jude Mendel Singer Frau und Kinder verliert (Roman *Hiob,* 1930) und am Ende doch in Amerika an seinem verkrüppelten Sohn, einem großen Musiker, wieder die Kraft des Glaubens gewinnt. Auch das visionäre Buch vom *Antichrist* (1934), der sich des Stuhles Petri bemächtigt, kreist um Schuld, Sühne und Erlösung. Der Dichter Roth, der „das Wort Gottes und die Menschenrechte wörtlich nahm" (H. Kesten) und sich stolz einen „Sohn des humanen Jahrhunderts" nannte, „das aus dem Schoße der Aufklärung entsprungen ist", hoffte in seinen letzten Exiljahren, die weltweite katholische Kirche möge sich als eines der letzten Bollwerke alteuropäischer Gesittung erweisen.

Verglichen mit den Brutalitäten der 20er und 30er Jahre erschien ihm das alte Österreich mit seinen subalternen Beamten *(Das falsche Gewicht, 1937)* und feschen Leutnants *(Radetzkymarsch,* 1932) bald als Märchenland vergangener Menschlichkeit, bald als die böse Vorwegnahme des Hineingleitens in den Nihilismus *(Kapuzinergruft,* 1938). Roths Geist hatte vom Frieden einer versöhnten Menschheit geträumt, darum schrieb er bis zu seinem verzweifelten Ende 1939 in Paris, in der Hoffnung, daß diese Menschheit „niemals, niemals hinunterfällt in schwarze Tiefen".

LITERATUR:
H. Linden (Hg.) *Joseph Roth. Leben und Werk.* Köln 1948
Hermann Kesten *Joseph Roth* in: *Meine Freunde die Poeten.* 1953, S. 167—200
H. Scheible *Joseph Roth.* Stuttgart: Kohlhammer 1970

h) Hermann Broch — „Das Göttliche vertan und vergessen das Ebenbildliche"

Judentum und Donaumonarchie. Daß so viele bedeutende deutsche Dichter jüdischer Herkunft sind und aus Wien und Prag kommen, ist kein Zufall. In Osteuropa, vor allem im zaristischen Rußland und Polen, waren die Juden jahrhundertelang eine wehrlose, immer von Pogromen heimgesuchte Volksgruppe. Sie lebten in der messianischen Erwartung auf ein erneuertes Diesseits. Im Chassidismus des 17./18. Jhs. — in manchem dem frühen deutschen Pietismus verwandt — brannte die mystische Sehnsucht nach einer Menschheit, die sich vor Gottes Antlitz von Haß und Demütigung läutert. Freudig, bedingungslos bejahte der Chassidismus das gesamte Sein.

So gewannen der westeuropäische Humanismus, die Aufklärung mit ihrem weltoffenen Geist, ihrer liebenden und kämpfenden Vernunft — Voltaire, Lessing, Schiller und Jefferson — eine außerordentliche Anziehungskraft auf das emanzipierte Judentum. Prag und Wien waren dem Westen näher als das enge Ghetto Osteuropas. Mit wahrem Heißhunger stürzte sich die erste Generation, sobald ihr um 1800 die Universitäten geöffnet wurden, auf die geistigen Berufe. Der am Talmud geschulte Geist, die wache jüdische Selbstkritik, die demokratische Gesinnung des Alten Testaments und seiner Propheten, dazu die Geschichtskenntnis des an der Bibel erzogenen Volkes und manches andere gaben den vorzüglichsten jüdischen Denkern und Dichtern Impulse. Die bedrohte Volksgruppe, bereit sich zu assimilieren, spürte um die Wende zum 20. Jh. als erste die neue Gefahr düsterer Nationalismen. Dieser Verdüsterung stellte sich ihre tiefe Sehnsucht nach übernationalen, die Völker aus ihren Vorurteilen erlösenden Werten gegenüber.

Hofmannsthal und Roth hatten Stifters und Grillparzers schüchterne Menschlichkeit nicht vergessen. Lessings, Schillers, Goethes und Heines Werke waren vielen noch Urkunden der Humanität, als die landläufige deutsche Bildung schon die Klassik und deren Kosmopolitismus vergaß. Karl Kraus kämpfte für die sittliche Reinheit der den Deutschen von ihren Klassikern geschenkten Sprache. Kafka wußte um die Furchtbarkeit der Gesetzlosigkeit und um die Unüberwindbarkeit des der Welt ferngerückten Gottes. Daß Gott in der Knechtsgestalt des Leidens sich offenbart, vernehmen wir aus Mahlers Symphonien und Alban Bergs *Woyzeck*-Musik. Sigmund Freud, der Wiener Seelenarzt, wollte helfen, die Rebarbarisierung der Kultur zu verhindern.

Der Zerfall der Gesittung war das zentrale Thema Hermann Brochs (* 1886 in Wien, † 1951 als Emigrant in New Haven, USA). Kaum ein Zeitgenosse besaß seinen umfassenden Blick für die Gefahren, in die sich eine angsterfüllte, von Haß gejagte und dazu durch die hochspezialisierte Arbeitsteilung noch geistig zerklüftete Menschheit begab. Als Sohn eines Textilindustriellen zum Kaufmann geschult und zeitweise Vorsitzender des österreichischen Industriellenverbandes, war er mit der modernen Arbeitswelt vertraut. Mit 42 Jahren studierte er in Wien noch Mathematik, Philosophie und Geschichte und wurde zu einem „Dichter wider Willen".

Den Wertezerfall verstand Broch als Ursache und Folge des Umstandes, daß jeder Beruf, jede Klasse, Nation oder Religion nur mehr in ihrem Gesichtskreis, in ihrer partiellen Wertwelt zu denken und handeln vermag. Innerhalb ihres Scheuklappen-Horizonts kann jede Gruppe glauben, korrekt zu handeln. Gerade darum peinigen und morden die Gruppen sich gegenseitig. Sie haben keine gemeinsame Sprache mitmenschlicher Verständigung mehr (s. S. 239, 284). Der Sinn für eine übergreifende Wahrheit ist ihnen verlorengegangen. So geraten sie „schlafwandelnd" in die furchtbarste Barbarei: denn die Zerstückelung in Halb- und Teilwahrheiten legt die im Unterbewußtsein noch immer lauernden, von der Gesittung nicht gezähmten Zerstörungsinstinkte, Bluträusche und kollektiven Wahnbilder frei. Gaukler und Verführer lenken diese Triebe auf inhumane Ziele und zerstören die hochdifferenzierte Zivilisation. Darum müssen zuerst die Ursachen des Wertzerfalls durchsichtig gemacht werden.

Die Schlafwandler (1931—32), ein dreibändiges Romanwerk, stellen mit dem Interesse des Heilung suchenden Seelenarztes der Gesellschaft die Diagnose. Als Schauplatz wählte Broch nicht wie Musil Österreich, sondern Preußen-Deutschland, wo ihm der Wertzerfall am meisten fortgeschritten schien. Der erste Roman spielt 1888 (Bismarcks Höhepunkt), der zweite 1903 (Höhepunkt der Wilhelminischen Ära) und der dritte im Revolutionsjahr 1918. Drei Stufen auf dem „schlafwandlerischen" Weg der wertblinden Gesellschaft ins Verderben:

1888, *Pasenow oder die Romantik* zeigt eine preußische Junkerfamilie, die krampfhaft an der veralteten „Romantik" ihrer Standes- und Ehrbegriffe festhält. Ein Sohn des alten Pasenow fällt in sinnlosem Duell, der andere heiratet aus Standesgründen nicht die geliebte, ihn aus seiner Starrheit erlösende Tschechin.

1903, *Esch oder die Anarchie* handelt von dem neuen Typus des entwurzelten Kleinbürgers Esch, einem Buchhalter mit zähem Aufstiegswillen innerhalb der neuen großkapitalistischen Wirtschaftshierarchie. Wie die Offiziere von 1888 im Korsett ihrer Kaste befangen und menschlich unausgefüllt waren, so ist auch Esch auf der subalternen Stufe der Wirtschaftsbürokratie unausgefüllt. Daher verstrickt er sich in trübe Liebeshändel, verliert sich haltsuchend im Geschlechtlichen, führt indirekt den Selbstmord eines Generaldirektors herbei, der im 1. Roman noch ein leichtsinniger Kasinoheld war, und wird zu einem einsamen Anarchisten, der auf eine erneuerte Gesellschaft hofft.

1918, *Huguenau oder die Sachlichkeit* zeigt uns Esch nun als sozialistischen Redakteur. Leutnant Pasenow ist inzwischen Stadtkommandant geworden. Die Hauptfigur dieses Romans aber ist Huguenau, der neue Typus des rücksichtslosen Kriegsgewinnlers, der kaltsachlich in der von Geld, Sexus, Erlösungssehnsucht und Chauvinismus hin- und hergerissenen Nachkriegswelt seinen rohen Geschäften nachgeht.

Binnenstile. Jeder Roman ist in einem dem gesellschaftlichen Bewußtsein und der Zerfallsstufe entsprechenden Stil geschrieben. Der erste nach Art Fontanes (s. S. 236), der zweite kraß-naturalistisch, der dritte episodisch-aufgelöst. Außerdem sprechen die Personen eine ihrem jeweiligen Bewußtseinszustand zukommende Diktion. Jeder ist Gefangener seiner partiellen Wertwelt, gebannt in seine Vorurteile, Prestigevorstellungen, Ängste und Lieblosigkeiten. In jedem Roman gibt es aber auch Einzelne wie z. B. Esch, denen sich plötzlich die geistigen Dimensionen weiten — Augenblicke, wo von den Wertblinden die Scheuklappen fallen und ihnen eine Ahnung von einem umfassenden, zeitaufhebenden, das Partielle übergreifenden Wissen kommt. Im Traum, noch mehr an der Grenze des Todes, erfährt auch der eingeschrumpfte Mensch, daß es einen Gesamtkosmos der Lebenswerte, etwas die engen Horizonte Übersteigendes geben muß. In der Selbstentäußerung der Liebe, in der Todesnähe und in utopischen Hoffnungen zuckt mystisch ein göttliches Wissen vom ganzen Menschen auf.

Zunächst schrieb Broch — angesichts des aus vielen pervertierten Ängsten zusammengesetzten Hordenrausches in Hitler-Deutschland — den Bergroman *Der Versucher* (1953 posthum erschienen). In einem Tiroler Bergdorf behext der Versucher Marius Ratti mit verrückten Heilslehren und blutigen urzeitlichen Opferriten die verwirrten Dörfler. Die Sehnsucht einzelner, sich für ein Größeres zu opfern, wird zu einem verrückten Blutritual.

Der Tod des Vergil (1945), in den USA geschrieben, wohin Broch vor dem wirklichen „Versucher" fliehen mußte, handelt auch von einem Abstieg in die Tiefe (vgl. das Motiv von Tod und Auferstehung in Th. Manns *Zauberberg* und den *Joseph*-Romanen). Es ist aber nicht die trübe Tiefe einer neo-barbarischen Vorwelt, nicht der Abstieg in den primitiven Hexenwahn eines Marius Ratti (Hitler), sondern in die Tiefe des Sterbens. In der Stille und Bilderlosigkeit des Todes, wo Scheinwerte, falsche Symbole, Worte und Mythen verschwinden, erreicht den Sterbenden der Befehl zur Umkehr. Wo der Tod angenommen, die Sterblichkeit des Menschen freiwillig anerkannt wird, erneuert sich das Leben, beginnt die geistige Auferstehung. Die bedeutungslos gewordene Wirklichkeit gewinnt neue Bedeutung: „Erst im Unaussprechbaren wird Sprache geboren."

Der aus Griechenland heimkehrende, von einem Blutsturz befallene Dichter Vergil, der Sänger des Mythus von der Größe Roms, durcheilt fiebernd die letzten achtzehn Stunden seines Lebens: die Welt — Hafen, Menschenmengen, Ereignisse, Träume, Visionen, Inneres und Äußeres — nimmt in Fieberschauern das Bewußtsein des Sterbenden ein. Im inneren Monolog rauscht und brodelt die Erinnerung und die immer wesenloser werdende Umwelt dem entscheidenden Augenblicke zu, wo Vergil in den „quellenden Brunnen der Mitte" hinabblickt, wo er „durch die Unendlichkeit des Hier und Jetzt" hindurchsieht. „Das Brausen des Einst, entsinkend ins vergessen Unsichtbare, stieg auf zur Gegenwart, ward zur fließenden Gleichzeitigkeit, in der die Ewigkeit ruht, das Urbild aller Bilder". Im Todesschauer schließt sich der Ring der Welt. Angesichts der Erkenntnis der Sterblichkeit kann dem Dichter auch der Äneas-Mythus vom imperialen Rom nur mehr etwas unvollkommen Vorläufiges sein. Denn schon ist ein neuer Äon, der des erlösenden Christus, angebrochen. In der Todeserkenntnis und um der Wahrheit willen ist Vergil bereit, den unvollkommenen Mythus von irdischer Größe zu opfern. Wichtiger noch als das ein Endliches ästhetisch verherrlichende Kunstwerk ist für die irrende Menschheit das liebende Opfer für andere: „auf daß aus solch höchstem Wirklichkeitsbild dienender Hilfe sich aufs neue die Schöpfung entfalte".

Der innere Monolog. Die Technik des inneren Monologs, wodurch sich moderne Dichter in den Bewußtseinsstrom ihrer Figuren versetzen und deren Vorstellungen, Wünsche, Tagträume, Erinnerungen und Assoziationen wiedergeben, stammt aus der systematischen Ausweitung des Naturalismus. Die naturalistische Abgrenzung zwischen dem Ich-Bewußtsein der Figuren und ihrer Umgebung bleibt dabei erhalten. Auch die Scheidelinie zwischen Ich-Bewußtsein und Unterbewußtem wird nur gelegentlich durchbrochen. Die von Arno Holz und Johannes Schlaf in die deutsche Literatur eingeführte Zeitlupenbeobachtung (s. S. 241) wird auf den „Bewußtseinsstrom" angewandt. Aus Oberflächenfotografie wird das

Röntgenbild des Bewußtseins. Deshalb bleibt der innere Monolog grundsätzlich im Rahmen der beobachtenden Psychologie. Es überwiegt das klinische Interesse des Arztes. Schnitzler *(Leutnant Gustl)* und Döblin *(Berlin Alexanderplatz)* waren von Beruf Ärzte. Aber auch der berühmteste Innere-Monolog-Roman, der *Ulysses* des Iren James Joyce (1922), durchbricht nur im „Nighttown"-Kapitel die Schwelle zum Unterbewußten. Erst der „reine" Expressionismus Kafkas, ja eigentlich erst der automatische Surrealismus steigen ganz in den „Hades der Seele" hinab und verzichten auf alle naturalistischen Außenwelt-Stützen (s. S. 308 f.).

Klarheit des Denkens und Sprechens. Brochs Vergil, Th. Manns Castorp und Joseph geraten zwar an die fließende Grenze zum unterbewußten Reich, aber im Gegensatz zum automatischen Surrealismus suchen sie ihr Heil nicht im Ertrinken, in der Auslöschung des kontrollierenden Bewußtseins, sondern halten am Wert der Ratio fest. Es geht ihnen — wie auch Musil in seinem Roman — um eine geläuterte, präzisere Vernünftigkeit.

Aus diesem Grunde verflicht sich in den rauschenden, überquellenden Sprachstrom Vergils, der sich in den Satzfluten einer litaneihaften Gesangssprache ergießt, auch stets die Reflexion des Autors. Der innere Monolog ist da also nicht absolute Prosa im surrealistischen Sinne. Vergils Berührung mit dem Hades dient der Auferstehung und der Reinigung der Erkenntnis. Die ethische Absicht des Dichters, den Humanismus um tiefere Lebensdimensionen zu bereichern, überwiegt den Wunsch nach ästhetischer Bezauberung. In vollem Gegensatz etwa zu Benns Auffassung von Dichtung als bloßer Faszination (s. S. 293) erstrebte Broch das bewußtere und würdigere Dasein des Menschen. Sein Bemühen galt der Rettung der gottebenbildlichen Person aus den Überschwemmungen durch moderne Surrogate und Ersatz-Mythen. Brochs Essays *Dichten und Erkennen* (Band 6 der Gesammelten Werke) formulieren als Aufgabe des Künstlers, das Wirkliche neu zu entdecken, Gestaltlosigkeit und Stummheit zu überwinden und „die verlorengegangene göttliche Harmonie und Einheit" nicht aus dem Auge zu verlieren.

LITERATUR:
‚Die Schlafwandler' in: H. Arntzen *Der moderne dt. Roman.* Heidelberg 1962, S. 58—75
Erich Kahler *Die Philosophie von Hermann Broch.* Tübingen 1962
M. Durzak *Hermann Broch.* rm 118

i) Robert Musil — „Die Menschen leben noch nicht in ihrer Wirklichkeit"

Musil, 1880 in Klagenfurt geboren, 1942 als Emigrant in Genf gestorben, ist einer der bedeutendsten deutschen Schriftsteller. Zunächst k.u.k. Offizier, wechselte er 1901 zum Ingenieurberuf über, studierte 1903—08 Philosophie, Logik und Psychologie in Berlin und erlangte 1906 mit der Geschichte von sadistischen Grausamkeiten in einer Kadettenanstalt, *Die Verwirrungen des Zöglings Törless,* ersten Ruhm. Er blieb jedoch kritisch gegenüber dem von ihm angeregten Expressionismus: gegen „Verzicht auf Analyse" und „Lyrik intellektueller Intuition, herausgesprengte philosophische Gedankenpartien mit mitgerissenen Fleischfetzen von Gefühl". Auch gegen Hauptmanns Optik „für deutschbürgerliche Bewegungen mit einem deutschen Frühling als Hintergrund", gegen den bloßen Impressionismus und gegen Sternheims „Sprachverrenkung". Im 1. Weltkrieg war Musil österreichischer Offizier (Erzählung *Die Amsel).* 1921 schrieb er sein Schauspiel *Die Schwärmer,* 1924 die Erzählungen *Drei Frauen.* Er schrieb dann bis zu seinem Lebensende, ausgerüstet mit dichterischen, psychologischen und philosophischen Erkenntnissen, eine Darstellung „nicht verfälschenden, nicht stilisierenden Sehens" anstrebend, an seinem berühmten Roman *Der Mann ohne Eigenschaften,* wovon die ersten Teile 1931 und 1933, die übrigen Entwürfe erst nach seinem Tode herausgegeben wurden.

Das offene System. Musils Roman blieb notwendig unabgeschlossen. Mit Th. Manns *Zauberberg* hat er die Darstellung der Scheinwelt vor 1914 gemein. Deren Bodenlosigkeit enthüllt sich in zahlreichen Gesprächen und Debatten. Insofern ist der Roman essayistisch. Mit Brochs *Schlafwandlern* teilt er die Erkenntnis von der Befangenheit der Zeitgenossen in ihrer beschränkten Wertwelt und das Verlangen nach einer Vision der ganzen Wirklichkeit. Insofern lebt in ihm, auf komplizierter intellektueller Ebene, das utopische Grundmotiv des Expressionismus fort.

„Kein Ding, kein Ich, keine Form, kein Grundsatz sind sicher, alles ist in einer unsichtbaren, aber niemals ruhenden Wandlung begriffen, im Unfesten liegt mehr von der Zukunft als im Festen, und die Gegenwart ist nichts als eine Hypothese“, sagt Ulrich, der „Mann ohne Eigenschaften“. Folglich hat auch die Sprache ihre Eindeutigkeit verloren: „... alle Worte haben soviel Nebensinn, Doppelsinn, Nebenempfinden, Doppelempfindung, daß man gut tut, sich von ihnen fern zu halten.“ Gefühle wie Treue, Hingabe, Liebe verschaffen keine Sicherheit mehr. In einer Welt „ungeheurer Entartungen“, „rücksichtsloser Ichsucht“, „aufgeblasener Anmaßung“ und „henkerhafter Gelassenheit“ kann z. B. Treue einen Menschen im Krieg zum Mörder und gleichzeitig zum patriotischen Helden machen. Die „kolloidale Substanz“ des Menschen, „die sich allen Formen anschmiegt“, bewirkt, daß festgeglaubte Eigenschaften in anderem Zusammenhang das Gegenteil bedeuten können. Weil so alle Festlegungen unzulänglich geworden sind, ist Ulrich skeptisch gegen absolut genommene Bezugssysteme, Anschauungen und Ordnungen. Er betrachtet die vorhandenen Ideale und Institutionen als Provisorium und hält sich offen für künftige Möglichkeiten. „Der Mensch ist nicht komplett“, darum ist es des Dichters Aufgabe, „immer neue Lösungen, Zusammenhänge, Konstellationen, Variable zu entdecken, Prototypen von Geschehnisabläufen hinzustellen, lockende Vorbilder, wie man Mensch sein kann, den inneren Menschen zu erfinden“. Als Kritik falscher, einseitiger, verabsolutierter Kulturinhalte ist daher Musils Roman weithin Satire, als Erkundung neuer Möglichkeiten intellektuell-kritischen Menschseins eine unabschließbare Utopie.

Der Roman besteht aus drei Handlungskreisen: 1. die satirisch behandelte sog. Parallelaktion, 2. die utopische Ulrich-Agathe-Geschichte, 3. die Clarisse-Abenteuer. Betrachtungen, Handlungen und Gespräche verzahnen sich. Die Zeit des Geschehens ist 1914, also das Jahr, das in den Weltkrieg mündet. Sein Schauplatz ist im wesentlichen Wien. Die Hauptfigur Ulrich darf als teilweises Spiegelbild des Autors gelten. Ulrichs Liebe zu seiner Zwillingsschwester Agathe ist ein dichterisches Sinnbild für den Versuch des Übergangs in einen neuen Weltzustand. Alle Romanfiguren stehen 1914 vor der Frage, wie eigentlich die Welt weitergehen soll. Anlaß dazu gibt die sog. Parallelaktion: In Deutschland ist für das Jahr 1918 eine Feier zum Regierungsjubiläum Wilhelms II. geplant. Sie soll der Welt die Größe und Macht des Reiches vorführen. Österreich fürchtet dabei in den Schatten gestellt zu werden, weshalb man in Wien auf die Idee einer parallelen Aktion kommt. Das ganze Jahr 1918 soll dem habsburgischen „Friedenskaiser“ gewidmet werden. Ein zur Vorbereitung gegründetes Komitee ernennt Ulrich zum Sekretär. Die Leute machen die erhabensten und absurdesten Vorschläge zum Ruhme Österreichs. So schwärmt Ulrichs Kusine, eine klassischschöne Diotima, von der Erlösung der wissenüberlasteten Zivilisation durch die „Seele“. Clarisse möchte die Menschheit durch eine große Tat aufrütteln. Ihr Mann dagegen empfiehlt Erdnähe und Gesundheit. Meingast (= Ludwig Klages, Autor des Buches *Der Geist als Widersacher der Seele,* 1929/32) verordnet der Welt einen „kräftigen Wahn“. Andere reden von der „Kraft des Blutes“. Die Militärs versprechen sich eine Lösung aller Probleme von der Stärkung der Armee. Oder bedarf es eines Geistes von der Art des Großindustriellen Dr. Arnheim (= Walther Rathenau), der über Konzerne, Kunst, Wissenschaft und Mystik gleich anziehend zu plaudern vermag? Fehlt vielleicht eine neue Erziehung? Welches ist überhaupt die ranghöchste Idee der Kultur? Von Ganghofer bis Buddha nennen die Beteiligten alle nur möglichen Leitbilder. Ulrich hingegen durchschaut ihre Ungenauigkeit und Verworrenheit. Jedermann nämlich erwartet Erlösung durch fixe Ideen und endgültige Wahrheiten, statt skeptisch und mutig die Zukunft zu erkunden. Darum treibt das k.u.k. Österreich und mit ihm Europa in den sinnlosen Krieg. Sein Symbol ist der verrückte Mörder Moosbrugger. In ihrer Sucht nach Absolutem verfehlen die Menschen das Mögliche.

Musils Darstellungskunst verzichtet auf auffallende stilistische Effekte. Er schreibt einen „ungewöhnlich feinen, schlichten persönlichen Stil“ (W. Herzog), hat „eine ungeheuer prägnante Skurrilität des Ausdrucks“ (W. Bergengruen) und besitzt „Anschaulichkeit noch in der unsinnlichsten Reflektion“ (W. E. Süskind). Ihm gelingt es, seine Figuren so zu porträtieren, daß wir gleichzeitig ihre dunkelsten Seelenregungen, ihre Gedanken, ihre Körperlichkeit, ihr Inneres und Äußeres wahrnehmen. Unübertrefflich sind Musils Bilder und Vergleiche, seine Fähigkeit, die verschiedenen Bewußtseinsebenen und mittels der Sprache auch die bodenlose Wirklichkeit der Epoche sichtbar zu machen. Nicht in einer neuen Weltanschauungsformel liegt daher die Bedeutung des Romans, sondern darin, wie des Autors elastischer Geist auf dem schmalen Grat zwischen modernem Gefühlschaos und dogmatisch-verfestigten Begriffen einer präziseren Erfassung der Wirklichkeit zustrebt.

Ulrichs Postulat einer „taghellen Mystik" jenseits von Ingenieurverstand oder Triebdunkelheit ist in Musils Darstellungskunst bereits realisiert. Der Ertrag des Romans liegt im Exerzitium des Geistes: denn das „Kakanien" von 1914 ist auch noch die gegenwärtige Welt, wie sie durch sture Ideologien, Technokraten, Schwärmer, Dummköpfe und Rauschsüchtige ständig bedroht ist. Das Wissen um diese durch keine Formel zu behebenden Gefahren fesseite Musil jahrzehntelang an den Schreibtisch.

Ein Urteil. Es ist „der größte geschichtsphilosophische Versuch und der schonungsloseste Roman der Weltanschauungskritik seit Voltaires *Candide* ... denn er wollte sehr viel mehr als einen Roman schreiben, mehr als die Geschichte vom untergehenden Kakanien erzählen und mehr als an den abgewirtschafteten Ideen der Zeit Kritik üben ... (doch) immer war ihm bewußt: ‚Der Dichter kann und soll nicht bis zum philosophischen System vordringen.' Er ging nicht aufs Ganze, sondern gab Vor- und Richtbilder, Partiallösungen, nicht *die* Lösung ... Musils Richtbilder wollen uns nicht verführen, nur herausführen aus einem schablonenhaften und konventionellen Denken. Sie zwingen uns, nachzudenken, genau zu denken und mutig zu denken." (Ingeborg Bachmann)

LITERATUR:

Robert Musil. Leben, Werk, Wirkung, hg. v. K. Dinklage. Reinbek 1960.
W. Berghahn *Robert Musil.* rm 81
E. Kaiser - E. Wilkins *Robert Musil. Eine Einführung in das Werk.* Stuttgart 1962
‚Der Mann ohne Eigenschaften' in: H. Arntzen *Der moderne dt. Roman.* Heidelberg 1962, S. 101 bis 115
W. Rasch über *Musils Roman „Der Mann ohne Eigenschaften"*. Vand. 242/244
J. Thöming *Robert Musil. Bibliographie.* Bad Homburg 1968

6. Groteske Vorkriegswelt

„Das Groteske", sagte Friedrich Schlegel, „liebt den Schein des Zufälligen und kokettiert gleichsam mit der unbedingten Willkür." Grotesken sind mutwillige, aus Spieltrieb oder untergründiger Angst geborene „Versetzungen von Form und Materie". Es wimmelt von gorgonischen Fratzen in der archaischen Welt von Goethes *Faust II.* Bei E. T. A. Hoffmann hat das Groteske einen burlesken, kriminellen und gespenstischen, bei Büchner und Grabbe einen aggressiven Charakter.

PAUL SCHEERBART (1865—1915) gab ihm eine Wendung zum amüsanten Fantasiespiel. Das zeigen bereits die Titel seiner Novellen an: *Jenseitsgalerie, Die Seeschlange* (1901), *Astrale Noveletten.* Technische Zukunftsträume — Weltraumfahrten, Raketen, Glaspaläste, Lichtfeste, Farbräusche, also Dinge, die im 20. Jh. realisiert wurden — gehören zum Arsenal seiner Fantasie. In den frühen 20er Jahren knüpften deutsche Architekten um Bruno Taut (Zeitschrift *Frühlicht*) an die fantastischen Architekturträume Scheerbarts an, der — ein Pazifist — die „Erde als eine gute Wohnung" umgestalten wollte. Zukunftkathedralen, meilenhohe Turmhäuser, Bauwerke, die wie Stalaktiten, Schneckenhäuser und innere Organe geformt sind, waren die visionären Bauwerke dieser Idealisten. Zu dieser Weltarchitektur, bei der der Spanier Antonio Gaudi an der Spitze steht, ist die Berliner Philharmonie der erste überzeugende deutsche Beitrag. Wie ernst Scheerbart seine Satiren auf Militarismus und Massenmordmaschinen waren, beweist die Tatsache, daß er 1915 aus Protest gegen den Krieg freiwillig verhungerte.

GUSTAV MEYRINK (1868—1932), ein Bankier in Prag und *Simplizissimus*-Mitarbeiter, schrieb die in *Des deutschen Spießers Wunderhorn* gesammelten Geschichten. Satirisch und gruselig, handeln sie vom *Heißen Soldaten,* vom *Wachsfigurenkabinett,* von seltsamen Experimenten, Präparaten und Retortenkunststücken, die an das Treiben der manieristischen Künstler am Hofe Rudolfs II. erinnern, als Prag um 1600 ein Zentrum der Seltsamkeiten war. Seit der modernen Konstruktion von Menschenautomaten und Elektronengehirnen liest man auch Meyrinks Roman *Der Golem* (1915) — von der kabbalistischen Tonfigur, die vernichtend durch Prager Straßen schreitet — mit anderen Augen. Der Maschinenmensch, einst eine Chimäre und Kuriosität, ist eine technische Alltäglichkeit geworden. Wer den Roman kennt, versteht auch Kafkas labyrinthisches Prager Ghettoviertel mit seinen Schlupfwinkeln, Falltüren und unterirdischen Gängen besser.

Christian Morgenstern (1871—1914) war ein Münchner Bohemien, ein schlapphuttragender, bleicher und bärtiger Mystiker, versenkt in naturwissenschaftliche, astrologische und okkultistische Studien und ein Verehrer des Anthroposophen Rudolf Steiner. Er wäre mit seinen dunkel flutenden Versen *Zeit und Ewigkeit* vielleicht schon vergessen. Aber er ließ seinen Pegasus aus der würdigen Stickluft mystisch-hymnischen Jugendstils und grübelnder Bekenntnisdichtung in den Ausweich-Kosmos seiner literarischen Fabelwesen Gingganz, Mondschaf und Nasobem galoppieren. In ein Gedankenreich kostbarverrückter Wortgeschöpfe, genialer Skurrilitäten, Wortwitze, Begriffskreuzungen und Nonsens-Einfälle. Der schwermütige Poet brach, lange vor Gomringer und den „konkreten Poeten" von heute, aus dem „Spiegelkerker des Wortes" aus:

Ein Stiefel wandern und sein Knecht
von Knickebühl gen Entenbrecht

Er ließ das Knie selbständig durch die Welt stolzieren, ersann die Brille, die den längsten Text zusammenzieht, ein Fernklavier, vor Erfindung des Funks über Kontinente zu hören, und die Figur des gravitätischen Palmström mit seinen wohlüberlegten köstlichen Unsinnsgebärden. Er ließ, weil „jede wahre Sprache unbegreiflich ist", wie Antonin Artaud einmal sagte, durch Alphabet-Aufschlitzung mit der Magie bloßer Sprachlaute das *Große Lalula* kauderwelschen:

Kroklokwafzi?Semememi!
Seiokronto -prafiplo:
Bifzi,bafzi;hulalemi:
Quasti,basti bo . . .
Lalu,lalu lalu lalu la!

Ein origineller Einfall zum Thema Morpheme und Phoneme? Die Dadaisten (s. S. 305 f.) griffen mit ihren Lautgedichten solche Vexierspäße wieder auf. Von diesem Spiel mit dem Lautmaterial ist es nur ein Schritt zum musikalischen „Lettrismus", der aus Schnarren, Atmen, Seufzen oder Lispeln „konkrete Kompositionen" herstellt, wie denn auch Maler unserer Tage aus dem semantisch unbelasteten Rohmaterial von Asche, Bast, Erde und dergleichen ihre Bilder schaffen.

Dem an *Max und Moritz* und am kleinbürgerlich-bitteren Witz des *Struwwelpeter* großgewordenen Deutschen mögen Morgensterns Sprachgrotesken nicht seriös genug erscheinen. Aber das Spiel mit der Sprache und die Nonsens-Dichtung, die schon im 16. Jahrhundert den Scharfsinn der Manieristen entzückte und in England mit Shakespeare als Sprachlehrmeister in Edward Lears *Limericks* (1846) und im Kinderbuch *Through the Looking Glass* von Lewis Carroll herumkobolden darf, gehört durchaus mit Recht zur Poesie. Sie ist ebenso „ernsthaft" wie die Parodie. Wenn Morgensterns Korf auf das bekannte „geharnischt Formular" der Polizei antwortet, trifft er gerade mit der Sprachparodie die Bürokratie in ihrer Funktion:

Einer hohen Direktion
stellt sich, laut persönlichem Befund
untig angefertigte Person
als nichtexistent im Eigen-Sinn
bürgerlicher Konvention
vor und aus und zeichnet, wennschonhin
mitbedauernd nebigem Betreff,
Korf. An die Bezirksbehörde in —)
Staunend liest's der anbetroffene Chef.

Diese Komik macht eigentlich dickleibige Wälzer über Verwaltungsvereinfachung überflüssig. Ähnlich geistreich schob Otto zur Linde (1873—1938) in seinen Gedichten die langen Abhandlungen der Jahrhundertwende über die Kausalität zur Seite. Er hob sie einfach aus den Angeln:

Als der Tod sich wundgelegen hatte,
fuhr er in einen Leichnam und ging spazieren . . .

Zu den Glanzstücken einer Poesie, die ohne dunklen Tiefsinn auskommt, muß man außer Wedekinds zynisch-naiven Liedern zur Laute *(Ilse, Brigitte B., Der Taler, Die Eroberung)* aus jenen Jahren auch manche Verse von Ferdinand Hardekopf (1876—1954) oder von

Alfred Lichtenstein (geb. 1889, gefallen 1914) zählen, deren groteske Metaphern in vielem den Dadaismus und Surrealismus vorwegnehmen:

Ein dicker Junge spielt mit einem Teich.
Der Wind hat sich in einem Baum gefangen.
Der Himmel sieht verbummelt aus und bleich,
Als wäre ihm die Schminke ausgegangen ...

Solche Verse haben zwar nur „den fetten Sonntagsbraten" gemüthaft-tierischer Philister versalzen, der einlullenden Stimmungslyrik und dem feierlichen Gehabe der George-Nachahmer einen Streich gespielt. Daß aber der Schlafmützigkeit mehr bevorstand, las man in einem 1911 von der Zeitschrift *Der Demokrat* veröffentlichten Gedicht des unglücklichen, tiefzerrissenen Jakob van Hoddis (1887—1942). Bezeichnenderweise haben 30 Jahre später die Rassehygieniker geglaubt, ihn „vergasen" zu müssen:

Weltende

Dem Bürger fliegt vom spitzen Kopf der Hut,
In allen Lüften hallt es wie Geschrei.
Dachdecker stürzen ab und gehn entzwei,
Und an den Küsten — liest man — steigt die Flut.

Der Sturm ist da, die wilden Meere hupfen
An Land, um dicke Dämme zu zerdrücken.
Die meisten Menschen haben einen Schnupfen.
Die Eisenbahnen fallen von den Brücken.

Unmut oder Kassandra-Rufe? Kurt Pinthus hat diese Verse 1920 seiner expressionistischen Anthologie *Menschheitsdämmerung* vorangestellt. Im nachhinein muß man sich fragen, ob die Lyriker in ihrem Un-Ernst nicht manchen nachträglich diagnostizierenden Romanciers vorausgeeilt waren (s. die Romane von Heinrich und Thomas Mann, Broch und Musil). Jedenfalls führten van Hoddis' Verse an den Punkt, wo sich die schlafwandlerische, von der Macht korrumpierte und geistig abdankende Vorkriegsgesellschaft anschickte, in den Abgrund des 1. Weltkrieges zu stürzen.

Literatur:
P. Scheerbart *Dichterische Hauptwerke,* hg. v. Draws-Tychsen u. E. Harke. Stuttgart 1962
E. Frank *Gustav Meyrink. Werk und Wirkung.* Büdingen-Gettenbach 1957
M. Bauer *Christian Morgensterns Leben und Werk.* München [5]1954
M. Beheim-Schwarzenbach *Christian Morgenstern.* rm 97
Wedekind und Die elf Scharfrichter: s. K. Budzinski *Die Muse mit der scharfen Zunge. Vom Cabaret zum Kabarett.* München 1961, S. 47 ff.
Jakob van Hoddis, Alfred Lichtenstein: die gesammelten Dichtungen im Verlag der Arche; ebenda Karl Otten *Expressionismus — grotesk* und Carola Giedion-Welcker *Anthologie der Abseitigen.*

7. Erneuerung des Dramas durch Groteske und Satire

a) Frank Wedekind — Dissonanzen der Jahrhundertwende

Die Theatersituation. Um 1900 war die idealisierende Bühnentradition — von Körner über Geibel zu Wildenbruch — schon völlig erschöpft und die Tragödie zum fassadenhaften Schein von Bildung und Besitz geworden. Auch der Neuklassizismus von Paul Ernst und W. v. Scholz konnte keine echten Konflikte mehr gestalten. Er war zudem nur eine Abspaltung der Neuromantik — E. Stucken, H. v. Heiseler, H. Eulenburg u. a. —, die sich den Märchen, idealisierten Historien und Legenden zugewandt hatte. Aber mit Stücken über Brunhild, König Artus und mittelalterliche Kaiser konnte sie ihren Zweck, den „häßlichen" und „plebejischen" Naturalismus zu verdrängen, nicht erreichen.

Da war fast gleichzeitig mit G. Hauptmann Frank Wedekind aufgetreten — sowohl gegen den Naturalismus wie gegen die Neuromantik und den Ästhetizismus des fin de siècle. Er verwirrte die Kritik, die nicht wußte, welches Etikett sie ihm anhängen sollte. War er ein Zyniker, ein Moralist, ein Gaukler, eine zerrissene Bürgerseele?

Der pathetische Moralist. Ein später Nachkomme von Lenz, Grabbe und Büchner, war Wedekind, eigenwillig, bizarr, kühn, labil und gekränkt, eine ganz ungewöhnliche Erscheinung und ist bis heute umstritten. In seinem Werke schrien alle Dissonanzen des Bürgertums der Jahrhundertwende auf: der Zwiespalt von Geist und Sinnen, Moralgetue und Skrupellosigkeit, Jagd nach Mammon und Heuchelei, Luxus und Prüderie. Wedekind erkannte, daß diese Doppelbödigkeiten die natürlichen Quellen des Lebens vergifteten. Wie jedem echten Künstler ging es ihm um das Ganze des Menschen. So provozierte er die Kümmerform des Menschen — den heuchelnden Bürger seiner Zeit, der, wie Wedekind es sah, nur noch getrieben war von Prestigewillen, Geld und Sexus, aber diese Instinkte durch eine unreine Anstandsmoral verdeckte. Es empörte Wedekind, daß dieser Bürger den Dichter zum Außenseiter stempelte, dafür aber Scheinkünstler hätschelte, die ihm Erbauung und Luxus lieferten, und daß der Bürger hochmütig herabsah auf die Halbwelt der Hochstapler, Ganoven, Dirnen, Zirkusleute und Kabarettisten, die doch eigentlich nur das Abfallprodukt der „guten Gesellschaft" waren.

Wedekind kam 1864 als amerikanischer Staatsbürger zur Welt, da sein Vater als Revolutionär von 1848 und Bismarckgegner nach den USA ausgewandert war. Er wuchs in der Schweiz auf, war Reklamechef der Maggi-Suppengewürze, Sekretär eines Zirkus und kannte London, Paris und Berlin. 1896 war er Mitarbeiter am *Simplizissimus* und sollte wegen Majestätsbeleidigung verhaftet werden. Er floh nach Paris, saß aber im Winter 1899 doch die Festungshaft ab. Er lebte fortan in München, sang auf dem Überbrettl „Elf Scharfrichter" seine aufreizenden Chansons und spielte die Hauptrollen seiner bis 1918 offiziell verbotenen Stücke häufig selbst. 1918 ist er in München gestorben.

Der Theaterpraktiker. Auf der französischen Bühne hatte schon immer, von Molière bis Anouilh, das Groteske seinen Platz. Doch dem klassischen und bürgerlichen deutschen Drama waren drastische Possen, tolle Situationskomik, Satire und Karikatur fremd. Sie galten wie Moritat und Bänkelsang, wie die Komik Nestroys und überhaupt alles Drastische, Burschikose, Schrille, wie Parodie und Zynismus als unfeine Mittel des niederen Theaters. Dem Vollblutdramatiker Wedekind jedoch erschien die Gesellschaft seiner Zeit als ein Zirkus. In ihren Emporkömmlingen, Spekulanten, männlichen Blaustrümpfen, Bonvivants, Sensationsjägern und Ellenbogenmenschen sah er eine nur noch notdürftig von der Konvention gezähmte Menagerie von Tieren (vgl. Grabbe, Büchner), die sich amüsieren wollen und den wahrheitsliebenden Künstler dazu verdammen, den Gaukler und Kabarettisten zu spielen. Der Dichter als Hofnarr des Bürgertums — das reizte Wedekind. Als Bänkelsänger, Schauspieler und Dichter kroch er in die von ihm zeitlebens als demütigend empfundene Maske des Clowns und Bajazzo. Von Natur äußerst sensibel und schwermütig, mußte er sein Ethos unter der Kappe des Bänkelsängers verbergen. Wie später Brecht, nur nicht mit der Ungeniertheit der 20er Jahre, trug er seine Moritaten und Balladen selber vor. Von der moraltriefenden Zensur gereizt, brach er mit greller und boshaft schneidender Stimme aus seinen zynischen und mephistophelischen Masken hervor. Er brachte — ebenso genial wie skandalös — das ursprünglichste Theater, nämlich Zirkus und Moritat, auf die dem Idealen vorbehaltene Bühne. Bei der Erstaufführung seines *Erdgeists* sprach er im zinnoberroten Frack eines Tierbändigers, die Peitsche in der Hand und unter Paukenschlägen aus dem Zirkuszelt vor den Vorhang tretend, den Prolog:

> Hereinspaziert in die Menagerie,
> Ihr stolzen Herrn, ihr lebenslust'gen Frauen,
> Mit heißer Wollust und mit kaltem Grauen
> Die unbeseelte Kreatur zu schauen,
> Gebändigt durch das menschliche Genie.
> . . .
> Was seht ihr in den Lust- und Trauerspielen?! —
> Haustiere, die so wohl-gesittet fühlen,
> . . .
> Wie jene andern — unten im Parterre:
> Der eine Held kann keinen Schnaps vertragen,
> Der andre zweifelt, ob er richtig liebt,
> Den dritten hört ihr an der Welt verzagen,
> Fünf Akte lang hört ihr ihn sich beklagen,

Und niemand, der den Gnadenstoß ihm gibt. —
Das wahre Tier, das wilde, schöne Tier,
Das — meine Damen; — sehn Sie nur bei mir.

Frühlingserwachen (1891), eine Kindertragödie, war sein erstes Stück. In neunzehn Szenen erklingen die heimlichen Sehnsüchte und Triebregungen zweier Kinder im Pubertätsalter. Eine fast zarte Darstellung jugendlicher Nöte, die jedoch bei der damals herrschenden Prüderie und weil die Erwachsenen, Väter und Lehrer, als unverständige Tyrannen angegriffen werden, als Schmutzwerk gebrandmarkt wurde. Heute liest sich das überwiegend dichterisch-balladeske Stück als erster Vorklang der nach 1900 entstehenden Jugendbewegung.

Erdgeist (1898) und *Die Büchse der Pandora* (1903) bilden zusammen die Lulu-Tragödie. Lulu, ein weiblicher Pierrot, ein Findelkind nach dem Vorbild von Goethes Mignon, steht als undefinierbar verwirrende Verkörperung des Sinnlich-Schönen wie ein Kunst-Ding jenseits jeder gesellschaftlichen Moral. Sie fasziniert die gutbürgerliche Männerwelt. Der greise Lebemann will das jugendliche Engelskind heiraten; der junge Maler will in dem Wunderwesen seine Muse freien; der unverwüstliche Presseboß will die Teufelsschönheit seiner Mätresse lenken. Ihr egoistischer Anspruch auf Lulu, Eva, Mignon, welchen Namen sie dem schönen Ding auch immer geben, und ihr Kampf gegeneinander wurzelt im rohen kapitalistischen Individualismus der Gründerzeit, im Wahn jedes einzelnen, als Einzelwille frei zu sein. Sobald sie glauben, durch den Besitz Lulus die letzte Schranke aufzuheben, die ihrer Freiheit gezogen ist, ereilt sie der groteske Automatismus ihrer Machtgier. Lulu, die Verworfene, steht außerhalb dieser Groteskwelt. Ihre Freiheit als Symbol der Kunst und die Freiheit der ihren Selbstwert behauptenden Liebenden kann nicht verdinglicht werden, selbst wenn Lulu mißbraucht und verstoßen in der Gosse endet und erstochen wird.

Lulus Ende macht im Vergleich zur Verklärung Mignons in Goethes *Wilhelm Meister* die veränderte Einstellung des Bürgertums zur Kunst deutlich (s. a. Alban Bergs Oper *Lulu*).

Der Marquis von Keith (1900) ist eine Hochstapler-Tragikomödie aus den Gründerjahren in München. Der Hochstapler Keith, Karikatur eines kapitalistischen Übermenschen, gründet zur Sanierung seiner Finanzen und um seine Freundin, die Gräfin von Werdenfels, als Star herauszustellen, eine Feenpalast-A.G. Das Unternehmen, bei dem er Münchner Honoratioren, welche auch gerne verdienen möchten, fast um ihr Geld gebracht hätte, scheitert jedoch. Ein Großkaufmann namens Casimir heiratet die Gräfin und übernimmt den Feenpalast. Keith, am Ende seiner Karriere, greift zum Revolver, drückt aber nicht ab, sondern spricht das berühmte Schlußwort: „Das Leben ist eine Rutschbahn".

Der verkannte Künstler. In dem Einakter *Der Kammersänger* sagt der berühmte Sänger und Publikumsliebling Gerardo zu dem vereinsamten Komponisten Dühring, der in der Kunst noch das Höchste auf Erden erblickt: „Wir Künstler sind ein Luxusartikel der Bourgeoisie". Das verkannte Genie als der wahre König des Geistes ist auch das Thema der Tragikomödie *König Nicolo:* Ein König wird aus seinem Land verjagt; in Lumpen gehüllt trägt er dem Volk sein Schicksal vor, doch die Leute verlachen ihn nur. Sie vermögen das Tragische nur mehr als Parodie aufzunehmen. So beendet Nicolo seine Tage als Clown am Theater und wird zuletzt der Hofnarr eines auf den Königsthron erhobenen Schlächtermeisters. *Karl Hetmann, der Zwergriese* führt dasselbe Thema mit noch größerer Bitterkeit vor: Ein verkrüppelter Schriftsteller schmeichelt dem Publikum und beleidigt es abwechselnd, bis er einen Nervenzusammenbruch erleidet. Schließlich wird ihm eine Stelle als dummer August angeboten. Angeekelt erhängt er sich.

Wedekind trug noch das spätromantische Künstlerbild in sich, er fühlte sich als Märtyrer der Kunst. Den Expressionisten, die wie er gegen den gierigen, dummen und vulgären „Bürger" protestierten, war das Leiden seiner zerrissenen Seele exemplarisch für das Ausgestoßensein des Geistes. Als 1921 dem Dramatiker Georg Kaiser ein Prozeß wegen Zahlungsunfähigkeit gemacht wurde, rief dieser dem Gericht zu: „Tut dem Geist nicht weh; denn Geist ist schon eine unheilbare Wunde!" (s. S. 300)

LITERATUR:
Artur Kutscher *Frank Wedekind. Sein Leben und seine Werke.* 3 Bde. München 1922—1931
K. Ude *Frank Wedekind.* Mühlacker 1966
K. Völker *Frank Wedekind.* FD Bd. 7 = dtv 6807
Wedekind und der Expressionismus: s. Walther H. Sokel *Der literarische Expressionismus.* München o. J.

b) Carl Sternheim — Bürger Schippel

Carl Sternheim war der unmittelbare Nachfahre Wedekinds, doch ohne dessen spätromantisches Künstlerpathos. Er wollte der deutsche Molière werden, darum unterscheiden sich seine Lustspiele „aus dem bürgerlichen Heldenleben“ von denen Lessings, Kleists oder Hauptmanns. Ihm ging es nämlich nicht um Charaktere und Individualitäten, sondern um Figuren, die wie Räder im „Sozialzwang“ nach stereotypen gesellschaftlichen Vorstellungen reagieren. Die Maschinenteile, die er auseinanderlegte, waren die habsüchtigen, streberischen, nach oben buckelnden und nach unten tretenden Egoisten der neudeutschen wilhelminischen Gesellschaft. Sie umkleideten ihren nackten Materialismus mit einem idealistischen Mäntelchen, mit Phrasen und muffigen Gefühlen, Anständigkeiten und Sentimentalitäten. Kalt und exakt beobachtete Sternheim das Räderwerk des Erfolgsstrebens geistig unfreier, weil sich selbst nicht mehr im Spiegel der Ironie verstehender Bürger (vgl. H. Mann, s. 264 f.).

Die Possen und Komödien „aus dem bürgerlichen Heldenleben“ von 1908 bis 1922 beginnen mit der *Hose* (1911): Die Frau eines kleinen Beamten mit dem bezeichnenden Namen Theobald Maske verliert auf der Straße, als gerade die königliche Majestät vorbeifährt, dieses notwendige Requisit. Ruf und Karriere des kleinbürgerlichen Gatten scheinen bedroht. Aber Maske, der Egoist, immer auf dem jeweiligen Boden der Tatsachen stehend, weiß die Konsequenzen des Falls geschickt zu seinem Vorteil auszunutzen. — Das nächste Stück hieß *Die Kassette* (1911): In einer Kassette sind nämlich die Staatsobligationen aufbewahrt, welche Oberlehrer Krull und sein Schwiegersohn von ihrer Tante zu erben hoffen. Die Besitzgier der beiden verwandelt die dumpfe kleinbürgerliche Idylle — Krull schwärmt romantisch von der Wunderwelt der bayerischen Alpen — in ein regelrechtes Höllennest. Krull schläft sogar mit der Kassette, ohne zu ahnen, daß seine Tante das Geld bereits der Kirche vermacht hat. — *Bürger Schippel* (1913) ist ein Proletarier, der wegen seiner guten Tenorstimme zum Quartett der kleinstädtischen Honoratioren gebraucht wird. Er schafft es, ein „kompletter Bürger“ mit Frack und Zylinder zu werden. — *Der Snob* (1913) zeigt Theobald Maskes Sohn als Generaldirektor. Er heiratet eine Gräfin, lügt snobistisch die Hosen-Geschichte in ein galantes Abenteuer seiner charmanten Mutter mit einem Vicomte um und verleugnet somit seine kleinbürgerliche Herkunft. — In weiteren Stücken werden z. B. Parteisozialisten als kapitallüsterne Bürger entlarvt (*Tabula rasa,* 1916) oder ein altpreußischer General als *Fossil* (1922) verspottet.

Sternheim nimmt nicht Partei für irgendeine Schicht; als Bankiersohn, der sich selbst zur Finanzaristokratie Europas zählen durfte, in München und Belgien Schlösser bewohnte und von Jugend an über den Hofkalender, die Armeerangliste, über Rennstallbesitzer, Journalisten und Theaterbetrieb „im Bilde“ war, fühlte er sich der erfolgsstreberischen wilhelminischen Gesellschaft überlegen. Er betrachtete sie aus nüchterner Distanz. *1913,* ein Drama in 3 Aufzügen, ist Sternheims genialste Satire; denn unmittelbar vor dem Sturz in den 1. Weltkrieg demaskierte er darin die dritte Maske-Generation, den Industriemagnaten, Exzellenz Freiherrn Christian Maske von Buchow, Herrn über 12 Fabriken mit 15 000 Arbeitern, und dessen Tochter als Mitglieder der machthungrigen alldeutschen Herrenklasse. Daneben schwärmt ein junger Mann von einer nationalen und sozialen Revolution, während die Tochter Ottilie am Piano Eichendorffs „Mondnacht“ in Schumanns Vertonung spielt. Raubtiergelüste und Sentimentalität in einer Familie.

Sternheim glaubte mit Recht, daß er im Bürger Schippel und in den Maske-Typen das Phänomen Hitler prophetisch vorweggenommen habe.

Die Diktion. Für seine Komödien hatte sich Sternheim eine eigene Sprache konstruiert. Schon Wedekind ließ seine Gestalten in einem merkwürdigen Papierdeutsch reden, das ihrer Seelenlosigkeit entsprach. Sternheim legte seinen Bürgern ihre eigenen Zitate in den Mund, ließ sie geschwollen oder gefühlvoll reden, je nachdem. Von Wedekind übernahm er das Gehetzte und Verkürzte und „schärfte hieraus einen Dialekt der abgehackten Schneidigkeiten, der depeschenartigen Präzision, wie er in der Gesellschaft des wilhelminischen Deutschland annähernd vorhanden war, wenn auch nicht in solcher Reinheit: eine Kreuzung aus der hochmütigen Schnoddrigkeit des junkerlichen Offiziersdeutsch und der gehetzten Saloppheit und kalten Geschäftssachlichkeit des Börsenmannes. Indem die Sprache alle Bindeglieder, alle sinnlich malenden Adjektive, jedes auf das Gefühl wirkende rhythmische Gefüge aufgibt und bloß knapper Orientierung dient, bekommt sie einen negativen Gefühlswert, verkörpert gewissermaßen die seelenlose Gier, die rohe Kraftmeierei dieser fallreifen Gesellschaft“

(Julius Bab). Man kann hinzufügen, daß es sich um eine Sprache handelt, die dem Maschinenhaften, Starren und Schnarrenden der zu persönlichem Ausdruck unfähigen Figuren entspricht. So sagt z. B. Exzellenz Maske einmal: „Ist eines Systems Höhe erreicht, steht die Möglichkeit eines Wechsels stets vor der Tür" (nur zweckhaft gekoppelte Bilder: Höhe, Wechsel, Tür). Ähnlich entlarvend redet Oberlehrer Krull: „Was die Kurse verbürgen, soll näher untersucht werden — und mein ganzes Schulmeisterelend fällt in den Papierkasten." Oder Bürger Hicketier zu Schippel: „Das Andenken an das von Ihnen Geleistete darf nicht verlorengehen, und ich setze mich dafür ein, daß Ihnen die höheren Segnungen des Bürgertums voll und ganz zuteil werden." Karl Kraus lobte dieses Demaskierungsverfahren.

Szene aus Carl Sternheims Drama *Bürger Schippel:* Schippel und Hicketier.
Aufführung der Städtischen Bühnen Frankfurt a. M

Sternheim hat jedoch aus den das Preußentum karikierenden Sätzen eine Manier seiner eigenen Prosa gemacht, so daß er selbst parodiert wurde (von Robert Neumann in *Mit fremden Federn*). In der *Napoleon*-Geschichte finden sich z. B. folgende Sätze: „Durch Kennerschaft wurde er ihr Berater" (Subjekt am Ende). „Unwillentlich sah er beim Hin- und Heimweg die Begegneten auf die Beschaffenheit ihrer Muskulatur hin an" (substant. Partizip). „Die Begegnung wurde geänderten Lebens und neuer Ziele Anfang" (Vermeidung des Artikels). Solche Raffungen erinnern an die Sturm-Gedichte August Stramms (s. S. 294) und an damalige futuristische Bilder. Offensichtlich dringen da Erscheinungen der Technik, der auf Effekt hin organisierten Wirtschaft, das rasante Feuer der Materialschlachten, schlagworthafte Reklame und Akü-Mitteilungen in die deutsche Sprache ein und gestalten ihren unbequemen Satzbau um. Das Deutsch, das Schippel und seinesgleichen reden, ist allerdings noch mit Schwulst beladen. Dieser romantische Schwulst zusammen mit dem mechanisierten Jargon erzeugt das Groteske der Sternheimschen Satire (vgl. Nestroys Methode).

LITERATUR:

C. Petersen in *Expressionismus,* hg. v. Friedmann-O. Mann. Heidelberg 1955, S. 280 ff.

H. Kesten *Meine Freunde die Poeten.* München 1959 S. 95 ff.

H. Karasek *Sternheim* FD 4 = dtv 6804

W. Wendler *C. Sternheim. Weltvorstellung und Kunstprinzipien.* Frankfurt 1966

c) Karl Kraus — Phrase und Verbrechen

. . . mag ich stammelnd
dereinst nicht wissen, was das Thema war.
Geschlecht und Lüge, Dummheit, Übelstände,
Tonfall und Phrase, Tinte, Technik, Tod,
Krieg und Gesellschaft, Wucher, Politik,
der Übermut der Ämter und die Schmach,
die Unwert schweigendem Verdienst erweist,
Kunst und Natur, die Liebe und der Traum —
vielfacher Antrieb, sei's woher es sei,
der Schöpfung ihre Ehre zu erstatten!
Und hinter allem der entsühnte Mensch,
der magisch seine Sprache wiederfindet . . .

Karl Kraus (1874—1936), Sohn eines jüdischen Fabrikanten aus Böhmen, von Kindheit auf ein Wiener, Generationsgefährte von Hofmannsthal und Rilke, kämpfte von 1899 an mit den rotgebundenen Heften *Die Fackel* — 922 Nummern in 36 Jahrgängen — den erstaunlichsten Kampf, den je ein Einzelner gegen die Korruption des Zeitgeistes gekämpft hat. Die Verderbtheit seiner Zeit aber las er von ihrer Sprache ab.

Urteile. Polgar nannte Kraus einen „Meister des erledigenden Zitats". S. v. Radecki dachte: „So ähnlich muß Sokrates auf seine Zeitgenossen gewirkt haben." Th. Haecker sah in Kraus „den einzigen großen, durch die Ethik gedeckten Polemiker und Satiriker unserer Zeit" und stellte ihn in eine Reihe mit Kierkegaard und Dostojewskij. E. Lasker-Schüler sagte von Kraus' Richteramt über die Sprache seiner Zeitgenossen: „Karl Kraus ist ein Papst. Von seiner Gerechtigkeit bekommt der Salon Frost, die Gesellschaft Unlustseuche..." W. Benjamin erkannte in ihm einen apokalyptischen Boten, „der schreiend, mit gesträubten Haaren, ein Blatt in seinen Händen schwingend, herbeieilt, ein Blatt, das voll von Krieg und Pestilenz, von Mordgeschrei und Weh, von Feuer- und Wassernot, allerorten die ‚Neueste Zeitung' verbreitet".

Die verlorene Sprache. Äußerlich betrachtet kämpfte Kraus gegen Phrasen, Tonfall und Sprachschnitzer der damaligen Presse, aber er war ein Einsamer und Gezeichneter, der sein ganzes Leben darangab, die Sprache Goethes und Stifters aus dem neumodischen Wust und Unrat mißbrauchter Vokabeln und übertünchenden Geschwätzes auszugraben:

Ich bin nur einer von den Epigonen,
die in dem alten Haus der Sprache wohnen.

Seine Polemik gegen den „schwatzhaften" Journalismus ging von einer konservativen Utopie aus: vom Bilde des kreatürlichen Menschen, der unmittelbar in des Schöpfers Hand ruht, von einer vorgeschichtlichen Natur, die noch nicht vom „Aussatz" der Technik überwuchert ist, von einer Harmonie, wie sie Stifter gestalten wollte. Von dem Bilde dieser magischen Einheit her attackierte er den modernen Abfall. Er war überzeugt, daß es eine Sprache gegeben habe und wieder geben müsse, die eins sei mit den Dingen:

Und hinter allem der entsühnte Mensch,
der magisch seine Sprache wiederfindet...

Er glaubte, daß dies die Sprache Goethes und Stifters sei und daß jedes Sprechen nach dieser klassischen Kunstperiode entweder zum feuilletonistischen Impressionismus der Heine-Epigonen, zu Phrase und Schwulst führen müsse oder nur noch Parodie, Groteske und Satire sein könne. Darum pries er Nestroy, weil sich bei ihm die Sprache zum erstenmal Gedanken über die Dinge gemacht habe und vom Starrkrampf der Redensarten erlöst werde. Darum verteidigt er Wedekinds Papierdeutsch als Bloßstellung der Seelenlosigkeit, desgleichen Sternheim und Brecht, und trug als großer Vortragskünstler auch immer wieder Shakespeare vor.

Der Zeitgeist. Kraus packte den „Starrkrampf" des Zeitgeistes da, wo er sich am unmittelbarsten sprachlich äußerte: nämlich in der Zeitung, in Inseraten, Heiratsgesuchen, Theaterkritiken, unterhaltenden Feuilletons, im Bildungsgeschwätz und in den öffentlichen Reden — und konfrontierte ihn mit der klassischen Dichtersprache:

Komm ich auch nach den alten Meistern, später,
so räch' ich blutig das Geschick der Väter,
Von Rache sprech' ich, will die Sprache rächen
an allen jenen, die die Sprache sprechen.

George Grosz,
Zeichnung aus der Zeitschrift *Neue Jugend*, 1916

Der moderne Abfall: das war für Kraus die doppelbödige, scheinchristliche Moral, wo in der bürgerlichen Besitzehe die Frau nur noch „beim Warenbestand berücksichtigt" wird (vgl. Wedekind). Das waren die Denkmoden des Psychologisierens, der zum Konsum fabrizierte Zeitungsklatsch, die nationalen und optimistischen Phrasen vom Fortschritt, die Schachtelsätze von Wissenschaftlern, welche Tiefsinn vortäuschen, alle Sprüche und „Gase aus der Welthirnjauche" — und immer wieder die Presse Wiens, die den großen Markt der Neuigkeiten ausbreitet, die Gehirnwindungen vereinfacht und zur Herstellung einer einzigen Zeitungsausgabe „zehntausend Bäume von zwanzig Meter Höhe" fällen muß. Kurz: eine Schein-Zivilisation, die mit ihrer robusten Technik und ihrem Geschwätz die jungfräuliche Erde wie ein Aussatz überwuchert und notwendig in einer Katastrophe endet.

„**Die Säure will den Glanz,** aber der Rost sagt, sie sei zersetzend." Kraus' Säure setzte bei den Verwahrlosungen des Jargons an, bei falschen Konjunktiven, Imperfekten und Kommata, bei Tiraden und Täuschungen im Ausdruck. Sie „zersetzte" den Schwulst, die oberflächlichen Ornamente und Floskeln, ähnlich wie die moderne Formgebung an Geräten und Bauten auch erst die dekorativen Schwulstigkeiten (s. S. 240) beseitigen mußte. Kraus faßte die Floskeln beim Wortsinn und entlarvte die Lüge, die falsche Gebärde, die schiefen Vergleiche, Verdrehungen, Schnörkel und das Kauderwelsch. Um „die Dinge zur Sprache zu bringen", schüttelte er unerbittlich das Opfer, z. B. einen schwammigen Ausdruck, der den Sachverhalt verdeckt. Seine Methode, einen gedruckten Text oder gesprochenen Satz aufzudecken, hatte System: er zitierte ihn vor sein Tribunal und machte ihm den Prozeß. Seine Glossen bestehen daher in der Regel aus einem Zitat und dem polemischen oder parodierenden Kommentar. Im Prinzip sind sie Aphorismen von folgender Art:

„Wenn die Moral nicht anstieße, würde sie nicht verletzt werden." Das „Anstoßen" des „Anstößigen" wird wörtlich genommen und umgekehrt. Oder im folgenden Beispiel eine entlarvende Definition des Krieges: „Krieg ist zuerst die Hoffnung, daß es besser gehen wird, hierauf die Erwartung, daß es dem anderen schlechter gehen wird, dann die Genugtuung, daß es dem anderen auch nicht besser geht, und hernach die Überraschung, daß es beiden schlechter geht."

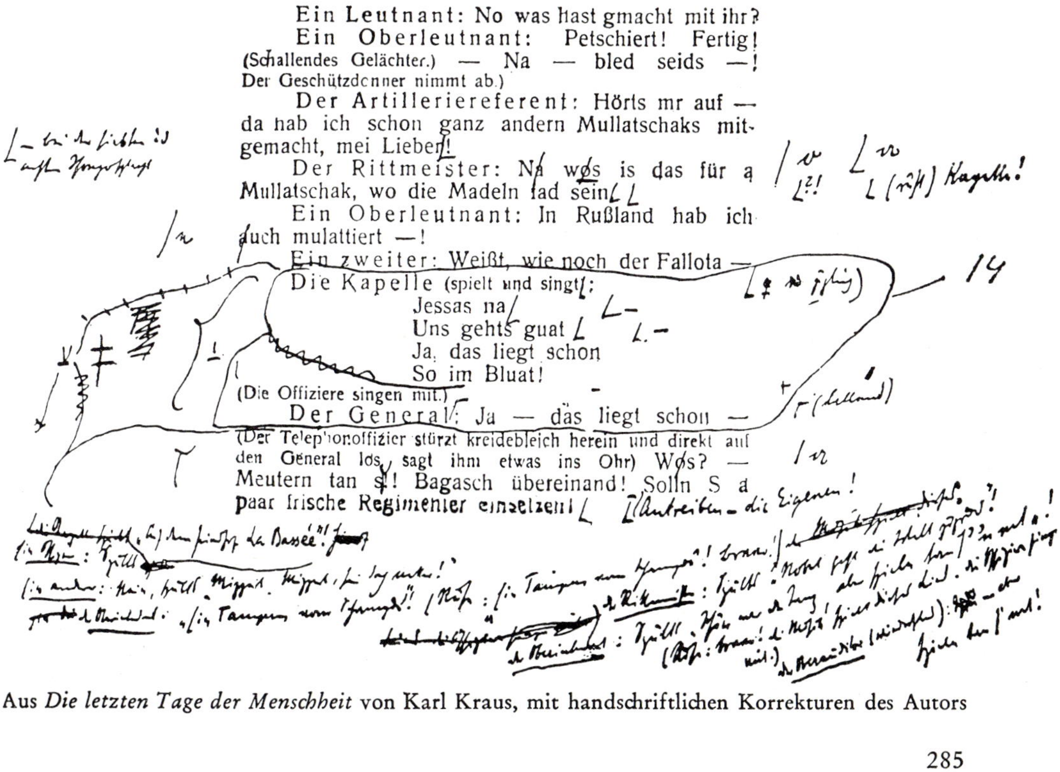
Ein Leutnant: No was hast gmacht mit ihr?
Ein Oberleutnant: Petschiert! Fertig! (Schallendes Gelächter.) — Na — bled seids —! Der Geschützdonner nimmt ab.)
Der Artilleriereferent: Hörts mr auf — da hab ich schon ganz andern Mullatschaks mitgemacht, mei Lieber!
Der Rittmeister: Na wos is das für a Mullatschak, wo die Madeln tad sein!
Ein Oberleutnant: In Rußland hab ich auch mulattiert —!
Ein zweiter: Weißt, wie noch der Fallota —
Die Kapelle (spielt und singt):
Jessas na
Uns gehts guat
Ja, das liegt schon
So im Bluat!
(Die Offiziere singen mit.)
Der General: Ja — das liegt schon —
(Der Telephonoffizier stürzt kreidebleich herein und direkt auf den General los, sagt ihm etwas ins Ohr) Wos? — Meutern tan s! Bagasch übereinand! Solln S a paar frische Regimenter einsetzen!

Aus *Die letzten Tage der Menschheit* von Karl Kraus, mit handschriftlichen Korrekturen des Autors

Phrase und Verbrechen. Kraus sah voraus, wohin patriotisches Gefasel, geistige Schlamperei, Aufstiegsoptimismus, Pseudoliberalismus, verlogenes Christentum, militärisches Auftrumpfen und herzensrohe „Gemütlichkeit" führen würden. Sein einzigartiges Riesendrama *Die letzten Tage der Menschheit* (1915—18) hält die „glorreiche Zeit" des 1. Weltkriegs fest: von der Ermordung des Thronfolgers in Sarajewo bis zur letzten sternenlosen Nacht auf dem Schlachtfeld. Es entblößt den Jargon der Generäle, Schieber, Feldprediger, Erzherzöge und Soldaten mit sprachmimischer Genauigkeit. Eine Riesenmontage von fast 800 Seiten, 500 Personen und einem Schauplatz, der sich über halb Europa erstreckt! Das gespenstischste Dokument aus Frontberichten, Tagesbefehlen, schwadronierenden Festreden, aufpulvernden Kasinoansprachen, gesinnungstüchtigen Predigten, Hochrufen, Kernworten, großmäulig-biederen und rohen Phrasen einer nur mehr zum Massenmord fähigen „Kulturmenschheit", die sogar schon das Weinen verlernt hat. Held dieser satirischen Tragödie ist Österreich, das organisationstüchtige Deutschland und darüber hinaus Europa: geldgierig, respektlos, heuchlerisch und brutal. In Hunderten von Szenen auf Straßen, in Kanzleien, Kirchen, Redaktionen und Kasernen wird die Hölle der Gemeinheit, die Umfälschung niederster Instinkte in die Ideale vom „allerhöchsten Dienst" entlarvt. Zitate, kontrastierende Satiren, Karikatur und Burlesken steigern sich zum grausigen Bild einer Gesellschaft, deren Menschenschinder, Würdenträger, Wissenschaftler, Lebemänner und Schieberhorden nur noch Abklatsch, Farce und Parodie des Menschen sind. Niemand außer Kraus hat je aus dem Gesinge von Varietéschlagern, patriotischen Liedern, aus neudeutschen Forschheiten und dem ganzen Phrasenvorrat betrunkener Offiziere, herzloser Feldkuraten, korrupter Meinungsmacher und subalterner Mitläufer eine solch erschütternde Tragödie moderner Gottlosigkeit zu gestalten vermocht (s. S. 320 Piscator-Bühne).

Kraus, der nach 1918 die Republik, zuletzt aber das Dollfuß-Regime verteidigte, starb, ehe Österreich ins 3. Reich „heimgeholt" wurde. Unter dem Titel *Die dritte Walpurgisnacht* hatte er bereits Glossen zum Jargon der Nazis gesammelt.

LITERATUR:
Paul Schick *Karl Kraus.* rm 111 (1965)
Werner Kraft *K. Kraus.* Salzburg 1956
Werner Kraft *Das Ja des Neinsagers.* Boorberg Verlag. 1975
Caroline Kohn *K. Kraus.* Stuttgart 1966
Hans Weigel *K. Kraus oder Die Macht der Ohnmacht.* Wien 1968

XII. IM STRAHLENBÜNDEL DES EXPRESSIONISMUS (1910—1920)

1. Kunst im Umbruch

Aufstand der Dichter. Der deutsche dichterische Expressionismus ist *ein* Wellenbündel in dem geistigen Erdbeben, das alle Formen des Denkens, Erlebens und Gestaltens im Anfang des 20. Jhs erschütterte. Die vielen Stilbezeichnungen moderner Kunst — Kubismus, Primitivismus, Konstruktivismus, Suprematismus, Expressionismus, Futurismus, Dadaismus, Surrealismus usw. — dürfen uns nicht darüber hinwegtäuschen, daß alle diese Ausdrucksformen unter dem Druck einer ungeheuren Bedrohung des Geistes entsprangen. Ihnen ist die Angst gemeinsam, der Mensch könne vom rücksichtslosen technischen Optimismus, von den Maschinen und Apparaten moderner Superbürokratie, den Militärgewalten und der gedankenlosen Schein-Zivilisation erdrückt werden.

Während die Massen gedankenlos weiterproduzierten und konsumierten, bemächtigte sich einzelner Dichter, Maler, Bildhauer, Komponisten und Denker schon im Jahrzehnt vor dem 1. Weltkrieg die Angst vor einem Totalausverkauf aller Werte. Sie protestierten, forderten die träge Mitwelt heraus und entwarfen Bilder einer erneuerten Menschheit. Was G. Benn von der deutschen „Lyrik des expressionistischen Jahrzehnts" (1910—20) sagte, gilt weitgehend für die ganze moderne Kunst. Sie war „ein Aufstand mit Eruptionen, Ekstasen, Haß, neuer Menschheitssehnsucht, mit Zerschleuderung der Sprache zur Zerschleuderung der Welt... Sie (die Dichter) kondensierten, filtrierten, experimentierten, um mit dieser expressiven Methode sich, ihren Geist, die aufgelöste, qualvolle, zerrüttete Existenz ihrer Jahrzehnte bis in jene Sphären der Form zu erheben, in denen über versunkenen Metropolen und zerfallenen Imperien, der Künstler, er allein, seine Epoche ... der menschlichen Unsterblichkeit weiht ... Es war eine belastete Generation: verlacht, verhöhnt, politisch als entartet ausgestoßen — eine Generation jäh, blitzend, stürzend, von Unfällen und Kriegen betroffen, auf kurzes Leben angelegt ...“

Der Prophet, Holzschnitt von Emil Nolde

Neue Malerei. Dem Aufruhr der Dichtung ging die Revolution der Malerei voraus: 1903 wurden in der Berliner Sezession Bilder von Cézanne, Gauguin, van Gogh und Munch ausgestellt, Klee begann in Bern die Reihe der grotesken Radierungen. 1904 entdeckte Kirchner im völkerkundlichen Museum in Dresden die Bildnerei der Naturvölker. 1905 stellten die Fauves (Schimpfwort: wilde Tiere) im Pariser Herbstsalon aus (Matisse, Vlaminck, Rouault), in Dresden gründeten Kirchner, Heckel, Schmidt-Rottluff die expressionistische Künstlervereinigung „Brücke“, Nolde radierte *Phantasien.* 1906 begann Picassos kubistische Entwicklung. 1909 veröffentlichte Marinetti das erste Manifest des Futurismus. 1910 entstand in München die Vereinigung der „Blaue Reiter“ (Kandinsky, Marc, Klee, Macke), Kandinsky malte das erste abstrakte Aquarell. In denselben Jahren schufen Barlach und Lehmbruck ihre ausdrucksstarken Plastiken, malte Malewitsch in Moskau ein Bild mit nichts als einem schwarzen Quadrat auf weißem Grund (1913, Suprematismus) und entstanden die ersten surrealistischen Bilder (De Chirico: Plätze, 1911; Carrà, Chagall, Kubin, Max Ernst). 1914 fand M. Duchamp die ersten „ready-mades“, um die verrückte Dingwelt (z. B. Fahrrad auf einen Stuhl montiert) zu demonstrieren. Auch der 1916 in Zürich von Jean Arp mit den Dichtern Tristan Tzara, Hugo Ball und Richard Hülsenbeck ins Leben gerufene Dadaismus war eine Reaktion auf den sinnzerstörenden Krieg (s. S. 305).

Neue Musik. 1906 grenzte sich Arnold Schönberg mit seiner Kammersinfonie op. 9 gegen das 19. Jh. ab: Die trügerisch gewordene alte Harmonieauffassung wird abgebaut, an die Stelle der verbrauchten Formen tritt eine knappe, motivisch-abstrakte Durchführung des Satzes mit einer oft hektischen, explosiven Sprache. Im gleichen Jahr entwirft Busoni eine neue Ästhetik der Tonkunst: Vorahnung neuer Tonarten, Zwölftöne-Kaleidoskop, Drittel- und Sechsteltöne, elektrische Musikinstrumente. Grelle Klangkombinationen, Taktwechsel, Motorik und Verwendung slawischer Folklore kennzeichnen Strawinskys Frühwerke *(Feuervogel,* 1910). Bela Bartók u. a. greifen auf Urelemente der Volksmusik zurück. Schockwirkung, Dissonanzen, neuartige Klangfarben, Dynamik, im Extremfalle sogar Geräuschinstrumente wie Schreibmaschinen oder Holzklappern als Rhythmusinstrumente und der Einfluß des Jazz (z. B. bei Hindemith, Strawinsky, Krenek) bringen ein neues vitales Verhältnis zur Wirklichkeit hervor. Schönbergs Zwölftontechnik entspricht dem Verlangen nach einer neuen geistigen Ordnung durch Konstruktion und Bindung der entfesselten Elementarkräfte. Dieses „konstruktivistische“ Bestreben tritt bei den verschiedensten Komponisten der letzten Jahrzehnte zutage. Das Verlangen nach einer vollkommenen Einordnung der Töne in einen übergreifenden geistigen Zusammenhang bestimmt auch die jüngsten Vetreter der seriellen Musik (Boulez, Nono, Stockhausen).

Die Sprache der „expressionistischen“ Dichter wirkte grell, ausdrucksstark, komprimiert, gestaut, explosiv, rauschhaft. Ihre Assoziationen, Bilder, Fantasien und Träume zerstörten die gewohnte „realistische“ und „impressionistische“ Raum-Zeit-Vorstellung, um Inneres,

Geistes zum Ausdruck zu bringen. Die Worte, oft in zerrissener Syntax, schleuderten innere Gesichte heraus. Viele Dichter sind monoman, wortbesessen, mitunter pathetisch. Auch die Prosa schwingt subjektiv-lyrisch, sie will nicht beschreiben. Doch die Ausdrucksskala ist ausgesprochen vielstimmig: Sie reicht vom Grotesken, der Karikatur, der krassen Fantasmagorie, von Aufschrei und Anklage bis zum Tänzelnden, zum Scherzo, von rhetorisch-barocken Wortkaskaden, rauschhaft Hymnischem und Entfesseltem bis zur dunklen, verschlossenen Einsamkeit. Wie in der Malerei und Musik steht dem anarchischen Aufschrei bei anderen ein intensiver Konzentrationswille gegenüber, ein Konstruktivismus, der jede überflüssige Metapher meidet. Es gibt romantische Wehmütigkeiten und symbolistische Klänge, Heftigkeit und Zartheit.

„Expressionismus" war so nur ein Etikett, um dem Neuen einen Namen zu geben.

Schicksale der Dichter. Der expressionistische Durchbruch vollzog sich in verschiedenen Phasen. Auf die ältere Generation (Mombert, Däubler, Lasker-Schüler) folgte der Haupteinsatz um 1910 (Lichtenstein, Hoddis, Heym, Trakl, Benn). Als der Weltkrieg sich immer deutlicher zu einem sinnlosen Morden entwickelte, traten die ethisch-politischen Dichter (Rubiner, Otten, Toller) in den Vordergrund. Das Aufkommen reaktionärer und totalitärer Bewegungen in Deutschland und Rußland in den 30er Jahren führte zur Verfolgung der anarchistisch, subjektivistisch und „zersetzend" gebrandmarkten Schriftsteller.

Bereits im 1. Weltkrieg fielen: Alfred Lichtenstein, Ernst Wilhelm Lotz, Ernst Stadler, August Stramm; völlig zerrüttet von den Gräßlichkeiten des Krieges starb Georg Trakl an einer Überdosis Gift. Die Grippe von 1920 raffte Ludwig Rubiner hinweg. Von den Nazis ermordet wurden Jakob Hoddis, seit 1913 geisteskrank, und Paul Kornfeld, der Dramatiker. In den Tod getrieben wurden Walter Hasenclever, der sich 1940 in Frankreich beim Herannahen deutscher Truppen das Leben nahm, und Alfred Wolfenstein, der jahrelang im französischen Untergrund lebte. Ernst Toller setzte seinem Leben 1939 in New York ein verzweifeltes Ende; dort starb auch Albert Ehrenstein 1950 in tiefstem Elend. Else Lasker-Schüler starb arm und verlassen 1945 in Jerusalem. Franz Werfel floh nach Kalifornien, wo er starb. Paul Zech durchlebte bittere Jahre in Argentinien und sah die Heimat nicht mehr. Rudolf Leonhard verbrachte den 2. Weltkrieg illegal in Marseille. Wilhelm Klemm durfte nach 1933 nicht mehr publizieren, desgleichen G. Benn, nachdem er in völliger Verblendung geglaubt hatte, den Nazismus begrüßen zu müssen. Yvan Goll floh nach USA, J. R. Becher ging als Kommunist nach Rußland und kehrte in die Ostzone zurück, wo er Ulbricht feierte, ohne doch seiner Anpassung wirklich froh zu werden.

Ähnliche Schicksale hatten viele vom Expressionismus beeinflußte Dichter wie Bert Brecht, Alfred Döblin, Elisabeth Langgässer, Hans Henny Jahnn oder Ernst Barlach. Kurt Heynicke versuchte für die Nazis ein Singspiel zu schreiben, fand aber nicht viel Beifall. Nur der Dramatiker Hanns Johst — eine unrühmliche Ausnahme — spielte eine führende Rolle in der NS-Kulturpolitik.

LITERATUR:

Walter Hess *Dokumente zum Verständnis der modernen Malerei.* rde 19 (Fauvismus u. Expressionismus S. 34 ff. Der Blaue Reiter S. 75 ff.)

H. H. Stuckenschmidt *Einführung in die neue Musik.* Schallplatte Wergo; WBG Nr. 50928

P. Pörtner (Hg.) *Literaturrevolution 1910—1925. Dokumente, Manifeste, Programme.* 2 Bde. 1960/61

P. Raabe u. H. L. Greve (Hg.) *Expressionismus. Literatur und Kunst 1910—1923.* (Katalog) Marbach a. N. 1960

Dichterschicksale: s. Kurt Pinthus *Menschheitsdämmerung.* RK 55/56 (1959) S. 331 ff. Dichter u. Werke.

Die neue Form, der neue Mensch: s. Walter H. Sokel *The Writer in Extremis.* 1959, dt: *Der literar. Expressionismus* o. J.

Der dt. Expressionismus. Formen und Gestalten, hg. v. H. Steffen. Vand 208

2. Auftakt: Gedichtetes Weltall

Es wäre verfehlt, alle Zeitströmungen und Werke nennen zu wollen, die den literarischen Expressionismus vorbereiteten. Letztlich entsprang er dem Unbehagen an der Vorkriegszivilisation, die sich fast ganz dem Mechanismus und Positivismus verschrieben hatte. Daß es eine reichere, erfülltere, geistigere Welt geben müsse, konnten die Dichter den

Schriften Nietzsches und Henri Bergsons Philosophie der „schöpferischen Entwicklung", Strindbergs *Traumspiel,* Walt Whitmans Hymnen und dem ekstatischen Aufschrei Rimbauds, der geistigen Besessenheit Wedekinds wie der Satire Heinrich Manns entnehmen.

Innerhalb der deutschen Dichtung sind es zunächst die „Kosmiker" Alfred Mombert und Theodor Däubler, die den Menschen wieder als Urgeschöpf, die Welt nicht mehr als Geschichte, sondern als Schöpfung sahen und im Dichter den Mythen-Gestalter aus urtümlichem Bewußtsein.

ALFRED MOMBERT (1872—1942), geboren in Karlsruhe und noch im Alter ins KZ geschleppt, dichtete sein Leben lang ein „in seiner Unbeirrtheit und konzentrischen Einheit großartig kreisendes Werk" (Rilke), eine kosmische Musik, von der manche Teile zum Schönsten zählen, was in deutscher Sprache gedichtet wurde:

Es war zur Nacht, da ich ins Meerhorn stieß.
Es war zur Nacht, da ich zum Aufbruch blies.
Es war zur Nacht, da ich den Strand verließ.
Mein Boot lag in der Mondquelle.
Ich stand in vollendeter Helle.
Ich stand schlafähnlich starr auf silbernem Kies.

Reine Musik, die ihren Sinn in sich selber trägt. Im Jahre 1911, als die großen Erschütterungen noch ausstanden, wurde Mombert nicht verstanden, wenn er apokalyptisch vom Ende der Völker dichtete: „O Aeon, ich trage das Leiden vieler Völker / Auf mein Haupt hast du gehäuft / Jahrtausende asiatischer Zertrümmerungen. / In meine Stirne hast du eingemeißelt / Grabstätten für deine erwürgten Völker. / In meinem Herzen hast du eingekerkert / die Blicke aller deiner Gekreuzigten. / Meine kranken Augen hast du überflutet / mit dem schwarzen Fallbeil-Blut deiner Revolution. / Ich fraß die Pestleichen deiner Schlachtfelder / Ich schlang dir hinunter den Kehricht deiner geistzermalmten Hirne."

Einst hatte Mombert gesungen: „Das ist das Land, das die Seele liebt", und er meinte das Deutschland Beethovens („dem ich mich verwandt fühle wie keinem anderen Künstler"). Er wunderte sich, „wie wenig unsere Metaphysik, unsere Musik den Mitlebenden in Blut und Nerven übergegangen ist". Als Beethoven schon zu Hitler-Empfängen gespielt wurde, blieb Mombert, dem Land der Seele vertrauend, noch immer in Deutschland, bis er es in den KZ-Baracken nicht mehr begriff:

jetzt schaue ich meine Stätte —:
Ich schaue die Zelte der Finsternis —:
Ich schaue den diamantenen Glanz der Pforten der
Totenwelt —

Auch von THEODOR DÄUBLERS (1876—1943) verwirrendem Hauptwerk *Nordlicht* (1906—10) und seinen Hymnen auf Italien und Griechenland *(Attische Sonette)* könnten die schönsten Verse vielen kleineren Poeten zum Ruhm verhelfen. Däubler, eng verbunden mit den modernen Kunstentwicklungen, stammte aus Triest und war ein Freund Barlachs. Das Strahlende, die Sonne, der Geist ist der Inhalt seiner Poesie.

Nordlicht, goldgewordene Glücksverheißung,
Feuerblume, Sonnenüberschwang,
Sichtbar tiefe Sonn- und Erdverheißung,
Wahre unsern heiligen Sonnendrang.

Wer die Sonnenbilder van Goghs kennt, versteht diese Sehnsüchte ohne Kommentar.

LITERATUR:
Bernhard Rang in *Expressionismus,* hg. v. H. Friedmann u. O. Mann. Heidelberg 1956, S. 27—57
H. Hennecke *Albert Mombert. Eine Einführung in sein Werk und eine Auswahl.* Wiesbaden 1952
H. Wegener *Gestalt u. Form von Th. Däublers dichterischer Bilderwelt.* Diss. Köln 1962
Alfred Mombert *Gedichte.* R 8760 — Theodor Däubler *Gedichte.* R 8933

3. Menschheitsdämmerung — Eine neue Generation von Lyrikern

Wider die verbrauchte Lyrik. Den Protest gegen die satte Vorkriegszeit, die epigonale Lyrik von „Waldesgrün und Lerchensang" eröffneten die jungen Studenten und Dichter des Berliner „Neuen Clubs" (1909), der auch als Kabarett an die Öffentlichkeit trat. Georg Heym, 1887 in Schlesien geboren und 1912 beim Eislaufen ertrunken, nannte den guten, stillen Mond, das Kernstück der alten Gefühlslyrik, höhnisch einen „Henker, vor der Wolken Block", den nach Blut hungere:

er läßt den Mord in euren Hirnen wachsen
wie eine große weiße giftige Blume.

Ernst Blass (1980—1939) schrieb provozierend-kabarettistisch: „Es steigt aus den geschärften Häuserspitzen / der Mond, ein pittoresker Kegelkönig." Noch krasser karikierte Albert Ehrenstein (1886—1950): „Lyrisch piepst die Sternenbrut / Flimmerndes Geziefer", und Alfred Lichtenstein (1889—1914) entzauberte die geruhsame Landschaftsstimmung: „Zerlumpte Bäume strolchen in die Ferne / Betrunkene Wiesen drehen sich im Kreise." Durch diese Methode der „expressiven Deformation" zerschlugen die jungen Dichter — nach Rimbauds Vorbild in Frankreich — die täuschenden Harmonien bürgerlichen Gefühlslebens (s. S. 249).

Die Faszination der Großstadt. Die jungen Dichter lebten nicht mehr wie einst Theodor Storm in einer „kleinen Stadt am Meer", sondern in der neuen, tosenden Großstadt, die zugleich anziehend und abstoßend war. Sie lobten nicht das flache Land, sondern besangen und attackierten das neue Ungetüm Großstadt. Als Gott Baal mit rotem Bauch sah Heym den Großstadt-Dämon über dem Häuserblocke sitzen, der gefräßige Mammon „streckt ins Dunkel seine Fleischerfaust", im Rauch der Fabriken und im Korybanten-Tanz der Millionen geht der Klang der Kirchenglocken und der Duft von Weihrauch unter. Noch apokalyptischer beschwor 1911 Johannes R. Becher (1891—1958) das „Spinnenungeheuer" der Großstadt mit seinen Geschwüren von Schutt und Moder:

Einst kommen wird der Tag! . . . Da mit des Zorns Geschrei
Der Gott wie einst die milbige Kruste sprengt.
Im Scherbenhorizonte treibt ein fetter Hai,
Dem blutiger Leichen Fraß aus zackichtem Maule hängt.

Der verkümmerte Mensch. Schon die Naturalisten (s. S. 240) waren von dem Elend und von der Armut ergriffen, die sich in den rasch gewachsenen Zentren der Industrie ausbreiteten. Doch für die Expressionisten war das Elend nicht nur ein sozialtechnisch lösbares Problem. Im gedemütigten Einzelmenschen erblickten sie die Verkümmerung des Geistes und der Seele des Menschen schlechthin. Paul Zech (1881—1946) sah an den Sortiermädchen in der Fabrik — „bleiche Mädchen, schon zu reif für Traum und Träne" — den „trockenen Grind" und „an den Schwielen Wucherung verschollener Pläne". Angesichts der „blassen Krüppel", der „Geschwächten aus dem Hospital", der „Töchter der Magdalena, Kains robusten Söhnen" ruft er nach einer *Neuen Bergpredigt* (1910): „noch immer schwebt zerräderte Musik um eure Lippen / ihr Kinder, die ich nie so hilflos sah / und so gejagt . . ." Die robuste, gleichgültige besitzbürgerliche Gesellschaft ist von Gott abgefallen. Stellvertretend für die egoistische Menschheit bekennt J. R. Becher: „In meiner Finsternis war Gott zugrund gegangen . . . / Ich nasser Docht, der niemals Feuer fängt." In einer fortschritts- und genußfreudigen Gesellschaft, der jedes Sündenbewußtsein abhanden gekommen war, fühlten sich diese jungen Dichter, obzwar selbst bürgerlicher Herkunft, als Ausgestoßene. Während die prestige- und machtsüchtige Bürgerwelt nach des Kaisers Wort „herrlichen Zeiten" entgegenging, schrieben Dichter wie Albert Ehrenstein:

Und ob die großen Automobile sausen
Aeroplane im Äther sausen
Es fehlt dem Menschen die stete, welterschütternde Kraft.
Er ist wie Schleim, gespuckt auf eine Schiene.

Das an glatten Aufstieg, wohlige Gesundheit und an das schmerzlos Schöne glaubende Publikum war über die „geschmacklosen" jungen Poeten entrüstet. Gottfried Benn

(1886—1956), damals noch ein junger Arzt, verbarg seine Betroffenheit über die Diskrepanzen des Lebens hinter Zynismus, wie im Gedicht von der *Kleinen Aster:* „Ein ersoffener Bierfahrer wurde auf den Tisch gestemmt. / Irgendeiner hatte ihm eine dunkel hellila Aster / zwischen die Zähne geklemmt." Die Aster gerät in die blutig geöffnete Brusthöhle des Patienten, wo sie sich im Blut satt trinken darf. Vielleicht war Benns Zynismus ebenso eine Maske wie Heyms mitunter surrealistische Dämonie, die neugeborne Kinder ohne Kopf erblickte — aber „der Teufel Hälse wachsen wie Giraffen". Schreckensvisionen, die auf Bildern von Max Ernst und Salvador Dali wiederkehren.

Einsamkeit und Leere. Die Dichter sprachen aus, was rosiger Optimismus verdecken wollte. ALFRED WOLFENSTEIN (1888—1945) sah die — später von George Grosz gezeichneten — Gesichter:

Hier Antlitze wie Tiere fremd
Und Augen wie in Eis geklemmt
Und Augen, die nur sich besehn,
Hier Antlitze, von nichts gehemmt.

Wenn wir bei ALBERT EHRENSTEIN lesen: „Wie bin ich vorgespannt / den Kohlenwagen meiner Trauer! / . . . / Im Traum schon starb ich / Gras schoß aus meinem Schädel / Aus schwarzer Erde war mein Kopf", vernehmen wir eine Einsamkeit, wie sie Karl Krolow und Günter Eich wieder nach den Erfahrungen des 2. Weltkrieges zum Ausdruck brachten. HEYM verglich die Unruhe der Lebenden mit der erlösten Einsamkeit der Toten:

So schlaft ihr fort, vom Flötenton gewiegt
Der Einsamkeit, im späten Weltentod,
Da über euch ein großer Vogel fliegt
Mit schwarzem Flug ins gelbe Abendrot.

Kaum einer — abgesehen von Kafka — empfand sich aber so isoliert wie der 1887 in Salzburg geborene GEORG TRAKL (gest. 1914). Er zog sich ganz in seine Dichtung zurück, sprach in den Versen fast nie von sich selbst, sondern verhüllte Angst und Schwermut im Gleichnis. Er schützte sich — wie Kafka und bisweilen auch van Hoddis — durch die dunkel verbergende und beschwörende Metapher. In seinen frühen Versen überwog noch eine Hofmannsthalsche Neuromantik, aber bald wurden ihm der nächtliche Garten, der verfallene Friedhof, die Leichenhalle und schließlich 1914 das Schlachtfeld in Polen, wohin er als Apotheker mit einer Sanitätseinheit zog, zum Zeichen des allgemeinen Verfalls. Wie auf Bildern des Blauen Reiters durchdringen sich in seinen Gedichten befremdende Farben — „kristallene Weiden", „mondene Pfade", „blaue Klage" — und entrücken die sinnliche Vorstellung ins Magische. Der explizite Vergleich (s. Rilke) weicht der absoluten Metapher. Das Wie des Vergleichs — Hirten wie ich, Pfade wie vom Mond beschienen — entfällt. Wenn es heißt:

Hirten begruben die Sonne im kahlen Wald.
Ein Fischer zog
In härenem Netz den Mond aus frierendem Weiher

dann versetzen negative Gefühlswerte — kahl, hären, frierend — die positiv empfundenen Worte — Hirte, Sonne, Fischer — in eine überreale Spannung. Absolute Metaphern, das Ich verbergende Figuren, Farb- und Gefühlskontraste entziehen das Gedicht der bloßen Mitteilung und machen es zum versiegelnden Gleichnis.

Georg Trakl, Lithographie von H. Jone

Verfall, Fäulnis, Wahnsinn. „Die Seele schrumpft zu winzigen Komplexen / Tot ist die Kunst. Die Stunden kreisen schneller / O meine Zeit! So namenlos zerrissen / So ohne Stern, so daseinsarm im Wissen“, klagte WILHELM KLEMM (geb. 1881). Die seelische Schrumpfung hinter den Kulissen des Fortschritts machte die Dichter aufmerksam auf den „süßen Geruch der Verwesung“ (Becher), die „pilzbeschuppten Mauern“ (Zech), die „blutlosen Bäume“ (Lichtenstein) und die Wasserratten an der Leiche Ophelias (Heym, Benn, Brecht). Zum ersten Mal bricht wieder das jüdisch-christliche Bewußtsein von der faulen Kehrseite der Welt durch. Zahlreich sind die Bilder des Stürzens, sogar in Liebesgedichten:

Als an deinem steinernen Herzen
Meine Flügel brachen
Fielen die Amseln wie Trauerrosen
Hoch vom blauen Gebüsch.
(Else Lasker-Schüler)

Die Unverbundenheit (Diskontinuität) der Metaphern, die dem harten Nebeneinander der Farben expressionistischer Maler und der Instrumente in der Musik entsprach, akzentuierte die versagte Kommunikation. So folgen in einem Herbstgedicht TRAKLS auf die Intonation: „Sonne, herbstlich dünn und zag ...“ plötzlich die Worte „Sterbeklänge von Metall / und ein weißes Tier bricht nieder ...“ Lautlos vollzieht sich Ungeheures wie in Anton von Weberns Musik, der, wie Trakl schüchtern und schreckhaft, nach dessen Texten Lieder komponierte. Die schwarz verwesende Welt erzeugte Halluzinationen unerhörter Farbklänge: „Stirne Gottes Farben träumt / Spürt des Wahnsinns sanfte Flügel ...“

Dem Wahnsinn, der sich über Trakl gleich „mondverschlungenen Pfaden“ und wie dunkle Schuld zusammenzog, begegnete JAKOB VAN HODDIS (1887—1942) im Symbol des Todesengels. Die Sinnlosigkeit der Existenz zerrüttete seinen wunderbaren Geist. Doch seine Engel — in der Dichtung Mallarmés, Valérys und Rilkes verkörperten Engel noch die Quelle musischer Inspiration — sollten, wie so viele Bilder des Expressionismus, als Symbole zerstörerischer Kräfte in der großen europäischen Lyrik nach 1918 wiederkehren: bei Cocteau, T. S. Eliot, dem großen Spanier Rafael Alberti, bei Lorca, in Kafkas Ringen um Gnade und in René Chars *Beschreibung eines Kampfes.*

Du und Gott. Durch die gesamte „expressionistische“ Dichtung zieht sich ein tiefes Schuldbewußtsein (s. S. 290). Der Vereinsamte weiß sich Gott zugleich ferner und näher. In seiner Schwermut gefangen, erschrickt er über die Kälte des Alls: „Zuletzt ist Gott nur noch allein / Zuckender Puls im All“. Wie verträgt sich die „Weltkaserne“ mit der „großen Schöpferfuge“, fragte PAUL ZECH.

Kindlicher, in einem fast katholisch-frommen Zutrauen flehte FRANZ WERFEL (1890—1945): „Warum, mein Herr und Gott, schufst du mich nicht / Zu deinem Seraph, goldigen, willkommenen ...?“ Daß sich Werfel später zu einem populären Romanautor entwickelte (*Die vierzig Tage des Musa Dagh*, 1933, sicher sein bestes Buch; die Utopie *Stern der Ungeborenen,* 1945, *Das Lied von Bernadette,* 1941), versteht man, wenn man wieder einmal in dem einst so gefeierten Gedichtband *Der Weltfreund* (1911) blättert.

Überzeugender erklang die Gottessehnsucht ELSE LASKER-SCHÜLERS (1876—1945), der Freundin von Marc, Benn und Trakl, die auf dem Ölberg in der Heimat ihrer Urväter begraben liegt. Ihre *Hebräischen Balladen* (1913) gehören zu den echtesten Zeugnissen religiöser Dichtung und bedeuteten eine Rückbesinnung auf den ererbten jüdischen Glauben:

Der Fels wird morsch,
Dem ich entspringe
Und meine Gotteslieder singe ...
Hab mich so abgeströmt
Von meines Blutes
Mostvergorenheit.

Und immer, immer noch der Widerhall -
in mir
Wenn schauerlich gen Ost
Das morsche Felsgebein
Mein Volk
Zu Gott schreit.

Die Dichterin vermag aber noch an die Urkraft der Poesie des Herzens und an die Verwandlung der Welt ins Wunderbare zu glauben. Der blühende Geigenton, die biblisch-orientalische Bildersprache ihrer Verse machten sie zur größten deutschen Liebeslyrikerin: „Wenn du sprichst / Wacht mein Herz auf. / Alle Vögel üben sich / Auf deinen Lippen." Sie hatte, sagte Peter Hille, „Schwingen und Fesseln, Jauchzen des Kindes, der seligen Braut fromme Inbrunst, das müde Blut verbannter Jahrtausende und greiser Kränkungen . . .", sie war der „schwarze Schwan Israels, eine Sappho". Benn nannte sie „die größte Lyrikerin, die Deutschland je hatte" (s. a. S. 304).

Auch in YVAN GOLL (1891—1950) brach immer wieder das verschüttete Gotteserbe durch: „Ich trage so schwer an der Schicksalserbschaft / Meiner Bibelmütter / Meiner Prophetinnen / Meiner Königinnen. / Es rauschen so mächtig aus dunklen Jahrhunderten / Die Gottesjahre / Die Tempeljahre / Die Ghettojahre." Goll — „keine Heimat: durch Schicksal Jude, durch Zufall in Frankreich geboren, durch ein Stempelpapier als Deutscher bezeichnet" — zog in den Gestalten des Orpheus und Johann-Ohne-Land durch die Welt, begleitet von seiner treuen Gefährtin und Frau Claire, mit der er in seinen Liebesgedichten Zwiesprache hält. Als Hiob steht der aus dem Paradies Vertriebene auch stets wieder Gott gegenüber:

O Herr, daß du mich ausbrennst
Wie lebenden Kalk brütenden Staub
Daß du mich adelst zur Nessel
Und meinen Schmerz versteinerst im Fels.

Goll hat einen Großteil seiner reichhaltigen Hymnen, Gesänge, Kantaten und Romane in französischer Sprache geschrieben, den Zyklus *Atom Elegy* während des amerikanischen Exils sogar in Englisch. Er gehörte auch zu den Begründern des Surrealismus. Sein Groteskspiel *Methusalem* (1922) von den Angstträumen eines Schuhfabrikanten und dem Aberwitz des Alltags stellt sich in die Reihe der absurden Satiren von Jarry, Apollinaire, Lorca und Ionesco. Doch immer wieder blühen im „Traumkraut" seiner alogischen Poesie innige Liebesakkorde auf, spüren wir hinter dem Spielerischen und der lockeren Verknüpfung seiner Bilder das Leiden an der Welt und die Hiob-Frage an Gott.

Radikale Egozentrik. Während Dichter wie Trakl und Kafka ihre Einsamkeit still ertrugen, entwickelte der neumärkische Pastorssohn und Berliner Arzt GOTTFRIED BENN (1886—1956) eine polemisch vorgetragene Lehre radikaler Egozentrik. Mit ihr gewann er, freilich erst nach dem 2. Weltkrieg, den er fast als einziger Expressionist überlebte, vorübergehend einen starken Einfluß auf völlig desillusionierte Geister. Seine ersten Gedichte (*Morgue*, 1912) und seine frühe Prosa (s. S. 304) erklären sich noch aus der Aufgewühltheit einer primär ästhetisch empfindenden Existenz, der die Häßlichkeit des Menschen in Operationssälen und Krebsbaracken gegenübertritt. Der Krieg verstärkte Benns Ekel vor der animalischen Natur des Menschen. Immer sinnloser erschien ihm die Geschichte mit ihrem Fortschritt an Knochenhaufen. Das moderne Ich (Essay, 1920), konstatierte er, befindet sich in totaler Auflösung:

Totale Auflösung, monströseste Konglomerate,
neurotische Apokalypsen, transhumane Foken,
Jaktation, hybridestes Finale —
Individual-Ich: abgetakelt,
Psychologie: zum Kotzen,
Entwicklungsprinzip: der Hund bleibt am Ofen,
Kausalgenese wer will das wissen
Ergebnis: réponse payée!

Teilergebnis: verfaultes Dasein Gift und Gase,
was über die Lippen der Frühe ging,
die Morgenfrüchte, der wirre Wein,
unserer Hirne sterbender Brand . . .

Diesem zwischen Kälte und Rausch, Gehirn und Trunkenheit zerrissenen Ich ist wörtlich Gott tot. Die Zivilisation ist vom Intellekt vereist, ein Trümmerhaufen der Weltgeschichte, ein beziehungsloses Chaos von Wissensdaten, lexikalischen Begriffen und Wortfetzen. Darum kann es auch für den Dichter nur mehr Reste von Mythen, Namen, Zitate und Sensationen geben. Der „einsame Gott" Ich entledigt sich aller Kommunikation mit dem Du. Dem „hirnzerfressenen Aas" muß daher klassisch Vollendetes, die formgewordene Kunst der Vergangenheit, die harte, männliche Form (*Pallas*-Aufsatz), ja die caesarische Zucht als Ausweg aus dem Zivilisationschaos erscheinen. So fand Benn 1933 für kurze Zeit die Brücke zum Faschismus (Brief an Klaus Mann). Ein Irrtum (s. S. 288). Denn der Nietzscheaner Benn, der alle „Geschichtsproduzenten" und „Lauseschädel" haßte, der davon überzeugt war, daß Kunst nur Ausdruck ist und die Welt nicht verändern könne, mußte auch diese geschichtliche Dynamik ablehnen. Kunst, wie er sie verstand, hat mit Entwicklung, Kausalität, Psychologie nichts zu schaffen. Sie zielt auf das Statische (*Statische Gedichte,* 1948). Benns eigene Verse verwirklichen das ästhetische Postulat der Statik jedoch nur in Ausnahmefällen, sie sind zumeist „trunkene Flut", Montagen des „Schutts" (Gedichttitel 1919), worin seltene Worte, Mythenfetzen, persönliche Erinnerungen und Neologismen wie z. B. „Asphodelentrust", „Mänadenklang", „Herzens-Ariel" zu hypnotisch-suggestiver Wirkung zusammengebracht werden.

Wenn gewöhnliche Menschen „im Weingeruch, im Rausch der Dinge" die Intellekt-Gefühl-Spaltung vergessen dürfen, so muß sich der schizophrene moderne Lyriker alles Lösende, Lockernde selber geben:

Du mußt dir alles geben
Götter geben dir nicht
gib dir das leise Verschweben
unter Rosen und Licht.

Evokation, d. h. die Magie faszinierender Worte, ruft das Gedicht ins Sein:

Ein Wort —, ein Glanz, ein Flug, ein Feuer,
ein Flammenmeer, ein Sternenstrich,
und wieder Dunkel, ungeheuer,
im leeren Raum um Welt und Ich.

Das „späte Ich" des Künstlers, von „formstiller Vollendung" träumend, wird sich selbst zum blutenden Gott und zur Schädelstätte Golgatha (s. a. S. 304 und 378).

Der 1. Weltkrieg. Das Rüstungsfieber vor 1914 erregte die jungen Dichter (Heym *Der Krieg,* 1911) und Maler wie Ludwig Meidner zu den apokalyptischsten Visionen. Junge Leute wie die Hauptfigur in Gustav Sacks Roman *„Ein verbummelter Student"* (1910) sehnten den Krieg als Erlöser aus der Sattheit herbei. Doch den patriotischen Propagandatribut entrichteten auch damals die traditionelleren Poeten. Die Paneuropäer, Pazifisten und Internationalisten wie Werfel, Brod, Sternheim, Hasenclever, Leonhard Frank, Paul Zech und Wolfenstein schrieben seit 1915 in den von René Schickele dann in der neutralen Schweiz herausgegebenen *Weißen Blättern.* Ihre Verse und Gedichtbände konnten das Morden nicht aufhalten: Johannes R. Becher *An Europa, Verbrüderung,* 1916; Yvan Goll *Requiem für die Gefallenen von Europa;* Max Hermann-Neisse *Empörung, Andacht, Ewigkeit;* Wilhelm Klemm *Aufforderung;* Ludwig Rubiner *Das himmlische Licht,* 1917. Sie werden dafür für immer das andere Europa bezeugen.

Auf den sich in den Materialschlachten offenbarenden technisch-zerstörerischen Charakter der Zivilisation hatte die Kunst schon vorher reagiert. Im *Sturm* veröffentlichte Herwarth Walden Gedichte des 1915 gefallenen sonderbaren Postbeamten August Stramm, welche die Konzentration aufs äußerste trieben:

Patrouille

Die Steine feinden
Fenster grinst Verrat
Äste würgen
Berge Sträucher blättern raschlig
Gellen
Tod.

Stramms Komprimierung entsprach Marinettis futuristischem Programm. Ähnliche Verkürzungen finden sich in vielen Versen und im expressionistischen Dialog Sternheims. Auch Trakl drängte die Symbole des Kriegs aufs engste zusammen:

Dornige Wildnis umgürtet die Stadt
Von blutenden Stufen jagt der Mond
die erschrockenen Frauen.
Wilde Wölfe brachen durchs Tor.

Wie sehr Angst und Bedrohung Mensch und Ausdruck zusammenpressen, zeigen auch die im *Sturm* zuerst bekannt gemachten Plastiken: z. B. der „Kauernde“ von André Derain (1907) in seiner kubistischen Blockhaftigkeit, Archipenkos montierte Figuren und die futuristischen Bewegungsformen von Duchamp-Villon und Boccioni. Der aus Keulen und Kolben montierte menschliche Körper wird buchstäblich zu Stein und Eisen.

NACH ZEHN KAMPFJAHREN FÜR
Die Aktion
VON GENOSSEN / FREUNDEN / MITARBEITERN

10 Jahre Aktion

Felixmuller — Widmungsblatt für Franz Pfemfert

INHALT DIESES HEFTES. Beiträge von Felixmüller, Richter-Berlin, Max Dortu, Max Herrmann-Neisse, Victor Fraenkl, Julius Moses, Georg Davidsohn, Paul Robien, Albert Ehrenstein, Oskar Kanehl, Wilhelm Stolzenburg, Wilhelm Klemm, Ernst Blaß, Hilde Stieler, Erich Mühsam, Otto Rühle, Grete Rühle, Carl Sternheim, Heinrich Stadelmann-Dresden, Tobias Sternberg-Wien, Ludwig Kassak — Josef Kalmer und Georg Tappert.

Titelblatt eines Heftes der Zeitschrift *Die Aktion*, hg. von Franz Pfemfert

Ethisch-politischer Expressionismus. „Aufruf und Empörung“ und „Liebe den Menschen“ hießen die letzten zwei Kapitel der expressionistischen Anthologie *Menschheitsdämmerung*. Die Gedichte, die Kurt Pinthus 1920 darin sammelte, sprengten den Bann lähmender Angst, das vereiste Herz der Nationen, die ästhetische Introversion und den Bennschen Kult nihilistischer Einsamkeit. Ihre heftige Wortbesessenheit unterscheidet sich in nichts von Benns gleichzeitigen Versen, nur wenden sie sich dem Du, der Versöhnung der Völker zu. „Niemals in der Weltdichtung scholl so laut, zerreißend und aufrüttelnd Schrei, Sturz und Sehnsucht einer Zeit, wie aus dem wilden Zug dieser Vorläufer und Märtyrer (des Friedens), deren Herzen nicht von den romantischen Pfeilen des Amor oder Eros, sondern von den Peinigungen verdammter Jugendjahre, verhaßter Gesellschaft, aufgezwungener Mordjahre durchbohrt wurden. Aus irdischer Qual griffen ihre Hände in den Himmel ...“ (K. Pinthus). Daß sich diese Menschheitsträume nicht erfüllten und nach wenigen Jahren erneut sture Machtpolitik triumphierte, tut der Leidenschaft dieser Dichter keinen Abbruch. Ihre Poesie riß die seelischen und geistigen Kerker auf, überstürzte sich in Fluten und Katarakten und gewann das „Rhetorische“ der menschlichen Stimme wieder. Sie wurde Aufruf, Wendung des Ich zum Du und zur brüderlichen Gemeinschaft:

O Mund, der nun spricht, hinschwingend in durchsichtigen Stößen
über gewölbte Meere.

O Licht im Menschen an allen Orten der Erde, in den Städten fliegen
Stimmen auf wie silberne Speere

sang Ludwig Rubiner (1881—1920). „Ich habe nicht gezweifelt, daß du lebst, / Daß du dich ängstigst, Bruder, durch die Nacht ... Dein Gruß hat mich aus den Rädern der Maschine hervorgeklaubt ...“, jubelte Karl Otten (geb. 1889). Walter Hasenclever (1890—1940) rief: „Zum letzten Male donnern die Rohre. / Zitronen blühen / Am Ufer des Sees /

Stürzt hin, Militärs! Beugt euern Scheitel . . ." YVAN GOLL pries die zu erneuernde Schöpfung: „Säule irdischen Gesangs, / stand der Mensch. / Aus dem steinernen Leid / Tief im rauschenden Schoß der Liebe / War der Herrliche auferstanden!" WOLFENSTEIN träumte von einer *Friedensstadt*, Franz Werfel *(Veni Creator Spiritus)* und der Elsässer RENÉ SCHICKELE (1883—1940) flehten den Heiligen Geist der Versöhnung auf die geschändete Erde herab. Auch J. R. BECHER, der zerrissenste, ekstatischste von allen und zum Haß gegen die „Henker und Räuber", die „Geißeln Gottes", entschlossen, verleugnete nicht die Herkunft seiner Empörung aus qualvollem christlichem Sündenbewußtsein. Was ist der Mensch? fragt er:

. . . Grimmer Moloch oder Edens Küste.
Giftgas-Speier oder Saat des Heils.
Scheusal der Hyäne oder Palmen Zone.
Christi Seiten-Wunde oder Essigschwamm.

Man muß schon zur manieristischen und barocken Lyrik des 16./17. Jhs zurückgehen, um ähnlich starke Erregungsgebärden anzutreffen. Aus sündbewußtem Wüten gegen das hassenswerte Ich, gegen der „Tierheit Härte" rettete sich Becher dann in den willenhaft-aktivistischen Glauben der Spartakisten:

Der Dichter meidet strahlende Akkorde.
Er stößt durch Tuben, peitscht die Trommel schrill.
Er reißt das Volk auf mit gehackten Sätzen.

Becher wollte eine neue Welt, „die alte, die mystische, die Welt der Qual austilgend". „Eine besonnte, eine äußerst gegliederte, eine geschliffene Landschaft" schwebte ihm vor, „eine Insel glückseliger Menschheit". Doch diese spartakistische Utopie (s. a. seine Hymne an Rosa Luxemburg) wird zum Schluß des Gedichts schon durchsetzt vom Vokabular des furchtbaren modernen Terrorismus, der ihn schließlich zum Stalin-Funktionär machte:

Menschheit! Freiheit! Liebe!
Der neue, der Heilige Staat
sei gepredigt dem Blut der Völker, Blut von ihrem Blut, eingeimpft.
Restlos sei er gestaltet.
Paradies setzt ein.
— Laßt uns die Schlagwetter-Atmosphäre verbreiten!
Lernt! Vorbereitet! Übt euch!

LITERATUR:
K. L. Schneider über die Dichter des ‚Neuen Clubs' in: *Formkräfte der dt. Dichtung.* Vand 169, S. 250—270
K. L. Schneider *Der bildhafte Ausdruck in den Dichtungen G. Heyms, G. Trakls u. E. Stadlers.* Heidelberg ²1962
W. Killy *Über Georg Trakl.* Vand 88/89
Werner Kraft *Else Lasker-Schüler. Einführung u. Auswahl.* Wiesbaden 1951
E. Lohner *Passion und Intellekt. Die Lyrik G. Benns.* Neuwied 1961
H. Uhlig: J. R. Becher u. Ivan Goll in *Expressionismus,* hg. v. H. Friedmann u. O. Mann. Heidelberg 1956
Sinn und Form. Zweites Sonderheft: Johannes R. Becher. (Ost-)Berlin 1960
Kasimir Edschmid *Die ‚Weißen Blätter'* in: *Lebendiger Expressionismus,* S. 39—59. Ullstein 465

4. Das expressionistische Theater

a) Die neue Wirklichkeit auf der Bühne

Die innere Wirklichkeit der gequälten Seelen, die Traumgesichte und Botschaften der Lyrik auf die Bühne zu übertragen, erwies sich als ein fast unlösbares Problem. Die expressionistische Lyrik war ja äußerst subjektiv, monologisch und wandte sich an einsame gleichgestimmte Leser oder an eine vom Dichter erst erhoffte neue Gemeinschaft. Wie aber sollte, was die blutjungen Dichter erlebt hatten — die Ungestalt des Nichtmenschlichen: der autoritäre Staat, die bürgerliche Fassade, die verbeamtete Kirche, Schulpedanterie, väterlicher Zwang, Familienzwist und die Maschinerie der Schlachten — auf die alte Guckkastenbühne gebracht werden? Dazu reichten die bekannten Modelle von Schiller und Hauptmann nicht mehr aus.

In ihrer Ausdrucksnot suchten sie nach neuen Möglichkeiten: Die innere Wandlung des Helden ließ sich durch Stationen, d. h. Einzelbilder anstelle der Akte, darstellen. Chöre konnten zwar nicht die Handlung vorwärtsbringen, aber das seelische Geschehen rhythmisieren, steigern. Einzelne Dramatiker (Unruh, Toller, vor allem Sternheim und Kraus) griffen zu Satire und Groteske. Carl Hauptmanns *Krieg* von 1913 ist ein Tierpandämonium. Barlachs Stücke sind eine Art Mysterienspiele mit völlig eigenen Allegorien. Sorge erträumte ein kultisches Theater. Yvan Goll schrieb das satirisch-absurde Groteskstück *Methusalem* (s. S. 293). Toller näherte sich dem politischen Thesentheater Piscators. An Marionettenspiele mit Figurinen dachte Lothar Schreyer. Verständlich, daß bei den meisten Stücken innere Realität und äußere Wirklichkeit auseinanderklafften und daß nur wenige wie Kaiser mit den *Bürgern von Calais* (1913), Sternheim und Barlach stilistische Geschlossenheit und auch szenische Aufführbarkeit erreichten.

Abstraktion und Allegorie. Die Sichtbarmachung des Inneren verlangte eine abgeräumte, abstrakte Bühne mit andeutenden Requisiten (z. B. einem Kreuz) und kubistischen Beleuchtungseffekten. Die Gestalten — sie heißen z. B. Er, Sie, Der Vater, Die Mütterliche, Der Bettler, Kain und Abel, Der General, Der Gefangene — sind weder konkret-individuell noch soziale Typen, sondern eher begriffliche und allegorisierende Träger von Ideen, seelischen Kräften oder halbmythische Figuren wie Noah und Kain. So bewegen sich die Stücke — wie die aus allen Bahnen geworfenen Dichter und die unübersichtliche gesellschaftliche Wirklichkeit — in einem oft „weltlosen" Raum.

Die Sprache. Die Dichter greifen zurück auf die Rhetorik des jungen Schiller, die Gewaltsamkeiten Kleists, das erhaben Gesteigerte des Alten Testaments und Klopstocks, auf das Hymnisch-Prophetische von Nietzsches *Zarathustra* und das strömende Gefühl des jungen Goethe. Aber auch Wedekinds forcierte Kraftsprache und Grabbes Aufbegehren sind Muster aus ihrer jugendlichen Gymnasiastenlektüre.

Dennoch: ihre Versuche sind wertvoll als ein Durchgangspunkt zu modernen Theaterstilen: zum kultischen Theater (Weihespiele), zum politischen Thesenstück (Piscator-Bühne), zum epischen Theater Brechts, zum absurden Theater (Ionesco, Beckett) und auch zum poetischen Theater (Lorca, Fry); denn die Abkehr vom Bühnen-Realismus vollzog sich damals gleichzeitig in anderen Ländern. Der junge Zuckmayer *(Kreuzweg,* 1921), F. Bruckner und vor allem Brecht *(Baal, Trommeln in der Nacht)* wurzeln im expressionistischen Aufbruch.

Religiöse Motive. Reinhard Sorge (1892—1916) begann 1912 mit dem Stück *Der Bettler:* ein junger Dichter — der Bettler — verficht darin die Idee einer mystischen Bühne, einer neuen Stätte der Heiligung, zu der Menschen aller Stände und Völker strömen. Folgerichtig versuchte Sorge sich nach seiner Konversion zum Katholizismus an Mysterienspielen *(Metanoeite, König David* u. a.). Das Thema Brudermord wollte Friedrich Koffka (1888—1951) in *Kain* (1917) gestalten. Max Brods *Die Arche Noahs* (1912) und Arno Nadels (1878—1943) Bibelszenen *Der Sündenfall* (1920) gingen aus verinnerlichtem Judentum hervor. Paul Kornfeld (geb. 1889, 1941 ins KZ Lodz gebracht) schuf in *Die Verführung* (1913) die typisch expressionistische Gestalt des sehnsüchtigen Bitterlich, der inmitten roher Gesellen an Gott verzweifelt. Später wurde Kornfeld mit Stücken wie der Ehesatire *Der ewige Traum* (1923) Autor ironischer Gesellschaftskomödien.

Götze Krieg. Eine zutiefst sittlich-religiöse Erschütterung wandelte den preußischen Offizier und Generalssohn Fritz von Unruh (1885—1970) zum entschiedensten Gegner des Militarismus und der Herrenkaste. *Vor der Entscheidung,* 1914 an der Front geschrieben, enthält schmerzlich-groteske Szenen vom Totentanz auf dem Schlachtfeld. Triebgier und Krieg häufen in *Ein Geschlecht* alles Leid auf die Symbolgestalt der lebensspendenden Mutter. Im Schauspiel *Platz* (1920) geht es um die alten Götzen Macht und Krieg, aber auch um die terroristischen Elemente der Revolution. Als mutiger Kämpfer gegen jede Art von Tyrannei mußte Unruh 1933 Deutschland verlassen. In ihm feierte der hochherzige

Szene aus Fritz v. Unruhs Drama *Ein Geschlecht,* Aufführung der Städtischen Bühnen Frankfurt am Main

Idealismus des jungen Schiller Auferstehung. Leider auch sprachlich: oft quillt seine innere Erregung über in eine zwar tiefgefühlte, aber für die Bühne zu abstrakte Rhetorik. — Das bekannteste Kriegsdrama wurde die *Seeschlacht* (1918) von REINHARD GOERING (geb. 1887, Freitod 1936): Gespräche, Erinnerungen, Visionen von sieben Matrosen im Panzerturm eines Kreuzers, Fragen nach dem Sinn ihres jungen Lebens.

Väter und Söhne. Typisch für den Sturm und Drang im Expressionismus ist die Auflehnung gegen Obrigkeitsstaat, Familienzwang und harte Vaterautorität. Stücke wie WALTER HASENCLEVERS (1890—1940) *Der Sohn* (1916) oder HANNS JOHSTS *Der junge Mensch* (1916), worin ein Student sich gegen seinen verhaßten Lehrer Sittensauber empört, gehören in die Reihe der für die deutsche Dichtung seit je so charakteristischen Revolten gegen die harte Autorität in Staat, Kirche und Familie: von Lenz' *Soldaten,* Schillers *Räubern* über den *Woyzek* Büchners zu Rilkes Kadettengeschichte *Die Turnstunde* (1899), Wedekinds *Frühlings Erwachen,* Musils *Zögling Törless* und Leonhard Franks *Räuberbande* (1914). Auch in Kafkas Erzählungen (*Die Truppenaushebung, Die Strafkolonie,* 1914) begegnet uns der in Kasernen geübte Sadismus — die „Triebgrundlagen des Dritten Reiches", wie Musil sagte.

Hasenclevers *Sohn,* das erste (1916 in Dresden) öffentlich aufgeführte expressionistische Drama, wurde von der Kritik als Ausdruck jugendlicher Zügellosigkeit abgetan. Doch der sittliche Impuls seiner Auflehnung enthüllte sich in seinen Dramen *Antigone* und *Der Retter.* Der Retter ist ein von den Visionen des Apostels Paulus in seiner Friedensliebe bestärkter Dichter. Er wird dem „Marschall" vom „König" als Landesverräter preisgegeben. Ehe Hasenclever 1933 ausgebürgert wurde und nach mehrmaliger Inhaftierung im Juni 1940 aus Angst vor der Rache der Nazis im Lager Les Milles freiwillig aus dem Leben schied, hatte er auch eine Reihe guter Komödien geschrieben: *Ein besserer Herr,* 1926, *Ehen werden im Himmel geschlossen,* 1928, die amüsante Komödie gegen Diktatoren wie Mussolini *Napoleon greift ein,* 1930, u. v. a.

Ernst Toller und die Revolution. Wohl in keiner Gestalt spiegelte sich so sehr das ganze Elend idealistischer deutscher Jugend wie in ERNST TOLLER. 1893 in Samotschin/Posen geboren, meldete er sich 1914 als Kriegsfreiwilliger, um den Makel seiner jüdischen Herkunft in der nationalen Gemeinschaft auszulöschen. Im Stellungskrieg schürfte sein Pickel eines Tages die Erde auf, an der Spitze hing der schleimige Knoten menschlichen Gedärms: „Plötzlich, als teile sich die Finsternis vom Licht ... Nicht: ein toter Franzose. Nicht: ein toter Deutscher. Ein toter Mensch." Da zerreißt der Langemarck-Traum. Toller findet keine Ruhe mehr. Krank geworden, kriegsuntauglich entlassen, sucht er Antwort: bei

Rilke, Thomas Mann, Max Weber, G. Hauptmann und Richard Dehmel. Viele, die reden sollten, schweigen. Da schreibt Toller sein Bekehrungsstück *Die Wandlung* (1918): aufrüttelnde Szenen von Transportzügen, Granattrichtern, von Tod und Auferstehung. Er schließt sich einem Streik an, kommt dafür ins Militärgefängnis und wird kurzerhand ins Irrenhaus gesteckt. Im April 1919 wählt ihn nach der Ermordung Kurt Eisners der revolutionäre Zentralrat der bayerischen Räterepublik zum Vorsitzenden. Toller vermeidet als „roter General", so gut es geht, jedes unnötige Blutvergießen, doch ein Standgericht verurteilt ihn später als „Hochverräter" zu fünf Jahren Festungshaft. Auf Festung schreibt Toller *Masse — Mensch* (1921): Sieben Bilder aus der sozialen Revolution des 20. Jahrhunderts, in denen er für Brüderlichkeit und gegen jede Gewalttätigkeit eintritt. Das Stück *Die Maschinenstürmer* (1922) enthält einprägsame, fast realistische Szenen von der frühkapitalistischen Ausbeutung in England.

Illustration von C. Rabus zu *Hinkemann* von Ernst Toller

Mit der Tragödie *Der deutsche Hinkemann* (1923) löste sich Toller zum Vorteil seiner Dichtung vom gymnasiastenhaften Pathos seiner Jugend; das Drama zählt mit Wolfgang Borcherts *Draußen vor der Tür* zu den wahrhaftigsten deutschen Heimkehrerstücken: Dem entmannten Kriegskrüppel Hinkemann kann keine gesellschaftliche Ordnung mehr zu menschlicher Würde verhelfen. Er wird von einer Schaubude engagiert, wo er, ein „deutscher Bärenmensch", zum Gaudium der stets blutdürstigen Menge Ratten und Mäuse die Kehle durchbeißen muß. Das Kriegsgreuel-Panoptikum, meint der Budenbesitzer, müsse nunmehr vom Panoptikum der Boxer, Revancheagitatoren, Shimmytänzer und Sektfabrikanten abgelöst werden.

Erstaunlich hellsichtig stellt auch die Groteskkomödie *Der entfesselte Wotan* (1923) das größenwahnsinnige Spießertum und die Geldgeber der ersten Nazis an einem betrügerischen Friseur namens Wotan dar. 1939 tötete sich der Autor, verzweifelt über Europa und wohl auch durch Krankheit gebrochen, in New York. Seine Autobiographie *Eine Jugend in Deutschland* (1933) gehört zu den lesenswertesten Dokumenten der Epoche.

LITERATUR:

K. Otten (Hg.) *Schrei und Bekenntnis* (Anthologie). Neuwied [2]1962

Wedekind, Sternheim, Kaiser, Barlach, Jahnn in: *Expressionismus,* hg. v. H. Friedmann u. O. Mann. Heidelberg 1956, S. 213—314

W. Steffens *Expressionistische Dramatik* (Sorge, Unruhe, Hasenclever, Toller u. a.). FD Bd. 37 = dtv 6837

b) Georg Kaiser — „Aus blutiger Verwundung meine Rosen"

Zwischen Hauptmann und Brecht war Georg Kaiser (1878—1945), ein geborener Magdeburger, der als AEG-Lehrling in Buenos Aires an Malaria erkrankt war und sich dann dem Schriftstellerberuf zuwandte, der einfallsreichste, produktivste und bühnensicherste Dramatiker. Er schrieb — mit den im Schweizer Exil seit 1938 entstandenen Stücken — an die 60 Dramen, Tragikomödien, Lustspiele und Grotesken.

Der Künstler als Heilbringer. Kaisers umfangreiches Werk verfolgte keine direkte gesellschaftskritische Absicht. In seinen Stücken stoßen Idee und Realität, soziale Utopie und träger Egoismus, der erneuerte Mensch und der nur vegetierende hart zusammen. Die von Kraftmenschen gemachte Geschichte erschien ihm letztlich brutal und sinnlos. Nur der Künstler, glaubte er, bewahre noch den Gott, weil er an der gemeinen Wirklichkeit leide und von der „entmenschten Menge" durch „hundert Einsamkeiten" getrennt sei. Sein verwundeter Geist schaffe als Auserwählter und Finder neuer Werte „die Gnadenbilder der Menschheit". Georg Kaiser war ein so einsamer Sucher, daß er sogar den Aufführungen seiner eigenen Dramen fernblieb. Zum Nachteil seiner schwer inszenierbaren Stücke, die darum heute auch kaum mehr auf die Bühne kommen.

Visionen und Ekstasen führen den verkümmerten Menschen auf dem Passionsweg in ein wesenhafteres Sein. Ein mühsamer Läuterungsprozeß oder ein elementarer utopischer Aufbruch bildet daher auch den Geschehenskern vieler seiner Stücke. Nur noch zum Zweck bühnenhafter Vergegenwärtigung bedurften sie eines knappen Handlungsgerüsts, die kausallogische oberflächliche Wirklichkeit wird ausgeklammert.

Im berühmten Drama *Die Bürger von Calais* (1913 geschrieben, doch erst 1917 aufgeführt) geht es daher nicht nur — wie in Froissarts Chronik aus dem Hundertjährigen Krieg zwischen England und Frankreich und bei Rodins Gruppenplastik — um ein Bekenntnis zum passiven Heldentum der Waffenlosigkeit, wenn die sechs Bürger das Leben ihrer Stadt vom englischen König durch ihren Opfergang erkaufen. Der Bürger Eustache tritt vielmehr durch seine Bereitschaft zum freiwilligen Läuterungstod schon in den Seinszustand des „neuen Menschen" ein. Das weihespielartige Drama weist symbolisch auf eine tiefere geistige Wirklichkeit hin, von der die triebhaft-egoistische, im traditionellen Patriotismus befangene Menge noch keine Ahnung hat. Die drei Akte sind Stationen der Erneuerung, der Überwindung falscher Ehrsucht, bis sich in der wiederholten Auseinandersetzung zwischen Annahme und Ablehnung des englischen Übergabeangebots der „maskenlose" Mensch herausschält. Die Kompositionsprinzipien der Dehnung der Auswahlzeremonie, des wiederholten Aufschubs und der Variation des Themas, die Reihung, Stufung und Türmung der Sätze, das pantomimische Gebärdenspiel und der imaginäre Bühnenraum machen das Drama zu einem Modell dynamischer Gestaltung.

Im Drama *Die Koralle* (1916/17) häuft ein Milliardär aus Lebensangst Reichtümer auf, doch das wesentlichere Glück könnte er nur durch Wandlung in ein anderes Ich, in einen Zustand finden, wie ihn die friedlich auf dem Meeresboden schlummernde Koralle symbolisiert (vgl. die Tierbilder von Marc). Sein Sohn dagegen entdeckt den Mitmenschen und heuert auf einem Kohlenfrachter an. In *Gas I* und *Gas II*, den nächsten Stücken dieser gewaltigen Trilogie, bedeutet die Weltgasfabrik das optimistische System rastlos aufbauender und wieder zerstörender Produktion. Der Milliardärssohn will die Fabrik sozialisieren, aber sogar die Arbeiter haben sich schon diesem Produktionswahn versklavt und erzeugen als „Gelb- und Blaufiguren" Giftgas. Dem Produktionswahn wird die Vision eines Paradieses schlichter Hirten und die Ankündigung der Geburt eines neuen Menschen gegenübergestellt.

Im *Gärtner von Toulouse* (1938) ist die Pflanze Sinnbild bewußtlos-glücklichen Lebens. *Zweimal Oliver* (1925) handelt von einem Schauspieler; er entrinnt der öden, engen Wirklichkeit, indem er sich in den schönsten Augenblick seiner Rollen versetzt und sein banales Ich tötet. — Dem griechischen Bildhauer *Pygmalion* (1944) verwandelt sich die Steinplastik eines Mädchens in lebendige Wirklichkeit; er kann daher die bestellte Statue nicht mehr verkaufen und muß den Spott seiner banausischen Mitbürger erdulden: Der Künstler leidet für die göttliche Wirklichkeit, die Ausgeburt seines Geistes. Die Rosen der Kunst blühen „aus blutiger Verwundung". — Auch der *Soldat Tanaka* (1940), der seine von der Geldsucht und sexuellen Unmoral des Krieges verdorbene Schwester tötet und sich selbst aufopfert, ist Symbol wesenhafteren Menschentums. In Künstlern, die solche Sinnbilder schaffen, sieht Kaiser Heilbringer, darum versetzt Apoll den Künstler *Bellerophon* (1944) unter die Sterne.

Dramenform. In manchen Stücken erscheint dem an naturalistische Darstellung gewöhnten Zuschauer die Handlung schattenhaft-unwirklich. Die über das Wirklichkeitsmaß hinaus gesteigerten Figuren entbehren der zufälligen Merkmale und sind als Ideen gemeint. Wie in Platons szenischen Dialogen soll das Drama in der dialektischen Dynamik von Rede und Widerrede, Frage und Antwort zur reinen Idee, zur zeitüberhobenen ethischen Vision durchstoßen.

Die Sprache seiner Stücke erklärt sich aus seiner Überzeugung: „Die Tragödie bestimmt Aufstieg des Menschen in Bezirke des Vollkommeneren — das Lustspiel belächelt sein Verharren auf bequemer Ebene." Daher der geschlossene Stilduktus, die strenge Wortwahl, die Reihung der Sätze und die zum Pathos gesteigerte Satzmelodie im Weihespiel *Die Bürger von Calais.* Umgekehrt die forsch-witzige, sächsisch schlagfertige Theatersprache seiner frühen Parodien auf Wagner und Hebbel (*Die jüdische Witwe,* 1911). In den sozialkritischen Stücken mit utopischem Ausgang wie der *Gas*-Trilogie benutzt er die abstrakt-verschlissene Konversationssprache, um durch sie hindurch zur Idee vorzustoßen. In einem Volksstück wie *Nebeneinander* (1923), in Possen wie *Kolportage* (1924), dem Revuestück *Zwei Krawatten* (1930) hingegen kann er der verbrauchten Umgangssprache Szenen trockensten Witzes abgewinnen. Seine letzten Dramen *Pygmalion* und *Bellerophon* finden zu einer Poesie voller Anmut, Verhaltenheit und Keuschheit.

Wer handfestes Bühnenmilieu will und sein Augenmerk nicht auf das innersprachliche und ideelle Geschehen richtet, muß von Kaiser enttäuscht werden. So wurde der Dramatiker „in seinem Vaterland erst mundtot gemacht und dann zur Emigration gezwungen, aber seine Welt- und Menschensicht, ja sogar seine Technik, hat in manchen Werken des modernen amerikanischen Theaters, z. B. in der *Rechenmaschine* von Elmer Rice und der *Glasmenagerie* von Tennessee Williams, deutliche Spuren hinterlassen" (K. H. Ruppel).

Literatur:
W. Paulsen *Georg Kaiser. Die Perspektiven seines Werkes.* Tübingen 1960
W. Steffens *Georg Kaiser.* FD Bd. 58 = dtv 6858

c) Ernst Barlach — „Leiden und Kämpfen sind die Organe des Werdens"

Ernst Barlachs (1870—1938) Ringen um Gott ist leichter an seinen der Daseinsschwere widerstrebenden Plastiken zu erfassen als an den allegorisch gemeinten Gestalten seiner Stücke. Der grüblerische Bildhauer, versponnen in niederdeutsche Gesichte und Alpträume, schrieb als Dichter eine sehr eigenwüchsige, ebenso bildhafte wie spirituelle Sprache, die, oft höchst expressiv, auch das derbe Plattdeutsch nicht scheut und knorrig wie Luthers Sprache ist. Er war ein eigenwilliger Protestant und Mystiker, ein Sehnsüchtiger, den das dumpfe Leid, das Rohe und Niederdrückende quälte.

Im Stück *Der tote Tag* (1907—12) hat eine im Irdisch-Materiellen befangene Mutter ihren nach dem fernen Geistgott verlangenden Sohn in den Keller gesperrt. — Der *Arme Vetter* (1918) ist jedermanns religiös-beunruhigtes Ich, er schreckt durch seinen Selbstmord die Spießer und selbstgenügsamen Rechner einer niederdeutschen Kleinstadt auf. — *Die echten Sedemunds* (1920) sind mit der Barlach eigenen hintergründigen Satire auf die Heuchler gemünzt, denen, mögen sie auch gute Kirchenchristen sein, jeder Sinn für tiefere seelische Wirklichkeit fehlt: Beim Schützenfest bringt ein mit einem Löwenfell bekleideter Irrenhäusler alle Kleinstädter aus dem Häuschen. Nur die echten Sedemunds wissen, daß im gottsucherischen Menschen tatsächlich ein Löwe steckt, der nach dem Grund der Wirklichkeit gräbt. — Barlach waren die passiven, schicksalergebenen Frommen zuwider. In der *Sündflut* (1924) stellt er dar, wie sich der schöpferische Gottgeist von den bequemen Gottesvorstellungen unterscheidet: Noah, fromm und ergeben, wälzt alles Gute und Böse der Welt ohne Unterschied auf Jehova ab. Seine Söhne sind daher faul, träge, sinnlich. Ihm tritt der gottversucherische Calan als die andere Möglichkeit im Menschen gegenüber; der böse Calan betont das Risiko des Menschen, insofern nämlich jeder auch für Gott verantwortlich ist als sein Mitschöpfer an der werdenden Wirklichkeit. Die immer neue Vergeistigung des Irdisch-Schweren verlangt Leid und Kampf. So heißt es im *Blauen Boll* (1926) von dem mecklenburgischen Gutsbesitzer: „Boll muß Boll gebären."

Die besondere Allegorik und die oft schwierige Sprache Barlachs erschweren die Aufführung seiner Dramen und ihr Verständnis durch ein breiteres Publikum. Das transzendente Geschehen vollzieht sich eigentlich außerhalb des Bühnenraums — im mitdenkenden Leser und Zuschauer.

Auch die Stücke und Romane von Hans Henny Jahnn (geb. 1894 in Hamburg, dort 1959 gest.) sind nur sehr erfahrenen Lesern zugänglich. Der bedeutende Orgelbauer, Musiktheoretiker und Gründer der Ugrino-Gemeinde nach dem ersten Weltkrieg erstrebte aus kosmischer Sehnsucht eine in kreatürlicher Liebe erneuerte Welt. Wenn seine Dramen (*Pastor Ephraim Magnus*, 1919; *Der Arzt, sein Weib und sein Sohn*, 1922) alle nur ausdenkbaren Abnormitäten, Mord, Blutschande und perverse Triebe häuften, dann darum, weil er die erbarmungslose, vom Göttlichen abgespaltene Schöpfung gestalten wollte. Er schrieb gegen den Kältetod der Zivilisation. Im Roman *Perrudja* (1929) hat er als einer der ersten in Deutschland die modernen Mittel des inneren Monologs, der wechselnden Perspektiven und sprachlichen Vieldimensionalität schöpferisch verwendet und ihm sogar

Musiknoten beigegeben. Seine Prosa fließt aus einem unerschöpflichen Reichtum des Ausdrucks (Romantrilogie *Fluß ohne Ufer,* 1949). Trotz der schwierigen symbolischen Romanhandlungen ist es eine Sprache von großer Schönheit und Präzision (s. a. S. 366).

LITERATUR:
H. Franck *Ernst Barlach. Leben und Werk.* Stuttgart 1961
W. Paulsen *Zur Struktur von Barlachs Dramen* in: *Aspekte des Expressionismus,* hg. von W. Paulsen. Heidelberg 1969
K. Graucob *Ernst Barlachs Dramen.* Kiel 1968

5. Prosa: Ahnung und Aufbruch

Die expressionistische Prosa ist ein Orchester von Klängen, nicht ein einziger Ton. Wilhelm Klemm nannte die Kunst eine „uralte Hydra", an deren Kronen, Masken, Medusenhäuptern und Ketzermützen man die „wahrhaft göttlichen Mienen" erkennen müsse. Wer auf die Einsamkeiten und Jubelrufe dieser Dichter lauscht, spürt die Ohnmacht ihrer „geöffneten Lippen", aber auch den leidenschaftlichen Willen, ihre Ekstasen und Visionen gegen die rohen Tatsachen, den aufgehäuften Unrat von Banalitäten zu behaupten. Es war zudem eine Generation, die erstmals wieder zu Europa hin aufbrach. In Ferdinand Hardekopf erblickte Kurt Hiller 1911 den Typus des modernen europäischen Künstlers: „... ehrlich und großzügig Zerrütteter, oszillierendes Wunder, Orchis, träumerischer Spätsophist, Fanatiker der Zweifel und Verzweiflung, Neo-Europäer ..."

Die breite Öffentlichkeit hat sich nur über die kühnen expressionistischen Manifeste (z. B. von Kasimir Edschmid) und über das Hervortreten der politisch revolutionären Dichter erregt. Sie sah auch die Ausbeute des neuen Stils in den grotesk-schaurigen, gruselig-hypnotischen Filmen nach 1918 (s. S. 317), beharrte aber im übrigen beim beruhigenden Vorkriegsgeschmack. So kam es, daß die Prosa von Barlach, Jahnn, Musil und auch Kafka bei uns erst nach 1945 in ihrer vollen Bedeutung gewürdigt wurde. Erst in unseren Tagen wurde den schon Totgesagten mit Gesamtausgaben (von Robert Walser, Barlach, Jahnn, van Hoddis, Alfred Lichtenstein, Yvan Goll usw.) und mit Anthologien auch der jüdischen und pazifistisch-international gesinnten Dichter verspätete Gerechtigkeit zuteil, in dem Maße, wie das Interesse am gesamteuropäischen Expressionismus, an seiner Malerei, Graphik, Musik, Bühnentechnik, an den Tanzformen und der von ihm angeregten Architektur wuchs. Wir beginnen erst allmählich, das Ausmaß dieser Bewegung und die verschiedenen Stilelemente in ihr zu unterscheiden, den Anteil der Satire, des Grotesken, des Absurden und Hymnisch-Visionären zu sondern und der individuellen Vielfalt gewahr zu werden.

Zeitschriften. Naturgemäß konnte sich die erste Woge expressionistischer Prosa, darin der frühen Romantik verwandt, nicht gleich in umfangreichen Romanen entfalten. Ihr Subjektivismus fand Ausdruck in kleinen Stücken, Novelletten, Essays, Skizzen und Aufrufen. Doch hat gerade auch der moderne Roman der 20er und 30er Jahre die Spannungen und das vielschichtigere Wirklichkeitsbewußtsein des großen Umbruchs in sich aufgenommen und verarbeitet.

Die Expressionisten sammelten sich um Zeitschriften. Herwarth Waldens *Sturm* (ab 1910) übernahm Marinettis futuristisches Programm in unpolitischer Form. Linksradikal, auf Demokratisierung drängend war Pfemferts Wochenschrift *Die Aktion.* In Innsbruck erschien ab 1910 *Der Brenner,* in Wien seit 1912 *Der Ruf.* In Zürich gab während des 1. Weltkriegs Schickele die pazifistischen *Weißen Blätter* heraus. Viele Zeitschriften wurden von der Militärzensur unterdrückt. Heute haben die Blätter, Buchreihen und Anthologien schon allein wegen der Illustrationen durch Künstler wie Ludwig Meidner, Kokoschka, Kandinsky, Kirchner oder Beckmann einen hohen Wert. In keiner Epoche der Literaturgeschichte war die Zusammenarbeit zwischen Malern, Graphikern und Poeten so eng.

LITERATUR:
Paul Raabe *Die Zeitschriften u. Sammlungen des literarischen Expressionismus.* Stuttgart: Metzler 1964

Einzelne Autoren. Gleichsam ein zartes, glitzerndes Traumvorspiel voll Grazie waren von 1905 an die von Kafka so hochgeschätzten Prosastücke des Schweizers ROBERT WALSER (1878—1956). Seine Figuren, sagte Walter Benjamin, kämen „aus der Nacht, wo sie am schwärzesten ist, einer venezianischen, wenn man will, von dürftigen Lampions der Hoffnung erhellten, mit etwas Festglanz im Auge, aber verstört und zum Weinen traurig". Die spürbare Unbehaustheit bürgerlichen Lebens in Walsers Roman *Der Gehülfe* (1907) und die undurchschaubaren Institutionen im *Jakob von Gunten* (1908) gewinnen dann in Kafkas *Schloß* die Züge totaler Fremdartigkeit. 1906 schrieb auch ROBERT MUSIL von den *Verwirrungen des Zöglings Törless:* „Es kam wie eine Tollheit über Törless, Dinge, Vorgänge und Menschen als etwas Doppelsinniges zu empfinden." Fast gleichzeitig mit WEDEKINDS Erzählungen *Feuerwerk* (1905) und DÖBLINS *Ermordung einer Butterblume* (hg. 1913) fabulierte ELSE LASKER-SCHÜLER ihr *Peter Hille Buch* (1906) und erträumte *Die Nächte Tino von Bagdads* (1907). Das Dämonisch-Hintergründige vor Ausbruch der Weltkatastrophe ließ ALFRED KUBINS Roman *Die andere Seite* (1909) ahnen. Im selben Jahr hielt der Bildhauer ERNST BARLACH auf seiner Rußlandreise mit ungeheurer Witterung für das Unsichtbare die Urgebärden der russischen Landschaft fest und schrieb in sein *Russisches Tagebuch:* „Die unerhörte Erkenntnis ging mir auf, die lautete: du darfst alles Deinige, das Äußerste, Innerste, Gebärde der Frömmigkeit und Ungebärde der Wut, ohne Scheu wagen."

Ein faszinierender Kontrast zu Barlachs norddeutsch-mystischem Gottsuchertum ist — 1906/09 geschrieben und André Gide gewidmet — der tiefmelancholische kleine Roman *Bebuquin oder die Dilettanten des Wunders* von CARL EINSTEIN (1885—1940). Einstein war in Deutschland der erste exquisite Kenner der modernen Kunst (*Über Negerplastik,* 1915). Er war ein Freund des jungen Benn, tief eingeweiht in die „stolzesten Spiele der erwachenden modernen Imagination", wie einst Mallarmé die *Vathek*-Prosa vom William Beckford genannt hatte. Der Dichter Bebuquin endet nach flehentlichem Gebet zu Gott, wie Th. Manns Faustus „unfähig zu reden", im Wahnsinn; die künstlichen Paradiese, Traum, Rausch und Selbstbespiegelung können das Wunder der Existenzverwandlung nicht erzwingen. Sie können Tod und steinerne Leere nicht aufheben. Mit einer schockierenden Brillanz, wie sie Benn in seinen stets polemischen Essays nie erreichte, meditiert Einsteins surreale Burleske über Nichts und Gott, Form und Alogik, reine Schönheit und Irrwitz der Kunst. Ein hochartistischer Text voll grotesker Verwandlungen, zynisch und traurig. Er nimmt die Kunstverzweiflung Hugo Balls vorweg und operiert mit absoluten, die Perspektive durchkreuzenden Assoziationen, wie sie sich erst später im Sirenen-Kapitel des *Ulysses* von Joyce finden. Einstein kämpfte 1937 gegen die Franco-Faschisten und nahm sich 1940 bei der Besetzung Frankreichs das Leben.

Ganz anders die sichtlich von Rimbaud inspirierte rebellische Prosa GEORG HEYMS: die amoklaufenden Irren, pestbefallenen Matrosen und revolutionären Massen seiner Novellen *Der Dieb* (1913). TRAKL, der der unsäglichsten Finsternis Gebilde blauer Schönheit abzwang, hinterließ uns mit *Traum und Umnachtung* (1914 im *Brenner*) eine wertvolle Ergänzung zu seiner Lyrik. Trakls tödliche Nacht war dem früh gefallenen Elsässer ERNST STADLER (1883—1914) fremd, doch zeigen dessen Gedichte *Bahnhöfe, Sommer, Fahrt über die Kölner Rheinbrücke bei Nacht,* wie sich aus der

Zeichnung von Alfred Kubin zu Trakls Dichtung *Offenbarung und Untergang*

elementaren Dynamik vertieften Bilderlebens Prosa in rhythmisierte Hymnik von „Flamme, Durst und Schrei und Brand" verwandeln kann. Stadlers von Whitman und Péguy herkommender Expressionismus unterscheidet sich auch wesentlich von dem lyrischen Zauber und Wundersinn der Erzählbücher LASKER-SCHÜLERS.

Die Dichterin verzauberte die schnöde Wirklichkeit. Sie vertraute der Allmacht Fantasie wie ein Kind und war selbst ein Gedicht. Wer für ihre Poesie einen Vergleich sucht, muß an Clemens Brentano denken, an dessen „entzückende, mutteraugenbewachsene Unbehilflichkeit" und seine „schwarz und golden trauerumrandeten Gedanken". Was Robert Walser so von Brentano sagte, gilt auch für sie. Auch sie war einer der „Vögel im Käfig, die Flügel nervös aneinanderschlagend ... eine fröhliche, verzweifelte, in ihrer Behendigkeit eingekerkerte Tänzerin". Die dunkelsüße Romantik Brentanos verwandelte sich unter den Händen der deutschen Jüdin zum orientalischen Märchenteppich. „Die Morgenländer", schrieb sie, „lieben den Glanz; sie greifen Sterne aus den Wolken, und ihre Herzen sind aufgespeichert mit dem goldenen Weizen des Himmels ... O, wie arm sind diese Abendlande, hier wächst kein Paradies, kein Engel, kein Wunder."

Das hätte auch Dr. Rönne sagen können, dessen Figur 1914 zum ersten Mal in GOTTFRIED BENNS Prosastück *Gehirne* erscheint. Rönne, ein junger Arzt, „war 2 Jahre lang an einem pathologischen Institut angestellt gewesen, das bedeutete, es waren ungefähr 2000 Leichen ohne Besinnen durch seine Hände gegangen". So kalt sich Benn später gab, in seinen Essays *Ausdruckswelt* (1940—45) und im Prosaband *Der Ptolemäer* (1949), der weitgehend autobiographische Werff Rönne hat noch das uralte romantische Herz, das vor dem „nackten Vakuum" der modernen Sachverhalte versagen muß. „Eine Art innerer Konzentration setzte sich (bei Dr. Rönne) in Gang, ein Anregen geheimer Sphären, und das Individuelle versank, und eine Urschicht stieg herauf, berauscht, an Bildern reich und panisch ... Rönne, der Arzt, der Flagellant der Einzeldinge, das nackte Vakuum der Sachverhalte, der keine Wirklichkeit ertragen konnte, aber auch keine mehr erfassen, der ... vor das Erleben von der tiefen, schrankenlosen mythenalten Fremdheit zwischen den Menschen und der Welt gestellt, unbedingt der Mythe und ihren Bildern glaubte". Benns Doppelleben, seine immer härtere Entgegensetzung von Kunst und Leben, Geist und Wirklichkeit, wurzelt in diesem Dualismus (s. S. 294, 345)

Die expressionistische Prosa ist von bornierten Praktikern rasch als „O Mensch-Pathos" und Selbstzerfleischung verleumdet worden. So sind heute die Erzählungen PAUL ADLERS (*Nämlich*, 1915, *Die Zauberflöte*, 1916), die von EFRAIM FRISCH geschilderte Narrenwelt *Zenobis* und ALBERT EHRENSTEINS *Selbstmord eines Katers*, worin zarte Entrückung und Aggression, Schwermut und Ironie auf die Spitze getrieben werden, zu Unrecht fast vollständig vergessen. Als Reaktion auf den vernunfterwürgenden Wahnwitz ihrer Zeit machten sie die Wirklichkeit intensiver sichtbar als die Schaumschlägereien ihrer Verfolger. Unschwer läßt sich noch heute aus FRITZ VON UNRUHS vom Kriegsschmerz gehämmerter Sprache im *Opfergang* (1916) oder aus einer analytisch genauen Beschreibung einer Operation von ERNST WEISS (geb. 1884, Selbstmord in Paris 1940) die wahre Lage ablesen, in die der Mensch geraten war.

Fortwirken. Nicht einmal die Generation der Romantiker hat eine so große Schar junger Poeten hervorgebracht. Zahlreiche Autoren wurzelten in dieser Aufbruchstimmung.

Gleichzeitig mit dem deutschen Expressionismus hat „eine ganze Kette von poetischen Explosionen" (Enzensberger) die Literatur der führenden Länder erschüttert, so daß man heute nicht zu Unrecht von einer Weltsprache der modernen Poesie sprechen kann. Die Geschichte dieser Revolution, bei der in Frankreich Apollinaire, Max Jacob, in Rußland Majakowski und Jessenin, in England T. S. Eliot, in Italien Ungaretti, in Spanien Alberti und Lorca vorangingen, kann bis heute noch nicht geschrieben werden. Den Impuls jener Jahre um 1910 konnte auch die stalinistische und faschistische Reaktion nicht zum Erlöschen bringen. Er lebt in den mannigfachsten Wirkungen fort, bis in die ekstatische Bildwelt von Negerdichtern wie Aimé Césaire. Diese moderne Dichtung wäre nicht „Ausdruckszwang", Griff nach Traum, Wunder und Abstrusität, wenn sie sich in abzählbare Regeln fassen ließe: „Ich nenne dich, Tod, den Vater der Intensität, den Herrn der Form" (Einstein, *Bebuquin*).

LITERATUR:
Anthologie: K. Otten (Hg.) *Ahnung und Aufbruch.* Neuwied 1957
I. Jens *Studien zur Entwicklung der expression. Novelle.* Diss. Tübingen 1954 (Masch.)
B. Bleinagel *Die absolute Prosa bei Benn.* Bonn 1969
Anthologie: *Prosa des Expressionismus,* hg. v. F. Martini. R Nr. 8379—82, mit umfangreichem Nachwort. 1970
Carl Einstein *Bebuquin oder die Dilettanten des Wunders* (Ausgabe). BS 419

6. Dada und Surrealismus

a) Dada (1916—1924) — „Immer unverständlicher wird mir die Sprache der Menschen" (Arp)

1913 stellte der französische Maler Marcel Duchamp in der Armory Show in New York sein erstes Readymade, ein „Velorad", aus. 1914 „bezeichnete" er einen gewöhnlichen Flaschentrockner als Bildwerk. Das „readymade" (wörtl.: Fabrikware, Konfektionsanzug im Gegensatz zur maßgeschneiderten Garderobenpersönlichkeit) demonstrierte als antikünstlerischer Gegenstand das Mißverhältnis von Kunst und Massenproduktion. Solche Entlarvungsgesten nannte man später DADA. Duchamp und sein Malerfreund Francis Picabia verließen 1915 das Kriegseuropa und rückten mit Fotos und Maschinenbildern dem technischen Zivilisationstraum auf den Leib (Zeitschriften: *291, 391, New York-Dada).* Gleichzeitig gründeten am 5. 2. 1916 im neutralen Zürich die Deutschen HUGO BALL, RICHARD HUELSENBECK, der Elsässer HANS ARP, der Rumäne TRISTAN TZARA u. a., angewidert von der europäischen Massenschlächterei, der „Verramschung" aller Werte, Worte und Menschen, das Cabaret Voltaire: in der Absicht, jene gutgläubigen Bürger zu provozieren, die mitten im Aufgebot aller Zerstörungskünste noch immer an „Kultur" glaubten. Die „konventionelle Schönheitslüge" sollte entlarvt, von der schauerlich-unsinnigen Wirklichkeit der ästhetische Zuckerguß entfernt werden. So war DADA — ein „zufällig" im Lexikon gefundenes Kinderwort — einerseits Protest, Verspottung und hintersinniger Ulk, andererseits eine „Sehnsucht nach Glauben" (Arp), eine „Widerlegung der Weltordnungen", „ein Narrenspiel aus dem Nichts" (Ball) und ein „Ekel vor der Obszönität aller Schlagworte" (Mehring).

Die Gründer trugen Verse von Morgenstern, Lichtenstein und van Hoddis vor. Sie rezitierten simultan Gedichte und machten Geräuschmusik wider den Weltlärm. Sie erfanden reine Lautgedichte zur Bloßstellung der ausgezehrten Vokabeln, trugen Negerlyrik vor, tanzten abstrakte Tänze, veranstalteten moderne Bilderausstellungen und gewannen Künstler wie Apollinaire, Kandinsky, Strawinsky, Cocteau und Breton zu Mitarbeitern. Sogleich stellte sich heraus, daß DADA in der Luft lag: Arp machte Holzschnitte „nach dem Gesetz des Zufalls", der Kölner Max Ernst zerschnitt spießige Illustrationsgraphik aus der Gründerzeit und klebte sie zu grotesken Kombinationen, d. h. Collagen, zusammen. Man Ray in New York schuf die ersten Rayogramme. Cocteau, Satie und Picasso führten in Paris das Ballett *Parade* auf. Der Hannoveraner Kurt Schwitters brachte 1919 Abfallgerümpel aus den Mülleimern der alles entwertenden Massenproduktion auf die Malerleinwand (MERZ-Malerei, d. h. ComMERZ-Malerei). In Berlin erhielt Dada 1918, eingeführt von Huelsenbeck, dem Dichter der *Phantastischen Gebete* gegen den „Höllenspuk" der Zeit, einen sozialkritisch-kämpferischen Akzent durch den Zeichner George Grosz, den Chanson-Dichter Walter Mehring, John Heartfield, Wieland Herzfelde u. a. Das „Schlacht- und Narrenhaus" der herrschenden Kulturideologie sollte mit allen Mitteln zusammengeschlagen werden.

Raoul Hausmann, Buchumschlag

Die Vorgeschichte des Dadaismus ist kompliziert. Sie ist ein Teil des modernen Manierismus und des unterschwelligen europäischen Manierismus überhaupt, wie er sich bereits 1520—1620 und wieder in der Romantik als Kunst der Revolte und Krise manifestiert hatte. Als früheste modern-literarische Bekundungen gelten ALFRED JARRYS 1896 in Paris aufgeführtes Stück *Ubu Roi*, manche Dichtungen von MAX JACOB und BLAISE CENDRARS, APOLLINAIRES lyrische Kalligramme, Carl Einsteins *Bebuquin*, VAN HODDIS' Grotesken *Visionarr, Tohub, Andante*, LICHTENSTEINS *Kuno-Kohn*-Grotesken, ERIK SATIES musikalische Kompositionen mit Titeln wie *Drei Stücke in Form einer Birne* und KOKOSCHKAS Groteske *Sphinx und Strohmann* (1908).

Die Auswirkung Dadas zeigte sich in Fotomontagen (seit 1918), phonetischen Plakaten (= Schriftbildern), Klebebildern, abstrakten Filmen wie Hans Richters *Rhythmus 21* (1921), in Ballettaufführungen, Gedichten ohne Syntax mit Zufallsassoziationen und an der Gleichzeitigkeit mehrerer Bildaspekte in Prosa und Vers. Bedeutende Romane wie der *Ulysses* von Joyce (1922) oder der *Alexanderplatz* von Döblin, auch T. S. Eliots frühe Dichtungen (*Sweeney Erect, The Hippopotamus*, 1920) tragen dadaistische Züge. — Die Pop-Art von 1964 mit ihren Stilleben aus Konservendosen, Autoreifen, ihren Décollagen (zerfetzten Plakatbildern), Akkumulationen, Assemblages und Empaquetages, die auf die heutige Gruselwelt von Comic Strips, Science Fiction, Kosmonautenrummel und Reklamescheinwelt gemünzt sind, ist eine Art Neo-Dada. Auch die „konkrete Poesie" der Gegenwart (s. S. 398) ist hauptsächlich vom Dadaismus angeregt.

KARAWANE

jolifanto bambla ô falli bambla
grossiga m'pfa habla horem
égiga goramen
higo bloiko russula huju
hollaka hollala
anlogo bung
blago bung
blago bung
bosso fataka
ü üü ü
schampa wulla wussa ólobo
hej tatta gôrem
eschige zunbada
wulubu ssubudu uluw ssubudu
tumba ba- umf
kusagauma
ba - umf

Hugo Ball, *Karawane*

Das Dada-Tagebuch HUGO BALLS (1886—1927), der wie ein Heiliger im Tessin lebte und starb, enthält Notizen über Blendwerk und Magie, Selbstbetrug und Geheimnis der Kunst, die den Fragmenten des Novalis und Einsteins *Bebuquin* gleichkommen. In ihm stehen zwischen den Kabarett-Darbietungen notierte Sätze, die bestürzen: Die Welt ist „am Nullpunkt angelangt", „ein universaler Karfreitag" ist angebrochen. „Christus ist Bild und Wort. Das Wort und das Bild sind gekreuzigt". Die modernen Künstler sind „Gnostiker" und praktizieren Dinge, „die die Priester längst vergessen wähnen". Ball zitiert Léon Bloy, Franz Baader, Novalis und Jakob Böhme wider den wachsenden „Schindanger", den „Bankrott der Ideen", der „das Menschenbild bis in die innersten Schichten zerblättert hat".

Welche Erschütterung sich 1916 hinter Dada verbarg, zeigt auch das Werk des Elsässers HANS ARP (1887—1966). Von allen Dada-Gründern hat er sowohl als Lyriker wie als Bildhauer seine Fantasie am reichsten entwickelt. Er schrieb französisch und deutsch. Schon als Junge füllte er Seiten um Seiten mit ungewöhnlichen Wortverbindungen, war entzückt von Volksliedern, Gassenhauern und Kinderreimen und machte sich einen Spaß, aus zufälligen Zeitungssätzen Schabernackgedichte zu formen, denn „der Zufall befreit uns aus dem Netze der Sinnlosigkeit". Kinder basteln so mit Worten, um die bedrohliche Umwelt auf den Kopf zu stellen. In der *Wolkenpumpe* (1917) schrieb er ohne Überlegung, dem bloßen Einfall gehorchend, Gedichte nieder, die schon wie surrealistische Gebilde aussahen, aber nur als reizvolles Spiel mit fantasieentbindenden Wortketten gemeint waren: „... dann der bogenschütze trifft das herz der kuckucksuhr dann der reife löwe springt mit rosen im maul auf den tisch ..." Dada liebt das Feuerwerk von Geist und Selbstironie, das unterscheidet es von den surrealistischen Eingebungen aus dem Unterbewußten. Wer sich etwas kindlichen Übermut in einer desperaten Welt bewahrt hat, wird auch an Arps Versen aus *Der Vogel Selbdritt* (1911/15) Spaß haben:

weh unser guter kaspar ist tot.
wer verbirgt nun die brennende Fahne im
wolkenzopf und schlägt täglich ein schwarzes schnippchen.
wer dreht nun die kaffemühle im urfass ...

Zu allen Zeiten haben beunruhigte Poeten solchen befreienden Schabernack getrieben: Brentano, Morgenstern, in jüngster Zeit Günter Grass (*Die Vorzüge der Windhühner,* 1956), H. M. Enzensberger, Härtling und Meckel. Spätere Gedichtfolgen Arps — *Träume von Tod und Leben* (1930), *Die ungewisse Welt* (1939/45) —, vor allem aber die Verse auf den Tod seiner Lebensgefährtin Sophie Täuber (*Der vierblättrige Stern, Die Engelsschrift,* 1945/50) offenbaren ihn als einen Künstler, den es schmerzt, den Menschen verkümmern zu sehen. „Eiskalter Blütenstaub bedeckt das Spielzeug der Kinder", heißt es da, und „immer unverständlicher wird mir die Sprache der Menschen". Er grübelt, „warum das Innere der Welt ein solch schwarzes Licht ausstrahlt" und warum „der wunde Himmel nicht heilen will". Er zitiert die Schilderung, die vor Jahrtausenden der sizilische Philosoph Empedokles von der verstörten Welt gab: „Ihr entsprossen viele Köpfe ohne Hälse, Arme irrten für sich allein umher, ohne Schultern, und Augen schweiften allein herum, der Stirne entbehrend ... da wuchsen viele Geschöpfe heran mit Doppelantlitz und doppelter Brust, mit dem Rumpf eines Rindes, aber dem Antlitz eines Menschen und umgekehrt kamen andere zum Vorschein, Menschenleiber mit Kuhhäuptern, Mischwesen ..." Antike Mythen, apokalyptische Visionen der „tapferen neuen Welt" des Atomzeitalters?

Die Dadaisten von 1916 wußten sich, bei aller Neigung zu Witz und Selbstironie, bereits einer Situation gegenüber, die von unserer heutigen nicht allzu verschieden ist. Das erklärt, daß die dem Dadaismus eigene Mischung von Eingebung und äußerer Zufallskombination, sein Sinn für geistige Autonomie, Spiel und Humor bis heute Einfluß auf das künstlerische Schaffen haben (s. konkrete Poesie S. 398).

LITERATUR:
Die Geburt des Dada, hg. v. P. Schifferli, in Zusammenarbeit mit H. Arp, R. Huelsenbeck u. T. Tzara. Zürich 1957
C. Giedion-Welcker *Alfred Jarry. Eine Monographie.* Zürich 1960
P. Pörtner *Dada vor Dada* in: *Das war Dada. Dichtungen und Dokumente.* dtv 18 (1963)
Hugo Ball *Die Flucht aus der Zeit* (autobiographisch), neue Ausg. 1946
Walter Mehring *Berlin-Dada.* Eine Chronik mit Photos und Dokumenten. Zürich 1959
Hans Richter *Dada-Profile.* Mit Zeichnungen, Photos und Dokumenten. Zürich 1961
Richard Huelsenbeck *Mit Witz, Licht und Grütze.* 1957
Über Marcel Duchamp, Man Ray, Picabia, Arp, Max Ernst u. a. Künstler s. Marcel Jean *Geschichte des Surrealismus.* Köln 1959, drittes Kapitel.
Der Merzkünstler Kurt Schwitters, hg. v. F. Lach. Du Mont Dokumente 1971

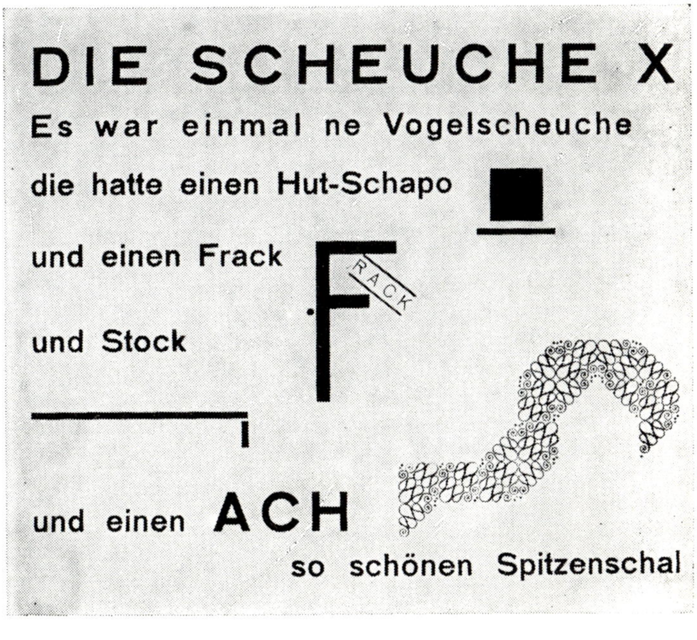

Seite aus dem Bildgedicht *Die Scheuche* von Kurt Schwitters, Käte Steinitz, Theo van Doesburg

b) Surrealismus — Inspiration aus dem Unterbewußten

Der Surrealismus mit seinen Halluzinationen und Schreckerlebnissen, seinem Blick in die Abgründe und Schaurigkeiten wurde zuerst in Paris von GUILLAUME APOLLINAIRE (1880—1918) getauft und von ANDRÉ BRETON (*Manifest de Surréalisme,* 1924) zum Programm einer neuen Inspirationsquelle der Dichtung aus dem Unterbewußten erhoben. Ebenso wurde in Frankreich zuerst planmäßig unter dem „Diktat des Unbewußten" von BRETON, ELUARD und REVERDY Lyrik und Prosa geschrieben. Breton und seine Anhänger ließen sich von dem Widerspruch zwischen den Forderungen ihrer gewalttätigen, diktatorischen Fantasie und dem banalisierten Alltag zu anarchistischen Aktionen verführen: „Die simpelste Tat des Surrealisten ist, mit Revolvern in den Händen auf die Straße zu gehen und wahllos wie wild in die Passanten zu ballern." Züge dieser „schöpferischen Freude" an der Zerstörung aus Ungenügen am juste milieu finden sich bereits in der deutschen Frühromantik, bei einzelnen Dadaisten und Expressionisten und neuerdings wieder in der Zeit der Happenings. Doch von diesen fragwürdigen Übertragungen der „Poesie" auf das „Leben" abgesehen, gibt es auch in der deutschen Dichtung — und nicht erst nach dem 2. Weltkrieg unter dem Einfluß Kafkas — einzelne „surrealistische" Bilder, Metaphern, Visionen und Szenen.

Die deutsche Romantik — Jean Paul, Tieck, E. T. A. Hoffmann — hatte sich den dunklen Seiten des Daseins geöffnet (s. S. 178). Von ihr gingen Impulse aus, die über E. A. Poe, die französischen Romantiker, Baudelaire und Lautréamont zum modernen Surrealismus führten. LAUTRÉAMONT (1847—70) zählte in seinen *Gesängen des Maldoror* alle europäischen Dichter des Grauens, der Verzweiflung, der Phantasmagorien und der Finsternis auf: Mickiewitz, Byron, Poe, Milton, Baudelaire, Maturin. Von Lautréamont — dem „schwarzen, zerschmetterten Erzengel von unsagbarer Schönheit, blendende Blitze, violett und grün ... phosphoreszierende Metaphern in der flammenden Nacht des Unbewußten" (Maeterlinck) — stammt der berühmte Vergleich von der Schönheit der „unvermuteten Begegnung einer Nähmaschine und eines Regenschirms auf einem Seziertisch".

Was die deutsche Dichtung des 19. Jhs (s. Hebbel) zu verdrängen suchte: die Faszination des Häßlichen, Grausigen, Verblüffung, Extreme, Ängste und Trostlosigkeiten — drängte vor und im 1. Weltkrieg ans Licht. Es zeigte sich spielerisch in ARPS *Wolkenpumpe* und Zerreißbildern, keck in SCHWITTERS' absurd-hintersinnigen Versen und Kompositionen. HEYMS Traumskizzen in Prosa, manche KAFKA-Stücke, die schauerlichen Groteskszenen in CARL HAUPTMANNS Drama *Krieg* (1913) und viele andere visionär-apokalyptische Züge im gesamten „Expressionismus" sind Beispiele „surrealistischen" Sehens, wenn auch nicht streng automatischer Inspiration. Auf der Leinwand optisch vergegenwärtigt, würden wir sie ohne Zögern für Bilder von Max Ernst oder des frühen Salvador Dali halten.

Heym dichtete: „Und den Mond zerdrückt er in der schwarzen Hand", ELSE LASKER-SCHÜLER wagte die Metapher: „Schillernde Eidechsen sind seine Eingeweide", BARLACH sprach von einer Welt, die nur „die minderwertige Verrätselung einer anderen" sei. DÄUBLER forderte: „Orkane am Styxe, durchwittert die Seher! Chimären, beginnt im Gegrübel zu nisten!" Könnte nicht ein moderner Arcimboldi die Vorstellung TRAKLS gemalt haben: „O wie starrt von Kot und Würmern ihr Haar", oder BENNS Hirn: „Zerfetzt von Worte-Wolkenbrüchen ... nur tückisch durch das Dinggewerde taumelt der Schädel-Flederwisch"? Oder ein Max Ernst die Halluzination WOLFENSTEINS: „Es steigen hoch der Elefanten graue Eise, Gebirge, nur von Riesengeistern noch bewohnt"?

Ohne Schwierigkeit finden wir in der vereinfachend mit dem Etikett „Expressionismus" abgestempelten Dichtung zahlreiche surreale, absurde, groteske Elemente, die zum Gesamtbereich des modernen „Manierismus" gehören. Der „Mensch in der Revolte" (Camus) hat in der expressionistischen Dichtung ebensoviele Gesichter und Gebärden wie in der Malerei dieses Zeitraums, wenn ihr auch die Ächtung und die Ignoranz, auf die sie im deutschen Publikum stieß, zunächst die Weltwirkung versagte.

LITERATUR:

Marianne Thalmann *Romantik und Manierismus* Stuttgart 1963
Mario Praz *Liebe, Tod und Teufel. Die schwarze Romantik.* dtv 4050/51
M. Nadeau *Geschichte des Surrealismus.* rde 240/241, S. 40 ff.
Marcel Jean *Geschichte des Surrealismus* (Malerei). Köln 1961

7. Franz Kafka — „Einer muß wachen, heißt es. Einer muß da sein."

Obwohl Kafka schon 1915 für seine ersten Erzählungen den Fontanepreis erhielt, mußte die Menschheit erst das „Zeitalter der Angst", der Bombennächte, KZs und die ganze moderne Verlorenheit und Gesetzlosigkeit erfahren, ehe sie in dem scheuen Prager Dichter ihre eigene Daseinssituation erkennen konnte. Kafkas Ruhm, von seinem Freund Max Brod gefördert, der auch den Großteil seines Werkes aus dem Nachlaß herausgab, verbreitete sich zuerst in der angelsächsischen Welt. Tagebücher und Briefe, so die an seine 1944 im KZ umgekommene Freundin Milena, ergänzen das vielgedeutete und für viele Leser bedrückende Werk.

Franz Kafka (1883—1924) kam als Sohn einer jüdischen Kaufmannsfamilie in Prag zur Welt. Die Umwelt des ehemaligen Ghettos mit seinen dunklen Winkeln, geheimnisvollen Gängen, Dachkammern und Hinterhöfen spiegelt sich auch in seinen Romanen, so wie andere Erzählungen (z. B. *Eine kaiserliche Botschaft*) den Staatsaufbau Österreichs oder *In der Strafkolonie* den militärischen Sadismus im 1. Weltkrieg widerspiegeln. Von 1908 an führte der Dr. jur. Franz Kafka eine „Kanzleiexistenz" in der Prager Arbeiterunfallversicherungsanstalt, weshalb ihm die moderne Bürokratie mit ihren Aktenvorgängen und Fehlentscheidungen in ihrer Bezuglosigkeit zum konkreten Menschen gespenstisch vertraut war. Auch seine knappe, wohlabgemessene Sprache, die einen oft alptraumhaften und „surrealen" Inhalt verbirgt, ist die des Juristen. Seine paradigmatische Einsamkeit war ebenso persönlich bedingt wie dadurch, daß er sich als liberaler Jude von den orthodoxen, als Jude von den Christen, als Deutscher von den Tschechen, als Verehrer Goethes von den deutschen Nationalisten, als Künstler vom Bürgertum und als ein dauernd um Selbsterkenntnis Ringender von den Inhabern eines handfesten Glaubens, einer bequemen Ideologie isoliert wußte. Wie weit er auf seiner Suche nach dem „richtigen Schlüssel" zur Wahrheit insgeheim der jüdischen Mystik verbunden war, ist trotz unzähliger Darstellungen noch zuwenig untersucht.

Motive. In Kafkas Erzählungen, Parabeln und Romanen begegnen wir Motiven, die auch die übrige „expressionistische" Dichtung bewegten: der Einsamkeit, der gnadenlosen Natur, der ungeheuren Gleichgültigkeit des Schicksals, der zerstörten Realität, der bitteren Ferne Gottes, dem Ausgeliefertsein an unterbewußte und gesellschaftliche Mächte und der Selbstbehauptung im Chaos. Kafka, dem Schreiben ein Kampf um Wahrheit war, intensivierte sie bis zum äußersten Punkt der Existenz. Kunst, sagte er, sei Leid. Wer nach der Wahrheit forsche und die gewöhnlichen Lebenslügen durchdringen wolle, sondere sich ab von jeder wohlig-warmen und oft schurkischen Gemeinschaft. Er wird sich seiner „dunklen Einzelhaft" bewußt und steht in überscharfer Wachheit des Bewußtseins dauernd vor der Frage, wie sich die vorgeblichen Gesetzmäßigkeiten, die Konventionen des Lebens und der Geschichte zu dem letzten gültigen „Gesetz" verhalten. Da der Mensch Wahrheit braucht, um zu seinem Selbst zu gelangen, wird er sündig, wenn er seiner ganz eigenen Sendung ausweicht. Wir neigen dazu, uns in unseren Anschauungen, Gewohnheiten, Gefühlen und Alltäglichkeiten bequem einzurichten und machen uns darum mitschuldig am leeren, lärmenden Getriebe einer fatalen Welt, um so mehr, als wir diese Schuld nicht einsehen.

Nur in besonderen Augenblicken, z. B. plötzlichen Erwachens, Erschreckens, einer Ermüdung oder Krankheit, spüren wir, wie trügerisch und ungesichert der „normale" Gang unseres Lebens ist. Dies ist der Moment einer Chance. Im Aufbruch allein liegt die Freiheit. Er ist und bleibt ein Wagnis; denn wenn wir auch von ferne die Melodie einer Botschaft, „ein überirdisches Rauschen" in den stets geschäftigen Telefonleitungen der Welt zu vernehmen glauben, so sind doch unsere Schritte keineswegs sicher, ans Ziel zu gelangen. Kein Gebot dieser Welt mit ihrem Gestrüpp unaufrichtiger, trügerischer Loyalitäten kann uns die ganz allein zu tragende Veranwortung abnehmen.

Die Form eines Kunstwerks, sagte Kafka einmal, „ist nicht der Ausdruck des Inhalts, sondern nur sein Anreiz und der Weg zum Inhalt". In der Tat hat der sachlich-präzise, scheinbar realistisch-nüchterne Erzählstil Kafkas mit Dingen und Vorkommnissen zu tun, die zur Enträtselung geradezu auffordern. Der Leser spürt oft schon nach wenigen Sätzen, daß es sich um etwas anderes als um kalte, makabre Grotesken von der Art Meyrinks, um andere Gleichnisse und Parabeln handeln muß als die herkömmlichen. Schon ihre Form verweist auf den Mechanismus der Entfremdung, die in den Romanen so weit geht, daß vom Namen des Helden nur mehr der Anfangsbuchstabe übrigbleibt. Es sind Zeichen, oft nur Formulierungen von Fragen, die mit Wenn, mit Konjunktiven beginnen. Sie können auch nur durch Stellung neuer Fragen beantwortet werden, denn „der Geist wird erst frei, wenn er aufhört Halt zu sein", wenn er sich des Halts begibt, den die Kumpanei einer Gemeinschaft, den Apparate, Dogmen, Vorurteile und Gewohnheiten gewähren.

Hinweise. Kafkas frühe Betrachtungen zeigen konkrete Aufbruchssituationen: Ein Mann erhebt sich plötzlich vom Familientisch und geht hinaus in die Nacht (*Der plötzliche Spaziergang*, 1912). — Ein anderer versucht, sich aus einem elenden Zustande zu erheben (*Entschlüsse*, 1912). — Ein Kaufmann schließt am Abend sein Geschäft, doch kaum daß er allein ist und zu sich selbst kommt, nahen die Verfolger (*Der Kaufmann*, 1907). — Vom *Fahrgast* heißt es, er sei „vollständig unsicher in Rücksicht seiner Stellung" in dieser Welt. — Baumstämme, die im Schnee liegen, scheinen „fest mit dem Boden verbunden. Aber sieh, sogar das ist nur scheinbar" (*Die Bäume*, 1904/05). — Die grauenvolle Geschichte von dem Geschäftsreisenden Gregor Samsa (*Die Verwandlung*, 1912), der morgens im Bett merkt, daß er ein großer Käfer ist, ist der Alptraum eines in der Familie Ausgestoßenen. — Die bittere, an Graphiken von Goya erinnernde Satire *In der Strafkolonie* (1914) erzählt von einem Staatswesen, das gefesselten Delinquenten ihre Schuld mit labyrinthischer Spiegelschrift blutig auf den Leib schreibt. Sie starben, heißt es, mit einem „Ausdruck der Verklärung", weil sie noch glaubten, daß das Gesetz des Staates unfehlbar sei. An dem brutalen Offizier dagegen, der diese Reuemaschine bedient, ist kein Zeichen der Erlösung zu entdecken. — Wenn am Käfer Samsa die Entfremdung in der Kumpanei einer Familie, am Offizier der Strafkolonie die Entfremdung durch den Sadismus einer Autorität sichtbar wird, die sich überirdische Gerechtigkeit anmaßt, so zeigt *Ein Landarzt* (1916/17) die Entfremdung des Selbst durch unterbewußte Antriebe. Der Arzt kann seinen Patienten nicht helfen, er ist „auch nur irgendwo abgeschüttelt" und kommt „nicht auf eigenen Füßen", sondern folgt dem animalischen, unterbewußten Antrieb in Gestalt mächtiger, flankenstarker Pferde, die ihn in Nacht und Winterkälte hinaustreiben. — Der Zirkusbesucher *Auf der Galerie* (vgl. Seurats Zirkusreiterin) möchte das sinnlose Schopenhauersche Weltkarussell, dargestellt an der lungensüchtigen, erbarmungslos um die Manege getriebenen Kunstreiterin, jäh anhalten, doch er unterläßt es: die Verführung des schönen Scheins, die ästhetische Entfremdung, ist zu betörend (vgl. R. Walsers *Ovation*). — *Vor dem Gesetz* (1914) ist die Parabel des Menschen, der sein ureigenstes Selbst, den nur ihm vorbehaltenen Eingang zum „Gesetz" verfehlt. — Umgekehrt verhindern in *Eine kaiserliche Botschaft* (1917) die unendlichen Zwischeninstanzen der Welt, daß die Botschaft des Kaisers — des fernen Gottes — zu „Dir, dem Einzelnen" gelangt. — In der ungereimten Groteskwelt, wo sich der Einzelne und das Allgemeine, Ding und Name, Sache und Funktion nicht decken, wird eine sternartige Zwirnspule zum Zeichen der Absurdität *(Die Sorgen des Hausvaters)*. — Weil das Publikum den geistigen Hunger nach Wahrheit nicht mehr versteht, sondern nur noch vitale Kraft schätzt, wird der *Hungerkünstler* (1921/22) aus dem Käfig gekehrt (s. S. 233). — Steuerlos irrt der *Jäger Grachus* (1917) in einer halbwahren Welt umher. — Die 1917 geschriebene Parabel *Beim Bau der Chinesischen Mauer* liest sich wie eine Satire auf die mittels Technik, Wissenschaft und Organisation Sicherheit suchende Menschheit, doch keine Berechnung und raffinierte Vorkehrung kann die letzte Ungesichertheit der Existenz aufheben *(Der Bau*, Tierparabel, 1923). — Auch die rettende Gnade von oben läßt sich nicht einfach erzwingen (*Die Truppenaushebung*, 1920). —

Woraus die Menschheit ihre Kraft zu leben zieht — aus Nahrung, Ritus, Gebet, Kunst oder Wissenschaft —, darüber meditieren die *Forschungen eines Hundes* (1921/22).

Franz Kafka (1910)

Die Romane Kafkas. In den unvollendeten *Verschollenen* (von Brod *Amerika* betitelt) gerät der junge Europäer Karl Rossmann auf dem Auswandererschiff, in New York, in einem Hotel in moderne Apparaturen, deren Funktionieren, Korruption, Quälereien und Launen jedes spontane Handeln ertöten. Am Ende nimmt den Einsamen das Naturtheater von Oklahoma auf, das jedem eine individuelle Rolle verspricht, freilich auch nur in groteskverzerrter Form (vgl. Goethes *Wilhelm Meisters theatralische Sendung*). Während diese Erzählung satirisch wie ein chaplinesker Stummfilm über das zusammenhanglose Massendasein geschrieben ist, geht es im *Schloß* um die Gesamtwirklichkeit des betriebsamen, seiner selbst entfremdeten Daseins überhaupt: der Landvermesser K. möchte in eine kleine Dorfgemeinschaft aufgenommen werden, aber die Beamten auf dem Schloß mit ihren Aktenbergen und wechselnden Entscheidungen machen es K. unmöglich, eine würdige Stellung in der Gemeinschaft zu finden. Es gibt zwar im Dorf auch simple Personen mit hausbackenen Namen, aber die Namen der Personen, auf die es ankäme, sind unsicher, schwankend.

So wie der auf den bloßen Anfangsbuchstaben reduzierte K. nie erfährt, wer in dieser namensungesicherten Welt und launenhaften Beamtenhierarchie eigentlich zuständig ist und wo sich die unbedingte, verläßliche Autorität verkörpert, so erfährt auch im *Prozeß* der Bankprokurist Josef K., der plötzlich aus dem Bett heraus verhaftet wird, nie den Gegenstand seiner Schuld. Er kommt immer nur mit den untersten Instanzen des in Dachkammern und Hinterhäusern tagenden Gerichts in Berührung. Seine Lebensschuld besteht — wie sich herausstellt — darin, daß er sich für unschuldig hält, daß er sich immer nur in einem Knäuel von Rechtfertigungen, Ausflüchten, Illusionen und Beschuldigung anderer, in einer halbwahren, den verkommenen Dachkammern entsprechenden Scheinexistenz bewegt. Am Ende ahnt er, daß er den Schuldzusammenhang des Daseins spiegelverkehrt gesehen hat (vgl. die Reue in der *Strafkolonie*). Es wäre seine Pflicht gewesen, das Messer der Einsicht zuerst gegen sich selbst zu richten.

In seinem unerbittlichen Wahrheitswillen zögerte Kafka, seinen Nachlaß veröffentlichen zu lassen. Kunst und Künstlertum bedeuteten ihm nicht mehr das Entscheidende. Sein Dasein und sein Werk übersteigen jene Sphäre des Fiktiven, des schönen Scheins, den wir für gewöhnlich mit dem Begriff Dichtung verbinden. Sie konfrontieren uns, wie immer bedrückend und bitter satirisch, mit dem Äußersten, was in diesem Jahrhundert überhaupt noch, wie Werfel sagte, „in dichterische Gleichnisse zu gießen“ war, und mit einer Menschheit, die in ihrem Denken, ihren Einrichtungen und Handlungen Gott von sich ferngerückt hat. Wie einst Pascal gegen den alles auflösenden Kasuismus des 17. Jhs, Kierkegaard gegen die rationalen Scheinsicherungen des 19. Jhs, wie Dostojewskij und Nietzsche eine letzte Bastion des Geistes gegen den umsichgreifenden Nihilismus suchten, so kämpfte auch Kafka um den Zugang zu einem höchstverbindlichen, allen zufälligen historischen Gemeinschaften überlegenen „Gesetz“, ohne den Sprung in einen bildhaften Glauben, eine schaubare Utopie zu tun. Mit jüdischer Skepsis gegen alle Darstellung Gottes, des „Gesetzes“, in bestimmten Bildern, Vorstellungen, Riten und Gemeinschaften, wachte und harrte er in eisiger Einsamkeit aus, nahm — wie der *Kübelreiter* — die durch alle Gedanken und Einrichtungen des Jahrhunderts wehende Kälte auf sich. Das belanglose Spiel mit dem Makabren und Gespenstischen, das die Kafka-Mode daraus machte, lag ihm völlig fern. Er hätte es nur als ein weiteres Zeichen jenes bequemen Alibi betrachtet, wonach das Ganze rätselhaft und unerforschlich sei, weshalb der Einzelne, schuld- und rettungslos in die Maschinerie geraten, nichts machen könne. Vielmehr sind alle seine Erzählungen Beschreibungen des gestörten Verhältnisses zwischen dem Einzelnen und dem Ganzen, das es aufzuheben gilt. Er hält Gerichtstag über sich selbst und über die Struktur einer verkehrten Welt. Die Satire, die einen Großteil seines Werks bestimmt (z. B. in *Eine Gemeinschaft von Schurken,* 1917), richtet sich ebenso gegen ihn selbst wie gegen die Teilhabe an den namenlosen, anonym abgesicherten Kollektiven. Während er allen scheinhaften Abstraktionen, Dogmen und Formeln seine Zustimmung verweigerte, bemühte er sich, „ein richtiger Anwärter der Gnade zu sein“ (Janouch, *Gespräche mit Kafka*).

LITERATUR:
Max Brod *F. Kafka. Eine Biographie.* Frankfurt [4]1962
K. Wagenbach *F. Kafka. Eine Biographie seiner Jugend.* 1958
K. Wagenbach *Franz Kafka.* rm 91 (1964)
H. Politzer *F. Kafka, der Künstler.* Frankfurt 1965
F. Beissner *Der Erzähler F. Kafka.* Stuttgart [2]1958
P. U. Beicken Forschungsbericht zu F. Kafka. 1972. FAT 2014 (mit Bibliographie)
Franz Kafka, Selbstzeugnisse, Briefe, Tagebücher. Fi 708, 756, 1346, 1575 1629, 1697

XIII. ZWISCHEN DEN KRIEGEN

1. Tendenzen der zwanziger Jahre

In keinem Abschnitt der deutschen Literatur- und Kulturgeschichte haben die politischen Gegensätze so heftig die Dichtung in den Wirbel des Meinungskampfes gerissen wie zwischen den beiden Weltkriegen.

Neue Sachlichkeit. Nach 1923, d. h. nach der Niederwerfung der politisch revolutionären Aktionen, brachte das Ende der Inflation eine vorübergehende Konsolidierung. Der Expressionismus schien abgeklungen, die „Neue Sachlichkeit" einzusetzen: eine hemdsärmelige amerikanische Nüchternheit im Geschäftsleben, Rationalisierung der Industrie, Refa-System, Auto, Flugzeug, Radio, und auf dem Kunstmarkt Tatsachenromane, Reportagen, Sozialanalysen. Ab 1924 gewannen auch wieder die vom Expressionismus überspülten Romanciers der Vorkriegszeit an Boden: Th. Mann, H. Mann, Wassermann, Feuchtwanger, Arnold Zweig, Kellermann, Frank Thiess. Eine junge, nüchterne Generation trat in Erscheinung: Leonhard Frank, Brecht, Erich Kästner, Hermann Kesten.

Die Reaktion. Die äußere Stabilisierung förderte aber auch die Sammlung der konservativ-reaktionären Kräfte, die die Demokratie ablehnten und zurück zu einem Kaiser oder vorwärts zu einem Führer wollten, wie sich gleich nach der Wirtschaftskrise zeigte. Schlagartig schwollen die für die schwarz-weiß-rote Harzburger Front und die NSDAP abgegebenen Stimmen an. Dem nationalsozialistischen „Kampfbund für deutsche Kultur", 1927 aufgebaut, gehörten unzählige Schriftsteller, Professoren, Studentenbünde, Vereine und Sängergemeinschaften an, die das „lebendig wertvolle Alte" gegen die „Sumpfkultur" der Expressionisten, Surrealisten, Abstrakten, gegen „Zivilisationsliteraten" und „Bolschewisten" wie Kollwitz, Barlach oder Kokoschka zu verteidigen glaubten. Gegenüber den 100 Zeitungen, die ihre Kunstnachrichten von der „Deutschen Kunstkorrespondenz" bezogen, und im Vergleich zu den zahlreichen anderen völkisch-reaktionären Gruppen und Organen war das Aufgebot der Linken verhältnismäßig gering.

Aus den Zeitschriften der Linken hob sich Carl von Ossietzkys und Kurt Tucholskys *Weltbühne* hervor. Sie verfocht unabhängig entschieden demokratische Vorstellungen. An ihr arbeiteten so glänzende Gesellschaftskritiker wie Alfred Polgar, Erich Kästner, Hermann Kesten und Walter Mehring mit. — Dagegen sammelten sich die kommunistischen Autoren um die 1928 gegründete *Linkskurve*. Johannes R. Becher, Bert Brecht, der Dramatiker Friedrich Wolf, der weltberühmte Reporter Egon Erwin Kisch, der Dramatiker F. C. Weiskopf und Ludwig Renn, Verfasser eines realistischen Kriegsromans, zählten zu den bekannteren Mitarbeitern. — Außerdem gab es die Organe der Konfessionen, eine sich neu formierende christliche Literatur, und einige führende liberale Blätter, die Schriftsteller ihrer Wertschätzung vorstellten.

Die Situation änderte sich 1933, als schrittweise zuerst jede nicht-konservative, schließlich fast jede nicht-völkische Literatur offiziell geächtet wurde.

Trotz oder wegen dieser stürmischen Kämpfe war das kulturelle Leben der Weimarer Republik äußerst bewegt, wenigstens in Berlin und den anderen Großstädten des Reiches. Die Leistungen in der Architektur (Bauhaus), auf den Bühnen und im neuen Medium des Films, die rührigen Kabarette und glanzvollen Revuen der „roaring twenties" sind unvergessen.

LITERATUR:

Autoren der ‚Linkskurve': s. J. Rühle *Literatur u. Revolution*, S. 130 ff. Knaur 10 (1963)

Der ‚Kampfbund für Deutsche Kultur': s. H. Brenner *Die Kunstpolitik des Nationalsozialismus*, S. 7 ff. rde 167/168 (1963)

Hans-Albert Walter, *Bedrohung und Verfolgung bis 1933*. SL 1973

Die sogenannten Zwanziger Jahre, hg. v. R. Grimm u. J. Hermand. Athenäum Verlag 1970

W. Rothe (Hg.) *Die deutsche Literatur in der Weimarer Republik*. Reclam 1974

2. Im Wirbel der roaring twenties

a) Alfred Döblin

Döblins Schreibtisch umbrandeten von Jugend an die Probleme unserer Epoche. Begabt mit einer ungewöhnlichen Sympathie für alles Lebendige, mit der Fähigkeit zu fabulieren und dem Willen zu erkennen, was an menschlicher Wahrheit hinter den modernen Wissenschaften und politischen Ideologien steckt, zudem eine tiefreligiöse Suchernatur von aufrichtigem Charakter, war Döblin einer der sprachmächtigsten Dichter seiner Generation.

Schon der junge Döblin (geb. 1878) fand sich in den Strom seiner Zeit gestoßen. Nachdem sein Vater, ein jüdischer Zuschneider in Stettin, die Familie verlassen hatte, mußte die Mutter in Berlin für den Lebensunterhalt der Kinder kämpfen. In der tosenden Großstadt, immer hart am Rande des Proletariertums, lernte der Gymnasiast die Zwänge und Stöße des Lebens kennen. Dem Vaterlosen, der sich nach Güte und Frieden sehnte, konnte das preußische Gymnasium zwar Respekt vor nüchterner Sachlichkeit anerziehen, aber der unmenschliche Pflichtbegriff forderte seine innere Auflehnung heraus. Kleist mit seiner Unruhe und Hölderlins Alleinheitsverlangen erregten seinen Geist. Er studierte Medizin, praktizierte als Irrenarzt und begann zu schreiben (*Der schwarze Vorhang,* Roman, 1901). Er war Mitarbeiter des *Sturm (Die Ermordung einer Butterblume und andere Erzählungen),* arbeitete im Kriege als Arzt in einem Seuchenlazarett am Roman *Wallenstein* und erhoffte von der Revolution 1918 ein geistig gewandeltes Deutschland. Er engagierte sich für die junge Demokratie (USPD-Mitglied bis 1921, Aufsätze *Deutscher Maskenball,* bis 1928 SPD-Mitglied und Mitglied der Preußischen Akademie bis 1933), war ein pflichtbewußter Arzt der Armen in Ostberlin (*Berlin Alexanderplatz,* 1928) und emigrierte nach Frankreich (*Flucht und Sammlung des Judenvolks,* 1935), dann auf Intervention von Präsident Roosevelt nach den USA. Nach dem Kriege kehrte er zurück, um am geistigen Neuaufbau mitzuhelfen (Zeitschrift *Das goldene Tor*). 1957 ist er in Emmendingen gestorben. In den USA konvertierte Döblin zum Katholizismus und erfuhr in der Liebe zum leidenden Christus und in der Verehrung der Mutter Maria eine Erfüllung seiner Sehnsucht — eine geistige Entwicklung, deren Keime sich schon früh in seinen Werken finden.

Die drei Sprünge des Wang-Lun (1912/13) sind Döblins erster großer Roman: In dem in großartigen Massenszenen geschilderten China des 18. Jhs wandelt sich der — historisch bezeugte — Fischerssohn Wang-Lun, ein Räuber und Gaukler, angesichts himmelschreienden Unrechts zum Empörer, bekehrt sich dann aber zur taoistischen Lehre vom Nichthandeln und Erdulden. Doch der Elendszug der Bettler reißt ihn wieder mit zur Erstürmung Pekings, bis er schließlich erkennt, daß „die Welt von geistiger Art ist". Der von Bildern strotzende Roman klingt aus mit der Frage: „Stille sein, nicht widerstreben, kann ich es denn?"

Wadzeks Kampf mit der Dampfturbine (1913/14), auf Grund genauer Studien der Industrieprobleme bei Siemens und Halske konzipiert, ist die grotesk-karikierende Geschichte vom Kampf des Dampfkesselfabrikanten Wadzek gegen das Prinzip der Dampfturbine. Eine Groteske von der Art Paul Scheerbarts (s. S. 277), deren chaplineske Züge allerdings die politische deutsche Realität von 1914 nicht treffen konnten.

Wallenstein, der im Krieg entstandene Roman, suchte in der Gestalt des von den Habsburgern ermordeten Feldherren, Großspekulanten und Inflationsgewinnlers die imperialistische Macht zu entlarven.

Berge, Meere und Giganten (1921/23) gestaltet die negative Utopie einer hochtechnisierten Welt, die imstande ist, Vulkane zu sprengen und Grönland zu enteisen, während gleichzeitig wieder die Saurier erwachen und eine Riesenrasse hirnloser Menschen entsteht. Über die technischen Großmachtträume siegt am Ende die uralte mütterliche Natur.

Mit der *Reise nach Polen* (1924) zu den frommen jüdischen Chassidim (s. S. 272) und mit dem indischen Epos *Manas,* worin eine Frau den Tod überwindet, vollzieht sich Döblins Durchbruch zum religiösen Mysterium des Lebens.

Berlin Alexanderplatz (1929), ein Jahr nach Bert Brechts *Dreigroschenoper* veröffentlicht, ist darum mehr als Deutschlands erster und bedeutendster Großstadtroman, mehr auch als die Geschichte des Transportarbeiters Franz Biberkopf, eines gutmütigen deutschen Michels, den die primitive Gewalt fasziniert und dem das Leben seine Schläge erteilt, ehe er „helle" wird. Aus Montagen und Collagen (s. S. 396) entsteht Berlin: ein vielschichtiges, doch genau rhythmisiertes Sprachorchester von Börsenberichten, Zeitungsannoncen, Statisti-

Umschlag von Döblins Roman *Berlin Alexanderplatz*

ken, Behördenformularen, Schlagern, Gassenhauern und Straßenjargon. Die brausende, lebensmörderische Hauptstadt der 20er Jahre, in der sich die Lebenssphären komisch und grotesk, dadaistisch und absurd überschneiden. Ein futuristisches Panorama, das sich zum religiösen Welttheater ausweitet: in den Großstadtlärm dringt zu Franz Biberkopf nicht nur die Stimme des Autors, sondern auch die der Propheten des Alten Testaments. Mitten in der Schilderung der Berliner Schlachthäuser steht das Gespräch mit Hiob, und wenn Biberkopf seine guten Absichten vergißt und wieder zum Verbrecher wird, schiebt sich das apokalyptische Bild von der Hure Babylon ein. Wie das Heilige sich ins Profane mischt und diesem kontrastiert, zur Bekehrung mahnend, so durchdringen und reflektieren sich auch wechselseitig die Stile: brutaler Jargon, kitschige Sentimentalität des Großstadtmenschen, wissenschaftliche Analyse, rohes Tatsachenmaterial und trunkene Rhythmen, aufgehoben in einer großartig vorwärtsjagenden Komposition.

Diese außerordentliche Leistung, alle Sprachebenen miteinander in Beziehung zu setzen, zusammen mit der schäumenden Fabulierlust des Autors — ein solches Totalbild des Lebens konnte Döblin begreiflicherweise in keinem seiner weiteren Romane mehr geben.

Doch zu unrecht haben seine späteren Werke nur geringe Beachtung gefunden: das dreiteilige zeitgeschichtliche Montage-Erzählwerk von der verkommenen deutschen Revolution *November 1918 (Verratenes Volk, Heimkehr der Fronttruppen, Karl und Rosa)*, die „Amazonas-Trilogie" (1937—1942), in der Döblin Geschichte und Vision des Jesuitenstaates von Paraguay erzählt, und der düstere schwierige Altersroman *Hamlet oder die lange Nacht nimmt ein Ende* (1956 als Lizenzausgabe eines DDR-Verlages).

Döblin war nach seiner Rückkehr von der zunehmenden Restauration enttäuscht und verlangte, in Frankreich beerdigt zu werden. Sein Grab liegt in Housseras (franz. Ostvogesen).

LITERATUR:
R. Minder in *Dt. Lit. im 20. Jh.*, Bd. 2, hg. v. H. Friedmann-O. Mann. Heidelberg [4]1961
W. Muschg *Von Trakl zu Brecht.* München 1961
Zu Berlin Alexanderplatz: V. Klotz *Die erzählte Stadt. Ein Sujet als Herausforderung des Romans von Lesage bis Döblin.* München 1969
L. Kreutzer *Alfred Döblin. Sein Werk bis 1933.* Stuttgart 1970
Text u. Kritik, Heft 13/14 *A. Döblin,* mit Auswahlbibliographie. 1973

b) René Schickele, Leonhard Frank, Anna Seghers

RENÉ SCHICKELE, 1883 im Elsaß geboren, Grenzgänger zwischen Deutschland und Frankreich, ein brillanter Essayist und Romancier von pariserischer Eleganz, war zeitlebens erfüllt von der Sehnsucht nach Frieden und geistiger Bruderschaft der Nationen. Seine Gedichte *(Der Ritt ins Leben,* 1906; *Weiß und Rot,* 1911, 1920 usw.), seine Essays *(Schreie auf dem Boulevard,* 1913), das ausdrucksstarke elsässische Schauspiel *Hans im Schnakenloch* (1915), zahlreiche Erzählungen und Romane sind Zeugnisse seines Europäertums. Er hielt es für eine größere Realität „als die gepanzerten, pulvergeladenen, geschliffenen und schaumlügenden Äußerungen der deutschen Öffentlichkeit". Er hoffte während des 1. Weltkrieges, wo er in der Schweiz die pazifistischen *Weißen Blätter* herausgab, auf eine Auferstehung Europas (*Der neunte November*, Essay, 1919) und auf die Überwindung der Grenzen (*Ein Erbe am Rhein*, Roman, 1925/31). Die Nachkriegszeit, die dann so wenig Gesinnungswandel erkennen ließ, enttäuschte ihn, was auch an dem mit spielerischer Leichtigkeit in wirbelnden Szenen geschriebenen Roman *Symphonie für Jazz* (1929) zu spüren ist. 1933 ging er, unermüdlich für eine freiere Welt tätig, in die Emigration. Vor seinem Tode 1940 in Vence (Südfrankreich) erschien noch der Roman *Flaschenpost* in einem Amsterdamer Exilverlag und *Das Vermächtnis*, eine Anthologie deutscher Gedichte, deren erste Ausgabe von den Nazis vernichtet wurde.

LEONHARD FRANK wurde 1882 als Sohn eines Würzburger Schreinergesellen geboren und mußte sich nach dem Besuch der Volksschule als Fabrikarbeiter, Chauffeur und Malergehilfe sein Brot verdienen. Er war im 1. Weltkrieg ein Gesinnungsgefährte Schickeles. Als er 1915 in der Schweiz den Roman *Die Ursache* gegen die Todesstrafe und 1917 den Novellen-Zyklus *Der Mensch ist gut* wider den Krieg veröffentlichte, war er schon bekannt und auch verrufen wegen seiner Würzburger Jungengeschichte *Die Räuberbande* (1914). Diese legte in spannender Handlung die moralische Brüchigkeit der Autoritäten einer Stadt aus der Perspektive aufbegehrender Jugendlicher offen. In den Erzählungen *Der Mensch ist gut* — ein Titel, der angesichts des Völkermordes provozierend seinen Glauben an die Menschheit zum Ausdruck brachte — beginnt die Novelle *Die Kriegerwitwe* mit dem Satz: „Ihr Mann war Versicherungsagent gewesen, war gefallen, gestorben. Kopfschuß." Franks Erzählstil ist eher realistisch-zupackend, nur sein Temperament und seine ethisch-politische Einstellung verbinden ihn mit der expressionistischen Generation. Neben dem Roman *Bruder und Schwester* (1929) hatte vor allem seine Heimkehrer-Erzählung *Karl und Anna* (1926, auch in Bühnenfassung) Erfolg: Ein Heimkehrer findet seine Frau an einen Kameraden gebunden. Der Roman *Der Bürger* (1924) galt dem Ideal einer klassenlosen Gesellschaft, was sich erzähltechnisch durch ein In- und Nebeneinander der Szenen darstellte. Mit *Von drei Millionen Drei* (1931) griff der sozialistische Autor das Elend der Arbeitslosigkeit auf. Die Emigration führte ihn nach New York (*Traumgefährten*, 1934; *Der Außenseiter*, 1937). Nach dem Kriege kehrte er nach Deutschland zurück und lebte in München. Wieder wandte er sich seiner nun zerstörten Heimatstadt Würzburg zu mit dem Roman *Die Jünger Jesu* (1950). Auch die *Deutsche Novelle* (1951), die zu Anfang des Jahrhunderts im alten Rothenburg spielt, zeigt, daß den Dichter das Problem, warum sich seine Nation ihren Vergewaltigern unterwarf, nicht losließ. Sein Lebensbericht *Links wo das Herz ist* (1952) ist das lebendige Zeitbild eines charaktervollen deutschen Schriftstellers. Er starb 1961.

ANNA SEGHERS (geb. 1900), mit bürgerlichem Namen Dr. Netty Reiling, eine Mainzerin, die sich dem Kommunismus zuwandte, machte sich einen Namen mit der Erzählung *Aufstand der Fischer von St. Barbara* (1928), einer stilistisch und kompositorisch gelungenen Ballade von verzweifelten Fischern an der bretonischen Küste. Solange sie sich noch nicht an die Theorie vom Sozrealismus hielt, waren auch ihre — in der Emigration in Mexiko geschriebenen — Erzählungen (*Ausflug der toten Mädchen*) feine und sensible Kunstwerke. Weltberühmt machte sie allerdings erst der Roman von den sieben aus dem KZ entflohenen Häftlingen *Das siebte Kreuz* (zuerst auf Englisch 1941). Seitdem sie sich aber der offiziellen Literaturdoktrin in der DDR beugte, haben ihre Romane auch keine dichterische Kraft mehr. (*Die Entscheidung*, Roman 1959/61; *Das Vertrauen*, Roman 1968). Doch finden sich noch einige ihrer schönsten Texte in den 9 Erzählungen *Die Kraft der Schwachen*, 1965.

LITERATUR:
H. Kesten: R. Schickele in: *Meine Freunde die Poeten*, S. 127—140. Wien 1953
Bibliographie in: *Schickele Werke*, Bd. 3, S. 1275—1297. Köln 1959
M. Glaubrecht *Studien zum Frühwerk Leonhard Franks.* Bonn: Bouvier 1965. Werke u. Literatur S. 205—230
Kurt Batt *Anna Seghers.* (Westdt. Lizenzausgabe im Roederberg Verlag, Frankfurt 1973)
G. Haas *„Das siebte Kreuz"* in: DU 1/1968

c) Kurt Tucholsky — Satire und erhellender Witz

Als scharfsinniger Essayist und Satiriker des deutschen Panoptikums wird der Berliner KURT TUCHOLSKY (1890—1935), Mitarbeiter der *Schaubühne* und späteren *Weltbühne*, für immer seinen Rang behalten. Unermüdlich warnte er, ein entschiedener Demokrat, vor dem Absturz Deutschlands in die Barbarei, bis er aus Verzweiflung 1935 in Schweden aus dem Leben schied. Er schrieb unter verschiedenen Pseudonymen, ein Kämpfer mit der Feder, wie es wenige gab. Sein heller und scharfer Witz und sein Berliner Gemüt, dem nichts Menschliches fremd blieb, machten ihn zu einem Meister der kleinen Form kämpferischer Publizistik. Mit der rücksichtslosen Aufrichtigkeit des Berliners schaute er dem Volk aufs Maul und stellte an den Pranger: das Staatspathos, die Unarten der Justiz, den Vereinsmeier, den Mitläufer der Zeit, die Dumpfheiten der Provinz, revanchelüsterne Spießer und Chauvinisten. So geben seine funkelnden Stücke Prosa, indem sie die geschwollenen Tiraden, die Redefloskeln und den Jargon aufspießen, ein ungeschminktes Bild der damaligen Zustände. In Tucholsky stritten sich der Zorn darüber mit der Hoffnung auf ein freieres, zum Leben in Europa erlöstes und mit dem „Erbfeind" Frankreich ausgesöhntes Deutschland. Es spricht für die Verwurzelung seiner Satire im Humanen, daß er sich nur das Ausgangsmaterial für den „Führer" vorstellen konnte, nicht aber die kalte Satanie des SS-Staates selbst, den Typus Himmler. Denn die Figuren des deutschen Panoptikums, die wie ein Alpdruck auf der deutschen Seele lasteten — der schmissige Korporationsstudent, der stiernackige Zwölfender, der buckelnde Radfahrer, die forschen Richter, deutschnationalen Junker und schließlich die Landsknechte und SA-Männer mit dem Riemen ums Kinn — entstammten noch der wilhelminischen Typologie. Das spezifisch Neue, die ins Teuflische aufgegipfelte Mittelmäßigkeit konnte auch seine Satire nicht erreichen, die ein vernünftiges Menschentum zum Maßstab der Verbogenheiten nahm. Am Außermenschlichen versagen die in Europa traditionellen Mittel der aufklärenden Satire, wie wir sie in Deutschland bis Heine und Jean Paul zurückverfolgen können. Zu seiner Darstellung hätte es eines Hieronymus Bosch oder Goya bedurft, das heißt der surreal-apokalyptischen Gestaltung.

Dem Vermächtnis Heinrich Heines im Kampf um ein menschlich gelösteres Deutschland blieb in den tumultuösen 20er Jahren auch ERICH KÄSTNER (1899—1974) treu, ein geistvoller Ironiker und rationaler Humorist, der nicht müde wurde, gegen Herzensroheit und Gedankenträgheit zu Felde zu ziehen (Der Großstadtroman *Fabian*, 1930; die satirischen Versbücher *Herz auf Taille*, 1927, *Lärm im Spiegel*, 1928, *Ein Mann gibt Auskunft*, 1929, *Gesang zwischen den Stühlen*, 1932). Er hat sich bis ins Alter — denken wir an seine Kinderbücher — das jugendliche Herz bewahrt. ALFRED KERR (1867—1948), ein bedeutender Theaterkritiker und Feuilletonist, sowie der Wiener ALFRED POLGAR (1875—1955), berühmt wegen seiner sprachlich vollendeten Glossen, repräsentierten das hohe Niveau deutscher publizistischer Prosa. Ein Gefährte von Klabund, Tucholsky, Kästner und Ringelnatz war WALTER MEHRING (geb. 1896), der Bänkelsänger von Berlin. In Reinhardts Kabarett „Schall und Rauch" sangen die großen Chansonetten der Hauptstadt seine aggressiven Songs, eine Mischung aus Balladenstil, Moritat und Montmartre- Refrain, angeheizt von der Jazz-Rhythmik in einer für das Berlin der „roaring twenties" charakteristischen Keßheit. Doch seine bezwingendsten Lieder, absolute Poesie des Schmerzes und der Liebe, entstanden in den Jahren der Verfolgung, auf der Flucht aus Frankreich, auf der Tropeninsel Martinique und in New York *(12 Briefe aus der Mitternacht, Transatlantischer Psalter)*.

Der beste Jahrgang deutscher Reben
Ließ vor der Ernte so sein Leben . . .

MÜHSAM: Poet und Promethid,
Erdrosselt wie ein räudiger Hund —
Ossietzky, den man so zerschund,
daß er voltairisch lächelnd schied . . .
Als man den Friedenspreis ihm bot,
Schloß er grad Frieden mit dem Tod . . .
Der beste Jahrgang deutscher Reben
Ließ vor der Ernte so sein Leben . . .

Es weht ein Blatt — kaum leserlich:
„Die Dummheit, die wir persifliert...
Die macht Geschichte. Die regiert...
Herzlichst TUCHOLSKY ... Ohne mich! ...“
In Schweden krank, doch unbekehrt,
Hat er den Schierlingstrank geleert...

(Marseille, Silvester 1940/41, in Memoriam)

Ende der 20er Jahre begann auch HERMANN KESTEN (geb. 1900 in Nürnberg), ein unentwegter Aufklärer gegen jede Art von Lebensverkümmerung und Ignoranz, mit satirischen Gesellschaftsromanen. Kesten, der stets die Sprache wie ein Florett zu handhaben wußte, erwarb sich dann als Verlagsgründer und Mittler deutscher Dichtung im Exil unschätzbare Verdienste. Bekannt sind sein Roman *Die Kinder von Gernika* (1939), seine historischen Romane aus der spanischen Geschichte, die Biographien *Copernicus* und *Casanova* und die Essays *Dichter im Café* (1959), *Lauter Literaten* (1963).

Wie Kesten mußte auch die graziöse, urbane Deutsch-Französin ANNETTE KOLB (1870—1967) ins amerikanische Exil gehen (*Glückliche Reise*, 1940). Charme, Esprit, Leichtigkeit und Klugheit zeichnen die Bücher, Schilderungen und Bekenntnisse dieser deutschen Dichterin und weltkundigen Tochter zweier Vaterländer aus. Sie konnte nach Deutschland zurückkehren, während BRUNO FRANK (Romane: *Tage des Königs, Cervantes;* Lustspiele: *Die Perlenkomödie, Sturm im Wasserglas*), der sich gleichfalls um die deutsch-französische Aussöhnung bemühte *(Politische Novelle)* 1945 in Beverley Hills starb. In Westbury/New York starb auch FRANZ BLEI (1871—1942), ein amüsanter Essayist, geistreicher Erzähler und Satiriker, der die neuere Literatur mit Anregung und rokokohaftem Spott begleitete *(Das Große Bestiarium, Zeitgenössische Bildnisse)*.

LITERATUR:
K.-P. Schulz *Kurt Tucholsky.* rm 31 (1959)
H. Prescher *Kurt Tucholsky.* Berlin 1959
L. Enderle *Erich Kästner.* rm 120 (1966)
Alfred Polgar, Walter Mehring: in H. Kesten *Meine Freunde die Poeten.* 1959

3. Das Theater der Zwischenkriegszeit

a) Filmkunst, Komödien, Volksstücke

Der Film (s. S. 242 f.), der in den ersten Nachkriegsjahren aus dem primitiven Vorstadt-Kintopp in riesige Paläste mit Orchester umsiedelte, wurde das große Abenteuer der Zeit und durch seine neuen Mittel Konkurrent der Bühnen. Bedeutende Regisseure wie F. W. MURNAU, FRITZ LANG und LUDWIG BERGER sicherten dem deutschen „Kammerspielfilm“ jahrelang künstlerischen Welterfolg, und während die jungen Expressionisten Kaiser, Toller, Zuckmayer und der junge Brecht auf die Bühne vordrangen, faszinierte die Leinwand mit äußerst suggestiven, dämonischen Schauerfilmen *(Das Kabinett des Doktor Caligari* u. a.), in denen das unheimliche, grausame „gotische“ Wesen in neuer Form erwachte. Diese raffinierte expressionistische Gotik, die fantastischen Utopien der Regisseure Paul Wegener und Fritz Lang machten den deutschen Film zum drittwichtigsten Exportartikel, bis Alfred Hugenberg die Idee General Ludendorffs realisierte und die Ufa in Neu-Babelsberg in ein nationalistisches Propagandainstrument umfälschte *(Der alte Fritz, Alt-Heidelberg)*.

Die gehobene Unterhaltungskomödie, bisher ein Stiefkind der deutschen Literatur (s. S. 177), erhielt in der aufgelockerten Nachkriegszeit eine Chance. KORNFELD, HASENCLEVER, auch GEORG KAISER *(Nebeneinander, Kolportage, Zwei Krawatten)* erprobten ihre Talente. ÖDÖN VON HORVÁTH (geb. 1901 bei Fiume, 1938 in der Pariser Emigration tödlich verunglückt) hatte vor und nach 1933 nur wenige Jahre Zeit für seine das miefige Kleinbürgertum hellsichtig diagnostizierenden Komödien. Erst heute kommen die ironischen „Volksstücke“ Horváths wieder auf die Bühne *(Sladek der schwarze Reichswehrmann*, 1929; *Italienische Nacht*, 1930; *Geschichten aus dem Wiener Wald*,

Werner Kraus in dem Film *Das Kabinett des Dr. Caligari,* 1926

1931; *Kasimir und Karoline,* 1932; *Glaube Liebe Hoffnung,* 1936). Sie zeigen, was seit Nestroy aus dem „schlichten Volk" und dem „braven Kleinbürger" geworden war: triebhafter Terror, brutaler Interessenkampf verbirgt sich hinter bierseligen Phrasen, Schlagerkitsch und Mief. An Wirtshaustischen, auf Rummelpätzen, in Bürostuben und bei rührenden Familienfeiern ist die Luft vom Terror der Rechtsradikalen geschwängert. In schönen Redensarten lauern Handgranaten, in walzerseliger Gemütlichkeit der rohe Faustschlag. Wenn Karl Kraus damals sagte, daß ihm zu Hitler nichts einfiele, der Österreicher Horváth hat den unheimlichen Bodensatz aus Existenzangst, Haß, Gewalt und sentimentalem Redeschwall, Weinstimmung und Marschmusik genau wahrgenommen. Die Vorgänge, Dialoge, Reden, Festgesänge und Schauplätze sind in diesen Anti-Volksstücken so kunstvoll arrangiert und kontrastiert, daß sich die für den Faschismus reife Mentalität ohne Kommentar entlarvt.

Verglichen mit Horváths besten Szenen war der Erfolg, den 1929 MARIELUISE FLEISSER (1901—1974) mit den von Brecht angeregten *Pionieren in Ingolstadt* hatte, vielleicht mehr stoffbedingt. Das Stück setzte dem Militär und der verlogenen Kleinstadtidyllik immerhin so zu, daß es 1933 öffentlich verbrannt wurde. Die Dramaturgie dieser bitteren Liebesgeschichte war etwas amateurhaft. Die Dumpfheit, Naivität und Beschränktheit kam in der Sprache zum Ausdruck. Heimat ist für die niederbayerische Dichterin Provinz, Idylle eine Kulisse der Unbarmherzigkeit (Erzählungen *Abenteuer aus dem Englischen Garten,* 1968).

Da gute Komödien in der deutschen Dichtung immer rar waren, verdienen auch die Stücke des ehemaligen österreichischen Kavallerieoffiziers ALEXANDER LERNET-HOLENIA Erwähnung, ferner ERNST PENTZOLDTS feine Komödie vom Aufstieg und Fall des berühmten Snobs Beau Brummel (*So war Herr Brummel,* 1933), und die eher volkstümliche Satire auf einen ehrgeizigen Stadtrat *Sturm im Wasserglas* von BRUNO FRANK (s. o.). Am erfolgreichsten war der Schauspieler CURT GOETZ (1888—1960) mit seinen elegant und virtuos gemachten Komödien, besonders mit seinem seit 1932 immer wieder aufgeführten Meisterstück *Dr. med. Hiob Prätorius.*

Volksstücke. Der Gefahr des Volksstückes, unkultiviert-bäurisches Wesen idyllisch zu verklären oder damit ungehobelt aufzutrumpfen, entging der Altbayer ALOIS JOHANNES LIPPL (1903—1957), obgleich seine Stücke keinem Vergleich mit Nestroys vertracktem Humor, Anzengrubers wuchtigsten Szenen oder mit der Satire Ludwig Thomas und Josef Ruederers standhalten.

Fern aller Schollendramatik stand der Oberösterreicher RICHARD BILLINGER (1896—1964) mit seinen seltsam koboldischen Stücken aus dem heidnisch-spukhaften, tierisch-primitiven und zugleich degeneriert-hysterischen Seelenuntergrund bayerisch-österreichischen Bauerntums. Sie sind expressionistisch gefärbte Dichtung des Elementar-Triebhaften.

Mit ihm verglichen ist CARL ZUCKMAYER (1896—1977) von rheinhessischer Beschwingtheit, übersprudelndem Temperament und wachem Sinn für gesellschaftliche Gefahren. Er ist — trotz der ernsten Dramen *(Gesang im Feuerofen, Des Teufels General)*, die ihm die Auseinandersetzung mit Hitler abnötigte, und trotz des *Kalten Lichts* (1955) — wesentlich ein Lustspielautor mit kraftvoller Fabulierlust, Gestaltenfülle, Wirklichkeitsnähe und ursprünglichster Lebensbejahung, die ihm auch als Erzähler eignet. Er liebt das ungebändigte Leben und die politische Freiheit, weswegen er auch 1933 in die Emigration ging. *Der fröhliche Weinberg* (1925) strotzte von Lebensprallheit. Das Schauspiel *Schinderhannes* (1927) brachte den volkstümlichen Räuberhauptmann aus der Napoleonzeit, der bislang im Lied und in den Moritaten fortgelebt hatte, auf die Bühne. Im Inflationsjahr 1923 spielt das Seiltänzerstück *Katharina Knie* (1928), eine wunderschöne Romanze aus der nun schon ausgestorbenen Welt der fahrenden Künstler. Zum „deutschen Märchen" im bösen Sinne ist die ergreifende Tragikomödie vom *Hauptmann von Köpenick* geworden. Die Geschichte vom Schuster Voigt, der den wilhelminischen Mythos von der allmächtigen Uniform entlarvte, hat ihre Runde um die Welt gemacht und ist zu bekannt, als daß sie erzählt werden müßte. Wie gut Zuckmayer sein Volk kannte, zeigt gerade auch *Des Teufels General,* das bekannteste Drama von der Nazi-Zeit, die er sich im fernen Vermont, USA, mit erstaunlicher Genauigkeit vorstellen konnte. Es wurde 1946 in New York uraufgeführt.

Hinter General Harras verbirgt sich der zum Hitler-Anhänger gewordene Flieger Udet. Harras erkennt seinen Irrtum und wählt den Freitod. Zuckmayer hat mit erstaunlichem Geschick Jargon und Milieu der deutschen Jagdflieger, ihre Kernsprüche und zackigen Sentimentalitäten wiedergegeben. Eine kritische Durchleuchtung gelang dem doch zu vordergründigen Realismus seiner Darstellung nicht. Auch in dem Stück *Das kalte Licht* (1955), das mit anderen Namen den Fall des Atomspions Klaus Fuchs behandelt, verhinderte die eher an Illustriertenromane erinnernde Machart eine überzeugende Darstellung des unheimlichen Themas Atomforschung. Der einst mit Recht berühmte Volksdramatiker konnte mit keinem seiner späteren Stücke *(Der trunkene Herkules,* 1957, *Die Uhr schlägt eins,* 1961) wieder künstlerische und gesellschaftskritische Bedeutung erreichen. Dafür wird er mit seinen frühen Stücken und seinen Erzählungen seinen Platz in der volksnahen Dichtung behalten.

Zeitstücke. Die Kämpfe der Weimarer Zeit brachten manche heißumstrittenen Stücke hervor: so z. B. die Hohenzollern-Dramen von HANS REHBERG, die Stücke der Nationalsozialisten HANNS JOHST und E. G. KOLBENHEYER (*Jagt ihn, ein Mensch,* 1930). PETER MARTIN LAMPEL entlarvte die dunklen Machenschaften der Reichswehr in *Giftgas über Berlin,* 1929. WALTER MEHRING schrieb eine revueartige Satire auf die Inflationsgewinnler (*Der Kaufmann von Berlin,* 1927). Der kommunistische Arzt-Dichter FRIEDRICH WOLF kämpfte gegen den Abtreibungsparagraphen *(Zyankali)* und den Antisemitismus (*Professor Mamlock,* 1933). Wolf mußte emigrieren wie GÜNTER WEISENBORN, LION FEUCHTWANGER und FRANZ THEODOR CSOKOR (Büchner-Drama *Die Gesellschaft der Menschenrechte,* 1925).

FERDINAND BRUCKNER (1891—1958), mit bürgerlichem Namen Theodor Tagger, aus Wien gebürtig und in den zwanziger Jahren Direktor des Berliner Renaissance-Theaters, griff mit den Schauspielen *Krankheit der Jugend* und *Die Verbrecher* (1929) in die durch Krieg und Inflation verursachte seelische Verwirrung. Seine Stücke schockierten durch ihre analytische Schärfe und legten einen Abgrund bloß, eine innere Verwüstung, die das Publikum damals nicht wahrhaben wollte, die aber der zweite Weltkrieg jedermann vor Augen führte. Von seinen zahlreichen Stücken sind *Elisabeth von England* (1930) wegen der feinen psychologischen Charakterisierungskunst und dem simultanen Geschehen in England und im Spanien Philipps II. sowie die glänzende *Heroische Komödie* (1955) vom Kampf der französischen Schriftstellerin Madame de Staël (s. S. 179) gegen Napoleon am bekanntesten geworden. Sie zeichnen sich durch vollendete Beherrschung der Szenentechnik, fesselnde Dialogführung und differenziertes Bewußtsein aus. Als „entartet" bekämpft, mußte Bruckner nach den USA emigrieren. 1958 starb er in Berlin.

LITERATUR:
S. Kracauer *Von Caligari bis Hitler*. Ein Beitrag zur Geschichte des dt. Films. rde 63. — Willy Haas *Die literarische Welt*. Erinnerungen. List 174/175, S. 90 ff.
Kahl *Ö. v. Horváth*. FD Bd. 18 = dtv 6818 — *Materialien zu Ö. v. Horváth*, hg. v. T. Krischke. es 436 (1970)
R. Lange *C. Zuckmayer*. FD Bd. 33 = dtv 6833

b) Die Piscator-Bühne

Mitte der 20er Jahre unternahm der Regisseur ERWIN PISCATOR in Berlin — wie Meyerhold in Rußland — den für die Theatergeschichte folgenreichen Versuch, die Bühnentechnik durch Benutzung aller modernen Möglichkeiten zu revolutionieren. Sprechchöre, instruktive Spruchbänder, Dokumentarfilme, Projektion von Zeichnungen, Revuen, Ansprachen und neuartige Einrichtungen wie Laufbühnen, Segment- und Globusbühnen sollten es ermöglichen, die überindividuellen Mächte der Epoche zur Anschauung zu bringen.

Anstelle des Hoftheaters mit seiner feudalen Einteilung in Parkett, Ränge, Logen und Galerie und anstelle des bürgerlichen Guckkastentheaters, wo der Vorhang das Publikum von der Welt des Scheins trennt, schuf er ein „Totaltheater", um den Zuschauer ins Spielgeschehen einzubeziehen. Zwar konnte ein eigener architektonischer Entwurf von Walter Gropius, dem Direktor des Bauhauses Dessau, aus finanziellen Gründen nicht zur Ausführung kommen, und es fehlte auch an jungen Autoren, doch vermochte Piscator immerhin an die 40 zur Aufführung geeignete Stücke zusammenzustellen: von Shakespeare, Lessing, Schiller bis zu Karl Kraus, Brecht, Csokor, F. Wolf und Walter Mehrings *Kaufmann von Berlin*.

Mit seinen kühnen Experimenten zog Piscator die Konsequenzen aus den Versuchen expressionistischer Autoren wie Toller, Unruh oder Hasenclever, die Bühne zu einer moralischen Anstalt zu machen. Wie Schiller einst die Techniken der Barockoper nutzte, wollte er die neuen Stoffkomplexe — Krieg, Revolution, Technik, Wirtschaft — mit neuen szenischen Mitteln bewältigen. Das Theater sollte aufhören, Luxus zu sein, es sollte aufrütteln, die Menschen umformen und bewußt politisch sein (s. Brecht).

Obwohl der hessische Pastorensohn Piscator erklärtermaßen revolutionärer Marxist war, fand er doch weder von der KPD noch von den sozialistischen Volksbühnen eine für seine Experimente ausreichende Unterstützung. Als er 1933 in die USA ging, nutzten bereits alle besseren amerikanischen Bühnen seine Erfindungen.

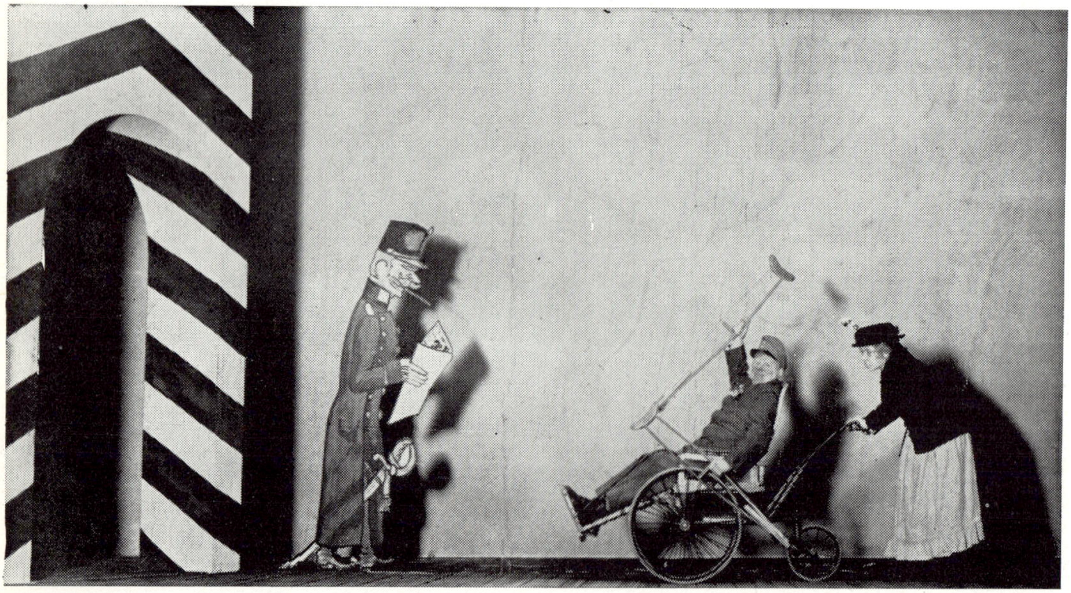

Bühnenbild von George Grosz für *Die Abenteuer des braven Soldaten Schwejk* von Jaroslav Hašek, Piscator-Bühne 1928

Literatur:
E. Piscator *Das polit. Theater.* RP 11 (1963), Neubearb. der Ausgabe von 1929 (Erinnerungen, Dokumente, Fotos) — H. Goertz *Erwin Piscator.* rm 221
J. Rühle *Theater u. Revolution.* dtv 145 (1963) (Meyerhold, Tairow, Jessner, Piscator u. a.)

c) Bert Brecht — „Auch den nackten Boden erfrische Du“

Von allen jungen Dramatikern, die im moralischen Bankrott des 1. Weltkrieges zu ihrer Aufgabe erwachten, hat Bert Brecht sein Talent am erstaunlichsten entfaltet. Nicht einmal G. Hauptmann eroberte sich so die Bühnen der Welt. Die Zähigkeit seines Kunstwillens läßt sich höchstens mit der Unbeirrbarkeit Lessings und Schillers vergleichen. Indem Brecht die Formen des Theaters zum Anti-Theater veränderte, d. h. die Bühne aus einer Angelegenheit des täuschenden Genusses zu einer Stätte der Erkenntnis umzuwandeln suchte, wollte er die Gesellschaft, die Moral verändern, durch Provokation, Desillusionierung und Anklage den Schein wegreißen und schließlich Gleichnisse einer freundlicheren Welt schaffen. Ebenso bedeutend wie als Dramatiker, Regisseur und Theoretiker der Bühnenkunst war er aber auch als Erzähler von Kalendergeschichten, Episteln, Parabeln, Satiren und vor allem als Lyriker.

1898 im gewerbefleißigen, solid-bürgerlichen Augsburg geboren — sein Vater war Direktor einer Papierfabrik —, wurde der Sohn wohlhabender Eltern früh mißtrauisch gegen die standesgemäße Umgebung. Der Gymnasiast Brecht wäre 1915, im 2. Kriegsjahr, beinahe aus dem Gymnasium entlassen worden, weil er in einem Schulaufsatz das Horazwort „Dulce et decorum est pro patria mori“ hohlköpfige Zweckpropaganda nannte. In seinen Stücken verwendete er später „die Sprache der Schlächter“ nur noch ironisch. Parodistisch ist darum auch die schauerlich-höhnische Ballade *Legende vom toten Soldaten,* die er als junger Medizinstudent angesichts der Kriegskrüppel im Seuchenlazarett schrieb. Der tödliche Mißbrauch, der mit Worten, Geräten, Konventionen und Einrichtungen und darum mit dem Menschen getrieben wird, war fortan sein Thema *(Von der Willfährigkeit der Natur, Von der Billigung der Welt).* Diesem Mißbrauch suchte er einen menschlicheren Brauch und Gebrauch entgegenzusetzen *(Lob des Zweifels, Lob des Lernens, Vom Sprengen des Gartens, Von allen Werken* u. a.). Um den Mißbrauch darstellen zu können, studierte er das Verhalten der Menschen:

> Ich bin ein Stückeschreiber.
> Ich zeige was ich gesehen habe.
> Auf den Menschenmärkten
> Habe ich gesehen, wie der Mensch
> Gehandelt wird. Das
> Zeige ich, ich, der Stückeschreiber.

Brechts erstes Stück *Baal* (1918) war indessen noch kein Lehrstück, sondern Ausdruck seiner Revolte gegen das gutbürgerliche Elternhaus und die bürgerliche Lebensform überhaupt, deren Heucheleien er für den Krieg verantwortlich machte.

Das Baalthema. Nach dem Vorbild der Dichter-Vagabunden Villon und Rimbaud konzipiert, ist Baal, der Wüstling, Säufer und Moritatensänger, der sich in Fuhrmannskneipen herumtreibt und verkommt, die Verkörperung des

Bert Brecht (sitzend) im Gespräch mit dem Komponisten Hanns Eisler (links) und dem Regisseur Slaban Dudow, 1932

unersättlichen Hungers nach kreatürlichem Glück, ein wild-anarchischer Hymnus auf das Leben. Immer wieder stimmt Brecht später den Hymnus auf das glückliche Einssein mit der Natur an, das keine falsche gesellschaftliche Einrichtung verkümmert. Die soziale Unterschicht der Geschlagenen und Getretenen, die wilden Abenteurer seiner Geschichten, der schlaue Volksrichter Azdak im *Kaukasischen Kreidekreis,* der Soldat Schweyk im 2. Weltkrieg, die Figuren in den Gedichten der *Hauspostille* und Herr Keuner wissen um dieses Glück. Zwar, sie leben „in finsteren Zeiten", hören den Hunger schreien, sind „in die Asphaltstädte verschlagen", befinden sich auf der Flucht, müssen sich vor Mächtigen ducken — aber ihr Lebenswille ist ungebrochen; mit der „Klugheit und Stärke des Elefanten" harren sie einer freundlicheren Zeit.

Trommeln in der Nacht (1920), von Brecht selbst an den Münchner Kammerspielen inszeniert, erweitert dieses Thema: Der Kriegsheimkehrer Kragler, der sich bald wieder mit dem schmutzigen Kleinbürgerglück abfindet, statt sich im Spartakusaufstand mit aufzubäumen, findet noch Brechts Mitgefühl, aber die skrupellose, ordinär-geschäftstüchtige Familie Balicke wird erbarmungslos dargestellt.

Schon in dem Stück arbeitete Brecht, der sehr viel der volkstümlichen Moritat, dem Jahrmarktspanoptikum und dem Komiker Karl Valentin verdankte, mit dem Mittel der „Verfremdungen". Seine Absicht war, das Gleichnishafte der Vorgänge sichtbar und dem Zuschauer bewußt zu machen, daß es seine Sache sei, die auf den Brettern verhandelt wird: „Es ist gewöhnliches Theater. Es sind Bretter und ein Papiermond ... Glotz nicht so romantisch!"

1923 wird Brecht Dramaturg an den Münchner Kammerspielen. Die Hitler-Putschisten setzten ihn auf die Verhaftungsliste. 1924 beginnt er mit dem **Marx-Studium.** Marx hatte gelehrt, daß der Mensch im System des Kapitalismus zur Ware degradiert, d. h. seinem Wesen „entfremdet" worden sei. Darum — folgert Brecht — diene auch die bürgerlich-kapitalistische Kunst, besonders Operette und Oper, nur dem unsittlichen, verführerischen Luxus. Diese zum bloßen Genußmittel mißbrauchte Kunst müsse durch „Verfremdung", d. h. durch satirische, parodistische u. a. Mittel entlarvt werden. Nachdem Brecht in dem 1928 von den Berliner Volksbühnen aufgeführten Parabelstück *Mann ist Mann* die Verwandlung des Packers Galy Gay zum imperialistischen Soldaten und Menschenschlächter demonstrierte, schrieb er zusammen mit dem Komponisten Kurt Weill

Die Dreigroschenoper. Ihre zündenden Songs und ihre kaltschnäuzige Brillanz brachten das desillusionierte Lebensgefühl der „roaring twenties" so kräftig zum Ausdruck, daß sie Brechts Weltruf begründeten. Von der englischen *Beggar's Opera* (1728) übernahm Brecht die parodistische Gleichsetzung der High Society mit der Verbrecherwelt, die Entlarvung des Bürgers als Räuber. Gleichzeitig sollte die Musik vom schönen Schein zur „Misuk" aus Bänkelsang und Jazzrhythmik „umfunktioniert" werden.

Aufstieg und Fall der Stadt Mahagonny, wieder mit Weills Musik, 1930 unter einem Skandal in Leipzig uraufgeführt, ist die negative Utopie einer Gesellschaft, in der alles — Leben, Freude, Liebe, Freiheit — für Geld feil ist.

Nach diesen Anti-Opern ging Brecht daran, sein erstes Anti-Drama zu schreiben. Überzeugt davon, daß das klassische bürgerlich-liberale Trauerspiel und der Liberalismus überhaupt zum Schein geworden sei, der bloß noch die nackten Interessen der Ausbeuter verhülle, ließ er in der *Heiligen Johanna der Schlachthöfe* (1929/30) und später in Anti-Hitler-Stücken *(Die Rundköpfe und die Spitzköpfe,* 1932/33, *Der aufhaltsame Aufstieg des Arturo Ui)* die kapitalistischen Ausbeuter in Jamben sprechen.

Da ihm ein Hochverratsprozeß drohte, verließ er am Tag nach dem Reichstagsbrand Deutschland. Prag, Wien, Zürich, Paris waren die vorübergehenden Stationen. In Svendborg an der dänischen Küste fand er in einer alten Bauernhütte eine Zufluchtsstätte. In diesen Jahren entstanden u. a. die Szenen *Furcht und Elend des Dritten Reiches* (1937 in Paris uraufgeführt), das Ballett *Die Sieben Todsünden,* zahlreiche Dramen und die *Svendborger Gedichte:*

Den Sund herunter kommen die Fähren.
Das Haus hat vier Türen, daraus zu fliehen.

Beim Einmarsch seiner „Landsleute" in Dänemark fand er „hoch oben in Lappland nach dem Nördlichen Eismeer zu ... noch eine kleine Tür". 1940 nehmen ihn Freunde in Finnland auf (Drama *Herr Puntila und sein Knecht Matti*), von wo er 1941 über Wladiwostok nach Kalifornien flieht (*Der kaukasische Kreidekreis*, 1944/45). 1947 verläßt er fluchtartig die USA, geht nach Zürich und hofft auf Einreisegenehmigung in die Westzonen. Da ihm diese versagt wird, geht er nach Ostberlin, wo er sein Theater zur bedeutendsten Bühne Nachkriegsdeutschlands macht. Obzwar Brecht österreichischer Staatsbürger geworden (1950) und nicht Mitglied der SED war, entbrannte ein heißer Streit über den kommunistischen Inhalt seiner Werke und über sein politisches Verhalten (*Offener Brief an die deutschen Künstler und Schriftsteller*, 1951, *Protestbrief an Ulbricht*, 1953; *Offener Brief an den Deutschen Bundestag*, 1956, usw.). Seit der Emigration beschäftigte ihn zunehmend die Frage, wie der Mensch in dieser unwürdigen Welt überleben und zur Weisheit finden könne. 1956 ist Brecht in Ost-Berlin gestorben.

Brechts Lyrik ist einzigartig durch ihre Formsicherheit und ihren Reichtum an Gattungen. In der *Hauspostille* (1927), dem lyrischen Seitenstück zum *Baal*, verlieh er der Schauerballade und dem Moritatenlied einen unverwechselbaren Ton, erneuerte altes Volksgut und setzte, Anregungen von Rimbaud, Villon und Wedekind verarbeitend, Lutherchoräle und Gemütslyrik parodierend um. Unnachahmlich ist die freche Anmut, aggressive Melancholie und bewußte Saloppheit seiner Songs. Vielfältig auch seine szenische Lyrik, ein wichtiges Element seiner Stücke. Von der Bühne her denkend, entwickelte er eine Meisterschaft im Sprechton, im Gebrauch der Synkopen und im rhythmischen Ritardando. Aber er modernisierte auch die Ballade, die nach Fontane im Kunstgewerblichen zu versacken drohte (*Ballade vom Mazeppa* u. a.), und schuf eine neue Art der „Legende" und der belehrenden Epistel. Als Brecht erkannte, daß der Dichter Lehrmeister, Unterweiser und, wenn nötig, Kämpfer sein müsse, knüpfte er bewußt an die didaktisch-moralistische Poesie früherer Zeiten an. In den späten 20er Jahren und in der Emigration kühlte er seine Sprache ab und erreichte im Spruchgedicht und in der Kampflyrik gegen seinen Todfeind Hitler die unerhörte Knappheit, die das Gedicht zur Waffe macht:

Auf der Mauer stand mit Kreide:
Sie wollen den Krieg.
Der es geschrieben hat
Ist schon gefallen.

Die krasse Eindringlichkeit der Zeitgedichte (*Deutschland, Gezeichnete Geschlechter, Und was bekam des Soldaten Weib* usw.), die noch nach Jahrhunderten unsere finstere Epoche bezeugen werden, darf uns aber nicht die Anmut so vieler anderer Verse übersehen lassen:

Die Schlechten fürchten deine Klaue.
Die guten freuen sich deiner Grazie.
Derlei
hörte ich gern
Von meinem Vers.

Lieder wie die vom *Pflaumenbaum, Vom Schwimmen in Seen und Flüssen*, von den *Liebenden* und vom *Rauch* sind in der Kraft, Leichtigkeit und Durchsichtigkeit ihrer Sprache, in ihrer Schlichtheit und Keuschheit unübertroffen. In seinen letzten Lebensjahren erreichte Brechts Lyrik schließlich die Abgeklärtheit und feine Resignation chinesischer Weiser. Ein voltairesches vieldeutiges Alterslächeln umspielte seinen Mund. Der anarchistische Verherrlicher nackten Lebensglücks, der Klassenkämpfer mit der Proletarierjoppe, war gegen seinen Willen zum Klassiker geworden.

Das epische Theater. Im Bemühen, die Bühnenkunst vom „Kulinarischen", d. h. vom Augen- und Ohrenschmaus zu befreien und sie zu einer Sache der Erkenntnis von der Rolle und Aufgabe des Menschen zu machen, entwickelte Brecht die Theorie und dramaturgische Praxis des Lehrtheaters. Indem der Stückeschreiber zeigt, wie die Menschen „zueinander ins Zimmer treten mit Plänen / Oder mit Gummiknüppeln oder mit Geld / Wie sie auf den Straßen stehen und warten / Wie sie einander Fallen bereiten / Voller Hoffnung / Wie sie Verabredungen treffen / Wie sie einander aufhängen / Wie sie lieben / Wie sie die Beute verteidigen / Wie sie essen ...", macht er die Zuschauer zu Betrachtern, weckt ihre Kritik und erzwingt ihre Entscheidung. Er zeigt ihnen, was veränderlich ist und geändert werden soll. Dramaturgisch bedeutet das: der Schauspieler identifiziert sich nicht mit einer Figur, sondern demonstriert sie; die Sprache wird nicht bloß gesprochen, sondern in ihrem Brauch und Mißbrauch aufgezeigt. Eingelegte Lieder, Zwischentexte, Kommentare zur Spielhandlung oder dialektische Kämpfe zwischen Anklage und Verteidigung bei einer Gerichtsverhandlung fordern den Zuschauer zur Urteilsbildung auf. Die Szene wird zum Tribunal, das Geschehen zum Gleichnis und Exempel, das Spiel zu einer experimentellen Demonstration des richtigen und falschen Verhaltens.

Im Grunde wollte Brecht damit dem Theater wieder die Bedeutung zurückgewinnen, die es vor dem Abfall ins „Kulinarische" in den großen Zeiten Athens, des Elisabethanischen England und auch in der Klassik gehabt hatte. Es sollte eine Stätte bedeutender Einsicht sein, ein Ort, wo der Zuschauer erkennt: Tua res agitur.

Leben des Galilei, 1938/39 in Dänemark angesichts der ersten Uran-Atom-Spaltung entstanden, 1945 in den USA und 1955 in Ostberlin vor allem in der Schlußszene verändert, entwickelt an der zwiespältigen Figur des Forschers die Frage nach der sozialen Verpflichtung der Wissenschaft beim Anbruch einer neuen Zeit.

Das insgesamt etwas schwerfällige Schauspiel in 15 Bildern will trotz des Aufwands an Figuren und Tableaus kein historisches Drama sein, auch wollte Brecht keineswegs die heroisierende Legende der Aufklärung dartun, wonach Galilei vor der Inquisition nur widerruft, um weiter der Wissenschaft dienen zu können. Dazu ist die von Galilei initiierte Physik im Zeitalter der Atombombe viel zu gefährlich geworden. Brecht zeichnet seinen Galilei als negativen Helden, der vor der Folter kapituliert und seine Erkenntnisse reaktionären Mächten ausliefert. „Hätte ich widerstanden, hätten die Naturwissenschaftler etwas wie den hippokratischen Eid der Ärzte entwickeln können, das Gelöbnis, ihr Wissen einzig zum Wohle der Menschheit anzuwenden! Wie es nun steht, ist das Höchste, was man erhoffen kann, ein Geschlecht erfinderischer Zwerge, die für alles gemietet werden können."

Der gute Mensch von Sezuan (1938/39) geht in der Veränderung des dramatischen Helden noch ein Stück weiter. Unter den Bedingungen der kapitalistischen Ausbeutergesellschaft wird der Held in zwei Teile zerlegt, in die gute, mildtätige Dirne Shen Te und in ihren bösen, hartherzigen Vetter Shui Ta. Um dies zu zeigen, wählt Brecht die Form einer nach China verlegten Parabel. Im Vorspiel kommen drei Götter nach Sezuan auf der Suche nach guten und zugleich glücklichen Menschen. Ihnen verdankt Shen Te, daß sie sich einen Tabakladen kaufen kann. Aber der Laden wird von Bettlern und Schmarotzern so belagert, daß Shui Ta eingreifen muß. Auch als Shen Te sich in einen stellungslosen Flieger verliebt, der sie ausnutzen will, kann das Geschäft nur durch einen Betrug saniert werden. Shui Ta macht aus dem Laden das Büro einer Tabakfabrik und betätigt sich zusammen mit Sun, dem Flieger, als rücksichtsloser Ausbeuter. Als er zum Schluß verhaftet und den Göttern vorgeführt wird, die sich die Richtersessel erschwindelt haben, legt er seine Maske ab und steht als Shen Te da: „Ja, ich bin es. Shui Ta und Shen Te, ich bin beides. Euer einstiger Befehl gut zu sein und doch zu leben zerriß mich wie ein Blitz in zwei Hälften ... Etwas muß falsch sein an eurer Welt. Warum ist auf die Bosheit ein Preis gesetzt und warum erwarten den Guten so harte Strafen?"

Das buntlebendige Stück mit seinen Zwischenspielen und Liedern *(Das Lied von der Wehrlosigkeit der Götter und Guten; Das Lied vom Sankt Nimmerleinstag; Das Lied vom achten Elefanten)* zählt zu Brechts anmutigsten Produktionen. Es entläßt den Zuschauer mit der Frage, wie eine Gesellschaft beschaffen sein müßte, in der Betrug und Raub nicht nötig wären, um wie Shen Te aus reinem Herzen schenken zu können. Die Götter entschwinden auf einer Wolke in ihr Nichts. Sie haben sich bei der Lösung der Frage als müßig erwiesen.

Das Verhör des Lukullus (1938), Brechts wuchtigste Auseinandersetzung mit dem Krieg (zuerst Hörspielfassung), ist das Schattengericht der Kriegsopfer über den römischen Feldherrn Lukullus. „Alle zehn Jahre ein großer Mann. Wer bezahlte die Spesen?"

Mutter Courage und ihre Kinder (1939) demonstriert mit dem Blick auf den eben begonnenen 2. Weltkrieg an der lebensstrotzenden, geschäftstüchtigen Marketenderin, wie diese zwar vom Krieg profitiert, aber dabei auch ihre Kinder verliert. Vaterland und Religion sind ihr nur Kleidungsstücke (vgl. Heines *Lied der Marketenderin*), doch bis zuletzt geht ihr nicht auf, daß man im internationalen Rüstungsgeschäft „eine große Schere haben muß, um am Krieg seinen Schnitt zu machen".

In *Herr Puntila und sein Knecht Matti* (1940/41) ist der finnische Gutsbesitzer Puntila eine so vollsaftige Figur, daß es schwerfällt, in den derbkomischen Szenen, die er mit seinem Knecht Matti hat, das Verhältnis eines „kapitalistischen Ungeheuers" zu seinem Ausgebeuteten zu sehen. Jedenfalls paßt das Stück nicht in das primitive Schema des stalinistischen Katechismus.

Der kaukasische Kreidekreis (1944/45) spielt gleichnishaft in Grusinien in einer Epoche blutiger Umstürze. Brecht hat die alte chinesische Legende umgewandelt (vgl. die Kalendergeschichte *Der Augsburger Kreidekreis*). Hauptfiguren sind die Magd Grusche — sie rettet das Kind der selbstsüchtig-eitlen Gouverneursfrau und zieht es auf, wodurch sie sich das sittliche Recht erwirbt, es zu behalten — und der Richter Azdak, dem es mit List, Mut und Schelmerei gelingt, durch alle politischen Verwirrungen hindurch der menschlichen Wahrheit zum Siege zu verhelfen. Bei der Kreidekreisprobe spricht er Grusche das Kind zu; denn sie war ihm die wirkliche Mutter. Den Sinn der Parabel erhellt ein Vorspiel: Zwei sowjetrussische Kolchosen haben sich um ein Tal gestritten, es wird der Kolchose zugesprochen, die davon den besten Gebrauch macht (vgl. Brechts Gedichte über Brauch und Mißbrauch, den Grundgedanken seiner „marxistischen" Ethik!).

Szene aus dem Vorspiel von Brechts Drama *Mutter Courage und ihre Kinder* mit Helene Weigel als Mutter Courage. Aufführung des Berliner Ensembles.

Wie Brecht eine Situation dialektisch zu einer Szene mit Fragen und Antworten aufbaut, verraten auch die kurzen *Geschichten von Herrn Keuner*. Wie der Richter Azdak und der Soldat *Schweyk im zweiten Weltkrieg* (1942/43) ist auch Keuner, der Denkende, der nichts verspricht, „als daß er ein Denkender bleibt", eine komplizierte Widerstandsfigur in einer verwirrenden Epoche. Hineingeboren in eine Zeit, wo

> Ein Gespräch über Bäume
> fast ein Verbrechen ist,
> weil es ein Schweigen
> über so viele Untaten einschließt,

erkundete Brecht Modelle einer freundlicheren zukünftigen Welt. In der Hymne *An die Nachgeborenen* sagte er, wie schwer es sei, weise zu sein in diesem Zeitalter. Er war sich des Dilemmas bewußt und nahm Fehlurteile über sein Verhalten in Kauf. Was er ersehnte, was ihn zur Empörung, zum Engagement und zuletzt zu der entsagungsvollen Arbeit an seiner Modell-Bühne trieb, können vielleicht die Bilder einer heitereren, gütigeren Welt erklären, die immer wieder in seinen Gedichten beschworen wird:

> O Sprengen des Gartens, das Grün zu ermutigen!
> Wässern der durstigen Bäume! Gib mehr als genug und
> Vergiß nicht das Strauchwerk, auch
> das beerenlose nicht, das ermattete
> Geizige. Und übersieh mir nicht
> Zwischen den Blumen das Unkraut, das auch
> Durst hat. Noch gieße nur
> Den frischen Rasen oder den versengten nur:
> Auch den nackten Boden erfrische du.

Literatur:

Brecht-Jahrbücher 1974 ff., es 758, 797, 853, 906, 956
M. Kesting *Bertolt Brecht.* rm 37 (1959)
H. Mayer *Bertolt Brecht und die Tradition.* dtv 45
M. Esslin *Bertolt Brecht, das Paradox des polit. Dichters.* dtv 702
J. Willett *Das Theater B. Brechts.* Reinbek 1964
K. Rülicke-Weiler *Die Dramaturgie Brechts.* Berlin 1966
A. Schöne *Über polit. Lyrik im 20. Jh.* Vand 228/29
M. Kesting *Das epische Theater.* Urban 36^3
K. Schuhmann *Der Lyriker B. Brecht 1913—1933.* dtv 4075

4. Gegenströmungen

a) Überblick

Die großen Umwälzungen der europäischen Kunst, die Umbrüche der Renaissance, des Manierismus, der Romantik und des Naturalismus, waren stets nur von wenigen „Avantgardisten“ getragen. Dann breiteten sich die neuen Seh- und Denkweisen aus und wurden zum Stil einer Epoche. Ebenso haben in den Jahrzehnten vor und nach 1914 Wissenschaftler wie Freud *(Die Traumdeutung*, 1900) und Einstein (Relativitätstheorie 1905), die Maler des Kubismus und Surrealismus, Romanciers wie Proust, Kafka und Joyce, Lyriker wie Pound, Apollinaire, T. S. Eliot, Benn und Ungaretti, um nur einige zu nennen, ein neues Zeitalter eingeleitet. Ihre aus den tödlichen und schöpferischen Gefährdungen der Zeit hervorgegangenen Werke sind heute bereits Klassiker der Moderne. Sie wirkten ihrerseits traditionsbildend. Bekämpft und unverstanden schufen sie ein neues Bewußtsein von den Möglichkeiten schöpferischen Geistes in unserem Jahrhundert.

In eben jenen Jahren sammelten sich andererseits, gestützt auf die große Mehrheit der Kulturkonsumenten, die traditionalistischen Beharrungskräfte. Angesichts der gewaltigen Stil- und Denkumbrüche war der Ruf nach „konservativer Erneuerung“ nur zu verständlich. Ihm lagen folgende Auffassungen zugrunde: die nationalromantische Anschauung, die von der Kunst „Volksverbundenheit“ fordert, die bürgerlich-idealistische, die von der Kunst die Darstellung repräsentativer Ideale erwartet, und die pseudodemokratische, die meint, auch in unserer hocharbeitsteiligen und differenzierten Gesellschaft müsse Kunst — im Unterschied etwa zur Mathematik und Physik — jedermann verständlich sein. Zu diesen weitverbreiteten Anschauungen kam in Deutschland, zumal nach der Niederlage von 1918, auch noch die kulturelle Dolchstoßlegende. Kein Wunder, daß der Ruf nach „konservativer Erneuerung“, sofern man diese nicht in den Werken etwa von Hofmannsthal und Th. Mann erblickt, häufig in plattem Traditionalismus oder in nationalistisch-reaktionärem „Schrifttum“ endete.

Heute ist der Großteil dieses Schrifttums dem legitimen Vergessen anheimgefallen. Es ist nahezu unmöglich, die verschiedenen epigonalen, konservativ-erneuernden und reaktionären Strömungen reinlich nach Stilen, Motiven, Themen und dem jeweiligen Publikum zu sondern. Doch kann man etwa folgende Tendenzen feststellen:

1. **Das Schrifttum des Regionalismus** (s. S. 261) setzte die schon im 19. Jh. verbreitete Heimatdichtung fort, aber die Abneigung gegen großstädtische, technische und pluralistisch-demokratische Lebensformen vermischte sich mehr und mehr mit dem Kult völkischer Urwüchsigkeit, neuheidnisch-germanischer „Weltanschauung“ und den Überbleibseln pantheistischer Naturreligiosität, etwa in Büchern wie PETER ROSEGGERS *Gottsucher* (1883), in *Hilligenlei* (1905) des Pastors GUSTAV FRENSSEN oder in HERMANN STEHRS letzten Romanen vom *Geschlecht der Mächler* (1929—44).

2. Das von **Reichs- und Volksmythen** und der Glorifizierung des Kriegs beherrschte „nationale“ Schrifttum. Die Anzahl dieser Romane zur deutschen Geschichte, Kriegsbücher und nationalistisch verfälschenden Darstellungen deutscher Kultur ist Legion. Die Helden der Völkerwanderung, die Gotik, die Kunst Dürers, die deutsche Mystik, das Preußen Friedrichs des Großen, Goethe und die Maler der Romantik, Spitzweg und Bismarck, die Jugend von Langemarck und die Freikorpskämpfer nach 1918 wurden unter dem Zeichen der völkischen oder nationalen Renaissance gedeutet. Diese „Erneuerung“ reicht etwa von den Erzählungen und Lebensbeschreibungen des hessisch-rheinischen Volksschullehrers WILHELM SCHÄFER (1868—1952), der Winckelmann, Hölderlin, Pestalozzi und den Ostgotenkönig Theoderich „volkspädagogisch“ aus- und umdeutete, zu PAUL ERNSTS (1866—1933) Versepos *Das Kaiserbuch* (1922—28). Dazu gehören beliebte Erzählungen wie z. B. *Konradin reitet* des Studienrats OTTO GMELIN (1886—1940), die Landsknechtsballaden des Gutsbesitzers BÖRRIS FREIHERR VON MÜNCHHAUSEN (1874—1945), aber auch die archaisierenden Romane E. G. KOLBENHEYERS (1878—1962). Kolbenheyer vertiefte sich in die „Schwellenzeiten“ deutscher Geschichte und entwickelte einen scharf anti-römischen, antizivilisatorischen Mystizismus deutscher Sonderart, der sich gegen römischen Klerikalismus (Drama *Giordano Bruno*, 1903), gegen protestantische Verknöcherung (Jakob-Böhme-Roman *Meister Joachim Pausewang*, 1910) und gegen den westeuropäischen Rationalismus in der Naturwissenschaft (Romantrilogie *Paracelsus*, 1917 —26) durchzusetzen habe. Am Ende des *Paracelsus* begräbt Wotan Christus im Gletschereis.

3. Konservativ im Hinblick auf Erzählformen und Lyrik waren auch die meisten **konfessionsbewußten Schriftsteller** (s. S. 333 ff.). Aber Autoren wie z. B. R. Schneider, Le Fort, Bergengruen oder Schaper erneuerten christliches Denken, indem sie völkisch-rassische, neuheidnische und nationalistische Mythen aus ihren Werken verbannten.

4. Schwerer zu umgrenzen ist eine Gruppe von Autoren, die sich an **idealistisch-klassizistische** Kunstvorstellungen oder an **vornehm-aristokratische** Schreibweisen im Rahmen einer bestimmten national-bürgerlichen Tradition hielten. Man könnte sie nach dem von Paul Ernst 1906 ausgegebenen Stichwort „Neoklassizisten" nennen, wenn nicht für die jüngere Generation auch George und das von George vermittelte Hölderlin-Bild Muster geliefert hätten.

LITERATUR:
Die Diskussion um das deutsche Lesebuch, hg. v. H. Helmers. WBG Bd. 251 (1969)
Reichlich Stoff für Untersuchungen zu den Themen ‚Rezeption der modernen Dichtung', ‚Publikumsgeschmack', ‚Traditionalismus' und ‚völkisch-nationalistische Wertungen' bieten neben den Lesebüchern auch die in Massenauflagen erschienenen Literaturgeschichten, z. B. von Josef Nadler, Paul Fechter, die Urteile von Albert Soergel vor und nach 1933, die Bücher von Hermann Pongs.
W. Killy u. a. *Germanistik — eine deutsche Wissenschaft.* es 204

b) Neoklassizistische Tendenzen

Tradierte Formen. Die behelfsmäßige Bezeichnung „neoklassizistisch" soll positiv ausdrücken, daß es um die Erneuerung des ästhetischen Ideals der Harmonie und eines vornehmen Stils ging; negativ, daß die Autoren alle kritisch-ironische, groteske, expressiv gesteigerte und surrealistisch-halluzinatorische Kunst ablehnten. So bevorzugten viele deutsche Autoren noch immer die abgerundete Novellenform des 19. Jhs (z. B. Binding, Emil Strauss *Der Schleier,* Bergengruen u. a.) oder versuchten sich an vorgegebenen Formen des Sonetts und der Ode (z. B. Borchardt, Schröder, Weinheber, der spätere J. R. Becher). Sie verwendeten antike Metren und Strophenformen, pflegten den humanistisch-ästhetischen Essay (z. B. Borchardt, Kommerell, F. G. Jünger) und wählten einen betont kalligraphischen Stil.

1906 trug PAUL ERNST (1866—1933), einst mit Arno Holz und Friedrich Engels befreundet, nach scharfem Bruch mit dem Naturalismus und Sozialismus seine Gedanken zu einer neoklassizistischen und betont idealistischen Tragödie vor *(Der Weg zur Form).* Die Stücke selbst (*Demetrios,* 1905; *Brunhild,* 1909) und während des Krieges die Dramen *Preußengeist* und *York* gerieten zu blaß und abstrakt, so daß sich Paul Ernst zuletzt als Erzähler seiner Harzheimat zuwandte (*Das Glück von Lauenthal,* 1933). Fast gleichzeitig mit Ernst verfocht WILHELM VON SCHOLZ (geb. 1874) die neuklassizistische Ansicht (*Gedanken zum Drama,* 1905) und schrieb der Balte HENRY VON HEISELER (1875—1928) sein Drama *Peter und Alexej.*

Nicht vom deutsch-konservativen Idealismus, sondern von d'Annunzio und George her kam RUDOLF G. BINDING (1867—1938), als er 1912 durch seine Novelle *Opfergang* berühmt wurde. 1914 besang er in antikischer Manier den Gott des Krieges: „Dreimal heilig sprang der Krieg aus dem Herzen der Völker". 1933 verteidigte er gegenüber Romain Rolland die Bücherverbrennung. In seinen Novellen *(Die Waffenbrüder, Unsterblichkeit)* kultivierte er die kasinomäßig polierte Vornehmheit des stoischen Dandy. — Nur mit der lange als Muster der Formschönheit gepriesenen Novelle *Der Schleier* (1920), einem Stoff von Goethe, ist EMIL STRAUSS (1866—1960) Binding verwandt. Strauss' schönstes Buch war die neuromantische Schülerselbstmord-Geschichte *Freund Hein* (1902); sonst erzählte er humorvoll-idyllisch von seiner vergeblichen Auswanderung nach Brasilien (*Der Engelwirt,* 1901) oder vom Versuch einer Siedlergemeinde *(Das Riesenspielzeug,* 1934).

Kann man den Schwaben Emil Strauss stilistisch als Keller-Epigonen bezeichnen, so galt der niederbayerische Arzt HANS CAROSSA (1875—1956) vielen als würdiger Nachfolger Goethes und Stifters. Er hatte seit 1907 von Dehmel inspirierte Naturlyrik veröffentlicht, empfindsam, innerlich, pantheistisch beunruhigt. Das Reifende und Wachsende, die stille Alltäglichkeit, die Sorgen des Arztes (*Doktor Bürgers Ende,* 1913) und das träumerische Verlangen nach kosmischer Harmonie bestimmten den Fluß seines Erzählens. Seine Erinnerungen an die ruhigere Vorkriegszeit (ab 1922 *Eine Kindheit, Verwandlungen einer Jugend*) und ihre autobiographischen Fortsetzungen (*Führung und Geleit*, 1933; *Das Jahr der schönen Täuschungen*, 1941) spendeten in den erregten Jahren und im Tumult des 3. Reiches vielen Lesern Trost, freilich auch täuschende Erbaulichkeit. Seine liebenswürdige, im Grunde aber wirklichkeitsfremde Menschlichkeit versagte, als er auf dem Höhepunkt des 3. Reiches ohne Ironie die „großen Heer- und Volksführer" in die „schöpferische Gefolgschaft" Goethes stellte und sich 1941 zum Präsidenten des „Europäischen Schriftstellerverbandes" wählen ließ, ein Verhalten, wofür er sich 1951 in den *Ungleichen Welten* rechtfertigte. Es fällt heute schwer zu sagen, was seine Dichtung mit Goethes Kunstansichten und Altersweisheit zu tun hatte.

Während die Dichtung dieser „konservativen Erneuerung" keine der ungeheuerlichen Epoche angemessenen Werke aufzuweisen hatte und sich zwischen Kalligraphik und heimatlicher Idyllik, zwischen gemachter Noblesse und Gemüt bewegte, gewann von den antimodernistischen Tendenzen teilweise der gelehrte Essay.

Rudolf Borchardt (1877—1945), Sohn eines jüdischen Bankiers aus Königsberg, bewußt deutsch und national fühlend, ein Verehrer Hofmannsthals und zunächst auch Georges, hatte von allen Konservativen den weitesten literarischen Horizont. Leidenschaftlich griff er den Naturalismus an, beklagte als Kritiker die Verwischung klarer Formen und Gattungen (*Gespräch über Formen*, 1905) und rühmte als Essayist die große Literatur Alteuropas. Er war ein kongenialer Übersetzer aus vielen Literaturen (ionische Hymnen, Tacitus, die Troubadours, Dante, Swinburne) und besaß ein umfassendes philologisches Wissen, so daß er selbst in Lutherdeutsch, in der Sprache des Mittelalters erzählen und dichten konnte. Herb und streng sind seine Oden, großartig, glanzvoll und schwierig seine Essays. Der in der Toskana geschriebene Essay *Villa* leitete die Vergil-Renaissance in Deutschland ein. Der gelehrte Dichter, der seit 1904 in Italien wohnte, starb 1945, nachdem er aus einem KZ-Transportzug befreit wurde. Eigene Erzählungen: *Das hoffnungslose Geschlecht*, 1929; *Vereinigung durch den Feind hindurch*, Roman, 1937.

Rudolf Alexander Schröder (1878—1962) war mit Borchardt befreundet. Er begleitete seit der Jahrhundertwende (Gründung der „Insel") die deutsche Dichtung als Bibliophile, humoriger Gelegenheitsdichter, geselliger Reimer und eifriger Übersetzer von Homer, Vergil, Horaz, Shakespeare und Molière. Seine Gedichte vor 1914 halten sich an schulhumanistische Antikevorstellungen. Nach dem Muster von Horaz und Hölderlin besang er 1914 die kriegsbereite Nation *(Deutsche Oden, Heilig Vaterland)*, doch seit 1930 *(Mitte des Lebens)* öffnet sich sein liberal-national getönter Humanismus der Besinnung auf das lutherisch-kirchliche Erbe. Nach Art Paul Gerhardts dichtete er Kirchenlieder und schrieb geistliche Lyrik in den traditionellen Formen der Ode und Ballade. Sein Wirken als Vorsitzender gelehrter Gesellschaften und Lektor der Evangelischen Kirche Bayerns trug über die Literatur hinaus Früchte. Vor allem nach 1945 verkörperte der Bremer Patrizier einen weltgewandten, lebensfrohen christlichen Humanismus in deutsch-bürgerlichem Gewande.

Die älteren „Konservativen", Hofmannsthal, Borchardt, Schröder und andere Beiträger der neoklassizistischen Zeitschrift *Corona* (s. S. 342), wurzelten tief in der alteuropäischen Dichtung. Der im 1. Weltkrieg und danach herangewachsenen Generation fehlte dieses weite Bildungserbe. Ihre Vorbilder sind Hölderlin und George.

Josef Weinheber (1892—1945), ein Autodidakt, der sich aus schwerer Jugend emporringen mußte (*Der einsame Mensch*, Gedichte, 1920), nimmt sich neben diesen gelehrten Dichtern merkwürdig aus. Ein kleiner Wiener Postangestellter, wurde er plötzlich 1934 mit dem Gedichtband *Adel und Untergang* berühmt. Hölderlinsche Anklänge und die Thematik von Ruhm, Pflicht und Trauer ließen ihn auf der von der NS-Kulturpolitik bereits leergefegten Bühne als den neuen Nationaldichter erscheinen, dem volkstümliche Verse *(Wien wörtlich)* auch noch die Bescheinigung der Echtheit gaben. Weinheber hatte von Karl Kraus die Trauer um den Verlust der sakralen Sprache vernommen. Ohne diesen tödlich-aggressiven Ethiker zu verstehen, klammert er sich an den 1933 offiziell gewordenen heroisierenden Neoklassizismus, an die „zuchtvollen" Formen und Metren der Antike und

Renaissance (*Späte Krone, Zwischen Göttern und Dämonen,* 1938). Manche Oden hatten in ihrer starren Wucht eine Ähnlichkeit mit der Gebärdensprache des NS-Bildhauers Thorak. Die ars poetica seines *Hier ist das Wort* war von der modernen Lyrik schon lange überholt. Die ihm aufgedrängte Rolle eines Dichters der Nation endete 1945 tragisch. Als die Russen nach Wien marschierten, beging er Selbstmord.

EUGEN GOTTLOB WINKLER (1912—36), ein Schüler des Romanisten Vossler, in Hölderlins Heimat aufgewachsen, durchschaute trotz seiner Jugend, was Weinheber zum Verhängnis wurde: die falsche aristokratische Geste. Das macht seine nach 1933 geschriebenen Essays über George, Platen, Ernst Jünger und Valéry so interessant. Sie sind Erkundungen einer nicht nur ästhetischen Lebensform. Seine Prosastücke (*Die Insel* u. a.) weisen ihn als unerbittlichen Stilisten aus, doch ohne die Jüngersche Manier. Am Tempel von Segest widerfuhr ihm die Unwiederbringlichkeit der Antike; an seinem Bericht *Gedenken an Trinakria* gemessen, klingt das meiste, was Benn (im *Pallas*-Aufsatz), F. G. Jünger und andere über Form und Schönheit sagten, als Bildungserlebnis. Dem jungen Winkler war, wie Cesare Pavese in Italien, Dichtung ein „Handwerk des Lebens". Die Furcht vor der Gestapo trieb den Vierundzwanzigjährigen in den Tod.

FRIEDRICH GEORG JÜNGER (1898—1977), ein Bruder Ernst Jüngers, war gegen die Intensität, mit der Winkler Dichtung erfuhr, gefeit. Als Reichswehroffizier und Jurist bekämpfte er die Weimarer Republik (*Aufmarsch des Nationalismus,* 1926) und stand dem elitären Nationalbolschewismus von Ernst Niekisch nahe. Seine Gedichte (ab 1934) wiegten sich „in des Kriegers Lied" und tanzten den „Schwerttanz" des Vaterlandes. Er verachtete den SA-Pöbel („Histrionengeschmeiß spreizt sich auf hohem Kothurn") und pflegte den Kult „hoher Schönheit": „Schön ist die Vernichtung, wo das Niedre/ Übermächtig herrscht". Sein „appollinischer" Ordnungsbegriff schloß eine Dichtung der Ironie und Satire aus (*Über das Komische,* 1938). Sein Denken kreiste — auch nach 1945 — um die großen Individuen, um vornehme Haltung und Nietzsches vorchristlichen Mythus von der ewigen Wiederkehr. Dem zivilisatorischen Optimismus stellt er ein archaisch-magisches Weltbild gegenüber (*Die Perfektion der Technik,* 1946). Im Unterschied zu seinem Bruder Ernst hat er aber auch einen feinen Sinn für das bukolisch Heitere. Wo er sich anmutiger Gelöstheit überläßt, gelingen ihm seine schönsten Gedichte.

LITERATUR:
H. Hennecke *Rudolf Borchardt. Eine Einführung in sein Werk und eine Auswahl.* Wiesbaden: Steiner 1954
R. Adolph *Schröder-Bibliographie.* Darmstadt: Winter 1953
Weinheber: Bibliogr. Nachweise in der Werkausgabe v. Josef Nadler. Salzburg 1953/56
E. G. Winkler *Dichtungen, Gestalten u. Probleme, Nachlaß.* Pfullingen 1956
H. P. Des Coudres *Friedrich Georg Jünger-Bibliographie* (Werke) in: Philobiblon 7 (1963), S. 160-182
F. G. Jünger *Sämtliche Gedichte.* Enker Verlag, St. Gallen 1975.

c) Ernst Jünger — Der Waldgänger

Ernst Jünger, geb. 1895, ein Apothekerssohn, stammt aus Heidelberg. Seine Kriegsbücher *In Stahlgewittern* (1920), *Der Kampf als inneres Erlebnis* (1922) machten den Front- und Reichswehroffizier (bis 1923) zu einer nationalen Figur im besiegten Deutschland. In diesen Büchern akzeptierte Jünger die Härte und Grausamkeit des Krieges und deutete ihn als männliche Bewährungsprobe. Im rechtsradikalen Freikorpskämpfer witterte er den neuen antibürgerlichen Typus des Industriezeitalters. Wie sein Bruder setzte er sich für eine nationalbolschewistische, scharf antiwestliche Umformung Deutschlands ein. Die NSDAP umwarb ihn. Er distanzierte sich jedoch 1933 von den plebejischen, ungehobelten SA-Typen und kultivierte, wie ihm seine Kritiker vorwerfen, die salonfaschistische Attitude des „aristokratischen" Einzelgängers. Ästhetizist gegenüber Tod und Abenteuer, stilisierte er gerne seine Prosa zu einer kühl und kostbar wirkenden Diktion hinauf, obwohl es oft nur die wilhelminischen Floskeln und die artifiziellen

Gesuchtheiten der George-Imitatoren waren („prächtige Raubtiere sprengten sie durch die Gräben“, „der Hieb des konsekrierten Schwertes“, „die ungeheure Macht des Menschen, der Blut vergossen hat“).

Das Denken des aristokratischen Individualisten Jünger (*Das abenteuerliche Herz*, Erstf. 1929) umkreist fortan die Dynamik der *Totalen Mobilmachung* (1931) und die Heraufkunft technokratischer Diktaturen (*Der Arbeiter*, 1932). Der Oberförster im Roman *Auf den Marmorklippen* (1939) und der Landvogt in *Heliopolis* (1949) sind Vertreter des vulgären, brutalen Machtprinzips. Vor ihnen bewahren einige Weise die aristokratischeren Werte. Jüngers Distanzierung von der „pöbelhaften Machtgier“ der „Knechte“ ist deutlich, ebenso sein elitärer Ästhetizismus, dem eine Landschaft kaltfunkelnden Glanzes und geschliffener Dunkelheiten entspricht. Offenbar führte er die rohen, geistlosen Züge des Nationalsozialismus und anderer Diktaturen auf die moderne Demokratisierung und Nivellierung zurück (s. S. 345).

Nach dem von ihm nicht gebilligten Attentat vom 20. Juli 1944 wurde Jünger, der den 2. Weltkrieg teilweise beim Stab des Militärbefehlshabers in Paris verbrachte, wegen Wehrunwürdigkeit aus der Wehrmacht entlassen. Seine Schrift *Der Friede* (1941—43 entstanden) wollte für die Zeit der Niederlage das Bild eines konservativen Europa entwerfen, das die Herrschaft der siegreichen Technokraten aus USA und Moskau überdauern sollte. Seine stilisierten Tagebücher *Gärten und Straßen* (1942), *Strahlungen* (1949) und *Jahre der Okkupation* (1958) erzählen von den Kriegs- und Nachkriegsjahren. Der Zivilisation überdrüssig, suchte er die Zeichen der Zeit, das Ungeheuer Staat und Technik, in mythischen Bildern zu deuten: *Der gordische Knoten*, 1953; *An der Zeitmauer* und *Gläserne Bienen*, 1957. Seine Loslösung vom Nihilismus zeigt sich in der Schrift *Über die Linie* (1960).

Als „Waldgänger“ (Aufsatz *Der Waldgang*, 1951) gehört Jünger, der schon als Achtzehnjähriger zur Fremdenlegion ausriß (*Afrikanische Spiele*, 1936), zu den interessanten intellektuellen Abenteurern unseres Jahrhunderts. Von der totalen Hingabe an Korpsgeist und Disziplin gelangte er zu einem einsamen Anarchismus.

Das Instrumentarium, mit dem Jünger seine Standorte erkundet und unser Zeitalter zu vermessen sucht, ist sein erstaunliches Gespür für Denkfiguren, Lebensformen, kalligraphische Chiffren, Embleme und Modelle. Der „magische Realismus“ seiner Sehweise (s. *Blätter und Steine*, 1934), seine apothekerhaft genaue Beobachtung und sein alchimistisches Organ für Sinnesqualitäten sind bestechend. Sie helfen dem Leser über die oft manierierte Gewolltheit seines Stils hinweg. In den Tagebüchern, Essays, Erzählungen und Romanen ist es immer Ernst Jünger, der beschreibt, diagnostiziert, meditiert, eine Lebensform erprobt, ein beobachtetes Phänomen aphoristisch einkreist oder sich einer Haltung versichert. Sein disponibles Repertoire an Zeichen und Figuren hätte ihn eigentlich zum Lyriker machen müssen. Von anderen Waldgänger-Typen unseres Jahrhunderts wie Malraux, T. E. Lawrence oder Hemingway stellt er eine Variante dar, die nur aus der deutschen Nietzsche-George- und Offizierstradition verständlich ist. (*Grenzgänger. Essays, Reden, Träume*, 1966; *Subtile Jagden*, 1967; *Zahlen und Götter / Philemon und Baucis*, 1974; *Eumeswil*, Roman 1977).

LITERATUR:

K. O. Paetel *Ernst Jünger*. 72 (1962)

H. P. Schwarz *Der konservative Anarchist, Politik u. Zeitkritik E. Jüngers*. 1962

5. Neue Naturlyrik

Natur — das bedeutete in der Gemütslyrik des 19. Jhs Mondnacht und Sternenhimmel, Wald und Flur, die man liedhaft besang. George (s. S. 249 f.) nahm die gepflegte Kulturlandschaft, Garten, Park und Teich, zum Anlaß für seine jugendstilhafte Ornamentik und sein symbolistisches Wortgepränge. LILIENCRON (1844—1909) und RICHARD DEHMEL (1863—1920) drückten in unbekümmerten Lied- und Strophenformen ihr vitales Lebensgefühl, weltseliges Vagantentum und impressionistischen Lebenselan aus.

Die provokanten Expressionisten (s. S. 290) versetzten 1910 der gemüthaften Goldschnittlyrik den Todesstoß und eroberten die Großstadt. Benn schrieb Montage-Gedichte von den Fragmenten und Seelenauswürfen, dem „Blutgerinnsel des zwanzigsten Jahrhunderts“. Brecht und Walter Mehring rückten den Zeitgenossen mit Bänkelsang, Song und amerikanisiertem Schlager zuleibe. Natur? Waren das in der Großstadt nicht nur kahle Bäume?

Doch die geheime Frage Mörikes, Kellers und der Droste, welcher Gott sich in und hinter der Natur verhülle, starb nicht aus. Sind Blumen, Steine, Vögel, Moore und Wolken vielleicht Chiffren, Hieroglyphen, Gesichter, in denen zu lesen ist? Korrelate für die Situation des Ich? Wenigstens bruchstückhaft ließ sich etwas vom Kosmos erfahren — man war skeptischer, wortkarger geworden als die Lyriker von einst.

Oskar Loerke (1884—1941), Westpreuße, Lektor des S. Fischer Verlags, schrieb unbeachtet von der Menge seine Gedichtbände (*Die heimliche Stadt,* 1921; *Pansmusik,* 1929; *Atem der Erde,* 1930; *Der Silberdistelwald,* 1934). Er „verwandelte, den Besitz an Dichtung überhaupt vermehrend, die Metropole Berlin mit ihren Bahnhöfen, Brandmauern, Kontoren, Lichtreklamen ... in eine heimliche Stadt“ (W. Lehmann). Seine Verse von Mondwolken, Wintermorgen und Meteoriten malen nicht bukolische Bilder und Idyllen, sondern notieren die verlorene Geheimschrift der Welt. Das „entdeckende Wort“ des Dichters sucht eine geistige Erfahrung. Der Dichter, Essayist (*Zeitgenossen aus vielen Zeiten,* 1925), Musikkenner (*Bruckner, Ein Charakterbild*) und Herausgeber des schönen Lesebuchs *Deutscher Geist,* starb 1941 buchstäblich aus Gram über die Zustände in Deutschland (s. seine Tagebücher im 3. Reich).

Leiblich genossen

Meinen gepreßten Mund erbricht
Ein Gefäß mit Absud von Wermut.

Mir war bewußt, der Abschied ist kurz
Im Trank aus geriebenem Schierlingswurz,
Ich wußte, dies ist der Abschied nicht
Vom All und seiner Schwermut.

Ich wollte nicht trinken, doch dann ist der Krug
Ganz in mich ausgeflossen;
Ich warf ihn fort, und er klang hohl.
Des Bittern genug und übergenug!
Und doch tats wohl und lange wohl,
Denn es war leiblich genossen.

Wilhelm Lehmann (1882—1968), Loerkes Freund, zunächst Erzähler, wurde der Nestor eines Großteils jüngerer Lyriker (*Antwort des Schweigens,* 1935). Ihm war das Gedicht ein „Stück geordneter Sinnlichkeit“, genau geschaut, „der Zusammenhang des Seins, wie ihn die Imagination der Natur trägt, im Geiste wieder erzeugt“. Um der Schönheit einer Wasserprimel, eines Schmetterlings oder winterlicher Schwäne (Aufsätze *Bewegliche Ordnung*) überhaupt erst zu begegnen, muß sich der Dichter von abstrakten Begriffen und gängigen Abziehbildern befreien. Dann erst werden ihm in intensivem Umgang Flora und Fauna zum Substrat der Imagination, zu neu erfahrenen Märchen und Mythen:

Der Wind, gezähmt, glättet die Wollgrasflocken.
Die Steine bettet weißer Klee.
Herkules sitzt und spinnt am Weiberrocken,
ihn kirrte lydische Omphale.

Obschon Loerke und Lehmann wenig bekannt waren, regte ihr Beispiel zu einer neuen Poetologie und eine ganze Schule an. E. Langgässer (s. S. 338), Peter Huchel, Horst Lange, Oda Schäfer, die sich 1929—32 um die Zeitschrift *Die Kolonne* sammelten, Günter Eich, Karl Krolow und später auch Heinz Piontek sind von ihnen beeinflußt. Den Kolonne-Lyrikern war die Natur abgründig wie das Moor, gefährlich wie Algen und Schlamm, verstrickt in Modern und Zeugen, dumpf und getrieben — ein Korrelat auch jener zwiespältigen, übermächtigen Jahre (s. S. 338, 378).

Die schilfige Nymphe,
das Wasser welkt fort,
Der Froschbauch der Sümpfe
verdorrt.

Am Mittagsgemäuer
der Schatten stürzt ein.
Der Hauch tanzt aus Feuer
am Eidechsenstein ...
(Peter Huchel)

PETER HUCHELS Lyrik der verstörten Natur und der zerscherbten Welt (*Gedichte*, 1948, 1949; *Chausseen, Chausseen*, 1963) war für seine Freunde stets mehr als privates Psychogramm. Ihre elegische Distanz zu einer im Verfall noch benannten Natur spiegelte auch die gesellschaftliche Wirklichkeit. Der 1903 geborene, im Dorf Alt-Langerwisch in der Mark Brandenburg aufgewachsene Autor war im 3. Reich und wieder nach seiner Absetzung als Chefredakteur der Literaturzeitschrift *Sinn und Form* in der DDR zum Schweigen verurteilt. Aus Schweigen und Verschweigen kommen auch seine Gedichte, in denen vom letzten Oktoberlicht, von aufgeblätterter Baumrinde, leeren Wegen und saugender Öde die Rede ist, von der schweren Arbeit der Fischer, Mägde und Kiepenflechter, vom Flüchtigen und Vergänglichen. Sie führen das Wort wieder an die Grenze des Verstummens.

Gefangen bist du, Traum
Dein Knöchel brennt,
Zerschlagen im Tellereisen.

Doch gerade dieses gefesselte Menschsein, dieses verlöschende Feuer macht die Schrift des Unauslöschlichen lesbar, bewußt. Huchel lebt seit 1971 bei Freiburg im Breisgau. (*Die Sternenreuse*, 1967; *Gezählte Tage*, 1972; *Die neunte Stunde*, 1977).

Konkrete Naturlyrik. Gedichte von Lehmann, Huchel, Lange, Fritz Usinger und Konrad Weiss waren gleichsam eine Bilderschrift auf mythisch erfahrenem Lebensgrund. Gerade in den dreißiger und vierziger Jahren entstand aber auch eine von Landschaft, Dorf und Brauchtum geprägte Naturlyrik, die auf Chiffren, Symbolik und Reflexion verzichtete, dem Stimmungsbild entsagte und mitunter betont volkstümlich-erdnah war (RICHARD BILLINGER, FRIEDRICH SCHNACK, FRIEDRICH BISCHOFF, JOSEF MÜHLBERGER u. a.). Barock-kräftig, derbhumorig, von einer überrealistischen Gegenständlichkeit waren die Bauern, Jäger, Hirten und ländlichen Szenen GEORG BRITTINGS (1891—1964). Er kam von einem bayrisch gefärbten Expressionismus her und bemühte sich in seinen letzten Jahren um die klassische

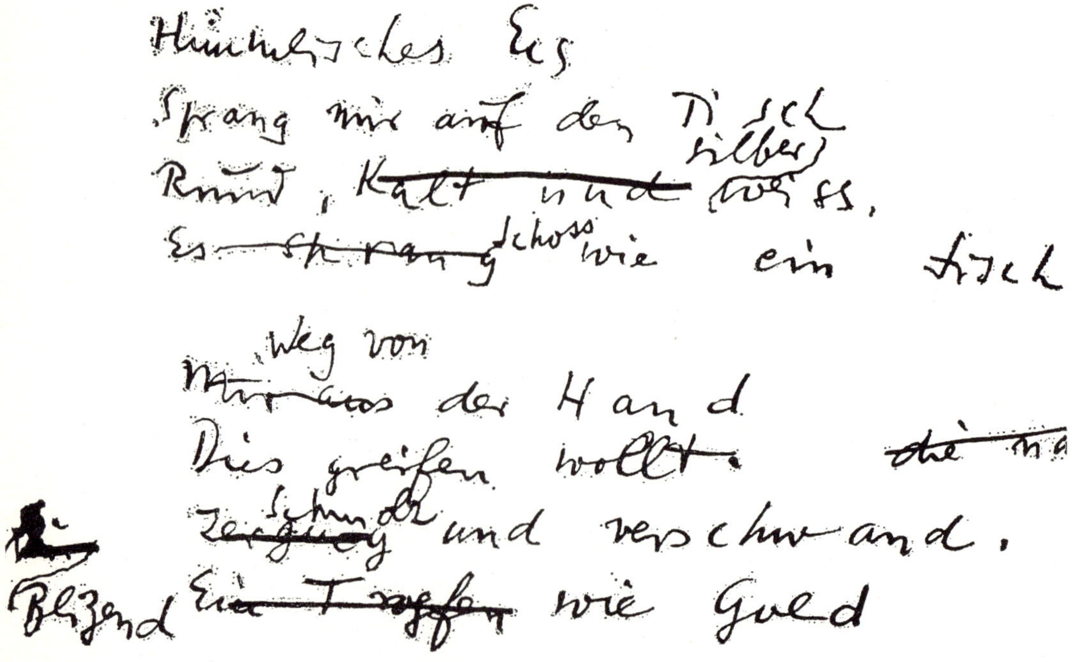

Entwurf des Gedichtes *Am offenen Fenster bei Hagelwetter* von Georg Britting

Form sapphischer und alkäischer Oden. Die Naturlyrik seiner mittleren Jahre ist von plastischer, bisweilen grotesk übertreibender Metaphorik und einem anarchischen Humor:

Die goldne Sonne hängt am Himmel schwer,
Gelb wie die Birne, die zersprungen klafft.
Die Wespe trinkt bedächtig von dem Saft:
Die Birne, weiß sie, wird so schnell nicht leer.

LITERATUR:
Wilhelm Lehmann *Bewegliche Ordnung.* Aufsätze. BS 35
H. Bruns *Wilhelm Lehmann. Sein Leben u. Dichten. Eine Chronik.* Kiel: Mühlau 1962 (mit Bibliographie)
K. Deschner *Oskar Loerke* in: *Expressionismus,* hg. v. H. Friedmann-O. Mann. 1956, S. 155—167
Oskar Loerke *Essays über Lyrik.* BS 151 (1965)
D. Bode *Georg Britting. Geschichte seines Werkes.* Stuttgart: Metzler 1962
Hans Mayer (Hg.) *Über Peter Huchel.* es 647
Hommage für Peter Huchel. Aufsätze v. Bloch, Bienek, Hans Mayer u. a. München 1968

6. Anfechtung und Glaube

a) Le Renouveau Catholique

Mit dem Anbruch der künstlerischen Moderne (van Gogh, Rouault) begann in Frankreich auch die Auseinandersetzung mit dem ausgehöhlten bürgerlichen Christentum des 19. Jhs. Zwar war schon im 19. Jh. das kraftlos gewordene Christentum Europas von verschiedenen Positionen aus angegriffen worden, so von dem dänischen Protestanten Kierkegaard, dem orthodoxen panslawistischen Russen Dostojewskij, dem deutschen Pastorensohn Nietzsche, aber diese Kritik erreichte zunächst nur wenige. Als sich jedoch in der betont laizistischen 3. Republik der französische Katholizismus vom Staate getrennt und in die Verteidigung gedrängt sah, riefen französische Schriftsteller, seit je gewohnt, öffentlich Stellung zu beziehen, zur Glaubenserneuerung auf.

LÉON BLOY (1846—1917), die „Geißel Gottes", verwarf mit apokalyptischer Leidenschaft alle Modernismen, verfluchte die „schneeige Lepra" des sentimentalen Konventionschristentums und nannte den selbstgerechten Bourgeois verworfener als die verlorenen Söhne und gefallenen Töchter der Gosse. Der Weg zu Gott gehe durch Sünde und Schuld hindurch. Bei FRANCOIS MAURIAC (1885—1970), GEORGES BERNANOS (1888—1948) und ihren Nachfolgern verband sich diese Erkenntnis mit einem militanten Republikanismus. CHARLES PÉGUY (1873—1914) brachte seine Liebe zu Frankreich, seine sozialistischen Ideale und die Freude über die Menschwerdung Gottes in Hymnen zum Ausdruck. PAUL CLAUDEL (1868—1955), durch die Lektüre Rimbauds erweckt, entdeckte die Schönheit des katholischen Kultus, die Majestät der Kirche und verfocht ein vital-ursprüngliches, konservativ-royalistisches Christentum.

Werke von ähnlich intensiver Leidenschaft und poetischer Kraft hat die als christlich geltende deutsche Dichtung kaum hervorgebracht. Nur bei den Expressionisten, vor allem bei denen jüdischer Herkunft, hat die Krise des Humanismus wieder die verschütteten Tiefen judäo-christlichen Bewußtseins freigelegt. Sie begriffen den Menschen in seiner Gebrochenheit und Schuld (s. S. 292, 297). Aber die expressionistische Erschütterung, wie sie sich z. B. in den Plastiken von Barlach und Lehmbruck ausdrückte, war so eng mit dem Niedergang des wilhelminischen Staates und seiner klassizistisch-idealistischen Kulturideologie verknüpft, daß sich die nationalbürgerliche Bildung und das mit dem Staat eng verbundene offizielle Christentum hartnäckig gegen eine religiös-sittliche Revolution wehrten. Der überkommene Kulturpatriotismus (s. S. 175) führte im Bereich der Literatur und Kunst zum Festhalten an antimodernen Stiltraditionen, weshalb auch die Mehrzahl konfessionsbewußter Erzähler in Deutschland bei den Formen des poetischen Realismus des 19. Jhs beharrte.

b) Evangelische Erzähler

Fast alle bedeutenden Erzähler des 19. Jhs — Mörike, Storm, Freytag, Raabe — waren wie die Klassiker protestantisch, angesiedelt im lutherischen „inneren Reich" des Gemüts. Dahin hatte das äußere Staatschristentum die Religiosität verdrängt: in private Weltfrömmigkeit, pantheistische Naturgefühle, vorsichtige Skepsis oder heimlichen Atheismus. Wenn auch der Schweizer Theologe Karl Barth schon 1918 die Abkehr vom kulturfrommen, obrigkeitsloyalen Protestantismus forderte, so hat doch eigentlich erst die böse Erfahrung mit dem Nazismus die Rückbesinnung auf eine widerstandsfähigere Frömmigkeit gebracht (Bekennende Kirche: s. E. Bethge *Dietrich Bonhoeffer,* 1970).

R. A. Schröder (s. S. 328) fand aus der Bildungssphäre eines national getönten Humanismus zur geschichtlichen Religion, zur Kirche, zu Luther und Paul Gerhardt zurück.

Ina Seidel (1885—1974), die väterlicher- und mütterlicherseits von alten norddeutschen Pastorenfamilien abstammte, hat hingegen — anders als Ricarda Huch — die nationalen Irrungen und die Neigung zur feierlichen Phrase fast stets geteilt. Ihr äußerst beliebter Roman aus der Napoleonzeit *Das Wunschkind* redete 1930 dem Preußentum, der Zurückdrängung der (französischen) Demokratie das Wort und schwärmte von patriarchalischem Volkstum, romantischen Reichsgedanken und gemütvoller Heimat- und Mutterwärme. Der Roman *Lennacker,* die ausführlich brav erzählte Geschichte eines Pastorengeschlechts von Luther bis zur Gegenwart, erschien 1938 durchaus als Verwahrung gegen die völkischen „Deutschen Christen" vom Schlage des Pastors G. Frenssen, ihr Kriegsgedicht von 1940 aber und ihr Vorwort zu den *Kriegsbriefen von Nachrichtenhelferinnen des Heeres* (1942) war indessen wieder von einer schwerlich noch christlich zu nennenden patriotischen Naivität. Eine Art Abschluß des *Lennacker* brachte 1954 der Roman *Das unverwesliche Erbe.* Die Auseinandersetzung mit dem 3. Reich in ihrem letzten Roman *Michaela* (1959) offenbarte erneut die Grenzen ihres Geschichtsverständnisses. So wird die Erzählung *Unser Freund Peregrin* (1940) von dem unbekannten Schutzgeist, der das Leben dreier Kinder bis zum Tode begleitet, ihre schönste und überzeugendste Dichtung bleiben.

Während Ina Seidel nicht über ihre romantisch-idealistische Bürgerlichkeit hinauskam, war der Konflikt, in den sich Jochen Klepper (1903—1942) gestellt sah, von spezifisch preußischer Tragik. Der Pfarrerssohn Klepper, der mit seinem Vater gebrochen und eine Jüdin geheiratet hatte, mußte mit zwei Belastungen zugleich ringen: einerseits mit dem ererbten lutherischen Gehorsam, der die unbedingte Unterwerfung unter die Staatsautorität verlangte, und andererseits mit seiner wachsenden Einsicht in den unmenschlichen Charakter des NS-Regimes. Klepper ist daran zerbrochen. Den ausweglosen Konflikt, der ihn in den Tod trieb, bezeugen seine Tagebücher und sein Roman *Der Vater* (1937), der die preußische Vaterautorität im Bild des Soldatenkönigs Friedrich Wilhelms I. ins Absolute steigert *(Tagebücher 1932—1942).*

Ernst Wiechert (1887—1950) ist außerordentlich schwierig zu beurteilen. Der vielgelesene Autor, der nach wirren antichristlichen und antidemokratischen Anfängen (*Totenwolf,* 1924) in seinen Büchern zumeist Flucht aus der Zeit, Abkehr von der verdorbenen Stadtzivilisation predigte und sehr oft in sentimentale Waldfrömmigkeit abglitt (besonders in *Das einfache Leben,* 1939), ging für seine kompromißlose Ablehnung des Nazismus ins KZ *(Der Totenwald).* Das Deutsch dieses „Gottsuchers" ist rasch verwelkt, was aber sein aus gefühlsmäßigem Evangelismus stammendes Mitleid mit allen Mühseligen und Beladenen und sein Ringen um einen aktuellen Sinn der Bergpredigt nicht mindert (*Die Jerominkinder,* 1947; *Missa sine nomine,* 1950; Autobiographie *Jahre und Zeiten,* 1949).

Albrecht Goes (geb. 1908) war in der Nachfolge Mörikes, Hebels und Hölderlins stets primär Seelsorger seiner Lesergemeinde, für die der schwäbische Pfarrer ohne künstlerischen Ehrgeiz als ein schlichter Diener am Wort des Herrn seit 1934 Laienspiele (*Die Hirtin* u. a.) dichtete. In seinen Dichterbetrachtungen (*Die guten Gefährten,* 1942), Gedanken (*Von Mensch zu Mensch,* 1949) und in seinen eigenen Gedichten faßt er mild, gütig und ohne die Abgründe moderner Gottferne allzu sichtbar zu machen, einfache Herzenswahrheiten in Prosa und Vers, das eigene Miterleben scheu zurückdrängend. In seiner Erzählung *Unruhige Nacht* (1950) läßt das Gefühl der Mitschuld einen Kriegspfarrer nicht mehr los, der einem zum Tode verurteilten Soldaten geistlichen Beistand geleistet hat. Wenigstens für ihren Teil möchte die Metzgersfrau, die sich im Bombenangriff als *Brandopfer* (Erzählung, 1954) darbieten will, die Verbrechen an den Juden sühnen. In seiner feinen Besinnlichkeit hütet Goes ein heimatliches Erbe, das von Dichtern wie Wilhelm Schäfer vertan wurde.

EDZARD SCHAPER, seit 1947 in der Schweiz ansässig, blickt auf ein bewegtes Leben zurück. Es bildet den Hintergrund seiner zahlreichen engagierten Romane.

1908 in Ostrowo (Posen) geboren, in den 20er Jahren Musikstudent, Regieassistent, zeitweise Matrose, hatte er sich 1930 in Estland niedergelassen, bis er vor der Gestapo und einem sowjetischen Auslieferungsbegehren nach Finnland und Schweden fliehen mußte. In der evangelischen Konfession groß geworden, lernte er früh den Leidenskampf der russisch-orthodoxen Kirche bewundern und trat 1951, ohne dem Geist der Una Sancta abzuschwören, zur römisch-katholischen Kirche über.

Nach einem Versuch über Barlach und einem Bildhauerroman (*Der letzte Gast,* 1927) wurden mit dem Roman *Die sterbende Kirche* (1935) der totalitäre Terror und die innere Freiheit, welche Glaube und Abendmahlsgemeinschaft den Ohnmächtigen und Gefangenen verleihen können, zum Zentralthema seiner zahlreichen Erzählungen und Aufsätze. Sein Stil ist an russischen Epikern wie Ljeskow und an der deutschen Novelle des 19. Jhs. geformt. So „erfindet" er Situationen der Bedrängnis, die im russisch-baltischen Grenzraum oder auch — wie *Die Freiheit des Gefangenen* (1950), *Macht der Ohnmächtigen* (1951) — in der napoleonischen Zeit spielen, wobei die Ausstattung mit zeitgeschichtlichen Details nur der Symbolik einer äußersten Konfliktlage dient.

Nicht immer erreicht die Erzähltechnik die Geschlossenheit der Novelle vom Untergang eines Zirkus in der Ostsee (*Die Arche, die Schiffbruch erlitt,* 1937). In der im Kleiststil eröffneten Erzählung *Der große, offenbare Tag* (1950) z. B. greift das Pfingstzeichen des Himmels allzu künstlich in die Bedrängnisse der kleinen russischen Kirchengemeinde ein. Einen versöhnlichen Ausgang gab der Dichter dem Roman *Der Henker* (1940), worin sich ein baltendeutscher Graf 1905 zwischen die zaristische Staatsmacht, die Ansprüche baltendeutscher Grundbesitzervorrechte und die Freiheitsforderungen der Esten und Letten gestellt sieht. In *Die Freiheit des Gefangenen* (1949) deutet ein junger Kaplan einem unschuldig eingekerkerten napoleonischen Leutnant den christlichen Sinn seiner Leiden. Wer seine Heimat im Jenseits weiß, dem ist, wie dem Pfarrer in *Die Macht der Ohnmächtigen* (1951), die totalitäre Gewalt nur mehr ein religiöses Problem. Am sinnfälligsten vollzieht sich das Wunder des Glaubens in den in Schapers eigentlichem Erlebnisraum, an der Ost-West-Grenze und im 2. Weltkrieg spielenden Erzählungen *Stern über der Grenze, Das Christkind aus den großen Wäldern, Hinter den Linien.* Immer wieder beschäftigten ihn *Der Mensch in der Zelle,* die Gefangenen von Boethius bis zu Albrecht Haushofer und dem norwegischen Widerstandskämpfer Petter Moen.

c) Katholische Erzähler

Im 19. Jh. hatte sich der deutsche und österreichische Katholizismus, wenn wir von Görres und dem rheinischen Aufbegehren gegen Preußen absehen, weitgehend ins Ghetto der Zeitfremdheit zurückgezogen und sich vorwiegend auf den Adel und das Bauerntum gestützt. Der Edelmann EICHENDORFF verklärte das vorrevolutionäre Europa. Von ihrem westfälischen Adelssitze aus sah die DROSTE die Welt gemäß den patriarchalischen Vorstellungen Justus Mösers. STIFTER gab seinem erzieherischen Werk die idealen Farben konservativer Humanität. Weder der steiermärkische Volkserzähler PETER ROSEGGER (1843—1918) noch die österreichische Baronin HANDEL-MAZETTI (1871—1955) mit ihren farbenprächtigen Romanen aus der Epoche der Gegenreformation und des Barock stellten sich den modernen Problemen. So blieben auch im 20. Jh. viele katholische Erzähler — MAX MELL, REGINA ULLMANN, JAKOB KNEIP, PAULA GROGGER, PETER DÖRFLER — schon mit Rücksicht auf ihr Publikum inhaltlich und stilistisch im Bereich der Heimatromane, ohne Anschluß an die gleichzeitige Hochliteratur. Doch mit dem Lobpreis auf das mehr und mehr ausgehöhlte Brauchtum ließ sich der angefochtene Glaube nicht neu begründen. Die Wende kam in den turbulenten 20er und 30er Jahren, vornehmlich durch Konvertiten. Die größten Verdienste erwarb sich dabei die von KARL MUTH (1867—1944) gegründete Zeitschrift *Hochland.* Sie richtete ihr Augenmerk auf die katholische Literatur in Frankreich und England.

Für THEODOR HAECKER, den bedeutenden Essayisten (*Christentum und Kultur,* 1927; *Vergil, Vater des Abendlandes,* 1931), kam 1913 der Anstoß von Kierkegaard und vom Weltkrieg. Als Mitarbeiter des *Brenner* (s. S. 302) kämpfte er ab 1915, ein Gefährte von Karl Kraus, mit schärfster Polemik gegen den unchristlichen nationalen Machtstaat. Er konvertierte im Geiste des englischen Kardinals Newman zum Katholizismus und hinterließ 1945 bei seinem Tode in den *Tag- und Nachtbüchern* wider den Nazismus ein erregendes Zeugnis seines aufrechten Geistes.

GERTRUD VON LE FORT (1876—1971), als Tochter eines preußischen Offiziers geboren, Schülerin von Ernst Troeltsch, ist 1926 in Rom zum Katholizismus übergetreten. Sie war sich immer der Fragwürdigkeit aller richterlichen Moral und des „Paradox des Christentums" in der modernen Machtwelt bewußt. Nach manchen Erzählungen seit 1900 besang sie 1924 in spätexpressionistischen Langzeilen hymnisch die Kirche, die „Mutter aller Kinder dieser Erde". Der neuzeitlichen Staatsmacht und Herrschaftskirche stellte sie das Mysterium der mütterlichen Kirche, die reinen Jungfrauen und Kinder und die Idee des Sacrum Imperium gegenüber (*Hymnen an Deutschland,* 1932). Die Entwicklungskrise einer zur Kirche findenden Halbwaise erzählte 1928 auf dem Hintergrund des heidnischen und modernen Rom *Das Schweißtuch der Veronika.* Die Fortsetzung von 1946 stellt Veronikas Ringen um die Seele eines hitlerdeutschen Neuheiden dar, Veronikas unkirchliche Trauung mit dem Jugendfreund und ihren Konflikt mit der Kirche. Im Roman *Die Magdeburgische Hochzeit* (1938) ist die blutig erzwungene Vereinigung der protestantischen Magdeburger mit Kaiser und Reich im Dreißigjährigen Krieg unvereinbar mit der leidenden Liebe Christi. Viele andere mit starkem Stilwillen geschriebene Erzählungen bezeugen ihren am Kreuz des Duldens gewonnenen Kirchenbegriff. Wer in Angst vor und mit Gott ausharrt, wird erwählt (*Die Letzte am Schafott,* Novelle, 1932). Die Krone der Gläubigen kann nur die Dornenkrone sein. Das wahrhaft apokalyptische Buch *Am Tor des Himmels,* 1954 angesichts der aufwühlenden Frage geschrieben, wie sich ein Christ zur Atombombe, dem Produkt einer gottfernen Wissenschaft im Dienste irdischer Zwecke, zu stellen habe, bewies erneut die unkonventionelle Tapferkeit dieser Frau. In dieser tapferen christlichen Humanität ist sie auch eine würdige Nachfolgerin der großen Liberalen Ricarda Huch, mit der die deutsche Frauendichtung dieses Jahrhunderts begann.

REINHOLD SCHNEIDER (1903—1958), in Baden-Baden geboren, zählte wie Le Fort zu den tapferen Geistern, die die Last der Geschichte auf sich nahmen und Widersprüchen nicht aus dem Weg gingen. Am Ursprung seiner Schriftstellerlaufbahn stand der Zusammenbruch der bewunderten Hohenzollernmacht im Jahre 1918. Der im Denken des deutschen idealistischen Staatsbegriffes Aufgewachsene fragte sich zeitlebens: Wie verhält sich politische Größe, machtvolle Repräsentanz und ästhetischer Glanz zum sittlich-ideellen Gehalt eines Reiches?

Mußte nicht einst die nach Gold und Ländern hungrige Weltmacht Portugal erst untergehen, um sich geistig-künstlerisch in der Dichtung des Camoes, des portugiesischen Nationaldichters, zu vollenden (*Das Leiden des Camoes,* 1930)? Leiden die Mächtigen nicht an der Unmöglichkeit, das Absolute zu verwirklichen (*Philipp II. oder Religion und Macht,* 1931)? Welchen inneren Weg ist die deutsche Nation seit der Erweckung ihres Nationalbewußtseins durch Fichte gegangen (1932)? Als Hitler 1934 seine SA-Führer niedermetzelte, schrieb Schneider sein Buch über *Das Inselreich* England mit der Frage: Wie wird sich England, „die Europa vertretende Macht vor der äußeren Bewährung" sittlich behaupten? Und zwischen den Zeilen: Ist nicht auch Deutschland wie einst die Briten im 16. Jh. dabei, auf dem Tower, auf Kerkern also, seine äußere Größe zu begründen? Wer so wie Schneider vom Idealismus der deutschen Philosophie her dem Staat eine geistige Legitimation abverlangte, mußte mit den Mißbrauchern dieser Staatsidee zusammenstoßen. Die Szenen aus der Konquistadorenzeit in *Las Casas vor Karl V.* schildern die Greuel der Europäer an den Indios in Übersee, den Verrat christlicher Mission, meinten aber auch (1938) den Verrat des angeblich positiv-christlichen, mit der Kirche durch ein Konkordat verbundenen Regimes an der naturrechtlichen Humanität durch die Verfolgung der Juden.

Der Dichter wurde wie Le Fort für Eingeweihte zu einer Figur des geistigen Widerstandes. Er sann den großen Gestaltern nach, deren politisches Ethos ihm eins schien mit ihrer Ästhetik — Sophokles, Calderon, Shakespeare und Corneille — und untersuchte auch die deutschen Dichter von Kleist bis Grillparzer auf ihre Leitbilder.

Deutschlands grauenvoller Abfall verzehrte ihn auch körperlich. Er wünschte, Deutschlands Geist möchte „heimkehren" zum Kreuz in der *Nacht des Heils* (1947, Aufsätze). Aber da schien ihm erneut durch den kalten Krieg und die atomare Rüstung der Friedensgeist des Gekreuzigten gefährdet, auch in seiner Kirche (Dramen *Der große Verzicht,* 1950; *Innozenz und Franziskus,* 1952; Abhandlung *Der Friede in der Welt).* Immer hat Schneider den „leidenschaftlichen Streit mit der Zeit" gekämpft, die „unentwegte Herausforderung" angenommen und „die Existenz als Todeskampf" erfahren, wenn er sich auch zuletzt — zur Enttäuschung mancher Leser — in seiner Krankheit und angesichts der verschlimmerten Weltlage nicht mehr imstande sah, Hoffnung oder gar Trost zu spenden. Seine ganz persönlichen Bücher *Verhüllter Tag* (1954) und *Winter in Wien* (1958) sind von erschütternder Aufrichtigkeit.

Werner Bergengruen, 1892 in Riga geboren, Weltkriegsteilnehmer und Baltikumkämpfer, bevor er Journalist und freier Schriftsteller wurde, ist dagegen der geborene Fabulierer alten Schlags. Geschickt weiß der konservative Erzähler, der 1936 zum Katholizismus konvertierte, das Spielfeld der Ereignisse, Zufälle und menschlichen Eigenschaften abzustecken, ehe das Geschehen in einer Pointe gipfelt. Die Pointe macht sichtbar, daß hinter dem Geschehen etwas Unerklärbares waltet. Bergengruens fruchtbares Talent entfaltete sich daher — die Erzähltechnik der Novellisten des 19. Jhs fortsetzend — mit Vorliebe an merkwürdigen Begebenheiten, Abenteuern und Augenblicken, wo sich ein Lebensweg entscheidet, ein Dasein erfüllt oder im Irdisch-Endlichen eine höhere Fügung erkennbar wird. Das Wunderliche, Absonderliche und Gespenstische gelingt diesem einfach, gepflegt erzählenden „letzten Rittmeister" dabei noch besser (*Das Buch Rodenstein,* 1927; *Der Tod von Reval,* 1939) als das Aufleuchten der Gnade und Erkenntnis seiner in Schwäche und Schuld verstrickten Menschen (Novellen *Die Feuerprobe,* 1933; *Die drei Falken,* 1937; *Der spanische Rosenstock,* 1941; *Die Sultansrose,* 1946 u. a.). Bewußt schließt Bergengruen, wohl auch seiner Erzählökonomie zuliebe, aus seinem epischen Gesichtskreis die Unruhe des „Zeitalters der Angst" und jene Dynamik der Kollektive aus, die das Individuum zermalmt und die auch die Struktur des modernen Romans so völlig verwandelt hat. Von einem gleichsam außergeschichtlichen Erzählstandpunkt aus, der nur Einzelmenschen, deren Schwäche und die Vergebung ihrer Schuld kennt, führt er Regie, verknüpft die Fäden und strafft die Handlung. Dieser Erzählstandpunkt bildet denn auch den ruhenden Pol in einer von vielen Lesern als metaphysisch empfundenen Seinsordnung. Indessen fügt der E. T. A. Hoffmann-Kenner Bergengruen, von der Unvollkommenheit alles Irdischen überzeugt, dem poetischen Realismus seiner — nur in letzter Instanz — „heilen Welt" auch gerne die Ironie und die Farbe gelassenen Humors hinzu. Seine nüchterne Menschlichkeit und sein ausgeprägtes Rechtsbewußtsein erwarteten sich von der Welt nicht zuviel. Deshalb verzichtet er darauf, den Leser durch Stimmungen und Gefühle irrezuführen.

Der in der italienischen Renaissance spielende Roman *Der Großtyrann und das Gericht* trägt das Motto „ne nos inducas in tentationem". Er schildert in dramatisch-spannendem Aufbau die „Leichtverführbarkeit der Ohnmächtigen und Bedrohten" durch Ehrgeiz, Liebe und falschen Idealismus unter einem Herrscher, der sich göttliche Befugnisse anmaßt. Begreiflich, daß dieses schon vor 1933 begonnene Buch der Versuchungen durch Egoismus, falsche Ehrfurcht vor Tradition, Machtbewunderung und mangelnde Liebeskraft bei seinem Erscheinen 1935 auf Hitler und seine Mitläufer gedeutet wurde. Allerdings lebt der Großtyrann des Condottieristaates noch in einer Welt der Ritterlichkeit, wie sie einem Hitler und Himmler fremd war.

Im Roman *Am Himmel wie auf Erden* (1940) raubt die Furcht vor einer Sündflut den Menschen Vernunft und Besinnung. Der Zeitbezug war unschwer zu erkennen.

1944 schrieb der im 3. Reich schließlich mit einem Schreibverbot belegte Autor die aufrüttelnden Gedichte *Dies Irae.* Die herben Worte

> Ihr sucht den Zauber, der die Flut beschwört,
> doch keine Taube trägt das Blatt im Schnabel

wollen diejenigen Leser seiner Novellen, welche die „heile Welt“ mit der tatsächlichen und mit der Welt poetischer Imagination verwechseln, vor einem Mißverständnis warnen. Bergengruen starb 1964 in Baden-Baden.

Stefan Andres (geb. 1906 bei Trier, gest. 1970 in Rom) wirkte, verglichen mit Bergengruen, wie der Vertreter einer temperamentvollen neuen Generation. Ihm war es nicht mehr möglich, so verschiedene Dinge wie Kunst und Religion, heidnisches Lebensgefühl und aktuelle christliche Not in ausgewogener Erzählweise zu versöhnen. Stefan Andres vermochte zwar von seiner Jugend im Moselland (*Der Knabe im Brunnen*, 1953), von seinen Klosterschulerfahrungen (*Bruder Luzifer*, 1932) und seiner Heimat (*Moselländische Novellen*, 1937) recht sinnenhaft-anschaulich und volkstümlich-poetisch zu erzählen, er hat auch der spezifisch deutschen Gattung der Novelle seinen Tribut entrichtet, aber schon die Wahl seiner Stoffe während der Nazizeit, wo er sich nach Italien zurückzog (1937—1949), und die Bücher nach dem Krieg zeigten, daß er gewillt war, das Christentum an der harten Gegenwartswirklichkeit zu messen.

Der Konflikt zwischen dem Einzelgewissen und der autoritären Kirche war das Thema der 1935 geschriebenen Novelle *El Greco malt den Großinquisitor*. Der kritische Bezug zum Faschismus ist unverkennbar. In der Novelle *Wir sind Utopia* (1943) hat sich im spanischen Bürgerkrieg ein ehemaliger Priester im Gefängnis zwischen der Todsünde des Mordes an seinem Bewacher und dem Wink Gottes zu entscheiden. Er verzichtet auf den Ausbruch und wird erschossen, wodurch er für sein Teil die Utopie reinen Gewissens verwirklicht. Der Überwindung des Hasses zwischen Deutschen und Franzosen diente der Roman *Die Hochzeit der Feinde* (1947).

Ein Schriftsteller, dem die Botschaft Christi über formal-handwerkliche Kunstübung geht, scheute Andres auch nicht das Grelle, jäh Erregende und Effektvolle des Stils. Realistisch in Szenen und Situationen, doch gleichzeitig auf das Symbolische drängend ist seine Romantrilogie *Die Sintflut:* Im *Tier aus der Tiefe* (1949) steigt ein ehemaliger Priester zum Führer einer pseudoreligiösen Diktatur auf. Die Inhumanität beginnt im Einzelleben, die Sintflut überschwemmt das Gewissen, so daß nur noch von entschiedenen Einzelnen Rettung kommen kann (*Die Arche*, 1951). In die Nachkriegszeit führt der 3. Band *Der graue Regenbogen* (1959) mit seiner Darstellung bürokratisch gelenkter Kollektive und des materialistischen Ungeistes, der das Wirtschaftswunder begleitet. Der verantwortungsbewußte Romancier, dessen Kurzgeschichte *Das Trockendock* von dem zur Nummer gewordenen Sträfling Schullektüre geworden ist, gab die Zeitschrift *atomzeitalter* heraus (s. a. H. Böll).

Zwischen Gott und Satan. Am entschiedensten brach die rheinhessische Katholikin Elisabeth Langgässer — 1889 geb., seit 1929 in Berlin, 1936 Schreibverbot, 1944 zu Zwangsarbeit verurteilt, 1950 gestorben — mit der herkömmlichen Erzählform, an die sich andere christliche Erzähler in Deutschland mit Vorliebe hielten. Damit zog sie auch äußerlich den Trennungsstrich zu bürgerlichen und konventionell-christlichen Kompromissen, darüber hinaus zu einem an die Erzählweise des 19. Jhs gewöhnten Publikum. Auf Handlung und raumzeitlichen Zusammenhang verzichtend, stellte sich ihr das theatrum mundi als ein ständiges Drama zwischen dem bloß vegetativ wuchernden, dumpf-triebhaften Leben und dem Licht von oben dar, als Konflikt zwischen Satan und Gott.

Im Gedichtzyklus *Der Wendekreis des Lammes* (1924) steht das Lamm Gottes in der Mitte des liturgischen Jahres. In den *Tierkreisgedichten* (1935) und besonders in *Der Laubmann und die Rose* (1947) erfährt die heidnische Natur, intensiv in den Verkörperungen griechischer Mythologie geschaut, eine Metamorphose zum Licht. Die wild wuchernde Natur (s. die „Kolonne“-Dichter S. 331) tritt in die Helle des Mysteriums und in die Freudestrahlen der Gnade ein. Wie sehr heben sich ihre mythologischen Bilder, Allegorien, Symbole und Metaphern von dem „volkhaften“ und neuheidnischen Blut- und Bodengeraune ab, das Ende der 20er Jahre zur deutschen Ersatzreligion werden wollte. In *Proserpina — Welt eines Kindes* (1932) erzählt sie, wie sich eine Kinderseele dem quellenden und sprießenden Reich der Proserpina entringt, und im *Triptychon des Teufels* (1932), ohne dem Tierhaft-Gräßlichen prüde auszuweichen, welche Gewalt der Krieger Mars, der Händler Merkur und die Dirne Venus über die Menschen haben. Im *Gang durch das Ried* (1936) wandert ein Soldat, der das Gedächtnis verloren hat, eine Glasharmonika spielend durch die rheinhessische Riedlandschaft. Die Dichterin war eine Mystikerin mit unbestechlichem Blick für satanische Gefährdungen, zugleich ein äußerst kritischer Geist, der sich nicht mit dem widerchristlichen Kult der griechischen Götter abfand, wie er in Deutschland in Nachahmung Hölderlins und Nietzsches getrieben wurde (s. G. Benns *Pallas*-Aufsatz, F. G. Jünger, Weinheber u. a.). Sie verlor ihre älteste Tochter in Auschwitz. Das Gedicht *Frühling 1946* faßte die Auferstehung — „aus dem Reich der Kröte ... des Totenführers Flöte gräßlich noch im Ohr" — ins Sinnbild:

Holde Anemone,
Bist du wieder da
Und erscheinst mit heller Krone
Mir Geschundenem zum Lohne
Wie Nausikaa.

Erstaunlich, daß sie bereits ein Jahr nach dem Kriege den Roman *Das unauslöschliche Siegel* vorlegen konnte: die jüngste Weltgeschichte ist da ein Kampfplatz zwischen Gott und Satan. In diesen Kampf ist der verfeinerte, intellektuelle Belfontaine gestellt, dem mit der Taufe das „unauslöschliche Siegel" eingeprägt worden war. Er kehrt, nachdem er dem Satan in allerlei Masken begegnet ist, arm und heiligmäßig, ein Bettler, aus dem KZ zurück. — Sieben Menschen, die Erlösung von nihilistischer Verzweiflung suchen, sind die Personen ihres letzten, 1945 im zerstörten Berlin und seiner Umgebung spielenden Romans *Märkische Argonautenfahrt* (1950, Nachlaß).

Wer diese schwierigen Romane scheut, lernt den Menschen Elisabeth Langgässer aus den hinterlassenen Briefen (*So viel rauschende Vergänglichkeit,* 1954) kennen: Briefe einer Frau, Mutter und Dichterin. Eines Menschen voller Liebe und Dankbarkeit für das Leben, doch „gejagt von Gott, dem Gotte Abrahams, Isaacs und Jakobs, und vom Christus des Neuen Testaments" (Luise Rinser). Auch ihre Kurzgeschichten *(Saisonbeginn, Untergetaucht, Glück haben)* vermitteln einen ersten Zugang zu ihrem Werk.

LITERATUR:
Christl. Dichter der Gegenwart, hg. v. H. Friedmann-O. Mann. Heidelberg 1955
H. Ebeling *Ernst Wiechert. Das Werk des Dichters.* 1947
E. Heimgartner *Die Erzählungen Edzard Schapers.* Zürich 1958
A. Focke *Gertrud von Le Fort.* Graz 1960
B. Scherer *Tragik vor dem Kreuz. Leben und Geisteswelt R. Schneiders.* Freiburg 1966
K. J. Burckhardt *Über W. Bergengruen.* Mit vollständiger Bibliogr. Zürich 1968
Stefan Andres. Eine Einführung in sein Werk. München: Piper 1962
G. Storz *E. Langgässer* in: *Dt. Lit. im 20. Jh.,* Bd. 2, hg. v. H. Friedmann-O. Mann. Heidelberg [4]1961
P. K. Kurz *Zäune und Lager. Die Schriftsteller u. die Christen* in: *Über moderne Literatur II.* Frankfurt: J. Knecht 1969

7. Rausch und Zerstörung 1933

Es zittern die morschen Knochen
der Welt vor dem großen Krieg ...
(Marschlied)

Ausländer, Fremde sind es meist,
Die unter uns gesät den Geist ...
(H. Heine, *Erinnerung aus Krähwinkels Schreckenstagen)*

Im Mai 1933 entfachten die Braunhemden zusammen mit farbentragenden Studenten und chauvinistischen Professoren die Scheiterhaufen zur Bücherverbrennung. Das Hauptamt der ‚Deutschen Studentenschaft' hatte die Feuersprüche „gegen Klassenkampf und Materialismus", „Dekadenz und Verfall" ausgegeben. Der nächtliche Feuerschein lief den Brandstätten von Auschwitz voraus. Der Hexenkessel der Ressentiments schäumte über, in dem schon lange vorher das „Geistesleben der Nation" gebrodelt hatte. „So verbrenne denn, akademische Jugend deutscher Nation ... verbrenne, was du gewiß bisher nicht angebetet hast", rief der Festredner Prof. Dr. Hans Naumann, der Bonner Ordinarius für deutsche Literaturgeschichte, den Studenten auf dem Marktplatz zu Bonn zu. Ernst Bertram, der Kölner Ordinarius für Literaturgeschichte, dichtete zur Verbrennungsfeier den ‚Weihespruch':

Laßt euch nicht irren: tragt
Nur Reisig für euer Gericht!

1933 bedeutete, nicht mehr zu vergleichen mit früheren Verboten und Schikanen, den größten Aderlaß deutschen Geistes. Gerade die Dichter, Philosophen und Künstler, die an Deutschlands weltoffenen Überlieferungen festgehalten hatten, wurden aus der „erneuerten Volks- und Blutgemeinschaft" ausgestoßen. „Der Führer selbst und allein ist die heutige und künftige deutsche Wirklichkeit und ihr Gesetz", verkündete der Philosoph Martin Heidegger am 3. 11. 1933 vor seinen Studenten.

Vieles schürte die Scheiterhaufen: die im 18. Jh. nur halb vollzogene Aufklärung, die Reaktionen gegen „westlichen Kulturimport" nach 1815, 1848, 1870 und 1918, der fremdenfeindliche Kulturpatriotismus (s. S. 175), eine in pantheistische Natur-, Volks- und Blutvergöttlichung abgedrängte Religiosität, vor allem die von der Volksromantik hartnäckig festgehaltene Feudalanschauung von den Heilkräften der „Scholle". Dazu kam der in den Konjunkturkrisen um 1880 (s. S. 261) entstandene Zivilisationspessimismus, d. h. die bäuerliche und handwerklich-mittelständische Angst vor Industrie, Großstadt, kapitalistischer Massenproduktion und sozialistisch organisierter Arbeiterschaft; ferner die schon in der kleinstaatlichen Fürstendienerei anerzogene Kritikscheu, die weltanschauliche Verkleisterung soziologischer und künstlerischer Probleme und das Minderwertigkeitsgefühl der „verspäteten Nation". Es kompensierte sich in nebelhaften Begriffen von „Volkwerdung", in alldeutschen und germanischen Großmachtträumen. In diesem verworrenen Gemisch von Wahnideen wurde eine Kunst verlangt, die „staatserhaltend", „kerndeutsch", „nordisch", „heldisch", „bäuerlich kraftvoll" und „harmonisch gesund" wie Sparta, das imperiale Rom, die Stauferzeit oder die Bauern der isländischen Sagas sein sollte (s. S. 326).

Nachhinken des Geistes. Volksschichten, die vor der Einführung der allgemeinen Schulpflicht keinerlei Beziehung zur geistigen Welt gehabt hatten, erhoben im 20. Jh. Anspruch auf Teilnahme an der „Kultur". Dies führte zur Verflachung und Verfälschung geistiger Werte. Die Dichtung, in Deutschland ohnedies gerne als volkspädagogisches Mittel verstanden, sollte den seit 1870 neu aufgestiegenen Mittelschichten entsprechen. Ihr an der *Gartenlaube*, am poetischen Realismus und der Heimatkunst ausgerichteter Geschmack (s. S. 227) wies jede neue Kunst zurück. Im Widerspruch zur hocharbeitsteiligen, modern-pluralistischen Gesellschaft verlangte die Masse der Leser eine „Kunst für das Volk". Auch die Schulen und Universitäten hatten sich schon lange vor 1933 über die „naturalistischen Häßlichkeiten" und das „Geschrei der Expressionisten" entrüstet, Thomas Manns „überzüchtete Intellektualität" getadelt und die „zersetzende" Satire von Sternheim oder Heinrich Mann als undeutsch abgelehnt. Diese Literatur paßte nicht ins traditionelle Ordnungsbild und fügte sich auch nicht der akademischen Ästhetik eines heroisierten Klassizismus.

Wer an die „Heiligtümer der Nation" gerührt hatte, wurde nun offiziell als „Internationalist" beschimpft. Man nannte ihn „marxistisch-bolschewistisch verseucht" und brandmarkte ihn als „geistig verjudet". Es ist das schmählichste Kapitel deutscher Kulturgeschichte, daß sich über den kleinen Kreis fanatischer Nazis hinaus zahlreiche Autoren zur „Reinigung des Kunsttempels" hergaben und maßgebliche „Vertreter der Kunst und Wissenschaft" in blindem Eifer oder aus purem Opportunismus die Kunstpolitik der Nationalsozialisten unterstützten. Dem 1927 gegründeten „Kampfbund für deutsche Kultur" (s. S. 312) hatten sich soviele ähnliche Vereinigungen angeschlossen, daß die Maßnahmen der Reichskulturkammer breiteste Zustimmung fanden. In der Ablehnung der „entarteten Kunst" war sich der Großteil des Volkes einig.

Nach 1933 sollte die Jugend nicht einmal mehr die Namen der Verfemten kennen, deren Werke fortan unter großen Schwierigkeiten von Exilverlagen in Zürich, Paris, Amsterdam, Stockholm, New York oder Moskau verlegt werden mußten (M. Durzak *Die deutsche Exilliteratur 1933—1945*, Stuttgart 1973).

Bücherverbrennung auf dem Berliner Opernplatz 1933

Schein literarischen Lebens. Zur Bücherverbrennung meinte Börries von Münchhausen: „... was liegt daran, ob beim Auskehren der Spreu auch eine Handvoll goldener Körner verlorengeht, die heilige Ernte wird doch geborgen werden!" Die „heilige" Ernte bestand in Fahnensprüchen („Denn: mögen wir auch fallen — wie ein Dom steht unser Staat", H. Baumann), in Marschliedern von B. v. Schirach oder H. Anacker, in Flammengedichten zu Sonnwendfeiern, Laienspielen, Kantaten (von H. Baumann, H. Böhme, K. Eggers, H. Steguweit), Thingspielen (von R. Euringer, H. Lersch, K. Heynicke, A. Hinrichs, E. W. Möller), Heldenfeiern und Fackelzügen. Auch bekanntere „bürgerliche" Dichter hatten zum Edelkitsch der Blutgesänge beigesteuert („Viel Blut, viel Blut muß in die Erde sinken; nie wird sie sonst den Menschen heimatlich", Hans Carossa im Jahre 1914).

Im übrigen war jetzt die Stunde der „volkhaften" Autoren seit der Jahrhundertwende gekommen (s. S. 261), der Dichter des Pflugs und Flursegens, von „Mannes Trutz" und „deutscher Artung". Wer Soldatenglück und Kriegsweihnacht des 1. Weltkriegs besungen, den „glühenden Vorwärtsdrang" des Kriegers und den „wuchtenden Stahlhelm" (E. Jünger) gefeiert hatte, konnte fortan mit höchsten Auflagen rechnen. Die Kriegsbücher von H. Zöberlein *(Der Glaube an Deutschland)*, Beumelburg, Dwinger, Grimm, Bethge, Schauwecker, J. M. Wehner, Johst, Steguweit, P. Alverdes, B. v. Mechow, B. Brehm u. a. füllten Buchhandlungen und Bücherschränke.

Um die Zeitschrift *Inneres Reich* (1934—43), „die die Möglichkeit ihres jetzigen Erscheinens der Bewilligung einer Ausnahme vom Verbot der Neugründung von Zeitschriften verdankt", sammelte sich eine große Zahl von Autoren, deren Deutschlandbild sich im Rahmen bürgerlich-idealistischer Traditionen hielt. Oder mit den Worten ihrer Gründer, P. Alverdes und K. B. v. Mechow: „Wir erkennen in der Führung des deutschen Volkes durch Adolf Hitler, durch den im Leibes- und Seelenkampf geläuterten Soldaten des alten und neuen Reiches, die leidenschaftliche Liebe nicht allein zum zeitlich sichtbaren Volksgenossen .., sondern auch zu jenen uralten, immer neuen Reichtümern der Seele .., die wir mit dem Worte ‚deutsch' nennen." In ihr schrieben u. a.: R. G. Binding, der neuromantische Erzähler Hermann Claudius, Emil Strauss, Wilhelm Schäfer, der führerbegeisterte Böhmerwalddichter Johannes Linke und E. G. Kolbenheyer, zeitweise auch Ina Seidel, R. A. Schröder, Reinhold Schneider und der katholische Märchenspieldichter Max Mell. Die Namen zeigen, wie verwirrend die Fäden liefen. Schließlich nahm auch da die Zensur zu. Als die radikal-völkische Kulturpolitik das idealistische Aushängeschild nicht mehr nötig hatte, wurde die Zeitschrift eingestellt.

Auf höherem Niveau gab es außerdem, von einigen noch zwischen den Zeilen schreibenden Feuilletons abgesehen, die schon 1930 gegründete und 1943/44 zur Einstellung gezwungene Zeitschrift *Corona.* Sie erschien in München und Zürich und sammelte die mehr europäisch-konservativ orientierten Neoklassizisten im Gefolge Hofmannsthals und Borchardts (s. S. 328). In ihr schrieben neben nichtdeutschen Beiträgern wie W. B. Yeats und Paul Valéry u. a.: F. G. Jünger, Hans Carossa, der hochdifferenzierte, schließlich zur Emigration gezwungene österreichische Essayist Rudolf Kassner, die Germanisten Max Kommerell, Emil Staiger und Richard Alewyn, der Romanist Karl Vossler und der Schweizer Diplomat C. J. Burckhardt, aber auch der Literaturhistoriker Josef Nadler, der seine „Literaturgeschichte der deutschen Stämme und Landschaften“ nazistisch-rassistisch umgearbeitet hatte.

Eine solche Zeitschrift war nur bei Zurückhaltung kritischen Urteils herauszubringen, da die Diktatur nur mehr für ungefährliche ästhetisierende Prosa, elegisch-schöngeistige und pastoral-idyllische Formen des Schreibens Raum ließ. Andererseits konnte die Zeitschrift wenigstens noch die Sprache aus dem Sumpf des Redner- und Zeitungsdeutsch des 3. Reiches heben, wenn die Reichskulturkammer die Zeitschrift auch nur zu dem Zweck duldete, SS-Europa ein abendländisches Mäntelchen umzuhängen.

Tagebücher. Die Kunstdiktatur war vom Geschmack weitester Kreise gestützt. Über die schwierige Situation der Denkenden geben daher die heimlich verfaßten Tagebücher den präzisesten Aufschluß. Den besten Einblick gewähren die Tagebücher von Oskar Loerke. Er erlebte mit, wie 1933 Döblin, Kaiser, Mombert, Schickele, Wassermann u. a. aus der Preußischen Dichterakademie verjagt wurden, während Beumelburg, Blunck, P. Dörfler, F. Griese, H. Grimm, E. G. Kolbenheyer, Agnes Miegel und Wilhelm Schäfer „triumphierend und lautstark“ Einzug hielten. Wenn die öffentliche Sprache zum hohlen Gedröhn oder verlogen-schöngeistigen Trost wird, ist das Tagebuch ein letztes Mittel des Geistes, sich im Selbstgespräch zu bewahren. Die Aufzeichnungen von Jochen Klepper und Gottfried Benn (*Block II, Zimmer 66*), die Beobachtungen von Felix Hartlaub *Im Sperrkreis des Führerhauptquartiers,* die *Tag- und Nachtbücher* von Theodor Haecker oder die *Moabiter Sonette* des ermordeten Albrecht Haushofer und die Notizen von Reck-Malleczewen sollten daher zusammen mit Hitlers *Tischgesprächen* gelesen werden. In Hitlers unverdauten Halbwahrheiten über die Kunst gipfelte die komplexbeladene „Weltanschauung“ des Spießers.

Laß mich das Leben noch schmecken,
eh die Vernichtung uns trifft:
Gaskrieg, Marter, Verrecken,
Bombe, tückisches Gift.
Sommerlich sind noch die Stühle
auf die Straßen gestellt,
Bilder, Farben, Gefühle,
Schmuck einer glücklichen Welt ...

(Max Herrmann-Neisse,
aus *Rast auf der Flucht*)

Das Ausmaß der Zerstörung wird erst begreiflich, wenn man an die Hunderte von Künstlern und Intellektuellen denkt, die Deutschland und dann auch Europa verlassen mußten: Wissenschaftler wie Albert Einstein, Lise Meitner, Alfred Adler, Sigmund Freud, Erich Fromm; Musiker wie Bartók, Hindemith, Ernst Krenek, Otto Klemperer, Hermann Scherchen, Arnold Schönberg, Bruno Walter, Kurt Weill; Maler wie Max Beckmann, Max Ernst, Carl Hofer, Kandinsky, Paul Klee; Architekten wie Walter Gropius, Werner Hege-

Zeichnung Else Lasker-Schülers
für den Einband ihrer Gedichtsammlung
Mein blaues Klavier

mann, Ernst May, und dazu die Mehrheit der begabtesten Publizisten, Verleger, Schauspieler, Regisseure, Filmleute, Tänzer und Sänger. Die „erwachte Nation" beraubte sich ihrer fähigsten Köpfe, ihres moralischen und intellektuellen Gewissens.

Wenigstens eine kleine Zahl Vertriebener muß noch erwähnt werden: so die Verleger Gottfried Bermann-Fischer, Jakob Hegner, Rudolf Hirsch, Kurt Horowitz (Phaidon Verlag), Walter Landauer (Kiepenheuer Verlag), Max Tau, Kurt Wolff und, außer schon genannten, die Schriftsteller: Julius Bab, Ulrich Becher, Martin Behaim-Schwarzbach (Romane: *Die Michaelskinder, Die Verstoßene,* Erzählungen: *Der Magische Kreis*), Joseph Breitbach, Bernard von Brentano (*Theodor Chindler. Roman einer deutschen Familie,* 1936), der Prager Romancier und Kafka-Biograph Max Brod, der Wiener Franz Theodor Csokor (Novellen: *Über die Schwelle,* 1938; Erlebnisbuch: *Als Zivilist im Polenkrieg,* 1939; Dramen), Claire Goll, die Frau des Lyrikers Yvan Goll, Ferdinand Hardekopf, Stephan Hermlin, der Dada-Mitgründer Richard Huelsenbeck, der Expressionist Franz Jung, die Großstadtlyrikerin Mascha Kaléko, die Erzählerin Irmgard Keun, Walter Kolbenhoff, der Hamburger Edgar Maass (Roman: *Im Nebel der Zeit,* 1938) und sein Bruder Joachim Maass († 1972; *Das magische Jahr,* 1945); der Sohn Th. Manns, Klaus Mann (Autobiographie: *Der Wendepunkt,* 1942), Walter Meckauer, ferner der Romancier und Parodist Robert Neumann, der Herausgeber des expressionistischen Sammelbandes *Menschheitsdämmerung* Kurt Pinthus, Erich Maria Remarque *(Im Westen nichts Neues,* 1929; *Arc de Triomphe,* 1946), der Wiener Friedrich Torberg; der große Erzähler des europäischen Bürgerkriegs, Manès Sperber, und der Prager Johannes Urzidil — neben zahllosen anderen.

Viele der Geächteten starben auf der Flucht oder töteten sich in Verzweiflung wie Toller, Benjamin, Stefan Zweig, Hasenclever, Ernst Weiss und Tucholsky. Manche wurden zu Tode gefoltert oder wie Georg Hermann, Paul Kornfeld und Erich Mühsam vergast. Andere starben vor Armut und Gram im Exil wie Franz Blei, Robert Musil, Max Hermann-Neisse und Karl Wolfskehl. Sie teilten die Schicksale der europäischen Dichter, die mit ihnen fliehen mußten. Sie wurden Bürger fremder Länder, trugen amerikanische, französische oder russische Uniformen, sie verloren sich im Urwald wie Paul Zech oder verbargen sich im europäischen Untergrund. Einige Überlebende kehrten in die Trümmer zurück —

> Die Vaterstadt, wie find ich sie doch?
> Folgend den Bomberschwärmen
> Komm ich nach Haus
>
> (Brecht)

sie kehrten zurück in die Westzonen, in die Ostzone, wo sie bald wieder schweigen oder Verstellung üben mußten. Mehr noch blieben draußen, weil niemand sie heim rief. Sie blieben in Paris, New York, Stockholm, Rom, London, Jerusalem, in der Schweiz; denn der Raum der Sprache und Dichtung ist weiter als die Länder deutscher Zunge.

Einige Zeugnisse und Berichte: Ernst Toller *Eine Jugend in Deutschland,* 1933; Lion Feuchtwanger *Geschwister Oppenheim,* 1933, *Exil,* 1939; Willi Bredel *Die Prüfung,* 1934 (erster KZ-Roman); Döblin *Flucht und Sammlung des Judenvolkes,* Aufsätze, Erzählungen, 1935; Klaus Mann *Der Wendepunkt,* Lebensbericht, 1949, *Der Vulkan,* Roman unter Emigranten, 1939; Anna Seghers *Transit,* 1944 (Roman dt. Flüchtlinge in Marseille 1940); Annette Kolb *Glückliche Reise,* 1940 (Flucht nach USA); Carl Sternheim *Vorkriegseuropa im Gleichnis meines Lebens,* 1936; Heinrich Mann *Ein Zeitalter wird besichtigt,* 1946; Hermann Kesten *Deutsche Literatur im Exil,* Briefe europäischer Autoren 1933—49; Alfred Kantorowicz *Deutsches Tagebuch* (Exil, Ostzone).

LITERATUR:

K. Sontheimer *Antidemokratisches Denken in der Weimarer Republik.* München 1962

Helmuth Plessner *Die verspätete Nation. Über die politische Verführbarkeit bürgerlichen Geistes.* stw 66 (1974)

Denkler/Prümm (Hg.) *Die deutsche Literatur im Dritten Reich.* 1976

H. A. Walter, *Bedrohung und Verfolgung bis 1933. Deutsche Exilliteratur 1933—1950. Bd. 1.* SL 76; *Asylpraxis und Lebensbedingungen in Europa. Deutsche Exilliteratur 1930—1950. Bd. 2. SL 77* (1973)

Joseph Wulf *Kunst u. Kultur im Dritten Reich. Eine Dokumentation. Bd. 2: Literatur u. Dichtung.* rororo 809—11

W. Sternfeld-E. Tiedemann *Deutsche Exilliteratur.* 1933—1945. ²1970

M. Reich-Ranicki *Die Ungeliebten* — Sieben Emigranten. Pfullingen 1968

XIV. LITERATUR NACH 1945

1. Bilanz und Beginn: neue Prosa

a) Am Nullpunkt?

„Zu den Leuten, die um mich herumliegen, werde ich nur sagen: Geht dort hinaus und sucht einen Fluß. Da wascht euch, daß ihr euch erkennt. — Denn wenn sie erst ihre Gesichter wieder sehen, werden sie einander auch Namen geben. Und wenn die Namen erschallen, wird die Erde davon erwachen ...“ (Nossack, *Nekyia)*

Öffnung der Grenzen. Als das „Großdeutsche Reich“ im Feuer der brennenden Städte versunken war, die Elendskolonnen durch das Land zogen und die KZs die letzten Halbverhungerten freigaben, fragten sich viele, was außer Schuld und Schiebertum, Ruinen und Prostitution noch von Deutschlands Kultur übriggeblieben sei. Während die Führergläubigen enttäuscht schmollten, die Organisationstüchtigen ihre Vorräte in Sicherheit brachten und die Massen hungerten, öffneten sich dem erkenntnisdurstigen Leser endlich wieder die Horizonte des Auslands. Die Kulissen nationaler Selbstisolierung fielen, der Großteil völkisch-provinziellen und „nationalen“ Schrifttums schien für immer Makulatur geworden.

Was die Literatur draußen beschäftigt hatte, erfuhr man aus den Werken von Gide und Sartre, Joyce, Breton, Lorca, Faulkner oder Hemingway. Mit ihnen wurde auch allmählich wieder die deutsche Literatur der 20er Jahre und die des Exils zugänglich, der die reaktionäre Woge die Wirkung versagt hatte. Konnte, was an Geisteswachheit und Forderung in diesen Büchern beschlossen lag, das Dunkel lichten helfen? Oder war der Schutthaufen der Geschichte, das Dickicht der Verfälschungen überhaupt undurchdringbar?

Die emigrierten Schriftsteller hatten sich im fremdsprachigen Exil keineswegs von den deutschen Fragen abgewandt. THOMAS MANN zum Beispiel hatte sich in Kalifornien mit dem verfälschten Goethebild, dem faschistischen Mythusschwindel und der deutschen Problematik des *Doktor Faustus* (1947) auseinandergesetzt. HERMANN BROCH erforschte, aus welchen Triebschichten Blutzauber und Totemglauben in die Zivilisation einbrachen *(Der Versucher)* und stellte in den elf Erzählungen *Die Schuldlosen* (1949) an zeittypischen Beispielen die „schuldhafte Schuldlosigkeit“ dar. HEINRICH MANN hatte in Zürich ein Deutsches Lesebuch (*Es kommt der Tag,* 1936) zusammengestellt, in Amerika *Henri Quatre* vollendet und in Stockholm den Rechenschaftsbericht *Ein Zeitalter wird besichtigt* (1946) veröffentlicht. WALTER MEHRING schrieb 1937 den Roman *Die Nacht der Tyrannen* und seine Chansons und Balladen *Und Euch zum Trotz* (1934), *No Road back* (1944).

Bedenkt man, was in der Emigration gedacht, vollendet und begonnen wurde, was Arnold Zweig, Anna Seghers, Brecht, Alfred Neumann (*Der Patriot,* Roman, 1939), Lion Feuchtwanger, Max Brod, Leonhard Frank, Robert Neumann (*An den Wassern von Babylon,* Roman, 1945) und viele andere in Amsterdam oder Zürich, New York oder Moskau publizierten, und nimmt man auch ihre Almanache und Schriftenreihen hinzu, so läßt sich kaum behaupten, daß die deutsche Literatur insgesamt am „Nullpunkt“ angelangt war. Sie kämpfte draußen weiter unter erschwerten Umständen.

Aus binnendeutscher Perspektive und für die Generation, die 1945 aus Krieg und Gefangenschaft heimkam, sah die Lage völlig anders aus. Für sie bedeutete die Hitlerzeit den totalen Bruch mit der kulturellen Vergangenheit und das Jahr 1945 den völligen Neubeginn.

Die erste **binnendeutsche Antwort auf das Inferno** kam von Autoren der älteren Generation. ELISABETH LANGGÄSSERS Roman *Das unauslöschliche Siegel* (s. S. 339) deutete den Abfall von Gott im Sinne von Bernanos als Folge satanischer Unzucht, doch Stil, Komposition und die spezifisch katholische Sicht jüdischen Schicksals blieben dem Durchschnittsleser unverständlich. Dagegen erschien HERMANN KASACKS (1896—1966) Roman

Die Stadt hinter dem Strom (1947) vielen Lesern als umfassende Allegorie der modernen Welt:

Die Angst der Kriegsjahre und die Ausweglosigkeit modernen Massendaseins waren in den Roman eingegangen: es war der reale Totentraum von einer Stadt im Zwischenreich von Tod und Leben. Wie durch eine Bilderschrift las der desillusionierte Leser, der sich mit dem Archäologen Dr. Lindhoff durch die Ruinen in die Kellerräume des Schattenreichs hinabbegab, was Propaganda und der Mechanismus geistfremder Apparaturen vermochten. Im Tod erst wird der sinnlose Kreislauf einer versklavenden und zerstörerischen Produktion, der Abfall des Verstandes vom Geist und die Täuschung des technischen Optimismus erkennbar.

Hintergründiger, satirisch war 1952 Kasacks Roman *Das große Netz.* Im Spiegel des Grotesken und Absurden entlarvte er die Verführungstricks und Terrorismen des Atomzeitalters, die Verharmlosung der Lage durch die Massenmedien.

Bericht und Gedanke, Vision und Realistik mischten sich in HANS ERICH NOSSACKS (1901—1977) Erzählung vom Untergang Hamburgs *Interview mit dem Tode* (1948). In seinem Roman *Nekyia* (1947) stieg ein namenloser Übriggebliebener durch die Trümmer einer ausgestorbenen Stadt in die Tiefen der Erinnerung und suchte, wie Odysseus im Hades, seine Mutter. Aber: war dieser Odysseus nicht auch der Muttermörder Orest, jene moderne Intelligenz, die vom ruhenden Urgrund des Lebens gelöst den Menschen funktionalisierte und in abstrakter Betriebsamkeit dahintreibt?

In der klaren, schmucklosen, verhaltenen Sprache der Romane Nossacks geht es immer wieder um Bindungen und Gewöhnungen, die keine Sicherheit gewähren, und um die Erwartung und Erprobung einer volleren Existenz (Romane *Spätestens im November,* 1955, *Spirale,* 1956, *Nach dem letzten Aufstand,* 1961).

Ungleich leichter machte es seinen Lesern damals ERNST KREUDER (1903—72), als er sie 1946 mit der *Gesellschaft vom Dachboden* und 1948 mit den *Unauffindbaren* der Alltagswirklichkeit entrückte und wieder der Poesie des Daseins nachspüren ließ. Der Vorwurf der Zeitflüchtigkeit blieb ihm nicht erspart. Man wiederholte ihn, als Kreuder 1959 den Helden seines Romans *Agimos oder die Weltgehilfen* auf eine fabelreiche Fantasiereise schickte, um Freunde zur Gründung einer die Welt heilenden Akademie zu finden. Der Vorwurf traf den Dichter zu unrecht, der sich auch mit *Georg Büchners Existenz und Sprache* (1955) beschäftigte und bemüht war, in seinen Erzählungen dem gefühlsarmen Denken andere Möglichkeiten der Welterfahrung entgegenzusetzen.

Die Frage, wie die Welt von Gewalt und bloßem Zweckverstand zu heilen sei, beschäftigte nach dem Krieg viele Nachdenkliche. Hermann Hesse hatte dazu 1943 (dt. Ausgabe 1946) sein *Glasperlenspiel* vorgelegt. ERNST JÜNGER kleidete sie 1949 in die Form eines Berichts über eine Weltstadt der Zukunft:

Heliopolis ist auf keinen ererbten und verbindlichen Mythus mehr gegründet. Darum wird um die Verwirklichung utopischer Entwürfe gekämpft. Gewalttätige Militärs ringen mit brutalen Volksdemagogen um die Macht. Nur eine geistig vornehme und menschlich überlegene Elite könnte die Welt vor dumpfen Masseninstinkten einerseits, Militärdiktatoren andererseits bewahren und wenigstens einen Rest des Humanen retten. Lucius kehrt sich von den Utopien ab, er wendet sich den Menschen zu und darf sich an den Aufgaben des Weltregenten beteiligen — auch er ein „Weltgehilfe". Der Roman ist aus rückblickenden Berichten auf eine modellhafte Stadt, aus Gesprächen und Monologen zusammengesetzt und gibt Jüngers Deutung des demokratischen Massenzeitalters, ein skeptisch unternommener Versuch zu einem Ausweg.

Wie immer man Ernst Jüngers Elitevorstellungen politisch bewertet, die extremste Form intellektuellen Elitedenkens beschrieb GOTTFRIED BENN (s. S. 304) in seiner Berliner „Novelle" *Der Ptolemäer.* Er veröffentlichte sie 1949 zusammen mit *Weinhaus Wolf* (entst. 1937) und dem „Landsberger Fragment" *Roman eines Phänotyp* (entst. 1944 in Landsberg/Oder während seiner Tätigkeit als Militärarzt).

Der Ptolemäer, so benannt nach dem statischen Weltbild des antiken Astronomen, hält Geschichte und Entwicklung für eine Illusion. Die Frage nach der Zukunft ist für ihn bedeutungslos. Benn macht seine isolierte Lage während des Winters 1947 in Berlin zum Modellfall der Existenz eines modernen Intellektuellen. Der Ptolemäer der Novelle unterhält in Berlin einen Schönheitssalon, aber sein Beruf und seine Umweltbeziehungen sind nichts weiter als eine Maske. Er hat seine Person bewußt gespalten und führt ein

Doppelleben. Nur das Denken, die Analyse seiner geistigen Situation und die „Gegenwelt“ der Kunst helfen ihm noch, die totale Sinnlosigkeit auszuhalten. Unter welchen philosophischen, ideologischen oder moralischen Bezugssystemen andere die Welt betrachten mögen, für den Ptolemäer ist sie ein Chaos ohne Zweck. Allein die Kunst kann noch Erfahrungsbruchstücke von außen und die Halluzinationen von innen in eine Ordnung bringen (vgl. *Ausdruckswelt,* Essays, 1949). Demgemäß kreist auch die Prosa Benns mit alogischen, assoziativ verknüpften Worten, Bildern und Notizen in Variationen um das Nichts. Die „Verhirnung“ des Ptolemäers ist so weit fortgeschritten, daß alle spontanen Emotionen und Handlungen von der Reflexion gebrochen werden. Bloß noch ironisch gibt Benn seine Prosa als Novelle aus. Sie entspricht in ihrer eigentlich lyrischen Komposition dem vom Autor konstatierten Zerfall der Realität (s. S. 378).

Mit Parabeln und Modellen und durch Heranziehung des antiken Mythus suchten die Schriftsteller Äquivalente für die unbeschreibbar gewordene Lage des Menschen. Der gespenstische Hades, die Hölle Dantes, die Visionen Boschs, Goyas und der Surrealisten waren im Zeitalter von Auschwitz und Hiroschima leibhaftig in die Wirklichkeit getreten. Nun erschloß sich auch das Werk Kafkas, dessen *Tagebücher 1910—1923* in New York und bald darauf auch in Deutschland erschienen. Die Philosophie des Existentialismus (Jean-Paul Sartre *Das Sein und das Nichts,* 1943; Karl Jaspers *Von der Wahrheit,* 1947; Albert Camus *Der Mythos von Sisyphos,* 1943) antwortete dem Zeiterleben.

Mußte ein Schriftsteller fortan nicht diese Einsichten und die Erkenntnisse der Psychoanalyse und Massensoziologie verarbeitet haben, ehe er sich an den Schreibtisch setzte? Mit bloßem Erzählen in der Art des poetischen Realismus und mit oberflächlicher Beschreibung war die vielschichtige, verworrene Wirklichkeit nicht mehr zu fassen. Die traditionellen Erzählweisen konnten ihre Berechtigung höchstens noch im Bereich der Reportage haben (Theodor Plivier *Stalingrad,* 1945) oder bei Kriegsbüchern (Hans Werner Richter *Die Geschlagenen,* 1949; Walter Kolbenhoff *Von unserem Fleisch und Blut,* 1947, *Heimkehr in die Fremde,* 1949; Peter Bamm *Die unsichtbare Flagge,* 1949).

Nach 1945 schieden die Erzähler mit Massenauflagen im 3. Reich begreiflicherweise aus dem Literaturgespräch aus. Eine Aufklärung über den totalitären Staat, wie sie z. B. Walter Jens exemplarisch in *Nein — die Welt der Angeklagten* (1950) versuchte, konnte man von ihnen nicht erwarten. Sie hatten auch nichts zu den Erfahrungen im Maquis, im Warschauer Ghetto oder in den Konzentrationslagern zu sagen, von denen 1949 der kommunistische Heimkehrer Stephan Hermlin in *Die Zeit der Gemeinsamkeit* erzählte. — Auch die jüngere Generation, die noch vom NS-Heldenkult mitgerissen war (Curt Hohoff *Woina, woina,* 1949; Erhart Kästner *Zeltbuch von Tumilad,* 1949; Gerd Gaiser *Die sterbende Jagd,* 1953), erfaßte kaum das kollektive Wesen des modernen Kriegs. Am ehesten gelang dies Gert Ledig in *Die Stalinorgel* (1955) und modellhaft Jens Rehn mit *Nichts in Sicht* (1955).

Die Jüngsten wiederum, die 1933 noch Kinder waren, wußten gar nicht mehr, wie reichhaltig die deutsche Literatur vorher war. Sie griffen jetzt zur angelsächsischen Kurzgeschichte, erarbeiteten sich die Mittel kafkaesker Parabeln, einige Techniken von Joyce oder Döblin und die Möglichkeiten absurder und grotesker Spiegelung der Realität und gingen bei Brecht und den im 3. Reich verpönten modernen Lyrikern in die Schule.

Verluste und Ausfälle. Seit dem 1. Weltkrieg hatte die deutsche Sprache und Kultur an Weltgeltung verloren. 1918 löste sich die österreichisch-ungarische Monarchie, mit Wien und Prag als literarischen Zentren, auf. 1933 fiel Berlin aus, der große Umschlagplatz deutscher Literatur seit Fontane und Gerhart Hauptmann. Spätestens mit der Besetzung der Tschechoslowakei im Jahre 1938 schied auch das jüdische und deutschsprachige Prag aus, die Stadt Rilkes, Werfels, Kafkas und Johannes Urzidils (Max Brod *Der Prager Kreis,* 1966). In Prag hatten nach 1933 noch viele deutsche Emigranten vorübergehend Zuflucht gefunden. Die physische Ausrottung des Ostjudentums im 2. Weltkrieg vernichtete endgültig einen Kulturraum, aus dem einst die chassidische Mystik, die jiddische Dichtung und die Vorfahren bedeutender deutschsprachiger Autoren hervorgegangen waren (s. S. 272).

Ziemlich rasch schloß sich nach 1945 die junge österreichische Literatur der westdeutschen Entwicklung an (Ilse Aichinger, Ingeborg Bachmann bis zur Wiener Gruppe, Handke und Thomas Bernhard). Die alte Sonderstellung der Schweiz hatte sich von 1914 bis 1945 nur noch verschärft. Während der braunen Ära nahm das neutrale Land viele deutsche Emigranten auf. Das Schauspielhaus in Zürich pflegte bewußt die demokratische deutsche Tradition. Auch sonst fand der europäisch orientierte Humanismus in der Schweiz ein Refugium. Eine Reihe deutscher Schriftsteller nahm nach 1945 ihren Wohnsitz in der Schweiz.

Am schlimmsten war das literarisch-kulturelle Leben im kriegsverwüsteten Deutschland selbst gestört. Buchverlage, Zeitungen und Theater mußten neu aufgebaut werden. Es fehlte an einer überregionalen Presse und an einer Maßstäbe setzenden Kritik.

Die völkische Kunstdiktatur hatte der anspruchsvollen **Literaturkritik** den Garaus gemacht. Die bedeutendsten Essayisten und Kritiker starben im Exil oder überlebten den Krieg nur wenige Jahre. Ernst Robert Curtius, der universale Philologe, der am meisten getan hatte, die Zusammenhänge seit der Antike und die modernen Franzosen zu erschließen, starb schon 1956. 1942 war in New York Franz Blei gestorben, wo er noch mit Broch, Berthold Viertel und Albert Ehrenstein zusammen war. 1944 starb der noch im Geist des klassisch-romantischen Idealismus verwurzelte Germanist Max Kommerell *(Dichterische Welterfahrung).* Der subtilste Kritiker seiner Dichtungsauffassung war der Berliner Walter Benjamin (geb. 1892), dessen Werk 1940 die Gestapo ein Ende setzte. Benjamin, ein vorzüglicher Kenner Baudelaires und Übersetzer Prousts, suchte dem Verfall des deutschen bürgerlichen Humanismus durch einen realen Humanismus in geistvoller Ausdeutung von Karl Marx unter Aufnahme jüdisch-messianischer Ideen zu begegnen. Seine Essays und Kommentare zur Dichtung sind meisterhafte Textauslegungen, die das Kunstwerk keinem System unterordnen.

Zum Glück überlebten in den USA Hermann Broch (Essays *Dichten und Erkennen)* und Walter Benjamins Freund, der Soziologe, Musikkritiker und Philosoph Th. W. Adorno (1903—1969; *Prismen. Kulturkritik und Gesellschaft; Noten zur Literatur; Jargon der Eigentlichkeit).* Adornos kritische Reflexion galt dem Verhältnis der Bewußtseinsformen zum technisch-ökonomischen Niveau der Gesellschaft. Sein aphoristischer Denkstil und sein Gespür für die Wahrheit im Gegensätzlichen ergaben eine Prosa von hohem Anspruch. Auch Ernst Bloch (geb. 1885 in Ludwigshafen, nach seiner Emigration zuerst in der DDR, seit 1961 in der Bundesrepublik) gehört als Essayist *(Verfremdungen)* und Autor des Parabelbuchs *Spuren* zur Literatur. Der eigenwillige marxistisch-messianische Philosoph vom zukünftigen Reich Gottes auf Erden ist in seinem Stil und in seiner Vision entscheidend vom Expressionismus geprägt. Seine anschauliche, mitunter knorrige und aphoristisch sprunghafte Sprache hat den Reiz einer durch und durch originellen Persönlichkeit. Bloch starb 1977 in Tübingen.

Aus den USA kam auch Hermann Kesten zurück (s. S. 317), ein unabhängiger, geistsprühender und kämpferischer Literat, ein echter Europäer und Weltbürger, der in seinen Büchern viele vergessene und verdrängte Dichter wieder lebendig werden ließ *(Meine Freunde die Poeten).* Im Exil überdauerten Willy Haas *(Die literarische Welt. Erinnerungen)* und Erich Heller *(Enterbter Geist).* Von der Schweiz aus beschrieb nach dem Krieg Walter Muschg *Die Zerstörung der deutschen Literatur,* in Paris spürte der Germanist Robert Minder den Verfälschungen der Tradition nach.

Verwirrung und Verfälschungen waren so groß, daß Sichtung und Bestandsaufnahme bis heute andauern. Unübersehbare Verdienste erwarben sich dabei in den fünfziger Jahren der langjährige Mitherausgeber der Zeitschrift *Akzente,* Walter Höllerer (geb. 1923), als eifriger Mentor der Nachkriegsautoren, der Lyriker und Polemiker H. M. Enzensberger (s. S. 389) und Walter Jens (geb. 1923), Romanautor, Altphilologe und Kritiker. In brillanten, assoziationsreichen Essays suchte Jens das Ineinander von Mythus und Gegenwart, Kritik und Erlebnis in unserem geschichtsgesättigten alexandrinischen Spätbewußtsein transparent zu machen.

Die Zeitgeschichte lieferte nach dem Krieg Zündstoff für viele heftige **Polemiken.** Es gab nun „westdeutsche" und „ostdeutsche" Schriftsteller, Autoren, die im Exil blieben, und die Problematik der „inneren Emigration". Viele jüngere Autoren standen nach Gründung der Bundesrepublik in Opposition zu restaurativen Tendenzen der Adenauer-Ära. In der DDR, wo Johannes R. Becher zunächst als Präsident des Deutschen Kulturbundes noch eine freiere Kulturpolitik gefördert hatte, drosselte die SED im Kampf gegen den „Formalismus" die geistige Bewegungsfreiheit und unterwarf das ganze Kulturleben ihrer Propaganda.

b) Eine neue Erzählergeneration

Die auf Widerruf gestundete Zeit
wird sichtbar am Horizont

(Ingeborg Bachmann)

Die neue Generation, die ab 1947 in den Westzonen und in Österreich aus den Trümmern hervortrat und bis vor wenigen Jahren das Bild der Gegenwartsliteratur bestimmte, war nicht mehr jung. Als Zwanzig- bis Vierzigjährige hatte sie ihre Jugend auf den Schlachtfeldern und in Gefangenschaft verbracht. Als sie ohne Illusionen heimkehrte, waren ihr die nationalen Kampfworte und ideologischen Schalmeien gründlich verhaßt. Sie wollten tabula rasa machen und mußten ganz von vorn anfangen. „Aus dieser Absicht heraus wandten sie sich gegen die ‚Kalligraphen', wie sie die Schönschreiber der Vergangenheit nannten, begannen die ‚Sklavensprache' zu roden, sie von dem Gestrüpp der Propagandasprache zu reinigen und sie gleichzeitig von der wortreichen, stilistisch übergewandten, nicht mehr klaren und nicht mehr verständlichen ‚inneren Emigrationsliteratur' zu befreien" (Hans Werner Richter). Wenn sie etwas erhofften, dann nur, daß Ähnliches nicht mehr wiederkehren dürfe. Doch schon nach wenigen Jahren glaubten sie zu spüren, daß ihnen die Zeit nur „auf Widerruf" gestundet sei. Der „europäische Bürgerkrieg" ging im Weltmaßstab weiter. Sie gerieten in eine Zeit restaurativer Verhärtung der Fronten und des kalten Krieges.

Wolfgang Borchert (1921—47) sprach gleich nach dem Krieg aus, was seine, die „betrogene Generation", fühlte. Er stammte aus Hamburg, war Buchhändler, Schauspieler, Soldat an der Ostfront, wegen „Wehrzersetzung" zum Tode verurteilt, begnadigt, einer Strafkompanie zugeteilt und starb krank und gebrochen einen Tag vor der Erstaufführung seines Dramas *Draußen vor der Tür:*

Szene aus Borcherts Drama *Draußen vor der Tür,* Uraufführung in den Kammerspielen Hamburg 1947

Der Kriegsheimkehrer Unteroffizier Beckmann, der da in die zerstörte Heimat zurückhumpelt, um seinem Oberst die Verantwortung für die toten Soldaten zurückzugeben, endet in Verzweiflung, die Verantwortlichen haben sich schon wieder arrangiert und machen weiter, als ob nichts gewesen sei. „Keiner hat uns gesagt, ihr geht in die Hölle. O nein, keiner. Sie haben Marschmusik gemacht und Langemarckfeiern. Und Kriegsberichte und Aufmarschpläne. Und Heldengesänge und Blutorden. So begeistert waren sie. Und dann war der Krieg da. Und dann haben sie uns hingeschickt. ... Jetzt hat uns keiner hingeschickt. Nein, keiner. Alle sitzen sie jetzt hinter ihren Türen. Und ihre Tür haben sie fest zu. Und wir stehen draußen. .... So haben sie uns verraten. So furchtbar verraten."

Alles was Borchert schrieb, erregt und gehetzt, im expressionistischen Stakkatostil der Wiederholungen oder kühl, knapp — seine Kurzgeschichten *(An diesem Dienstag, Das Brot, Nachts schlafen die Ratten doch)* und seine pazifistischen Aufrufe *(Dann gibt es nur eins)* — war mit dem Herzblut eines jungen Dichters geschrieben, der der Taubheit ins Ohr schrie.

Literatur:
P. Rühmkorf *Wolfgang Borchert.* rm 58

Kurzgeschichten, Parabeln, Metaphern. „Wer schreibt für uns eine neue Harmonielehre? Wir brauchen keine wohltemperierten Klaviere mehr. Wir selbst sind zuviel Dissonanz ... Wir brauchen keine Dichter mit guter Grammatik. Zu guter Grammatik fehlt uns die Geduld", stand in Borcherts *Manifest.* Was zu sagen sei, sei ja oder nein: „laut und deutlich und dreifach und ohne Konjunktiv. Für Semikolons haben wir keine Zeit."

Als Wolfgang Weyrauch 1949 die erste Kurzgeschichtensammlung nach dem Kriege herausgab, nannte er die neue deutsche Prosa, die auf alle stilistischen Feinheiten und jeden poetischen Schmuck verzichtete, den „Kahlschlag". Bei aller Dankbarkeit für Anregungen durch andere Literaturen, schrieb er im Nachwort zur Anthologie *Tausend Gramm,* käme es darauf an, „eine Prosa zu gründen und zu entwickeln, welche die unsre ist. Eine deutsche Literatur, die nimmt — aber auch gibt! Und immerhin — sie gibt schon etwas. Was aber gibt sie? Sie gibt einen Kahlschlag in unserem Dickicht. In der gegenwärtigen Prosa sind mehrere Schriftsteller erschienen, die versuchen, unsre blinden Augen sehend, unsre tauben Ohren hörend und unsre schreienden Münder artikuliert zu machen".

In der Tat sind in den Kurzgeschichten unmittelbar nach 1945 Krieg, Trümmerhaufen und moralische Zerrüttung noch ganz hautnah. Borchert, Böll, Langgässer, Weyrauch, Andersch, Rinser, Bender und Rehmann teilten erlebte Erfahrung mit: zumeist im lakonischen Hemingway-Stil, neorealistisch direkt, suggestiv verdichtet, scharf umrissene, grell angeleuchtete Wirklichkeitsbrocken. Die „Generation ohne Abschied", wie Borchert sie genannt hatte, nahm die verunreinigte Sprache wie ein Stück schmutziges Brot, biß hinein und spuckte den Jargon der Schlächter und Mitläufer aus. Wer heute wissen will, wie die deutsche Literatur nach dem Kriege begann, muß zu diesen Kurzgeschichten greifen. Um Definitionen der Gattung — Einteilungen in Augenblicksgeschichten, Arabesken- oder Überdrehungs- und Überblendungskurzgeschichten (Walter Höllerer) — bemühte man sich erst im nachhinein.

Im 20. Jahrhundert hat die Kurzgeschichte weitgehend die auf einen Höhepunkt, auf ein Motiv hin komponierte Novelle abgelöst. Schon in den Noveletten, Skizzen und lyrisch beschwingten Prosastücken der Expressionisten, in einzelnen Prosastücken von Rilke, Hofmannsthal, Kafka und Brecht, die nicht mehr den Umriß der Abrundung hatten, erfolgte der Durchbruch zur „offenen Form", genauer, zu einer überraschenden Vielheit möglicher Formen, Themen und Techniken. Häufig erfaßt die aus dem amerikanischen Zeitungsbericht hervorgegangene short story einen kritischen Moment des Lebens, ein prägnantes Detail im Mosaik des Daseins. Oft kommt das Ende plötzlich, mit einem überraschenden Schock, oft ist es nur ein Wort, ein Ausdruck, in dem sich wie in der Lyrik die Bedeutung konzentriert. Da die Kurzgeschichte die Sprache sparsam gebraucht und knapp, gerafft, in Andeutungen die Situation fixiert, war sie zur Erprobung einer neuen Prosa das geeignete Instrument. Ihre Möglichkeit, die Wirklichkeit in Ausschnitten, widersprüchlich und vieldeutig darzubieten, und die unerwarteten Beleuchtungen der Realität kamen der Art entgegen, wie die Autoren und ihre Leser die Jahre des Kriegs und der Nachkriegszeit erlebten. Fast alle Romanautoren der Nachkriegszeit haben mit Kurzgeschichten begonnen.

Als dann ein gutes Jahrzehnt später Klaus Wagenbach in der Sammlung *Das Atelier* (1962) die inzwischen veränderte Situation der Prosa prüfte, stellte er fest: „Für die Sprache dieser Texte gilt nicht mehr ‚keuchend und kahl', sie verfügt vielmehr wieder über Wahrheit und Schönheit." In der komfortableren, neonbestrahlten City-Umgebung mußten freilich die Worte erneut auf ihre Tragfähigkeit hin abgetastet werden. Die Autoren hatten inzwischen von Kafka und Brecht gelernt und sich die Mittel der zeitgenössischen Poetik (s. S. 387) zu eigen gemacht. Ihre „Graphik in Prosa" (Piontek) bediente sich der Parabel, des Perspektivenwechsels, der Chiffren und Metaphern. Manche Autoren schrieben nun oft kaum lokalisierbare, vergrübelt kafkaeske Parabeln (Aichinger, Wohmann), Verspielt-Hintersinniges, Metaphern des Ambivalenten und Bös-Absurden (z. B. Meckel *Die Krähe),* schwer deutbare Stücke, in denen die „diplomatische Beziehung zum Leser" abgebrochen war. Das ortlos Allgemeine von Chiffre, Modell und Zeichen führte oft zu Verrätselung und Verlust an Stofflichkeit, sofern nicht, wie bei Schallück, Heckmann, Arno Schmidt, Martin Walser oder Böll, ein satirischer Beisatz den Anschluß an die greifbare Realität herstellte. So merkwürdig-fantastisch, deutsch-vergrübelt, diplomatisch-indirekt auch viele dieser Prosastücke aussahen, die Autoren verstanden ihre Texte als den Versuch, „neue Dörfer zu bauen“ (Aichinger), als vorsichtige „Topographien im Ungesicherten“.

„Wir leben im Ei ... wir nehmen an, daß wir gebrütet werden“, ironisierte damals Günter Grass die Bewußtseinslage im lauwarmen Klima der Bundesrepublik. In der Tat: die Prosa der späten 50er Jahre tastete die „Innenseite der Schale“ eher ab, statt die Gesellschaft zu analysieren. Es ging in diesen Kurzgeschichten vorwiegend um die neuen Phänomene: um die Reklame- und Konsumwelt (z. B. Heissenbüttel *Kinoplakat*), den sloganverpflasterten Gegenwartsjargon (Arno Schmidt *Windmühlen)*, den mageren Ertrag von Idolen und Partys (Hildesheimer *Das Atelierfest)*, die „wölfische Praxis“ gemanagten Lebens (Ingeborg Bachmann *Alles)*, um Kontaktarmut und mondäne Verwöhnung (Nonnemann *Schneeketten)*. Wir spüren die Unbehaustheit zwischen Privatem und Öffentlichem und die uralte Fremdheit des Leidgeprüften (Celan *Gespräch im Gebirge)*. Die bösen Erinnerungen sind da, auch wenn sie nicht namhaft gemacht werden (Roehler *Mond im Auge*, Reinhard Lettau *Schwierigkeiten beim Häuserbauen)*.

In jüngster Zeit stoßen Episoden, Fabeln, Parabeln und Metaphern als überflüssige Einkleidungen auf Mißtrauen. Das Fiktive gilt als verschleiernde Ablenkung von der Realität, die durch neue Schreibarten getestet wird (s. S. 394 f.).

Literatur:
Novelle u. Kurzgeschichte, hg. v. K. Moritz. Frankfurt: Hirschgraben 1966
K. Doderer *Die Kurzgeschichte in Deutschland.* WBG Nr. 4986

Heinrich Böll (geb. 1917 in Köln) hat in all seinen Kurzgeschichten und Romanen dem Vermächtnis Borcherts und den Toten des Krieges die Treue gehalten. Erinnerung und Treue könnten als Leitmotive über seinem Werk stehen. „Für alles, was der Erinnerung dienen könnte, hat die Psychologie die Mordwaffe geliefert, die heute jedermann zur Verfügung steht: das Wort Ressentiment ... Um dieser Mordwaffe zu entgehen, treibt man Erinnerungen und Gefühle ab, es ist dieser permanente Abort, der die Gesichter so leer macht.“ Der Satz steht zentral in Bölls Aufsatz *Hierzulande*, 1960. Schon die ersten Kurzgeschichten, die Böll nach der Heimkehr aus Krieg und Gefangenschaft seit 1947 veröffentlichte (*Wanderer, kommst du nach Spa ...*, 1950), die Erzählung *Der Zug war pünktlich* (1949) und der Roman *Wo warst du, Adam?* (1951) spüren konkrete Einzelschicksale des Kriegs- und Nachkriegschaos auf, die sich hinter anonymen Organisationen, kollektiven Erlebnissen und verdeckenden Wort- und Gefühlsschablonen verbergen. Summarisch referierte Zeitgeschichte ist für Böll so unwahr wie die Äußerlichkeit religiöser und staatlicher Symbole, die Mechanik und Scheuklappenwelt beruflichen Ehrgeizes, die Denk- und Reaktionsgewohnheiten von Militärs, Beamten, Funktionären und Angestellten. Mit Bölls Augen gesehen ist Geschichte eine Vielfalt einzelner Situationen, Episoden und Entscheidungen. Erinnerung bedarf daher der Treue des Gedächtnisses und der erzählerischen Fantasie, damit die „große“ Geschichte am Detail erkennbar wird; denn „die Wirklichkeit ist wie ein Brief, der an uns gerichtet ist, den wir aber ungeöffnet liegen lassen, weil die Mühe, ihn zu öffnen, uns lästig ist“. Bölls erfundene Geschichten — z. B. die *Abenteuer eines Brotbeutels* — sind realistisch, sie schließen die Geschichte da auf, wo sie sich nicht von ihrer Schauseite zeigt. Es gibt für ihn keine Erkenntnis und Umkehr ohne die Erfahrung des Schmerzes und der Bitterkeit. Wie es um die Gesellschaft steht, offenbart sich an den Menschen, die an den Rand gedrängt werden. An den „Untüchtigen“ zeigt sich der mißbräuchliche Machtanspruch der „Tüchtigen“.

Wenn Böll daher in seinen Kurzgeschichten so oft von Kindern und jungen Soldaten erzählt, wenn er die Ehekrisen der Nachkriegszeit *(Und sagte kein einziges Wort*, 1953) oder das übersehene Witwenelend *(Haus ohne Hüter*, 1954) zum Thema seiner Romane wählte, dann darum, weil er auch der neuen Organisationstüchtigkeit des Wiederaufbaus mißtraute und die moralischen Schattenseiten und nazistischen Restbestände hinter den restaurierten Fassaden des Wirtschaftswunders nicht übersehen wollte (*Billard um halb zehn*, 1959). Moralist aus Güte, scheute der Kölner Handwerkerssohn und genaue Beobachter seiner Zeitgenossen auch nicht den bitteren Humor, die maliziöse Satire auf die neu arrangierte Gesellschaft *(Doktor Murkes gesammeltes Schweigen*, 1958; *Der Bahnhof von Zimpren*, 1959). In der Figur des nichtangepaßten Clowns griff er als kritischer

Katholik das intime Einverständnis der Kirche mit Mentalität und Milieu der Adenauer-Ära an (*Ansichten eines Clowns*, 1963). Die Clown-Sicht auf die bis zur Sinnlosigkeit funktionierende verwaltete Welt bestimmt auch die Romane *Entfernung von der Truppe* (1964) und *Ende einer Dienstfahrt* (1966). Sein „Roman" *Gruppenbild mit Dame* (1971) reihte in Rollenprosa eine Fülle interviewartiger Berichte mit happeningähnlichem Schluß aneinander. (*Die verlorene Ehre der Katharina Blum*, 1974).

Kritiker haben Böll Fixierung auf „Trümmerliteratur" vorgeworfen, sein Festhalten an den Eindrücken und Vorsätzen der unmittelbaren Nachkriegszeit bemängelt und herablassend seine Erzählweise auf eine angelsächsisch-puritanische und kleinbürgerliche Einstellung zurückgeführt. Daß Böll vor Grass der im In- und Ausland meistgelesene deutsche Nachkriegsautor war, hat jedoch durchaus positive Gründe. Sein kritisch-rationaler Realismus blieb bei aller Einsicht in das Absurde immer an der durchschnittlichen sozialen Realität. Jede Zeile kam unverkennbar aus seinem Engagement. Seine Aufsätze und öffentlichen Stellungnahmen (z. B. sein *Brief an einen jungen Katholiken*, 1958) stimmen mit der Haltung seines Erzählwerks überein. Seit Wilhelm Raabe hat kein deutscher Erzähler den Alltag seiner Landsleute, die typischen Verhaltensweisen, sozialen Rollen und landläufigen Denkgepflogenheiten so ernst und in seinen Erzählungen zugleich auch sprachkritisch unter die Lupe genommen. Der Nobel-Preis von 1972 würdigte seine Leistung. (*Aufsätze — Kritiken — Reden*, 1967; *Der Lorbeer ist immer noch bitter*, 1973).

LITERATUR:
J. Vogt *Heinrich Böll*. C. H. Beck, 1978 — Chr. Linder *Böll*. rororo dnb 109 (1978)

WOLFDIETRICH SCHNURRE (geb. 1920 in Frankfurt am Main, seit 1928 in Berlin) geht von ähnlichen Zeiterfahrungen wie Böll aus. Auch er ist bis heute konsequenter Gesellschaftskritiker geblieben. Seine Eigenart schien am deutlichsten in den unerbittlichen Kahlschlag-Kurzgeschichten *Die Rohrdommel ruft jeden Tag* (1950) hervorzutreten, und dann wieder in den Geschichten *Man sollte dagegen sein* (1960), *Funke im Reisig* (1963), Geschichten, in denen er mit Leidenschaft und Überzeugung, spottend und warnend gegen jede Entwürdigung des Menschen Partei nimmt. In seiner Sammlung von Vorträgen und Kommentaren *Schreibtisch unter freiem Himmel. Polemik und Bekenntnis* ist von Kunst kaum die Rede. Doch zeigen seine zeitsatirischen Verse (*Kassiber*, 1956; *Abendländler*, 1957), die heiter-ironischen, selber illustrierten Tierfabeln *Protest im Parterre* (1957), aber auch die auf Kindheitseindrücke in den proletarischen Vierteln Berlins zurückgehenden Geschichten *Als Vaters Bart noch rot war* (1958) und *Jenö war mein Freund* (1960) auch einen ganz anderen Schnurre: seine Anwandlungen von Sarkasmus, seine Verspieltheit, den Idylliker und Melancholiker.

Schnurres umfangreichstes Buch *Das Los unserer Stadt* (1959) ist eine aus Parabeln, Fabeln, lyrischen Bildern und Situationsschilderungen in surrealer Montage aufgebaute „Chronik" des apokalyptisch-visionär geschauten Berlin. In es sind von Osten „Säbelreiterbrigaden", von Westen „Sühnearmeen" eingedrungen. Die Zeitalter vermischen sich. Mittelalterliche Landsknechte benutzen U-Bahnen. Die Grenzen zwischen Fantastik und Realität sind aufgehoben. Tiere verkörpern Menschen, vorgebliche Tugenden wie Pflicht und Mut spielen die Rolle von Huren in einem staatlichen Bordell, eine Maus wird als Staatsfeind gehängt. Die Stadt erscheint als Sammelsurium von Widersprüchen, grotesken und hintersinnigen Fabeln, als sei mitten im 20. Jahrhundert, in der Zeit der Raumfahrt, die aus den Fugen geratene Welt vom Herbst des Mittelalters auferstanden. Insofern ist der Titel Chronik vollauf gerechtfertigt.

Schnurre ist vor allem ein Künstler der kleinen Prosaformen, der idyllischen Miniaturen und abgründigen Parabeln. Bald verträumt und versponnen, voller Tierliebe und Menschenfreundlichkeit, bald aggressiv und hart, pathetisch und sentimental, dem banalen Alltag nahe und doch Fantast, ist der vielseitige Mitbegründer der Gruppe 47 bis heute auf keinen eindeutigen Stil festzulegen. (*Der Schattenfotograf. Aufzeichnungen*, 1978).

LITERATUR: s. S. 359

ILSE AICHINGER (geb. 1921 in Wien, seit 1953 in Lenggries, Oberbayern, bis zu dessen Tod mit Günter Eich verheiratet) war im Jahre 1948 mit ihrem Roman *Die größere Hoffnung* die erste Österreicherin, die die deutsche Nachkriegsliteratur bereicherte. Sie verwandelte darin die Zerstörung des Menschlichen während der NS-Zeit, die Verfolgungen, unter denen auch ihre Familie zu leiden hatte, in eine Bilderwelt schwerer Träume. In den Erlebnissen des Kindes Ellen, deren Mutter ausgewiesen wurde und deren Vater den Machthabern diente, gehen Träume und Alltag ineinander über. Ellen will ein Visum ins Ausland. Sie will dem Todesbereich entfliehen. So wird der Roman zum Gleichnis des Menschen, der in Angst und Entwürdigung die größere Hoffnung nicht aufgibt: „Was immer auch geschieht, hilf mir, daran zu glauben, daß irgendwo alles blau wird. Hilf mir, über das Wasser zu gehen, auch wenn ich hierbleiben muß." Das Zeichen dieser größeren Hoffnung ist der Judenstern, Sinnbild einer Treue über den Tod hinaus. Im Erzählraum der Dichterin ist die Zeit aufgehoben, die Bilder der Vergangenheit und Gegenwart schweben in Gleichzeitigkeit. Die Fesseln der Kausalität fallen, wenn die Optik des Selbstverständlichen aufgegeben wird.

So entdeckt auch der Todgeweihte, der im Augenblick vor der Hinrichtung schon die Angst des Sterbens hinter sich hat, in unerhörter Freiheit das Glück des Daseins (*Rede unter dem Galgen*, Erzählung, 1952). In der berühmten *Spiegelgeschichte* geht entgegen dem normalen Zeitfluß der Lebenslauf eines Mädchens vom Sterbebett zurück in die Zukunftserwartungen seiner Kindheit. Das Sterben wird zum Tag der Geburt: „Es ist der Tag deiner Geburt. Du kommst zur Welt und schlägst die Augen auf und schließt sie wieder vor dem starken Licht ... ‚Es ist zu Ende —' sagen die hinter dir, ‚sie ist tot!' Still! Laßt sie reden!"

Ilse Aichinger ist primär Lyrikerin, obschon sie nur wenige Verse geschrieben hat. Ihr Hörspiel *Besuch im Pfarrhaus* (1961), vor allem aber ihre Erzählungen *Eliza Eliza* (1965) leben allein vom poetischen Wort. Wenn in ihren früheren Erzählungen der Sinn noch parabolisch war, in *Eliza Eliza* hat sie mit den Praktiken herkömmlichen Schreibens endgültig gebrochen. Die Welt ist sekundär, die Sprache nimmt keine Rücksicht auf die Realität. An einem Wort entzündet sich ein Bild, eine Metapher, die, kaum vertraut gemacht, wieder vertauscht und beiseite geschoben wird: „Die Wiege bewegt sich noch eine Weile fort. Sie kommt nicht vom Fleck, aber wenn ein Kind darinnen liegt, so werden ihm unauslöschlich zwei Zylinder eingeprägt, ein blauer und ein schwarzer. Zwei Siegel zum Eintritt. Zwei stumme Formen in ungewählten Farben. Ebensogut könnten es Pfauen sein ..." Die 26 Erzählungen sind keine Geschichten. Es sind poèmes en prose, wie man sie in Frankreich seit langem mehr schätzt als bei uns. (*Schlechte Wörter*, 1976).

HERBERT EISENREICH (geb. 1925 in Linz), ein anderer junger Österreicher, der bald nach seiner Heimkehr aus Krieg und Gefangenschaft zu schreiben anfing, hat in der Bundesrepublik für seine Erzählungen kaum die verdiente Anerkennung gefunden. Vielleicht deshalb, weil er sich als Stilist zu deutlich als Bewahrer der von Schnitzler, Gütersloh und Doderer herkommenden Erzählkunst zu verstehen gab (*Einladung, deutlich zu leben*, 1951; *Böse schöne Welt*, 1957; *Sozusagen Liebesgeschichten*, 1965). Auch in seinen literarkritischen Essays *Reaktionen* bekennt er sich zum österreichischen Konservativismus. Der weiche Duktus seiner Sätze, seine melancholisch getönte Ironie, ein Hauch von gespielter Wiener Müdigkeit scheinen ihn auch als Enkel der großen komplizierten Erzähltradition auszuweisen. In der Art dagegen, wie er in den elf Erzählungen *Böse schöne Welt* die Wende- und Erkenntnispunkte des Bewußtseins herausarbeitet oder in den zwanzig *Sozusagen Liebesgeschichten* zwar diskret, aber radikal objektiv die Widersprüche der Geschlechter, verfehlte Kommunikation, Unordnung und Ruin des Eros beschreibt, gehört er eindeutig zur Nachkriegsgeneration.

Für sie kann faktisch auch jene „Tiefe der Jahre" nicht mehr existieren, die labyrinthisch verschachtelte Geschichte Österreichs, welche zuletzt HEIMITO VON DODERER (1896—1966) vom Niedergang der Monarchie bis zu den geschichtslosen Dämonien modernen Massenwahns verfolgte (*Die Strudelhofstiege oder Melzer und die Tiefe der Jahre*, 1950; *Die Dämonen*, 1956). Geschichtslosigkeit, Wirklichkeitsverlust und Verranntheit in Ideologien — Doderer spürt den Verfälschungen des Bewußtseins, den Selbsttäuschungen und Ausflüchten seiner zahlreichen Romanfiguren bis in die pathologischen Ursachen nach. Nur ein Autor, der ganz in der Geschichte seiner Stadt und seines Landes zuhause ist, kann so ausdauernd und hartnäckig an seinem Gegenstand bleiben.

LITERATUR: s. S. 359

Alfred Andersch (geb. 1914 in München) ist demgegenüber das Beispiel eines zeitgenössischen Schriftstellers, der eigentlich schon „ausgebürgert“ war, ehe ihm das Wagnis der Freiheit zum Problem wurde.

Sein Versuch, als achtzehnjähriger Jugendfunktionär in der kommunistischen Partei eine Heimat zu finden, endete bereits im März 1933 mit der Einlieferung in das Konzentrationslager Dachau. Nach erneuter Haft brach er mit dem Kommunismus. Er findet in einer Fabrik Unterschlupf, wird im Kriege zum Militär eingezogen und entscheidet sich 1944 an der italienischen Front, in die amerikanische Gefangenschaft zu desertieren (Autobiographie *Die Kirschen der Freiheit,* 1952). Nach dem Kriege begründete Andersch die Zeitschrift *Der Ruf* (s. S. 359), gab die Zeitschrift *Texte und Zeichen* heraus und arbeitete als Nachtstudio-Redakteur und Autor von Funkmontagen, Hör- und Fernsehspielen für den Rundfunk. Seine Reiseschilderungen *Wanderungen im Norden* (1962) und *Aus einem römischen Winter* (1966) erweisen ihn als einen detailgenauen Beobachter.

Flucht, Aufbruch und Ausbruch aus ideologischen oder gesellschaftlichen Zwängen scheint sein zentrales Thema zu sein. Im Roman *Sansibar oder der letzte Grund* (1957) lösen sich zwei Kommunisten von ihrer Partei, ein evangelischer Geistlicher bricht mit seiner Kirche. Daß die Vorgänge im Jahre 1937 spielen, wo es darum geht, ein jüdisches Mädchen und eine „entartete“ Plastik aus einer Pfarrkirche nach Schweden zu retten, ist für die existentiell formulierte Thematik eigentlich unwichtig. Im Roman *Die Rote* (1960) läßt Andersch eine erfolgreiche, elegante Sekretärin dem Milieu des Wirtschaftswunders und ihrem Dreiecksverhältnis mit Chef und Ehemann nach Venedig entfliehen, wo sie als Fabrikarbeiterin ein neues Leben beginnt. Der Roman *Efraim* (1967) gibt sich als im Präsens erzählter Ich-Bericht eines enttäuschten Intellektuellen:

Efraim, als Kind jüdischer Eltern in Berlin geboren, nach England emigriert, arbeitet für ein konservatives englisches Blatt. In seinen Aufzeichnungen in Berlin, Rom und London, die er nicht als Roman verstanden wissen will, löst er sich von seiner Frau Meg und seinem Chef Keir und von der Vorstellung, daß die Geschichte schicksalhaft bedingt sei. Efraim ist ein intelligenter, sehr diskreter und introvertierter Beobachter der Politik und des Lebens. Er schreibt ein wohltuend sachliches, bewußt konventionelles Deutsch im Stil seines conservative paper. Linke Sympathien verbinden sich mit konservativen Einsichten in die Macht des Bösen und die Zufälligkeiten des Lebens. Trotz der genauen Schilderungen, die Efraim von seinen Lebensumständen in Rom, Berlin und London gibt, beruht die Bedeutung seines Berichts auf der Meditation über das Geschichtliche und Private und auf der gelassenen, männlichen Distanz, die er zu sich und unserer Welt gewinnt. Das Buch besticht sowohl durch Offenheit wie durch eine Zurückhaltung des Urteils, die die reportierten Fakten, den Stoff und die Ansichten in der Schwebe hält.

Auch in seinen Erzählungen — *Geister und Leute; Ein Liebhaber des Halbschattens; Tochter; Mein Verschwinden in Providence* — verzichtet Andersch auf stilistische Bravourstücke. Sie sind präzis kalkuliert und laufen wie ein wohlberechnetes Uhrwerk ab. Er spart dabei nicht mit Angaben über Zeit, Ort, Umstände und visuelle Informationen, die einen filmischen Realismus suggerieren. (*Die Blindheit des Kunstwerks,* Essays 1969; *Winterspelt,* Roman 1974).

Literatur:
s. S. 359; G. Haffmann (Hg.) *Über Alfred Andersch,* detebe 53 (1974)

Als Wolfgang Koeppen (geb. 1906 in Greifswald) nach zwei im 3. Reich unbeachteten Romanen 1951 *Tauben im Gras* vorlegte, stieß der Roman auf Unverständnis und Ablehnung.

Konzentriert auf einen Tag und das von den Amerikanern besetzte München beschwor er kaleidoskopisch mit an Joyce und Döblin geschulter Technik ein Pandämonium von Unrat und Gestank, Genußgier und Erlösungssucht. Er schilderte Verantwortungsflucht und Verzweiflung von Weißen und Schwarzen, Dirnen und Prominenten, Bürgern und Intellektuellen. Alle sind aufgeschreckt wie ein wirr durcheinander flatternder Schwarm Tauben. Gehetzte, Süchtige, Verängstigte, die, wie der schwarze Soldat Washington, ihr Bild im Spiegel kaum noch ertragen können. Die Kritik war Koeppens mythisierender und eher melancholischer Beschwörung nicht gewachsen. Sie fand das Buch zynisch-aggressiv.

Noch weniger Sympathie beim Publikum fand Koeppens zweiter Roman *Das Treibhaus,* der das Bonn von 1953 mit den Augen eines heimgekehrten Emigranten und Abgeordneten als ein Ninive der Unwahrheit und Sünde darstellt. Der gewissenhafte, wohlmeinende oppositionelle Abgeordnete ist dem Dschungel der Macht nicht gewachsen; er begeht Selbstmord aus Verzweiflung an sich und den Verhältnissen. Es war nicht schwer, die poetische Metaphorik des Romans als unrealistisch beiseite zu schieben, das Gleichnis vom Labyrinth der Macht zu ignorieren und die provokanten Szenen als übertrieben abzutun.

Offenbar um dem Mißverständnis seiner Romantechnik vorzubeugen, gab Koeppen seinem dritten Roman eine völlig durchsichtige Struktur. *Der Tod in Rom* meinte einen SS-General, der für arabische Staaten als Waffenhändler tätig ist und mit seiner Familie in Rom zum Wiedersehen zusammenkommt. Der brutale Henker, ein Abgesandter der Hölle, und seine Sippe sind schon wieder obenauf, mit ihnen die nationalen Opportunisten von 1954. Ein Sohn des Generals flüchtet in den Schoß der Kirche, ein anderer, der mit der Familie gebrochen hat, in die Musik, aber auch in seiner Musik sind der Zweifel und der Tod.

Es ist auffällig, daß Koeppens allegorisch-symbolische Vision weithin als peinlich empfunden wurde, während z. B. GERD GAISERS Roman *Schlußball* (1958) mit seinen ziemlich allgemeinen apolitischen Klage-Monologen über die innere Leere der Wirtschaftswunderkinder Neu-Spuhls sehr viel Resonanz fand. Erst als sich Koeppen in seinen Reiseessays von seinem Vaterlande ab- und Rußland, Amerika, England und Frankreich zuwandte, ließ sich nicht mehr verschweigen, daß der unzeitgemäße Individualist ein Meister des Stils, ein kenntnisreicher Beobachter und einzigartiger Schilderer unserer Welt ist. In Moskau und London, Madrid und New York fragte er nach dem Sinn des Treibens. Sein Thema ist der Mensch hinter den Kulissen, die von Technik und Kitsch, dem Glanz der Metropolen und dem Schein der Ideologien verdeckte ursprüngliche Not und Todesfurcht (*Nach Rußland und anderswohin,* 1958; *Amerikafahrt,* 1959; *Reisen in Frankreich,* 1961). Manche Passagen, wie z. B. die über New York, zählen zu den besten Beispielen eines hochassoziativen, komprimierten Prosastils der Nachkriegsliteratur. Nur WALTER JENS konnte in seinem Griechenland-Reisebuch *Die Götter sind sterblich* (1959) eine ähnlich faszinierende Prosa für intellektuelle Leser schreiben.

ARNO SCHMIDT (geb. 1914 in Hamburg, ab 1928 in Schlesien, 1940—1946 Soldat, 1958 bis 1979 im Kreis Celle) hat wie Koeppen über ein Jahrzehnt auf einen größeren Leserkreis warten müssen. Manche Vorurteile gegen diesen salopp erscheinenden, doch höchst bewußten Einzelgänger der Nachkriegsprosa wären überflüssig gewesen, hätte man bedacht, was der Artillerieunteroffizier Arno Schmidt aus der NS-Zeit an Erkenntnissen, aufgestautem Wissen, Wut und Skepsis mit nach Hause brachte. Die Nazis hatten dem Rechenkünstler das Mathematikstudium versagt. Völlig irrsinnig muß dem Verehrer Wielands, Jean Pauls, Tiecks und der deutschen Expressionisten die geschmacklose Spießerumwelt und der Krieg Hitlers erschienen sein. Die ersten drei Erzählungen, die er, als schlesischer „Flüchtling" in die Westzonen verschlagen, gleich 1946 schrieb, stellen eine grausam-sinnlose Welt dar *(Leviathan):*

Der griechische Entdecker Pytheas von Massilia wird 52 Jahre lang gefangengehalten und glaubt im Fieberwahn, entflohen zu sein. Ein Schüler des Geographen Eratosthenes von Kyrene muß bei Vermessungen in der Wüste verdursten. Auch für den deutschen Soldaten an der Ostfront ist das Denken eine Zuflucht im Chaos.

Fast in allen Büchern Schmidts figuriert seitdem ein Wissenschaftler, ein Forscher, Archivar, Geometer, Astronom oder Statistiker, der die zersplitterte Welt vermißt. *Aus dem Leben eines Fauns* (1953) notiert Erinnerungsbilder vom Jahre 1939. Die Umwelt ist aus der Perspektive eines kleinen Angestellten eines Landratsamtes gesehen. „Mein Leben?!", heißt es da, „ist kein Kontinuum! (nicht bloß durch Tag und Nacht in weiße und schwarze Stücke gebrochen! Denn auch bei Tage ist bei mir der ein Anderer, der zur Bahn geht; im Amt sitzt; büchert; durch Haine stelzt; begattet; schwatzt; schreibt; Tausenddenker; auseinanderfallender Fächer; der rennt; raucht; kotet; radiohört; ‚Herr Landrat' sagt: that's me!): ein Tablett voll glitzernder snapshots. Kein Kontinuum, kein Kontinuum!: so rennt mein Leben, so die Erinnerungen . . ." Hier der banale Stumpfsinn des Alltags, dort die Welt der Erkenntnisse, der Bücher. Gleichwohl ist Arno Schmidt kein Ptolemäer im Sinne Benns (s. S. 345), seine Subjektivität ist zu aggressiv, die erotische Robustheit zu faunisch.

Schmidts „Romane“ und „Erzählungen“ haben nur einen dünnen Bindfaden von Handlung. Die zersplittert registrierte Außenwelt besteht aus aufgereihten Erfahrungsbruchstücken, Impressionen, Naturschilderungen, Redewendungen oder Gedanken, die ein streckenweise autobiographischer Ich-Erzähler zum Anlaß nimmt, Unwissenheit, Dumpfheit, Geschichtsfälschungen, Bürokratie und Militär zu attackieren; aus Vorgängen, die Schmidt Gelegenheit geben, seine Auffassung von Humanität und Kunst dagegenzusetzen. Der Slang, die tatsächliche Umgangssprache von Busfahrern, das Küchengeschwätz von Hausfrauen und Genörgel von kleinen Beamten, deren er sich meisterhaft bedient, sind gespickt mit Schmidts trockenem, analytischem Witz, mit provozierenden Metaphern und Wortclownerien. Landschaftliche Idyllen und zwischenmenschliche Sentimentalitäten werden von grotesk deformierten Metaphern zerrissen, die freilich zu sehr an die Grotesklyrik der frühen Expressionisten erinnern (s. S. 290). Doch die Entlarvung leerer Floskeln, des Geredeschutts, die realistische Direktheit, schnoddrige Vulgarität und bizarre Fantastik wiegen diese epigonalen Requisiten vollends auf. Schmidts aggressive Bitterkeit entlädt sich an der stumpfen Ignoranz seiner ländlichen und kleinbürgerlichen Umwelt (*Brands Haide*, 1951; *Das steinerne Herz*, 1956; *Die Umsiedler*, 1959) oder er persifliert das Zeitalter von einer atomar zerstörten Zukunftswelt her (*Schwarze Spiegel*, 1951; *Die Gelehrtenrepublik*, 1957; *Kaff auch Mare Crisium*, 1960). *Die Gelehrtenrepublik*, in der nach der Vernichtung ganzer Kontinente noch immer der stupide russisch-amerikanische Gegensatz weitergeht, läßt sich am besten als satirischer Science-fiction-Roman bezeichnen.

Ob Schmidts Prosa in der Lüneburger Heide, in hessischen Dörfern oder auf einer Autobahn die snapshots einfängt: die Zerfällung des Erlebniskontinuums in reflektierte Fragmente dient der sprachlichen Bewußtmachung. Denselben Zweck hat die phonetische Schreibung von Slang- und Fachwörtern und die ungewöhnliche Interpunktion, besonders aber Schmidts hartnäckiges positivistisches Bestehen auf Fakten, Daten, Zahlen und exakt eruierten historischen Zusammenhängen. Der wahrheitsbesessene Rationalist will sich von verfälschten Überlieferungen nichts vormachen lassen. Seine literaturhistorischen Arbeiten gehören deshalb untrennbar zum Gesamtwerk, sowohl der Intention wie der Methode nach: *Dya na sore. Gespräche in einer Bibliothek* (1958) mit Funkdialogen über Klopstock, Stifter und Karl Philipp Moritz; *Belphegor. Nachrichten von Büchern und Menschen*, 1961; *Die Ritter vom Geist. Von vergessenen Kollegen* (1965). In ihnen erweist er sich nicht nur als provozierender Geist, sondern auch als gründlicher Erforscher verdeckter Traditionen und fataler Entwicklungen, auch wenn es sich „nur“ um einen verstaubten Schinken des 18. Jahrunderts handelt, wie den die Heldenzucht des SS-Staats vorwegnehmenden Roman *Dya na sore* oder um die Wirkung Karl Mays (*Sitara und der Weg dorthin*, 1963) auf Generationen deutscher Leser.

Zettels Traum (1970), dem Umfang nach Schmidts Hauptwerk, ist nur exquisiten Poe-Kennern und Liebhabern Schmidtscher Sprachfantasien zugänglich. *(Die Schule der Atheisten*, 1972; *Abend mit Goldrand*, 1975)

LITERATUR:
s. S. 359; R. Bull *Bauformen des Erzählens bei A. Schmidt.* Bonn 1970
Text + Kritik Heft 20: *Arno Schmidt*

MARTIN WALSER (geb. 1927 in Wasserburg am Bodensee) hat sich nach einer Reihe von Hörspielen 1955 mit dem Band *Ein Flugzeug über dem Haus und andere Geschichten* als Stilist von Rang in die Nachkriegsliteratur eingeführt. Die scheiternden Helden dieser parabolischen Erzählungen — etwa ein Portier, ein Mechaniker, zumeist kleine Leute — sind der unüberschaubaren Welt anonymer Instanzen, dem Kollektivdruck und leerabsurden Betrieb nicht gewachsen. Die abstrakte Modellhaftigkeit der Figuren und Vorgänge ergibt sich aus der abstrakt gewordenen Wirklichkeit.

Ehen in Philippsburg (1957) vereinte vier selbständige Erzählungen zu einem Roman. In der ersten und wichtigsten macht ein junger Mann vom Lande Bekanntschaft mit der Hautevolee der Stadt, mit Ärzten, Intendanten, Industriellen und deren Damen. An ihren Ehen enthüllt sich ihm die bodenlose Tüchtigkeitsmoral der Erfolgreichen, die sich für die gute Gesellschaft der Bundesrepublik halten. Dieser neuarrangierten Gesellschaft der 50er Jahre gilt Walsers Mißtrauen (Aufsätze und Reden *Heimatkunde*). Der Roman *Halbzeit* (1960) führte die Gesellschaftskritik bewußter fort: ein Ich-Erzähler namens Anselm Kristlein arriviert zum Werbefachmann eines Großkonzerns. Der Riesenroman von 900 Seiten enthält kaum eine Handlung. Bei der fortgesetzten Anpassung, die Kristlein üben muß, um aufzusteigen, verschwimmen auch die Umrisse seiner Figur. Dafür entschädigt der Roman durch eine Fülle vortrefflicher Skizzen, psychologischer Beobachtungen und kleiner Satiren auf die Wohlstandsgesellschaft, die einem Feuilletonisten alle Ehre machen würden. Die zahlreich vorkommenden Personen verraten durch ihre Art zu reden von selbst die Rissigkeit ihres opportunistischen Scheindaseins. Gemessen am traditionellen Handlungsroman ist das Buch ein strukturloses Konglomerat, wobei sich am Detail immer wieder Walsers vielgerühmte sprachliche Bravourstücke entzünden. — In *Einhorn* (1966) hat der freie, marktabhängige Literat Kristlein für seine Verlegerin ein notwendig mißglückendes Buch über seine sexuellen Erlebnisse zu schreiben. Literatur ohne moralisch-politische Verantwortung gerät zu *Fiktion* (1970), zu Bewußtseinsfetzen und Sprachklischees. Einen Autor, der ohne Echo bleibt, befällt die *Gallistl'sche Krankheit* (1972), eine vage Sehnsucht nach sozialistischer Kameradschaft. In dieser Phase seiner Kapitalismuskritik trat Walser mehrmals bei DKP-Veranstaltungen auf und gab anklagende dokumentarische Berichte heraus (Wolfgang Werner *Vom Waisenhaus ins Zuchthaus;* Ursula Trauberg *Vorleben*). Der Roman *Jenseits der Liebe* (1976) setzte die Kritik an der Ellenbogengesellschaft fort. Doch erst mit dem auf den Umfang einer Novelle beschränkten Porträt der Opfer und Versager dieser Gesellschaft *Ein fliehendes Pferd* (1978) gewann Walsers Erzählkunst wieder größere Beachtung. (Aufsätze *Wie und wovon handelt Literatur,* 1973; seine Stücke s. S. 372).

LITERATUR:
Über Martin Walser. es 407 (1970)
H. Vormweg *Vier exemplarische Sackgassen* in: H. V. *Die Wörter und die Welt.* Neuwied 1968
s. a. S. 359

SIEGFRIED LENZ (geb. 1926 in Lyck, Ostpreußen, seit 1945 in Hamburg) kennt die Schwierigkeiten des Schreibens, die sich Martin Walser macht, kaum. Nur in ein paar Erzählungen ist die Gesellschaft der Nachkriegszeit direkt gegenwärtig (in den Prosabänden *Lehmanns Erzählungen oder So schön war mein Markt,* 1964; *Der Spielverderber,* 1965). Die meisten seiner Erzählungen und Romane könnten irgendwo spielen, wenn auch „die Motive von Flucht und Verfolgung, von Gleichgültigkeit, Empörung und verfehlter Lebensgründung" Erfahrungen unserer Generation betreffen. Aber sie sind in Fabeln aufgehoben, in Handlungen, Konflikte und Situationen umgesetzt, deren sachlich-herbe Schilderung ein Geflecht von Vorausdeutungen und inneren Bezügen durchzieht. Die Symbolkraft der realen Vorgänge erschließt sich häufig auf dem Hintergrund einer melancholischen Landschaft und des Meeres. Diese Konstruktion erlaubt es, auch die Themen der Erzählungen und Romane knapp anzugeben:

„Bisher", sagte Lenz 1964, „habe ich vier Romane geschrieben: Es waren *Habichte in der Luft* (die Geschichte einer Selbsterfahrung auf der Flucht); *Duell mit dem Schatten* (der Versuch eines Obersten, sich auf den alten Kriegsschauplätzen der Libyschen Wüste mit seiner Vergangenheit zu messen); *Der Mann im Strom* (ein sozialkritischer Versuch über das Altern im Beruf; dargestellt an einem zu alten Taucher und einem Wrack); *Brot und Spiele* (die Geschichte eines Langstreckenläufers, der seine sportlichen Siege mit Lebenssiegen verwechselt, der viele überrundet, nur an sich selbst nicht vorbeikommt). Ferner schrieb ich zwei Erzählbände *(Jäger des Spotts, Das Feuerschiff),* einen Zyklus masurischer Geschichten *(So zärtlich war Suleyken)* sowie ein Theaterstück *Zeit der Schuldlosen,* in dem ich versucht habe, die Bedingungen und Möglichkeiten der Schuldlosigkeit in einer politischen und moralischen Ausnahmesituation darzustellen."

Lenz ist eigentlich kein Gesellschaftskritiker. Direkte Satire und Aggressivität liegen seinem Temperament nicht. Nicht von ungefähr wurden seine masurischen Geschichten (*So zärtlich war Suleyken,* 1955) zu seinem beliebtesten Buch. Doch der liebenswürdige Humor, der da die Menschen seiner Heimat ein wenig zu sympathischen Käuzen und Schelmen verklärt, darf uns nicht übersehen lassen, wie ernst es diesem Fabulierer ist, sobald es um den Schuldzusammenhang der jüngsten Geschichte geht (*Stadtgespräch*, 1963; *Deutschstunde*, 1968; *Das Vorbild*, 1973; *Heimatmuseum*, 1978).

LITERATUR: s. S. 359

UWE JOHNSON, geb. 1934 in Pommern, ist in der Ära der Hitlerjugend und des DDR-Aufbaus aufgewachsen. Er schrieb seinen Roman *Mutmaßungen über Jakob* in der DDR, ehe er ihn 1959 nach Westberlin mitnahm. Der schwer lesbare, kompliziert komponierte Roman erregte sofort Aufsehen. Während bis dahin das Leben im geteilten Deutschland nur propagandistisch verzerrt oder bestenfalls, wie in ERICH KUBYS *das ist des Deutschen Vaterland* (1957), in Form kritischer Reportagen dargestellt worden war, machte Johnson die Wahrheitsfindung über Leben und Tod eines einfachen, redlichen DDR-Bürgers zum Problem seiner Erzählmethode, ja sogar seiner Syntax:

Wie läßt sich die Wahrheit über Jakob Abs, den DDR-Reichsbahninspektor, ermitteln, der zur Zeit des Ungarnaufstands und Suezbombardements nach Westdeutschland zu seiner Jugendfreundin, der Natosekretärin Gesine Cresspahl, geht, aber wieder zurückkehrt und beim Überschreiten der Gleise zwischen zwei Lokomotiven gerät und umkommt? Unfall oder Selbstmord eines Mannes, der „im Westen fremd und im Osten nicht mehr heimisch war"? Die Aufgabe, Jakobs wirkliche Biographie in einem von der Politik des Kalten Krieges beherrschten Deutschland festzustellen, machte den Roman verwirrend. Aus verschiedenen Perspektiven der Beteiligten, lückenhaften Berichten des Autors, anonymen Dialogen,Monologen und exakten Detailangaben werden Mutmaßungen zusammengetragen. Es bleiben Mutmaßungen und Meinungen. Nur was technisch funktioniert und die äußerlichsten Lebensumstände lassen sich in dieser Welt noch genau beschreiben. Aber sind heutzutage „der Staubstreifen hinter einem vorgerückten Schrank und ein nutzloser Nagel in einer leeren Wand und die alberne Traulichkeit eines Blumentopfes auf dem Fensterbrett eines ausgeräumten Zimmers noch verläßliche Nachrichten über eine Person?".

Wie der einzelne im Netz anonymer, abstrakter und ideologischer Schablonen sich und anderen verlorengeht, zeigt auch *Das dritte Buch über Achim* (1961):

Der Versuch des Hamburger Journalisten Karsch, im Auftrag eines ostdeutschen Verlags zu zwei bereits vorliegenden Biographien über Achim T., den gefeierten Radrennfahrer und Volkskammerabgeordneten, eine dritte menschlich ansprechende Biographie zu schreiben, mißlingt, weil Karsch und Achim die Vergangenheit ganz verschieden sehen. Privates und Öffentliches kommt nicht mehr zur Übereinstimmung.

Die Diskrepanz verrenkte auch Johnsons Satzbau. Im Bemühen, das Objektivierbare aus den verunsicherten Perspektiven herauszuheben, entstanden z. B. Sätze folgender Art: „Danach ist zu erwähnen das Abrutschen der stürzenden Hand vom Zeichenbrett in den sinnlosen Blick auf verbauten Innenhof und Wachsoldaten, das blicklose Herangrübeln vergessener Erklärungen. Der jähe Schreck der Einsamkeit inmitten leise knirschender Zeichenmaschinen und unkenntlich gebeugter Rücken und unablässig bewegter Arme. Was ist ein Gesicht, dient es dem verläßlichen Ausdruck. Was wollen die, was will ich. Was bedeutet redseliges Wesen, ist es redselig der Parteinahme entgegen, mit welchem Inhalt ist eine Pause zwischen zwei Sätzen gefüllt oder zu füllen. Er hatte die Verbindung mit den Genossen verloren ..."

Johnsons nächstes Buch *Zwei Ansichten* (1965) kehrte zum traditionellen Roman zurück und erzählte in Klartext von einer vagen, kaum begonnenen, durch den Mauerbau vereitelten Liebe zwischen B., einem alkoholanfälligen westdeutschen Pressefotografen, und D., einer blonden, naiven Potsdamer Krankenschwester. Auch ohne die Mauer wären sich der westdeutsche Sportwagenfan und die nüchterne, gesunde Krankenschwester fremd. Die interessantesten Passagen des Romans sind die über die Westberliner Fluchthelfer und den Alltag in der DDR, den kein deutscher Autor vorher so genau dargestellt hat.

Im mecklenburgischen Jerichow und im New Yorker Alltag spielt Johnsons dritter, von Tag zu Tag erzählter Roman *Jahrestage. Aus dem Leben von Gesine Cresspahl* (1970 f.). Die Gesine der *Mutmaßungen* ist über Düsseldorf nach New York gelangt und gibt ihrem Autor Gelegenheit zu entlarvenden Rückblicken auf die pommersche Heimatidylle und ironischen Bemerkungen zur Weltlage.

LITERATUR:
Über Uwe Johnson. es 405 (1970)

Günter Grass (geb. 1927 in Danzig), durch seine skurrile Lyrik *(Die Vorzüge der Windhühner,* 1956; *Gleisdreieck,* 1960) und absurden Stücke (s. S. 373) nur wenigen bekannt, erregte mit dem Roman *Die Blechtrommel* 1959 Skandale, Bewunderung und literarisches Rätselraten. Mit der Ungeniertheit derberer Epochen durchbrach sein picaresker Roman alle Tabus und gab die schleimig-spießigen Mitläufer „großer Zeiten" dem Gelächter preis.

Vom ausgefallenen Blickpunkt Oskar Matzeraths, der aus Protest gegen die Erwachsenenexistenz im dritten Lebensjahr zu wachsen aufhört und auf seiner Kindertrommel den Takt der Zeit schlägt, wird der kuriose, makabre und faulige Hintergrund deutschen Spießerlebens von 1900 bis 1954 in 46 Kapiteln heraufbeschworen. Der mit einer atemberaubenden Kraft und Fülle geschriebene Roman spielt in der Kaschubei, im Danziger Kleinbürgertum, am Atlantikwall und im Düsseldorf der Nachkriegszeit. Mit unerbittlicher Schärfe sieht der zwerghafte Schelm Oskar die Fadenscheinigkeit kleinbürgerlicher Moral, den Kitsch der Gefühle, das süßliche Getue der Frommen, die nationalistischen Torheiten. Für die infantil-grausame Sehweise dieses Gauklers gibt es an den lächerlichen, komischen und häßlichen Spielen der Kinder und Erwachsenen keine Tabus. Seine unersättliche Kinderneugier riecht, schmeckt und betastet alle Dinge. Das Panoptikum schockierender Szenen, Genrebilder, Anekdoten und Porträts wird mit einer Erzählbesessenheit vorgeführt, die beinahe die glänzend verwandten Techniken der Vergrößerung, Verkleinerung, der Zeitlupe und grotesken Verselbständigung der Dinge überspült. Wie aus einem vergilbten Fotoalbum treten da kaschubische Bauern, Danziger Alltag, Polen und Juden, Gauleiter, SA-Männer, Soldaten, Nachkriegsfiguren und der ihnen zugehörige Krimskrams von Erlebnissen heraus. Die Physiognomie der Dinge zeigt ihre Grimasse. Die Sprache der einzelnen Kapitel wechselt von prallen Derbheiten zu ruhigeren Passagen, vom wilden Trommelrhythmus zu lyrischeren Partien. Oskar Matzerath verfügt über alle Register des Stils.

In einer beruhigten, gestrafften Diktion erzählt der Sekretär eines Kolpinghauses die tragische Geschichte seines ehemaligen Danziger Mitschülers Joachim Mahlke (*Katz und Maus,* Novelle, 1961), dem ein übergroßer Adamsapfel, Zeichen verfrühter Männlichkeit, in der Zeit der Ritterkreuze zum Verhängnis wird.

Buchumschlag zu *Die Blechtrommel* von Günter Grass

Die Novelle vom „Großen Mahlke" ist eine ziemlich geradlinige herbe Erzählung. Im Vergleich dazu bereitet die dreifache Erzählperspektive des Romans *Hundejahre* (1963) dem Leser beträchtliche Schwierigkeiten, bis er die zentrale Allegorik des Romans erkennt.

Der Titel Hundejahre meint die auf den Hund gekommene Geschichte der Nazizeit und die Restaurationserscheinungen beim Aufbau der Bundesrepublik sowie die Geschichte von Hitlers Schäferhund Prinz, der von einer Sippe litauisch-pruzzischer Wolfshunde abstammt. Wie diese Hundesippe aus dunkler, heidnischer Vorzeit kommt, ehe ein Exemplar über den Hundestall des Danziger Tischlermeisters Liebenau zum Lieblingstier des Führers wird, so steigen aus dem Hades der Vergangenheit auch die Sagen, Legenden und Schemen einer von der Erinnerung vergoldeten und verfälschten Geschichte empor. Diese „Vogelscheuchen" werden von der Firma Brauxel in der Bundesrepublik in Großproduktion hergestellt. Zum Jubiläum der Firma soll eine Festschrift geschrieben werden. Den ersten Teil schreibt Brauxel, ein sentimental Deutschland liebender Halbjude, der seine Jugendjahre bei Danzig und seine Erfahrungen im 3. Reich versöhnlich im Chronikstil darstellt. Den zweiten Teil schreibt der Sohn des Tischlermeisters, Harry Liebenau. In seinen fingierten Liebesbriefen an das einstige BDM-Luderchen Tulla erzählt er verharmlosend naiv vom Führerhund, der HJ und den Jugendjahren in Danzig. Den dritten Teil schreibt Brauxels Jugendfreund Matern, der sich als radikaler „Idealist“ vom Kommunisten zum SA-Mann, Marienverehrer und Heidegger-Nachbeter wandelt und nach dem Krieg als fragwürdiger Antifaschist rächend durch Deutschland zieht. Jeder der drei ist ein Halbkünstler: Brauxel, der Vogelscheuchenfabrikant, Harry Liebenau, der Kinderfunkredakteur eines bundesdeutschen Senders, und die Schauspielernatur Matern.

Der wesentliche Aspekt des Romans ist die Entdämonisierung des 3. Reiches, die Reduzierung des Geschichtspathos auf alberne und gräßliche Trivialitäten und die Entmythologisierung des Wirtschaftswunders. Dieser Konzeption entspricht es, daß Legenden, Sagen, Lyrik, Kinderreime, Parodien und zeitgeschichtliche Figuren wie Augstein, Benn und Heidegger und Politiker wie Adenauer darin ihren Platz haben. Zahllose Exkurse, Anekdoten, komische Idyllen und schaurige Einfälle ranken sich um die Erinnerungen der drei Beiträger der Festschrift.

Ob ein Roman von solcher Fülle — Grass bekennt sich dankbar zu der futuristischen Komponente in den Romanen seines Lehrers Alfred Döblin —, ob dieses Pandämonium eines deutschen Alpdrucks überhaupt in einer strafferen Komposition geschrieben sein könnte, ist fraglich. Die „Formlosigkeit“ entspricht der Vieldeutigkeit des allegorischen Zentralmotivs und dem unentwirrbaren Durcheinander skurriler, abstoßender, banaler und blutiger Szenen, dem Panoptikum, als das sich große Geschichte darstellt, sobald sie vom Nimbus und den „Vogelscheuchen“ propagandistischer Beschönigung befreit ist. Mit seinen Techniken, Satiren, Andeutungen, Wortspielen, Parodien und halbwirklichen Fantastereien ist der von den Weichselniederungen der Vorkriegszeit bis in die Anfänge der Bundesrepublik reichende Roman ein bedeutender epischer Versuch, die Wirklichkeit hinter den zeitgeschichtlichen Kulissen zur Sprache zu bringen.

Die *Hundejahre* erteilen dem abstrakten „Idealismus“ Walter Materns eine Absage. Das Schauspiel *Die Plebejer proben den Aufstand* (1965) wählte den Künstler Brecht als Beispiel eines ästhetisch-abstrakten Marxisten, der angesichts des konkreten Arbeiteraufstands von 1953 in Ostberlin versagt, weil ihn die szenisch nicht geordneten Aktionen der Arbeiter bei seinen Probearbeiten am *Coriolan* stören. Die abstrakt-leeren Protestgesten der vom Vietnamkrieg beunruhigten Jugend kritisierte Grass in dem Theaterstück *Davor* und dem inhaltlich damit identischen Roman *Örtlich betäubt* (1969).

In dieser Abneigung gegen Ismen und absolute Forderungen wurzelte auch Grass' Engagement für die SPD (*Aus dem Tagebuch einer Schnecke*, 1972) und die Art, wie er den Feminismus im Roman *Der Butt* (1977) an Danziger Geschichten illustriert.

LITERATUR:

Einzelautoren in: Hefte *text + kritik;* edition suhrkamp *Über . . .* :

G. Uhlig *Reihe Autor, Werk, Kritik*

D. Weber (Hg.) *Deutsche Literatur der Gegenwart.* Band I, ³1976

H. Kunisch *Nymphenburger Lexikon der deutschen Gegenwartsliteratur*, hg. v. H. Wiesner, 1978

R. H. Thomas/Wilfried van der Will *Der deutsche Roman und die Wohlstandsgesellschaft. Gaiser, Koeppen, Böll, Grass, Johnson.* Kohlhammer, Sprache und Literatur, Bd. 52

Interpretationen in: *Handbuch zur modernen Literatur im Deutschunterricht.* Hirschgraben Verlag, Nr. 333, ⁶1975

Die Gruppe 47

In einer „Literatur ohne Hauptstadt“ konnte die Gruppe 47 über zwei Jahrzehnte hindurch eine wichtige Aufgabe erfüllen. Der Ursprung dieses losen Zusammenschlusses von Schriftstellern war politisch-publizistischer Natur. Er entstand, als die Mitarbeiter der kurzlebigen Nachkriegszeitschrift *Der Ruf* 1947 wegen ihrer Kritik an der amerikanischen Besatzungspolitik die publizistische Tätigkeit einstellen mußten und ALFRED ANDERSCH, HANS WERNER RICHTER, WALTER KOLBENHOFF u. a. sich in die Literatur abgedrängt sahen. Sofern die Gruppe eine Gesamttendenz hatte, war es „eine Art kritischer Realismus“ (Böll) gegenüber der Vergangenheit und die Sehnsucht nach „einem neuen Anfang und nach einer Regeneration des gesamten deutschen gesellschaftlichen Lebens" (H. W. Richter). Im übrigen hielt die als linke Clique heftig befehdete Gruppe gerade darum so lange zusammen, weil sie die Individualitäten gewähren ließ.

Von Hans Werner Richter (Romane *Spuren im Sand,* 1953; *Du sollst nicht töten,* 1955; Erinnerungen *Blinder Alarm,* 1970, u. a.) selbstlos und umsichtig geleitet, bestand die Gruppe hauptsächlich aus ihren jährlichen Tagungen. Auf ihnen hatten noch unbekannte Talente Gelegenheit, sich mit Textproben der Kritik zu stellen und Verbindungen zu Verlegern anzuknüpfen. Ein Großteil deutscher Autoren nahm im Laufe der Jahre an diesen Zusammenkünften teil. Der *Almanach der Gruppe 47* führte schon im Jahre 1962 an die hundert Autoren auf, von denen viele, wie Grass, Bobrowski, Martin Walser, Eich, Krolow oder Uwe Johnson für die Nachkriegsliteratur repräsentativ wurden, während andere wie z. B. WOLFGANG HILDESHEIMER mit seinem Roman *Tynset* (1965), KLAUS RÖHLER (*Die Würde der Nacht,* Erzählungen, 1958), PAUL SCHALLÜCK (*Engelbert Reineke,* Roman, 1959), ERNST SCHNABEL (*Der sechste Gesang, Roman um Odysseus,* 1956), VIGOLEIS THELEN (*Der schwarze Herr Bassetup,* Roman, 1956) oder RUTH REHMANN (*Illusionen,* Roman, 1959) nur kleinere Leserkreise erreichten.

Eine Aufzählung aller Autoren bis zu den jüngsten wie Uwe Brandner, Peter Bichsel, Jürgen Becker, Renate Rasp und Helga Novak könnte den Eindruck erwecken, die deutsche Literatur unserer Zeit sei ausschließlich durch die Gruppe 47 repräsentiert gewesen. Diesen Anspruch hat sie nie erhoben, obschon an ihren Tagungen wiederholt auch so bekannte Kritiker teilnahmen wie RUDOLF LEONHARDT *(Der Sündenfall der Germanistik,* 1959), HANS MAYER *(Studien zur deutschen Literaturgeschichte,* 1954, *Deutsche Literatur und Weltliteratur,* 1957, *Von Lessing bis Thomas Mann,* 1957, *Ansichten,* 1962), WALTER JENS *(Statt einer Literaturgeschichte,* 1957, *Deutsche Literatur der Gegenwart,* 1961) und MARCEL REICH-RANICKI *(Deutsche Literatur in WEST und OST,* 1966, *Literatur der kleinen Schritte,* 1967, *Die Ungeliebten — Sieben Emigranten,* 1968). Ein Hauptverdienst der Gruppe war, daß sie auch Autoren der DDR, Österreichs und der Schweiz zu ihren Tagungen einlud. Sie löste sich auf, als die nachdrängende Generation zur Zeit des Vietnamkriegs und der Studentenunruhen mit fiktiver „schöner Literatur" nichts mehr anzufangen wußte und direkte Agitation forderte (Agitationslyrik, Straßentheater, Umfunktionierung des Theaters, s. S. 394).

LITERATUR:
Almanach der Gruppe 47, 1947—1962. Hg. v. Werner Richter. RP 14 (1962)
F. Trommler *Der Nullpunkt und seine Verbindlichkeit für die Literaturgeschichte.* in: Jahrbuch *Basis* 1, 1970
Die Gruppe 47. Bericht, Kritik, Polemik; hg. v. R. Lettau. Neuwied 1967

2. Die Entwicklung in der DDR

Nach 1945 genoß die Literatur der sowjetisch besetzten Zone **internationales Ansehen,** weil bekannte kommunistische Autoren aus dem Exil dorthin zurückkehrten oder, wie der Literaturhistoriker Hans Mayer und Stefan Heym, in die DDR übersiedelten. Bert Brecht, Anna Seghers, Johannes R. Becher, der Dramatiker Friedrich Wolf (gest. 1953), Arnold Zweig, Stephan Hermlin, Peter Huchel und der 1950 aus Südamerika zurückkehrende Lyriker Erich Arendt schienen für eine lebendige Verbindung zur Weimarer Zeit und zur nicht-stalinistischen Welt zu bürgen. Aber abgesehen von reinen Tendenzautoren wie Erich Weinert (gest. 1955), Willi Bredel (gest. 1964, Romane u. a. *Ein neues Kapitel, Maschinenfabrik N. & K., Der Eigentumsparagraph*) oder Hans Marchwitza (gest. 1965) wurde kein Heimkehrer des Lebens in dem neuen Staat wirklich froh. Wenn es darauf ankam, gaben nicht sie die Marschrichtung an, sondern die SED-Funktionäre, die noch heute vom Manuskript bis zu Buchhandel, Presse und Film die literarische Produktion kontrollieren.

Brecht übte listig Verstellung, Anna Seghers paßte sich schließlich an, Johannes R. Becher schwor bei manchen inneren Vorbehalten seinen Erwartungen im Exil ab (*Poetische Konfession,* 1953; *Das poetische Prinzip,* 1957) und huldigte Walter Ulbricht. Ludwig Renn (1889—1979, eigentlich Arnold Vieth v. Golssenau), ein adeliger Offizier, der 1928 zur Roten Front fand und durch sein Kriegsbuch *Der Krieg* bekannt geworden war, veröffentlichte nur noch Erinnerungen (Kaiserzeit, Inflation, Spanischer Krieg) und zwei unbedeutende Romane. Mit der hysterischen Marktschreierei, durch die sich nach dem 17. Juni 1953 der Nationalpreisträger Kuba (Kurt Barthel) hervortat, konnten die ernsthaften Autoren nicht wetteifern.

Stefan Heym (geb. 1913 in Chemnitz) brachte aus dem amerikanischen Exil sein Buch *Kreuzfahrer von heute* (1948) nach München mit. 1952 (Koreakrieg) verzichtete er auf sein amerikanisches Offizierspatent, ging nach Ostberlin und wandte sich am 17. Juni gegen die rebellierenden Arbeiter. Doch spätestens seit *Schatten und Licht* (1960), „Geschichten aus einem geteilten Land", wurde der freiheitsliebende Sozialist ein unbequemer Autor. Der Roman *Die Papiere des Andreas Lenz* (1963) handelt vom mißlungenen badischen Aufstand von 1849 (vgl. *5 Tage im Juni*, 1974, nur in der Bundesrepublik erschienen). Die *Lassalle*-Biographie (1969), die Dissidentenverteidigung in *Die Schmähschrift — Königin gegen Defoe* (1970) und der Roman *König David Bericht* (1972) fordern an geschichtlichen Beispielen die ausstehende Freiheit ein.

Stephan Hermlin (geb. 1915 in Chemnitz), seit seiner Jugend Kommunist, kehrte 1945 nach wechselvollen Emigrationsjahren nach Frankfurt/M. zurück und lebt seit 1947 in Ostberlin. Seine ersten Gedichtbände *Wir verstummen nicht* (1945), *Zweiundzwanzig Balladen* (1947) verrieten noch den Einfluß französischer Surrealisten, denen er in der Widerstandsbewegung begegnet war. Durch Nachdichtungen von Eluard, Pablo Neruda, Nazim Hikmet und Attila Jószef versuchte er vergebens, die moderne revolutionäre Lyrik in der DDR heimisch zu machen. Seine an Kleist und Camus geschulten Erzählungen *Die Zeit der Gemeinsamkeit* (1950) und die Verse des Bandes *Der Flug der Taube* zeichneten sich durch Formgefühl und eine bisweilen dekorative Sprache aus:

> Es heißt im Norden und Süden:
> Wir treiben den Krieg davon!
> Die lange das Glück gemieden,
> Die Völker erlernen den Frieden
> Wie eine schwere Lektion.

Hermlin war vom Aufruhr der Arbeiter am 17. Juni enttäuscht und verurteilte ihn als faschistischen Putsch unbelehrbarer deutscher Kleinbürger (Erzählung *Die Kommandeuse*, 1954). Aber da Hermlins Haltung und Sprache dem Geschmack der Kulturfunktionäre nicht entsprachen, wurde er selbst auch immer häufiger kritisiert, so daß er 1963 freiwillig als Sekretär der Akademie für Sprache und Dichtung zurücktrat und seither nur noch wenig, vor allem Reportagen und Übersetzungen, veröffentlichte (Essays *Begegnungen 1954 bis 1959*, 1960; Gedichte *Die Städte*, 1966).

Auch Erich Arendt (geb. 1903 in Neuruppin, 1936—39 Teilnehmer am Spanischen Bürgerkrieg, Emigrant in Kolumbien) hat in den letzten Jahren nur noch wenig eigene Lyrik veröffentlicht (*Der Zeiten Wende*, 1950; *Trug doch die Nacht den Albatros*, 1951; *Gesang der sieben Inseln*, 1957; *Flugoden*, 1959; *Ägäis*, 1967). Arendt ist ein vorbildlicher Nachdichter der Lyrik Pablo Nerudas, Rafael Albertis und Aleixandres, die auch seine eigenen Gedichte beeinflußt haben:

> Dunkles Wehen
> der Netze
> und der Nachtvogel schreit.
> Leer ist, vom Dunkel gefegt,
> die schwarze Tenne der Sterne.
> Der Mund des Lichts
> verschloß sich der Welt.

Unter dem Titel *Zeitsaum* erschienen 1978 Arendts neueste Gedichte bei Agora, desgleichen das Arendt-Kompendium *Der zerstückte Traum*. (Zu Peter Huchel s. S. 332)

Die bornierte **Reglementierung der Kunst** und die jahrelang geradezu sklavisch betriebene Nachahmung der russischen Kulturpolitik hat dem Kommunismus der DDR außerordentlich geschadet. Eine große Anzahl Schriftsteller ging in den Westen: Von den älteren z. B. Ricarda Huch, Theodor Plivier, Hermann Kasack (zuletzt *Wasserzeichen. Neue Gedichte,* 1964), Alfred Kantorowitz (*Deutsches Tagebuch,* 1964); von den jüngeren HORST BIENEK (geb. 1930 in Gleiwitz), er war 1951 aus politischen Gründen verhaftet worden und mußte vier Jahre im Zwangsarbeitslager Workuta verbringen (*Traumbuch eines Gefangenen,* 1957; *Nachtstücke.* Erzählungen, 1959; *Die Zelle,* Roman, 1968; *Bakunin, eine Invention,* 1970); GERHARD ZWERENZ (geb. 1925 in Gablenz/Vogtland; u. a. *Die Liebe der toten Männer,* 1959; *Ärgernisse. Von der Maas bis an die Memel,* 1961), Uwe Johnson, Heinar Kipphardt, CHRISTA REINIG (geb. 1926 in Berlin, *Der Traum meiner Verkommenheit,* 1961; *Drei Schiffe. Erzählungen, Dialoge, Berichte,* 1965) und MANFRED BIELER (geb. 1934 in Zerbst/Anhalt; u. a. *Der junge Roth.* Erzählungen, 1968; *Maria Morzek oder das Kaninchen bin ich,* 1969).

In der kurzen Periode des **Tauwetters** von 1953 bis 1956 — nach Ilja Ehrenburgs Roman *Tauwetter* benannt — übten auch Brecht und J. R. Becher heftige Kritik an der sturen Auslegung der Doktrin des sozialistischen Realismus. Aber der Raum für freies Denken blieb weiterhin so eng, daß sich schließlich sogar prominente Marxisten wie der Philosoph ERNST BLOCH (Bloch war nie SED-Mitglied; Hauptwerk: *Das Prinzip Hoffnung,* 1959; *Literarische Aufsätze,* 1965) und der Literaturhistoriker HANS MAYER (s. S. 360) nach dem Westen absetzten.

Von der großen Schar junger Lyriker, die im Tauwetter mit höchst kritischen Versen hervortraten, muß vor allem GÜNTER KUNERT (geb. 1929 in Berlin) erwähnt werden (s. S. 409). Seine Gedichtbände seit 1954 ergeben eine kontinuierliche existenzielle Biographie. Kunert hat sich inzwischen auch mit Prosa einen Namen gemacht (*Im Namen der Hüte.* Roman, 1967; *Kramen in Fächern. Geschichten, Parabeln, Merkmale,* 1968). Zu den bedeutendsten Lyrikern gehörte der leider früh verstorbene JOHANNES BOBROWSKI (1917—1965). Er war in Tilsit geboren und machte in seinen Gedichtbänden *Sarmatische Zeit* (1961), *Schattenland Ströme* (1962) und in den Erzählwerken *Levins Mühle* (1964), *Litauische Claviere* (1966) die östlichen Landschaften zur Topographie seiner Dichtung (s. S. 386). Eine faszinierende Gestalt ist WOLF BIERMANN (geb. 1936 in Hamburg). Als Sohn eines im 3. Reich ermordeten Kommunisten ging er 1953 nach Ostberlin, wo er die in Deutschland seltene Tradition des politisch-satirischen Bänkelsängers fortsetzte (s. Walter Mehring). Er trug seine Lieder zur Gitarre vor. Für seine oppositionellen Verse fand er in der DDR keinen Verlag, sie erschienen 1965/68 im Westberliner Wagenbach-Verlag (s. S. 391).

Sogar ausgemachte Parteischriftsteller wie ERWIN STRITTMATTER (geb. 1912 in Spremberg, 1959 Erster Sekretär des Deutschen Schriftstellerverbandes DDR) liegen nicht immer ganz genau auf der Linie.

Ole Bienkopp, der Titelheld von Strittmatters drittem und bekanntestem Roman (1963), ist wie der Moritz Tassow von Peter Hacks ein utopischer, den Parteidirektiven vorauseilender Kommunist. Nach der Bodenreform von 1954 will er auch gleich die soziale Ungleichheit der Bauern überwinden und gründet als Einzelgänger eine Kolchose. Dabei stößt er mit den Funktionären zusammen. Er wird später rehabilitiert und sogar als leuchtendes Vorbild gefeiert, stirbt jedoch zum Schluß den Erschöpfungstod in einer Frostnacht in den Mergelwiesen, nachdem es mit dem Ablieferungssoll des Kreises nicht geklappt hatte, seine Entenzucht abgeschlachtet wurde und die Kühe in den parteiamtlich empfohlenen offenen Rinderställen krepierten.

Ole Bienkopp konnte als Opfer der Übergangszeit gerechtfertigt werden. Die Autoren harter Kriegsromane wie Harry Thürk oder Karl Mundstock mußten sich dagegen Neigung zum Pazifismus vorwerfen lassen. Der aus eigenen Erfahrungen in Widerstand und Haft hervorgegangene Roman vom KZ Buchenwald *Nackt unter Wölfen* (1958) von Bruno Apitz ist mit Recht ein Bestseller geworden.

Als literarischer Mißerfolg erwies sich die von Ulbricht auf der **Bitterfelder Konferenz** von 1959 ins Leben gerufene „Bewegung des schreibenden Arbeiters". Ihre Losung hieß: „Greif zur Feder, Kumpel!" Was dabei herauskam, war keineswegs die „neue sozialistische Nationalkultur", sondern lediglich eine Anzahl recht langweiliger Industrieromane. Produkte eines staatlich verordneten Optimismus, die auch dadurch nicht wertvoller werden, daß der neue Staat und die Germanistik der DDR ernsthaft bemüht sind, durch Rückgriff auf den Sturm und Drang, die Klassik und die Literatur des Jungen Deutschland eine geistige Tradition zu schaffen. Um so auffälliger ist das Mißverhältnis zwischen jenen spontanen Freiheitsbestrebungen der Vergangenheit und dem öden Doktrinarismus der DDR-Gegenwart.

Seit 1963 wirkten sich die Westintegration der Bundesrepublik, der Mauerbau und das zunehmende Staatsbewußtsein der DDR-Bürger auch in der Literatur aus. Die Autoren akzeptieren den Staat, in dem sie aufgewachsen sind, betrachten die Gesellschaft, in der sie leben, im Sinne der Parteiideologie und versuchen von dieser Basis aus, Kritik an Einzelerscheinungen zu üben. Die Protagonisten dieser **Reformliteratur** sind jüngere, von der SED erzogene Intellektuelle. ERIK NEUTSCH z. B., ein Arbeitersohn, stellte in seinem Roman *Spur der Steine,* 1964, sehr freimütig und realistisch die verfehlten Wirtschaftspläne und die Weisheit der Partei in Frage. BRIGITTE REIMANN (*Die Geschwister,* 1963) und CHRISTA WOLF (*Der geteilte Himmel,* 1963) erteilten in ihren Erzählungen der Republikflucht eine Absage.

In Christa Wolfs recht differenziertem Buch ist der Chemiker Dr. Manfred Herfurth, ein skeptischer Angehöriger der Kriegsgeneration, nach Westberlin geflohen. Die Behörden hatten seine Erfindung einer neuen Spinnmaschine abgelehnt. Rita Seidel, seine zehn Jahre jüngere Verlobte, eine Lehrerstudentin, besucht ihn. Er will sie überreden zu bleiben. Doch der Westen ist für sie eine fremde Welt, nach manchem Schwanken kehrt sie zu den Arbeitskameraden der Waggonfabrik zurück, in der sie während der Ferien arbeitet.

Erinnerung und Gegenwart verschränken sich in der Erzählung. Rita, die Ezählerin, liegt in den Wochen nach dem 13. August im Krankenhaus; während sie sich von einem Unfall erholt, überwindet sie auch den seelischen Zusammenbruch, die Folge ihrer enttäuschten Liebe, und gewinnt neues Vertrauen in die Zukunft.

Diese Perspektive auf die bessere Gegenwart und schönere Zukunft hat auch HERMANN KANTS Roman *Die Aula,* 1965:

Der Journalist Robert Iswall, ehemaliger Student der Greifswalder Arbeiter- und Bauernfakultät, forscht für eine Festrede nach, was aus seinen Studienkameraden seit 1952 in der DDR und, soweit sie nach Westen gingen, in der Bundesrepublik geworden ist. Trotz mancher Aufbaukrankheiten ist die Bilanz für die DDR positiv.

Da die verschiedenen Geschichten und Episoden gut und teilweise mit ironischer Distanz erzählt sind, fand der Roman auch in der Bundesrepublik Beachtung. Die SED war des Lobes voll; sie sah keinen Grund, das Buch monatelang durch eine Diskussion ins rechte Licht rücken zu lassen oder es gar totzuschweigen, wie z. B. FRITZ RUDOLF FRIES' Roman *Der Weg nach Oobliadooh,* der vorerst nur in Westdeutschland erschien (1966). Fries träumte allzu deutlich von einer Utopie des angenehmen und freien Lebens. Die Hauptfiguren, zwei Jazzfans aus Leipzig, suchen ihr Glücksland innerer Freiheit im Irrenhaus.

FRANZ FÜHMANN (geb. 1922 in Rochlitz/Sudetenland) hat sich nur vorübergehend im Sinne des Bitterfelder Weges an DDR-Themen versucht und wandte sich rasch wieder in Erzählungen und Novellen der NS-Vergangenheit zu (*König Ödipus.* Gesammelte Erzählungen, 1966; *Die Elite.* Erzählungen, 1970; *Böhmen am Meer.* Novelle, 1962). Am bekanntesten wurden bei uns seine Erzählungen *Das Judenauto* (1962).

Ein hoffnungsvolles Zeichen neu erwachender Subjektivität war 1968 CHRISTA WOLFS zweiter Roman *Nachdenken über Christa T.,* in dem die Ich-Erzählerin nach T.s frühem Tod aus Briefen, dichterischen Versuchen und Erinnerungen behutsam ihr scheues Wesen am Rande der Gesellschaft evoziert. Die Lehrerin T. liebte Theodor Storm. Auf Goethes Werther stößt zufällig in einer Laubenkolonie in Lichterfelde der junge Ausreißer Edgar W., seine Liebesgeschichte mit der Kindergärtnerin Charlie *Die neuen Leiden des jungen W.* (1972) erzählt ULRICH PLENZDORF (geb. 1934) in saloppem Blue Jeans-Stil. Während sich JUREK BECKER (geb. 1937 in Lodz) mit gespenstischem Humor von seiner Kinderzeit im Getto freischrieb (*Jakob der Lügner,* 1970), Christa Wolf in *Kindheitsmuster* (1975) den Bedingungen tagtäglicher Roheit nachspürte, griff VOLKER BRAUN mit Leidenschaft in seiner *Unvollendeten Geschichte* (1975) die Funktionärsmentalität an. (Dramatiker in der DDR: S. 376)

Es macht den DDR-Schriftstellern alle Ehre, daß manche von ihnen nach der Biermann-Ausweisung 1977 ihr Land verließen (Sarah Kirsch, Joachim Schädlich, Reiner Kunze, Thomas Brasch), andere wie Christa Wolf, Günter Kunert, Stefan Heym und Franz Fühmann dem VIII. Schriftstellerkongreß fernblieben oder wie Stephan Hermlin die offene Kritik nicht scheuen.

LITERATUR:
Frank Trommler *Sozialistische Literatur in Deutschland.* Kröner 1976
Fritz J. Raddatz *Traditionen und Tendenzen — Materialien zur Literatur der DDR.* 1971
Kunisch (Hg.) *Nymphenburger Lexikon der deutschen Gegenwartsliteratur.* 1978
Anthologien in: W. Brettschneider *Zwischen literarischer Autonomie und Staatsdienst.* 1972, S. 303 ff.
Hohendahl/Herminghouse (Hg.) *Literatur und Literaturtheorie in der DDR.* Frankfurt 1976

3. Das Drama: Museum und Experiment

a) Die allgemeine Situation

Das literarische Drama nimmt in der Gegenwart nur einen sehr geringen Raum ein. Showbusiness, Film und Fernsehen haben ihm längst den Rang abgelaufen. Öffentliche Subventionen, Abonnementvereine, die Verpflichtung zur Aufführung von Dramen aus dem Repertoire und die Rezensionen in den Feuilletons der großen Tageszeitungen halten den Schein aufrecht, das Theater sei noch immer ein Forum des Kulturstaates. In Wahrheit nimmt nur ein Bruchteil der Bevölkerung am aktuellen Theatergeschehen teil.

Niemand ist sich über diese Lage mehr im klaren als die Intendanten, Regisseure und Schauspieler selbst. Dazu kommt, in Deutschland seit Wedekind, eine Erscheinung, die man ohne Einschränkung als Mißverständnis zwischen dem Publikum und dem Werk moderner Autoren bezeichnen muß. Beide bewegen sich auf recht verschiedenen Bewußtseinsebenen. Wenn es in früheren Jahrzehnten deshalb noch häufig zu Skandalen kam, so ist bei neueren Stücken die Empörung des Publikums einem höflich-befangenen Applaus gewichen. Nur wo Szenerie und Vorgänge einigermaßen realistisch erscheinen, vollzieht sich noch eine wenigstens äußerliche Identifizierung mit den Bühnenvorgängen.

Was man die „permanente Theaterkrise“ nennt, hat freilich noch andere Gründe. Die hocharbeitsteilige Gesellschaft ist inzwischen so abstrakt geworden, daß lebenswichtige Entscheidungen, wie sie in der Politik gefällt werden, kaum mehr anschaulich auf der engen Bühne darzustellen sind. Die Methode der realistischen Abschilderung versagt angesichts einer in zahllose Bezugssysteme aufgelösten Wirklichkeit. Diesem Mißverhältnis konnte auch die technische Revolution der Bühne nicht abhelfen (s. Erwin Piscator S. 320). Außerdem ist unsere Gesellschaft räumlich und zeitlich nach allen Richtungen hin völlig offen. Im Prinzip können daher Stücke aller Nationen, aller augenblicklichen und historischen Stile gespielt werden. Dies ergibt ein museales Nebeneinander, das ebenso als Fülle wie als Bezuglosigkeit empfunden werden kann. Ein Nebeneinander von Lebensgefühlen, Weltanschauungen, Epochen, Kulturen und Experimenten.

Ganz verschiedene Dramaturgien liegen miteinander im Wettstreit. In der deutschen Theatergeschichte wurde dies zuerst sichtbar, als Wedekind mit dem idealistischen Kunstkanon brach und auf Elemente des Zirkus und Kabaretts zurückgriff. Zum bloßen Wortdrama der Klassiker kam durch Gerhart Hauptmann dann das Mimische, die Sprachgestik. Mimik und Wort im Kontrast und die Übertreibung erstarrter Sprache erzeugten Groteske und Satire (Sternheim, Karl Kraus), ein Gegeneinanderausspielen verschiedener Ausdrucksebenen. Mehr und mehr wurde die Bühne auch ein Ort „inneren Lebens“, das sich eigentlich in den Seelen, im Vorbewußten, im Traum abspielte (schon bei Ibsen und Strindberg), bis die Expressionisten vollends mit ihren Visionen die Illusionsbühne sprengten. Die Verlagerung auf ein „inneres Geschehen“ schränkte auch die Handlung ein. Sie verlor an Bedeutung, die Fabel des Stücks war nicht mehr um ihrer selbst willen da; sie wurde reflektiert und durch das Dazwischentreten eines „Erzählers“ kommentiert, auf „epische Distanz“ gerückt. Aktion und Reflexion traten auseinander. Die Bühne wurde zum Ort des „Zeigens". Mit der Handlung im alten Sinn verlor aber auch der „Held" an Bedeutung. Er ist passiv, Objekt der Umwelt (schon in Büchners *Woyzeck* und in naturalistischen Dramen). Er wird zum Gegenstand der vom Autor angestellten Betrachtungen (wie in Pirandellos exemplarischem *Sechs Personen suchen einen Autor*, 1921), oder er wird überhaupt in zwei Teile geteilt, wie Shen Te und Shui Ta in Brechts *Sezuan*. Dabei verliert auch die alte Dramenregel an Gültigkeit, wonach dem Helden ein Gegenspieler gegenüber zu stehen habe. Immer häufiger wird der Konflikt ins Individuum verlegt.

Die Sprache, d. h. die aus Spezialjargons, Schlagwörtern und Schablonen zusammengesetzte Umgangssprache der Gegenwart, erweist sich als eines der größten Probleme. So kommt es, daß einige Dramatiker, wie Lorca, Claudel, Fry, eine hochpoetische, lyrische Sprache verwendeten, während andere, vor allem Amerikaner wie O'Neill und Tennessee Williams, dem Slang überraschende Wirkungen abgewannen. Brecht operierte verfremdend mit mehreren Sprachschichten. Beckett und Ionesco stellten in abstrusen Scheindialogen das hohle, kommunikationsunfähige Gerede des heutigen Jedermann bloß, nachdem schon seit Wedekind die Personen aneinander vorbeiredeten. Für das absurde Theater sind überhaupt Bild und Mimus von größerer Bedeutung als die Sprache.

Wie verschieden moderne Dramatiker die Aufgabe des Theaters verstehen, kann bereits eine knappe Gegenüberstellung zeigen:

Elmer Rice: „Ich glaube, daß es keine Übertreibung ist, wenn ich sage, daß die Theorie Freuds die Vorstellungen des Menschen von sich selbst genau so radikal geändert hat, wie jene von Darwin und Marx ... Moralische Werte sind illusorisch: eine Maske der wahren Amoralität unseres Wesens ... Die Helden des Dramas von heute — wenn man sie Helden nennen kann — sind verwirrte Geschöpfe, die in einem Wirrsal der Selbsttäuschung, des Mitleids mit sich selbst und der Machtlosigkeit der Umwelt gegenüber umhertappen ..."

Brecht: „Die heutige Welt ist den heutigen Menschen nur beschreibbar, wenn sie als eine veränderbare Welt beschrieben wird ... Voraussetzung (dafür) ist, daß Bühne und Zuschauerraum von allem Magischen gesäubert werden ..."

Artaud: „Psychologisches Theater ist unzulängliche Psychologie ... Ideologisches Theater ist gehaltlose Philosophie. Um sich vom Alltäglichen, den Gewohnheiten, der geistigen Trägheit wegreißen zu können, braucht man oft energische Schocks ... Die Groteske und die Karikatur sind radikal zu verstärken ... Keine Salonkomödien mehr, sondern Farcen und äußerste parodistische Übertreibung ... Rückkehr zum Unerträglichen."

Sartre: „Wir leben in einer Zeit der Mystifikationen ... Jedenfalls beruht die soziale Ordnung heute ebenso auf einer Mystifikation der Gewissen wie die soziale Unordnung ... Wenn wir uns darüber keine Rechenschaft geben würden, könnten wir unsere Arbeit nicht anständig und ohne Aggressivität verrichten. Da der Schriftsteller sich an die Freiheit seines Publikums wendet und jedes mystifizierte Gewissen, solange es mit der Mystifikation, die es an die Kette legt, einverstanden ist, in seinem Zustand zu beharren sucht, können wir die Literatur nur schützen, wenn wir es uns zur Aufgabe machen, unser Publikum zu entmystifizieren. Eben deshalb ist es die Pflicht des Schriftstellers, gegen alle Ungerechtigkeiten Partei zu ergreifen, woher diese auch kommen mögen."

Ionesco: „Die geschichtliche Veränderung geht langsam vor sich ... Wenn sich an dem, was ich zu machen versucht habe, trotz allem etwas ablesen läßt, so an bestimmten Werken die Entlarvung der Hohlheit, der Leere und der Irrealität der Ideologien. Vielleicht haben wir das Ende der Ideologien festgestellt. Der Ideologien von rechts, der Ideologien von links und der der Mitte. ...

Ich will eine Schildkröte auf der Bühne erscheinen lassen, sie in ein Rennpferd verwandeln, dieses in einen Hut, ein Lied, einen Kürassier, ein Quellwasser ... Man mag dem Autor vorwerfen, er verfahre willkürlich: sicher, das Theater ist der Ort, an dem man die Möglichkeit hat, willkürlich zu verfahren. In Wirklichkeit ist das keine Willkür. Die Einbildungskraft ist nicht willkürlich, sie ist offenbarend ... ich für mein Teil habe mir vorgenommen, keine anderen Gesetze gelten zu lassen als die meiner Einbildungskraft; und daß die Einbildungskraft Gesetze hat, ist ein neuer Beweis dafür, daß sie letzten Endes doch nicht willkürlich ist."

Handke: „Was mich beunruhigt, ist nicht, daß (von Brecht in seinen Stücken) das marxistische Modell als Lösung genannt wird, sondern, daß es im S p i e l als Lösung genannt wird ... das ist so ähnlich falsch und unwahr wie Sprechchöre für die Freiheit

Vietnams oder gegen die Anwesenheit der Amerikaner in Vietnam, wenn diese Sprechchöre auf dem Theater vor sich gehen ... Das Theater als gesellschaftliche Einrichtung scheint mir unbrauchbar für eine Änderung gesellschaftlicher Einrichtungen. Das Theater formalisiert jede Bewegung, jede Bedeutungslosigkeit, jedes Wort, jedes Schweigen: es taugt nicht zu Lösungsvorschlägen, höchstens für ein Spiel mit Widersprüchen."

LITERATUR:
P. Szondi *Theorie des modernen Dramas.* es 27
S. Melchinger *Drama zwischen Shaw und Brecht.* Bremen 1963
M. Kesting *Das epische Theater.* Urban 36
M. Esslin *Das Theater des Absurden.* rde 234—36
Peter Brook *Der leere Raum. Möglichkeiten des heutigen Theaters.* Aus dem Englischen v. W. Hasenclever. Hamburg 1969; dtv 5429

b) Nach 1945

Das 3. Reich hatte keine Dramen von irgendeiner Bedeutung hervorgebracht. Die nationalsozialistische Bewegung stellte sich in den Riesenschauspielen der Reichsparteitage dar, mit dem Führer als einzigem Akteur. Volkstänze der Jugend, Trachtengruppen und bisweilen auch „Thingspiele" umrahmten das Totaltheater der Diktatur. Auf den Bühnen der Staats- und Stadttheater wurde das traditionelle Repertoire „gepflegt".

Als der Krieg zu Ende war, blieb der erwartete Zustrom von Werken aus. Es gab kaum Stücke der inneren Emigration. Wolfgang Borcherts Heimkehrerstück *Draußen vor der Tür* war 1947 ein Einzelfall. Außerdem waren viele Bühnen zerstört und die Ensembles in alle Winde zerstreut. Während man in Ausweichräumen und Garagen wieder den Spielbetrieb aufnahm, kamen jahrelang fast alle Anregungen aus dem Ausland: aus Frankreich die Résistance-Dramen Sartres, die älteren katholischen Stücke Claudels, Giraudoux' antike Mythen in modernem Gewand; aus USA die Stücke O'Neills, Elmer Rice' und Arthur Millers, aus Spanien das poetische Theater des dort verbotenen F. G. Lorca, aus England zuerst die Dramen von T. S. Eliot, dann die von Christopher Fry. Bis 1965 waren es überwiegend ausländische Werke — die Dramen des absurden Theaters aus Paris, die Stücke der Zornigen Jungen Männer aus England oder zuletzt das amerikanische Living Theatre — die auf deutschen Bühnen gespielt wurden.

Von der großen Ausnahme Brecht abgesehen, der 1949 in Ostberlin sein Ensemble gründete (*Die Tage der Kommune,* 1949; *Die Verurteilung des Lukullus,* 1950; *Der Hofmeister,* 1951; *Turandot,* 1953) und durch seine Regisseurtätigkeit und theoretische Arbeit (*Schriften zum Theater,* 1957) bis vor kurzem die Versuche jüngerer Autoren beeinflußt hat, fehlte es beinahe völlig an neueren deutschen Stücken.

1946 setzte GÜNTHER WEISENBORN, er war im 3. Reich zu Zuchthaus verurteilt und mit Brecht befreundet, den Kameraden der Widerstandsbewegung mit dem Drama *Die Illegalen* ein Denkmal. Er schrieb 1949 die *Ballade vom Eulenspiegel, vom Federle und der dicken Pompanne,* worin Eulenspiegel als der mit List und Witz für die Ausgebeuteten kämpfende Rebell vielleicht seine ursprüngliche Bedeutung zurückerhielt.

Überlegenheit über den pathetischen Geschichtsrummel bewies der feine Erzähler ERNST PENZOLDT (1892—1955) 1946 mit der Komödie *Die verlorenen Schuhe.* Ein Graf Schlabrendorf entgeht nur darum der Exekution während der französischen Revolution, weil ihm seine Schuhe abhanden kommen. Auch in seinen weiteren, kaum aufgeführten Stücken *Der gläserne Storch* (1952), *Squirrel oder der Ernst des Lebens* (1954) entzauberte Penzoldt graziös das Ungeistig-Fantasielose, das ihm für die Brutalitäten der Epoche verantwortlich schien.

Auf geringes Verständnis stieß 1949 ERICH KÄSTNERS *Schule der Diktatoren.* Das Drama stellte ein Volk dar, das vor lauter Führerbegeisterung sogar dem Double eines Diktators zujubelt. Das Stück nahm manche kabarettistisch-grotesken Züge der späteren Dramen Dürrenmatts vorweg.

Auch HANS HENNY JAHNNS elementar-symbolisches Drama *Armut, Reichtum, Mensch und Tier* traf 1948 auf ein höchst verlegenes Publikum. Kein aus dem Expressionismus hervorgegangener Dichter hat sich so wie Jahnn mit der Verwüstung der Schöpfung durch den modernen Menschen abgequält. Der bedeutende Dichter blieb bis zu seinem Tod ein unverstandener Außenseiter, obgleich sich Gustaf Gründgens für sein Werk einsetzte und 1955 in Hamburg auch die Tragödie *Thomas Chatterton* aufführte. Jahnn kämpfte nach seiner Rückkehr aus der Emigration leidenschaftlich gegen die atomare Rüstung. In dem Drama *Die Trümmer des Gewissens* (1961 erst nach seinem Tode aufgeführt) ermannt sich ein Physiker, einen eiskalt mit Menschenleben rechnenden Politiker zu töten. Jahnns entschiedener Nonkonformismus und die Schwierigkeit seines Werks haben bisher die allgemeine Anerkennung seiner ungewöhnlichen dichterischen Potenz verhindert (s. S. 301).

Dagegen hatte Fritz Hochwälder (geb. 1911 in Wien, 1938 in die Schweiz emigriert) lange Jahre große Erfolge, weil er sich an die traditionelle Stoffdarbietung hielt und manchmal für seine humanitäre Absicht auch reißerische Effekte nicht verschmähte (*Das heilige Experiment,* 1944, *Der öffentliche Ankläger,* 1948, *Donadieu,* 1953, *Der Unschuldige,* 1958).

c) Zwei Schweizer Dramatiker: Frisch und Dürrenmatt

Ist es Zufall, daß die zwei bedeutendsten Dramatiker nach dem Inferno des Naziregimes aus der deutschsprachigen Schweiz kamen? Eine Antwort darauf finden wir in Max Frischs *Tagebuch* von 1946—1949, dem Tagebuch eines engagierten Individualisten, worin sich das heruntergekommene Europa spiegelt — Paris und Warschau, Berlin und das KZ Theresienstadt. Es ist das Tagebuch eines Architekten, Journalisten und Dramatikers, eines kritischen Humanisten, dem Kunst nicht eine ästhetische Ausflucht ist, der sich vielmehr auch politisch mitverantwortlich fühlt und darum, vom einzelnen ausgehend, nach der Ursache der Zerstörung fragt, nüchtern, ohne Pathos. Neben Frisch der Sohn eines bernischen Landpfarrers: Friedrich Dürrenmatt, aus einer Familie, die streitbar am Gemeinwesen teilgenommen hat, ein von der Bibel und den Propheten geprägter Protestant, der den Widerspruch zur Zeit nicht fürchtet und sich und die Welt unter dem Gericht weiß. Ihr gemeinsamer Hintergrund: ein Land, bieder und eng, aber auch Europa im kleinen, freier von den ideologischen Verkrampfungen und dem Katzenjammer Nachkriegsdeutschlands. Exil für viele deutsche Schriftsteller in der braunen Ära, von wo aus man geängstet, anteilnehmend und objektiver auf das Schreckenstheater jenseits der Grenze sehen konnte und wo in deutscher Sprache noch Stücke gespielt wurden, die „drüben“ verboten waren.

Max Frisch (geb. 1911) hat für seine **Romane** *Stiller* (1954) und *Homo Faber* (1957) die Form von Tagebuchaufzeichnungen, Bericht und Beichte gewählt. Denn in beiden geht es um eine Rechenschaft über die Rollen, die einer im Leben spielt, die er sich wählt oder erträumt, und um die Frage, wieweit er sich in diesen Rollen verfehlt, erkennt oder verwirklicht. Unsere Erfahrung „will sich lesbar machen“, darum erfindet jeder ein Bild, eine Geschichte von sich, seine Rolle. „Anders bekommen wir unser Erlebnismuster, unsere Erfahrung nicht zu Gesicht.“

Der Bildhauer Stiller ist, unfähig, „sich selbst anzunehmen“, aus der Schweiz geflohen; er kehrt mit falschem Paß in sein Geburtsland zurück, um als anderer Mensch anzufangen. Aber Behörden und Bekannte kennen nur das fixe Bild, das sie sich von ihm gemacht haben. Umsonst beteuert er immer wieder: „Ich bin nicht Stiller“. Aber auch die tiefere Identität seiner Person läßt keinen Rollenwechsel aus freier Wahl zu. Er versagt erneut und zerstört seine Frau, während daneben ein anderes Ehepaar wieder zueinander findet.

Auch der Ingenieur in *Homo Faber* reflektiert schließlich über seine Rolle. Als Techniker und Tatsachenmensch unermüdlich tätig, ohne Bedürfnis nach Kunst, Religion und dauernder Liebe, baute er in aller Welt Kraftwerke, machte die ihm unbekannte eigene Tochter zu seiner Geliebten und sieht sich plötzlich bei der Begegnung mit deren Mutter mit seiner verfehlten Lebensrolle konfrontiert. Ein Krebsverdacht wirft ihn aus der Bahn. Müde und verbraucht hat er zuletzt keine Zeit mehr zur Wandlung. Die Chirurgen kommen zu seiner Operation.

Im dritten Roman *Mein Name sei Gantenbein* (1964) hat „ein Mann seine Erfahrung gemacht, jetzt sucht er die Geschichte dazu“. Ein Autounfall hat sein Gesicht verstümmelt. Nach der Entlassung aus dem Krankenhaus entschließt er sich, sich als Blinder auszugeben, stellt sich vor, er heiße Gantenbein, und probiert „Geschichten wie Kleider“ an. Aber es sind eben doch nur fiktive Rollen, Spielexistenzen, die zwar bereichern, aber die Identität nicht ändern können.

Dem **Dramatiker** Frisch — er war mit Brecht befreundet und hat von Brechts epischem Theater gelernt — geht es um Wandlung durch Erkenntnis, um die Rollen und gefährlichen Leitbilder, die der heutige Mensch von sich hat.

Nun singen sie wieder (1945) war ein Requiem auf im Krieg von deutschen Truppen erschossene Geiseln. Singend gingen sie in den Tod. Ein Teil des Stückes spielt im Krieg, der andere in der Totenwelt, wo sich der Offizier des Erschießungskommandos, eine amerikanische Bomberbesatzung u. a. treffen. Die Toten müssen erkennen, daß die Überlebenden weiter an die Leitbilder der Macht glauben. Reue könnte die Wandlung herbeiführen.

Die Chinesische Mauer (1946) nannte Frisch eine Farce. Er bedient sich darin der Mittel der Verfremdung durch Zitate, des Auftretens eines „Heutigen" und historischer Figuren. Die Mauer ist das Sinnbild für jede Macht, die eine Wandlung verhindern will. Das in der Erschütterung über Hiroshima geschriebene Stück kreist um die Frage, wie die Verwendung der Atombombe durch einen verrückten Diktator verhindert werden könnte. Sicher nicht, solange unser europäisches Bewußtsein von veralteten Leitbildern eingenommen ist. Diese Leitbilder agieren als Masken im Hintergrund der Bühne, als Gestalten persönlichen Liebesglücks (Romeo und Julia), berechnenden Sex Appeals (Cleopatra), als der Typus des Pilatus, des Don Juan, des Tyrannenmörders Brutus, des religiösen Fanatikers Philipp von Spanien und des Eroberers Napoleon.

Als der Krieg zu Ende war (1949) ist ein im Berlin der Nachkriegszeit lokalisiertes Schauspiel, das an einem Einzelfall die Schuld eines deutschen Offiziers, seine Rolle bei der Judenvernichtung in Warschau, und die seiner Frau erörtert, die zu einem sympathischen russischen Besatzungsoberst Zuneigung empfindet.

Graf Öderland (1951, mehrmals umgearbeitet) zeigt die Rollenspaltung an einem Staatsanwalt. Eines Nachts wirft er die Akten über einen angeklagten Rebellen und Mörder ins Feuer, greift selbst zur Axt, geht in die Berge, entfesselt einen Aufstand, zögert aber beim Anblick der Machtübernahme und möchte alles nur als einen Traum ansehen.

In der ersten Fassung war das Stück deutlich ein Antikriegsstück und der Graf eher eine negative Figur. Wie Frisch auch immer diese politische Parabel verstanden wissen wollte, ein Staatsanwalt als Verbrecher ist ebenso typisch für pervertierte Moralbegriffe wie ein Menschenschlächter, der Mozart und Beethoven ästhetisch genießt. Wenn gar ein Volk, sagte er im Hinblick auf das 3. Reich, „sich einredet, es habe Kultur, weil es Sinfonien hat", wenn es zwischen Konzert und Straße, Alltag und Politik zu scheiden beginnt, dann kann es sein, daß der Biedermann den Brandstifter ins Haus läßt.

Biedermann und die Brandstifter (1957) ist ein Lehrstück über politische Arglosigkeit, die sich mitschuldig an Untaten macht. Der biedere Haarwasserfabrikant, der nur seinen Geschäften nachgeht, läßt, um nicht als ängstlicher Spießer zu erscheinen, die Brandstifter in sein Haus. Das Auftreten der Feuerwehrmänner als Travestie eines antiken Chors unterstreicht die parodistische Parabel.

Szene aus Max Frischs Drama *Andorra*, Aufführung der Städtischen Bühnen Frankfurt a. M. 1962

Andorra (1960), in 12 Bildern mit kommentierenden, aus der Bühnenhandlung heraustretenden Personen, ist ein Lehrstück gegen Kollektivurteile. Das Land Andorra trägt Züge der biederen Schweiz. Die Hauptperson Andri wird allgemein für ein jüdisches Findelkind gehalten, man dichtet ihm Eigenschaften an, die das Vorurteil den Juden zuschreibt. Andri wird so zum Anderen, Fremden gestempelt. Obschon sich zuletzt herausstellt, daß er nur der uneheliche Sohn des Dorfschullehrers ist, nimmt er sein Anderssein auf sich. Ausländische Soldaten, der deutschen SS nicht unähnlich, überfallen das Land, Andri wird ermordet.

So wie es in der Bibel heißt, der Mensch solle sich von Gott kein Bildnis machen, so verfehlen wir auch den Mitmenschen, das Geschöpf Gottes, wenn wir ihn mit einem falschen Bilde identifizieren, ihm eine Rolle aufzwingen. Denn gerade weil die heutige Wirklichkeit nicht leicht erfaßbar ist, dürfen wir uns und andere nicht durch fixe Bilder und starre Ideologien festlegen.

Don Juan oder die Liebe zur Geometrie (1953) ist eine heitere und fesselnde Komödie in 5 Akten. Doch dieser Don Juan ist kein Frauenheld, sondern der romantische und moderne Typus des einsamen Intellektuellen und Ästheten, sensibel, grazil, schwermütig. Er sehnt sich, angewidert von verlogenem Pathos, Krieg und Managerrummel, nach dem reinen Schönen der Geometrie, nach dem „Klaren, Lauteren, Durchsichtigen". Ein Geistmensch, den die Welt bedrängt und auch die Frauen, die für ihn „das Unheimlich-Widerliche der Tropen haben, etwas wie feuchte Sonne über einem Sumpf voll blühender Verwesung..." Er flieht in ein Kloster vor ihren Nachstellungen, und man glaubt, er sei zur Hölle gefahren. Tatsächlich lebt er aber unter der Fuchtel einer zur Herzogin gewordenen früheren Hetäre. Auch der Schöngeist kann dem Leben nicht in ein idealisiertes Bild seiner selbst entfliehen.

Friedrich Dürrenmatt, geb. 1921, ist seinem bedächtigeren Landsmann Frisch als Dramatiker voraus an Theaterphantasie, durch die Kühnheit, mit der er die Mittel des expressionistischen, Brechtschen und absurden Theaters verwendet, und durch sein unbequemes, angreifendes Temperament. Ein radikal pessimistischer Protestant von Haus aus, der sich keine billige Harmonisierung der unheilvollen Welt gestattet, macht er sich nichts über die brüchigen politisch-moralischen Zustände vor. Er scheut nicht das Kabarettistische, Kriminalstück und Opernhaftes, das Gruselige und schreiend Direkte und benutzt Allegorien, sogar die antike Tragödie zur Desillusionierung. Parodie ist ihm ein legitimes Mittel zur Attacke gegen den Geldteufel, den atomaren Machtwahn, die Staatsvergötzung, den Wohlstandstaumel und die Verspießerung. Er hat sich theoretisch mit Aristoteles' Lehre vom Drama, mit Shakespeare und den heutigen Aufgaben der Bühne auseinandergesetzt, hat die Mischung der Stilarten begründet und sichtbar von Brecht, Wedekind und Aristophanes gelernt.

„Ich schreibe", sagte er, „um das Absurde dieser Welt wissend, aber nicht verzweifelnd, denn wenn wir auch wenig Chancen haben, sie zu retten — es sei denn, Gott sei uns gnädig — bestehen können wir sie immer noch."

Wenn die Menschheit nicht endlich aus ihren gewohnten Bahnen herausspringt, wird der Zug in den Abgrund rasen (Erzählung *Der Tunnel*, 1952). Vieles, was juristisch in Ordnung sein mag, ist vom letzten Gericht her Schuld (Erzählung *Die Panne*, 1956). In einem tieferen Sinne können wir auch an einem Mord schuldig sein, den andere begehen (Hörspiel *Der Doppelgänger*, 1960). Die moderne Meinungsmache manipuliert die Werte, baut z. B. nationale Helden auf, hat aber kein Ohr für wirkliches Leid einzelner (Hörspiel *Stranitzky und der Nationalheld*, 1959). Aller bloße Kulturbetrieb blüht auf einem Mist, den selbst Herkules nicht wegräumen könnte (Hörspiel *Herkules und der Stall des Augias*, 1954). Kultur, die nur auf Luxus und Machtgewinn hinausläuft, wird — auch wenn sie sich mit Freiheitsfloskeln schmückt — den Griff nach der Kobaltbombe tun (Hörspiel *Das Unternehmen der Wega*, 1958), sie baut in ihrer Hybris einen babylonischen Turm (Komödie *Ein Engel kommt nach Babylon*, 1953).

Die Ehe des Herrn Mississippi (Drama 1952) ist eine bittere Satire auf den Absolutheitswahn, die Wurzel europäischer Totalitarismen in Staaten und Kirchen. Der Staatsanwalt Mississippi ist ein Pedant der Gerechtigkeit. Er hat schon 350 Todesurteile durchgebracht. Zur Sühne dafür, daß er seine ehebrüchige Frau ermordet hat, heiratet er Anastasia, ihrerseits eine Gattenmörderin. Der Absolutheitsdrang verkörpert sich ferner in einem kommunistischen Revolutionär als doktrinäre Gleichheitsidee, in einem dostojewskisch versoffenen Tropenarzt als mystisch gerechtfertigte Amoral der Christen und in der kompletten Dirne Anastasia. Ort der gleichzeitig realen und mit filmischen Rück-

Szene aus Friedrich Dürrenmatts Drama *Der Besuch der alten Dame,* Aufführung der Städtischen Bühnen Frankfurt 1962

blenden dargestellten Vorgänge ist „ein Zimmer in spätbürgerlicher Pracht und Vergänglichkeit, die zum Himmel stinken sollte".

Der Besuch der alten Dame (1956) fügte der grotesken Entlarvung des Totalitarismus die schauerliche Parodie auf die sittlich getarnte Macht des Kapitals hinzu. Eine reiche Amerikanerin, umgeben von ehemaligen Gangstern, besucht die Kleinstadt Güllen und fordert gegen eine Milliarde den Tod des Bürgers Ill, der sie einst verführt und sitzengelassen hat. Verlockt vom Geld, von der Aussicht auf ein kleines Wirtschaftswunder, fallen die Kleinstädter, Bürgermeister, Lehrer, Pfarrer, um. Sie opfern Ill der „Gerechtigkeit", damit „unsere Seelen nicht schaden leiden", wie der Bürgermeister vor Presse und Rundfunk erklärt.

Frank V. — Oper einer Privatbank (1959) mixt Songs mit grausam-kriminellen Szenen, um die Gangstermethoden zu entlarven, der eine Privatbank durch mehrere Generationen ihre Erfolge verdankt.

Dürrenmatt scheut, um der Gegenwart entsprechende Stücke zu schreiben, vor keiner Bizarrerie, keinem Schock zurück. In dem Stück *Die Physiker* (1962) ist die Entsprechung für unsere Atombombenwelt ein Irrenhaus. Weil die Forschungsergebnisse des Physikers Moebius die Welt auslöschen könnten, verbirgt dieser sich in einem Irrenhaus. Er spielt — Reflex des Wahnsinns draußen — verrückt. Dasselbe tun zwei andere Physiker. Doch nur, um Moebius für östliche und westliche Geheimdienste auszuhorchen. Die Pflegerinnen merken, daß ihre Pfleglinge normal sind. Deshalb werden sie ermordet, von Moebius aus Notwehr, von den beiden anderen aus Geheimdienstpflicht. Doch auch das hilft Moebius nicht. Die Irrenhausdirektorin, Leiterin eines Weltkonzerns, hat Moebius' Verstellung längst durchschaut und seine Forschungsergebnisse fotokopieren und auswerten lassen. Das böse Ende ist die Folge wahnsinniger Profitgier: „Die Welt ist in die Hände einer Irrenärztin gefallen." Eine Reihe skurriler Szenen wie der Abschied der Familie des Moebius und die banal irrwitzigen Ängste sind, obschon oder gerade weil sie an der Grenze zur Idiotie stehen, durchaus der Welt angemessen, von der der Atomphysiker sagt: „Nur im Irrenhaus dürfen wir noch denken. In der Freiheit sind unsere Gedanken Sprengstoff."

In zwei anderen Stücken haben Frisch und Dürrenmatt den Rückzug auf ihre privaten Probleme angetreten. Offenbar wollte Frisch von der Parabelform wegkommen, die unsere komplizierten politisch-moralischen Probleme nur ungenügend erhellt, als er in *Biografie* (1968) einen Verhaltensforscher namens Kürmann in Form von Theaterproben sein Leben durchexperimentieren ließ. Dieses Thema der fiktiven Lebensläufe hatte Frisch jedoch schon viel exakter und ansprechender in seinen Romanen behandelt.

Dürrenmatt griff in der makabren Farce seines *Meteor* (1964) ein persönliches und religiöses Problem auf.

In der zynischen, glaubenslosen Umwelt von heute darf ein gefeierter Nobelpreisträger nicht sterben. Zwei Akte lang steht er vom Tode wieder auf und ruiniert bösartig seine Umwelt. Ein umgekehrter Lazarus, bringt seine Auferstehung vom Tode keine Heilsgewißheit und keine Wandlung. Sie produziert vielmehr Herzinfarkte, Selbstmorde und Katastrophen. Der technisch-pragmatische Optimismus der Gegenwart kennt das Mysterium des Todes nicht mehr und kann daher auch nicht mehr an eine Auferstehung glauben.

Das an bösen Einfällen und zynischen Dialogen reiche Stück ist Dürrenmatts schärfste Auseinandersetzung mit den Tendenzen unserer Epoche.

LITERATUR:
H. Bänziger *Frisch und Dürrenmatt.* Bern [5]1967
M. Juergensen *M. Frisch: Die Dramen.* Bern 1968
H. Karasek *Max Frisch.* FD Bd. 17 = dtv 6817
Über Max Frisch. es 404 und es 852
J. Knopf *F. Dürrenmatt.* Beck, Autorenbücher 3
E. Brock-Sulzer *F. Dürrenmatt.* Zürich [2]1964
U. Jenny *Dürrenmatt.* FD Bd. 6 = dtv 6806

d) 1955—1970: Unbehagen in der Wohlstandsgesellschaft

HERBERT ASMODI (geb. 1923 in Heilbronn) hat seit 1954 die deutschen Bühnen mit einer Reihe von Stücken versorgt, die nur dem Anschein nach als absurdes Theater gelten können. Obschon sie nicht selten formal perfekt sind und wegen ihres recht allgemein gehaltenen Skeptizismus, ihrer flotten Zynik und makabren Einfälle eine verbreitete Mentalität ansprachen, sind sie in ihrer Machart doch eher geschickte Adaptionen des älteren Boulevardstückes, der bürgerlichen Gesellschaftskomödie und des mit Überraschungseffekten und Persiflagen gepfefferten Kriminalreißers. Asmodi verlegt seine Komödien gerne in die vornehme Umgebung großbürgerlicher Salons der Jahrhundertwende und läßt darin korrupte Geschäftemacher und Intriganten ihr kaltes elegantes Spiel treiben (*Pardon wird nicht gegeben,* Komödie, 1958). Oder er serviert frei nach englischen Kriminalklamotten die gruselige Mixtur eines Gentleman der high society, der zur Erweiterung seiner Sammlung griechischer Kunst nicht mit Zyankali und Menschenleichen spart (*Die Menschenfresser,* 1962). Eine zweifellos glänzende Persiflage menschlicher Infamien innerhalb der noblen Gesellschaft gelang Asmodi mit *Nachsaison,* 1959, einem Stück, das nicht nur wegen seines österreichischen Milieus und Dialekts neben Hofmannsthals vorzüglichste Komödien gestellt werden muß. Hier ist der Gegensatz zwischen äußerer Attitüde und korrumpierten Gefühlen, Noblesse und Gemeinheit von Szene zu Szene exakt vorgeführt. Dagegen dürfte die unwahrscheinliche *Mohrenwäsche* (1963) kaum einen neureichen Fabrikanten von Geschäften mit Afrika und Vorurteilen gegen Schwarze abhalten. Fraglich bleibt, wieweit Asmodi die bundesdeutsche Hautevolee wirklich traf, wenn er z. B. in *Stirb und Werde* (1965/66) die Arrivierten in ihren Jagdklubs und Villen Klassikersprüche im Munde führen ließ. Diese Satire mochte für die Zeit Sternheims stimmen, heute ist sie ein Klischee. Sie übersieht, daß verkommene Innerlichkeit schon längst nicht mehr ein Privileg der Oberschicht ist. Die Schwäche der von Asmodi in seine Stücke eingestreuten Attacken und aktuellen Anspielungen lag darin, daß er unbesehen die feine Gesellschaft von heute mit der vor dem ersten Weltkrieg gleichsetzt.

TANKRED DORST (geb. 1905 in Sonneberg/Thüringen) ist seit *Gesellschaft im Herbst* (1959) einer unserer eifrigsten Bühnenautoren. Er überraschte jedes Jahr das Publikum mit einem anderen Stilvorbild und Thema, ohne daß klar würde, worauf er hinauswill. Schon in dem ersten Stück war kaum auszumachen, ob es satirisch gemeint war. Was bedeutete es, daß ein Geldmagnat den Besitz einer bankrotten gräflichen Familie an sich bringt, indem er ihr vorgaukeln läßt, sie könne getrost verkaufen, weil im Schloßgarten ein Schatz verborgen sei? Was ist der Sinn der Marionettenhaftigkeit seiner Figuren? Eher deutbar war die leicht absurde Parabel *Die Kurve,* 1960: zwei böse Strolche bauen sich an der Autobahn ein romantisch-idyllisches Heim und machen ein abscheuliches Geschäft mit Autounfällen. Verbrechen, das sich biedermännisch tarnt. Mit der Parabel *Große Schmährede an der Stadtmauer* (1961) machte Dorst stilistische Anleihen bei Brecht. Dabei geriet die Paraphrase des bekannten chinesischen Stücks zu leicht, um als Drama gegen Krieg und Soldatenroheit zu überzeugen. In *Die Mohrin* (1964), wo es um die politische Verbindung und Trennung eines Liebespaares geht, glitt der Autor in kitschigste Volksromantik mit Schlössern, Prinzessinnen, Kerkern und deutschem Märchenwald ab. Einen nur geringen Ertrag an politischer Erkenntnis lieferte auch die offenbar auf Hitler gemünzte Groteske *Wittek geht um.* Interessanter war das an Hand von Dokumenten gearbeitete Stück *Toller* (1968). Das In- und Durcheinander zahlreicher öffentlicher und privater Szenen um den idealistischen Dichter-Revolutionär (s. S. 298) ließ sich in der Fernsehverfilmung transparenter darstellen als auf der viergeteilten Simultanbühne. Die revueartige Szenenmontage gab dem Ganzen expressionistische Hektik. Die Stilimitationen suggerierten historische Wirklichkeit und hoben diese gleichzeitig auf, so daß die politische Rhetorik Tollers und sein Scheitern zu einer individuellen Farce und die Revolution fast zu einer kabarettistischen Moritat wurde. Auch *Eiszeit* (1973) zeigte nur das Individuum, den versteinerten Dichter Hamsun, nicht den uneinsichtigen Quisling.

Martin Walsers (s. S. 355) kritischste Stücke gegen die Art, wie sich die bundesrepublikanische Gesellschaft nach dem 3. Reich wieder arrangiert hat, sind zweifellos seine scheinbar unpolitischen. In *Der Abstecher* (1961) funktioniert eine Kleinbürgerehe weiter, weil der Ehemann viel zu denkfaul ist, um über den ehemaligen Verführer seiner Frau, einen erfolgreichen Industriebonzen, Gericht zu halten. Dem Lokführer ist jedes Klassenbewußtsein abhanden gekommen. Beim gemeinsamen Bier sind die sozialen Gegensätze ausgelöscht. In *Zimmerschlacht* (1967) stabilisiert sich eine schlechte Ehe gerade durch ihren ermüdenden Kleinkrieg und die Selbstlügen der Partner. Ihre als Toleranz verstandene Schwäche trägt keinen Konflikt wirklich aus. In *Überlebensgroß Herr Krott* zeigen sich die Folgen einer Gesellschaft, die nach 1945 zu keiner sozialen Revolution fähig war. Der erfolgreiche Unternehmer Krott kann mit dem Gedanken kokettieren, endlich einmal expropriiert zu werden. Niemand würde es wagen. — Walsers Wunsch, wenigstens die jüngere Generation sollte sich der Nazi-Schuld offen und ohne Selbstmitleid stellen, kommt in *Der schwarze Schwan* (1964) zum Ausdruck. Das Hamlet-Problem von der Schuld der Vätergeneration und der Verwirrung der Söhne war dabei wohl zu allegorisch in die Gegenwart transponiert. An Allegorik litt vor allem Walsers erstes Stück *Eiche und Angora* (1962). In Brechtscher Bilderreihung demonstrierte es, wieviel wendiger sich Kreisleiter Gorbach der neuen Demokratie anpaßt als der kleine Alois, der weder im 3. Reich noch nachher die Klassenlage durchschaut.

Martin Walser machte die ausgebliebene soziale Revolution für den Geisteszustand der Bundesrepublik verantwortlich. Was die in den letzten zwei Jahrzehnten geschriebenen Theaterstücke angeht, muß man das Ausbleiben einer dramaturgischen Revolution konstatieren. Nur so ist der **epigonale Stil** vieler Dramen verständlich.

Hans Günther Michelsen (geb. 1920) zum Beispiel schrieb seine Dramen, als ob er ein Zeitgenosse Gerhart Hauptmanns wäre (*Stienz*, 1963; *Lappschieß*, 1964; *Drei Akte*, 1965; *Helm*, 1965; *Frau L.*, 1967). Dabei war sein Thema, die Gefangenschaft der Menschen in der Vergangenheit, durchaus von aktueller Bedeutung: etwa der Hauptmann des letzten Krieges, der sich in einem Trümmerkeller verkriecht, um seine Memoiren zu schreiben, aber nicht über den ersten Satz hinauskommt; oder die ehemaligen ganz gut über die Runden gekommenen Offiziere, auf die ihre Vergangenheit in Gestalt eines Kriegskrüppels rächend zurückkommt. Man muß diese halb naturalistischen, halb symbolischen Stücke mit den Dramen Becketts oder Ionescos vergleichen, um ihre Schwächen zu erkennen.

Der schlimmste Fall von Epigonentum waren Rolf Hochhuths (geb. 1931) vieldiskutierte Dramen *Der Stellvertreter* (1963) und *Soldaten* (1967). Hochhuths naive Annahme, Auschwitz und Dresden ließen sich mit Schillerpathos und durch Personifizierungen darstellen, war ein grobes Mißverständnis. Seine simple Einteilung in Gut und Böse, Helden und Opfer verkannte völlig die Bedeutung kollektiver Hysterien und technischer Apparaturen für die Entsetzlichkeiten unserer Zeit. Er baute seine Dramen, als ginge es noch um Kabinettspolitik des 18. Jahrhunderts und um die freie Entscheidung des Individuums im Sinne Kants und Schillers. Indem er Dokumente verwendete und beifügte, indem er diese in publikumswirksame Schillerdramaturgie goß, suggerierte er realistische Konflikte, während er in Wahrheit nur die primitive Illustriertenperspektive des kleinen Mannes auf das Privatleben der bösen Prominenz gab. Der Zuschauer kann sich beim Anblick des Papstes und Churchills völlig unschuldig fühlen. Nur die Großen oben bewirken das Unheil. In Hochhuths Jamben ist die komplexe Wirklichkeit geordnet. Die wirkliche Welt aber bleibt nach wie vor, wie sie schon für Kafka und Broch war. Hochhuth nahm von alldem, was die relevante Literatur, die moderne Massenpsychologie und das absurde Theater zur Erhellung geleistet haben, überhaupt keine Notiz.

Dokumente können nur Material für deutende Geschichtsschreibung oder Mittel des publizistischen Kampfes sein. Der Gefahr, die vielschichtige Realität auf die eine Dimension dokumentarischer „Fakten" zu reduzieren, entging auch das sogenannte **Dokumentarstück** nicht. Selbst dann nicht, wenn ein zuverlässiger Chronist wie HEINAR KIPPHARDT die tatsächlichen Verhörprotokolle im Fall des Atomphysikers Robert Oppenheimer zu spannenden Dialogen ordnete und das Paradigmatische dieses Loyalitätskonflikts herausarbeitete. (*In der Sache J. Robert Oppenheimer,* 1964.) Im Grunde wurde bei einer solchen Dokumentenverlesung auf der Bühne dem Theater nur eine Aufklärungsfunktion übertragen, die eigentlich Publizistik und Zeitgeschichtsschreibung wahrnehmen müssen. Das Dokumentartheater wollte das Defizit an Information wettmachen.

Daß der Wust von Akten, protokollierten Zeugenaussagen und Verhören nicht zureicht, scheint PETER WEISS gespürt zu haben, als er, vom Frankfurter Auschwitz-Prozeß erschüttert, 1964/65 *Die Ermittlung* schrieb. Da die brutalen Fakten der Vernichtungsmaschinerie so unartikuliert bleiben wie die Anordnungen der Behörden und die Sprache der Schergen und so stumm wie die toten Opfer, verwandelte Weiss den Prozeßbericht in ein *Oratorium in 11 Gesängen* mit Musik und freien Versen. Er gab ihm eine künstlerische Form und Ordnung, die das zugrunde liegende Geschehen nicht haben konnte. Die Monotonie der aufgezählten Greuel lähmte die dichterische Sprache; das danteske Inferno unserer Zeit verlor sich in aufgehäuften Untaten.

Das Dilemma des Dokumentartheaters ist, daß es sich nicht zwischen der Semantik der Protokolle und der deutenden poetischen Fiktion entscheiden kann. Einen Ausweg aus dem Dilemma fand erst das Neue Hörspiel, indem es sich auf die Collage von Zitaten beschränkte. Das Dokumentartheater entsprang dem Mißtrauen gegen Metaphorik, Parabeln und absurde Bilder. Ein Großteil jüngerer Autoren sieht darin nur poetische Formen der Einkleidung, Sublimierung und Eskapismus. So greift z. B. ein begabter junger Dramatiker wie MARTIN SPERR wieder auf das sozialkritische Milieustück der Naturalisten zurück und entlarvt, allerdings an Brecht geschult, an Jargons und Verhaltensweisen den Ungeist der Provinz (*Jagdszenen aus Niederbayern,* 1966; *Landshuter Erzählungen,* 1967).

Diese ersten zwei szenischen Milieuanalysen Sperrs waren vollauf gerechtfertigt, wenn man den geringen Ertrag des **absurden Theaters** in Deutschland bedenkt. Die Stücke von GÜNTER GRASS waren bestenfalls einfallsreiche Etüden mit absurden Einfällen (*Hochwasser; Die bösen Köche; Onkel, Onkel* u. a.). Sie haben nicht den kritischen Bezug etwa der Stücke polnischer Autoren oder die umfangreiche Bedeutung der Dramen eines Ionesco, Adamov oder Genet. WOLFGANG HILDESHEIMERS „Stücke, in denen es dunkel wird" haben keinen diagnostischen Wert. Sie wollen sogar bewußt aussagelos sein (*Landschaft mit Figuren, Die Uhren, Pastorale, Die Verspätung,* 1956—1961). Damit entschwindet jeder Bezug zu irgendeiner Realität; was bleibt, ist die ganz allgemeine Feststellung, daß das Leben an sich absurd, undurchdringlich und zufällig sei. Die Stücke entziehen sich ins Unverbindliche, was man von PETER WEISS' grotesken Moritaten, sofern man sie hierherzählen will, nicht behaupten kann. Nicht zufällig kehren die Folterszenen im trauten Heim *(Nacht mit Gästen),* in der Privatklinik Dr. Kübels *(Die Versicherung)* und die Torturspiele der Krankenschwestern *(Wie dem Herrn Mockinpott das Leiden ausgetrieben wird)* im Auschwitz-Oratorium *Die Ermittlung* und im *Marat*-Drama wieder. Die grausamen Schocks, die unwahrscheinlichen Greuel und der Irrsinn sind bei Weiss nicht Auswüchse einer Gruseldramatik oder einer hysterischen Dichterfantasie, sondern Bestandteile dessen, was man gemeinhin die Weltgeschichte nennt (s. S. 375).

LITERATUR:
Einzelporträts in: M. Kesting *Panorama des zeitgenössischen Theaters.* München 1969
K. H. Hilzinger *Die Dramaturgie des dokumentarischen Theaters.* Tübingen 1976
Kreuzer/Seibert (Hg.) *Deutsche Dramaturgie der Sechziger Jahre.* dtv WR 4259

e) Wohin mit dem Theater?

Anfang der 60er Jahre trat deutlich zutage: das Theater der Bundesrepublik befand sich in einer Sackgasse. Auch die komfortabelsten Theaterbauten konnten nicht den Mangel an Stücken verhehlen, die den Dramen von Beckett, Audiberti, Edward Albee oder Harold Pinter ebenbürtig gewesen wären. Es genügte nicht mehr, immer nur Brecht nachzueifern und ältere Stücke mit Hilfe des V-Effekts zu aktualisieren. Dem puren Mangel an neuen Stücken vermochten auch immer gewagtere Inszenierungen nicht abzuhelfen. Man gab dem saturierten Publikum und seiner „repressiven Toleranz" die Schuld. Happenings, politisches Straßentheater und das Dokumentartheater wollten das Publikum aus der Reserve locken. Als das nichts half, suchte man die Ursache bei der Institution Theater, in seiner finanziellen Abhängigkeit von den Staaten und Städten und bei der Abhängigkeit des Personals von Intendanten und Regisseuren. Während das amerikanische Living Theatre wenigstens wilden pseudokultischen Ritus und Mimus auf die Bretter brachte, diskutierte man bei uns im neuen Soziologenjargon an der künstlerischen Krise vorbei.

Der Gedanke lag nahe, das Theater dadurch attraktiver zu machen, daß man das Publikum einbezog. Aber Versuche dieser Art, wie etwa PAUL PÖRTNERS Kriminalstück *Scherenschnitt* (1963) — an Hand zweier Szenenversionen sollten die Zuschauer den Täter erraten —, hatten mit Kunst kaum mehr zu tun als ein abendfüllendes Fernsehquiz. Ähnliche Versuche der Ulmer Bühne erbrachten nur mehr oder minder triviale Reaktionstests und Unterhaltungsspiele. Wie zum Teil in der „konkreten Poesie" kam man über bloße Basteleien nicht hinaus.

In dieser desolaten Lage machten die sogenannten Sprechstücke des jungen Österreichers PETER HANDKE Furore. Seine *Publikumsbeschimpfung* (1966) überfiel die Zuschauer mit einem Hagel von Beleidigungen. Das heißt, Handke exemplifizierte in der Tat, was seit Pirandello und Meyerhold bekannt war: nämlich, daß Handlung und Fabel überholt seien, daß die Illusionsbühne das Publikum mystifiziere und das Gegenwartsbewußtsein ein Konglomerat aus Gemeinplätzen, Trivialitäten und Schlagwörtern sei (s. a. Wiener Gruppe S. 400). Handke formalisierte die Phrasen und Zitate zu einer Art ordinärer Litanei im Beat-Rhythmus, womit er im Prinzip gegen seine eigene anti-illusionistische Forderung verstieß.

Szene aus *Kaspar* von Peter Handke. Aufführung des Theaters am Turm, Frankfurt a. M. 1969

Im Sprechstück *Weissagung* (geschrieben 1964) wird am deutlichsten, wie Handke einen einzigen Grundeinfall pedantisch durchexerziert. Der Zuhörer durchschaut den Grundeinfall, durch einen simplen Sprachtrick Vergleiche und Metaphern ad absurdum zu führen — „das Espenlaub wird zittern wie Espenlaub" — sehr rasch und kann nur noch bewundern, mit welchem lexikalischen Eifer Handke den Sprachmüll zusammenscharrt. Diese leicht kopierbaren Wörtermontagen setzte Handke in *Hilferufe* und *Selbstbezichtigung* fort. *Selbstbezichtigung* wirkt heute wie eine Vorstudie zum *Kaspar:* ein rebellisches Individuum wird den Sprach- und Verhaltensnormen der Gesellschaft angepaßt.

Kaspar (1968), eines der interessantesten Stücke dieser Jahre, demonstrierte die Umweltaneignung und Abrichtung eines Menschen durch Sprache, durch Namen, Satzschablonen, Redensarten und Slogans, bis zu dem Punkt, wo sich Kaspar Hauser, ein isolierter Mensch, der auch ins expressionistische Theater gepaßt hätte (s. S. 296 f.), mit seiner standardisierten gesellschaftlichen Rolle identifiziert. Kaspar wird die Individualität ausgetrieben. Der Terror der Wörter-Umwelt macht ihn zum Mitläufer unter Mitläufern. Das Stück, oder vielmehr dieses abstrakte Modell einer Dressur, beschränkte sich auf Sprache als einzige Wirklichkeit. Die Umkehrung des Vorgangs, die vergeblichen tölpelhaften Auflehnungsversuche eines Knechts gegen seinen Herrn, führte Handke mit Hilfe einer sprachlosen Pantomime vor: *Das Mündel will Vormund sein* (1969).

Die Modelle Handkes schneiden aus der Gesamtheit der Dramenelemente jeweils einen Sektor heraus: Sprache bzw. Pantomimik. Wieviel mehr Dimensionen Theater haben kann, bewies 1964 das *Marat*-Drama von Peter Weiss. *Die Verfolgung und Ermordung Jean Paul Marats dargestellt durch die Schauspielgruppe des Hospizes Charenton unter Anleitung des Herrn de Sade* ist unbestritten das beste deutsche Theaterstück seit Kriegsende.

Peter Weiss (geb. 1916 bei Berlin, 1934 nach England, dann nach Schweden emigriert) hat im *Marat*-Drama alle modernen Stilmittel eingesetzt. Dagegen sind seine Surrealgrotesken (S. 373), das Angola-Agitationsstück *Gesang vom lusitanischen Popanz* und der *Viet Nam-Diskurs* (1967/68) künstlerisch von geringerer Bedeutung. Weiss hat in den Erinnerungsbüchern *Abschied von den Eltern* und *Fluchtpunkt* (1961/62) die Ängste der Kindheit und die Verbannung in die Sprachlosigkeit festgehalten; dem Emigranten wird im Exil die Sprache zum „Monolog im Vakuum". Er wird zum Ausgeschlossenen wie Marat in der Badewanne, *Trotzki im Exil* (1970) und *Hölderlin im Turm* (1971).

Dieses Erlebnis und die Angst- und Torturmotive, die in seinen Werken dominieren, scheinen zum Verständnis von Peter Weiss wichtig zu sein. Sie bestimmen auch die Erzählhaltung, die Weiss in seinem Mikroroman *Der Schatten des Körpers des Kutschers* (1960) einnahm: der Erzähler protokolliert da in endlosen, rhythmisch genau durchgehaltenen Sätzen, distanziert und übergenau, die banalen, rohen und obszönen Vorgänge in einem Miethaus, gleichsam als Demonstration des Ausgeschlossenseins von den nackten, sinnlosen Tatsachen. Es ist die Erzählhaltung einer bis zur Pedanterie getriebenen Objektivität gegenüber zwischenmenschlichen Vorgängen, die letztlich auf Grausamkeit und Unterwerfung hinauslaufen.

Daher war es nur konsequent, daß Weiss im *Marat*-Stück zwei Protagonisten moderner Gewalt konfrontierte: de Sade, den berüchtigten Fürsprecher individueller Gewalt über andere Individuen, und den sozialistischen Revolutionär Marat, der bereit war, „mit Beilen und Messern die Welt zu verändern".

Der imaginäre Disput findet im Irrenhaus statt. Die Rollen werden von Irren übernommen. Der in seiner Badewanne fiebernde Paranoiker Marat und der Leiter des Schauspiels, de Sade, wollen sich über das wilde Chaos der Kräfte klarwerden, die in der Revolution von 1789 zum Vorschein gekommen sind, und über die aus dieser bürgerlichen Revolution hervorgegangene Welt. Während Sade und Marat ihre Standpunkte erörtern, werden diese von dem revolutionären Geschehen illustriert. Gleichzeitig wird die Revolution vom Anstaltsleiter Coulmier, dem Fanatiker Roux und den Sängern des Proletariats

Szene aus *Die Verfolgung und Ermordung Jean Paul Marats, dargestellt durch die Schauspielgruppe des Hospizes zu Charenton unter Anleitung des Herrn de Sade* von Peter Weiss. Uraufführung im Schiller-Theater Berlin 1964

kommentiert, so daß sich zusammen mit den Diskussionen, Proklamationen, Reden, Parodien, Songs, Chören, Tänzen und Pantomimen eine Vielzahl von Perspektiven und Ebenen überschneiden. Die Welt der Politik erscheint als Irrenhaus pathologischer Kräfte. Doch diese totale, komplizierte, in der Fantasie Marats und de Sades aus der realen Geschichte in die Gegenwart des Spiels gerufene Wirklichkeit wird von Peter Weiss in jeder Einzelheit dramaturgisch und sprachlich beherrscht. Die Tragikomödie ist rational durchorganisiert, sie kommt ohne absurde Metaphorik aus. Stilistisch betrachtet ist sie ein großartiges Resümee aller modernen Bühnenmittel seit Büchner, Wedekind und Brecht. Weiss stellte sich der Gegenwart, indem er auch Brecht verarbeitete.

Von PETER HACKS dagegen gewann man zunächst den Eindruck, daß er Brecht nur nachahme und historische Bilderbogen marxistisch ausdeute (*Eröffnung des Indischen Zeitalters*, 1954; *Das Volksbuch vom Herzog Ernst*, 1956). Würde Brechts Vorbild nicht in allen Einzelheiten der Dramaturgie, beim Satzbau, in den Redewendungen und Songs durchschimmern, wäre *Die Schlacht von Lobositz* (1954) eine meisterhafte Komödie. Hacks, der auch sonst eine wohl etwas naive Vorstellung von der Bedeutung volkstümlicher Dichtung für unsere Zeit hat, verwendet hier die bösen Erfahrungen Ulrich Bräkers (S. 110) im Siebenjährigen Krieg. Das alte Preußen war ein Raubstaat, der das arme Volk zum Kriegsdienst preßte. In *Der Müller von Sanssouci* (1955) stellt sich die bekannte Anekdote J. P. Hebels als Erfindung und Eigenreklame des Alten Fritz heraus. Hacks, geb. 1928 in Breslau, ging 1955, als die Bundesrepublik der NATO beitrat, von München nach Ostberlin. Seine Neubearbeitung der Aristophanes-Komödie *Der Frieden* (1962) entsprach seiner radikalpazifistischen Überzeugung. Aber Überzeugungen, auch eine marxistische, lassen sich an älteren Stoffen oder mythischen Fabeln (*Amphitryon*, 1968; *Omphale*, 1970) leichter in Poesie aufheben als an Themen der Gegenwart. Gegen sein Stück über die Plansollerfüllung einer Brikettfabrik *Die Sorgen und die Macht* (1960) hatten die offiziellen Kunstrichter beträchtliche Einwände. An der Grenze systemimmanenter Kritik bewegte sich auch *Moritz Tassow* (1964).

Der Schweinehirt Tassow, der sich im Tausendjährigen Reich taubstumm stellte, findet 1945 die Sprache wieder, entpuppt sich als begeisterter Kommunist, verjagt den Gutsherrn des Dorfes Gargentin und führt gemeinsame Bewirtschaftung ein. Die neue Ordnung endet in anarchischem Chaos. Funktionär Blasche muß eingreifen. Eine Art Gegenrevolution der Großbauern wird vereitelt. Partei und Volk siegen zuletzt auf der ganzen Linie. Gespielt wird wie aus einem Bilderbuch: Schäferstündchen im volkseigenen Schloß, Rummelplatzmusik, die Eule Tut-Osel im Märchenwald, dralle Dorfdirnen, und die Bauern sprechen in Jamben.

Hacks intellektuelle Vorbehalte entspringen seinem Vorgriff auf die Utopie einer artistisch-heiteren poetischen Welt des vollendeten Sozialismus. Die normierte DDR-Gegenwart überschritt auch VOLKER BRAUN (S. 391) mit der anarchischen Baal-Figur *Kipper Paul Bauch* (1967). Auf illusionsloser Ehrlichkeit bestand HEINER MÜLLER in den brechtschen Kurzdramen *Der Lohndrücker* und *Die Korrektur* (1958). *Der Bau* (1965), nach einem Roman von Erik Neutsch (S. 363), wurde nicht aufgeführt. *Philoktet*, *Herakles 5* und *Ödipus Tyrann* sind in einer gewaltsamen Sprache heroisch-pessimistische Umformungen antiker Mythen, Entmythologisierungen des Fortschrittsglaubens, die sich auch auf den „Arbeiterstaat“ beziehen. Herakles, den Prototyp des Arbeiters, wählte auch der Berliner HARTMUT LANGE (geb. 1937) zu einer ironisch gemeinten Rechtfertigung Stalins (*Herakles*, 1967). Bevor Lange 1965 nach dem Westen ging, hatte er bereits parodistisch mit dem Stalinismus abgerechnet (*Der Hundsprozeß*, geschrieben 1964).

LITERATUR:
Paul Pörtner *Experiment Theater*. Zürich 1960
J. Becker u. W. Vostell *Happenings, Fluxus, Pop Art, Nouveau Réalisme*. 1965
Über Peter Weiss. es 408 — *Über Peter Handke*. es 518
H. Laube *Peter Hacks* dtv 6868
H. Klunker *Zeitstücke Zeitgenossen. Gegenwartstheater in der DDR*. dtv 1070
W. Schivelbusch *Sozialistisches Drama nach Brecht*. 1974 (Hacks, Müller, Lange)

4. Lyrik nach 1945

Du fliehst und streust
die verwirrten Namen der Dinge
hinter dich.
Vertrauen dieses schwerste ABC.

(Hilde Domin)

a) Auslaufende Traditionen und neue Muster

Der 2. Weltkrieg brachte viele vertraute Klänge auf der lyrischen Tonleiter endgültig zum Verstummen. Wie aus einer längst versunkenen Welt klangen nun Hofmannsthals zarte Traumsymbole in die brutale ernüchterte Gegenwart herüber. Erst recht konnte die neuromantische Gefühligkeit von Hesse bis Manfred Hausmann nicht mehr ansprechen. Rilkes viel nachgeahmte Preziositäten verwelkten, ein anderer Rilke — sein Ringen mit der Sprachkrise und die Weltangst des *Malte* — traten zutage. Den zahlreichen Adepten der Lyrik, die noch bis ins 3. Reich hinein der Priestergebärde Stefan Georges und dem von Ernst Bertram und Heidegger heroisch-national interpretierten Hölderlin nacheiferten, versagte die Stimme. In der Ruinenlandschaft hatte niemand mehr Bedarf an heldischem Sängertum. Nur in den Schullesebüchern druckte man noch zwei Jahrzehnte lang die Landsknechtsballaden eines Börries Freiherrn von Münchhausen ab. Börries von Münchhausen tötete sich, weil er den Sturz des Großdeutschen Reiches nicht überleben wollte. Weinheber schied aus dem Leben, als die Russen Wien besetzten. Ina Seidel hatte sich kompromittiert. Carossa schrieb seine Rechtfertigung. Von volkhaften Barden wie Will Vesper, die nach 1933 in der Dichtung herumkommandiert hatten, war ohnedies keine Antwort auf die „Nullpunktsituation" zu erwarten. Sie mußten verstummen, als Günter Groll 1946 die Widerstands-Anthologie *De profundis* herausbrachte und die *Moabiter Sonette* (hg. 1946) des ermordeten Albrecht Haushofer die Ängste und Hoffnungen des „anderen Deutschland" bezeugten.

Gewiß, es lebten noch Richard Billinger, Peter Gan, Friedrich Schnack, Georg Britting, Fritz Usinger, Friedrich Bischoff und Georg von der Vring (1889—1968), aber ihre Naturlyrik und ihr Lied fanden kaum Nachfolger.

Neue Muster. Daß sich die revolutionären Mutationen der Lyrik bereits zwischen 1910 und 1925 vollzogen hatten, drang in Deutschland erst nach 1945 und auch dann nur schubweise ins allgemeine Bewußtsein. Als die Nachkriegslyriker die gerissenen Fäden der modernen Traditionen wieder anknüpften, waren die großen stilistischen Revolutionen längst abgeschlossen. H. M. Enzensberger nahm daher in sein *Museum der modernen Poesie* (1964) nur Gedichte bis 1945 auf und stellte fest, daß sich in den fünfunddreißig Jahren seit 1910 eine „Weltsprache" der modernen Lyrik herausgebildet habe (s. S. 304). Walter Höllerer verfolgt die *Theorie der modernen Lyrik* (1965) bis zu E. A. Poe zurück, beschließt die Dokumentation aber mit Rafael Alberti, Pablo Neruda, René Char, Charles Olson und zwei polnischen Lyrikern. Kein deutscher Nachkriegslyriker kommt in seiner Sammlung vor, lediglich Dichter der älteren Generation wie Brecht, Johannes R. Becher, Yvan Goll, Alfred Lichtenstein, Kurt Schwitters, Gottfried Benn und Oskar Loerke. Hugo Friedrich beginnt seine Untersuchung über *Die Struktur der modernen Lyrik* (1956) mit Baudelaire, Rimbaud und Mallarmé und fügt zur Erläuterung außer ein paar Gedichten von Benn nur noch eines von Karl Krolow und Marie-Luise Kaschnitz bei. In der Tat hat die deutsche Nachkriegslyrik im wesentlichen die Kunstmittel rezipiert und verarbeitet, die schon vor ihr erarbeitet worden waren. Sie mußte aufholen; aber da sie rascher nachholte als das breite Publikum, entstand eine Diskrepanz. Dem noch immer der Gefühls- und Stimmungslyrik verhafteten Publikum erschien als radikale Neuerung, was in Wahrheit nur eine bewußte Neuanknüpfung an die modernen Traditionen war. Nur mit Hilfe dieser Stilmittel konnten die neuen Themen und Motive ins Gedicht Eingang finden: die katastrophale Übermacht des technischen Krieges, die zerbombten Städte, Gefangenschaft und politischer Terror, der Ruin des Menschlichen, das totale Mißtrauen, die Erfahrung der Ohnmacht trotz des Bewußtseins der apokalyptischen Krise, der Wunsch nach Änderung und Umkehr und zugleich eine Skepsis, die sofort jede Hoffnung tötete.

Die ersten nicht emigrierten Lyriker, die um 1948 hervortraten, waren die „Kolonne"-Dichter (s. S. 331), die an Wilhelm Lehmann *(Entzückter Staub,* 1946, *Der grüne Gott,* 1942) und Oskar Loerke *(Der Wald der Welt,* 1936, *Die Abschiedshand,* 1949) anknüpften: HORST LANGE (*Gedichte aus zwanzig Jahren,* 1948), ODA SCHÄFER (*Irdisches Geleit,* 1946), PETER HUCHEL (*Gedichte,* 1948), GÜNTER EICH (*Abgelegene Gehöfte,* 1948, *Untergrundbahn,* 1949), ELISABETH LANGGÄSSER (*Der Laubbaum und die Rose,* 1947) und in gewissem Sinne auch KARL KROLOW (*Gedichte,* 1948, *Heimsuchung,* 1948, *Auf Erden,* 1949). Der jüngere HEINZ PIONTEK (geb. 1925) setzte diese Linie teilweise fort (*Die Furt,* 1952, *Die Rauchfahne,* 1953). Freilich waren diese Nachkriegsgedichte auch durchsetzt von verzweifelten und bitteren expressionistischen Klängen: „O Nacht der Trauer, Nacht April, die ich im Feuerdunst durchschwamm" (Huchel), „Soldaten, früh gehenkt" (Krolow). Aber die inbrünstige Menschheitshoffnung von 1917 erneuerte sich nicht. Die Resignation überwog.

1951 trat der letzte in Deutschland gebliebene Überlebende des Expressionismus, GOTTFRIED BENN (s. S. 293), mit seinem Marburger Vortrag *Probleme der Lyrik* wieder in die Öffentlichkeit und wurde zum Mentor der „Ausdruckskunst". Während Benns Gedichte (*Statische Gedichte,* 1948, *Trunkene Flut,* 1949, *Fragmente,* 1951, *Destillationen,* 1953) in ihrer besonderen Mischung kaum nachahmbar waren, hatte sein Vortrag eine außerordentliche Resonanz. Er forderte die Jungen auf zu Artistik, Gehirnkunst, Montage, Evokation und Laborarbeit:

Keime, Begriffsgenesen
Broadways, Azimuth
Turf- und Nebelwesen
mischt der Sänger im Blut
immer in Gestaltung
immer dem Worte zu ...

Benns Vortrag rief Mallarmé und Apollinaire, die Surrealisten, Futuristen und Dadaisten wieder in Erinnerung. Benn definierte Artistik als den „Versuch der Kunst, innerhalb des allgemeinen Verfalls der Inhalte sich selber als Inhalt zu erleben" und zeigte an Beispielen, was veraltete Lyrik sei: nämlich der Gebrauch des Ich, des Wie im Vergleich, der seraphische Ton und das sentimentale Allgefühl. Er bezeichnete den Dichter als „Verwerter von Träumen", der ein „hartes, massives Gehirn" brauche, und nannte das moderne Gedicht monologisch, nicht vortragsfähig. Die Wirkung dieses Vortrags ließ sich deutlich ablesen von manchen Beiträgen in Hans Benders Anthologie *Mein Gedicht ist mein Messer* (1955), noch mehr von Walter Höllerers Sammlung *Transit* (1954). In *Transit* wurden die Gedichte anonym präsentiert, so daß die Sammlung wie ein Repetitorium aller modernen Stilmittel aussah. Die Sammlung bewies, wie sehr sich die Lyrik nach 1945 um die Aneignung moderner Techniken bemüht hatte (Deformierung, Disharmonie, gewagte Bilder, Bildmischungen, surreale Assoziationen, Aktivierung der Metaphorik und Erstellung von Konstellationen, Kombinationen und Topographien). Diese Arbeit im „Labor der Träume" (Poethen) war notwendig, wenn sie auch nur ein Nachholen war.

Etwa seit 1951 setzte auch die Auseinandersetzung mit BRECHTS starker und originaler Lyrik ein. Wir spüren sein Vorbild vor allem an den knappen, Widersprüche hart nebeneinandersetzenden Aussagen gesellschaftskritischer Kurzgedichte und Genrebilder Erich Frieds, Günter Kunerts und bei jüngeren und jüngsten Lyrikern wie Nicolas Born, F. C. Delius, Volker von Törne oder Jürgen Beckelmann. Ein Gedicht von Reinhard Preuß (geb. 1940 in Leipzig) z. B. lautet:

Aufrichtig
Sei aufrichtig.
Richte dich
unter den Schlägen
auf.

Ein Fünfzeiler von GÜNTER KUNERT (geb. 1929, in Berlin-Treptow lebend) beschreibt seine prekäre Situation im DDR-Kulturbetrieb auf die Weise Brechts:

Betrübt höre ich einen Namen aufrufen:
Nicht den meinigen,
Aufatmend
Höre ich einen Namen aufrufen:
Nicht den meinigen.

Brechts Einfluß auf den Ostberliner Moritatensänger und unbequemen Marxisten WOLF BIERMANN ist unverkennbar. Aber auch die Umfunktionierung von Kinderversen, die wir allenthalben antreffen, scheint von Brechts *Hauspostille* mit angeregt worden zu sein. Vielleicht ist das Wiederaufleben von Kindervers, Klapphorn, Bänkellied und Groteske gegen Ende der fünfziger Jahre auch als Reaktion auf die Saturiertheit zu verstehen (Grass, Enzensberger, Meckel, Härtling), ebenso wohl die Vagantenpoesie von Günter Bruno Fuchs und die Parodien Rühmkorfs, Erscheinungen, die uns an die Grotesklyrik von Lichtenstein und van Hoddis vor dem ersten Weltkrieg erinnern.

Unübersehbar ist der große Anteil politischer Lyrik in der Nachkriegsdichtung. Es gibt fast keinen Autor, der nicht direkt anklagend, spottend oder andeutend, zitierend auf die politischen Verhältnisse reagiert hätte. Die bukolisch-heitere, problemlose Naturidylle und die pantheistisch-kosmische Einfühlung in das Weltall sind ausgestorben.

Vom Mißtrauen des technisch-rational operierenden Verstandes ist auch das Verhalten gegenüber der Sprache betroffen. Sie wird nicht mehr im Sinne romantisch-musikalischer Betörung und pietistischer Gemütserbauung mit dem Sein identifiziert, sondern in ihren Floskeln und Schablonen aufgespießt, ja von der Schule der „konkreten Poesie“ (Gomringer, Franz Mon, Helmut Heißenbüttel und der Wiener Gruppe) unnachsichtlich dem Materialtest und industrial design unterworfen (s. die Dokumentation *movens*, 1960). Was bei Christian Morgenstern, Hugo Ball und anderen Dadaisten noch ein übermütiges mystifizierendes Spiel war, ist nun zu einer ernsthaften Angelegenheit von Laborarbeitern ohne Träume geworden („Konkrete Poesie“ s. S. 398).

LITERATUR:
W. Höllerer *Theorie der modernen Lyrik. Dokumente zur Poetik I.* (Benn S. 197, Brecht S. 347) rde 231—233
Museum der modernen Poesie, eingerichtet v. H. M. Enzensberger; Frankfurt 1960 u. 1978
Karl Krolow *Aspekte zeitgenössischer deutscher Lyrik.* 1961
Hilde Domin *Wozu Lyrik heute? Dichtung und Leser in der gesteuerten Gesellschaft.* München 1968
Otto Knörrich *Die deutsche Lyrik seit 1945.* Stuttgart 1978

b) Einzelne Lyriker

Die erfreuliche Reichhaltigkeit der Nachkriegslyrik macht es schwer zu werten. Viele durch ausgeprägtes Zeitbewußtsein und Beherrschung der modernen poetischen Errungenschaften ausgezeichnete Gedichte verdienten der Erwähnung. Die Heraushebung einiger Lyriker ist daher nur gerechtfertigt, weil ihr Werk einen höheren Grad der Authentizität, der Unverwechselbarkeit mit dem Ensemble der übrigen Stimmen hat.

NELLY SACHS (1891—1970), in Berlin als Tochter eines Fabrikanten geboren, war schon achtundvierzig Jahre alt, als sie die kultivierte Atmosphäre ihres großbürgerlichen Hauses verlassen mußte, um zusammen mit ihrer Mutter auf Fürbitte Selma Lagerlöfs und mit Hilfe des schwedischen Königs nach Stockholm zu entfliehen. Ihre Angehörigen gingen in den Konzentrationslagern zugrunde. Flucht und Exil, der Gedanke an die Gejagten und Geopferten, die Rückbesinnung auf die Hiobsleiden des Sinaivolkes und die „Königswege“ des Buches *Sohar*, des Hauptwerks jüdischer Mystik, machten sie zur größten deutsch-jüdischen Lyrikerin seit Else Lasker-Schüler.

O Israel,
Erstling im Morgengrauenkampf
wo alle Geburt mit Blut
auf der Dämmerung geschrieben steht.

O das spitze Messer des Hahnenschreis
der Menschheit ins Herz gestochen,
o die Wunde zwischen Nacht und Tag
die unser Wohnort ist!

Wie sich dieses Gedicht auf Jakobs Kampf mit dem Engel bezieht, so sind auch die anderen Verse der mit dem Nobel-Preis ausgezeichneten Lyrikerin weder absichtlich verdunkelt noch kalkulierte Erfindung. Im Grunde bilden ihre Gedichtbände eine einzige Dichtung: *In den Wohnungen des Todes*, 1947, *Sternverdunkelung*, 1949, *Und niemand weiß weiter*, 1957, *Flucht und Verwandlung*, 1959, *Glühende Rätsel*, 1964, *Die Suchende*, 1966. Die Bilder vom Fisch am Haken, vom Staub und Rauch, in den Israels Leib aufgelöst wurde, vom Sand als Zeichen der Vergänglichkeit unter den Füßen des Heimatlosen oder dem Schmetterling, der „durch den Flammenkern der Erde, durch ihre steinerne Schale" gereicht als „Königszeichen im Geheimnis der Luft" schwebt, verweben sich zur Schrift dieser Welt. Für den *Sohar* war „der Worte Adernetz", in dem unsichtbar die Schöpfung kreist, vor den Dingen. Die Dichterin tastet mit Hilfe der Wörter und Buchstaben der Schöpfung aus dem Nichts nach:

Die gekrümmte Linie des Leidens
nachtastend die göttlich entzündete Geometrie
des Weltalls
immer auf der Leuchtspur zu dir
und verdunkelt wieder in der Fallsucht
dieser Ungeduld ans Ende zu kommen —

Sohar heißt wörtlich der Glanz des sich zur Welt entfaltenden Nichts:

Diese Kette von Rätseln
um den Hals der Nacht gelegt
Königswort weit fort geschrieben
unlesbar

Auf der „Sprache des Atems" suchte einst der kabbalistisch-chassidische Beter und Sänger den himmlischen Ursprungsort zu erreichen. Erst von daher wird auch Nelly Sachs diese Welt unseres Exils und ihre Richtung „lesbar": das „Urzeitspiel von Henker und Opfer", der „Todesschweiß", der „Austritt des Blutes bis es gerinnt" und die moderne Mechanik des Mordens:

Finger weisen Aufstellungen,
Körperteile werden eingesetzt
in sterbende Zeichnungen.
Strategie,
Geruch des Leidens —

Die zarte, sensitive Dichterin sieht diese unsere Welt stets an der Schwelle zur Verwandlung. Ihre Lyrik sagt uns, was mit der Gewohnheit geschähe,

wenn die Propheten einbrächen
durch die Türen der Nacht,
den Tierkreis der Dämonengötter ...

LITERATUR:
O. Lagercrantz *Versuch über die Lyrik der Nelly Sachs.* es 212 (1967)

PAUL CELAN ist 1920 in Czernowitz (Bukowina) geboren. Er wuchs als Sohn deutschsprachiger Juden mit deutschen Büchern, mit Rilke und Trakl auf und mit der schon verblaßten Erinnerung an chassidische Überlieferungen. Früh begegnete er auch der französischen Lyrik, so daß sein Werk im Schnittpunkt verschiedener Sprachen und Kulturen steht. Seit 1948 lebte Celan als Lektor und Übersetzer von Rimbaud, Valéry, Ossip Mandelstamm, Rafael Alberti und anderer moderner Lyriker in Paris, bis er 1970, anerkannt, aber selbst von seinen Verlegern nicht verstanden, den Tod in der Seine suchte.

Celans Lyrik drückt die persönliche, jüdische und moderne Exilsituation ungleich härter aus als die Dichtung von Nelly Sachs. Seine ersten Gedichtbände *Der Sand aus den Urnen*, 1948, *Mohn und Gedächtnis*, 1949, sind Versuche, den in Rauch aufgelösten Brüdern und Schwestern wenigstens im Wort ein Denkmal gegen das Vergessen zu setzen. Sie waren noch zu sehr mit Traklscher Magie und surrealistischen Bildern befrachtet. So wurde erst allmählich klar, wie sehr in seinem Werk die spezifisch jüdische Exilsituation mit der entmündigten Sprache moderner Poesie konvergiert.

— Entmündigte Lippe, melde,
daß etwas geschieht, noch immer,
unweit von dir.

Für die Kabbala, insbesondere für die Mystik des *Sohar*, war das aus dem Nichts Gottes in Lichtausbrüchen hervorgegangene Universum, wie die Bücher der Thora, ein Mysterium der Sprache. Die Schöpfung ist Sprache. Versteinte Landschaften, Geröllhalden, Nesselwege und Steilküsten bezeichnen daher in Celans schwieriger Lyrik, die sehr häufig Form und Intention kabbalistischer Gebete und Meditationen erkennen läßt, Weisen des sprachlichen Exils. Vom Verstummen in steinerner Wüste, im Schotter und Gestrüpp der Worte bis zur kontrollierten Ekstase „übermündiger Silben" und „wortfreier Stimmen" spannt sich der Bogen seiner Verse. Der Dichter ist Zeuge, er steht „im Schatten des Wundenmals in der Luft", er ist Kämpfer, der „den Zwölfgesang durch das Mark von Verrat und Verwesung" jagt. „Hinausgekrönt, hinausgespien in die Nacht" wie die dämonischen Sterne muß er „auf dem Notsteg" der Worte *Von Schwelle zu Schwelle* (Gedichtband 1955) die Toten heimbringen in Gottes „Nichts" und Abgrund; denn *Die Niemandsrose* (Gedichtband 1963) ist nichts anderes als Gottes Dunkelheit und Licht:

Im Nichts — wer steht da? Der König.
Da steht der König, der König.
Da steht er und steht.
Judenlocke, wirst nicht grau.
(Mandorla)

Es hängt mit Gottes abgründiger Dunkelheit zusammen, daß Celan seine Gedichte „als Keile ins Nirgends getrieben", als „Wahnfahrten" und „Bogengebete" bezeichnet. Dem „Biß aus dem Nirgends" standhalten und im Kampf mit dem „Umlaut im Unwort" die Toten heimbringen ist ein und dieselbe Aufgabe:

Mit Namen, getränkt
von jedem Exil.
Mit Namen und Samen,
mit Namen, getaucht
in alle
Kelche, die vollstehn mit deinem
Königsblut, Mensch, — in alle
Kelche der großen
Ghetto-Rose, aus der
du uns ansiehst, unsterblich von soviel
auf Morgenwegen gestorbenen Toden.

Dieser Toten wegen trägt der Dichter mit der „Schliere im Aug" den „singbaren Rest" durch die Wüsten und Meere des Exils, das als Schilfmeer des Exodus und Babel, als verleumdete Esther am Perserhof und um ihre Kinder weinende Rahel immer auch die Schechina, die Braut Gottes im Exil, bedeutet. Nur eine *Atemwende* (Gedichtband 1967) der Geschichte und Sprache könnte den Heimweg über die galaktischen *Fadensonnen* (Gedichtband 1968) freimachen. Aber in den *Fadensonnen* stehen auch die Verse:

Seelenblind, hinter den Aschen,
im heilig-sinnlosen Wort,
kommt der Entreimte geschritten,
den Hirnmantel leicht um die Schultern,
den Gehörgang beschallt
mit vernetzten Vokalen,
baut er den Sehpurpur ab,
baut ihn auf.

Der Eindruck, Celans Lyrik sei verchiffriert, entsteht nur, weil die mystische Topographie völlig mit den Orten, Anlässen und Erfahrungsbruchstücken verschränkt ist. Wenn es in *Lichtzwang* (1970) heißt:

Scherbenversiegelt
die Umlaufbahnen dort draußen

oder an einer anderen Stelle:

Ein weißer Stirnsplitter geht
für dich über die Grenze

so ist das wohl nur über die lurianische Mystik von den „zerbrochenen Gefäßen“ und die durch „Adam Kadmon“ eingeleitete Restitution verständlich. Jeder Versuch, die Gedichte ohne Kenntnis des Buches *Bahir*, des *Sohar*, der lurianischen Mystik und ihrer mythischen Einsprengsel deuten zu wollen, muß in die Irre gehen, zumal Celan für die gedrängten Abbreviaturen, in denen er Intention, Beginn und Grenze des poetischen Aktes festhält, die kabbalistische Symbolik nicht wörtlich übernimmt (z. B. „Steigrohre“ statt der „Kanäle“ im Buch *Bahir* sagt). In der Mystik der Kabbala fand er die Sprachproblematik der modernen Lyrik vorformuliert. Er führt diese auf ihren Ursprungsort zurück.

LITERATUR:
D. Meinecke (Hg.) *Über Paul Celan*. es 495. Die sicherste Einführung bietet ein intensives Studium der Bücher von Gerschom Scholem über die jüdische Mystik und ihre Symbolik.

GÜNTER EICH (1907—72), in Lebus an der Oder geboren, in der Mark Brandenburg und in Berlin aufgewachsen, schrieb seit 1927 Gedichte, die im Umkreis der Naturlyrik von Lehmann, Loerke, Huchel oder Konrad Weiß durch ihre schwebenden Bilder, feinen Nuancierungen und die Abwesenheit mythologischer Motive auffielen. In seinen frühen Gedichten sind Mond, Fluß, Schilf und Herbst in leichten Skizzen, schemenhaften Umrissen hingetuscht wie in chinesischen Gedichten, von denen der Sinologiestudent Eich eine ganze Reihe übersetzt hat. Die Natur, unverletzt im Ganzen, bietet sich in der Reduktion auf wenige Bilder als „verwehendes Nichts“, als Zeichen und Botschaft eines Unbekannten dar:

wie ein verblichener Brief mit nie geöffnetem Siegel
der immer die gleiche Schrift verhüllt

Wenn Günter Eich, der nach Kriegsende in Oberbayern lebte und der Öffentlichkeit vor allem durch seine Hörspiele bekannt wurde (s. S. 392), im Jahre 1945 durch das Kahlschlaggedicht *Inventur* Aufsehen erregte, so betraf das nur einen Teil seines Wesens. Der „Naturlyriker“ Eich war aber auch zu sensibel, um nicht zu wissen, daß es eine Natur ohne menschliche Geschichte nicht gibt:

Der Talgrund zeichnet Mäander
in seine Wiesen hinein.
Die Weide birgt Alexander,
Cäsarn der Brennesselstein.
(aus *Abgelegene Gehöfte*, 1948)

Er war auch zu hellhörig, um nicht vor den apokalyptischen Zügen unserer Zeit zu erschrecken:

Durch den Türspalt sahn wir die Welt:
Einen geköpften Hahn,
der über den Hof rennt.

Den Sinn seiner Gedichte, die sich seit den *Botschaften des Regens* (1955) in den Bänden *Zu den Akten* (1964), *Anlässe und Steingärten* (1966) immer mehr verkürzten, bitterer wurden und an Melodik verloren, hat er einmal so bestimmt: „Ich schreibe Gedichte, um mich in der Wirklichkeit zu orientieren. Ich betrachte sie als trigonometrische Punkte oder Bojen, die in einer unbekannten Fläche den Kurs markieren.“ Als Lyriker, sagte er, übersetze er aus der eigentlichen Sprache, in der Wort und Ding zusammenfallen, in die seiner Bilder und Zeichen, ohne den Urtext zu haben“. Dabei besticht seine Aufrichtigkeit und geduldige Resignation. Sogar die gallige Betrachtungsweise seiner *Maulwürfe* (1968) ist Ausdruck einer Weisheit, die unserem wissensstolzen, ideologisch verdummten Zeitalter weithin fehlt:

Nicht geführte Gespräche

Für Peter Huchel

Wir bescheidenen Übersetzer,
etwa von Fahrplänen,
Haarfarbe und Wolkenbildung,
was sollen wir denen sagen,
die einverstanden sind
und die Urtexte lesen?
(So las einer
aus Eulenspiegels Büchern
die Haferkörner)

Vor soviel Zuversicht
bleibt unsere Trauer windig,
mit Regen vermischt,
deckt die Dächer ab,
fällt über jedes Lächeln,
nicht heilbar.

Wir dürfen die Botschaft an PETER HUCHEL (s. S. 332) als Antwort auf dessen Gedicht *Traum im Tellereisen* verstehen, wo die „regengraue Geduld" ihr „letztes Vermächtnis, das Schweigen" in die Rinde des gestürzten Tannenbaumes schreibt.

Die Natur ist für Lyriker wie Huchel, Bobrowski oder Ilse Aichinger nur Ausdrucksmedium ihrer Vorbehalte, Fragen und Zweifel. Ein Gedicht von ILSE AICHINGER (s. S. 351) lautet:

März

Die grauen Kühe trotten
über die Dächer abwärts,
mit den Gräbern halten
die Baumschatten Schritt,
die zerfetzten Sonnenspuren.
Die Frauen an den Fenstern
geben ein,
es regnet jetzt bald,
unser Einverständnis
ist immer vorausgesetzt.

LITERATUR:

Bibliogr. zu G. Eich in: Text + Kritik Nr. 5. 1964; *Über G. Eich.* es 402

KARL KROLOW (geb. 1915) kam ebenfalls von der „naturlyrischen" Schule Lehmanns und Loerkes her (s. S. 330 ff.). Als vorzüglicher Nachdichter französischer und spanischer Lyrik nahm er jedoch nach dem Krieg Anregungen auf, die seinen Gedichten eine für deutsche Lyrikleser ungewohnte intellektuelle Anmut und spielerische Leichtigkeit verliehen. Dem ernsten Tiefsinn deutscher Gedichtdeuter ließen seine Verse wenig Möglichkeiten des Schürfens:

Einfalt erfundener Worte,
Die man hinter Türen spricht,
Aus Fenstern und gegen die Mauern,
Gekalkt mit geduldigem Licht.

Aber die Namen bleiben
Im Ohre nur ein Gesumm
Wie von Zikaden und Bienen,
Kehren ins Schweigen um.

Vokale — geringe Insekten,
Unsichtbar über der Luft,
Fallen als Asche nieder,
Bleiben als Quittenduft.

Ein Lyriker, der vom „heiteren Nichts" schrieb, den wie Cézanne oder Braque die „Formel der Früchte" interessierte und der nur mit Worten das Flüchtige aufzuhalten suchte, „mit einer Algebra, zart erdacht aus atmenden Silben", schien nicht ganz glaubwürdig, wenn er „moralischen Gedichten" auch noch das Balzac-Wort voransetzte: „Es gibt keine Prinzipien, es gibt nur Vorgänge". Oder wenn er unter der Überschrift „Politisch" leichthin schrieb:

Sicherheit: Daumenabdruck
Auf einem Papier, das stimmt
Und auf jeder Polizeistation
Weiterhilft!

Demeters Furche ist unfruchtbar,
Wenn ein Maueranschlag es anordnet.

Krolows Weg führt von seinen großen Oden und Elegien in dem Band *Die Zeichen der Welt* (1952) über *Fremde Körper* (1959) zu immer herberen, lakonischeren Versen *(Landschaften für mich*, 1966). Wer diesen Weg bis zu den kurzen Prosatexten seiner *Minuten-Aufzeichnungen* (1968) verfolgt, muß bemerken, daß die schwerelose Transparenz, die imaginativen Überraschungen seiner Metaphern, die Geometrie seines Sehens und schließlich seine kühle Distanz der Melancholie abgerungene Freiheiten sind.

LITERATUR:
Piontek *Männer die Gedichte machen*. 1970, S. 149—167; s. a. Krolows frankfurter Vorlesungen (= *Aspekte zeitgenössischer Lyrik*, 1961), seinen Essayband *Schattengefecht* (1964) und sein *Poetisches Tagebuch* (1966) — Über *Karl Krolow* es 527

HEINZ PIONTEK, 1925 in Kreuzberg (Oberschlesien) geboren, heute in München, gehörte mit seinen ersten Gedichtbänden *Die Furt*, 1952, *Die Rauchfahne*, 1953, zur jungen Avantgarde der Nachkriegslyrik. Seine Verse erfaßten in direktem Zugriff Bilder der Flucht, vorübergehende Aufenthalte und Landschaften. Sein *Unablässiges Gedicht* ging in viele Anthologien ein:

Geschrieben, vergessen —
Am Schuh reißt der Bast.
Nichts je besessen.

Was du vergeudet hast.
Leuchtspur der Städte,
Orangen im Rock.
Zeit springt wie grüne Glätte
Vom Rosenstock ...

Neben völlig unchiffrierten Bildern, die das Geschaute, etwa eine *Ausfallstraße*, eine *Herbstliche Koppel* oder *Das Mahl der Straßenwärter*, unmittelbar vor Augen rückten, fand er aber auch Zeilen, die bis dahin ohne Vorbild in der deutschen Lyrik waren:

Der Äther ist ein kristallenes Tamburin, das Du mit
leisen Fingern schüttelst,
Unter den Pappeln Lorrains raste ich.

Er nannte sie *Vergängliche Psalmen;* in *Erstandene Stimmen* wagte er es tatsächlich, das Unverlierbare zu preisen:

O uns verliehne Erde — luftumsponnen,
zu überschaun als tägliches Gebild,
gepflügt von Licht, in Schatten eingesponnen,
gemuldet für des Wassers Lust und Zorn!

Diese Sprache prädestinierte ihn zu seiner kongenialen Übertragung der Gedichte von John Keats. Die Bände *Mit einer Kranichfeder* (1962) und *Klartext* (1966) zeigen jedoch, daß Piontek, der einmal jüngeren wie KARL ALFRED WOLKEN (geb. 1929) und WALTER HELMUT FRITZ (geb. 1929) Mut zu eigener Lyrik machte, auch reimfreie, schlanke, zu spruchartiger Intensität reduzierte Verse von Eleganz und Ironie schreiben kann. (Prosa: *Die mittleren Jahre*. Roman, 1967; zahlreiche Hörspiele; *Leben mit Wörtern*. 1975).

LITERATUR:
Piontek *Buchstab-Zauberstab,* Essays (1959) und *Männer die Gedichte machen. Zur Lyrik heute* (1970). Bibliogr. in: H. Piontek. *Hinweise, Erläuterungen, Proben, Daten.* 1966

INGEBORG BACHMANN (1926—1973) erregte 1953 mit ihrem Lyrikband *Die gestundete Zeit* und 1956 mit der *Anrufung des großen Bären* ungeheures Aufsehen. Das Hörspiel *Der gute Gott von Manhattan* (1958) bestätigte die mediale Begabung der Lyrikerin, die als promovierte Philosophiestudentin gleichzeitig über einen harten männlichen Intellekt verfügte. Der Hinweis auf ihre expressionistischen Vorfahren mindert nicht die besondere Faszination, die von ihren sibyllinischen Drohungen, dem Ton aus Trauer und Schwermut, ihren Warnungen und Verheißungen ausging. Das Melos ihrer Verse bannte das Ohr. Ihre Botschaften, Nachtflüge, Landnahmen und Psalmen rückten Vorwelt und Mythe, verlassene Häfen, geträumte Welten, Märchen und geographische Punkte wie Rom und Boston in die Härte einer abbruchreifen Gegenwart:

Der Krieg wird nicht mehr erklärt,
sondern fortgesetzt. Das Unerhörte
ist alltäglich geworden ...

Sie sang Lieder der Flucht und Zerstörung von schwerer Rhythmik und gewaltsamer Schönheit und den Hymnus auf die Erde, die keinen Rauchpilz tragen und *Freies Geleit* ins All haben will:

Die Erde will keinen Rauchpilz tragen,
kein Geschöpf ausspeien vorm Himmel ...
Mit uns will sie die bunten Brüder
und grauen Schwestern erwachen sehn,
den König Fisch, die Hoheit Nachtigall
und den Feuerfürsten Salamander.

Die in Klagenfurt geborene Lyrikerin und Hörspielautorin (s. S. 393) starb in Rom. Von ihren Erzählungen *Das dreißigste Jahr* (1961) werden *Alles* und *Undine geht* überdauern. Sie schrieb erfolgreiche Opernlibretti zur Musik von Hans Werner Henze und übersetzte Gedichte aus vielen Sprachen. 1971 trat sie mit ihrem ersten Roman *Malina* hervor. In einem ihrer letzten Gedichte, schon viele Jahre vor Handkes *Kaspar,* hieß es:

Das Wort
wird doch nur
andere Worte nach sich ziehn,
Satz den Satz.
So möchte Welt,
endgültig,
sich aufdrängen,
schon gesagt sein. (aus *Ihr Worte)*

LITERATUR:
Bibliogr. in: *I. Bachmann. Eine Einführung.* München: Piper 1963 — Text + Kritik Nr. 6

CHRISTINE BUSTA (geb. 1915 in Wien) sind Ingeborg Bachmanns heftige Spannungen fremd. Zwanglos verbindet sich in ihren Versen modernes Empfinden mit den einfachen Tönen von Volkslied, Kinderreim und Märchen. Ihrem frommen Weltvertrauen gelingen auch noch zarte Liebeslieder (Gedichtbände u. a. *Lampe und Delphin,* 1955, *Die Scheune der Vögel,* 1958, *Die Sternenmühle,* 1959) und überzeugende religiöse Gedichte, so wenn sie zum zweiten Paulusbrief an die Korinther anmerkt:

Du hast geschrieben, wir sind Sein Brief.
Aber wer kann Seine Botschaft noch lesen?
Wir sind zu lang unterwegs gewesen.
...
Nun steht das Wort verstümmelt und schief:
unser Fleisch war ein brüchiges Siegel,
unser Geist nur ein blinder Spiegel,
und verraten brennt Korinth,
seit wir Bürger zu Babel sind.

Christine Lavant (eigentl. Habernig, 1915—1973), die als neuntes Kind eines Bergmanns geboren wurde und als Strickerin in St. Stephan im Kärntner Lavanttal lebte, ist der eigenartige Fall einer bezwingenden Lyrikerin, deren Verse ganz gegenwärtig klingen, obwohl sie gar nicht modern sein will. Das immer wiederkehrende Motiv unerfüllt gebliebener Mutterschaft und ihre Abneigung gegen Amtskirche und Kloster erklären nicht die Eindringlichkeit ihrer unchiffrierten Gedichte.

O Gott, heb auf den schweren Stein,
laß mich nur ein paar Schritte machen,
dein Hundsstern wird mich überwachen
und streng auf meiner Fährte sein.

Ich will nur bis zum Wundklee hin
und eins der rauhen Blätter kauen,
du mußt mir auf die Finger schauen,
weil ich so arg zerschunden bin ...

Wenn sie die Sonne anruft, in ihren Handteller die Wege einzuzeichnen, „die noch gangbar sind für Erblindete und Ertaubte", wenn sie sagt: „Ich will das Brot mit den Irren teilen / täglich ein Stück von dem großen Entsetzen", oder erklärt: „ich pfeife auf mein Stoßgebet / und springe in den Zorn hinein", dann sind das Gebete um eine unverstellte, wirklichere Wirklichkeit.

Kauf uns ein Körnchen Wirklichkeit!
Wir könnten doch endlich Schwarzbrot essen
statt eingezuckerte Engel.

Von ihrem ersten Gedichtband *Die unvollendete Liebe,* 1949, bis zu *Der Pfauenschrei,* 1962, haben ihre Verse eher an Kraft gewonnen:

FRAGT NICHT, was die Nacht durchschneidet,
denn es ist ja meine Nacht
und mein großer Pfauenschrei
und ganz innen drin die Zunge
mit der Botschaft nur für mich ...

Johannes Bobrowski (s. S. 362), in vielem Peter Huchel verwandt, hat in seinen lyrischen Porträts für Gertrud Kolmar, Nelly Sachs, Góngora oder Dylan Thomas und in seinen Landschaftsgedichten Kunstgebilde geschaffen, die von modernistischer Mache wie von bloßem Traditionalismus gleich weit entfernt sind. Sie schweben im Atemraum des Dichters, ohne daß sich die formalen Mittel vom Sinnbezug lösen. Das Gedicht *Sprache* darf zu seinen geglücktesten Schöpfungen zählen:

Sprache

Der Baum
größer als die Nacht
mit dem Atem der Talseen
mit dem Geflüster über
der Stille

Die Steine
unter dem Fuß
die leuchtenden Adern
lange im Staub
für ewig

Sprache
abgehetzt mit dem müden Mund
auf dem endlosen Weg
zum Hause des Nachbarn

Im Jahre 1961 stellte Walter Jens das Gemeinsame vieler Gedichte im Umkreis der hier genannten Lyriker fest. Er nannte das Gedicht *Genazzano* von Marie-Luise Kaschnitz „ein für die moderne deutsche Lyrik in seiner sprachlichen Einfachheit sehr typisches Gedicht" und fügte hinzu: „Keine Fremdwortreime, keine kühnen Wortneuschöpfungen, statt dessen eine schlichte Syntax, knappe Sätze, behutsame Bilder. Ob Eich oder Bachmann, Huchel oder Krolow, ob Busta, Bächler, Gerhard Neumann oder Piontek ... (wir finden) eine Re-Simplifizierung der Bilder, Metaphern und Reime." In der Tat: Überall treten die Reimkünste, das Liedhafte und das Metrum zurück. Die modernen Errungenschaften — Perspektivenwechsel, Ich-Ausklammerung, Verweise, Zitate, Montage, dialektische Aufdeckung von Widersprüchen — werden schon nahezu unauffällig verwendet. Ein Zug zum Einfachen, zur Beschränkung des Wortvolumens macht sich geltend. Das Gedicht begibt sich an den „Rand des Verstummens".

Insofern finden wir, von individuellen Abweichungen abgesehen, nahezu dieselben poetologischen Voraussetzungen bei vielen Lyrikern: z. B. bei Hilde Domin (geb. 1912, *Nur eine Rose als Stütze,* 1959, *Rückkehr der Schiffe,* 1962), Ernst Meister (geb. 1911, u. a. *Fermate,* 1957, *Zahlen und Figuren,* 1958, *Flut und Steine,* 1962), Urs Oberlin (geb. 1919, heute in Zürich), Wolfgang Bächler (geb. 1925, u. a. *Lichtwechsel,* 1955, *Türen aus Rauch,* 1963), Elisabeth Borchers (geb. 1926), Hans-Jürgen Heise (geb. 1930), Johannes Poethen (geb. 1928, am bekanntesten *Risse des Himmels,* 1956), u. v. a.

Im Prinzip machten davon auch die frühen Gedichte, die Heißenbüttel in *Kombinationen* (1954), *Topographien* (1956) und in den ersten *Textbüchern* vorlegte, keine Ausnahme.

Helmut Heissenbüttel (geb. 1921 bei Wilhelmshaven, seit 1959 Leiter der Abteilung Radio Essay beim Süddeutschen Rundfunk) gehört wegen seiner intellektuellen Disziplin, seiner rigorosen sprachlichen Askese und der konsequent befolgten Auffassung, daß die meisten Gefühle und Inhalte fragwürdig geworden sind, zu den interessantesten Gegenwartsautoren. Seine Versuche, durch Reduktion der Syntax und der semantischen Bezüge, durch Variationen und Kombinationen die abstrakten Muster heutigen Verhaltens zu erfassen, sind beispielhaft für die experimentelle Poesie (s. S. 398 f.). Sein Gedicht *Fensterinhalte* aus den *Kombinationen* war jahrelang ein Paradigma für Lyrik-Anthologien. Im *Textbuch I* stand:

Einfache Sätze
Während ich stehe fällt der Schatten hin
Morgensonne entwirft die erste Zeichnung
Blühn ist ein tödliches Geschäft
ich habe mich einverstanden erklärt
ich lebe

Diese lakonisch nackten Sätze mit ihren dialektischen Implikationen könnten wenigstens formal auch von Brecht sein. Das Gedicht *Kombination IV* präzisiert Ansichten des „Ptolemäers" Gottfried Benn (s. S. 345):

1

Gefangen in der Falle der Verbindlichkeiten.
Die Vernunft ist ein Tier im Käfig.
Das Wort Zufall hat keinen Inhalt.
Und die Grundfigur der Handlungsabläufe
ist immer dieselbe.

2

Reduktion auf die Variationen eines Modells.
Und das Modell ist eine Kombination von Tätigkeitswörtern.
Erinnerungen bilden nicht.
Entwicklung ist nur der Einsatz der immer gleichen Tonfolge.
Bekanntsein verändert nicht ...

Hier spricht Heißenbüttel aus, worauf auch die *Einfachen grammatischen Meditationen*, *Achterbahn*-Fahrten, *Verallgemeinerungen* und *Einsätze* seiner *Textbücher* hinauslaufen: auf eine Ideologie des Panstrukturalismus, die den status quo der industriellen Gesellschaft bestätigt, weil sie Geschichte und Veränderung schon für obsolet hält. So versteht sich, daß Heißenbüttel auch theoretisch immer wieder die konkrete bzw. experimentelle Poesie verteidigt, insofern diese in einem kombinatorischen und permutatorischen Spiel von Sprachelementen besteht (s. S. 398). Was ihn an der Literatur wie an der Gesellschaft interessiert, sind ausschließlich die Schemata und Bezugssysteme des Funktionierens (s. seine *3 x 13 mehr oder weniger Geschichten*). Um diese Schemata zu gewinnen und seine Ideologie zu rechtfertigen, reduziert er die Syntax und drückt die potentiell unendliche Mannigfaltigkeit von Sätzen herab auf das Niveau endlich-beschränkter Phoneme (Laute), Buchstaben, Morpheme und Redeteile. Man muß jedoch zugeben, daß diese Reduktion das geeignete und von Heißenbüttel mitunter nicht ohne Humor gehandhabte Mittel ist, soziale Schablonen sichtbar zu machen.

LITERATUR:

H. Heißenbüttel *Über Literatur. Aufsätze.* dtv sr 84 (1966)

c) Satire, Bänkellied, Parodie und Travestie

1952—56 gaben WERNER RIEGEL (1925—1956) und PETER RÜHMKORF (geb. 1929) in Hamburg die hektographierte Zeitschrift *Zwischen den Kriegen — Blätter gegen die Zeit* heraus. Der Titel besagte: die Jahrgänge der „skeptischen Generation" wollten sich nicht mit der Gesellschaft der Adenauer-Ära arrangieren, sie erwarteten als Folge des kalten Krieges und Wettrüstens demnächst eine endgültige Katastrophe. Riegel und Rühmkorf nannten deshalb die Richtung ihrer *Heißen Lyrik* (1956) „Finismus". Die Gedichte schienen der Neubeginn einer politischen Lyrik zu sein. Aber sie unterschieden sich in Form und Inhalt keineswegs von zahlreichen ähnlichen aufrüttelnden, anklagenden und verzweifelten Versen, wie sie wenige Jahre vorher von Eich, Krolow und WALTER HÖLLERER (*Der andere Gast*, 1952) und zur selben Zeit von WOLFDIETRICH SCHNURRE (*Kassiber*, 1964, *Abendländer*, 1957), WOLFGANG WEYRAUCH (*An die Wand geschrieben*, 1950, *Gesang, um nicht zu sterben*, 1956), KARL SCHWEDHELM (*Fährte der Fische*, 1955) u. a. geschrieben wurden.

Der Begriff „politische Lyrik" ist äußerst vage. Die Dichter haben in den wechselnden Epochen die verschiedensten Formen benutzt, um Unwillen, Zorn, Kritik im offenen Angriff oder, wenn es die Lage gebot, versteckt, ironisch, durch Parodie und Travestie an den Mann zu bringen. Wesentlich für politische Lyrik ist, daß sie eine nicht nur ästhetische und abstrakt-allgemeine Wirkung hervorruft. Wie sie den Zweck erreicht, hängt ganz von den Kommunikationsformen der jeweiligen Gesellschaft ab. In Zeiten der Diktatur kann eine dunkle, hermetische Schreibweise Dynamit sein, in völlig liberalen Gesellschaften wiederum, wo alles und jedes zur Veröffentlichung freigegeben ist, kann die schärfste und aufrichtigste Kritik verpuffen und der Lyriker zum Clown werden.

Der Narr Don Quichotte ist nicht nur in PETER HÄRTLINGS erstem Gedichtband *poeme und songs* (1953) die Schlüsselfigur des Außenseiters und Poeten:

trümmer ziehen traumgesichter
du denkst drüber nach.
flüsterst nur ach nein die dichter
brauchen gar kein dach.

Härtlings Narr zieht sich in *Yamins Stationen* (1955) ins Kinderland zurück, wo er abseits der Unvernunft unserer rational-technischen Zeit die Spiele von Morgenstern, Jarry und Schwitters spielt (*Palmström grüßt Anna Blume*, 1961, Essays und Anthologie).

FRITZ GRASSHOFF, geb. 1913, siedelte sich mit den Songs, Balladen und Moritaten seiner *Großen Halunkenpostille* (ab 1954) wieder bei Ringelnatz, Mehring, Kästner und Brecht an. Sein *Neues Kinderlied* fängt mit „Hokuspokus, Hexenschuß" an und endet mit:

Ein Stückchen Brom,
ein Stück Atom,
ein bißchen Schutt vom Kölner Dom —
eia, popeia!

Günter Grass (s. S. 358) ist in seinen ersten Gedichtbänden von grimmigerem Humor Oskar Matzerath, der Blechtrommler, hat offenbar auch das Kinderlied in *Gleisdreieck* (1960) zur Warnung vor den bösen Spielen der Erwachsenen umfunktioniert:

Wer lacht hier, hat gelacht?
Hier hat sich's ausgelacht.
Wer hier lacht, macht Verdacht,
daß er aus Gründen lacht.
...
Wer spricht hier, spricht und schweigt?
Wer schweigt, wird angezeigt.
Wer hier spricht, hat verschwiegen,
wo seine Gründe liegen ...

Im Lyrikband *Ausgefragt* (1967) gibt sich Grass trotz gelegentlicher Zornesblitze auf ärgerliche Politika gelassener und heiterer, trotz mancher Verbaleinfälle und Abrechnungen meist zwanglos parlierend, z. B. über radikale Studenten:

Eng wird es zwischen Ideologen
und Söhnen aus gutem Haus.
Sie kommen näher. Ich will raus.

Hans Magnus Enzensberger (geb. 1929) hatte eine wissenschaftliche Arbeit über Clemens Brentano, den sicher witzigsten, bösesten und frömmsten Romantiker, geschrieben, ehe er 1957 mit den Gedichten *verteidigung der wölfe* zeigte, daß er als Satiriker alle Register der Umkehrung, Travestie, Kombinatorik („manitypistin stenoküre — du wirst schön sein"), der Ironie und des Bluffs ziehen kann. Der Sammler der Kinderreime *Allerleirauh* (1961) scheut kein politisches und religiöses Tabu. Er hat von Horaz bis Brecht die satirischen Töne in die schlagende Schärfe seiner traurig-bösen Gedichte gebracht.

Kein Wunder, daß Enzensberger, ein enorm belesener Kritiker, Essayist, Übersetzer und Herausgeber, mit seinen Gedichtbänden *landessprache* (1960), weniger mit *blindenschrift* (1964) zum Idol der nachrückenden Generation wurde. *landessprache* ist ein Dokument der Zeit. Die Schockeffekte, Paradoxien, entblößenden Zitate, die Rhythmik dieser Anklage, ihr zorniger Beatnik-Unmut gegen idiotischen Wohlstandskult, Atombombenmilitarismus und lackierten Faschismus übertrafen sogar die Gedichte des Amerikaners Allen Ginsberg und des nonkonformistischen Russen Jewtuschenko an verzweifelter Wut:

schaum vor dem mund des jahrhunderts ...
...
die generalstäbe spielen weltraumgolf.
hinter der schallmauer nimmt der fortschritt
eine parade von lenkbaren lehrstühlen ab.

in den staatsbanken singen kastrierte kassierer
schaumige arien, bis die begeisterten damen
ihr gefrierfleisch aus dem chinchilla schälen.

tränengas, cadillacs und baracken
für die afrikaner! rabattmarken her
für die hungerödeme der freien welt!

Als brillanter Rhetoriker und politischer Einzelgänger hat Enzensberger immer wieder den Auslöser heftiger Kontroversen gespielt: er griff 1962 die Berichterstattung der *FAZ* an, analysierte die Bewußtseinsindustrie *(Einzelheiten,* 1962), schrieb die Essays *Politik* und *Verbrechen* (1964), stellte 1968 ironisch den Tod der fiktionalen Literatur fest, trat 1970 für Cuba ein *(Das Verhör von Habana)* und reflektierte zuletzt den Fortschrittsglauben und sein Engagement in Gedichten *(Mausoleum,* 1975; *Untergang der Titanic,* 1978).

Peter Rühmkorf (geb. 1929 in Dortmund) spielte mit dem Titel seines Gedichtbands *Irdisches Vergnügen in g* (1959) auf die frühaufklärerischen Anfänge deutscher Naturlyrik bei Brockes (S. 94) an und parodierte die Art, wie die traditionalistische Bildung Claudius, Klopstock, Goethe, Hölderlin, R. A. Schröder, Rilke und Benn vereinnahmt hat. Die Parodie diente der Offenlegung einer verkommenen Tradition, etwa wenn er Hölderlin in Zusammenhang mit Rheinstahlaktien bringt oder an einem Mondgedicht die Verschleierung von Roheit durch Gemüt entlarvt:

Phänomenal vor die Hunde
was liegt noch drin?
Am Abend die Viertelstunde,
wo ich verwundbar bin.

Denken, Atemholen,
außer Zusammenhang.
Schön ist der Mond über Polen
einen Genickschuß lang . . .

Das zielt auf Benns Phänotyp (S. 345) und den Benn-Kult, der in den Nachkriegsjahren einer verwirrten Intelligenz zur Flucht aus der Geschichte verhalf. Geistreich spielerisch waren Rühmkorfs *Kunststücke* (1962), fünfzig „Gedichte nebst Anleitung zum Widerspruch". Seine Dramen (*Was heißt hier Volsinii?* 1969; *Lombard gibt den letzten*, 1971), die Rückblicke und Essays *Die Jahre die ihr kennt* (1972) und *Walther von der Vogelweide, Klopstock und ich* (1975) weisen ihn als begabten rheinischen Spötter, Gesellschaftskritiker und Kenner des „Volksvermögens" aus.

Christoph Meckel (geb. 1935), Maler und Graphiker, war mit seinen ersten Gedichtbänden *Tarnkappe*, 1956, *Nebelhörner*, 1959, *Wildnisse*, 1962, und mit seiner wohl satirisch gemeinten Prosa *Im Land der Umbramauten*, 1961, von vorneherein unter Chimären, Gespenstern und sonderbaren Fabelwesen eigener Erfindung zuhaus:

Ich sah aus Deutschlands Asche keinen Phönix steigen.
. . .
Ich sah aus Deutschlands Asche alte Krähen kriechen
und borstige Nachtigallen mit heiseren Kehlen
und Hähne mit Schwertfischschnäbeln und kahlen
Kämmen . . .

So gesehen, könnte im Land der Umbramauten auch das folgende Kindergedicht nicht ohne politischen Hintersinn sein:

Mäusejagd

Ich rannte durch das leere Haus
und jagte Maus um Maus um Maus
mit Schlegel Flegel Stock Zerzaus
und schröpfte sie mit Schwanz und Flaus.

Es saßen Katzen vor dem Haus
die sangen ohne End von drauß:
Die Maus garaus! die Maus garaus!
nun kommt die Ratte in das Haus!

Christoph Meckel

Bei Lebzeiten zu singen

Gedichte

Buchtitel mit Radierung von Christoph Meckel

Wolf Biermann (s. S. 362) wäre wegen solcher Verse sicher nicht das Auftreten von den DDR-Behörden untersagt worden. Die Lyrik dieses Moritatensängers *Mit Marx- und Engelszungen* (1968) ist anderen Kalibers. Seine *Drahtharfe* (1965) stimmt Lieder vom menschlichen Sozialismus an, die den alten stalinistischen Genossen vor und nach dem Prager Frühling schlecht in den Ohren klingen. Der Marxist Biermann ist der wahre Nachfahre von Heine, Tucholsky, Walter Mehring und jenem Brecht, der noch nicht die Tarnkappe der Keuner-Weisheit übergestülpt hatte. Er war, auch infolge seiner Situation im Land der Funktionäre, Deutschlands größter politischer Lyriker dieser Zeit.

Die einst vor Maschinengewehren mutig bestanden
fürchten sich vor meiner Guitarre. Panik
breitet sich aus, wenn ich den Rachen öffne und
Angstschweiß tritt den Büroelephanten auf den Rüssel
wenn ich mit Liedern den Saal heimsuche, wahrlich
Ein Ungeheuer, eine Pest, das muß ich sein, wahrlich
Ein Dinosaurier tanzt auf dem Marx-Engels-Platz . . .
(Antrittsrede des Sängers)

Wolf Biermann

Seht mich an, Genossen
Mit euren müden Augen
Mit euren verhärteten Augen
. . .
Die Gegenwart, euch
Süßes Ziel all jener bittren Jahre
Ist mir der bittre Anfang nur, schreit
Nach Veränderung. Voll Ungeduld
Stürz ich mich in den Kampf der Klassen, die neueren, die
Wenn schon ein Feld von Leichen nicht
So doch ein wüstes Feld der Leiden schaffen . . .
(An die alten Genossen)

Das ist präzise Kritik an der „neuen Klasse" (Djilas) von einem „mit den Messern der Vernunft" ausgerüsteten Sänger, der von sich sagen kann:

Unerbittlich foltern frecher meine Zweifel
Und nervöser diese satte Steinestadt

Die DDR-Funktionäre rächten sich an diesem unbequemen Marxisten. Biermanns Ausbürgerung 1977 wurde zur Blamage ihrer Kulturpolitik und ein gesamtdeutsches Ereignis (*Preußischer Ikarus, Lieder, Balladen, Gedichte, Prosa.* 1978).

Die Gedichte von Volker Braun (geb. 1939, s. S. 409) schlugen 1966/67 in *Vorläufiges* und *Wir und nicht sie* ähnliche Töne an:

Das ist kein Geheimnis mehr:
Wir lassen uns nichts mehr vormachen.
Wir sitzen nicht stumm mit glotzenden Augen.
Wir trommeln nicht Beifall auf die Folterbänke.
Wir zahlen nicht grölend das Spiel der Großen . . .

Literatur:
Hilde Domin (Hg.) *Nachkrieg und Unfrieden. Gedichte als Index 1945—1970* (1970)
Walter Hinderer (Hg.) *Politische Lyrik in Deutschland.* 1978

5. Das ältere Hörspiel: Stimmen im Dunkeln

„Mondlose Nacht ... Du kannst den Tau fallen hören und die eingewiegte Stadt atmen. Nur deine Augen sind aufgeschlossen und sehen ...“ Dylan Thomas, *Unter dem Milchwald*

Eine imaginäre Bühne hatten die Expressionisten angestrebt (s. S. 296 f.). In den 20er Jahren schuf dann die Rundfunktechnik einen analogen Fantasieraum. Zunächst freilich schickte man einfach vorm Mikrophon gesprochene Bühnenstücke in den Äther. Es dauerte relativ lange, bis man merkte, daß die akustische Technik, wie bei den meisten modernen Stilen und Formen, einen weiteren Schritt zur Abstraktion bedeutete. Das Hörspiel mußte verzichten: auf die Leibhaftigkeit der Personen, auf die das Wort begleitende Mimik, das lebendige dialogische Gegenüber, die sichtbaren Requisiten und die optische Orientierung. Es reduzierte den Schauspieler auf den „Sprecher“, auf die „Stimme im Dunkeln“, wenn auch Geräusche, Texthinweise, das An- und Abschwellen des Tons und andere Mittel die realistische Illusion teilweise suggerieren konnten. Hätte es von Anfang an Stücke wie Dylan Thomas' berühmtes *Unter dem Milchwald* (1954) gegeben, mit seiner Dichte von Atmosphäre, Klang, poetischer Imagination und Griffigkeit der Sprache, dann wären die Zweifel an dem neuen Instrument der Vergegenwärtigung rascher verstummt. Die Entwicklung des deutschen Nachkriegshörspiels hat indes erwiesen, daß der Gewinn imaginärer Bereiche den Verlust an Leibhaftigkeit und die erzwungene Passivität des Zuhörers, der vorm Gerät sitzend nicht gut Beifall klatschen kann, wettzumachen vermag.

Dem Hörspiel kam zugute, daß schon lange vorher die moderne Malerei und Lyrik, Roman, Drama und Film der Fantasie neue Bereiche erkämpft hatten. Die technischen Möglichkeiten fielen zusammen mit den neuen Darbietungsweisen der Rückblendung, Einblendung, Überblendung, Überlagerung der Wirklichkeitsebenen und mit der Erneuerung der Vorstellungskraft durch dadaistische Montagen, Assoziationen und kühne Metaphorik.

Zahlreiche Autoren haben sich — seit Brechts 1940 von Radio Beromünster gesendetem *Lukullus* und Borcherts *Draußen vor der Tür* (1947) — an dem neuen Medium versucht. Allen voran Günter Eich (s. S. 382). Er hatte schon 1929 mit Hörspielen begonnen und verhalf nun seit 1950 dem lyrisch-poetischen Hörspiel zum Durchbruch: *Geh nicht nach El Kuwehd!* (1950), *Träume* (1950), *Die Mädchen aus Viterbo* (1952), *Zinngeschrei* (1955), *Die Brandung vor Setúbal* (1957), *Allah hat hundert Namen* (1957) u. v. a.

Formen und Themen. Die Reduktion der Schauspieler auf „Stimmen“, auf möglichst wenige zudem, damit der Hörer sie nicht verwechselt, legte bestimmte dramatische Modellformen nahe. Im deutschen Nachkriegshörspiel überwiegen die Modelle des Verhörs (Oelschlegel *Einer von Sieben*, Lenz *Zeit der Schuldlosen — Zeit der Schuldigen)*, der Beichte (Böll *Bilanz*), des bohrenden Dialogs (Dürrenmatt *Der Doppelgänger; Nächtliches Gespräch mit einem verachteten Menschen*) und der Rückerinnerung (z. B. Hirche *Die Heimkehr*). Mehr als im deutschen Film kamen in den Hörspielen die „inneren Stimmen“ der Nachkriegszeit zu Wort: Bewußtseinsanalyse, Gewissenserforschung, Todeserfahrung, verfehlte Bindungen, Identitätsverlust, persönliche und politische Schuld. Die Traumata der beschädigten Seele — die Kriegsgreuel (Otto Heinrich Kühner *Die Übungspatrone*, 1954, Rolf Schroers *Auswahl der Opfer*), die Schuld der Väter (Werner Klose *Reifeprüfung*, 1959, Fred von Hoerschelmann *Das Schiff Esperanza*, 1953), das Schicksal der Juden (Hoerschelmann *Die verschlossene Tür*, 1952, Eich *Die Mädchen aus Viterbo*, Walter Jens *Ahasver*, 1956, Schnurre *Die Gläsernen*, 1960 — drängten im dunklen Raum des Hörspiels zum Wort.

„Denke daran, daß du schuld bist an allem Entsetzlichen, das sich fern von dir abspielt“, heißt es in Günter Eichs *Träumen:* Die Träume von fünf Alltagsmenschen aus verschiedenen Kontinenten, aus Pommern, Tientsin, Australien und Moskau, verbindet die latente Angst und das Bewußtsein der Vergänglichkeit, das seit Hiroschima an allem nagt. Die neue Erfahrung vom universalen Zusammenhang des Daseins — der globalen Simultaneität der Ätherwellen entsprechend — kann im Hörspiel manifest werden. Das Verbundensein der Menschen im Tode und der verborgene Sinn des Seienden ist dem Lyriker Eich erahnbar in Chiffren. Im Absprung aus erstarrter Selbstzufriedenheit be-

Studioaufnahme des Hörspiels *Die Mädchen aus Viterbo* von Günter Eich. Sendung des Hessischen Rundfunks 1959. Links: Großvater und Enkelin. Rechts: Lehrer und Schulklasse. Die Personen der beiden parallelen Handlungen werden von denselben Sprechern dargestellt.

rühren die Menschen für einen Augenblick das umfassende Geheimnis. Ein Wort, eine Assoziationsreihe kann das trügerische Ichbewußtsein durchbrechen. In *Das Jahr Lazertis* (1954) schließt ein halb erinnertes Wort die Welt auf. „Im Ruf eines Vogels und im Blick eines Kindes, in einer Wolke, einem Ziegelstein und im Schreiten des Kamels" offenbart sich das Geheimnis: *Allah hat hundert Namen.* Wie wenig die falsche Wirklichkeit der äußeren Zeit gegenüber einer zu Abschied und Tod bereiten Liebe zählt, enthüllt sich mit poetischer Logik an der Liebe der Hofdame Catarina zu dem in Verbannung lebenden Dichter Camoes *(Die Brandung vor Setúbal).* Ein Gipfelpunkt in Eichs über Räume und Zeiten frei verfügenden Hörspielen sind *Die Mädchen aus Viterbo:*

Die Zeitungsnachricht, daß sich eine italienische Mädchenklasse in den Katakomben Roms verirrt hat, wird für den während des 2. Weltkrieges in Berlin verborgenen Juden Goldschmidt zum Anstoß, seine sechzehnjährige Enkelin Gabriele auf den Tod vorzubereiten. Gabriele glaubt an die Rettung der Mädchen aus Viterbo, weil die Liebe den Weg zu ihnen finden wird. Der Großvater bedeutet ihr, daß man dem unvermeidlichen Tod nur zuvorkommen kann, wenn man ihn in sein Leben aufnimmt. Der mögliche Ausgang der Geschichte von den verirrten Mädchen wird von beiden als Spiel im Hörspiel antizipiert. Das Stück endet mit der Entdeckung des Verstecks durch die Gestapo. Gabriele hat sich gefunden, ehe der Tod sie fand.

Das Hörspiel gibt die Möglichkeit, weit auseinander liegende Vorgänge miteinander zu verknüpfen. Ein intensives Gefühl der Verflochtenheit des Daseins lebt in vielen Hörspielen. In Heinz Pionteks *Weißer Panther* (1961) z. B. schmilzt in der Glut der Liebesraserei einer penthesileischen deutschen Offizierstochter und eines russischen Kapitäns das Eis der Feindschaft zwischen zwei Nationen.

Daß niemand ohne Schaden der Mitverantwortung entrinnen kann, zeigen allegorisch Ingeborg Bachmanns *Zikaden* (1955): Verantwortungsflüchtige Zeitgenossen verkümmern auf einer Ferieninsel im Mittelmeer zu dürren, kläglich zirpenden Grillen. Egoistische Verhärtung denaturiert den Menschen.

Das ekstatische Liebesglück, das in Ingeborg Bachmanns *Der gute Gott von Manhattan* (1958) für Jan und Jennifer mitten in der Steinwüste von New York aufbricht, kann die Beziehungslosigkeit des modernen Alltags und die tiefe Einsamkeit der Menschen nicht überwinden. „Ich glaube", sagt der für Ruhe und Sicherheit sorgende Gute Gott, „daß die Liebe auf der Nachtseite der Welt ist, verderblicher als jedes Verbrechen, als alle Ketzereien. Ich glaube, daß, wo sie aufkommt, ein Wirbel entsteht wie vor dem ersten Schöpfungstag." Jennifer ist dieser äußersten Liebe nicht gewachsen, sie stirbt daran. Jan kehrt in die Ordnung zurück und wird „bei schlechter Laune und mit mäßigen Ansichten lange leben".

Das poetische Hörspiel ist an Intensität den Darbietungen der Bühne weit überlegen. In manchen Stücken ist der Tod der beunruhigende Mahner zur Wandlung (z. B. in *Ein Gartenfest* von M.-L. KASCHNITZ, *Die Minute des Negers* von WOLFGANG WEYRAUCH). Ein aufrüttelndes Memento war auch Weyrauchs Stück von den *Japanischen Fischern* im Atomregen (1955). Seine Hörspiele (*Anabasis*, 1931/59, *Das grüne Zelt*, 1957, *Totentanz*, 1961, u. a.) sind in einem äußerst wirksamen, das Publikum mitreißenden expressionistischen Stakkato-Stil geschrieben. Sie drängen den Zuhörer zur Stellungnahme. Selbst über heiter-ironische Stücke, wie *Prinzessin Turandot, Das Opfer der Helena* von WOLFGANG HILDESHEIMER oder *Caesar und der Phönix* von ERWIN WICKERT, die nicht mit Weyrauchs pathetischen Anrufen daherkommen, legte sich der Schatten unseres Zeitalters bedenkenlosen Machtmißbrauchs.

Häufig erwächst die Angst auch aus der Flucht vor der Verantwortung in Ehe und Beruf, wie in MARTIN WALSERS *Ein grenzenloser Nachmittag* (1955) und in *Fahrerflucht* (1958) von ALFRED ANDERSCH. Die meisten Autoren vermeiden moralisierendes Pathos. Die in zwei Weltkriegen brüchig gewordene Scheinordnung mit ihren bürgerlich-anständig verkleideten Henkern entlarvt sich einprägsamer in der Kriminalgroteske (Dürrenmatt *Die Panne;* RICHARD HEY *Jeden Abend Kammermusik*, 1958). Die Unsicherheit des Lebenshintergrundes drückt sich aus im ungenauen Ort und surrealen Geschehen von Spielen wie ILSE AICHINGERS *Besuch im Pfarrhaus* (1961).

Merkwürdigerweise hat nur ERNST SCHNABEL bei *Ein Tag wie morgen* (1952) die durch die Romane von Dos Passos, Döblin oder Arno Schmidt nahegelegte Möglichkeit mosaikartiger Vergegenwärtigung eines Tagesablaufs voll genutzt. Die Montagetechnik, das Ineinanderverweben von Geräuschen, Gesprächsfetzen und Handlungsfragmenten verweist schon auf Methoden des „neuen Hörspiels" (s. S. 401).

LITERATUR:
H. Schwitzke *Das Hörspiel. Geschichte u. Dramaturgie.* Köln — Berlin 1963
E. K. Fischer *Das Hörspiel. Form u. Funktion.* Stuttgart 1964
Fr. Knilli *Das Hörspiel.* Urban 58

6. Grenzverschiebungen

Ab Mitte der 60er Jahre änderte sich das Bild der westdeutschen Literatur erheblich. Eine neue, nach 1930 geborene Generation tritt allenthalben nach vorne, auch in Verlagen, Zeitschriften, im Theater (S. 374 ff.) und in der Erforschung verdrängter demokratischer Literatur. Die nachrückende Generation hat kaum noch ein Verhältnis zu den hochstilisierten Meisterwerken der klassischen Moderne, etwa zu T. S. Eliot oder Thomas Mann, und zu dem nach 1945 darum eifrig bemühten Kulturbetrieb. Der Krisen- und Kriegsexistentialismus (Heidegger, Sartre, Camus), die surrealistische und absurde Poesie Europas ist ihr weitgehend fremd geworden. Sie will mit einer eher amerikanischen Unbefangenheit aus allem Fiktionalen, Nur-Metaphorischen, hermetisch Verhüllenden ausbrechen, auch aus der belasteten Väterwelt. In einer Art Fronde gegen die Gründerjahre will sie mit „operativen Genres" ihre unmittelbare Gegenwart erproben, besonders die soziale, politische. Diese gewissermaßen naturalistische, positivistische Tendenz entspricht durchaus dem Vorrang des Rationalen des inzwischen voll aufgebauten Industriestaates, den sie von seinen traditionalistischen Verbrämungen zu entblößen sucht. Diese Tendenz zeichnete sich schon ab, bevor dann 1967 der von Erlanger Studenten inszenierte Sturm auf die Pulvermühle, den damaligen Tagungsort der Gruppe 47, die antiautoritäre Bewegung, Vietnamproteste usw. auch die kulturelle Szene verwirrten, und setzt sich nach dem Ende der Kulturrevolte ersichtlich fort mit einer Wende zum Autobiographischen. Auch in der DDR wagt sich die Literatur der Reformkurs-Phase (S. 363) näher an die aktuelle Realität heran. Sie kann freilich die kritisch-publizistischen Genres nicht praktizieren und auch aus formalistischen Experimenten westdeutscher Autoren für sich keinen Nutzen ziehen. Im Formalen daher immer etwas konservativer und für ein breiteres Publikum, schreiben ihre besten Autoren unter Berufung auf das humanistische und sozialistische Erbe gegen die zum Ritual erstarrte Parteisprache an. Sie publizieren Anstößiges gleich im Westen oder verlassen das Land, wie zuletzt nach der Biermann-Ausbürgerung Sarah Kirsch, Reiner Kunze, Bernd Jentzsch (*Quartiermachen*, Gedichte 1978) und Joachim Schädlich (*Versuchte Nähe*, 1977). Dennoch gelingt es mutigen Schriftstellern wie Stefan Heym, Christa Wolf, Franz Fühmann, Volker Braun, Rainer Kirsch und Ulrich Plenzdorf immer wieder, der kritischen Funktion der Literatur gerecht zu werden. Die Kommunikationsformen der Literatur unterlaufen den kalten Krieg. „Die Generation der heute Dreißigjährigen in der DDR", schrieb 1977 der Dramatiker Heiner Müller, „hat den Sozialismus nicht als Hoffnung auf das Andere erfahren, sondern als deformierte Realität. Nicht das Drama des Zweiten Weltkrieges, sondern die Farce der Stellvertreterkriege. Nicht die wirklichen Klassenkämpfer, sondern ihr Pathos, durch die Zwänge der Leistungsgesellschaft zunehmend ausgehöhlt. Nicht die große Literatur des Sozialismus, sondern die Grimasse seiner Kulturpolitik . . .".

Der auffälligste Aspekt der „Grenzverschiebung" (Renate Matthaei) in Richtung auf eine aktuelle, **nicht-fiktionale Literatur** war in der Bundesrepublik die zeitweilige Politisierung, d. h. die Hinwendung von methaphorisch-parabolischer und absurd-grotesker Dichtung, wie sie bis in die 60er Jahre dominierte, zu offenen, direkten, eher publizistischen Schreibweisen. Sie setzte 1964 mit den Dokumentarstücken zum Auschwitz- und Eichmannprozeß (S. 373) ein, die das ortlos absurde Theater zurückdrängten. Vor allem die Rezession von 1966/67 löste dann das Interesse für Sozialreportagen (Günter Wallraff; Angelika Mechtel *Keep smiling*, 1968) und Literatur aus der Arbeitswelt aus. Im Zeichen der Studentenunruhen (1967 Schahbesuch in Berlin, 1968 Prager Frühling und Mairevolte in Paris), als die Gruppe 47 der Hektik der Tage zum Opfer fiel, wurde der Zweck schöngeistiger und „elitärer" Kunst vielfach überhaupt in Frage gestellt, die unruhige Generation demonstrierte, agitierte, machte Straßentheater und sang Protestsongs nach amerikanischem Vorbild. Vietnam und Angola (Peter Weiss), Kuba (H. M. Enzensberger) und die inneren Kämpfe in den USA erregten die Jugend vieler Länder.

Die Einwirkungen aus den USA sind für diesen Zeitraum überhaupt von größter Bedeutung (Großstadtprobleme, Bürgerrechtsbewegung, studentische sit-ins, Woman's Lib). Auch in der Kunst kamen die neuen **nach-surrealistischen Tendenzen** und die Stichworte dazu seit langem aus den USA: Op Art, Minimal Art, Concept Art, Prozeßkunst, Living Theatre, Happenings, und für die Jugend der westlichen „Überflußgesellschaft" vor allem Pop Art, einschließlich der sich der Macht- und Wohlstandsideologie verweigernden Hippies und Flower Children. Erscheinungen, die zusammen mit der Subkultur und der Lyrik z. B. Frank O'Haras (s. Brinkmann S. 408) als weitere Entgrenzung des Kunstbegriffs bei der angestrebten Verschmelzung von Kunst und Leben zu verstehen sind. Die enormen Einflüsse aus den hochtechnisierten, krisengeschüttelten USA lösen deutlich die Nachkriegsanregungen aus Frankreich ab (Existentialismus, Surrealismus, absurdes Theater, roman nouveau, Strukturalismus), ein Vorgang, dessen Bedeutung für das Bewußtsein der jüngeren Generation nicht übersehen werden darf.

Das aus Amerika kommende, rasch kommerzialisierte Lebensgefühl der **Pop Art** und die Musik der Beatles, Stones und Mothers of Invention erfaßte mit der üblichen zeitlichen Verzögerung Ende der 60er Jahre die Teens und Twens des stark amerikanisierten Wirtschaftswunderlandes einige Zeit wie ein Rausch. Pop Art, die teils ironische, teils lustvoll naive Hingabe an alles, was an Mode, Reklame, U-Musik, Kino und Posters bunt und grell wirkt, war als „demokratisches" Massenglück im Verbraucherparadies ein täuschend-wirrer Ausbruch aus den Zwängen der zweck-rational geordneten Leistungsgesellschaft, die dieses schnell verschleißbare Konsumglück produziert. Diese Mass Art folgte Warhols Devise „All is pretty". Das witzige Pop-Manifest von Tom Wolfe *Das bonbonfarbene tangerinrotgespritzte Stromlinienbaby* (1963, dt. 1968) pries die Kunst der Supermärkte, Comics und Ketchup-Plakate. Trivialbilder zeigten Stilleben aus Autoreifen und Konservendosen, die Gemeinplätze unseres Environment. In einer Art Haßliebe zum Banalen, zur tatsächlichen Kultur der Massen feierte man die kommerzielle Unkultur (Peter O. Chotjewitz *Vom Leben und Lernen*, 1969) und die „Wonnen des Gewöhnlichen“ (Brinkmann im Vorwort zu seinem Lyrikband *Die Piloten,* 1968). Pop(uläre) Kunst sollte „Kreativität“ von jedermann sein: die Durchbrechung der Illusion im Theater (vorgemacht in Handkes *Publikumsbeschimpfung,* 1966), die Vereinigung von Kunst und Leben im angeblich spontanen Happening oder im politischen Aktionstheater auf der Straße (S. 374).

Es entspricht dem Hunger nach Realien, der pausenlosen Irritation durch die Umwelt und der **Abdankung des „autoritären“ künstlerischen Subjekts** zugunsten eines unverstellten, auch nicht durch Stil verstellten „authentischen“ Lebens, wenn ein so empfindsamer Musiker wie Mauricio Kagel alle zufälligen Geräusche in ein Konzert aufnimmt (*Acustica,* 1968/70), ein Künstler wie Joseph Beuys in seinen Plastiken, Horst Bienek in *Vorgefundenen Gedichten* (1969) die trivialen Dinge als objets trouvés exponieren oder Warhol schließlich einfach Videokamera und Tonband (*Roman a*) laufen läßt. Die „Expansion der Kunst“ dehnt sich, wie das Filmen und die Fotografie, auf alle Wahrnehmungsbereiche aus, in grundsätzlicher Gleichrangigkeit aller Materialien und sinnlichen Anregungen. Das offene Kunstwerk verzichtete unter dem Druck der großstädtischen und durch Medien vermittelten Außenwelt weitgehend auf Sinndeutung, es muß sich mit der Geste begnügen, das zufällig Vorgefundene zu zeigen (s. DADA, S. 305).

Dasselbe Mißtrauen gegen Fiktives, gegen Stil und „Charaktermasken“ verrät sich im plötzlich erwachten sozialkritischen Interesse für die **ungeglättete Umgangssprache.** Die auf Tonband festgehaltenen Berichte aus der sozialen Unterschicht (ERIKA RUNGE *Bottroper Protokolle,* 1968; *Frauen. Versuche zur Emanzipation,* 1970) wirkten in ihrer unbeholfenen, verstümmelten Sprache nachgerade erschütternd. In den Originalton-Hörstücken des Münchners PAUL WÜHR kam das Reden und Denken einfacher Leute ans Licht. Die makabren, phonetisch reizvollen Dialektgedichte der Wiener Gruppe und die streitbaren Dialektgedichte des Berner Pfarrers KURT MARTI (*Rosa Loui,* 1967) regten überall eine neue kritische Mundartdichtung an. Gegen Fiktion im Roman schreibt der Münchner HERBERT ACHTERNBUSCH seine wilde, ständig die Illusion aufhebende Prosa. Die naturalistischen Volksstücke von MARTIN SPERR (s. S. 373) und die des Altbayern FRANZ XAVER KROETZ (*Heimarbeit,* 1971; *Stallerhof* und *Wunschkonzert,* 1972; *Oberösterreich,* 1974; *Mensch Meier,* 1978) suchen nach dem Vorbild von Marie-Louise Fleißer und Horváth (s. S. 317) die sprachlose Unterschicht auf mit ihrer auch literarisch noch kaum verbrauchten Sprache.

Ein anderer Weg, das gegenwärtige Bewußtsein durch wirklich gesprochene, vorgefundene Jargons in Prosa und Hörspiel darzustellen, ist die Verwendung von **Collage und Montage:** zwei antifiktionale Verfahren, die schon in der MERZ-Malerei von KURT SCHWITTERS (s. S. 305), im russischen Film der 20er Jahre und in bedeutenden Großstadtromanen (Joyce *Ulysses,* 1922; Döblin *Berlin Alexanderplatz,* 1929; Dos Passos *Manhattan Transfer,* 1930; Koeppen, *Tauben im Gras,* 1951) auf unterschiedliche Weise dazu dienten, die Sturzflut der Eindrücke und die Überschneidung der Wahrnehmungsfelder des modernen außenweltorientierten Bewußtseins zu bannen. Überhaupt ist die Anstrengung des Gegenwartsmenschen, die verwirrende Außenwelt zu bewältigen, die Hauptursache dafür, daß Protokolle, Montagen, Dokumentationen, Reportagen, Tagebuch und Autobiographie mehr und mehr die Poesie, das heißt Fantasie und Imagination verdrängen.

Bezieht man gar, wie es MAX BENSE in seiner *Einführung in die informationstheoretische Ästhetik* (1969) versucht hat, alle optisch-akustischen Signale der Großstadt, also unsere multimediale Wahrnehmung in einen erweiterten Textbegriff ein und fragt man nach den Steuerungen der heutigen Massengesellschaft durch Sprache (Wörter, Zeichen, Kode), so gerät man in den Bereich **experimenteller Literatur,** die parallel zur Linguistik und Semiotik das Funktionieren der Sprache selbst zum Gegenstand der Erkenntnis, der Irritation oder des Spiels macht (Textmodelle, Texttopologie, Computertexte; Konkrete Poesie, Neue Poetik). Zu dieser speziellen, in ihrer allgemeinen Bedeutung kaum noch recht verstandenen Literatur leistete in Österreich die Wiener Gruppe ihren ganz besonderen Beitrag. Die Orientierung auf sprachliche Authentizität, Strukturen und Wirkungen geht jedoch weit über diese Kreise hinaus, so daß es bis in die neue Dialektdichtung hinein, wie übrigens in vielen Bereichen öffentlichen Redens, kaum noch sprachliche Unbefangenheit gibt.

Während die Autoren der DDR in Romanen, Gedichten und Stücken die Sprach- und damit Denkschablonen der Parteibürokraten und Kulturfunktionäre zu unterlaufen suchen, indem sie ältere Stiltraditionen und mit vorsichtigem Geschick auch moderne Kunstmittel integrieren, rebellierten in der Bundesrepublik jüngere Autoren gegen die etablierten Kulturinstitutionen, die Allmacht mancher Medien, die sie bezichtigten, die relevante Literatur von der Masse zu trennen.

Walter Benjamins (S. 347) einstige Hoffnung, das *Kunstwerk im Zeitalter seiner technischen Reproduzierbarkeit* (neue Auflage 1955) könnte den Massen Erhellung bringen, hatte sich nicht erfüllt. Im Gegenteil. Wie Horkheimer und Adorno während ihrer amerikanischen Emigration an Rundfunkprogrammen und Hollywoodfilmen feststellen mußten, ist die **Bewußtseinsproduktion** durch Trivialmythen in Film, Reklame und Propaganda schon so weit fortgeschritten, daß die dem Markt gehorchende Kulturindustrie nur noch „Aufklärung als Massenbetrug" liefert (*Dialektik der Aufklärung*, 1947, neu 1969). Das Ergebnis ist nach den Darlegungen des deutsch-amerikanischen Philosophen Herbert Marcuse der *Eindimensionale Mensch* (dt. 1967), ein auch schon in der Freizeit verplantes Wesen ohne Träume, Hoffnungen und Tiefe, dem technologischen „instrumentellen Denken" und dem raschen Konsum verfallen, daher unfähig zu einer Kunst, in der die Spannung zwischen Idee und Realität geistigen Widerstand zu wecken vermag. Marcuse, einmal auch Schüler Heideggers, beklagte die fortschreitende **Banalisierung und Entsublimierung** der Industriewelt, deutet aber in Anlehnung an Schillers Idee einer Spielkultur (s. S. 159; *Eros and Civilisation*, dt. 1957) die Möglichkeit an, daß eine von Machtstreben, Krieg und Unterdrückung befreite Zivilisation wieder von neuen sinnlich ästhetischen Lebensformen durchdrungen werden könnte (*Versuch über die Befreiung*, 1969). Nach Adornos Ästhetik konnte das moderne Kunstwerk (Schönberg, Kafka, Beckett) zwar Gewalt und Leid der Geschichte bezeugen, aber nicht selbst Mittel zu politischer Aktion sein. Für Ernst Bloch waren die (älteren) Kunstwerke der Menschheit der „Vorschein" einer einmal erlösten Welt. Im Gegensatz zu diesen älteren, letztlich an Hegels *Phänomenologie des Geistes* anknüpfenden Philosophen proklamierte das berühmte *Kursbuch 15* (1968) den „Tod der (fiktionalen) Literatur". Vor weiteren Romanen und Gedichten forderte H. M. Enzensberger erst einmal „die politische Alphabetisierung Deutschlands".

Um 1969/70 gelangte so die moderne Problematisierung der Kunst nach dem Surrealismus erneut an die äußerste Grenze, wo die **Expansion der Kunst** ins Leben und in die Politik die Kunst selbst aufzuheben droht. Das Stichwort neue Authentizität umschreibt vielleicht am besten den vehementen Einbruch des Banalen, skandalös Faktischen, der Realitätssimulation durch Medien wie Film, Live-Reportagen, Tonband, Stereophonie und Tagespresse in die noch immer jenseits dieser Medienwirklichkeiten erwartete Symbolsphäre der Kunst. Der Einbruch ging nicht von der Literatur aus, sie folgte den anderen Künsten. Die Verwirrung über das, was Kunst heute noch vermag und sein soll, war unvermeidbar.

Doch schon wenig später trugen Verlage und Autoren den gewohnten Bedürfnissen der „Literaturkonsumenten", soweit sie über Comics, Krimis und Science-Fiction hinausgehen, wieder mehr Rechnung. Die Phase der Experimente, Theorien und Hinterfragungen des Kunstbegriffs war vorerst zugunsten des Betriebs und einer neuen Nostalgiewelle vorbei. Den Glauben oder Aberglauben an unvermittelte, umweglos erfaßbare Realität, wie ihn Tag für Tag Medien und Populärwissenschaften suggerieren, befriedigt seither eine Vielzahl **autobiographischer** Romane und Gedichte. Neue Subjektivität, Neue Sensibilität und Entblößungsliteratur, Psychodramen und non-verbales Theater erscheinen jedoch nur als Varianten der grundsätzlichen Tendenz, den Unterschied zwischen Kunst und Leben, Ausdruck und sichtbar-greifbarer Realität soweit wie möglich aufzuheben.

Literatur:
Zum Schwund der Phantasiewelten: Wladimir Weidlé *Die Sterblichkeit der Musen.* 1958
R. Matthaei (Hg.) *Grenzverschiebungen. Neue Tendenzen in der deutschen Literatur der 60er Jahre.* 1970
Dieter Wellershoff *Die Auflösung des Kunstbegriffs.* es 848 (1976, mit umfangreicher Bibliographie)
W. Martin Lüdke (Hg.) *Nach dem Protest. Literatur im Umbruch.* es 964

a) Neue Poetik. Wiener Gruppe. Neues Hörspiel

Die Spiele und Experimente der „konkreten Poesie" liegen nur in kleinen Zeitschriften und theoretischen Sammlungen vor. Diese Wiederentdeckung von DADA (S. 305) und Futurismus beschäftigte seit den 50er Jahren zahlreiche Künstler, nicht nur in Deutschland (Eugen Gomringer, Max Bense, Helmut Heißenbüttel, Franz Mon, Diter Rot, Claus Bremer, Ferdinand Kriwet), sondern gleichzeitig auch in Wien, Prag, Stockholm, London, Sao Paulo und Chicago. Eugen Gomringer (geb. 1925 in Bolivien, zeitweise Sekretär Max Bills, *worte sind schatten, die konstellationen,* 1951—68) führte die Bezeichnung „konkrete Poesie" ein, die zu manchen Mißverständnissen führte, wenigstens bei all denen, die nicht mit der bildenden Kunst seit Malewitsch, Mondrian, Theo van Doesburg und Max Bill vertraut waren, nämlich mit einer Malerei und Plastik, die statt anschaulicher Gegenstände das „konkrete" Material von Farben, Stoffen, Licht und Flächen exponiert. Konkrete Kunst heißt Versuch und Spiel mit **Strukturen und Materialien.** Insofern haben ihre Verfahren eine gewisse Verwandtschaft mit denen der Naturwissenschaft und Technik.

Franz Mon (geb. 1926, *artikulationen,* 1959; *prinzip collage,* 1969) sprach mit dem Blick auf die nach-surrealistische Kunstentwicklung von einer **neuen Poetik.** In unserer wissenschaftlich-technischen Zivilisation ist Realität nicht mehr direkt abbildbar und erzählbar. Sie ist uns weithin nur über Formeln, Signale, Zeichen, also über Medien zugänglich, weshalb dem primären Medium Sprache für alle Erkenntnis- und Steuerungsvorgänge die entscheidende Bedeutung zukommt. Die neue Poetik ist nicht losgelöst von den zeitgenössischen Methoden der Kunst verständlich — der Arbeit mit Tonband, mit Filmschnitten, der Benutzung des Zufalls, der Herstellung von Computertexten, konkreter Musik und der Verwendung halbmechanischer Verfahren in Malerei und Design. Die Gottfried Benn'sche Erfahrung des Realitätszerfalls, die eine experimentelle Einstellung nahelegt, und die tiefe Skepsis moderner Lyriker gegenüber Sprachschablonen schlägt hier um in eine technologische Handhabung des Sprachmaterials.

Sprachen sind — nach der am bündigsten von Benjamin Lee Whorf in *Sprache, Denken, Wirklichkeit* (dt. 1963) vorgebrachten These — eine Art kollektiver Brillen, eine „Zwischenwelt" (Wilhelm von Humboldt). Anders gesagt: die Brillen können uns täuschende, ja manipulierte Bilder von Realität liefern, sei es das von Heidegger bloßgestellte uneigentliche Gerede des Man, die von den Neopositivisten kritisierte ideologische Vokabel oder die vom Strukturalismus entdeckten Sprachzwänge. Im Unterschied zu Nonsens-Dialogen des absurden Theaters oder zu Becketts endloser Annäherung an das Schweigen versucht die „neue Poetik", die Sprachbrillen abzunehmen. Sie destruiert die Oberflächenstruktur von Texten bis hin zu Satzmustern, stereotypen Wendungen, Lauten, Buchstaben,

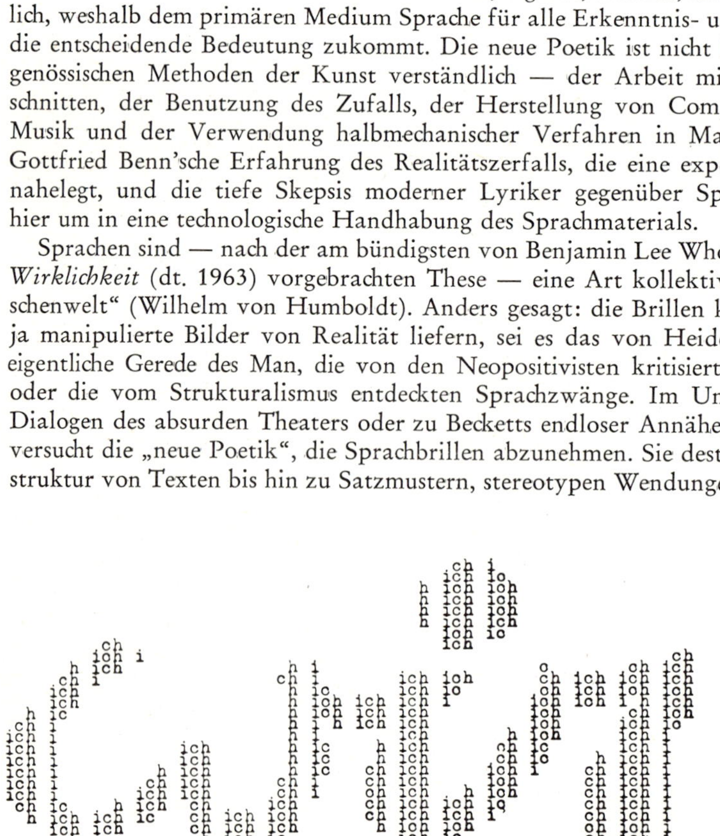

Claus Bremer *wir*

Schriftbild, Zeilenanordnung und Leserichtung. Entweder um das „Material“ zum Spiel freizulegen oder um eingefahrene Sprachgebräuche zu negieren. Der laufende Film, das Tonband der Rede wird angehalten (Kommunikationsbruch) und das „Material“ in Form von Konstellationen, Permutationen, Reihungen, Variationen, durch methodisches Durchprobieren von Sprachrepertoires oder durch das Collagieren und Montieren vorgefundener Redeteile neu arrangiert. Arrangement statt Symbol- und Metaphernbildung.

Die „neue Poetik“ will also nichts mitteilen, erzählen oder bedichten. Ihre Absicht ist auch nicht das fertige, in sich gerundete Kunstwerk. Indem sie uns mehr oder minder die Inhalte entzieht, lenkt sie unsere Aufmerksamkeit auf den Sprachbau, den Sprachgebrauch und die Lesegewohnheiten.

Vor allem der Wiener Gruppe kommt das Verdienst zu, die poetische Negation der konventionellen „Sprachspiele“ (Wittgenstein *Philosophische Untersuchungen*, 1960) mit Witz und Spaß betrieben zu haben. Ihr aufgestörtes Sprachbewußtsein reagierte auf das allgemeine Gequassel und die manipulierten Sprachgebräuche der Gesellschaft mit ironischem Nachspielen, entlarvenden Zitaten, Nonsens und Absurditäten.

fragment: lienz
hirnsee veréistrum
in s elchbein státu . . .
s dricchorn insignio
ab larynx helvetis . . .
lúndumo für durro
für und für und für . . .
übergrundeter vogel
brenn und brégach . . .
(H. C. Artmann)

ordnung ordnung
ordnung ordnung
ordnung ordnung
ordnung ordnung
ordnung ordnung
ordnung unordn g
ordnung ordnung
ordnung ordnung
ordnung ordnung
ordnung ordnung
ordnung ordnung

Timm Ullrichs *ordnung*

LITERATUR:
text + kritik: *Konkrete Poesie I u. II* Nr. 25 u. 30; *Franz Mon* Nr. 60.
Th. Kopfermann (Hg.) *Theoretische Positionen zur konkreten Poesie.* Texte u. Bibliographie. dtv WR 4266. — Einzelautoren s. S. 416

Wiener Gruppe. H. C. ARTMANN (geb. 1921, aufgewachsen in Wien-Breitensee) nahm experimentelle Textmodelle und Sprachdesigns, wie sie auch in der Wiener Gruppe praktiziert wurden, nie so theoretisch ernst wie Gomringer, Heißenbüttel, Max Bense und Franz Mon. Artmann, der vielsprachige Autodidakt, ist ein höchst origineller Fantast. Seine surreal-assoziativen Gedichte, alogischen Stücke und die Prosa sind aus vielerlei Sprachen, wirklichen oder erfundenen, und Stilformen gemischt, vom Wiener Dialekt bis zur barocken Schäferpoesie, keltischen Überresten und Erzählweisen englischer Krimis. Er versteht sich auf das Spiel mit allen poetischen Registern (*med ana schwoazzn dintn,* 1958, parodistische Dialektgedichte mit schwarzem Humor; *ein lilienweißer brief aus lincolnshire,* Gedichte 1969; *die fahrt zur insel nantucket,* Kurzstücke 1969; *Die Jagd nach Dr. U.,* Roman 1977; *Nachrichten aus Nord und Süd,* 1978).

Die Wiener Gruppe mit Artmann, Gerhard Rühm, Konrad Bayer, Achleitner und teilweise auch Oswald Wiener (dokumentiert in Gerhard Rühm *Die Wiener Gruppe,* 1967) spielte die Rolle eines enfant terrible in der österreichischen Nachkriegsliteratur, protegiert von Heimito von Doderer, der in ihrem Bürgerschreck-Treiben eine andere Seite des ewig Österreichischen sah. Die Mitglieder entdeckten nach dem Krieg die vergessene „zweite Literatur" der Sprachspiele, beschäftigten sich mit August Stramm, DADA, Carl Einstein, Schwitters, Gertrude Stein, lasen Wittgenstein, interessierten sich für die musique concrète, die Arbeiten Gomringers, für Kybernetik, die Verwendung von Trivialliteratur durch Zusammenhangsverfremdung, Witz und Banales. Sie traten mit provozierenden Kabaretten an die Öffentlichkeit und wurden zuerst durch neue abgründige Dialektgedichte berüchtigt und berühmt.

KONRAD BAYER (geb. 1932) verübte **1964** Selbstmord. Wie Achleitner beschäftigten ihn auch Wortzerlegungen, Satzzerlegungen, Textüberlappungen, doch vor allem rieb er sich an der Logik. Seine verqueren Wortspiele, die Absurditäten seiner Kurzstücke und das 1965 postum veröffentlichte Prosawerk *Der Kopf des Vitus Bering,* worin dem Erzähler Ich und Kontinuität zerbrechen, sind ganz von der Auffassung der Sprache als „Summe der Redewendungen" und „Friedhof von Gedanken" bestimmt. „ich muß die bilder zurückweisen, die gedanken, ich muß diese leidigen assoziationsketten zerstören … ich würde gerne jede autorität abschaffen", sagte er in einem zusammen mit Oswald Wiener veranstalteten Vortrag.

GERHARD RÜHM (geb. 1930) hat Bayers Gesamtwerk herausgegeben. Er selbst stieß als Musiker, angelockt von Lautgedichten, zur Gruppe und zur Literatur. Er geht in manchen Texten mit Worten um wie der Musiker mit Tönen. Virtuose im Gebrauch seiner Sprechorgane, zieht er eher Hörer an als Leser. Er machte Dialektgedichte, schrieb Konstellationen und Montagen, schuf die phonetische Dichtung *lehrsätze über das weltall* (1965) und ging mit *rhythmus r* (1968) an die Grenze des Möglichen. Seine Miniaturtheaterstücke verkehrten das traditionelle Theater (*Ophelia und die Wörter,* 1973; *wahnsinn litaneien. 19 Gedichte,* 1974, mit Schallplatte).

Oswald Wiener (geb. 1935, ein Fachmann für Kybernetik) trennte sich 1959 von der Gruppe. Sein Anti-Roman *die verbesserung von mitteleuropa* (1969) ist ein einzigartiger Zettelkasten aus Notizen, Aphorismen, Kalauern, Kurzszenen und Überlegungen, die die Summa aller Sprachreflexionen der Wiener Gruppe bilden. In den beigefügten *notizen zum konzept des bio-adapters* stellt er ironisch eine Art Computer vor, der das Bewußtsein des auf Symbole und Signale angewiesenen homo sapiens so perfekt lenkt, daß er glücklich wie der Embryo im Mutterschoß in keinerlei Konflikt mehr mit seiner Zeichenumwelt geraten kann. Die alte Diskrepanz zwischen Wort und Wirklichkeit, Individuum und Staat wäre in der Skinnerschen Glücksmaschine dieser nicht zu fernen code-gesteuerten Prothesenzivilisation beseitigt, die babylonische Sprachverwirrung durch exakte Wissenschaften aufgehoben, das gefährlich irrende und aufsässige Denken endlich vollautomatisiert und die humane Geschichte an ihr Ende gelangt.

Nicht zur Gruppe gehörten der populär gewordene Ernst Jandl (geb. 1925; *sprechgedichte* mit Schallplatten; *Hosi-Anna,* 1965; *Laut und Luise,* 1966/71; *Sprechblasen,* 1968; *Dingfest,* 1973; Stereo-Hörspiele mit Friederike Mayröcker) und Andreas Okopenko (geb. 1930; Gedichtbände; *Lexikon*-Roman, 1970; sein Roman *Meteoriten* stellte das Chaos nach 1945 in alphabetisch gereihten Splittern vor). Ein Ableger der Wiener Gruppe wurde 1960 das Grazer Forum mit der Zeitschrift *manuskripte,* in der u. a. auch Handke debütierte (S. 374).

Literatur: s. a. S. 414

Das neue Hörspiel. Das neue Hörspiel, wie es seit 1968 zur Unterscheidung von den Hörspielen der Nachkriegszeit (S. 392) genannt wird, ist die überzeugendste künstlerische Errungenschaft der „neuen Poetik" (S. 398). Seine technische Voraussetzung sind das Tonband und die Stereophonie, die akustische Ereignisse und Wörter in eine räumlich wahrgenommene Außenwelt plaziert. Statt den Hörer wie in Günter Eichs Funkdichtungen in die Träume, Gedanken und lyrische Metaphorik des Dichters einzubeziehen, stellt ihm das Neue Hörspiel **die Wörterwelt als eine äußere, fremde** vor, als etwas gerade nicht Individuelles, Subjektives, sondern als ein vom Man, von gesellschaftlichen Sprech- und Verhaltensweisen Vermitteltes. „Die Stereophonie liefert die innere Bühne nicht mehr" (Heinz Hostnig, Regisseur). Der Hörer kann und soll sich nicht mehr mit den „Stimmen im Dunkeln" identifizieren und über Assoziationen, Gefühle, lyrische Bilder am dichterischen Schaffensprozeß teilnehmen.

Wie bei Pop- und Trivialbildern werden seinem wahrnehmenden Bewußtsein Wörter, Wörteragglomerationen, Redeteile, Redensarten, Bruchstücke von Sätzen, Schlagwörter, Zitate, abgedroschene Volkslieder, kurz **Sprache als verdinglichtes Material** in Form von Collagen und Montagen vorgeführt, in kritischer Absicht gegenübergestellt. Man könnte auch sagen: Wie im epischen Theater wird nicht gespielt, sondern gezeigt. „Die moderne Ästhetik", erklärte Max Bense, „ist eher technologisch denn metaphysisch." Sie zerschneidet, zerstückelt das Gerede, den Abfall der Sprache, die stereotypen grammatischen Muster und montiert sie in der Syntax eines „absolut künstlichen Raumes" (F. Mon).

So ist das Neue Hörspiel die kritische Reaktion auf die Tatsache, daß unsere Zivilisation von einer Unmenge Lärm, Geschwätz, Signalen überlagert wird und daß wir, von Nachrichten, Propaganda, Reklame umgeben, mehr in einer Wörter- und Zeichenwelt als in einer Dingwelt wohnen. Sprachliche Symboliken steuern unser Verhalten. Was früher vornehmlich die formalen Logiker, neopositivistische Philosophen wie Carnap und Wittgenstein, Linguisten und Informationstheoretiker beschäftigte, die **Dominanz von Zeichen und Formeln,** ist zur Erfahrung vieler sprachskeptischer Autoren geworden. Am Sprachgebrauch läßt sich ablesen, wie es mit dem Funktionieren der Gesellschaft bestellt ist.

Mißtrauisch gegen alles Erdichtete hat moderne Literatur schon früher Umgangssprache, Slang, Jargons und Fachsprachen als authentisches Material einbezogen (s. Karl Kraus und Döblin). Längst vor Handkes *Kaspar* (s. S. 374) fühlten sich Dichter wie Mallarmé und Rilke dem Wörterterror ausgeliefert. Lyriker führten die sich rasch verschleißende Sprache „an den Rand des Schweigens" (s. S. 387). Zwangsläufig mußte daher die Inventarisierung der Sprachgebräuche und das Verschwinden des Subjekts in den kollektiven Tendenzen der Epoche zum Thema des Neuen Hörspiels werden.

Die ersten Anregungen kamen u. a. aus dem Kreis der Wiener Gruppe. KONRAD BAYER und GERHARD RÜHM hatten 1958 das burleske Stück *Sie werden mir zum Rätsel, mein Vater* geschrieben; es führte die übliche Dramaturgie nur noch als Klischee vor (1968 im WDR als Hörspiel gesendet). Als Vorläufer können auch die auf der Bühne aufgeführten Sprechstücke von PETER HANDKE gelten. Sein *Hörspiel* (1968) führte den Kommunikationszerfall ohne individualisierte Personen vor. 1968 erhielten ERNST JANDL und FRIEDERIKE MAYRÖCKER den Hörspielpreis der Kriegsblinden für ihr Vierzehnminutenstück *Fünf Mann Menschen* mit der Begründung, es zeige exemplarisch Sprach- und Handlungsvorgänge, in denen der zur Norm programmierte menschliche Lebenslauf nicht abgebildet, sondern evoziert werde. WOLF WONDRATSCHEKS *Paul oder die Zerstörung eines Hörbeispiels* (1969) demonstrierte die Zerstörung der Figur und Geschichte eines Lastwagenfahrers mittels der Collage dessen, was er auf der Fahrt sagt, hört und denkt. JÜRGEN BECKER thematisierte in drei so benannten Hörspielen *Bilder, Häuser, Hausfreunde* (1969).

Wie nah das alltäglich Harmlose dem Ungeheuren ist, führte LUDWIG HARIG 1968 in *Ein Blumenstück* vor: Zitate aus dem dumm-ledernen Tagebuch des Auschwitz-Kommandanten Höss wechseln mit Zitaten deutscher Märchen und Volkslieder und demonstrieren die „Banalität des Bösen“ (Hanna Arendt über den SS-Führer Eichmann, dem in Jerusalem der Prozeß gemacht wurde). Eichmann ist auch im Hintergrund des Stückes *das gras wies wächst* (1969) von FRANZ MON gegenwärtig als Paradigma von Gewalt, die bis in moderne Medizin, Sport und Technik reicht. „Das Gras, von dessen Wachsen der Titel spricht, zeigt sich zwischen den Sätzen und Wörtern, in den Ritzen zwischen ihnen, und zwar äußerst konkret. Mons Collage (vom Autor selbst realisiert) ist auch ein autonomes Hörereignis von ganz erstaunlichem Format, ein sozusagen musikalisches Gebilde von äußerster Originalität und Perfektion, hergestellt aus Sprachstücken . . . eine Collage, so spannungsreich und ausgewogen, so kontrovers und einheitlich, so überraschend und einleuchtend, daß sie wie ein Objekt fremdartiger Vollkommenheit im Raum schwebt. Ein Experiment, das unmittelbar die Dimension der Klassizität erreicht“ (Heinrich Vormweg).

Die maßgeblichen dramaturgischen Vorbilder des Neuen Hörspiels wurden schon 1969 geschaffen. Daß diese Poetik eine Vielfalt aktueller Themen zuläßt, zeigen etwa das vom Bayerischen Rundfunk erstgesendete Hörspiel FERDINAND KRIWETS *Apollo Amerika* (aus einem Rohmaterial von 64 Kilometer Tonband anläßlich der ersten Mondlandung), das kritische Stück über die Vorgänge beim Schah-Besuch 1967 *Die Falle oder die Studenten sind nicht an allem schuld* von PETER O. CHOTJEWITZ (geb. 1934, Erzählungen, Romane) und *Das große Identifikationsspiel* (1974 RIAS/BR) von ALFRED BEHRENS (geb. 1944, *Wünsche und Warensprache*, 1970; *John Lennon Du mußt sterben*, 1971), einem intimen Kenner aller Tricks und Trivialmythen der Konsum- und Medienwelt. Das letzte bedeutende Hörspiel dieser Art stammt von dem Komponisten MAURICIO KAGEL: *Die Entdeckung Amerikas* (1977 im WDR) betrifft das Grundmuster von Gewalt, Eroberung und Völkermord von Columbus bis Pinochet, dargestellt in Klagegesängen, historischem und sprachlichem Material.

LITERATUR:

Neues Hörspiel. Texte Partituren. Hg. Klaus Schöning. 1969
Neues Hörspiel. Essays, Analysen, Gespräche. Hg. Klaus Schöning. 1970
Neues Hörspiel O-Ton. Der Konsument als Produzent. Hg. Schöning.es 705
Während Hörspiele von Günter Eich oder Ingeborg Bachmann in Buchform als lyrische Dichtungen gelesen werden können, sind die Neuen Hörspiele wie einmalige musikalische Aufführungen nur über Tonträger zu rezipieren. Im Unterschied zu metaphorisch-symbolischer Dichtung sind sie auch nicht mehrdeutig auslegbar.

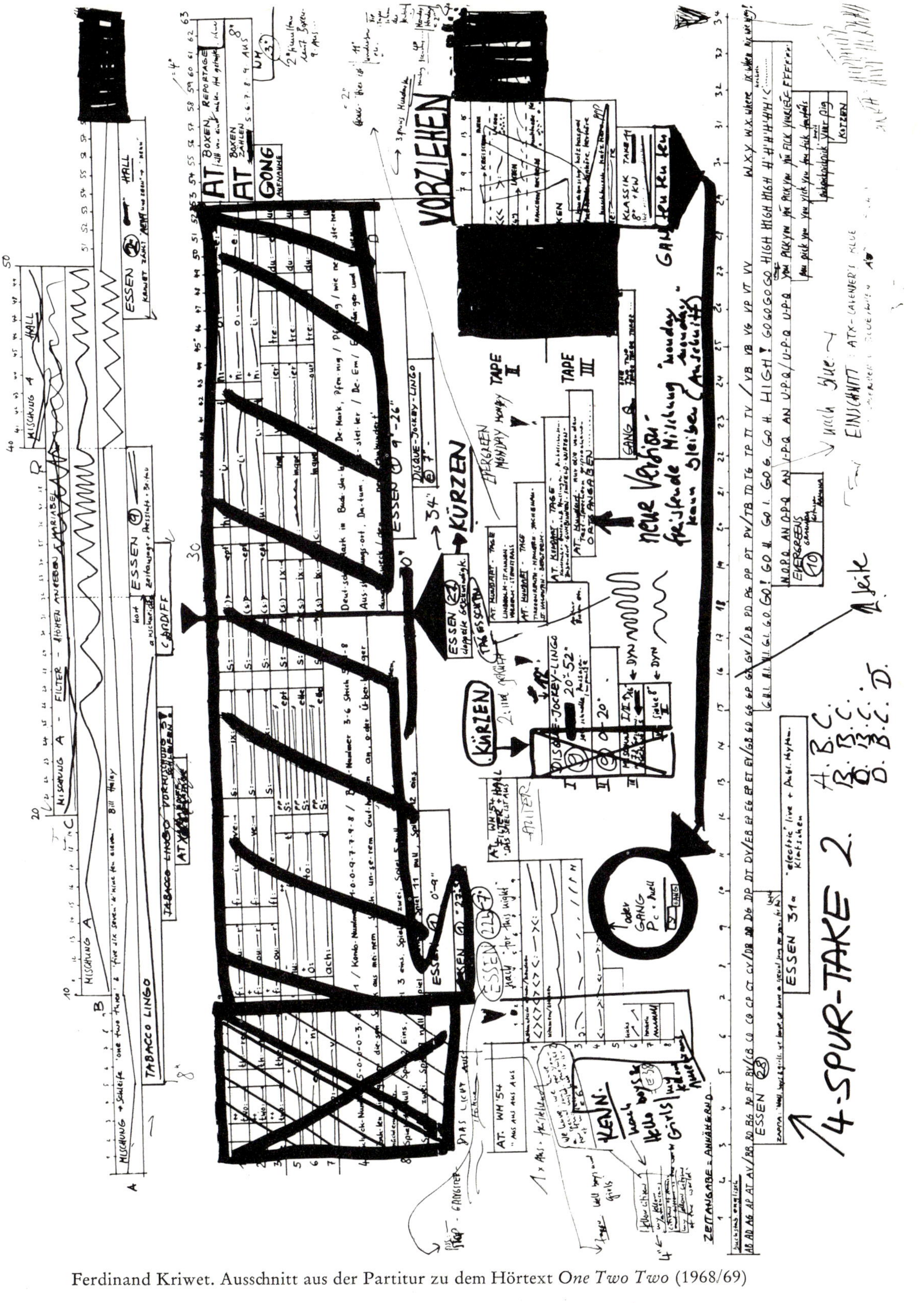

Ferdinand Kriwet. Ausschnitt aus der Partitur zu dem Hörtext *One Two Two* (1968/69)

Prinzip Montage und Collage[1]. Experimentelle Literatur entspringt dem tiefen modernen Mißtrauen gegen die Als-Ob-Realität der Kunst und die Illusorik der Sprache. Antiillusionistisch wie der kritische Dokumentarismus und Brechts „Glotzt nicht so blöd"-Zeigetheater bricht sie die Mechanik verdinglichter Sprache auf und begibt sich an die Demontage und Remontage verfestigter Rede, bis ein Gesetzestext (Handke *Drei Lesungen des Gesetzes,* 1968), eine Strafvorschrift (Achleitner *vorbereitungen für eine hinrichtung,* 1957) oder ein Konsumentenverhalten (Heißenbüttel *kinoplakat)* die stereotypen Muster freigeben.

Daß bei dieser Bewußtmachung erstarrter Sprach- und Denkklischees die alten Grenzen zwischen Lyrik und Prosa unerheblich werden, versteht sich von selbst.

All diese Sätze
Das Inventar der Gelegenheiten.
Vergiß nicht.
Gerede von Schallplatten.
Das Gedächtnis von Tonbildstreifen die abgespielt
sind
(Heißenbüttel, *Kombinationen XI, 3)*

Die Montage-Poeten machen **Inventur** mit dem gängigen Gerede, sie spielen uns die Schallplatten vor. Dabei entstehen neue, sehr variable Textsorten, die dem Leser größte Aufmerksamkeit abfordern.

Die Gefahr einer zu technischen Wirkung ist bei manchen Montagen allerdings nicht zu übersehen. Geglückte frühe Beispiele sprachreflektierender Prosa finden wir bei Alexander Kluge und Jürgen Becker.

ALEXANDER KLUGE (geb. 1932, Rechtsanwalt, Filmemacher und Medienanalysator) deckte mittels kurzer dokumentarischer Passagen, Einblendungen aus fremden Texten und eines kühl-unbeteiligten Protokollstils Muster deutscher *Lebensläufe* (1962) und Institutionen auf. In diesen fragmentarischen, auf keinen Begriff gebrachten Geschichten artikuliert sich das Bewußtsein deutscher Juristen, Militärs und Gelehrter. In *Lernprozesse mit tödlichem Ausgang* (1973) und in *Neue Geschichten* (1977) schuf Kluge weitere Erzählmodelle von Polizisten, Beamten, Werkschutzleitern, Gangstern usw. — kaleidoskopische Collagen von Jargons, Szenen, Dialogen, Sinnansätzen und Lebenspartikeln, wie sie in der gegenwärtigen Prosa einzigartig sind. Dagegen scheint sein Versuch, in *Schlachtbeschreibung* (1964, Neuausgabe 1969) aus offiziellen Dokumenten, Soldaten-Interviews, chronologischen Abläufen und Ursachenanalysen den Geist von Stalingrad als Sprachmodell zu erfassen, angesichts der Unbeschreibbarkeit einer solchen Schlacht nur approximativ gelungen; (vgl. Karl Kraus, S. 286).

JÜRGEN BECKER (geb. 1932 in Köln) gelang mit *Felder* (1964) eine gut lesbare Form neuer Collage-Prosa. *Felder* sind lose Texteinheiten ohne Handlung, die sich in 101 Abschnitten auf Köln und Umgebung beziehen: Orte der Erinnerung, Verstörung, Melancholie und Satire: Felder, auf denen das Sprachbewußtsein registrierend und ironisch hin und her springt. Keine Sozialanalyse der Stadt, sondern ein durch die Prismen glänzend imitierter Sprachstile gesehenes Köln als Anlaß zu immer neuen Erzählanläufen. Nicht die Montage, vielmehr diese vergeblichen Erzählanläufe halten die Felder zusammen. (*Ränder,* 1968; *Umgebungen,* 1970. Hörspiele und Gedichte).

Montage und Collage vorgefundener oder simulierter Redeteile, Techniken, die über das frühere entlarvende Zitieren (etwa bei Karl Kraus und Brecht) und das ironische Nachspielen fremder Stile und Diktionen (bei Joyce, Thomas Mann und Broch) hinausgehen, haben seit den 60er Jahren die vielfältigsten Anwendungen gefunden. In Film und Fernsehen wird die Methode, wenn genügend Stoff geboten wird, kaum mehr bemerkt. Auch bei den aus Prozeßakten zusammengesetzten szenischen Dokumentarstücken von Kipphardt und Peter Weiss fiel das Prinzip kaum auf.

---

[1] frz. *colle* = Klebstoff; *collage* wörtlich: Klebearbeit, Klebebild

Etwas schwieriger schon wird es für den Leser, wenn sich wie im Roman *Waisenhaus* (1965) von HUBERT FICHTE (geb. 1935) die halluzinatorischen Bilder, Erinnerungen, Sprachbrocken und Situationsfetzen im Bewußtsein eines jüdischen Kindes im Nazi-Deutschland so zusammendrängen, daß die chaotische, mehrschichtige Wirklichkeit, das inkohärente Erleben nur noch mittels der Collage darstellbar wird. Eine Montage aus unzähligen scharfbelichteten kaleidoskopartig zusammengesetzten Einzelszenen und Gesprächsstücken diente Fichte im Roman *Die Palette* (1968) dazu, über die Vergegenwärtigung des subkulturellen Milieus von Gammlern, Gaunern, Homosexuellen und anderen Randexistenzen hinaus die tiefgreifenden Störungen zwischen Trieb und Geist in unserer Kultur aufzuspüren. (s. seinen *Versuch über die Pubertät*, 1974, und *Xango. Die afroamerikanischen Religionen*, 1976). Fichte wollte die Palette-Figuren „nachmachen in Wörtern. Gegenstoff. Metawörter. Antigrammatik".

Eine mehr dokumentarische Absicht leitet den Schweizer OTTO F. WALTER (geb. 1928; *Der Stumme*, 1959; *Herr Tourel*, 1962) in seinen letzten Romanen *Die ersten Unruhen* (1972), *Die Verwilderung* (1977), worin er unter Verzicht auf jeden eigenen Stil an der Riesenmontage eines pluralistischen Sprachmodells der fiktiven Stadt und Region Jammers arbeitet, um die zur Pariser Studentenrevolte und zur Bildung jugendlicher Outsider-Gruppen führenden sozialen Vorgänge aufzuzeichnen.

Aus der Zeit um 1970 gibt es eine ganze Reihe von Prosaversuchen, in denen, analog zum industrial design, zur mechanischen Reproduktion der Welt durch Foto- und Filmapparate und zur Zusammensetzung von Maschinen und Häusern aus Fertigteilen, auch Vorgänge, Abläufe und Strukturen der Gesellschaft durch die Fertigteile der Sprache wiedergegeben werden. So nutzte GERT FRIEDRICH JONKE (geb. 1946) die Vorarbeit der Wiener Gruppe für seinen Erstling *Geometrischer Heimatroman* (1969) und für *Glashausbesichtigung* (1970). Das Dorf des Heimatromans wird wie mit Attrappen aus dem Spielzeugladen zusammengesetzt. Die Glashäuser einer wachsenden Glashauskolonie erweisen sich als leere Hüllen. Abstrakte Muster unseres Lebens.

Die Methode, Sprachklischees zu zerschnipseln und kritisch oder parodistisch aneinander zu montieren, verwandten u. a. UWE BRANDNER (im Prosa-Song *Am elften Tag)*, WOLF WONDRATSCHEK *(Früher begann der Tag mit einer Schußwunde*, 1969), GUNTRAM VESPER *(Kriegerdenkmal ganz hinten*, 1970) und MICHAEL SCHARANG *(Schluß mit dem Erzählen und andere Erzählungen)*.

Ein Meister der Kombinatorik und Permutation des Wortmaterials ist der Queneau-Übersetzer und Max-Bense-Schüler LUDWIG HARIG (geb. 1927 in Sulzbach/Saar). Ob er Texte mischt wie in der *Reise nach Bordeaux* (1965), authentisches Tonbandmaterial über die Feierlichkeiten beim *staatsbegräbnis* (1969) des ersten Bundeskanzlers verwendet, in einer Art Sprachlehrbuch eine lustige *Allseitige Beschreibung der Welt zur Heimkehr in eine schönere Zukunft* (1974) liefert oder eine *Rousseau*-Biographie (1978) vom Ursprung der Natur im Gehirn von Ludwig Harig schreibt — immer ist der mit Frankreich eng verbundene Saarländer auch witzig und hintersinnig genug, sich nicht der Methode auszuliefern. — Wie heute Realität produziert wird durch Medien und Verkaufsstrategien, vermittelt uns ein Kenner der Branchen: ALFRED BEHRENS (geb. 1944) in *Gesellschaftsausweis* (1971) und *Künstliche Sonnen* (1973). Die Kunstgespräche linksliberaler Intellektueller führte 1970 in einem decouvrierenden Zitatenkarussell Heißenbüttels Roman *D'Alemberts Ende* vor. Beispiele listig gemischter und wohlerfundener Prosa-Collagen, in denen sich alltägliches Gerede in seiner dummen Bösartigkeit entlarvt, sind *Täglicher Faschismus* (1971) und *Frühstücksgespräche in Miami* (1978) des in Kalifornien lehrenden Germanisten REINHARD LETTAU (geb. 1929).

Solchen auf die Schärfung unseres Sprachbewußtseins abzielenden Collagen und Montagen steht bei manchen Autoren ein eher äußerlicher, inhaltlicher Gebrauch der Methoden gegenüber. Etwa bei dem Hörspielautor und flotten Erzähler DIETER KÜHN (geb. 1935 in Köln), wenn er im Roman *N* (1970) zur Illustration der Zufälligkeit der Weltgeschichte neben die bekannte Biographie Napoleons zufällige andere Lebensläufe montiert, z. B. daß aus N auch ein Gärtner oder Schriftsteller hätte werden können. Oder wenn Kühn seine Recherchen über das vermarktete Image der berühmten Sängerin Josephine

Baker als Collage-Essay vorlegt (*Josephine*, 1976). Aufgabe der Literaturkritik wäre es, diese sehr verschiedenen Anwendungen und Mischungen in Zukunft deutlicher zu unterscheiden.

LITERATUR:
Hermann Meyer *Das Zitat in der (älteren) Erzählkunst.* 1961
Franz Mon *prinzip collage.* 1968

b) Lyrik: Prosa der Fakten

1965 gab PETER HAMM seine Aufsehen erregende Anthologie *aussichten* heraus, um eine neue Generation, die der Geburtsjahrgänge 1930 bis 1946, vorzustellen. Im Nachwort rechnete er mit den Nachkriegslyrikern (S. 377 ff.) ab. Um den Anspruch auf Wiederentdeckung der Wirklichkeit zu unterstreichen, warf er den Nachkriegslyrikern Flucht in Naturmystik, Lyrik der verklingenden Sprache und des „winzigen Ausschnitts Welt" vor. Das Wörtchen seismographisch sei zum fatalen Stichwort geworden, die lakonische Kürze nur ein Ausweg in hermetische Metaphorik. Völlig hätten Strukturverfechter wie Heißenbüttel, Gomringer, Mon oder Bremer mit ihren Konstellationen und der Verabsolutierung der Sprache die handgreifliche Wirklichkeit verfehlt. Die neue Generation, die nichts mehr zu verdrängen habe, bestehe nun auf der „Prosa der Fakten".

In der Tat war die Sprache dieser meist kurzen, gegenständlichen Gedichte ziemlich spröde, ihr Ton direkt. Unumwunden stellten sie Sachverhalte und Zustände fest, die sie irritierten: die triviale Idyllik von Familienfesten, Ausflügen und Sonntagmorgen, die Banalität der Amüsierbetriebe und zersiedelten Landschaften. Bundesrepublik, DDR, Schweiz und Österreich erscheinen in diesen Versen fast unterschiedslos als Ansammlung langweiliger Provinzen, in denen die ältere Generation, müde Genossen, Staatsanwälte und Polizisten die Jungen mit Vorschriften und faden Sprüchen niederhalten. Auf die Fragen nach dem Krieg und der NS-Vergangenheit wüßten sie keine Antwort. In der DDR, schrieb Rainer Kirsch, „hätten die alten Genossen zwar die Betten gemacht und das Haus gemauert . . .",

> Aber Glück ist schwer in diesem Land
> Anders lieben müssen wir als gestern
> Und mit schärferem Verstand.
> Und die Träume ganz beim Namen nennen;
> und die ganze Last der Wahrheit kennen.

Liest man die Verse von Achternbusch, Bingel über Rolf Haufs und Sarah Kirsch zu Jörg Steiner und Guntram Vesper, so fällt auf, daß der Flecken Geographie, die Umwelt von Küche, Straße, Tankstellen fast überall dieselben sind. Die neue Generation fixierte ihre Wahrnehmungen mit kargem, bisher unlyrischem Vokabular, ohne träumerische Flucht in poetische Fernen, ohne Enzensbergers Beatnik-Unmut in *Landessprache,* nicht selten auch ohne die Kunst der Zeilenbrechung. Am ehesten scheinen Rühmkorf, die einfacheren Formen von Brecht, das von Grass parodierte Volkslied und in der DDR der frühe Kunert Stilvorbilder geliefert zu haben.

In der Sammlung Hamms treffen wir auf viele Autoren, die später durch ihre Prosa bekannt wurden, z. B. Herbert Achternbusch, Thomas Bernhard, den Schweizer Bichsel (Erzählungen *Eigentlich möchte Frau Blum den Milchmann kennenlernen,* 1964; *Die Jahreszeiten,* 1967), Horst Bienek, Hubert Fichte, Günter Herburger, Ror Wolf und Gabriele Wohmann.

Die Meinung, Ende der sechziger Jahre habe dann die Protest- und Aktionslyrik (Sammlungen *Agitprop 1. dutschke, mandel, hübsch, degenhardt, süverkrup u. a.,* 1968; *agitprop, lyrik, thesen, berichte,* 1969) auf dem Weg vom individualistischen Aufbegehren zur bloßen Tendenzlyrik auch den Tod des Buchgedichts herbeigeführt, wird den komplexeren Vorgängen nicht gerecht. Die von Jürgen Theobaldy 1977 herausgegebene westdeutsche Anthologie *Und ich bewege mich doch . . . Gedichte vor und nach 1968*

schließt sich in der Abneigung gegen Hermetismus und Metaphorik und der Verwendung des Alltagsjargons fast bruchlos der Sammlung von Hamm an. Doch das Klima hat sich nach der zum Scheitern verurteilten Studentenrevolte verändert. Dem Rückzug auf das Ich, seine Neurosen, Frustrationen, Gleichgültigkeiten und schäbigen Lustgewinne, kongruiert nun nicht selten ein bloßes Feststellen zerstreuter Wahrnehmungen und ein oft durch wenig künstlerische Kontrolle diszipliniertes Sich-Aussprechen. Als Gelegenheitsgedichte, Momentaufnahmen im Alltag, transportieren sie häufig nicht mehr als lustlos oder salopp vorgetragene Irritationen. Als poetologisches Kriterium gibt Theobaldy an, daß die Gedichte „Anlässe vermitteln", sie seien „in die Lücke zwischen Ich und dem Gegenstand geschrieben", und es käme darauf an, wie sie diese Lücke bewußt machen. Dies freilich läßt sich nur an jedem Gedicht einzeln prüfen:
an Gedichten von Arnfried Astel (geb. 1933), F. C. Delius (geb. 1943, *Wenn wir bei Rot,* 1969; *Ein Bankier auf der Flucht,* 1975), Hugo Dittberner (geb. 1944, *Passierscheine,* 1973; *Der Biß ins Gras,* 1976), Ludwig Fels (geb. 1946, *Ernüchterung,* 1975; *Alles geht weiter,* 1977), Helga Novak (geb. 1935, *Balladen vom kurzen Prozeß,* 1975), Ernst Steffen, Ralf Thenior, Volker von Törne (geb. 1934, *Wolfpelz,* 1968), Rolf Haufs (geb. 1935, *Die Geschwindigkeit eines einzigen Tages,* 1976), Guntram Vesper (geb. 1941) oder Ursula Krechel (geb. 1947).

Ein Vergleich kann die verschiedene Vermittlung ähnlicher Anlässe zeigen:

Erich Fried

Einbürgerung

Weiße Hände
rotes Haar
blaue Augen

Weiße Steine
rotes Blut
blaue Lippen

Weiße Knochen
roter Sand
blauer Himmel

Jürgen Becker

In der Nähe von Andy Warhol

als er dann wankte und umfiel
der Schwarze auf dem Union Square
hob ich ans Auge die Kamera
und sah im Sucher, daß
er liegen blieb
zwischen den gehenden Leuten

ERICH FRIED (geb. 1921 in Wien, 1938 Emigration nach London, Übersetzer von Shakespeare und Dylan Thomas, Autor vieler kritisch-kämpferischer Warn- und Protestgedichte wie *und Vietnam und,* 1966) liebt seit je auch das Sprachspiel *(Die bunten Getüme,* 1977). Wie Gomringer variiert er oft nur Wörter, übernahm aber von Brecht die dialektische Umkehrung, um, wie im angeführten Beispiel, das Wort Einbürgerung (eines Farbigen in England) als Trug zu entlarven.

Anders verfährt JÜRGEN BECKER (Lyrikbände *Schnee,* 1971; *Erzähl mir nichts vom Krieg,* 1977). Becker fixiert Ort, Vorgang und Beobachter kurz und genau. Es charakterisiert die „neue Sensibilität", daß die unchiffrierten Ich-Gedichte, ausgelöst durch Beobachtungen auf Straßen, Parkplätzen, in Kinos oder vor dem Fernsehschirm, die Dinge unverhüllt beim Namen nennen. Oft geben die Autoren sogar Ort und Datum an: „Bahnhof Lüneburg, 30. April 1976" (Nicolas Born) oder „16. 10. 1971 . . . Rap Brown haben sie geschnappt / verwundet / sein gesicht in der spätausgabe / der tagesschau . . ." (Peter-Paul Zahl). Ihre Umwelt ist die der städtischen Gegenwart. Für unbeschädigte Natur ist kaum noch Raum inmitten von Auspuffgasen und Kaufhäusern mit Plastikblumen. „Das Wort Herbstlicht / verbreitet keinen unbefangenen Schein von Freundlichkeit. Ich / weiß / Aber es sind trotzdem verlockende Worte . . ." (Roman Ritter). Der

Unterschied zu Versen von RAINER MALKOWSKI *(Was für ein Morgen,* 1975), der Töne der 50er Jahre wieder aufnimmt, springt sofort in die Augen: „. . . Kabelrollen und Stapeln verwitterter Schwellen. / Und hinter der Bahn, / stadteinwärts- / aber das laß uns vergessen. / Der Fluß macht unser Boot schnell . . .“ Wenn Malkowski fortfährt: „Immer noch fällt es uns leicht, / abwesend / und glücklich zu sein“, so sagte dagegen YAAK KARSUNKE (geb. 1934, aktiv in der APO, 1968 nach der russischen Intervention gegen den Prager Frühling aus der Redaktion des *Kürbiskern* ausgeschieden) zu seinen Gedichten: „Eine geglückte Verbindung der sinnlich-emotional-spontanen Qualitäten der Beat- und Nachbeat-Generation mit dem kritisch-historischen Bewußtsein Brechts . . . wäre ideal“ (*Kilroy & andere,* 1967; *reden und ausreden,* 1969). Die Gefahr emotionaler Spontaneität, ins bloße Reden zu geraten, vermied REINHARD LETTAU (geb. 1929). Seine politisch-satirischen Verse treffen zielsicher die Pointe *(Gedichte,* 1968).

Von den Lyrikern, die unmittelbar alltägliches Sprech- und Erfahrungsmaterial in ihre Gedichte aufnahmen, erwies sich NICOLAS BORN (geb. 1937), was Genauigkeit des Blicks, Gestus und Rhetorik betrifft, von Band zu Band als der disziplinierteste, „je mehr die Zeit der großen Ausbrüche vorbei ist“ *(Marktlage,* 1967; *Wo mir der Kopf steht,* 1970; *Das Auge des Entdeckers,* 1972; Gesamtausgabe 1978; Roman: *Die erdabgewandte Seite der Geschichte,* 1976).

Eine Neuentdeckung der letzten Jahre ist KARIN KIWUS (geb. 1942, lebt in Berlin). In den Bändchen *Von beiden Seiten der Gegenwart* (1976) und *Angenommen später* (1978) stellt sich eine Lyrikerin vor, die vom Schnoddrig-Direkten bis zum rein Lyrischen über ein weites Register von Sprechweisen und Rollen verfügt. Im Vergleich zur nackten Präsenz ihrer Gedichtinhalte bieten die Gedichte von MICHAEL KRÜGER (geb. 1943, lebt in München) den Prozeß intellektueller Verarbeitung dar. Ironisch-melancholische Selbstgespräche eines Skeptikers in Dingen der Kunst und des Lebens *(Reginapoly,* 1976; *Diderots Katze,* 1978).

Die Lyrik nach 1968 läßt sich nicht einheitlich auf „neue Subjektivität“ und „neue Sinnlichkeit“ festlegen. Soweit dies zutrifft, ist sie wie Beat, Rock, Pop und Protestsong kaum ohne gewisse Einflüsse aus der amerikanischen Subkultur und Anregungen durch Charles Olson und Frank O'Hara denkbar, wenn auch nur selten in einem westdeutschen Gedicht von heute so radikale Selbsterfahrungen und reale Scheußlichkeiten zur Sprache kommen wie bei amerikanischen Autoren. Das „offene“ Gedicht von William Carlos Williams (1883—1964) und Olson, das Gedicht als Energiemenge und Ausdehnung von Inhalt ohne Metrum, Reim und Strophe, ist nicht so einfach als poetologisches Rezept zu kopieren. Sein Gradmesser ist die Auswahl der Wahrnehmungen und die Intensität real erlebter Widersprüche, die unbeschönigte Wiedergabe der Zerrissenheit von Ich und Wirklichkeit und die Betroffenheit des Lesers. Betroffenheit ist infolge der Auflösung tradierter Formen zu einer Schlüsselvokabel geworden.

Daß in der Literatur Trends und Moden jedoch nicht allein zählen und auch Kinder von Coca Cola, Batman, Musicbox und Hollywood unverwechselbare Dichtung hervorbringen können, bewies die Entwicklung von ROLF DIETER BRINKMANN (geb. 1936, tödlich verunglückt 1975 in London). Der Übersetzer von Frank O'Hara, Mitherausgeber neuer amerikanischer Lyrik in den Anthologien *Acid* und *Silverscreen* (1969), Autor respektloser Collagen, besessen von Pop und Kino („Ja, ich bin auf der Straße aufgewachsen . . .“), war von den Schablonen, dem falschen Glamour und schäbigen Abfall dieser Zivilisation bis zum physischen Ekel angewidert. Weich und aggressiv, verkörperte er die „Wirrheit aller zeitgenössischen Sensibilität“ (Eheroman *Keiner weiß mehr,* 1968; Gedichte *Die Piloten,* 1968; *Gras,* 1970). Seine in Köln, London, Texas und Rom entstandenen Gedichte (*Westwärts 1 & 2; Rom; Blicke,* 1975 und 1976 posthum) sind ohne begrifflich-politische Hinterfragung durchdrungen von den toten Dingen und Wörtern, dem Stoff der heutigen visuell-fotografisch erfahrenen Realität: „Die wirklichen Dinge, die passieren . . . keine Buchtitel, Inhalte, Zitate“. Sie sind als Tagebuch-Collagen typographisch über die Seiten verteilt oder zu Kolonnen gehäufte Zeugnisse einer intensiven Verfallenheit an die zersplitterte Umwelt und oft gleichzeitig von einzigartiger Distanz. Brinkmann erhielt nach seinem Tode den Petrarca-Preis auf dem Mont Ventoux.

Hatte Petrarca zu Beginn der Renaissance, wie Bazon Brock sagte, das menschliche Subjekt im Bilde der unversehrten Natur entdeckt, so Brinkmann es als Fremdes im Müll und Blech unserer Industrielandschaften zu behaupten versucht. Natur ist hier nicht geheimnisvolle Chiffre wie bei Huchel, mythisches Bild wie bei Bobrowski oder Anlaß zu neobukolischer Ironie wie in Gedichten Krolows Ende der fünfziger Jahre. Brinkmanns Gedichte sind, um einen Buchtitel von Jürgen Becker zu borgen: „Das Ende der Landschaftsmalerei".

LITERATUR:
Alexander Bormann *Politische Lyrik in den sechziger Jahren. Vom Protest zur Agitation* in: M. Durzak (Hg.) *Die deutsche Literatur der Gegenwart.* 1971
Theobaldy/Zürcher *Veränderungen der Lyrik. Über westdeutsche Gedichte seit 1965.* 1977
H. Bender u. M. Krüger (Hg.) *Was alles hat Platz in einem Gedicht? Aufsätze zur deutschen Lyrik seit 1965.* 1977
Peter Rühmkorf *Strömungslehre I. Poesie* (1978). Gesammelte Aufsätze zur Lyrik und Lyrikrezeption seit 1962
Anthologie: H. Bender (Hg.) *In diesem Lande leben wir. Deutsche Gedichte der Gegenwart.* 1978

Viele lässig-spontanen Gedichte aus jüngster Zeit sind bloß faktographische Abspiegelungen, belanglose Alltagsnotizen, die in ihrer Beliebigkeit der Spannung entbehren. Für **Lyriker der DDR,** die sich mit Hilfe Brechts schon lange vom engen Doktrinarismus und der Erwartung prosaischer Verständlichkeit freigeschrieben haben, ist jedoch die Distanz zur üblichen Seh- und Sprechweise der wichtigste Grund lyrischen Sprechens. Brechts listige Dialektik, Huchels nicht sofort durchschaubare „Naturlyrik" boten in den fünfziger Jahren ästhetische und geistige Schutzräume, bis dann Wolf Biermann mit sarkastischen Attacken auf jede „poetische Tarnung" verzichtete und das Regime direkt herausforderte (S. 391).

Unter solchen Voraussetzungen schrieb eine Altersgenossin von Brinkmann, SARAH KIRSCH (geb. 1935), die mit Rainer Kirsch, Kurt Bartsch, Horst Bienek, Bernd Jentzsch, Karl Mickel, Andreas Reimann und Guntram Vesper schon 1965 in Hamms *Aussichten* vertreten war, meist naturlyrische, leicht doppelbödige Gedichte *(Landaufenthalt,* 1967; *Zaubersprüche,* 1973; *Rückenwind,* 1977) und brachte es fertig, in Versen von Mond und Sternen, Seen und Wäldern, Orten und Menschen ideologischen Pflichtübungen auszuweichen, der Einsamkeit und Trauer Ausdruck zu geben. Sie ging 1977 nach der Biermann-Ausbürgerung in den Westen, wie REINER KUNZE (geb. 1933), der nach naiven Anfängen *(Vögel über dem Tau,* 1958; *Aber die Nachtigall jubelt,* 1962) nach dem unterdrückten Prager Frühling die Bände *Sensible Wege* (1969) und *Zimmerlautstärke* (1972) schon bei Rowohlt und Fischer herausbringen mußte. Besondere Aufmerksamkeit verdient heute Rainer Kirsch, vor allem aber VOLKER BRAUN (S. 391; zuletzt *Gegen die symmetrische Welt,* 1974; *Der Stoff zum Leben,* 1978) und die Art, wie er in seine um den Verlust spontanen, freien Handelns besorgte Dichtung Geist und Sprache von Klopstock, Hölderlin, Goethe und Che Guevara einmontiert. In ihrer dialektischen, darum nicht sofort verstehbaren Konstruktion *(Notate. Es genügt nicht die einfache Wahrheit,* 1976) wollen geschichtliche Hoffnungen die gegenwärtige Erstarrung aufbrechen.

Von den Lyrikern, die bis heute in der DDR geblieben sind, ist GÜNTER KUNERT (S. 362) der bedeutendste. Seine Verse *(Wegschilder und Mauerinschriften,* 1954) waren zunächst von der didaktischen Lakonik Brechts angeregt. Sie entsagten jeder Stimmung und Melodik, waren geprägt von heller Wachsamkeit und einem scharfen Gedächtnis, das nichts von der finsteren NS-Vergangenheit vergessen wollte. Mehr und mehr trat jedoch an die Stelle von Dialektik und Ironie das Paradoxe mit Anflügen von Wehmut *(Tagwerke,* 1961; *Erinnerungen an einen Planeten,* 1963; *Der ungebetene Gast,* 1965). In seinen letzten Bänden — *Warnung vor Spiegeln,* 1970; *Im weiteren Fortgang,* 1974; *Unterwegs nach Utopia,* 1977 — stehen todernste metaphorische Gedanken über untergegangene Zivilisationen und unsere apokalyptische Technik, Verse, wie sie unsere Lyriker der „neuen Sensibilität" nicht schreiben würden. Sie machen ihn zu einem einsamen Dichter, der auch im ökonomischen Materialismus des Westens nicht vereinnahmt werden könnte:

Vögel: fliegende Tiere
ikarische Züge
mit zerfetztem Gefieder
gebrochenen Schwingen
überhaupt augenlos . . .

das ist der Ikarus-Flug nach Utopia, „wo keiner hingelangt / wo nur Sehnsucht überwintert". Lyrik als persönlicher Ausdruck geistiger Auseinandersetzungen, nicht nur erweiterte sinnliche Wahrnehmung.

Ein ganzes Leben umschließen die *Gesammelten Gedichte* von ROSE AUSLÄNDER. Sie machten 1976, mit Holzschnitten von HAP Grieshaber, auf eine Dichterin aufmerksam, die noch am ehesten neben Nelly Sachs und Paul Celan zu stellen wäre, obschon ihre Verse viel dingnaher sind und weniger in mystischen Welten beheimatet. Rose Ausländer, geb. 1907 wie Celan in Czernowitz/Bukowina, hatte 1941 bei der deutschen Eroberung ihrer völkerreichen Heimat am Pruth ihre Mutter im Getto verloren, sie selbst ging 1946 in die USA und kam 1965 gealtert und krank nach Düsseldorf. Mit „kühner und trauriger Stimme", sagte damals Marie-Luise Kaschnitz, beschwören ihre häufig nur zwei- oder dreistrophigen Gedichte Erinnerungen an die Landschaft am Pruth, vor unseren Augen erstehen der Fluß, die Dörfer, die Menschen, ihr Vater, die toten Jugendgefährten und die jüdischen Bräuche des späten, schon abklingenden Chassidismus — eine uns unbekannte deutschsprachig-jüdische Welt, aus der heraus wir auch die vielumrätselten Gedichte Celans besser verstehen könnten. Sie wird gegenwärtig in skeptisch geprüften Worten: „Lippen ja es bleibt noch viel zu sagen." *(Doppelspiel; Es ist alles anders,* 1977; *Mutterland,* 1978).

c) Erzähler

Gesellschaft im Spiegel. Im Rückblick auf die 60er Jahre fällt auf, wie sehr damals im gesellschaftskritischen Roman die satirischen Darstellungen dominierten (Hans Werner Richter *Linus Fleck oder der Verlust der Würde;* Heinz von Cramer *Die Kunstfigur,* 1958). Häufig findet sich auch die Allegorik, so in Bölls *Billard*-Roman und in Grass' *Hundejahren,* dann die Clowns- und Außenseiterperspektive, etwa in Gerhard Zwerenz' *Casanova* (1958), Paul Schallücks *Don Quichote in Köln* (1967), bei Böll und Grass, und eine stark absurd-groteske Überzeichnung in der Behandlung des Generationenkonflikts (Gisela Elsner *Die Riesenzwerge,* 1964; Renate Rasp *Ein ungeratener Sohn,* 1967).

Einer der ersten Romane, der die westdeutsche Gesellschaft nicht mehr im satirisch-grotesken Spiegel zeigte, war *Illusionen* (1959) von RUTH REHMANN, worin die Arbeit der leitenden Herren eines Konzerns wirkungsvoll mit ihren schalen Night Club-Exzessen kontrastiert wird. Ihr Roman *Die Leute im Tale* (1968) beschrieb die schwierige Bewußtseinsänderung der Landbevölkerung angesichts der raschen Industrialisierung.

Relativ spät hat MAX VON DER GRÜN (geb. 1926 in Bayreuth) zur Literatur gefunden. Für den Mitbegründer der Dortmunder Gruppe 61, deren Sprecher er bis zur Auflösung 1970 war, war der Anlaß seines Schreibens neben den Demütigungen der Kindheit — sein Vater kam ins KZ — seine Erfahrung als Hauer und Kohleschlepper unter Tage im Ruhrgebiet von 1951 bis 1963. Grüns erster Roman *Männer in zweifacher Nacht* (1962), der von verschütteten Bergleuten erzählt, fand lange keinen Verleger, der zweite *Irrlicht und Feuer* (1963), eine differenzierte Auseinandersetzung mit den Arbeitsbedingungen, erregte Ärgernis bei Unternehmern und der IG Bergbau. Grün wurde entlassen, wie die Hauptfigur in *Zwei Briefe an Pospischiel* (1968). *Stellenweise Glatteis* (1973) nahm die Abhöranlagen im Betrieb aufs Korn. Grün, der nicht viel von der Bezeichnung Arbeiterdichter hält, geht es um die Humanisierung des Arbeitsplatzes, die Solidarität der Arbeiter und die Achtung von Minderheiten. — An Eindringlichkeit und Erzählkomplexität übertrifft ihn vielleicht CHRISTIAN GEISSLER (geb. 1928 in Hamburg), dessen Romane *Anfrage* (1960), nämlich an die ältere Generation, *Das Brot mit der Feile* (1973) und die Geschichte einer exemplarischen Aktion Hamburger Arbeiter 1933 *Wird Zeit, daß wir leben* (1976) ein entschiedenes moralisch-politisches Engagement auszeichnet.

„Innerhalb des Akkordsystems, der Großbetriebe, Fließbandsysteme", sagte der Enthüllungspublizist GÜNTER WALLRAFF (geb. 1942, *13 unerwünschte Reportagen,* 1969; *Neue Reportagen,* 1972), „innerhalb dieser Knochenmühlen" könne es kaum noch Individuen geben wie in früheren Romanen. Um aber das Leben außerhalb der Betriebe zu erfassen, brauche es wieder „mehr Fantasie, mehr Sinnlichkeit, ohne ins Trivialistische abzugleiten" (in: *Literaturmagazin 4,* 1975). Fraglich ist, ob GÜNTER HERBURGER (geb. 1932 in Isny/Allgäu), Autor vieler Kinderbücher, Gedichte und Hörspiele, dem es an sinnlicher Fantasie und ausgiebigen Materialsammlungen gewiß nicht fehlt, mit seinen Romanen diesem Ziel schon gerecht wird: dem Zukunftsroman vom Hippie, Popstar und anarchischen Weltverbesserer *Jesus in Osaka* (1970) und den weitschweifigen Utopie-Erprobungen in *Flug ins Herz* (1977).

Subtiles Einfühlungsvermögen und einen genauen Blick für die Zwänge und Nöte der Unterschicht, für Arbeiterinnen, ledige Mütter und an den Rand Gedrängte besitzt ANGELIKA MECHTEL (geb. 1943). In ihren Reportagen und Erzählungen werden deren gesellschaftstypische Abhängigkeiten unmittelbar lebendig *(Kaputte Spiele,* 1970; *Friß Vogel,* 1972; *Die Träume der Füchsin,* 1976; *wir sind arm, wir sind reich,* 1977, ein in der Adenauerzeit spielender Roman mit einer jugendlichen Ich-Erzählerin).

Trotz mancher Ermunterungen, vor allem durch den Werkkreis Literatur der Arbeitswelt, der sich 1970 in Köln von der Gruppe 61 absetzte, ist die Literatur dieses Lebensbereiches für einen Industriestaat von der Größenordnung der Bundesrepublik nicht gerade umfangreich.

Eine beachtliche, genaue Beobachterin hat dagegen der bürgerliche Mittelstand in GABRIELE WOHMANN (geb. 1932 in Darmstadt) gefunden. In ihren zahlreichen Erzählungen seit 1956 *(Sieg über die Dämmerung,* 1960; *Die Bütows,* 1967; *Ländliches Fest,* 1968; *Dorothea Wörth, 1975;* Roman *Ernste Absicht,* 1970) klammert sie zwar das Politische, Ökonomische aus, um so schärfer sind jedoch ihre Beobachtungen am privaten Alltag der bürgerlichen Wohlstandswelt. Im Umkreis der Familie und Schule, an Sonntagen und Feierabenden zeigen sich ihr die Risse in den Fassaden, die Bosheiten und Unempfindlichkeiten, der allgemeine Verlust an Liebe und Mitteilungsfähigkeit. Niemand kann wie sie Gesten und Verhaltensweisen so genau beschreiben, in erlebten Reden und inneren Monologen sichtbar machen. Sie sieht, erschrickt und notiert, aber sie moralisiert nicht. Der ihr zugeschriebene böse Blick einer Pessimistin ist eher Selbstverteidigung. In den Romanen *Schönes Gehege* (1975), einem Buch über ihre eigene Schriftstellerexistenz, *Ausflug mit der Mutter* (1976) und *Frühherbst in Badenweiler* (1978) vertieft sich deutlich die subjektive Anteilnahme.

Was Wohmann ihrer sensiblen Beobachtung, das verdankt WALTER KEMPOWSKI (geb. 1929 in Rostock) der Vorarbeit der konkreten Poesie und seinem unglaublichen Gedächtnis, wenn er das Privatleben seiner nationalkonservativen Rostocker Kaufmannsfamilie von 1939 bis 1945 und von 1945 bis 1948 aus lauter winzigen Momentaufnahmen, Kurzszenen und den in der Familie üblichen zitatfähigen Redensarten und Mätzchen zusammensetzt. Die beiden Romane *Tadellöser und Wolff* (1971) und *Uns geht's ja noch gold* (1972) sind freilich nicht zuletzt so beliebt geworden, weil die Greuel der Nazizeit kaum in das besitzbürgerliche patriotische Bewußtsein dieser Familie eingedrungen sind. Die kommentarlose „grotesk gefärbte, aphoristische Epik" (Kempowski) erzeugt bei naiven Lesern eher Lachen als Nachdenklichkeit.

Schärfer rechnete ELISABETH PLESSEN (geb. 1944) in ihrem Erstling *Mitteilungen an den Adel* (1976) mit der versteinerten, in Begriffen von Pflicht und Ordnung erstarrten Tradition ihrer Vorfahren, holsteinischen adligen Grundbesitzern, ab. Eine informative Ergänzung zu diesen Gesellschaftsbildern ist die von der Bismarckzeit an erzählte Chronik einer Münchener Arbeiterfamilie *Zeit zum Aufstehn* (1975) von AUGUST KÜHN (geb. 1936).

Verstörungen. Das Beispiel eines neuen, psychologisch vertieften Realismus, der der „Welt die konventionelle Bekanntheit nehmen und etwas von ihrer ursprünglichen Fremdheit und Dichte zurückgewinnen" will, gab 1969 Dieter Wellershoff mit seinem Roman *Die Schattengrenze.* Mit Schnitten, Überblendungen und Subdialogen, an der Schattengrenze zum Unbewußten, zeigt er den Identitätszerfall eines Angestellten, der dem Konkurrenzkampf nicht gewachsen ist, die Angst, das Versagen, die Flucht in den Alkohol und die Aggressionsphantasien eines schizoiden Bewußtseins. Der Erzähler Wellershoff (geb. 1929 in Neuss; *Ein schöner Tag,* 1966; *Die Schönheit des Schimpansen,* 1977) ist vor allem auch ein Literaturtheoretiker höchsten Ranges *(Literatur und Veränderung,* 1969; *Literatur und Lustprinzip,* 1973).

Peter Handke (geb. 1942 in Kärnten, s. S. 374) wandte sich 1970 mit der Erzählung *Die Angst des Tormanns beim Elfmeter* demselben pathologischen Thema zu, wobei es Handke freilich nur um Identität innerhalb der Sprach- und Zeichenwelt geht. Auch beim ehemaligen Tormann Bloch haben wir das Herausfallen aus dem Beruf, das ziellose Umherirren in der Stadt, die unmotivierte absurde Aggressionshandlung der Ermordung einer Kellnerin, die Angst und die Flucht. In der Optik des ehemaligen Tormanns, der Realität nur als Angriff auf sich und sein Tor erfährt, bewirkt die Verfolgungsangst, daß jede Geste, jedes Wort von ihm fehlgedeutet wird. Im angstgetriebenen Versprachlichungszwang kommt Bloch nicht zur Ruhe, nur „je müder er wurde, desto klarer nahm er alles wahr, unterschied eines vom anderen . . . ohne es erst wie früher als Worte und Wortspiel zu erfassen". Befreiung von privater Depression und von Routinezwang durch ein neues Sehen und Wahrnehmen, um sich als singuläre dichterische Existenz noch im Wort zu behaupten, ist auch das Motiv seiner Erzählungen *Der kurze Brief zum langen Abschied* (1973), *Falsche Bewegung* (1973), *Die Stunde der wahren Empfindung* (1975) und *Die linkshändige Frau* (1976).

In *Wunschloses Unglück* (1972) beschreibt Handke das gedrückte, stolze Leben seiner Mutter und ihren wohlvorbereiteten Freitod. Neurosen und Todesdrohung verleihen seit einigen Jahren vielen Büchern das Siegel der Authentizität: Günter Steffen *Die Annäherung an das Glück;* Heinar Kipphardt *März* (1976); Jean Améry *Diskurs über den Freitod;* Maria Erlenberger *Der Hunger nach Wahnsinn* (1977), und am ergreifendsten Hans Frick in dem kristallharten Prosatext vom Tod seiner Mutter *Die blaue Stunde* (1977).

Kritiker Handkes wenden ein, daß es sich bei seiner neuen Sensibilität mehr um die private Erlebnisfähigkeit eines Ästheten handelt. Thomas Bernhard (geb. 1931), einen anderen Österreicher, kann ein solcher Verdacht nicht treffen. In seinem unerbittlich konsequenten Werk ist moderne Entfremdung — in Goethes *Wilhelm Meister* noch bürgerliche Selbstbeschränkung, bei Stifter hinter dem geschönten *Nachsommer*-Idyll etwas Pathologisch-Dämonisches — bis zur völligen Verkrüppelung des Subjekts fortgeschritten (Romane: u. a. *Frost,* 1964; *Verstörung,* 1967; *Das Kalkwerk,* 1970. Filmtexte, Dramen: *Die Macht der Gewohnheit; Die Jagdgesellschaft,* 1974; *Der Präsident,* 1975; *Immanuel Kant,* 1978). Die deformierten „Helden" Bernhards leben zwar häufig in verdüsterten Gegenden Österreichs, wo auch die Landschaft teilnimmt an der Erkrankung dieser verkommenen Ärzte, verrückten Künstler, Wissenschaftler und sonderbaren Aristokraten. Doch ihre Allergien und die Finsternis ihres Fleisches, Wahnsinn, Isolierung, Unterdrückung und Gewalt gehen im Begriff negativer Heimatroman nach Art von Brochs Bergroman und Hans Leberts *Wolfskaut* nicht mehr auf. Der Aufklärer Kant, auf den das Irrenhaus wartet, der Popanz eines Präsidenten, der Arzt in *Watten* sind tief schizoide Rest-Iche. Von den Perversionen moderner Vernunft und entleerter Kommunikation belagert, können sie die komplexe Realität von heute nicht mehr verarbeiten. So schütten sie unter affektivem Hochdruck in endlosen Wiederholungen und spiraligen Sätzen ihre quälenden Rechtfertigungen aus, maßlose Beschuldigungen, irre Beichten und komische Granteleien, die der Autor in musikähnlicher Komposition und Variation zu Großmetaphern einer Welt gestaltet, in der Krankheit, Alter, Tod nur noch sinnlos skandalöse Tatsachen sind und schon die geringsten Anlässe die Rebellion gegen die Gemeinheit und Ungereimtheit des Lebens, die Zwangsjacken und Gewohnheiten der Sprache provozieren. Wer sich auf Bernhards Werke einläßt, kann sich, wie bei Kafka und Beckett, nur schwer ihrem bitteren Wahrheitsanspruch entziehen. Sie sind, auch in der bewußten Zerstörung des Erzählvorgangs, Allegorien unserer Weltverfassung, des Bewußtseins unseres gegenwärtigen Zeitalters (autobiographische „Andeutungen“: die Abrechnung mit seiner „Heimat“-Stadt Salzburg in *Die Ursache; Der Keller; Der Atem,* 1978).

Theater ohne Brecht. Die privaten Schmerzen der Figuren Bernhards verlöschen in einem universalen Finsternissystem. Auf gesellschaftlichem Hintergrund der siebziger Jahre, nach der Revolte und in einem nachbrechtischen Theater alltäglichen Wahnsinns, der Zusammenhanglosigkeit, Isolierung und geistigen Stagnation, spielen, in Banalität verpackt, die bisherigen Stücke von BOTHO STRAUSS (geb. 1944, lebt in Berlin). *Die Hypochonder* (1972), *Trilogie des Wiedersehens* (1976), *Groß und klein* (1978) sind Stücke ohne Handlung und Fabel: labile, melancholische Individuen, für die das Leben in Surrogaten jeden Sinn verrätselt hat, vereinsamte Menschen, die unter der dauernden Bedrohung stehen, eine „Beute von wilden Empfindungen und Redensarten“ zu werden. Sie fügen sich in der *Trilogie des Wiedersehens* zu einem Psychodrama beziehungsloser Äußerungen, platter oder tiefsinniger, absurder und verrückter verbaler Gestikulationen. Insofern und in der Verabschiedung des rationalen Optimismus Brechts ist dieses Theater nicht ohne zeitgenössische Verwandtschaft mit den wüsten Alpträumen, Blutorgien und geschmacklosen Schreckensvisionen, dem Auseinanderbrechen jeder Dramaturgie in HEINER MÜLLERS (s. S. 376) bewußt irrwitziger Geschichtsmontage *Germania Tod in Berlin* (1978). Vielleicht müßte man zur Wiener Gruppe, zu KONRAD BAYER, zurückgehen, um die früheste Darstellung solcher Sprach- und Sinnverzweiflungen aufzufinden.

Zwischen Salzburg und Graz. Zwischen Salzburg und dem Literaturzentrum Graz ist nach Auflösung der Wiener Gruppe (S. 400 f.) im letzten Jahrzehnt zusehends eine rege, ganz eigenständige Literaturprovinz entstanden. Daß ihre Werke weniger Aufsehen erregen als Bücher aus der DDR, hat ausschließlich politische Gründe. Zu den bekanntesten österreichischen Schriftstellern zählen — neben Handke, Thomas Bernhard und G. F. Jonke — WOLFGANG BAUER mit seinen aus Happening und Klischeereflexion gemischten Boulevardstücken *Magic Afternoon* und *Party for Six,* 1969 (Gesamtwerk mit Prosa und Lyrik *Die Sumpftänzer,* 1978), BARBARA FRISCHMUTH, die 1968 mit der köstlichen Sprachsatire *Die Klosterschule* debütierte, ALFRED KOLLERITSCH, der Leiter des Grazer Forums Stadtpark, Autor der Romane *Die Pfirsichtöter* (1972), *Die grüne Seite* (1974) und des Gedichtbands *Einübung ins Unvermeidbare,* und GERHARD AMANSHAUSER mit dem satirischen Roman *Schloß mit späten Gästen,* den Satiren *Ärgernisse* und den Essays *Satz und Gegensatz.*

ALOIS BRANDSTETTER schrieb die humorvollen Romane *Die Abtei* und *Zu Lasten der Briefträger.* Ideologische und sprachliche Denksysteme ironisiert HELMUT EISENDLE in das *Exil oder Der braune Salon* (1977). Die Unfreiheit des Redens und Denkens behandelt *Die Unterkunft* von ERNST NOWAK. Während PETER ROSEI in *Bei schwebendem Verfahren* den Alptraum einer totalen Bürokratie schildert und in anderen Romanen *(Wer war Edgar Allan?; Von hier nach dort,* 1978) schmerzhafte Erfahrungen zwischen Wahn, Rausch und Traum beschreibt, berichtet GERNOT WOLFGRUBER von den Zwängen des Arbeiterlebens *(Herrenjahre),* erzählt FRANZ INNERHOFER seine schwierige Entwicklung vom Bauernkind *(Schöne Tage)* zum Fabrikarbeiter *(Schattseite)* und enttäuschten Studenten *(Die großen Wörter,* 1977).

Hervorzuheben ist GERHARD ROTHS *autobiographie des albert einstein* (1972), ein Roman, der die Überforderungen unseres Bewußtseins durch die Außenwelt darstellt. Zu ihnen ließe sich wegen der Nähe zu Thomas Bernhard auch der Schweizer E. Y. MEIER rechnen *(In Trubschachen; Eine entfernte Ähnlichkeit).*

Ersichtlich hat sich diese jüngere Literatur des neutralen Landes schon ganz von der geschichtlich weit ausgreifenden Epik eines Musil, Broch und Doderer entfernt. Altösterreich ist versunken, und mit ihm die tarockanischen Kuriositäten von HERZMANOVSKY-ORLANDO (1877—1954): seine herrlich-grotesken Einfälle feierten im *Ruinenbaumeister*

(1969) und in der virtuosen *Deutschen Suite* (1972) von HERBERT ROSENDORFER (geb. 1934 in Bozen, lebt in München) eine gewisse Auferstehung. 1973 starb ALBERT PARIS GÜTERSLOH, der fantastisch-skurrile, facettenreich weitschweifige Maler-Dichter *(Sonne und Mond,* 1962). ELIAS CANETTI (geb. 1905; Hauptwerke: der Roman *Die Blendung,* 1935; der große Essay *Masse und Macht,* 1960) lebt seit seiner Emigration 1938 in London. So wird die Welt des einstigen Vielvölkerstaats literarisch nur noch von dem Wiener Rechtsanwalt ALBERT DRACH (geb. 1902) repräsentiert, sie lebt fantastisch-grotesk fort in seinen Panoptikumsstücken, worin auch Himmler und Hitler vorkommen, und in der pedantisch-komischen k. u. k. Kanzleisprache seines chaplinesken Romans *Das große Protokoll gegen Zwetzschkenbaum* (1964).

Für die jüngere Generation bedeutet das Versinken Altösterreichs und die politische Neutralität eine spürbare Entlastung von Geschichte und ideologischen Zwängen. Aber indem sie sich noch immer mit Doderers „Apperzeption" des verwickelt-konkreten Lebens, der Vertracktheit des Daseins beschäftigt und die von Nestroy, Karl Kraus und den Wiener Neopositivisten entwickelte Sprachskepsis lebendig hält, ist diese jüngste Literatur wieder und auf neue Weise ganz österreichisch.

LITERATUR:
Hilde Spiel *Die zeitgenössische Literatur Österreichs.* 1976
manuskripte. Zeitschrift für Literatur, Kunst und Kritik, hg. v. Forum Stadtpark, Graz
Protokolle. Wiener Halbjahresschrift für Literatur, bildende Kunst und Musik. Verlag Jugend & Volk
P. Lämmler/J. Drews *Wie die Grazer auszogen, die Literatur zu erobern. Texte Porträts, Analysen und Dokumente junger österreichischer Autoren.* edition text + kritik

Kann man Thomas Bernhards singuläres, obschon manchen österreichischen Traditionen verbundenes Werk mit dem wilden Einzelgängertum des Altbayern HERBERT ACHTERNBUSCH (geb. 1939) vergleichen? Mit einem Autor, der in rüder Selbstinszenierung, irgendwo tief verletzt, seine Wunden und die zudringliche Umwelt ins Apokalyptische steigert — ein antibajuwarischer Bajuware, der Verzweiflung und Poesie getrunken haben muß? *(Hülle,* 1969; *Die Alexanderschlacht,* 1971; *Der Tag wird kommen,* 1973; *Die Stunde des Todes,* 1975; Filme). Oder Achternbuschs radikalen, jede Erzählform sofort zertrümmernden Freiheitsdrang mit der so leisen, zartgetönten, zwischen Traummagie und Wirklichkeit resignierenden Prosa des gebürtigen Stuttgarters HERMANN LENZ (geb. 1913), dessen Rückschau auf eine zerbröckelnde Bürgerlichkeit wie Heimweh nach der Welt Mörikes oder Hofmannsthals anmutet? Man kann die Erzählungen von Lenz mit ihrer sanften Trauer und ihren gebrochenen Farben, ihrem Biedermeiertraum freilich auch als tief verschattete Aussagen zu unserem forschen, rücksichtslosen Zeitalter lesen *(Das stille Haus,* 1947; *Spiegelhütte,* 1962; *Dame und Scharfrichter,* 1972; autobiographischer Roman *Neue Zeit,* 1975). Eine Dosis Romantik, die Suche nach der verlorenen Vergangenheit trieb auch den in seiner Kindheit von Olmütz über Österreich elternlos nach Schwaben gekommenen Poeten PETER HÄRTLING (geb. 1933), als er sich in *Niembsch oder der Stillstand* (1964) in die tödliche Schwermut des Dichters Lenau versetzte. Läßt sich Vergangenes überhaupt wiedergewinnen, könnte der Titel seiner Versuche sein, das Lebensschicksal eines 1848er Emigranten *(Das Familienfest oder das Ende der Geschichte,* 1969) und des schwäbischen Dichters *Hölderlin* (1976) zu rekonstruieren. Die Schwierigkeiten solcher Rekonstruktion vermied die von Lebensstation zu Lebensstation in wechselnder Perspektive erzählte Geschichte *Eine Frau* (1974): der Weg einer sich zögernd emanzipierenden Fabrikantentochter aus Dresden, ein Familienroman von 1902 bis 1970. — Gleichaltrig mit Härtling ist der Züricher Literaturprofessor ADOLF MUSCHG (geb. 1934). Seine auffallend gepflegte Sprache wirkt in der heutigen Literatur fast fremd, und doch ist das Erzählwerk des wie Gottfried Keller auch in der Tagespolitik engagierten Schweizers voll von zeittypischen Störungen zwischenmenschlicher Beziehungen, Generationenkonflikten, Pubertätskrisen und scheiternden Selbsterfahrungen *(Liebesgeschichten,* 1972; *Albissers Grund,* 1974; *Entfernte Bekannte,* 1976).

Die Fähigkeit des Erinnerns. In den siebziger Jahren häufen sich Bücher, die ganz konkret, meistens in Form persönlicher Biographien, der Vergangenheit nachspüren. Erinnerungen, Nachforschungen, die nur noch selten goldene Kinderträume zutage fördern, vielmehr oft Entmythisierungen sind, Berichte von verlorener Jugend und Heimat. Sehr eindringlich werden uns die Nöte der dreißiger Jahre und der Mangel politischer Kultur in Deutschland bewußt in den beiden Erinnerungsbänden des aus Königsberg stammenden jüdischen Kunsttischlers MAX FÜRST (1905—78): *Gefilte Fisch* und *Talisman Scheherazade.* Fürsts liebenswürdige Memoiren verklären nichts, aber wie aus Leiden nicht Verhärtung kommen muß, sondern Güte und Weisheit reifen können, erfahren wir kaum schöner in einem anderen Buch. Die zeitgeschichtlich bedeutsamste Autobiographie der letzten Jahre stammt von MANÈS SPERBER (geb. 1905 in Galizien). Der in Paris lebende Autor, dessen Romantrilogie *Wie eine Träne im Ozean* (1940—50) im Nachkriegsdeutschland wenig Beachtung fand, erzählt nun in *Wasserträger Gottes, Die vergebliche Warnung* und *Wie man mir Scherben auf die Augen legt* (1974—77), wie er 1918 in Wien Kommunist wurde und in die Terrorlandschaft Stalins und Hitlers geriet, bis ihm die Flucht nach Frankreich gelang. In einfühlender und distanzierter Rückschau auf eine ganze Epoche der Lebensbericht eines bedeutenden europäischen Intellektuellen. Das östliche Deutschland und Europa bilden bei der fortdauernden Westwanderung sehr häufig Schauplätze des Erinnerns und Nachsinnens, seit Joseph Roth von Wolhynien, Grass von Danzig und Bobrowski von Litauen erzählten. Schon 1970 plauderte HANS WERNER RICHTER von seiner Jugend in Pommern *(Blinder Alarm)*, 1971 berichtete der aus der DDR gekommene GERHARD ZWERENZ in *Kopf und Bauch* seine „Geschichte eines Arbeiters, der unter die (westdeutschen) Intellektuellen gefallen ist“. Mit seinen Romanen *Die erste Polka* (1975) und *Septemberlicht* (1977) kehrte der in Gleiwitz geborene HORST BIENEK an die deutschpolnische Grenze und zu den Tagen des deutschen Einfalls nach Polen im Jahre 1939 zurück. Die Heimat Ostpreußen und die Flucht aus ihr lebt in Erzählungen von ARNO SURMINSKI fort, ihrem Verlust und dem Gedenken ist der Roman *Heimatmuseum* (1978) von SIEGFRIED LENZ gewidmet. Beschädigte Jugend und verdorbene Heimat ließe sich über manche Bücher schreiben, etwa über ROLF HOCHHUTHS genauest recherchierten Dokumentarroman von der Liebe eines polnischen Kriegsgefangenen und einer Deutschen *Eine Liebe in Deutschland* (1979) oder über HORST ULBRICHTS Buch *Kinderlitzchen* (1979), das erzählt, wie sich das Jahr 1945 in den Augen eines zwischen Ingolstadt und Nürnberg aufgewachsenen Kindes darstellte, so verwirrend wie grausam.

Nach der Studentenrevolte wurden *Lenz* (1973) von PETER SCHNEIDER und der leichtgewichtige Roman PETER PAUL ZAHLS *Von einem der auszog, Geld zu verdienen* als Ausdruck neuer Gelöstheit und Spontaneität begrüßt. Man hat sie zweifellos überschätzt. Dafür wird KARIN STRUCKS rückhaltlos offen in Tagebuchform mitgeteilte eigene Geschichte *Klassenliebe* (1973) wohl im Gedächtnis bleiben. Auch einige Passagen aus dem von BERNWARD VESPER (1938—71) in Rohfassung hinterlassenen Romanessay *Die Reise,* in dem sich der Sohn des bekannten NS-Lyrikers Will Vesper vor seinem Drogentod in einer Klinik bei Hamburg mit penetrant braunen Einflüssen auf seine Jugendjahre in nazistischen Kreisen Niedersachsens auseinandersetzte, haben den Rang eines Dokuments.

In der DDR spürte CHRISTA WOLF in *Kindheitsmuster* (1976) den Deformierungen des Menschlichen, den Wurzeln des täglichen Faschismus nach und erzählt ERICH LOEST streng autobiographisch von seiner Hitlerjugendzeit *(Pistole mit sechzehn,* 1979). Die erschütterndste Erzählung aber ist die von VOLKER BRAUN zuerst 1975 in *Sinn und Form* herausgebrachte *Unvollendete Geschichte* zweier junger Liebender im Milieu feigster Anpassung: verlorene Jugend von heute — allenthalben eine Wahrheitssuche, die mit dem Nächsten und Eigensten anfängt.

Anfang der sechziger Jahre haben die führenden Verlage bewußt eine neue Literatur gefördert. Nachdem sie im letzten Jahrzehnt die Nachwuchspflege zugunsten der Bestseller-Autoren reichlich vernachlässigt und auch die weitere Entwicklung experimenteller Schreibweisen abgebrochen und Kleinstverlagen überlassen haben, suchen sie neuerdings verstärkt nach Debütanten aus der nach 1950/60 geborenen Generation. Sie ist bisher ziemlich stumm geblieben. Folgt auf die revoltierende Jugend nun eine, die ihre Zeit nicht mehr zur Sprache bringt? Im Herbst 1978 tauchten eine Reihe Erstlinge auf, z. B.: Katja Behrens *Die weiße Frau*, Wolfgang Komm *Die fünfte Dimension*, Hans Dieter Baroth *Aber es waren schöne Zeiten*, Karin Petersen *Das fette Jahr*, Hanna Johansen *Die stehende Uhr*, Michael Zeller *Fehlstart-Training*, Andreas Nohl *Verfolgung des Bartholomé*, Wolfgang Bittner *Der Aufsteiger oder ein Vorwort zum Leben*, Dieter G. Ebert *Die Rasierklingen meines Großvaters*, Marianne Fritz *Die Schwerkraft der Verhältnisse* und Peter Stephan Jungk *Stechpalmenwald*.

Wenn es morgen zwischen Bestsellern, Regenbogenpresse, Katalogen und Sachbüchern noch Literatur geben soll, muß den tastenden Anfängern eine Chance gegeben werden.

LITERATUR:
Zum Begriff „Nullpunkt", „Nachkriegsliteratur":
F. Trommler in: Th. Koebner (Hg.) *Tendenzen der Literatur seit 1945* (1971)
Literaturmagazin 7 *Nachkriegsliteratur* (1977)
Die sechziger Jahre:
M. Durzak (Hg.) *Die deutsche Literatur der Gegenwart. Aspekte und Tendenzen.* 1971
Thomas/Bullivant *Westdeutsche Literatur der sechziger Jahre.* 1975
Kreuzer/Seibert (Hg.) *Deutsche Dramaturgie der Sechziger Jahre.* dtv 4259
Grenzverschiebungen: s. S. 398
Einzeldarstellungen in:
Deutsche Literatur der Gegenwart Bd. II, hg. v. D. Weber. 1977 (Kröner)
H. Wiesner (Hg.) *Nymphenburger Lexikon der dt. Gegenwartsliteratur.* 1978
H. L. Arnold (Hg). *KLG - Kritisches Lexikon zur deutschsprachigen Gegenwartsliteratur.* Loseblattwerk. 1978 ff.

SACHREGISTER

(Halbfett gesetzte Seitenzahlen verweisen auf Stellen mit ausführlicher Information zum betreffenden Stichwort. Zeitschriftentitel sind kursiv gesetzt.)

PERSONENREGISTER